MARCUS FABIUS QUINTILIANUS
AUSBILDUNG DES REDNERS

Zweiter Teil

TEXTE ZUR FORSCHUNG

Band 3

M. FABII QUINTILIANI

INSTITUTIONIS ORATORIAE

LIBRI XII

Ad usum antiquitatis amantium edidit, transtulit, adnotationibus criticis atque exegeticis instruxit
Helmut Rahn

Pars posterior
Libros VII–XII continens

1975

WISSENSCHAFTLICHE BUCHGESELLSCHAFT
DARMSTADT

MARCUS FABIUS QUINTILIANUS

AUSBILDUNG DES REDNERS

ZWÖLF BÜCHER

Herausgegeben und übersetzt von
Helmut Rahn

Zweiter Teil
Buch VII–XII

1975
WISSENSCHAFTLICHE BUCHGESELLSCHAFT
DARMSTADT

Bestellnummer: 4638

Schrift: Monophoto Garamond, 10/11

Satz: Werk- und Feindruckerei Dr. Alexander Krebs, Hemsbach/Bergstraße

Druck und Einband: Wissenschaftliche Buchgesellschaft, Darmstadt

Printed in Germany

ISBN 3-534-04638-2

INHALT

CONSPECTUS SIGLORUM

A = codex Ambrosianus E 153 saec. IX
a = Ambrosiani manus secunda
b = lectiones discrepantes saeculo X codici Bambergensi nondum suppleto additae
Bg = codex Bambergensis M 4, 14 saec. X
Bn = codex Bernensis 351 (Floriacensis) saec. IX
B = consensus codicum Bn Bg N
E = Parisinus Lat. 14146 (Stephani) saec. XII
F = Laurentianus 46 saec. X
G = Bambergensis suppletus
H = Harleianus 2664 saec. X
J = codex Cantabrigiensis Joannensis saec. XII
M = codex Monacensis Lat. XX saec. XV
N = codex Parisinus Lat. 18527 Nostradamensis saec. X
P = codex Parisinus Lat. 7723 (Laurentii Vallae) saec. XV
S = codex Argentoratensis saec. XV
T = Turicensis 288 saec. XI

Cass. = Cassiodorus ed. Carl Felix Halm. RLM 401–404
Rad. = M. Fabi Quintiliani institutionis oratoriae ll. XII ed. Ludwig Radermacher. Addenda et corrigenda collegit et adiecit Vinzenz Buchheit. Leipzig 1959
Vt. = Iulius Victor ed. Carl Felix Halm. RLM 371–448
Wint. = M. Fabi Quintiliani institutionis oratoriae ll. XII rec. Michael Winterbottom. Oxford 1970

M. FABII QUINTILIANI
INSTITUTIONIS ORATORIAE
LIBRI XII

Pars posterior
Libros VII–XII continens

MARCUS FABIUS QUINTILIANUS
AUSBILDUNG DES REDNERS
ZWÖLF BÜCHER

Zweiter Teil
Buch VII–XII

LIBER SEPTIMUS

Prooemium

1 De inventione, ut arbitror, satis dictum est: neque enim ea demum, quae ad docendum pertinent, exsecuti sumus, verum etiam motus animorum tractavimus. sed ut opera extruentibus satis non est saxa atque materiam et cetera aedificanti utilia congerere, nisi disponendis eis conlocandisque artificium manus adhibeatur: sic in dicendo quamlibet abundans rerum copia cumulum tantum habeat atque congestum, nisi illas eadem dispositio in ordinem digestas atque inter se commissas devinxerit. 2 nec inmerito secunda quinque partium posita est, cum sine ea prior nihil valeat. neque enim quamquam fusis omnibus membris statua sit nisi conlocetur, et si quam in corporibus nostris aliorumve animalium partem permutes et transferas, licet habeat eadem omnia, prodigium sit tamen. et artus etiam leviter loco moti perdunt quo viguerunt usum, et turbati exercitus sibi ipsi sunt impedimento. 3 nec mihi videntur errare qui ipsam rerum naturam stare ordine putant, quo confuso peritura sint omnia. sic oratio carens hac virtute tumultuetur necesse est et sine rectore fluitet nec cohaereat sibi, multa repetat, multa transeat, velut nocte in ignotis locis errans, nec initio nec fine proposito casum potius quam consilium sequatur.

4 Quapropter totus hic liber serviat divisioni, quae quidem, si certa aliqua via tradi in omnis materias ullo modo posset, non tam paucis contigisset. sed cum infinitae litium formae fuerint futuraeque sint et tot saeculis nulla reperta sit causa, quae esset tota alteri similis, sapiat oportet actor et vigilet et inveniat et iudicet et consi-

SIEBENTES BUCH

Vorrede

1 Über die Erfindung ist, denke ich, hinreichend gesprochen; denn wir haben ja nicht nur das ganze Gebiet der sachlichen Unterrichtung durchgegangen, sondern auch die Gemütsbewegungen behandelt. Aber wie es bei einem Bauvorhaben nicht hinreichend ist, Steine, Bauholz und was sonst zum Bauen dienlich ist, zusammenzutragen, wenn zu seiner Anordnung und Aufstellung nicht die eigentliche handwerkliche Geschicklichkeit hinzukommt, so kann beim Reden eine noch so überreiche Stoffülle nur einen Überschuß bilden und Materialhaufen, wenn nicht ebenfalls die Anordnung das Material richtig verteilt und zusammengefügt verbindet. 2 Und sehr zu Recht steht unter den 5 Aufgaben (des Redners) die Anordnung an zweiter Stelle, da ohne sie die erste keinen Wert hat. Denn auch wenn alle Glieder gegossen sind, kann daraus erst ein Standbild durch die sachgerechte Errichtung werden, und wenn man an unseren oder anderer Lebewesen Körpern einen Körperteil vertauscht und verlagert, so würde daraus, mag sie auch die gleichen Körperteile haben, dennoch eine unheilkündende Mißgestalt. Auch die Gliedmaßen verlieren, wenn sie nur leicht aus ihrer Lage gebracht werden, ihre Gebrauchsfähigkeit, und Heere, die in Unordnung geraten, sind sich selbst im Wege. 3 Auch ist es gewiß kein Irrtum zu glauben, die Natur selbst beruhe auf einer Ordnung, durch deren Verwirrung alles zugrunde gehen werde. So muß auch die Rede, der dieser Vorzug fehlt, unvermeidlich ins Gedränge kommen, ohne Lenkung dahinströmen und ohne inneren Zusammenhang vieles wiederholen, vieles übergehen, als irrte sie bei Nacht in unbekanntem Gelände, und ohne daß ihr ein Anfang und ein Ziel gesetzt ist, eher dem Zufall folgen als einem Plan.

4 Deshalb soll das ganze folgende Buch der Frage der Stoffeinteilung dienen, ein Vorhaben, das gewiß nicht so wenigen geglückt wäre, wenn es einen sicheren Weg gäbe, der irgendwie alle Redestoffe umfaßte. Aber da es im Rechtsstreit unendlich viele Formen gegeben hat und geben wird und in den vielen Jahrhunderten sich noch kein Fall gefunden hat, der einem anderen ganz gleich war, gilt es für den Prozeßredner, klug und wachsam zu sein, seine eigene Gabe der Erfin-

lium a se ipso petat. neque infitias eo quaedam esse, quae demonstrari possint, eaque non omittam.

I.

1 Sit igitur, ut supra significavi, divisio rerum plurium in singulas, partitio singularum in partis discretio, ordo recta quaedam collocatio prioribus sequentia adnectens, dispositio utilis rerum ac partium in locos distributio. 2 sed meminerimus, ipsam dispositionem plerumque utilitate mutari, nec eandem semper primam quaestionem ex utraque parte tractandam. cuius rei, ut cetera exempla praeteream, Demosthenes quoque atque Aeschines possunt esse documento, in iudicio Ctesiphontis diversum secuti ordinem, cum accusator a iure, quo videbatur potentior, coeperit, patronus omnia paene ante ius posuerit, quibus iudicem quaestioni legum praepararet. 3 aliud enim alii docere prius expedit, alioqui petitoris arbitrio diceretur: denique in accusatione mutua, cum[a] se uterque defendat, priusquam adversarium arguat, omnium rerum necesse est ordinem esse diver-

a) corr. *Regius:* accusatione(m) ut vacuum

dung und des Urteils zu zeigen und sich selbst als Ratgeber in Anspruch zu nehmen. Aber unbestreitbar gibt es auch gewisse Regeln, die sich lehren lassen, und diese will ich nicht übergehen.

ERSTES KAPITEL

(Die Anordnung)

1 Es sei also, wie bereits oben gekennzeichnet[1], die *Einteilung* die Sonderung einer Mehrheit von Gegenständen zur Einheit, die *Gliederung* die Sonderung einzelner Gegenstände in ihre Teile, die *Anordnung* eine Form der Zusammenstellung, die in der rechten Weise das Folgende mit dem Vorausgehenden verknüpft, und die *Anlage* (des Ganzen) die nützliche Verteilung der Gegenstände und der Teile an die passenden Stellen. 2 Jedoch sollten wir bedenken, daß die Anlage selbst meist um des Nutzens willen geändert wird und nicht immer von beiden Parteien die gleiche Frage zuerst behandelt werden darf. Hierfür können – um andere Beispiele beiseite zu lassen – auch Demosthenes und Aischines als Zeugnis dienen, die im Ktesiphonprozeß[2] einer verschiedenen Anordnung gefolgt sind, indem der Ankläger mit der Rechtsfrage begann, in der er sich stärker fühlte, der Verteidiger aber vor die Rechtsfrage fast alles stellte, wodurch er den Richter auf die Frage nach den Gesetzen vorbereiten wollte. 3 Denn für den einen ist es nützlich, zuerst das eine zu bringen, für den anderen das andere, sonst würde man ja immer nach dem Ermessen des Klägers seine Rede anlegen. Schließlich muß bei der gegenseitigen Anklage, wenn sich beide Seiten verteidigen müssen, bevor sie den Gegner anklagen, die Anordnung aller Punkte verschieden sein. Nun will ich also die Gesichtspunkte offen darlegen, die ich selbst verfolgt

[1] s. o. 5, 10, 63.

[2] in dem es im Grunde um die Anerkennung der Gesamtleistung des Politikers Demosthenes geht, die er denn auch in den Mittelpunkt seiner Verteidigung stellt, als Aischines die Rechtmäßigkeit des von Ktesiphon für Demosthenes beantragten Ehrenkranzes bestreitet.

sum. igitur, quid ipse sim secutus, quod partim praeceptis partim usurpatum ratione[b] cognoveram, promam nec umquam dissimulavi.

4 Erat mihi curae in controversiis forensibus nosse omnia, quae in causa versarentur: nam in schola certa sunt et pauca et ante declamationem exponuntur, quae themata Graeci vocant, Cicero proposita. cum haec in conspectu quodam modo collocaveram, non minus pro adversa parte quam pro mea cogitabam. 5 et primum, quod non difficile dictu est, sed tamen ante omnia intuendum, constituebam, quid utraque pars vellet efficere, tum per quid, hoc modo. cogitabam, quid primum petitor diceret. id aut confessum erat aut controversum. 6 si confessum, non poterat ibi esse quaestio. transibam ergo ad responsum partis alterius, idem intuebar: nonnumquam etiam, quod inde obtinebatur, confessum erat. ubi primum coeperat non convenire, quaestio oriebatur. id tale est: 'occidisti hominem': 'occidi'. convenit, transeo. 7 rationem reddere debet reus, quare occiderit. 'adulterum', inquit, 'cum adultera occidere licet'. legem esse certum est. tertium iam aliquid videndum est, in quo pugna consistat. 'non fuerunt adulteri': 'fuerunt': quaestio:[c] de facto ambigitur, coniectura est[d]. 8 interim et hoc[e] tertium confessum est, adulteros fuisse, 'sed tibi', inquit accusator, 'illos non licuit occidere: exul enim eras' aut 'ignominiosus'. de iure quaeritur. at si protinus dicenti 'occidisti' respondeatur 'non occidi', statim pugna est.

b) partim usu partim ratione *ci. Wint(erbottom)*
c) *del. Rad(ermacher)*
d) coniectura est *del. Stroux*
e) et hoc *Halm (Vt)*: ergo **A**² et ego

habe, wie ich sie teils aus dem Unterricht, teils aus eigener praktischer Beobachtung kennengelernt habe – habe ich daraus doch nie ein Hehl gemacht.[3]

4 Mir kam es besonders bei Streitfragen vor Gericht darauf an, alles zu kennen, was mit dem Fall zusammenhing; denn bei den Schul-Kontroversien handelt es sich ja nur um bestimmte und nur wenige Gegebenheiten, die vor der Deklamation angegeben werden, die '*Themata*', wie sie die Griechen nennen, *proposita* (Ankündigungen) nennt sie Cicero. Wenn ich dies gewissermaßen übersichtlich vor meinen Augen aufgebaut hatte, suchte ich nicht weniger die Lage der Gegenpartei durchzudenken als meine eigene. 5 Und als erstes suchte ich – was sich so leicht sagt, worauf aber doch vor allem geachtet werden muß – festzustellen, *was* jede Partei erreichen wollte, sodann *womit* –, und zwar folgendermaßen: Ich überdachte, was der Kläger zuerst sagen würde. Das war entweder eine zugestandene Tatsache oder eine strittige. 6 War sie zugestanden, konnte daraus keine Streitfrage entstehen. Ich ging also über zur Antwort der Gegenpartei und betrachtete sie genauso: manchmal war auch das, was von da entgegengehalten wurde, zugestanden. Sobald es aber begann, nicht übereinzustimmen, entstand die Streitfrage. Das geht so: 'Du hast den Menschen getötet' – 'Ich habe ihn getötet': Übereinstimmung; ich gehe weiter. 7 Der Angeklagte muß einen Grund angeben, warum er ihn getötet hat. 'Einen Ehebrecher', sagt er, 'darf man mit der Ehebrecherin zusammen töten.' Daß das Gesetz ist, ist gewiß. Nun gilt es also, nach einem Dritten Ausschau zu halten, worin der Kampf einsetzen kann! 'Sie waren keine Ehebrecher'. 'Doch, sie waren es!' (Somit) Frage: strittig ist die Tat; es handelt sich um die Vermutungsfrage. 8 Bisweilen wird auch dieser dritte Punkt zugestanden, sie seien Ehebrecher gewesen. 'Aber dir', sagt der Ankläger, 'war es nicht erlaubt, sie zu töten; du warst nämlich ein Verbannter' oder: 'du warst ehrlos'. Nun geht es um die Rechtsfrage. Wenn dagegen der Behauptung 'du hast getötet' sofort entgegnet würde: 'Ich habe nicht getötet', geht der Kampf gleich los.

[3] Wie das Folgende zeigt, legt Quintilian hier auf das eigene Verfahren, das sich ihm in kritischer Erprobung der überkommenen Regeln bewährt hat, besonderen Wert. Er tritt hier ganz persönlich vor die gegen die Anwendbarkeit des schematisch Gelernten, insbesondere des Stasis-Systems mißtrauischen Schüler, denen gegenüber er nie ein Hehl daraus gemacht hat, daß man einen gesunden Menschenverstand braucht, um aus dieser Theorie etwas praktisch Brauchbares zu machen. Vgl. auch u. §§ 23; 29; 31 u. ö.

Si explorandum est, ubi controversia incipiat, et considerari debet, quae ⟨sit intentio, quae⟩[f] primam quaestionem facit. 9 intentio simplex: 'occidit Saturninum Rabirius', coniuncta: 'lege de sicariis commisit L. Varenus: nam et C. Varenum occidendum et Cn. Varenum vulnerandum et Salarium item occidendum curavit.'[g] nam sic diversae propositiones erunt. quod idem de petitionibus dictum sit, verum ex coniuncta propositione plures esse quaestiones ac status possunt, si aliud negat reus, aliud defendit, aliud a iure actionis excludit. in quo genere est agenti dispiciendum, quid quoque loco diluat.

10 Quod pertinet ad actorem, non plane dissentio a Celso, qui sine dubio Ciceronem secutus instat tamen huic parti vehementius, ut putet, primo firmum aliquid esse ponendum, summo firmissimum, imbecilliora media, quia et initio movendus sit iudex et summo impellendus. 11 at pro reo plerumque gravissimum quidque primum movendum est, ne illud spectans iudex reliquorum defensioni sit aversior[h]. interim tamen et hoc mutabitur, si leviora illa palam falsa erunt, gravissimi defensio difficilior, ut detracta prius accusatoribus fide adgrediamur ultimum, iam iudicibus omnia esse vana credentibus. opus erit tamen praefatione[i], qua et ratio reddatur dilati criminis et promittatur defensio, ne id, quod non statim diluemus, timere videamur. 12 ante actae vitae crimina plerumque prima purganda sunt, ut id, de quo laturus est sententiam iudex, audire propitius incipiat. sed hoc quoque pro Vareno Cicero in

f) *add. Kiderlin*
g) *Gesner:* cavit $\mathbf{A}^2$ cadit
h) adversior **M** *(Fort[unatianus])*
i) praeparatione *Fort.*

Wenn ermittelt werden muß, wo der Streit beginnt, muß man auch überlegen, welches die Klage ist, die die erste Frage auslöst. 9 Eine einfache Klage: 'Rabirius hat den Saturninus getötet', eine zusammengesetzte: 'Gegen das Gesetz wegen Mordes hat L. Varenus verstoßen: er hat nämlich C. Varenus töten, Cn. Varenus verwunden und Salarius ebenfalls töten lassen.'[4] Denn danach sind die Beweisziele verschieden. Das soll ebenfalls von den Privatklagen gelten, können doch aus einem zusammengesetzten Beweisziel mehrere Fragen und Streitformen sich ergeben, worin der Beklagte das eine ableugnet, das zweite rechtfertigt und wieder bei einem anderen die Zulässigkeit der Form der Verhandlung bestreitet. Bei dieser Art von Anklagen muß der Prozeßredner genau zusehen, was er an jeder Stelle zu entkräften habe.

10 Was den Kläger betrifft, so weiche ich nicht grundsätzlich von Celsus[5] ab, der ja darin zweifellos Cicero[6] folgt, jedoch in dieser Richtung etwas zu hartnäckig auf seiner Annahme besteht, zuerst müsse etwas von starkem Gewicht gebracht werden, zuletzt aber das Allerstärkste, das Schwächere in der Mitte, weil einerseits zu Beginn der Richter in Bewegung gebracht, er andererseits aber am Ende zur Entscheidung gedrängt werden müsse. 11 Dagegen muß für den Angeklagten meistens gerade das zuerst gebracht werden, was vom größten Gewicht ist, damit der Richter nicht, weil er danach Ausschau hält, gegen das, was zur Verteidigung der übrigen Punkte vorgebracht wird, weniger aufgeschlossen sei. Zuweilen jedoch wird man auch das anders machen, wenn die leichteren Anklagepunkte offenkundig falsch sind, die Verteidigung gegen den gewichtigsten Vorwurf aber schwieriger ist, so daß wir erst das Vertrauen in die Glaubwürdigkeit der Ankläger vernichten und zuletzt erst uns gegen den schwersten Anklagepunkt wenden, wenn die Richter schon glauben, alle Punkte der Anklage seien nichtig. Dann wird jedoch eine Vorbemerkung angebracht sein, in der sowohl der Grund für die Zurückstellung dieser Anschuldigung angegeben als auch die Widerlegung in Aussicht gestellt wird, damit es nicht so aussieht, als fürchteten wir uns vor der Anschuldigung, die wir nicht sofort entkräften. 12 Vorwürfe, die das Vorleben betreffen, sind gewöhnlich zuerst zu bereinigen, damit der Richter von Anfang an geneigter auf das hört, worüber er sein Urteil zu fällen hat. Aber auch das hat Cicero in seiner

[4] p. Var. frg. 8–10 Schöll.
[5] frg. rhet. 11 Marx s. u. 12, 11, 24 m. Anm.
[6] de orat. 2, 77, 314; orat. 15, 50.

ultimum distulit, non quid frequentissime, sed quid tum expediret intuitus.

13 Cum simplex intentio erit, videndum est unum aliquid respondeamus an plura. si unum, in re quaestionem instituamus an[j] in scripto: si in re[k], negandum sit quod obicitur an tuendum: si scripto, in qua specie iuris pugna sit, et in ea de verbis an de voluntate quaeratur. 14 id ita consequemur, si intuiti fuerimus, quae sit lex quae litem faciat, hoc est, qua iudicium sit constitutum. nam quaedam in scholasticis ponuntur ad coniungendam modo actae rei seriem, ut puta: 'expositum qui agnoverit, solutis alimentis recipiat: minus dicto audientem filium liceat abdicare. qui expositum recepit, imperat ei nuptias locupletis propinquae: ille deducere vult filiam pauperis educatoris.' lex de expositis ad adfectum pertinet: 15 iudicium pendet ex lege abdicationis. nec tamen semper ex una lege quaestio est, ut in antinomia. his spectatis apparebit circa quod pugna sit.

16 Coniuncta defensio est, qualis pro Rabirio: 'si occidisset, recte fecisset, sed non occidit.' ubi vero multa contra unam propositionem dicimus, cogitandum est primum quidquid dici potest, tum ex his quo quidque loco dici expediat aestimandum. in quo non idem sentio, quod de propositionibus paulo ante quodque de argumentis probationum loco concessi, posse aliquando nos incipere a firmioribus. 17 nam vis quaestionum semper[l] crescere debet et ad poten-

j) an **P**: iam
k) in re **P**: iure
l) semper *ed. Gryph.*: per

<Rede für Varenus>[7] auf den Schluß verschoben: richtete er sein Augenmerk doch nicht darauf, was am häufigsten angebracht, sondern darauf, was in diesem Falle angebracht sei.

13 Wenn es sich um eine einfache Anklage handelt, gilt es darauf zu sehen, ob wir in unserer Antwort nur eine Frage behandeln oder mehrere. Wenn nur eine, ob wir sie auf den Sachverhalt gründen wollen oder auf den geschriebenen Text. Wenn auf den Sachverhalt, ob der Gegenstand der Beschuldigung zu leugnen ist oder zu verteidigen. Wenn auf den geschriebenen Text, in welcher Art von Rechtsfrage der Kampf stattfindet und ob in ihr die Frage dem Wortlaut gilt oder der Absicht des Verfassers. 14 Die Antwort werden wir finden, wenn wir unser Augenmerk darauf richten, was für ein Gesetz es ist, das den Rechtsstreit verursacht, d. h. auf welches Gesetz sich die Gerichtsverhandlung gegründet hat. Denn manches wird in den Schuldeklamationen als Gesetzesvoraussetzung angegeben, das nur dazu dienen soll, eine zusammengesetzte Geschehenskette zu bilden, z. B.: 'Wer ein ausgesetztes Kind anerkennt, soll es nach Erstattung der Unterhaltskosten zu sich nehmen.' 'Einen Sohn, der sich seinem Gebot widersetzt, darf der Vater verstoßen.' 'Ein Vater, der seinen ausgesetzen Sohn wieder zu sich nahm, gebietet ihm die Heirat mit einer reichen Verwandten. Er aber will die Tochter seines armen Pflegevaters heiraten.' 15 Das Gesetz über die ausgesetzten Kinder hat hier nur Gefühlswirkung; das Urteil hängt ab von dem Gesetz, das den Fall der Verstoßung regelt. Aber dennoch hängt die Untersuchung nicht immer von nur einem Gesetz ab, z. B. bei dem Widerstreit von Gesetzen. Achtet man aber hierauf, so wird sich deutlich zeigen, worum eigentlich der Streit geht.

16 Zusammengesetzt ist die Verteidigung etwa in der Rede für Rabirius: 'Wenn er ihn erschlagen hätte, hätte er ein Recht dazu gehabt, er hat ihn aber nicht erschlagen.' Sobald wir aber vielerlei gegen eine Behauptung sagen, ist zunächst zu überdenken, was alles gesagt werden kann, sodann muß man, was für welche Stelle am besten paßt, abschätzen. Hierbei kann ich nicht das gleiche gelten lassen, was ich für die Beweisziele eben[8] gerade und für die Beweise in dem Abschnitt über die Beweisführung[9] zugestanden habe, daß wir nämlich manchmal mit dem beginnen können, was stärker wirkt. 17 Denn die Wirkungskraft der Frage muß ständig zunehmen und zu den schlagkräftigsten von den wirkungslosesten aus hinführen, ob sie nun

[7] frg. orat. II 19 Sch. [8] s. § 10. [9] vgl. o. 5, 12, 14.

tissima ab infirmissimis pervenire, sive sunt eiusdem generis sive diversi. 18 iuris autem quaestiones solent esse nonnumquam ex aliis atque aliis conflictionibus, facti semper idem spectant: in utroque genere similis ordo est, sed prius de dissimilibus, ex quibus infirmissimum quidque primum tractari oportet, ideo quod quasdam quaestiones exsecuti donare solemus et concedere: neque enim transire ad alias possumus nisi omissis prioribus. 19 quod ipsum ita fieri oportet, non ut damnasse eas videamur, sed omisisse, quia possimus etiam sine eis vincere. procurator alicuius pecuniam petit ex faenore hereditario: potest incidere quaestio, an huic esse procuratorem liceat. 20 finge nos, postquam tractavimus eam, remittere vel etiam convinci: quaeretur, an ei, cuius nomine litigatur, procuratorem habendi sit ius? discedamus hinc quoque: recipit materia quaestionem, an ille, cuius nomine agitur, heres sit faeneratoris, an ex asse heres, 21 haec quoque concessa sint: quaeretur, an debeatur. contra nemo tam demens[m] fuerit, ut cum id, quod firmissimum duxerit se habere, ⟨tractaverit,⟩[n] remittat illud et ad leviora transcendat. huic in schola simile est: 'non abdicabis adoptatum: ut hunc quoque, non virum fortem: ut et fortem, non quicumque voluntati tuae non paruerit: ut in alia omnia subiunctus[o] sit, non propter optionem[p]: ⟨ut propter optionem,⟩[q] non propter talem optionem[p]. 22 haec iuris quaestionum differentia est. in factis autem ad idem tendentia sunt plura, ex quibus aliqua citra summam quaestionem remitti solent, ut, si is, cum quo furti agitur, dicat: 'proba te habuisse, proba perdidisse, proba furto perdidisse, proba mea fraude'. priora enim remitti possunt, ultimum non potest.

m) demens *ed. Camp.:* vehemens
n) *add. Meister* protulerit *add. Halm*
o) subiectus **P**
p) *Obrecht:* opinionem
q) *add. Spalding*

innerhalb der gleichen Art von Fragen liegen oder verschiedene Arten umfassen. 18 Bei Rechtsfragen nun pflegen sich oft genug aus einem Streitpunkt immer wieder neue zu ergeben. Tatfragen aber haben immer den gleichen Blickpunkt. Bei beiden Fragearten ist die Anordnung ähnlich, doch wollen wir von dem Fall ausgehen, daß es sich um Fragen verschiedener Art handelt, unter denen man gerade die zuerst anpacken muß, die die schwächste Wirkung hat, und zwar deshalb, weil wir gewöhnlich bestimmte Fragen, wenn wir sie geprüft haben, verschenken und aufgeben; denn wir können ja nicht zu anderen Fragen übergehen, ohne uns von den vorhergehenden zu lösen. 19 Gerade das aber muß so vor sich gehen, daß es nicht scheint, wir hätten sie verloren gegeben, sondern nur, als hätten wir sie auf sich beruhen lassen, weil wir auch ohne sie unseres Sieges gewiß seien. 'Ein Bevollmächtigter fordert von jemandem Geld aufgrund einer ererbten Darlehnsschuld.' Da kann die Frage aufkommen, ob er tatsächlich bevollmächtigt sei. 20 Angenommen, wir geben diese Frage auf, nachdem wir sie behandelt haben, oder wir werden gar widerlegt, so wird die nächste Frage lauten, ob denn die Person, in deren Namen der Prozeß geführt wird, das Recht besitze, jemanden zu bevollmächtigen. Wir wollen auch hier wieder nachgeben, unser Thema enthält ja die Frage, ob jene Person, in deren Namen verhandelt wird, Erbe des Geldgebers sei, ob auch Universalerbe. 21 Mag auch das zugestanden werden, so wird doch die Frage bleiben, ob die Schuld tatsächlich bestehe. Dagegen würde wohl niemand so verrückt sein, wenn er das, was er für seine Hauptstärke gehalten hat, gebracht hat, dieses wieder aufzugeben und zu weniger Gewichtigem überzuwechseln. Dem ähnlich ist folgende Schulübung: 'Du wirst doch den Sohn, den du adoptiert hast, nicht verstoßen. Wenn aber auch den Adoptivsohn, so doch nicht einen Helden; wenn aber sogar einen Helden, so doch nicht einen, weil er sich deinem Willen nicht gefügt habe; wenn er aber schon in allem anderen sich dir zu fügen hat, so doch nicht wegen eines Wunsches (der ihm wegen seiner Tapferkeit freistand); wenn aber schon wegen eines Wunsches, so doch nicht wegen eines solchen Wunsches!' 22 So steht es mit der Verschiedenheit von Rechtsfragen. Bei Tatfragen aber gibt es vielerlei, was in ein und dieselbe Richtung weist, wovon gewöhnlich einiges neben der Hauptfrage aufgegeben wird. So etwa, wenn jemand, gegen den wegen Diebstahls verhandelt wird, sagt: 'Beweise, daß du es besessen hast, beweise, daß du es verloren hast; beweise, daß du es durch Diebstahl verloren hast; beweise, daß durch meinen Betrug.' Die erste Frage nämlich kann man aufgeben, die letzte nicht.

23 Solebam et hoc facere [praecipere][r], ut ⟨vel⟩[s] ab ultima specie (nam ea fere est, quae continet causam) retrorsum quaererem usque ad primam generalem quaestionem, vel a genere ad extremam speciem descenderem, etiam in suasoriis. 24 ut deliberat Numa, an regnum offerentibus Romanis recipiat. primum, id est genus, 'an regnandum?' ⟨secundum⟩[t] 'an in civitate aliena? an Romae? an laturi sint Romani talem regem?' similiter in controversiis. optet enim vir fortis alienam uxorem. ultima species est, an optare possit alienam uxorem? generale est, an quidquid optarit, accipere debeat? deinde, an ex privato? an nuptias? an maritum habentis? 25 sed hoc non, quem ad modum dicitur, ita et quaeritur. primum enim occurrit fere, quod est ultimum dicendum, ut hoc: 'non debes alienam uxorem optare', ideoque divisionem perdit festinatio. non oportet igitur offerentibus se contentum esse: quaere aliquid ⟨quod⟩[u] ultra sit 'ne viduam quidem': adhuc plus †si[v] 'nihil ex privato': ultimum retrorsum, quod idem a capite primum est, 'nihil iniquum'. 26 itaque propositione divisa[w], quod est facillimum, cogitemus, si fieri potest, quid naturale sit primum responderi. id si, tamquam res agatur et nobis ipsis respondendi necessitas sit, intueri voluerimus, occurrit. 27 si id non contigerit, seponamus id, quod primum se obtulerit, et ipsi nobiscum sic loquamur: quid si hoc non esset? id iterum et tertium et dum nihil sit reliqui, itaque inferiora quoque scrutabimur, quae tractata faciliorem nobis iudicem in summa quaestione facient. 28 non dissimile huic est et illud praeceptum, ut a communibus ad propria veniamus: fere enim communia generalia sunt. commune est[x]: 'tyrannum occidit', proprium: 'amentem[y] tyrannum occidit', 'mulier occidit, uxor occidit'.

29 Solebam et excerpere, quid mihi cum adversario conveniret, si modo id pro me erat, nec solum premere confessionem, sed par-

r) *del. Meister*
s) *add. edd.*
t) *add. Rad.* tum *add. Christ*
u) *add. editio Rad.* aliquid ultra, sic *Wint.*
v) si **A** se **G** *fortasse delendum Wint.*
w) *Clausen:* visa *fort. recte*
x) commune est *Regius:* commune
y) *scripsi* amens *Rad.:* tamen

23 Ich pflege es auch so zu machen, daß ich entweder von der letzten Spezialfrage – denn sie ist es ja gewöhnlich, auf der der Fall beruht – mit Fragen rückwärts ging bis zur ersten allgemeinen Frage oder von der Gattung zur äußersten Spezialfrage hinabging, selbst auch in Suasorien. 24 So wenn Numa überlegt, ob er die von den Römern angebotene Königswürde annehmen solle. Als erstes (d. h. generell) die Frage, ob man überhaupt als König herrschen solle. Sodann (die Spezialfrage): ob in einer fremden Gemeinde? ob in Rom? ob die Römer einen solchen König ertragen würden? Ähnlich in Kontroversien: Angenommen, ein Held wünscht sich als Belohnung die Frau eines anderen. Die letzte Spezialfrage ist, ob er die Frau eines anderen wünschen kann. Allgemein lautet die Frage: ob er alles erhalten muß, was er sich auch wünscht. Weiter dann: ob aus Privathand? ob eine Ehe? ob mit einer Frau, die einen Gatten hat? 25 Jedoch ist die Art, wie die Fragen in der Rede gebracht werden, nicht die gleiche, wie sie hier gewonnen werden; denn zuerst stellt sich in der Regel das ein, was zuletzt gebracht werden muß, z. B. der Gedanke 'du darfst nicht die Frau eines anderen wünschen', und deshalb verdirbt Eile die Einteilung. Also darf man sich nicht mit dem zufriedengeben, was sich gerade anbietet: Frage etwas, was darüber hinausgeht: 'nicht einmal die Witwe eines anderen' und noch weiter: 'gar nichts aus Privatbesitz', und das letzte auf diesem Rückweg, das zugleich bei dem Weg von oben das erste ist: 'nichts Unbilliges'. 26 Deshalb wollen wir, sobald wir, was am leichtesten ist, eine Behauptung ins Auge gefaßt haben, überdenken, was, wenn irgend möglich natürlicherweise zuerst geantwortet wird. Darauf kommen wir, wenn wir es so betrachten wollen, als würde der Fall wirklich verhandelt, und wir müßten selbst antworten. 27 Gelingt uns das nicht, so wollen wir das, was sich uns zuerst angeboten hat, zur Seite stellen und selbst zu uns sagen: 'wie aber, wenn es nicht so wäre?' Und diesen Einwand zum zweiten und dritten Mal und so lange erheben, bis nichts mehr übrig ist, und so werden wir auch die untergeordneten Fragen ausfindig machen, deren Behandlung uns den Richter in der Hauptfrage leichter zugänglich machen wird. 28 Nicht sehr verschieden hiervon ist die Vorschrift, vom Gemeinsamen zum Eigentümlichen zu kommen. Denn in der Regel ist Gemeinsames von allgemeinerer Art. Allgemein ist: man hat den Tyrannen getötet; eigentümlich: ein Mann hat den wahnsinnigen Tyrannen getötet, eine Frau, seine Gattin hat ihn getötet.

29 Ich pflegte auch heranzuziehen, worüber mir mit dem Gegner Übereinstimmung bestand, wenn es nur zu meinen Gunsten war, und nicht nur die Tatsache des Geständnisses hervorzuheben, son-

tiendo multiplicare, ut in illa controversia: 'dux, qui conpetitorem patrem in suffragiis vicerat, captus est: euntes ad redimendum eum legati obvium habuerunt patrem revertentem ab hostibus. 30 is legatis dixit: sero itis. excusserunt illi patrem et aurum in sinu eius invenerunt: ipsi perseverarunt ire quo intenderat, invenerunt ducem cruci fixum, cuius vox fuit: cavete proditorem. reus est pater.' quid convenit? 'proditio nobis praedicta est et praedicta a duce': quaerimus proditorem. 'te isse ad hostes fateris et isse clam et[z] ab his incolumem redisse, aurum retulisse et aurum occultum habuisse.' 31 nam, quod fecit[a], id nonnumquam potentius fit in propositione: quae si animos occupavit, prope aures ipsae defensioni praecluduntur. in totum autem congregatio criminum accusantem adiuvat, separatio defendentem.

Solebam id, quod fieri et in argumentis dixi, in tota facere materia, ut[b] propositis, extra quae nihil esset, omnibus, deinde ceteris remotis, solum id superesset[b], quod credi volebam, ut in praevaricationum criminibus: 32 'ut absolvatur reus, aut innocentia ipsius fit aut interveniente aliqua potestate aut vi aut corrupto iudicio aut difficultate probationis aut praevaricatione. nocentem fuisse confiteris: nulla potestas obstitit, nulla vis, corruptum iudicium non quereris, nulla probandi difficultas fuit: quid superest nisi ut praevaricatio fuerit?' si omnia amoliri non poteram, in plura moliebar. 33 'hominem occisum esse constat, non in solitudine, ut a latronibus suspicer, non praedae gratia, quia inspoliatus est, non hereditatis

z) clam et **P** *(Regius)*: claret
a) laedit *Crusius*
b) ut ... superesset *Regius:* superesse (*ommisso* ut)

dern es noch durch Aufgliederung zu vervielfachen, z. B. in folgender Kontroversie. 'Ein Feldherr, der seinen Vater im Wahlkampf besiegt hatte, geriet in Kriegsgefangenschaft. Die Unterhändler begegneten auf dem Weg zu seiner Auslösung dem Vater des Feldherrn, der aus dem feindlichen Lager kam. Er sagte zu den Unterhändlern: ihr kommt zu spät! 30 Da durchsuchten sie den Vater und fanden Gold in seinem Brustbeutel. So setzten sie den Weg zu ihrem Ziel fort. Sie fanden den Feldherrn am Kreuz, dessen letztes Wort war: hütet euch vor dem Verräter! Der Vater wird angeklagt.' Worüber besteht Übereinstimmung? 'Verrat ist uns schon angegeben worden, und zwar von dem Feldherrn angegeben worden. Wir suchen den Verräter.' 'Du sagst selbst, du seist zum Feind gegangen und gibst selbst zu, heimlich hingegangen und heil zurückgekommen zu sein, Gold zurückgebracht und das Gold verborgen gehalten zu haben.' 31 Denn das, was er getan hat, kommt manchmal um so wirkungsvoller in der Form der Behauptung zur Geltung. Hat diese schon die Hörer eingenommen, so spricht die Verteidigung fast zu tauben Ohren. Im ganzen aber unterstützt die Zusammenballung der Vorwürfe den Ankläger, ihre Aufspaltung den Verteidiger.

Gern wandte ich das Verfahren, das ich schon bei den Beweisformen erwähnt habe[10], auch bei der Durchführung der ganzen Übungsaufgabe an, nämlich erst alle Motive auszuführen, außer denen nichts in Frage kommt, und dann alle anderen auszuschließen, so daß nur das übrigbleibt, was geglaubt werden sollte. So etwa bei den Anschuldigungen wegen unlauterer Vertretung der Rechtsinteressen: 32 'Zur Freisprechung eines Angeklagten kommt es, wenn er entweder selbst unschuldig ist oder wenn eine Amtsstelle oder gewaltsamer Druck dazwischentritt oder wenn der Gerichtshof bestochen ist oder wenn es sich um eine besonders schwierige Beweisführung handelt oder um unlautere Vertretung der Anklage. Daß der Angeklagte schuldig war, gibst du zu; eine Amtsstelle schaltet sich nicht ein, auch kein Druck der Gewalt, über Bestechung des Gerichtshofes führst du keine Beschwerde, für die Beweisführung bestand keine Schwierigkeit: Was bleibt anderes, als daß es sich um unlautere Vertretung der Anklage gehandelt hat?' Wenn ich nicht alles aus dem Wege räumen konnte, so suchte ich bei mehreren Möglichkeiten anzusetzen: 33 'Daß der Mann getötet ist, steht fest, und zwar nicht in der Einsamkeit, so daß ich an Räuber denken könnte, auch nicht um der Beute willen, weil er ja nicht ausgeplündert ist,

[10] s. o. 5, 10, 66.

spe, quia pauper fuit: odium igitur in causa, cum sis[c] inimicus' 34 quae res autem faciliorem divisioni viam praestat, eadem inventioni quoque: excutere quidquid dici potest et velut reiectione facta ad optimum pervenire. 'accusatur Milo, quod Clodium occiderit'. aut fecit aut non. optimum erat negare, sed non potest: occidit ergo. aut iure aut iniuria. utique iure: aut voluntate aut necessitate, nam ignorantia praetendi non potest. 35 voluntas anceps est, sed quia ita homines putant, attingenda defensio, ut id pro re publica fuerit. necessitate? subita igitur pugna, non praeparata: alter igitur insidiatus est. uter? profecto Clodius. videsne, ut ipsa rerum necessitas diducat defensionem? 36 adhuc: aut utique voluit occidere insidiatorem Clodium aut non. tutius, si noluit: fecerunt ergo servi Milonis neque iubente neque sciente Milone. at haec tam timida defensio detrahit auctoritatem illi, qua recte dicebamus occisum. adicietur: 37 'quod suos quisque servos in tali re facere voluisset.' hoc eo est utilius, quod saepe nihil placet et aliquid dicendum est. intueamur ergo omnia: ita apparebit aut id quod optimum est, aut id quod minime malum. propositione aliquando adversarii utendum et esse nonnumquam communem eam, suo loco dictum est.

Multis milibus versuum scio apud quosdam esse quaesitum, quo modo inveniremus, utra pars deberet prior dicere, quod in foro vel

c) cum sis **A**[2]: quis *(fort. recte)*

auch nicht mit der Aussicht auf ein reiches Erbe, weil er ja arm war. Haß ist also im Spiel, und du bist sein Feind!' 34 Das gleiche Verfahren aber, das bei der Stoffeinteilung den Weg erleichtert, erleichtert ihn auch bei der Stoff-Auffindung: alles durchzumustern, was gesagt werden kann, und dann dadurch, daß man gleichsam von seinem Zurückweisungsrecht[11] Gebrauch macht, zur besten Auswahl zu gelangen. 'Milo steht unter Anklage, weil er Clodius erschlagen habe.' Entweder hat er es getan oder nicht. Das beste wäre es zu leugnen, aber das kann man nicht: Er hat ihn also erschlagen. Entweder zu Recht oder zu Unrecht. Jedenfalls zu Recht: entweder aus freiem Willen oder unter Zwang; denn Nichtwissen läßt sich nicht vorschützen. 35 Freier Wille ist nicht so günstig, aber weil die Leute es so sehen[12], muß man ihn halten durch die Rechtfertigung, es sei im öffentlichen Interesse geschehen. Unter Zwang? Plötzlich kam es also zum Kampf, nicht nach einem vorbereiteten Plan: Einer hatte einen Anschlag vor. Wer von beiden? Natürlich Clodius! Siehst du, wie die sachlichen Notwendigkeiten selbst die Ordnung der Verteidigung bestimmen? 36 Weiter: entweder wollte Milo Clodius bei dessen Anschlag auf jeden Fall erschlagen, oder er wollte es nicht. Man geht sicherer, wenn er es nicht gewollt hat. Getan haben es also die Sklaven Milos ohne dessen Geheiß und Wissen. Aber eine so zaghafte Verteidigung nimmt unserem vorigen Verteidigungsargument sein Gewicht, wenn wir behauptet haben, er sei zu Recht erschlagen worden. So wird man hinzusetzen: 'Eine Tat, die ein jeder in einer solchen Lage von seinen Sklaven verlangt hätte.'[13] 37 Das ist um so nützlicher, weil oft nichts uns ganz befriedigt und wir doch etwas sagen müssen. So wollen wir auf alles unser Augenmerk richten: so wird sich entweder zeigen, was das Beste oder was das kleinste Übel ist. Daß man sich zuweilen die Beweisthese seines Gegners zunutze machen soll und daß diese manchmal beiden Parteien gemeinsam ist, ist schon an passender Stelle gesagt worden.[14]

Viele tausend Zeilen finden sich, wie ich weiß, bei manchen Autoren über die Frage, wie wir herausfinden können, welche Partei zuerst das Wort haben soll, eine Frage, die vor Gericht entweder

[11] Der Ausdruck bezeichnet im Gerichtsleben die Ablehnung von Richtern durch die streitenden Parteien.

[12] d. h., weil sie damit rechnen.

[13] p. Mil. 10, 29.

[14] s. o. 4, 4, 8.

atrocitate formularum vel modo petitionum vel novissime sorte diiudicatur. 38 in schola quaeri nihil attinet, cum in declamationibus isdem narrare et contradictiones solvere tam ab actore quam a possessore concessum sit. sed in plurimis controversiis ne inveniri quidem potest, ut in illa: ‘qui tris liberos habebat, oratorem, philosophum, medicum, testamento quattuor partes fecit et singulas singulis dedit, unam eius esse voluit, qui esset utilissimus civitati.’ 39 contendunt: quis primus dicat incertum est, propositio tamen certa: ab eo enim, cuius personam tuebimur, incipiendum erit. et haec quidem de dividendo in universum praecipi possunt.

40 At quo modo inveniemus etiam illas occultiores quaestiones? scilicet quo modo sententias, verba, figuras, colores: ingenio, cura, exercitatione. non tamen fere umquam nisi inprudentem fugerint, si, ut dixi, naturam sequi ducem velit. 41 sed plerique eloquentiae famam adfectantes contenti sunt locis speciosis modo vel nihil ad probationem conferentibus: alii nihil ultra ea, quae[d] in oculos incurrunt, exquirendum putant. quod quo facilius appareat, unam de schola controversiam, non ita sane difficilem[e] aut novam, proponam in exemplum. 42 ‘qui reo proditionis patri non adfuerit, exheres sit: proditionis damnatus cum advocato exulet. reo proditionis patri disertus filius adfuit, rusticus non adfuit: damnatus abiit cum advo-

d) ultra ea, quae *Madvig* vitar*e quae* **A²**: vitare aquae
e) **p** *(Badius)*: difficillima(m)

durch den unerbittlichen Wortlaut der prätorischen Prozeßformeln oder durch die Art der Forderungen (in Zivilsachen) oder schließlich durchs Los entschieden wird. 38 In der Schule hat diese Frage keine Bedeutung, da in den gleichen Deklamationen die Darstellung des Sachverhaltes und die Widerlegung der Gegenargumente sowohl von seiten des Klägers wie des Verteidigers, der eine Forderung bestreitet, gestattet sind. Jedoch in sehr vielen Kontroversien läßt es nicht einmal sich ausfindig machen, z. B. in der bekannten Aufgabe[15]: 'Ein Mann, der drei Kinder hatte, einen Redner, einen Philosophen und einen Arzt, teilte testamentarisch seine Habe in 4 Teile und bestimmte für jedes Kind einen davon; einer aber sollte dem gehören, der für den Staat der Nützlichste sei.' 39 Um diesen geht der Wettstreit. Wer als erster das Wort erhält, ist ungewiß, das Beweisziel jedoch ist gewiß; wir werden mit dem beginnen müssen, dessen Rolle wir zu übernehmen haben. – Soweit also die Regeln, die sich allgemein für die Einteilung des Redestoffes aufstellen lassen.

40 Aber wie werden wir vorgehen, wenn es sich um die Fragen handelt, die nicht so offen auf der Hand liegen? Nun, ebenso wie wenn es um die Gedanken, die Wortwahl, die Verwendung der Stilfiguren und Färbungen der Redehaltung geht: mit unserem eigenen Talent, Sorgfalt und Übung. Die richtige Lösung aber wird sich kaum jemandem versagen, der nicht unüberlegt vorgeht, wenn er, wie ich gesagt habe,[16] sich der Führung der Natur anvertraut. 41 aber sehr viele, die nach dem Ruhm der Beredsamkeit haschen, begnügen sich mit allgemeinen Partien, wenn sie nur glanzvoll wirken, auch wenn sie zur Beweisführung nichts beitragen. Andere meinen, ihre Bemühung brauche nicht tiefer über das hinauszureichen, worauf gerade ihr Auge fällt. Damit das leichter deutlich wird, will ich als Beispiel eine Kontroversie aus dem Schulbetrieb vornehmen, die wirklich weder besonders schwer noch neu ist. 42 'Wer seinem unter Verratsanklage stehenden Vater nicht Beistand leistet, soll enterbt sein. Ein wegen Verrates Verurteilter soll mitsamt seinem Rechtsbeistand verbannt werden. Einem wegen Verrats angeklagten Vater leistete sein redegewandter Sohn Beistand,

[15] Sie findet sich auch in der Quintilian zugeschriebenen Übungsskizze (Nr. 268 der Declamationes rec. C. Ritter Lpzg. 1884, 92–97). Vgl. § 39.
[16] s. o. § 26.

cato in exilium. rusticus cum fortiter fecisset, praemii nomine impetravit restitutionem patris et fratris. pater reversus intestatus decessit: petit rusticus partem bonorum, orator totum vindicat sibi.' 43 hic illi eloquentes, quibusque nos circa lites raras sollicitiores ridiculi videmur, invadent personas favorabiles. actio pro rustico contra disertum, pro viro forti contra inbellem, pro restitutore contra ingratum, pro eo, qui parte contentus sit, contra eum, qui fratri nihil dare ex paternis velit. 44 quae omnia sunt in materia et multum iuvant, victoriam tamen non trahunt. in hac quaerentur sententiae, si fieri poterit, praecipites vel obscurae (nam ea nunc virtus est), et pulchre fuerit cum materia tumultu et clamore transactum. illi vero, quibus propositum quidem melius, sed cura in proximo est, haec velut innatantia videbunt: 45 excusatum esse rusticum, quod non interfuerit iudicio nihil conlaturus patri: sed ne disertum quidem habere, quod inputet reo, cum is damnatus sit: dignum esse hereditate restitutorem: avarum, impium, ingratum qui dividere nolit cum fratre eoque sic merito: quaestionem quoque illam primam scripti et voluntatis, qua non expugnata non sit sequentibus locus. 46 at qui naturam sequetur, illa cogitabit profecto, primo hoc dicturum rusticum: 'pater intestatus duos nos filios reliquit, partem iure gentium peto'. quis tam inperitus, quis tam procul a litteris,

nicht aber sein rhetorisch ungebildeter[17] Sohn. Der Verurteilte ging mit seinem Rechtsbeistand ins Exil. Als der ungebildete sich durch eine Heldentat ausgezeichnet hatte, erbat er als Belohnung die Begnadigung seines Vaters und Bruders. Der Vater starb nach seiner Heimkehr ohne Testament. Der Ungebildete verlangt einen Teil der Habe, der Redner beansprucht die ganze Erbschaft für sich.'
43 Hier werden diese beredten Meister, Männer, denen wir, die wir uns um seltene Rechtsstreitigkeiten so emsig kümmern, lächerlich vorkommen, sich auf die beim Publikum beliebte Rolle stürzen. Dazu gehört die Rede für den Ungebildeten gegen den Redegewandten, für den tapferen Mann gegen den unkriegerischen, für den Erwirker der Begnadigung gegen den Undankbaren, für den, der mit einem Teil zufrieden ist, gegen den, der dem eigenen Bruder nichts von der väterlichen Habe abgeben will. 44 Das alles steckt in dem Stoff der Übung, und es hilft auch beträchtlich, den Sieg jedoch reißt es nicht an sich. Hierbei werden Gedanken, wenn es sich machen läßt, von gewagter oder dunkler Art – denn auch das gilt ja heutzutage als Vorzug – gesucht werden, und herrlich dürfte es dann mit dem Stoff unter Getümmel und Geschrei zum glücklichen Ende kommen. Die anderen aber, die zwar ein besseres Ziel vor Augen haben, deren Sorgfalt aber nur dem Nächstliegenden gilt, werden folgendes gleichsam obenauf schwimmen sehen: 45 Entlastet sei der Ungebildete gegenüber dem Vorwurf, er habe an der Gerichtsversammlung nicht teilgenommen, dadurch daß er seinem Vater nichts hätte nützen können. Aber nicht einmal der Beredte habe dem Angeklagten etwas aufzurechnen, weil dieser ja verurteilt worden sei. Würdig sei der Erbschaft der Wiederhersteller des bürgerlichen Standes (durch die erwirkte Begnadigung). Habgierig, unfromm und undankbar sei, wer mit dem eigenen Bruder nicht teilen wolle, und gar einem, der sich solche Verdienste erworben. Auch sehen sie die erste Frage auftauchen, die in der Auslegung von Wortlaut und Absicht des Gesetzestextes besteht, ohne deren Bewältigung für das Weitere sich kein Platz findet. 46 Wer sich dagegen dem natürlichen Gefühl anvertraut, der wird gewiß denken, daß der Ungebildete zuerst folgendes sagen werde: 'Unser Vater hat uns zwei Söhne ohne Testament zurückgelassen, so forderte ich

[17] Zu den Typen, die die Deklamationen nach der Art und auch aus der 'lebensnahen' Neuen Komödie verwenden, gehört der das Landgut bewirtschaftende urwüchsige Sohn als Gegenbild seines in der Stadt gebildeten und verbildeten Bruders.

quin sic incipiat, etiam si nescierit, quid sit propositio? 47 hanc communem omnium legem leviter adornabit ut iustam. nempe sequetur ut[f] quaeramus, quid huic tam aequae postulationi respondeatur. at id manifestum est: 'lex est, quae iubet exheredem esse eum, qui patri proditionis reo non adfuerit, tu autem non adfuisti'. hanc propositionem necessaria sequitur legis laudatio et eius, qui non adfuerit, vituperatio. adhuc versamur in confessis, redeat animus[g] ad petitorem: 48 numquid non hoc cogitet necesse est, nisi qui sit plane hebes: 'si lex obstat, nulla lis est, inane iudicium est: atqui et legem esse et hoc, quod ea puniat, a rustico factum extra dubitationem est.' quid ergo dicimus? 'rusticus eram.' si lex [eram][h] omnis complectitur, nihil proderit: 49 quaeramus ergo, num infirmari in aliquam partem lex possit. quid aliud (saepius dicam) natura permittit quam ut, cum verba contra sint, de voluntate quaeratur? generalis igitur quaestio, verbis an voluntate sit standum, sed hoc in commune de iure omni disputandum semper nec umquam satis iudicatum est. quaerendum igitur in hac ipsa, qua consistimus, an aliquid inveniri possit, quod scripto adversetur. 50 'ergo quisquis non adfuerit, exheres erit? quisquis sine exceptione?' iam se illa vel ultro offerent argumenta: 'et infans?' filius enim est et non adfuit: 'et qui aberat et qui militabat et qui in legatione erat?' iam multum acti est: potest aliquis non adfuisse et heres esse. 51 transeat nunc idem ille, qui ⟨hoc⟩[i] cogitavit, ut ait Cicero, tibicinis

f) *Regius:* at
g) redeamus *Meister*
h) *del. Halm*
i) *add. Christ*

meinen Anteil nach dem allgemeinen Recht unter Menschen.' Wer wäre so unerfahren, wer so fern aller Bildung, daß er nicht so anfinge, auch wenn er gar nichts davon wüßte, was ein allgemeines Beweisziel eigentlich ist. 47 Dieses gemeinsame Gesetz aller Menschen wird er etwas ausschmücken als gerecht und gut. Natürlich wird sich nun anschließen, daß wir fragen, was auf diese so billige Forderung entgegnet werde. Doch das liegt ja auf der Hand: 'Es gibt ein Gesetz, das befiehlt, zu enterben sei, wer seinem Vater gegen die Anklage des Verrates nicht beistände, du aber hast ihm nicht beigestanden.' Auf dieses Beweisziel folgt zwangsläufig das Lob des Gesetzes und der Tadel dessen, der seiner Beistandspflicht nicht genügt hat. Noch befinden wir uns bei Dingen, die allgemein zugegeben werden; nun muß unser Geist wieder zu dem zurückkehren, der die Forderung erhebt[18]: 48 Wird er nicht, wenn er nicht völlig stumpfsinnig ist, folgendes denken: 'Wenn ein Gesetz entgegensteht, gibt es keinen Rechtsstreit, ist die Gerichtsverhandlung nichtig; daß aber sowohl das Gesetz besteht und auch daß das, was es unter Strafe stellt, von dem ungebildeten Sohn begangen worden ist, steht außer Zweifel.' Was sagen wir also? 'Ich war ein ungebildeter Mensch.' Wenn das Gesetz alle umfaßt, wird das nichts nützen. 49 Wir müssen also fragen, ob die Kraft des Gesetzes in irgendeinem Gebiet eingeschränkt werden kann. Was also gestattet uns – um es immer wieder zu sagen – die Natur sonst, als daß, wenn der Wortlaut gegen uns steht, die Frage sich auf die Absicht des Gesetzgebers richtet? So ergibt sich die allgemeine Frage, ob man auf dem Wortlaut oder der Absicht fußen solle. Doch so muß sie immer wieder als gemeinsam gültig für das gesamte Recht erörtert werden, und noch nie ist sie hinreichend entschieden worden. Man muß also im Blick auf das Gesetz, auf das wir unsere Entscheidung gründen, fragen, ob sich etwas entdecken läßt, das dem Wortlaut des Textes zuwiderläuft. 50 'Wird also jedweder, der keinen Beistand geleistet hat, enterbt werden – jedweder ohne Ausnahme?' Und schon werden sich wie von selbst Gegenargumente anbieten: 'Auch ein kleines Kind?' Denn es ist ja auch ein Sohn und hat keinen Beistand geleistet! 'Auch jemand, der abwesend war, oder im Felde oder in einer politischen Mission unterwegs?' Und schon ist viel erreicht: es kann jemand keinen Beistand geleistet haben und doch Erbe sein! 51 Jetzt muß der gleiche Mann, der das Überdenken so

[18] Das überlieferte 'redeat animus' entspricht der dramatisch-pädagogischen Absicht besser als Meisters philologisch verlockendes 'redeamus', s. u. § 54.

Latini modo ad disertum: 'ut ista concedam, tu nec infans es, nec afuisti, nec militasti.' num aliud occurrit quam illud 'sed rusticus sum'?. 52 contra quod palam est dici[j]: 'ut agere non potueris, adsidere potuisti', et verum est. quare redeundum rustico ad animum legum latoris: 'impietatem punire voluit, ego autem impius non sum.' 53 contra quod disertus: 'tum impie fecisti', inquit, 'cum exheredationem meruisti, licet te postea vel paenitentia vel ambitus ad hoc genus optionis adduxerit'. praeterea 'propter te damnatus est pater, videbaris enim de causa pronuntiasse'. ad haec rusticus: 'tu vero in causa damnationis fuisti, multos offenderas, inimicitias domui contraxeras.' haec coniecturalia: illud quoque, quod coloris loco rusticus dicit, patris fuisse tale consilium, ne universam domum periculo subiceret. haec prima quaestione scripti et voluntatis continentur. 54 intendamus ultra animum videamusque, an aliquid inveniri praeterea possit. quo id modo fiet? sedulo imitor quaerentem, ut quaerere doceam, et omisso speciosiore stili genere ad utilitatem me submitto discentium.

Omnes adhuc quaestiones ex persona petitoris ipsius duximus: cur non aliquid circa patrem quaerimus? 55 dictum vero[k] est: 'quisquis[l] non adfuerit, exheres erit.' cur non conamur et sic quaerere 'num[m] cuicumque ⟨quis⟩[n] non adfuerit'? facimus hoc saepe in iis

j) *Christ:* dicit
k) enim *Halm*
l) *Spalding:* cui quis
m) *Ald.:* non
n) *add. Obrecht*

weit geführt hat, wieder, um mit Cicero zu reden,[19] wie der latinische Gesangsbegleiter auf der Tibia (beim Bühnenspiel) auf die andere Seite überwechseln zu dem redegewandten Sohn: 'Mag ich das auch zugeben, so bist du doch weder ein kleines Kind, noch bis du abwesend gewesen oder im Felde.' Stellt sich jetzt eine andere Entgegnung ein als jenes 'aber ich bin ungebildet', 52 wogegen es ja auf der Hand liegt zu sagen: 'Wenn du schon nicht als Redner auf seiner Seite hast auftreten können, so konntest du doch auf seiner Seite sitzen' – was doch wahr ist? Deshalb muß der Ungebildete wieder beim Geist des Gesetzgebers ansetzen: 'Versäumte Kindespflicht wollte er bestrafen; ich aber bin kein unfrommer Sohn.' 53 Wogegen der Redegewandte: 'Damals hast du als unfrommer Sohn gehandelt', sagt, 'als du die Enterbung verdient hast, mag dich auch später vielleicht Reue oder Ehrgeiz zu einem solchen Wunsch veranlaßt haben, wie du ihn geäußert hast.' Außerdem: 'Deinetwegen ist unser Vater verurteilt worden; denn es sah so aus, als hättest du schon über den Fall dein Urteil gefällt.' Hierauf der Ungebildete: 'Tatsächlich bist du an der Verurteilung beteiligt, hattest du doch viele vor den Kopf gestoßen und unserem Hause Feinde geschaffen.' Dies gehört zu Vermutungsfragen; ebenso das Argument, das der Ungebildete zur Schönfärbung[20] bringt, der Vater hätte es so gewollt, um nicht die ganze Familie in Gefahr zu bringen. Das ist zunächst, was in der Frage nach Wortlaut und Absicht enthalten ist. 54 Doch wollen wir unseren Geist noch weiter bemühen und sehen, ob sich noch etwas außerdem finden läßt. Wie läßt sich das machen? Ich tue absichtlich so, als wäre ich es selbst, der fragt, um fragen zu lehren, lasse dabei alle Stileffekte beiseite und bequeme mich ganz dem an, wie es dem Lernenden praktisch von Nutzen ist.

Wir haben bis jetzt alle Fragen von der Person hergeleitet, die selbst die Forderung einklagt. Warum fragen wir nicht etwas, was den Vater betrifft? 55 Der Text lautet ja: 'Jeder, der keinen Beistand geleistet hat, wird enterbt werden.' Warum versuchen wir nicht auch so zu fragen: 'Auch wenn er[21] jedem Betreffenden, wer

[19] p. Mur. 12, 26. Der Holzbläser, der allein (wenigstens in der älteren Zeit) alle Gesangspartien auf der Bühne begleitete, mußte seine Kunst abwechselnd jedem Singenden anpassen, 'dauernd die Partei wechseln'.

[20] d. h., um noch eine gefühlsmäßige Färbung des Ausdrucks hineinzubringen.

[21] Text unsicher.

controversiis, in quibus petuntur in vincula qui parentis suos non alunt, ut eam, quae testimonium in filium peregrinitatis reum dixit, eum, qui filium lenoni vendidit. 56 in hoc, de quo loquimur, patre quid adprendi potest? damnatus est. numquid igitur lex ad absolutos tantum patres pertinet? dura prima fronte quaestio. non desperemus: credibile est, hoc voluisse legum latorem, ne auxilia liberorum innocentibus deessent. sed hoc dicere rustico verecundum est, quia innocentem fuisse patrem fatetur. 57 dat aliud argumentum controversia[o]: 'damnatus proditionis cum advocato exulet.' vix videtur posse fieri, ut poena filio in eodem patre, et si adfuerit et si non adfuerit, constituta sit: praeterea lex ad exules nulla pertinet. non ergo credibile est de advocato damnati scriptum: an possint enim bona esse ulla exulis? 58 rusticus[p] in utramque partem dubium facit: disertus et verbis inhaerebit, in quibus nulla exceptio est, et propter hoc ipsum poenam esse constitutam eis, qui non adfuerint, ne periculo exilii deterreantur advocatione, et rusticum innocenti non adfuisse dicet. illud protinus non indignum quod adnotetur, posse ex uno statu duas generales quaestiones fieri, an quisquis? an cuicumque? haec ex duabus personis quaesita sunt. 59 ex tertia autem, quae est adversarii, nulla oriri quaestio potest, quia nulla fit ei de sua parte controversia. nondum tamen cura deficiat: ista enim omnia dici possent etiam non restituto patre. nec statim eo tendamus, quod occurrit ultro, a rustico restitutum. qui subtiliter quaeret, aliquid spectabit ultra: nam, ut genus species

o) **A**: controversiae
p) *Regius:* scolastica

es auch sei, nicht Beistand geleistet hat?' So machen wir es oft in den Kontroversien, in denen Gefängnis gefordert wird für Kinder, die ihren Eltern keinen Unterhalt bieten, z. B. bei einer Mutter, die gegen ihren Sohn in einer Anklage Zeugnis abgelegt hat, er besitze das Bürgerrecht nicht, oder einem Vater, der seinen Sohn einem Kuppler verkauft hat. 56 Was läßt sich bei dem Vater, von dem die Rede ist, diesbezüglich fassen? Er ist verurteilt worden. Bezieht sich etwa das Gesetz nur auf Väter, die freigesprochen worden sind? Eine mißliche Frage beim ersten oberflächlichen Hinsehen. Aber wir wollen nicht verzweifeln: Es ist glaublich, daß das in der Absicht des Gesetzgebers lag, damit die Möglichkeiten, die die Kinder zu bieten haben, Unschuldigen nicht fehlen sollen. Aber das zu sagen, ist für den Ungebildeten peinlich, weil er ja zugibt, der Vater sei unschuldig gewesen. 57 Es liefert das Kontroversthema noch einen anderen Beweissatz: 'Wegen Verrates verurteilt soll er mit seinem Rechtsbeistand verbannt werden.' Es scheint kaum zu gehen, daß ein Sohn bei dem gleichen Vater vom Gesetz unter Strafe steht, sowohl wenn er Beistand geleistet hat als auch wenn er keinen Beistand geleistet hat. Außerdem gibt es kein Gesetz, das für Verbannte noch gültig ist. Es ist also nicht glaublich, daß sich der Wortlaut des Erbschaftsgesetzes auf den Rechtsbeistand des Verurteilten bezieht: Kann denn ein Verbannter noch Vermögen besitzen! 58 Der Ungebildete zieht jede der beiden Seiten (der Textauslegung) in Zweifel. Der Redegewandte wird einmal am Wortlaut festhalten, in dem sich Ausnahmeregelungen nicht finden, und sodann erklären, gerade deswegen sei die Strafe festgesetzt für die, die keinen Beistand geleistet hätten, damit sie nicht durch die Gefahr des Exils sich von ihrer Beistandspflicht abschrecken ließen, der Ungebildete habe nun aber dem Unschuldigen keinen Beistand geleistet. Hierbei verdient ferner angemerkt zu werden, daß aus einem Status zwei allgemeine Fragen gewonnen werden: die Frage, 'ob jedweder' und die, 'ob jedwedem'. Diese Fragen sind aus der Rolle zweier Personen gewonnen worden. 59 Aus der der dritten, nämlich der des Gegners, kann keine Frage entstehen, weil über seinen Anteil kein Rechtsstreit besteht. Und doch soll unsere Bemühung noch nicht nachlassen: denn all dies könnte auch gesagt werden, ohne daß der Vater sein Bürgerrecht wiedererhalten hätte. Aber wir wollen nicht gleich auf das lossteuern, was sich von selbst anbietet, daß es ihm von dem ungebildeten Sohn wiederverschafft worden ist. Wer die Frage gründlich anpackt, wird seinen Blick auf etwas Umfassenderes richten; denn wie der allgemeinen

sequitur, ita speciem genus praecedit. 60 fingamus ergo ab alio restitutum: ratiocinativa atque collectiva quaestio orietur, an restitutio pro sublatione iudicii sit et proinde valeat, ac si iudicium non fuisset? ubi temptabit rusticus dicere, ne impetrare quidem aliter potuisse[q] suorum restitutionem uno praemio nisi patre proinde, ac si accusatus non esset, revocato, quae res advocati quoque poenam, tamquam his non adfuisset, remiserit. 61 tum venimus ad id, quod primum occurrebat, a rustico esse restitutum patrem. ubi rursus ratiocinamur, an restitutor accipi debeat pro advocato, quando id praestiterit, quod advocatus petiit, nec improbum sit pro simili accipi, quod plus est. 62 reliqua iam aequitatis,[r] utrius iustius sit desiderium. id ipsum adhuc dividitur: etiam si uterque totum sibi vindicaret, nunc utique, cum alter semissem, alter universa fratre excluso, sed his tractatis etiam habet magnum momentum apud iudices patris memoria, cum praesertim de bonis eius quaeratur. erit ergo coniectura, qua mente pater intestatus decesserit, sed ea pertinet ad qualitatem: alterius status instrumentum est. 63 plerumque autem in fine causarum de aequitate tractabitur, quia nihil libentius iudices audiunt. aliquando tamen hunc ordinem mutabit utilitas, ut, si in iure minus fiduciae erit, aequitate iudicem praeparemus.

q) potuisse ‹se› *Halm*
r) **p** *(ed. Jen.)*: aetatis

Gattung die spezielle Art folgt, so geht auch der Art die Gattung voraus. 60 Nun nehmen wir also an, sein Bürgerrecht sei ihm von einem Dritten wiederverschafft worden: so wird die Frage entstehen, die auf einer Schlußfolgerung und einem Syllogismus[22] beruht: ob die Wiederbeschaffung anstelle der Aufhebung des Gerichtsurteiles stehe und genausoviel bedeute, als wenn kein Prozeß stattgefunden hätte? Hier wird der ungewandte Sohn versuchen zu sagen, er hätte ja gar nicht durch eine Belohnung die Rehabilitierung der Seinen erhalten können, wenn sein Vater nicht so zurückberufen worden wäre, als wäre er gar nicht angeklagt worden, wodurch auch die Strafe für den Rechtsbeistand erlassen sei, als hätte dieser[23] gar keinen Beistand geleistet. 61 Dann erst kommen wir zu dem Gedanken, der sich als erster anbot, daß nämlich von dem ungewandten Sohn dem Vater die Rehabilitierung verschafft sei. Hier verwenden wir wieder die logische Schlußform, ob nämlich der Erwirker der Rehabilitierung soviel wie der Rechtsbeistand gelten dürfe, da er ja das erwirkt habe, was der Rechtsbeistand erstrebt hat, und es nicht ungebührlich sei, als ähnlich gelten zu lassen, was ja noch mehr ist. 62 Bei dem Restlichen handelt es sich um die Frage der Billigkeit: das Ansinnen, welches der beiden gerechter sei. Auch hier bietet sich noch einmal eine Einteilung: sogar dann, wenn jeder von ihnen das ganze Erbe für sich beanspruchte; (und zweitens) nun aber auf jeden Fall, da der eine nur seine Hälfte, der andere das Gesamterbe beansprucht und den Bruder leer ausgehen läßt. Wenn aber dies behandelt worden ist, macht auf die Richter noch einen starken Eindruck die Erwähnung des Vaters, zumal ja die Frage um sein Vermögen geht. Es wird sich also um die Vermutungsfrage handeln, was den Vater bewogen haben mag, ohne letztwillige Verfügung zu sterben, doch gehört diese Vermutung in den Rahmen der Frage nach der rechtlichen Beschaffenheit: sie steht im Dienste dieser anderen Grundfeststellung (des Qualitätsstatus). 63 Meistens nun wird man am Ende der Prozeßreden von der Billigkeit handeln, weil es nichts gibt, was die Richter lieber hören. Manchmal indessen wird es ein Gebot der Nützlichkeit sein, die Reihenfolge zu ändern, so daß wir, wenn in der Rechtslage nicht so viel steckt, was vertrauenserweckend ist, den Richter durch den Hinweis auf die Forderungen der Billigkeit vorbereiten.

[22] s. o. 5, 14, 24.

[23] Das von Rademacher vorgezogene 'his' gäbe den Sinn: 'als ob er diesen gar keinen Beistand geleistet hätte' – wobei freilich die Verwendung des Demonstrativums unbefriedigend ist.

64 Nihil habui amplius, quod in universum praeciperem. nunc eamus per singulas causarum iudicialium partes, quas ut persequi ad ultimam speciem, id est ad singulas lites controversiasque non possum, ita in generalibus scribere licet, ut, quae in quemque statum frequentissime incidant, tradam. et quia natura prima quaestio est, factumne sit, ab hoc ordiar.

II.

1 Coniectura omnis aut de re aut de animo est. utriusque tria tempora, praeteritum, praesens, futurum. de re et generales quaestiones sunt et definitae, id est, et quae non continentur personis et quae continentur[s]. 2 de animo quaeri non potest, nisi ubi persona est et de facto constat, ergo, cum de re agitur, aut quid factum sit, in dubium venit, aut quid fiat, aut quid sit futurum, ut in generalibus ‘an atomorum concursu mundus sit effectus, an providentia regatur, an sit aliquando casurus’: in definitis ‘an parricidium commiserit Roscius, an regnum adfectet Manlius, an recte Verrem sit accusaturus Q. Caecilius’. 3 in iudiciis praeteritum tempus maxime valet, nemo enim accusat nisi quae facta sunt: nam quae fiant et quae futura sint, ex praeteritis colliguntur. quaeritur et unde quid ortum. ut ‘pestilentia ira deum an intemperie caeli an corruptis aquis an noxio terrae halitu’. et quae causa facti? ut: ‘quare ad Troiam quinquaginta reges navigaverunt, iure iurando adacti an exemplo moti an gratificantes Atridae[t]?’ quae duo genera non multum inter se distant. 4 ea vero, quae sunt praesentis temporis, si non argumentis, quae necesse est praecessisse, sed oculis deprehendenda sunt,

s) personis et quae continentur *add. Halm (Cassiod.)*
t) *Rad.:* atridis *Turicensis 288 corr. (Wint.)* atridas(des)

64 Weiter habe ich nichts an Regeln zu bieten, was allgemeine Gültigkeit hat. Wir wollen nun die einzelnen Gruppen von Prozeßfällen durchgehen. Zwar kann ich diese nicht bis zu ihrer letzten Erscheinungsform, d. h. bis zu den einzelnen Prozessen und Streitfragen verfolgen. Jedoch läßt sich Lehrreiches im Rahmen der allgemeineren Gattungen fassen, so daß ich mitteile, was am häufigsten bei jeder der ersten Ausgangsfragen (Status) vorkommt. Und weil natürlicherweise die Frage die erste ist, ob etwas geschehen ist, will ich damit beginnen.

ZWEITES KAPITEL

Der Vermutungsstatus

1 Jede Vermutung richtet sich entweder auf einen Sachverhalt oder auf eine Geisteshaltung. Für beides kommen drei Zeiten in Frage: Vergangenheit, Gegenwart und Zukunft. Über einen Sachverhalt gibt es sowohl allgemeine Fragen als auch bestimmte, d. h. solche, die nicht bestimmte Personen betreffen, und solche, die sie betreffen. 2 Auf die Geisteshaltung geht eine Frage nur da, wo sie eine bestimmte Person betrifft und das Geschehen feststeht. Also gerät, wenn es sich um einen Sachverhalt dreht, entweder in Zweifel, was geschehen ist, oder, was geschieht oder was geschehen wird – so in den allgemeinen Fragen, 'ob durch das Zusammenstoßen von Atomen die Weltordnung zustande gekommen sei, ob sie durch eine Vorsehung gelenkt werde, oder ob sie einmal zerfallen werde', in den bestimmten, 'ob den Vatermord Roscius begangen habe, ob nach der Alleinherrschaft Manlius strebe, ob es Rechtens sei, daß den Verres Q. Caecilius anklagen werde'. 3 In Gerichtsverhandlungen hat die Vergangenheit die größte Bedeutung; denn niemand erhebt Anklage, wenn nicht irgendwelche Dinge geschehen sind; denn was geschieht und was geschehen wird, wird aus dem Vergangenen erschlossen. Man fragt auch, woher etwas stammt, so: 'ob eine Pest aus dem Zorn der Götter, ungesundem Wetter, verdorbenem Wasser oder einer giftigen Erdausdünstung' sowie, was der Grund für ein Geschehen sei, so: 'warum gegen Troia 50 Könige gesegelt sind, ob aus einer Eidespflicht oder zu einer exemplarischen Tat getrieben oder aus Gefälligkeit gegen den Atriden'. Diese beiden Arten von Fragen unterscheiden sich nur wenig. 4 Wenn aber das, was in der Gegenwart geschieht, nicht durch Beweise, die ja zwangsläufig zeitlich vorausgegangen sind, sondern

non egent coniectura, ut si aput Lacedaemonios quaeratur 'an Athenis muri fiant'. est[u] et illud, quod potest videri extra haec positum, coniecturae genus, cum de aliquo homine quaeritur, quis[v] sit, ut est quaesitum contra Urbiniae heredes, 'is[w] qui tamquam filius petebat bona, Figulus esset an Sosipater'. 5 nam et substantia eius sub oculos venit, ut non possit quaeri, an sit, quo modo an ultra oceanum, nec quid sit nec quale sit, sed quis[x] sit? verum hoc quoque genus litis ex praeterito pendet. 'an hic sit ex Urbinia natus Clusinius Figulus.' fuerunt autem tales etiam nostris temporibus controversiae atque aliquae in meum quoque patrocinium inciderunt. 6 animi coniectura non dubie in omnia tempora cadit: 'qua mente Ligarius in Africa fuerit? qua mente Pyrrhus foedus petat? quo modo laturus sit Caesar, si Ptolomaeus Pompeium occiderit?'

Quaeritur per coniecturam et qualitas[y] circa modum, speciem, numerum: 'an sol maior quam terra, luna globosa an plana an acuta, unus mundus an plures.' 7 itemque extra naturales quaestiones: 'maius bellum Troianum an Peloponensium, qualis clipeus Achillis, an unus Hercules.'

In iis autem, quae accusatione ac defensione constant, unum est genus, in quo quaeritur et de facto et de auctore: quod interim coniunctam quaestionem habet, et utrumque pariter negatur, interim separatam, cum et factum sit necne, et si de facto constet, a quo factum sit ambigitur. 8 ipsum quoque factum aliquando simplicem quaestionem habet, an homo perierit, aliquando duplicem, veneno an cruditate perierit. alterum est genus de facto tantum, cum, si id certum sit, non potest de auctore dubitari: tertium de auctore tan-

u) *Spalding:* sed
v) *Regius:* qui (quid)
w) *Spalding:* si is
x) *ed. Jens.:* qui
y) *Regius:* qualitat(em)

durch Augenschein erfaßt werden muß, so bedarf es keiner Vermutung – so wie wenn bei den Spartanern die Frage gestellt würde, ‘ob in Athen Festungsmauern gebaut werden’. Es ist auch jene Frage, die man für nicht hierher gehörig ansehen kann, eine Art der Vermutung, wenn bei einem Menschen sich die Frage ergibt, wer er sei, wie es sich in dem Prozeß gegen die Erben der Urbinia[24] ergeben hat, ‘ob der, der als angeblicher Sohn das Vermögen verlangte, Figulus sei oder Sosipater’. 5 Denn er tritt ja sogar in seinem eigentlichen Wesen vor unsere Augen, so daß man nicht fragen kann, ob er existiert, wie, ob etwas jenseits des Ozeans existiert, auch nicht, was dieses Wesen sei, auch nicht, von welcher Beschaffenheit es sei, sondern nur, wer es sei. Doch auch diese Streitart hängt von der Vergangenheit ab: ‘ob dieser der von Urbinia geborene Clusinius Figulus sei’. Solche Streitfälle hat es auch zu unserer Zeit gegeben, und einige hatte ich auch in meiner Anwaltspraxis zu behandeln. 6 Die Vermutung über die Geisteshaltung fällt zweifelsohne in alle Zeitstufen: ‘in welcher geistigen Verfassung Ligarius in Afrika war, in welcher Pyrrhus, als er um Frieden bat, wie es Caesar aufnehmen wird, falls Ptolemaeus den Pompeius töten ließe.’

Man fragt mittels der Vermutung auch nach der Beschaffenheit in Hinsicht auf Maß, Erscheinung und Zahl: ‘ob die Sonne größer als die Erde, der Mond kugelförmig, flach oder zackig, die Welt nur eine sei, oder es mehrere gebe’. 7 Und ebenso in Fragen außerhalb der Natur: ‘ob der Trojanische Krieg größer gewesen sei oder der Peleponnesische, wie der Schild des Achill aussah, ob es nur einen Herakles gegeben habe’.

Unter den Fällen aber, die auf Anklage und Verteidigung beruhen, gibt es eine Gattung, in der die Frage sowohl dem Geschehen gilt als auch seinem Urheber. Diese bildet zuweilen eine gekoppelte Frage, und dann werden beide Teile gleichermaßen geleugnet, zuweilen eine geteilte, wenn es sowohl umstritten ist, ob es geschehen ist oder nicht, als auch, wenn das Geschehene feststeht, strittig ist, von wem es getan ist. 8 Auch das Geschehene selbst bildet manchmal eine einfache Frage, ob der Mensch umgekommen sei, manchmal eine doppelte, ob durch Vergiftung oder durch ein Magenleiden. Eine zweite Gattung von Fragen betrifft nur das Geschehene, wenn, falls dieses gewiß ist, an seinem Urheber kein Zweifel bestehen kann; eine dritte nur den Urheber,

[24] in der Rede des Asinius Pollio, ORF p. 522 Malcovati.

tum, cum factum constet, sed a quo sit factum in controversiam venit. 9 et hoc, quod tertio loco posui, non est simplex. aut enim reus fecisse tantum modo se negat aut alium fecisse dicit. sed ne in alterum quidem transferendi criminis una forma est. interdum enim substituitur mutua accusatio, quam Graeci ἀντικατηγορίαν vocant, nostrorum quidam 'concertativam': interdum in aliquam personam, quae extra discrimen iudicii est, transfertur, et alias certam, alias incertam: et cum certam, aut in extrariam[z] aut in ipsius, qui periit, voluntatem. 10 in quibus similis atque in ἀντικατηγορίᾳ personarum, causarum, ceterorum comparatio est, ut Cicero pro Vareno in familiam Ancharianam, pro Scauro circa mortem Bostaris in matrem avertens crimen facit. 11 est etiam illud huic contrarium comparationis genus, in quo uterque a se factum esse dicit, et illud, in quo non personae inter se, sed res ipsae colliduntur, id est non uter fecerit, sed utrum factum sit. cum de facto et de auctore constat, de animo quaeri potest.

Nunc de singulis. cum pariter negatur, hoc modo: 'adulterium non commisi, tyrannidem non adfectavi.' in caedis ac veneficii causis frequens est illa divisio: 'non est factum, et si factum est, ego non feci.' 12 sed cum dicimus 'proba hominem occisum', accusatoris tantum partes sunt, a reo nihil dici contra praeter aliquas fortasse suspiciones potest, quas spargere quam maxime varie oportebit, quia, si unum aliquid adfirmaris, probandum est aut causa periclitandum. nam cum inter id, quod ab adversario, et id, quod a nobis proposi-

z) *Regius:* extrariam vitam

wenn das Geschehene feststeht, es aber zum Streitfall kommt, von wem es getan sei. 9 Auch diese hier als dritte aufgestellte Gattung ist nicht nur von einer Art: Entweder nämlich leugnet der Angeklagte nur, die Tat begangen zu haben, oder er sagt, ein anderer habe sie begangen. Jedoch gibt es wieder nicht etwa nur eine Form, die Beschuldigung auf einen anderen abzuwälzen. Zuweilen nämlich tritt die wechselseitige Anklage ein, die die Griechen ἀντικατηγορία 'Gegenklage' nennen, manche bei uns 'Anklage um die Wette'; zuweilen wird die Beschuldigung auf eine andere Person abgewälzt, die an dem Prozeß nicht beteiligt ist, und zwar bald auf eine bestimmte, bald auf eine unbestimmte Person; und wenn auf eine bestimmte, dann entweder auf eine fremde oder auf den Wunsch des Umgekommenen selbst. 10 Bei diesen Arten der Abwälzung findet ähnlich wie bei der ἀντικατηγορία eine Abwägung der Personen, der Beweggründe usw. statt, wie es Cicero in der ›Rede für Varenus‹ [25] tut, indem er die Anschuldigung auf das Gesinde des Ancharius, in der ›Rede für Scaurus‹ [26] betreffs Bostars Tod auf die Mutter ablenkt. 11 Es gibt auch noch eine dieser entgegengesetzte Art der abwägenden Vergleichung, in der beide Parteien behaupten, die Tat begangen zu haben, sowie die weitere, in der nicht Personen, sondern die Sachverhalte selbst gegeneinander stehen, d. h. nicht *wer* die Tat begangen hat, sondern welche Tat geschehen ist. Wenn das Geschehen und sein Urheber feststehen, so kann man die Frage nach der Geisteshaltung stellen (die in dem Geschehen zum Ausdruck kommt).

Nun das einzelne. Wenn beide Teile gleichermaßen geleugnet werden, geschieht es in folgender Weise: 'Ehebruch habe ich nicht begangen, nach Tyrannei nicht gestrebt.' Bei Fällen von Mord und Giftmischerei ist folgende Einteilung häufig: 'Es ist nicht geschehen, und wenn es geschehen ist, so habe ich es nicht getan.' 12 Jedoch wenn wir sagen: 'Beweise, daß der Mann erschlagen worden ist', so enthält das nur die Aufgabe für den Ankläger; von dem Angeklagten kann nichts dagegen gesagt werden außer vielleicht irgendwelche Verdächtigungen, die man möglichst unbestimmt ausstreuen soll, weil man, wenn man eine bestimmte Behauptung aufstellt, diese beweisen muß; sonst riskiert man, den Prozeß zu verlieren. Denn wenn zwischen dem, was vom Gegner, und dem, was von uns zu beweisen aufgestellt ist, die Frage an-

[25] orat. frg. II 9 Sch.
[26] § 13 (bei Clark); bei Kiessl.-Schöll p. 545 (Cic. vol. VII).

tum est, quaeritur, videtur utique alterum verum: ita everso quo defendimur reliquum est quo premimur, 13 ut[a] cum quaerimus de ambiguis signis cruditatis et veneni, nihil tertium est, ideoque utraque pars quod proposuit tuetur. interim autem ex re quaeritur 'veneficium fuerit an cruditas', cum aliqua ex ipsa citra personam quoque argumenta ducuntur. 14 refert enim, convivium praecesserit an tristitia, labor an otium[b], vigilia an quies. aetas quoque eius, qui periit, discrimen facit: interest, subito defecerit an longiore valetudine consumptus sit. liberior adhuc in utramque partem disputatio, si tantum subita mors in quaestionem venit. 15 interim ex persona probatio rei petitur, ut propterea credibile sit venenum fuisse, quia credibile est ab hoc factum veneficium vel contra. cum vero de reo et de facto quaeritur, naturalis ordo est, ut prius factum esse accusator probet, deinde a reo factum. si tamen plures in persona probationes habuerit, convertit hunc ordinem. 16 defensor autem semper prius negabit esse factum, quia, si in hac parte vicerit, reliqua non necesse habet dicere: victo superest ut tueri se possit.

Illic quoque, ubi de facto tantum controversia est, quod si probetur, non possit de auctore dubitari, similiter argumenta et ex persona et ex re ducuntur, sed in unam facti quaestionem, 17 sicut in illa controversia (sumendum est[c] enim ex iis[d] exemplis, quae sunt discentibus magis familiaria): 'abdicatus medicinae studuit. cum pater eius aegrotaret, desperantibus de eo ceteris medicis adhibitus sanaturum se dixit, si is potionem a se datam bibisset. pater acceptae potionis epota parte dixit venenum sibi datum, filius quod reliquum

a) *ed. Leid.:* at (aut)
b) *Regius:* laborantium
c) utendum est **P**
d) et hic *Spalding:* et his

setzt, scheint jedenfalls nur eins von beiden wahr zu sein. So bleibt, wenn die Behauptung, mit der wir uns verteidigen, zunichte geworden ist, nur die übrig, die uns unter Druck setzt; 13 so ist, wenn unsere Frage den Anzeichen gilt, die nicht eindeutig für Magenleiden oder Vergiftung sprechen, ein Drittes nicht möglich, und deshalb hält jede der beiden Parteien die Behauptung fest, die sie zu beweisen aufgestellt hat. Zuweilen aber setzt die Frage bei dem Sachverhalt an, 'ob es Vergiftung war, oder Magenleiden', wobei irgendwelche Beweise aus dem Sachverhalt selbst auch unabhängig von der Person gewonnen werden. 14 Es macht nämlich einen Unterschied, ob ein Festmahl vorausgegangen ist oder eine trübe Stimmung, ob Anstrengung oder Entspannung, Wachen oder Ruhe. Auch das Alter dessen, der zugrunde ging, macht einen Unterschied; es ist von Bedeutung, ob er plötzlich verschieden ist oder sich in längerer Krankheit verzehrt hat. Noch mehr Spielraum hat die Erörterung für beide Parteien, wenn nur ein plötzlicher Todesfall die Untersuchung auslöst. 15 Zuweilen wird der Erweis des Sachverhaltes von der Person genommen, so sei es etwa deshalb glaubhaft, daß Vergiftung vorlag, weil es glaubhaft ist, daß dieser Mann einen Giftmord begangen hat oder das Gegenteil. Wenn aber die Frage dem Angeklagten und dem Geschehen gilt, ist die natürliche Reihenfolge, daß der Ankläger zuerst beweist, daß die Tat begangen ist, und sodann, daß sie von dem Angeklagten begangen wurde. Wenn er jedoch die größere Zahl von Beweismitteln in der Person besitzt, kehrt er diese Reihenfolge um. 16 Der Verteidiger wird immer zuerst bestreiten, daß die Tat geschehen ist, weil er, wenn er damit durchkommt, gar keine Veranlassung hat, das Restliche noch zu behandeln. Kommt er nicht durch, so bleibt ihm noch der zweite Beweis, um sich persönlich schützen zu können.

Auch dort, wo nur das Geschehen strittig ist, nach dessen Beweis aber ein Zweifel über den Urheber möglich ist, werden in ähnlicher Weise die Beweise sowohl aus der Person als auch aus dem Sachverhalt hergeleitet, jedoch zu einer einzigen Tatfrage. 17 Zum Beispiel in der bekannten Kontroversie – wir wollen nämlich unsere Beispiele aus dem Schulvorrat nehmen, der den Lernenden eher vertraut ist: 'Ein verstoßener Sohn studierte Medizin. Als sein Vater krank war, gaben alle anderen Ärzte ihn auf, er aber sagte, als er zugezogen wurde, er werde ihn gesund machen, wenn er die Medizin, die er ihm verabreichte, tränke. Nachdem der Vater einen Teil der erhaltenen Medizin ausgetrunken hatte, sagte er, ihm sei Gift

erat exhausit: 18 pater decessit, ille parricidii reus est.' manifestum, quis potionem dederit: quae si veneni fuit, nulla quaestio de auctore, tamen an venenum fuerit, ex argumentis a persona ductis colligetur.

Superest tertium, in quo factum esse constat aliquid, a quo sit factum quaeritur. cuius rei supervacuum est ponere exemplum, cum plurima sint huius modi iudicia, ut hominem occisum esse manifestum sit vel sacrilegium commissum, is autem, qui arguitur fecisse, neget. ex hoc nascitur ἀντικατηγορία: utique enim factum esse convenit, quod duo invicem obiciunt. 19 in quo quidem genere causarum admonet Celsus, fieri id in foro non posse, quod neminem ignorare arbitror: de uno enim reo consilium cogitur, et etiam[e] si qui sunt, qui invicem accusent, alterum iudicium praeferre necesse est. 20 Apollodorus quoque ἀντικατηγορίαν duas esse controversias dixit, et sunt re vera secundum forense ius duae lites. potest tamen hoc genus in cognitionem venire senatus aut principis. sed in iudicio quoque nihil interest actionum, utrum simul de utroque pronuntietur, an sententia de uno feratur.[f] 21 quo in genere semper prior debebit esse defensio, primum quia natura potior est salus nostra quam adversarii pernicies, deinde quod plus habebimus in accusatione auctoritatis, si prius de innocentia nostra constiterit, postremum, quod ita demum duplex causa erit. nam qui dicit 'ego non occidi', habet reliquam partem ut dicat 'tu occidisti': 〈at qui dicit 'tu occidisti',〉[g] supervacuum habet postea dicere 'ego non occidi'.

e) *Christ:* etiam et
f) *Regius:* an etiam si … fertur
g) *add. Regius*

gegeben, der Sohn aber trank den Rest des Mittels ganz aus. Der Vater starb, der Sohn steht unter Anklage des Vatermordes.' 18 Offen liegt zutage, wer den Trank verabreicht hat. Ob der Trank Gift enthielt, ist keine Frage nach dem Urheber, und doch wird die Frage, ob es Gift war, aus Beweisen mit Hilfe von Schlußfolgerungen beantwortet, die von der Person hergeleitet sind.

Es bleibt noch die dritte Gattung, in der es feststeht, daß etwas geschehen ist, die Frage aber die ist, von wem die Tat begangen wurde. Hierfür ein Beispiel zu bieten ist überflüssig, da die meisten Gerichtsfälle von dieser Art sind, so daß es feststeht, daß ein Mensch erschlagen ist, oder ein Tempelraub begangen wurde, der aber, der der Tat beschuldigt wird, es leugnet. Aus dieser Gattung erwächst die ἀντικατηγορία: denn jedenfalls herrscht Übereinstimmung darüber, daß eine Tat geschehen ist, die zwei sich gegenseitig vorwerfen. 19 Bei dieser Art von Fällen merkt nun allerdings Celsus an,[27] vor Gericht könne es solche Wechselklagen nicht geben, eine Feststellung, die, denke ich, sowieso jedermann bekannt ist. Wird doch Gerichtssitzung nur über *einen* Angeklagten gehalten, und auch wenn es Parteien gibt, die sich gegenseitig die Schuld geben, muß man einem zweiten Verfahren den Vorzug geben. 20 Auch Apollodorus hat gelehrt, die ἀντικατηγορία bilde zwei Streitfälle, und es sind tatsächlich nach dem geltenden Recht zwei Streitsachen. Jedoch kann diese Art von Fällen im Kognitionsverfahren[28] vor den Senat oder den Princeps kommen. Aber auch bei dem Verfahren vor dem Schöffen macht es keinen Unterschied für die Prozeßrede, ob zugleich über beide Parteien Recht gesprochen oder nur über eine ein Urteil gefällt wird. 21 In dieser Wechselklage wird immer die Verteidigung den Vorrang haben, erstens, weil natürlicherweise die eigene Selbsterhaltung wichtiger ist als die Vernichtung des Gegners; sodann, weil unsere Anklage mehr ins Gewicht fällt, wenn zuvor unsere eigene Unschuld feststeht; und schließlich, weil so erst ein doppelter Fall daraus wird. Denn wer sagt: '*ich* zwar habe ihn nicht erschlagen', braucht noch einen zweiten Teil, um zu sagen: '*du* aber hast ihn erschlagen'; wer dagegen sagt: 'du zwar hast ihn erschlagen', für den ist es überflüssig, hinterher noch zu sagen: 'ich aber habe ihn nicht erschlagen'.

[27] rhet. frg. 6 Marx.

[28] Das in der späteren Kaiserzeit herrschende vereinfachte Prozeßverfahren, in dem im Gegensatz zum 'Formularprozeß' der älteren Zeit u. a. der Richter unabhängig von dem Wunsch der Parteien von Amts wegen (Senat oder Princeps) bestellt wird.

22 Hae porro actiones constant comparatione: ipsa comparatio non una via ducitur. aut enim totam causam nostram cum tota adversarii causa componimus aut singula argumenta cum singulis. quorum utrum sit faciendum, non potest nisi ex ipsius litis utilitate cognosci, ut Cicero singula pro Vareno comparat in primo crimine: † est enim superior * [h] enim persona alieni cum persona matris temere compararetur. quare optimum est, si fieri poterit, ut singula vincantur a singulis: sed si quando in partibus laborabimus, universitate pugnandum est. 23 et sive invicem accusant, sive crimen reus citra accusationem in adversarium vertit, ut Roscius in accusatores suos, quamvis reos non fecisset, sive in ipsos, quos sua manu perisse dicemus, factum deflectitur: non aliter quam in iis, quae mutuam accusationem habent, utriusque partis argumenta inter se comparantur. 24 id autem genus, de quo novissime dixi, non solum in scholis saepe tractatur, sed etiam in foro. nam id est in causa Naevi Arpiniani solum quaesitum, praecipitata esset ab eo uxor an se ipsa sua sponte iecisset. cuius actionem et quidem solam in hoc tempus emiseram, quod ipsum me fecisse [i] ductum iuvenali cupiditate gloriae fateor. nam ceterae, quae sub nomine meo feruntur, neglegentia excipientium in quaestum notariorum corruptae minimam partem mei habent.

25 Est et alia duplex coniectura huic anticategoriae diversa, de praemiis, ut in illa controversia: 'tyrannus suspicatus a medico suo datum sibi venenum torsit eum, et cum is dedisse se pernegaret, arcessit alterum medicum: ille datum ei venenum dixit, sed se nati-

h) *lac. statuit Wint. corruptel. indicavit Rad.*
i) me fecisse *Regius:* effecisse

22 Diese Verhandlungsreden beruhen ferner ganz auf der abwägenden Vergleichung: diese Vergleichung selbst aber wird nicht nur auf *einem* Weg durchgeführt. Entweder nämlich vergleichen wir unseren ganzen Fall mit dem ganzen Fall des Gegners oder einzelne Argumente mit Einzelargumenten. Welches der beiden Verfahren angebracht ist, kann man nur daraus erkennen, was im jeweiligen Streitfall zweckmäßig ist. So vergleicht Cicero in seiner ›Rede für Varenus‹ [29] bei der ersten Anschuldigung Argumente mit Argumenten. Hier ist er nämlich überlegen,[30] während es leichtsinnig wäre, die Rolle eines fremden Menschen mit der Rolle der Mutter zu vergleichen. Deshalb ist es das beste, wenn es sich machen läßt, Einzelnes mit Einzelnem zu überbieten; jedoch wenn es uns einmal bei den Einzelheiten hapert, mit dem Ganzen zum Kampf anzutreten. 23 Ob sich nun die Parteien gegenseitig anklagen, ob der Angeklagte die Anschuldigung auch ohne Anklage gegen den Gegner richtet, wie Roscius es gegen seine Ankläger tat, obwohl er sie nicht eigentlich angeklagt hatte, oder ob wir die Tat auf die Betroffenen selbst ablenken, wenn wir von ihnen behaupten, sie seien durch eigene Hand zugrunde gegangen: in jedem Falle werden genauso wie da, wo Wechselklage stattfindet, die Argumente beider Parteien abwägend verglichen. 24 Die Art aber, die ich zuletzt genannt habe, wird nicht nur in den Schulübungen oft behandelt, sondern auch vor Gericht. Denn in dem Falle des Naevius aus Arpinum drehte sich die Frage nur darum, ob die Ehefrau von dem Ehemann hinabgestürzt worden sei oder ob sie sich selbst aus eigenem Antrieb hinabgestürzt habe. Meine Rede bei diesem Prozeß hatte ich damals veröffentlicht, und zwar als einzige bis zur Stunde, wobei ich gestehe, daß ich mich auch dazu nur aus jugendlichem Ruhmesverlangen hatte verleiten lassen; denn alle anderen Reden, die unter meinem Namen verbreitet werden, sind durch die nachlässige Art, mit der geschäftstüchtige Stenographen sie mitgeschrieben haben, so verdorben, daß das wenigste in ihnen von mir stammt.

25 Es gibt noch eine andere Form der doppelten Vermutung, die von unserer 'anticategoria' verschieden ist, wobei es um Belohnungen geht, wie in der folgenden Kontroversie: 'Ein Tyrann läßt seinen Leibarzt auf den Verdacht hin foltern, er habe ihm Gift gegeben, und während dieser dabeibleibt, er habe es nicht gegeben, läßt er einen zweiten Arzt kommen. Jener sagte, es sei ihm tatsäch-

[29] orat. frg. II 7 Sch.

[30] Text und Sinn ganz unsicher.

dotum daturum, et dedit potionem ei, qua epota tyrannus decessit. de praemio duo medici contendunt.' nam ut illic factum in adversarium transferentium, ita hic sibi vindicantium personae, causae, facultates, tempora, instrumenta, testimonia comparantur. 26 illud quoque, etiam si non est ἀντικατηγορία, simili tamen ratione tractatur, in quo citra accusationem quaeritur, utrum factum sit. utraque enim pars suam expositionem habet atque eam tuetur, ut in lite Urbiniana petitor dicit, 'Clusinium Figulum filium Urbiniae acie victa, in qua steterat, fugisse, iactatumque casibus variis, retentum etiam a rege tandem in Italiam ac patriam suam Marrucinos[j] venisse atque ibi agnosci': Pollio contra, 'servisse eum Pisauri dominis duobus, medicinam factitasse, manu missum alienae se familiae venali inmiscuisse, a se rogantem, ut ei serviret, emptum'. 27 nonne tota lis constat duarum causarum comparatione et coniectura duplici atque diversa? quae autem accusantium ac defendentium, eadem petentium et infitiantium ratio est.

Ducitur coniectura primum a praeteritis: in his sunt personae, causae, consilia. nam is ordo est, ut facere voluerit, potuerit, fecerit. ideoque intuendum ante omnia, 'qualis sit, de quo agitur'. 28 accusatoris autem est efficere, ut, si quid obiecerit, non solum turpe sit, sed etiam crimini, de quo iudicium est, quam maxime conveniat. nam si reum caedis inpudicum vel adulterum vocet, laedat quidem infamia,

j) *Bonnell:* marginos

lich Gift gegeben worden, jedoch werde er ihm ein Gegengift geben, und er gab ihm ein Getränk, nach dessen Genuß der Tyrann verstarb. Die Ärzte beanspruchen nun beide vor Gericht die Tyrannenmord-Prämie.' Wie dort nämlich bei den Parteien, die die Tat aufeinander abwälzen, so werden hier bei denen, die sie für sich in Anspruch nehmen, Personen, Gründe, Möglichkeiten, Zeitumstände, Werkzeuge und Zeugnisse abwägend verglichen. 26 Auch jene andere Frage wird, wiewohl sie keine ἀντικατηγορία ist, auf ähnliche Weise behandelt, in der es unabhängig von einer Anklage darum geht, welcher von zwei Vorgängen wirklich geschehen sei. Jede der Parteien hat nämlich ihre eigene Darstellung und verteidigt sie. So sagt im Prozeß der Urbinia[31] der Vertreter der Forderung[32]: 'Clusinius Figulus, der Sohn der Urbinia, sei, nachdem die Front, an der er gestanden habe, zusammengebrochen sei, geflohen, sei durch mannigfache Schicksale umgetrieben und sogar vom König festgehalten worden und schließlich nach Italien und in seine Heimat im Marrucinerland gekommen und dort kenne man ihn.' Dagegen Pollio: 'Er sei in Pisaurum unter zwei Herren Sklave gewesen, habe sich in der Medizin betätigt, sich, freigelassen, unter eine fremde, zum Verkauf ausgebotene Sklavenschar gemischt und sei von ihm auf dessen Bitte gekauft worden, ihn als Sklaven anzunehmen.' 27 Besteht nicht der ganze Rechtsstreit aus der Vergleichung der beiden Rechtsfälle und aus der doppelten und verschiedenen Vermutungsfrage? Die gleichen Gesichtspunkte aber, die zwischen Anklagenden und Verteidigenden gelten, gelten auch zwischen denen, die die Forderung vertreten, und denen, die sie in Abrede stellen.

Die Vermutung wird zunächst vom Vergangenen gewonnen. Hierzu gehören Personen, sachliche Gegebenheiten und Absichten. Denn das ist die Reihenfolge: erst hat eine Person etwas gewollt, sodann die Möglichkeit zur Tat gehabt und dann die Tat getan. Und deshalb ist vor allem das Augenmerk darauf zu richten, 'wie die Person beschaffen ist, um die es geht'. 28 Sache des Klägers aber ist es dann zu erweisen, daß das, was er dem Gegner vorwirft, nicht nur eine Schandtat ist, sondern auch, daß es zu der Beschuldigung, um die der Prozeß geht, so gut wie möglich paßt. Denn wenn er den wegen Mordes Angeklagten einen Lüstling oder Ehebrecher nennt, so könnte er damit zwar seinem guten Ruf schaden, aber es

[31] ORF p. 523 M.
[32] der Kläger.

minus tamen hoc ad fidem valeat, quam si audacem, petulantem, crudelem, temerarium ostenderit. 29 patrono, si fieri poterit, id agendum est, ut obiecta vel neget vel defendat vel minuat: proximum est, ut a praesenti quaestione separet. sunt enim pleraque non solum dissimilia, sed etiam aliquando contraria, ut si reus furti prodigus dicatur aut neglegens: neque enim videtur in eundem et contemptus pecuniae et cupiditas cadere. 30 si deerunt haec remedia, ad illa declinandum est, non de hoc quaeri, nec eum, qui aliqua peccaverit, utique commisisse omnia, et hanc fiduciam fuisse accusatoribus falsa obiciendi, quod laesum et vulneratum reum speraverint[k] hac invidia opprimi posse. 31 alii a propositione accusatoris contraque eam[l] loci oriuntur. saepe a persona prior ducit[m] argumenta defensor et interim generaliter, incredibile esse a filio patrem occisum, ab imperatore proditam hostibus patriam. facile respondetur, vel quod omnia scelera in malos cadant ideoque saepe deprensa sint, vel quod indignum[n] sit, crimina ipsa atrocitate defendi. 32 interim proprie, quod est varium. nam dignitas et tuetur reum et nonnumquam ipsa in argumentum facti convertitur, tamquam inde fuerit spes impunitatis: proinde paupertas, humilitas, opes, ut cuique ingenio[o] vis est, in diversum trahuntur. 33 probi vero mores et ante actae vitae integritas numquam non plurimum profuerint. si nihil obicietur, patronus quidem in hoc vehementer incumbet, accusator autem ad praesentem quaestionem, de qua sola iudicium sit, cognitionem alligabit dicens, neminem non aliquando coepisse peccare, nec pro

k) *Gesner:* speravere
l) *Halm:* contra qua(m)
m) *ed. Colon.:* dicit
n) *ed. Ald.:* ingenium
o) ingenii *Spalding*

würde für die Glaubwürdigkeit der Anklage weniger ausmachen, als wenn er ihn als verwegen, unverschämt, grausam und unüberlegt hinstellte. 29 Der Verteidiger wird es, wenn es sich machen läßt, darauf anlegen, die Vorwürfe entweder zu bestreiten, sie zu rechtfertigen oder ihr Gewicht abzuschwächen. Das nächstliegende ist, sie als nicht hergehörig von der vorliegenden Frage zu trennen. Es gibt nämlich sehr viele Vorwürfe, die nicht nur unähnlich, sondern manchmal sogar unstimmig sind – so wenn ein wegen Diebstahls Angeklagter als Verschwender bezeichnet wird oder als unbekümmert um Geld. Denn gleichzeitige Geringschätzung und Gier nach Geld scheint nicht zu demselben Menschen zu passen. 30 Fehlen solche Hilfsmittel, so muß man dahin ausbiegen, dieser Vorwurf stehe jetzt gar nicht zur Untersuchung, jemand, der einmal einen Fehler gemacht habe, habe deswegen nicht gleich alles begangen, und die Anklage sei bei ihren falschen Vorwürfen deshalb so zuversichtlich, weil sie hoffe, der Angeklagte könne, angeschlagen und verwundet wie er sei, durch diese gehässige Stimmung ganz niedergeworfen werden. 31 Andere Gesichtspunkte ergeben sich aus der Beweisthese des Klägers und gegen sie. Oft leitet der Verteidiger zunächst von der Person seine Argumente her und zuweilen in allgemeiner Form: es sei unglaubhaft, daß der eigene Sohn den Vater erschlagen, der Feldherr seine Heimat an den Feind verraten habe. Die Antwort hierauf findet sich leicht: entweder daß schlechte Menschen zu allen Verbrechen fähig seien und sie deshalb oft (auf frischer Tat) ertappt würden; oder daß es wirklich allerhand sei, Beschuldigungen durch ihre eigene Ungeheuerlichkeit zu entkräften. 32 Zuweilen auch in spezieller Form, und zwar auf verschiedene Weise. Denn der Rang, den ein Angeklagter bekleidet, bietet ihm einerseits Schutz, er läßt sich aber bisweilen gerade zum Argument für die Täterschaft umkehren, als habe er aus seinem Rang die Hoffnung geschöpft, straflos auszugehen. Ebenso lassen sich auch Armut, niedrige Geburt und Reichtum als Gegenargument auf die andere Seite ziehen, je nachdem wie geschickt jeder damit umzugehen vermag. 33 Anständiger Lebenswandel aber und ein makelloses Vorleben werden wohl immer die größte Hilfe für die Verteidigung darstellen. Wenn keine Vorwürfe diesbezüglich erfolgen, so wird der Verteidiger zwar hiervon gewaltiges Aufheben machen, der Ankläger aber wird die Ermittlung auf die gegenwärtige Frage, um die es vor Gericht lediglich gehe, einschränken, indem er erklärt, es gäbe keinen Verbrecher, der nicht einmal den ersten Fehltritt begangen habe, und man dürfe die Tatsache, daß es das erste Verbrechen sei, nicht zu

ἐνκαινίοις[p] ducendum scelus primum. 34 haec in respondendo. sic autem praeparabit actione prima iudicum animos, ut noluisse potius obicere quam non potuisse credatur. eoque satius est, omni se ante actae vitae abstinere convicio quam levibus aut frivolis aut manifesto falsis reum incessere, quia fides ceteris detrahitur: et qui nihil obicit, omisisse credi potest maledicta tamquam supervacua: qui vana congerit, confitetur validum[q] in ante actis argumentum, in quibus vinci quam tacere maluerit. 35 cetera, quae a personis duci solent, in argumentorum locis exposuimus.

Proxima est 'ex causis' probatio, in quibus haec maxime spectantur: ira, odium, metus, cupiditas, spes: nam reliqua in horum species cadunt. quorum si quid in reum conveniet, accusatoris est efficere, ⟨ut⟩[r] ad quidquid faciendum causae valere videantur, easque, quas in argumentum sumet, augere: 36 si minus, illuc conferenda est oratio, aut aliquas fortasse latentes fuisse, aut nihil ad rem pertinere cur fecerit, si fecit, aut etiam dignius esse odio scelus, quod non habuerit causam. patronus vero, quotiens poterit, instabit huic loco, ut nihil credibile sit factum esse sine causa. quod Cicero vehementissime ⟨in⟩[s] multis orationibus tractat, praecipue tamen pro Vareno: qui in omnibus aliis premebatur, nam et damnatus est. 37 at si proponitur cur factum sit, aut falsam causam aut levem aut ignotam

p) *Rad.:* ενκαινιος **V** encenia (*ras.* **A²**)
q) *Gertz:* vanum *ll.* unum *Spalding*
r) *add. Spalding*
s) *add. Regius*

den ἐνκαίνια rechnen.[33] 34 Soviel, wenn man zu antworten hat. Hat man aber die erste Rede, so wird man die Richter geistig so vorbereiten, daß der Eindruck entsteht, man habe eher keine Vorwürfe machen wollen, als es nicht gekonnt. Und es ist um so besser, sich jeder tadelnden Bemerkung über das Vorleben zu enthalten als mit leichtfertigen, kümmerlichen oder oft sichtlich falschen Behauptungen den Angeklagten anzugreifen, weil dadurch dem Restlichen die Glaubwürdigkeit entzogen wird. Und wenn kein Vorwurf erfolgt, so kann man glauben, die Schmähungen seien als überflüssig beiseite gelassen worden. Wer aber Nichtiges zusammenkratzt, gibt dadurch zu, er hielte den Beweis aus dem Vorleben für so wichtig, daß er es eher riskiert habe, damit zu unterliegen als ihn schweigend zu übergehen. 35 Die übrigen Beweise, die von Personen gewonnen zu werden pflegen, haben wir unter den Fundstellen der Beweise aufgeführt.[34]

An nächster Stelle steht die Beweisführung 'nach Gründen', wobei vor allem folgende zu beachten sind: Zorn, Haß, Furcht, Begierde, Hoffnung; denn alle übrigen sind als deren Unterabteilungen anzusehen. Paßt etwas hiervon auf den Angeklagten, so ist es Sache des Klägers, es dahinzubringen, daß die Gründe stark genug erscheinen, jede nur mögliche Tat zu vollbringen und diejenigen Gründe, die er als Beweis bringen will, zu steigern. 36 Andernfalls muß man die Rede darauf einrichten: es seien vielleicht irgendwelche verborgene Gründe vorhanden gewesen, oder: es tue nichts zur Sache, warum er es getan hätte, wenn er es nur getan habe, oder: das Verbrechen sei noch hassenswerter, weil der Täter keinen Grund dafür gehabt habe. Der Verteidiger aber wird, sooft er die Möglichkeit findet, auf dem Gedanken bestehen, es sei nicht glaubhaft, daß etwas ohne Grund getan worden sei. So macht es Cicero aufs energischste in vielen Reden, jedoch besonders in der für Varenus[35], der durch alle anderen Umstände schwer belastet war – wie er denn ja auch verurteilt worden ist. 37 Wenn dagegen in der Anklage ein Grund angegeben wird, warum die Tat geschehen sei, so wird der Verteidiger behaupten, der Grund sei falsch, unwesentlich oder dem

[33] d. h., als ob es den Anfang einer neuen Zeit zu feiern gelte. So mit Radermacher. Den gleichen, gewiß richtigen Sinn würde auch z. B. Gesners 'pro encomio' treffen. So bleibt der Wortlaut des verderbten *encenia unsicher.

[34] s. o. 5, 10, 20.

[35] orat. frg. II 13 Sch.

reo dicet. possunt autem esse aliquae interim ignotae, 'an heredem habuerit, an accusaturus fuerit eum, a quo dicetur occisus'. si alia defecerint, non utique spectandas esse causas, nam quem posse reperiri, qui non metuat, oderit, speret? plurimos tamen haec salva innocentia facere. 38 neque illud est omittendum, non omnis causas in omnibus personis valere: nam ut alicui sit furandi causa paupertas, non erit idem in Curio Fabricioque momentum.

39 De causa prius an de persona dicendum sit, quaeritur, varieque est ab oratoribus factum, a Cicerone etiam praelatae frequenter causae. mihi, si neutro litis condicio praeponderet, secundum naturam videtur incipere a persona. nam hoc magis generale est rectiorque divisio, an ullum crimen credibile, an hoc. 40 potest tamen id ipsum, sicut pleraque[t], vertere utilitas. nec tantum causae voluntatis sunt quaerendae, sed interim et erroris, ut ebrietas, ignorantia. nam ut haec in qualitate crimen elevant, ita in coniectura premunt. 41 et persona quidem nescio an umquam, utique in vero actu rei, possit incidere, de qua neutra pars dicat: de causis frequenter quaeri nihil attinet, ut in adulteriis, ut in furtis, quia illas per se ipsa crimina secum habent.

42 Post haec intuenda videntur et 'consilia', quae late patent: an credibile sit reum sperasse id a se scelus effici posse? an ignorari, cum fecisset? an etiam, si ignoratum non esset, absolvi vel poena levi transigi vel tardiore vel ex qua minus incommodi consecuturus, quam ex facto gaudii videretur? 43 an etiam tanti putaverit poenam subire? post haec, an alio tempore et aliter facere vel facilius vel securius potuerit, ut dicit Cicero pro Milone enumerans plurimas

t) *Regius:* plerumque

Angeklagten unbekannt. Es kann ja aber auch zuweilen unbekannte Gründe geben, etwa 'ob der Ermordete einen Erben gehabt habe oder ob er den, von dem er erschlagen sein soll, habe anklagen wollen'. Fehlt es an anderem, so wird er sagen, man sollte nicht durchaus nach Gründen Ausschau halten; denn wer ließe sich ausfindig machen, der nicht Furcht, Haß oder Hoffnung hegte? Und doch hegten die meisten solche Gefühle, unbeschadet ihrer Unbescholtenheit. 38 Auch darf nicht übersehen werden, daß nicht alle Gründe für alle Personen gelten; denn wenn auch jemandem seine Armut ein Grund zum Diebstahl sein mag, so wird ebendies bei einem Curius und Fabricius kein Beweggrund sein.

39 Ob man erst von dem Grund oder von der Person sprechen soll, ist eine Streitfrage, und die Redner haben es hierbei verschieden gehalten; bei Cicero finden sich sogar häufig die Gründe an erster Stelle. Mir scheint es, wenn die Prozeß-Situation keinem der beiden Punkte ein Übergewicht gibt, naturgemäß zu sein, mit der Person zu beginnen. Denn das scheint mir das Allgemeinere und die Einteilung richtiger, ob überhaupt irgendeine Beschuldigung glaubhaft ist oder die vorliegende. 40 Jedoch kann gerade auch dies, wie fast alles, die Rücksicht auf Zweckmäßigkeit umkehren. Auch hat man nicht nur nach Gründen zu fragen, die im freien Willen liegen, sondern zuweilen auch nach solchen aufgrund eines Fehlers wie Trunkenheit oder Nichtwissen. Denn wie diese bei der Bewertungsfrage der Anschuldigung etwas von ihrer Schwere nehmen, so wirken sie bei der Vermutungsfrage verstärkend. 41 Auch weiß ich nicht, ob es überhaupt, jedenfalls ob es in einer richtigen Verhandlung je eine Person geben kann, von der keine der Parteien sprechen müßte. Nach den Gründen zu forschen hat oft wenig Bedeutung, z. B. bei Ehebruch, z. B. auch bei Diebstahlsfällen, weil diese Vergehen schon von sich aus ihre Begründung in sich tragen.

42 Hiernach scheinen mir auch die 'Absichten' die Betrachtung zu verdienen, ein weiter Fragenkreis: ob es glaubhaft sei, daß der Angeklagte erwartete, imstande zu sein, dieses Verbrechen zu verüben; oder unbekannt zu bleiben, wenn er es ausgeführt hätte; oder auch, wenn es nicht unerkannt bliebe, freigesprochen zu werden oder mit einer leichten Strafe davonzukommen oder einer verzögerten oder einer, die offenbar einen geringeren Nachteil zur Folge haben würde als die Freude über die vollbrachte Tat oder auch, ob er die Tat für wert gehalten, dafür die Strafe auf sich zu nehmen. 43 Danach, ob er zu anderer Zeit und auf andere Weise sie leichter oder sicherer hätte ausführen können, wie es Cicero in der ›Rede für

occasiones, quibus ab eo Clodius inpune occidi potuerit. praeterea, cur potissimum illo loco, illo tempore, illo modo sit adgressus, qui et ipse diligentissime tractatur pro eodem locus, 44 an etiam, si nulla ratione ductus est, impetu raptus sit et absque sententia (nam vulgo dicitur scelera non habere consilium), an etiam consuetudine peccandi sit ablatus.

Excussa prima parte 'an voluerit', sequitur 'an potuerit'. hic tractatur locus, tempus, ut furtum in loco cluso, frequenti, tempore vel diurno, cum testes plures, vel nocturno, cum maior difficultas. 45 inspiciuntur itaque difficultates, occasiones, quae sunt plurimae ideoque exemplis non egent. hic sequens locus talis est, ut, si fieri non potuit, sublata sit lis, si potuit, sequatur quaestio an fecerit. sed haec etiam ad animi coniecturam pertinent: nam et ex his colligitur, an speraverit. ideo spectari debent et instrumenta, ut Clodi ac Milonis comitatus.

46 Quaestio 'an fecerit' incipit a secundo tempore, id est praesenti ac deinde[u] coniuncto, quorum sunt sonus, clamor, gemitus: insequentis latitatio, metus, similia. his accedunt signa, de quibus tractatum est, verba etiam et facta, quaeque antecesserunt quaeque insecuta sunt. 47 haec aut nostra sunt aut aliena. sed verba nobis magis nocent et minus prosunt nostra quam aliena, magis prosunt et minus[v] nocent aliena, ut si quid, quod pro nobis sit, adversarius fecit: semper vero magis nocent nostra quam aliena.

u) aut [deinde] *Wint.*

v) et minus *Bonnell:* aut minus magis

Milo‹[36] dargelegt, indem er die so zahlreichen Gelegenheiten aufzählt, bei denen Clodius von Milo ohne Strafe hatte erschlagen werden können. Außerdem, warum gerade an jener Stelle, zu jener Zeit, auf jene Weise der Angriff erfolgte, eine Fragestellung, die in derselben Verteidigungsrede[37] (von Cicero) aufs sorgfältigste durchgeführt wird; 44 ob er sich ferner, wenn er sich durch keine vernünftige Überlegung lenken ließ, durch sein Temperament habe hinreißen lassen und ohne eigentliches Bewußtsein – denn allgemein heißt es ja, Verbrechen kennt keine klare Überlegung – oder auch seiner Verbrechergewohnheit gefolgt sei.

Nachdem der erste Teil, das ‘ob er gewollt hat’ zu Ende betrachtet ist, folgt die zweite Frage, ‘ob er dazu imstande war’. Hier werden behandelt Ort und Zeit, z. B. Diebstahl an einem abgeschlossenen oder verkehrsreichen Platz, entweder zur Tageszeit, wobei es zahlreichere Zeugen gibt, oder zur Nachtzeit, wobei die Durchführung schwieriger ist. 45 So werden auch die Schwierigkeiten und Gelegenheiten gemustert, die äußerst zahlreich sind und deshalb Beispiele entbehrlich machen. Der hier behandelte zweite Gesichtspunkt ist deshalb so wichtig, weil, wenn die Tat nicht hat geschehen können, der ganze Streitfall aus der Welt ist, wenn sie aber hat geschehen können, die Frage folgt, ob der Täter sie vollbracht hat. Aber diese Dinge gehören auch zur Vermutung über die Geisteshaltung; denn hieraus wird geschlossen, ob der Täter sich etwas davon versprach. Deshalb müssen auch die Werkzeuge in Betracht gezogen werden, z. B. das Gefolge, das den Clodius und Milo begleitete.

46 Die Frage, ‘ob er es getan hat’, beginnt mit der zweiten Zeitstufe, d. h. der Gegenwart und dem, was sich unmittelbar an sie anschließt, wozu Geräusche, Geschrei und Ächzen gehören; zur folgenden Zeitstufe gehören das Sich-Verborgenhalten, Furcht u. ä. Zu diesen hinzu kommen die Indizien, von denen schon gehandelt ist,[38] auch Worte und Handlungen, wie sie vorausgegangen und wie sie in der Folge eingetreten sind. 47 Diese Worte und Taten sind entweder unsere eigenen oder fremde. Jedoch schaden uns mehr und nützen uns weniger unsere eigenen als fremde Worte. Von den Taten aber nützen zuweilen unsere eigenen mehr, zuweilen die fremden, wenn etwa der Gegner etwas getan hat, was uns zugute kommt; immer aber schaden uns unsere eigenen mehr als fremde. 48 Bei

[36] p. Mil. 14, 38f.

[37] p. Mil. 15, 39.

[38] s. o. Buch V, Kap. 9.

48 est et illa in verbis differentia, quod aut aperta sunt aut dubia. seu nostra seu aliena sunt, infirmiora in utrumque sint necesse dubia: tamen nostra saepe nobis nocent, ut in illa controversia: 'interrogatus filius, ubi esset pater, dixit: ubicumque est, vivit[w]: at ille in puteo mortuus est inventus.' 49 aliena, quae sunt dubia, numquam possunt nocere nisi aut incerto auctore aut mortuo. 'nocte audita vox est, cavete tyrannidem', et 'interrogatus, cuius veneno moreretur, respondit: non expedit tibi scire.' nam si est qui possit interrogari, solvet ambiguitatem. 50 cum autem dicta factaque nostra defendi solo animo possunt, aliena varie refutantur.

De uno quidem maximo genere coniecturalium controversiarum locuti videmur, sed[x] in omnis aliquid ex his cadit. nam furti, depositi, creditae pecuniae et a facultatibus argumenta veniunt, 'an fuerit quod deponeretur', et a personis, 'an ullum deposuisse apud hunc vel huic credidisse credibile sit, an petitorem calumniari, an reum infitiatorem esse vel furem'. 51 sed etiam in furti reo sicut in caedis quaeritur de facto et de auctore. crediti et depositi duae quaestiones, sed numquam iunctae, an datum sit, an redditum. habent aliquid proprii adulterii causae, quod plerumque duorum discrimen est et de utriusque vita dicendum, quamquam et id quaeritur, an utrumque pariter defendi oporteat. cuius rei consilium nascetur ex causa: nam si adiuvabit pars altera, coniungam, si nocebit, separabo. 52 ne quis autem mihi putet temere excidisse, quod plerumque duorum crimen esse adulterium, non semper dixerim: potest accusari sola mulier incerti adulterii: 'munera domi inventa sunt, pecunia, cuius auctor non extat, codicilli dubium ad quem scripti.' in falso quoque ratio similis; 53 aut enim plures in culpam vocantur aut unus, et scriptor

w) bibit *Gertz (Gesner) fort. recte*
x) sed *Spalding:* et

den Worten gibt es auch noch den Unterschied, daß sie entweder offenkundig sind oder zweifelhaft. Ob es sich nun um unsere oder um fremde handelt, weniger bedeuten zwangsläufig in beiden Fällen die zweifelhaften. Indessen schaden uns die unseren oft wie in der bekannten Kontroversie: 'Ein Sohn antwortete auf die Frage, wo sein Vater sei: wo er auch ist, er lebt! Jener wurde aber tot im Brunnen gefunden'. 49 Fremde Worte, die zweifelhaft sind, können niemals schaden, es sei denn, ihr Urheber ist ungewiß oder tot. 'Bei Nacht hörte man eine Stimme: hütet euch vor der Tyrannenherrschaft!', sowie: 'Auf die Frage, durch wessen Gift er sterbe, antwortete er: es ist nicht gut für dich, das zu wissen'. Wenn es nämlich jemanden gibt, den man fragen kann, so wird er die Zweideutigkeit lösen. 50 Während aber unsere eigenen Worte und Taten lediglich durch unsere Geisteshaltung gerechtfertigt werden können, gibt es für die der anderen verschiedene Formen der Widerlegung.

Wir haben zwar offenbar nur von der einen wichtigsten Art der Streitfälle mit Vermutungsfragen gesprochen, jedoch trifft von dem Behandelten etwas bei allen zu. Denn bei Diebstahl, Geldhinterlegung oder Darlehen kommen die Argumente sowohl von den Möglichkeiten, 'ob es etwas gegeben hat, das hinterlegt werden konnte', als auch von Personen, 'ob es glaubhaft sei, daß er etwas bei diesem hinterlegt oder diesem ausgeliehen habe, daß er, der die Forderung vorbringe, böswillig vorgehe, oder der Angeklagte ein Preller sei oder Dieb.' 51 Aber auch bei einem wegen Diebstahls Angeklagten gilt die Frage wie bei der Mordanklage dem Geschehen und seinem Urheber. Bei Darlehen und Hinterlegung gibt es zwei Fragen, die aber niemals gekoppelt sind, ob es gegeben, ob es zurückerstattet sei. Auch die Ehebruchsfälle haben etwas Eigentümliches, daß es sich nämlich meistens um ein Vergehen gegen zwei Personen handelt und man über das Leben jedes der beiden reden muß, obwohl hier auch die Frage sich ergibt, ob man beide gleichermaßen verteidigen soll. Das Vorgehen wird hierbei aus der Lage des Falles sich ergeben; denn wenn die Person des Partners nützen kann, werde ich die Verfahren verbinden, wenn sie schaden kann, abtrennen. 52 Damit aber niemand meine, die Bemerkung sei mir unüberlegt entfallen, der Ehebruch sei meistens ein Vergehen von zweien, nicht immer, so kann auch die Frau allein wegen Ehebruchs mit unbekannt angeklagt werden: 'Geschenke haben sich zu Hause gefunden, Geld, dessen Geber nicht bekannt ist, Briefchen mit zweifelhaftem Empfänger.' 53 Auch bei Fälschung ist das Verfahren ähnlich: entweder nämlich werden mehrere zur Verantwortung gezogen oder

quidem semper tueri signatorem necesse habet, signator scriptorem non semper, nam et decipi potuit. is autem, qui hos adhibuisse et cui id factum dicitur, et scriptorem et signatores defendet. idem argumentorum loci in causis proditionis et adfectatae tyrannidis.

54 Verum illa scholarum consuetudo ituris in forum potest nocere, quod omnia, quae in themate non sunt, pro nobis ducimus. adulterium obicis: 'quis testis? quis index?' ⟨proditionem⟩[y]: 'quod pretium? quis conscius?' venenum: 'ubi emi? a quo? quando? quanti? per quem dedi?' pro reo tyrannidis adfectatae: 'ubi sunt arma? quos contraxi satellites?' 55 neque haec nego esse dicenda et ipsis utendum pro parte suscepta: nam et in foro aliqua, quando[z] adversarius probare non poterit, desiderabo. sed in foro tantam illam facilitatem olim desideravimus[a], ubi non fere causa agitur, ut non aliquid ex his aut plura ponantur. 56 huic simile est, quod in epilogis quidam, quibus volunt, liberos, parentes, nutrices accommodant: nisi quod magis concesseris ea, quae non sint posita, desiderare quam adicere.[b]

De animo quo modo quaeratur, satis dictum est, cum ita diviserimus, an voluerit, an potuerit, an fecerit. nam qua via tractatur an voluerit, eadem quo animo fecerit: id enim est, an male facere voluerit. 57 ordo quoque rerum aut adfert aut detrahit fidem: multo scilicet magis res, prout ⟨ponuntur,⟩[c] congruunt aut repugnant. sed haec nisi in ipso complexu causarum non deprehenduntur. quaerendum tamen semper, quid cuique conectatur et quid consentiat.

y) *add. Spalding*
z) *Spalding:* aliquando
a) desperavimus *Rad.* nolim desiderari *ci. Wint.*
b) *ed. Leid.:* dicere
c) *add. Spalding*

nur einer. Auch der Schreiber zwar bedeutet immer für die siegelnde Person eine Deckung, die siegelnde Person aber nicht immer für den Schreiber, denn sie konnte sich auch täuschen lassen. Die Person aber, die die bei der Beurkundung Beteiligten in Anspruch genommen und für die das Schriftstück angefertigt sein soll, wird sowohl für den Schreiber als auch für die unterzeichneten Zeugen bei der Verteidigung einen Rückhalt liefern. Dieselben Fundstellen für Beweise gelten auch in Fällen von Verrat und von Trachten nach Tyrannenmacht.

54 Allerdings kann die Gewohnheit der Schulübungen denen schaden, die in die Gerichtspraxis gehen wollen, daß wir alles, was in dem Thema der Aufgabe nicht vorkommt, zu unseren Gunsten auslegen. Du erhebst den Vorwurf des Ehebruchs: 'Wer kann es bezeugen, es angeben?'; des Verrates: 'Wie hoch war der Lohn dafür? wer der Mitwisser?'; der Vergiftung: 'Wo habe ich das Gift gekauft? von wem? wann? wie teuer? durch wen es verabreichen lassen?' Für einen Mann, der angeklagt ist, nach Tyrannenmacht getrachtet zu haben: 'Wo sind die Waffen? Welche Helfershelfer habe ich geworben?' 55 Ich bestreite ja nicht, daß man das sagen muß und es ausnutzen muß für die Rolle, die man übernommen hat; denn auch in der Praxis werde ich manche Angaben verlangen, wenn der Gegner keine Beweise liefern kann. Aber in der Praxis haben wir schon immer die Bequemlichkeit vermißt, die sich in den Schulübungen findet, wo kaum ein Fall verhandelt wird, ohne daß eine oder mehrere Angaben dieser Art angenommen werden. 56 Dem ähnlich ist, daß manche in den Epilogen beliebigen Personen Kinder, Eltern und Ammen beilegen: eher noch könnte man Angaben, die im Thema nicht enthalten sind, abverlangen, als solche Angaben selbst hinzufügen.

Über die Fragen, die mit der Geisteshaltung zusammenhängen, ist hinreichend gesprochen, wenn wir der Einteilung die 3 Fragen zugrunde legen, ob der Täter gewollt, gekonnt und ob er die Tat getan hat; denn auf dem gleichen Wege, auf dem die Frage, ob er gewollt hat, behandelt wird, geschieht es auch mit der Frage, aus welcher Geisteshaltung er die Tat getan hat. 57 Das heißt nämlich, ob er schlecht hat handeln wollen. Auch die Reihenfolge der Tatsachen liefert oder entzieht Glaubwürdigkeit; denn natürlich passen die Tatsachen, je nachdem, wie sie gebracht werden, mehr zusammen oder widersprechen sich. Aber das läßt sich nur im ganzen Zusammenhang der Fälle fassen. Jedoch gilt es immer zu fragen, was womit verknüpft wird und was zusammenstimmt.

III.

1 Sequitur coniecturam finitio, nam qui non potest dicere nihil fecisse, proximum habebit ut dicat, non id fecisse quod obiciatur. itaque pluribus ⟨in⟩[d] legibus isdem[e] quibus coniectura versatur, defensionis tantum genere mutato, ut in furtis, depositis, adulteriis. nam quem ad modum dicimus, 'non feci furtum, non accepi depositum, non commisi adulterium', ita 'non est hoc furtum, non est hoc infitiatio[f], non est hoc adulterium'. 2 interim a qualitate ad finitionem descenditur, ut in actionibus dementiae, malae tractationis, rei publicae laesae: in quibus si recte facta esse, quae obiciuntur, dici non potest, illud succurrit: 'non est ⟨hoc dementem esse,⟩[g] male tractare, rem publicam [verbis][h] laedere.' finitio igitur rei propositae propria ⟨est⟩[i] et dilucida et breviter comprensa verbis enuntiatio. 3 constat maxime, sicut est dictum, genere, specie, differentibus, propriis: ut si finias equum (noto enim maxime utar exemplo), genus est animal, species mortale, differens[j] inrationale (nam et homo mortale erat), proprium hinniens. haec adhibetur orationi pluribus causis. 4 nam tum est certum de nomine, sed quaeritur quae res ei subicienda sit, tum res est manifesta, at ⟨de nomine non constat.⟩[k] quom de nomine constat, de re dubium est, interim coniectura est, ut si quaeratur, quid sit deus. 5 nam qui[l] neget, deum esse spiritum omnibus partibus immixtum, non hoc dicat, falsam esse

d) *add. Halm*
e) *Regius:* idem
f) *Gertz:* initiatio
g) *add. Regius*
h) *del. Regius*
i) *add. Regius*
j) *Halm:* different
k) at ... quom d. n. *Obrecht. Rad.:* et quod nomine constat *vid. ad l. Wint.!*
l) *Spalding:* quid (qui id)

DRITTES KAPITEL

Die Definitionsfrage

1 Es folgt auf die Vermutungsfrage die nach der Wesensabgrenzung[39]; denn wer nicht behaupten kann, er habe nichts getan, wird zu dem Nächstliegenden greifen zu behaupten, er habe nicht das getan, was ihm vorgeworfen werde. Deshalb gelten bei dieser Abgrenzung mehrere Regeln genauso wie bei der Vermutung, wobei sich nur die Art der Verteidigung ändert, so bei Diebstahl, Geldhinterlegung, Ehebruch. Denn wie wir sagen: 'Den Diebstahl habe ich nicht begangen, eine hinterlegte Summe habe ich nicht erhalten, den Ehebruch habe ich nicht begangen', so auch: 'Meine Tat ist kein Diebstahl, kein Abstreiten (anvertrauten Gutes), ist kein Ehebruch'. 2 Zuweilen kommt man auch von der Frage der rechtlichen Bewertung auf die der Wesensabgrenzung, so in Verhandlungen wegen Geistesschwäche, Mißhandlung und Verletzung der Staatsinteressen. Wenn sich hierbei nicht behaupten läßt, die vorgeworfenen Handlungen seien nicht zu Recht geschehen, so kann die Behauptung eine Stütze bieten: 'Es liegt hier gar keine Geistesschwäche vor, keine Mißhandlung, keine Verletzung der Staatsinteressen.' Die Wesensabgrenzung ist also der dem Gegenstand eigentümliche, klare und kurz in Worte gefaßte Ausdruck eines angegebenen Sachverhaltes. 3 Sie besteht vor allem, wie schon gesagt[40], aus der Angabe der Gattung, Art (Erscheinungsform), Unterschiede und Eigentümlichkeiten. Wenn man z. B. das Wesen eines Pferdes abgrenzen will – um ein ganz bekanntes Beispiel zu nehmen –, so ist die Gattung 'Lebewesen', die Erscheinungsform 'sterbliches', das Unterscheidende 'unvernünftiges' – denn auch der Mensch gehörte ja zur Erscheinungsform des 'Sterblichen' –, das Eigentümliche 'wieherndes'. Diese Wesensabgrenzung wird bei der Rede in mehreren Fällen verwendet. 4 Denn bald besteht Gewißheit über die Benennung, es ergibt sich aber die Frage, welcher Sachverhalt ihr zugrunde liegen soll, bald ist der Sachverhalt handgreiflich, aber die Benennung steht nicht fest. Wenn die Benennung feststeht, der Sachverhalt aber zweifelhaft ist, tritt zuweilen die Vermutung ein, so wenn etwa gefragt wird, was ein Gott sei. 5 Denn wer leugnete, Gott sei der Lebenshauch, der unter alle Teile (der Welt) gemischt

[39] d. h. Definition s. o. z. B. 3, 6, 1 ff.

[40] s. o. 5, 10, 55.

divinae illius naturae appellationem, sicut Epicurus, qui humanam ei formam locumque inter mundos dedit? nomine uterque uno utitur, utrum sit in re coniectat. 6 interim qualitas tractatur, ut quid sit rhetorice, vis persuadendi an bene dicendi scientia'. quod genus est in iudiciis frequentissimum. sic enim quaeritur 'an deprehensus in lupanari cum aliena uxore adulter sit?' quia non de appellatione, sed de vi facti eius ambigitur, an omnino peccaverit. 7 nam si peccavit, non potest esse aliud quam adulter. diversum est genus, cum controversia consistit in nomine, quod pendet ex scripto, nec versatur in iudiciis nisi propter verba, quae litem faciunt: 'an qui se interficit homicida sit? an qui tyrannum in mortem conpulit tyrannicida? an carmina magorum veneficium?' res enim manifesta est sciturque non idem esse occidere se quod alium, non idem occidere tyrannum quod compellere ad mortem, non idem carmina ac mortiferam potionem, quaeritur tamen, an eodem nomine appellanda sint.

8 Quamquam autem dissentire vix audeo a Cicerone, qui multos secutus auctores dicit, finitionem esse de eodem et de altero, semper ⟨enim⟩[m] neganti aliquod esse nomen dicendum quod sit potius: tamen equidem[n] tris habeo velut species. 9 nam interim convenit solum[o] quaerere, an hoc sit? ut 'an adulterium in lupanari'. cum hoc negamus, non necesse est dicere, quid id vocetur, quia totum crimen infitiamur. interim quaeritur, 'hoc an hoc? furtum an sacrilegium?' non quin sufficiat non esse sacrilegium, sed quia sit dicere ⟨e re⟩,[p] quid sit aliud: quo in loco utrumque finiendum est. 10 interim

m) *add. Regius*
n) *Christ:* (in) eandem
o) *Zumpt:* suum (sic **PV**)
p) *add. Rad.* ⟨satius⟩ sit *Kiderlin*

sei, müßte der damit nicht sagen, falsch sei die Bezeichnung jener göttlichen Natur der Welt, wie es Epikur[41] tut, der Gott menschliche Gestalt und einen Sitz zwischen den Welten gegeben hat? Beide Theologen verwenden nur die eine Benennung, was sie aber jeweils meinen, vermuten sie nach dem Sachverhalt. 6 Zuweilen steht die Frage der Bewertung zur Behandlung, so bei der Frage, 'was die Rhetorik sei, ob die Macht der Überredung oder die Wissenschaft, gut zu reden'. Diese Art ist in Gerichtsverhandlungen am häufigsten. So ergibt es sich nämlich bei der Frage, 'ob jemand, der im Bordell mit der Frau eines anderen ertappt worden ist, ein Ehebrecher ist', weil ja nicht die Benennung strittig ist, sondern die Bedeutung der Tat, ob er überhaupt etwas Strafbares getan hat. 7 Denn wenn er etwas Strafbares getan hat, so kann er nur ein Ehebrecher sein. Um eine hiervon verschiedene Art handelt es sich, wenn die Streitfrage auf einer Benennung beruht, die von dem Wortlaut eines Textes abhängt; sie kommt nur wegen der Worte, die den Rechtsstreit auslösen, vor Gericht zur Verhandlung: 'Ist jemand, der sich selbst tötet, ein Mörder?' 'Ist jemand, der einen Tyrannen in den Tod treibt, ein Tyrannenmörder?' 'Sind Zaubersprüche Giftmord?' Der Sachverhalt nämlich liegt auf der Hand, und man weiß, daß es nicht dasselbe ist, sich oder einen anderen zu töten, nicht dasselbe, einen Tyrannen zu erschlagen, wie ihn in den Tod zu treiben, nicht dasselbe Zaubersprüche sind wie ein tödlicher Zaubertrank, und dennoch besteht die Frage, ob es mit derselben Benennung bezeichnet werden darf.

8 Obwohl ich aber kaum wage, mit meiner Auffassung von der Ciceros[42] abzuweichen, der viele gute Gewährsleute hat, wenn er behauptet, eine Wesensabgrenzung gelte der Identität und der Frage, was es denn anderes sei – immer nämlich müsse, wer eine Benennung ablehnt, eine andere angeben, die eher zutreffe –, so sehe ich meinesteils gleichsam drei Spielarten. 9 Denn manchmal paßt es, einfach zu fragen: 'Ist es dies?' so: 'Gibt es Ehebruch in einem Bordell?' Wenn wir das leugnen, ist es unnötig zu sagen, was so genannt werden soll, weil wir das Vergehen als Ganzes in Abrede stellen. Manchmal stellt sich die Frage: 'Dies oder das? Diebstahl oder Tempelraub?' – nicht als ob es nicht schon genug sei, daß es kein Tempelraub sei, sondern weil es geboten sein müßte zu sagen, was es denn sonst sein soll. Hier muß beides definiert werden. 10 Manchmal

[41] frg. 352 Us.

[42] top. 23, 87; vgl. part. orat. 19, 65.

quaeritur in rebus specie diversis, an et hoc et hoc eodem modo sit appellandum, cum res utraque habet suum nomen, ut amatorium, venenum. in omnibus autem huius generis litibus quaeritur 'an etiam hoc'. quia nomen, de quo ambigitur, utique in alia re certum est. 'sacrilegium est rem sacram de templo subripere: an et privatam? adulterium cum aliena uxore domi coire: an et in lupanari? tyrannicidium occidere tyrannum: an et in mortem compellere?' 11 ideoque συλλογισμός, de quo postea dicam, velut infirmior est finitio, quia in hac quaeritur, an idem sit huius rei nomen quod alterius, illo, an proinde habenda sit haec atque illa. 12 est et talis finitionum[q] diversitas, ut, qui idem[r] sentiunt, non isdem verbis comprehendant[s], ut 'rhetorica est bene dicendi scientia', et eadem 'bene inveniendi' et 'bene enuntiandi' et 'dicendi secundum virtutem orationis' et 'dicendi quod sit officii'. atque providendum, ut, si sensu non pugnant, comprehensione dissentiant. 13 sed de his disputatur, non litigatur. opus est aliquando finitione obscurioribus et ignotioribus verbis, quid sit 'clarigatio, erctum citum'[t], interim notis nomine verbis, quid sit 'penus', quid 'litus'.

Quae varietas effecit[u], ut eam quidam coniecturae, quidam qualitati, quidam legitimis quaestionibus subicerent. 14 quibusdam ne placuit quidem omnino subtilis haec et ad morem dialecticorum formata conclusio, ut in disputationibus potius arguta[v] verborum cavillatrix quam in oratoris officio multum adlatura momenti. licet enim valeat in sermone tantum, ut constrictum vinculis suis eum,

q) *Regius:* divisionum
r) *Spalding:* quidem
s) *Spalding:* comprehendat (datur **V** – dantur **P**)
t) *Halm:* erctus citus
u) *Regius:* efficit
v) *Zumpt:* argumenta

stellt sich bei artverschiedenen Dingen die Frage, ob sowohl dies als auch das in gleicher Weise zu benennen sei, wenn doch jedes Ding einen eigenen Namen hat, z. B. Liebestrank und Gift. Bei allen Streitfällen dieser Art aber lautet die Frage 'ob auch noch *so*?', weil die Benennung, die strittig ist, jedenfalls bei dem einen Sachverhalt gewiß ist. 'Tempelraub heißt einen geweihten Gegenstand aus dem Tempel entwenden; etwa auch noch einen, der Privatbesitz ist? Ehebruch heißt mit der Frau eines anderen geschlechtlich zu Hause verkehren – auch in einem Bordell? Tyrannenmord heißt einen Tyrannen ermorden – auch ihn in den Tod treiben?' 11 Deshalb ist die Schlußfolgerung, von der ich nachher reden werde, gleichsam eine schwächere Form der Wesensabgrenzung, weil bei der Abgrenzung die Frage lautet, ob dieser Sachverhalt die gleiche Benennung habe wie der andere, bei der Schlußfolgerung, ob der eine genauso zu behandeln sei wie der andere. 12 Eine Verschiedenheit der Definitionen liegt auch darin, daß man das, was den gleichen Sinn hat, nicht mit den gleichen Worten ausdrückt, z. B. 'Rhetorik ist die Wissenschaft, gut zu reden' und gleichbedeutend: 'gut zu erfinden' und 'gut darzustellen' und 'zu reden gemäß dem Redeideal' und 'zu reden, was sich gehört'. Und es gilt darauf zu achten, wie die Wesensabgrenzungen, wenn sie sich im Sinn nicht widersprechen, im Wortlaut abweichen können. 13 Aber hierüber wird diskutiert, nicht prozessiert. Zuweilen verlangen dunklere und weniger bekannte Worte eine Definition, was etwa 'clarigatio'[43] oder 'erctum citum'[44] bedeutet, manchmal Worte, die als Benennung geläufig sind, was 'penus'[45], was 'litus'[46] meine.

Diese Verschiedenartigkeit in der Erscheinung der Wesensbestimmung hat dazu geführt, daß manche Gelehrte sie der Vermutungsfrage, manche sie der Bewertungsfrage, andere wieder den Untersuchungen über Gesetzesfragen untergeordnet haben. 14 Bei manchen wiederum hat dieses spitzfindige und nach dialektischer Art gebildete Schlußverfahren für Wortbedeutung überhaupt keinen Beifall gefunden als ein geschwätziges Wortgezänk, das sich eher für Diskussionen eigne, als daß es für die Aufgabe des Redners viel zu bedeuten hätte. Denn mag es auch im Gespräch so viel ausrichten,

[43] Die Forderung der Fetial-Priester nach Genugtuung, bevor sie die Kriegserklärung vollziehen.

[44] d. h., die Erbmasse zur Teilung.

[45] Vorrat.

[46] Küste.

qui responsurus est, vel tacere[w] vel etiam invitum id, quod sit contra, cogat fateri, non eadem est tamen eius in causis utilitas. 15 persuadendum enim iudici est, qui etiam si verbis devinctus[x] est, tamen, nisi ipsi rei accesserit, tacitus dissentiet. agenti vero quae tanta est huius praecisae comprehensionis necessitas? an, si non dixero 'homo est animal mortale rationale', non potero, expositis tot corporis animique proprietatibus, latius oratione ducta vel a dis eum vel a mutis discernere? 16 quid quod nec uno modo definitur res eadem (ut facit Cicero: 'quid est enim vulgo? universos'). et latiore varioque tractatu, ut omnes oratores plerumque fecerunt. rarissime[y] enim apud eos reperitur illa ex consuetudine philosophorum ducta servitus (est certe servitus) ad certa se verba adstringendi, idque faciendum in libris Ciceronis de Oratore vetat M. Antonius. 17 nam est etiam periculosum, cum, si uno verbo sit erratum, tota causa cecidisse videamur, optimaque est media illa via, qua utitur Cicero pro Caecina, ut res proponatur, verba non periclitentur. 'etenim, reciperatores, non ea sola vis est, quae ad corpus nostrum vitamque pervenit, sed etiam multo maior ea, quae periculo mortis iniecto formidine animum perterritum loco saepe et certo statu demovet', aut, cum finitionem praecedit probatio, 18 ut in Philippicis Cicero Servium Sulpicium occisum ab Antonio colligit et in clausula demum ita finit: 'is enim profecto mortem attulit, qui causa mortis fuit.' non negaverim tamen haec quoque,

w) *Regius:* cacere (carcere)
x) *Regius:* devictus *(fort. recte)*
y) *Spalding:* rarissima

daß es den Antwortenden, in diese Fesseln verstrickt, entweder zu schweigen oder, auch gegen seinen Willen, das, was ihm ungünstig ist, einzugestehen zwingt, so ist sein Nutzen in Gerichtsreden doch nicht der gleiche. 15 Denn der Richter muß überzeugt werden, der auch, wenn er mit den Schlingen der Worte eingefangen ist, dennoch still bei sich anderer Meinung sein wird, wenn er nicht unmittelbar mit dem Sachverhalt in Berührung kommt. Was sollte aber für einen Prozeßredner für eine Nötigung bestehen zu dieser genauen Ausdrucksweise? Werde ich etwa, wenn ich nicht erst sage, 'der Mensch ist ein sterbliches Lebewesen, das Vernunft besitzt', nicht imstande sein, wenn ich alle seine körperlichen und geistigen Eigentümlichkeiten dargelegt habe, ihn in einer weiter ausgeführten Rede von den Göttern oder auch von den stummen Tieren zu unterscheiden? 16 Weiter, es wird ja derselbe Sachverhalt auch nicht nur auf eine Weise bestimmt – wie es Cicero an einer Stelle[47] tut: 'Was heißt denn ‚allgemein'? alle insgesamt' –, sondern auch noch in weiterer und abwechslungsreicher Ausführung, wie es alle Redner durchweg gemacht haben. Denn ganz selten nur findet sich bei ihnen die aus der Gewohnheit der Philosophen stammende sklavische Bindung – denn es ist wirklich Sklavendienst – an bestimmte Worte, und es so zu machen verbietet bei Cicero in den Büchern ›Vom Redner‹[48] M. Antonius ausdrücklich. 17 Denn es ist zudem noch riskant, da es, wenn man sich nur mit einem Wort vertan hat, so aussieht, als wäre unsere Sache ganz verloren, und am besten ist der Mittelweg, wie ihn Cicero in der ›Rede für Caecina‹[49] wählt, den Sachverhalt anzugeben, bei den Worten aber nichts zu riskieren. 'Denn, meine Herren Rekuperatoren, es gibt nicht nur die Form von Gewalt, die unseren Leib und unser Leben trifft, sondern in noch viel stärkerem Maße gibt es die, die mit der Furcht vor drohender Todesgefahr unseren Geist voll Schrecken so oft aus seiner Ruhe und seinem festen Stand zwingt'; 18 oder an einer Stelle, wobei der Begriffsbestimmung die Beweisführung vorausgeht, wie in den ›Philippischen Reden‹[50], wo Cicero die Tatsache, daß Servius Sulpicius von Antonius getötet sei, mit Vernunftsgründen erschließt und am Ende erst folgendermaßen die Definition bringt: 'Denn der hat ihm tatsächlich den Tod gebracht, der die Ur-

[47] p. Mur. 35, 73.
[48] de orat. 2, 25, 108.
[49] p. Caec. 15, 42.
[50] Phil. 9, 3, 7.

ut expediet causae, esse facienda, et si quando firme comprehendi poterit brevi complexu verborum finitio, esse id tum elegans, tum etiam fortissimum, si modo erit illa inexpugnabilis.

19 Eius certus ordo est: 'quid sit? an hoc sit?' et in hoc fere labor maior est, ut finitionem confirmes, quam ut in rem finitionem adplices. in eo 'quid sit' duplex opus est: nam et nostra confirmanda est et adversae partis destruenda finitio. 20 ideoque in schola, ubi nobis ipsi fingimus contradictionem, duos ponere debemus fines, quales utrimque esse optimi poterunt. at in foro providendum, num forte supervacua et nihil ad causam pertinens an ambigua an contraria an communis sit finitio, quorum nihil accidere nisi agentis culpa potest. 21 ut recte autem finiamus, ita fiet, si prius in animo constituerimus, quid velimus efficere: sic enim accommodari ad voluntatem verba poterunt. atque ut a notissimo exemplo, quo sit res lucidior, non recedamus: 'qui privatam pecuniam de templo subripuit, sacrilegii reus est.' 22 culpa manifesta, quaestio est, an huic crimini nomen, quod est in lege, conveniat. ergo ambigitur, an hoc sacrilegium sit. accusator, quia de templo subrepta sit pecunia, utitur hoc nomine. reus, quia privatam subripuerit, negat esse sacrilegium, sed furtum fatetur. actor ergo ita finiet: 'sacrilegium est subripere aliquid de sacro. reus ita finiet: 'sacrilegium est subripere aliquid sacri.' 23 uterque finitionem alterius impugnat. ea duobus generibus evertitur, si aut falsa est aut parum plena. nam illud tertium nisi stultis non accidit, ut nihil ad quaestionem pertineat. 24 [falsa est, si dicas 'animal rationale': nam est equus animal, sed

sache für seinen Tod war.'[51] Indessen möchte ich nicht bestreiten, daß man auch, wenn es dem Fall zugute kommt, solche genaue Wesensbestimmungen bringen soll, und daß, wenn sich eine Definition einmal fest in einem kurzen Ausdruck fassen läßt, es sich bald gut ausnimmt, bald sogar äußerst wirkungsvoll ist, wenn sie nur unanfechtbar ist.

19 Die Reihenfolge ihrer Teile steht fest: erst die Frage 'Was es ist?', sodann 'Ob es dieses ist?', und dabei ist in der Regel die Mühe größer, eine feste Wesensbestimmung zu finden als die, sie auf den Sachverhalt anzuwenden. Hierbei enthält die Frage 'Was es sei?' eine doppelte Aufgabe; denn einmal muß die eigene Definition gestützt, andererseits die der Gegenseite zerpflückt werden. 20 Deshalb müssen wir in der Deklamationsschule, wo wir uns die Gegenrede selbst ausdenken, zwei Definitionen aufstellen, die auf beiden Seiten als die bestmöglichen gelten können. Dagegen muß man in der Gerichtspraxis aufpassen, ob vielleicht eine Definition überflüssig und nicht zur Sache gehörig oder zweideutig oder widerspruchsvoll oder beiden Parteien gemeinsam sei, was alles nur durch die Schuld dessen geschehen kann, der die Sache führt. 21 Daß aber die Begriffsbestimmung richtig ausfällt, kommt zustande, wenn wir das, was wir erreichen wollen, zuvor uns fest im Geist vorstellen; denn so lassen sich die Worte nach unserer Absicht anpassen. Wir wollen auf ein allbekanntes Beispiel nicht verzichten, damit die Sache klarer wird: 'Ein Mann, der aus dem Tempel Geld aus Privatbesitz entwendet hat, wird wegen Tempelraubes angeklagt.' 22 Die Schuld ist offenbar, die Frage ist nur, ob für dieses Vergehen die Bezeichnung, die im Gesetz steht, paßt: Also ist strittig, ob es sich hier um Tempelraub handelt. Der Kläger verwendet diese Bezeichnung, weil das Geld aus einem Tempel entwendet ist. Der Angeklagte bestreitet, daß es sich um Tempelraub handelt, weil er Privatbesitz entwendet hat, gibt aber den Diebstahl zu. Der Vertreter der Anklage wird also folgende Definition bieten: 'Tempelraub ist es, etwas von geweihter Stelle zu entwenden.' Der Angeklagte: 'Tempelraub ist es, etwas Geweihtes zu entwenden.' 23 Jeder bekämpft nun die Definition des anderen. Sie läßt sich auf zwei Arten zunichte machen, wenn sie entweder falsch ist oder zu wenig vollständig. Denn der dritte Fehler unterläuft nur Toren, daß sie nämlich nichts für die Untersuchung bedeutet. 24 [Eine falsche ist es zu

[51] Servius Sulpicius war während seiner Gesandtschaft zu Antonius gestorben.

inrationale. quod autem commune cum alio est, desinet esse proprium.][z] hic reus falsam dicit esse finitionem accusatoris, accusator autem non potest dicere falsam rei, nam est sacrilegium subripere aliquid sacri, sed dicit parum plenam, adiciendum enim 'aut ex sacro'. 25 maximus autem usus in adprobando refellendoque fine propriorum ac differentium, nonnumquam etiam etymologiae. quae tamen omnia, sicut in ceteris, confirmat aequitas, nonnumquam et coniectura mentis. ἐτυμολογία maxime rara est: 'quid enim est aliud tumultus nisi perturbatio tanta, ut maior timor oriatur? unde etiam nomen ductum[a] est tumultus.' 26 circa propria ac differentia magna subtilitas, ut cum quaeritur, 'an addictus, quem lex servire, donec solverit, iubet, servus sit?' altera pars finit ita: 'servus est, qui est iure in servitute', altera: 'qui in servitute est eo iure quo servus', aut, ut antiqui dixerunt 'qui servitutem servit', quae finitio, etiam si distat aliquo, nisi tamen propriis et differentibus adiuvatur, inanis est. 27 dicet enim adversarius, servire eum servitutem aut eo iure ⟨esse⟩[b] quo servum. videamus ergo propria et differentia, quae libro quinto leviter in transitu attigeram. servus, cum manu mittitur, fit libertinus, addictus recepta libertate ingenuus: servus invito domino libertatem non consequetur, ⟨addictus solvendo citra voluntatem

z) *del. Gesner*
a) **G** *(Cic.)*: dictum **A**
b) *add. Spalding*

sagen: 'Vernünftiges Lebewesen; denn ein Pferd ist ein Lebewesen, aber unvernünftig. Was aber mit den anderen gemeinsam ist, hört auf, eigentümlich zu sein.][52] Hier behauptet nun der Angeklagte, die Definition des Klägers sei falsch, der Ankläger aber kann nicht sagen, die des Angeklagten sei falsch – denn Tempelraub ist es, etwas Geweihtes zu entwenden –, wohl aber behauptet er, sie sei nicht vollständig genug, es müsse nämlich hinzugefügt werden: 'oder aus geweihter Stätte'. 25 Den größten Nutzen bieten bei der Prüfung der Richtigkeit einer Definition oder ihrer Widerlegung die Eigentümlichkeiten und Unterschiede, manchmal auch die Etymologie. Für all das bietet indessen, wie auch sonst, das Gefühl der Billigkeit eine Stütze, zuweilen auch eine glückliche Vermutung. Die ἐτυμολογία[53] ist besonders selten: 'Denn was ist ein Tumult anderes als eine solche Verwirrung, daß noch größere Furcht (timor) entsteht? Woher ja auch die Benennung tumultus herstammt.'[54] 26 Betreffs der Eigentümlichkeiten und Unterschiede herrscht große Spitzfindigkeit, so etwa bei der Frage, 'ob ein Schuldknecht, der nach dem Gesetz Sklavendienst tun soll, bis er seine Schuld bezahlt hat, Sklave sei'. Die eine Partei definiert: 'Sklave ist, wer rechtmäßig in Sklavendienst ist'; die andere: '[Sklave] ist derjenige, der nach dem Recht in Sklavendienst steht wie ein Sklave', oder wie die Alten gesagt haben: 'Sklavendienst als Sklave versieht', eine Definition, die, wenn sie auch einen gewissen Unterschied zeigt, doch leer bleibt, wenn sie nicht noch durch Eigentümlichkeiten und Unterschiede gestützt wird. 27 Der Gegner wird nämlich behaupten, der Schuldknecht versehe Sklavendienst als Sklave oder in der Rechtsstellung wie ein Sklave. Wir wollen also die Eigentümlichkeiten und Unterschiede betrachten, die ich schon im 5. Buch[55] leicht im Vorübergehen berührt hatte. Ein Sklave wird, wenn er freigelassen wird, ein Freigelassener, ein Schuldknecht nach wiedererhaltener Freiheit ein Freigeborener; ein Sklave wird gegen den Willen seines Herrn nicht in Freiheit kommen, der Schuldknecht gegen seine Zahlung auch unabhängig von dem Wil-

[52] Von Gesner als in den Text eingedrungene Erläuterung getilgt. Natürlich ist sie gerade als solche für die Überlieferungsgeschichte äußerst wichtig; denn da sie in allen Handschriften steht, muß die Vorlage auch schon elementaren Zwecken im Unterricht gedient haben.

[53] die Etymologie, s. o. 5, 10, 55.

[54] Phil. 8, 1, 3 tumultus also: timor multus!

[55] 5, 10, 60.

domini consequetur:⟩[c] ad servum nulla lex pertinet, addictus legem habet: propria liberi, quod nemo habet nisi liber, praenomen, nomen, cognomen, tribum: habet haec addictus.

28 Excusso 'quid sit', prope peracta est quaestio 'an hoc sit': id enim agimus, ut sit causae nostrae conveniens finitio. potentissima est autem in ea qualitas, 'an amor insania'. huc pertinebunt probationes, quas Cicero dicit proprias esse finitionis[d], ex antecedentibus, consequentibus, adiunctis, repugnantibus, causis, effectis, similibus, de quorum argumentorum natura dictum est. 29 breviter autem pro Caecina Cicero initia, causas, effecta, antecedentia, consequentia complexus est: 'quid igitur fugiebant? propter metum: quid metuebant? vim videlicet. potestis igitur principia negare, cum extrema concedatis?' sed similitudine quoque usus est: 'quae vis in bello appellatur, ea in otio non appellabitur?' 30 sed etiam ex contrario argumenta ducuntur, ut si quaeratur, [an][e] amatorium venenum sit necne, quia venenum amatorium non sit.

Illud alterum genus quo sit manifestius adulescentibus meis (meos enim semper adulescentes putabo), hic quoque fictae controversiae utar exemplo. 31 iuvenes, qui convivere solebant, constituerunt ut in litore cenarent: unius, qui cenae defuerat, nomen tumulo, quem extruxerant, inscripserunt. pater eius, a transmarina peregrinatione cum ad litus idem appulisset, lecto nomine suspendit se. dicuntur ii causa mortis fuisse. 32 hic finitio est accusatoris: 'per quem factum est ut quis periret[f], causa mortis est', rei est: 'qui fecit quid

c) *add. Regius*
d) *Regius:* finitiones
e) *del. Spalding*
f) *Spalding:* perierit

len des Herrn; für den Sklaven gilt kein Rechtsschutz, der Schuldknecht hat ihn. Eigentümlich für die freien Bürger, also etwas, was nur der Freie hat, sind Vornamen, Namen, Kenname und Tribus (Bezirk): all das hat der Schuldknecht.

28 Ist so die Frage, 'was es sei', zu Ende betrachtet, so ist damit beinahe schon die Frage, 'ob es dies ist', erledigt. Es kommt nämlich darauf an, daß die Definition für unseren Fall passend sei. Am wirkungsvollsten aber ist dabei die Bewertungsfrage, 'ob Liebe ein Wahn sei'. Hierhin gehören dann die Beweismittel, von denen Cicero sagt,[56] sie seien der Definition eigentümlich, nämlich die aus dem Vorausgehenden, dem Folgenden, dem sich Anschließenden, Widerstreitenden, den Gründen, dem Bewirkten, dem Ähnlichen, den Argumentationsformen, von deren Wesen schon gesprochen[57] worden ist. 29 Kurz hat dann aber Cicero in der ›Rede für Caecina‹[58] die Anfänge, Gründe, Wirkungen, das Vorausgehende und Folgende zusammengefaßt: 'Warum flohen sie? Aus Furcht; was fürchteten sie? Natürlich die Gewalt. Könnt ihr also die Voraussetzungen abstreiten, wenn ihr doch die Ergebnisse zugebt?' Jedoch auch von der Ähnlichkeit hat er Gebrauch gemacht[59]: 'Wird man das, was im Krieg Gewalt heißt, nicht auch im Mußezustand des Friedens so nennen?' 30 Doch lassen sich auch aus dem Gegenteil Argumente gewinnen, wenn etwa gefragt wird, ob ein Liebestrank ein Gift sei oder nicht, da ja ein Gift kein Liebestrank sei.

Damit jene zweite Art meinen jungen Freunden noch handgreiflicher werde – denn für mich werden sie immer meine Jungen bleiben! –, will ich auch hier einen erdichteten Streitfall als Beispiel verwenden[60]: 31 'Junge Leute, die gewöhnlich ihre Zeit gemeinsam verbrachten, beschlossen, am Strand ein Festmahl zu halten. Den Namen eines Genossen, der beim Mahle gefehlt hatte, schrieben sie auf einen Grabhügel, den sie aufgeworfen hatten. Als dessen Vater von einer Überseereise am gleichen Strand landete, las er den Namen und erhängte sich. Die jungen Leute sollen die Todesursache gewesen sein'. 32 Hier lautet die Definition des Klägers: 'Derjenige, durch den es geschehen ist, daß jemand zugrunde geht,

[56] top. 23, 88.
[57] s. o. 5, 10, 73ff.
[58] p. Caec. 15, 44.
[59] p. Caec. 15, 43.
[60] Die unmittelbare Rücksicht auf die Schüler ist in diesem Buch (auch bei der Rücksicht auf die Deklamationen) besonders bemerkenswert.

sciens, per quod perire homini necesse esset.' remota finitione accusatori sat est dicere: 'causa mortis fuistis, per vos enim factum est[g] ut homo periret: quia, nisi vos illud fecissetis, viveret.' 33 contra: 'non statim, per quem factum est ut quis periret, is damnari debet, ut accusator, testis, iudex rei capitalis. nec undecumque causa fluxit, ibi culpa est: ut si quis profectionem suaserit aut amicum arcessierit[h] trans mare et is naufragio perierit, ad cenam invitarit et is cruditate illic contracta decesserit. 34 nec fuerit in causa mortis solum adulescentium factum, sed credulitas senis, in dolore ferundo infirmitas: denique, si fortior fuisset aut prudentior, viveret. nec mala mente fecerunt, et ille potuit vel ex loco tumuli vel ex opere tumultuario suspicari non esse monumentum. qui ergo puniri debent, in quibus omnia sunt homicidae praeter manum[i]?'

35 Est interim certa finitio, de qua inter utramque partem convenit, ut Cicero dicit: 'maiestas est in imperio[j] atque in nominis populi Romani dignitate.' quaeritur tamen, an maiestas minuta sit, ut in causa Corneli quaesitum est. 36 sed hic etiam si[k] videri potest finitiva, tamen, quia de finitione non ambigitur, iudicatio est qualitatis atque ad eum potius statum reducenda, ad cuius forte quidem venimus mentionem, sed erat ordine proximus locus.

g) *ed. Gryph.:* actum
h) *Spalding:* accerserit
i) ⟨mentem et⟩ manum *ci. Wint.*
j) **A** *(corr.) sua audacia recepit Rad.:* imperi *(Cic.)*
k) *Christ:* similis

ist die Todesursache'; die des Angeklagten: 'Todesursache ist, wer wissentlich etwas getan hat, wodurch ein Mensch zwangsläufig zugrunde gehen mußte.' Ohne eigentliche Definition genügt es für den Kläger zu sagen: 'Ihr seid Todesursache gewesen; durch euch nämlich ist es geschehen, daß der Mann zugrunde ging: denn, hättet ihr nicht so gehandelt, lebte er noch.' 33 Dagegen: 'Nicht gleich darf man denjenigen verurteilen, durch den es geschehen ist, daß jemand zugrunde ging, so etwa Ankläger, Zeugen oder Schöffen in einer Strafsache um Leben und Tod. Auch liegt nicht überall da Schuld, von wo eine Ursache ihren Lauf nahm, etwa wenn jemand zu einer Reise geraten oder einen Freund übers Meer hat kommen lassen und dieser bei einem Schiffbruch umkam; oder wenn er jemanden zum Mahl eingeladen hat und der Betreffende sich ein Magenleiden holte, woran er starb. 34 Auch gehörte ja nicht nur die Tat der jungen Leute zur Todesursache, sondern auch die Leichtgläubigkeit des Alten, seine mangelnde Kraft, den Schmerz zu ertragen: schließlich könnte er ja noch am Leben sein, wäre er tapferer und überlegter gewesen! Auch haben sie nicht aus schlechter Gesinnung gehandelt, und er seinerseits konnte entweder aus dem Ort, an dem der Hügel war, oder aus der übereilten Ausführung vermuten, daß es kein Grabdenkmal sei. Wie muß man also Leute bestrafen, bei denen alles zutrifft, was eine Tötung ausmacht, außer der Mörderhand?

35 Zuweilen gibt es eine feste Definition, über die zwischen beiden Parteien Übereinstimmung besteht, wenn etwa Cicero sagt[61]: 'Die Majestät liegt in der Herrschermacht und der Würde, die der Name des römischen Volkes enthält.' Dennoch wird die Frage untersucht, ob die Majestät eine Minderung erfahren hat, wie es im Falle des Cornelius[62] untersucht worden ist. 36 Aber wenn diese Frage hier auch als eine der Definition erscheinen kann, so geht die Beurteilung doch, weil die Definition nicht strittig ist, um die Bewertung und ist deshalb eher auf diese Frageform zurückzuführen, eine Form, zu deren Erwähnung wir hier zwar zufällig kommen, die aber nach der Reihenfolge uns sowieso als nächstes beschäftigen muß.

[61] part. orat. 30, 105. Bei Cicero heißt es: 'in der Würde der Herrschermacht und ...', was sich auch in einem Teil der Quintilian-Überlieferung findet. Jedoch läßt die Abweichung damit rechnen, Quintilian selbst habe, wie nicht selten, etwas frei aus dem Kopf zitiert.

[62] frg. orat. VII 27 Sch.

IV.

1 Est autem qualitas alia de summo genere atque ea quidem non simplex. nam et qualis sit cuiusque rei natura et quae forma, quaeritur: an inmortalis anima? an humana specie deus? et de magnitudine ac numero: quantus sol? an[l] unus mundus? quae omnia coniectura quidem colliguntur, quaestionem tamen habent in eo, qualia sint. 2 haec et in suasoriis aliquando tractari solet,[m] ut, si Caesar deliberet, an Britanniam inpugnet, quae sit Oceani natura, an Britannia insula (nam tum ignorabatur), quanta in ea terra, quo numero militum adgredienda, in consilium ferendum sit. eidem qualitati succedunt facienda ac non facienda, adpetenda vitanda: quae in suasorias quidem maxime cadunt, sed in controversiis quoque sunt frequentia, hac sola differentia, quod illic de futuris, hic de factis agitur. 3 item demonstrativae partis omnia sunt in hoc statu: factum esse constat, quale sit factum quaeritur. lis est omnis aut de praemio aut de poena aut de quantitate eorum[n]. genus causae aut simplex aut comparativum: illic quid aequum, hic quid aequius aut quid aequissimum sit excutitur. cum de poena iudicium est, a parte eius, qui causam dicit, aut defensio est criminis aut inminutio aut excusatio aut, ut quidam putant, deprecatio.

4 Defensio longe potentissima est, qua ipsum factum, quod obicitur, dicimus honestum esse. abdicatur aliquis, quod invito patre

l) *Regius:* et an
m) **P**: solent
n) *Halm:* egrum **G** agitur *ras.* **A**

VIERTES KAPITEL

Die Beschaffenheitsfrage

1 Die Frage nach der Beschaffenheit (Bewertung) aber gehört wieder zur obersten Gattung der Grundfragen, und zwar erscheint sie nicht nur in einfacher Form; denn man fragt einerseits, wie beschaffen das Wesen eines jeden Dinges ist, andererseits auch, wie sein Aussehen beschaffen ist: (einerseits) ob die Seele unsterblich sei? (andererseits) ob Gott menschliches Aussehen besitzt? Ferner auch nach Größe und Anzahl: wie groß die Sonne ist? ob es nur eine Welt gibt? Alles Fragen, die durch Vermutung erschlossen werden, die jedoch auf der Frage beruhen, wie ihre Beschaffenheit ist. 2 Diese Beschaffenheitsfrage pflegt auch manchmal in Suasorien behandelt zu werden; so müssen, wenn Caesar beratschlagt, ob er Britannien angreifen solle, die Fragen mit in den Kriegsrat aufgenommen werden, welches die natürliche Eigenart des Ozeans sei, ob Britannien eine Insel sei – das wußte man damals ja noch nicht –, wie groß das Land sei und mit welcher Anzahl von Truppen man es angreifen müsse. Ebenfalls der Beschaffenheit ordnen sich die Fragen unter, was zu tun und was nicht zu tun, was vorzuziehen, was zu meiden sei. Sie fallen zwar meistens in das Gebiet der Suasorien, sind jedoch auch in Kontroversien häufig, mit dem einzigen Unterschied, daß es sich im ersteren Fall um Künftiges, im letzteren um Geschehenes handelt. 3 Ebenfalls gehört alles aus dem Gebiet der epideiktischen Rede zu dieser Frageform[63]: daß etwas geschehen ist, steht fest, wie das Geschehen beschaffen sei, steht in Frage; der Rechtsstreit aber geht ganz um Belohnung oder Bestrafung oder ihre Höhe. Die Art des Rechtsfalles ist entweder einfach, oder sie beruht auf Vergleichung: im ersteren Fall wird die Frage erforscht, was billig sei, im letzteren die, was billiger oder was am billigsten sei. Wenn der Prozeß um Bestrafung geht, so handelt es sich auf der Seite der Partei, die sich verantworten muß, entweder um Rechtfertigung der vorgeworfenen Straftat oder um ihre Verkleinerung, ferner um ihre Entschuldigung oder, wie manche meinen, um Abbitte.

4 Zur Rechtfertigung ist es bei weitem am wirkungsvollsten zu sagen, die Tat als solche, die man uns vorwirft, zeuge von ehrbarer Gesinnung. Jemand wird verstoßen, weil er gegen den Willen seines

[63] vgl. o. 3, 4, 12.

militarit, honores petierit, uxorem duxerit: tuemur quod fecimus. hanc partem vocant Hermagorei κατ' ἀντίληψιν, ad intellectum id nomen referentes: Latine ad verbum translatam non invenio, absoluta appellatur. est[o] enim de re sola quaestio, iusta sit ea necne. 5 iustum omne continetur natura vel constitutione: natura, quod fit secundum cuiusque rei dignitatem. hinc sunt pietas, fides, continentia et talia. 6 adiciunt et id, quod sit par. verum[p] id non temere intuendum est: nam et vis contra vim et talio[q] nihil habent adversum eum, qui prior fecit, iniusti,[r] et non, quoniam res pares sunt, etiam id est iustum, quod antecessit. illa utrimque iusta, eadem lex, eadem condicio, ac forsitan ne sint quidem paria, quae ulla parte sunt dissimilia. constitutio est in lege, more, iudicato, pacto.

7 Alterum est defensionis genus, in quo factum per se inprobabile adsumptis extrinsecus auxiliis tuemur: id vocant κατ' ἀντίθεσιν. Latini[s] hoc quoque non ad verbum transferunt, adsumptiva enim dicitur causa. 8 in quo genere fortissimum est, si crimen causa facti tuemur, qualis est defensio Orestis, Horatii,[t] Milonis. ἀντέγκλημα dicitur, quia omnis nostra defensio constat eius accusatione, qui vindicatur: 9 'occisus est sed latro, excaecatus sed raptor.' est et illa ex causis facti ducta defensio priori contraria, in qua neque factum ipsum per se, ut in absoluta quaestione, defenditur, neque ex contrario facto, sed in aliqua utilitate aut rei publicae aut hominum

o) *Meister:* sed
p) *Regius:* pervers(um)
q) '*Turnebus*': talia
r) *Gesner:* iniuste
s) *Regius:* latine
t) *Spalding:* oratio

Vaters Kriegsdienste getan, sich um Ämter beworben, geheiratet hat: Wir nehmen das in Schutz, was wir getan haben. Diese Art (Abteilung) nennen die Anhänger des Hermagoras κατ' ἀντίληψιν, wobei sie diese Bezeichnung auf das Verständnis[64], das dieses Vergehen findet, beziehen. Auf lateinisch finde ich keine wörtliche Wiedergabe hierfür; sie heißt 'absolute Rechtfertigung'; denn die Frage beruht allein auf dem Sachverhalt, ob er gerecht sei oder nicht. 5 Alles Gerechte ist entweder auf die Natur gegründet oder auf Satzung: auf die Natur bei dem, was gemäß dem Rang, den ein jedes Ding einnimmt, geschieht. Hierhin gehören die sittlichen Maßstäbe der Frömmigkeit, Treue, Selbstbeherrschung und dergleichen. 6 Man fügt auch noch den Maßstab der Gleichheit hinzu. Jedoch ist er nur mit Vorsicht zu verwenden; denn auch Gewalt gegen Gewalt und Vergeltung mit Gleichem haben nichts Ungerechtes gegen den, der damit angefangen hat, und es ist nicht, weil die Sachverhalte gleich sind, auch das schon gerecht, was vorausgegangen ist. Um wirklich als Maßstab zu gelten, müßte das Gerechte auf beiden Seiten gleich sein, das gleiche Gesetz, gleiche Lage, und vielleicht wäre es auch nicht einmal dann gleich, wenn nur irgendeine Verschiedenheit bestände. Das Gerechte durch Satzung beruht auf Gesetz, Brauch, gerichtlicher Vorentscheidung oder Vereinbarung.

7 Die zweite Art der Rechtfertigung ist die, in der wir eine Tat, die in sich keine Rechtfertigungsmittel bietet, durch von außen hinzugenommene Hilfsmittel in Schutz nehmen: das nennt man κατ' ἀντίθεσιν (durch Entgegenstellung). Auch hierfür hat das Lateinische keine wörtliche Übersetzung: Diese Art heißt nämlich 'ein Fall, der auf Hinzunahme beruht' (adsumptiva). 8 In dieser Art wirkt es am stärksten, wenn wir das vorgeworfene Vergehen durch den Grund der Tat in Schutz nehmen, wie es bei der Verteidigung des Orest, des Horatius oder Milo geschieht. ἀντέγκλημα (Gegenklage) heißt diese Verteidigungsform, weil unsere ganze Verteidigung in der Anklage dessen besteht, der sein Recht beansprucht: 9 'Getötet ist er, aber als ein Räuber; geblendet wurde er, aber als Entführer.' Eine andere aus den Gründen der Tat gewonnene Verteidigungsform ist der ebengenannten entgegengesetzt, in der nämlich weder die Tat an und für sich verteidigt wird, wie bei der absoluten Verteidigungsfrage, noch durch eine Tat der Gegenseite, sondern durch irgendeinen Nutzen, den sie entweder der Gemein-

[64] Text unsicher.

multorum aut etiam ipsius adversarii, nonnumquam et nostra, si modo id erit, quod facere nostra causa fas sit: quod sub extrario accusatore et legibus agente prodesse numquam potest, in domesticis disceptationibus potest. 10 nam et filiis pater[u] in iudicio abdicationis et maritus uxori, si malae tractationis accusabitur, ⟨et patri⟩ filius,[v] si dementiae causa erit, non inverecunde dicet multum sua interfuisse. in quo tamen incommoda vitantis melior quam commoda petentis est causa. 11 quibus similia etiam in vera rerum quaestione tractantur. nam quae in scholis abdicatorum, haec in foro exheredatorum a parentibus et bona apud centumviros[w] repetentium ratio est: quae illic malae tractationis, hic rei uxoriae, cum quaeritur, utrius culpa divortium factum sit: quae illic dementiae, hic petendi curatoris. 12 subiacet utilitati etiam illa defensio, si peius aliquid futurum fuit. nam in comparatione malorum boni locum optinet levius, ut si Mancinus foedus Numantinum sic defendat, quod periturus, nisi id factum esset, fuerit exercitus. hoc genus ἀντίστασις Graece nominatur, comparativum nostri vocant.

13 Haec circa defensionem facti: quae si neque per se ipsa nec adhibitis auxiliis dabitur, proximum est in alium transferre crimen, si possumus. ideoque etiam in hos, qui citra[x] scriptum sunt, status visa est cadere translatio. interdum ergo culpa in hominem relegatur,

u) *ed. Jens.:* et in **filius patri in **A**

v) *Regius:* filio ‹et pater› filio *Wint.*

w) *Cuiacius:* co̅n̅s

x) *Christ:* etiam

schaft oder vielen Menschen oder gar dem Gegner selbst, ja manchmal auch uns selbst gebracht hat, wenn die Tat nur etwas ist, das wir nach sittlichem Rechtsempfinden tun durften. Unter einem Ankläger, der uns fernsteht und den Fall nach den gesetzlichen Bestimmungen vertritt, vermag eine solche Wendung nichts zu nützen, bei Zwistigkeiten innerhalb des eigenen Hausstandes vermag sie es durchaus. 10 Denn den eigenen Söhnen gegenüber bei einer Verhandlung wegen Verstoßung wird ein Vater, der Gatte der Ehefrau gegenüber bei einer Verhandlung wegen Mißhandlung sowie der Sohn dem Vater gegenüber bei einer Entmündigungsklage wegen Geistesschwäche, ohne sich zu genieren, sagen können, daß die Handlung für seine Interessen viel bedeutet hat. Hierbei indessen liegt der Fall für den besser, der Nachteile dadurch vermeidet, als für den, der Vorteile sucht. 11 Ähnliche Verteidigungsmöglichkeiten werden aber auch in wirklicher Tatsachenuntersuchung vor Gericht behandelt. Denn das gleiche Verfahren wie bei Verstoßungsfällen in den Schulübungen gilt auch auf dem Forum für die von ihren Eltern Enterbten und den Besitz vor dem Zentumviralgericht Zurückfordernden; wie dort in dem Falle der Mißhandlung, so hier betreffs der Mitgift, wird die gerichtliche Untersuchung der Frage zu klären haben, durch welches von beiden Schuld die Scheidung stattgefunden hat; was dort im Falle der Geistesschwäche, gilt hier bei der Forderung eines Vermögensverwalters. 12 Der Gesichtspunkt der Nützlichkeit liegt auch jener Verteidigungsform zugrunde, wenn etwas Schlimmeres zu erwarten gewesen wäre. Denn bei der Vergleichung der Übel nimmt das geringere die Stelle des Guten ein. Wenn etwa Mancinus sein Bündnis mit Numantia damit verteidigt, sein Heer wäre verloren gewesen, hätte seine Tat nicht stattgefunden. Griechisch heißt diese Form der Verteidigung ἀντίστασις (Entgegenstellung), was wir mit 'Vergleichungsform' lateinisch wiedergeben.

13 Soweit die Rechtfertigungsformen der Tat. Wenn eine Rechtfertigung weder in der Tat an sich noch in hinzugezogenen Hilfsmitteln gegeben ist, so ist es das Nächste, die erhobene Beschuldigung wenn möglich auf einen anderen abzuwälzen. Dabei konnte die Auffassung vertreten werden, die Abwälzung fiele auch in den Bereich der Grundfälle für die Streitbestimmung (status), die es nicht mit dem geschriebenen Gesetzestext zu tun haben. So wird zuweilen die Schuld auf einen Menschen abgeschoben, wenn etwa Gracchus[65],

[65] Tiberius Gracchus ORF p. 217 M.

ut si Ti.[y] Gracchus reus foederis Numantini, cuius metu leges populares tulisse in tribunatu videtur,[z] missum se ab imperatore suo diceret. 14 interim derivatur in rem, ut si is, qui testamento quid iussus non fecerit, dicat per leges id fieri non potuisse. hoc μετάστασιν dicunt.

Hinc quoque exclusis excusatio superest, ea est aut ignorantiae, ut si quis fugitivo stigmata scripserit eoque ingenuo iudicato neget, se liberum esse eum scisse: aut necessitatis, ut cum miles ad commeatus diem non adfuit et dicit se fluminibus interclusum aut valetudine. 15 fortuna quoque saepe substituitur culpae. nonnumquam male fecisse nos, sed bono animo dicimus. utriusque rei multa et manifesta exempla sunt: idcirco non est eorum necessaria expositio.

Si omnia, quae supra scripta sunt, deerunt, videndum an ‘inminui culpa’ possit. hic est ille, qui a quibusdam fieri solet, status quantitatis. 16 sed ea cum sit aut poenae aut honoris, ex qualitate facti constituitur, eoque nobis sub hoc esse statu videtur sicut eius quoque, quae ad numerum refertur a Graecis. nam et πηλικότητα[a] et ποσότητα dicunt, nos utrumque appellatione una complectimur.

17 Ultima est deprecatio, quod genus causae plerique negarunt in iudicium umquam venire. quin Cicero quoque pro Q. Ligario idem testari videtur, cum dicit: ‘causas, Caesar, egi multas equidem tecum, dum te in foro tenuit ratio honorum tuorum, certe numquam hoc modo: 18 ignoscite, iudices: erravit, lapsus est, non putavit, si umquam posthac’, et cetera. in senatu vero et apud populum et

y) *Claussen:* sit
z) **PV** videretur *Halm:* videntur
a) *Capperonnier:* πηνκότητα **A**

wegen des Vertrages mit Numantia unter der Anklage, deren Drohung offenbar auch der Grund war, daß er in seinem Tribunat die Gesetze einbrachte, die die Volksmenge in Bewegung brachte, behauptete, er habe als Abgesandter seines Oberbefehlshabers gehandelt. 14 Bisweilen wird sie auf einen Sachverhalt abgelenkt, wenn etwa jemand, der eine Testamentsbestimmung nicht erfüllt hat, behauptet, die Erfüllung sei von Gesetzes wegen nicht möglich gewesen. Diesen Fall nennt man μετάστασις (Verschiebung).

Sind auch diese Wege ausgeschlossen, so bleibt die Entschuldigung. Sie besteht entweder in Unkenntnis, so, wenn jemand einen entlaufenen Sklaven gebrandmarkt hat und, nachdem das Gericht dessen freie Geburt festgestellt hat, behauptet, er sei in Unkenntnis gewesen, daß es sich um einen Freien handele. Ober sie besteht in einer Zwangslage, so, wenn ein Soldat sich nicht termingerecht zum Dienst gestellt hat und behauptet, er sei durch die Flüsse auf seinem Wege verhindert worden oder durch seinen Gesundheitszustand. 15 Auch dem unglücklichen Zufall wird oft die Schuld gegeben. Nicht selten behaupten wir auch, wir hätten zwar schlecht gehandelt, aber in guter Absicht. Für beide Fälle gibt es viele handgreifliche Beispiele, weshalb sich ihre Darlegung erübrigt.

Wenn alles oben Beschriebene fehlt, gilt es zuzusehen, ob sich die Schuld mindern läßt. Hier tritt der Fall ein, den manche als Grundfall des Ausmaßes (status quantitatis) gelten lassen. 16 Aber da es sich dabei um das Ausmaß entweder der Bestrafung oder der Anerkennung handelt, wird er durch die Beschaffenheit der Tat bestimmt, und deshalb scheint er mir zu diesem Grundfall der Beschaffenheit zu gehören ebenso wie der Ausmaß-Fall, den die Griechen auf die Anzahl beziehen. Denn sie sprechen ja von πηλικότης (Frage nach dem Umfang) und ποσότης (Frage nach der Anzahl), während wir mit der einen Bezeichnung (Ausmaß) beides umfassen.

17 Als letztes kommt die Abbitte, ein Verfahren der Prozeßrede, von dem die meisten gesagt haben, es käme überhaupt nie vor Gericht in Frage. Ja auch Cicero scheint ebendies in der Rede für Ligarius[66] zu bezeugen, wenn er sagt: 'In Prozessen, Caesar, habe ich ja oft genug auch gleichzeitig mit dir gesprochen, solange dich noch auf dem Forum die Rücksicht auf deine politische Laufbahn festhielt, gewiß aber niemals so: verzeiht, ihr Richter, der Angeklagte war im Irrtum, er ist gestrauchelt, er hat ja nicht geglaubt – und wenn er je wieder nach diesen Erfahrungen . . . usw.' 18 Im Senat

[66] p. Lig. 10, 30.

apud principem et ubicumque sui[b] iuris clementia est, habet locum deprecatio. in qua plurimum valent ex ipso, qui reus est, haec tria: vita[c] praecedens[d] si innocens, si bene meritus, si spes in futurum innocenter victuri et in aliquo usu futuri: praeterea, si vel aliis incommodis vel praesenti periculo vel paenitentia videatur satis poenarum dedisse: extra nobilitas, dignitas, propinqui, amici. 19 in eo tamen, qui cognoscit, plurimum ponendum est,[e] laus enim misericordis potius quam reprensio dissoluti consecutura est. verum et in iudiciis etiam si non toto genere causae, tamen ex parte magna hic locus saepe tractatur. nam et divisio frequens est, etiam si fecisset, ignoscendum fuisse, idque in causis dubiis saepe praevaluit, et epilogi omnes in eadem fere materia versari solent. 20 sed nonnumquam etiam rei totius hic summa constituta. an[f] vero si exheredatum a se filium pater testatus fuerit elogio, propterea quod is meretricem amaverit, non omnis hic erit quaestio, an huic delicto pater debuerit ignoscere et centumviri tribuere debeant veniam? sed etiam in formulis, cum poenariae sunt actiones, ita causam partimur, an commissa sit poena, an exigi debeat. id autem, quod illi viderunt, verum est, reum a iudicibus hoc defensionis modo liberari non posse.

21 De praemiis autem quaeruntur duo: an ullo sit dignus qui petit, an tanto: ex duobus, uter dignior, ex pluribus, quis dignissimus. quorum tractatus ex ipso meritorum genere ducuntur. et intuebimur non rem tantum, sive adleganda sive comparanda erit, sed personam quoque: nam et multum interest, tyrannum iuvenis occi-

b) *Gertz:* si
c) *Halm:* vitia
d) *Christ:* praecedes (praecides)
e) *Gertz:* ponendum si
f) *Zumpt:* constitutam

aber und vor dem Volke, vor dem Princeps und überall, wo Milde ihren Anspruch im Recht geltend macht, hat die Abbitte ihren festen Platz. Hierbei haben in der Person dessen, der unter Anklage steht, die folgenden drei Punkte am meisten zu bedeuten: das *Vorleben*, wenn der Angeklagte unbescholten ist, wenn er Verdienste aufzuweisen hat und wenn er die Aussicht erweckt, in Zukunft unbescholten zu bleiben und sich irgendwie nützlich zu erweisen. Zweitens sodann, wenn er durch andere Schadenfälle oder durch die gegenwärtige Gefahr oder durch seine Reue hinreichend gestraft zu sein scheint. Von außen kommen schließlich hinzu: Adel, Rang, Verwandte und Freunde. 19 Bei der Person dessen jedoch, der die Untersuchung führt, wird es am höchsten anzuschlagen sein, wenn er (im Falle der Milde) eher mit dem Ruhm seiner Milde als mit dem Tadel seiner Schwäche zu rechnen hat. Jedoch auch bei Gerichtsverhandlungen nimmt die Behandlung der Bitte um Nachsicht, wenn auch nicht als eigene Redegattung, so doch in der Gestaltung der Teile, einen großen Raum ein. Denn einerseits ist das Gliederungsverfahren häufig: 'auch wenn er es getan hätte, hätte man es verzeihen können', und dieses Verfahren hat bei zweifelhaften Fällen oft den Vorrang, andererseits haben die Schlußworte es durchweg gewöhnlich mit ebendiesem Gedanken zu tun. 20 Doch zuweilen beruht sogar das Schwergewicht der ganzen Sache hierauf. Oder wird nicht, wenn ein Vater in seinem Testament ausdrücklich hervorhebt, er habe seinen Sohn deshalb enterbt, weil er ein Verhältnis mit einer Dirne unterhalten habe, die ganze Frage darauf beruhen, ob der Vater dieses Vergehen nicht hätte verzeihen müssen, und ob die Zentumvirn hier Gnade für Recht ergehen lassen dürfen? Aber auch bei Klagformeln, in denen es um die Verhandlung über strafbare Handlungen geht, verwenden wir in der Rede die Gliederung, ob die Strafe fällig sei, und ob sie vollstreckt werden müsse. Die Feststellung selbst aber, die die erwähnten Fachleute getroffen haben, ist wahr, daß nämlich vor Richtern durch diese Form der Verteidigung ein Freispruch nicht erzielt werden kann.

21 Bei Belohnungen aber ergeben sich die zwei Fragen: ob der Bewerber überhaupt eine Belohnung verdiene und: ob eine so hohe. Handelt es sich um zwei Bewerber: wer von ihnen ihrer würdiger sei; bei einer größeren Anzahl: wer ihrer am würdigsten sei. Die Durchführung dieser Frage hängt ganz von der Art der Verdienste ab. Dabei aber werden wir unser Augenmerk nicht nur auf den Sachverhalt richten, ob er nur zu berichten oder mit anderen zu vergleichen ist, sondern auch auf die Person; denn einmal macht es

derit an senex, vir an femina, alienus an coniunctus: 22 et locum multipliciter: in civitate tyrannis adsueta an libera semper, in arce an domi: et quo modo factum sit: ferro an veneno, et quo tempore: bello an pace, cum depositurus esset eam potestatem an cum aliquid novi sceleris ausurus. habent in meritis gratiam periculum quoque et difficultas. 23 similiter liberalitas a quo profecta sit, refert: nam in paupere gratior quam in divite, dante beneficium quam reddente, patre quam orbo, item in quam rem dederit et quo tempore et quo animo, id est, num in aliquam spem suam: similiter alia. et ideo qualitas maxime oratoris recipit operam, quia in utramque partem plurimum est ingenio loci, nec usquam tantum adfectus valent. 24 nam[g] coniectura extrinsecus quoque adductas frequenter probationes habet et argumenta ex materia sumit: quale quidque videatur, eloquentiae est[h] opus: hic regnat, hic imperat, hic sola vincit.

Huic parti subiungit Verginius causas abdicationis, dementiae, malae tractationis, orbarum nuptias indicentium. nam et fere sic accidit, inventique sunt, qui has materias officiorum vocarent. sed alios quoque nonnumquam leges hae recipiunt status: 25 nam et coniectura est aliquando in plerisque horum, cum se vel non fecisse vel bona mente fecisse contendunt, cuius generis exempla sunt multa. et quid sit dementia ac mala tractatio finitur. nam[i] iuris leges plerum-

g) *Regius:* valenti iam (etiam)
h) *Badius:* eloquentia est
i) nam ... status. *'verba etiam nunc valde obscura' Wint. vid. Stroux Philol. 91 (1936) 225*

einen großen Unterschied, ob den Tyrannen ein junger Mann erschlagen hat oder ein Greis; ein Mann oder ein Weib, ein Fremder oder ein Verwandter; 22 sodann kommt es vielfältig auf den Ort an: ob in einer die Tyrannenherrschaft gewohnten oder einer immer freien Gemeinde, ob in der Festung oder zu Hause; ferner: wie die Tat vollbracht wurde, ob mit dem Schwert oder mit Gift. Auch der Zeitpunkt: ob im Krieg oder im Frieden, ob zu einer Zeit, als der Tyrann seine Herrschaft niederlegen, als er gerade eine neue Gewalttat sich herausnehmen wollte. Bei der Bewertung der Verdienste finden auch die Gefahr und die Schwierigkeit der Tat Anerkennung. 23 Ähnlich kommt es bei einer großzügigen Stiftung auf die Person an, von der sie kommt; denn bei einem Armen ist sie anerkennenswerter als bei einem Reichen, bei dem, der eine Wohltat erweist, als bei dem, der sie vergilt, bei einem Vater als bei einem Kinderlosen. Ebenso: wofür er sie gegeben hat, zu welcher Zeit und in welcher Absicht, d. h., ob in der Aussicht auf einen Eigennutzen. Entsprechend bei anderen Gesichtspunkten dieser Art. Und deshalb kommt bei der Frage der Beschaffenheit die Leistung des Redners vor allem zur Geltung, weil hier auf beiden Seiten der persönliche Einfallsreichtum Raum zur Entfaltung findet und nirgends die Gefühlswirkungen soviel bedeuten. 24 Denn die Vermutungsfrage (ob etwas geschehen ist) enthält auch häufig von außen eingeführte Beweismittel[67] und nimmt ihre Argumente aus dem im Thema Gegebenen; in welchem Lichte aber jedes Geschehen erscheinen soll, das zu bestimmen ist Sache der Beredsamkeit: hier herrscht sie, hier gilt ihr Kommando und hier erringt nur sie den Sieg.

Verginius[68] ordnet der Beschaffenheitsfrage auch die Fälle der Verstoßung, der Geistesschwäche, der Vernachlässigung und der Waisentöchter mit Eheansprüchen unter. Denn gewöhnlich trifft diese Frage ja bei ihnen zu, und es haben sich Sachkenner gefunden, die diese Themen als Frage der sittlichen Verpflichtung bezeichneten. 25 Jedoch lassen sich diese Gesetzesfälle manchmal auch mit anderen Grundfragen fassen. Denn zuweilen liegt in einer ganzen Anzahl der Fälle die Vermutungsfrage zugrunde, wenn die Angeklagten behaupten, die Tat nicht oder sie in gutem Glauben getan zu haben. Für diese Art Fälle gibt es Beispiele genug. Sodann wird in den Fragen, was Geistesschwäche, was Vernachlässigung sei,

[67] vgl. o. 6, 4, 4 und 5, 1, 2.

[68] Verginius Flavus, s. o. 3, 1, 21 (nostrae aetatis). Er wurde unter Nero (65) verbannt (vgl. Tac. Ann. 15, 71); s. u. zu 7, 4, 40.

que quaestiones praecurrere solent, et ex quibus causae non fiat status. 26 quod tamen facto defendi non poterit, iure nitetur: et quot et quibus causis abdicare non liceat, et in quae crimina malae tractationis actio ⟨non⟩[j] detur, et cui accusare dementiae non permittatur.

27 Abdicationum formae sunt duae: altera criminis perfecti, ut si abdicetur raptor, adulter, altera velut pendentis et adhuc in condicione positi, quales sunt, in quibus abdicatur filius, quia non pareat patri. illa semper asperam abdicantis actionem habet (inmutabile est enim quod factum est), haec ex parte blandam et suadenti similem (mavult enim pater corrigere quam abdicare), at pro filiis in utroque genere summissam et ad satis faciendum compositam[k]. 28 a quo dissensuros scio, qui libenter patres[l] figura laedunt: quod non ausim dicere numquam esse faciendum, potest enim materia incidere, quae hoc exigat. certe vitandum[m] est, quotiens aliter agi potest: sed de figuris alio libro tractabimus. 29 non dissimiles autem abdicationum actionibus sunt malae tractationis[n]: nam et ipsae habent eandem in accusationibus moderationem. dementiae quoque iudicia aut propter id quod factum est, aut propter id quod adhuc fieri vel non fieri potest instituuntur. 30 et actor in eo, quod factum est, liberum habet impetum, sic tamen, ut factum accuset, ipsius patris tamquam valetudine lapsi misereatur: in eo vero, cuius libera mutatio est, diu roget et suadeat et novissime dementiam rationi

j) *add. Obrecht*
k) **P**: summissa ... et ... composita summissa ⟨est⟩ *Wint.*
l) *Gesner:* patris
m) *Obrecht:* videndum
n) *Spalding:* tractationis actionis(es)

nach der Definition gefragt. Denn den Rechtsfragen pflegen meist die Gesetze vorauszueilen, und zwar solche, aus denen sich ein Grundfall für die Streitfrage nicht gewinnen läßt.[69] 26 Was indessen durch die Beschaffenheit der Tat nicht gerechtfertigt werden kann, das stützt sich auf den Rechtsstandpunkt: etwa aus wie vielen und aus welchen Gründen die Verstoßung nicht statthaft sei; oder bei welchen Anschuldigungen wegen Vernachlässigung einer Klage nicht stattgegeben werden könne; oder wem es nicht erlaubt sei, wegen Geistesschwäche Klage zu führen.

27 Verstoßung findet sich in zwei Formen, die eine, in der es sich um den Vorwurf eines vollendeten Verbrechens handelt, wenn etwa ein Entführer oder Ehebrecher verstoßen wird; die andere, wenn es sich um einen gleichsam schwebenden und noch in bedingter Form erhobenen Vorwurf handelt, wie es in Fällen geschieht, in denen ein Sohn verstoßen wird, weil er seinem Vater ungehorsam sei. Die erstere hat immer die strenge Klageform des Verstoßenden – denn unabänderlich ist, was einmal geschehen ist –, die letztere eine zum Teil gewinnende und mehr gutem Zureden ähnliche – denn der Vater will den Sohn ja lieber bessern als verstoßen –, das für die Söhne Vorgebrachte dagegen in beiden Formen den Ton der Ergebenheit und Bereitschaft zur Genugtuung. 28 Hiervon weichen, wie ich weiß, diejenigen ab, die gern die Väter in einer besonderen Redehaltung versteckt angreifen. Ich möchte nicht wagen zu sagen, daß das nie geschehen dürfe; denn man kann auf einen Stoff treffen, wo die Aufgabe das verlangt. Gewiß aber ist es so lange zu vermeiden, wie man auch anders vorgehen kann – doch über die besonderen Redehaltungen werden wir in einem anderen Buch[70] handeln. 29 Ganz ähnlich nun wie bei der Verstoßung steht es auch in Verhandlungen wegen Vernachlässigung; denn auch hier gilt die gleiche Mäßigung auf seiten der Anklage. Auch Gerichtsverhandlungen wegen Geistesschwäche werden entweder aufgrund dessen, was geschehen ist, angesetzt oder um dessentwillen, was noch geschehen oder nicht geschehen kann. 30 Nun hat der Kläger bei dem, was geschehen ist, freie Hand zu ungestümem Vorgehen, freilich so, daß er über das Geschehene Klage führt, mit dem Vater selbst aber als einem durch seine Krankheit Gestrauchelten Mitleid zeigt. Bei dem aber, wo noch Spielraum für eine Sinneswandlung besteht, soll er lange bitten und zureden und sich zuletzt erst darüber be-

[69] vgl. Stroux Philol. 91 (1936) 273.
[70] s. u. Buch 9.

queratur obstare, non mores: quos quanto magis in praeteritum laudaverit, tanto facilius probabit morbo esse mutatos. 31 reus, quotiens causa patietur, debebit esse in defensione moderatus, quia fere ira et concitatio furori sunt similia. omnibus his commune est, quod rei non semper defensione facti, sed excusatione ac venia frequenter utuntur. est enim domestica disceptatio, in qua et semel peccasse et per errorem et levius, quam obiciatur, absolutioni nonnumquam sufficit.

32 Sed alia quoque multa controversiarum genera in qualitatem cadunt. iniuriarum: quamquam enim reus aliquando fecisse negat, plerumque tamen haec actio facto atque animo continetur. de accusatore constituendo, quae iudicia divinationes vocantur: 33 in quo genere Cicero quidem, qui mandantibus sociis Verrem deferebat,[o] hac usus est divisione: spectandum, a quo maxime agi velint ii, quorum de ultione quaeritur, a quo minime velit is, qui accusatur. 34 frequentissimae tamen hae sunt quaestiones, uter maiores causas habeat, uter plus industriae aut virium sit allaturus ad accusandum, uter id fide meliore facturus. 35 tutelae praeterea: in quo iudicio solet quaeri, an alia de re quam de calculis cognosci oporteat, an fidem praestare debeat tantum, non etiam consilium et eventum. cui simile est male gestae procurationis, quae in foro negotiorum gestorum: nam et mandati actio est. 36 praeter haec finguntur in scholis et inscripti maleficii, in quibus aut hoc quaeritur, an inscriptum[p] sit,

o) *Halm:* defendebant
p) *Aerodius:* scripti … scriptum

klagen, daß der kranke Geist der vernünftigen Überlegung widerstehe, nicht aber über die sittlichen Grundsätze des Vaters; je mehr er diesen vielmehr für die vorausgehende Zeit lobt, um so leichter wird er einleuchtend machen, daß dessen Wesen sich durch Krankheit gewandelt hat. 31 Der Angeklagte wird, wenn immer die Verhandlung Gelegenheit bietet, sich bei seiner Verteidigung als maßvoll zeigen müssen, weil ja gewöhnlich Zorn und Erregung wie Wahnsinnsausbrüche aussehen. All diesen Fällen ist es gemeinsam, daß die Angeklagten nicht immer eine Verteidigung ihrer Tat, sondern häufig Entschuldigung und Bitte um Nachsicht in Anspruch nehmen. Handelt es sich doch um einen Zwist im Familienkreise, bei dem bisweilen zum Freispruch die Versicherung genügt, es habe sich um einen einmaligen Fehltritt gehandelt, um eine Verirrung und etwas weniger Schweres, als es der Vorwurf enthielt.

32 Aber noch viele andere Arten von Streitigkeiten fallen unter die Beschaffenheitsfrage. So die Fälle von Beleidigungen; denn wenn auch der Angeklagte zuweilen leugnet, etwas derartiges getan zu haben, so beruht doch zumeist die Anklage auf der Tat und der in ihre erkennbaren Geisteshaltung. 33 Ferner die Prozesse um die Bestimmung des Anklägers, die sogenannte Divinationsklage. In dieser Prozeßart verwendet zwar Cicero[71], der im Auftrag römischer Bundesgenossen Verres vor Gericht zog, die Gliederung, man habe *die* Person ins Auge zu fassen, die nach dem Willen der Kläger, um deren Vergeltungsanspruch der Prozeß ging, zu allererst, nach dem Willen des Angeklagten aber zu allerletzt die Anklage führen solle. 34 Am häufigsten indessen sind Fragen der Art, welcher der beiden Bewerber die gewichtigeren Gründe zur Klage habe, welcher von ihnen mehr Eifer und Energie zur Aufgabe des Anklägers aufbringen werde, welcher sie mit größerer Zuverlässigkeit vertreten werde. 35 Ferner die Fälle der Vormundschaftsvertretung. Bei dieser Prozeßform lautet die Frage gewöhnlich, ob die Urteilserkenntnis noch etwas außer der Rechnungsführung betreffen müsse, ob der Vormund nur Ehrlichkeit bieten müsse, nicht auch noch planvolles Handeln und Erfolg. Ähnlich steht es bei dem Fall der unredlichen Betreuung einer Bevollmächtigung, was auf dem Forum zu dem Bereich der Geschäftsführung gehört; denn auch hier gilt die Verhandlung einer Geschäftsübertragung. 36 Außer diesen Fällen wird in den Schulübungen auch der erfundene Fall einer Übeltat ohne schriftliche Gesetzesbestimmungen behandelt,

[71] in der ›divinatio in Caecilium‹.

aut hoc, an maleficium sit, raro utrumque. male gestae legationis apud Graecos et veris causis frequens, ubi iuris loco quaeri solet, an omnino aliter agere, quam mandatum sit, liceat, et quo usque sit legatus quoniam aliae in[q] renuntiando sunt, ut in Heio, qui testimonium in Verrem dixerat post perlatam legationem. plurimum tamen est in eo, quale sit factum. rei publicae laesae: 37 hic moventur quidem illae iuris cavillationes: 'quid sit rem publicam laedere?' et 'laeserit an non profuerit', et 'ab ipso an propter ipsum laesa sit': in facto tamen plurimum est. 'ingrati' quoque: in quo genere quaeritur, an is, cum quo agitur, acceperit beneficium. quod raro negandum est: ingratus est enim qui negat. 38 quantum acceperit? an reddiderit? an protinus, qui non reddidit, ingratus sit? an potuerit reddere? an id, quod exigebatur, debuerit? quo animo ⟨datum⟩[r] sit? simpliciores illae iniusti repudii, sub qua lege controversiae illud proprium habent, quod a parte accusantis defensio est et defendentis accusatio. 39 praeterea, cum quis rationem mortis in senatu reddit, ubi una quaestio est iuris, an is demum prohibendus sit, qui mori vult, ut se legum actionibus subtrahat, cetera qualitatis. finguntur et testamenta, in quibus de sola ⟨qualitate⟩[s] quaeratur, ut in controversia, quam supra exposui, in qua de parte patrimonii quarta, quam pater dignissimo ex filiis reliquerat, contendunt philosophus, medicus, orator. quod idem accidit, si orbae

q) ⟨nuntiando, aliae in⟩ *add. Spalding*
r) *add. Wilhelm Meyer*
s) *add. Christ*

bei dem sich entweder die Frage ergibt, ob keine schriftliche Bestimmung existiert, oder die, ob es sich um eine Übeltat handelt, selten die, ob beides der Fall ist. Ferner der Fall der unredlichen Gesandtschaftserfüllung, der bei den Griechen auch in wirklichen Prozeßreden häufig behandelt wird. Dabei wird gewöhnlich die allgemeine Rechtsfrage gestellt, ob ein Gesandter überhaupt die Verhandlung anders führen darf, als sein Auftrag lautet, und die Frage, bis zu welchem Zeitpunkt die Gesandtentätigkeit gilt, da ja andere Reden erst bei der Berichterstattung stattfinden, z. B. bei Heius[72], der sein Zeugnis gegen Verres erst nach beendeter Gesandtschaft abgelegt hatte. Das wichtigste indessen ist dabei die Beschaffenheitsfrage, wie die Tat zu bewerten sei. Ferner der Fall der Schädigung der Gemeinschaftsinteressen. 37 Hier tauchen zwar die spitzfindigen Rechtsfragen auf: 'was es heiße, die Gemeinschaftsinteressen zu schädigen' und 'ob eine Schädigung erfolgt oder kein Nutzen eingetreten sei', sowie 'ob die Schädigung von oder infolge der Tätigkeit des Angeklagten bewirkt sei'. Das Entscheidende aber ist doch die Bewertung der Tat. Ferner der Fall der Undankbarkeit, eine Prozeßart, bei der es um die Frage geht, ob der Prozeßgegner eine Wohltat erhalten habe. Das darf selten geleugnet werden; denn undankbar ist ja, wer es leugnet. 38 Wieviel aber mag er empfangen haben? Hat er das Empfangene abgegolten? Ist jemand, der es nicht abgegolten hat, gleich undankbar? Hat er es denn abgelten können? Hat er denn das geschuldet, was man von ihm verlangte? In welcher Absicht erfolgte die Gabe? Einfacher liegen die Fälle der ungerechtfertigten Scheidung, wobei die Streitfälle dieser Art das Eigentümliche haben, daß auf der Seite des Klägers die Aufgabe der Verteidigung der Rechtmäßigkeit liegt, auf der des Verteidigers die Anklage. 39 Außerdem der Fall, wenn jemand für seinen Tod vor dem Senat Rechenschaft ablegt, wo die einzige Rechtsfrage nur die ist, ob daran nur der gehindert werden darf, der den Wunsch zu sterben hat, um sich der Rechtfertigung vor dem Gesetz zu entziehen, während alles übrige zur Beschaffenheitsfrage gehört. Es werden auch Testamente erdacht, in denen es nur um die Frage der Beschaffenheit geht, so in der Kontroversie, die ich schon oben behandelt habe,[73] in der um ein Viertel des väterlichen Erbes, das der Vater dem würdigsten seiner Söhne hinterlassen hatte, ein Philosoph, Arzt und Redner um

[72] Verr. 4, 7, 8.
[73] s. o. 7, 1, 38.

nuptias indicant pares gradu et si inter propinquos de idoneo quaeratur. 40 sed mihi nec omnis persequi materias in animo est (fingi enim adhuc possunt), nec omnis earum quaestiones, quia positionibus mutantur. hoc tamen admiror, Flavum, cuius apud me summa est auctorias, cum artem scholae tantum componeret, tam anguste materiam qualitatis terminasse.

41 Quantitas quoque, ut dixi, etiam si non semper, plerumque tamen eidem subiacet, seu modi est seu numeri. sed modus aliquando constat aestimatione facti, quanta sit culpa quantumve beneficium, aliquando iure, cum id in controversiam venit, qua quis lege puniendus vel honorandus sit: 42 stuprator decem milia dare debeat, quae poena huic crimini constituta est, an, quia se stupratus suspendit, capite puniri tamquam causa mortis. quo in genere falluntur, qui ita dicunt tamquam inter duas leges quaeratur: nam de decem milibus nulla controversia est, quae non petuntur. iudicium redditur, an reus causa sit mortis. 43 in coniecturam quoque eadem species cadit, cum perpetuo an quinquennali sit exilio multandus, in controversiam venerit: nam an[t] prudens caedem commiserit quaeritur. 44 illa quoque, quae ex numero ducitur, pendet ex iure an Thrasibulo triginta praemia debeantur', et 'cum duo fures pecuniam abstulerint, separatim quadruplum quisque an duplum debeat'. sed hic quoque factum aestimatur, et tamen ius ipsum pendet ex qualitate.

t) *Spalding:* nam **G** an **A**² num *recc.*

die Wette streiten. Ebenso liegt der Fall, wenn Waisentöchter gleichen Verwandtschaftsgrades ihre Verheiratung fordern und wenn unter den Verwandten die Frage nach dem passenden Ehemann behandelt wird. 40 Aber ich habe nicht die Absicht, alle Themen durchzugehen – denn es lassen sich noch weitere ausdenken – noch alle Fragen, die sie enthalten, weil diese sich nach den angenommenen Voraussetzungen ändern. Nur darüber muß ich mich wundern, daß Flavus (Verginius), der für mich so wichtig ist,[74] als er sein Lehrbuch nur für die Schulübungen verfaßte, den Themenkreis der Beschaffenheitsfrage in so engen Grenzen gehalten hat.

41 Auch die Frage des Ausmaßes ist, wie gesagt,[75] wenn auch nicht durchweg, so doch meistens der Beschaffenheitsfrage untergeordnet, ob es sich dabei um Maß oder Anzahl handelt. Aber das Maß besteht manchmal aus der Einschätzung der Tat, wie groß die Schuld sei oder wie groß die Wohltat, manchmal auch auf der Rechtsfrage, wenn das Streitgegenstand wird, nach welchem Gesetz jemand zu bestrafen oder zu ehren ist: 42 Ob der, der sich an einem jungen Mann vergangen hat, 10000 Sesterzien zahlen soll, wie es als Strafe für dieses Vergehen bestimmt ist, oder ob er, weil sein Opfer sich erhängt hat, als die Ursache für dessen Tod mit dem Tode bestraft werden soll? Bei Fällen dieser Art täuschen sich diejenigen, die es so auffassen, als drehte es sich bei der Frage um die Wahl zwischen zwei Gesetzen; denn um die 10000 Sesterzien gibt es keinen Rechtsstreit: sie werden ja gar nicht als Forderung geltend gemacht. 43 Das Urteil gilt der Frage, ob der Angeklagte die Ursache des Todes sei. Auch in das Gebiet der Vermutungsfrage fällt die gleiche Art von Fällen, wenn es zum Streit kommt, ob der Angeklagte mit dauernder oder fünfjähriger Verbannung bestraft werden solle; denn die Frage lautet, ob er vorsätzlich die Tötung begangen hat. 44 Auch die Frage, die von der Anzahl her gewonnen wird, ‘ob nämlich Thrasybulos 30 Belohnungen (für die Beseitigung der 30 Tyrannen) zuständen’, hängt von der Rechtsfrage (der Gesetzesauslegung) ab, ebenso wie die ‘ob, wenn zwei Diebe Geld gestohlen haben, jeder gesondert das Vierfache des Betrages oder das Doppelte als Strafe zu entrichten habe’. Aber auch hier geht es um die Bewertung der Tat, und so hängt doch die Rechtsfrage wieder ab von der nach der Beschaffenheit.

[74] ein wichtiger Quellenhinweis; s. o. § 24 sowie 3, 6, 45.
[75] s. § 16.

V.

1 Qui neque fecisse se negabit neque aliud esse, quod fecerit, dicet neque factum defendet, necesse est in suo iure consistat, in quo plerumque actionis est quaestio. 2 ea non semper, ut quidam putaverunt, iudicium antecedit, qualia sint praetorum[u] curiosa consilia, cum de iure accusatoris ambigitur, sed in ipsis frequentissime iudiciis versatur. est autem[v] duplex eius disceptationis condicio, quod aut intentio aut praescriptio habet controversiam. ac fuerunt qui praescriptionis statum facerent, tamquam ea non isdem omnibus quibus ceterae leges quaestionibus contineretur. 3 cum ex praescriptione lis pendet, de ipsa re quaeri non est necesse. ignominioso filius praescribit: de eo solo[w] iudicatio est, an liceat. quotiens tamen poterimus, efficiendum est ut de re quoque iudex bene sentiat: sic enim iuri nostro libentius indulgebit, ut in sponsionibus, quae ex interdictis fiunt, etiam si non proprietatis est quaestio, sed tantum possessionis, tamen non solum possedisse nos, sed etiam nostrum possedisse docere oportebit. 4 sed frequentius etiam quaeritur de intentione. 'vir fortis optet quod volet': nego illi dandum quidquid optaverit: non habeo praescriptionem, sed tamen voluntate contra

u) praetor(um) **A** praetore **G** praeturae **T** *(uricensis corr.)*
v) *Spalding:* enim
w) *Regius:* loco

FÜNFTES KAPITEL

Die Rechtsfrage

1 Wer weder sagt, er habe die Tat nicht begangen, noch behauptet, es handele sich bei dem, was er getan habe, um etwas anderes (als die Anklage behauptet), noch die Tat in Schutz nimmt, der hat nur die Möglichkeit, auf seinem Rechte zu bestehen, wobei es sich meistens um die Frage des Rechtsverfahrens handelt. 2 Diese Frage geht nicht immer, wie manche angenommen haben, der Gerichtsverhandlung voraus, wie es bei den Verfahrensweisungen der Fall ist, die zu den Amtssorgen der Prätoren gehören, wenn über die Rechtsform beim Auftreten eines Klägers verhandelt wird; sondern sie spielt sehr häufig bei den Gerichtsverhandlungen selbst eine Rolle. Die Voraussetzung für die Klärung der Rechtsfrage ist zweifach, weil entweder das Ziel der Anklage oder eine dagegen geltend gemachte Rechtsvorschrift den Streitpunkt ausmacht. Und manche sind so weit gegangen, in der geltend gemachten Rechtsvorschrift einen eigenen Grundfall zur Streitbestimmung (status) zu sehen, als ob nicht dieser Rechtseinwand in den gleichen Rahmen der Gesetzesfragen gehörte wie alle anderen Gesetzesvorschriften. 3 Wenn der Rechtsstreit von der eingewandten Rechtsvorschrift abhängt, ist eine Untersuchung des Sachverhaltes selbst nicht erforderlich. Ein Sohn etwa macht gegen seinen Vater, der die bürgerlichen Ehrenrechte nicht besitzt, diesen Rechtseinwand. Die Gerichtsentscheidung geht nur über die Frage, ob der Einwand statthaft sei. Sooft wir indessen die Möglichkeit dazu haben, sollten wir darauf hinwirken, daß auch über den Sachverhalt der Richter eine günstige Meinung gewinnt; denn so wird er auch unserem Rechtsstandpunkt eher sich zuneigen; so wird es bei Sponsionsprozessen[76], die aufgrund von prätorischen einstweiligen Verfügungen erfolgen, angebracht sein, auch wenn die Untersuchung nicht der Frage des Eigentums, sondern nur der des Besitzes gilt, dennoch darzulegen, daß wir nicht nur die Besitzer waren, sondern daß es auch unser Eigentum war, was wir besessen haben. 4 Aber noch häufiger gilt die Untersuchung dem Ziel des Klägers: ‘ein Mann soll für eine Heldentat wünschen, was er will’. Ich bestreite, daß man ihm alles geben dürfe, was er sich wünscht. Dafür kann ich

[76] private Rechtsstreitigkeiten in der altertümlichen Form einer Wette, wobei die Formel ‘spondeo’ (ich gelobe) gebraucht wird.

verba praescriptionis modo utor.[x] in utroque autem genere status idem sunt.

5 Porro lex omnis aut tribuit aut adimit, aut punit aut iubet[y], aut vetat aut permittit. litem habet aut propter se ipsam aut propter alteram: 6 quaestio est[z] aut in scripto aut in voluntate. scriptum aut apertum est aut obscurum aut ambiguum. quod de legibus dico, idem accipi volo de testamentis, pactis, stipulationibus, omni denique scripto: quod de scripto, idem de voce. et quoniam quattuor eius generis quaestiones vel status fecimus, singulos percurram.

VI.

1 Scripti et voluntatis frequentissima inter consultos quaestio est, et pars magna controversi iuris hinc pendet. quo minus id accidere in scholis mirum est: ibi etiam ex industria fingitur. eius genus unum est, in quo et de scripto et de voluntate quaeritur. 2 id tum accidit, cum est in lege aliqua obscuritas. in ea aut uterque suam interpretationem confirmat, adversarii subvertit, ut hic: 'fur quadruplum solvat: duo surripuerunt pariter decem milia: petuntur ab utroque quadragena, illi postulant ut vicena conferant.' nam et actor dicit, hoc esse quadruplum, quod petat, et rei hoc, quod offerant: voluntas quoque utrimque defenditur. 3 aut cum de altero intellectu certum est, de altero dubium: 'ex meretrice natus ne contionetur: quae

x) nitor *Halm*
y) iuvat *Rad.*
z) *Regius:* quaestionem *(fort. recte)*

keine gesetzliche Verfügung geltend machen, und doch verwende ich hierbei den Widerstreit von Absicht und Wortlaut des Gesetzes wie den Einwand einer Gesetzesvorschrift. Die Grundfälle für die Streitbestimmung aber sind in beiden Arten der Rechtsfrage die gleichen.

5 Ferner gilt von jedem Gesetz: es teilt zu oder nimmt weg oder bestraft oder befiehlt oder verbietet oder gestattet. Einen Rechtsstreit enthält es entweder aufgrund seiner selbst oder aufgrund eines anderen Gesetzes. Die Frage aber betrifft entweder den Wortlaut oder die Absicht. 6 Der Wortlaut aber ist entweder offenkundig oder dunkel oder zweifelhaft. Was ich aber von den Gesetzen sage, das soll ebenso auch von Testamenten, Abmachungen, Zusicherungen, kurz: von allem Geschriebenen gelten; und wie vom Geschriebenen, so auch vom mündlichen Wortlaut. Da wir nun für diese Art von Fällen vier Gruppen von Fragen oder Grundfällen (status) zur Streitbestimmung gebildet haben, will ich sie kurz einzeln durchgehen.

SECHSTES KAPITEL

Wortlaut und Absicht

1 Die Frage nach Wortlaut und Absicht ist am häufigsten unter den Rechtsberatern, und ein großer Teil strittigen Rechtes hängt hiervon ab. Um so weniger verwunderlich ist es, daß das auch in den Schulübungen so ist. Dort erfindet man solche Fälle sogar mit Absicht. Eine Gruppe von Fällen besteht darin, daß man sowohl nach dem Wortlaut als auch nach der Absicht fragt. 2 Das geschieht dann, wenn in dem Gesetz eine Dunkelheit liegt. Entweder stützt hierbei jede Seite die eigene Auffassung des Textes und zeigt die der Gegenseite als haltlos; etwa in folgendem Fall: 'Ein Dieb soll vierfach Buße zahlen. Zwei Diebe haben zu gleichen Teilen zehntausend Sesterzien entwendet. Die Anklage fordert von jedem der beiden vierzigtausend; sie aber verlangen, nur je zwanzigtausend aufbringen zu müssen.' Denn einerseits behauptet der Kläger, das, was er fordere, sei das Vierfache, andererseits die Angeklagten, das, was sie böten, sei es. Auch die Absicht des Gesetzes wird von beiden Seiten als Verteidigung in Anspruch genommen. 3 Oder aber, wenn der Sinn des Textes in der einen Hinsicht gewiß ist, besteht in der zweiten Hinsicht ein Zweifel: 'Wer von einer Dirne geboren ist, soll nicht in der Volksversammlung auftreten.

filium habebat, prostare coepit: prohibetur adulescens contione'. nam de eius filio, quae ante partum meretrix fuit, certum est: an eadem huius causa sit dubium est, quamquam[a] ex hac natus est, et haec meretrix est. 4 solet et illud quaeri, quo referatur quod scriptum est: 'bis de eadem re ne sit actio': id est, hoc 'bis' ad actorem an actionem? haec ex iure obscuro.

Alterum genus est ex manifesto: quod qui[b] solum viderunt, hunc statum plani et voluntatis appellarunt. in hoc altera pars scripto nititur, altera voluntate. 5 sed contra scriptum tribus generibus occurritur. unum est, in quo ipso patet, semper id servari non posse: 'liberi parentes alant aut vinciantur': non enim alligabitur infans. hinc[c] erit ad alia transitus et divisio: 'num quisquis non aluerit? num hic?[d] 6 proponunt et hoc quidam tale genus controversiarum, in quo nullum argumentum est, quod ex lege ipsa peti possit, sed de eo tantum, de quo lis est, quaerendum est[e]. 'peregrinus, si murum ascenderit, capite puniatur. cum hostes murum ascendissent, peregrinus eos depulit: petitur ad supplicium.' 7 non erunt hic separatae quaestiones, 'an quisquis, an hic', quia nullum potest adferri argumentum contra scriptum vehementius eo, quod in lite est, sed hoc tantum, an ne servandae quidem civitatis causa. ergo aequitate et voluntate pugnandum. fieri tamen potest, ut ex aliis legibus exempla ducamus, per quae appareat semper stari scripto non posse,

a) *Kiderlin:* quae **G** qui **A**² quia **P**
b) *Regius:* quod **A** qui *recc.*
c) *Badius:* hic
d) *Rad.* propter hoc **A** *(in mg.* proponunt*) crucem appos. Wint.*
e) -dum est *Halm* (dumst *Rad.*): sit

Eine Frau, die schon einen Sohn hatte, begann, sich als Dirne preizugeben. Man verwehrt ihrem Sohn die Teilnahme an der Volksversammlung.' Denn über den Sohn einer Frau, die, bevor sie einen Sohn geboren hat, Dirne war, ist der Sinn des Textes gewiß; ob aber der gleiche Grund für diesen Sohn gegeben ist, ist zweifelhaft, obwohl er von dieser Frau geboren ist und sie eine Dirne ist. 4 Man pflegt auch zu fragen, worauf etwas sich bezieht, was im geschriebenen Text steht: 'Zweimal soll über die gleiche Sache keine Klage stattfinden' d. h. bezieht sich dieses 'zweimal' auf den Kläger oder auf die Klage? Dies aber zu dem Punkt des dunklen Rechtstextes.

Bei der zweiten Gruppe handelt es sich um ganz klaren Text; diejenigen, die nur hierauf geachtet haben, haben diese Gruppe als den Grundfall (status) 'von glattem Text und Absicht' bezeichnet. 5 Hierbei stützt sich die eine Partei auf den Wortlaut, die andere auf die Absicht. Nun geht man gegen den Wortlaut auf dreierlei Art an. Die erste Art ist die, bei der es schon selbst deutlich ist, daß sich der Wortlaut nicht immer halten läßt: 'Kinder sollen ihren Eltern Unterhalt gewähren, oder sie sollen mit Gefängnis bestraft werden': ein kleines Kind wird ja nämlich an diese Bestimmung nicht gebunden sein können. Von hier bietet sich dann der Übergang zu anderen Ausnahmen und die Gliederung: 'Etwa jedes Kind, das keinen Unterhalt gewährt hat; etwa auch dieses Kind?' 6 Manche setzen auch diesen Fall zu einer Gruppe von Kontroversien[77], in der es kein Argument gibt, das aus dem Gesetz selbst gewonnen werden kann, sondern die Frage nur um das gehen muß, worum der Rechtsstreit geht. 'Ein Ausländer soll, wenn er die Stadtmauer ersteigt, mit dem Tode bestraft werden. Als nun Feinde die Mauer erstiegen hatten, vertrieb sie ein Ausländer von dort. Man will ihm den Prozeß machen.' 7 Hier wird es (aber) die gesonderten Fragen, 'ob jeder ohne Ausnahme, ob auch dieser' nicht geben, weil kein Argument gegen den Wortlaut des Gesetzes beigebracht werden kann, das eindringlicher ist als das Geschehen selbst, worum der Rechtsstreit geht, sondern nur das eine, ob denn auch dann nicht, wenn das Betreten der Mauer zur Rettung der Gemeinde erfolge. Also muß man den Kampf mit dem Hinweis auf die Billigkeit und die Absicht des Gesetzes führen. Indessen kann es geschehen, daß wir aus anderen Gesetzen Beispiele herleiten, durch die es deutlich ist, daß man nicht immer bei dem Wortlaut stehen-

[77] Text unsicher.

ut Cicero pro Caecina fecit. 8 tertium, cum in ipsis verbis legis reperimus aliquid, per quod probemus, aliud legum latorem voluisse, ut in hac controversia: 'qui nocte cum ferro deprensus fuerit, alligetur: cum anulo ferreo inventum magistratus alligavit', hic quia est verbum in lege 'deprensus', satis etiam significatum videtur non contineri lege nisi noxium ferrum.

9 Sed ut, qui voluntate nitetur, scriptum, quotiens poterit, infirmare debebit, ita qui scriptum tuebitur adiuvare se etiam voluntate temptabit. in testamentis et illa accidunt, ut voluntas manifesta sit, scriptum nihil sit, ut in iudicio Curiano, in quo nota L. Crassi et Scaevolae fuit contentio. 10 substitutus heres erat, si postumus ante tutelae annos decessisset: non est natus: propinqui bona sibi vindicabant, quis dubitaret, quin ea voluntas fuisset testantis, ut is non nato filio heres esset qui mortuo? sed hoc non scripserat. 11 id quoque, quod huic contrarium est, accidit nuper, ut esset scriptum quod appareret scriptorem noluisse. qui sestertium nummum quinque milia legaverat, cum emendaret testamentum, sublatis sestertiis nummis 'argenti pondo' posuit, 'quinque milia' manserunt. apparuit tamen 'quinque pondo' dari voluisse, quia ille in argento legati[f] modus et inauditus erat et incredibilis. 12 sub hoc statu generales sunt quaestiones, scripto an voluntate standum sit, quae fuerit scribentis voluntas: tractatus omnes qualitatis aut coniecturae, de quibus satis dictum arbitror.

f) *Spalding:* legiti **G** (-ito **A**) -ato *recc.*

bleiben kann, wie es Cicero in der Rede für Caecina[78] gemacht hat. 8 Um die dritte Gruppe handelt es sich, wenn wir in den Worten des Gesetzes selbst etwas ausfindig machen, wodurch wir beweisen können, daß der Gesetzgeber etwas anderes gewollt hat, so in der folgenden Kontroversie: 'Wer bei Nacht mit einem Eisen ertappt wird, soll in Fesseln gelegt werden. Ein Magistrat traf einen Mann mit einem eisernen Ring an und ließ ihn in Fesseln legen.' Weil hier im Gesetz das Wort 'ertappt' steht, scheint dadurch auch hinreichend gekennzeichnet, daß im Gesetz nur der Gedanke an Eisen zu schädlichem Zweck enthalten sei.

9 Jedoch wie derjenige, der sich auf die Absicht stützt, den Wortlaut, sooft er nur kann, entkräften muß, so wird derjenige, der den Wortlaut verteidigt, dabei auch die Absicht des Gesetzgebers zu Hilfe zu nehmen versuchen. Bei Testamenten geschieht es auch, daß die Absicht offensichtlich ist, aber nichts im Text darüber vorliegt, so im Curius-Prozeß, bei dem die bekannte Auseinandersetzung des L. Crassus und Scaevola stattfand.[79] 10 Es war ein Nach-Erbe eingesetzt für den Fall, daß der nach dem Tode des Erblassers geborene Sohn vor der Volljährigkeit stürbe. Es wurde aber kein Sohn geboren. So beanspruchten die Verwandten das Vermögen für sich. Wer könnte daran zweifeln, daß es die Absicht des Erblassers war, es sollte *der* Erbe sein, falls kein Sohn geboren sei, der es auch nach dem Tod des Sohnes hätte sein sollen; aber das hatte er nicht aufgeschrieben. 11 Auch der entgegengesetzte Fall ist neulich geschehen, daß nämlich etwas geschrieben war, was der Schreibende offensichtlich nicht gewollt hatte. Ein Mann, der ein Legat von 5000 Sesterzien ausgesetzt hatte, hatte bei der Verbesserung des Testamentes 'Sesterzien' getilgt und dafür 'Pfund Silber' gesetzt, das '5000' war stehengeblieben. Indessen war es deutlich, daß er die Schenkung von 5 Pfund gewollt hatte, weil die andere Menge in Silber unerhört und unglaublich war. 12 Bei diesem Grundfall für die Streitbestimmung (status) lauten die allgemeinen Fragen, ob man beim Wortlaut oder bei der Absicht bleiben wolle, sowie, welches die Absicht des Schreibenden gewesen sei. Für die Durchführung dieser Frage gelten ganz die Grundfälle der Beschaffenheit oder Vermutung, worüber, wie ich glaube, hinreichend gehandelt worden ist.

[78] p. Caec. 14, 51 ff.
[79] vgl. de orat. 1, 39, 180.

VII.

1 Proximum est de legibus contrariis dicere, quia inter omnes artium scriptores constat, in antinomia duos esse scripti et voluntatis status, neque inmerito, quia, cum lex legi obstitit,[g] utrimque contra scriptum dicitur et quaestio est de voluntate in utraque: id ambigitur, an utique illa lege sit utendum. 2 omnibus autem manifestum est numquam esse legem legi contrariam iure ipso, quia, si diversum ius esset,[h] alterum altero abrogaretur, sed eas casu collidi et eventu.

Colliduntur autem aut pares inter se, ut si optio tyrannicidae et viri fortis comparentur, utrique data quod velit petendi postestate: hic meritorum, temporis, praemii conlatio est: 3 aut secum ipsae, ut duorum fortium, duorum tyrannicidarum, ⟨duarum⟩[i] raptarum, in quibus non potest esse alia quaestio quam temporis, utra prior sit, aut qualitatis, utra iustior sit petitio. diversae quoque leges confligunt aut similes aut ⟨impares.⟩[j] diversae[k], quibus etiam citra adversam legem contradici possit, ut in hac controversia: 'magistratus ab arce ne discedat.' 'vir fortis quae volet optato'[l] vel alia nulla obstante quaeri potest, vir fortis an quidquid optarit accipere debeat. et in magistratu multa dicentur, quibus scriptum expugnatur,

g) *Rad.* obstat *Meister:* obstet et **V** obstet

h) *Regius:* iusisset (iussisset)

i) *add. Regius*

j) *add. Christ*

k) *Regius:* duae

l) *de lac. suppl. vid. Rad. Wint. suppl.:* magistratus qui fortiter fecerat ab arce discessit. impunitatem optat'. nam et de lege viri fortis

SIEBTES KAPITEL

Widersprüchliche Gesetze

1 Als nächstes ist jetzt von den sich widersprechenden Gesetzen zu handeln, da ja alle Verfasser von rhetorischen Lehrbüchern darüber einig sind, daß in der 'Antinomie' (Gesetzeswiderstreit) zwei Grundfälle von Wortlaut und Absicht vorliegen; so ist es ja auch, weil ja, wenn Gesetz gegen Gesetz steht, von beiden Parteien gegen den Wortlaut gesprochen wird und die Untersuchung bei beiden Gesetzen der Absicht des Gesetzgebers gilt. Strittig ist die Frage, ob das betreffende Gesetz überhaupt anzuwenden sei. 2 Für alle aber steht der Grundsatz fest, daß niemals ein Gesetz einem Gesetz seiner eigentlichen Rechtsnatur gemäß entgegengesetzt ist, weil ja, wenn das Recht verschieden wäre, das eine Recht durch das andere aufgehoben würde, sondern daß Gesetze nur fallweise und im zufälligen Geschehensablauf gegeneinander stoßen.

Der Zusammenstoß aber erfolgt entweder zwischen Gesetzen, die unter sich gleich stehen, wenn etwa der Wunsch eines Tyrannenmörders und der eines wegen Tapferkeit Ausgezeichneten abgewogen werden müssen, die beide durch Gesetz die Möglichkeit haben zu erlangen, was sie wollen. Hier betrifft die Abwägung die Verdienste, die Zeitumstände und die Belohnung der beiden. 3 Oder er erfolgt innerhalb der Gesetze selbst, wenn es sich etwa um zwei wegen ihrer Tapferkeit Ausgezeichnete, um zwei Tyrannenmörder oder um zwei entführte Mädchen handelt, wobei keine andere Frage möglich ist als die nach den Zeitumständen, welcher Anspruch zeitlich früher, oder die nach der Bewertung, welcher Anspruch eher gerechtfertigt sei. Es stoßen ferner verschiedene Gesetze gegeneinanders, sowie entweder ähnliche oder ungleiche. 4 Verschiedene sind solche, denen auch abgesehen von dem entgegenstehenden Gesetz widersprochen werden kann, wie etwa in folgender Kontroversie: 'Ein Magistrat darf die Befestigung nicht verlassen. Ein Mann, der sich im Kampf ausgezeichnet hat, soll sich wünschen, was er will. ⟨ Ein Magistrat, der in tapferem Kampf die Befestigung verlassen hatte, wünscht sich Straflosigkeit⟩.' Auch ohne daß ein anderes Gesetz entgegensteht, kann man hier fragen, ob der tapfere Mann alles, was er sich auch wünscht, erhalten darf. Und auch bei dem Magistrat wird sich vieles sagen lassen, wodurch der Wortlaut erschüttert wird: falls etwa ein Brand in der Befestigung ausbrach, falls ein Ausfall gegen die Feinde nötig war, (darf er auch dann die

si incendium in arce fuerit, si in hostes decurrendum.[m] 5 similes, contra quas nihil opponi potest nisi lex altera: 'tyrannicidae imago in gymnasio ponatur': contra 'mulieris imago in gymnasio ne ponatur. mulier tyrannum occidit'. nam neque mulieris imago ullo alio casu poni potest nec tyrannicidae ullo alio casu submoveri. 6 impares sunt, cum alteri multa, quae opponi possunt, alteri sit nihil nisi quod in lite est, ut cum vir fortis inpunitatem desertoris petit. nam contra legem viri fortis, ut supra ostendi, multa dicuntur, adversus desertores scripta non potest nisi optione subverti.

7 Item aut confessum est ex utraque parte ius aut dubium. si confessum est, haec fere quaeruntur: utra lex potentior? ad deos pertineat an ad homines? rem publicam an privatos? de honore an de poena? de magnis rebus an de parvis? permittat an vetet an imperet? 8 solet tractari et utra sit antiquior, sed velut potentissimum, utra minus perdat, ut in desertore et viro forti, quod illo non occiso lex tota tollatur, occiso sit reliqua viro forti alia optio. plurimum tamen est in hoc, utrum fieri sit melius atque aequius: de quo nihil praecipi nisi proposita materia potest. 9 si dubium, aut alteri aut invicem utrique de iure fit controversia, ut in re tali: 'patri in filium, patrono in libertum manus iniectio sit, liberti heredem sequantur:

m) *Obrecht:* recurrendum

[80] d. h., der gewaltsamen Besitznahme.

Befestigung nicht verlassen?). 5 Ähnlich sind Gesetze dann, wenn ihnen nur ein zweites Gesetz entgegengestellt werden kann. 'Das Bild eines Tyrannenmörders soll im Gymnasium aufgestellt werden.' Demgegenüber: 'Kein Frauenbild soll im Gymnasium aufgestellt werden. Eine Frau hat einen Tyrannen getötet.' Denn hier kann weder das gesetzlich verwehrte Frauenbild durch irgendeinen anderen Zufall doch errichtet, noch das gesetzlich gestattete eines Tyrannenmörders durch irgendeinen anderen Zufall doch beseitigt werden (als durch den Einwand, den das andere Gesetz bietet). 6 Ungleich sind die Gesetze dann, wenn es für das eine der beiden vieles gibt, das ihm entgegengestellt werden kann, für das andere aber nichts als das, was in dem Streitfall enthalten ist; so zum Beispiel, wenn ein tapferer Mann sich als Belohnung die Straflosigkeit für einen Fahnenflüchtigen erwünscht. Denn gegen das Gesetz, das dem tapferen Mann freie Wahl verspricht, läßt sich, wie oben gezeigt, vieles vorbringen; das aber, was das Gesetz gegen Fahnenflüchtige im Wortlaut besagt, läßt sich nur durch die in diesem Fall gegebene freie Wahl erschüttern.

7 Ebenso ist die Rechtmäßigkeit entweder von beiden Parteien anerkannt, oder sie ist zweifelhaft. Ist sie anerkannt, so ergeben sich gewöhnlich folgende Fragen: welches der beiden Gesetze hat stärkeres Gewicht? Bezieht es sich auf Götter oder auf Menschen, auf das Gemeininteresse oder auf einzelne Privatleute? Betrifft es eine Auszeichnung oder Bestrafung? Wichtige oder geringfügige Dinge? Gestattet, verbietet oder gebietet es? 8 Gewöhnlich wird auch die Frage behandelt, welches das höhere Alter beanspruchen könne, jedoch wohl am stärksten wiegt die Frage, welches von ihnen das geringere Opfer verlangt, so etwa im Falle des Fahnenflüchtigen und des tapferen Mannes, wo ja, wenn der Fahnenflüchtige nicht getötet wird, das betreffende Gesetz ganz aufgehoben wird, im Falle seiner Tötung aber für den tapferen Mann noch die Möglichkeit eines anderen Wunsches bleibt. Das Allermeiste indessen hat die Frage zu bedeuten, welches von ihnen sich besser und eher nach billigem Ermessen ausführen läßt, eine Frage, worüber sich nur bei einer gegebenen Übungsaufgabe Regeln aufstellen lassen. 9 Ist die Rechtmäßigkeit zweifelhaft, so kommt es entweder gegen eins der Gesetze oder wechselweise gegen beide zum Streit hierüber, so in folgendem Falle: 'Dem Vater soll gegenüber seinem Sohn, dem Patron gegenüber seinem Freigelassenen das Recht der Hand-Anlegung [80] gegeben sein; Freigelassene sollen an den Erben übergehen. Jemand hat den Sohn eines Freigelassenen zu seinem Erben gemacht.

liberti filium quidam fecit heredem: invicem petitur manus iniectio': et pater ⟨negat ius patroni filio in patrem esse⟩[n] et patronus negat ius patris illi fuisse, quia ipse in manu patroni fuerit.

10 Duplices leges sicut duae colliduntur, ut 'nothus ante legitimum natus legitimus sit, post legitimum tantum civis'. quod de legibus, idem de senatus consultis dictum sit. quae[o] aut inter se pugnent aut obstent legibus: non tamen aliud sit eius status nomen.

VIII.

1 Syllogismus habet aliquid simile scripto et voluntati, quia semper pars in eo altera scripto nititur, sed hoc interest, quod illic dicitur contra scriptum, hic supra scriptum: illic qui verba defendit, hoc agit, ut fiat utique quod scriptum est, hic, ne aliud quam scriptum est. ei nonnulla etiam cum finitione conexio[p]: 2 nam saepe, si finitio infirma est, in syllogismum delabitur. sit enim lex: 'venefica capite puniatur. saepe se verberanti marito uxor amatorium[q] dedit, eundem repudiavit: per propinquos rogata ut rediret non est reversa: suspendit se maritus. mulier veneficii rea est.' fortissima est actio dicentis amatorium venenum esse: id erit finitio. quod si parum valebit, fiet syllogismus, ad quem velut remissa priore contentione

n) *add. Kiderlin*
o) *Rad.:* quae sic (si)
p) *Halm* coniunctio *Regius:* coniectio
q) se ... amatorium *Halm ex Vt.:* saepe severantia moritorium **G** *corruptius ceteri*

Man fordert nun wechselseitig das Recht der Hand-Anlegung.' Einerseits bestreitet der Vater des Freigelassenen, daß sein Sohn gegen den Vater das Recht eines Patrons besitze, andererseits bestreitet der Patron, sein Vater hätte das Recht des Vaters besessen, da er ja selbst in der Hand des Patrons gewesen sei.

10 Doppelte Gesetzesbestimmungen stoßen so gegeneinander wie zwei Gesetze, so etwa: 'ein unehelich geborener Sohn soll ehelich werden, wenn er vor einem ehelich geborenen Sohn geboren ist, soll aber nur das Bürgerrecht erhalten, wenn er nach dem ehelich Geborenen zur Welt gekommen ist'. Was über die Gesetze gesagt ist, das soll auch von den Senatsbeschlüssen gelten. Mögen auch diese untereinander oder mit Gesetzen in Widerspruch stehen: die Bezeichnung des Grundfalles, die ihnen zur Streitbestimmung zugrunde liegt (status), ist deswegen doch keine andere (als bei den Gesetzen).

ACHTES KAPITEL

Das Schlußverfahren

1 Der Syllogismus hat eine gewisse Ähnlichkeit mit dem Verfahren bei Wortlaut und Absicht, weil sich immer die eine Partei dabei auf den Wortlaut stützt; jedoch liegt der Unterschied darin, daß dort die Frage sich gegen den Wortlaut richtet, in unserem Falle jetzt aber über den Wortlaut hinausgeht. Dort setzt der, der den Wortlaut verteidigt, alles daran, daß es unbedingt so geschieht, wie es geschrieben steht, hier daß nichts anderes geschieht, als was geschrieben steht: Es besteht auch eine gewisse Verbindung mit der Wesensabgrenzung (Definition); 2 denn oft, wenn diese Abgrenzung schwach ist, zieht sie sich auf das syllogistische Verfahren zurück. Ein Gesetz lautet zum Beispiel: 'Eine Giftmörderin soll mit dem Tode bestraft werden'; 'eine Frau hat nun ihrem Mann, der sie oft prügelte, einen Liebestrank verabreicht und sich gleichzeitig von ihm getrennt. Auch auf die Bitten der Verwandten, zu ihm zurückzugehen, kehrte sie nicht nach Hause zurück. Der Mann erhängte sich. Die Frau wurde wegen Giftmordes angeklagt.' Am stärksten ist die Anklage, wenn der Kläger behauptet, der Liebestrank sei ein Gift. Dabei wird es sich um eine Definition handeln. Wenn diese aber nicht überzeugend genug wirkt, wird daraus ein Syllogismus gemacht, zu dem wir kommen, wenn wir die frühere Behauptung gleichsam etwas zurückstecken: sollte sie nicht genau

veniemus: an proinde puniri debeat, ac si virum veneno necasset?

3 Ergo hic status ducit ex eo, quod scriptum est, id, quod incertum est: quod quoniam ratione colligitur, ratiocinativus dicitur. in has autem fere species venit: an quod semel ius est, idem et saepius? 'incesti damnata et praecipitata de saxo vixit: repetitur'. an quod in uno, et in[r] pluribus? 'qui duos uno tempore tyrannos occidit, duo praemia petit.' 4 an quod ante, et postea? 'raptor profugit, rapta nupsit, reverso illo petit optionem.' an quod in toto, idem in parte? 'aratrum accipere pignori non licet, vomerem accepit.' an quod in parte, idem in toto? 'lanas evehere Tarento non licet, oves evexit[s].' 5 in his syllogismus et scripto nititur: nam satis cautum esse dicit. 'postulo ut praecipitetur: incestae[t] lex est', et 'rapta optionem petit', et 'in ove lanae sunt', similiter alia[u]. 6 sed quia responderi potest: 'non est scriptum, ut bis praecipitetur damnata, ut quandoque rapta optet, ut tyrannicida duo praemia accipiat, nihil de vomere cautum, nihil de ovibus', ex eo, quod manifestum est, colligitur quod dubium est. maioris pugnae est ex scripto ducere, quod scriptum non est: an quia hoc, et hoc: 'qui patrem occiderit, culleo insuatur: matrem occidit. 7 ex domo in ius educere ne liceat: ex tabernaculo eduxit.' in hoc genere haec quaeruntur: an, quotiens propria

r) *Vt.:* in
s) *Halm:* vexit
t) **A**² ingeste **A**¹**G** incesta *recc.* incesta: lex est *dist. Wint.*
u) *Regius:* alias

so bestraft werden, als wenn sie ihren Mann mit Gift umgebracht hätte?

3 So leitet also diese Streitbestimmung (status) aus dem geschriebenen Wortlaut das ab, was nicht festliegt. Weil dieser Fall auf vernunftgemäßer Schlußfolgerung beruht, heißt er der des Vernunftsschlusses. Es kommt bei ihm etwa zu folgenden Erscheinungsformen: Ist das, was einmal rechtmäßig ist, es auch noch in Wiederholungsfällen? So ist etwa eine Frau, die wegen Inzest verurteilt und vom Felsen gestürzt worden ist, am Leben geblieben. Die Strafe soll wiederholt werden. Ist das, was bei einer Person rechtmäßig ist, es auch bei mehreren? So verlangt jemand, der gleichzeitig zwei Tyrannen erschlagen hat, zwei Belohnungen. 4 Ist das, was vorher rechtmäßig war, es auch nachher? So ist ein Entführer entflohen, die Entführte hat geheiratet, nach seiner Rückkehr aber beansprucht sie die ihr zugestandene freie Wahl[81]. Ist das, was bei dem Ganzen rechtmäßig ist, es auch bei dem Teil? So hat jemand, dem es nicht erlaubt ist, einen Pflug als Pfand zu nehmen, die Pflugschar genommen. Was bei dem Teil, auch bei dem Ganzen? So hat jemand, der Schafwolle aus Tarent nicht ausführen darf, die Schafe ausgeführt. 5 In allen diesen Fällen stützt sich der Syllogismus auch auf den geschriebenen Wortlaut. Denn der Kläger behauptet, es sei im Text alles hinreichend ausgemacht. 'Ich verlange, daß die das Inzestes Schuldige hinabgestürzt werde. So lautet das Gesetz.' Ebenso auch: 'Die Entführte kann die freie Wahl beanspruchen' und 'An dem Schaf ist die Wolle' und so auch in den anderen Fällen. 6 Weil aber geantwortet werden kann: 'Es steht nicht geschrieben, daß eine Verurteilte zweimal hinabgestürzt werden soll, daß eine Entführte zu jeder Zeit freie Wahl haben solle, daß ein Tyrannenmörder zwei Belohnungen erhalten soll, nichts ist über eine Pflugschar ausbedungen, nichts über die Schafe', so wird aus dem, was offenkundig ist, das erschlossen, was zweifelhaft ist. Schwerer hat man zu kämpfen, um aus dem Wortlaut etwas herzuleiten, das nicht geschrieben steht, wenn es um den Analogieschluß geht: 'etwa weil dies, so auch das?' So heißt es: 'Wer seinen Vater getötet hat, der soll in einen Schlauch eingenäht werden.' Es hat nun jemand seine Mutter getötet. 7 Oder: Es ist nicht statthaft, jemanden aus seinem Haus vor Gericht zu führen. Man hat nun jemanden aus seinem Zelt

[81] nämlich ob der Verführer die Jungfrau heiraten oder ob er sterben solle. Dieses Beispiel wie auch die anderen ist für die künstliche Rechtswelt der Deklamationen bezeichnend.

lex non est, simili sit utendum? an id, de quo agitur, ei, de quo scriptum est, simile sit? simile autem et maius est et par et minus. in illo[v] priore, an satis lege cautum sit? an, etsi parum cautum est, et hoc sit utendum? in utroque de voluntate legum latoris. sed de aequo tractatus potentissimi.

IX.

1 Amphiboliae species sunt innumerabiles, adeo ut philosophorum quibusdam nullum videatur esse verbum, quod non plura significet: genera admodum pauca. aut enim vocibus accidit singulis aut coniunctis.

2 Singula adferunt errorem, cum pluribus rebus aut hominibus eadem appellatio est (ὁμωνυμία dicitur), ut gallus, avem an gentem an nomen an fortunam corporis significet incertum est, et Aiax, Telamonius an Oïlei filius. verba quoque quaedam diversos intellectus habent, ut ‘cerno’. 3 quae ambiguitas plurimis modis accidit. unde fere lites, praecipue ex testamentis, cum de libertate aut etiam hereditate contendunt hi, quibus idem nomen est, aut quid sit legatum quaeritur. 4 alterum est, in quo alia integro verbo significatio est, alia diviso, ut ingenua et armamentum et Corvinum, ineptae sane cavillationis, ex qua tamen Graeci controversias ducunt: inde

v) *Badius:* illa

dorthin geführt. Bei dieser Art von Fällen tauchen folgende Fragen auf: Darf man, wenn es kein eigenes Gesetz für etwas gibt, ein ähnliches anwenden? Ist das, worum die Verhandlung geht, dem ähnlich, wovon der geschriebene Wortlaut spricht? Ähnlichkeit aber ist bald größer, bald gleich groß, bald kleiner. Bei der ersteren Frage sodann: ob die Stütze im Gesetz hinreichend ist, und ob, auch wenn sie nicht hinreichend ist, sie doch zu verwenden ist. Bei beiden Fragen aber geht es um die Absicht des Gesetzgebers. Jedoch sind die Formen der Durchführung am wirkungsvollsten, die auf dem Gedanken der Billigkeit beruhen.

NEUNTES KAPITEL

Zweideutigkeit

1 Von der Amphibolie gibt es zwar unzählige Arten, so viele, daß manche Philosophen die Auffassung vertraten, es gäbe kein Wort, das nicht mehrere Bedeutungen hätte, ihre Gattungen aber sind nur wenige. Entweder nämlich erfolgt die Zweideutigkeit bei einzelnen Wörtern oder bei Wortverbindungen. 2 Einzelwörter führen zum Irrtum, wenn mehrere Dinge oder Menschen die gleiche Bezeichnung haben – was man ὁμωνυμία nennt –, wenn es etwa unsicher ist, ob 'gallus' den Vogel (Hahn) oder das Volk (der Gallier) oder den Eigennamen oder das körperliche Mißgeschick (die Entmannung der Kybele-Priester) bezeichnet, und ob Aiax der Telamonier ist oder der Sohn des Oileus. Auch bestimmte Wörter haben verschiedenen Sinn z. B. 'cerno'[82]. 3 Diese Zweideutigkeit erfolgt auf sehr verschiedene Art. Aus ihr kommen gewöhnlich die Streitigkeiten besonders bei Testamentseröffnungen, wenn Personen, die den gleichen Namen tragen, um die Freilassung oder gar um eine Erbschaft streiten, oder wenn es fraglich ist, was eigentlich vermacht worden ist. 4 Eine zweite Art ist die, bei der die Bedeutung eine andere ist, wenn das Wort vollständig, eine andere, wenn es zerlegt ist z. B. ingenua[83], armamentum[84] und Corvinum[85], gewiß eine törichte Spitzfindigkeit, aber immerhin eine Quelle, aus der die

[82] d. h. 'ich sehe' oder 'ich entscheide'.
[83] in einem Wort 'die Freigeborene', zerlegt 'auf die Knie'.
[84] in einem Wort 'Ausrüstung', zerlegt 'Waffen' – 'Kinn'.
[85] in einem Wort der Eigenname Corvinus, zerlegt 'Herz' – 'Wein'.

enim αὐλητρίς illa vulgata, cum quaeritur, utrum aula, quae ter ceciderit, an tibicina, si ceciderit, debeat publicari. 5 tertia est ex compositis, ut si quis corpus suum in culto loco poni iubeat, circaque monumentum multum agri ab heredibus in tutelam cinerum, ut solent, leget, sit litis[w] occasio cultum ⟨locum dixerit an incultum.⟩[x] 6 sic apud Graecos contendunt Λέων et Πανταλέων, cum scriptura dubia est, bona omnia Leonti an bona Pantaleonti relicta sint.

In 'coniunctis' plus ambiguitatis est. fit autem per casus, ut

aio te, Aeacida, Romanos vincere posse.

7 per conlocationem, ubi dubium est, quid quo referri oporteat, ac frequentissime, cum, quod medium est, utrimque possit trahi, ut de Troilo Vergilius

lora tenens tamen.

hic utrum teneat tamen lora, an, quamvis teneat, tamen trahatur, quaeri potest. 8 unde controversia illa: 'testamento quidam iussit statuam auream hastam tenentem.' quaeritur, statua hastam tenens aurea esse debeat, an hasta esse aurea in statua alterius materiae. fit per flexum idem magis.

quinquaginta ubi erant centum inde occidit Achilles.

9 saepe, utri duorum antecedentium sermo subiunctus sit, in dubio

w) *Crusius:* litus
x) *add. Zumpt*

Griechen Kontroversien gewinnen, denn daraus stammt ja die bekannte αὐλητρίς-Kontroversie, bei der es die Frage ist, ob eine aula (ein Gehöft), das dreimal 'gefallen' ist (τρὶς πεσοῦσα) oder ob eine Aulos-Bläserin[86], wenn sie gefallen ist, öffentlich ausgeboten werden soll. 5 Eine dritte Art besteht aus Zusammensetzungen: so kann es, wenn jemand seinen Körper auf bebautem Land (in culto) beisetzen läßt und um das Grabmal sich Land von seiten der Erben bestimmt, um, wie üblich, den Frieden seiner Asche zu sichern, Gelegenheit zum Rechtsstreit sein, ob er 'bebautes' oder 'unbebautes Land' (incultum) bestimmt hat. 6 So streiten bei den Griechen Λέων und Πανταλέων, wenn die Schreibung zweifelhaft ist, ob alle Güter (πάντα) dem Leo oder das Vermögen dem Pantaleo hinterlassen sei.

Bei Wortverbindungen herrscht noch mehr Zweideutigkeit. Sie kommt aber im Kasusgebrauch zustande, so in dem Vers: 'Aiakossproß[87], dir künd' ich der Römersiege Verheißung.' 7 Ferner durch die Wortstellung, wo es zweifelhaft ist, was man worauf beziehen soll, und zwar am häufigsten, wenn das, was in der Mitte steht, nach beiden Seiten gezogen werden kann, wenn etwa Vergil[88] von Troilos sagt: 'Zügel haltend und doch . . .'; hier kann man fragen, ob er doch noch die Zügel hielt, oder ob er, obwohl er sie hielt, doch noch mitgerissen wurde. 8 Hierher stammt die bekannte Kontroversie: 'Jemand hat testamentarisch bestimmt, es solle ein Standbild mit einem Speer aus Gold errichtet werden.' Es ergibt sich die Frage, ob das Standbild, das den Speer hält, aus Gold sein solle, oder der Speer aus Gold sein solle in der Hand des Standbildes, das aus anderem Stoff bestehen kann. Noch häufiger kommt es zu solcher Zweideutigkeit durch die Betonung: 'Fünfzig, wo in dem Felde hundert, erschlug da Achilles.'[89] 9 Oft bleibt es auch im Zweifel, auf welches von zwei vorausgehenden Wörtern ein Satz

[86] Die Spielerin dieses Blasinstrumentes (des griechischen aulos, der lateinischen tibia); vgl. Diogenes Laertius 7, 62 zu dem griechischen Interpretationsproblem.

[87] Dem Pyrrhus von Epirus, dem 'Pyrrhus-Sieger', wobei es an unserer Stelle im Wortlaut unklar bleibt, ob Pyrrhus Subjekt ist oder die Römer. Vgl. Ennius, Ann. 186 V.; Cic., de div. 2, 56, 116.

[88] Aen. 1, 477.

[89] Die Wortfolge kann zu der sinnlosen Betonung verleiten: hundert erschlug da Achilleus. Das griechische Beispiel schon bei Aristoteles, Sophist. elench. 1, 4 (166 a 37).

est, unde et controversia: 'heres meus uxori meae dare damnas esto argenti, quod elegerit, pondo centum.' uter eligat quaeritur.

Verum id, quod ex his primum est, mutatione casuum, sequens divisione verborum aut translatione emendatur, tertium adiectione. 10 accusativi geminatione facta amphibolia solvitur ablativo, ut illud

Lachetem audivi percussisse Demean

fiat 'a Lachete percussum Demean'. sed ablativo ipsi, ut in primo diximus, inest naturalis amphibolia:

'caelo decurrit aperto': utrum per apertum caelum, an cum apertum esset. 11 divisio respiratione et mora constat: 'statuam', deinde 'auream hastam', vel 'statuam auream', deinde 'hastam'. adiectio talis est: 'argentum, quod elegerit ipse', ut heres intellegatur, vel 'ipsa', ut uxor. adiectione facta amphibolia, qualis fit 'hunc[y] flentes illos deprendimus', detractione solvetur. 12 pluribus verbis emendandum, ubi est id, quod quo referatur dubium est, eo ipso et[z] ambiguum. 'heres meus dare illi damnas esto omnia sua.' in quod genus incidit Cicero loquens de C. Fannio: 'is soceri instituto, quem, quia cooptatus in augurum collegium non erat, non admodum diligebat, praesertim cum ille Q. Scaevolam sibi minorem natu generum' praetulisset. nam 'sibi' et ad socerum referri et ad Fannium potest.[a] 13 productio quoque in scripto et correptio in dubio relicta causa est ambiguitatis, ut in hoc 'cato'. alium enim ostendit brevis secunda syllaba casu nominativo, ⟨alium eadem syllaba producta casu dativo

y) *Spalding* nos *Badius:* nunc

z) *Gertz. Rad.:* et ipse (ipsum) est *quo retento* et 'ipse' est *dist. Wint.*

a) in quod genus ... potest. *del. Rad.*

bezogen werden soll. Daher auch die Kontroversie: 'Mein Erbe soll gehalten sein, meiner Frau von dem Silber, das er (oder sie) ausgewählt, 100 Pfund zu geben.' Wer auswählen soll, ist die Frage.

Nun läßt sich im ersten Falle der Zweideutigkeit durch Vertauschung der Kasus, im folgenden durch Abteilung der Worte oder durch Umstellung abhelfen, im dritten durch einen Zusatz. 10 Die durch den doppelten Akkusativ entstandene Amphibolie läßt sich durch den Ablativ beheben, so daß etwa aus dem Vers 'Es heißt, erschlagen habe Laches Demeas'[90] der Sinn eindeutig wird in der Form, 'von Laches sei Demeas erschlagen'. Aber der Ablativ selbst besitzt, wie wir im 1. Buch[91] gezeigt haben, seinem Wesen nach eine Amphibolie: In dem Vers[92] 'Caelo decurrit aperto' ist nicht zu entscheiden, ob er durch den geöffneten Himmel hinabeilt oder als sich der Himmel geöffnet hatte. 11 Die Abteilung besteht aus dem Atmen und der Pause: 'Standbild', dann 'aus Gold der Speer' oder 'Standbild aus Gold', dann 'der Speer'. Der Zusatz ist folgender Art: 'Silber, das er selbst ausgewählt', damit man den Erben oder, 'sie selbst', damit man die Frau darunter versteht. Eine durch einen Zusatz entstandene Amphibolie, wie sie in den Worten liegt 'Diesen trafen wir, während wir jene beweinten'[93], läßt sich durch Streichung[94] lösen. 12 Mehrere Worte sind auf die Verbesserung zu verwenden, wo das, was in seiner Beziehung zweifelhaft ist, auch noch an sich zweideutig ist. So in dem Satz: 'Mein Erbe soll verpflichtet sein, jenem alles Seine zu geben.'[95] Ein Fehler dieser Art ist auch Cicero unterlaufen, wenn er über C. Fannius spricht[96]: 'Dieser folgte der Weisung seines Schwiegervaters, den er, weil er in das Augurenkollegium nicht gewählt worden war, nicht sehr liebte, zumal jener den Q. Scaevola ihm vorgezogen hatte, seinen jüngeren Schwiegersohn'; denn 'sibi' (ihm) kann auf den Schwiegervater und auf Fannius bezogen werden. 13 Auch die Länge oder Kürze einer Silbe, die in der Schrift zweifelhaft bleibt, ist Ursache der Zweideutigkeit, z. B. in dem Wort 'cato'. Denn eine andere Person bezeichnet es, wenn die zweite Silbe im Nominativ kurz ist

[90] aus einer unbekannten Komödie (Com. frg. p. 134 Rib.).
[91] s. o. 1, 7, 3.
[92] Aen. 5, 212 (wo es bei Vergil 'pelago' heißt).
[93] was auch im Text heißen kann: wir trafen jene, wie sie diesen beweinten.
[94] des 'illos' (jene) oder 'hunc' (diesen).
[95] Was heißt hier 'alles Seine' und auf wen bezieht es sich?
[96] Brut. 26, 101.

aut ablativo.〉[b] plurimae praeterea sunt aliae species, quas persequi nihil necesse est.

14 Nec refert, quo modo sit facta amphibolia aut quo resolvatur. duas enim res significari manifestum est et, quod ad scriptum vocemve pertinet, in utramque par est partem. ideoque frustra praecipitur, ut in hoc statu vocem ipsam ad nostram partem conemur vertere. nam, si id fieri potest, amphibolia non est. 15 amphiboliae autem omnis erit in his quaestio: aliquando, uter sit secundum naturam magis sermo, semper, utrum sit aequius, utrum is, qui scripsit ac dixit, voluerit. quarum in utramque partem satis ex his, quae de coniectura et qualitate diximus, praeceptum est.

X.

1 Est autem quaedam inter hos status cognatio. nam et in finitione, quae sit voluntas nominis, quaeritur, et in syllogismo, qui secundus a finitione status est, [quae][c] spectatur quid voluerit scriptor, et contrarias leges duos esse scripti et voluntatis status apparet. rusus et finitio quodam modo est amphibolia, cum in duas partes diducatur intellectus nominis. 2 scriptum et voluntas habet in verbis iuris[d] quaestionem, quod idem antinomia petitur. ideoque omnia haec quidam scriptum et voluntatem esse dixerunt, alii in scripto et voluntate amphiboliam esse, quae facit quaestionem. sed distincta sunt: aliud

b) *add. Regius*
c) *del. Regius* quae (qua) spectatur *vix sanum*
d) *Spalding:* *ocis

(den Eigennamen), ⟨eine andere dieselbe Silbe, wenn sie im Dativ oder Ablativ lang ist⟩.[97] Außerdem gibt es noch sehr viele andere Arten, die alle durchzugehen nicht nötig ist.

14 Auch kommt es ja nicht darauf an, wie die Amphibolie entstanden ist oder wie sie beseitigt wird. Denn daß sie zwei Sinnbezeichnungen bietet, ist offensichtlich, und was so auf schriftlichen oder mündlichen Wortlaut Bezug hat, ist für beide Parteien gleich wichtig. Es ist deshalb eine vergebliche Vorschrift, wir sollten bei diesem Grundfall versuchen, die sprachliche Äußerung auf unsere Seite zu ziehen; denn wenn das geschehen kann, ist es keine Amphibolie. 15 Bei der Amphibolie wird sich aber die ganze Untersuchung um folgende Frage drehen: Manchmal, welcher Ausdruck mehr naturgemäß sei, immer aber, welcher Sinn der Billigkeit mehr entspricht und welchen der, der es geschrieben und ausgesprochen hat, selbst beabsichtigt hat. Hierüber ist für beide Parteien in den Regeln, die wir über den Vermutungs- und Beschaffenheitsfall gegeben haben,[98] hinreichend gehandelt.

ZEHNTES KAPITEL

Verwandtschaft der Grundfälle und Grenzen der Theorie der Einteilung

1 Es besteht nun aber zwischen den eben genannten Grundfällen eine gewisse Verwandtschaft; denn sowohl bei der Definition liegt die Frage zugrunde, welches die Absicht bei einer Benennung sei, als auch bei dem Syllogismus, der der an die Definition sich anschließende Grundfall ist, ist der Blick auf die Frage gerichtet, was der Verfasser des Textes beabsichtigt hat, und daß widersprüchliche Gesetz zwei Grundfälle von Wortlaut und Absicht darstellen, ist klar. Umgekehrt ist auch die Definition gewissermaßen eine Amphibolie, da der Sinn der Benennung in zwei Teile aufgespalten wird. 2 Wortlaut und Absicht enthält im Textteil eine Rechtsfrage, was ebenso den Kern der Antinomie ausmacht. Und deshalb haben manche behauptet, all das bilde den Grundfall von Wortlaut und Absicht, andere wieder, im Wortlaut und Absicht stecke der Grundfall der Amphibolie, die die Frage verursacht. Die Fälle sind aber zu

[97] von catus ('schlau').

[98] oben in Kap. 2 und 4.

est enim obscurum ius, aliud ambiguum. 3 igitur finitio in natura ipsa nominis quaestionem habet generalem et quae esse etiam citra conplexum causae possit: scriptum et voluntas de eo disputat iure, quod est in lege, syllogismus de eo, quod non est. amphiboliae lis in diversum trahit, legum contrariarum ex diverso pugna est. 4 neque inmerito et recepta est a doctissimis haec differentia et apud plurimos ac prudentissimos durat.

Et de hoc quidem genere dispositionis, etiam si non omnia, tradi tamen aliqua potuerunt. 5 sunt alia, quae nisi proposita, de qua dicendum est, materia viam docendi non praebeant. non enim causa ⟨tantum⟩[e] universa in quaestiones ac locos diducenda[f] est, sed hae ipsae partes habent rursus ordinem suum. nam et in prooemio primum est aliquid et secundum ac deinceps, et quaestio omnis ac locus habet suam dispositionem, ut thesis etiam simplices. 6 nisi[g] forte satis erit dividendi peritus, qui controversiam in haec diduxerit,[h] an omne praemium viro forti dandum sit, an ex privato, an nuptiae, an eius, quae nupta sit, an hae: deinde, cum fuerit de prima quaestione dicendum, passim et ut quidque in mentem veniet, miscuerit, non primum in ea scierit esse tractandum, verbis legis standum sit an voluntate. 7 huius ipsius particulae aliquod initium fecerit, deinde proxima subnectens struxerit orationem, ut pars hominis est manus, eius digiti, illorum quoque articuli. hoc est quod scriptor demonstrare non possit nisi certa definitaque materia. 8 sed quid una faciet aut altera, quin immo centum ac mille in re infinita[i]? praecep-

e) *add. Halm*

f) *Regius:* dicenda **AG** ducenda *recc.*

g) *Obrecht:* si

h) *Regius:* dixerit

i) *Rollin (Regius):* finita que materia ars (in se **G**)

scheiden; etwas anderes ist nämlich unklares, etwas anderes zweideutiges Recht. 3 Daher ist es so, daß der Grundfall der Wesensabgrenzung (Definition) schon in dem Wesen seiner Benennung eine allgemeine Frage enthält, eine Frage, die auch abgesehen von dem konkreten Fall bestehen kann; die Erörterung von Wortlaut und Absicht geht um das Recht, das in der Gesetzesvorschrift offenbar, die Erörterung des Syllogismus, um das, das nicht in der Gesetzesvorschrift offenbar ist. Der Rechtsstreit der Amphibolie zieht den Sinn nach entgegengesetzter Richtung, das Ringen widersprüchlicher Gesetze kommt aus verschiedener Richtung. 4 So ist die Unterscheidung der Fälle mit vollem Recht von den bedeutendsten Gelehrten angenommen worden und steht bei den meisten und besonnensten Köpfen noch immer in Geltung.

Nun ließ sich über die hier behandelte Art der Anordnung, wenn auch nicht alles, so doch eine Reihe von Anordnungsfragen in Regeln vermitteln. 5 Es gibt aber andere Fragen der Anordnungskunst, die, ohne daß der Stoff, der behandelt werden soll, vorgeführt wird, eine methodische Lehrbehandlung nicht zulassen. Denn eine Prozeßrede läßt sich ja nicht nur im Ganzen in Fragen und allgemeine Gesichtspunkte zerlegen, sondern gerade diese Teile besitzen wieder ihre eigene Reihenfolge. Denn auch im Prooemium steht etwas an erster, an zweiter Stelle usw. und jede Untersuchung und allgemeine Betrachtungsform hat wieder ihre eigene Gliederung, so auch schon die einfachen Behandlungen allgemeiner Themen. 6 Es wird ja wohl noch nicht für hinreichend erfahren in der Stoffgliederung gelten, wer eine Kontroversie in die Frage zerlegt hat, ob man einem tapferen Manne jede Belohnung geben dürfe, ob auch Privatbesitz, ob auch die Hand einer Frau, ob auch die einer, die verheiratet ist, ob auch die der Frau, um die es in der Kontroversie geht; wer dann aber, wenn er über die erste Frage reden müßte, planlos und kunterbunt brächte, was ihm gerade in den Sinn kommt, ohne zu wissen, daß hierbei zuerst die Frage behandelt werden muß, ob man sich an den Wortlaut oder an die Absicht halten müsse, 7 ohne auch für diesen Abschnitt wieder eine Einleitung zu bringen, dann das Folgende damit zu verknüpfen und so die Rede organisch aufzubauen, wie ja auch die Hand ein Körperteil des Menschen ist, organische Teile der Hand wieder die Finger und auch die Gelenke wieder Teile der Finger. Das ist es, was für das Gebiet der Stoffgliederung sich im Lehrbuch nicht darlegen läßt – es sei denn an einem bestimmten und begrenzten Übungsstoff. 8 Aber was wird da die eine oder andere Übungsaufgabe bedeuten, ja was 100 und

toris est in alio atque alio genere cotidie ostendere, quis ordo sit rerum et quae copulatio, ut paulatim fiat usus et ad similia transitus: tradi enim omnia, quae ars efficit, non possunt. 9 nam quis pictor omnia, quae in rerum natura sunt, adumbrare didicit? sed percepta semel imitandi ratione adsimulabit quidquid acceperit: quis non faber vasculum aliquod, quale numquam viderat, fecit?

10 Quaedam vero non docentium sunt, sed discentium. nam medicus, quid in quoque valetudinis genere faciendum sit, quid quibusque signis providendum, docebit: vim sentiendi pulsus venarum, coloris modos, spiritus meatum, caloris distantiam, quae sui cuiusque sunt ingenii, non dabit. quare plurima petamus a nobis et cum causis deliberemus cogitemusque, homines ante invenisse artem quam docuisse. 11 illa enim est potentissima quaeque vere dicitur oeconomica totius causae dispositio, quae nullo modo constitui nisi velut in re praesente potest: ubi adsumendum prooemium, ubi omittendum: ubi utendum expositione continua, ubi partita: ubi ab initiis incipiendum, ubi more Homerico a[j] mediis vel ultimis: 12 ubi omnino non expondendum: quando a nostris, quando ab adversariorum propositionibus incipiamus, quando a firmissimis probationibus, quando a levioribus: qua in causa proponendae prooemiis quaestiones, qua praeparatione praemuniendae: quid iudicis animus accipere possit statim dictum, quo paulatim deducendus: singulis an universis opponenda refutatio: reservandi perorationi an per totam actionem diffundendi affectus: de iure prius an de aequitate dicendum: ante acta crimina an, de qui-

j) *Regius:* e

1000 bei einem grenzenlosen Lerngegenstand? Sache des Lehrers ist es, immer wieder an anderen Arten von Fällen täglich zu zeigen, welches die Anordnung des Stoffes ist und welches ihre Verknüpfung, so daß sich allmählich Erfahrung bildet und die Fähigkeit, ähnliche Aufgaben selbst zu behandeln; 9 nicht alles nämlich, was die Kunst leistet, läßt sich ja lehren. Denn welcher Maler hat es gelernt, alle Gegenstände, die sich in der Natur finden, nachzuzeichnen? Aber wenn er einmal die Nachahmungstechnik erfaßt hat, wird er die Ähnlichkeit bei allem treffen, was ihm in die Hand kommt. Welcher Handwerker hat noch kein Gefäß hergestellt, desgleichen er noch niemals vorher gesehen?

10 Manches aber liegt nicht bei den Lehrenden, sondern bei den Lernenden. Denn auch ein Arzt wird lehren, was man bei jeder Art von Krankheit zu tun hat, was man nach den betreffenden Anzeichen jeweils zu beachten hat: die Fähigkeit aber, den Pulsschlag, die Verfärbungen, den Gang der Atmung und den Temperaturunterschied zu fühlen, Gaben, die jeder seiner Begabung verdankt, wird er nicht verleihen. Deshalb müssen wir bei sehr vielem uns selbst fragen, müssen uns in die Fälle hineindenken und beherzigen, daß die Menschen die Kunst erst erfunden haben, ehe sie sie lehren konnten. 11 Denn dann ist die Gliederung einer ganzen Prozeßrede am wirkungsvollsten, eine, die wirklich den Namen ökonomischer Gliederung verdient, wenn sie gar nicht anders ihre feste Form gewinnen kann als gleichsam in unmittelbarer Gegenwart des Gegenstands der Verhandlung: wo man das Prooemium bringen muß, wo darauf verzichten; wo eine zusammenhängende Darlegung des Falles angebracht ist, wo eine verteilte; wo man dabei am Anfang beginnen muß, wo nach homerischer Erzählart in der Mitte oder gar am Ende des Geschehens; 12 wo man den Fall überhaupt nicht darlegen darf; wann wir mit dem beginnen sollen, was wir selbst, wann mit dem, was der Gegner beweisen will; wann mit dem stärksten Beweismitteln, wann mit schwächeren; in welchem Fall man die Fragen, um die es geht, im Prooemium ankündigen, in welchem man sie durch eine vorbereitende Bemerkung erst sichern soll; was der Richter, wenn es gleich gesagt ist, in sich aufnehmen kann, wohin man ihn erst allmählich bringen muß; ob die Widerlegung gegen einzelne Punkte oder gegen die gesamte Anklage zu richten ist; ob man die Wirkungen auf das Gefühl für die Schlußworte aufsparen oder sie über die ganze Anklagerede verteilen soll; ob man erst über Recht oder über Billigkeit sprechen soll; ob es passend ist, zuerst frühere Straftaten oder die, die jetzt zur Verhandlung stehen,

bus iudicium est, prius obicere vel diluere conveniat: 13 si multiplices causae erunt, quis ordo faciendus, quae testimonia tabulaeve cuiusque generis in actione recitandae, quae reservandae. haec est velut imperatoria virtus copias suas partim ad casus proeliorum retinentis, partim per castella tuenda custodiendasve urbes, petendos comeatus, obsidenda itinera, mari denique ac terra dividentis. 14 sed haec in oratione praestabit, cui omnia adfuerint, natura, doctrina, studium. quare nemo expectet, ut alieno tantum labore sit disertus: vigilandum, luctandum,[k] enitendum, pallendum est, facienda sua cuique vis, suus usus, sua ratio, non respiciendum ad haec, sed in promptu habenda, nec tamquam tradita sed tamquam innata. 15 nam via demonstrari potest, velocitas sua cuique est[l]: verum ars satis praestat, si copias eloquentiae ponit in medio, nostrum est uti eis scire. 16 neque enim articulorum[m] est demum dispositio, sed in his ipsis primus aliquis sensus et secundus et tertius: qui non modo ut sint ordine conlocati, laborandum est, sed ut inter se vincti atque ita cohaerentes ne commissura perluceat: corpus sit, non membra. 17 quod ita continget, si et quid cuique[n] conveniat viderimus et[o] verba verbis applicarimus[p] non pugnantia, sed quae invicem conplectantur. ita[q] res non diversae distantibus ex locis quasi invicem ignotae collidentur, sed aliqua societate cum prioribus ac sequentibus copulatae[r] tenebunt, ac videbitur non solum conposita oratio, sed etiam continua. verum longius fortasse progredior fallente transitu et a dispositione ad elocutionis praecepta labor, quae proximus liber inchoabit.

k) *Rad.:* dicam iterum *Kiderlin:* dicend(um) **A** dicat iterum **G**
l) *Halm:* suique est **G** sua cuique **A**²
m) *Rad.* partium *Regius:* artium
n) *Spalding:* quoque **AG** *quo retento* loco *add. Wint.*
o) *Halm:* et ut
p) *Halm:* applicamus (-emus)
q) ut … applicamus … quae complectantur, ita *dist. Wint.*
r) copulatae *Halm:* copula se

[99] beim Arbeiten mit der nächtlichen Studierlampe.

vorzuwerfen oder zurückzuweisen; 13 wenn es sich um verwikkelte Fälle handelt, welche Reihenfolge dann zu wählen ist, welche Zeugnisse oder Urkunden jeder Art in der Anklagerede zu verlesen, welche noch aufzusparen sind. Hier zeigt sich die Tüchtigkeit des Redners wie die des Feldherrn im Kampf, der seine Streitkräfte teils für den Fall, daß es zum Schlagen kommt, bei sich behält, teils sie zur Verteidigung auf die Kastelle oder zur Garnison in die Städte, zur Beschaffung des Nachschubs, zur Sicherung der Marschwege und schließlich auf Wasser und Land verteilt. 14 Aber all das wird in der Rede nur der leisten, der alle drei Helfer gefunden hat: Naturbegabung, wissenschaftliche Schulung und fleißige Übung. Deshalb soll niemand erwarten, nur durch fremde Anstrengung ein guter Redner zu werden: selbst muß man auf dem Posten sein, ringen, sich emporarbeiten und studieren bis zum Matt- und Blaßwerden,[99] jeder muß es zu eigener Kraft bringen, zu eigener Erfahrung, eigener Technik und Methode, und darf nicht mehr auf das schauen, was er gelernt hat, sondern muß es im Griff haben, als wäre es nicht angelernt, sondern als wäre es angeboren. 15 Denn der Weg läßt sich zeigen, wie schnell ihn aber jeder geht, das liegt nur bei diesem selbst. Tatsächlich aber leistet die Kunstlehre schon genug, wenn sie nur die reichen Mittel der Redekunst allgemein zur Verfügung stellt; an uns liegt es dann, sie zu nutzen zu wissen. 16 Denn nicht nur mit den Teilen hat es die Gliederung zu tun, sondern in diesen selbst ist wieder ein Gedanke der erste, der zweite und der dritte; nicht nur daß diese der Reihe nach geordnet sind, muß unser Bemühen sein, sondern daß sie so verknüpft ineinander und zusammenhängend sind, daß keine Fuge hindurchschimmert: ein Körper soll es sein, nicht eine Reihe von Gliedern. 17 Das wird dann der Fall sein, wenn wir sowohl zusehen, was zu jedem einzelnen Teil paßt, als auch die Worte so zusammenfügen, daß sie sich nicht widersprechen, sondern gegenseitig stützen. So werden die Dinge nicht als etwas Verschiedenes aus getrennten Gegenden gleichsam miteinander unbekannt gegeneinanderstoßen, sondern durch eine Art Gemeinschaft mit dem Vorhergehenden und Folgenden verbunden festen Halt haben, und die Rede wird nicht nur als zusammengesetzt wirken, sondern auch wirklich als zusammenhängend. Aber damit greife ich vielleicht schon vor, weil ich mich durch den Übergang verlocken lasse, und komme schon von der Gliederung auf die Regeln für die Darstellung, die das nächste Buch sich vornehmen wird.

LIBER OCTAVUS

Prooemium

1 His fere, quae in proximos quinque libros conlata sunt, ratio inveniendi atque inventa disponendi continetur, quam ut per omnis numeros penitus cognoscere ad summam scientiae necessarium est, ita incipientibus brevius ac simplicius tradi magis convenit. 2 aut enim difficultate institutionis tam numerosae[a] atque perplexae deterreri solent, aut eo tempore, quo praecipue alenda ingenia atque indulgentia quadam enutrienda sunt, asperiorum tractatu rerum atteruntur, aut, si haec sola didicerunt, satis se ad eloquentiam instructos arbitrantur, aut quasi ad certas quasdam dicendi leges alligati conatum omnem reformidant. 3 unde existimant accidisse ut, qui diligentissimi artium scriptores extiterint, ab eloquentia longissime afuerint.[b] via tamen opus est incipientibus, sed ea plana et cum ad ingrediendum tum ad demonstrandum expedita. eligat itaque peritus ille praeceptor ex omnibus optima et tradat ea demum in praesentia, quae placet, remota refutandi cetera mora: sequentur enim discipuli quo duxeris. 4 mox cum robore dicendi crescet etiam eruditio. idem primo solum iter credant esse, in quod inducentur, mox illud cognituri etiam optimum. sunt autem neque obscura neque ad percipiendum difficilia, quae scriptores diversis opinionibus pertinaciter tuendis involverunt. 5 itaque in toto artis huiusce tractatu

a) **P**: innumerosae
b) *Halm:* fuerint

ACHTES BUCH

Vorrede

1 In dem etwa, was in den letzten fünf Büchern gebracht worden ist, besteht die Lehre, den Stoff der Rede ausfindig zu machen und ihn dann richtig anzuordnen. Eine Lehre, die in allen Feinheiten völlig zu beherrschen zwar für vollständiges wissenschaftliches Studium notwendig ist, die aber den Anfängern kürzer und einfacher zu übermitteln sich eher empfiehlt. 2 Entweder nämlich werden diese gewöhnlich durch die Schwierigkeit der zahlreichen verwikkelten Regeln abgeschreckt, oder sie werden in dem Alter, in dem ganz besonders die geistigen Anlagen kräftige Nahrung brauchen und mit einiger Nachsicht aufgezogen werden sollten, durch die Behandlung allzu spröder Dinge überanstrengt, oder sie glauben, wenn sie nur dieses Regelwerk gelernt hätten, seien sie schon hinreichend zur Redekunst gerüstet, oder aber sie fühlen sich gleichsam so gefesselt an bestimmte feste Lehrsätze der Rhetorik, daß sie jeden eigenen Versuch scheuen – 3 woher es ja auch, wie man glaubt, gekommen ist, daß die Schriftsteller, die sich als die gewissenhaftesten Meister der Kunstlehren erwiesen haben, der Redekunst am fernsten geblieben sind. Einen Weg muß es indessen ja für die Anfänger geben, aber er muß glatt sein und sowohl das Gehen wie auch zumal das Wegweisen bequem machen. Deshalb soll der erfahrene Lehrer, den wir uns wünschen, aus allem das Beste aussuchen und es fürs erste nur auf dem Wege vermitteln, den er für richtig hält, ohne die Zeit damit zu verlieren, die anderen Auffassungen zu kritisieren; denn die Schüler folgen ja schon, wohin man sie führt. 4 Dann mit dem Erstarken der eigenen Redekraft wird auch die gebildete Urteilskraft wachsen. Zunächst sollen die Schüler glauben, das sei der einzige Weg, zu dem man sie hinführt, unterwegs werden sie dann selbst erkennen lernen, daß es auch der beste ist. Denn weder dunkel noch schwer sind die Regeln der Kunst zu erfassen, die die Lehrmeister in ihren dicken Lehrbüchern verborgen haben, so beharrlich sie auch an ihren Meinungsverschiedenheiten festhalten. 5 Deshalb ist es bei einer Gesamtdarstellung der Rhetorik, wie sie uns beschäftigt, schwieriger, sich ein

difficilius est iudicare, quid doceas, quam, cum iudicaris, docere, praecipueque in duabus his partibus perquam sunt pauca, circa quae si is qui instituitur non repugnaverit, pronum ad cetera habiturus est cursum.

6 Nempe enim plurimum in hoc laboris exhausimus, ut ostenderemus rhetoricen bene dicendi scientiam et utilem et artem et virtutem esse: materiam eius res omnis, de quibus dicendum esset: eas in tribus fere generibus, demonstrativo, deliberativo, iudicialique reperiri: orationem porro omnem constare rebus et verbis: in rebus intuendam inventionem, in verbis elocutionem, in utraque conlocationem, quae memoria complecteretur, actio commendaret. 7 oratoris officium docendi, movendi, delectandi partibus contineri, ex quibus ad docendum expositio et argumentatio, ad movendum adfectus pertinerent, quos per omnem quidem causam, sed maxime tamen in ingressu ac fine dominari. nam delectationem, quamvis in utroque sit eorum, magis tamen proprias in elocutione partes habere. 8 quaestiones alias infinitas, alias finitas, quae personis, temporibus, locis continerentur. in omni porro materia tria esse quaerenda, an sit, quid sit, quale sit. his adiciebamus demonstrativam laude ac vituperatione constare. in ea, quae ab ipso, de quo diceremus, quae post eum acta essent, intuendum. hoc opus tractatu honestorum utiliumque constare. 9 suasoriis accedere tertiam partem ex coniectura, possetne fieri et an esset futurum, de quo deliberaretur. hic praecipue diximus spectandum, quis, apud quem, quid diceret. iudicialium causarum alias in singulis, alias in pluribus controversiis consistere, et in quibusdam intentionem modo ⟨statum facere, modo depulsionem:⟩[c] depulsionem porro omnem infitiatione duplici, factumne et an hoc factum esset, praeterea defensione ac tralatione[d] constare. 10 quaestionem aut ex scripto esse aut ex facto: ⟨facto⟩[e]

c) *suppl. Happel-Schütz*
d) *Badius:* latratione **GV** altercatione **A**²
e) *add. Spalding*

Urteil zu bilden, was man lehren soll, als das zu lehren, wozu man sich entschieden hat, und zumal in den beiden Gebieten der Rhetorik, die uns schon beschäftigt haben, sind es nur ganz wenige Grundeinsichten, denen sich der Teilnehmer an unserer Unterweisung anbequemen mußte, um nun den Fortgang zum Übrigen bequem finden zu können.

6 Denn wir haben ja doch wirklich die größte Mühe darauf verwendet zu zeigen, daß die Rhetorik die Wissenschaft sei gut zu reden, daß sie ferner nützlich sei, eine Kunst und eine sittliche Leistung; ihr Stoff seien alle Gegenstände, über die man reden müsse; diese fänden sich gewöhnlich in drei Gattungen, der Fest-, Beratungs- und Gerichtsrede. Ferner bestehe jede Rede aus Gedanken und Worten. Bei den Gedanken gelte die Betrachtung der Auffindung, bei den Worten dem Ausdruck, bei beidem der Anordnung; all dies erfasse die Kunst der Gedächtnisübung, und die Kunst des Vortrages bringe es zur Wirkung. 7 Die Aufgabe des Redners sei in den drei Punkten enthalten, die Zuhörer zu unterrichten, zu erregen und zu unterhalten, wovon zum Unterrichten der Erzählteil und Beweisteil der Rede, zum Erregen die Affektpartien gehörten, die zwar über die ganze Rede, vor allem jedoch am Eingang und Schluß beherrschend seien; denn wenn die Unterhaltungsaufgabe auch bei beidem liege (den Gedanken und den Worten), so spiele sie doch ihre eigentliche Rolle bei dem Ausdruck. 8 Die Fragen seien teils ohne zweckbestimmte Abgrenzung, teils seien sie begrenzt und würden dann festgelegt durch Personen, Zeitumstände und Örtlichkeiten. Bei jedem Stoff ferner seien drei Fragen zu stellen: ob es sei, was es sei, und wie es beschaffen sei. Hieran schlossen wir an, daß die Festrede aus Lob und Tadel bestehe. Hierbei sei das Augenmerk auf das zu richten, was von der Person selbst, über die wir reden, und was später getan worden sei. Diese Aufgabe bestände in der Behandlung des Anständigen und des Nützlichen. 9 Bei den Suasorien käme eine dritte, die Vermutungsfrage hinzu, ob das, worüber beraten wird, geschehen könne und geschehen werde. Hier sagten wir, sei besonders zu beachten, wer spreche, vor wem und was er spreche. Bei den Gerichtsfällen bestünden die einen aus nur einem, andere aus mehreren Streitpunkten, und bei gewissen Fällen bilde bald die Klage, bald ihre Zurückweisung dem Grundfall zur Streitbestimmung (status). Jede Zurückweisung ferner bestünde aus einem zweifachen Bestreiten, ob nämlich etwas geschehen, und ob gerade dies geschehen sei, außerdem aus der Verteidigung des Geschehenen und der Verschiebung der Zuständigkeit. 10 Die

de rerum fide, proprietate, qualitate, scripto de verborum vi aut voluntate, in quibus vis tum causarum, tum actionum inspici soleat, quae[f] aut scripti et voluntatis aut ratiocinativa aut ambiguitatis aut legum[g] contrariarum specie continentur. 11 in omni porro causa iudiciali quinque esse partes, quarum exordio conciliari audientem, narratione ⟨doceri, probatione⟩[h] proposita confirmari, refutatione ⟨contra dicta dissolvi, peroratione⟩[i] aut memoriam refici aut animos moveri. 12 his argumentandi et afficiendi locos et quibus generibus concitari, placari, resolvi iudices oporteret, adiecimus. accessit ratio divisionis. credere modo qui discet velit, certa quaedam via[j] est, et in qua multa etiam sine doctrina praestare debeat per se ipsa natura, ut haec, de quibus dixi, non tam inventa a praeceptoribus quam, cum fierent, observata esse videantur.

13 Plus exigunt laboris et curae quae sequuntur, hinc enim iam elocutionis rationem tractabimus, partem operis, ut inter omnis oratores convenit, difficillimam. nam et M. Antonius, cuius supra mentionem habuimus, cum 'a se disertos visos esse multos' ait, 'eloquentem neminem', diserto satis putat dicere quae oporteat, ornate autem dicere proprium esse eloquentis.[k] 14 quae virtus si usque ad eum in nullo reperta est, ac ne in ipso quidem aut L. Crasso, certum est et in his et in prioribus eam desideratam, quia difficillima

f) *Spalding:* quaeque
g) *Regius:* rerum
h) *add. Meister (Spalding)*
i) *add. Halm (Regius)*
j) *cum Wint. scripsi* materia quidem varia est *Halm:* tetram quaedam **G** certa quaedam (vel via) **A** varia est et **AG**
k) *Meister:* eloquentissimi

Frage beruhe entweder auf einem geschriebenen Text oder auf einer Tat. Bei der Tat ginge es um die Zuverlässigkeit der Tatsachen, ihre Eigenart und ihre Bewertung; bei dem Text um die Bedeutung des Wortlautes und um die Absicht des Verfassers, wobei man bald auf die Bedeutung der Prozeßfälle, bald auf die angewandten Klageformen zu achten pflege, die entweder in der Form des Widerstreites von Wortlaut und Absicht, des Schluß-Verfahrens, der Zweideutigkeit oder der widersprüchlichen Gesetze sich fassen läßt. 11 Bei jeder Rede vor Gericht ferner handele es sich um fünf Teile, und zwar werde durch den Anfang der Hörer gewonnen, durch die Erzählung unterrichtet, durch die Beweisführung die eigenen Beweisthesen gestützt, durch die Widerlegung die Einwände entkräftet, durch die Schlußworte entweder die Erinnerung aufgefrischt oder das Gemüt erregt. 12 Hierzu fügten wir die Fundstätten zum Gewinnen von Beweisen und Gemütswirkungen sowie die Arten, wie man die Richter aufstacheln, besänftigen und entspannen könne. Hinzu kam dann noch die Lehre von der Gliederung des Stoffes. Die Zuversicht nur sollte sich wünschen, wer in die Lehre geht, daß es einen festen Weg gibt[1] und auf diesem vieles auch ohne wissenschaftliche Schulung die Natur von sich aus bieten muß, so daß die Lehren, von denen ich gesprochen habe, nicht so sehr als Erfindungen erscheinen, die sich die Lehrer ausgedacht, wie vielmehr als Beobachtungen, die sie der Redepraxis abgesehen haben.

13 Mehr Mühe und Sorge erfordert das, was nun folgt. Von nun an werden wir nämlich nun *die Lehre vom Ausdruck* behandeln, den Teil unserer Aufgabe, der, worüber sich alle Redner einig sind, der schwierigste ist. Denn sowohl Marcus Antonius, dessen wir schon oben gedacht haben,[2] meint, wenn er sagt, 'redefertige Männer habe er schon viele gesehen, einen beredten noch nie', für einen redefertigen sei es hinreichend zu sagen, was nötig sei, es aber in schmuckvoller Form zu sagen, sei das, was dem Beredten eigen sei. 14 Wenn sich diese Gabe bis zu seiner Zeit bei keinem gefunden hat, ja nicht einmal bei ihm selbst oder L. Crassus, so ist es sicher, daß sie deshalb sowohl bei diesen Meistern wie auch bei den Früheren zu vermissen war, weil sie eben die schwierigste war. Auch M.

[1] Die Richtung dieser Deutung der Überlieferung hat Gesner gewiesen (certam quandam viam esse), der die Übersetzung mit Winterbottoms Verbesserung folgt. Radermacher folgt Halms Vorschlag und liest: materia quidem varia est et ... ('Der Redestoff ist zwar mannigfach und so ...').

[2] s. o. 7, 3, 17. Vgl. Cic. de orat. 1, 21, 94; orat. 5, 18.

fuit. et M. Tullius inventionem quidem ac dispositionem prudentis hominis putat, eloquentiam oratoris, ideoque praecipue circa praecepta partis huius laboravit. 15 quod eum merito fecisse, etiam ipso rei, de qua loquimur, nomine palam declaratur. eloqui enim [hoc][1] est omnia, quae mente conceperis, promere atque ad audientis perferre, sine quo supervacua sunt priora et similia gladio condito atque intra vaginam suam haerenti. 16 hoc itaque maxime docetur, hoc nullus nisi arte adsequi potest, hic studium plurimum adhibendum: hoc exercitatio petit, hoc imitatio, hic omnis aetas consumitur: hoc maxime orator oratore praestantior, hoc genera ipsa dicendi aliis alia potiora. 17 neque enim Asiani aut quocumque alio genere corrupti res non viderunt aut eas non collocaverunt, neque, quos aridos vocamus, stulti aut in causis caeci fuerunt, sed his iudicium in eloquendo ac modus, illis vires defuerunt, ut appareat in hoc et vitium et virtutem esse dicendi.

18 Non ideo tamen sola est agenda cura verborum. occurram enim necesse est et, velut in vestibulo protinus apprehensuris hanc confessionem meam, resistam his, qui omissa rerum, qui nervi sunt in causis, diligentia quodam inani circa voces studio senescunt, idque faciunt gratia decoris, qui est in dicendo mea quidem opinione pulcherrimus, sed cum sequitur, non cum adfectatur. 19 corpora sana et integri sanguinis et exercitatione firmata ex isdem his speciem accipiunt, ex quibus vires, namque et colorata et adstricta et lacertis expressa sunt: sed eadem si quis volsa atque fucata muliebriter comat, foedissima sint ipso formae labore. 20 et cultus concessus atque magnificus addit hominibus, ut Graeco versu testatum est,

1) *del. Gesner*

Tullius hält zwar Erfindung und Anordnung des Stoffes für die Leistung eines klugen Menschen, die Beredsamkeit aber für die des wirklichen Redners, und deshalb hat er sich besonders um die Vorschriften für diesen Teil bemüht. 15 Daß er das mit vollem Recht getan hat, wird schon aus ihrem Namen selbst für jeden, der hören kann, klar; 'ausdrücken' heißt nämlich: alles, was man in Gedanken erfaßt hat, zum Vorschein bringen und es den Hörern übermitteln, eine Leistung, ohne die das Vorausgehende überflüssig ist und dem Schwerte ähnlich, das noch verborgen ist und in der Scheide festsitzt. 16 Deshalb wird dies vor allem gelehrt, dies vermag keiner ohne Kunstlehre zu erreichen, hierauf ist der größte Eifer zu verwenden, dies sucht die Übung, dies die Nachahmung, hierin verzehrt man sich Zeit seines Lebens; hierdurch übertrifft vor allem der Redner den Redner, hierdurch erweisen sich die verschiedenen Redestile einander überlegen. 17 Denn weder waren die im asiatischen oder sonst einem Redestil Verdorbenen unfähig, die Sachverhalte zu sehen oder anzuordnen, noch waren die Vertreter des Stiles, den wir trocken nennen, töricht oder blind bei ihren Prozeßreden, sondern den ersteren fehlte das rechte Urteil im Ausdruck und das rechte Maß, den letzteren die Entfaltung der Kraft, so daß es klar ist, daß im Ausdruck sowohl ein Fehler wie auch ein Vorzug beim Reden liegen kann.

18 Keineswegs darf deshalb jedoch die Sorge allein den Worten gelten. Ich muß nämlich denen entgegentreten und mich, wenn sie gewissermaßen gleich im Vorzimmer dies mein Geständnis sich zu eigen machen wollen, allen widersetzen, die die sorgfältige Behandlung der Sachverhalte beiseite lassen und mit einer Art von hohlem Wortkult alt werden, und das um des reizvollen, schönen Klanges willen, der zwar auch meiner Meinung nach das Schönste beim Reden ist, jedoch dann, wenn er die notwendige Begleiterscheinung ist, nicht, wenn man ihn sucht. 19 Gesunde Körper mit frischem Blut und durch Übung gestärkter Kraft empfangen ihr schönes Aussehen aus denselben Quellen wie ihre Kräfte; denn sie besitzen Farbe, Straffheit und eine ausgeprägte Muskulatur; dieselben Körper aber sind, wenn sie jemand rasiert und geschminkt herausputzt, am allerekelhaftesten gerade durch ihre Bemühung um schönes Aussehen. 20 Verleiht ja doch auch, wie es der griechische Vers bezeugt hat,[3] ein geschmackvoll und prächtig gepflegtes Aussehen

[3] vgl. etwa in der Odyssee 6, 29. Rad. erinnert an das Frg. des Komödiendichters Alexis frg. 7 (Mein.).

auctoritatem: at muliebris et luxuriosus non corpus exornat, sed detegit mentem. similiter illa translucida et versicolor quorundam elocutio res ipsas effeminat, quae illo verborum habitu vestiantur. curam ergo verborum, rerum volo esse sollicitudinem. 21 nam plerumque optima rebus cohaerent et cernuntur suo lumine: at nos quaerimus illa, tamquam lateant semper seque subducant. ita numquam putamus circa id esse, de quo dicendum est, sed ex aliis locis petimus et inventis vim adferimus. 22 maiore animo adgredienda eloquentia est, quae si toto corpore valet, unguis polire et capillum reponere non existimabit ad curam suam pertinere.

Sed evenit plerumque, ut in hac diligentia deterior etiam fiat oratio: 23 primum, quia sunt optima minime arcessita et simplicibus atque ab ipsa veritate profectis similia. nam illa, quae curam fatentur et ficta atque composita videri etiam volunt, nec gratiam consequuntur et fidem amittunt propter id, quod sensus obumbrant et, velut laeto gramine sata, strangulant. 24 nam et quod recte dici potest circumimus amore verborum, et quod satis dictum est repetimus, et quod uno verbo patet, pluribus oneramus et pleraque significare melius putamus quam dicere. quid quod nihil iam proprium placet, dum parum creditur disertum, quod et alius dixisset[m]? 25 a corruptissimo quoque poetarum figuras seu translationes mutuamur, tum demum ingeniosi scilicet, si ad intellegendos nos opus sit ingenio. atqui[n] satis aperte Cicero praeceperat, 'in dicendo vitium vel maximum esse a volgari genere orationis atque a consuetudine communis sensus abhorrere'. 26 sed ille est[o] durus atque ineruditus: nos

m) dixit. set *ci. Rad.*
n) *Badius:* atque
o) *Spalding:* et

den Menschen Ansehen. Dagegen schmückt ein weibischer und mit Verschwendung geputzter Mensch nicht seinen Körper, sondern enthüllt seinen Geist. Ähnlich läßt auch die durchschimmernde und schillernde Ausdrucksweise bestimmter Redner die Gehalte selbst weibisch verweichlicht erscheinen, die in jenes Wortgewand gekleidet werden. Sorgfalt also, wünsche ich, soll den Worten, den Gehalten aber das emsigste Bemühen gelten. 21 Denn meistens hängen die besten Ausdrücke mit ihrem sachlichen Gehalt zusammen und lassen sich an ihrem eigenen Glanz erkennen. Wir dagegen suchen nach ihnen, als seien sie immer verborgen und versteckten sich vor uns. So glauben wir niemals, sie fänden sich im Bereich dessen, worüber zu reden ist, sondern wir suchen sie an anderen Stellen und tun dem, was wir gefunden haben, Gewalt an. 22 Großzügiger muß die Erwartung sein, die wir der Beredsamkeit entgegenbringen. Wenn diese über die gesunde Kraft ihres ganzen Körpers verfügt, wird sie das Glätten der Nägel und das Ordnen der Haare nicht für ihre eigentliche Sorge halten.

Aber meist kommt es auch so, daß bei solcher Sorgfalt die Rede sogar schlechter wird: 23 erstens, weil die besten Ausdrücke am wenigsten weit hergeholt sind und dem einfachen, aus dem wirklichen Wesen der Sache selbst stammenden ähneln. Denn die Ausdrücke, die die Mühe verraten, die sie gemacht haben, und es sogar wollen, daß man sie für erfunden und gekünstelt hält, finden nicht nur keinen Anklang, sondern verlieren auch ihre Glaubwürdigkeit deshalb, weil sie den Sinn verdunkeln und ihn ersticken, wie die Saat bei üppigem Graswuchs erstickt. 24 Denn wir umschreiben ja aus Lust an Worten, was sich direkt sagen läßt, und wiederholen ferner, was hinreichend gesagt ist; sodann bürden wir dem, was mit einem Wort klar ist, die Last von mehreren auf und halten es schließlich meist für besser, etwas anzudeuten, statt es zu nennen. Ist es denn nicht so, daß der eigentliche Ausdruck schon ganz verpönt ist, sintemalen das als kaum eines redefertigen Mannes würdig gilt, was auch ein anderer schon gesagt habe? 25 Gerade von den verderbtesten Dichtern entlehnen wir Figuren oder Metaphern, ja gewiß erst dann als wirklich talentierte Redner, wenn Talent dazugehört, uns zu verstehen. Und doch hatte Cicero[4] deutlich genug die Regel ausgesprochen: ‘Beim Reden ist es wohl der schwerste Fehler, von der allgemein üblichen Art zu reden und von dem geläufigen Sinnverständnis abzustechen.’ 26 Aber Cicero ist ja ein

[4] de orat. 1, 3, 12.

melius, quibus sordet omne, quod natura dictavit, qui non ornamenta quaerimus, sed lenocinia, quasi vero sit ulla[p] verborum nisi rei cohaerentium virtus: quae ut propria sint et dilucida et ornata et apte conlocentur, si tota vita laborandum est, omnis studiorum fructus amissus est. 27 atqui plerosque videas haerentis circa singula et dum inveniunt et dum inventa ponderant ac dimetiuntur. quod si idcirco fieret, ut semper optimis uterentur, abominanda tamen haec infelicitas erat, quae et cursum dicendi refrenat et calorem cogitationis extinguit mora et diffidentia[q]. 28 miser enim et, ut sic dicam, pauper orator est, qui nullum verbum aequo animo perdere potest, sed ne perdet quidem, qui rationem loquendi primum cognoverit, tum lectione multa et idonea copiosam sibi verborum supellectilem compararit[r] et huic adhibuerit artem collocandi, deinde haec omnia exercitatione plurima roborarit, ut semper in promptu sint et ante oculos: 29 namque ei, qui id[s] fecerit, sic res cum suis nominibus occurrent. sed opus est studio praecedente et adquisita facultate et quasi reposita. namque ista quaerendi, iudicandi, comparandi anxietas, dum discimus, adhibenda est, non dum dicimus, alioqui sicut qui patrimonium non pararunt, sub diem quaerunt, ita in oratione qui non satis laboravit[t]: 30 sin[u] praeparata dicendi vis fuerit, erunt in officio, non ut [ad][v] requisita respondere, sed ut semper sensibus inhaerere videantur atque eos ut umbra corpus sequi. 31 sed[w] in hac ipsa cura est aliquid satis: nam cum Latina, significantia, ornata, cum apte sunt conlocata, quid amplius laboremus? quibusdam tamen nullus est finis calumniandi se et cum singulis paene syllabis commoriendi, qui etiam, cum optima sunt reperta, quaerunt aliquid, quod sit magis antiquum, remotum,

p) *Regius:* illa

q) *Badius:* differentia

r) **P**: comparabit (-vit **G**)

s) *Halm:* hii quid **G** illi qui id **A**²

t) satis ⟨eruditus erit, verborum paupertate⟩ laborabit *lac. indicaverunt Spalding-Meister, suppl. Rad.*

u) '*Turnebus*': si

v) *del. Zumpt:* ad requisita **PV** reliquis ita **AG**

w) *Halm:* sequis **G** sequitur

lederner und unkultivierter Mensch, wieviel besser dagegen doch wir, die es vor allem ekelt, was die Natur diktiert hat, die nicht echten Schmuck suchen, sondern Dirnentand, als ob es irgendeinen Vorzug von Worten gäbe, der nicht in dem Zusammenhang mit den bezeichneten Sachverhalten begründet wäre! Wenn es aber die Anstrengung eines ganzen Lebens bedeutet, dafür zu sorgen, daß die Wörter treffend klar, schmuckvoll und an passender Stelle verwendet werden, dann ist der ganze Gewinn der Studien verloren! 27 Dagegen aber kann man (heutzutage) sehen, wie die meisten an den Einzelheiten hängen bleiben, ob sie nun die Gedanken ausfindig machen oder das Gefundene abwägen und ausmessen. Selbst wenn es deshalb geschähe, um die besten Ausdrücke zu verwenden, wäre dies unglückliche Bemühen zu verwünschen, das den Fluß der Rede hemmt und auch die Lebenswärme der Gedankenarbeit durch Zaudern und mangelndes Selbstvertrauen erstickt. 28 Ein armseliger und, ich möchte sagen, dürftiger Redner ist jemand, der kein Wort opfern kann. Aber es wird ja nicht einmal ein solches Opfer bringen, wer erst die wissenschaftlichen Grundlagen der Rede kennengelernt, dann durch reiche, passende Lektüre sich einen reichlichen Wortschatz als Rüstzeug gewonnen sowie auf ihn die Kunstregeln der Wortstellung angewandt und dann dies alles durch die reichlichste Übung gekräftigt hat, so daß sie ihm immer zur Verfügung und vor Augen stehen; 29 denn dem, der dies tut, werden so die Gedanken mit ihren zugehörigen Bezeichnungen von selbst zufallen. Aber hierfür ist ein vorausgehendes Studium nötig und die fest angeeignete und gleichsam aufgespeicherte sichere Fertigkeit. Denn ein solches ängstliches Suchen, Arbeiten und Vergleichen ist angebracht, während wir lernen, nicht während wir reden. Andererseits lebt bei der Rede der, der nicht genügend Mühe aufbringt, wie Leute, die sich kein Vermögen erworben haben, von Tag zu Tag ihr Leben fristen. 30 Wenn aber die Redegewalt schon ausgebildet ist, wird der Ausdruck zu Gebote stehen, nicht so, als ob er sich einstelle, wenn man ihn suche, sondern als ob er immer mit dem Sinn verwachsen sei und ihm folge, wie der Schatten dem Körper. 31 Aber eben bei der hier aufgewendeten Sorgfalt gibt es eine Grenze, wo es genug ist. Denn wenn der Ausdruck gut lateinisch, den Sinn voll treffend, schmuckvoll, und wenn die Stellung passend ist, was sollen wir uns noch weiter abmühen? Indessen gibt es Redner, die kein Ende finden, sich selbst schlecht zu machen und es fast bei den einzelnen Silben bis zum Tode auszuhalten, die auch dann, wenn das Beste schon gefunden ist, noch

inopinatum, nec intellegunt iacere sensus in oratione, in qua verba laudantur. 32 sit igitur cura elocutionis quam maxima, dum sciamus tamen nihil verborum causa esse faciendum, cum verba ipsa rerum gratia sint reperta: quorum ea sunt maxime probabilia, quae sensum animi nostri optime promunt atque in animis iudicum quod nos volumus efficiunt. 33 ea debent praestare sine dubio et admirabilem et iocundam orationem, verum admirabilem non sic, quo modo prodigia miramur, et iocundam non deformi voluptate, sed cum laude ac dignitate coniuncta.

I.

1 Igitur quam Graeci φράσιν vocant, Latine dicimus elocutionem. ea spectatur verbis aut singulis aut coniunctis. in singulis intuendum est, ut sint Latina, perspicua, ornata, ad id, quod efficere volumus, accommodata: in coniunctis, ut emendata, ut ⟨apte⟩[x] conlocata, ut figurata. 2 sed ea, quae de ratione Latine atque emendate loquendi fuerunt dicenda, in libro primo, cum de grammatice loqueremur, exsecuti sumus. verum illic tantum ne vitiosa essent praecepimus: hic non alienum est admonere, ut sint quam minime peregrina et externa. multos enim, quibus loquendi ratio non desit, invenias[y], quos curiose potius loqui dixeris quam Latine, quo modo et illa Attica anus Theophrastum, hominem alioqui disertissimum, adnotata unius adfectatione verbi hospitem dixit, nec alio se id deprendisse interrogata respondit quam quod nimium Attice loqueretur. 3 et

x) *add. Christ*
y) *Regius:* inveniam

etwas suchen, was noch altertümlicher, entlegener, unerwarteter klinge, und nicht einsehen, daß in einer Rede, in der die Worte gelobt werden, der Sinn wenig zu bedeuten haben kann. 32 Es soll also die Sorgfalt im Ausdruck so groß wie nur möglich sein, wenn wir uns dabei nur bewußt sind, daß man nichts der Worte wegen tun dürfe, da ja die Worte selbst um der Gedanken willen erfunden sind. Hierbei sind die Worte am meisten anzuerkennen, die das am besten ausdrücken, was wir im Sinn haben, und im Inneren der Richter den Eindruck machen, den wir uns wünschen. 33 Die Ausdrucksmittel müssen zweifellos in der Rede Staunen und Genuß hervorbringen, jedoch kein Staunen der Art, wie es uns die widernatürlichen Wunderzeichen einflößen, und keinen Genuß durch häßliche Lust, sondern einen, in dem sie sich mit Achtung und Würde verbinden.

ERSTES KAPITEL

Der echt lateinische Ausdruck

1 Was also die Griechen φράσις nennen, bezeichnen wir lateinisch als elocutio (Ausdruck). Sie tritt entweder in Einzelwörtern oder in Wortverbindungen in Erscheinung. Bei den Einzelwörtern ist darauf zu achten, daß sie echt lateinisch, durchsichtig, schmuckvoll und dem, was wir erzielen wollen, angemessen sind; bei den Wortverbindungen, daß sie fehlerlos, daß sie an passender Stelle und daß sie kunstvoll (zu 'Figuren') gestaltet sind. 2 Nun haben wir das, was über die Lehre der echt lateinischen und fehlerlosen Rede zu sagen war, schon im 1. Buch, als wir von der Grammatik sprachen,[5] erledigt. Doch haben wir dort nur die Vorschrift gegeben, die Ausdrucksweise dürfe nicht fehlerhaft sein; hier ist es nicht fehl am Platz zu mahnen, sie müsse so wenig unrömisch und ausländisch wie möglich sein. Viele nämlich, denen die Kenntnis der lateinischen Sprachlehre nicht fehlt, kann man finden, von denen man eher sagen könnte, daß sie mit Sorgfalt, als daß sie echtes Latein sprächen. So ist es von der alten Frau in Attika bekannt, die Theophrast, einen sonst äußerst redegewandten Mann, nachdem sie seine Vorliebe für ein einziges Wort bemerkt hatte, als einen Gast von auswärts bezeichnete und, deswegen befragt, antwortete, sie hätte dafür nur den einen Anhaltspunkt gehabt, daß er zu attisch

[5] 1, 5f.

in Tito Livio, mirae facundiae viro, putat inesse Pollio Asinius quandam Patavinitatem. quare, si fieri potest, et verba omnia et vox huius alumnum urbis oleant, ut oratio Romana plane videatur, non civitate donata.

II.

1 Perspicuitas in verbis praecipuam habet proprietatem, sed proprietas ipsa non simpliciter accipitur. primus enim intellectus est sua cuiusque rei appellatio, qua non semper utemur. 2 nam et obscena vitabimus et sordida et humilia. sunt autem humilia infra dignitatem rerum aut ordinis. in quo vitio cavendo non mediocriter errare quidam solent, qui omnia, quae sunt in[z] usu, etiam si causae necessitas postulet, reformidant: ut ille, qui in actione Hibericas herbas, se solo nequiquam intellegente, dicebat, nisi inridens hanc vanitatem Cassius Severus spartum dicere eum velle indicasset. 3 nec video, quare clarus orator duratos muria pisces nitidius esse crediderit quam ipsum id, quod vitabat.[a] in hac autem proprietatis

z) *Regius:* sine
a) *Ald.:* videbat

spräche. 3 Auch bei Titus Livius, einem Mann von erstaunlicher Redegabe, glaubt Asinius Pollio eine gewisse patavinische Art[6] zu finden. Deshalb sollten, wenn es sich ermöglichen läßt, alle Worte und der Tonfall den Redner durch einen Anhauch als Kind unserer Stadt verraten, so daß seine Rede völlig römisch erscheint, und nicht nur so, als sei ihr das Bürgerrecht verliehen worden.

ZWEITES KAPITEL

Durchsichtigkeit

1 Die Durchsichtigkeit hat bei den Wörtern ihre Besonderheit in dem, was ihre eigentliche Bedeutung ausmacht, jedoch wird 'eigentliche Bedeutung' selbst nicht nur in einer Bedeutung verstanden. Es hat nämlich erstens den Sinn der Benennung, die einem jeden Ding eigen ist, eine Benennung, von der wir nicht immer Gebrauch machen werden. 2 Denn vermeiden werden wir alles, was unanständig, schmutzig und niedrig klingt. Niedrig aber klingt, was unter dem Rang ist, der dem betreffenden Gegenstand oder der Person zukommt. In dem Bestreben, vor diesem Fehler auf der Hut zu sein, pflegen manche erst recht in die Irre zu gehen, die vor allem zurückschrecken, was zur Umgangssprache gehört, auch wenn es im Interesse des Falles unentbehrlich ist – so jener Redner, der in seiner Klagerede von iberischen Gräsern sprach, was, da nur er wußte, was er meinte, vergebliche Mühe gewesen wäre, hätte nicht Cassius Severus[7] dieses eitle Gebaren bloßgestellt und erklärt, er habe von einem Binsenseil sprechen wollen. 3 Auch sehe ich nicht ein, weshalb ein berühmter Redner geglaubt hat, die Wendung 'in Salzbrühe dauerhaft gemachte Fische' klinge feiner als die eigentliche Bezeich-

[6] Der Zusammenhang mit der lustigen Anekdote über das Attisch des Wahl-Atheners und Nachfolgers des Aristoteles, Theophrast, in dessen berühmter Stillehre die Forderung des reinen attischen Ausdruckes grundlegend war, dem aber eine alte echtbürtige Athenerin gleich anmerkt, daß er 'eingeplackt' ist, weil sein Attisch das der Athener übertrifft, sollte davor warnen, hinter dem Witzwort über die 'patavinitas', den Ton seiner Geburtsstadt Padua, in dem Latein des in rhetorischer Sprachkunst hochgebildeten 'Wahl-Römers' und Schilderers echtrömischer Tugenden grammatisch Greifbares zu suchen. Das parodistisch zu 'latinitas' gebildete 'patavinitas' mag wohl – wie im Attisch des Theophrast – das Allzurömische treffen.

[7] ORF p. 550 M.

specie, quae nominibus ipsis cuiusque rei utitur, nulla virtus est, at, quod[b] ei contrarium est, vitium. id apud nos inproprium, ἄκυρον apud Graecos vocatur, 4 quale est 'tantum sperare dolorem', aut quod in oratione Dolabellae emendatum a Cicerone adnotavi, 'mortem ferre', aut qualia nunc laudantur a quibusdam, quorum est 'de cruce verba ceciderunt'. non tamen quidquid non erit proprium, protinus et inproprii vitio laborabit, quia primum omnium multa sunt et Graece et Latine non denominata. 5 nam et qui iaculum emittit iaculari dicitur, qui pilam aut sudem, appellatione privatim sibi adsignata caret: et ut lapidare quid sit manifestum est, ita glaebarum testarumque iactus non habet nomen. unde abusio, quae κατάχρησις dicitur, necessaria. 6 translatio quoque, in qua vel maximus est orationis ornatus, verba non suis rebus accommodat. quare proprietas non ad nomen, sed ad vim significandi refertur, nec auditu, sed intellectu perpendenda est. 7 secundo modo dicitur proprium inter plura, quae sunt eiusdem nominis, id, unde cetera ducta[c] sunt, ut vertex est contorta in se aqua vel quidquid aliud similiter vertitur, inde propter flexum capillorum pars summa capitis, ex hoc id, quod in montibus eminentissimum. recte dixeris haec omnia vertices, proprie tamen unde initium est. sic soleae et turdi pisces et cetera. 8 tertius est huic diversus modus,

b) *Spalding:* ad (ob) quod
c) **P**: dicta

nung (Salzfisch), die er meiden wollte. In dieser Form des eigentlichen Ausdrucks nun, die für jedes Ding den eigentlichen Namen gebraucht, liegt kein Vorzug der Rede, dagegen ist das, was gegen sie verstößt, ein Fehler. Er heißt bei uns 'das Uneigentliche', im Griechischen ἄκυρον. 4 Von dieser Art ist 'einen solchen Schmerz erhoffen'[8] oder, was ich mir als eine Verbesserung Ciceros in einer Rede des Dolabella angemerkt habe: 'Tod tragen'[9] oder Wendungen, wie sie heutzutage von gewisser Seite gelobt werden, so etwa 'vom Kreuze fielen die Worte'[10]. Und doch wird nicht alles, was nicht den eigentlichen Ausdruck darstellt, gleich auch an dem Fehler des Uneigentlichen leiden, weil es ja viele Benennungen gibt, die sowohl im Griechischen wie im Lateinischen keine ursprüngliche Bezeichnung haben. 5 Denn von dem, der einen Speer wirft, sagt man 'er wirft Speer', wer einen Ball oder Pfahl wirft, hat keine Bezeichnung, die ihm hierfür persönlich zusteht; so ist auch zwar offensichtlich, was lapidare (Steine werfen) bedeutet, das Werfen von Schollen und Scherben aber hat keine solche Benennung. 6 Daher ist die mißbräuchliche Benennung, die sogenannte κατάχρησις, unvermeidlich. Auch der übertragene Gebrauch (die Metapher), in dem ja wohl der wichtigste Schmuck der Rede besteht, macht Worte für Dinge passend, die es eigentlich nicht sind. Deshalb bezieht sich die eigentliche Bedeutung des Ausdrucks nicht auf die Benennung, sondern auf die Kraft zu kennzeichnen, und läßt sich nicht nach dem Klang, sondern nach dem Sinn abwägen. 7 In einem zweiten Sinn nennt man 'eigentlich' unter mehreren Dingen, die die gleiche Bezeichnung haben, das, wovon die übrigen hergeleitet sind: so ist 'Wirbel' das in sich wirbelnde Wasser oder alles, was sonst in ähnlicher Weise wirbelt, daher auch wegen der Windung der Haare der oberste Teil des Kopfes und danach das, was bei Bergen am meisten hervorragt. Richtig könnte man alles das als Wirbel bezeichnen, eigentlich jedoch nur das, wo die Benennung ihren Ansatz hat. In diesem Sinn heißen Fische 'Sohlen' und 'Drosseln' und so weiter. 8 Ein dritter hiervon ver-

[8] Vergil, Aen. 4, 419.

[9] ORF 516 M. Ohne den Zusammenhang zu kennen, kann man nur raten: vielleicht 'Tod bringen' als künstlich wirkende Analogie zu dem Adjektiv 'mortifer(us)', das Cicero kennt.

[10] Was mit diesen Worten gemeint ist, bleibt ebenfalls unklar. 'crux' ist ja das Foltergerät für Sklaven, das Marterholz, das in der christlichen Metaphorik weiterlebt.

cum res communis pluribus in uno aliquo habet nomen eximium, ut carmen funebre proprie 'nenia' et tabernaculum ducis 'augurale'. item, quod commune est et aliis nomen, intellectu alicui rei peculiariter tribuitur, ut 'urbem' Romam accipimus et 'venales' novicios et 'Corinthia' aera, cum sint urbes aliae quoque et venalia multa et tam aurum et argentum quam aes Corinthium. sed ne in his quidem virtus oratoris inspicitur. 9 at illud iam non mediocriter probandum, quod hoc etiam laudari modo solet ut proprie dictum, id est, quo nihil inveniri possit significantius, ut Cato dixit. 'C. Caesarem ad evertendam rem publicam sobrium accessisse', ut Vergilius 'deductum carmen', et Horatius 'acrem tibiam' 'Hannibalemque dirum'. 10 in quo modo illud quoque est a quibusdam traditum proprii genus ex adpositis (epitheta dicuntur), ut 'dulcis musti' et 'cum dentibus albis'. de quo genere alio loco dicendum est. etiam quae bene translata sunt, propria dici solent. 11 interim autem, quae sunt in quoque praecipua, proprii locum accipiunt, ut Fabius inter plures imperatorias virtutes cunctator est appellatus. possunt videri verba, quae plus significant quam eloquuntur, in parte ponenda perspicuitatis, intellectum enim adiuvant: ego tamen libentius

schiedener Sinn liegt vor, wenn ein mehreren Dingen gemeinsamer Inhalt bei einem von ihnen einen besonderen Namen hat, etwa ein Grabgesang eigentlich 'Nenie' und das Feldherrenzelt 'augurale' (Vogelschau-Ort) heißt. Ebenso wird ein Name, der auch noch anderen Dingen gemeinsam ist, dem Sinn nach einem Ding besonders zugeteilt, wie wir unter 'urbs' (Stadt) Rom verstehen und unter venales (Ware) neugekaufte Sklaven und unter 'Korinthischem' ein Erz, obwohl es auch noch andere Städte gibt und viele Waren und ebenso Gold und Silber wie Erz aus Korinth. Aber auch in diesen Dingen läßt sich eine besondere Leistung des Redners nicht beobachten. 9 Dagegen erweist sich als eine Leistung, die überdurchschnittliche Anerkennung findet, die Form, die auch gewöhnlich in diesem Sinn als treffender Ausdruck des Eigentlichen gelobt wird, d. h. als der Ausdruck, statt dessen sich ein bezeichnenderer nicht finden läßt, wenn etwa Cato[11] gesagt hat, 'C. Caesar sei ganz nüchtern darangegangen, den römischen Staat zu zerstören', oder Vergil[12] '*deductum carmen*' (ein schmales Lied) und Horaz[13] '*acrem tibiam*' (die scharfe Tibia) und[14] '*Hannibalemque dirum*' (den gräulichen Hannibal). 10 Zu dieser Art gehört auch der von manchen gelehrte Ausdruck des Eigentlichen durch Beifügungen (die sog. *epitheta*) z. B.[15] '*dulcis musti*' (süßen Mostes) und[16] '*cum dentibus albis*' (mit weißen Zähnen), eine Art, von der noch an anderer Stelle[17] zu reden sein wird. Auch was treffend übertragen gebraucht ist, pflegt 'eigentlich' genannt zu werden. 11 Zuweilen aber nimmt auch das, was jeweils das Besondere ist, den Platz des Eigentlichen ein, wie bei Fabius,[18] der unter mehreren Feldherrntugenden, die er besaß, die Bezeichnung 'Zauderer' erhalten hat. Es könnte so scheinen, als sollte man auch Worte, die mehr bezeichnen, als sie aussprechen, in den Bereich der Durchsichtigkeit stellen, unterstützen sie doch das Verständnis; ich möchte aber doch lieber die Form

[11] vgl. Sueton, Caesar 53.
[12] ecl. 6, 5.
[13] c. 1, 12, 1.
[14] c. 3, 6, 36.
[15] georg. 1, 295.
[16] Aen. 11, 681.
[17] s. u. 8, 6, 39.
[18] Q. Fabius Maximus, der Meister der hinhaltenden Kriegführung im Kampf gegen Hannibal.

emphasim retulerim ad ornatum orationis, quia non ut intellegatur efficit, sed ut plus intellegatur.

12 At obscuritas fit verbis iam[d] ab usu remotis, ut si commentarios quis pontificum et vetustissima foedera et exoletos scrutatus auctores id ipsum petat ex his, quae inde contraxerit, quod non intelleguntur. hinc enim aliqui famam eruditionis adfectant, ut quaedam soli scire videantur. 13 fallunt etiam[e] verba vel regionibus quibusdam magis familiaria vel artium propria, ut 'atabulus ventus' et 'navis stlataria'[f] et 'inula Cosana'.[g] quae vel vitanda apud iudicem ignarum significationum earum vel interpretanda sunt, sicut in his, quae homonyma vocantur, ut 'taurus' animal sit an mons an signum in caelo an nomen hominis an radix arboris, nisi distinctum non intelligetur.

14 Plus tamen est obscuritatis in contextu et continuatione sermonis et plures modi. quare nec sit tam longus, ut eum prosequi non possit intentio, nec transiectione ultra modum ὑπερβάτων[h] finis eius differatur. quibus adhuc peior est mixtura verborum, qualis in illo versu

saxa vocant Itali mediis quae in fluctibus aras.

15 etiam interiectione, qua et oratores et historici frequenter utuntur, ut medio sermone aliquem inserant sensum, impediri solet intellectus, nisi quod interponitur breve est. nam Vergilius illo loco, quo pullum equinum describit, cum dixisset,

nec vanos horret strepitus,

conpluribus insertis alia figura quinto demum versu redit,

tum,[i] si qua sonum procul arma dederunt,
stare loco nescit.

d) *Halm:* etiam
e) *Ald.:* enim
f) *Haupt:* saccaria (sacraria **G**)
g) *C. Schenkl:* in maloco sanum **AG**
h) *Zumpt:* transiectio intra modum (domum **GV**)
i) *Badius:* redditum

[19] s. u. 9, 2, 64.
[20] Horaz, Sat. 1, 5, 77 ('Wind in Apulien').

der 'Emphasis' zum Schmuck der Rede stellen,[19] weil sie nicht bezweckt, daß man versteht, sondern daß man *mehr* versteht.

12 Dagegen kommt es zu Dunkelheit durch Worte, die schon aus dem Gebrauch gekommen sind, wenn etwa jemand die Aufzeichnungen der Priester, die ältesten Vertragsurkunden und veraltete Texte durchforschte und dabei nur gerade das in ihnen suchte, was er daraus nehmen könnte, weil man es nicht versteht. Denn dadurch suchen manche in den Ruf gelehrter Bildung zu kommen, daß es so scheint, als gäbe es Dinge, die nur sie allein wüßten. 13 Es führen auch Worte irre, die teils nur in manchen Gegenden vertrauter, teils Fachausdrücke sind z. B.[20] 'atabulus ventus' und 'navis stlataria' (Lastschiff) sowie[21] 'inula Cosana'. Solche Worte muß man meiden bei einem Richter, der ihre Bedeutung nicht kennt, oder man muß sie erklären, wie es bei den sogenannten Homonymen geschieht, wo man z. B., ob 'taurus' das Tier (der Stier) sei oder das Gebirge oder das Himmelszeichen oder der Menschenname oder die Baumwurzel bedeute, nur erkennen kann, wenn eine Unterscheidungshilfe vorliegt.

14 Stärker jedoch ist die Dunkelheit, wenn es sich um einen Text und zusammenhängende Rede handelt, und sie findet sich in mehreren Arten. Deshalb sei ein Satz nicht so lang, daß man ihm bei aller Aufmerksamkeit nicht folgen kann, noch werde sein Ende durch Wortsperrung über das Ausmaß der ὑπέρβατα hinaus aufgeschoben. Schlimmer als dies ist die Wortvermischung, wie in dem Vers[22] 'Felsen mitten im Meer, italisch geheißen Altäre'. 15 Auch durch Einschub (Parenthese), dessen sich Redner und Geschichtsschreiber häufig bedienen, um mitten im Satz einen Gedanken einzuschalten, pflegt das Verständnis behindert zu werden, wenn das eingeschobene Stück nicht kurz ist. Denn nachdem Vergil an der Stelle, wo er das Füllen beschreibt[23], die Worte gebraucht hat, 'auch schreckt es nicht nichtiges Lärmen', schiebt er in anderer Form allerhand (zur Beschreibung) ein und kehrt dann erst im fünften Vers wieder zum Ausgang zurück: 'da, wenn Waffen aus der Ferne ein Geräusch verursacht haben, kann's auf der Stelle nicht

[21] Text unsicher. Da nach dem Zusammenhang mit etwas Rarem zu rechnen ist, bleibt für Vermutungen ein weites Feld. Die Vermutung von Schenkl, die Raderm. in den Text genommen hat, ist der Name einer Pflanzenart (Alant), die in der Stadt Cosa einheimisch ist.

[22] Aen. 1, 109.

[23] georg. 3, 79–83.

16 vitanda in primis ambiguitas, non haec solum, de cuius genere supra dictum est, quae incertum intellectum facit, ut 'Chremetem audivi percussisse Demean', sed illa quoque, quae etiam si turbare non potest sensum, in idem tamen verborum vitium incidit, ut si quis dicat 'visum a se hominem librum scribentem'. nam etiam si librum ab homine scribi patet, male tamen composuerit feceritque ambiguum, quantum in ipso fuit.

17 Est etiam in quibusdam turba inanium verborum, qui, dum communem loquendi morem reformidant, ducti specie nitoris circumeunt omnia copiosa loquacitate, eo[j] quod dicere nolunt ipsa[k]: deinde illam seriem cum alia simili iungentes miscentesque, ultra quam ullus spiritus durare possit, extendunt. 18 in hoc malum a quibusdam etiam laboratur: neque id novum vitium est, cum iam apud Titum Livium inveniam, fuisse praeceptorem aliquem, qui discipulos obscurare quae dicerent iuberet, Graeco verbo utens σκότισον. unde illa scilicet egregia laudatio: 'tanto melior: ne ego quidem intellexi.' 19 alii brevitatem aemulati necessaria quoque orationi subtrahunt verba et, velut satis sit scire ipsos, quid dicere velint, quantum ad alios pertineat, nihili[l] putant: 'at ego otiosum sermonem dixerim, quem auditor suo ingenio intellegit.' quidam, emutatis in perversum dicendi figuris, idem vitium consequuntur. 20 pessima vero sunt ἀδιανόητα, hoc est, quae verbis aperta occultos sensus habent, ut cum dictus[m] est caecus 'secundum vitam stare', et qui suos artus morsu lacerasse fingitur in scholis, 'supra se cubasse'. 21 ingeniosa haec et fortia et ex ancipiti diserta creduntur, pervasit-

j) *Halm:* et
k) *Christ:* ipsam
l) *Spalding:* nihil
m) *Spalding:* cum ductus (conductus **G**)

weilen'. 16 Zu meiden ist vor allem die Zweideutigkeit, nicht nur die Art, von der schon oben[24] gesprochen ist, die den Sinn ungewiß macht – wie in dem Vers[25]: es heißt, erschlagen habe Laches Demeas –, sondern auch die, die den Sinn zwar nicht verwirren kann, aber doch in den gleichen Ausdrucksfehler verfällt, wenn etwa jemand sagt: 'einen Mann ein Buch schreibend habe er gesehen'. Denn wenn es auch klar ist, daß das Buch von dem Mann geschrieben wird, so hat der Verfasser dennoch den Satz wohl schlecht gebaut und ihn so zweideutig gemacht, wie es nur bei ihm lag.

17 Es findet sich auch ein Gewirr leerer Worte bei gewissen Leuten, die, während sie den allgemeinen Sprachgebrauch verschmähen, um glänzen zu können, alles mit einer wortreichen Geschwätzigkeit umschreiben, weil sie nichts einfach sagen wollen; dann verbinden sie und vermengen sie den einen Wortschwall mit einem neuen, ähnlichen und dehnen ihn weiter aus, als es eine Lunge auszuhalten vermag. 18 Auf ein solch übles Produkt wird von gewissen Leuten sogar mit aller Kraft hingearbeitet! Und der Fehler ist nicht neu, da ich schon bei Titus Livius[26] einen Lehrer erwähnt finde, der seinen Schülern die Anweisung gab, das, was sie sagten, zu verdunkeln, wobei er das griechische Wort σκότισον (verdunkle!) gebrauchte. Daher gewiß der treffliche Lobspruch: 'Um so besser – nicht einmal ich habe es verstanden!' 19 Wieder andere entziehen im Wetteifer um die Kürze des Ausdruckes der Rede selbst unentbehrliche Worte und halten, als genüge es, daß sie selbst wüßten, was sie sagen wollten, alles, was die Rücksicht auf die anderen verlangt, für nicht vorhanden: 'Ich meinerseits möchte einen Ausdruck für Zeitverschwendung halten, den der Hörer aus eigenem Talent versteht.' Manche verfallen dadurch, daß sie die Redefiguren verkehrt verwenden, auf denselben Fehler. 20 Am schlechtesten aber sind die ἀδιανόητα (unverständlichen Ausdrücke), d. h. Ausdrücke, die zwar einen offenkundigen Wortlaut haben, aber einen verborgenen Sinn, so wenn es von einem Blinden[27] heißt, 'er stehe dem Leben folgend', und von dem Manne, der, wie es in Schulübungen erdichtet wird, seine eigenen Glieder mit Bissen zerfleischt hat 'er habe auf sich selbst gelegen'. 21 Solche Ausdrücke gelten als

[24] vgl. 7, 9, 10.

[25] In dem Komödienvers kann jeder der beiden Eigennamen Subjekt sein.

[26] in einer verlorenen Schrift.

[27] Text unsicher.

que[n] iam multos ista persuasio, ut id [iam][o] demum eleganter atque exquisite dictum putent, quod interpretandum sit. sed auditoribus etiam nonnullis grata sunt haec, quae cum intellexerunt, acumine suo delectantur et gaudent, non quasi audierint, sed quasi invenerint.

22 Nobis prima sit virtus perspicuitas, propria verba, rectus ordo, non in longum dilata conclusio, nihil neque desit neque superfluat: ita sermo et doctis probilis et planus inperitis erit. haec eloquendi observatio: nam rerum perspicuitas quo modo praestanda sit, diximus in praeceptis narrationis, similis autem ratio est in omnibus. 23 nam si neque pauciora, quam oportet, neque plura neque inordinata aut indistincta dixerimus, erunt dilucida et neglegenter quoque audientibus aperta: quod et ipsum in consilio est habendum, non semper tam esse acrem iudicis intentionem, ut obscuritatem apud se ipse discutiat et tenebris orationis inferat quoddam intellegentiae suae lumen, sed multis eum frequenter cogitationibus avocari, nisi tam clara fuerint, quae dicemus, ut[p] in animum eius oratio, ut sol in oculos, etiam si in eam non intendatur, incurrat. 24 quare non, ut intellegere possit, sed, ne omnino possit non intellegere, curandum. propter quod etiam repetimus saepe, quae non satis percepisse eos, qui cognoscunt, putamus 'quae causa utique nostra, iudices,[q] culpa dicta obscurius: ad planiora et communia magis verbia descendimus', cum id ipsum optime fiat, quando[r] nos aliquid non optime fecisse simulamus.

n) *Badius:* persuasitque
o) *del. Spalding*
p) *om.* **AGM**
q) iudices, *Stroux* est *Halm:* id
r) *Spalding:* quod *(fort. recte)*

genial, kühn und wegen ihrer Unklarheit rednerisch gekonnt, und schon viele hat die Überzeugung durchdrungen, das erst sei gewählt und geschmackvoll ausgedrückt, was der Deutung bedürfe. Aber auch manchen Hörern sind solche Wendungen willkommen: wenn sie deren Sinn verstanden haben, kosten sie ihren eigenen Scharfsinn aus und freuen sich so, als wären sie nicht als Zuhörer, sondern als die Erfinder daran beteiligt.

22 Für uns gelte die Durchsichtigkeit als Haupttugend des Ausdrucks, die eigentliche Bedeutung im Gebrauch der Wörter, ihre folgerichtige Anordnung, kein Schluß, der zu lang hinausgeschoben wird, nichts, das fehle, und nichts, das überflüssig sei: so wird, was wir sagen, bei den Kennern Beifall, und bei den Ungeschulten Eingang finden. Soweit das, was die Beachtung des sprachlichen Ausdrucks angeht. Denn wie die inhaltliche Durchsichtigkeit zu erzielen sei, haben wir bei den Regeln für die Erzählung behandelt.[28] 23 Die Grundsätze aber, auf denen die Durchsichtigkeit beruht, sind in allen Anwendungsbereichen ähnlich. Denn wenn wir weder weniger noch mehr als nötig noch ohne feste Ordnung oder klare Unterscheidung sprechen, wird das Gesprochene durchsichtig und auch denen zugänglich sein, die nur oberflächlich zuhören. Gerade das aber ist mitzubedenken, daß die Aufmerksamkeit des Richters nicht immer so gespannt ist, daß er die Unklarheit bei sich selbst klärt und der Dunkelheit der Rede etwas vom Lichte seiner eigenen Kombinationsgabe liehe, sondern daß er häufig durch viele andere Überlegungen abgelenkt wird, wenn das, was wir sagen, nicht so klar ist, daß unsere Rede in sein Inneres eindringt, wie die Sonne in die Augen, auch wenn seine Aufmerksamkeit nicht darauf gerichtet ist. 24 Deshalb muß es nicht unsere Sorge sein, daß er verstehen kann, was wir sagen, sondern daß er es keinesfalls nicht verstehen kann. Zu diesem Zweck wiederholen wir auch öfters, was die Personen, die sich ein Urteil zu bilden haben, nach unserer Meinung nicht hinreichend erfaßt haben: 'Dieser Fall ist gewiß durch unsere Schuld, ihr Richter, noch recht unklar dargestellt; zu verständlicheren und gewöhnlicheren Worten greifen wir nun'; denn es geschieht gerade das aufs beste, wenn wir vorgeben, etwas nicht aufs beste getan zu haben.

[28] s. o. 4, 2, 36.

III.

1 Venio nunc ad ornatum, in quo sine dubio plus quam in ceteris dicendi partibus sibi indulget orator. nam emendate quidem ac lucide dicentium tenue praemium est, magisque ut vitiis carere quam ut aliquam magnam virtutem adeptus esse videaris. 2 inventio cum imperitis saepe communis, dispositio modicae doctrinae credi potest: si quae sunt artes altiores, plerumque occultantur, ut artes sint, denique omnia haec ad utilitatem causarum solam referenda sunt. cultu vero atque ornatu se quoque commendat ipse, qui dicit, et in ceteris iudicium doctorum, in hoc vero etiam popularem laudem petit, nec fortibus modo, sed etiam fulgentibus armis proeliatur. 3 ⟨an⟩[s] in causa Gaii Corneli Cicero[t] consecutus esset docendo iudicem tantum et utiliter demum ac Latine perspicueque dicendo, ut populus Romanus admirationem suam non adclamatione tantum, sed etiam plausu confiteretur? sublimitas profecto et magnificentia et nitor et auctoritas expressit illum fragorem. 4 nec tam insolita laus esset prosecuta dicentem, si usitata et ceteris similis fuisset oratio atque ego illos credo, qui aderant, nec sensisse quid facerent nec sponte iudicioque plausisse, sed velut mente captos et quo essent in loco ignaros erupisse in hunc voluptatis adfectum.

5 Sed ne causae quidem parum conferet[u] idem hic orationis ornatus. nam qui libenter audiunt, et magis adtendunt et facilius credunt, plerumque ipsa delectatione capiuntur, nonnumquam admiratione auferuntur. nam et ferrum adfert oculis terroris aliquid,

s) *add. Spalding*
t) *transp. Spalding:* Cicero Corneli
u) **A**[2] confert *Camp.:* conferant **G** (-at **P**)

DRITTES KAPITEL

Der Wortschmuck

1 Ich komme nun zum Schmuck des Ausdrucks, wobei zweifellos mehr als bei den übrigen Aufgaben der Beredsamkeit der Redner freien Spielraum hat. Denn für die, die fehlerfrei und klar reden, ist die Anerkennung gering, und es scheint eher, als ob man Fehler vermeidet, als ob man es zu einer großen Leistung gebracht hätte. 2 Das Ausfindigmachen der Gedanken ist oft etwas, was auch Ungeschulte besitzen; die Anordnung des Stoffes kann als Beweis auch nur bescheidener Schulung gelten: Gibt es dabei Kunstgriffe, die höhere Anforderungen stellen, so werden sie meist verheimlicht, damit sie als Kunstgriffe wirken, und schließlich ist der einzige Maßstab für die Anwendung aller dieser Aufgaben die Zweckmäßigkeit im Prozeßfall. Durch seinen gepflegten und schmuckvollen Ausdruck aber empfiehlt sich auch der Redner selbst, und geht es ihm bei den übrigen Leistungen um das Urteil der Kenner, so in dieser auch um den Beifall der Menge, und er ficht im Kampf nicht nur mit schlagkräftigen, sondern auch mit strahlenden Waffen. 3 Oder hätte es Cicero im Fall des C. Cornelius[29] allein dadurch, daß er dem Richter den Fall darlegte und nur zweckmäßig, gut lateinisch und durchsichtig sprach, erreicht, daß das römische Volk seine Bewunderung nicht nur durch Beifallsrufe, sondern durch einen Beifallssturm bekundete? Die Erhabenheit, die Großartigkeit, der Glanz und das Gewicht seiner Worte war es doch gewiß, was ein solches Tosen auslöste! 4 Und ein so ungewöhnlicher Beifall hätte ihn bei seiner Rede nicht begleitet, wäre sie nur das Übliche und eine Rede wie andere auch gewesen. Ja, ich bin überzeugt, die, die damals dabei waren, merkten gar nicht, was sie taten, und sie applaudierten nicht mit Absicht und Überlegung, sondern, als wären sie von Sinnen, und ohne zu wissen, wo sie waren, brachen sie aus in einen solchen Sturm des Entzückens.

5 Aber zugleich wird dieser Schmuck der Rede auch nicht einmal unwichtig sein für den Fall. Denn Hörer, die gern zuhören, passen auch besser auf und sind leichter bereit zu glauben, werden meist schon durch den Genuß gewonnen, ja manchmal durch Bewunderung mitgerissen. Denn das blitzende Eisen macht ja auch einen schrecklichen Eindruck auf die Augen, und die Blitze selbst brächten

[29] orat. frg. p. 403 Sch.

et fulmina ipsa non tam nos confunderent, si vis eorum tantum, non etiam ipse fulgor timeretur. 6 recteque Cicero his ipsis ad Brutum verbis quadam in epistula scribit: 'nam eloquentiam, quae admirationem non habet, nullam iudico.' eandem Aristoteles quoque petendam maxime putat.

Sed hic ornatus (repetam enim) virilis et[v] fortis et sanctus sit nec effeminatam levitatem et fuco ementitum[w] colorem amet[x]: sanguine et viribus niteat. 7 hoc autem adeo verum est, ut, cum in hac maxime parte sint vicina virtutibus vitia, etiam qui vitiis utuntur virtutum tamen iis nomen inponant. quare nemo ex corruptis dicat, me inimicum esse culte dicentibus: non hanc esse virtutem nego, sed illis eam non tribuo. 8 an ego fundum cultiorem putem, in quo mihi quis ostenderit lilia et violas et anemonas, fontes[y] surgentes, quam ubi plena messis aut graves fructu vites erunt? sterilem platanum tonsasque myrtos quam maritam ulmum et uberes oleas praeoptaverim? habeant illa divites licet: quid essent, si aliud nihil haberent? 9 nullusne ergo etiam frugiferis adhibendus est decor? quis negat? nam et in ordinem certaque intervalla redigam meas arbores. quid illo quincunce speciosius, qui, in quamcumque partem spectaveris, rectus est? sed protinus in id quoque prodest, ut terrae sucum aequaliter trahat. 10 surgentia in altum cacumina oleae ferro coercebo: in orbem se formosius fundet et protinus fructum ramis pluribus feret. decentior equus, cuius adstricta ilia, sed idem velocior. pulcher adspectu sit athleta, cuius lacertos exercitatio ex-

v) *Ald.:* viri sed
w) *Obrecht:* eminentium
x) **P**: colore manet
y) sponte *Wint. (Spalding)*

uns nicht in solche Verwirrung, wenn nur ihre Kraft, nicht auch ihr Strahl gefürchtet würde. 6 So schreibt zu Recht Cicero in einem Brief an Brutus[30] die folgenden Worte: 'Denn eine Beredsamkeit, die keine Bewunderung weckt, ist meines Erachtens gar keine.' Auch Aristoteles[31] ist der Meinung, auf sie müsse es der Redner vor allem absehen.

Jedoch soll dieser Schmuck – um es noch einmal zu sagen – männlich, kräftig und rein sein und nach weibischer Leichtfertigkeit und durch Schminke vorgetäuschter Farbenpracht kein Verlangen haben. Blut und Kraft gebe ihm seinen Glanz! 7 Dies[32] ist so wahr, daß, da vor allem auf diesem Gebiet Vorzüge und Fehler benachbart sind, auch diejenigen, die in die Fehler verfallen, diesen den Namen der Vorzüge geben. Daher soll keiner der so Verderbten[33] behaupten, ich sei ein Feind gepflegter Redeweise. Ich bestreite nicht, daß diese ein Vorzug sei, aber jene erkenne ich ihm nicht zu. 8 Sollte ich etwa ein Gut für gepflegter halten, auf dem mir jemand Lilien, Veilchen, Anemonen und springende Quellen zeigt als eins, wo sich volle Ernte und von Trauben schwere Reben befinden? Soll ich die unergiebige Platane und gestutzte Myrtensträucher der mit Wein vermählten Ulme und den ertragreichen Ölbaumen vorziehen? Mögen dergleichen die Reichen immerhin haben. Was aber wären sie, wenn sie sonst nichts hätten? 9 Soll nun nicht auch den Fruchtbäumen ein Schmuck zur Zierde zuteil werden? Wer bestreitet das? Denn ich will ja auch meine Bäume in Reih und Glied und festen Abstand bringen. Was ist schöner anzuschauen als die Fünferordnung[34], die, nach welcher Seite du auch blickst, die Ordnung in Reih und Glied zeigt. Aber gleich erweist diese sich auch darin nützlich, daß sie die Bodenfeuchtigkeit gleichmäßig aufnimmt. 10 Die in die Höhe wuchernden Gipfel des Ölbaumes werde ich mit dem Eisen bändigen. Schörer wird er sich so zum Kreise wölben, und gleich wird er seine Früchte dabei an noch zahlreicheren Zweigen tragen. Zierlicher ist ein Pferd anzuschauen, dessen Flanken schlank sind, aber zugleich ist es auch schneller. Mag schön als Anblick ein Ringer sein, dessen Muskeln das Training ausgeprägt hat, zugleich ist er dadurch besser zum Wettkampf gerüstet.

[30] ep. frg. VIII 8 Müller p. 16 Weyssenhoff.

[31] Rhet. 3, 2 (1404b 11).

[32] d. h., diese hohe Einschätzung des Schmuckes.

[33] d. h., keiner aus dem Anhängerkreis der verdorbenen Modekunst.

[34] wo die folgende Reihe in den Zwischenräumen der vorhergehenden steht.

pressit, item certamini paratior. 11 numquam vera[z] species ab utilitate dividitur.

Sed hoc quidem discernere modici iudicii est: illud observatione dignius, quod hic ipse honestus ornatus materiae genere deciens variatur.[a] atque ut a prima divisione ordiar, non idem demonstrativis et deliberativis et iudicialibus causis conveniet. namque illud genus ostentationi compositum solam petit audientium voluptatem, ideoque omnes dicendi artes aperit ornatumque orationis exponit, 12 ut quod non insidietur nec ad victoriam, sed ad solum finem laudis et gloriae tendat. quare quidquid erit sententiis populare, verbis nitidum, figuris iocundum, translationibus magnificum, compositione elaboratum, velut institor quidam eloquentiae intuendum et paene pertractandum dabit: nam eventus ad ipsum, non ad causam refertur. 13 at ubi res agitur et vera dimicatio est, ultimus sit famae locus. praeterea ne decet[b] quidem, ubi maxima rerum momenta versantur, de verbis esse solicitum. 14 neque hoc eo pertinet, ut in his nullus sit ornatus, sed uti[c] pressior et severior et minus[d] confessus, praecipue materiae accommodatus. nam et ⟨in⟩[e] suadendo sublimius aliquid senatus, concitatius populus, et in iudiciis publicae capitalesque causae poscunt accuratius dicendi genus. at privatum consilium causasque paucorum, ut frequenter accidit, calculorum purus sermo et dissimilis curae magis decuerit. an non pudeat certam creditam perihodis postulare aut circa stillicidia adfici aut in mancipii redhibitione sudare? sed ad propositum.

15 Et quoniam orationis tam ornatus quam perspicuitas aut in singulis verbis est aut in pluribus positus, quid separata, quid iuncta

z) **P** *(corr.)*: mera
a) *Rad.*: decidit variatus **AGM** decet variatus **V** debet esse variatus **P**
b) *Spalding:* debet
c) *Ald.:* ubi
d) *Obrecht:* eo minus
e) *add. Gesner*

11 Niemals läßt sich, was wirklich schön aussieht, trennen von der Zweckmäßigkeit.

Doch um dafür den Blick zu schärfen, bedarf es nur mäßiger Urteilskraft; mehr Aufmerksamkeit verdient die Tatsache, daß dieser ehrenhafte Schmuck selbst sich je nach der Art des Stoffes zehnfach[35] gestaltet. Um nun mit der ersten Einteilung zu beginnen, so wird sich nicht der gleiche Schmuck schicken in den Reden für festliche Zwecke, den Beratungs- und den Gerichtsreden. Denn die Gattung für festliche Zwecke sucht nur den Genuß für die Zuhörer, und deshalb bietet sie allen Kunstmitteln Zugang und stellt den Schmuck der Rede zur Schau, 12 da sie keine heimlichen Anschläge kennt und nicht nach dem Siege, sondern als dem einzigen Ziel nach Beifall und Ruhm strebt. Deshalb wird sie alles, was es an im Volke eingängigen Sentenzen gibt, was im Glanz der Worte strahlt, durch die verwendeten Figuren wohltuend, durch die Metaphern glänzend, durch die Wortstellung ausgefeilt ist, wie ein Händler mit Beredsamkeit zur Besichtigung und geradezu zum Anfassen überlassen; denn der Erfolg wird dem Redner selbst, nicht dem Fall angerechnet. 13 Wo es dagegen um eine Verhandlung geht und ein echter Kampf stattfindet, kann der persönliche Ruf des Redners nur den letzten Platz einnehmen. Außerdem ziemt es sich ja doch nicht, da, wo die wichtigsten Dinge auf dem Spiel stehen, um Worte ängstlich zu sein. Aber das soll nicht besagen, es dürfe hier gar kein Schmuck sich finden, sondern er müsse sparsamer, ernster und weniger zur Schau gestellt, besonders dem Gegenstand angepaßt sein. 14 Denn einmal verlangen in der Form der Überredung der Senat einen höheren, das Volk einen erregteren Ton, zum anderen vor Gericht die öffentlichen und Kapital-Prozesse eine sorgsamere Redeweise. Dagegen dürfte sich für eine private Beratung und für Fälle, bei denen, wie es so häufig geschieht, nur wenig Geld auf dem Spiele steht, ein reiner Gesprächston, der die Sorgfalt verbirgt, eher sich schicken. Oder sollte man sich nicht schämen, eine bestimmte Schuldsumme in schwungvollen Perioden zu fordern oder sich um die Regenrinne zu ereifern oder bei der Rückerstattung eines Sklaven in Schweiß zu kommen? Doch nun zum Thema.

15 Da ja ebenso der Schmuck wie die Durchsichtigkeit der Rede entweder auf einzelnen Wörtern oder auf mehreren beruht, wollen

[35] So nach Rad.s Vermutung. Jedenfalls läßt der unsichere Text erkennen, daß eine große Zahl von Schmuckmöglichkeiten passend verwendet werden soll.

exigant, consideremus. quamquam enim rectissime traditum est, perspicuitatem propriis, ornatum translatis verbis magis egere, sciamus nihil ornatum esse, quod sit inproprium. 16 sed cum idem frequentissime plura significent, quod συνωνυμία vocatur, iam sunt aliis alia honestiora, sublimiora, nitidiora, iocundiora, vocaliora. nam ut syllabae e litteris melius sonantibus clariores, ita verba e syllabis magis vocalia, et quo plus quodque[f] spiritus habet, auditu pulchrius. et quod facit syllabarum, idem verborum quoque inter se copulatio, ut aliud alii iunctum melius sonet. 17 diversus tamen usus: nam rebus atrocibus verba etiam ipso auditu aspera magis convenient. in universum quidem optima simplicium creduntur, quae aut maxime exclamant[g] aut sono sunt iocundissima. et honesta quidem turpibus potiora semper nec sordidis umquam in oratione erudita locus. 18 clara illa atque sublimia plerumque materiae modo discernenda sunt: quod alibi magnificum, tumidum alibi, et quae humilia circa res magnas, apta circa minores videntur. ut autem in oratione nitida notabile humilius verbum et velut macula, ita a sermone tenui sublime nitidumque discordat fitque corruptum, quia in plano tumet. 19 quaedam non tam ratione quam sensu iudicantur, ut illud

caesa iungebant foedera porca

fecit elegans fictio nominis, quod si fuisset 'porco', vile erat. in

f) *Spalding:* quoque
g) ⟨rem⟩ maxime explanant *Stroux*

wir nun betrachten, was die Wörter gesondert, was sie in Verbindung verlangen. Denn obwohl der überlieferte Lehrsatz völlig zu Recht gilt, Durchsichtigkeit erfordere mehr eigentliche, Schmuck mehr übertragene Wortbedeutungen, müssen wir doch wissen, daß es keinen Schmuck gibt, wo die eigentliche Bedeutung fehlt. 16 Aber da sehr häufig den gleichen Inhalt mehrere Wörter bezeichnen, was man συνωνυμία (Synonymie) nennt, sind schon deshalb einige den anderen gegenüber anständiger, erhabener, glänzender, lieblicher und klangvoller. Denn wie Silben aus besser klingenden Buchstaben heller und deutlicher sind, so sind Wörter aus solchen Silben klangvoller, und je voller sich ein Wort aussprechen läßt, desto schöner hört es sich an. Und wie bei den Silben, so geschieht es auch bei der Verbindung der Wörter untereinander, so daß sie in einer Verbindung besser klingen als in einer anderen. 17 Indessen ist der Gebrauch, den man hiervon macht, verschieden; denn für Dinge, die schrecklich sind, werden auch Wörter, die sich rauh anhören, besser passen. Im allgemeinen freilich gelten unter den einfachen Wörtern die als die besten, die entweder den Inhalt am besten treffen oder am angenehmsten klingen.[36] Und zwar sind anständige Wörter immer unanständigen überlegen, und für schmutzige Worte ist in einer gebildeten Rede überhaupt kein Platz. 18 Die Entscheidung für die hervorleuchtenden und erhabenen Wörter hängt meist von dem Stoff der Rede ab. Ein Wort, das hier prächtig wirkt, wirkt an anderer Stelle geschwollen, und Wörter, die bei großen Gegenständen niedrig wirken, wirken bei kleineren passend. Wie aber in einer glänzenden Rede ein zu niedriges Wort auffällig erscheint und wie ein häßlicher Fleck, so sticht von einem schlichten Satz das erhabene und glänzende Wort ab und führt zu verdorbenem Ausdruck, weil es geschwollen in der flachen Umgebung steht. 19 Manches läßt sich nicht so sehr mit dem Verstand wie mit dem Gefühl beurteilen, so der Vers[37] 'besiegelten sie mit dem Blute der Bache den Bund', den die künstliche Bildung (der Bezeichnung) des Nomens gewählt gemacht hat, während er, wenn es 'Schwein' geheißen hätte, ordinär wäre. Bei manchen ist auch für den Verstand die Geschmacksfrage klar. Wir haben neulich, und

[36] So mit Stroux statt des überlieferten: die am kräftigsten wirken oder am angenehmsten klingen.

[37] Aen. 8, 641.

quibusdam ratio manifesta est. risimus, et merito, nuper poetam, qui dixerat

praetextam in cista mures rosere camilli.

20 at Vergilii miramur illud

saepe exiguus mus.

nam epitheton 'exiguus' aptum[h] proprium effecit, ne plus expectaremus, et casus singularis magis decuit, et clausula ipsa unius syllabae non usitata addidit gratiam. imitatus est itaque utrumque Horatius:

nascetur ridiculus mus.

21 nec augenda semper oratio, sed submittenda nonnumquam est. vim rebus aliquando verborum ipsa humilitas adfert. an cum dicit in Pisonem Cicero 'cum tibi tota cognatio serraco advehatur', incidisse videtur in sordidum nomen, non eo contemptum hominis, quem destructum volebat, auxisse? 22 et alibi: 'caput opponis cum eo coruscans.[i]' unde interim gratus fit iocis decor,[j] qualis est ille apud M. Tullium 'pusio, qui cum maiore sorore cubitabat', et 'Flavius,[k] qui cornicum oculos confixit', et pro Milone illud 'heus tu Rufio', et 'Erucius Antoniaster'. id tamen in declamatoribus est notabilius, laudarique me puero solebat 'da patri panem', et in eodem 'etiam canem pascis'. 23 res quidem praecipue in scholis anceps et[l] frequenter causa risus, nunc utique, cum haec exercitatio

h) appositum *Spalding* ⟨et⟩ proprium *Happel*
i) *Freund:* conificans
j) *Christ:* grati idiotis de quo **AG** idiotismi *Doerry*
k) *Regius (Cic.):* Fabius
l) *Christ:* sed

zwar ganz nach Gebühr, über einen Dichter gelacht, der den Vers[38] gedichtet hatte: 'Mäuse-Jungschar benagte im Kasten die purpurne Toga.' Dagegen bewundern wir die Stelle im Vergil[39]: 'oft ein winziges Mäuslein'; 20 denn das Epitheton 'winzig' hat passend eine eigene Bedeutung hineingebracht, damit wir hier nicht mehr erwarten, auch hat der Singular bessere poetische Wirkung, und gerade der ungewöhnliche einsilbige Hexameterschluß hat die Stelle reizvoll gemacht. So hat denn auch beides Horaz[40] nachgeahmt: 'zur Welt kommt ein lächerlich' Mäuslein'. 21 Auch gilt es ja nicht immer den Ton der Rede zu steigern, sondern zuweilen auch, ihn zu senken. Gerade der niedrige Ton der Worte gibt zuweilen dem Gedanken seine Kraft. Oder scheint es so, wenn Cicero gegen Piso[41] den Satz schleudert: 'Wenn dir deine ganze Sippe im Frachtwagen herbeigefahren würde', daß ihm dabei ein ordinäres Wort entfallen sei, und nicht vielmehr, daß er dadurch die Verachtung für den Menschen, den er vernichtet sehen wollte, gesteigert habe? 22 Und an anderer Stelle[42]: 'du senkst den Kopf, um gegen ihn loszustoßen'. Von hier kommt zuweilen ein für witzige Worte willkommener Reiz wie an der Stelle bei M. Tullius[43]: 'der Knirps, der immer bei seiner großen Schwester schlief', und weiter[44]: 'Flavius, der den Krähen die Augen aushackte', ferner in der Rede für Milo[45]: 'He du, Rufio' sowie 'Erucius Antoniaster'[46] (du Antonius-Nachbeter). Jedoch ist dies bei den Deklamationslehrern auffälliger, und in meiner Knabenzeit pflegte man das 'gib dem Vater Brot' zu loben und ebenso das 'Selbst einem Hund gibst du zu fressen.' 23 Das Verfahren ist zwar bei den Schulübungen zweifelhaft und löst oft Gelächter aus, jedenfalls heutzutage, da diese Übungsweise von der Wirklichkeit weit abgerückt, an einer unglaublichen Mäkelei im Wortgebrauch

[38] frg. inc. 48 Morel. Ob der unbekannte Dichter die Toga des würdigen Camillus den Mäusezähnen ausliefert, läßt sich nicht entscheiden. Die im Text gewählte Übersetzung bietet das stärkere Gegenbeispiel zu dem folgenden Vergil-Zitat.

[39] georg. 1, 181.

[40] a. p. 139.

[41] frg. 17 Klotz (16 Nisbet).

[42] or. frg. p. 469, 20 Sch.

[43] p. Cael. 15, 36.

[44] p. Mur. 11, 25.

[45] p. Mil. 22, 60.

[46] frg. orat. II 10 Sch.

procul a veritate seiuncta laboret incredibili verborum fastidio ac sibi magnam partem sermonis absciderit.

24 Cum sint autem verba propria, ficta, translata, propriis dignitatem dat antiquitas. namque et sanctiorem et magis admirabilem faciunt orationem, quibus non quilibet fuerit usurus, eoque ornamento acerrimi iudicii P. Vergilius unice est usus. 25 'olli' enim et 'quianam' et 'moerus'[m] et 'pone' et 'porricerent'[n] adspergunt illam, quae etiam in picturis est gratissima,[o] vetustatis inimitabilem arti auctoritatem. sed utendum modo nec ex ultimis tenebris repetenda. satis est vetus 'quaeso': quid necesse est 'quaiso'[p] dicere? 'oppido' quamquam[q] usi sunt paulum tempore nostro superiores, vereor ut iam nos ferat quisquam: certe 'antegerio', cuius eadem significatio est, nemo nisi ambitiosus utetur. 26 'aerumna'[r] quid opus est, tamquam parum si ⟨dolor⟩[s] dicatur? 'queo'[t], horridum, 'reor' tolerabile, 'autumo' tragicum, 'prolem' dicendi versu est ius,[u] prosapia'[v] insulsum. quid multa? totus prope mutatus est sermo. 27 quaedam tamen adhuc vetera vetustate ipsa gratius nitent, quaedam et necessario interim sumuntur, ut 'nuncupare'[w] et 'fari': multa alia etiam audentius[x] inseri possunt, sed ita demum, si non appareat adfectatio, in quam[y] mirifice Vergilius:

28 Corinthiorum amator iste verborum,
Thucydides Britannus, Atticae febres,
tau Gallicum, min et sphin et[z] – male illi sit:
ita omnia ista verba miscuit fratri.

29 Cimber hic fuit, a quo fratrem necatum hoc Ciceronis dicto notatum est: 'Germanum Cimber occidit.' nec minus noto Sallustius epigrammate incessitur:

m) *Ribbeck:* mus
n) *Haupt:* pollicerent
o) *Regius:* gravissima
p) *Gertz:* quaeso
q) *Gertz:* quam (quo **P**)
r) *Madvig:* erumnas
s) *Kennedy qui locum sanavit Harv. St. 62, 145*
t) *Madvig:* quod
u) prolem ... ius *del. Kennedy*
v) *Zumpt:* prosapiam
w) *Zumpt:* enuncupare
x) *Badius:* audientibus
y) *Obrecht:* qua
z) *Bücheler:* enim et spin et

leidet und sich einen großen Teil der Umgangssprache selbst weggeschnitten hat.

24 Da nun die Wörter in eigentliche, künstliche und übertragene zerfallen, so gibt den eigentlichen das Alter ihren Rang; denn solche Wörter machen die Rede weihevoller und bewundernswerter, die nicht jeder beliebige gebrauchen würde, und solchen Schmuckes hat sich P. Vergilius mit der höchsten Urteilskraft, die ihn auszeichnet, in einzigartiger Weise bedient. 25 Das eingestreute 'olli', 'quianam', 'moerus', 'pone' und 'porricerent'[47] gibt seiner Sprache die vertrauenserweckende Wirkung der Alterspatina, die auch bei den Bildwerken so hoch geschätzt wird. Aber dabei heißt es maßhalten und nicht bis zum grauen Altertum zurückgehen. Alt genug ist 'quaeso' (bitte); was muß man 'quaiso' sagen? Obwohl die Älteren nicht lange vor unserer Zeit noch 'oppido' (völlig) gebraucht haben, wird es sich, fürchte ich, niemand von uns gefallen lassen. 'Antegerio' jedenfalls, was die gleiche Bedeutung hat, wird man nur aus Geltungsbedürfnis gebrauchen. 26 Wozu ist 'aerumna' nötig, als wäre es zu wenig, wenn man 'dolor' (Schmerz) sagte?[48] 'queo' (ich kann) klingt ungepflegt, 'reor' (ich glaube) erträglich, 'autumo' (ich behaupte) theatralisch ['prolem' (die Brut) zu sagen, hat im Vers sein Recht], 'prosapia' (Krippe, Familie) ist abgeschmackt. Kurz, unsere Sprache hat sich fast ganz geändert. 27 Manche Wörter aber haben dennoch auch heute noch gerade durch ihr Alter einen noch angenehmeren Glanz, manche muß man auch bisweilen notgedrungen in Anspruch nehmen wie 'nuncupare' (nennen) und 'fari' (künden). Vieles andere läßt sich noch kühner anbringen, aber nur so, daß dabei nicht das Gesuchte zum Vorschein kommt, wogegen Vergil[49] so wunderbar gedichtet hat: 28 'Er, der Liebhaber korinthischaltehener Worte, der britische (Tyrann) Thukydides, das attische Fieber, hat das gallische Tau, hat 'min' und 'sphin' und – hol der Teufel ihn: so hat er alle diese Worte für den Bruder zusammengebraut!' 29 Der so Angeredete war Cimber, der seinen Bruder ermordete, was Cicero[50] mit den Worten gegeißelt hat: 'Der Cimber hat den ‚Germanus' erschlagen'. Auch wird in einem nicht minder

[47] olli = illi (jene); quianam (warum); moerus = murus (Mauer); pone (hinter); porricerent von porricere (opfern).

[48] So G. Kennedy (Harv. St. 62, 145).

[49] Verg. Catalepton 2. Zu den besonderen Schwierigkeiten, die die Verse den Erklärern bereiten, vgl. Westendorp-Boerma, Assen 1949, S. 20f.

[50] Phil. 11, 6, 64: der Eigenname Germanus ist als Appellativum doppeldeutig für den leiblichen Bruder und den Germanen.

et verba antiqui multum furate Catonis,
Crispe, Iugurthinae conditor historiae.

odiosa cura: 30 nam et cuilibet facilis et hoc pessima, quod eius[a] studiosus non verba rebus aptabit, sed res extrinsecus arcesset, quibus haec verba conveniant.

Fingere, ut primo libro dixi, Graecis magis concessum est, qui sonis etiam quibusdam et adfectibus non dubitaverunt nomina aptare, non alia libertate quam ⟨qua⟩[b] illi primi homines rebus appellationes dederunt. 31 nostri aut in iungendo aut in derivando paulum aliquid ausi vix in hoc satis recipiuntur. nam memini iuvenis admodum inter Pomponium ac Senecam etiam praefationibus esse tractatum, an 'gradus eliminat' in tragoedia dici oportuisset. at veteres ne 'expectorat' quidem timuerunt, et sane eiusdem notae est 'exanimat'. 32 [at][c] in tractu et declinatione talia sunt, qualia apud Ciceronem 'beatitas' et 'beatitudo': quae dura quidem sentit esse, verum tamen usu putat posse molliri. nec a verbis modo, sed ab nominibus quoque derivata sunt quaedam, ut a Cicerone 'sullaturit', Asinio 'fimbriatum' et 'figulatum'. 33 multa ex Graeco formata nova ac plurima a Verginio Flavo,[d] quorum dura quaedam admodum videntur, ut 'ens'[e] et 'essentia': quae cur tanto opere aspernemur nihil video, nisi quod iniqui iudices adversus nos sumus ideoque paupertate sermonis laboramus. 34 quaedam tamen perdurant. nam et quae vetera nunc sunt, fuerunt olim nova, et quaedam sunt in usu perquam recenti, ut Messala primus 'reatum, munerarium' Augustus primus dixerunt [reatum nemo ante Messalam, munerarium nemo ante Augustum dixerat].[f] 'piraticam' quoque ut

a) *Gesner:* rei
b) *add. Regius*
c) *del. Christ*
d) *Spalding* Sergio Plauto *Detlefsen:* Sergio Flavo
e) *Regius:* quae (que) ens *ll.* queens *Halm*
f) *del. Regius*

bekannten Epigramm in diesem Sinn Sallust angegriffen; 'Crispus, du hast den Wortschatz des alten Cato geplündert – gründlich, Berichter des Kampfs, du, des Jugurtha mit Rom!' 30 Solche Altertümelei ist eine lästige Leidenschaft; denn einmal ist es für jedermann kein Kunststück, sodann auch ist es deshalb so schlecht, weil der darauf Versessene nicht die Worte dem Inhalt anpaßt, sondern den Inhalt weit herholt, damit diese Worte dazu passen.

Wörter zu bilden ist, wie ich im 1. Buch gesagt habe,[51] den Griechen eher vergönnt, die auch unbedenklich bestimmten Lauten und Gefühlen Benennungen anpaßten, hierin ebenso frei, wie die ersten Menschen, die den Dingen ihre Namen gaben. 31 Die Unseren haben selbst mit dem Wenigen, was sie in Wortverbindungen und Ableitungen gesagt haben, wenig zur allgemeinen Anerkennung gebracht. Denn ich erinnere mich noch aus meinen ersten Jünglingsjahren, daß zwischen Pomponius und Seneca sogar in Vorreden die Frage behandelt wurde, ob man in einer Tragödie hätte sagen dürfen: 'gradus eliminat'[52]. Dagegen scheuten die Alten nicht einmal 'expectorat', was ja freilich soviel ist wie 'exanimat'[53]. 32 Für die Ableitung und Deklination sind sie derart wie bei 'beatitas' und 'beatitudo' (Glück). Cicero[54] spürt zwar, daß diese Bildungen hart klingen, meint jedoch, das könne sich durch die Gewöhnung mildern. Aber nicht nur von Dingwörtern, sondern auch von Eigennamen sind manche Ableitungen gebildet, so von Cicero[55] 'sullaturit', von Asinius[56] 'fimbriatum' und 'figulatum'. 33 Viele Neubildungen sind nach dem Griechischen gebildet, besonders viele von Verginius Flavus, wovon manche ziemlich hart erscheinen, so 'ens' (seiend) und 'essentia' (Seinsweise). Warum wir diese so sehr ablehnen, sehe ich nicht ein, es sei denn, weil wir selbst uns gegenüber unbillige Richter sind und deshalb uns die Armut unserer Sprache zu schaffen macht. 34 Manche indessen behaupten sich. Denn auch, was jetzt alt ist, war einmal neu, und manche sind im Gebrauch, die recht junge Bildungen sind; so hat Messala zuerst 'reatus' (Anklagestand), Augustus 'munerarius' (Stifter von Gladiatorenspielen) gesagt. Auch 'piratica' (Seeräuberei) wie 'musica'

[51] s. 1, 5, 70.

[52] der Schritt 'Schwell – entfernt sich'.

[53] 'er entfernt aus der Brust; er entmutigt'.

[54] ND 1, 34, 95.

[55] ad Att. 9, 10, 6: er spielt den Sulla.

[56] s. o. 7, 2, 26: 'ein Fimbria geworden; ein Figulus geworden'.

'musicam' et 'fabricam' dici adhuc dubitabant mei praeceptores, 'favorem' et 'urbanum' Cicero nova credit. nam et in epistula ad Brutum 'eum', inquit, 'amorem et eum, ut hoc verbo utar, favorem in consilium advocabo': et ad Appium Pulchrum: 35 'te, hominem non solum sapientem, verum etiam, ut nunc loquimur, urbanum.' idem putat a Terentio primum dictum esse 'obsequium', Caecilius[g] a Sisenna 'albenti caelo', 'cervicem' videtur Hortensius primus dixisse: nam verteres pluraliter appellabant. audendum itaque: neque enim accedo Celso, qui ab oratore verba fingi vetat. 36 nam cum sint eorum alia, ut dicit Cicero, 'nativa', id est, 'quae significata sunt primo sensu', alia 'reperta, quae ex his facta sunt': ut iam nobis ponere alia, quam quae[h] illi rudes homines primique fecerunt, fas non sit, at derivare, flectere, coniungere, quod natis postea concessum est, quando desiit licere? 37 sed si quid periculosius finxisse videbimur, quibusdam remediis praemuniendum est: 'ut ita dicam, si licet dicere, quodam modo, permittite mihi sic uti.' quod idem etiam in his, quae licentius translata erunt, proderit, nihilque non tuto dici potest, in quo non falli iudicium nostrum sollicitudine ipsa manifestum erit. qua de re Graecum illud elegantissimum est, quo praecipitur προεπιπλήσσειν τῇ ὑπερβολῇ.

38 Translata probari nisi in contextu sermonis non possunt. itaque de singulis verbis satis dictum, quae, ut alio loco ostendi, per se nullam virtutem habent. sed ne inornata [quae][i] sunt quidem,

g) **M**: Cincilius **AG** Cincius *Claussen*
h) *ed. Gryph.:* aliqua quod **AGP** *(fort. recte)*
i) *del. Regius* ⟨ingrataque⟩ *ci. Rad.* [quae sunt] *ci. Wint.*

(Musik) und 'fabrica' (Werkstatt) zu sagen, hatten meine Lehrer noch Bedenken. 'favor' (Gunst) und 'urbanus' (großstädtisch) hält Cicero für neue Wörter. Denn er sagt in einem Brief an Brutus[57]: 'diese Liebe und, wenn ich so sagen darf, diese Gunst will ich mit zu Rate ziehen'. 35 Und sodann an Appius Pulcher[58]: 'dich, einen nicht nur weisen, sondern auch, wie wir heutzutage sagen, großstädtisch gebildeten Mann'. Cicero glaubt auch, Terenz habe als erster 'obsequium' (Folgsamkeit) gebraucht, Caecilius[59], Sisenna zuerst 'albente caelo' (im weißen Morgenschein). 'cervix' (Nacken) scheint Hortensius als erster gesagt zu haben; denn die Älteren gebrauchen den Plural. Deshalb darf man solche Neubildungen wagen; denn ich stimme Celsus nicht zu, der es dem Richter verwehrt. 36 Da nämlich, wie Cicero[60] sagt, die einen von ihnen ursprünglich sind, d. h. so, wie sie im ursprünglichen Sinne ihre Bedeutung erhalten haben, die anderen aber Erfindungen, die aus der ersteren Gruppe gewonnen worden sind, so mag uns zwar nicht mehr das Recht zustehen, auch irgendwelche Grundbedeutungen anzusetzen, wie es die noch rohen ersten Menschen getan haben, jedoch das Ableiten, Flektieren und Verbinden, wie es den späteren Generationen gestattet war, wann soll uns diese Freiheit erloschen sein? 37 Wenn es aber scheint, als hätten wir uns auf eine zu riskante Bildung eingelassen, so soll man mit bestimmten Vorkehrungen vorbeugen: 'Um es so auszudrücken; wenn der Ausdruck gestattet ist; gewissermaßen; gestattet mir diesen Ausdruck zu gebrauchen.' Die gleiche Vorkehrung wird auch nützlich sein, wenn wir mit übertragenen Ausdrücken zu frei verfahren, und es gibt keine Wendung, die wir nicht unbesorgt gebrauchen dürften, wenn es nur gerade durch solche Zaghaftigkeit deutlich ist, daß wir dabei nicht ohne Geschmacksurteil sind. Hierfür gibt es das schöne griechische Wort, das den Rat gibt, 'προεπιπλήσσειν τῇ ὑπερβολῇ', (den Tadel wegen einer Übertreibung vorwegzunehmen)[61].

38 Ein Urteil über übertragene Ausdrücke läßt sich nur im zusammenhängenden Text gewinnen. Deshalb ist über die Einzelwörter hinreichend gesprochen, in denen, wie ich an anderer Stelle gezeigt habe,[62] als solchen kein Vorzug der Rede liegen kann. Je-

[57] ep. frg. VIII 9 Müller.
[58] fam. 3, 8, 3.
[59] an Caecilius Epirota denkt Barwick Philol. 91 (1936) 101 f.
[60] part. orat. 5, 16.
[61] Arist. Rhet. 3, 7 (1408 b 3).
[62] o. 1, 5, 3.

nisi cum sunt infra rei, de qua loquendum est, dignitatem, excepto si obscena nudis nominibus enuntientur. 39 quod viderint, qui non putant esse vitanda, quia nec sit vox ulla natura turpis, et si qua est rei deformitas, alia quoque appellatione quacumque ad intellectum eundem nihilo minus perveniat. ego Romani pudoris more contentus etiam respondendi[j] talibus verecundiam silentio vindicabo.

40 Iam hinc igitur ad rationem sermonis coniuncti transeamus. cuius ornatus in haec duo prima dividitur, quam concipiamus elocutionem, quo modo efferamus. nam primum est, ut liqueat, augere quid velimus an minuere, concitate dicere an moderate, laete an severe, abundanter an presse, aspere an leniter, magnifice an subtiliter, graviter an urbane. 41 tum, quo translationum[k] genere, quibus figuris, qualibus sententiis, quo modo, qua postremo conlocatione id, quod intendimus, efficere possimus.

Ceterum dicturus, quibus ornetur oratio, prius ea, quae sunt huic laudi contraria, attingam: nam prima virtus est vitio carere. 42 igitur ante omnia ne speremus ornatam orationem fore, quae probabilis non erit. probabile autem Cicero id genus dicit, quod non nimis est comptum[l]: non quia comi expolirique non debeat (nam et haec ornatus pars est), sed quia vitium est ubique quod nimium est. 43 itaque volt esse auctoritatem in verbis, sententias vel graves vel aptas opinionibus hominum ac moribus. his enim salvis licet adsumere ea, quibus inlustrem fieri orationem putat,

j) *Becher:* respondi
k) *Halm:* translationem **A** -ne **GM** -nis **PV**
l) *Halm (Cic.):* dictum **A**

doch sind nicht einmal sie ohne Schmuck, wenn sie nicht niedriger sind, als es der Rang des Gegenstandes, von dem die Rede ist, erfordert, es sei denn, es sollten unanständige Dinge mit ihren nackten Namen genannt werden. 39 Doch das mögen die mit sich abmachen, die meinen, solche Unanständigkeiten brauchten nicht gemieden zu werden, da ja kein Ausdruck von Natur häßlich sei und man, wenn es sich um einen unschönen Gegenstand handele, auch mit jeder anderen Bezeichnung nichtsdestoweniger zu demselben Sinn komme. Ich persönlich werde, zufrieden mit dem, was unser römisches Schamgefühl hierzu sagt, es als ein Gebot des Taktes für mich in Anspruch nehmen, solchen Wortführern der Schamlosigkeit durch Schweigen zu antworten.

40 Wir fahren nun also fort und gehen über zur Lehre vom Ausdruck in der zusammenhängenden Rede. Ihr Redeschmuck läßt sich in den zwei Hauptfragen gliedern: welchen Ausdruck wollen wir erzielen, und wie wollen wir dieses Ziel in der Rede herausbringen? Denn zuerst muß es uns ja klar sein, was wir steigern wollen oder dämpfen, was erregt, was gemäßigt vortragen, heiter oder ernst, übersprudelnd oder knapp, herb oder gelinde, großzügig oder pedantisch genau, gewichtig oder im leichten Plauderton. 41 Dann ergibt sich die Frage, mit welcher Art von übertragenen Wendungen (Metaphern), mit welchen sprachlichen und gedanklichen Kunstmitteln, in welchem Ausmaß und schließlich in welcher Anordnungskunst wir das Ziel, das uns vorschwebt, erreichen können.

Ehe ich jedoch die Mittel nenne, womit man die Rede schmückt, will ich zuvor berühren, was diesem löblichen Bemühen entgegengesetzt ist; denn es ist ja die erste Tugend, frei zu sein von der Untugend. 42 So dürfen wir vor allem nicht erwarten, eine Rede werde schmuckvoll sein können, die nicht einleuchtend ist. Einleuchtend aber nennt Cicero[63] die Art von Reden, die nicht zu sehr geziert ist, nicht deshalb, weil man sie nicht zieren und glätten dürfe – denn auch das gehört ja zum Redeschmuck –, sondern weil überall eine Untugend ist, was zu viel ist. 43 Deshalb will er, daß die Worte den Eindruck einer Persönlichkeit vermitteln, die Gedanken aber entweder gewichtig sind oder doch passend zu den Auffassungen und sittlichen Grundsätzen der Menschen. Ist dies nämlich gewahrt, so kann man das hinzunehmen, was man für Glanzmittel der Rede hält, gewählte, übertragene, übersteigerte Wendungen,

[63] part. orat. 6, 19.

delecta,[m] translata, superlata,[n] ad nomen adiuncta, duplicia et idem significantia atque ⟨ab ipsa actione atque⟩[o] imitatione rerum non abhorrentia.

44 Sed quoniam vitia prius demonstrare adgressi sumus, ab[p] hoc initium sit, quod κακέμφατον vocatur: sive mala consuetudine in obscenum intellectum sermo detortus est, ut 'ductare exercitus' et 'patrare bella' apud Sallustium dicta sancte et antique ridentibus, si dis placet 45 (quam culpam non scribentium quidem iudico sed legentium, tamen vitandam,[q] quatenus verba honesta moribus perdidimus et vincentibus iam[r] vitiis cedendum est), sive iunctura deformiter sonat, ut, si 'cum hominibus notis loqui' nos dicimus, nisi hoc ipsum 'hominibus' medium sit, in praefanda videmur incidere, quia ultima prioris syllabae littera, quae exprimi nisi labris coeuntibus non potest, aut intersistere nos indecentissime cogit aut [non][s] continuata cum insequente in naturam[t] eius corrumpitur. 46 aliae quoque[u] coniunctiones aliquid simile faciunt, quas persequi libenter est in eo vitio, quod vitandum dicimus, commorantis. sed divisio quoque adfert eandem iniuriam pudori, ut si 'intercapedinis'[v] nominativo casu quis utatur. 47 nec scripto modo id accidit, sed etiam sensu plerique obscene intellegere, nisi caveris, cupiunt (ut apud Ovidium 'quaeque latent meliora putat') et ex verbis, quae longissime ab obscenitate absunt, occasionem turpitudinis rapere.

m) *Gesner (Cic.):* delectat
n) supra lata **AG**
o) *add. ed. Gryph.*
p) *Halm:* vel
q) *Ald.:* vitanda
r) *Spalding:* etiam
s) *del. Regius*
t) *Regius:* natura
u) *Spalding:* que
v) *corr.* **P**: -nes

schmückende Beiwörter, Verdoppelungen und gleichbedeutende Wörter und alles, was der Prozeßverhandlung selbst und der Wiedergabe der Tatsachen nicht zuwiderläuft.

44 Da wir aber darangegangen sind, die Fehler zuvor darzulegen, so sei der Anfang gemacht mit dem sogenannten κακέμφατον (dem häßlich Klingenden): hierbei hat sich entweder aus schlechter Gewöhnung der Ausdruck in unanständigem Sinn verkehrt, wenn man etwa Wendungen wie (den Heereszug) 'anführen' und (mit dem Krieg) 'zum Ziel kommen', was bei Sallust[64] im erhabenen und ehrwürdigen Sinn gesagt ist, im Spott gebraucht – Gott sei's geklagt! –: eine Verfehlung, die ich freilich nicht den Verfassern zur Last lege, sondern den Lesern, 45 die aber doch zu vermeiden ist, insofern wir die ehrbaren Worte durch unsere Sitten verdorben haben, und man dem Siegeszug der Laster das Feld räumen muß. Oder die Wortverbindung klingt unanständig, z. B. wenn wir sagen, wir sprechen 'cum hominibus notis' (mit bekannten Menschen), ohne 'hominibus' dazwischen zu stellen, verfallen wir offenbar auf einen Ausdruck, für den wir um Vergebung bitten müssen, weil der letzte Buchstabe der ersten Silbe, der nur mit geschlossenen Lippen ausgesprochen werden kann, uns entweder zwingt, eine höchst unpassende Pause zu machen, oder, wenn er in einem Zug mit dem folgenden gesprochen wird, sich diesem angleicht und so der Sinn verdorben wird.[65] 46 Auch andere Verbindungen führen zu ähnlichen Peinlichkeiten, deren Aufzählung ein Zeichen dafür wäre, daß man gern bei dem Fehler verweilt, der doch, wie wir sagen, zu meiden ist. Aber auch Worttrennung tut unserem Schamgefühl die gleiche Gewalt an, wenn etwa jemand so den Nominativ von 'intercapedinis'[66] verwendet. 47 Und nicht nur bei einem Schriftbild geschieht dies, sondern auch bei einem Gedanken sind sehr viele darauf aus, ihm einen unanständigen Sinn zu unterschieben, wenn man nicht auf der Hut ist – so etwa in den Worten des Ovid[67] 'und was verborgen ist, hält er für besser' – und aus den Worten, die von Obszönität himmelweit entfernt sind, die Gelegenheit zu etwas Häßlichem zu erzwingen – sieht doch Celsus in den Worten des

[64] Catil. 17, 7; Jug. 38, 1; 81, 2.

[65] 'cum notis' klang also in der gewöhnlichen Aussprache wie 'cunnotis', so daß die Assoziation mit 'cunnus', der weiblichen Scham, entstehen konnte.

[66] Der Nominativ, dem Quintilian aus dem Wege geht, intercapedo (Unterbrechung), liefert bei der Zerlegung in interca-pedo die Assoziation an die erste Person von pedere (einen Wind streichen lassen).

[67] Metamorph. 1, 502.

siquidem Celsus κακένφατον apud Vergilium putat:

incipiunt agitata tumescere:

quod si recipias, nihil loqui tutum est.

48 Deformitati proximum est humilitatis vitium (ταπείνωσιν vocant), qua rei magnitudo vel dignitas minuitur, ut

sáxea est verrúca in summo móntis vertice –,

cui natura contrarium, sed errore par est, parvis dare excedentia modum nomina, nisi cum ex industria risus inde captatur. itaque nec parricidam 'nequam' dixeris hominem nec deditum forte meretrici 'nefarium', quia alterum parum, alterum nimium est. 49 proinde quaedam hebes, sordida, ieiuna, tristis, ingrata, vilis oratio est. quae vitia facillime fient manifesta contrariis virtutibus. nam primum acuto, secundum nitido, tertium copioso, deinceps hilari, iucundo, accurato diversum est.

50 Vitari ⟨deb⟩et[w] ἔλλειψις,[x] cum sermoni deest aliquid, quo minus plenus sit, quamquam id obscurae potius quam inornatae orationis est vitium. sed hoc quoque, cum a prudentibus fit, schema dici solet, sicut ταυτολογία, id est eiusdem verbi aut sermonis iteratio. 51 haec enim, quamquam non magnopere a summis auctoribus vitata, interim vitium videri potest, in quod saepe incidit etiam Cicero securus tam parvae observationis, sicut hoc loco: 'non solum igitur illud iudicium iudicii simile, iudices, non fuit.' interim mutato nomine ἐπανάλημψις dicitur, atque est et ipsum inter schemata, quorum exempla illo loco quaerenda, quo virtutes erunt.

w) *Rad. (Halm):* vitari et **A** solet et *ci. Wint.*

x) *Kaibel:* ΕΜΕΙΓΙϹ **AG** μείωσιν **PV**

Vergil[68] ein κακέμφατον: 'angetrieben beginnen sie zu schwellen'. Wenn man dies anerkennt, gibt es überhaupt nichts, was man unbedenklich sagen könnte. 48 Dem Häßlichen zunächst ist der Fehler des *Niedrigen,* die sogenannte ταπείνωσις, wodurch die Größe oder Würde eines Dinges geschmälert wird, etwa in dem Vers[69]: 'Felsig ist die Warze droben auf des Berges höchstem Scheitel', ein Ausdruck, dem es dem natürlichen Sinn nach entgegengesetzt, als Fehler aber gleichartig ist, kleinen Dingen Namen zu geben, die über das ihm gebührende Maß hinausgehen, es sei denn, es wird darin absichtlich eine lächerliche Wirkung gesucht. Deshalb nennt man wohl weder einen Vatermörder einen Schlingel noch jemanden, der gerade in den Banden einer Dirne liegt, einen Frevler, weil das eine zu wenig, das andere zu viel besagt. 49 Die Rede erscheint dann jeweils unscharf, unsauber, nüchtern, düster, unangenehm oder gewöhnlich. Was diese Fehler besagen, wird am leichtesten deutlich durch die Gegenüberstellung der entsprechenden Vorzüge. Denn der erste Fehler weicht ab vom treffenden, der zweite vom sauberen, der dritte vom fülligen, die nächsten dann vom munteren, erfreulichen oder gepflegten Ausdruck.

50 Zu meiden ist auch die ἔλλειψις[70], wenn nämlich zum vollständigen Ausdruck etwas fehlt. Allerdings gehört dieser Fehler eher zur dunklen als zur schmucklosen Redeweise. Jedoch pflegt man auch dies, wenn es mit Überlegung geschieht, eine Figur (schema) zu nennen ebenso wie die ταυτολογία, d. h. die Wiederholung des gleichen Wortes oder Ausdrucks. 51 Denn auch diese kann, obwohl sie von den bedeutendsten Schriftstellern nicht besonders gemieden ist, zuweilen als ein Fehler erscheinen, auf den sogar Cicero oft verfallen ist, wenn er auf etwas so Unwichtiges keine Aufmerksamkeit verwendet wie an folgender Stelle[71]: 'Nicht als (war) jener Prozeß einem Prozeß ähnlich, ihr Herrn Richter, war er nicht.' Zuweilen gibt man dieser Erscheinung einen anderen Namen und spricht von ἐπανάλειψις (Wiederaufgreifen), doch gehört auch diese zu den Figuren, wofür man die Beispiele an der Stelle suche, wo über die Vorzüge der Figuren gehandelt wird.[72]

[68] georg. 1, 357.
[69] aus einer unbekannten Tragödie (frg. trag. inc. 75 Klotz; p. 295 Rib.).
[70] so mit Kaibel (Lückenhaftigkeit).
[71] p. Cluent. 35, 96.
[72] s. u. 9, 2.

52 Peior hac ὁμοείδεια; quae nulla varietatis gratia levat taedium atque est tota coloris unius, qua maxime deprenditur carens arte orator, eaque[y] et in sententiis et in figuris et in compositione longe non animis solum, sed etiam auribus est ingratissima. 53 vitanda μακρολογία, id est longior quam oportet sermo, ut apud T. Livium: 'legati non impetrata pace retro domum, unde venerant, abierunt.' sed huic vicina περίφρασις virtus habetur. est et πλεονασμός vitium, cum supervacuis verbis oratio oneratur: 'ego oculis meis vidi', satis enim 'vidi'. 54 emendavit hoc etiam urbane in Hirtio Cicero: cum is apud Asinium[z] declamans 'filium a matre decem mensibus in utero latum esse' dixisset, 'quid? aliae', inquit, 'in perula[a] solent ferre?' nonnumquam tamen illud genus, cuius exemplum priore loco posui, adfirmationis gratia adhibetur:

vocemque his auribus hausi.

55 at vitium erit, quotiens otiosum fuerit et supererit, non cum ** adicietur.[b] est etiam, quae περιεργία vocatur, [cum][c] supervacua, ut sic dixerim, operositas, ut a diligenti curiosus et religione superstitio distat. atque. ut semel finiam, verbum omne, quod neque intellectum adiuvat neque ornatum, vitiosum dici potest. 56 Κακόζηλον, id est mala adfectatio, per omne dicendi genus peccat: nam et tumida et pusilla[d] et praedulcia et abundantia et arcessita et exultantia sub idem nomen cadunt. denique cacozelon vocatur quidquid est ultra virtutem, quotiens ingenium iudicio caret et specie boni fallitur,

y) *Rad.* oratio eaque *Halm:* oratoria (-iae) aque

z) *Rad.* (ipsum *Volkmann*): cui sapasim cum **A**

a) *ed. Leid.:* penula

b) *lac. indicavit suppl. Rad. e.g.* ‹ad firmandam veritatem› ⟨proderit quod⟩ *Wint.*

c) *del. Regius* vitium *Kiderlin*

d) *Bonnell (Vt.):* silla (sicca **A**²)

52 Schlimmer als dies ist die ὁμοείδεια (Gleichförmigkeit), die keinen Reiz der Abwechslung aufkommen läßt, der den Überdruß lindert, und ganz aus einer einzigen Färbung besteht, woran man hauptsächlich den Redner fassen kann, dem es an Kunstverstand fehlt; sie ist sowohl bei der Gedankenzuspitzung wie auch bei den Figuren und der Wortstellung bei weitem am unangenehmsten nicht nur für den Geist, sondern auch für das Ohr. 53 Zu meiden ist die μακρολογία, d. h. der unnötig lange Ausdruck, wie etwa T. Livius[73]: 'Ohne den gewünschten Friedensschluß zogen die Gesandten wieder zurück heimwärts, woher sie gekommen waren.' Jedoch gilt die dieser benachbarten περίφρασις (Umschreibung) als ein Stilvorzug. Ein Fehler ist auch der πλεονασμός, wenn nämlich die Rede mit überflüssigen Worten belastet wird: 'Ich selbst habe es mit eigenen Augen gesehen' – es genügt nämlich das 'ich habe es gesehen'. 54 Diesen Fehler hat auch Cicero bei Hirtius mit feinem Witz bemängelt. Als dieser bei Asinius[74] in einer Deklamation sagte, 'der Sohn sei von seiner Mutter zehn Monate im Mutterleibe getragen worden', sagte er: 'Wie? pflegen ihn denn andere Frauen im Mantel zu tragen?' Manchmal jedoch wird die Art des Pleonasmus, wofür ich das vorhergehende Beispiel gebracht habe, zur Bekräftigung angewendet: 'eingesaugt mit eigenen Ohren habe ich die Worte'[75]. 55 Dagegen ist es ein Fehler dann, wenn es müßig und überflüssig steht, nicht aber, wenn es bewußt (als Ergänzung) hinzugefügt wird. Es gibt ferner die περιεργία, überflüssige Werksamkeit (Geschäftigkeit), wenn ich es so ausdrücken darf – so verschieden (von echter Gründlichkeit) wie von einem regsamen Geist ein neugieriger und vom Aberglauben der echte Glaube. Doch, um es kurz zu machen: jedes Wort, das weder das Verständnis fördert noch den Schmuck, kann fehlerhaft genannt werden. 56 Das κακόζηλον, d. h. der Hang zum Gesuchten, treibt sein Unwesen in jeder Art zu reden; denn das Schwülstige wie das Verniedlichende, das Süßliche, das Überflüssige, das Weithergeholte und das Überschwängliche fallen unter diesen Namen. Schließlich heißt κακόζηλον (gesucht) alles, was jenseits des Vorzüglichen liegt, wenn einem Talent die Urteilskraft mangelt und es sich durch den Anschein

[73] nicht im erhaltenen Livius-Text (frg. 75 Weissenb.-Müller).

[74] nach Radermachers Vermutung. Die Deklamation kann – mit Volkmann – aber auch, was freilich die Textverderbnis weniger verständlich macht, bei Cicero selbst stattgefunden haben; vgl. z. B. ad fam. 9, 18.

[75] Aen. 4, 359.

omnium in eloquentia vitiorum pessimum: nam cetera parum vitantur, hoc petitur. est autem totum in elocutione. 57 nam rerum vitia sunt stultum, commune, contrarium, supervacuum: corrupta oratio in verbis maxime inpropriis, redundantibus, comprensione[e] obscura, compositione fracta, vocum similium aut ambiguarum puerili captatione consistit. 58 est autem omne cacozelon utique falsum, etiam si non omne falsum cacozelon † et[f] dicitur aliter, quam se natura habet et quam oportet et quam sat est. totidem autem generibus corrumpitur oratio, quot ornatur. sed de hac parte et in alio opere plenius dictum est et in hoc saepe tractatur et adhuc spargetur omnibus locis. loquentes enim de ornatu subinde, quae sint vitanda similia virtutibus vitia, dicemus.

59 Sunt inornata[g] et haec: quod male dispositum est, id ἀνοικονόμητον, quod male figuratum, id ἀσχημάτιστον, quod male conlocatum, id κακοσύνθετον vocant. sed de dispositione diximus, de figuris et compositione dicemus. Σαρδισμός quoque appellatur quaedam mixta ex varia ratione linguarum oratio, 60 ut si Atticis Dorica et[h] Aeolica et Iadica[i] confundas, cui simile vitium est apud nos, si quis sublimia humilibus, vetera novis, poetica vulgaribus misceat – id enim tale monstrum, quale Horatius in prima parte libri de arte poetica fingit:

> Humano capiti cervicem pictor equinam
> iungere si velit –

et cetera ex diversis naturis subiciat.

61 Ornatum est, quod perspicuo ac probabili plus est. eius primi sunt gradus in eo quod velis exprimi **endo,[j] tertius, qui haec

e) **p** *(corr.)*: compressione **A**
f) *crucem appos. Rad. lac. susp.*
g) *Regius:* in ornatu
h) *Wint. qui locum restituit:* loricae **G** dorica **P**
i) *corr.* **A**^{2} (aeolica etiam dicta **G**)
j) exprimendo **A** exprimi **P** exprimendo ⟨et aug.⟩ *suppl. ci. Wint.*

des Guten täuschen läßt – der schlimmste aller Fehler in der Beredsamkeit! Denn die anderen Fehler werden nur nicht genug gemieden, dieser aber wird gesucht. 57 Er beruht aber ganz auf der Ausdruckskunst; denn sachliche Fehler sind dumme, für beide Seiten passende, widersprüchliche oder überflüssige Argumente; verdorbene Redekunst aber beruht vor allem auf Worten, die in uneigentlicher Bedeutung gebraucht oder überflüssig sind, auf dunkler Gedankenfolge, weichlicher Wortfügung und der kindischen Jagd nach ähnlichen oder doppeldeutigen Worten. 58 Alles Gesuchte (cacozelon) ist jedenfalls falsch, wenngleich nicht alles Falsche es durch den Fehler des Gesuchten ist. Gesucht aber ist, was anders ausgedrückt wird, als es seinem natürlichen Wesen gemäß ist, anders als es sich gehört und als es ausreichend ist. Die Arten aber, die Redeweise zu verderben, sind ebenso groß an Zahl wie die, sie zu schmücken. Jedoch dieses Gebiet ist von uns in einem anderen Werk[76] vollständiger zur Sprache gekommen, es wird auch im vorliegenden oft behandelt und wird auch weiterhin an allen passenden Stellen berührt werden. Denn wenn wir von Redeschmuck sprechen, werden wir immer wieder sagen, welche Fehler zu meiden sind, die diesen Vorzügen gleichen.

59 Ohne Redeschmuck ist auch folgendes: was schlecht angeordnet ist, nennt man ἀνοικονόμητον (‘unökonomisch’), was schlecht mit Figuren ausgestattet, ἀσχημάτιστον (‘unfiguriert’), was schlecht zusammengefügt ist, κακοσύνθετον (schlecht gefügt). Jedoch über die Anordnung haben wir schon gesprochen,[77] über Figuren und Wortfügung werden wir es noch tun. σαρδισμός heißt eine andere fehlerhafte Redeweise, die aus einer Mischung verschiedener Sprachmerkmale besteht, wenn man unter Attisches Dorisches, Ionisches und Äolisches mischt. 60 Ein ähnlicher Fehler ist es bei uns, Erhabenes mit Niedrigem, Altes mit Neuem, Poetisches mit Gewöhnlichem zu vermischen; denn dann kommt so ein Ungetüm zustande, wie es Horaz[78] im Anfangsteil seines Buches über die Dichtkunst erfindet: ‘Wenn ein Maler dem menschlichen Haupt einen Pferdehals geben will . . . und auch die anderen Glieder von Wesen verschiedener Art anfügte.’

61 Das Schmuckvolle ist das, was mehr ist als nur durchsichtig und einleuchtend. Seine ersten Stufen bestehen darin, das, was nach

[76] der Schrift ›de causis corruptae eloquentiae‹; vgl. o. Buch 6 pr. 3.

[77] im 7. Buch.

[78] a. p. 1 ff.

nitidiora faciat, quod proprie dixeris cultum. itaque ἐνάργειαν, cuius in praeceptis narrationis feci mentionem, quia plus est evidentia vel, ut alii dicunt, repraesentatio quam perspicuitas, et illud patet, hoc se quodam modo ostendit, inter ornamenta ponamus. 62 magna virtus res, de quibus loquimur, clare atque, ut cerni videantur, enuntiare. non enim satis efficit neque, ut debet, plene dominatur oratio, si usque ad aures valet, atque ea sibi iudex, de quibus cognoscit, narrari credit, non exprimi et oculis mentis ostendi. 63 sed quoniam pluribus modis accipi solet, non equidem in omnis eam particulas secabo,[k] quarum ambitiose a quibusdam numerus augetur, sed maxime necessarias attingam. est igitur unum genus, quo tota rerum imago quodam modo verbis depingitur:

constitit in digitos extemplo arrectus uterque

et cetera, quae nobis illam pugilum congredientium faciem[l] ita ostendunt, ut non clarior futura fuerit spectantibus. plurimum in hoc genere sicut ceteris eminet Cicero. 64 an quisquam tam procul a concipiendis imaginibus rerum abest, ut non, cum illa in Verrem legit: 'stetit soleatus praetor populi Romani cum pallio purpureo tunicaque talari muliercula nixus in litore', non solum ipsos intueri videatur et locum et habitum, sed quaedam etiam ex his, quae dicta non sunt, sibi ipse adstruat? 65 ego certe mihi cernere videor et vultum et oculos et deformes utriusque blanditias et eorum, qui aderant, tacitam aversationem ac timidam verecundiam. 66 interim

k) *corr.* **P** *(Regius)*: locabo
l) *ed. Gryph.*: aciem

deinem Wunsch herausgearbeitet werden soll, deutlich zu erfassen und herausarbeiten, die dritte ist die, die zu dem gesteigerten Glanz des Ausdrucks führt, den man im eigentlichen Sinn gepflegt nennen kann. Deshalb wollen wir die ἐνάργεια (Anschaulichkeit), deren ich schon bei den Regeln für die Erzählung Erwähnung getan habe, zu den Schmuckmitteln stellen, weil die Veranschaulichung oder, wie andere sagen, Vergegenwärtigung mehr ist als die Durchsichtigkeit, weil nämlich die letztere nur den Durchblick gestattet, während die erstere sich gewissermaßen selbst zur Schau stellt. 62 Eine große Leistung ist es, die Dinge, von denen wir reden, klar und so darzustellen, daß es ist, als sähe man sie deutlich vor sich. Denn die Rede leistet noch nicht genug und übt ihre Herrschaft noch nicht völlig, wie sie es muß, wenn ihre Kraft nur bis zu den Ohren reicht, und der Richter von dem, worüber er zu Gericht sitzt, glaubt, es werde erzählt, nicht vielmehr, es werde herausmodelliert und zeige sich vor dem geistigen Auge. 63 Da man jedoch gewöhnlich mehrere Arten solcher Veranschaulichung annimmt, werde ich sie gewiß nicht in alle ihre Einzelteile zerlegen, deren Zahl zu vermehren der ganze Ehrgeiz mancher Lehrer ist, sondern nur die unentbehrlichsten berühren. Eine Art besteht also darin, gewissermaßen in Worten ein Gesamtbild der Dinge abzuzeichnen, so das[79]: 'Auf die Zehen plötzlich sich reckend standen die beiden', und die weitere Schilderung, die uns die Erscheinung der Boxer, wie sie zum Schlagwechsel ansetzen, so sichtbar macht, daß sie auch den Zuschauern nicht deutlicher gewesen sein könnte. Am meisten zeichnet sich hierin wie auch sonst Cicero aus. 64 Oder ist jemand so unempfänglich für die Gabe, die Dinge bildhaft aufzufassen, daß er, wenn er die Stelle in den Reden gegen Verres liest[80]: 'Da stand in seinen Pantöffelchen der Prätor des römischen Volkes mit purpurnem Griechenumhang und bis zum Knöchel reichendem Leibrock auf sein Dämchen gestützt am Gestade', nicht nur meint, die Personen selbst vor sich zu sehen, die Örtlichkeit sowie ihre Aufmachung, sondern sich auch manches von dem, was nicht gesagt worden ist, selbst hinzuergänzt? 65 Ich jedenfalls meine deutlich seinen Gesichtsausdruck vor meinen Augen zu sehen und die Augen und die ekelhaften Zärtlichkeiten der beiden einerseits und auf der anderen Seite die stumme Gebärde der Ablehnung bei den Anwesenden und ihre betretene Scheu. 66 Zuweilen wirken auch mehrere

[79] Aen. 5, 426.
[80] Verr. 5, 33, 86.

ex pluribus efficitur illa, quam conamur exprimere, facies, ut est apud eundem (namque ad omnium ornandi virtutum exemplum vel unus sufficit) in descriptione convivi luxuriosi: 'videbar videre alios intrantis, alios autem exeuntis, quosdam ex vino vacillantis, quosdam hesterna ex potatione oscitantis. humus erat inmunda, lutulenta vino, coronis languidulis et spinis cooperta piscium.' 67 quid plus videret qui intrasset? sic et[m] urbium captarum crescit miseratio. sine dubio enim qui dicit expugnatam esse civitatem, complectitur omnia, quaecumque talis fortuna recipit, sed in adfectus minus penetrat brevis hic velut nuntius. 68 at si aperias haec, quae verbo uno inclusa erant, apparebunt effusae per domus ac templa flammae et ruentium tectorum fragor et ex diversis clamoribus unus quidam sonus, aliorum fuga incerta, alii extremo complexu suorum cohaerentes et infantium feminarumque ploratus et male usque in illum diem servati fato senes: 69 tum illa profanorum sacrorumque direptio, efferentium praedas repetentiumque discursus et acti ante suum quisque praedonem catenati et conata retinere infantem suum mater et, sicubi maius lucrum est, pugna inter victores. licet enim haec omnia, ut dixi, complectatur 'eversio', minus est tamen totum dicere quam omnia. 70 consequemur autem ut manifesta sint, si fuerint veri similia, et licebit etiam falso adfingere quidquid fieri solet. contingit eadem claritas etiam ex accidentibus:

mihi frigidus horror
membra quatit gelidusque coit formidine sanguis

et

trepidae matres pressere ad pectora natos.

71 atque huius summae iudicio quidem meo virtutis facillima est via: naturam intueamur, hanc sequamur. omnis eloquentia circa

m) sic et *Bonnell (Vt.)*: sic

Züge zusammen zu der Gesamterscheinung, die wir auszudrücken versuchen, so ebenfalls bei Cicero[81] – denn er allein ist ja als Beispiel für alle Vorzüge schmuckvoller Darstellung hinreichend – in der Beschreibung eines üppigen Gastmahles: 'Ich meinte es zu sehen, wie die einen hereinkamen, andere aber hinausgingen, manche vom Wein schwankten, manche vom gestrigen Zechen noch gähnten. Der Boden war unsauber, von Weinlachen schmierig, bedeckt mit den verwelkten Kränzen und den Gräten der Fische.' 67 Was hätte jemand sonst noch gesehen, der selbst den Raum betreten hätte? So wächst auch das Gefühl des Jammers bei der Einnahme von Städten. Zweifellos nämlich erfaßt derjenige, der sagt, die Gemeinde sei erobert worden, alles, was nur ein solcher Schicksalsschlag enthält, jedoch dringt es wie eine knappe Nachricht zu wenig tief ein in unser Gefühl. 68 Wenn du dagegen das entfaltetest, was alles das eine Wort enthielt, dann wird das Flammenmeer erscheinen, das sich über die Häuser und Tempel ergossen hat, das Krachen der einstürzenden Dächer und das aus den so verschiedenen Lärmen entstehende eine Getöse, das ungewisse Fliehen der einen, die letzte Umarmung, in der andere an den Ihren hängen, das Weinen der Kinder und Frauen und die unseligerweise bis zu diesem Tag vom Schicksal bewahrten Greise; 69 dann die Plünderung der geweihten und ungeweihten Stätten, die Beute, die die Eroberer wegschleppen, deren Umhereilen, um sie einzutreiben, die Gefangenen, die jeder Sieger in Ketten vor sich hertreibt, die Mutter, die versucht, wenigstens ihr eigenes Kind festzuhalten, und wo es sich um größeren Beuteanteil handelt, der Wettstreit unter den Siegern. Mag auch das Wort 'Zerstörung' all das, wie gesagt, umfassen, so ist es doch weniger, das Ganze auszusprechen, als alles. 70 Erreichen aber werden wir, daß die Dinge so handgreiflich wirken, wenn sie wahrscheinlich wirken, und man darf dann sogar fälschlich alles Mögliche dazuerfinden, was gewöhnlich dabei geschieht. Die gleiche Deutlichkeit gelingt auch durch die Verwendung beiläufiger Einzelheiten: 'eisiger Schauer schüttelt die Glieder mir, das Blut gerinnt kalt mir vor Bangen'[82] sowie 'Ängstlich preßten die Mütter die Kleinen fest an die Brust sich'[83]. 71 Und der Weg zu dieser – wenigstens meines Erachtens – höchsten Redeleistung ist der denkbar einfachste: die Natur müssen wir fest ins Auge fassen,

[81] frg. orat. VI 1 Sch.
[82] Aen. 3, 29.
[83] Aen. 7, 518.

opera vitae est, ad se refert quisque quae audit et id facillime accipiunt animi, quod agnoscunt.

72 Praeclare vero ad inferendam rebus lucem repertae sunt similitudines: quarum aliae sunt, quae probationis gratia inter argumenta ponuntur, aliae ad exprimendam rerum imaginem compositae, quod est huius loci proprium:

inde lupi ceu
raptores atra in nebula

et

avi similis, quae circum litora, circum
piscosos scopulos humilis volat aequora iuxta.

73 quo in genere id est praecipue custodiendum, ne id, quod similitudinis gratia adscivimus, aut obscurum sit aut ignotum: debet enim quod inlustrandae alterius rei gratia adsumitur, ipsum esse clarius eo, quod inluminat. quare poetis quidem permittamus sane eius modi exempla:

qualis, ubi hibernam Lyciam Xanthique fluenta
deserit aut[n] Delum maternam invisit, Apollo.

74 non idem oratorem decebit, ut occultis aperta demonstret, sed illud quoque, de quo in argumentis diximus, similitudinis genus ornat orationem facitque sublimem, floridam, iucundam, mirabilem. nam quo quaeque longius petita est, hoc plus adfert novitatis atque inexpectata magis est. 75 illa volgaria videri possunt et utilia tantum ad conciliandum fidem: 'ut terram cultu, sic animum disciplinis meliorem uberioremque fieri', et 'ut medici abalienata morbis membra praecidant, ita turpes ac perniciosos, etiam si nobis sanguine cohaereant, amputandos'. iam sublimius illud pro Archia: 'saxa atque solitudines voci respondent, bestiae saepe inmanes cantu flec-

n) ac *Vergil.*

ihrer Führung uns anvertrauen. Alle Beredsamkeit hat es mit Aufgaben zu tun, vor die uns das Leben stellt, auf sich (und die eigene Lebenserfahrung) bezieht jeder, was er hört, und der Geist nimmt das am leichtesten auf, was er aus eigener Erfahrung kennt.

72 Eine herrliche Erfindung aber, die Dinge ins hellste Licht zu rücken, sind die Gleichnisse. Unter ihnen sind die einen, die der Beweisführung dienen, unter die Beweismittel zu rechnen, andere sind geschaffen, um das Bild der Dinge deutlich herauszubringen, was etwa die Eigenart der folgenden Stelle[84] ausmacht: 'Von da wie Wölfe räubernd im dunklen Nebel'; oder auch[85]: 'Einem Vogel gleich, der rings um die Küsten, rings um fischreiche Klippen niedrig kreist am Rande der Wogen'. 73 Bei dieser Art von Gleichnissen muß man sich vor allem davor hüten, daß das, was wir um der Ähnlichkeit willen herangezogen haben, nicht unklar sei oder unbekannt; denn es muß, was zur Erklärung einer anderen Erscheinung dienen soll, selbst klarer sein als das, was es erhellt. Deshalb wollen wir zwar den Dichtern gewiß Beispiele der folgenden Art überlassen: 'So wie Lykiens winterlich' Land und des Xanthos Strömen hinter sich läßt oder aufsucht sein mütterlich' Delos Apollo.'[86] 74 Dem Redner aber wird ebendies nicht anstehen, mit Verborgenem Offenbares zu verdeutlichen. Doch auch die Gleichnisart, von der wir bei den Beweismitteln gesprochen haben,[87] schmückt die Rede und macht sie erhaben, blühend, lieblich und staunenswert. Denn je weiter das betreffende Bild hergeholt ist, desto stärker ist die Wirkung des Neuen, das es dem Gedanken liefert, und desto überraschender ist es. 75 Die folgenden können als allgemeingeläufig gelten und nur als nützlich, um die Glaubwürdigkeit zu gewinnen: 'Wie das Erdreich durch Pflege, so wird der Geist durch die Zucht der Lehrfächer besser und fruchtbarer'; sowie 'wie die Ärzte die Glieder, die durch Krankheit dem Körper entfremdet sind, wegschneiden, so müssen auch die schändlichen und verderblichen Menschen, auch wenn sie mit uns durch Blutsbande verbunden sind, durch Operation entfernt werden'. Höheren Klang hat schon das folgende Beispiel aus der Rede für Archias[88]: 'Felsen und Einöden antworten dem Klang der Menschenstimme, oft lassen

[84] Aen. 2, 355.
[85] Aen. 4, 254.
[86] Aen. 4, 143.
[87] s. o. 5, 11, 22.
[88] p. Arch. 8, 19.

tuntur atque consistunt' et cetera. 76 quod quidem genus a quibusdam declamatoria maxime licentia corruptum est: nam et falsis utuntur, nec illa iis, quibus similia videri volunt, adplicant. quorum utrumque in his est, quae me iuvene ubique cantari solebant: 'magnorum fluminum navigabiles fontes sunt', et 'generosioris arboris statim planta cum fructu est.' 77 in omni autem parabole aut praecedit similitudo, res sequitur, aut praecedit res et similitudo sequitur. sed interim libera et separata est, interim, quod longe optimum est, cum re, cuius est imago, conectitur, conlatione invicem respondente, quod facit redditio contraria, quae ἀνταπόδοσις dicitur. 78 praecedit similitudo illa, cuius modo feci mentionem:

inde lupi ceu
raptores atra in nebula.

sequitur in primo Georgicon post longam de bellis civilibus atque externis conquestionem:

ut, cum carceribus sese effudere quadrigae,
addunt in spatia, et frustra retinacula tendens
fertur equis auriga, neque audit currus habenas.

79 sed hae sunt sine antapodosi. redditio autem illa rem utramque, quam comparat, velut subicit oculis et pariter ostendit. cuius praeclara apud Vergilium multa reperio exempla, sed oratoriis potius utendum est. dicit Cicero pro Murena: 'ut aiunt in Graecis artificibus eos auloedos esse, qui citharoedi fieri non potuerint: sic nos videmus, qui oratores evadere non potuerint, eos ad iuris studium devenire.' 80 illud pro eodem iam paene poetico spiritu, sed

sich rohe Bestien durch Gesang rühren und bleiben stehen' usw. 76 Freilich ist diese Art der Gleichnisse von manchen vor allem durch die Willkür bei den Deklamationen verdorben worden; denn diese verwenden falsche Bilder und passen sie dem, dem sie ähnlich erscheinen sollen, nicht an. Beide Fehler finden sich in folgenden Beispielen, die in meiner Jugend allenthalben abgeleiert zu werden pflegten: 'Auch bei großen Flüssen sind die Quellen schiffbar' und 'bei einem edleren Baum hat schon der Setzling seine Frucht'. 77 Bei jeder Vergleichung ('Parabel') aber geht entweder der Träger der Ähnlichkeit (das Gleichnis) voraus oder der Gegenstand (das Verglichene) folgt, oder das Verglichene (der Gegenstand) geht voraus und das Gleichnis (der Träger der Ähnlichkeit) folgt. Doch zuweilen ist das Gleichnis frei und gedrängt, zuweilen aber ist es, wie es bei weitem am besten ist, mit dem Gegenstand, dessen Bild es ist, verbunden, wobei das vergleichende Nebeneinanderstellen sich wechselweise entspricht, was die Wiederaufnahme in gegensätzlicher Form zustande bringt, die sogenannte ἀνταπόδοσις. 78 Das Gleichnis geht voran in dem schon erwähnten Beispiel[89]: 'Von da wie Wölfe räubernd im dunkelen Nebel.' Es folgt nach im 1. Buch der ›Georgica‹[90] nach der langen Klage über die Schrecken des Krieges gegen Mitbürger und äußere Feinde: 'Wie die Gespanne, wenn aus den Schranken ihr Strom sich ergossen, Runde zu Runde sie fügen, und hilflos die Haltleine ziehend folgt der Lenker den Rossen, der Wagen ist taub für die Zügel.' 79 Jedoch hier stehen die Gleichnisverse ohne Antapodosis. Diese Wiederaufnahme aber stellt die beiden Dinge, die sie vergleicht, gleichsam vor Augen und zeigt sie in gleichem Maße. Hierfür finde ich bei Vergil viele herrliche Beispiele, jedoch gilt es, eher solche aus Reden zu verwenden. So sagt denn Cicero in der ›Rede für Murena‹[91]: 'Wie es bei den griechischen Künstlern heißt, diejenigen würden Auloden, die nicht das Zeug dazu gehabt hätten, Kitharoden[92] zu werden: so sehen wir, daß diejenigen, die nicht das Zeug dazu gehabt hatten, es zum Redner zu bringen, auf das Rechtsstudium verfielen.' 80 Das folgende Beispiel[93] aus der gleichen Rede zeigt fast poetischen Geistes-

[89] Aen. 2, 355.

[90] georg. 1, 512ff.

[91] p. Mur. 13, 29.

[92] Auloden sind Sänger mit Begleitung des (oboenartigen) aulós, Kitharoden Sänger zur Kithara, dem größeren Zupfinstrument.

[93] p. Mur. 17, 36.

tamen cum sua redditione, quod est ad ornatum accommodatius: 'nam ut tempestates saepe certo aliquo caeli signo commoventur, saepe inproviso nulla ex certa ratione obscura aliqua ex causa concitantur: sic in hac comitiorum tempestate populari saepe intellegas, quo signo commota sit, saepe ita obscura est, ut sine causa excitata videatur.' 81 sunt et illae breves: 'vagi per silvas ritu ferarum', et illud Ciceronis in Clodium: 'quo ex iudicio velut ex incendio nudus effugit.' quibus similia possunt cuicumque etiam ex cotidiano sermone succurrere.

Huic subiacet virtus non solum aperte ponendi rem ante oculos, sed circumcise atque velociter. 82 ac merito laudatur brevitas integra. sed ea minus praestat quotiens nihil dicit, nisi quod necesse est (βραχυλογίαν vocant, quae reddetur inter schemata), est vero pulcherrima, cum plura paucis complectimur, quale Sallusti est: 'Mithridates corpore ingenti, perinde armatus.' hoc male imitantes sequitur obscuritas.

83 Vicina praedictae, sed amplior virtus est ἔμφασις, altiorem praebens intellectum quam quem verba per se ipsa declarant. eius duae sunt species: altera, quae plus significat quam dicit, altera, quae etiam id, quod non dicit. 84 prior est et apud Homerum, cum Menelaus Graios in equum 'descendisse' ait, nam verbo uno magnitudinem eius ostendit, et apud Vergilium: 'demissum lapsi per funem': nam sic quoque altitudo demonstrata est. idem Cyclopa cum iacuisse dixit 'per antrum', prodigiosum illud corpus spatio loci mensus est. 85 sequens positum in voce omnino subpressa

flug, besitzt aber dennoch seine besondere Wiederaufnahme, was zum Schmuck der Rede noch passender ist; 'denn wie die Stürme oft unter einem bestimmten Himmelszeichen in Bewegung geraten, oft aber unversehens ohne irgendeinen festen Grund aus irgendeiner dunklen Ursache in Erregung kommen: so kann man in diesem Sturm der Volksmenge bei den Komitien oft bemerken, durch welches Zeichen er erregt ist, oft aber ist er so dunkel, daß er ohne Grund aufgepeitscht zu sein scheint'. 81 Es gibt auch die kurzen Formen: 'schweifend durch die Wälder nach Art des Wildes', und die Cicero-Stelle gegen Clodius[94]: 'Aus diesem Gericht ist er wie aus einem Brande mit dem nackten Leibe entflohen.' Ähnliche Vergleiche können jedermann auch in der Alltagssprache begegnen.

Hiermit steht die Redeleistung in Verbindung, den Gegenstand nicht nur deutlich vor Augen zu stellen, sondern in knappen Umriß und rasch. 82 Und zu Recht verdient die Kürze Lob, wenn sie unverstümmelt ist. Aber was sie leistet, ist geringer zu bewerten, wenn sie nur das Nötigste sagt – das heißt βραχυλογία (Kürze) und wird unter den Figuren gebracht werden –,[95] sie ist vielmehr dann am schönsten, wenn wir noch vieles mehr in wenigen Worten zusammenfassen, wie es bei Sallust[96] geschieht: 'Mithridates mit seinem gewaltigen Körper und ebenso gewappnet.' Schlechte Nachahmung solcher Kürze aber hat Dunkelheit zur Folge.

83 Benachbart der genannten Redeleistung, aber umfassender ist die ἔμφασις, die einen tieferen Sinn liefert als den, den die Worte von sich aus bezeichnen. Hiervon gibt es zwei Erscheinungsformen: die eine, die mehr bedeutet, als sie sagt, die andere, die auch das bedeutet, was sie nicht sagt. 84 Die erstere findet sich auch bei Homer[97], wenn Menelaus sagt, die Griechen seien in das Pferd 'hinabgestiegen', mit dem einen Wort nämlich zeigt er auch die Größe des Pferdes an, und auch bei Vergil[98]: 'gleitend am niedergelassenen Seile'; denn auch so ist die Tiefe deutlich bezeichnet. Wenn der gleiche Dichter[99] den Zyklopen hat liegen lassen, 'durch die Höhle hingestreckt', so hat er durch das Ausmaß des Raumes das Maß des Leibes dieses scheußlichen Monstrums bestimmt. 85 Die zweite Form beruht auf einer Äußerung, die entweder gänz-

[94] frg. orat. XIV 6 Sch.

[95] s. u. 9, 3, 50.

[96] hist. 2 frg. 77 M.

[97] Od. 11, 523.

[98] Aen. 2, 262.

[99] Aen. 3, 631.

aut etiam abscisa. subprimitur vox, ut fecit pro Ligario Cicero: ‘quod si in tanta fortuna bonitas tanta non esset, quam tu per te, per te, inquam, optines: intellego, quid loquar.’ tacuit enim illud, quod nihilo minus accipimus, non deesse homines, qui ad crudelitatem eum impellant. absciditur per ἀποσιώπησιν, quae quoniam est figura, reddetur suo loco. 86 est in volgaribus quoque verbis emphasis: ‘virum esse oportet’, et ‘homo est ille’, et ‘vivendum est’: adeo similis est arti plerumque natura.

Non tamen satis eloquenti est[o] ea, de quibus dicat, clare atque evidenter ostendere, sed sunt multi ac varii excolendae orationis modi. 87 nam ipsa illa ἀφέλεια simplex et inadfectata habet quendam purum, qualis etiam in feminis amatur, ornatum, et sunt quaedam veluti tenui diligentia circa proprietatem significationemque munditiae. alia copia locuples, alia floribus laeta. virium non unum genus: 88 nam quidquid in suo genere satis effectum est, valet. praecipua tamen eius opera δείνωσις in exaggeranda indignitate et in ceteris altitudo quaedam, φαντασία in concipiendis visionibus, ἐξεργασία in efficiendo velut opere proposito, cui adicitur ἐπεξεργασία, repetitio probationis eiusdem et cumulus ex abundanti, 89 ἐνέργεια confinis his (est enim ab agendo ducta) et cuius propria sit virtus, non esse, quae dicuntur, otiosa. est et amarum quiddam, quod fere in contumelia est positum, quale Cassi: ‘quid facies, cum in bona tua invasero, hoc est, cum te docuero nescire maledicere?’

o) *Rad. (Meister):* eloquentiae (-ia) est

lich unterdrückt oder auch nur abgeschnitten erscheint. Unterdrückt wird die Äußerung so, wie es Cicero in der ›Rede für Ligarius‹ [100] gemacht hat: ‘Wenn aber bei solchem Glück deine Güte nicht so groß wäre, wie sie dir durch dich selbst – durch dich selbst, sage ich! – zu eigen ist, ich weiß, was ich sage ...’ Er hat nämlich die Äußerung verschwiegen, die wir nichtsdestoweniger heraushören, es fehlte nicht an Menschen, die ihn zur Grausamkeit antrieben. Abgeschnitten wird sie durch die ἀποσιώπησις (Verstummen), die, da sie zu den Figuren gehört, an ihrem Orte gebracht werden wird.[101] 86 Die Emphase findet sich auch in gewöhnlicher Rede: ‘du mußt ein Mann sein!’ und ‘das ist ein Mensch!’ oder ‘leben muß man!’. So ähnlich ist meist der Kunst die Natur.

Indessen ist es für einen wirklich guten Redner nicht genügend, das, wovon er spricht, klar und anschaulich vor Augen zu stellen, sondern es gibt noch viele verschiedene Arten, den Ausdruck gepflegter erscheinen zu lassen. 87 Denn selbst jene ἀφέλεια, so einfach und ungesucht sie wirkt, besitzt eine Art von lauterem Schmuck, wie man ihn auch bei Frauen liebt, und es gibt so manches gleichsam an gepflegter Sauberkeit bei schlichter Sorgfalt in der Wahl des eigentümlichen und bezeichnenden Ausdruckes. Anders wieder ist eine Wortfülle, die reich wirkt, anders eine, die mit ihren Blüten prangt. 88 Auch von der Gewalt der Rede gibt es nicht nur eine Art, denn alles, was in seiner Redegattung seine Wirkung hat, beweist seine Kraft. Indessen sind die vorzüglichsten Wirkungskräfte hierfür die δείνωσις (Verstärkung der Affekte) bei der Steigerung der Entrüstung sowie bei den übrigen Aufgaben eine gewisse Höhe des Ausdruckes, ferner φαντασία (Kraft der Vorstellung) bei der Auffassung der bildhaften Anschauung, ἐξεργασία (Ausarbeitung) gleichsam bei der Erfüllung der gesteckten Aufgabe, woran man die ἐπεξεργασία anschließt, die Wiederholung der gleichen Beweisführung und Aufhäufung aus dem Vollen, 86 die hiermit verwandte ἐνέργεια (Antriebskraft) – stammt ihr Name doch von agere (treiben) –, deren eigentümlicher Vorzug darin liegt, daß das, was gesagt wird, nicht müßig wirke. Es findet sich auch die Kraft in einer Art Bitterkeit, die gewöhnlich auf Beschimpfung beruht, wie in dem Beispiel, das von Cassius (Severus)[102] stammt: ‘Was wirst du machen, wenn ich in dein eigenes Gebiet eindringe, d. h. wenn ich

[100] p. Lig. 5, 15.
[101] s. u. 9, 2, 54 u. 3, 60.
[102] ORF p. 551 M.

et acre, ut illud Crassi: 'ego te consulem putem, cum tu me non putes senatorem?' sed vis oratoris omnis in augendo minuendoque consistit. utrique parti totidem modi, ex quibus praecipuos attingemus: reliqui similes erunt: sunt autem positi in rebus et verbis. 90 et quae sit rerum inventio ac ratio, tractavimus: nunc, quid elocutio attollat aut deprimat, dicendum.

IV.

1 Prima est igitur amplificandi vel minuendi species in ipso rei nomine, ut cum eum, qui sit caesus, 'occisum', eum, qui sit improbus, 'latronem', contraque eum, qui pulsavit, 'attigisse', qui vulneravit, 'laesisse' dicimus. utriusque pariter exemplum est pro M. Caelio: 'si vidua libere, proterva petulanter, dives effuse, libidinosa meretricio more viveret, adulterum ego putarem, si qui hanc paulo liberius salutasset?' 2 nam et inpudicam meretricem vocavit et eum, cui longus cum illa fuerat usus, liberius salutasse. hoc genus increscit ac fit manifestius, si ampliora verba cum ipsis nominibus, pro quibus ea posituri sumus, conferantur, ut Cicero in Verrem: 'non enim furem, sed ereptorem, non adulterum, sed expugnatorem pudicitiae, non sacrilegum, sed hostem sacrorum religionumque, non sicarium, sed crudelissimum carnificem civium sociorumque in

dir zeige, daß du vom Beschimpfen keine Ahnung hast?' Ferner in der Schärfe, wie in dem Satz des Crassus[103]: 'Ich sollte dich für einen Consul halten, wenn du mich nicht für einen Senator hältst?' Aber ganz beruht die Gewalt des Redners auf der Kraft zu steigern und zu schwächen. Für beide Leistungen gibt es gleich viele Arten, wovon wir die wichtigsten berühren werden. Die übrigen sind dann ähnlich. Sie beruhen aber auf dem Inhalt und auf den Worten. 90 Nun haben wir das, was zum Auffinden und zur Behandlung des Inhaltlichen gehört, schon behandelt. So ist jetzt von dem zu reden, was der Ausdruck zu heben oder herabzumindern vermag.

VIERTES KAPITEL

Steigerung und Abschwächung

1 Die erste Art, in der das Vergrößern oder Vermindern erscheint, erfolgt durch die Benennung für den Gegenstand selbst, wenn wir etwa einen Menschen, der geschlagen worden ist, erschlagen, einen, der unmoralisch ist, einen Räuber nennen und umgekehrt von einem, der geschlagen hat, er habe berührt, und von einem, der eine Verwundung beigebracht hat, er habe verletzt, sagen. Für beide zugleich findet sich folgendes Beispiel in der ›Rede für Caelius‹[104]: 'Wenn eine Witwe ein freies, eine Ausgelassene ein leichtfertiges, eine Reiche ein verschwenderisches, eine Lüsterne ein Dirnenleben führte, sollte ich dann einen Mann für einen Ehebrecher halten, der sie ein wenig zu vertraulich gegrüßt hat?' 2 Denn er hat eine Schamlose eine Dirne genannt und von der, mit der er lange Zeit in vertrautem Umgang gelebt hatte, 'er habe sie etwas zu frei gegrüßt'. Diese Form gewinnt an Nachdruck und Handgreiflichkeit, wenn Wörter von größerem Umfang neben die Bezeichnungen selbst gesetzt werden, statt deren wir sie einsetzen wollen, wie etwa Cicero in der ›Rede gegen Verres‹[105]: 'Nicht nämlich einen Dieb, sondern einen Räuber, nicht einen Ehebrecher, sondern einen Vernichter aller Schamhaftigkeit, nicht einen Tempelschänder, sondern einen Feind alles Heiligen und fromm zu Achtenden, nicht einen Meuchelmörder, sondern den grausamsten

[103] ORF p. 252 M.
[104] p. Cael. 16, 38.
[105] Verr. 1, 3, 9.

vestrum iudicium adduximus.' 3 illo enim modo ut sit multum, hoc etiam plus ut sit efficitur. quattuor tamen maxime generibus video constare amplificationem, incremento, comparatione, ratiocinatione, congerie.

Incrementum est potentissimum, cum magna videntur, etiam quae inferiora sunt. id aut uno gradu fit aut pluribus, et pervenit non modo ad summum, sed interdum quodam modo supra summum. omnibus his sufficit vel unum Ciceronis exemplum: 4 'facinus est vincire civem Romanum, scelus verberare, prope parricidium necare: quid dicam in crucem tollere?' nam et, si tantum verberatus esset, uno gradu increverat, ponendo etiam id esse facinus, quod erat inferius, et, si tantum occisus esset, per plures gradus ascenderat: 5 cum vero dixerit 'prope parricidium necare', supra quod nihil est, adiecit 'quid dicam in crucem tollere?' ita cum id, quod maximum est, occupasset, necesse erat in eo, quod ultra est, verba deficere. 6 fit et aliter supra summum adiectio, ut apud Vergilium de Lauso:

quo pulchrior alter
non fuit, excepto Laurentis corpore Turni.

summum est enim 'quo pulchrior alter non fuit', huic deinde aliquid superpositum. 7 tertius quoque est modus, ad quem non per gradus itur, et quod non est plus maximo, sed quo nihil maius est. 'matrem tuam cecidisti: quid dicam amplius? matrem tuam cecidisti.' nam et hoc augendi genus est, tantum aliquid efficere, ut non possit augeri. 8 crescit oratio minus aperte, sed nescio an hoc ipso efficacius, cum citra distinctionem in contextu et cursu semper

Henker von Mitbürgern und Verbündeten haben wir vor euer Gericht geführt.' 3 Auf die eine Weise nämlich wird die Vorstellung, daß es sich um etwas Großes, auf die zweite, daß es sich um etwas noch Größeres handelt, erzeugt. Indessen besteht, soweit ich sehe, das Vergrößern aus vier Arten: dem Zuwachs, der Vergleichung, dem Schlußverfahren und der Häufung.

Die Form des Zuwachses ist am eindrucksvollsten, wenn das als groß erscheint, was sogar weniger bedeutet. Dies geschieht entweder in einer Steigerungsstufe oder in mehreren und kommt nicht nur zum Gipfel, sondern zuweilen gewissermaßen noch über diesen hinaus. 4 Für all das genügt schon das eine Cicero-Beispiel[106]: 'Eine Untat ist es, einen römischen Bürger zu fesseln, ein Verbrechen, ihn zu schlagen, fast Verwandtenmord, ihn zu töten, wie aber soll ich es nennen, einen Bürger ans Kreuz zu schlagen?' Denn auch, wenn er nur geschlagen worden wäre, wäre schon ein Zuwachs um eine Stufe erfolgt, da er ja auch das schon als eine Untat angesetzt hat, was weniger bedeutete, und wenn er nur getötet worden wäre, wäre die Steigerung in mehreren Stufen erfolgt: 5 Nachdem er aber gesagt hat: 'fast Verwandtenmord, ihn zu töten', worüber hinaus es nichts Schlimmeres gibt, hat er noch hinzugefügt: 'wie aber soll ich es nennen, einen Bürger ans Kreuz zu schlagen?' So mußten ja, nachdem er das, was das Äußerste war, mit Beschlag belegt hatte, für das, was noch darüber hinausging, die Worte fehlen. 6 Es geschieht auch noch auf andere Weise, durch einen Zusatz über den Gipfel hinaus zu steigern, so etwa, wenn es bei Vergil[107] von Lausus heißt: 'dem vergleichbar an Schönheit keinen es gab ausgenommen den Leib des Laurenters, des Turnus'. Denn den Gipfel bezeichnet ja das 'dem vergleichbar an Schönheit keinen es gab', dann aber wird noch etwas hinzugesetzt, das noch darüber hinausgeht. 7 Es gibt noch eine dritte Weise zu steigern, wohin der Weg nicht in Steigerungsstufen führt, und das nicht mehr ist als das Äußerste, sondern im Vergleich wozu es nichts gibt, das mehr bedeutet. 'Deine eigene Mutter hast du getötet: was kann ich weiter sagen? Deine eigene Mutter hast du getötet!' Denn auch dies ist eine Art zu steigern, daß man etwas so groß erscheinen läßt, daß es zu steigern unmöglich ist. 8 Der Zuwachs der Rede erfolgt weniger offensichtlich, aber vielleicht gerade deshalb um so wirkungsvoller, wenn ohne Absetzen im Zu-

[106] Verr. 5, 66, 170.
[107] Aen. 7, 649f.

aliquid priore maius insequitur, ut de vomitu in Antonium Cicero: 'in coetu vero populi Romani, negotium publicum gerens, magister equitum.' singula incrementum habent. per se deforme vel non in coetu vomere, in coetu etiam, non populi, populi etiam, non Romani, vel si nullum negotium ageret vel si non publicum vel si non magister equitum. 9 sed alius divideret haec et circa singulos gradus moraretur: hic in sublime etiam cucurrit et ad summum non pervenit nisu, sed inpetu.

Verum ut haec amplificatio in superiora tendit, ita, quae fit per comparationem, incrementum ex minoribus petit. augendo enim, quod est infra, necesse est extollat id, quod superpositum est, ut idem atque in eodem loco: 10 'si hoc tibi inter cenam et in illis inmanibus poculis tuis accidisset, quis non turpe duceret? in coetu vero populi Romani.' et in Catilinam: 'servi mehercule mei si me isto pacto metuerent, ut te metuunt omnes cives tui, domum meam relinquendam putarem'. 11 interim proposito velut simili exemplo efficiendum est, ut sit maius id, quod a nobis exaggerandum est, ut idem pro Cluentio, cum exposuisset Milesiam quandam a secundis heredibus pro abortu pecuniam accepisse: 'quanto est', inquit, 'Oppianicus in eadem iniuria maiore supplicio dignus? si quidem illa, cum suo corpori vim attulisset, se ipsa cruciavit, hic autem idem illud effecit per alieni corporis vim atque cruciatum.' 12 nec putet

sammenhang und Verlauf immer etwas nachfolgt, das mehr ausmacht als das Vorhergehende, wie etwa Cicero[108] über das Erbrechen in der ›Rede gegen Antonius‹ spricht: 'In der Versammlung des römischen Volkes indessen, mit einer Amtshandlung betraut, als Magister equitum[109]!. Alle Einzelangaben enthalten eine Steigerung: an sich ist es schon häßlich zu erbrechen, auch ohne daß es in der Versammlung geschieht, erst recht aber in der Versammlung, auch ohne daß es eine des Volkes ist, erst recht aber in der des Volkes, auch wenn es nicht die des römischen ist, erst recht aber in dieser, auch wenn er keine Aufgabe zu erfüllen hätte, auch wenn nicht gar eine öffentliche, auch wenn nicht gar in der Stellung eines Magister equitum! 9 Nun, ein anderer Redner würde so absetzen und bei den einzelnen Steigerungsstufen innehalten: er aber ist gar im Laufschritt zur Höhe geeilt und hat den Gipfel nicht mit Klettern erreicht, sondern im Sturm.

Wie aber nun diese Form der Vergrößerung nach oben strebt, so sucht die Vergrößerung durch Vergleichung ihren Zuwachs von unten. Durch das Steigern dessen nämlich, was geringer ist, hebt sie zwangsläufig das, was über diesem steht, wie ebenfalls Cicero[110] und an der gleichen Stelle: 10 'Wäre dir dies beim Mahle und bei den unflätigen Bechermengen, wie man sie bei dir kennt, passiert, wer würde es nicht für eine Schande halten? Aber nun gar in der Versammlung des römischen Volkes!' Ferner aus den ›Reden gegen Catilina‹[111]: 'Beim Hercules, wenn mich meine Sklaven dermaßen fürchteten, wie dich alle deine Mitbürger fürchten, dann hielte ich es für ratsam, mein eigenes Haus zu verlassen!' 11 Zuweilen muß man es dadurch, daß man ein anscheinend ähnliches Beispiel anführt, dahin bringen, daß das, was wir herausstreichen müssen, größer wirkt, wie es ebenfalls Cicero in der ›Rede für Cluentius‹[112] gemacht hat, nachdem er dargelegt hatte, eine Frau aus Milet habe von den Nacherben für eine Abtreibung Geld angenommen: 'Wieviel mehr', sagte er, 'verdient Oppianicus eine schwerere Strafe für das gleiche Vergehen? Hat doch jene Frau, da sie ihrem eigenen Körper Gewalt angetan hat, sich selbst gequält, er aber hat das gleiche erzielt durch die Gewalt und Qual, die er einem fremden Leibe

[108] Phil. 2, 25, 63.
[109] d. h., als Amtshelfer des Diktators.
[110] Phil. 2, 25, 63.
[111] Cat. 1, 7, 17.
[112] p. Cluent. 11, 32.

quisquam hoc, quamquam est simile illi ex argumentis loco, quo maiora ex minoribus colliguntur, idem esse. illic enim probatio petitur, hic amplificatio, sicut in Oppianico non id agitur hac comparatione, ut ille male fecerit, sed ut peius. est tamen quamquam diversarum rerum quaedam vicinia: repetam itaque hic quoque idem, quo sum illic usus exemplum, sed non in eundem usum. 13 nam hoc mihi ostendendum est, augendi gratia non tota modo totis, sed etiam partes partibus comparari, sicut hoc loco: 'an vero vir amplissimus P. Scipio pontifex maximus Ti. Gracchum mediocriter labefactantem statum rei publicae privatus interfecit: Catilinam orbem terrae caede atque incendio vastare cupientem nos consules perferemus?' 14 hic et Catilina Graccho et status rei publicae orbi terrarum et mediocris labefactatio caedi et incendiis et vastationi et privatus consulibus conparatur: quae si quis dilatare velit, plenos singula locos habent.

15 Quas dixi per ratiocinationem fieri amplificationes, viderimus an satis proprio verbo significaverim. nec sum in hoc sollicitus, dum res ipsa volentibus discere appareat. hoc sum tamen secutus, quod haec amplificatio alibi posita est, alibi valet: ut aliud crescat, aliud augetur, inde ad id, quod extolli volumus, ratione ducitur. 16 obiecturus Antonio Cicero merum et vomitum 'tu', inquit, 'istis faucibus, istis lateribus, ista gladiatoria totius corporis firmitate'.

angetan.' 12 Es meine aber niemand, wenngleich es der Form aus der Beweistopik ähnlich ist, wonach man vom Kleineren aufs Größere schließt, daß es sich hier um das Gleiche handele. Dort nämlich wird eine Beweisform gesucht, hier eine Steigerung durch Vergrößerung, wie es sich ja bei Oppianicus nicht darum handelt in dieser Vergleichung, daß er etwas Schlechtes, sondern darum, daß er etwas Schlechteres getan hat. Jedoch besteht trotz dieser verschiedenen Sachverhalte eine gewisse Verwandtschaft. Ich will deshalb auch hier das gleiche Beispiel, das ich an jener Stelle[113] verwendet habe, aufgreifen, allerdings nicht zum gleichen Zweck. 13 Denn hier habe ich zu zeigen, daß zur Steigerung nicht nur Ganzes mit Ganzem, sondern auch Teile mit Teilen verglichen werden, wie an folgender Stelle[114]. 'Hat ja doch ein Mann höchsten Ansehens, der Oberpriester P. Scipio, den Tiberius Gracchus, als er das Gefüge der Staatsgemeinschaft in einige Erschütterung brachte, als Privatmann getötet – und einen Catilina, der den Erdkreis mit Mord und Brand zu verwüsten trachtet, sollen wir als Consuln hinnehmen?!' 14 Hier werden sowohl Catilina mit Gracchus wie auch das Gefüge der Gemeinschaft mit dem Erdkreis, die Erschütterung mittleren Ausmaßes mit Mord, Brand und Verwüstung sowie der Privatmann mit den Consuln verglichen. Wünscht jemand diese Entsprechungen auszuweiten, so bieten die Einzelheiten reichliche Gelegenheit für die allgemeinen Gesichtspunkte (der Topik).

15 Bei den Steigerungen, von denen ich gesagt habe,[115] sie erfolgten durch Schlußverfahren, könnte es fraglich erscheinen, ob ich sie mit einem hinreichend treffenden Worte bezeichnet habe. Doch bin ich hierbei nicht besonders ängstlich, wenn nur denen, die sie kennenlernen wollen, die Sache selbst klar ist. Indessen habe ich mich davon leiten lassen, daß diese Form der Steigerung zwar an einer Stelle ihren Ansatz nimmt, an einer anderen aber ihre Wirkung tut: damit das eine einen Zuwachs erfährt, wird ein anderes gesteigert, von wo die Überlegung den Schluß auf das, was herausgehoben werden soll, vornimmt. 16 Um Antonius das Trinken ungemischten Weines und das Erbrechen vorzuwerfen, sagt Cicero[116]: 'du mit deiner Kehle, deiner Brust, der gladiatorenhaft robusten

[113] s. o. 5, 10, 86.
[114] Cat. 1, 1, 3.
[115] s. o. 5, 10, 87f.
[116] Verr. 2, 25, 63.

quid fauces et latera ad ebrietatem? minime sunt otiosa: nam respicientes ad haec possumus aestimare, quantum ille vini in Hippiae nuptiis exhauserit, quod ferre et concoquere[p] non posset illa corporis gladiatoria firmitate. ergo, si ex alio colligitur aliud, nec inproprium nec inusitatum nomen est ratiocinationis, ut quod ex eadem causa inter status quoque habeamus. 17 sic et ex insequentibus amplificatio ducitur, si quidem tanta vis fuit vini erumpentis, ut non casum adferret aut voluntatem, sed necessitatem, ubi minime deceret, vomendi, et cibus non recens, ut accidere interim solet, redderetur, sed usque in posterum diem redundaret. 18 idem hoc praestant quae antecesserunt: nam cum Aeolus a Iunone rogatus 'cavum conversa cuspide montem impulit in latus, et[q] venti velut agmine facto ruunt': apparet, quanta sit futura tempestas. 19 quid? cum res atrocissimas quasque in summam ipsi extulimus invidiam, elevamus consulto, quo graviora videantur quae secutura sunt, ut a Cicerone factum est, cum illa diceret: 'levia sunt haec in hoc reo. metum virgarum nauarchus nobilissimae civitatis pretio redemit: humanum est: alius, ne securi feriretur, pecuniam dedit: usitatum est.' 20 nonne usus est ratione, qua colligerent audientes, quantum illud esset, quod inferebatur, cui comparata haec viderentur humana atque usitata? sic quoque solet ex alio aliud augeri, cum Hannibalis bellicis laudibus ampliatur virtus Scipionis, et fortitudinem Gallorum Germanorumque miramur, quo sit maior C. Caesaris gloria. 21 illud quoque est ex relatione ad aliquid, quod non eius rei gratia dictum videtur, amplificationis genus. non putant indignum Troiani

p) *Spalding:* conquere **B** quod coquere **A**
q) ac … qua data porta ruunt **P** *Verg.*

Verfassung deines Körpers'. Was haben Kehle und Brust mit der Trunkenheit zu tun? Nun, sie stehen keineswegs müßig; denn im Hinblick auf sie können wir ermessen, wieviel Wein er bei der Hochzeit des Hippias in sich hineingeschüttet haben muß, wenn sie selbst die Robustheit eines solchen Gladiatorenleibes nicht zu vertragen und zu verdauen vermocht hat. So ist, wenn das eine aus dem anderen geschlossen wird, die Bezeichnung als Schlußverfahren weder unzutreffend noch ungewöhnlich, wie wir sie ja auch aus dem gleichen Grund bei den Grundfragen der Streitbestimmung (den status) anwenden. 17 So läßt sich auch aus dem Nachfolgenden die Steigerung herleiten, wenn denn die Gewalt des hervorbrechenden Weines derartig war, daß sie nicht ein zufälliges oder absichtliches, sondern da, wo es sich am wenigsten schickte, ein zwangsläufiges Erbrechen herbeiführte, und der Körper die Speise nicht frisch, wie es zuweilen zu passieren pflegt, von sich gab, sondern noch bis zum folgenden Tag reichlich damit zu tun hatte. 18 Das gleiche bieten auch Umstände, die vorausliegen. Denn als Aeolus auf Junos Bitten[117] 'wendet den Speer und stößt in des Berges Höhle seitwärts, stürmen heraus wie im Kriegszug hastig die Winde', da ist es deutlich, was für ein Sturm da im Kommen ist. 19 Weiter! Wenn wir selbst gerade die schrecklichsten Dinge zur höchsten Erbitterung der Zuhörer hervorgehoben haben, stellen wir sie mit Absicht als noch leicht hin, damit um so schwerer erscheint, was noch folgen soll, wie es Cicero gemacht hat, als er folgendes sprach[118]: 'Leicht wiegt dies bei diesem Angeklagten. Von der Furcht vor dem Rate hat sich der Admiral einer hochangesehenen Gemeinde mit einer Geldsumme losgekauft – wie menschlich! Ein anderer hat Geld gezahlt, um nicht den Kopf durch das Beil zu verlieren – nichts gewöhnlicher als das!' 20 Hat er sich dabei nicht einer Verstandeserwägung bedient, wodurch die Hörer schließen sollten, wie schwer die Anklage sei, die vorgebracht wurde, wenn im Vergleich zu ihr solche Dinge menschlich erscheinen und gewöhnlich? So pflegt man auch eins durch das andere zu steigern, wenn durch die Ruhmestaten Hannibals die Leistung Scipios vergrößert wird, und wenn wir die Tapferkeit der Gallier und Germanen bewundern, damit der Ruhm des C. Carsar um so größer sei. 21 Es findet auch eine Art der Steigerung statt durch die Beziehung auf etwas, das nicht um der Steigerung willen gesagt zu sein scheint.

[117] Aen. 1, 81–83.
[118] Verr. 5, 44, 117.

principes, Graios Troianosque propter Helenae speciem tot mala tanto temporis spatio sustinere: quaenam igitur illa forma credenda est? non enim hoc dicit Paris, qui rapuit, non aliquis iuvenis aut unus e volgo, sed senes et prudentissimi et Priamo adsidentes. 22 verum et ipse rex decenni bello exhaustus, amissis tot liberis, inminente summo discrimine, cui faciem illam, ex qua tot lacrimarum origo fluxisset, invisam atque abominandam esse oportebat. et audit haec et eam filiam appellans iuxta se locat et excusat etiam sibi atque esse malorum causam negat. 23 nec mihi videtur in symposio Plato, cum Alcibiaden confitentem de se, quid a Socrate pati voluerit, narrat, ut illum culparet, haec tradidisse, sed, ut Socratis invictam continentiam ostenderet, quae corrumpi speciosissimi hominis tam obvia voluntate non posset. 24 quin ex instrumento quoque heroum illorum magnitudo aestimanda nobis datur. huc pertinet clipeus Aiacis et pelias Achillis.[r] qua virtute egregie est usus in Cyclope Vergilius. nam quod illud corpus mente concipiam, cuius 'trunca manum pinus regit?' quid? 25 cum vix loricam duo 'multiplicem conixi umeris' ferunt, quantus Demeleos, qui indutus ea 'cursu palantis Troas agebat?' quid? M. Tullius de M. Antoni luxuria tantum fingere saltem potuisset, quantum ostendit dicendo: 'conchyliatis Cn. Pompei peristromatis servorum in cellis stratos

r) huc … Achillis *del. Meister* huc *Obrecht:* (ad) hoc

Die trojanischen Fürsten halten es nicht für unwürdig, daß die Griechen und Trojaner wegen Helenas Schönheit soviel Elend ein so lange Zeit hindurch ertragen: wie muß man sich also diese Schönheit vorstellen? Denn nicht Paris sagt dies, der sie geraubt hat, auch keiner der Jungen oder aus dem Volke, sondern die Greise, die Weisesten und Leute aus dem Rate des Priamus.[119] 22 Ja, auch der König selbst, von einem zehnjährigen Krieg erschöpft, nach dem Verlust so vieler Kinder, unter dem Druck der höchsten Gefahr, dem dieses Antlitz, das der Quell solcher Ströme von Tränen gewesen war, verhaßt und verwünschenswert hätte sein müssen, hört diese Worte an, nennt sie seine Tochter, heißt sie neben ihm Platz nehmen, findet gar entschuldigende Worte und sagt, nicht sie sei der Grund des Elends. 23 Auch scheint mir Platon im ›Symposion‹[120], als er erzählt, wie Alkibiades von sich bekennt, was er bei Sokrates habe erreichen wollen, dies nicht mitgeteilt zu haben, um Alkibiades zu beschuldigen, sondern um die unüberwindliche Selbstbeherrschung des Sokrates vor Augen zu führen, die sich selbst durch die so unmittelbare Willfährlichkeit des schönsten Mannes nicht brechen ließ. 24 Sogar auch die Ausrüstung jener Heroen gibt uns einen Anhalt, ihre Größe abzuschätzen. Hierhin gehört der Schild des Aias[121] und die Eschenlanze[122] des Achill vom Pelion. Von dieser Ausdruckskunst hat Vergil[123] vorzüglich Gebrauch gemacht bei seinen Zyklopen. Denn welche Vorstellung werde ich mir von einem Körper machen, dessen ‘Hand der Rumpf einer Pinie leitet’? 25 Weiter! Wenn kaum zwei Männer seinen Panzer, ‘den vielschichtigen lastend schwer auf den Schultern’[124] tragen, welch ein Hüne muß dieser Demoleos sein, der, mit ihm bekleidet, ‘die zerstiebenden Troer im Lauf vor sich hertrieb’. Weiter! Hätte M. Tullius vom Schwelgen des Antonius auch nur in freier Erfindung einen so starken Eindruck geben können, wie er ihn vor Augen führt durch die Worte[125]: ‘Mit den purpurnen Decken des Cn. Pompeius hätte man in den Kammern der Sklaven die Betten bedeckt gesehen.’

[119] Il. 3, 156ff.

[120] Symp. 218b f.

[121] Il. 7, 219.

[122] Il. 16, 140. Die beiden Iliasstellen bilden das Gegenstück zu den beiden folgenden Vergilstellen. Das spricht trotz ihrer glossenhaften Knappheit dagegen, sie (mit Meister und Radermacher) zu tilgen.

[123] Aen. 3, 659.

[124] Aen. 5, 264f.

[125] p. Mil. 2, 27, 67.

lectos videres?' conchyliata peristromata et Cn. Pompei terunt servi et ⟨in⟩[s] cellis: nihil dici potest ultra, et necesse est tamen infinito plus in domino cogitare. 26 est hoc simile illi, quod emphasis dicitur: sed illa ex verbo, hoc ex re coniecturam facit tantoque plus valet, quanto res ipsa verbis est firmior.

Potest adscribi amplificationi congeries quoque verborum ac sententiarum idem significantium. nam etiam si non per gradus ascendant, tamen velut acervo quodam adlevantur: 27 'quid enim tuus ille, Tubero, destrictus in acie Pharsalica gladius agebat? cuius latus ille mucro petebat? qui sensus erat armorum tuorum? quae tua mens, oculi, manus, ardor animi? quid cupiebas? quid optabas?' simile est hoc figurae, quam συναθροισμόν vocant, sed illic plurium rerum est congeries, hic unius multiplicatio. haec etiam crescere solet verbis omnibus altius atque altius insurgentibus: 'aderat ianitor carceris, carnifex praetoris, mors terrorque sociorum et civium Romanorum, lictor Sextius.'

28 Eadem fere est ratio minuendi: nam totidem sunt ascendentibus quot descendentibus gradus. ideoque uno ero exemplo contentus eius loci, quo Cicero de oratione Rulli haec dicit: 'pauci tamen, qui proximi adstiterant, nescio quid illum de lege agraria voluisse dicere suspicabantur.' quod si ad intellectum referas, minutio est, si ad obscuritatem, incrementum.

29 Scio posse videri quibusdam speciem amplificationis hyperbolen quoque, nam et haec in utramque partem valet, sed quia

s) *add. Spalding (Regius)*

Purpurne Decken – und zwar solche des Cn. Pompeius – zerscheuern Sklaven – und das in ihren Kammern! Das läßt sich mit Worten nicht überbieten – und man muß dabei dennoch bei dem Herrn an unendlich viel mehr denken. 26 Dies ist der Ausdruckswirkung ähnlich, die man als Emphase bezeichnet. Aber diese bietet der Vermutung Raum vom Wort her, hier von der Sache her, und sie hat eine so viel stärkere Wirkung, wie die Sache selbst stärker wirkt als Worte.

Es läßt sich der Vergrößerung auch die Anhäufung von Worten und Gedanken, die das gleiche bedeuten, zurechnen; denn wenn sie auch nicht eine Steigerung in Stufen bringen, so führen sie doch wie bei einem aufgeschütteten Haufen zu einem Ansteigen: 27 'Was tat es denn, Tubero, dies dein gezücktes Schwert in der Schlacht bei Pharsalus? Wessen Seite suchte seine Spitze zu treffen? Welchen Sinn hatte dein Waffengang? Wohin gingen dir Gedanken, Augen, Hände und die Glut deines Herzens? Was war dein Trachten, was dein Wünschen?'[126] Ähnlich ist dies der Figur des sogenannten συναθροισμός (Anhäufung), aber bei dieser handelt es sich um die Anhäufung mehrerer Dinge, hier nur um die Vervielfältigung eines einzigen. Sie pflegt auch dadurch zur Steigerung zu führen, daß die Worte sich immer höher und höher erheben: 'Da war er, der Pförtner des Kerkers, der Henkersknecht des Praetors, Tod und Schrecken der Bundesgenossen und der römischen Bürger, der Liktor Sextius.'[127]

28 Fast genauso ist das Verfahren beim Verkleinern; denn die Stufen sind ebenso viele, wenn man hinauf-, wie wenn man herabsteigt. Und deshalb werde ich mich mit einem Beispiel begnügen, der Stelle, wo Cicero über die Rede des Rullus folgendermaßen spricht[128]: 'Wenige immerhin, die ganz nahe standen, vermuteten, er habe irgend etwas über das Gesetz betreffs der Ländereien sagen wollen.' Geht man von dem Sinn dieses Satzes aus, so handelt es sich um eine Verkleinerung, geht man von der erzielten Undeutlichkeit (der Gestalt des Rullus) aus, um einen Zuwachs.

29 Ich weiß, daß bei manchen auch die Hyperbel (Übertreibung) als eine Form der Vergrößerung erscheinen kann, denn auch diese wirkt sich nach beiden Seiten (der Steigerung und Verminderung) aus. Aber weil diese Bezeichnung einen weiteren Begriff umfaßt,

[126] p. Lig. 3, 9.
[127] Verr. 5, 45, 118.
[128] leg. agr. 2, 5, 13.

excedit hoc nomen, in tropos differenda est. quos continuo subiungerem, nisi esset a ceteris separata ratio dicendi, quae constat non propriis nec[t] translatis. demus ergo breviter hoc desiderio iam paene publico, ne omittamus eum, quem plerique praecipuum ac paene solum putant orationis ornatum.

V.

1 Sententiam veteres, quod animo sensissent, vocaverunt. id cum est apud oratores frequentissimum, tum etiam in usu cotidiano quasdam reliquias habet: nam et iuraturi 'ex animi nostri sententia' et gratulantes 'ex sententia' dicimus. non raro tamen et sic locuti sunt, ut sensa sua dicerent, nam sensus corporis videbantur, 2 sed consuetudo iam tenuit, ut mente concepta sensus vocaremus, lumina autem praecipueque in clausulis posita sententias, quae minus celebratae[u] apud antiquos nostris temporibus modo carent. ideoque mihi et de generibus earum et de usu arbitror pauca dicenda.

3 Antiquissimae sunt, quae proprie, quamvis omnibus idem nomen sit, sententiae vocantur, quas Graeci γνώμας appellant: utrumque autem nomen ex eo acceperunt, quod similes sunt consiliis aut decretis. est autem haec vox universalis, quae etiam citra complexum causae possit esse laudabilis, interim ad rem tantum relata, ut 'nihil est tam populare quam bonitas': interim ad personam, quale est Afri Domiti: 'princeps, qui vult omnia scire, necesse habet multa

t) *Stroux:* sed
u) *Bonnell (Vt.)* crebrae *Meister:* crebra

muß sie für die Behandlung der Tropen zurückgestellt werden.[129] Diese Behandlung würde ich gleich anschließen, gäbe es nicht noch eine von den übrigen gesonderte Verfahrensweise beim Reden, die nicht auf dem eigentlichen, aber auch nicht auf dem übertragenen Ausdruck beruht. So wollen wir in Kürze diesem schon fast allgemein anerkannten Bedürfnis Rechnung tragen, damit wir nicht eine Schmuckform außer acht lassen, die die meisten für den hauptsächlichsten und fast einzigen Schmuck der Rede halten.

FÜNFTES KAPITEL

Sentenzen

1 Als 'sententia' bezeichneten die Alten das, was sie im Inneren empfanden (ihre Herzensmeinung). So ist es einerseits bei den Rednern noch sehr gebräuchlich, sodann aber finden sich auch in der Umgangssprache noch gewisse Reste dieses Sprachgebrauches; denn wenn wir schwören wollen, sprechen wir 'aus unserer Herzensüberzeugung', und beim Glückwünschen sagen wir 'von Herzen'. Nicht selten indessen sprachen sie auch so, daß sie 'ihre Gefühle' (sensa) ausdrückten. Denn die sensus (Empfindungen) scheinen zum Körper zu gehören; 2 jedoch hat sich dann der Sprachgebrauch durchgesetzt, daß wir 'sensus' sagten, wenn es sich um im Geist Erfaßtes handelte, 'sententiae' aber, wenn um Glanzlichter und um das, was besonders als Schlußeffekt verwendet wurde, wie sie bei den Alten weniger beliebt waren, heutzutage aber eine maßlose Verbreitung haben. Deshalb glaube ich, über ihre Arten und Verwendung kurz sprechen zu müssen.

3 Die Ältesten sind die, die im eigentlichen Sinn 'Sentenzen' heißen, obgleich ja die Bezeichnung für alle Arten die gleiche ist, die bei den Griechen sogenannten γνῶμαι (Sinnsprüche). In beiden Sprachen aber haben sie ihre Namen deshalb, weil sie Ratschlägen oder allgemeinen Bestimmungen ähnlich sind. Eine Sentenz aber ist ein allgemeiner Satz, der auch unabhängig vom Zusammenhang eines Falles Anerkennung finden kann, zuweilen nur auf eine Sache bezogen; so etwa 'nichts ist so beliebt im Volk wie Güte'[130], zuweilen auf eine Person, wie der Satz des Domitius Afer: 'Ein führen-

[129] im 6. Kapitel.
[130] p. Lig. 12, 37.

ignoscere.' 4 hanc quidam partem enthymematis, quidam initium aut clausulam epicheirematis esse dixerunt, et est aliquando, non tamen semper. illud verius, esse eam aliquando simplicem, ut ea, quae supra dixi: aliquando ratione subiecta: 'nam in omni certamine, qui opulentior est, etiam si accipit iniuriam, tamen, quia plus potest, facere videtur': nonnumquam duplicem: 'obsequium amicos, veritas odium parit.' 5 sunt etiam qui decem genera fecerint, sed eo modo, quo fieri vel plura possunt: per interrogationem, per comparationem, infitiationem, similitudinem, admirationem[v] et cetera huius modi, per omnes enim figuras tractari potest. illud notabile ex diversis:

6 mors misera non est, aditus ad mortem est miser. ac rectae quidem sunt tales:

tam deest avaro quod habet, quam quod non habet.

sed maiorem vim accipiunt et mutatione figurae, ut

usque adeone mori miserum est?

(acrius hoc enim quam per se 'mors misera non est'), et translatione a communi ad proprium. nam cum sit rectum 'nocere facile est, prodesse difficile', vehementius apud Ovidium Medea dicit:

servare potui: perdere an possim, rogas?

7 vertit ad personam Cicero: 'nihil habet, Caesar, nec fortuna tua maius, quam ut possis, nec natura melius, quam ut velis servare quam plurimos.' ita quae erant rerum, propria fecit hominis. in hoc

v) similitudinem *om.* **BP** admirationem *om.* **Ab**

der Mann, der alles wissen will, kann nicht umhin, vieles nicht richten zu wollen.'[131] 4 Manche haben diese Art den Teil eines Enthymems[132] genannt, manche den Anfang oder Schluß eines Epicheirems[133], und das ist es auch manchmal, jedoch nicht immer. Richtiger ist die Feststellung, sie sei manchmal einfach, wie in den oben genannten Beispielen, manchmal aber sei ihr auch noch der Grund beigegeben: 'Denn in jedem Wettstreit scheint derjenige, der mächtiger ist, auch wenn er Unrecht hinnehmen muß, dennoch, weil er mehr Macht hat, das Unrecht zu begehen.'[134] Zuweilen sei sie zweiteilig: 'Sich schmiegen Freunde, freies Wort uns Feinde schafft.'[135] 5 Es gibt Lehrer, die zehn Arten gebildet haben, jedoch in einer Weise, daß so noch viel mehr gebildet werden können: mit Frage, mit Vergleichung, mit Leugnung, mit Ähnlichkeit, mit Verwunderung und mit anderem dieser Art; denn es läßt sich in allen Redefiguren behandeln. Folgendes ist als Beispiel für die Bildung aus Gegensätzen bezeichnend: 6 'Tod ist kein Elend, elend ist der Weg zu ihm!'[136] Eine direkte Feststellung sieht so aus: 'Gleichviel vermißt der Geizhals, was er hat wie was nicht.'[137] Aber größeren Nachdruck gewinnt eine solche Feststellung teils durch die Veränderung der Redefigur, so in dem Vers: 'Ist denn das Sterben so schlimm?'[138] – denn das klingt eindringlicher als das einfache: 'Tod ist nicht schlimm' –, teils durch die Übertragung vom Allgemeinen auf den Einzelfall; denn während die direkte Feststellung lauten könnte: 'das Schaden ist leicht, das Nützen schwer', sagt Medea bei Ovid[139] mit heftigerem Schwung: 'ihn retten konnt' ich – ihn vernichten könnt' ich nicht?' 7 Cicero[140] gibt der Feststellung eine persönliche Wendung: ‚Nichts birgt dein Glück Größeres, Caesar, als daß du die Macht, noch deine Natur Besseres, als daß du den Wunsch hast, so viele wie möglich zu retten.' So hat er aus dem, was Eigentümlichkeit der Gegenstände war, Eigentümlichkeiten der

[131] ORF p. 570 M.
[132] hierzu o. 5, 14, 24.
[133] vgl. 5, 10, 2.14, 13ff.
[134] Sall. Jug. 10, 7.
[135] Terenz, Andr. 68.
[136] aus einer unbekannten Tragödie (frg. inc. trag. 109 Klotz; 109 Rib.).
[137] Syri sent. 628 M.
[138] Aen. 12, 646.
[139] in seiner leider verlorenen Tragödie (frg. 1 Rib.; frg. 1 Lenz).
[140] p. Lig. 12, 38.

genere custodiendum est [et][w] id, quod ubique, ne crebrae sint, ne palam falsae (quales frequenter ab iis dicuntur, qui haec καθολικά vocant et, quidquid pro causa videtur, quasi indubitatum pronuntiant) et ne passim et a quocumque dicantur.[x] 8 magis enim decet eos, in quibus est auctoritas, ut rei pondus etiam persona confirmet. quis enim ferat puerum aut adulescentulum aut etiam ignobilem, si iudicet in dicendo et quodam modo praecipiat?

9 Enthymema quoque est omne, quod mente concepimus, proprie tamen dicitur quae est sententia ex contrariis, propterea quod eminere inter ceteras videtur, ut Homerus 'poeta', 'urbs' Roma. de hoc in argumentis satis dictum est. 10 non semper autem ad probationem adhibetur, sed aliquando ad ornatum: 'quorum igitur impunitas, Caesar, tuae clementiae laus est, eorum te ipsorum ad crudelitatem acuet oratio?' non quia sit ratio dissimilis, sed quia iam per alia, ut id iniustum appareret, effectum erat. 11 et addita in clausula est epiphonematis modo non tam probatio quam extrema quasi insultatio. est enim epiphonema rei narratae vel probatae summa acclamatio:[y]

tantae molis erat Romanam condere gentem!

'facere enim probus adulescens periculose quam perpeti turpiter maluit.' 12 est et quod appellatur a novis νόημα, qua voce omnis intellectus accipi potest, sed hoc nomine donarunt ea, quae non dicunt, verum intellegi volunt, ut in eum, quem saepius a ludo red-

w) *om. Vt. del. Spalding*
x) *ed. Gryph.* dicatur **ABP**
y) exclamatio *Vt.*

Person gemacht. Bei dieser Art gilt es – wie überall – auf der Hut zu sein, daß die Sentenzen nicht zu dicht stehen, daß sie nicht für jedermann gleich als falsch erscheinen – wie es häufig bei denen geschieht, die sie καθολικά (allgemeine Sätze) nennen und alles, was nur für den Fall zu sprechen scheint, als unzweifelhaft vortragen –, ferner, daß sie nicht allenthalben und von jedem Beliebigen gesprochen werden. 8 Denn es schickt sich mehr für Personen, die Ansehen genießen, damit auch noch ihre Persönlichkeit das Gewicht der Sache stütze. Denn wer könnte einen Knaben, einen jungen Mann oder auch einen gewöhnlichen Menschen ertragen, wenn er in seinen Worten mit uns ins Gericht ginge und gewissermaßen den Lehrer spielte?

9 Auch ein Enthymem ist alles, was wir im Geiste erfaßt haben, im eigentlichen Sinn jedoch bezeichnet es eine Sentenz, die auf einer Gegenüberstellung beruht, deshalb weil sie in dieser Bedeutung unter den übrigen so hervorzuragen scheint, wie Homer als 'der Dichter' und Rom als 'die Stadt'. Es ist bei der Behandlung der Beweismittel hinreichend besprochen.[141] 10 Nicht immer aber wird es zur Beweisführung herangezogen, sondern zuweilen auch zum Schmuck der Rede: 'Wird dich denn also gerade die Rede derjenigen Menschen, Caesar, deren Straffreiheit der Ruhm deiner Milde ist, zur Grausamkeit reizen?'[142] Schmuck ist es nicht deshalb, weil es von der Begründung abwiche, sondern weil der Beweis, daß dies ungerecht erschiene, ja schon durch andere Argumente geführt worden war. 11 Auch ist es am Satzschluß wie ein Epiphonem hinzugesetzt nicht so sehr zur Beweisführung wie gleichsam zu einem letzten Aufschwung. Ein Epiphonem ist ja ein Ausruf als Höhepunkt nach der Erzählung oder dem Beweis eines Sachverhaltes wie das 'So groß war die Last, das römische Volk zu begründen!'[143] oder 'Handeln nämlich wollte der brave junge Mann lieber unter Gefahr als etwas in Schande hinnehmen!'[144]. 12 Es gibt auch noch das von den Modernen sogenannte νόημα (Aperçu), ein Wort, worunter jeder Einfall verstanden werden kann, jedoch haben sie mit diesem Namen das ausgezeichnet, was sie nicht aussprechen, sondern nur verstanden wissen wollen, wie etwa der Ausspruch der Schwester gegen ihren Bruder, den sie wiederholt von

[141] s. o. 5, 10, 1 ff. 14, 1 f.
[142] p. Lig. 4, 10.
[143] Aen. 1, 33.
[144] p. Mil. 4, 9.

emerat soror, agentem cum ea talionis, quod ei pollicem dormienti recidisset: 'eras dignus ut haberes integram manum': sic enim auditur 'ut depugnares'. 13 vocatur aliquid et clausula: quae si est, quod conclusionem dicimus, et recta et quibusdam in partibus necessaria est: 'quare prius de vestro facto fateamini necesse est, quam Ligari culpam ullam reprehendatis.' sed nunc aliud volunt, ut omnis locus, omnis sensus in fine sermonis feriat aurem. 14 turpe autem ac prope nefas ducunt, respirare ullo loco, qui adclamationem non petierit. inde minuti corruptique sensiculi et extra rem petiti: neque enim possunt tam multae bonae sententiae esse, quam necesse est multae sint clausulae.

15 Iam haec magis nova sententiarum genera: ex inopinato, ut dixit Vibius Crispus in eum, qui, cum loricatus in foro ambularet, praetendebat id se metu facere: 'quis tibi sic timere permisit?' et insigniter Africanus apud Neronem de morte matris: 'rogant te, Caesar, Galliae tuae, ut felicitatem tuam fortiter feras.' 16 sunt et alio relata, ut Afer Domitius, cum Cloatillam defenderet, cui obiectum crimen, quod virum, qui inter rebellantes fuerat, sepelisset, remiserat Claudius, in epilogo filios eius adloquens 'matrem tamen', inquit, 'pueri sepelitote'. 17 et aliunde petita, id est in alium locum ex alio translata. pro Spatale Crispus, quam ⟨qui⟩[z] heredem amator instituerat decessit, cum haberet annos duodeviginti: 'hominem divi-

z) *add. Regius*

den Gladiatorenspielen freigekauft hatte, als er gegen sie eine Vergeltungsklage führte, weil sie ihm im Schlaf den einen Daumen abgeschnitten hatte: 'Du verdientest, eine heile Hand zu haben!' Denn dabei ist zu verstehen: 'um um dein Leben kämpfen zu müssen'[145]. 13 Eine weitere Bezeichnung ist die 'Klausel'. Wenn sie das bedeutet, was wir den Schlußsatz nennen, hat sie ihr Recht und ist an manchen Stellen notwendig, so in dem Falle: 'Deshalb ist es nötig, daß ihr erst über euere eigene Tat offen sprecht, ehe ihr an Ligarius irgendeine Schuld findet.'[146] Aber heutzutage wollen sie damit etwas anderes sagen, daß nämlich jede Stelle, jeder Gedanke am Ende dessen, was wir sagen, unser Ohr besonders trifft. 14 Es gilt ihnen aber für eine Schande und fast für eine Sünde, an einer Stelle zu verschnaufen, ohne daß sie auf Beifall rechnet. Daher denn die kümmerlichen und verstümmelten und ohne sachlichen Zusammenhang hergeholten Sinnfetzchen; denn es kann ja nicht so viele gute Einfälle und Pointen geben, wie man Schlußsätze braucht.

15 Nun die neueren Arten von Sentenzen: die überraschende (paradoxe), wie sie etwa Vibius[147] gebraucht gegen einen Mann, der, als er im Panzer auf dem Forum einherging, vorgab, er tue das aus Angst: 'Wer hat dir das Recht gegeben, derart Angst zu haben?' So auch die treffende Wendung des Africanus[148] vor Nero beim Tod von dessen Mutter: 'Es bitten dich, Caesar, deine gallischen Provinzen, tapfer das Glück zu ertragen, das dir beschieden.' 16 Weiter die Sentenzen mit einer Beziehung auf etwas anderes, wie etwa Domitius Afer[149] bei der Verteidigung der Cloatilla, die Claudius begnadigt hatte, als man sie beschuldigte, daß sie ihren Mann beerdigt hatte, der sich unter den Aufständigen befunden hatte, in seinem Schlußwort sich an die Söhne der Angehörigen wandte und sagte: 'Euere Mutter aber, ihr Kinder, sollt ihr dennoch beerdigen.' 17 Ferner solche, die von anderswo hergeholt, d. h. von einer auf eine andere Stelle übertragen sind: So sagte Crispus[150] in seiner Rede für Spatale, deren Liebhaber, nachdem er sie zum Erben eingesetzt hatte, im Alter von 18 Jahren verschied: 'Welch' göttlich-

[145] Ein schönes Beispiel für die zugespitzte Psychologie in den Deklamationsthemen der Zeit.

[146] p. Lig. 1, 2.

[147] FOR p. 588 M.

[148] FOR p. 571 M.

[149] FOR p. 567 M.

[150] FOR p. 588 M.

num, qui sibi indulsit.' 18 facit quasdam sententias sola geminatio, qualis est Senecae in eo scripto, quod Nero ad senatum misit occisa matre, cum se periclitatum videri vellet: 'salvum me esse adhuc nec credo nec gaudeo.' melior, cum ex contrariis valet: 'habeo quem fugiam, quem sequar non habeo.' 'quid quod miser, cum loqui non posset, tacere non poterat?' 19 ea vero fit pulcherrima, cum aliqua comparatione clarescit. Trachalus contra Spatalen: 'placet hoc ergo, leges, diligentissimae pudoris custodes, decimas uxoribus dari, quartas meretricibus?'

Sed horum quidem generum et bonae dici possunt et malae: 20 illae semper vitiosae ut[a] a verbo: 'patres conscripti: sic enim incipiendum est mihi, ut memineritis patrum.' peius adhuc, quo magis falsum est et longius petitum, contra eandem sororem gladiatoris, cuius modo feci mentionem: 'ad digitum pugnavi.' 21 est etiam generis eiusdem, nescio an vitiosissimum, quotiens verborum ambiguitas cum rerum falsa quadam similitudine iungitur, clarum actorem[b] iuvenis audivi, cum lecta in capite cuiusdam ossa sententiae gratia tenenda matri dedisset: 'infelicissima femina, nondum

a) *Halm:* ut **B** uti *ras.* **A**
b) *Spalding:* actorum **A** autorem **B**

ahnungsvoll-seliger Mann, der so seiner Neigung folgte!'[151] 18 Auch die bloße Verdoppelung macht manche Sentenzen aus, wie die des Seneca[152] in dem Schriftstück, das Nero an den Senat nach der Tötung seiner Mutter sandte, als er den Anschein erwecken wollte, er sei in Lebensgefahr gewesen: 'Daß ich gerettet bin, kann ich noch jetzt weder glauben noch mich darüber freuen.' Besser, wenn die Wirkung in Gegenüberstellungen (den Antithesen) liegt: 'Einen Menschen, den ich fliehen sollte, habe ich; nicht aber habe ich einen, dem ich folgen könnte'[153]; sowie[154]: 'Wie aber, daß der Arme, da er nicht reden, auch nicht schweigen konnte?' 19 Am schönsten aber wird sie, wenn sie mit einer Vergleichung glänzt. So sagt Trachalus in der ›Rede gegen Spatale‹[155]: 'Ist es also so Recht, ihr Gesetze, ihr sorgfältigsten Hüter der Scham, daß Ehefrauen ein Zehntel erhalten, ein Viertel die Dirnen?'

Nun lassen sich von diesen Arten gute und schlechte Sentenzen bilden. 20 Immer aber fehlerhaft sind die, die auf einem Wort beruhen, wie etwa: 'Versammelte Väter – so nämlich muß ich beginnen, damit ihr der Väter gedenkt.' Schlechter noch, da noch unrichtiger und weiter hergeholt, ist, was gegen die gleiche Schwester des Gladiators, deren ich gerade Erwähnung getan, gerichtet ist: 'Bis zum Finger habe ich gekämpft.'[156] 21 Vielleicht wohl am fehlerhaftesten ist es in der gleichen Art, wenn sich eine Doppeldeutigkeit der Worte verbindet mit einer falschen sachlichen Analogie. Als junger Mann habe ich einen berühmten Ankläger gehört, der ausrief, nachdem er um der Sentenz willen der Mutter Knochen ihres Sohnes zum Halten gegeben hatte, die von dessen Kopf gesammelt waren: 'Du Unglücklichste aller Frauen, noch hast du deinen Sohn nicht zu Grabe getragen und schon hast du seine Ge-

[151] Der in der Übersetzung auseinandergezogene Doppelsinn hat offenbar im Munde des Verteidigers den Zweck, den Tod des jungen Mannes als höhere Fügung zu erklären, um die glückliche Erbin von dem Verdacht zu reinigen, ihrem Glück nachgeholfen zu haben.

[152] FOR p. 584 M.

[153] Cic. ad Att. 8, 7, 2.

[154] offenbar aus Ciceros ›Rede gegen Piso‹ (frg. 3 Nisbet); vgl. Hieronym. ep. 59.

[155] FOR p. 593 M. vgl. o. § 17.

[156] vgl. o. § 12. Der unangebrachte Wortwitz liegt darin, daß die Wendung wörtlich den Verlust des Daumens bezeichnet und zugleich als Redensart soviel bedeutet wie 'bis zum Letzten'.

extulisti filium et iam ossa legisti.' 22 ad hoc plerique minimis[c] etiam inventiunculis gaudent, quae excussae risum habent, inventae facie ingenii blandiuntur. de eo, qui naufragus et ante agrorum sterilitate vexatus in scholis fingitur se suspendisse: 23 'quem neque terra recipit nec mare, pendeat.' huic simile in illo, de quo supra dixi, cui pater sua membra laceranti venenum dedit: 'qui haec edit, debet hoc bibere.' et in luxuriosum, qui ἀποκαρτέρησιν simulasse dicitur: 'necte laqueum, habes quod faucibus tuis irascaris: sume venenum, decet luxuriosum bibendo mori.' 24 alia vana, ⟨ut⟩[d] suadentis purpuratis, ut Alexandrum Babylonis incendio sepeliant: 'Alexandrum sepelio: hoc quisquam spectabit a tecto?' quasi vero id sit in re tota indignissimum. alia nimia, ut de Germanis dicentem quendam audivi: 'caput nescio ubi impositum', et de viro forti: 'bella umbone propellit.' 25 sed finis non erit, si singulas corruptorum persequar formas: illud potius, quod est magis necessarium.

Duae sunt diversae opiniones, aliorum sententias solas paene sectantium,[e] aliorum omnino damnantium, quorum mihi neutrum admodum placet. 26 densitas earum obstat invicem, ut in satis omnibus fructibusque arborum nihil ad iustam magnitudinem adulescere potest, quod loco, in quem crescat, caret. nec pictura, in qua nihil circumlitum est, eminet. ideoque artifices etiam, eum plura in unam tabulam opera[f] contulerunt, spatiis distingunt, ne

c) mimicis *O. Hey*
d) *add. Regius*
e) *Spalding:* spectantium
f) **AB** corpora *O. Jahn om.* **T** *(uricensis)*

beine gesammelt!'[157] 22 Zudem freuen sich sehr viele selbst über die kümmerlichsten Gedankenblitze, die bei richtiger Arbeit nur lächerlich wirken, als Einfälle aber durch den Schein von Genialität bestechen. So heißt es von dem Mann, der sich, wie man es sich in den Schuldeklamationen zurechtmacht, als Schiffbrüchiger und vordem als Opfer dürrer Jahre seiner Ländereien, erhängte: 'So möge er denn, den weder das Land tragen will noch das Meer, hängen!' 23 Ganz ähnlich heißt es von dem Sohn, dem, wie oben erwähnt,[158] der Vater Gift gab, als er seine eigenen Gliedmaßen zerfleischte: 'Wer dies ißt, muß auch das trinken!' Ferner gegen einen Genießer, der angeblich ἀποκαρτέρησις (Tod durch Abstinenz) vorspiegelte: 'Knüpf' dir einen Strick, du hast Grund, deiner Gurgel zu zürnen, nimm Gift, es gehört sich für einen Genießer, am Trinken zu sterben!' 24 Anderes ist ganz nichtig, so wenn jemand den Purpurträgern vom Hofe riet, sie sollten Alexander in Babylon in einer Feuersbrunst bestatten: 'Alexander begrabe ich; wird das jemand vom Dach aus sehen?'[159] – als ob das in der ganzen Sache das Empörendste gewesen wäre! Anderes ist maßlos übertrieben, wie ich denn jemanden von den Germanen habe sagen hören: 'Wo ihr Haupt sitzt, weiß ich nicht.' Und von einem Helden: 'Er hat Kriege mit dem Schildknopf vertrieben.' 25 Aber ich käme zu keinem Ende, wollte ich alle Formen des Verdorbenen einzeln durchgehen. Eher das, was notwendiger ist.

Es gibt hierbei zwei verschiedene Standpunkte, wovon der eine fast nur auf Sentenzen aus ist, der andere aber sie völlig verdammt, während keiner der beiden meinen vollen Beifall findet. 26 Sind sie zu dicht gehäuft, so stehen sie sich gegenseitig im Wege, wie bei allen Aussaaten und den Baumfrüchten nichts zur rechten Größe gedeihen kann, was nicht den nötigen Wachstumsraum besitzt. Auch hebt sich keine Zeichnung auf einem Bild ab, ohne daß ringsum etwas ausgespart ist. Deshalb setzen ja auch die Künstler das einzelne, wenn sie mehrere Darstellungen auf ein Bild gebracht

[157] Das Aufsammeln der nicht verbrannten Gebeine nach der Verbrennung des Toten gehörte zum Bestattungsritus.

[158] s. o. 8, 2, 20.

[159] als käme es bei der Vernichtung der Dächer Babylons durch die Feuersbrunst nur auf die Rolle an, Zuschauer bei Alexanders Bestattung zu tragen. Auch dieser Deklamationseinfall spiegelt äußerst bezeichnend die literarisch-geistige Atmosphäre, in der unter Nero der Brand Roms zum künstlerischen Ereignis werden konnte.

umbrae in corpora cadant. 27 facit res eadem concisam quoque orationem: subsistit enim omnis sententia, ideoque post eam utique aliud est initium, unde soluta fere oratio et e singulis non membris, sed frustis conlata structura caret, cum illa rotunda et undique circumcisa insistere invicem nequeant. 28 praeter hoc etiam color ipse dicendi quamlibet clarus, multis tamen ac variis velut maculis conspergitur. porro, ut adferunt[g] lumen clavus et purpurae loco insertae, ita certe neminem deceat intertexta pluribus notis vestis. 29 quare licet haec et nitere et aliquatenus extare videantur, tamen et lumina illa non flammae, sed scintillis inter fumum emicantibus similia dixeris (quae ne apparent quidem, ubi tota lucet oratio, ut in sole sidera ipsa desinunt cerni) et, quae crebris parvisque conatibus se attollunt, inaequalia tantum et velut confragosa nec admirationem consequuntur eminentium et planorum gratiam perdunt. 30 hoc quoque accedit, quod solas captanti sententias multas dicere necesse est leves, frigidas, ineptas: non enim potest esse delectus, ubi numero laboratur. itaque videas et divisionem pro sententia poni et argumentum, sit tantum in clausulae calce[h] et apte[i] pronuntietur. 31 'occidisti uxorem ipse adulter; non ferrem te, etiam si repudiasses' divisio est. 'vis scire, venenum esse amatorium? viveret homo, nisi illud bibisset' argumentum est. nec multas plerique sententias dicunt, sed omnia tamquam sententias. 32 huic quibusdam contrarium studium, qui fugiunt ac reformidant omnem hanc in dicendo voluptatem, nihil probantes nisi planum et humile et sine conatu. ita, dum timent ne aliquando cadant, semper iacent. quod enim tantum in sententia bona crimen est? non causae prodest? non iudicem movet? non dicentem commendat? 33 sed est quoddam genus, quo veteres

g) *Spalding:* adferent **B** affert **a** (adfertur **A**[1])
h) **Ab** *corr.* **P**: clausula **BP**[1]
i) *Stroux:* male **BP** om. **Ab** *corr.* **P**

haben, durch freien Raum ab, damit keine Schatten auf die Körper fallen. 27 Die Anhäufung macht auch die Rede zerhackt; denn jede Sentenz bedeutet ein Anhalten, und daher kommt nach ihr immer ein neuer Ansatz. Deshalb ist die Rede gewöhnlich locker, und es fehlt ihr, da sie nicht aus einzelnen Gliedern, sondern aus Brocken zusammengehäuft ist, das feste Gerüst, da die runden und überall abgeschliffenen Stücke sich gegenseitig keinen Halt bieten können. 28 Außerdem erhält auch die Färbung der Rede zwar noch so helle, jedoch viele gleichsam buntscheckige Sprenkel. Wie ferner der Streifen und der an seinem Platz angebrachte Purpur (dem Gewand) Leuchtkraft verleihen, so könnte doch gewiß niemanden ein mit mehreren Mustern durchwirktes Gewand zieren. 29 Mögen deshalb solche Sentenzen zu glänzen und einigermaßen sich herauszuheben scheinen, so kann man solche Lichter doch nicht der Flamme, sondern nur den Funken, die aus dem Dunst herausblitzen, ähnlich nennen, die nicht einmal zu sehen sind, sobald die ganze Rede Leuchtkraft besitzt, wie in der Sonne selbst die Gestirne aufhören, sichtbar zu sein; und was sich in zahllosen kleineren Ansätzen erhebt, nur ungleichmäßig und gleichsam bruchstückhaft, erzielt nicht die Bewunderung wie das Hervorragende und verliert den Reiz des Ebenmäßigen. 30 Hinzu kommt noch, daß man, wenn man nur nach Sentenzen hascht, unvermeidlich viele bringen muß, die wenig Gewicht haben, frostig und unpassend sind; denn eine Auswahl kann nicht stattfinden, wo man mit der Anzahl seine liebe Mühe hat. Und so kann man denn sehen, daß eine Gedankengliederung als Sentenz steht und auch ein Beweis, steht es nur am Ende des Satzes und so, daß es sich gut vortragen laßt. 31 'Erschlagen hast du dein Weib, du, selbst ein Ehebrecher. Von dir würde ich es nicht hinnehmen, auch wenn du sie nur mit Scheidung verstoßen hättest' – das ist eine Gliederung. 'Du willst es wissen, daß der Liebestrank ein Gift ist? Der Mann wäre noch am Leben, hätte er ihn nicht getrunken!' Das ist ein Beweis! Und sehr viele verwenden in ihrer Rede nicht viele Sentenzen, sondern gleichsam *nur* Sentenzen. 32 Manche haben umgekehrt das Bestreben, diesen Genuß in ihrer Rede ganz zu meiden und davor zurückzuschrecken, indem nichts ihren Beifall findet, es sei denn eben und niedrig, und ohne den Mut, etwas Höheres zu riskieren. Während sie so Angst haben zu fallen, bleiben sie immer am Boden liegen. Was für ein Verbrechen ist denn eine gute Sentenz? Nützt sie dem Falle nicht? Macht sie nicht Eindruck auf den Richter? Ist sie nicht eine Empfehlung für den Redenden? 33 'Aber sie ist eine Art zu reden,

non utebantur. ad[j] quam usque nos vocatis vetustatem? nam si illam extremam, multa Demosthenes, quae ante eum nemo. quo modo potest probare Ciceronem, qui nihil putet ex Catone Gracchisque mutandum? sed ante hos simplicior adhuc ratio loquendi fuit. 34 ego vero haec lumina orationis velut oculos quosdam esse eloquentiae credo. sed neque oculos esse toto corpore velim, ne cetera membra officium suum perdant, et, si necesse sit, veterem illum horrorem dicendi malim quam istam novam licentiam. sed patet media quaedam via, sicut in cultu victuque accessit aliquis citra reprensionem nitor. quare, sicut possumus, adiciamus virtutibus. prius tamen sit vitiis carere, ne, dum volumus esse meliores veteribus, simus tantum dissimiles.

35 Reddam nunc, quam proximam esse dixeram partem de tropis, quos motus[k] clarissimi nostrorum auctores vocant. horum tradere praecepta et grammatici solent. sed a me, cum de illorum officio loquerer, dilata pars haec est, quia de ornatu orationis gravior videbatur locus et maiori operi reservandus.

VI.

1 τρόπος est verbi vel sermonis a propria significatione in aliam cum virtute mutatio. circa quem inexplicabilis et grammaticis inter ipsos et philosophis pugna est, quae sint genera, quae species, qui numerus, quis cuique subiciatur. 2 nos omissis, quae nihil ad in-

j) *Regius:* et **Ab** et ad **BP**
k) **BP**: modos **A**

wie sie die Alten nicht hatten!' Nun, bis wohin reicht das Altertum, auf das ihr euch beruft? Denn wenn das die Grenze ist: (auch) Demosthenes hat vieles, was vor ihm niemand hatte. 'Wie kann jemand Cicero anerkennen, der meint, man dürfe an Cato und den Gracchen nichts ändern?' Aber auch vor diesen war das Verfahren beim Reden noch einfacher! 34 Ich nun halte diese Lichter der Rede gleichsam für die Augen der Beredsamkeit. Doch möchte ich durchaus nicht, daß die Augen am ganzen Körper sitzen, damit die anderen Glieder ihre Aufgabe nicht verlieren, und wenn es unvermeidlich wäre, wäre mir jene so schauderhaft rauhe alte Art zu reden immer noch lieber als diese moderne Haltlosigkeit. Aber ein Mittelweg steht uns ja doch offen, so wie in unserer Ausstattung und Lebensweise höhere Ansprüche auf eine gepflegte Form bestehen, an denen niemand Anstoß nimmt. Deshalb wollen wir, so gut wir es vermögen, beisteuern zur Verbesserung der guten Leistungen. Unsere erste Sorge jedoch soll es sein, von den Fehlern frei zu sein, damit wir nicht, während wir besser sein wollen als die Alten, es nur dahin bringen, anders zu sein als diese.

35 Ich will nun den Abschnitt behandeln, den ich schon als den nächsten angekündigt hatte, die Lehre von den Tropen, wofür hochangesehene Sachkenner unter unseren Landsleuten 'motus' (Veränderungen) sagen. Die Vorschriften hierfür pflegen auch die Sprach- und Literaturlehrer zu geben. Jedoch habe ich, als ich über deren Aufgabe sprach,[160] dieses Gebiet noch zurückgestellt, weil mir der Abschnitt über den Schmuck der Rede größeres Gewicht zu besitzen schien und deshalb der größeren Aufgabe vorbehalten zu bleiben verdiente.

SECHSTES KAPITEL

Die Tropen

1 Ein Tropus ist die kunstvolle Vertauschung der eigentlichen Bedeutung eines Wortes oder Ausdruckes mit einer anderen. Hierbei besteht ein unentwirrbares Ringen zwischen den Sprach- und Literaturlehrern untereinander sowie gegenüber den Philosophen über die Fragen, welche seine Gattungen, welches seine Arten sind, wie groß die Anzahl der Tropen sei und was unter die einzelnen Gruppen gestellt werden soll. 2 Wir werden alle Spitzfindigkeiten,

[160] s. o. 1, 8, 16.

struendum oratorem pertinent, cavillationibus necessarios maxime atque in usum receptos exequemur, haec modo in his adnotasse contenti, quosdam gratia significationis, quosdam decoris adsumi, et esse alios in verbis propriis, alios in tralatis, vertique formas non verborum modo, sed et sensuum et compositionis. 3 quare mihi videntur errasse, qui non alios crediderunt tropos, quam in quibus verbum pro verbo poneretur. neque illud ignoro, in isdem fere, qui significandi gratia adhibentur, esse et ornatum, sed non idem accidet contra, eruntque quidam tantum ad speciem accommodati.

4 Incipiamus igitur ab eo, qui cum frequentissimus est tum longe pulcherrimus, translatione dico, quae μεταφορά Graece vocatur. quae quidem cum ita est ab ipsa nobis concessa natura, ut indocti quoque ac non sentientes ea frequenter utantur, tum ita iucunda atque nitida, ut in oratione quamlibet clara proprio tamen lumine eluceat. 5 neque enim vulgaris esse neque humilis nec insuavis haec recta modo adscita potest. copiam quoque sermonis auget permutando aut mutuando quae non habet, quodque est difficillimum, praestat ne ulli rei nomen deesse videatur. transfertur ergo nomen aut verbum ex eo loco, in quo proprium est, in eum, in quo aut proprium deest aut translatum proprio melius est. 6 id facimus, aut quia necesse est aut quia significantius est aut, ut dixi, quia decentius. ubi nihil horum praestabit, quod transferetur inproprium erit. necessitate rustici ‘gemmam’ in vitibus (quid enim dicerent aliud?) et ‘sitire segetes’ et ‘fructus laborare’, necessitate nos ‘durum hominem’ aut ‘asperum’: non enim proprium erat quod daremus his adfectibus nomen. 7 iam ‘incensum ira’ et ‘inflammatum cupiditate’ et ‘lapsum errore’ significandi gratia: nihil enim horum suis

die nichts zur Ausbildung des Redners bieten, beiseite lassen und nur die notwendigsten und allgemein anerkannten durchgehen, wobei wir uns hier auf die Feststellung beschränken, daß manche um der Wortbedeutung willen, manche um des schönen Ausdruckes willen in Anspruch genommen werden und sie sich teils bei Worten finden, die in eigentlicher, teils bei solchen, die in übertragener Bedeutung gebraucht werden, und daß die Veränderung nicht nur die Gestaltung von Einzelwörtern betrifft, sondern auch die des Sinnes und der Wortverbindung. 3 Deshalb scheinen mir diejenigen einer falschen Definition zu folgen, die als Tropen nur solche Wendungen gelten lassen, in denen ein Wort durch ein Wort ersetzt wird. Auch weiß ich sehr wohl, daß gewöhnlich die Tropen, die der Wortbezeichnung dienen, zugleich auch die Rede schmücken, das Umgekehrte aber gilt nicht durchweg, sondern es finden sich Tropen, die nur zur schönen Wirkung bestimmt sind.

4 Wir wollen nun mit dem Tropus beginnen, der der häufigste und zudem der bei weitem schönste ist; ich meine die *translatio* (Bedeutungsübertragung), die bei den Griechen *Metapher* heißt. Sie ist uns zwar schon von der Natur selbst so weit zueigen gemacht, daß auch Menschen ohne Schulung und ohne es zu merken oft von ihr Gebrauch machen, wirkt aber auch so erfrischend und strahlend, daß sie, auch wenn sie in einem noch so glänzenden Rede-Zusammenhang erscheint, doch noch ein eigenes Licht verbreitet. 5 Denn wenn sie nur richtig verwendet ist, kann sie weder gewöhnlich noch niedrig noch unangenehm wirken. Auch mehrt sie die Ausdrucksfülle durch Austausch und Entlehnung, wo ein Ausdruck fehlt, und sie leistet der Sprache den allerschwierigsten Dienst, daß nämlich keinem Ding seine Benennung zu mangeln scheine. Übertragen wird also ein Nomen oder Verbum von der Stelle, wo seine eigentliche Bedeutung liegt, auf die, wo eine eigentliche Bedeutung fehlt oder die übertragene besser ist als die eigentliche. 6 Wir tun dies entweder, weil wir es müssen, oder weil so der Ausdruck bezeichnender oder weil er so, wie schon gesagt, schöner wird. Wo die Metapher nichts hiervon leistet, erweist sie sich als unangebracht. Notgedrungen sprechen die Landwirte bei den Reben von ‘Augen’ – denn wie sollten sie sonst dafür sagen? – oder ‘die Saat dürste’ und ‘die Frucht habe schwer zu schaffen’, notgedrungen nennen wir einen Menschen ‘hart’ oder ‘rauh’; denn wir hätten ja keine eigentliche Benennung, die wir einer solchen Verfassung geben könnten. 7 ‘Zorn-entbrannt’, ‘von Begierde entflammt’ und ‘in einen Fehler verfallen’ nennen wir jemanden schon um des be-

verbis quam his accersitis magis proprium erit. illa ad ornatum, 'lumen orationis' et 'generis claritatem' et 'contionum procellas' et 'eloquentiae fulmina', ut Cicero pro Milone Clodium 'fontem gloriae eius' vocat et alio loco 'segetem ac materiem'. 8 quaedam etiam parum speciosa dictu per hanc explicantur:

hoc faciunt, nimio ne luxu obtusior usus
sit genitali arvo et sulcos oblimet inertes.

in totum autem metaphora brevior est similitudo eoque distat, quod illa comparatur rei, quam volumus exprimere, haec pro ipsa re dicitur. 9 comparatio est, cum dico fecisse quid hominem 'ut leonem', translatio, cum dico de homine 'leo est'. huius vis omnis quadruplex maxime videtur: cum in rebus animalibus aliud pro alio ponitur, ut de agitatore

gubernator magna contorsit equum vi,

aut [ut Livius Scipionem a Catone 'adlatrari' solitum refert][l] inanima pro aliis generis eiusdem sumuntur, 10 ut

classique inmittit habenas,

aut pro rebus animalibus inanima:

ferron an[m] fato moerus Argivom occidit?

aut contra:

sedet inscius alto
accipiens sonitum saxi de vertice pastor.

11 praecipueque ex his oritur mira sublimitas, quae audaci et proxime periculum translatione tolluntur, cum rebus sensu carentibus actum quendam et animos damus, qualis est

pontem indignatus Araxes

l) *del. Christ*

m) *Bücheler:* ferro non **A** ferro an **B**

zeichnenden Ausdruckes willen; denn nichts hiervon wird durch eigene Ausdrücke eigentümlicher bezeichnet als durch diese entlehnten. Zum Schmuck schließlich dienen die Metaphern 'Glanzpunkt der Rede', 'Glanz des Geschlechtes', 'Wogen der Versammlungen' und 'Blitze der Beredsamkeit', wie ja Cicero in der ›Rede für Milo‹ [161] Clodius 'die Quelle von dessen Ruhm' nennt und an anderer Stelle 'Saatfeld und Baustoff'. 8 Manches sogar, was nur höchst unschön zu sagen ist, läßt sich durch eine Metapher darlegen, wie: 'Solches geschieht, damit kein träges Fett der Empfängnis Acker und Furche verschlämmt und verstopft' [162]. Im ganzen aber ist die Metapher ein kürzeres Gleichnis und unterscheidet sich dadurch, daß das Gleichnis einen Vergleich mit dem Sachverhalt bietet, den wir darstellen wollen, während die Metapher für die Sache selbst steht. 9 Eine Vergleichung ist es, wenn ich sage, ein Mann habe etwas getan 'wie ein Löwe', eine Metapher, wenn ich von dem Manne sage: 'er ist ein Löwe'. Die gesamte Wirkung der Metapher aber entfaltet sich offenbar vor allem auf 4 Gebieten: wenn bei belebten Dingen eins für das andere gesetzt wird, wie etwa vom Wagenlenker gesagt wird [163]: 'mächtig die Kraft, mit der der Steuermann sein Gespann riß' [oder wie Livius [164] berichtet, Scipio sei von Cato immer wieder 'angebellt worden']. Oder es werden unbelebte Dinge statt anderer von der gleichen Art genommen, wenn etwa (Aeneas) 10 'läßt die Zügel schießen der Flotte' [165]. Oder (drittens) werden statt belebter Dinge unbelebte genommen: 'bracht' Schicksal oder Schwert der Griechen Wehr zu Fall?' [166] Oder umgekehrt (viertens): 'Es sitzt nichtsahnend auf hohen/Felsens Scheitel der Hirt, wo er vernimmt das Getöse' [167]. 11 Und manchmal aus solchen Metaphern, die in kühner und beinahe wagehalsiger Übertragung gewonnen werden, entsteht wunderbare Erhabenheit, wenn wir gefühllosen Dingen ein Handeln und Leben verleihen, wie etwa 'die

[161] p. Mil. 13, 34–35.

[162] nämlich der rossigen Stuten: georg. 3, 135–6 (in der Übersetzung von R. A. Schröder).

[163] Ennius, Ann. 160 V.

[164] Liv. 38, 54, 1.

[165] Verg. Aen. 6, 1.

[166] der Griechen Wehr, d. h. Achill – aus einer unbekannten Tragödie (frg. inc. 35 Rib.).

[167] Aen. 2, 307–8.

12 et illa Ciceronis: 'quid enim tuus ille, Tubero, destrictus in acie Pharsalica gladius agebat? cuius latus ille mucro petebat? qui sensus erat armorum tuorum?' duplicatur interim haec virtus, ut apud Vergilium:

ferrumque armare veneno,

nam et 'veneno armare' et 'ferrum armare' translatio est. 13 secantur haec in pluris ⟨species,⟩[n] ut a rationali ad rationale et item[o] de inrationalibus et haec invicem, quibus similis ratio est et a toto et a partibus. sed iam non pueris praecipimus, ut accepto genere species intellegere non possint.

14 Ut modicus autem atque opportunus eius usus inlustrat orationem, ita frequens et obscurat et taedio complet, continuus vero in allegoriam[p] et aenigmata exit. sunt etiam quaedam et humiles translationes, ut id, de quo modo dixi, 'saxea est verruca', et sordidae. 15 non enim, si Cicero recte 'sentinam rei publicae' dixit, foeditatem hominum significans, idcirco probem illud quoque veteris oratoris: 'persecuisti rei publicae vomicas.' optimeque Cicero demonstrat cavendum, ne sit deformis translatio, qualis est (nam ipsis eius utar exemplis): 'castratam morte Africani rem publicam', et 'stercus curiae Glauciam': 16 ne nimio maior aut, quod saepius accidit, minor, ne dissimilis. quorum exempla nimium frequenter deprendet, qui scierit haec vitia esse. sed copia quoque modum egressa vitiosa

n) *add. Daniel* partes *Kiderlin*
o) *Halm:* idem
p) allegorias **B** allegorian *Wint.*

Brücke nicht duldend Araxes'[168], 12 und die Cicero-Stelle[169]: 'Denn was hat denn dies dein gezücktes Schwert, Tubero, in der Schlacht bei Pharsalus geleistet? Gegen wessen Brust richtet sich denn seine Spitze? Was führten denn deine Waffen im Sinne?' Zuweilen erscheint diese schöne Wirkung noch verdoppelt, so bei Vergil[170]: 'und mit Gift zu wappnen das Eisen'; denn sowohl 'mit Gift zu wappnen' wie auch 'das Eisen wappnen' sind Metaphern. 13 Man zerlegt diese Arten in mehrere Erscheinungsformen, z. B. die Übertragung von Vernünftigem auf Vernünftiges und ebenso die von Unvernünftigem und auch dies wieder wechselweise untereinander, wobei die Verhältnisse ähnlich liegen, ferner die Übertragung vom Ganzen (auf seine Teile) und von Teilen (aufs Ganze). Aber wir geben ja jetzt keine Anweisungen für Knaben, die nicht imstande wären, wenn sie die Gattung haben, die einzelnen Arten zu erkennen.

14 Wie aber maßvoller und passender Gebrauch der Metapher der Rede Glanz und Helle gibt, so macht ihr häufiger Gebrauch sie dunkel und erfüllt uns mit Überdruß, ihr dauernder Gebrauch aber läuft schließlich auf Allegorie und Rätsel hinaus. Es gibt ferner auch Metaphern, die teils niedrig wirken, wie das schon erwähnte Beispiel[171]: 'Eine Felsenwarze ist es', teils sogar unanständig. 15 Denn wenn Cicero zu Recht vom 'Bodensatz des Gemeinwesens'[172] gesprochen hat, so würde ich deswegen doch nicht den Ausdruck billigen, den auch ein alter Redner gebraucht hat: 'Zerschnitten hast du die Eiterbeule des Gemeinwesens.' Und aufs beste zeigt Cicero[173], wie man vor häßlichen Metaphern auf der Hut sein müsse von der Art – denn ich will mich seiner eigenen Beispiele bedienen –: 'entmannt sei durch den Tod des Scipio das Gemeinwesen' und 'Glaucia, der Mist der Kurie'; 16 ferner davor, daß die Metapher nicht allzu hoch oder, was öfter vorkommt, allzu niedrig gewählt und daß sie nicht zu unähnlich sei. Beispiele hierfür wird man nur zu häufig antreffen, wenn man erst weiß, daß es sich hierbei um Fehler handelt. Aber auch schon die Fülle, die das Maß überschreitet, ist ein Fehler, und zumal, wenn es sich um Metaphern der gleichen Art handelt.

[168] Aen. 8, 728.
[169] p. Lig. 3, 9; vgl. 8, 4, 27.
[170] Aen. 9, 773.
[171] s. o. 8, 3, 48.
[172] Cat. 1, 5, 12.
[173] de orat. 3, 41, 164.

est, praecipue in eadem specie. 17 sunt et durae, id est a longinqua similitudine ductae, ut

capitis nives

et

Iuppiter hibernas cana nive conspuit Alpes.[q]

in illo vero plurimum erroris, quod ea, quae poetis, qui et omnia ad voluptatem referunt et plurima vertere etiam ipsa metri necessitate coguntur, permissa sunt, convenire quidam etiam prorsae putant. 18 at ego in agendo nec 'pastorem populi' auctore Homero dixerim, nec volucres 'per aëra nare',[r] 'pennis remigare', licet hoc Vergilius in apibus ac Daedalo speciosissime sit usus. metaphora enim aut vacantem locum occupare debet aut, si in alienum venit, plus valere eo, quod expellet.

19 Quod aliquanto paene iam[s] magis de synecdoche dicam. nam translatio permovendis animis plerumque et signandis rebus ac sub oculos subiciendis reperta est: haec variare sermonem potest, ut ex uno plures intellegamus, parte totum, specie genus, praecedentibus sequentia, vel omnia haec contra liberior poetis quam oratoribus. 20 nam prorsa, ut 'mucronem' pro gladio et 'tectum' pro domo recipiet, ita non 'puppem' pro navi nec 'abietem' pro tabellis, et rursus, ut pro gladio 'ferrum', ita non pro equo 'quadripedem'. maxime autem in orando valebit numerorum illa libertas. nam et Livius saepe sic dicit: 'Romanus proelio victor', cum Romanos vicisse significat, et contra Cicero ad Brutum 'populo', inquit, 'inposuimus et oratores visi sumus', cum de se tantum loqueretur. 21 quod genus non orationis modo ornatus, sed etiam cotidiani

q) Alpeis *Rad.* (alpesi **G**)

r) *Halm:* sperae sanare **G** *om.* **AMP** (pennis remigrare **a** *ras.*)

s) aliquanto *Regius:* aliquando **AG** pentiam **AG** (peneiam **A**²) *crucem recte appos. Rad.* [aliquando] *Bonnell*

17 Es gibt auch noch harte, d. h. solche Metaphern, die aus einer zu weitläufigen Ähnlichkeit gewonnen sind, so etwa 'des Hauptes Schnee'[174] und 'Juppiter spie grauen Schnee auf die Winterberge der Alpen'[175]. Darin aber liegt ein Hauptirrtum, daß manche meinen, das, was den Dichtern erlaubt sei, die ja bei allem nur unterhalten wollen und auch schon durch den Verszwang genötigt werden, sehr viele Ausdrücke zu verändern, schicke sich auch für die Prosa. 18 Dagegen möchte ich in einer Gerichtsverhandlung weder auf die Gewähr von Homer hin von einem 'Hirten des Volkes'[176] sprechen noch davon, daß die Vögel 'die Luft durchschwimmen', 'mit Flügeln rudern', mag auch Vergil bei den Bienen[177] und Daedalus[178] davon aufs schönste Gebrauch gemacht haben. Denn die Metapher muß entweder einen freien Platz einnehmen, oder wenn sie auf einen Platz kommt, der einem anderen gehört, mehr leisten als das, was sie verdrängen will.

19 Dies möchte ich noch nachdrücklicher von der *Synecdoche* sagen. Denn die Metapher ist größtenteils dazu erfunden, auf das Gefühl zu wirken und die Dinge deutlich zu bezeichnen und vor Augen zu stellen; die Synecdoche aber vermag Abwechslung in die Rede zu bringen, so daß wir bei einem Ding an mehrere denken, bei einem Teil an das Ganze, bei der Art an die Gattung, bei dem Vorausgehenden an das Folgende oder auch bei alldem umgekehrt, wobei Dichter freier verfahren können als Redner. 20 Denn mag auch die Prosa 'die Spitze' für Schwert und 'das Dach' für Haus hinnehmen, so doch nicht 'Heck' für Schiff und auch nicht 'Tanne' für Schreibtafel, und umgekehrt sowenig für Schwert 'Eisen' wie für Pferd 'Vierfüßler'. Vor allem aber wird für den Redner das freie Verfahren mit der Anzahl von Wichtigkeit sein. Findet sich doch oft bei Livius[179] der Ausdruck: 'der Römer siegreich im Kampf', wenn er sagen will, die Römer hätten gesiegt, und umgekehrt sagt Cicero[180] (in einem Brief) zu Brutus: 'so haben wir beim Volk Eindruck gemacht und uns als Redner gezeigt', obwohl er nur von sich spricht. 21 Diese Ausdrucksweise macht sich nicht nur der

[174] Horaz c. 4, 13, 2.
[175] Furius Bibaculus frg. 15 Morel; vgl. Hor. sat. 2, 5, 41.
[176] z. B. Il. 2, 243.
[177] georg. 4, 59.
[178] Aen. 6, 16.
[179] Liv. 2, 27, 1.
[180] ep. frg. VII 10 Müller = p. 16 Weyssenhoff.

sermonis usus recipit. quidam synecdochen vocant et cum id in contextu sermonis, quod tacetur, accipimus: verbum enim ex verbis intellegi, quod inter vitia ellipsis[t] vocatur:

Arcades ad portas ruere.

22 mihi hanc figuram esse magis placet, illic ergo reddetur.[u] aliud etiam intellegitur ex alio:

aspice, aratra iugo referunt suspensa iuvenci,

unde apparet noctem adpropinquare. id nescio an oratori conveniat nisi in argumentando, cum rei signum est: sed hoc ab elocutionis ratione distat.

23 Nec procul ab hoc genere discedit[v] metonymia, quae est nominis pro nomine positio, [cuius vis est, pro eo, quo dicitur, causam, propter quam dicitur, ponere][w] sed, ut ait Cicero, hypallagen rhetores dicunt. haec inventas ab inventore et subiectas res ab obtinentibus significat, ut

Cererem corruptam undis,

et

receptus
terra Neptunus classes aquilonibus arcet.

quod fit retrorsum durius. 24 refert autem, in quantum hic tropus oratorem sequatur. nam ut 'Vulcanum' pro igne volgo audimus[x] et 'vario Marte pugnatum' eruditus est sermo et 'Venerem' quam coitum dixisse magis decet, ita 'Liberum et Cererem' pro vino et pane licentius, quam ut fori severitas ferat. sicut ex eo, quod continetur,[y] usus recipit 'bene moratas urbes' et 'poculum epotum' et 'saeculum felix': 25 at id, quod contra est, raro audeat nisi poeta:

t) *Gesner:* etlipsis
u) *corr.* **P**: redentur **AG** redditur *recc.*
v) *corr.* **P**^{2}: descendit
w) *del. Spalding*
x) *Francius:* audivimus
y) *suppl.* **P** quod ‹continet id quod› continetur

Schmuck der Rede zu eigen, sondern sogar die Gebrauchsform des Alltags. Manche sprechen auch von Synecdoche, wenn wir ein Wort verstehen, das im Textzusammenhang unausgesprochen ist; denn durch eine Mehrzahl von Worten werde so ein Wort verstanden, eine Ausdrucksweise, die wir im Bereich der Ausdrucksfehler als Ellipse bezeichnen, wie etwa 'die Arkader hin zu den Toren'[181]. 22 Mir scheint es sich hier eher um eine Redefigur zu handeln; sie wird deshalb bei diesen zur Sprache kommen[182]. Ferner kann etwas aus etwas anderem entnommen werden: 'Schau, wie die Rinder am Joch die Pflüge schon heimwärts führen'[183] – woraus es sich ergibt, daß die Nacht naht. Ich weiß nicht, ob das für den Redner außer bei der Beweisführung in Frage kommt, wenn es um Zeichen für einen Sachverhalt geht. Doch das liegt weit ab von der Lehre vom Ausdruck.

23 Nicht fern der Synecdoche steht die *Metonymie,* d. h. die Setzung einer Benennung für eine andere, [deren Bedeutung darin liegt, statt dessen, wovon man spricht, den Grund einzusetzen, weswegen man davon spricht]; jedoch nennen das, wie Cicero sagt,[184] die Lehrer der Rhetorik Hypallage (Ersatz). Sie bezeichnet das Erfundene nach dem Erfinder und das Besessene nach den Inhabern; so etwa 'Ceres vom Wasser verdorben'[185] oder 'aufgenommen zu Lande/hält Neptunus des Nordwinds Gefahren nun fern von den Flotten'[186]. 24 Diese Umbenennung läßt sich in umgekehrter Abfolge nur mit Härte durchführen. Hier kommt es aber darauf an, wieweit dieser Tropus sich dem Redner fügt. Denn zwar kann man allgemein für Feuer 'Vulcanus' sagen hören, auch der Ausdruck 'man kämpfte mit wechselndem Mars' gehört zur Umgangssprache der Gebildeten, und es ist schicklicher, für Begattung 'Venus' zu sagen, aber 'Liber' und 'Ceres' für Wein und Brot geht weiter, als es der ernste Ton des Forums erträglich findet. So ist es zwar auch gebräuchlich, das Enthaltene (statt des Enthaltenden) zu verwenden in Fällen wie 'wohl gesittete Städte', 'dem ausgetrunkenen Becher' und 'dem glücklichen Zeitalter'; 25 das Umgekehrte dagegen dürfte kaum einer wagen, es sei denn ein

[181] Aen. 11, 142.
[182] im 9. Buch.
[183] ecl. 2, 66.
[184] orat. 27, 93.
[185] Aen. 1, 177.
[186] Hor. a. p. 63–4.

iam proximus ardet Ucalego.

nisi forte hoc potius est, a possessore quod possidetur, ut 'hominem devorari', cuius patrimonium consumatur: quo modo fiunt innumerabiles species. 26 huius enim sunt generis, cum 'ab Hannibale caesa apud Cannas sexaginta milia' dicimus et carmina Vergili 'Vergilium', 'venisse' commeatus, qui adferantur, 'sacrilegium deprehensum', non sacrilegum, 'armorum scientiam habere', non artis. 27 illud quoque et poetis et oratoribus frequens, quo id, quod efficit, ex eo, quod efficitur, ostendimus, nam et carminum auctores

pallida mors aequo pulsat pede pauperum tabernas,

et

pallentesque habitant morbi tristisque senectus,

et orator 'praecipitem iram, hilarem adulescentiam, segne otium' dicet.

28 Est etiam huic tropo quaedam cum synecdoche vicinia. nam cum dico 'vultus hominis' pro vultu, dico pluraliter, quod singulare est, sed non id ago, ut unum ex multis intellegatur (nam id est manifestum), sed nomen inmuto[z]: et cum aurata tecta 'aurea', pusillum a vero[a] discedo, quia non est ⟨nisi⟩[b] pars auratura. quae singula persequi minutioris est curae etiam non oratorem instruentibus.

29 Antonomasia, quae aliquid pro nomine ponit, poetis utroque modo frequentissima, et per epitheton, quod detracto eo, cui adponitur, valet pro nomine 'Tydides, Pelides', et ex his, quae in quoque sunt praecipua:

divum pater atque hominum rex.

[et ex factis, quibus persona signatur:

thalamo quae fixa reliquit
impius.][c]

30 oratoribus etiam si rarus eius rei, nonnullus tamen usus est. nam

z) *corr.* **p**: multa
a) *Gothanus* **P**: ab eo **G** ab ea **A**
b) *suppl. Badius*
c) *del. Christ*

Dichter: 'schon als nächster brennt Ucalegon'[187] (d. h. sein Haus). Eher vielleicht läßt sich das Besitztum nach dem Besitzer bezeichnen, etwa 'daß ein Mensch verschlungen werde', dessen väterliche Habe aufgezehrt wird. 26 Diese Art erscheint in unzähligen Formen; denn hierhin gehört es, wenn wir sagen, 'von Hannibal seien bei Cannae 60000 erschlagen', wenn wir die Gedichte des Vergil 'den Vergil' nennen, sagen, die Verpflegung, die gebracht wird, 'sei gekommen', ein Tempelraub sei 'gefaßt', nicht der Tempelräuber, wir hätten Waffenkenntnis, nicht die der Kunstfertigkeit (im Waffengebrauch). 27 Häufig ist es auch bei Dichtern und Rednern, das Bewirkende durch das, was bewirkt wird, zu veranschaulichen; denn so findet es sich bei den Verfassern von Gedichten: 'Gleich ist der Fuß, mit dem blasser Tod an die Hütten der Armen klopft'[188]; und 'blasse Krankheiten hausen dort und düsteres Alter'[189]. Und auch der Redner wird sprechen von 'jähem Zorn', 'heiterer Jugend', 'träger Muße'. 28 Es besteht aber auch zwischen diesem Tropus und der Synecdoche eine nachbarliche Berührung. Denn wenn ich sage 'die Mienen des Menschen' statt 'die Miene', so bezeichne ich im Plural, was Singular ist, aber ich tue dies nicht, damit man das eine in den vielen erkennt – denn das Gemeinte versteht sich ja von selbst –, sondern ich vertausche die Benennung. Auch wenn ich vergoldete Dächer 'golden' nenne, weiche ich von dem wahren Sachverhalt ein klein wenig ab, weil ja die Vergoldung nur ein Teil (des Daches) ist. Diese Feinheiten einzeln zu verfolgen, verlangt eine Sorgfalt, die selbst dann zu kleinlich wäre, wenn es nicht darum ginge, einen Redner anzuleiten.

29 Die *Antonomasie,* die etwas an Stelle eines Namens setzt, ist in beiden Formen bei Dichtern sehr häufig, sowohl durch ein Beiwort, das, wenn der Name, bei dem es steht, wegfällt, soviel bedeutet wie der Name, z. B. 'der Tydide', (Diomedes), 'der Pelide' (Achill), als auch als Bezeichnung nach dem, was jeweils besonders hervorstechend ist, so etwa 'Vater der Götter und König der Menschen'[190] oder nach Tatsachen, durch die eine Person deutlich bezeichnet wird, so etwa 'Was im Gemach aufgehängt der Treulose zurückgelassen'[191]. 30 Für die Redner gibt es hierfür zwar nicht häufig,

[187] Aen. 2, 311.
[188] Hor. c. 1, 4, 13.
[189] Aen. 6, 275.
[190] Aen. 1, 65.
[191] Aen. 4, 495. Den Zusatz dieses Beispiels hat Christ getilgt.

ut 'Tydiden' et 'Peliden' non dixerint, ita dixerint 'impios et parricidas'[d], 'eversorem' quoque 'Karthaginis et Numantiae' pro Scipione et 'Romanae eloquentiae principem' pro Cicerone potuisse[e] non dubitem.[f] ipse certe usus est hac libertate: 'non multa peccas, inquit ille fortissimo viro senior magister': neutrum enim nomen est positum utrumque intellegitur.

31 Onomatopoeia quidem, id est fictio nominis, Graecis inter maximas habita virtutes, nobis vix permittitur. et sunt plurima ita posita ab his, qui sermonem primi fecerunt aptantes adfectibus vocem: nam 'mugitus' et 'sibilus' et 'murmur' inde venerunt. 32 deinde, tamquam consummata sint omnia, nihil generare audemus ipsi, cum multa cotidie ab antiquis ficta moriantur. vix illa, quae πεποιημένα vocant, quae ex vocibus in usum receptis quocumque modo declinantur, nobis permittimus, qualia sunt [ut][g] 'sullaturit' et 'proscripturit', atque 'laureati postes' pro illo 'lauru coronati' ex eadem fictione sunt, sed hoc feliciter evaluit. 33 At οἴνοι' ἀγαθοῖο[h] ferimus in Graecis, Ovidius ioco cludit 'vinoeo bonoeo'.[i] dure etiam iungere arquitenentem[j] et dividere[k] septentriones videmur.

34 Eo magis necessaria κατάχρησις, quam recte dicimus abusionem, quae non habentibus nomen suum accommodat, quod in proximo est, sic:

equum †ogra putant
aedificant,

d) *Spalding:* impius et parricida *ll. lac. post parr. Halm*
e) **G** posuisse **A**
f) *Francius:* dubite **A** dubitent *ed. Jens.*
g) *om.* **P** ut ‹supra dixi› *Heraeus*
h) *Rad. (Heraeus):* ad oinoi et vio eo
i) *Heraeus:* ocoeluditvino bono eo **A**
j) *Haupt:* arqui tollentem
k) *Obrecht:* videre

aber immerhin einige Verwendungsmöglichkeiten. Denn sowenig sie vom 'Tydiden' und 'Peliden' reden könnten, so doch von Frevlern und Vatermördern (im Hinblick auf bestimmte Personen). Auch würde ich unbedenklich 'Zerstörer von Karthago und Numantia' für Scipio und 'Fürst der Redekunst in Rom' für Cicero setzen. Jedenfalls hat letzterer selbst von solcher Freiheit der Bezeichnung Gebrauch gemacht: 'Nicht viele Fehler hast du, sprach der ältere Lehrmeister zum tapfersten Helden'[192]; denn keiner der beiden Namen fällt hier, und doch erkennt man beide (Achill und Phoenix).

31 Die *Onomatopoiie* zwar, d. h. die Erfindung einer neuen Benennung, die bei den Griechen zu den höchsten Schönheiten des Ausdrucks gerechnet wird, ist uns Römern heute kaum vergönnt. Das meiste ist so von denen schon festgelegt worden, die zuerst die Sprache geschaffen haben, indem sie die Worte den Gefühlseindrücken anpaßten. Denn daher ist es zu 'mugitus' (Gebrüll), 'sibilus' (Zischen) und 'murmur' (Gemurmel) gekommen. 32 Danach aber wagen wir uns auch nichts mehr zu schaffen, als seien alle Möglichkeiten schon erschöpft, während täglich vieles von dem, was die Alten gebildet haben, ausstirbt. Kaum gestatten wir uns noch die sogenannten πεποιημένα, Neubildungen irgendwelcher Art, die von gebräuchlichen Wörtern abgeleitet werden, wie etwa 'sullaturit'[193] und 'proscripturit'[194]; und 'laureati postes' (lorbeern-gemachte Pfosten) statt des geläufigen 'mit Lorbeer bekränzt' gehört zur selben Art von Erfindung, hat sich jedoch glücklich durchgesetzt. 33 Doch nehmen wir im Griechischen οἶνοι' ἀγαθοῖο (guten Weines) hin, während Ovid nur im Scherz den Verschluß 'vinoeo bonoeo'[195] bildet. Es scheint uns schon hart, wenn wir 'arquitenentem' (den Bogen haltenden) als Wortverbindungen und 'septentriones' (Sieben-Geschirr) trennen.

34 Um so notwendiger ist die *Katachrese*, wofür wir richtig 'abusio' (Mißbrauch) sagen, der Tropus, der die Bezeichnung für Dinge, die keine eigene Benennung haben, dem anpaßt, was dem Gemeinten am nächsten liegt, etwa 'sie zimmern ein Pferd mit der Pallas göttlicher Kunst'[196], und in der Tragödie heißt es: 'Dem (Sohn) Aegia-

[192] Cic. p. Mur. 29, 60.

[193] 'Es drängt ihn, ein Sulla zu sein.' Cicero ad Att. 9, 10, 6.

[194] 'Es drängt ihn, durch Proskription zu ächten.'

[195] mit der homerischen Genetivendung an dem lateinischen Wort.

[196] Aen. 2, 15 nach der Verbesserung des unverständlichen Textes durch Badius.

et apud tragicos 'Aegialeo parentat[l] pater'. 35 mille sunt haec: 'acetabula' quidquid habent[m] et 'pixides'[n] cuiuscumque materiae sunt et 'parricida' matris quoque aut fratris interfector. discernendumque est ab hoc[o] totum translationis istud genus, quod abusio est, ubi nomen defuit, translatio, ubi aliud fuit. nam poetae solent abusive etiam in his rebus, quibus nomina sua sunt, vicinis potius uti, quod rarum in prorsa est. 36 illa quoque, quidam καταχρήσεις volunt esse, cum pro temeritate 'virtus' aut pro luxuria 'liberalitas' dicitur. a quibus equidem[p] dissentio: namque in his non verbum pro verbo ponitur, sed res pro re. neque enim quisquam putat luxuriam et liberalitatem idem significare, verum id, quod fit, alius luxuriam esse dicit, alius liberalitatem, quamvis neutri dubium sit haec esse diversa.

37 Superest ex his, quae aliter significant, μετάληψις, id est transsumptio, quae ex alio tropo in alium velut viam praestat, ***[q] et rarissimus et inprobissimus, Graecis tamen frequentior, qui Centaurum,[r] qui Chiron est, Ἥσσονα[s] et insulas ὀξείας θοάς dicunt. nos quis ferat, si Verrem 'suem' aut Aelium Catum 'doctum' nominemus? 38 est enim haec in metalempsi natura, ut inter id, quod transfertur, et id, quo transfertur, sit medius quidam gradus, nihil ipse significans, sed praebens transitum: quem tropum magis adfectamus, ut habere videamur, quam ullo in loco desideramus. nam

l) *Gertz:* paret at
m) *Gallaeus:* habet
n) **P**: pissides
o) ab hoc *Gertz:* hoc
p) *Halm* ego (haec) quidem
q) *lac. suppl. Rad. e.g.* cuius in comoedia usus probatur, alioqui
r) *Regius:* qua scient aurum
s) *Meister:* hoccona

leus bringt der Vater das Ahnenopfer dar.'[197] 35 Tausend Beispiele gibt es dieser Art: 'Acetabula'[198] enthalten alle möglichen Flüssigkeiten, 'pixides' (Buchsbaum-Büchschen) sind aus allem möglichen Stoff, und ein 'parricida' (Vatermörder) ist auch der Mörder der Mutter oder des Bruders. Hiervon ist alles, was zur Art der metaphorischen Übertragung gehört, fernzuhalten; denn um Katachrese handelt es sich da, wo eine Benennung fehlte, um Metapher, wo sie eine andere war. Dichter gebrauchen nämlich gern mißbräuchlicherweise auch bei solchen Dingen, die eigene Namen besitzen, lieber solche aus benachbartem Gebiet, was in Prosa selten der Fall ist. 36 Manche möchten auch dann von Katachrese sprechen, wenn für Verwegenheit 'Heldenmut' oder für Verschwendung 'Großzügigkeit' gesagt wird. Doch teile ich diese Auffassung nicht; denn hier wird nicht ein Wort für ein Wort gesetzt, sondern ein Sachverhalt für einen anderen. Keiner glaubt ja doch, Verschwendung und Großzügigkeit bedeutete dasselbe, sondern von dem, was geschieht, behauptet der eine, es sei Verschwendung, der andere, es sei Großzügigkeit, obwohl es keinem der beiden zweifelhaft ist, daß das verschiedene Dinge sind.

37 Es bleibt von den Tropen, die eine Bezeichnung auf andere Weise ausdrücken, noch die μετάληψις, d. h. *transsumptio* (Übernahme), die von einem Tropus zum anderen gewissermaßen einen Übergang bietet. ⟨Ihre Verwendung läßt sich in der Komödie rechtfertigen, sonst⟩ ist dieser Tropus äußerst selten und ungezogen, bei den Griechen jedoch häufiger, die einen Zentauren, der Chiron ('geringer') heißt, Ἥσσων ('geringer') nennen und steile Inseln 'die schnellen'.[199] Wer würde es von uns hinnehmen, wenn wir Verres ('Eber') 'Schwein' oder Aelius Catus ('den Schlauen') 'gebildet' nennen wollten? 38 Denn das Wesen der Metalepsis liegt darin, daß sich zwischen dem, was übertragen wird, und dem, worauf es übertragen wird, eine Art Mittelstufe findet, die selbst nichts bezeichnet, sondern nur einen Übergang bietet. Bei diesem Tropus kommt es uns mehr darauf an, daß man sieht, daß wir ihn auch besitzen, als daß wir ihn an irgendeiner Stelle wünschten. Ist doch

[197] bei einem unbekannten Dichter (Pacuvius?): Trag. inc. 79 Rib.

[198] 'Essig-Fläschchen'.

[199] Wie sie die Synonyma für 'geringer' in dem redenden Eigennamen ('Herr Weniger') im Spaß vertauschen, so setzen sie für ὀξύς, das 'steil' und 'schnell' heißen kann, θοός, das damit nur in der Bedeutung 'schnell' synonym ist.

id eius frequentissimum exemplum est 'cano canto', ⟨'canto⟩[t] dico', ita 'cano dico': interest medium illud 'canto'. 39 nec diutius in eo morandum: invisi usus admodum videt⟨ur esse⟩ nisi,[u] ut dixi, in comoedis.

40 Cetera iam non significandi gratia, sed ad ornandam, non[v] augendam orationem adsumuntur. ornat enim ἐπίθετον quod recte dicimus adpositum, a nonnullis sequens dicitur. eo poetae et frequentius et liberius utuntur. namque illis satis est convenire id verbo, cui adponitur, itaque et 'dentes albos' et 'umida vina' in his non reprehendemus: apud oratorem, nisi aliquid efficitur, redundat. tum autem efficitur, si sine illo id, quod dicitur, minus est, qualia sunt: 'o scelus abominandum, o deformem libidinem'. 41 exornatur autem res tota maxime translationibus: 'cupiditas effrenata' et 'insanae[w] substructiones.' et solet fieri aliis adiunctis epitheton tropus,[x] ut apud Vergilium 'turpis egestas' et 'tristis senectus'. verumtamen talis est ratio huiusce virtutis, ut sine adpositis nuda sit et velut incompta oratio, oneretur tamen multis. 42 nam fit longa et impedita, ubi congestioribus[y] eam iungas similem agmini totidem lixas habenti quot milites, cui[z] et numerus est duplex nec duplum virium. quamquam non singula modo, sed etiam plura verba apponi solent, ut

coniugio Anchisa Veneris dignate superbo.

43 sed hoc quocumque[a] modo: duo vero uni adposita ne versum quidem decuerint. sunt autem, quibus non videatur hic omnino

t) *add. Christ*
u) *Rad.:* innisi ... video nihil **AG**
v) vel *Meister*
w) **P**: insanatae
x) **V**: tropis (*quo recepto* [epitheton]) *Wint.*
y) *Haupt:* uti questionibus
z) *Bonnell:* qui
a) *Spalding:* quoque

das Beispiel (genügend), das hierfür am häufigsten gebraucht wird: Cano (ich singe) ist soviel wie 'canto'; 'canto' ist soviel wie dico (ich sage)- so ist also 'cano' soviel wie 'dico'. Die Mittelstufe ist hierbei das 'canto'. 39 Doch damit wollen wir uns nicht länger aufhalten. Denn ich sehe gar keinen Nutzen darin – es sei denn, wie gesagt, in Komödien.

40 Die restlichen Tropen nun werden nicht um der Wortbedeutung willen in Anspruch genommen, sondern um die Rede zu schmücken und zu steigern: Zum Schmuck dient nämlich *das Epitheton* (Zusatz), das wir zu Recht 'appositum' nennen, manche auch 'sequens' (das Folgende). Deshalb verwenden es auch die Dichter häufiger und großzügiger. Denn für diese ist es schon genug, daß der Zusatz zu dem Wort paßt, zu dem er gesetzt wird, und deshalb werden wir bei ihnen an 'weißen Zähnen'[200] und 'feuchten Weinen'[201] keinen Anstoß nehmen. Bei einem Redner ist ein solcher Zusatz überflüssig, wenn er keine Wirkung hat. Er hat aber dann eine Wirkung, wenn ohne ihn das Gesagte geringer wirkt, wie etwa bei 'o verwünschtes Verbrechen! o abscheuliches Gelüste!' 41 Seinen Schmuck aber erhält der ganze Ausdruck vor allem durch Metaphern, z. B. (bei Cicero): 'zügellose Begierde'[202] und 'wahnsinnige Stützbauten'[203]. Und es wird gewöhnlich das Epitheton dadurch zum Tropus, daß die Hinzufügung etwas anderes enthält, so bei Vergil[204] 'häßliche Armut' und 'düsteres Alter'[205]. Indessen ist es nun freilich mit der schönen Wirkung dieses Schmuckes so, daß die Rede ohne Zusätze nackt und gleichsam ungepflegt, mit einer Vielzahl von Zusätzen jedoch überladen erscheint. 42 Denn sie wird lang und unbehilflich, wenn man sie mit zuviel dichtgedrängtem Beiwerk verbindet, wie ein Heereszug, der ebensoviel Troß wie Soldaten mit sich führt, zwar die Kopfzahl, nicht aber die Schlagkraft verdoppelt. Gleichwohl pflegt man nicht nur einzelne, sondern auch mehrere Wörter als Zusatz zu verwenden, wie bei Vergil[206]: 'durch der Venus stolzen Bund geehrter, Anchises'. 43 Doch wie es auch damit stehe: jedenfalls dürften zwei Zusätze zu einem Wort sich nicht einmal im Vers schön ausnehmen. Man vertritt aber auch

[200] Aen. 11, 681.
[201] georg. 3, 364.
[202] Cat. 1, 10, 25.
[203] p. Mil. 20, 53.
[204] Aen. 6, 276.
[205] Aen. 6, 275.
[206] Aen. 3, 475.

tropus, quia nihil vertat, nec esse ⟨pot⟩est[b] semper, sed cum idem appositum, si a proprio diviseris, per se significat et facit antonomasian. nam si dicas 'ille qui Karthaginem et Numantiam evertit', erit antonomasia, si adieceris 'Scipio', erit appositum: non potest ergo esse † iunctum.[c]

44 'Ἀλληγορία, quam inversionem interpretantur, aut[d] aliud verbis aliud sensu ostendit, aut etiam interim contrarium. prius fit genus plerumque continuatis translationibus, ut

O navis, referent in mare te novi
fluctus: o quid agis? fortiter accipe[e]
portum,

totusque ille Horati locus, quo navem pro re publica, fluctus et tempestates pro bellis civilibus, portum pro pace atque concordia dicit. 45 tale Lucreti

avia Pieridum peragro loca,

et Vergili

sed nos inmensum spatii confecimus aequor,
et iam tempus equum fumantia solvere colla.

46 sine translatione vero in Bucolicis:

certe equidem audieram, qua se subducere colles
incipiunt mollique iugum dimittere clivo,
usque ad aquam et veteris iam fracta cacumina fagi,
omnia carminibus vestrum servasse Menalcan.

47 hoc enim loco praeter nomen cetera propriis decisa sunt verbis, verum non pastor Menalcas, sed Vergilius est intellegendus. habet usum talis allegoriae frequenter oratio, sed raro totius, plerumque apertis permixta est. tota apud Ciceronem talis est: 'hoc miror, hoc queror, quemquam hominem ita pessumdare alterum velle, ut etiam navem perforet, in qua ipse naviget.' 48 illud commixtum fre-

b) *Rad.:* est
c) *cruc. appos. Wint.* seiunctum *Christ*
d) *Spalding:* ut
e) occupa **A**^{2}**P, V** (*v.l.* accipe)

die Auffassung, das Epitheton sei überhaupt kein Tropus, weil es nichts verwandle. Und es kann wirklich nicht immer ein Tropus sein, sondern nur dann, wenn der Zusatz, wenn man ihn von seinem eigentlichen Beziehungswort trennt, von sich aus das gleiche bezeichnet und so eine Antonomasie bildet; denn wenn man sagt, 'er, der Karthago und Numantia zerstört hat', ist es Antonomasie, wenn man hinzufügt 'Scipio', ist es Epitheton. Ohne solche Verbindung ist der Ausdruck also nicht möglich.[207]

44 Die *Allegorie*, die man im Lateinischen als inversio (Umkehrung) bezeichnet, stellt einen Wortlaut dar, der entweder einen anderen oder gar zuweilen den entgegengesetzten Sinn hat. Die erstere Art erfolgt meist in durchgeführten Metaphern, so etwa 'Schiff, dich treibt die Flut wieder ins Meer zurück! / Weh, was tust du nur jetzt! Tapfer dem Hafen zu' und die ganze Stelle bei Horaz[208], an der er Schiff für das Gemeinwesen, Fluten und Stürme für Bürgerkriege, Hafen für Frieden und Eintracht sagt. 45 So auch Lukrez[209]: 'Unbegangene Musengefilde durchwandre ich' und Vergil[210]: 'Aber wir haben bereits die Rennbahn völlig durchlaufen; und es ist Zeit vom Joch die dampfenden Rosse zu lösen!' 46 Ohne Metapher aber in den Hirtengedichten[211]: 'Hatt' ich doch immer gehört, von da, wo die Hügel beginnen, / sachter zu werden und sanft vom Joch sich nieder zu senken, / bis an den Fluß und die greisen, schon halb entwipfelten Buchen, / hätte durch seinen Gesang Menalcas alles gerettet.' 47 Denn an dieser Stelle ist außer dem Namen alles mit eigentlichen Worten festgelegt, jedoch soll nicht der Hirte Menalcas, sondern Vergil verstanden werden. Für solche Allegorie hat die Rede häufig Verwendung, jedoch selten für die vollständige; meist ist sie vermischt mit unmittelbar Gesagtem. Vollständig ist bei Cicero[212] folgende: 'Darüber wundere ich mich, darüber beklage ich mich, daß ein Mensch so darauf aus ist, einen anderen zugrunde zu richten, daß er sogar das Schiff anbohrt, das ihn selbst trägt.' 48 Am häufigsten ist folgende vermischte

[207] Text unsicher. Das überlieferte 'iunctum' müßte besagen, daß das Epitheton als Tropus eine *selbständige* Erweiterung zu seinem Beziehungswort liefern muß. Vgl. 9, 1, 6.

[208] c. 1, 14, 1–2 (übers. nach R. Helm).

[209] 4, 1 (= 1, 926).

[210] georg. 2, 541 (übers. v. R. A. Schröder).

[211] ecl. 9, 7–10.

[212] frg. orat. B 13 Sch.

quentissimum: 'equidem ceteras tempestates et procellas in illis dumtaxat fluctibus contionum semper Miloni putavi esse subeundas.' nisi adiecisset 'dumtaxat contionum',[f] esset allegoria: nunc eam miscuit, quo in genere et species ex arcessitis verbis venit et intellectus ex propriis. 49 illud vero longe speciosissimum genus orationis, in quo trium permixta est gratia, similitudinis, allegoriae, translationis: 'quod fretum, quem euripum tot motus, tantas, tam varias habere creditis agitationes, commutationes, fluctus, quantas perturbationes et quantos aestus habet ratio comitiorum? dies intermissus unus aut nox interposita saepe et[g] perturbat omnia et totam opinionem parva nonnumquam commutat aura rumoris.' 50 nam id quoque in primis est custodiendum, ut, quo ex genere coeperis translationis, hoc desinas. multi autem, cum initium tempestatem sumpserunt, incendio aut ruina finiunt, quae est inconsequentia rerum foedissima. 51 ceterum allegoria parvis quoque ingeniis et cotidiano sermoni frequentissime servit. nam illa in agendis causis iam detrita 'pedem conferre' et 'iugulum petere' et 'sanguinem mittere' inde sunt, nec offendunt tamen: est enim grata in eloquendo novitas et emutatio, et magis inopinata delectant, ideoque iam in his amisimus modum et gratiam rei nimia captatione consumpsimus. 52 est ⟨et⟩[h] in exemplis allegoria, si non praedicta ratione ponantur. nam ut 'Dionysium Corinthi esse', quo Graeci omnes utuntur, ita plurima similia dici possunt. sed[i] allegoria, quae est obscurior, 'aenigma' dicitur, vitium meo quidem iudicio, si quidem dicere dilucide virtus, quo tamen et poetae utuntur:

f) fluctibus contionum **G**
g) *om.* **M** *(Cic.)*
h) *add. Spalding*
i) *Spalding:* haec

Form[213]: 'Wahrhaftig, ich glaube immer, die anderen Unwetter und Stürme, zumal in jenen Sturmfluten der Versammlungen, seien es, die Milo bestehen müßte.' Hätte er nicht hinzugefügt 'zumal der Versammlungen', so wäre es eine Allegorie; nun aber hat er sie verwischt. Hierbei kommt die Schönheit des Ausdrucks von den entlehnten Wortbildern, die Verständlichkeit des Gemeinten von den eigentlichen Bezeichnungen. 49 Bei weitem am schönsten aber wirkt die Art zu reden, in der der Liebreiz von drei Ausdrucksmitteln sich verschmolzen hat, Gleichnis, Allegorie und Metapher: 'Welche See, welcher an wechselnden Strömungen überreiche Kanal, glaubt ihr, ist so reich an Bewegungen, an so gewaltigen und so mannigfachen Auftrieben, Umschlägen und Flutströmen, wie der Verlauf der Wahlversammlungen mit seinen mächtigen Wirbeln und mächtigen Brandungen? Ein Tag oder eine Nacht genügt, um alles durcheinanderzuwirbeln, und so genügt zuweilen der leichte Hauch eines Gerüchtes, um eine Meinung völlig umschlagen zu lassen.'[214] 50 Denn auch darauf gilt es vor allem sein Augenmerk zu richten, daß man die Art der Metapher, mit der man begonnen hat, auch zu Ende führe. Viele aber hören, wenn sie als Anfang ein Unwetter genommen haben, mit einem Brand oder Einsturz auf – der scheußlichste Verstoß gegen die sachliche Folgerichtigkeit! 51 Übrigens steht die Allegorie auch geringen Talenten und der Alltagssprache oft genug zu Diensten. Denn die in Prozeßreden schon so trivialen Bilder 'auf den Leib rücken', 'an die Kehle gehen' und 'Blut abzapfen' sind ja eigentlich Allegorien, fallen jedoch nicht auf; denn das Neuartige und Abgewandelte ist es, was den Ausdruck reizvoll macht, und größeren Genuß bietet das Überraschende. Und deshalb haben wir hierbei schon jedes Maß verloren und den Reiz, der darin liegt, durch die übertriebene Jagd danach entwertet. 52 Auch in Beispielen liegt eine Allegorie, wenn sie gebracht werden, ohne daß man ihren Sinn vorher angibt. Denn von der Art des 'Dionys in Korinth'[215], wie es die Griechen alle anwenden, lassen sich sehr viele ähnliche Beispiele bringen. Ist aber eine Allegorie zu dunkel, so heißt sie 'Rätsel', eine Anwendung, die ich jedenfalls für einen Fehler halte, sofern wenigstens die klare Verständlichkeit die Schönheit des Ausdrucks ausmacht, deren sich indessen sowohl die Dichter

[213] p. Mil. 2, 5.

[214] p. Mur. 17, 35.

[215] als Beispiel: wie Dionys, erst Tyrann in Syrakus, dann sein Leben (als Schulmeister) in Korinth habe fristen müssen.

dic quibus in terris et eris mihi magnus Apollo,
tris pateat caeli spatium non amplius ulnas?

53 et oratores nonnumquam, ut Caelius 'quadrantariam Clytemestram', et 'in triclinio coam, in cubiculo nolam'.[j] namque et nunc quidem solvuntur et tum erant notiora, cum dicerentur: aenigmata sunt tamen: nam[k] et cetera[l] si quis interpretetur, intellegas.

54 In eo vero genere, quo contraria ostenduntur, εἰρωνεία est: inlusionem vocant. quae aut pronuntiatione intellegitur aut persona aut rei natura: nam si qua earum verbis dissentit, apparet diversam esse orationi voluntatem. 55 quamquam in plurimis id tropis accidit, ut intersit, quid de quoque[m] dicatur, quia quod dicitur alibi verum est. et laudis adsimulatione[n] detrahere et vituperationis laudare concessum est: 'quod C. Verres, praetor urbanus, homo sanctus et diligens, subsortitionem eius in codice non haberet.' et contra: 'oratores visi sumus et populo inposuimus'. 56 aliquando cum inrisu quodam contraria dicuntur iis, quae intellegi volunt, quale est in Clodium: 'integritas tua te purgavit, mihi crede, pudor eripuit, vita ante acta servavit.' 57 praeter haec usus est allegoriae, ut tristia dicamus mollioribus[o] verbis urbanitatis[o] gratia aut quaedam contrariis significemus aut * * *[p] ut 'exta cocta numerabi-

j) Nolanam *Verdière (apud Wint.)*
k) *Christ:* non
l) incertiora *ci. Wint.* ceratinas *Rad.*
m) *Zumpt:* quoquo
n) *Spalding:* autem simulatione *(fort. recte)*
o) *Werlhof-Gesner:* melioribus v. aut bonae rei
p) *lac. statuit Freund* ⟨aut vulgare proverbium cum aliqua diversitate usurpemus⟩ *Halm*

bedienen, wie etwa (in den Versen): 'sag' – und du wirst mir der große Apollo sein –, wo denn auf Erden bildet die Breite des Himmels nicht mehr als höchstens drei Ellen?'[216], 53 wie auch zuweilen Redner, so etwa Caelius: 'eine Klytaimnestra für ein Viertel-As' und 'im Speiseraum ganz koisch, im Schlafgemach nur nolisch'[217]. Denn zwar können wir sie auch heutzutage lösen, und damals waren sie noch besser bekannt, als sie vorgetragen wurden. Rätsel aber sind es dennoch; denn alle anderen Rätsel kann man verstehen, wenn jemand sie erklärt.

54 Zu der Art von Allegorie aber, in der das Gegenteil ausgedrückt ist, gehört *die Ironie*. Die Römer nennen sie 'illusio' (Verspottung). Diese erkennt man entweder am Ton, in dem sie gesprochen wird, oder an der betreffenden Person oder am Wesen der Sache; denn wenn etwas hiervon dem gesprochenen Wortlaut widerspricht, so ist es klar, daß die Rede etwas Verschiedenes besagen will. 55 Gleichwohl ist das ja bei den meisten Tropen der Fall, daß ein Unterschied bei dem besteht, was man jeweils von dem Betreffenden aussagt, weil ja das Ausgesagte an der anderen Stelle wirklich gilt. ⟨In der Form der Ironie⟩ ist es statthaft, indem man zu loben vorgibt, eine Herabsetzung und, indem man zu tadeln vorgibt, ein Lob auszudrücken. So z. B.[218] 'weil C. Verres, der Stadtprätor, ein lauterer und gewissenhafter Mann, seine Ergänzungswahl nicht in den Akten hatte'. Und umgekehrt[219]: 'Als Redner ließen wir uns sehen und machten Eindruck auf das Volk.' 56 Manchmal wird mit einer Art Hohn das Gegenteil von dem gesagt, was wir verstanden wissen wollen. Von der Art sind die Worte gegen Clodius[220]: 'Deine Unbescholtenheit hat dich entlastet, das kannst du mir glauben, dein Schamgefühl dich herausgerissen, dein Vorleben dich gerettet.' 57 Außerdem findet die Allegorie Verwendung, um Unerfreuliches aus großstädtischer Höflichkeit mit weniger harten Worten auszudrücken oder manches durchs Gegenteil zu bezeichnen oder . . . ⟨ein verbreitetes Sprichwort in einer Abwandlung zu verwenden⟩, so etwa 'die gebratenen Innenteile (beim Opfer) werden

[216] ecl. 3, 104.

[217] FOR p. 486 M. Worin das 'Nolische' (was zu der Landstadt Nola gehört) dieser billigen Klytaimnestra (Clodia) bestanden habe – falls der Text verläßlich ist –, kann man nur aus dem Gegensatz des Schlafzimmers zu der verwegenen Eleganz der koischen Seide erraten, die sie in Gesellschaft trug.

[218] p. Cluent. 33, 91.

[219] vgl. o. § 20.

[220] frg. orat. XIV 29 Sch.; vgl. epist. frg. p. 17 Weyssenhoff.

mus.'[q] haec si quis ignorat quibus Graeci nominibus appellent, σαρκασμόν, ἀστεϊσμόν, ἀντίφρασιν, παροιμίαν dici sciat. 58 sunt etiam qui haec non species allegoriae, sed ipsa tropos dicant, acri quidem ratione, quod illa obscurior sit, in his omnibus aperte appareat quid velimus. cui accedit[r] hoc quoque, quod genus, cum dividatur in species, nihil habet proprium, ut arbor pinus et olea et cupressus, et ipsius per se nulla proprietas, allegoria vero habet aliquid proprium. quod quo modo fieri potest, ni ipsa species est? sed utentium nihil refert.

59 adicitur his μυκτηρισμός dissimulatus[s] quidam sed non latens derisus. Pluribus autem verbis cum id, quod uno aut paucioribus certe dici potest, explicatur, περίφρασιν vocant, circumitum quendam eloquendi, qui nonnumquam necessitatem habet, quotiens dictu deformia operit, ut Sallustius 'ad requisita naturae', 60 interim ornatum petit solum, qui est apud poetas frequentissimus:

tempus erat, quo prima quies mortalibus aegris
incipit et dono divum gratissima serpit

et apud oratores non rarus, semper tamen adstrictior. 61 quidquid enim significari brevius potest et cum ornatu latius ostenditur, περίφρασις est, cui nomen Latine datum est non sane aptum orationis virtuti circumlocutio. verum hoc ut, cum decorem habet, periphrasis, ita, cum in vitium incidit, περισσολογία dicitur: obstat enim quidquid non adiuvat.

62 Hyperbaton quoque, id est verbi transgressionem, quoniam frequenter ratio compositionis[t] et decor poscit, non inmerito inter

q) *Freund:* textum spectaco et enumeravimus
r) *Regius:* accidit
s) *Regius:* misteriis modis dissimulatur (tus)
t) *Daniel:* comparationis

wir zählen'[221]. Wenn jemand nicht weiß, wie die Griechen dieses Ausdrucksformen nennen, so möge er wissen, daß sie sarkastische, urbane, euphemistisch-gegensätzliche und sprichwörtliche Allegorie heißen. 58 Es gibt auch Vertreter der Auffassung, die in diesen Ausdrucksformen nicht Arten der Allegorie sehen, sondern selbständige Tropen – mit der gewiß scharfsinnigen Begründung, zur Allegorie gehöre das Dunkle, in allen eben genannten Formen aber komme offen zum Vorschein, was wir wollen. Hierzu kommt auch noch die Überlegung, daß eine Gattung, wenn man sie in ihre Arten zerlegt, nichts Eigentümliches behält, z. B. der Baum als Pinie, Ölbaum und Zypresse erscheint, selbst aber keine Eigentümlichkeit mehr behält, die Allegorie jedoch etwas Eigentümliches behält. Wie kann das aber der Fall sein, wenn sie nicht selbst eine Art bildet? Doch für die Anwendung hat diese Frage nichts zu bedeuten. Man fügt zu dieser Gruppe noch den μυκτηρισμός (Nasenrümpfen) hinzu, eine Art des Verspottens, das sich zwar verstellt, aber nicht verborgen bleibt.

59 Wenn aber etwas, was sich mit einem oder doch mit weniger Worten sagen läßt, mit mehr Worten dargelegt wird, so nennt man das περίφρασις (*Umschreibung*), eine Art von Drumherumreden, die zuweilen einen zwingenden Grund hat, wenn es nämlich verhüllt, was häßlich zu sagen ist, wenn etwa Sallust[222] sagt: 'zu dem, was die Natur verlangt', 60 zuweilen aber nur zum Schmuck dienen will, wie es bei den Dichtern so häufig ist: 'Schon war die Zeit, da der Ruhe Beginn den bekümmerten Menschen / naht und als lieblichste Gabe der Götter bei ihnen sich einstellt'[223], 61 und auch bei den Rednern nicht selten ist, jedoch immer in strafferer Form. Denn bei allem, was auch kürzer bezeichnet werden kann und in schmuckvollem Ausdruck breiter dargestellt wird, handelt es sich um Periphrase, wofür man lateinisch die Bezeichnung 'circumlocutio' (Drumherumreden) gewählt hat, die freilich nicht recht paßt für eine Stil-Tugend. Wie man diese Erscheinung aber, wenn sie schön wirkt, Periphrase nennt, so nennt man sie Perissologie (Überflüssiges), wenn sie zum Fehler wird; denn abträglich ist im Ausdruck alles, was nichts beiträgt.

62 Auch das *Hyperbaton*, d. h. das Überspringen eines Wortes, rechnen wir, weil es häufig die Rücksicht auf die Wortfügung und

[221] Sinn ganz unsicher.
[222] hist. frg. inc. 3 Maurenbr.
[223] Aen. 2, 268.

virtutes habemus. fit enim frequentissime aspera et dura et dissoluta et hians oratio, si ad necessitatem ordinis sui verba redigantur, et, ut quodque oritur, ita proximis, etiam si vinciri non potest, adligetur. 63 differenda igitur quaedam et praesumenda, atque ut in structuris lapidum inpolitorum loco quo convenit quodque ponendum. non enim recidere ea nec polire possumus, quo coagmentata se magis iungant, sed utendum iis, qualia sunt, eligendaeque sedes. 64 nec aliud potest sermonem facere numerosum quam opportuna ordinis permutatio, neque alio ⟨in⟩[u] ceris Platonis inventa sunt quattuor illa verba, quibus in illo pulcherrimo operum in Piraeum se descendisse significat, plurimis modis scripta ⟨quam ut⟩ quo demum quodque[v] maxime faceret experiretur. 65 verum id cum in duobus verbis fit, ἀναστροφή dicitur, reversio quaedam, qualia sunt vulgo 'mecum, secum', apud oratores et historicos 'quibus de rebus'. at cum decoris gratia traicitur[w] longius verbum, proprie hyperbati tenet nomen: 'animadverti, iudices, omnem accusatoris orationem in duas divisam esse partes.' nam 'in duas partes divisam esse' rectum erat, sed durum et incomptum. 66 poetae quidem etiam verborum divisione faciunt transgressionem:

Hyperboreo septem subiecta trioni,

quod oratio nequaquam recipiet. at id quidem est propter quod dici tropus possit,[x] quia componendus est e duobus intellectus. 67 alioqui, ubi nihil ex significatione mutatum est et structura sola variatur, figura potius verborum dici potest, sicut multi existimarunt.

u) *add. Halm*
v) *H. Schöne:* quod eum quoque
w) *Spalding:* trahitur
x) *Spalding:* sit

die Schönheit verlangt, nicht zu Unrecht zu den Stil-Vorzügen. Denn nur zu oft wird die Rede rauh, hart, zerhackt und rissig, wenn die Worte so gestellt werden, wie es den Bedürfnissen ihrer eigenen Reihenfolge entspricht, und jedes Wort so, wie es auftaucht, mit dem nächsten zusammengebunden wird, auch wenn eine Verbindung nicht möglich ist. 63 Manche müssen also zurückgestellt und vorausgenommen werden und jedes Wort wie beim Aufschichten von unbehauenen Steinen an die Stelle gesetzt werden, wohin es paßt. Denn wir können sie ja nicht behauen und glätten, damit sie sich zusammengehäuft besser verbinden, sondern müssen sie nehmen, wie sie sind, und den passenden Platz für sie aussuchen. 64 Auch gibt es kein anderes Mittel, der Sprache (zählbare Zeit-) Rhythmen zu geben als eine passende Umstellung der Wortfolge, und aus keinem anderen Grund haben sich in Platos Notizen die 4 Worte, in denen er in seinem Meisterwerk ausdrückt, er sei zum Piräus hinabgegangen[224], so verschiedenartig geschrieben gefunden, als deshalb, um zu erproben, an welcher Stelle er jedes Wort am besten anbrächte. 65 Wenn es sich dabei um zwei Worte handelt, spricht man von Anastrophe, einer Art 'Umkehrung', wie sie bei 'mecum, secum' (mit mir, mit ihm) allgemein üblich ist, bei Rednern und Geschichtsschreibern auch bei 'quibus de rebus' (über diese Dinge). Wird aber ein Wort mit Rücksicht auf die schöne Wirkung weiter weg umgestellt, so ist der Name Hyperbaton eigentlich zutreffend. So etwa 'Ich habe gemerkt, meine Herren Richter, daß die ganze Rede des Klägers in zwei Teile zerfiel'[225]. Denn die Wortstellung 'in duas partes divisas esse'[226] wäre richtig, aber hart und ungepflegt. 66 Dichter zwar bewirken das Überspringen sogar durch Wortzerlegung, so z. B. 'Hin zum hyperboreischen Siebengelegen-Gestirne'[227], was eine Rede niemals hinnehmen wird. Dagegen ist es ja dieser Gebrauch, weswegen man hier von einem Tropus sprechen könnte, weil aus zwei Worten zusammengesetzt werden muß, was den Sinn verständlich macht. 67 Sonst kann in dem Fall, wo sich an der Bedeutung nichts geändert hat und nur der Bau sich wandelt, eher von einer Wort-Figur gesprochen werden, wie es ja auch viele gemeint haben. Über die weitweg liegenden

[224] Die Anfangsworte des platonischen ›Staates‹.
[225] p. Cluent. 1, 1.
[226] in zwei Teile geteilt war.
[227] georg. 3, 381.

longis autem hyperbatis et confusis quae vitia accidunt, suo loco diximus.

Hyperbolen audacioris ornatus summo loco posui. est haec decens veri[y] superiectio: virtus eius ex diverso par, augendi atque minuendi. 68 fit pluribus modis: aut enim plus facto dicimus, ut 'vomens frustis esculentis gremium suum et totum tribunal implevit', et

geminique minantur in caelum scopuli,

aut res per similitudinem attollimus:

69 credas innare revulsas Cycladas,

aut per comparationem, ut

fulminis ocior alis,

aut signis quasi quibusdam:

illa vel intactae segetis per summa volaret
gramina nec teneras cursu laesisset aristas,

vel translatione, ut ipsum illud 'volaret'. 70 crescit interim hyperbole alia insuperaddita, ut Cicero in Antonium dicit: 'quae Charybdis tam vorax? Charybdin dico? quae si fuit, fuit animal unum: Oceanus, medius fidius, vix videtur tot res, tam dissipatas, tam distantibus in locis positas tam cito absorbere potuisse.' 71 exquisitam vero figuram huius rei deprendisse apud principem lyricorum Pindarum videor in libro, quem inscripsit ὕμνους. is namque Herculis impetum adversus Meropas, qui in insula Coo dicuntur habitasse, non igni nec ventis nec mari, sed fulmini dicit similem fuisse, ut illa minora, hoc par esset. 72 quod imitatus Cicero illa composuit in Verrem: 'versabatur in Sicilia longo intervallo alter[z] non Dionysius

y) *Spalding:* decensuris (-mensuris **A**[2])
z) *Philander (Cic.):* autem **Ab** *om.* **BV**

und verwickelten Hyperbata, die Fehler bilden, haben wir schon an passender Stelle gesprochen.[228]

Die *Hyperbel* mit ihrer besonders kühnen schmückenden Wirkung habe ich an die letzte Stelle gesetzt. Sie besteht in einer schicklichen Übersteigerung der Wahrheit; ihre Leistung liegt in gleichem Maße auf den entgegengesetzten Gebieten des Steigerns und des Verkleinerns. 68 Sie findet in mehreren Formen statt: entweder nämlich sagen wir mehr, als geschehen ist, so etwa[229] 'beim Erbrechen erfüllte er mit den Speisebrocken seinen Schoß und das ganze Tribunal' und auch 'und das Paar der Klippen drohend ragt zum Himmel'[230]. Oder wir heben die Erscheinung durch Ähnlichkeit: 69 'Wars doch, als schwämmen Kykladen entwurzelt'[231] oder durch einen Vergleich[232]: 'schneller als Flügel des Blitzes' oder gleichsam durch bestimmte Anzeichen[233]: 'sie (Camilla) flöge über die Aussaat, selbst ohne die Spitzen zu streifen / noch hätt' im Lauf sie verletzt die zarten Gebilde der Ähren'; wohl auch durch eine Metapher, wie in dem letzten Beispiel das 'flöge'. 70 Zuweilen wächst eine Hyperbel, wenn eine zweite noch hinzukommt, wenn etwa Cicero gegen Antonius die Worte richtet[234]: 'Welche Charybdis war so gefräßig? Charybdis sage ich? Wenn es die gegeben hat, so war sie nur *ein* Lebewesen. Der Ozean selbst, wahrhaftigen Gottes, hat, scheint's, eine solche Menge von Dingen, so zerstreute, so himmelweit auseinanderliegende so schnell verschlingen können.' 71 Ein ausgesucht schönes Stück dieser Art aber glaube ich bei dem Meister der Lyrik, Pindar, in seinem ›Hymnen‹ betitelten Buch gefunden zu haben. Denn dieser sagt,[235] der Ansturm des Herakles gegen die Meroper, die auf der Insel Kos gewohnt haben sollen, sei nicht dem Feuer, nicht den Winden und nicht dem Meere gleich gewesen, sondern dem Blitze: die ersteren seien also noch zu wenig gewesen, nur das letztere ebenbürtig. 72 Dies hatte Cicero vor Augen, als er die Stelle gegen Verres verfaßte[236]: 'Es hauste in Sizilien nach langer Zeit nicht wieder ein Dionys oder Phalaris – denn einst hat

[228] s. o. 8, 2, 14.
[229] Phil. 2, 25, 63.
[230] Aen. 1, 162.
[231] Aen. 8, 691.
[232] Aen. 5, 319.
[233] Aen. 7, 808.
[234] Phil. 2, 27, 67.
[235] Pind frg. 26 B. = frg. 50 Snell.
[236] s. 5, 56, 145.

ille nec Phalaris (tulit enim illa quondam insula multos et crudelis tyrannos), sed quoddam novum monstrum ex vetere illa inmanitate, quae in isdem versata locis dicitur. non enim Charybdin tam infestam neque Scyllam navibus quam istum in eodem freto fuisse arbitror.' 73 nec pauciora sunt genera minuendi:

vix ossibus haerent.

et quod Cicero [est][a] in quodam ioculari libello:

fundum Vetto[b] vocat, quem[c] possit mittere funda:
ni tamen exciderit, qua cava funda patet.

sed huius quoque rei servetur mensura quaedam. quamvis enim est omnis hyperbole ultra fidem, non tamen esse debet ultra modum nec alia via magis in cacozelian itur. 74 piget referre plurima hinc orta vitia, cum praesertim minime sint ignota et obscura. monere satis est mentiri hyperbolen, nec ita, ut mendacio fallere velit. quo magis intuendum est, quo usque deceat extollere, quod nobis non creditur. pervenit haec res frequentissime ad risum: qui si captatus est, urbanitatis, sin aliter, stultitiae nomen adsequitur. 75 est autem in usu vulgo quoque et inter ineruditos et apud rusticos, videlicet quia natura est omnibus augendi res vel minuendi cupiditas insita nec quisquam vero contentus est: sed ignoscitur, quia non adfirmamus. 76 tum est hyperbole virtus, cum res ipsa, de qua loquendum est, naturalem modum excessit. conceditur enim amplius dicere, quia dici, quantum est, non potest, meliusque ultra quam citra stat oratio. sed de hoc satis, quia eundem locum plenius in eo libro, quo causas corruptae eloquentiae reddebamus, tractavimus.

a) *om.* **E** *(Paris. 14146)* lusit *ci. Rad.*
b) Vettus *Leo*
c) quod *ci. Wint.*

jene Insel viele grausame Tyrannen getragen –, sondern eine neue Art Ungetüm von der alten Art von Ungeheuerlichkeit, das an den gleichen Orten gehaust haben soll. Denn weder Charybdis war, glaube ich, den Schiffen so feind noch Skylla, wie dieser Mann es auf demselben Meere gewesen ist.' 73 Nicht weniger zahlreich sind die Verkleinerungsarten, so etwa: 'kaum Haut noch und Knochen'[237] Ferner was Cicero in einem scherzhaften Büchlein gedichtet hat[238]: 'Landgut nennt Vetto das Land, das in der Schleuder gut Platz hat; fällt es nicht gar noch heraus, wo das Schleuderloch klafft.' Doch sollte auch hierbei ein gewisses Maß eingehalten werden. Denn wenngleich jede Hyperbel das Glaubliche übersteigt, so darf sie doch nicht über jedes Maß hinausgehen, wird doch auf keinem anderen Weg schneller die κακοζηλία (Künstelei) erreicht. 74 Es wäre verdrießlich, alle Fehler aufzuzählen, die ihren Ursprung hier haben, zumal sie ja am wenigsten unbekannt und verborgen sind. Es mag genügen, daran zu erinnern, daß die Hyperbel zwar lügt, nicht aber so, daß sie durch die Lüge betrügen will. Um so mehr ist darauf zu achten, bis zu welcher Grenze das zu übertreiben sich schickt, was man uns nicht glaubt. Am häufigsten kommt es dabei zu Gelächter. Wenn dies der Absicht des Redners entspricht, erhält sie den Namen 'Urbanität', andernfalls den der Dummheit. 75 Sie ist aber allgemein verbreitet auch unter Ungebildeten und bei Bauern – verständlich genug; denn von Natur liegt in allen Menschen das Verlangen, die Dinge zu vergrößern oder zu verkleinern, und niemand gibt sich mit dem zufrieden, wie es wirklich ist. Jedoch finden wir Nachsicht dabei, weil wir ja keine festen Behauptungen aufstellen. 76 Eine Stiltugend ist die Hyperbel dann, wenn der Gegenstand selbst, über den man sprechen muß, das natürliche Ausmaß überschritten hat. Denn es ist statthaft, übertreibend zu reden, weil man ja das eigentliche Ausmaß nicht angeben kann und die Rede besser zu weit geht, als hinter dem Wahren zurückzubleiben. Doch darüber nur so viel, weil wir den gleichen Punkt ausführlicher in dem Buch behandelt haben, in dem wir die Gründe für den Verfall der Redekunst anzugeben suchten.

[237] ecl. 3, 102.

[238] frg. poet. 4 Morel. Cicero verspottet den stolzen Gutsbesitzer (Vettus?) um des Wortspiels willen: fundus (Landgut), funda (Schleuder).

LIBER NONUS

I.

1 Cum sit proximo libro de tropis dictum, sequitur pertinens ad figuras, quae σχήματα Graece vocantur, locus ipsa rei natura coniunctus superiori. nam plerique has tropos esse existimaverunt, 2 quia, sive ex hoc duxerint nomen, quod sint formati quodam modo, sive ex eo, quod vertant orationem, unde et motus dicuntur, fatendum erit esse utrumque eorum etiam in figuris. usus quoque est idem: nam et vim rebus adiciunt et gratiam praestant. nec desunt qui tropis figurarum nomen inponant, quorum est C. Artorius Proculus. 3 adeo similitudo manifesta est, ut ea discernere non sit in promptu. nam quo modo quaedam in his species plane distant, manente tamen generaliter illa societate, quod utraque res a derecta et simplici ratione cum aliqua dicendi virtute deflectitur: ita quaedam perquam tenui limite dividuntur, ut cum ironia tam inter figuras sententiae quam inter tropos reperiatur, περίφρασιν autem et ὑπέρβατον et ὀνοματοποιίαν clari quoque auctores figuras verborum potius quam tropos dixerint.

4 Quo magis signanda est utriusque rei differentia. est igitur τρόπος sermo a naturali et principali significatione translatus ad aliam ornandae orationis gratia, vel, ut plerique grammatici finiunt, dictio ab eo loco, in quo propria est, translata in eum, in quo propria non est: 'figura', sicut nomine ipso patet, conformatio quaedam

NEUNTES BUCH

ERSTES KAPITEL

Der Unterschied zwischen Redefiguren und Tropen

1 Da im vorigen Buch von den Tropen gesprochen ist, folgt nun, was zu den Figuren gehört, die man griechisch σχήματα (Haltungen) nennt, ein Abschnitt, der seinem Wesen nach mit dem Vorhergehenden eng verbunden ist. 2 Haben doch sehr viele die Figuren für Tropen gehalten: ob sie nämlich deren Namen daher abgeleitet haben, daß sie in bestimmter Weise gestaltet sind, oder daher, daß sie die Rede wandeln, weshalb sie auch 'Bewegungen' heißen, so wird man zugeben müssen, daß jede dieser beiden Bestimmungen auch bei den Figuren zutrifft. Auch ihre Verwendung ist die gleiche, denn sie geben dem Sachverhalt zusätzliche Ausdruckskraft und verleihen ihm Gefälligkeit. Andererseits fehlt es nicht an solchen, die den Tropen den Namen Figuren geben, so C. Artorius Proculus. 3 Ja, die Ähnlichkeit ist so handgreiflich, daß sie auseinanderzuhalten gar nicht einfach ist. Denn wie in beiden Gruppen manche Arten weit voneinander abweichen, wenn auch die gattungsmäßige Verbindung bestehen bleibt, die darin liegt, daß jeweils eine Abwandlung des unmittelbaren, einfachen gedanklichen Sachverhaltes erfolgt, die die Leistung des Ausdrucks steigert, so liegt andererseits zwischen manchen Arten nur eine recht schmale Trennungslinie, wenn etwa die Ironie sich ebenso unter den Sinnfiguren findet wie unter den Tropen, die Periphrase aber sowie das Hyperbaton und die Onomatopoiie selbst berühmte Sachkenner eher Wortfiguren als Tropen genannt haben.

4 Um so mehr gilt es, den Unterschied der beiden Erscheinungen deutlich zu bezeichnen. Es ist also ein Tropus eine Redeweise, die von ihrer natürlichen und ursprünglichen Bedeutung auf eine andere übertragen ist, um der Rede zum Schmuck zu dienen, oder, wie die Grammatiklehrer meist definieren, ein Ausdruck, der von der Stelle, bei der er eigentlich gilt, auf eine Stelle übertragen ist, wo er nicht eigentlich gilt. Eine Figur ist, wie es ja schon der Name erkennen läßt, eine Gestaltung der Rede, die abweicht von der allgemeinen

orationis remota a communi et primum se offerente ratione. 5 quare in tropis ponuntur verba alia pro aliis, ut in μεταφορᾷ, μετωνυμίᾳ, ἀντονομασίᾳ, μεταλήμψει, συνεκδοχῇ, καταχρήσει, ἀλληγορίᾳ, plerumque ὑπερβολῇ: namque et rebus fit et verbis. ὀνοματοποιία fictio est nominis: ergo hoc quoque pro aliis ponitur, quibus usuri fuimus, si illud non fingeremus. 6 περίφρασις etiam si frequenter et id ipsum, in cuius locum adsumitur, nomen conplecti solet, utitur tamen pluribus pro uno, ἐπίθετον quoniam plerumque habet antonomasiae partem, coniunctione eius fit τρόπος. in hyperbato commutatio est ordinis, ideoque multi tropis hoc genus eximunt: transfert tamen verbum aut partem eius a suo loco in alienum. 7 horum nihil in figuras cadit: nam et propriis verbis et ordine conlocatis figura fieri potest. quo modo autem ironia alia sit tropi, alia schematos, suo loco reddam: nomen enim fateor esse commune et[a] scio, quam multiplicem habeant quamque scrupulosam disputationem, sed ea non pertinet ad praesens meum propositum. nihil enim refert, quo modo appelletur utrumlibet eorum, si, quid orationi prosit, apparet: nec mutatur vocabulis vis rerum. 8 et sicut homines, si aliud acceperunt, quam quod habuerant, nomen, idem sunt tamen, ita haec, de quibus loquimur, sive tropi sive figurae dicentur, idem efficient. non enim nominibus prosunt, sed effectibus, ut statum coniecturalem an infitialem an facti an de substantia nominemus, nihil interest, dum idem quaeri sciamus. 9 optimum ergo in his sequi maxime recepta et rem ipsam, quocumque appellabitur modo, intellegi[b]. illud tamen notan-

a) *Obrecht:* haec
b) intellegere **Ab**

und sich zunächst anbietenden Art und Weise. 5 Deshalb werden bei den Tropen Wörter für andere Wörter gesetzt, so bei der Metapher, Metonymie, Antonomasie, Metalepse, Synecdoche, Katachrese und Allegorie, meist auch bei der Hyperbel; denn sie erfolgt sowohl durch die Sachverhalte als auch durch Worte. Die Onomatopoiie ist die Neubildung einer Benennung; also wird auch diese statt anderer Wörter gesetzt, deren wir uns bedient hätten, wenn wir das neue nicht bildeten. 6 Auch wenn die *Periphrase* häufig die Bezeichnung selbst mit zu umfassen pflegt, für die man sie einsetzt, so verwendet doch auch sie mehrere Worte statt eines Wortes. Da das *Epitheton* meistens den Teil einer Antonomasie bildet, wird es durch die Verbindung mit ihr zum Tropus. Beim *Hyperbaton* handelt es sich um Vertauschung der Wortfolge, und deshalb lassen viele diese Ausdrucksart nicht als Tropus gelten. Und doch überträgt auch sie ein Wort oder einen Wortteil von der eigentlichen an eine fremde Stelle. 7 Von den eben besprochenen Erscheinungen fällt keine unter die Figuren; denn eine Figur kann mit Worten in ihrer eigentlichen Bedeutung und Wortstellung zustande kommen. Inwiefern aber die *Ironie* in der einen Form ein Tropus, in anderer ein Schema (Figur) ist, werde ich an passender Stelle darlegen[1]; denn ich gebe zu, daß die Bezeichnung beiden gemeinsam ist, und weiß, wie vielfältig und wie knifflig die Erörterung ist, die hier ansetzt; aber sie hat keine Bedeutung für mein gegenwärtiges Vorhaben. Denn es kommt nicht darauf an, welchen Namen man irgendeiner dieser Erscheinungen gibt, wenn es nur deutlich ist, was sie für die Rede ausmacht; auch ändert sich durch Worte die Bedeutung der Sachverhalte nicht. 8 Und wie Menschen, wenn sie einen anderen Namen angenommen haben als ihren früheren, doch die gleichen Personen sind, so werden auch die Erscheinungen, von denen wir sprechen, ob man sie nun Tropen oder Figuren nennt, das Gleiche leisten. Denn nicht in ihren Namen liegt ihr Nutzen, sondern in ihren Leistungen, wie es ja auch keinen Unterschied macht, ob wir die Grundfrage zur Streitfeststellung (den Konjekturstatus) als Vermutungs-, Leugnungs- (Infitialstatus), Tat- oder Gegenstandsfrage bezeichnen,[2] wenn wir nur wissen, daß es die gleiche Frage ist. 9 Das beste ist es also, hierbei dem geläufigsten Sprachgebrauch zu folgen und die Sache selbst zu kennen, heiße sie, wie sie wolle. Jedoch verdient die Tatsache Beachtung, daß häufig bei den glei-

[1] s. u. 9, 2, 44.

[2] um den Vorgang eindringlicher zu bezeichnen.

dum, coire frequenter in easdem sententias[c] et τρόπον et figuram: tam enim translatis verbis quam propriis figuratur oratio.

10 Est autem non mediocris inter auctores dissensio, et quae vis nominis eius et quot genera et quae quam multaeque sint species. quare primum intuendum est, quid accipere debeamus figuram. nam duobus modis dicitur: uno qualiscumque forma sententiae, sicut in corporibus, quibus, quoquo modo sunt composita, utique habitus est aliquis: 11 altero, quo proprie schema dicitur, in sensu vel sermone aliqua a vulgari et simplici specie cum ratione mutatio, sicut nos sedemus, incumbimus, respicimus. itaque cum in eosdem casus aut tempora aut numeros aut etiam pedes continuo quis aut certe nimium frequenter incurrit, praecipere solemus variandas figuras esse vitandae similitudinis gratia. 12 in quo ita loquimur, tamquam omnis sermo habeat figuram, itemque eadem figura dicitur 'cursitare' qua 'lectitare', id est eadem ratione declinari. quare illo intellectu priore et communi nihil non figuratum est. quo si contenti sumus, non inmerito Apollodorus, si tradenti Caecilio credimus, incomprensibilia partis huius praecepta existimavit. 13 sed si habitus quidam et quasi gestus sic appellandi sunt, id demum hoc loco accipi schema oportebit, quod sit a simplici atque in promptu posito dicendi modo poetice vel oratorie mutatum. sic enim verum erit, aliam esse orationem ἀσχημάτιστον, id est carentem figuris, quod vitium non inter minima est, aliam ἐσχηματισμένην, id est figuratam. 14 verum id ipsum anguste Zoilus terminavit, qui id solum putaverit schema, quo aliud simulatur dici quam dicitur, quod sane vulgo quoque sic

c) eadem sententia **A**

chen Gedanken Tropus und Figur gleichzeitig auftreten; denn die Rede läßt sich ebenso mit Worten im übertragenen wie im eigentlichen Sinn zur Figur gestalten.

10 Nicht unbeträchtlich ist aber die Meinungsverschiedenheit der Sachkenner über die Frage, was der Name 'Figur' eigentlich bedeutet, wieviel Gattungen es von ihnen gibt und welche und wie viele Arten sie besitzen. Daher ist zunächst ins Auge zu fassen, was wir unter Figur verstehen sollen. Das Wort wird nämlich auf zweierlei Art gebraucht: einmal für jede Form, in der ein Gedanke gestaltet ist, wie sich ja auch die Körper, sie mögen in jeder beliebigen Weise gestaltet sein, jedenfalls immer in irgendeiner Haltung befinden; 11 zweitens für die Form, die im eigentlichen Sinn Schema heißt, als eine wohlüberlegte Veränderung im Sinn oder Ausdruck gegenüber seiner gewöhnlichen, einfachen Erscheinungsform, so wie wir auch sitzen, uns lagern, zurückschauen. Wenn deshalb jemand auf dieselben Kasus, Tempora, Rhythmen oder auch Versfüße andauernd oder doch allzu häufig verfällt, pflegen wir die Vorschrift zu geben, die Haltungen sollten abwechseln, um zu vermeiden, daß sie zu ähnlich sind. 12 Hierbei sprechen wir so, als ob jeder Ausdruck eine Figur darstelle; und ebenso sagt man, 'cursitare' (laufen) und 'lectitare' (lesen) besäßen die gleiche Form, d. h., sie werden in derselben Weise gebildet.[3] Daher gibt es in jenem ersteren und allgemeineren Sinn nichts, das nicht als Figur gestaltet ist. Wenn wir uns damit begnügen, hat nicht zu Unrecht Apollodor, wenn der Bericht des Caecilius[4] Glauben verdient, die Auffassung vertreten, die Zahl der Regeln für dieses Gebiet sei nicht zu erfassen. 13 Aber falls bestimmte Haltungen und gleichsam Gebärden so genannt werden müssen, so soll doch jetzt hier unter Schema (Figur) nur das verstanden werden, was eine Veränderung der einfachen, spontanen Ausdrucksweise im Sinne des Poetischen oder Rhetorischen darstellt. Denn so läßt sich wirklich sagen, daß es einerseits Rede gibt, die *aschemátistos* ist, d. h. keine Figur besitzt und dann unter den Fehlern des Ausdrucks nicht der geringste ist, und andererseits die *eschematisméne*, d. h. mit Figuren gestaltete Rede. 14 Indessen hat gerade hier Zoilus[5] eine zu enge Definition gegeben, wenn er nur das als *schéma* betrachtet hat, was im Ausdruck etwas anders vortäuscht als was ausgesprochen wird, so allgemein auch

[3] vgl. o. 3, 6, 15 u. 39.

[4] frg. 50 A Of.

[5] frg. 3 bei Radermacher, Artium Scriptores (1951).

accipi scio, unde et figuratae controversiae quaedam, de quibus post paulo dicam, vocantur. ergo figura sit arte aliqua novata forma dicendi.

15 Genus eius unum quidam putaverunt, in hoc ipso diversas opiniones secuti. nam hi, quia verborum mutatio sensus quoque verteret, omnis figuras in verbis esse dixerunt, illi, quia verba rebus accommodarentur, omnis in sensibus. 16 quarum utraque manifesta cavillatio est. nam et eadem dici solent aliter atque aliter manetque sensus elocutione mutata, et figura sententiae plures habere verborum figuras potest. illa est enim posita in concipienda cogitatione, haec in enuntianda, sed frequentissime coeunt, ut in hoc: 'iam, iam, Dolabella, neque me tui neque tuorum liberum' –: nam oratio a iudice aversa in sententia, 'iam iam' et 'liberum' in verbis sunt schemata.

17 Inter plurimos enim, quod sciam, consensum est, duas eius esse partes, διανοίας, id est mentis vel sensus vel sententiarum (nam his omnibus modis dictum est), et λέξεως, id est verborum vel dictionis vel elocutionis vel sermonis vel orationis: nam et variatur et nihil refert. 18 Cornelius tamen Celsus adicit verbis et sententiis figuras colorum, nimia profecto novitatis cupiditate ductus. nam quis ignorasse eruditum alioqui virum credat, colores et sententias[d] sensus esse? quare sicut omnem orationem, ita figuras quoque versari necesse est in sensu et in verbis.

d) sententiam **B** et sententias *fort. cum Wint. delend.*

freilich, wie ich weiß, diese Auffassung verbreitet ist, aus der auch die Bezeichnung bestimmter Kontroversien als figurierter Reden stammt, worauf ich bald noch zu sprechen kommen werde.[6] Es soll also als Figur eine Ausdrucksform gelten, die den Ausdruck in bewußter Kunst erneuert.

15 Manche haben nun die Auffassung vertreten, es gebe nur eine Gattung von Figuren, wobei sie wieder entgegengesetzten Annahmen gefolgt sind. Denn weil die Veränderung der Worte auch ihren Sinn verwandle, haben die einen behauptet, alle Figuren beruhten auf den Worten, die anderen aber, weil die Worte sich den inhaltlichen Gegebenheiten anpaßten, sie beruhten alle auf deren Sinn. 16 Beides ist ja nun ein offensichtliches Gezänk um Worte; denn einerseits läßt sich das Gleiche bald so, bald anders ausdrücken, und der Sinn bleibt bestehen, auch wenn der Ausdruck verändert ist, andererseits kann eine Gedankenfigur mehrere Wortfiguren enthalten. Die erstere nämlich beruht auf der inneren Erfassung eines Denkinhalts, die letztere auf seiner äußeren Darstellung, aber sehr häufig kommt beides zusammen, so etwa in folgendem Satz: 'Jetzt, jetzt, Dolabella, kann ich weder mit dir noch mit deinen ,Kind'(ern) . . .'[7] Denn die Rede bildet dadurch, daß sie sich vom Richter abwendet, im Gedanken eine Figur[8], das 'jetzt, jetzt' und das 'Kind' (statt Kindern) bilden Figuren[9], die auf den Worten beruhen.

17 Unter den meisten nämlich besteht meines Wissens darüber Übereinstimmung, daß die Figuren in 2 Abteilungen zerfallen, solche διανοίας, d. h. des Denkens oder des Sinnes oder Gedankens – denn alle diese Übersetzungsweisen hat man gebraucht – und solche λέξεως, d. h. der Worte, des Ausdrucks, des Stiles, des Sprechens oder der Rede – denn auch hier sind die Ausdrücke verschieden, und darauf kommt es nicht an. 18 Cornelius Celsus indessen fügt zu den Wort- und Gedankenfiguren noch Figuren der Färbungen hinzu – gewiß aus übertriebener Neuerungslust. Denn wer könnte glauben, daß ein sonst so gelehrter Mann nicht gewußt hätte, daß Färbungen und Gedanken Sinn-Mitteilungen sind? Wie die ganze Rede so müssen deshalb auch die Figuren sich erfüllen in Sinn und in Worten.

[6] s. u. 9, 2, 65.
[7] Verr. 1, 30, 77.
[8] die Apostrophe.
[9] die Anapher und die 'unregelmäßige' ältere Genetivbildung.

19 Ut vero natura prius est concipere animo res quam enuntiare, ita de iis figuris ante est loquendum, quae ad mentem pertinent: quarum quidem utilitas cum magna tum multiplex in nullo non orationis opere vel clarissime lucet. nam etsi minime videtur pertinere ad probationem, qua figura quidque dicatur, facit tamen credibilia quae dicimus et in animos iudicum, qua non observatur, inrepit. 20 namque ut in armorum certamine adversos ictus et rectas ac simplices manus cum videre tum etiam cavere ac propulsare facile est, aversae tectaeque minus sunt observabiles, et aliud ostendisse, quam petas, artis est: sic oratio, quae astu caret, pondere modo et inpulsu proeliatur: simulanti variantique conatus in latera atque in terga incurrere datur et arma avocare et velut nutu fallere. 21 iam vero adfectus nihil magis ducit. nam si frons, oculi, manus multum ad motum animorum valent, quanto plus orationis ipsius vultus ad id, quod efficere tendimus, compositus? plurimum tamen ad commendationem facit, sive in conciliandis agentis moribus sive ad promerendum actioni favorem sive ad levandum varietate fastidium sive ad quaedam vel decentius indicanda vel tutius.

22 Sed antequam, quae cuique rei figura conveniat, ostendo, dicendum est nequaquam eas esse tam multas, quam sint a quibusdam constitutae: neque enim me movent nomina illa, quae fingere utique Graecis promptissimum est. 23 ante omnia igitur illi, qui totidem figuras putant quot adfectus, repudiandi, non quia adfectus non sit quaedam qualitas mentis, sed quia figura, quam non communiter, sed proprie nominamus, non sit simplex rei cuiuscumque enuntiatio. quapropter in dicendo irasci, dolere, misereri, timere, confidere, contemnere non sunt figurae, non magis quam suadere, minari,

19 Wie es aber von Natur das Frühere ist, die Dinge innerlich zu erfassen, als sie darzustellen, so ist zuerst von den Figuren zu reden, die zum Denken in Beziehung stehen, den Sinnfiguren, deren Nützlichkeit ja, groß und vielfältig, wie sie ist, bei jeder Aufgabe, die die Rede zu leisten hat, wohl im allerhellsten Licht erstrahlt. Denn wenn es auch am wenigsten für die Beweisführung auszumachen scheint, in welcher Figur der betreffende Gedanke ausgesprochen wird, so macht die Figur doch glaublich, was wir aussprechen, und findet, wo man sie nicht vermutet, ihren Weg zum Herzen der Richter. 20 Denn wie im Zweikampf mit Waffen die Stöße von vorn und die geraden und einfachen Schläge leicht zu sehen, und es so auch leicht ist, ihnen auszuweichen und sie abzuwehren, die rückwärtigen und verdeckten dagegen weniger leicht zu beobachten sind, und mit Finten das eigentliche Angriffsziel zu verstecken zur Kunst gehört, so ficht auch die Rede, der die List fehlt, nur mit dem Gewicht und Ungestüm; verwendet sie aber täuschende und immer wieder andere Ansätze, so gibt das Gelegenheit, auch gegen die Seite und den Rücken anzudringen, die Waffen abzulenken und gleichsam durch eine Bewegung irrezuführen. 21 Die Gefühlsregungen nun gar lassen sich durch nichts stärker lenken. Denn wenn schon der Ausdruck der Stirn, Augen und Hände starken Eindruck auf die Erregung der Gemüter macht, wieviel mehr erst der Ausdruck der Rede selbst, wenn er ihr Mienenspiel so zurechtlegt, wie es der gewünschten Wirkung entspricht? Am stärksten jedoch wirkt sich die Nützlichkeit der Gedankenfiguren als Mittel zur Empfehlung aus: ob sie für die Person des Prozeßredners werben oder für die Verhandlung günstig stimmen, durch Abwechslung den Überdruß lindern oder bestimmte Stellen anständiger oder harmloser klingen lassen.

22 Doch bevor ich darlege, welche Figur für jeden Anlaß angemessen ist, muß es ausgesprochen werden, daß es keineswegs so viele Figuren gibt, wie manche es hinstellen; denn die vielen Namen bekümmern mich nicht, die zu erfinden gerade die Griechen so schnell bei der Hand sind. 23 Vor allem ist die Ansicht abzulehnen, es gebe ebensoviel Figuren wie Gefühlsbewegungen, nicht deshalb, weil eine Gefühlsbewegung nicht eine Art von Geistesbeschaffenheit sei, sondern deshalb, weil eine Figur, der wir diesen Namen nicht allgemein, sondern im eigentlichen Sinn geben, nie einfach einen Sachverhalt ausdrückt. Findet sich deshalb in der Darstellung ein Zürnen, Schmerz- und Mitleidempfinden, Fürchten, Vertrauen oder Verachten, so handelt es sich nicht um Figuren, nicht mehr

rogare, excusare. 24 sed fallit parum diligenter intuentes, quod inveniunt in omnibus iis locis figuras et earum exempla ex orationibus excerpunt: neque enim pars ulla dicendi est, quae non recipere eas possit. sed aliud est admittere figuram, aliud figuram esse: neque enim verebor explicandae rei gratia frequentiorem eiusdem nominis repetitionem. 25 quare dabunt mihi aliquam in irascente, deprecante, miserante figuram, scio, sed non ideo irasci, misereri, deprecari figura erit. Cicero quidem omnia orationis lumina in hunc locum congerit, mediam quandam, ut arbitror, secutus viam: ut neque omnis sermo schema iudicaretur neque ea sola, quae haberent aliquam remotam ab usu communi fictionem, sed quae essent clarissima et ad movendum auditorem valerent plurimum: quem duobus ab eo libris tractatum locum ad litteram subieci, ne fraudarem legentes iudicio maximi auctoris.

26 In tertio de Oratore ita scriptum est: 'In perpetua autem oratione, cum et coniunctionis levitatem et numerorum, quam dixi, rationem tenuerimus, tum est quasi luminibus distinguenda et frequentanda omnis oratio sententiarum atque verborum. 27 nam et commoratio una in re permultum movet et inlustris explanatio rerumque quasi gerantur sub adspectum paene subiectio, quae et in exponenda re plurimum valet ⟨et⟩[e] ad inlustrandum id, quod exponitur, et ad amplificandum, ut iis, qui audient, illud, quod augebimus, quantum efficere oratio poterit, tantum esse videatur: 28 et huic contraria saepe percussio[f] est et plus ad intellegendum quam dixeris significatio et distincte concisa brevitas et extenuatio, et huic adiuncta inlusio, a praeceptis Caesaris non abhorrens, et ab re digressio, in qua cum

e) **P** *(Cic.)*: valet
f) percursio *Gebhard*

als beim Raten, Drohen, Bitten und Entschuldigen; 24 sondern es lassen sich diejenigen täuschen, die nicht genau genug hinblicken, weil sie an allen diesen Stellen Figuren finden und Beispiele hiervon aus den Reden sammeln; gibt es ja doch keine Partie beim Reden, die nicht Figuren annehmen könnte. Aber es ist etwas anderes, die Verwendung einer Figur zu gestatten, als selbst eine Figur zu sein – wenn es der Klarheit der Sache dient, will ich mich nämlich nicht scheuen, dasselbe Wort immer wieder zu wiederholen. 25 So werden sie mir eine Figur vorlegen, die sich bei einem Zürnenden, einem Fürbittenden, Jammernden findet, gewiß, aber deshalb ist das Zürnen, Fürbitten, Jammern noch längst keine Figur! Cicero freilich häuft alle Glanzpunkte der Rede in dem Abschnitt der Figurenlehre zusammen und geht so, wie mir scheint, eine Art Mittelweg: weder soll jeder Ausdruck als Schema (Figur) betrachtet werden, noch lediglich diejenigen Ausdrücke, deren Bildung vom allgemeinen Sprachgebrauch abweicht, sondern alle diejenigen, die sich am stärksten hervorheben und auf das Gefühl des Hörers den größten Eindruck machen. Seine Behandlung dieses Gebietes in zwei seiner Werke setze ich wörtlich hierher, um die Leser nicht um das Urteil des bedeutendsten Gewährsmannes hierfür zu bringen.

26 Im dritten Buch ›Vom Redner‹ [10] steht geschrieben: ‘Bei der zusammenhängenden Rede aber gilt es, sobald wir sowohl die Glätte der Verbindung wie auch die schon besprochene Rhythmisierung erreicht haben, noch gleichsam Lichteffekte der Gedanken und der Worte zu setzen und über die ganze Rede zu verteilen. 27 Denn sowohl *das Verweilen* bei einem Gegenstand macht starken Eindruck wie auch die *deutliche Darlegung* und das *gleichsam Vor-Augen-Stellen,* wie wenn wir die Dinge miterlebten, eine Wirkung, die sowohl bei der Darstellung des Sachverhaltes sehr viel ausmacht als auch zur Verdeutlichung des Dargelegten und zu seiner Steigerung, so daß den Hörern das Gesteigerte so bedeutend erscheint, wie die Rede es bedeutend zu machen vermag. 28 Umgekehrt wirkt oft der *treffende Ausdruck*[11] und die *Kennzeichnung*, die mehr bedeuten will, als man sagt, sowie die klar abgemessene *Kürze* und die *Verkleinerung,* hiermit verwandt wieder die *Verspottung* ganz so wie sie Caesar behandelt hat, und das *Abschweifen* vom Thema, wonach man, wenn es seinen entspannenden Zweck erfüllt hat, in passender und har-

[10] de orat. 3, 52, 201 ff.

[11] percussio mit der Überlieferung bei Quintilian und Cicero. ‘percursio’ wäre ‘das Hindurcheilen’: allerdings verlockend.

fuerit delectatio, tum reditus ad rem aptus et concinens esse debebit: propositioque quid sis dicturus et ab eo, quod est dictum, seiunctio et reditus ad propositum et iteratio et rationis apta conclusio: 29 tum augendi minuendive causa veritatis supralatio atque traiectio, et rogatio atque huic finitima quasi percontatio expositioque sententiae suae: tum illa, quae maxime quasi inrepit in hominum mentes, alia dicentis ac significantis dissimulatio, quae est periucunda, cum in oratione non contentione, sed sermone tractatur: 30 deinde dubitatio, tum distributio, tum correptio[g], vel ante vel post quam dixeris, vel cum aliquid a te ipso reicias. praemunitio etiam est ad id, quod adgrediare, et traiectio in alium: communicatio, quae est quasi cum iis ipsis, apud quos dicas, deliberatio: morum ac vitae imitatio vel in personis vel sine illis, magnum quoddam ornamentum orationis et aptum ad animos conciliandos vel maxime, saepe autem etiam ad commovendos: 31 personarum ficta inductio, vel gravissimum lumen augendi: descriptio, erroris inductio, ad hilaritatem inpulsio, anteoccupatio: tum duo illa, quae maxime movent, similitudo et exemplum: digestio, interpellatio, contentio, reticentia, commendatio: 32 vox quaedam libera atque etiam effrenatior augendi causa, iracundia, obiurgatio, promissio, deprecatio, obsecratio, declinatio brevis a proposito, non ut superior illa digressio, purgatio, conciliatio, laesio, optatio atque exsecratio. 33 his fere luminibus inlustrant orationem sententiae. orationis autem ipsius tamquam armorum est vel ad usum comminatio et quasi petitio vel ad venustatem ipsa tractatio. nam et geminatio verborum habet interdum vim, leporem alias, et paulum inmutatum verbum atque deflexum, et eiusdem verbi crebra

g) **B** *(et codd. mutili Cic.)* correctio **E** *(et cod. Laud. Cic.) om.* **A**

monischer Weise die *Rückkehr* zum Thema finden muß; ferner die *Ankündigung* dessen, worüber man sprechen will, und *das Absetzen* von dem, was man besprochen hat, sowie die *Rückkehr* zum Vorhaben, die *Wiederaufnahme* und die *passende Schlußfolgerung;* 29 sodann die *Übersteigerung* und *Überbietung* des Wahren um der Steigerung oder Verminderung willen sowie *die Frage* und hierzu gehörend die scheinbare *Erkundung* und *Darlegung* der eigenen Meinung; sodann ein Mittel, das sich vor allem gleichsam einschleicht in das Innere, die *Verstellung,* wenn man etwas anderes sagt, als man meint, die dann besonders anspricht, wenn sie in der Rede nicht im Rede- sondern im Gesprächston gebracht wird; 30 ferner das ratlose *Zweifeln,* dann weiter die *Aufteilung,* dann weiter die *Selbstberichtigung,* sei es vor oder nach dem, was wir sagen, oder wenn man etwas von sich selbst zurückweist. Auch die *Vorkehrung* gehört zu dem, was man als Angreifer verwendet, und das *Abwälzen* auf einen anderen; sodann das *Sich-Mitteilen,* das gleichsam eine Beratung mit denen, vor denen man spricht, darstellt; auch ist die *Nachbildung von Charakteren* und Lebensformen, sei es mit, sei es ohne bestimmte Personen, eine kostbare Schmuckform der Rede, wohl vor allem geeignet, die Herzen zu gewinnen, ja oft auch, sie zu packen; 31 sodann die *erdichtete Einführung von Personen,* wohl gar das durchschlagendste Glanzlicht beim Steigern; weiter die *Ausmalung,* die *Irreführung,* das *Ins-lächerlich-Ziehen,* die *Vorwegnahme* der Argumente, sodann die zwei Mittel, die am stärksten Eindruck machen: *Gleichnis* und *Beispiel;* weiter *Verteilung, Unterbrechung, Gegenüberstellung, Verschweigen* und *Empfehlung*[12]*;* 32 weiter die *freimütige* und sogar die recht *ungezügelte Äußerung* zur Steigerung, das *Zürnen,* das *Schimpfen, Versprechen, Abbitten, Beschwören,* das kurze *Abbiegen* vom eigentlichen Ziel – nicht nur das schon oben erwähnte Abschweifen! –, das *Reinwaschen, Gewinnen, Verletzen, Wünschen* und *Verfluchen.* 33 Mit diesen Glanzlichtern etwa geben die Gedanken der Rede ihren Glanz. Zur Rede selbst aber gehört wie zu den Waffen teils zum praktischen Gebrauch die drohende Haltung und gewissermaßen das Draufgehen, teils auch nur das Handhaben zum bloßen Vergnügen. Denn sowohl die *Wortverdoppelung* hat zuweilen praktisches Gewicht, sonst ihren eigenen Reiz, wie es auch der Fall ist, wenn ein Wort ein wenig *geändert* oder umgebogen wird, wenn das *gleiche Wort* bald öfters am

[12] 'comminatio' vermutet Schütz zu der Cicero-Stelle nach orat. 138, wo gewiß 'Drohung' treffender ist. Es müßte sich also um eine ganz frühe Verderbnis des Cicero-Textes handeln.

tum a primo repetitio, tum in extremum conversio, et in eadem verba inpetus et concursio et adiunctio et progressio, et eiusdem verbi crebrius positi quaedam distinctio et revocatio verbi, et illa, quae similiter desinunt aut quae cadunt similiter aut quae paribus paria referunt aut quae sunt inter se similia. 34 est etiam gradatio quaedam et conversio et verborum concinna transgressio et contrarium et dissolutum et declinatio et reprehensio et exclamatio et inminutio et quod in multis casibus ponitur et quod de singulis rebus propositis ductum refertur ad singula, et ad propositum subiecta ratio et item in distributis supposita ratio, 35 et permissio et rursus alia dubitatio et inprovisum quiddam, et dinumeratio et alia correctio et dissipatio, et continuatum et interruptum, et imago et sibi ipsi responsio et inmutatio et diiunctio et ordo et relatio et digressio et circumscriptio. 36 haec enim sunt fere atque horum similia vel plura etiam esse possunt, quae sententiis orationem verborumque conformationibus inluminent.'

Eadem sunt in Oratore plurima, non omnia tamen et paulo magis distincta, quia post orationis et sententiarum figuras tertium quendam subiecit locum ad alias, ut ipse ait, quasi virtutes dicendi pertinentem: 37 'Et reliqua, ex conlocatione verborum quae sumuntur quasi lumina, magnum adferunt ornatum orationi. sunt enim similia illis, quae in amplo ornatu scaenae aut fori appellantur insignia, non quia sola ornent, sed quod excellant. 38 eadem ratio est horum, quae sunt orationis lumina et quodam modo insignia, aut cum duplicantur iteranturque verba aut breviter[h] commutata ponuntur, aut ab eodem verbo ducitur saepius oratio aut in idem conicitur aut utrumque, aut adiungitur idem iteratum aut idem ad extremum refertur, aut continenter unum verbum non eadem sententia ponitur, aut cum similiter vel cadunt verba vel desinunt, 39 aut multis modis contrariis relata contraria, aut cum gradatim sursum versum reditur, aut cum

h) leviter *Gesner*

Anfang, bald am Schluß wiederholt wird, wenn auf die gleichen Worte ein Losdrängen und Einkreisen, Anreihen und Höherrücken erfolgt, wenn bei der öfteren Verwendung des gleichen Wortes eine bestimmte Absetzung und Weiterführung des Wortes erfolgt, und wenn sich Worte finden, die ähnlich enden oder ähnliche Kasus haben oder sich in gleicher Silbenzahl oder völliger Ähnlichkeit entsprechen. 34 Es gibt auch noch die *Aufstufung,* die *Vertauschung,* das geordnete *Wortüberspringen,* die *Entgegenstellung,* das *Verbindungslose,* das *Ausbiegen,* den *Selbsttadel,* den *Ausruf,* die *Verkürzung,* die Verwendung eines Wortes in vielen Kasus, die Wechselbeziehung zwischen einzelnen Wortreihen, die *Beifügung des Grundes* zu einer Angabe und ebenso bei verschiedenen Angaben der jeweils beigegebene Grund; 35 die *Anheimstellung,* ferner wieder eine andere *Zweifelsform,* dann das *Überraschende,* die *Aufzählung,* eine andere Art von *Berichtigung,* das *Spezifizieren,* das *Wort-Gedränge,* das *Abbrechen,* das *Bild,* das *Sich-selbst-Antworten,* das *Wort-Ersetzen,* das *Aufgliedern,* das *Anreihen,* die *Rückbeziehung,* die *Abschweifung* und die *Umschreibung.* 36 Dies ist es nämlich etwa, und es kann desgleichen auch noch mehr sein, was durch Gedanken und Wort-Gestaltungen den Glanz der Rede ausmacht.'

Das Gleiche findet sich größtenteils im ›Redner‹ [13], jedoch nicht alles, und es ist ein wenig klarer unterschieden, weil er nach den Wort- und Gedankenfiguren noch eine Art dritten Bereich angefügt hat, zu dem, wie er selbst sagt, gleichsam die anderen guten Ausdrucksformen gehören: 37 'Auch das Übrige, das von der Wortstellung sich gleichsam seine Glanzlichter entnimmt, liefert der Rede wertvollen Schmuck. Sie ähneln nämlich dem, was wir im gesamten Schmuck der Bühne oder des Forums die Prunkstücke nennen, nicht weil sie allein den Schmuck bilden, sondern weil sie hervorstechen. 38 Ebenso verhält es sich mit dem, was die Glanzlichter der Rede und gewissermaßen die Prunkstücke bildet, wenn entweder Worte verdoppelt und wiederholt werden oder mit kleinen Veränderungen gesetzt werden oder wenn das gleiche Wort den Anfang der Rede bildet oder das Ende oder beides, oder wenn das gleiche Wort wiederholt gebracht oder am Ende wieder gebracht wird, oder wenn das gleiche Wort hintereinander in ungleichem Sinn gesetzt wird, oder wenn Worte entweder gleiche Kasus oder gleiche Endungen haben, 39 oder wenn sie in vielen Gegensatzarten einander entgegengestellt werden, oder wenn eine Stufung auf und wieder ab

[13] orat. 134–39.

demptis coniunctionibus dissolute plura dicuntur, aut cum aliquid praetereuntes, cur id faciamus, ostendimus, aut cum corrigimus nosmet ipsos quasi reprehendentes, aut si est aliqua exclamatio vel admirationis vel questionis[i], aut cum eiusdem nominis casus saepius commutantur. 40 sententiarum ornamenta maiora sunt: quibus quia frequentissime Demosthenes utatur, sunt qui putent idcirco eius eloquentiam maxime esse laudabilem. et vero nullus fere ab eo locus sine quadam conformatione sententiae dicitur, nec quidquam est aliud dicere nisi omnes aut certe plerasque aliqua specie inluminare sententias. 41 quas cum tu optume, Brute, teneas, quid attinet nominibus uti aut exemplis? tantum modo notetur locus. sic igitur dicet ille, quem expetimus, ut verset saepe multis modis eadem et in una re haereat in eademque commoretur sententia: 42 saepe etiam ut extenuet aliquid, saepe ut inrideat, ut declinet a proposito deflectatque sententiam, ut proponat quid dicturus sit, ut, cum transegerit iam aliquid, definiat, ut se ipse revocet, ut quod dixerit iteret, ut argumentum ratione concludat, ut interrogando urgeat, ut rursus quasi ad interrogata sibi ipse respondeat, ut contra ac dicat accipi et sentiri velit, ut addubitet, quid potius aut quo modo dicat, 43 ut dividat in partes, ut aliquid relinquat et neglegat, ut ante praemuniat, ut in eo ipso, in quo reprehendatur, culpam in adversarium conferat, ut saepe cum iis, qui audiunt, nonnumquam etiam cum adversario quasi deliberet, 44 ut hominum mores sermonesque describat, ut muta quaedam loquentia inducat, ut ab eo, quod agitur, avertat animos, ut saepe in hilaritatem risumve convertat, ut ante occupet, quod videat opponi, ut comparet similitudines, ut utatur exemplis, ut aliud alii tribuens dispertiat, ut interpellatorem coerceat, ut aliquid reticere se dicat, ut denuntiet quid caveant[j], ut liberius quid audeat, ut irascatur etiam, ut obiurget aliquando, ut deprecetur, ut supplicet, ut medeatur, ut a proposito declinet aliquantum, ut

i) conquestionis *Cic.*
j) *Halm (Cic.)*: caveat

geht, oder wenn die Verbindungsworte unterdrückt und so mehrere Worte unverbunden ausgesprochen werden, oder wenn wir, indem wir etwas übergehen, darlegen, warum wir es tun, oder wenn wir uns selbst verbessern, als tadelten wir uns, oder wenn irgendein Ausruf, sei es des Staunens oder der Klage erfolgt, oder wenn das gleiche Wort in mehreren Kasus verwendet wird. 40 Die Schmuckmittel der Gedanken sind noch von größerer Wichtigkeit. Weil diese am häufigsten Demosthenes anwendet, glauben manche, das sei der Grund, weshalb seine Beredsamkeit das höchste Lob verdiene. Und tatsächlich gibt es bei ihm kaum eine Stelle, die ohne eine figürliche Gestaltung des Gedankens gesprochen wird, und Reden ist überhaupt nichts anderes als alle oder doch jedenfalls die meisten Gedankken durch eine schöne Gestaltung erglänzen zu lassen. 41 Da du nun, Brutus, diese Kunstmittel aufs beste beherrschst, wozu dann noch ihre Namen anführen oder Beispiele? Es soll nur der Fundort bezeichnet werden. So wird also der Redner, den wir uns wünschen, sprechen, daß er oft das Gleiche auf viele Arten behandelt, an einem Gegenstand festhält und bei einem Gegenstand verweilt; 42 er soll auch oft etwas verkleinern, verspotten, vom eigentlichen Ziel abbiegen und den Gedanken umbiegen, soll ankündigen, was er sprechen werde, soll, wenn er schon einen gewissen Stoff gebracht hat, einen Einschnitt machen, er soll sich selbst zur Ordnung rufen, soll wiederholen, was er schon gesagt hat, soll die Beweisführung mit einer logischen Schlußfolgerung abschließen, durch Fragen ins Gedränge bringen, sich selbst Antwort geben, als wenn er gefragt worden wäre, 43 soll wünschen, daß das Gegenteil von dem verstanden und empfunden wird, was er sagt, soll zweifeln, was und wie er eher sprechen könnte, soll eine Zerlegung in Teile vornehmen, soll etwas übergehen und übersehen, soll Vorkehrungen treffen, soll gerade bei dem, was man bei ihm auszusetzen hat, dem Gegner die Schuld zuschieben, soll oft mit den Hörern, zuweilen auch mit dem Gegner gleichsam sich beraten, 44 er soll ein Bild von den Lebensformen und Gesprächsformen zeichnen, soll manches Stumme redend einführen, von dem, worum es geht, die Aufmerksamkeit ablenken, soll oft zum Lachen und Heiterkeit bringen, soll Einwände vorwegnehmen, soll Gleichnisse verwenden, Beispiele gebrauchen, soll Einteilungen treffen, indem er aufteilt, soll den Zwischenredner im Zaum halten, soll sagen, er verschweige etwas, soll erklären, wovor man sich hüten müsse, soll frei heraus zu reden wagen, auch zürnen, manchmal beschimpfen, abbitten, fürbitten, Hilfe bringen, manchmal etwas vom Ziel abbiegen, soll wünschen, verwünschen und soll

optet, ut exsecretur, ut fiat his, apud quos dicet, familiaris. 45 atque alias etiam dicendi quasi virtutes sequetur, brevitatem, si res petet, saepe etiam rem dicendo subiciet oculis, saepe supra feret quam fieri possit: significatio saepe erit maior quam oratio, saepe hilaritas, saepe vitae naturarumque imitatio. hoc in genere (nam quasi silvam vides) omnis eluceat oportet eloquentiae magnitudo.'

II.

1 Ergo cui latius complecti conformationes verborum ac sententiarum placuerit, habet quod sequatur, nec adfirmare ausim quidquam esse melius, sed haec ad propositi mei rationem legat. nam mihi de his sententiarum figuris dicere in animo est, quae ab illo simplici modo indicandi recedunt, quod item multis doctissimis viris video placuisse. 2 omnia tamen illa, etiam quae sunt alterius modi lumina, adeo sunt virtutes orationis, ut sine iis nulla intellegi vere[k] possit oratio. nam quo modo iudex doceri potest, si desit inlustris explanatio, propositio, promissio, finitio, seiunctio, expositio sententiae suae, rationis apta conclusio, praemunitio, similitudo, exemplum, digestio, distributio, interpellatio, interpellantis coercitio, contentio, purgatio, laesio? 3 quid vero agit omnino eloquentia detractis amplificandi minuendique rationibus? quarum prior desiderat illam plus quam dixeris significationem, id est ἔμφασιν, et supralationem veritatis et traiectionem, haec altera extenuationem deprecationem⟨que⟩.[l]. qui adfectus erunt vel concitati detracta voce libera et effrenatiore[m], iracundia, obiurgatione, optatione, exsecratione? vel illi mitiores, nisi adiuvantur commendatione, conciliatione, ad hilaritatem inpulsione? 4 quae

k) fere *recc. quidam*

l) *add. ed. Jens.*

m) et effrenatiore *Francius:* liberet **Bg** effrenatione **E**

mit den Menschen, vor denen er spricht, vertraut werden. 45 Und auch noch anderes wird er erreichen, was gleichsam zu den Tugenden des Ausdrucks gehört: Kürze, wenn die Sache es verlangt, oft auch eine Darstellung, die die Dinge unmittelbar vor Augen führt, oft sie auch höher stellt, als es möglich ist; die Andeutung wird oft mehr bieten als die Worte, oft wird Heiterkeit, oft Nachbildung von Lebensformen und Wesensformen am Platze sein. Auf diesem Gebiet – denn du siehst nun gewissermaßen die ganze Stoffülle – muß die ganze Größe der Beredsamkeit ihren Glanz zeigen.'

ZWEITES KAPITEL

Die Gedankenfiguren

1 Wer also Gestaltungen von Worten und von Gedanken so in weiterem Sinn fassen möchte, der hat hiermit eine Anleitung, der er folgen kann, und ich möchte nicht zu behaupten wagen, daß es eine bessere gibt, vielmehr liegt es in meinem Plan, daß er sie liest. Denn meine Absicht ist es, nur von den Gedankenfiguren zu sprechen, die von der einfachen Aussageweise abweichen, und so haben es, wie ich sehe, viele bedeutende Gelehrte auch gehalten. 2 Alle die anderen Schmuckmittel indessen, auch diejenigen, die als Glanzlichter im Sinne der anderen (weiteren) Betrachtungsweise gelten, sind in dem Maße Vorzüge guten Ausdruckes, daß man sich ohne sie in Wahrheit gar keine Rede vorstellen kann. Denn wie kann man einen Richter unterrichten, wenn die deutliche Darlegung fehlt, die Ankündigung des Beweiszieles, das Versprechen, Definieren, Absetzen der Punkte, Darlegen der eigenen Meinung, bündige Schlußfolgerung, Vorkehrung gegen Einwände, Gleichnis, Beispiel, Aufgliederung, Zerlegung, Unterbrechung, Zurechtweisung des Unterbrechenden, Gegenüberstellung, Reinwaschung und Kränkung? 3 Was aber leistet die Beredsamkeit überhaupt, wenn man ihr die Mittel nimmt, zu steigern und zu verkleinern? Hiervon ist doch das erstere angewiesen auf die vielsagende Andeutung, d. h. die Emphase und auf die Übertreibung und Überbietung des Wahren, das letztere auf Verharmlosen und Abbitten. Wie kann es leidenschaftliche Gefühlsbewegungen geben, wenn man die freimütige und ungezügelte Äußerung, das Zürnen, Schelten, Wünschen und Verwünschen wegnimmt? Wie die zarteren Bewegungen, ohne daß sie ihre Stütze im Empfehlen, Gewinnen, der Erregung der Heiterkeit finden?

delectatio aut quod mediocriter saltem docti hominis indicium, nisi alia repetitione, alia commoratione infigere, digredi a re et redire ad propositum suum scierit, removere a se, in alium traicere, quae relinquenda, quae contemnenda sint, iudicare? motus est in his orationis atque actus, quibus detractis iacet et velut agitante corpus spiritu caret. 5 quae cum adesse debent, tum disponenda atque varianda sunt, ut auditorem, quod in fidibus fieri videmus, omni sono mulceant. verum ea plerumque recta sunt nec se fingunt, sed confitentur. admittunt autem, ut dixi, figuras, quod vel ex proxima doceri potest.

6 Quid enim tam commune quam interrogare vel percontari? quo[n] utroque utimur indifferenter, cum[o] alterum noscendi, alterum arguendi gratia videatur[p] adhiberi. at ea res, utrocumque dicitur modo, etiam multiplex habet schema. incipiamus enim ab his, quibus acrior ac vehementior fit probatio, quod primo loco posuimus. 7 simplex est sic rogare:

'sed vos qui tandem? quibus aut venistis[q] ab oris?'

figuratum autem, quotiens non sciscitandi gratia adsumitur, sed instandi: 'quid enim tuus ille, Tubero, destrictus in acie Pharsalica gladius agebat?' et 'quo usque tandem abutere, Catilina, patientia nostra?' et 'patere tua consilia non sentis?' et totus denique hic locus. 8 quanto enim magis ardet, quam si diceretur 'diu abuteris patientia nostra', et 'patent tua consilia'. interrogamus etiam, quod negari non possit: 'dixitne tandem causam C. Fidiculanius Falcula?' aut ubi respondendi

n) quo **N** nam **A** quam **B**
o) **B** quam cum **Ab** quamquam *Spalding*
p) *Regius:* videtur
q) advenistis **A** *(et cod. R Verg.)*

4 Welcher Genuß oder welches Anzeichen, daß man es wenigstens mit einem halbwegs gebildeten Menschen zu tun hat, ist zu erwarten, wenn dieser es nicht versteht, manches durch Wiederholen, manches durch Verweilen einzuprägen, vom Thema abzuschweifen und zu seinem Vorhaben zurückzukehren, die Schuld von sich abzuwälzen, sie auf einen anderen zu schieben, zu beurteilen, was man übergehen, was man geringschätzen darf? Hierin liegt die Bewegung der Rede und ihre lebendige Wirkung; nimmt man sie ihr, so fehlt ihr die Kraft, und sie ist wie ein Körper ohne belebenden Geist. 5 Dies muß zwar vorhanden sein, es muß aber vor allem so verteilt und bunt gemischt werden, daß es, wie wir es beim Saitenspiel erleben, mit jedem Ton uns labt. Jedoch wirken diese Ausdrucksmittel meist unmittelbar; sie verstellen sich nicht, sondern zeigen sich offen. Sie gestatten aber, wie gesagt, die Anwendung von Figuren, wie gleich das folgende Ausdrucksmittel lehren kann.

6 Denn welches ist so allgemein im Schwang wie Fragen oder Ausfragen? Beide Worte verwenden wir ohne Unterschied, wenngleich das eine gebraucht zu werden scheint, wenn es um Kennenlernen, das andere, wenn es um Beweisen geht. Und doch bietet dieses Ausdrucksmittel, in welcher der beiden Bedeutungen man es auch verwendet, eine Vielfalt von Figuren. Wir wollen nämlich mit den Figuren beginnen, die die Beweisführung energischer und nachdrücklicher machen, was der erste Punkt sein soll, den wir behandeln. 7 Einfach lautet *eine Frage* etwa so: 'Doch wer seid denn ihr? Wie heißt der Strand, wo ihr herkommt?'[14] als Figur aber, immer wenn sie nicht aus Wißbegier, sondern aus Kampfeslust gestellt wird, etwa so: 'Was tat denn damals dein Schwert, Tubero, das du in der Schlacht bei Pharsalus gezückt hattest?'[15] und: 'Wie lange noch, Catilina, willst du unsere Geduld mißbrauchen?'[16] und: 'Merkst du nicht, daß deine Pläne entdeckt sind?'[17] und weiter diese ganze Stelle. 8 Wieviel stärker lodert hier nämlich die Leidenschaft, als wenn gesagt würde: 'Lange mißbrauchst du unsere Geduld' und 'deine Pläne sind entdeckt'. Wir fragen auch nach etwas, was gar nicht geleugnet werden kann. 'Hat sich endlich C. Fidiculanius Falcula dem Gericht gestellt?'[18] oder wo es schwer

[14] Aen. 1, 369.
[15] p. Lig. 3, 9.
[16] Cat. 1, 1.
[17] Cat. 1, 1.
[18] p. Cluent. 37, 103.

difficilis est ratio, ut volgo uti solemus: 'quo modo? qui fieri potest?' 9 aut invidiae gratia, ut Medea apud Senecam: 'quas peti terras iubes?' aut miserationis, ut Sinon apud Vergilium:

heu quae me tellus, inquit, quae me aequora possunt
accipere?

aut instandi et auferendae dissimulationis, ut Asinius: 'audisne? furiosum, inquam, non inofficiosum testamentum reprendimus.' 10 totum hoc plenum est varietatis: nam et indignationi convenit:

et quisquam numen Iunonis adoret?

et admirationi:

quid non mortalia pectora cogis,
auri sacra fames?

11 est interim acris imperandi genus:

non arma expedient totaque ex urbe sequentur?

et ipsi nosmet rogamus, quale est illud Terentianum: 'quid igitur faciam?' 12 est aliqua etiam in respondendo figura, cum aliud interroganti ad aliud, quia sic utilius sit, occurritur, tum augendi criminis gratia, ut testis in reum rogatus, an ab reo fustibus vapulasset, 'et innocens', inquit: tum declinandi, quod est frequentissimum: 'quaero an occideris hominem': respondetur 'latronem': 'an fundum occupaveris?' 13 respondetur 'meum'. ut confessionem praecedat defensio, ut apud Vergilium in Bucolicis dicenti

non ego te vidi Damonis, pessime, caprum
excipere insidiis?

occurritur:

14 an mihi cantando victus non redderet ille?

cui[r] est confinis dissimulatio, non alibi quam in risu posita ideoque tractata suo loco: nam serio si fiat, pro confessione est. ceterum et

r) **P** cuius **B** quis **Ab**

ist, eine vernünftige Antwort zu finden, wie wir gern im Alltag fragen: 'Wie? Wie kann das sein?'; 9 oder um Abscheu zu erzeugen, wie Medea bei Seneca: 'Wohin auf Erden treibst du mich?'[19] oder Mitleid wie Sinon bei Vergil[20]: 'Weh, sagt er, welches Land, welches Meer kann Zuflucht mir bieten?' oder um einzuschüchtern und die Maske der Verstellung wegzureißen, wie bei Asinius[21]: 'Hörst du? als wahnsinnig, sage ich, nicht als lieblos tadele ich das Testament.' 10 Hier gibt es eine Fülle von verschiedenen Möglichkeiten; denn es paßt einmal zum Ausdruck der Entrüstung: 'Wer möchte noch der Juno Walten verehren?'[22] dann wieder des Staunens: 'Wozu zwingst du nicht die Herzen, Hunger nach Gold, du Verfluchter?'[23] 11 und zuweilen als energischere Befehlsform: 'Lockern die Waffen sie nicht, ihn ganz aus der Stadt zu verjagen?'[24] Auch fragen wir uns selbst, wie in dem bekannten Terenzvers: 'Was soll ich also tun?'[25] 12 Auch beim Antworten findet sich die Gelegenheit zu einer Figur, wenn dem Fragenden mit etwas anderem entgegnet wird, weil es sich so als vorteilhafter erweist, bald, um eine Anschuldigung auszusprechen, wenn etwa ein Zeuge gegen den Angeklagten auf die Frage, ob er von dem Angeklagten geprügelt worden sei, aussagt: 'und zwar ohne mein Verschulden', bald, um auszuweichen, was am allerhäufigsten ist. So etwa erfolgt auf die Frage: 'ich frage, ob du den Menschen getötet hast', die Antwort: 'einen Räuber!' oder: 'Hast du von dem Grundstück Besitz ergriffen?' die Antwort: 'von meinem eigenen!'. 13 Die Rechtfertigung soll dem Eingeständnis vorausgehen, wie etwa bei Vergil in den Hirtengedichten dem Hirten, der sagt[26], 'hab' ich nicht selber gesehen, daß du den Widder des Damon listig gefangen, du Schelm?', entgegnet wird: 'gäbe er selbst ihn mir nicht, da ich ihn doch im Lied überwunden?' 14 Verwandt hiermit ist die Verstellung, die nur auf der lächerlichen Wirkung beruht und deshalb in diesem Zusammenhang schon behandelt ist.[27] Denn wenn sie ernst ge-

[19] Medea 453.
[20] Aen. 2, 69.
[21] ORF 521 M.
[22] Aen. 1, 48.
[23] Aen. 3, 56–7.
[24] Aen. 4, 592.
[25] Eunuch. 46.
[26] ecl. 3, 17–18 (übers. v. R. A. Schröder).
[27] s. o. 6, 3, 68–70.

interrogandi se ipsum et respondendi sibi solent esse non ingratae vices, ut Cicero pro Ligario: 'apud quem igitur hoc dico? apud eum, qui, cum hoc sciret, tamen me, antequam vidit, rei publicae reddidit.' 15 aliter pro Caelio ficta interrogatione: 'dicet aliquis: haec igitur est tua disciplina? sic tu instituis adulescentis?' et totus locus. deinde: 'ego, si qui, iudices, hoc robore animi atque hac indole virtutis ac continentiae fuit', et cetera. cui diversum est, cum alium rogaveris, non expectare responsum, sed statim subicere: 'domus tibi deerat? at habebas: pecunia superabat? at egebas.' quod schema quidam 'per suggestionem' vocant. 16 fit et comparatione: 'uter igitur facilius suae sententiae rationem redderet?' et aliis modis tum brevius tum latius, tum de una re tum de pluribus.

Mire vero in causis valet praesumptio, quae πρόληψις dicitur, cum id, quod obici potest, occupamus. id neque in aliis partibus parum[s] est et praecipue prooemio convenit. sed quamquam generis unius diversas species habet. 17 est enim quaedam praemunitio, qualis Ciceronis contra Q. Caecilium, quod ad accusandum descendat qui semper defenderit: quaedam confessio, ut[t] pro Rabirio Postumo, quem sua quoque sententia reprehendendum fatetur, quod pecuniam regi crediderit: quaedam praedictio, ut 'dicam enim non augendi

s) rarum *anonym. ap. Burm., quem secutus Wint.*
t) *ed. Jens. om. ll.*

nommen würde, wäre sie ein Geständnis. Übrigens ist auch gewöhnlich die Wechselrede sehr reizvoll, wenn man sich selbst fragt und antwortet, wie Cicero in der ›Rede für Ligarius‹ [28]: 'Vor wem also sage ich das? Vor dem Mann, der mich, obwohl er das wußte, dennoch, bevor er mich auch nur zu Gesicht bekommen, unserer Gemeinschaft wiedergeschenkt hat.' 15 Wieder anders in der ›Rede für Caelius‹ [29] mit einer fingierten Frage: 'Nun wird jemand sagen: ‚das also ist deine Erziehung? so ist also die Anleitung, die du der heranwachsenden Jugend gibst?' und die ganze Stelle. Und weiter [30]: 'Ich selbst würde, wenn jemand, ihr Richter, solche geistige Kraft gezeigt hat und solche Anlage zu Tüchtigkeit und Selbstbeherrschung' usw. Verschieden hiervon ist es, wenn man die Frage an einen anderen richtet, nicht auf die Antwort zu warten, sondern sie gleich hinzuzufügen: z. B. [31] 'So fehlte dir ein Haus? Du hattest doch aber eins! Geld spielte keine Rolle? Du hattest aber doch gar keins!' Diese Figur nennen manche 'suggestiv' ('mittels Beifügung'). 16 Ferner findet sich die Frage in der Form der Vergleichung [32]: 'Wer von den beiden könnte also leichter einen Grund für seine Auffassung angeben?' Und so findet sie sich noch in anderen Formen, bald kürzer, bald breiter, bald mit einem, bald mit mehreren Gegenständen.

Von ganz erstaunlicher Wirkung aber ist in Prozeßreden das *Vorwegnehmen*, die sogenannte πρόληψις, wobei wir einen Einwand, der gemacht werden kann, mit Beschlag belegen. Dies hat in allen Teilen der Rede keine geringe Bedeutung, kommt aber vor allem im Prooemium in Frage. Doch bildet es zwar eine einheitliche Gattung, jedoch mit verschiedenen Erscheinungsformen. 17 Sie erscheint nämlich als eine Art *Vorkehrung,* so, wenn Cicero in der ›Rede gegen Caecilius‹ [33] davon spricht, er, der immer Verteidigungen übernommen habe, lasse sich auf die Anklägerrolle ein; oder als eine Art Geständnis, wie in der ›Rede für Rabirius Postumus‹, wo Cicero zugibt [34], Rabirius verdiene auch seiner Meinung nach Tadel dafür, daß er dem König Geld geliehen habe; oder als eine Art

[28] p. Lig. 3, 7.
[29] p. Cael. 17, 39.
[30] p. Cael. 17, 39f.
[31] p. Scauro frg. 45 Sch.
[32] p. Cluent. 38, 106.
[33] div. in Caecil. 1.
[34] p. Rab. Post. 1f.

criminis gratia': quaedam emendatio, ut 'rogo ignoscatis mihi, si longius sum evectus', frequentissima praeparatio, cum pluribus verbis, vel quare facturi quid simus vel quare fecerimus, dici solet. 18 verborum quoque vis ac proprietas confirmatur vel praesumptione: 'quamquam illa non poena, sed prohibitio sceleris fuit' aut reprehensione: 'cives, inquam, si hoc eos nomine appellari fas est.'

19 Adfert aliquam fidem veritatis et dubitatio, cum simulamus quaerere nos, unde incipiendum, ubi desinendum, quid potissimum dicendum, an omnino dicendum sit. cuius modi exemplis plena sunt omnia, sed unum interim sufficit: 'equidem, quod ad me attinet, quo me vertam nescio. negem fuisse infamiam iudicii corrupti?' et cetera. hoc etiam in praeteritum valet: nam et dubitasse nos fingimus.

20 A quo schemate non procul abest illa, quae dicitur communicatio, cum aut ipsos adversarios consulimus, ut Domitius Afer pro Cloatilla: 'nescit trepida, quid liceat feminae, quid coniugem deceat: forte vos in illa solitudine obvios casus miserae mulieri obtulit: tu, frater, vos, paterni amici, quod consilium datis?' 21 aut cum iudicibus quasi deliberamus, quod est frequentissimum: 'quid suadetis?' et 'vos interrogo' et 'quid tandem fieri oportuit?' ut Cato: 'cedo, si vos in eo loco essetis, quid aliud fecissetis?' et alibi: 'communem rem agi putatote ac vos huic rei praepositos esse.' 22 sed non numquam communicantes aliquid inexpectatum subiungimus, quod et per se

Vorankündigung, so in dem Satz[35]: 'Ich spreche nämlich nicht, um die Anschuldigung aufzubauschen'; als eine Art *Berichtigung* so: 'Ich bitte um Nachsicht, wenn ich zu weit ausgeholt habe'[36]; am häufigsten als *Vorbereitung,* wenn gern ausführlicher gesagt wird, warum wir etwas tun wollen oder warum wir es getan haben. 18 Auch die Bedeutung und eigentümliche Kraft von Wörtern kommt stärker zur Geltung, teils in der Form der Vorwegnahme, so etwa[37]: 'Obwohl es nicht eine Strafe war, sondern die Verhinderung eines Verbrechens', teils in der Form des Tadels[38]: 'Mitbürger, sage ich, wenn es nicht Sünde ist, sie so zu nennen.'

19 Einen vertrauenswürdigen Eindruck von Wahrheit vermittelt auch die Form des *Zweifelns,* wenn wir so tun, als suchten wir, wo wir anfangen, wo aufhören sollten, was wir vor allem sagen, und ob wir überhaupt reden sollten. Beispiele hierfür gibt es in Hülle und Fülle, doch genügt zunächst ein einziges[39]: 'Wirklich, was mich betrifft, so weiß ich nicht, wohin ich mich wenden soll. Soll ich sagen, es hätte die Schande nicht gegeben, daß ein Gerichtshof bestochen worden sei' usw. Diese Form tut auch im Praeteritum ihre Wirkung; denn wir können auch so tun, als seien wir in Zweifel gewesen.

20 Nicht weit entfernt von dieser Figur ist das sogenannte *Sich-Mitteilen,* wobei wir entweder die Gegner selbst um Rat bitten, wie Domitius Afer[40] in der ›Rede für Cloatilla‹: 'sie weiß nicht in ihrer Verlegenheit, was sich für eine Frau ziemt, was sich für eine Gattin schickt. Vielleicht hat euch ein Zufall der armen Frau in ihrer Verlassenheit in den Weg geführt. Du, ihr Bruder, ihr, ihr väterlichen Freunde, welchen Rat gebt ihr ihr?', 21 oder uns gleichsam mit den Richtern beraten, was am häufigsten der Fall ist: 'Was ratet ihr?' und 'euch frage ich' und 'was hätte denn geschehen können', wie etwa Cato[41]: 'Bitte, wenn ihr an dieser Stelle wäret, was hättet ihr sonst getan?' oder an anderer Stelle[42]: 'Stellt euch vor, es wäre auch eure Sache und ihr wäret dafür verantwortlich'. 22 Doch manchmal fügen wir, wenn wir uns mitteilen, noch etwas Überraschendes hinzu, was auch für sich schon eine Figur ist, so Cicero

[35] Vgl. etwa Verr. 3, 18, 46 und 4, 1, 2.
[36] wohl auch aus Cicero.
[37] frg. orat. B 2 Sch.
[38] p. Mur. 37, 80.
[39] p. Cluent. 1, 4.
[40] ORF 567 M.
[41] ORF 94 M.
[42] ebendort.

schema est, ut in Verrem Cicero: 'quid deinde? quid censetis? furtum fortasse aut praedam aliquam?' deinde, cum diu suspendisset iudicum animos, subiecit, quod multo esset inprobius. hoc Celsus sustentationem vocat. 23 est autem duplex: nam et contra frequenter, cum expectationem gravissimorum fecimus, ad aliquid, quod sit leve aut nullo modo criminosum, descendimus. sed quia non tantum per communicationem fieri solet, παράδοξον alii nominarunt, id est inopinatum. 24 illis non accedo, qui schema esse existimant etiam, si quid nobis ipsis dicamus inexpectatum accidisse, ut Pollio: 'numquam fore credidi, iudices, ut reo Scauro, ne quid in eius iudicio gratia valeret, precarer.' 25 paene idem fons est illius, quam 'permissionem' vocant, qui communicationis, cum aliqua ipsis iudicibus relinquimus aestimanda, aliqua nonnumquam adversariis quoque, ut Calvus Vatinio: 'perfrica frontem et dic te digniorem, qui praetor fieres, quam Catonem.'

26 Quae vero sunt augendis adfectibus accommodatae figurae, constant maxime simulatione. namque et irasci nos et gaudere et timere et admirari et dolere et indignari et optare quaeque sunt similia his fingimus. unde sunt illa: 'liberatus sum, respiravi', et 'bene habet', et 'quae amentia est haec?' et 'o tempora, o mores!' et 'miserum me! consumptis enim lacrimis infixus tamen pectori haeret dolor', et

magnae nunc hiscite terrae.

27 quod exclamationem quidam vocant ponuntque inter figuras orationis. haec quotiens vera sunt, non sunt in ea forma, de qua nunc loquimur: at simulata[u] et arte composita procul dubio schemata sunt

u) *Spalding:* adsimulata

in der ›Rede gegen Verres‹ [43]: 'Was denn? was meint ihr? Vielleicht einen Diebstahl oder eine Räuberei?' Und dann, nachdem er die Richter noch länger in Spannung gehalten hatte, fügte er etwas an, was noch viel schlimmer war. 23 Dies nennt Celsus[44] 'Hinhalten'. Es erscheint aber in zwei Formen; denn auch umgekehrt, wenn wir die Erwartung auf das Schlimmste geweckt haben, kommen wir mit etwas, das ganz harmlos und keineswegs verbrecherisch ist. Aber weil dies nicht nur in der Form des Sich-Mitteilens zu geschehen pflegt, haben andere es als Paradoxon, d. h. Unerwartetes bezeichnet. 24 Ich kann mich der Meinung derer nicht anschließen, die auch dann von einer Figur sprechen, wenn wir sagen, uns selbst sei etwas Unerwartetes widerfahren, wie etwa bei Pollio[45]: 'Niemals hätte ich es für möglich gehalten, daß ich, wenn Scaurus unter Anklage stünde, bitten müßte, bei seiner Aburteilung keiner Begünstigung Raum zu geben.' 25 Fast aus der gleichen Quelle wie das Sich-Mitteilen stammt das sogenannte *Anheimstellen,* wobei wir manchmal etwas den Richtern selbst zum Ermessen stellen, manchmal sogar dem Gegner, wie etwa Calvus dem Vatinius[46]: 'So habe nur die Stirn und behaupte, du seiest würdiger, Prätor zu werden als Cato.'

26 Die Figuren nun, die zur Steigerung der Gefühlswirkungen passen, beruhen meist auf Verstellung. Denn wir stellen uns, als ob wir zürnten, uns freuten, fürchteten, wunderten, Schmerz empfänden, erbittert seien, etwa wünschten und dergleichen mehr. Hierhin gehören Beispiele wie: 'Ich kann befreit aufatmen'[47], 'so ist's recht!'[48], 'welch ein Wahnsinn ist das?'[49], 'Welche Zeiten, welche Sitten!'[50], 'Ach ich Armer! Ich habe keine Tränen mehr, und doch sitzt mir der Schmerz tief in der Brust'[51] und 'So öffne denn weit dich, o Erde!'[52]. 27 Manche nennen das 'Ausrufung' und setzen es unter die Redefiguren. Immer wenn sie echt sind, gehören sie nicht zu der Ausdrucksform, von der wir jetzt sprechen; sind sie

[43] Verr. 5, 5, 10.
[44] frg. rhet. 15 Marx.
[45] ORF 520 M.
[46] ORF 497 M.
[47] p. Mil. 18, 47.
[48] p. Mur. 6, 4.
[49] Verr. 1, 20, 54.
[50] Cat. 1, 1, 2.
[51] Phil. 2, 26, 64.
[52] frg. poet. inc. 41 Morel.

existimanda. quod idem dictum sit de oratione libera, quam Cornificius licentiam vocat, Graeci παρρησίαν. quid enim minus figuratum quam vera libertas? sed frequenter sub hac facie latet adulatio. 28 nam Cicero cum dicit pro Ligario: 'suscepto bello, Caesar, gesto iam etiam ex parte magna nulla vi coactus consilio ac voluntate mea ad ea arma profectus sum, quae erant sumpta contra te', non solum ad utilitatem Ligari respicit, sed magis laudare victoris clementiam non potest. 29 in illa vero sententia; 'quid autem aliud egimus, Tubero, nisi ut, quod hic potest, nos possemus?' admirabiliter utriusque partis facit bonam causam, sed hoc eum demeretur, cuius mala fuerat.

Illa adhuc audaciora et maiorum, ut Cicero existimat, laterum, fictiones personarum, quae προσωποποιίαι dicuntur: mire namque cum variant orationem tum excitant. 30 his et adversariorum cogitationes velut secum loquentium protrahimus (qui tamen ita demum a fide non abhorreant, si ea locutos finxerimus, quae cogitasse eos non sit absurdum), et nostros cum aliis sermones et aliorum inter se credibiliter introducimus, et suadendo, obiurgando, querendo, laudando, miserando personas idoneas damus. 31 quin deducere deos in hoc genere dicendi et inferos excitare concessum est. urbes etiam populique vocem accipiunt. ac sunt quidam, qui has demum προσωποποιίας dicant, in quibus et corpora et verba fingimus: sermones hominum adsimulatos dicere διαλόγους malunt, quod Latinorum

dagegen verstellt und künstlich gebildet, so muß man sie ohne jeden Zweifel für Figuren halten. Das gleiche soll auch von der *freimütigen* Rede gelten, die Cornificius[53] 'Freiheit' nennt, die Griechen 'Parrhesie'; denn was ist weniger angenommene Figur als die echte Freiheit (der Rede)? 28 Aber häufig verbirgt sich unter dieser Oberfläche Schmeichelei. Denn wenn Cicero in der ›Rede für Ligarius‹[54] sagt: 'Als der Krieg begonnen, Caesar, und auch schon zum großen Teil zu Ende geführt war, habe ich mich ohne jeden Zwang aus eigenem Entschluß und Willen unter die Waffen dorthin begeben, wo sie gegen dich gerichtet waren.' So hat er dabei nicht nur den Nutzen für Ligarius im Auge, sondern kann die Milde des Siegers gar nicht stärker preisen. 29 In dem Satz aber[55]: 'Was haben wir denn anderes betrieben, Tubero, als daß wir dazu die Möglichkeit hatten, wozu er (Caesar) sie nun hat', stellt er zwar in erstaunlichster Weise die Sache beider Parteien als gut hin, verpflichtet sich damit aber den, der die schlechte Sache betrieben hatte.

Noch mehr Kühnheit und – mit Ciceros Worten[56] – stärkere Lungenkraft verlangt die Erfindung von Personen, die sogenannte *Prosopopoiie;* denn aufs wunderbarste verleiht sie der Rede nicht nur Abwechslung, sondern zumal auch erregende Spannung. 30 Durch sie bringen wir einmal die Gedanken unserer Gegner so zum Vorschein, als ob sie mit sich selbst sprächen – jedoch sollten sie so jedenfalls an Überzeugungskraft nichts einbüßen, wenn wir ihnen nur solche Worte in den Mund legen, von denen es nicht ungereimt erscheint, daß sie sie gedacht haben – und führen sodann in glaublicher Form auch Gespräche ein, die wir mit anderen und die anderen untereinander geführt haben; schließlich können wir so Ratschläge, Scheltworte, Klagen, Lob und Jammern geeigneten Personen in den Mund legen. 31 Ja, sogar Götter vom Himmel herab- und aus der Unterwelt heraufzurufen ist bei dieser Ausdrucksform statthaft. Auch Städte und Völker erhalten Sprache. Und es gibt manche, die nur dann von Prosopopoiie sprechen, wenn wir Verkörperung und Redegabe erfinden; wenn es sich um erdichtete Gespräche von Menschen handelt, sprechen sie lieber von *diálogi*, was manche lateinisch mit 'sermocinatio' (Gesprächs-

[53] Vgl. den Autor ad Herennium 4, 36, 48, der aufgrund der Quintilianstellen mit Cornificius identifiziert wird.

[54] p. Lig. 3, 7.

[55] p. Lig. 4, 10.

[56] orat. 25, 85.

quidam dixerunt sermocinationem. 32 ego iam recepto more utrumque eodem modo appellavi: nam certe sermo fingi non potest, ut non personae sermo fingatur. sed in his, quae natura non permittit, hoc modo mollior fit figura: 'etenim si mecum patria mea, quae mihi vita mea multo est carior, si cuncta Italia, si omnis res publica sic loquatur: Marce Tulli, quid agis?' illud audacius genus: 'quae tecum, Catilina, sic agit et quodam modo tacita loquitur; nullum iam aliquot annis facinus extitit nisi per te.' 33 commode etiam aut nobis aliquas ante oculos esse rerum, personarum, vocum imagines fingimus, aut eadem adversariis aut iudicibus non accidere miramur: qualia sunt 'videtur mihi' et 'nonne videtur tibi?' sed magna quaedam vis eloquentiae desideratur. falsa enim et incredibilia natura necesse est aut magis moveant, quia supra vera sunt, aut pro vanis accipiantur, quia vera non sunt. 34 dicta autem quaedam, ita scripta quoque fingi solent, quod facit Asinius pro Liburnia: 'mater mea, quae mihi cum carissima, tum dulcissima fuit quaeque mihi vixit bisque eodem die vitam dedit' et reliqua, deinde 'exheres esto'. haec cum per se figura est, tum duplicatur, quotiens sicut in hac causa ad imitationem alterius scripturae conponitur. 35 nam contra recitabatur testamentum: 'P. Novanius Gallio, cui ego omnia meritissimo volo et debeo pro eius animi in me summa voluntate', et adiectis deinceps aliis 'heres esto': incipit esse quodam modo παρῳδή, quod nomen ductum a canticis ad aliorum similitudinem modulatis abusive etiam in versificationis ac sermonum imitatione servatur. 36 sed formas quoque

führung) wiedergegeben haben.[57] 32 Ich habe nach schon bewährtem Brauch beides mit dem gleichen Worte bezeichnet; denn gewiß kann man doch kein Gespräch erfinden, ohne zugleich auch eine sprechende Person zu erfinden. Aber wenn es sich um Personen handelt, denen die Natur das Reden nicht gestattet, so wird die Figur der Prosopopoiie auf folgende Weise gemildert[58]: 'Wenn nämlich mit mir mein Vaterland spräche, das mir viel teurer ist als mein Leben, wenn ganz Italien, wenn unsere ganze Staatsgemeinschaft so spräche: M. Tullius, was tust du?' Kühner ist folgende Art[59]: 'Dieses tritt so gegen dich auf, Catilina, und spricht gleichsam schweigend zu dir: schon etliche Jahre gibt es Verbrechen nur durch dich.' 33 Passend macht es sich auch, wenn wir es so darstellen, als ständen uns bestimmte Bilder von Dingen, Personen oder Stimmen vor Augen, oder wenn wir uns wundern, daß das Gleiche bei den Gegnern oder Richtern nicht der Fall ist. Von dieser Art ist: 'Es scheint mir' und 'scheint es dir nicht?' Aber das verlangt eine große Kraft der Beredsamkeit; denn was seiner Natur nach unwirklich oder unglaublich ist, muß entweder einen größeren Eindruck machen, weil es über das Wirkliche hinausgeht oder als leerer Schein empfunden werden, weil es nicht wirklich ist. 34 Wie mancherlei Gesprochenes so pflegt man auch Geschriebenes zu erdichten; so macht es Asinius[60] in der ›Rede für Liburnia‹: 'Meine Mutter, die mir mein Teuerstes, mein Liebstes auf Erden war, die für mich gelebt und mir am gleichen Tage zweimal das Leben geschenkt hat ...' usw. bis 'soll enterbt sein'. Dies ist zwar an sich schon eine Figur, ist es aber noch in doppelter Weise, wenn es wie in diesem Fall als Nachahmung eines anderen Schriftsatzes verfaßt ist; 35 denn von der Gegenseite wurde das Testament verlesen: 'P. Novanius Gallio, dem ich wegen seiner so großen Verdienste um mich für seine zahlreichen Beweise herzlicher Ergebenheit alles Gute wünsche und schulde' ... und dann – nach anderen Beifügungen: 'soll mein Erbe sein'. Hier beginnt die Figur schon in gewisser Weise zur παρῳδή (Parodie) zu werden, eine Bezeichnung, die von den Liedern stammt, die anderen Mustern nachkomponiert worden sind, und sich mißbräuchlich auch für die Nachahmung von Versbau und Redewendungen im Gebrauch erhält. 36 Aber auch Ge-

[57] vgl. auct. ad Her. 4, 43, 55; 52, 65.
[58] Cat. 1, 11, 27.
[59] Cat. 1, 7, 18.
[60] ORF p. 521 M.

fingimus saepe, ut Famam Vergilius, ut Voluptatem ac Virtutem, quem ad modum a Xenophonte traditur, Prodicus, ut Mortem ac Vitam, quas contendentes in satura tradit Ennius. est ex[v] incerta persona ficta oratio: 'hic aliquis' et 'dicat aliquis'. 37 est et iactus sine persona sermo:

hic Dolopum manus, hic saevus tendebat Achilles.

quod fit mixtura figurarum, cum προσωποποιίᾳ accedit illa, quae est orationis per detractionem: detractum est enim, quis diceret. vertitur interim προσωποποιία in speciem narrandi. unde apud historicos reperiuntur obliquae adlocutiones, ut in Titi Livii primo statim: 'urbes quoque ut cetera ex infimo nasci, deinde, quas sua virtus ac di iuvent, magnas opes sibi magnumque nomen facere.'

38 Aversus quoque a iudice sermo, qui dicitur ἀποστροφή, mire movet, sive adversarios invadimus[w]: 'quid enim tuus ille, Tubero, in acie Pharsalica gladius agebat?' sive ad invocationem aliquam convertimur: 'vos enim iam ego, Albani tumuli atque luci', sive ad invidiosam inplorationem: 39 'o leges Porciae legesque Semproniae!' sed illa quoque vocatur aversio, quae a proposita quaestione abducit audientem:

non ego cum Danais Troianam excindere gentem
Aulide iuravi.

quod fit et multis et variis figuris, cum aut aliud expectasse nos aut maius aliquid timuisse simulamus aut plus videri posse ignorantibus, quale est prooemium pro Caelio.

v) *Rad.*: et **A** ut **B**
w) *ed. Gryph.*: invasimus

stalten erfinden wir oft, wie Vergil die Fama[61] (das Gerede), wie Prodicus – nach Xenophons Bericht[62] – Voluptas und Virtus (Lust und Tugend), wie Mors und Vita (Tod und Leben), von deren Wettstreit Ennius in einer Satire[63] berichtet. 37 Es findet sich auch Rede, die unbestimmten Personen in den Mund gelegt wird: 'Hier wird jemand ...' oder 'hier könnte jemand sagen'. Es findet sich auch eingestreute Rede ohne Angabe der Person: 'Hier der Doloper Schar, hier zeltet' der grimme Achilles.'[64] Diese Form kommt durch eine Mischung von Figuren zustande, wenn zu der Prosopopoiie die Redefigur der Auslassung (Ellipse) hinzukommt; ausgelassen ist nämlich, wer spricht. Zuweilen verwandelt sich die Prosopopoiie in eine Art von Erzählform. Daher finden sich bei Historikern abhängige Reden, so gleich im 1. Buch des Livius[65]: 'Auch Städte entständen wie alles andere aus kleinsten Anfängen: dann brächten es diejenigen, denen ihre Tüchtigkeit und die Götter hülfen, zu großer Macht und großem Ansehen.'

38 Auch die Rede, die sich vom Richter wegwendet, die sogenannte *Apostrophé,* macht erstaunlichen Eindruck, ob wir nun gegen die Gegenseite unmittelbar losbrechen: 'Was leistete denn dein Schwert, Tubero, an der Front bei Pharsalus?'[66] oder ob wir uns zu einer Art Anrufung wenden: 'Euch nämlich rufe ich nun an, ihr albanischen Hügel und Haine'[67], oder zu einem erbitternden Flehen: 'o ihr Gesetze des Porcius und ihr Gesetze des Sempronius!'[68] 39 Aber auch die Form heißt Apostrophé, die den Hörer von der vorliegenden Frage ablenkt, so etwa: 'Nicht habe ich mit den Griechen dem Volk der Troianer Verderben damals in Aulis geschworen.'[69] Dies läßt sich in zahlreichen, abwechselnden Figuren erreichen, wenn wir etwa so tun, als hätten wir etwas anderes erwartet oder etwas Schlimmeres gefürchtet oder es könne Ahnungslosen als bedeutender erscheinen, so wie es im Prooemium der ›Rede für Caelius‹ sich findet.

[61] Aen. 4, 173.
[62] mem. 2, 1, 21 f.
[63] Ennius p. 207 = p. 394 Warmington, Remains I.
[64] Aen. 2, 29.
[65] Liv. 1, 9, 3.
[66] p. Lig. 3, 9.
[67] p. Mil. 31, 85.
[68] Verr. 5, 63, 163.
[69] Aen. 4, 425 f.

40 Illa vero, ut ait Cicero, sub oculos subiectio tum fieri solet, cum res non gesta indicatur, sed ut sit gesta ostenditur, nec universa, sed per partis: quem locum proximo libro subiecimus evidentiae. Celsus hoc nomen isti figurae dedit. ab aliis ὑποτύπωσις dicitur, proposita quaedam forma rerum ita expressa verbis, ut cerni potius videantur[x] quam audiri: 'ipse inflammatus scelere et furore in forum venit, ardebant oculi, toto ex ore crudelitas eminebat.' 41 nec solum quae facta sunt[y] aut fiant, sed etiam quae futura sint aut futura fuerint, imaginamur. mire tractat hoc Cicero pro Milone, quae facturus fuerit Clodius, si praeturam invasisset. sed haec quidem translatio temporum. quae proprie μετάστασις dicitur, illa ὑποτύπωσις[z] verecundior apud priores fuit: praeponebant enim talia: 'credite vos intueri', ut Cicero: 'haec, quae non vidistis oculis, animis cernere potestis.' 42 novi vero et praecipue declamatores audacius nec mehercule sine motu quodam imaginantur, ut Seneca in controversia, cuius summa est, quod pater filium et novercam inducente altero filio in adulterio deprensos occidit: 'duc, sequor: accipe hanc senilem manum et quocumque vis inprime.' 43 et post paulo: 'aspice, inquit, quod diu non credidisti. ego vero non video, nox oboritur et crassa caligo.' habet haec figura manifestius aliquid: non enim narrari res, sed agi videtur. 44 locorum quoque dilucida et significans descriptio eidem virtuti[a] adsignatur a quibusdam, alii τοπογραφίαν dicunt.

x) *Obrecht:* videatur
y) sint *ed Asc. (fort. recte)*
z) *Rad.* in diatyposi **B** in cliatibosi **A**
a) *Regius:* eiusdem virtutis

40 Die Figur nun, die Cicero[70] als *Unmittelbar-vor-Augen-Stellen* bezeichnet, pflegt dann einzutreten, wenn ein Vorgang nicht als geschehen angegeben, sondern so, wie er geschehen ist, vorgeführt wird, und nicht im Ganzen, sondern in seinen Abschnitten. Wir haben diesen Gesichtspunkt im letzten Buch bei der Anschaulichkeit behandelt.[71] Celsus hat auch die Figur selbst 'Anschaulichkeit' benannt, bei anderen heißt sie ὑποτύπωσις (Ausprägung), eine in Worten so ausgeprägte Gestaltung von Vorgängen, daß man eher glaubt, sie zu sehen als zu hören: 'Selbst kam er lodernd vor Verbrecherwut auf das Forum, es glühten seine Augen, sein ganzes Gesicht war erfüllt von Grausamkeit.'[72] 41 Und nicht nur was geschehen ist oder geschieht, sondern auch was geschehen wird oder geschehen sein würde, malen wir bildhaft gegenwärtig. Erstaunlich behandelt so Cicero in der ›Rede für Milo‹[73], was Clodius getan haben würde, wenn er sich der Prätur bemächtigt hätte. Doch hier zwar handelt es sich um eine Umstellung der Zeitstufen, was man eigentlich *Metástasis* (Metastase) nennt, während jene Hypotypose bei den Älteren mit einiger Scheu verwandt wurde: sie schickten nämlich Wendungen voraus wie 'Meint nur selbst zu sehen!' So etwa Cicero[74]: 'Das, was ihr mit euren Augen nicht gesehen habt, könnt ihr im Geist deutlich erblicken.' 42 Die Modernen jedoch und besonders die Schul-Deklamatoren stellen solche Bilder ohne viel Hemmungen und, weiß Gott!, gewiß recht eindrucksvoll vor Augen, so etwa Seneca in der Kontroversie[75], in der es sich darum dreht, daß ein Vater durch seinen einen Sohn dazu gebracht wird, seinen anderen Sohn im Ehebruch mit ihrer Stiefmutter zu ertappen, und beide getötet hat: 'führe mich, ich folge schon; nimm diese Greisenhand und drücke sie, wohin du willst'. 43 Und etwas später: 'Sieh, sagte er, was du so lange nicht hast glauben wollen. Ich aber sehe nichts, Nacht ist um mich und dicke Finsternis!' So hat diese Figur etwas gar zu Handgreifliches: es ist nicht, als ob die Dinge erzählt, sondern als ob sie aufgeführt würden. 44 Auch die anschauliche und bezeichnende Beschreibung von Örtlichkeiten wird von manchen zu der gleichen Kunstform hinzugenommen, während andere sie als *Topographía* bezeichnen.

[70] de orat. 3, 53, 202 (orat. 139).
[71] s. o. 8, 3, 68.
[72] Verr. 5, 62, 161.
[73] p. Mil. 32, 86ff.
[74] p. Rosc. Am. 35, 98.
[75] p. 584 Müller.

Εἰρωνείαν inveni qui dissimulationem vocaret: quo nomine quia parum totius huius figurae vires videntur ostendi, nimirum sicut in plerisque erimus Graeca appelatione contenti. igitur εἰρωνεία quae est schema, ab illa, quae est τρόπος, genere ipso nihil admodum distat (in utroque enim contrarium ei, quod dicitur, intellegendum est), species vero prudentius intuenti diversas esse facile est deprendere. 45 primum, quod τρόπος apertior est et, quamquam aliud dicit ac sentit, non aliud tamen simulat: nam et omnia circa fere recta sunt, ut illud in Catilinam: ‘a quo repudiatus ad sodalem tuum, virum optimum, Metellum demigrasti.’ in duobus demum verbis est ironia, ergo etiam brevior est τρόπος. 46 at in figura totius voluntatis fictio est, apparens magis quam confessa, ut illic verba sint verbis[b] diversa, hic sensus sermoni et voci[c] et tota interim causae conformatio, cum etiam vita universa ironiam habere videatur, qualis est visa Socratis (nam ideo dictus εἴρων, agens imperitum et admiratorem aliorum tamquam sapientium), ut, quem ad modum ἀλληγορίαν facit continua μεταφορά, sic hoc schema faciat τρόπος ille contextus. 47 quaedam vero genera huius figurae nullam cum tropis habent societatem, ut illa statim prima, quae ducitur[d] a negando, quam nonnulli ἀντίφρασιν vocant: ‘non agam tecum iure summo, non dicam, quod forsitan optinerem’, et: ‘quid ego istius decreta, quid rapinas, quid hereditatium possessiones datas, quid ereptas proferam?’ et: ‘mitto illam primam libidinis iniuriam’, et: ‘ne illa quidem testimonia recito,

b) veris *Kiderlin*
c) *Halm:* sermonis et ioci (loci)
d) *Madvig:* dicitur

Für *Ironie* habe ich in einem Fall die Übersetzung 'Verstellung' gefunden; da jedoch in dieser Übersetzung zu wenig zum Vorschein zu kommen scheint, was diese Figur alles an Ausdruckskraft umfaßt, wird es nicht verwundern, daß wir uns auch hier wie bei den meisten Figuren mit der griechischen Bezeichnung zufriedengeben. Nun ist die Ironie als Figur von der Ironie als Tropus der ganzen Gattung nach fast gar nicht verschieden – bei beiden nämlich handelt es sich darum, das Gegenteil von dem zu verstehen, was ausgesprochen wird –, daß aber ihre Erscheinungsformen verschieden sind, ist bei behutsamerem Hinsehen leicht festzustellen. 45 Als erstes gleich die Feststellung, daß der Tropus offener ist und, obwohl er etwas anderes sagt als meint, doch das andere nicht vortäuscht; denn auch alles in seiner Umgebung ist gewöhnlich direkt gemeint, so etwa in folgendem Satz gegen Catilina[76]: 'Von ihm abgewiesen bist du weitergewandert zu deinem Genossen, dem edlen Herrn Metellus.' Nur in den zwei Worten steckt die Ironie, der Tropus ist also ⟨zweitens⟩ auch kürzer. 46 Dagegen handelt es sich bei der Figur der Ironie um Verstellung der Gesamtabsicht, die eher durchscheint als zugegeben wird, so daß beim Tropus nur Worte Worten entgegengesetzt sind, hier aber der Sinn dem ganzen sprachlichen Ausdruck und Ton und zuweilen die ganze Gestaltung des Falles, da ja sogar ein gesamtes Leben Ironie zu enthalten scheint, wie es bei Sokrates der Fall zu sein schien – denn deshalb hieß er 'der Ironiker', weil er den Unwissenden spielte und Bewunderer anderer vermeintlich Weiser –; wie deshalb eine Folge von Metaphern eine Allegorie bildet, so bildet der Tropus der Ironie im Zusammenhang die entsprechende Figur. 47 Manche Arten dieser Figur haben indessen keine Gemeinschaft mit den Tropen, so gleich die folgende Art, die sich vom Verneinen herleitet und bei einigen *Antiphrasis* heißt, z. B.[77]: 'Ich will nicht gegen dich im Recht bis zum äußersten gehen, will nicht behaupten, was ich vielleicht erweisen könnte.' Und[78]: 'Was soll ich seine Erlasse hier zur Sprache bringen, was seine Räubereien, was die Erbschaften, die er verschenkt, die er entrissen hat?' und weiter[79]: 'Ich lasse beiseite, was er zuerst aus Wollust begangen' und 'Selbst die Zeugenaussagen will ich nicht verlesen, die über die 600000

[76] Cat. 1, 8, 19.
[77] Verr. 5, 2, 4.
[78] Phil. 2, 25, 62.
[79] frg. orat. B 5, 6 Sch.

quae dicta sunt de sestertiis sescentis milibus', et: 'possum dicere.' 48 quibus generibus per totas interim quaestiones decurrimus, ut Cicero: 'hoc ego si sic agerem, tamquam mihi crimen esset diluendum, haec pluribus dicerem.' εἰρωνεία est et, cum similes imperantibus vel permittentibus sumus:

49 i, sequere Italiam ventis,

et cum ea, quae nolumus videri in adversariis esse, concedimus eis. id acrius fit, cum eadem in nobis sunt et in adversario non sunt:

meque timoris
argue tu, Drance, quando tot caedis acervos
Teucrorum tua dextra dedit.

quod idem contra valet, cum aut ea, quae a nobis absunt, aut etiam quae in adversarios recidunt, quasi fatemur:

me duce Dardanius Spartam expugnavit adulter.

50 nec in personis tantum, sed et in rebus versatur haec contraria dicendi, quam quae intellegi velis, ratio, ut totum pro Q. Ligario prooemium et illae elevationes: 'videlicet, o di boni!'

scilicet is superis labor est

51 et ille pro Oppio locus: 'o amorem mirum! o benevolentiam singularem!' non procul autem absunt ab hac simulatione res inter se similes, confessio nihil nocitura, qualis est: 'habes igitur, Tubero, quod est accusatori maxime optandum, confitentem reum', et concessio, cum aliquid etiam iniquum videmur causae fiducia pati: 'metum virgarum nauarchus nobilissimae civitatis pretio redemit: humanum est', et pro Cluentio de invidia: 'dominetur in contionibus,

Sesterzien vorliegen'. Und[80]: 'Ich könnte sagen.' 48 Mit ironischen Wendungen solcher Art tun wir manchmal ganze Fragen der Beweisführung ab, so etwa Cicero[81]: 'Wenn ich das so behandeln wollte, als müßte ich eine Anschuldigung widerlegen, so würde ich ausführlicher darüber sprechen.' Ironie liegt auch da vor, wenn wir erscheinen, als gäben wir einen Befehl oder eine Erlaubnis. So[82]: 'Geh nur, folge den Winden, die nach Italien...'; 49 Und wenn wir den Gegnern etwas zugestehen, das ihnen nach unserem Wunsch nicht als ihnen eigen erscheinen soll. So[83]: 'Wirf mir Angst nur vor, Drances, da so viel Haufen von Leichen deine Rechte den Troern beschert...' Was ebenso auch umgekehrt gilt, wenn wir zum Schein entweder etwas, was uns fehlt oder was sogar auf den Gegner zurückfällt, zugeben: 'Ich gab den Sieg ja dem Troer, dem Ehebrecher in Sparta!'[84] 50 Und nicht nur bei Personen findet sich diese Technik, das Gegenteil von dem zu sagen, was man verstanden wissen will, sondern auch bei Sachen, wie es das ganze Prooemium der ›Rede für Ligarius‹ zeigt, und auch solche Entwertungsformeln wie: 'Natürlich, du lieber Himmel!',: 'Freilich, das plagt die da droben...'[85] 51 oder auch die Stelle in der ›Rede für Oppius‹[86]: 'Welch erstaunliche Liebe! Welch einzigartige Güte!' Nicht fern von dieser Ironie aber liegen die folgenden einander ähnlichen Erscheinungen: *das Geständnis ohne schädliche Folgen* von der Art des Folgenden[87]: 'Da hast du also, Tubero, was sich ein Ankläger am meisten wünschen muß, einen Angeklagten, der geständig ist'; ferner *das Zugeständnis,* wenn wir im Vertrauen auf unsere gute Sache scheinbar auch etwas Unbilliges hinnehmen[88]: 'Von der Furcht vor Prügeln hat sich also der Admiral einer so berühmten Gemeinde mit Geld losgekauft – nun das ist doch menschlich' sowie in der ›Rede für Cluentius‹[89] über die Mißgunst: 'Mag sie in den öffentlichen Versammlungen den Tyrannen spielen, ruhen soll sie vor

[80] vgl. p. Cael. 22, 53.
[81] p. Cluent. 60, 166.
[82] Aen. 4, 381.
[83] Aen. 11, 383–85.
[84] Aen. 10, 92.
[85] Aen. 4, 379.
[86] frg. orat. III 6 Sch.
[87] p. Lig. 1, 2.
[88] Verr. 5, 44, 117.
[89] p. Cluent. 2, 5.

iaceat in iudiciis': tertia consensio, ut pro eodem: 'iudicium esse corruptum.' 52 hac[e] evidentior figura est, cum alicui rei adsentimur, quae est futura pro nobis, verum id accidere sine adversarii vitio non potest. quaedam etiam velut laudamus, ut Cicero in Verrem circa crimen Apolloni Drepanitani: 'gaudeo etiam, si quid ab eo abstulisti, et abs te nihil rectius factum esse dico.' 53 interim augemus crimina, quae ex facili aut diluere possimus aut negare, quod est frequentius, quam ut exemplum desideret. interim hoc ipso fidem detrahimus illis, quod sint tam gravia, ut pro Roscio Cicero, cum immanitatem parricidii quamquam per se manifestam, tamen etiam vi orationis exaggerat.

54 'Αποσιώπησις, quam idem Cicero reticentiam, Celsus obticentiam, nonnulli interruptionem appellant, et ipsa ostendit aliquid adfectus vel irae, ut

quos ego – sed motos praestat componere fluctus,

vel sollicitudinis et quasi religionis: 'an huius ille legis, quam Clodius a se inventam gloriatur, mentionem facere ausus esset vivo Milone, non dicam cobsule? de nostrum omnium – non audeo totum dicere': cui simile est in prooemio pro Ctesiphonte Demosthenis; 55 vel alio transeundi gratia: 'Cominius autem – tametsi ignoscite mihi, iudices.' in quo est et illa, si tamen inter schemata numerari debet, cum aliis etiam pars causae videatur, digressio; abit enim causa in laudes Cn. Pompei. idque fieri etiam sine ἀποσιωπήσει potuit. 56 nam brevior illa, ut ait Cicero, a re digressio plurimis fit modis. sed haec exempli gratia

e) *Spalding:* haec

Gericht!'; drittens *die Übereinstimmung,* wie in derselben Rede[90]: 'das Gericht sei bestochen worden'. 52 Überzeugender ist diese Figur, wenn wir etwas zustimmen, das sich als für uns günstig erweist, jedoch kann das nur durch einen Fehler der Gegenseite eintreten. Manche loben wir gleichsam geradezu, wie Cicero in den ›Reden gegen Verres‹ betreffs dessen, was er Apollonius von Drepanum angetan haben soll[91]: 'Ich freue mich sogar, wenn du ihm etwas weggenommen hast, und erkläre, daß es das Richtigste ist, was du je getan hast.' 53 Zuweilen übertreiben wir die Bedeutung dessen, was man uns vorwirft, wenn wir es mit Leichtigkeit widerlegen oder abstreiten können, eine Gepflogenheit, die zu häufig ist, als daß ein Beispiel erforderlich wäre. Zuweilen entziehen wir den Beschuldigungen gerade dadurch die Glaubwürdigkeit, daß sie so schwer wiegen, wie Cicero in der ›Rede für Roscius‹, wenn er das Ungeheuerliche des Vatermordes, so offensichtlich es auch an sich schon ist, doch noch steigert durch die Macht seiner Rede.

54 *Die Aposiopese,* die wieder Cicero[92] 'Verschweigen', Celsus 'Verstummen', manche andere 'Abbrechen' nennen, stellt schon als solche eine Gefühlsbewegung zur Schau, sei es Zorn, so[93]: 'Euch will ich! – erst aber gilt's, das Toben der Fluten zu schlichten', sei es aus Sorge und fast religiösen Bedenken[94]: 'Hätte er es gewagt, dieses Gesetz, als dessen Erfinder sich Clodius rühmt, auch nur zu erwähnen, solange Milo lebte – ich will nicht sagen: Consul wäre. Für unser aller – doch ich wage nicht, den Satz zuende zu bringen!' Hierzu gibt es Ähnliches in dem Prooemium der ›Ktesiphonrede‹ des Demosthenes[95]; 55 sei es auch, um zu etwas anderem überzugehen[96]: 'Cominius aber – doch verzeiht mir, ihr Richter.' Hierhin gehört auch die Form der Abschweifung, wenn sie denn zu den Figuren gezählt werden darf, während sie anderen sogar als ein eigener Teil der Rede erscheint; denn die Rede geht in Lobeserhebungen für Cn. Pompeius über. Und das konnte auch ohne Aposiopese geschehen. 56 Denn die kürzere Form der Abschweifung vom Gegenstand, wie Cicero sie nennt,[97] findet auf mehrere Arten

[90] p. Cluent. 23, 63.
[91] Verr. 4, 17, 37.
[92] de orat. 3, 52, 205. Celsus frg. rhet. 16 Marx.
[93] Aen. 1, 135.
[94] wohl frühere Fassung von p. Mil. 12, 33.
[95] Demosth. 18, 3.
[96] aus der Rede für Cornelius frg. orat. VII 47 Sch.
[97] vgl. o. 9, 1, 28.

sufficient: 'tum C. Varenus, is qui a familia Anchariana occisus est: – hoc quaeso, iudices, diligenter attendite', et pro Milone: 'et adspexit me illis quidem oculis, quibus tum solebat, cum omnibus omnia minabatur.' 57 est alia non quidem reticentia, quae sit inperfecti sermonis, sed tamen praecisa velut ante legitimum finem oratio, ut illud: 'nimis urgeo, commoveri videtur adulescens', et: 'quid plura? ipsum adulescentem dicere audistis.'

58 Imitatio morum alienorum, quae ἠθοποιία vel, ut alii malunt, μίμησις dicitur, iam inter leniores[f] adfectus numerari potest: est enim posita fere in eludendo, sed versatur et in factis et in dictis. in factis, quod est ὑποτυπώσει vicinum, in dictis, quale est apud Terentium:

at ego nesciebam, quorsum tu ires. parvola
hinc est abrepta, eduxit mater pro sua,
soror dicta est: cupio abducere, ut reddam suis.

59 sed nostrorum quoque dictorum factorumque similis imitatio est per relationem, nisi quod frequentius adseverat quam eludit: 'dicebam habere eos actorem Q. Caecilium.' sunt et illa iucunda et ad commendationem cum varietate tum etiam ipsa natura plurimum prosunt, quae simplicem quandam et non praeparatam ostendendo orationem minus nos suspectos iudici faciunt. 60 hinc est quasi paenitentia dicti, ut pro Caelio: 'sed quid ego ita gravem personam introduxi?' et quibus utimur vulgo: 'inprudens incidi.' vel cum quaerere nos,

f) '*Turnebus*': leviores

statt. Doch werden als Beispiele folgende genügen[98]: 'Dann C. Varenus, der, der von dem Gesinde des Ancharius erschlagen worden ist – darauf, meine Herren Richter, achtet bitte genau!'; ferner aus der ›Rede für Milo‹ [99]: 'Und er blickte mich mit solchen Augen an, und zwar, wie er es dann tat, wenn er allen alles androhte.' 57 Es gibt noch eine zwar nicht eigentliche Aposiopese, die sich in der nicht zum Ende geführten Redeform ausdrückt, wohl aber eine gleichsam vor dem rechtmäßigen Ende abgerissene Redeform, wie in folgendem Beispiel[100]: 'Ich dränge zu sehr, der junge Mann scheint beeindruckt' und[101]: 'Was weiter? Ihr habt es ja den jungen Mann selbst sagen hören'.

58 Die *Nachahmung fremder Charakterzüge,* die sogenannte *Ethopoiie* oder, wie andere lieber wollen, *Mímesis* kann schon zu den gelinderen Gefühlswirkungen gezählt werden: sie beruht nämlich gewöhnlich auf einer verspottenden Absicht, jedoch kommt sie sowohl in Handlungen wie in Worten zur Geltung. In Handlungen, dann ist sie der Hypotypose verwandt, in Worten aber z. B. so wie bei Terenz[102]: 'Doch ich, ich wußte nicht, wozu das: noch ganz jung ward sie von hier entführt, ward meiner Mutter Kind sie so wie ich, hieß Schwester. Gern den Ihren brächt' ich sie zurück!' 59 Doch ähnlich lassen sich auch unsere eigenen Worte und Taten als Erzählung nachahmend berichten, nur daß dabei häufiger die Bestätigung als ein Spott beabsichtigt ist, so[103]: 'Ich sagte, sie hätten ja in Q. Caecilius einen Vertreter vor Gericht.' Auch solche Stellen sind beliebt und tragen zur Empfehlung sowohl durch die Abwechslung als auch durch ihr eigenes Wesen sehr viel bei, die dadurch, daß sie einfache und unvorbereitete Worte vor Augen stellen, dem Richter weniger Grund zum Argwohn geben. 60 Das gilt, wenn uns gleichsam eine Äußerung leid tut, wie in der ›Rede für Caelius‹ [104]: 'Aber warum habe ich gerade so eine würdige Person eingeführt?' und mit der Wendung, die wir im Alltag so oft verwenden: 'ohne es zu merken, bin ich darauf gekommen' [105]; oder

[98] aus der Rede für Varenus frg. orat. II 8; vgl. o. 4, 1, 74.
[99] p. Mil. 12, 33.
[100] p. Lig. 3, 9.
[101] Verr. 5, 44, 116.
[102] Ennius 155ff. V.
[103] div. in Caecil. 2, 4.
[104] 15, 35.
[105] Verr. 4, 20, 43.

quid dicamus, fingimus: 'quid reliquum est?' et: 'num quid omisi?' et cum ibidem invenire, ut ait Cicero: 'unum etiam mihi reliquum eius modi crimen est', et 'aliud ex alio succurrit.' 61 unde etiam venusti transitus fiunt, non quia transitus ipse sit schema, ut Cicero narrato Pisonis exemplo, qui anulum sibi cudi[g] ab aurifice in tribunali suo iusserat, velut hoc in memoriam inductus adiecit: 'hoc modo me commonuit Pisonis anulus, quod totum effluxerat. quam multis istum putatis hominibus honestis de digitis anulos aureos[h] abstulisse?' et cum aliqua velut ignoramus: 'sed earum rerum artificem quem? – quemnam? recte admones, Policlitum esse dicebant.' 62 quod quidem non ⟨in⟩[i] hoc tantum valet. quibusdam enim, dum aliud agere videmur, aliud efficimus, sicut hic Cicero consequitur ne, cum morbum in signis atque tabulis obiciat Verri, ipse quoque earum rerum studiosus esse credatur. et Demosthenes iurando per interfectos in Marathone et Salamine id agit, ut minore invidia cladis apud Chaeroneam acceptae laboret. 63 faciunt illa quoque iucundam orationem, aliqua mentione habita differre et deponere apud memoriam iudicis et reposcere quae deposueris et iterare[j] quaedam schemate aliquo (non enim est ipsa per se iteratio schema) et excipere aliqua et dare actioni varios velut vultus. gaudet enim res varietate, et sicut oculi diversarum adspectu rerum magis detinentur, ita semper animis praestat, in quod se velut novum intendant.

64 Est emphasis etiam inter figuras, cum ex aliquo dicto latens aliquid eruitur, ut apud Vergilium:

non licuit thalami expertem sine crimine vitam
degre more ferae?

g) *ed. Jens. (Cic.)*: cludi
h) *del. Rad.: deest ap. Cic.*
i) *add. Regius*
j) *Wolff*: sperare **B** separare *ras.* **A**

wenn wir so tun, als fragten wir uns selbst, was wir sagen sollen: 'was fehlt noch?', 'habe ich etwas ausgelassen?', und als wenn wir eben gerade darauf kommen: wie Cicero sagt[106]: 'eine weitere Anklage dieser Art habe ich noch zu bringen' und 'Eins fällt mir nach dem anderen ein'. 61 Daraus entstehen auch schöne Übergänge, ohne daß ja der Übergang selbst eine Figur wäre: so hat Cicero das Beispiel des Piso erzählt,[107] der sich auf seinem Tribunal von einem Goldschmied einen Ring hatte arbeiten lassen, und hat dann, als sei er dadurch daran erinnert worden, hinzugefügt: 'so hat mich der Ring des Piso an etwas erinnert, das mir schon ganz entfallen war: Was meint ihr, wieviel braven Männern er die Ringe vom Finger weggenommen hat?' Auch wenn wir etwas scheinbar nicht wissen: 'doch wer war der Künstler? wer nur? Ja richtig! Policlit (Polyklet), sagten sie, sei es'[108]. 62 Dies hat freilich nicht nur hierfür Bedeutung. Denn in manchen Fällen erzielen wir so, während wir das eine zu betreiben scheinen, etwas anderes, so wie Cicero es hier erreicht, wenn er Verres seine krankhafte Versessenheit auf Statuen und Bilder vorhält, nicht auch selbst als eifriger Liebhaber dieser Dinge zu gelten. Auch bezweckt Demosthenes es mit seinem Schwur bei den Gefallenen von Marathon und Salamis,[109] daß ihm die Entrüstung über die Niederlage bei Chäronea weniger zu schaffen macht. 63 Es gibt auch der Rede einen Reiz, etwas mit dem Hinweis zu erwähnen, man stelle es noch zurück, es so im Gedächtnis des Richters in Verwahrung zu geben und dann dieses verwahrte Guthaben wieder zurückzufordern, oder auch etwas in einer bestimmten Figur zu wiederholen – die Wiederholung an und für sich ist nämlich noch keine Figur – oder bestimmte Dinge herauszugreifen und der Rede in der Verhandlung gleichsam ein wechselndes Mienenspiel zu geben. Denn Abwechslung bringt Freude in die Sache, und wie die Augen durch den Anblick verschiedener Dinge gefesselt werden, so hat für den Geist immer das den Vorzug, worauf er sich gespannt als auf etwas Neues richtet.

64 Auch die *Emphase* gehört zu den Figuren, wobei aus einer Bemerkung ein versteckter Sinn zutage gefördert wird, so etwa bei Vergil[110]: 'Hätt' ich denn nicht vom Ehebund frei ein schuldloses

[106] p. Cluent. 61, 169.
[107] Verr. 4, 26, 57.
[108] Verr. 4, 3, 5.
[109] Demosth. 18, 208.
[110] Aen. 4, 550.

quamquam enim de matrimonio queritur Dido, tamen huc erumpit eius adfectus, ut sine thalamis vitam non hominum putet, sed ferarum. aliud apud Ovidium genus, apud quem Zmyrna nutrici amorem patris sic confitetur:

o, dixit, felicem coniuge matrem!

65 Huic vel confinis vel eadem est, qua nunc utimur plurimum. iam enim ad id genus, quod et frequentissimum est et expectari maxime credo, veniendum est, in quo per quandam suspicionem quod non dicimus accipi volumus, non utique contrarium, ut in εἰρωνείᾳ, sed aliud latens et auditori quasi inveniendum. quod, ut supra ostendi, iam fere solum schema a nostris vocatur, et unde controversiae figuratae dicuntur. 66 eius triplex usus est: unus, si dicere palam parum tutum est, alter, si non decet, tertius, qui venustatis modo gratia adhibetur et ipsa novitate ac varietate magis, quam si relatio sit recta, delectat.

67 Ex his quod est primum, frequens in scholis est. nam et pactiones deponentium imperium tyrannorum et post bellum civile senatus consulta finguntur et capitale est obicere ante acta, ut, quod in foro non expedit, illic nec liceat. sed schematum condicio non eadem est: quamlibet enim apertum, quod modo et aliter intellegi possit, in illos tyrannos bene dixeris, quia periculum tantum, non etiam offensa vitatur. 68 quod si ambiguitate sententiae possit eludi, nemo non illi furto favet. vera negotia numquam adhuc habuerunt hanc silentii necessitatem, sed aliam huic similem verum multo ad agendum difficiliorem, cum personae potentes obstant, sine quarum reprehen-

Leben führen können wie wildes Getier?'; denn obwohl Dido über die Ehe sich beklagt, kommt es doch durch ihren Gefühlsausdruck heraus, daß sie ein Leben ohne Ehebund nicht für menschlich, sondern für tierisch hält. Von anderer Art ist sie bei Ovid[111], bei dem Zmyrna ihrer Amme die Liebe zu ihrem Vater so gesteht: 'Wie glücklich, sprach sie, mit diesem Gemahl ist die Mutter!'

65 Nahe hieran angrenzend oder ganz die gleiche ist die Figur, die wir heutzutage am meisten verwenden. Jetzt ist es nämlich so weit, daß wir zu der Art kommen, die am häufigsten ist und auf die man, denke ich, vor allem wartet, die Figur nämlich, bei der wir in einer Art von Argwohn das verstanden wissen wollen, was wir nicht sagen, nicht gerade das Gegenteil wie bei der Ironie, sondern etwas Verstecktes und dem Spürsinn des Hörers zum Suchen Überlassenes. Diese Art wird, wie ich schon oben angedeutet habe,[112] bei uns heute fast ausschließlich Figur genannt, und daher haben auch die figurierten Kontroversien ihren Namen.[113] 66 Sie findet sich in dreifacher Verwendung: erstens, wenn es zu unsicher ist, offen zu reden; zweitens, wenn es sich nicht schickt; drittens in einer Art, die nur um der schönen Form willen verwendet wird und allein durch die Neuheit und Abwechslung, die sie bietet, mehr Genuß bereitet, als wenn die Mitteilung direkt erfolgte.

67 Die zuerst genannte Verwendung ist häufig bei den Schul-Deklamationen. Denn da erfindet man die Abmachungen, unter denen Tyrannen ihre Herrschaft niederlegen, und nach einem Bürgerkrieg die Senatsbeschlüsse, und da ist es eine todeswürdige Sache, das früher Begangene noch jemandem vorzuwerfen, so daß etwas, was auf dem Forum nicht ratsam ist, in diesen Schulübungen gar nicht gestattet ist. Aber die Voraussetzungen für Figuren sind dabei nicht die gleichen; denn man kann gut, so offen man will, gegen jene Tyrannen sagen, was nur auch anders verstanden werden kann, weil man ja nur die Lebensgefahr, nicht auch den Anstoß, den man erregt, zu meiden hat. 68 Kann man aber durch doppeldeutige Gedanken ein Schnippchen schlagen, so findet solche List allgemeines Wohlwollen. Wirkliche Rechtsgeschäfte aber haben noch nie unter dem Druck dieser Form erzwungenen Schweigens gestanden, wohl aber unter einem ähnlichen, jedoch viel schlimmeren, wenn nämlich mächtige Persönlichkeiten im Wege sind, so daß man ohne

[111] Metam. 10, 422.
[112] s. o. 9, 1, 14.
[113] Die verstellte Rede, oratio figurata (λόγος ἐσχηματισμένος).

sione teneri causa non possit. 69 ideoque hoc parcius et circumspectius faciendum est, quia nihil interest, quo modo offendas, et aperta figura perdit hoc ipsum, quod figura est. ideoque a quibusdam tota res repudiatur, sive intellegatur sive non intellegatur. sed licet modum adhibere, in primis, ne sint manifestae. non erunt autem, si non ex verbis dubiis et quasi duplicibus petentur, quale est in suspecta nuru: 'duxi uxorem, quae patri placuit: 70 aut, quod est multo ineptius, compositionibus ambiguis, ut in[k] illa controversia, in qua infamis amore filiae virginis pater raptam eam interrogat, a quo vitiata sit: 'quis te', inquit, 'rapuit?' 'tu, pater, nescis?' 71 res ipsae perducant iudicem ad suspicionem, et amoliamur cetera, ut hoc solum supersit, in quo multum etiam adfectus iuvant et interrupta silentio dictio et cunctationes. sic enim fiet ut iudex quaerat illud nescio quid ipse, quod fortasse non crederet, si audiret, et ei, quod a se inventum existimat, credat. 72 sed ne si optimae quidem sint, esse debent frequentes. nam densitate ipsa figurae aperiuntur, nec offensae minus habent, sed auctoritatis. nec pudor videtur, quod non palam obicias, sed diffidentia. in summa sic maxime iudex credit figuris, si nos putat nolle dicere. 73 equidem et in personas incidi tales et in rem quoque, quod est magis rarum, quae obtineri nisi hac arte non posset. ream tuebar, quae subiecisse dicebatur mariti testamentum: et dicebantur chirographum marito expiranti heredes dedisse, et verum erat. 74 nam, quia per leges institui uxor non poterat heres, id fuerat actum, ut ad eam bona per hoc tacitum fideicommissum pervenirent.

k) *om.* **AB**

Kritik an diesen den Fall nicht durchbringen kann. 69 Deshalb muß dies sparsamer und umsichtiger geschehen, weil es ja keinen Unterschied macht, auf welche Weise man Anstoß erregt, und wenn eine Figur offen sichtbar ist, verdirbt sie gerade das, was an ihr Figur ist. Deshalb haben manche solche Figuren ganz abgelehnt, gleichgültig, ob man sie versteht oder nicht versteht. Jedoch kann man dabei maßhalten, vor allen Dingen dürfen sie nicht handgreiflich sein. Das sind sie aber dann nicht, wenn sie nicht aus zweifelhaften oder doppelsinnigen Worten genommen werden von solcher Art, wie wenn etwa jemand über eine moralisch beargwöhnte Schwiegertochter sagt: 'Ich habe eine Frau genommen, die nach dem Geschmack meines Vaters war', 70 oder, was noch viel alberner ist, zweideutige Wortverbindungen enthalten, wie in der Kontroversie, in der ein Vater, dem man nachsagte, mit seiner unverheirateten Tochter ein Verhältnis zu haben, die Entführte fragt, von wem sie geschändet sei, mit den Worten: 'Wer hat dich entführt?' 'Du, Vater, weißt du (es) nicht?' 71 Die Tatsachen selbst sollen den Richter zum Argwohn hinführen, und wir müssen alles Übrige beiseite räumen, so daß nur die eine Möglichkeit übrigbleibt, wobei auch der Gefühlsausdruck viel hilft, die abgerissene Redeweise und das zaudernde Sprechen. Denn so kommt es dahin, daß der Richter selbst nach dem Bewußten forscht, das er vielleicht nicht glauben würde, wenn er es vorgetragen hörte, und nun dem, was er selbst gefunden zu haben meint, glaubt. 72 Aber nicht einmal, wenn die Figuren noch so gut sind, dürfen sie sich drängen; denn gerade durch die Dichte, in der sie erscheinen, werden sie offenkundig und verlieren so nicht an Anstößigkeit, wohl aber an Gewicht. Auch erscheint es nicht als Ausdruck der Scham, daß man die Vorwürfe nicht offen ausspricht, sondern als Zeichen von mangelndem Selbstvertrauen. Alles in allem: der Richter schenkt dann den Figuren am meisten Vertrauen, wenn er meint, wir wollten überhaupt nicht reden. 73 Mit solchen Personen nun habe auch ich in meiner Praxis zu tun gehabt und auch, was seltener vorkommt, mit einer Streitsache, die sich nur durch die Anwendung dieses Kunstgriffes gewinnen ließ. Ich hatte eine Klientin zu verteidigen, die beschuldigt wurde, ihrem Mann ein Testament unterschoben zu haben; und zwar sollten die Erben das Schriftstück dem Mann auf dem Totenbett gegeben haben, und so war es auch wirklich. 74 Denn weil nach dem Gesetz die Frau nicht als Erbe eingesetzt werden konnte, war dies so abgemacht worden, damit das Vermögen durch stillschweigendes Fideikommiß in ihrer Hand gelangen konnte.

et caput quidem tueri facile erat, si hoc diceremus palam, sed peribat hereditas. ita ergo fuit nobis agendum, ut iudices illud intellegerent factum, delatores non possent adprehendere ut dictum, et contigit utrumque. quod non inseruissem veritus opinionem iactantiae, nisi probare voluissem in foro quoque esse his figuris locum. 75 quaedam etiam, quae probare non possis, figura potius spargenda sunt. haeret enim nonnumquam telum illud occultum, et hoc ipso, quod non apparet, eximi non potest: at si idem dicas palam, et defenditur et probandum est.

76 Cum autem obstat nobis personae reverentia, quod secundum posuimus genus, tanto cautius dicendum est, quanto validius bonos inhibet pudor quam metus. hic vero tegere nos iudex, quod sciamus, et verba vi quadam veritatis erumpentia credat coercere. nam quo[1] minus aut ipsi, in quos dicimus, aut iudices aut adsistentes oderint hanc maledicendi lasciviam, si velle nos credant? 77 aut quid interest, quo modo dicatur, quom et res et animus intellegitur? quid dicendo denique proficimus, nisi ut palam sit facere nos, quod ipsi

1) qui minus *Kiderlin* ⟨quid obstat⟩ quo *Wint. fort.* quo ⟨modo⟩

Und in dem Hauptpunkt zwar war die Verteidigung leicht, wenn wir das offen zugaben, aber die Erbschaft war dann verloren. So mußten wir in der Verhandlung darauf hinarbeiten, daß die Richter den wahren Sachverhalt verstanden, die Kläger aber ihn bei ihrer Denunziation nicht als offen ausgesprochen aufgreifen konnten, und beides gelang auch. Ich hätte das hier nicht eingeschaltet, um nicht in den Verdacht der Prahlerei zu kommen, hätte ich nicht einen Beweis dafür liefern wollen, daß auch auf dem Forum Raum sei für diese Figuren.[114] 75 Auch manche Angaben, die man nicht beweisen könnte, lassen sich besser in der Form einer Figur einstreuen. Denn manchmal haftet ein solches Geschoß im Verborgenen, und gerade deshalb, weil es nicht zu sehen ist, kann man es auch nicht herausziehen. Wenn man dagegen dasselbe offen behauptet, wird es von der Verteidigung aufgegriffen und muß bewiesen werden.

76 Wenn uns aber die Achtung vor einer Person hinderlich ist, was wir als Verwendung der figurierten Ausdrucksweise angenommen haben,[115] so muß man um so vorsichtiger reden, je mehr das Schamgefühl für anständige Menschen ein stärkeres Hemmnis bildet als die Furcht. Hier muß nun wirklich der Richter glauben, daß wir verdecken, was wir wissen, und unsere Worte, die gleichsam mit der Macht der Wahrheit herausplatzen, im Zaume halten. Denn wie könnten die Personen selbst, gegen die sich unsere Worte richten, oder die Richter oder die Anwesenden gegen solche mutwillige Verunglimpfung geringeren Widerwillen verspüren, wenn sie glaubten, daß sie nur das sei, was wir eigentlich wollten (ohne es offen zu sagen)? 77 Oder welcher Unterschied besteht in der Art, wie es vorgetragen wird, wenn sowohl der Sachverhalt wie auch die Gesinnung verstanden wird? Was erreichen wir schließlich durch solchen

[114] Quintilians Unterrichtsziel, die lebensnahe Theorie der Rhetorik, kommt hier besonders deutlich zum Vorschein. Sein Erfolg in der Gerichtspraxis rechtfertigt die Kritik an dem Lehr- und Deklamationsbetrieb, den er zu Beginn seiner Lehrtätigkeit in Rom vorfand (§ 77). Die ästhetischen und gesellschaftlichen Voraussetzungen, die in dem kritisierten Deklamationskult zum Ausdruck kommen, sind für den wissenschaftlichen Betrachter freilich von nicht geringerem Wert für das Verständnis der verwandelnden Kraft des 'Literarischen' in der römischen Gesellschaft als die quintilianische Kritik (vgl. hierzu: H. Rahn, Morphologie der antiken Literatur (Darmstadt 1969), 23ff. 88ff.). Zum Deklamationswesen in Rom die Übersicht von S. Bonner, Roman Declamation Liverpool (Los Angeles-Berkeley 1949).

[115] s. o. § 66.

sciamus non esse faciendum? atqui praecipue prima, quibus praecipere coeperam, tempora hoc vitio laborarunt. dicebant enim libenter tales controversias, quae difficultatis gratia placent, cum sint multo faciliores. 78 nam rectum genus adprobari nisi maximis viribus non potest: haec deverticula et anfractus suffugia sunt infirmitatis (ut qui cursu parum valent, flexu eludent),[m] cum haec, quae adfectatur, ratio sententiarum non procul a ratione iocandi abhorreat. adiuvat etiam, quod auditor gaudet intellegere et favet ingenio suo et alio dicente se laudat. 79 itaque non solum, si persona obstaret rectae orationi, quo in genere saepius modo quam figuris opus est, decurrebant ad schemata, sed faciebant illis locum etiam, ubi inutiles ac nefariae essent, uti si[n] pater, qui infamem in matre filium secreto occidisset, reus malae tractationis iacularetur in uxorem obliquis sententiis. 80 nam quid impurius quam retinuisse talem? quid porro tam contrarium, quam eum, qui accusetur, quia summum nefas suspicatus de uxore videatur, confirmare id ipsa defensione, quod diluendum est? at si iudicum sumerent animum, scirent, quam eius modi actionem laturi non fuissent, multoque etiam minus, cum in parentes abominanda crimina spargentur.

81 Et quatenus huc incidimus, paulo plus scholis demus: nam et in his educatur orator, et in eo, quo modo declametur, positum est etiam, quo modo agatur. dicendum ergo de iis quoque, in quibus non asperas figuras, sed palam contrarias causae plerique fecerunt: ‘tyrannidis adfectatae damnatus torqueatur ut conscios indicet:[o]

m) eludunt *Regius* (-dant **A**^{2}**B**)
n) *Rad.* ut si *Regius:* ut is
o) ut … indicet *om.* **A** *del. Rad.*

verhüllenden Vortrag anderes, als daß dadurch offen zutage kommt, daß wir etwas tun, wovon wir selbst wissen, daß wir es nicht tun sollten? Und doch krankten besonders die ersten Jahre, in denen ich meine Lehrtätigkeit begann, an diesem Fehler. Denn damals waren solche Kontroversien Lieblingsthemen, deren Schwierigkeit ihren Reiz ausmacht, obwohl sie eigentlich viel leichter sind. 78 Denn die unmittelbare Redeform kann sich nur durch den höchsten Einsatz der Kräfte Beifall gewinnen; diese Seitenwege und Schlupfwinkel aber sind die Zuflucht der Schwäche – wie, wer im Lauf nicht genügend Kräfte hat, Haken schlägt –, da ja die angestrebte geistreiche Art der Gedankenführung von der Art witziger Unterhaltung sich kaum abhebt. Es kommt ihr auch zugute, daß der Zuhörer sich daran freut, den Sinn zu verstehen, er so seinem eigenen Scharfsinn schmeichelt und, während der andere spricht, seine eigene Leistung beifällig aufnimmt. 79 Deshalb verfielen sie nicht nur, wenn eine Person der unmittelbaren Redeweise im Wege stand, eine Situation, in der öfter maßvolle Ausdrucksweise als Figuren am Platze sind, auf die Figuren, sondern verschafften diesen einen Platz sogar da, wo sie unnütz und gewissenlos waren, wenn z. B. ein Vater, der seinen Sohn heimlich getötet hatte, weil er sich mit der eigenen Mutter vergangen hatte, wegen Mißhandlung angeklagt, gegen seine Frau mit indirekten Hinweisen stichelte. 80 Denn was ist unanständiger, als eine solche Frau noch behalten zu haben? Was weiter so widersprüchlich, als daß derjenige, der unter Anklage steht, weil es scheint, als hätte er bei seiner Frau das schlimmste Vergehen geargwöhnt, diesen Anschein noch in der Form, wie er seine Verteidigung führt, bestärkt, den er doch entkräften muß? Versetzten sie sich dagegen in den Geist der Richter, so wüßten sie, wie wenig diese bereit wären, ein solches Vorgehen hinzunehmen, und das noch viel weniger, wenn gegen die Eltern abscheuliche Anschuldigungen eingestreut werden.

81 Und da wir einmal hierauf gekommen sind, wollen wir noch etwas bei den Schul-Deklamationen verweilen; denn einerseits vollzieht sich in ihnen die Heranbildung des Redners, und andererseits beruht auf der Art, wie deklamiert wird, auch die Art, wie die Rede in der Prozeßverhandlung durchgeführt wird. Wir müssen also auch von solchen Fällen sprechen, in denen sehr viele nicht nur unpassende, sondern in offenem Widerspruch zum Fall selbst stehende Figuren gewählt haben, z. B.: 'Wer wegen des Strebens nach Tyrannei verurteilt ist, soll gefoltert werden, damit er seine Mitwisser angibt. Sein Ankläger soll sich ausbitten, was er will. Ein Sohn,

accusator eius optet quod volet. patrem qui[p] damnavit, optat ne is torqueatur: pater ei contra dicit.' 82 nemo se tenuit agens pro patre, quin figuras in filium faceret, tamquam illum conscium in tormentis nominaturus. quo quid stultius? nam cum hoc iudices intellexerint, aut non torquebitur, cum ideo torqueri velit, aut torto non credetur. 83 'at credibile est hoc eum velle.' fortasse: dissimulet ergo, ut efficiat. 'sed nobis, declamatoribus dico, quid proderit hoc intellexisse, nisi dixerimus?' ergo, si vere ageretur, similiter consilium illud latens prodidissemus? quid si neque utique verum est, et habere alias hic damnatus contradicendi causas potest, vel quod legem conservandam putet, vel quod nolit accusatori debere beneficium, vel, quod ego maxime sequerer, ut se innocentem esse in tormentis pertendat? 84 quare ne illud quidem semper succurret sic dicentibus: 'patrocinium hoc voluit, qui controversiam finxit.' fortasse enim noluit, sed esto voluerit: continuone, si ille stulte cogitavit, nobis quoque stulte dicendum est? at ego in causis agendis frequenter non puto intuendum, quid litigator velit. 85 est et ille in hoc genere frequens error, ut putent aliud quosdam dicere, aliud velle, praecipue cum in themate est, aliquem ut sibi mori liceat postulare, ut in illa controversia 'qui aliquando fortiter fecerat et alio bello petierat, ut militia vacaret e lege, quod quinquagenarius esset, adversante filio ire in aciem coactus deseruit. filius, qui fortiter eodem proelio fecerat,

p) *Obrecht:* quidam **B** qui accusavit *ras.* **A²P²**

der seinen Vater zur Verurteilung gebracht hat, bittet sich aus, daß dieser nicht gefoltert wird. Der Vater erhebt Widerspruch.' 82 Niemand enthielt sich, wenn er die Sache des Vaters vertrat, gegen den Sohn Figuren zu verwenden, als ob der Vater den Sohn auf der Folter als Mitwisser nennen werde. Und doch, kann man es törichter anfangen? Denn sobald die Richter auf diesen Gedanken kommen, wird er entweder gerade deshalb nicht gefoltert werden, weil er deshalb gefoltert werden will, oder er findet auf der Folter keinen Glauben. 83 (Einwurf:) 'Aber es ist doch glaubwürdig, daß er das wirklich will!' Mag sein, so muß er sich aber so stellen, als wollte er es nicht, damit er seinen Zweck erreicht. 'Aber welchen Nutzen haben wir – ich meine: wir Deklamationsteilnehmer – davon, daß wir seine wahre Absicht so verstanden haben, wenn wir es nicht auch sagen?' Hätten wir also ,wenn der Fall wirklich verhandelt würde, in solcher Weise die geheime Absicht preisgegeben? Wenn es aber gar nicht unbedingt seine wahre Absicht ist, warum kann der Verurteilte hier nicht auch andere Gründe für seinen Widerspruch haben, etwa, daß er wünscht, man sollte an dem Gesetz festhalten, oder daß er seinem Ankläger keine Vergünstigung verdanken will, oder – ein Gesichtspunkt, dem ich vor allem nachgehen würde – um auf der Folter daran festzuhalten, daß er unschuldig sei? 84 Deshalb kann denen, die die Rolle so auffassen, nicht einmal der Hinweis helfen: 'Unsere Art, die Verteidigung zu führen, entspricht der Absicht dessen, der diese Kontroversie erfunden hat.' Vielleicht nämlich hatte er die Absicht gar nicht – doch, mag er immerhin die Absicht gehabt haben, müssen wir denn gleich, wenn er sich etwas Törichtes ausgedacht hat, auch etwas Törichtes vortragen? Ich dagegen stehe auf dem Standpunkt, man dürfe, wenn man einen Fall vertritt, häufig nicht darauf blicken, was der Prozeßführende wünscht. 85 Häufig findet sich auch bei dieser Art von Deklamationsthemen der Irrtum, anzunehmen, die betreffenden Personen sagten zwar so, wollten aber etwas anderes, besonders wenn es im Thema steht, daß jemand verlangt, sterben zu dürfen, wie es in der bekannten Kontroversie ist: 'Jemand, der sich einmal im Kampf durch Tapferkeit ausgezeichnet und in einem anderen Krieg darum gebeten hatte, nach dem Gesetz, weil er schon zu den Fünfzigjährigen gehöre, vom Kriegsdienst befreit zu werden, wurde, als er infolge des Widerstandes seines eigenen Sohnes gegen sein Gesuch gezwungen worden war, an die Front zu gehen, fahnenflüchtig. Sein Sohn, der sich in dem gleichen Gefecht durch Tapferkeit ausgezeichnet hatte, bittet sich dafür Straflosigkeit für seinen

incolumitatem eius optat: contra dicit pater.' non enim, inquiunt, mori vult, sed invidiam filio facere. 86 equidem rideo, quod [ipsi][q] sic timent tamquam ipsi morituri et in consilium suos metus ferunt, obliti tot exemplorum circa voluntariam mortem, causarum quoque, quas habet factus ex viro forti desertor. 87 sed de una controversia loqui supervacuum est: ego in universum neque oratoris puto esse umquam praevaricari, neque litem intellego, in qua pars utraque idem velit, neque tam stultum quemquam, qui, si vivere vult, mortem potius male petat quam omnino non petat. 88 non tamen nego, esse controversias huius modi figuratas, ut est illa: 'reus parricidii, quod fratrem occidisset, damnatu iri videbatur: pater pro testimonio dixit, eum se iubente fecisse: absolutum abdicat.' nam neque in totum filio parcit nec, quod priore iudicio adfirmavit, mutare palam potest et, ut non durat ultra poenam abdicationis, ita abdicat tamen. et alioqui figura in patrem[r] plus facit, quam licet, in filium minus. 89 ut autem nemo contra id, quod vult, dicit, ita potest melius aliquid velle, quam dicit: quo modo ille abdicatus, qui a patre, ut filium expositum et ab eo educatum solutis alimentis recipiat, postulat, revocari fortasse mavult, non tamen quod petit non vult. 90 est latens et illa significatio, qua cum ius asperius petitur a iudice, fit ei

q) *del. Rad.:* **AB**
r) *Regius:* patre

Vater aus. Der Vater erhebt Widerspruch.' Der Vater, so sagen sie, will ja gar nicht sterben, sondern er will Gehässigkeit gegen seinen Sohn erregen. 86 Ich muß wirklich darüber lachen, daß sie[116] selbst so voll Angst sind, als wenn sie selbst sterben sollten, und ihr eigenes furchtsames Gemüt zu Rate ziehen, wobei sie die vielen Beispiele dafür vergessen, daß man den Tod wünscht, und auch die Gründe, die ein Mann hierfür hat, der aus einem Helden ein Deserteur geworden ist. 87 Doch von einer Kontroversie allein zu reden erübrigt sich, ich bin allgemein der Ansicht, es sei nicht Sache eines Redners, je der Gegenseite Vorschub zu leisten, ich kenne auch keinen Rechtsstreit, bei dem beide Seiten dasselbe Interesse verfolgten,[117] und ich kenne auch niemanden, der so töricht wäre, wenn er am Leben bleiben will, lieber wirkungslos um seinen Tod zu bitten, als gar nicht darum zu bitten. 88 Und doch leugne ich nicht, daß es Kontroversien gibt, die Figuren dieser Art verwenden, so etwa den Fall: 'Unter der Anklage wegen Verwandten-Mordes, weil er seinen Bruder getötet hätte, schien jemand vor der Verurteilung zu stehen; da sagte sein Vater als Zeuge aus, er habe in seinem Auftrag gehandelt. Nach dem Freispruch verstößt er den Sohn.' Denn weder übt er völlige Nachsicht gegenüber dem Sohn noch kann er offen an dem etwas ändern, was er in dem vorhergehenden Prozeß behauptet hat, und wenn er auch in seiner Strenge nicht über die Strafe der Verstoßung hinausgeht, so geht er doch bis zu dieser. Und im übrigen wirkt hier der in der Figur gegen den Vater gerichtete Vorwurf stärker als es statthaft ist, der gegen den Sohn gerichtete zu schwach.[118] 89 Wie aber niemand gegen das, was er eigentlich will, spricht, so kann er doch noch etwas Besseres wollen, als er sagt: so will wohl der verstoßene Sohn, der von seinem Vater verlangt, er möge einen vom Vater ausgesetzten und von dem Verstoßenen großgezogenen Sohn gegen Erstattung der Unterhaltskosten zu sich nehmen, lieber selbst wieder im Elternhaus aufgenommen werden, will aber dennoch auch das nicht, worum er bittet. 90 Es gibt ferner die Form der versteckten Andeutung, durch die,

[116] diese Deklamatoren.

[117] hier das Leben des Vaters.

[118] d. h., es ist eigentlich unanständig, wenn der Sohn den Vater mit seiner durch sein früheres Zeugnis bewiesenen Milde jetzt zu erpressen sucht; und umgekehrt müßte der Vater gegen die von dem Sohn durch seinen Widerspruch gezeigte Unanständigkeit eigentlich viel schärfer vorgehen, als er es mit Rücksicht auf sein früheres Zeugnis kann.

tamen[s] spes aliqua clementiae, non palam, ne paciscamur, sed per quandam credibilem suspicionem, ut in multis controversiis, sed in hac quoque: 'raptor, nisi intra tricesimum diem et raptae patrem et suum exoraverit, pereat: qui exorato raptae patre suum non exorat, agit cum eo dementiae': 91 nam si promittat hic pater, lis tollitur: si nullam spem faciat, ut non demens, crudelis certe videatur et a se iudicem avertat. Latro igitur optime: 'occides ergo?' 'si potero.' remissius et pro suo ingenio pater Gallio: 'dura, anime, dura: here[t] fortior fuisti.' 92 confinia sunt his celebrata apud Graecos schemata, per quae res asperas mollius significant. nam Themistocles suasisse existimatur Atheniensibus, ut urbem apud deos deponerent, quia durum erat dicere, ut relinquerent. et, qui Victorias aureas in usum belli conflari volebat, ita declinavit, victoriis utendum esse. totum autem allegoriae simile est, aliud dicere, aliud intellegi velle.

93 Quaesitum etiam est, quo modo responderi contra figuras oporteret. et quidam semper ex diverso aperiendas putaverunt, sicut latentia vitia rescinduntur. idque sane frequentissime faciendum est: aliter enim dilui obiecta non possunt, utique cum quaestio in eo consistit, quod figurae petunt. at cum maledicta sunt tantum, et non intellegere interim bonae conscientiae est. 94 atque etiam si fuerint crebriores figurae, quam ut dissimulari possint, postulandum est,

s) **BP**: fit tamen *Spalding solum* tamen **A**
t) heri **B** *cf. Sen. contr. 2, 3, 6*

während das Recht in härterer Form vom Richter gefordert wird, dennoch eine gewisse Hoffnung auf Milde entsteht, nicht offen, damit wir nicht darauf pochen, sondern durch eine Art von glaubwürdigem Verdacht, so, wie in vielen Kontroversien, auch in der folgenden: 'Der Entführer[119] soll, wenn er nicht innerhalb von 30 Tagen sowohl den Vater der Entführten als auch seinen eigenen Vater besänftigt hat, den Tod finden. Ein Sohn, der zwar den Vater der Entführten, nicht aber den eigenen besänftigt, führt gegen ihn einen Prozeß wegen Geistesschwäche.' 91 Denn wenn bei diesem Prozeß der Vater seine Zustimmung gibt, ist der Streit beigelegt. Wenn er keine Hoffnung erweckt, so müßte er zwar nicht geistesschwach, so doch jedenfalls grausam erscheinen und dadurch die Sympathie des Richters verlieren. Latro[120] bringt es also aufs vortrefflichste zum Ausdruck: 'du wirst mich also töten?' (fragt der Sohn), 'wenn ich kann' (antwortet der Vater). Gemäßigter und seiner Art entsprechend heißt die Stelle beim älteren Gallio[121]: 'bleibe hart, mein Herz, bleibe hart! Gestern bist du tapferer gewesen' (sagt der Vater). 92 Diesen benachbart sind die bei den Griechen beliebten Figuren, durch die sie härtere Tatsachen in milderer Form bezeichnen. Denn Themistokles soll so den Athenern geraten haben, sie sollten ihre Stadt bei den Göttern in Verwahrung geben, weil es hart klang zu sagen, sie sollten sie räumen; und auch der Ratgeber, der die goldenen Victoria-Standbilder zu Kriegszwecken einschmelzen lassen wollte, bog seinen Vorschlag so um: man solle sich der Victorien bedienen. Das Ganze aber ist der Allegorie ähnlich, nämlich etwas zu sagen, dabei aber etwas anderes verstanden wissen zu wollen.

93 Man hat auch gefragt, wie man auf Figuren in der Antwort reagieren soll. Und manche meinten, man müsse sie immer von der Gegenseite aus aufdecken, wie verborgene Fehler beseitigt werden. und das ist gewiß am häufigsten so zu machen; denn auf andere Weise können die Vorwürfe nicht entkräftet werden, jedenfalls wenn die strittige Frage auf dem beruht, was die Figuren erreichen wollen. Wenn es sich dagegen nur um gehässiges Gerede handelt, dann ist es zuweilen Zeichen eines guten Gewissens, sie nicht zu verstehen. 94 Aber dann auch, wenn die Figuren zu häufig vorkommen, als daß man sie überhören kann, muß man verlangen, daß

[119] einer Jungfrau.
[120] ORF p. 542 M.
[121] ORF p. 544 M.

ut nescio quid illud, quod adversarii obliquis sententiis significare voluerint, si fiducia sit, obiciant palam, aut certe non exigant, ut, quod ipsi non audent dicere, id iudices non modo intellegant, sed etiam credant. 95 utilis aliquando etiam dissimulatio est, ut in eo (nota enim fabula est), qui, cum esset contra eum dictum 'iura per patris[u] tui cineres', paratum se esse respondit, et iudex condicione usus est, clamante multum advocato, schemata de rerum natura tolli, ut protinus etiam praeceptum sit, eius modi figuris utendum temere non esse.

96 Tertium est genus, in quo sola melius dicendi petitur occasio, ideoque id Cicero non putat esse positum in contentione. tale est illud, quo idem utitur in Clodium: 'quibus iste, qui omnia sacrificia nosset, facile ab se deos placari posse arbitrabatur.' 97 εἰρωνεία quoque in hoc genere materiae frequentissima est. sed eruditissimum longe, si per aliam rem alia indicetur, ut cum adversus tyrannum, qui sub pacto abolitionis dominationem deposuerat, agit competitor: 'mihi in te dicere non licet, tu in me dic, et potes: nuper te volui occidere.' 98 frequens illud est nec magno opere captandum, quod petitur a iure iurando, ut pro exheredato: 'ita mihi contingat herede filio mori.' nam et in totum iurare, nisi ubi necesse est, gravi viro parum convenit et est a Seneca dictum eleganter, 'non patronorum hoc esse, sed testium'. nec meretur fidem, qui sententiolae gratia iurat, nisi si potest tam bene quam Demosthenes, ut supra dixi.

u) **p** *(Obrecht)* : patroni **ABP** *cf. Sen. contr. 7 praef. 7*

die Gegenseite das bewußte Etwas, das sie mit ihren indirekten Bemerkungen kennzeichnen wollen, offen vorwerfen, wenn sie sich das zutraut, oder jedenfalls doch nicht fordert, daß, was sie selbst nicht offen zu sagen wagt, die Richter nicht nur verstehen, sondern sogar glauben sollen. 95 Nützlich ist manchmal auch die Verstellung, wie z. B. bei dem Angeklagten – die Geschichte ist ja bekannt[122] –, der, als ihm die Worte entgegengehalten wurden: 'schwöre bei der Asche deines Vaters', antwortete, dazu sei er bereit, worauf der Richter diesen Vorschlag annahm, während der Anwalt ein großes Geschrei erhob, die Figuren würden so aus der Welt geschafft – so daß sich hieraus gleich die Regel ergibt, mit solchen Figuren solle man nicht leichtfertig umgehen.

96 Die dritte ist die Art der Verwendung, bei der es sich nur darum handelt, eine Gelegenheit zu finden, einen besseren Ausdruck anzubringen, weshalb Cicero[123] glaubt, diese Art gehöre nicht zum eigentlichen Kampfstil der Rede. Von dieser Art ist das Folgende, das Cicero gegen Clodius[124] bringt: 'Hierdurch[125] glaubte er, der ja in allen Opferbräuchen sich auskannte, könne er die Götter leicht befriedigen.' 97 Auch die Ironie ist in diesem Gedankenbereich sehr häufig. Aber bei weitem die höchste Feinheit zeigt sich, wenn man durch eine Tatsache eine andere bezeichnet, wenn z. B. gegen einen Tyrannen, der unter Vereinbarung einer Amnestie seine Herrschaft niedergelegt hatte, sein Rivale so vorgeht: 'Ich darf ja gegen dich nichts sagen, so sprich du gegen mich, und du kannst es; noch vor kurzem aber wollte ich dich töten.' 98 Häufig, aber nicht sehr erstrebenswert ist die Ausdruckswirkung, die man aus dem Schwur gewinnt, so etwa in einer Rede für einen Enterbten: 'So wahr es mir vergönnt sei, bei meinem Tode meinen Sohn als Erben zu haben!'; denn einmal schickt sich im ganzen das Schwören kaum für einen Mann von Bedeutung, wenn dazu keine zwingende Veranlassung besteht, und andererseits hat Seneca[126] treffend gesagt, dies sei nicht Sache der Rechtsbeistände, sondern Sache der Zeugen. Auch verdient kein Vertrauen, wer um einer kleinen Pointe willen einen Schwur leistet, es sei denn, er vermag es so gut wie Demosthenes an

[122] Seneca (rhet.) controv. III praef.
[123] de orat. 3, 53, 203.
[124] frg. orat. XIV 14 (aus der Rede gegen Clodius und Curio).
[125] vielleicht durch seine Frauenkleider beim Fest der Bona Dea.
[126] controv. p. 584 Müller.

99 levissimum autem longe genus ex verbo, etiam si est apud Ciceronem in Clodiam: ‘praesertim quam omnes amicam omnium potius quam cuiusquam inimicam putaverunt.’

100 Comparationem equidem video figuram nunc[v] esse, cum sit interim probationis, interim etiam causae genus. etsi[w] talis eius forma, qualis est pro Murena: ‘vigilas tu de nocte, ut tuis consultoribus respondeas, ille, ut eo, quo contendit, mature cum exercitu perveniat: te gallorum, illum bucinarum cantus exsuscitat’ et cetera, nescio an orationis potius quam sententiae sit. 101 id enim solum mutatur, quod non universa universis, sed singula singulis opponuntur. et Celsus tamen et non neglegens auctor Visellius in hac eam parte posuerunt, Rutilius quidem Lupus in utroque genere, idque ἀντίθετον vocat.

102 Praeter illa vero, quae Cicero inter lumina posuit sententiarum, multa alia et idem Rutilius Gorgian secutus, non illum Leontinum, sed alium sui temporis, cuius quattuor libros in unum[x] suum transtulit, et Celsus, videlicet Rutilio accedens, posuerunt schemata: 103 consummationem, quam Graecus[y] διαλλαγήν vocat, cum plura argumenta ad unum effectum deducuntur: consequens, ille ἐπακολούθησιν, de quo nos in argumentis diximus: collectionem, qui apud illum est συλλογισμός, minas, id est κατάπληξιν: exhortationem, παραινετικόν. quorum nihil non rectum est, nisi cum aliquam ex iis, de quibus locuti sumus, figuram accipit. 104 praeter haec Celsus excludere,

v) *Madvig:* non *ll.* ⟨semper⟩ *ci. Wint.*
w) *Madvig:* et si
x) usum *Ahrens*
y) Gorgias *Spalding*

der oben erwähnten Stelle[127]. 99 Bei weitem die geringste Wirkung aber hat es, wenn die Gedankenfigur an einem Worte hängt, auch wenn es sich so bei Cicero in einem Ausfall gegen Clodia[128] findet: 'zumal sie, die alle eher für die Freundin aller als für irgendeines Mannes Feindin gehalten haben'.

100 Im *Vergleichen* sehe ich keine[129] Figur, da es manchmal ein Art der Beweisführung[130], manchmal auch ein Einteilungsprinzip der Prozeßfälle bildet. Auch wenn es in der Form auftritt, wie in der ›Rede für Murena‹[131]: 'du bist schon zur Nachtzeit wach, um den Ratsuchenden Rechtsgutachten zu geben, er dagegen, um zeitig mit seinem Heer zum Marschziel zu kommen; dich weckt der Ruf der Hähne, ihn der der Hörner' usw., weiß ich nicht, ob es eher den Ausdruck als den Gedanken betrifft; 101 denn die einzige Veränderung, die hier erfolgt, liegt darin, daß nicht Allgemeines Allgemeinem, sondern Einzelnes Einzelnem gegenübergestellt wird. Sowohl Celsus[132] als auch ein so gewissenhafter Gewährsmann wie Visellius haben es jedoch hier zu den Gedankenfiguren gestellt, Rutilius Lupus indessen zu beiden Arten, und er nennt es Antithese.

102 Außer den Figuren nun, die Cicero unter die Glanzlichter der Gedanken gestellt hat, haben sowohl der besagte Rutilius im Gefolge des Gorgias – nicht des berühmten Leontiners, sondern eines anderen Zeitgenossen des Rutilius, dessen vier Bücher dieser zu seinem einbändigen lateinischen Werk verarbeitet hat – als auch Celsus, der sich natürlich an Rutilius anschließt, noch viele andere Figuren angenommen: 103 die *Vereinigung*, die der Grieche διαλλαγή nennt,[133] wenn mehrere Beweisstücke zu einer Gesamtwirkung eingesetzt werden; das *Folgerichtige*, bei dem Griechen ἐπακολούθησις, worüber wir bei der Beweisführung gesprochen haben;[134] die *Schlußfolgerung*, bei dem Griechen κατάπληξις, das *Drohen*, d. h. die κατάπληξις (Verblüffen); die *Ermahnung*, das παραινετικόν. Doch nichts hiervon dient der indirekten Sinn-Vermittlung, wenn es nicht eine der schon besprochenen Figuren annimmt. 104 Außer diesem hält

[127] s. o. § 62.
[128] p. Cael. 13, 32.
[129] im Text unsicher.
[130] s. o. 5, 11, 32.
[131] p. Mur. 9, 22.
[132] frg. rhet. 18 Marx.
[133] s. u. 9, 3, 49.
[134] s. o. 5, 14, 1.

adseverare, detrectare, excitare iudicem, proverbiis uti, et versibus et ioco et invidia et invocatione intendere crimen, quod est δείνωσις, adulari, ignoscere, fastidire, admonere, satisfacere, precari, corripere figuras putat. 105 partitionem quoque et propositionem et divisionem et rerum duarum cognationem, quod est, ut idem valeant quae videntur esse diversa, ut non is demum sit veneficus, qui vitam abstulit data potione, sed etiam qui mentem, quod est in parte finitionis. 106 Rutilius sive Gorgias ἀναγκαῖον, ἀνάμνησιν, ἀνθυποφοράν, ἀντίρρησιν, παραύξησιν, προέκθεσιν, quod est dicere, quid fieri oportuerit, deinde quid factum sit, ἐναντιότητα, unde sint ἐνθυμήματα κατ' ἐναντίωσιν,[z] μετάλημψιν etiam, quo statu Hermagoras utitur. Visellius, quamquam paucissimas faciat figuras, ἐνθύμημα tamen, quod commentum vocat, et rationem appellans ἐπιχείρημα inter eas habet. quod quidem recipit quodam modo et Celsus: nam consequens an epichirema sit dubitat. 107 Visellius adicit et sententiam. invenio qui adgregent his διασκευάς, ἀπαγορεύσεις, παραδιηγήσεις. sed ut haec non sunt schemata, sic alia vel sint forsitan ac nos fugerint vel etiam nova fieri adhuc possint, eiusdem tamen naturae, cuius sunt ea, de quibus dictum est.

III.

1 Verborum vero figurae et mutatae sunt semper et, utcumque valuit consuetudo, mutantur. itaque, si antiquum sermonem nostro

z) *Kayser* κατ' ἀντίθεσιν *ci. Wint.*

Celsus noch das Ausschließen, Versichern, Herabziehen, Aufstacheln des Richters, Verwenden von Sprichwörtern, das Verstärken der Anschuldigung durch Verszitate, Späße, Erbitterung und Beschwörung – die sogenannte δείνωσις (Verschlimmerung) –, das Schmeicheln, Verzeihen, Verschmähen, Ermahnen, Genugtuung geben, Bitten und Ausschelten für Figuren; 105 ferner sogar das Gliedern der Rede, das Angeben des Themas, die Einteilung und die innere Verwandtschaft zweier Dinge, was soviel heißt, daß zwei scheinbar verschiedene Dinge dieselbe Bedeutung haben, so daß also nicht erst der ein Giftmischer ist, der jemandem durch einen Trank das Leben, sondern auch der, der ihm das Bewußtsein geraubt hat – was zum Gebiet der Definition gehört. 106 Rutilius[135] bzw. Gorgias ferner: das ἀναγκαῖον (Zwangsläufige), die ἀνάμνησις (Erinnerung), ἀνθυποφορά (Gegeneinwurf), ἀντίρρησις (Gegenrede), παραύξησις (Anwachsen), προέκθεσις, d. h. Darlegen, was geschehen sollte, und dann, was geschehen ist, die ἐναντιότης, aus der die Enthymeme κατ' ἐναντίωσιν (durch Gegensätze) stammen, sogar die μετάληψις (Verschiebung), die bei Hermagoras[136] als Bezeichnung für einen Status dient. Obwohl Visellius nur ganz wenige Figuren gelten läßt, hat er unter ihnen doch das Enthymem, das er 'Erdenken' nennt, und unter dem Namen 'Begründung' das ἐπιχείρημα. Dieses nimmt allerdings gewissermaßen auch Celsus auf; denn er zweifelt daran, ob das Folgerichtige das Epicheirem sei. 107 Visellius fügt auch noch die Sentenz hinzu. Ich finde bei anderen, daß man auch noch διασκευαί (Zurichtungen), ἀπαγορεύσεις (Verbote) und παραδιηγήσεις (Nebenerzählungen) dieser Gruppe zugesellt. Aber wie diese gewiß keine Figuren sind, so mögen entweder vielleicht noch andere existieren und uns entgangen sein, oder es könnten auch jetzt noch neue geschaffen werden – jedoch sind sie dann von derselben Wesensart wie die, worüber wir gesprochen haben.

DRITTES KAPITEL

Die Wortfiguren

1 Die Wortfiguren nun haben sich immer verändert und werden es auch weiterhin je nach der geltenden Gewohnheit. Deshalb ist,

[135] Rhetores Latini Minores 11, 27 Halm.
[136] frg. 17ª Matthes vgl. o. 5, 14, 2.

comparemus, paene iam quidquid loquimur figura est, ut 'hac re invidere', non, ut omnes veteres et Cicero praecipue, 'hanc rem', et 'incumbere illi', non 'in illum', et 'plenum vino', non 'vini', et 'huic', non 'hunc adulari' iam dicitur et mille alia, utinamque non peiora vincant. 2 verum schemata λέξεως duorum sunt generum: alterum loquendi rationem novat, alterum maxime collocatione exquisitum est. quorum tametsi utrumque convenit orationi, tamen possis illud grammaticum, hoc rhetoricum magis dicere.

Prius fit isdem generibus, quibus vitia: esset enim omne eiusmodi schema vitium, si non peteretur, sed accideret. 3 verum auctoritate, vetustate, consuetudine plerumque defenditur, saepe etiam ratione quadam. ideoque, cum sit a simplici rectoque loquendi genere deflexa, virtus est, si habet probabile aliquid, quod sequatur. una tamen in re maxime utilis, ut et cotidiani ac semper eodem modo formati sermonis fastidium levet et nos a volgari dicendi genere defendat. 4 quod si quis parce et, cum res poscet, utetur, velut asperso quodam condimento iocundior erit: at qui nimium adfectaverit, ipsam illam gratiam varietatis amittet. quamquam sunt quaedam figurae ita receptae, ut paene iam hoc ipsum nomen effugerint: quae etiam si fuerint crebriores, consuetas aures minus ferient. 5 nam secretae et extra vulgarem usum positae ideoque magis notabiles[a] ut novitate aurem excitant, ita copia satiant, et se non obvias fuisse dicenti, sed conquisitas et ex omnibus latebris extractas congestasque declarant.

a) *Lochmann:* nobiles

wenn wir die Sprache der Alten mit der unseren vergleichen, schon fast alles, was wir reden, Figur, wenn man heute etwa 'hac re invidere'[137] sagt und nicht, wie alle Alten und zumal Cicero 'hanc rem', ferner 'incumbere illi'[138], nicht 'in illum' und 'plenum vino'[139], nicht 'vini' und 'huic', nicht 'hunc adulari'[140] und so in 1000 anderen Fällen – daß doch hierbei nur nicht das Schlechtere den Sieg davontrüge! 2 Die *schémata* λέξεως (Ausdrucksfiguren) nun zerfallen in zwei Arten: die eine betrifft die Neuerungen der Sprachgrundsätze, die andere ist vor allem durch die Wortstellung ausgezeichnet. Obwohl beide Arten für die Rede Bedeutung haben, kann man doch die erstere die grammatische, die zweite eher die rhetorische nennen.

Die erstere kommt in denselben Formen zur Erscheinung wie die Sprachfehler; denn jede derartige Figur wäre ein Fehler, wenn sie nicht gesucht würde, sondern unterliefe. 3 So aber wird sie meistens durch das Gewicht ihres Gewährsmannes, ihr Alter oder den Sprachgebrauch geschützt, oft auch durch einen bestimmten Grund. Und deshalb gilt sie, auch wenn sie eine Abweichung zeigt von der einfachen und unbefangenen Sprechweise, als eine gute Leistung, falls sie etwas Einleuchtendes besitzt, wonach sie sich richtet. Ihr einer Hauptnutzen liegt jedoch darin, daß sie sowohl den Überdruß an der alltäglichen und immer gleichförmig gestalteten Redeweise behebt als auch uns vor der gewöhnlich-vulgären Sprechweise bewahrt. 4 Wenn man sie aber sparsam und nur, wenn es die Sache erfordert, verwendet, wie man ein Gewürz beigibt, ist sie ein größerer Genuß; wer dagegen allzusehr auf sie versessen ist, büßt damit auch den Reiz noch ein, der in der Abwechslung liegt. Gleichwohl sind bestimmte Figuren so im allgemeinen Gebrauch, daß sie schon fast diesen Namen verloren haben; wenn diese auch häufiger vorkommen, fallen sie doch weniger dem Ohr auf, weil es daran gewöhnt ist. 5 Denn die entlegenen und dem gewöhnlichen Gebrauch fernliegenden und deshalb auffälligen Figuren sind es, die so, wie sie durch das Neue ihrer Wirkung das Ohr kitzeln, so auch durch Fülle übersättigen und bekunden, sie seien dem Redenden nicht geläufig gewesen, sondern erlesenen Ursprungs und aus allen Verstecken hervorgezogen und zusammengetragen worden.

[137] hierum beneiden.
[138] sich darauf stützen.
[139] voll von Wein.
[140] ihm schmeicheln.

6 Fiunt ergo et circa genus figurae in nominibus, nam et 'oculis capti talpae' et 'timidi dammae' dicuntur a Vergilio, sed subest ratio, quia sexus uterque altero significatur, tamque mares esse talpas dammasque quam feminas certum est: et in verbis, ut 'fabricatus est gladium' et 'inimicum poenitus es'. 7 quod minus mirum est, quia in natura verborum est et quae facimus patiendi modo saepe dicere, ut 'arbitror, suspicor', et contra faciendi quae patimur, ut 'vapulo': ideoque frequens permutatio est et pleraque utroque modo efferuntur: 'luxuriatur luxuriat, fluctuatur fluctuat, adsentior adsentio.' 8 est figura et in numero, vel cum singulari pluralis subiungitur: 'gladio pugnacissima gens Romani' (gens enim ex multis), vel ex diverso:

qui[b] non risere parentes,

nec deus hunc mensa dea nec dignata cubili est: 9 ex illis enim, 'qui non risere', hic, quem non dignatą. in satura est:

nostrum istud vivere triste aspexi,

cum infinito verbo sit usus pro appellatione: nostram enim vitam vult intellegi. utimur et verbo pro participio:

magnum dat ferre talentum,

tamquam 'ferendum', et participio pro verbo: 'volo datum.'

b) *Politianus:* cui **A** *(codd. Verg.)*

6 Es kommt also zu Figuren sowohl bei dem Genus der Nomina; denn bei Vergil wird von den 'oculis capti talpae'[141] und auch von den 'timidi dammae'[142] gesprochen, doch ist der Grund ersichtlich, weil mit einer Genusendung beide Geschlechter bezeichnet werden und es gewiß ist, daß es genauso männliche Maulwürfe und männliches Damwild gibt wie weibliches; sie kommen aber auch bei Verben vor, so in 'fabricatus est gladium'[143] und in 'inimicum poenitus es'[144]. 7 Das ist weniger verwunderlich, weil es im Wesen der Verben liegt, oft das, was wir tun, im Passiv auszudrücken, so etwa 'arbitror, suspicor'[145] und umgekehrt, was wir leiden im Aktiv, so etwa 'vapulo'[146]; und deshalb ist die Vertauschung häufig, und es läßt sich sehr vieles auf beide Weisen ausdrücken: 'luxuriatur, luxuriat, fluctuatur, fluctuat, assentior, assentio'[147]. 8 Es gibt auch eine Figur bei der Verwendung des Numerus, entweder wenn einem Singularis ein Plural beigegeben wird: 'das mit dem Schwert so streitbare Volk, die Römer'[148] – ein Volk besteht nämlich aus vielen Menschen –, oder umgekehrt z. B.: 'qui non risere parentes,/ nec deus hunc mensa dea nec dignata cubili est'[149]. 9 Denn auf die mehreren, 'die nicht das lachende Antlitz zeigten', bezieht sich 'der eine, den keine würdigte'. In der Satire findet sich 'nostrum istud vivere triste aspexi'[150], wo der Dichter den Infinitiv statt des Nomens gebraucht hat; denn er will 'nostram vitam' (unser Leben) verstanden wissen. Wir gebrauchen auch ein Verb statt Partizip: 'magnum dat ferre talentum'[151], als hieße es 'ferendum' (zum Tra-

[141] georg. 1, 183: 'der Augen beraubten Maulwürfen'.

[142] ecl. 8, 28: 'dem ängstlichen Damwild'.

[143] Cicero p. Rab. Post. 3, 7: 'Er hat ein Schwert hergestellt'.

[144] p. Mil. 13, 33: 'Du hast den Feind bestraft'.

[145] 'ich glaube, vermute'.

[146] 'ich bekomme Prügel'.

[147] 'er schwelgt'; 'er flutet'; 'ich stimme zu'.

[148] vgl. 1, 2, 15.

[149] 'Zeigten als Kinder *sie* nicht ihren Eltern das lachende Antlitz / kein Gott würdigte *solchen* des Mahls, keine Göttin des Lagers' (ecl. 4, 62). So liest jedenfalls Quintilian, wie der Zusammenhang zeigt, den noch immer umstrittenen Relativsatz. Daß das 'cui' der Vergil-Überlieferung in die Quintilian-Überlieferung eingedrungen ist, ist bei der berühmten Stelle nicht verwunderlich und zeigt nur, wie früh die Stelle schon der Deutung Mühe machte.

[150] Pers. 1, 90 'dies unser trauriges Leben hab' ich erblickt'.

[151] Aen. 5, 248: 'gibt ein großes Gewicht ihm zu tragen'.

10 Interim etiam dubitari potest, cui vitio simile sit schema, ut in hoc:

virtus est vitium fugere:

aut enim partes orationis mutat ex illo 'virtus est fuga vitiorum', aut casus ex illo 'virtutis[c] est vitium fugere', multo[d] tamen hoc utroque excitatius. iunguntur interim schemata: 'Sthenelus sciens pugnae': est enim 'scitus[e] pugnandi'. 11 transferuntur et tempora: 'Timarchides negat esse ei periculum a securi' (praesens enim pro praeterito positum est) et status: 'hoc Ithacus velit': et, ne morer, per omnia genera, per quae fit soloecismus.

12 Haec quoque est, quam ἑτεροίωσιν vocant, cui non dissimilis ἐξαλλαγή dicitur, ut apud Sallustium 'neque ea res falsum me habuit' et 'duci probare'. ex quibus fere praeter novitatem brevitas etiam peti solet. unde eo usque processum est, ut 'non paeniturum' pro non acturo paenitentiam et 'visuros' ad videndum missos idem auctor dixerit. quae ille quidem fecerit schemata: 13 an idem vocari possint, videndum, quia recepta sunt. nam ⟨in⟩[f] receptis etiam vulgo auctore contenti sumus, ut iam[g] evaluit 'rebus agentibus', quod Pollio in Labieno damnat, et 'contumeliam fecit', quod a Cicerone reprehendi notum est: 'adfici' enim 'contumelia' dicebant.

c) *ed. Gryph.:* virtus
d) *Gesner:* multa
e) *Halm:* sciuscitus (-ticus)
f) *add. Halm*
g) *Spalding:* utrum nam (utinam)

gen), und ein Partizip statt eines Verbs: 'volo datum'[152]. 10 Zuweilen läßt sich sogar zweifeln, welchem grammatischen Fehler die Figur ähnelt, so in folgender: 'virtus est vitium fugere'[153]. Entweder nämlich vertauscht er Redeteile, so daß es eigentlich hieße: 'virtus est fuga vitiorum'[154] oder Kasus, so daß es eigentlich hieße: 'virtutis est vitium fugere'[155] – und doch, wieviel packender ist sein Ausdruck als beide Möglichkeiten! Zuweilen verbinden sich auch Figuren, z. B. 'Sthenelus sciens pugnae'[156]; denn das heißt 'scitus pugnandi'[157]. 11 Auch Tempora werden vertauscht: 'Timarchides sagt, das Beil drohe ihm nicht'[158]; das Präsens steht nämlich statt des Präteritum; ferner Modi: 'Hoc Ithacus velit'[159] und – um es kurz zu machen – in allen Formen, in denen ein Solözismus[160] möglich ist.

12 Hier gibt es auch die sogenannte ἑτεροίωσις (Veränderung), wofür auch das sehr ähnliche ἐξαλλαγή (Vertauschung) gebraucht wird, wie etwa bei Sallust 'neque ea res falsum me habuit'[161] sowie 'duci probari'[162]. Hiervon läßt sich gewöhnlich außer der Neuheit auch noch die Kürze des Ausdruckes gewinnen. Das ist dann so weit gegangen, daß derselbe Gewährsmann 'non paeniturum' für 'ohne Reue zu empfinden' sagt und 'visuros' für 'zum Sehen ausgeschickt'. Diese Ausdrücke hat zwar Sallust zu Figuren gemacht. Ob sie jetzt noch so genannt werden können, ist die Frage, weil sie allgemeine Aufnahme gefunden haben. 13 Denn wenn ein Ausdruck Aufnahme gefunden hat, begnügen wir uns auch mit seiner allgemeinen Verbreitung als Gewähr, wie z. B. heute das 'rebus agentibus'[163] sich durchgesetzt hat, das Pollio[164] bei Labienus verurteilt, und das 'Contumeliam fecit', das bekanntlich von Cicero[165] getadelt wird;

[152] 'ich will geben'.
[153] Hor. epist. 1, 1, 41: 'Tugend heißt das Laster meiden'.
[154] 'Tugend ist Meiden der Laster'.
[155] 'Zeichen der Jugend ist es, das Laster zu meiden'.
[156] Hor. c. 1, 15, 24f. 'Sthenelos, kundig des Kampfes'.
[157] 'im Kämpfen sich auskennend' – Text nicht ganz sicher.
[158] Verr. 5, 44, 116.
[159] Aen. 2, 104: 'die wolle der Ithaker' (statt vult 'er will').
[160] ein Fehler in der Formenlehre s. o. 1, 5, 38ff.
[161] Jug. 10, 1: 'Dies führte mich nicht irre'.
[162] Sa. hist. frg. inc. 34–36 Maurenbr.
[163] 'Während es im Gange war'.
[164] ORF p. 523 Malc.
[165] Phil. 3, 9, 22: 'Eine Schande hat es verursacht', statt 'mit Schande bedeckt werden'.

14 alia commendatio vetustatis, cuius amator unice Vergilius fuit:

vel cum se pavidum contra mea iurgia iactat.
⟨et⟩[h]
progeniem sed enim Troiano a sanguine duci
audierat.

quorum similia apud veteres tragicos comicosque sunt plurima. 15 illud et in consuetudine remansit 'enimvero', his apud eundem:

nam quis te iuvenum confidentissime,

quo sermonis initium fit.[i] et

tam magis illa tremens et tristibus effera flammis,
quam magis effuso crudescunt sanguine pugnae.

quod est versum ex illo:

quam magis aerumna urget, tam magis ad malefaciendum viget.

16 pleni talibus antiqui sunt. initio Eunuchi Terentius

quid igitur faciam? inquit.† alius:[j]
ain[k] tandem leno?

Catullus in epithalamio:

dum innupta manet, dum cara suis est,

cum prius 'dum' significet 'quoad', sequens 'usque eo'. 17 ex Graeco vero translata vel Sallusti plurima, quale est: [vulgus][l] 'amat fieri', vel Horati, nam id maxime probat:

nec ciceris[m] nec longae invidit avenae,

vel Vergilii:

Tyrrhenum navigat aequor.

et iam vulgatum actis quoque: 'saucius pectus.'

18 Ex eadem parte figurarum (priore dico[n]) et addiectio est illa, quae videri potest supervacua, sed non sine gratia est:

h) *add. Halm*
i) *Obrecht:* sit
j) Quintius Atta *ci. Rad.* Atilius *ci. Woelfflin*
k) *Halm:* in **AG** it *recc.*
l) del. *Rad.* illud *Woelfflin*
m) *ed. Leid.:* ciceronis
n) *Gertz:* dicto

man sagte nämlich ‘affici contumelia’. 14 Eine andere Empfehlung für einen Ausdruck ist die Altertümlichkeit, wofür Vergil eine einzigartige Vorliebe gezeigt hat, z. B. ‘All dieweil er zaghaft sich gegen mein Schelten nun stellet’[166] sowie ‘Sintemal sie vernommen, daß aus trojanischem Blute / stamme die Schar’[167]. Ähnliches findet sich in der alten Tragödie und Komödie in Fülle. 15 Im Sprachgebrauch gehalten hat sich noch ‘enim vero’ (wahrlich). Darüber hinaus bei dem gleichen Gewährsmann[168]: ‘nam quis te iuvenum confidentissime’ als Redeanfang. Ferner[169]: ‘Um so brausender faucht sie (die Chimäre) und speit die grausigen Flammen, / als sich wilder steigert die Schlacht in strömendem Blute’, das eine Abwandlung des alten[170] ‘je mehr Sorge drängt, je mehr auch treibt zu üblem Tun sie an’ ist. 16 Dergleichen findet sich bei den Alten in Fülle. Am Anfang des ›Eunuchus‹ sagt Terenz[171]: ‘quid igitur faciam?’ Ein anderer[172]: ‘ain tandem leno?’ Catull im Epithalamium[173]: ‘dum innupta manet, dum cara suis est’, wobei das erste ‘dum’ soviel wie ‘quoad’ (solange) bedeutet, das folgende soviel wie ‘usque eo’ (bis dahin). 17 Übersetzungen aus dem Griechischen aber finden sich sowohl bei Sallust sehr viele, z. B. ‘amat fieri’[174], wie auch bei Horaz[175] – denn er schätzt das überaus –: ‘nec Ciceris nec longae invidit avenae’ und bei Vergil[176]: ’Tyrrhenum navigat aequor’; ferner das sogar in den öffentlichen Verlautbarungen verbreitete ‘saucius pectus’[177]. 18 Zum selben Gebiet der Figuren – zum ersteren, meine ich – gehört auch *die Hinzufügung,* die zwar überflüssig erscheinen kann, aber ihren eigenen Reiz hat, z. B.[178]: ‘nam

[166] Aen. 11, 406.

[167] Aen. 1, 19.

[168] Verg. georg. 4, 445: ‘wer denn hat dich verwegenster Jüngling’.

[169] Aen. 7, 787.

[170] Tragödienverses (frg. trag. inc. 89 Klotz).

[171] v. 46: ‘Was also soll ich tun?’

[172] Wohl im Text verdorben. Radermacher schlägt vor: Quintus Atta. Die Stelle heißt: ‘Wird’s denn bald, Kuppler?’

[173] Catull 62, 45: ‘Solange sie unverheiratet (bei Catull steht ‘intacta’) bleibt, solange ist sie den Ihren lieb.’

[174] Jug. 34, 1: ‘Es liebt zu geschehen’ (d. h., es pflegt zu geschehen).

[175] Hor. sat. 2, 6, 83: ‘Weder wegen der Erbsen noch wegen des Hafers, des langen, ist er neidisch.’

[176] Aen. 1, 67: ‘befährt das Tyrrhenische Meer’.

[177] ‘verwundet im Herzen’.

[178] Verg. ecl. 10, 11: ‘weder nämlich des Parnass’ Gipfel noch nämlich des Pindus’.

nam neque Parnasi vobis iuga, nam neque Pindi.

potest enim deesse alterum 'nam'.[o] et apud Horatium illud:

Fabriciumque,
hunc et intonsis Curium capillis.

et detractiones, quae in complexu sermonis aut vitium habent aut figuram: ⟨vitium ut⟩[p]

accede ad ignem, iam calesces plus satis:

'plus' enim 'quam satis' est. 19 nam de altera, quae **[q] detractione, pluribus dicendum[r] est.

Utimur vulgo et comparativis pro absolutis, ut cum se quis infirmiorem esse dicet. duo inter se comparativa committimus: 'si te, Catilina, comprehendi, si interfici iussero, credo erit verendum mihi, ne non potius hoc omnes boni serius a me quam quisquam crudelius factum esse dicat.' 20 sunt et illa non similia soloecismo quidem, sed tamen numerum mutantia, quae et tropis adsignari solent, ut de uno pluraliter dicamus:

sed nos inmensum spatii confecimus aequor,

et de pluribus singulariter:

haut secus ac patriis acer Romanus in armis.

21 specie diversa, sed genere eadem et haec sunt:

neve tibi ad solem vergant vineta cadentem.
ne mihi tum mollis sub divo carpere somnos,
neu dorso nemoris libeat iacuisse per herbas:

non enim nescio cui alii prius, nec postea sibi uni, sed omnibus praecipit. et de nobis loquimur tamquam de aliis: 'dicit Servius, negat Tullius.' 22 et nostra persona utimur pro aliena, et alios pro aliis fingimus. utriusque rei exemplum pro Caecina. Pisonem, adversae

o) *Regius:* neque
p) *add. Halm*
q) *lac. indicavit Halm, qui add.* figuram facit
r) *Regius:* adiciendum

neque Parnasi vobis iuga, nam neque Pindi'; denn das zweite 'nämlich' kann fehlen. Ferner auch das horazische[179]: 'Fabriciumque, hunc et intonsis Curium capillis'; ferner Weglassungen, die im Redeganzen entweder einen Fehler enthalten oder eine Figur: ⟨als Fehler z. B.⟩[180]: 'accede ad ignem, iam calesces plus satis'. Vollständig hieße es: 'plus quam satis'. 19 Denn über die andere Weglassungsform muß ausführlicher gesprochen werden.

Allgemein gebrauchen wir auch den Komparativ statt des Positivs, wenn etwa jemand von sich sagt, er sei 'infirmior'[181]. Auch zwei Komparative setzen wir in Beziehung zueinander: 'Wenn ich dich, Catilina, verhaften, wenn ich dich töten lasse, dann werde ich wohl befürchten müssen, daß eher alle anständigen Bürger, es sei zu spät, als daß einer sage, es sei zu grausam geschehen.'[182] 20 Es finden sich auch andere Fälle, wo keine Ähnlichkeit mit einem Solözismus besteht und dennoch der Numerus vertauscht wird, weshalb man sie auch den Tropen zuzuweisen pflegt: wir sprechen dann von einer Person im Plural: 'Doch unsere Fahrt übers weite Meer hat ihr Ende gefunden'[183] und von mehreren Personen im Singular: 'nicht anders als in den heimischen Waffen der schneidige Römer'[184]. 21 Der Art nach verschieden, aber doch zur gleichen Gattung gehörig sind folgende Verse[185]: 'daß dir nur nicht gen Westen die Rebenhänge sich senken' und: 'daß mir dann nur nicht behagt, im Freien ein Schläfchen zu machen, / noch auf dem Rücken zu liegen im Gras zwischen Bäumen im Haine'[186]. Denn er gibt an der ersten Stelle nicht irgendeinem anderen, an der zweiten aber sich allein diese Vorschrift, sondern gibt sie für jedermann. Ferner sprechen wir auch von uns selbst, als wären wir fremde Personen: 'Servius behauptet es, Tullius bestreitet es'[187]. 22 Auch verwenden wir die eigene Person statt einer fremden und setzen eine Person für die

[179] Hor. c. 1, 12, 40: 'und Fabricius / ihn und Curius mit ungeschnittenen Haaren'.

[180] Terenz, Eun. 85: 'Geh nur zum Feuer, bald wirst warm du mehr als gut.' Der folgende Satz über die andere Weglassungsform ist offenbar schwer verstümmelt.

[181] 'schwächer', d. h. 'fühle sich nicht ganz wohl'.

[182] Cat. 1, 2, 5 serius: später als nötig; crudelius: grausamer als nötig.

[183] Verg. georg. 2, 541: statt: meine Fahrt.

[184] Verg. georg. 3, 346.

[185] Verg. georg. 2, 298.

[186] Verg. georg. 3, 435.

[187] frg. orat. B 19.

partis advocatum, adloquens Cicero dicit; 'restituisse te dixti: nego me ex edicto praetoris restitutum esse': verum enim est illud: restituisse Aebutius dixit, 'nego me' Caecina 'ex edicto praetoris restitutum esse'[s]: et ipsum 'dixti', excussa syllaba, figura in verbo. 23 illa quoque ex eodem genere possunt videri: unum quod interpositionem vel interclusionem dicimus, Graeci παρένθεσιν [παρέμπτωσιν][t] vocant, cum[u] continuationi sermonis medius aliqui sensus intervenit: 'ego cum te (mecum enim saepissime loquitur) patriae reddidissem': cui adiciunt hyperbaton, quod inter tropos esse noluerunt: 24 alterum, quod est ei figurae sententiarum, quae ἀποστροφή dicitur, simile, sed[v] non sensum mutat, verum formam eloquendi:

Decios, Marios magnosque Camillos,
Scipiadas duros bello et te, maxime Caesar.

25 acutius adhuc in Polydoro:

fas omne abrumpit, Polydorum obtruncat et auro
vi potitur. quid non mortalia pectora cogis,
auri sacra fames?

hoc[w], qui tam parva momenta nominibus discreverunt, μετάβασιν vocant, quam et aliter fieri putant:

quid loquar[x]? aut ubi sum?

26 coniunxit autem παρένθεσιν et ἀποστροφήν Vergilius illo loco:

haut procul inde citae Mettum in diversa quadrigae
distulerant (at tu dictis Albane maneres!)
raptabatque viri mendacis viscera Tullus.

27 haec schemata aut his similia, quae erunt[y] per mutationem, adiectionem, detractionem, ordinem, et convertunt in se auditorem

s) ex … restitutum esse *del. Wint.*
t) del. *Rad.* ⟨sive⟩ παρέμπτωσιν. *Becher*
u) *Meister:* dum
v) *Spalding:* est
w) *Halm:* h'
x) loquor *codd. Verg.*
y) *Regius:* quaerunt

andere. Für beides liefert die ›Rede für Caecina‹ ein Beispiel.[188] Indem Cicero Piso, den Anwalt der Gegenseite, anredet, sagt er: 'Du hast behauptet, mich wieder eingesetzt zu haben; ich bestreite aber, nach dem Edikt des Prätors wieder eingesetzt worden zu sein.' In Wahrheit ist es nämlich so: Aebutius hat behauptet, er habe die Wiedereinsetzung vorgenommen, und Caecina sagt: 'ich bestreite, nach dem Edikt des Prätors wieder eingesetzt worden zu sein'. Auch die Form 'dixti'[189] an dieser Stelle bildet durch die Unterdrückung einer Silbe noch eine eigene Wortfigur. 23 Folgende Figuren kann man zur gleichen Gruppe rechnen: erstens die Figur, die wir Zwischenstellung oder Einschaltung nennen, die Griechen Parenthese oder Paremptose, wenn den Zusammenhang der Rede mittendrin irgendein anderer Gedanke unterbricht: 'Wenn ich dich – mit mir redet er nämlich oft genug – dem Vaterlande zurückgegeben hätte'[190]; hier schließt man das Hyperbaton an, wenn man es als Tropus nicht hat gelten lassen.[191] 24 Zweitens eine Figur, die der Gedankenfigur der Apostrophe ähnlich sieht, aber nicht den Sinn verändert, sondern die sprachliche Gestaltung: 'Decier, Marier und gewaltige Camiller,/kriegsgestählte Scipionen und dich, gewaltigster Caesar'[192]; 25 stärker noch, wenn es über Polydor heißt[193]: 'Bricht alles Recht, Polydor macht er nieder und nimmt sich das Gold weg,/nimmt's mit Gewalt. Wozu nicht treibst du die Menschen, die Armen,/Hunger nach Gold, Verfluchter?' Die Grammatiker, die so feine Nuancen durch besondere Bezeichnungen unterschieden haben, sprechen hier von Metabase, die sie auch in folgender anderer Form erkennen wollen: 'quid loquor aut ubi sum?'[194] 26 Eine Verbindung aber von Parenthese und Apostrophe hat Vergil an folgender Stelle[195]: 'Nahebei wird ein Mann in der Mitte in Stücke gerissen/von einem Viergespann – wärst du doch treu geblieben, Albaner! – Schleifen ließ Tullus da den Leib des schlimmen Verräters.' 27 Diese oder ähnliche Figuren, die durch Vertauschung, Hinzufügung, Weglassen und Anordnung zustande

[188] p. Caec. 29, 82.

[189] die synkopierte Form von dixisti (du hast gesagt) gilt also als 'grammatische Figur'.

[190] p. Mil. 34, 94.

[191] s. o. 8, 6, 62.

[192] georg. 2, 169 f.

[193] Aen. 3, 55–57.

[194] Aen. 4, 595 (was rede ich oder wo bin ich?).

[195] Aen. 8, 642–44 (übers. v. Scheffer).

nec languere patiuntur subinde aliqua notabili figura excitatum, et habent quandam ex illa vitii similitudine gratiam, ut in cibis interim acor ipse iucundus est. quod continget, si neque supra modum multae fuerint nec eiusdem generis aut iunctae aut frequentes, quia satietatem ut varietas earum, ita raritas effugit.

28 Illud est acrius genus, quod non tantum in ratione positum est loquendi, sed ipsis sensibus tum gratiam tum etiam vires accommodat. ex quibus primum sit, quod fit adiectione. plura sunt genera. nam et verba geminantur, vel amplificandi gratia, ut ‘occidi, occidi non Spurium Maelium’ (alterum est enim, quod indicat, alterum, quod adfirmat), vel miserandi, ut

a Corydon, Corydon.

29 quae eadem figura nonnumquam per εἰρωνείαν ad elevandum convertitur. similis geminationis post aliquam interiectionem repetitio est, sed paulo etiam vehementior: ‘bona, miserum me! (consumptis enim lacrimis tamen infixus animo haeret dolor) bona,[z] inquam, Cn. Pompei acerbissimae voci subiecta praeconis.’ ‘vivis sed vivis non ad deponendam, sed ad confirmandam audaciam.’ 30 et ab isdem verbis plura acriter instanter incipiunt: ‘nihilne te nocturnum praesidium Palatii, nihil urbis vigiliae, nihil timor populi, nihil consensus bonorum omnium, nihil hic munitissimus habendi senatus locus, nihil horum ora vultusque moverunt?’ 31 et in isdem desinunt: ‘quis eos postulavit? Appius. quis produxit? Appius.’ quamquam hoc exemplum ad aliud quoque schema pertinet, cuius et

z) miserum … bona **P** *(Cic.) : om. rell.*

kommen, ziehen den Hörer an, lassen ihn nicht müde werden, wenn ihn von Zeit zu Zeit eine auffällige Figur aufweckt, und gewinnen einen eigenen Reiz aus ihrer Ähnlichkeit mit einem Ausdrucksfehler, wie bei Speisen zuweilen gerade das Saure den Genuß hebt. Das ist dann der Fall, wenn die Figuren nicht übermäßig zahlreich sind und nicht gleichartige verbunden oder zu dicht nacheinander gebracht werden, da ja der Übersättigung ebenso die Abwechslung wie die Sparsamkeit mit ihnen vorbeugt.

28 Eindringlicher ist die folgende Gruppe von Figuren, die nicht nur auf dem Sprachgebrauch beruht, sondern dem Sinn selbst bald Reiz, bald zudem auch noch Kraft verleiht. In ihr soll die Gattung den Anfang bilden, die durch Hinzufügung entsteht. Davon gibt es mehrere Arten. Denn es lassen sich Verben verdoppeln, teils um der Steigerung willen, so etwa 'getötet, getötet habe ich keinen Spurius Maelius'[196] – das erste Verbum nämlich ist es, das die Mitteilung enthält, das zweite nur die Bekräftigung –, teils um des Klagens willen, so etwa[197]: 'O Corydon, Corydon.' 29 Die gleiche Figur wird auch zuweilen mit Ironie zum Bagatellisieren verkehrt. Der Verdoppelung ähnlich ist die Wiederholung nach einer Interjektion, aber sogar noch etwas heftiger: 'Alle Habe – ich Armer; denn wenn ich auch keine Tränen mehr habe, so sitzt mir doch der Schmerz tief im Herzen! – alle Habe, sage ich, des Cn. Pompeius dem gellenden Ruf des Ausrufers ausgeliefert!'[198] 〈Oder〉: 'Du lebst, aber du lebst nicht, um sie aufzugeben, sondern um sie erst recht zu betätigen, deine Frechheit!'[199] 30 Auch wenn mehrere Glieder mit den gleichen Worten anfangen, wirkt es scharf und drohend: 'Nichts hat also die Besatzung zur Nacht auf dem Palatin, nichts die Wachtposten in der Stadt, nichts die Angst des Volkes, nichts die Übereinstimmung aller Gutgesinnten, nichts die schwere Befestigung unserer Tagungsstätte hier im Senat, nichts die Gesichter und Mienen der hier Versammelten in dir zu regen vermocht?'[200] 31 Die gleiche Wirkung findet sich auch, wenn die Satzenden wiederholt werden: 'Wer hat sie aufgefordert? Appius. Wer sie vorführen lassen? Appius.'[201] Zugleich gehört allerdings dieses Beispiel

[196] p. Mil. 27, 72.
[197] Verg. ecl. 2, 69.
[198] Phil. 2, 26, 64.
[199] Cat. 1, 2, 4.
[200] Cat. 1, 1.
[201] p. Mil. 22, 59.

initia inter se et rursus inter se fines idem sunt, quis et quis, Appius et Appius. quale est: 'qui sunt, qui foedera saepe ruperunt? Karthaginienses. qui sunt, qui crudelissime bellum gesserunt? Karthaginienses. qui sunt, qui Italiam deformarunt? Karthaginienses. qui sunt, qui sibi ignosci postulant? Karthaginienses.' 32 etiam in contrapositis vel comparativis solet respondere primorum verborum alterna repetitio, quod modo huius[a] esse loci potius dixi: 'vigilas tu de nocte, ut tuis consultatoribus[b] respondeas, ille, ut eo, quo intendit, mature cum exercitu perveniat: te gallorum, illum bucinarum cantus exsuscitat: tu actionem instituis, ille aciem instruit: tu caves ne consultatores tui, ille ne urbes aut castra capiantur.' 33 sed hac gratia non fuit contentus orator, vertit in contrarium eandem figuram: 'ille tenet et scit, ut hostium copiae, tu, ut aquae pluviae[c] arceantur: ille exercitatus in propagandis finibus, tu in regendis.' 34 possunt media quoque respondere vel primis, ut

te nemus Angitiae, vitrea te Fucinus unda,

vel ultimis, ut: 'haec navis onusta praeda Siciliensi, cum et ipsa esset ex praeda.' nec quisquam dubitabit,[d] idem fieri posse iteratis utrimque mediis. respondent primis et ultima: 'multi et graves dolores inventi parentibus et propinquis, multi.' 35 est et illud repetendi genus, quod semel proposita iterat et dividit:

Iphitus et Pelias mecum, quorum Iphitus aevo
iam gravior, Pelias et vulnere tardus Ulixei.

36 ἐπάνοδος dicitur Graece, nostri regressionem vocant. nec solum

a) *Regius:* modo huius modi
b) consultoribus (*infra*-tores) **P** *cf. 9, 2, 100*
c) *Cic.* pluviaeque **A**
d) **P** *(Cic.):* dubitavit

auch noch zu einer anderen Figur, bei der sowohl die Anfänge wie auch umgekehrt die Schlüsse jeweils sich wiederholen, 'wer und wer, Appius und Appius'. Von dieser Art ist: 'Welche Leute sind es, die ihre Verträge immer wieder gebrochen haben? Die Karthager. Welche Leute sind es, die mit der größten Grausamkeit den Krieg geführt haben? Die Karthager. Welche Leute sind es, die Italien verschandelt haben? Die Karthager. Welche Leute sind es, die verziehen haben wollen? Die Karthager.'[202] 32 Auch beim Gegenüberstellen oder Vergleichen pflegt die wechselweise Wiederholung der Anfangsworte sich zu entsprechen, wovon ich schon eben gesagt habe,[203] daß dies eher hierher gehört: 'Du bist schon zur Nachtzeit wach, um den Ratsuchenden Rechtsgutachten zu geben, er dagegen, um zeitig mit seinem Heer zum Marschziel zu kommen; dich weckt der Ruf der Hähne, ihn der der Hörner; du bestimmst den Verlauf der Verhandlung, er den der Front; du triffst Vorsorge, daß nicht deine Ratsuchenden, er, daß nicht Städte oder Lager dem Gegner erliegen.'[204] 33 Aber mit dieser reizvollen Wirkung gab sich der Redner noch nicht zufrieden, er kehrte die gleiche Figur auch noch um: 'Jener beherrscht es und weiß, wie man Massen der Feinde, du, wie man Massen von Regenwasser fernhält; er ist geübt im Erweitern von Grenzen, du in ihrer Regulierung.'[205] 34 Auch die Mittelstücke können teils den Anfängen entsprechen, so etwa: 'Dich der Hain Angitias, glasklar dich des Fucinus Welle....'[206], teils den Schlüssen, so etwa: 'Dieses Schiff beladen mit Beute aus Sizilien, das doch selbst ein Teil war der Beute.'[207] Und niemand wird bezweifeln, daß dasselbe auch dann zustande kommen kann, wenn die beiden Mittelstücke wiederholt werden. Dem Anfang entspricht auch der Schluß: 'Zahlreiche, schwere Schmerzen trafen die Eltern und Verwandten, zahlreiche.'[208] 35 Es gibt ferner auch die Art von Wiederholung, das einmal Vorangestellte zu wiederholen und dabei zu gliedern[209]: 'Iphitus und Pelias, von diesen Iphitus alt schon, / und Pelias gehemmt durch die Wunde, die ihm schlug Odysseus.' 36 *Epánodos* heißt griechisch diese Figur, bei uns heißt

[202] ad Her. 4, 14, 20.
[203] s. o. 9, 2, 100.
[204] p. Mur. 9, 22.
[205] ebendort.
[206] Aen. 7, 759.
[207] Verr. 5, 17, 44.
[208] Verr. 5, 45, 119.
[209] Aen. 2, 435.

in eodem sensu, sed etiam in diverso eadem verba contra sumuntur: 'principum dignitas erat paene par, non par fortasse eorum, qui sequebantur.' interim variatur casibus haec et generibus retractatio: 'magnus est dicendi labor, magna res.' est et apud Rutilium longa περίοδος, sed[e] haec initia sententiarum sunt: 37 'pater hic tuus? patrem nunc appellas? patris tui filius es?' ex[f] casibus modo hoc schema, quod πολύπτωτον vocant, constat, ex[g] aliis ἐπάνοδος,[h] ut pro Cluentio: 'quod autem tempus veneni dandi? illo die? illa frequentia? per quem porro datum? unde sumptum? quae porro interceptio poculi? cur non de integro autem datum?' 38 hanc rerum coniunctam diversitatem Caecilius μεταβολήν vocat, qualis est pro Cluentio locus in Oppianicum: 'illum tabulas publicas Larini[i] censorias corrupisse decuriones universi iudicaverunt, cum illo nemo rationem, nemo rem ullam contrahebat, nemo illum ex tam multis cognatis et adfinibus tutorem umquam liberis suis scripsit', et deinceps adhuc multa. 39 ut haec in unum congeruntur, ita contra illa dispersa sunt, quae a Cicerone dissupata dici puto:

hic segetes, illic veniunt felicius uvae,
arborei fetus alibi,

et deinceps. 40 illa vero apud Ciceronem mira figurarum mixtura deprehenditur, in qua et primo verbo longum post intervallum redditum est ultimum, et media primis et mediis ultima congruunt: 'vestrum iam hic factum deprehenditur, patres conscripti, non meum, ac

e) *Rad.:* περιοδοις et
f) *Kroll:* fit
g) *Kroll:* et
h) *Rad.:* etiam modis *sed vide Wint. ad loc. desperat.*
i) *Cic.:* (vio)lari

sie 'Rückgang'. Aber nicht nur im gleichen Sinn, sondern auch im entgegengesetzten werden die gleichen Worte gegeneinander gestellt: 'Der Führer Rang war fast gleich, nicht gleich vielleicht der derjenigen, die ihnen folgten.'[210] Zuweilen findet sich auch bei dieser Aufnahme Wechsel der Kasus und Genera: 'Schwer ist die Anstrengung beim Reden, eine schwere Aufgabe.'[211] Es findet sich auch bei Rutilius[212] eine lange Periode, doch es genügen hier die Satzanfänge, die folgendermaßen lauten: 'Das ist dein Vater? Vater nennst du ihn jetzt? Bist du deines Vaters Sohn?' 37 Diese Figur, das sogenannte *Polyptoton,* beruht nur auf den Kasus-Veränderungen, beruht sie auf anderen Veränderungen, so heißt sie Epanode[213], so in der ›Rede für Cluentius‹[214]: 'Welche Zeit aber war es, um Gift zu geben? An welchem Tage? In jenem Gedränge? Durch wen weiter wurde es denn gegeben? Woher genommen? Wie wurde weiter der Becher abgefangen? Warum wurde er aber nicht von neuem angeboten?' 38 Caecilius[215] nennt diese Verbindung von Vielerlei μεταβολή (Umspringen), wie es sich in der ›Rede für Cluentius‹[216] gegen Oppianicus gerichtet findet: 'Daß er die zensorischen Eintragungen in Larinum gefälscht hat, haben die Dekurionen einstimmig festgestellt, mit ihm hat niemand einen Vertrag, niemand eine geschäftliche Abmachung vereinbart, niemand von den vielen, die mit ihm verwandt und verschwägert waren, ihn je zum Vormund für seine Kinder eingesetzt' und noch die ganze folgende Stelle. 39 Wie hier alles zusammengehäuft wird, so umgekehrt alles zerstreut in der folgenden Figur, die, wie ich glaube, Cicero[217] mit seinem 'dissupata' meint, z. B.[218]: 'Hier üppig Saaten, doch dort gedeihen besser die Trauben, anderswo wieder Baumfrüchte' usw. 40 Bei Cicero aber läßt sich auch die erstaunliche Figurenmischung fassen, bei der sowohl das erste Wort in einem weiten Abstand als Schlußwort wiederkehrt als auch das Mittelstück dem Anfang und dem Mittelstück der Schluß entspricht: 'Eure Tat ist es, ihr Senatoren, um die es jetzt hier geht, nicht die meine, und gewiß eine

[210] p. Lig. 6, 19.
[211] p. Mur. 13, 29.
[212] Rutilius 1, 10.
[213] mit Radermacher.
[214] p. Cluent. 60, 167.
[215] frg. 69 Of.
[216] p. Cluent. 14, 41.
[217] de orat. 3, 207; orat. 71, 135.
[218] Verg. georg. 1, 54.

pulcherrimum quidem factum, verum, ut dixi, non meum, sed vestrum.' 41 hanc frequentiorem repetitionem πλοκήν vocant, quae fit ex permixtis figuris, ut supra dixi, utque se habet epistula ad Brutum: 'ego cum in gratiam redierim cum Appio Claudio, et redierim per Cn. Pompeium, [et][j] ego ergo quom redierim.' 42 et in eisdem sententiis crebrioribus mutata declinationibus iteratione verborum, ut apud Persium:

usque adeone
scire tuum nihil est, nisi te scire hoc sciat alter?

et apud Ciceronem: 'neque enim poterat ⟨non damnari⟩[k] iudicio et is damnatis, qui indicabantur.' 43 sed sensus quoque toti, quem ad modum coeperunt, desinunt: 'venit ex Asia. hoc ipsum quam novum[l]? tribunus plebis venit ex Asia.' in eadem tamen perihodo et verbum ultimum primo refertur, tertium iam sermone, adiectum est enim: 'verumtamen venit.' interim sententia quidem repetitur, ⟨sed non eodem⟩[m] verborum ordine: 'quid Cleomenes facere potuit? non enim possum quemquam insimulare falso. quid, inquam, facere Cleomenes potuit?' 44 prioris etiam sententiae verbum ultimum ac sequentis ⟨primum⟩[n] frequenter est idem, quo quidem schemate utuntur poetae saepius:

Pierides, vos haec facietis maxima Gallo,
Gallo, cuius amor tantum mihi crescit in horas.

sed ne oratores quidem raro: 'hic tamen vivit: vivit? immo vero etiam in senatum venit.' 45 aliquando, sicut in geminatione verborum diximus, initia quoque et clausulae sententiarum aliis, sed non alio tendentibus verbis inter se consonant. initia hoc modo: 'dediderim periculis omnibus, obtulerim insidiis, obiecerim invidiae.' rursus

j) *del. Halm*
k) *add. Schoell*
l) *Zumpt:* bonum
m) *add. Meister*
n) *add. Badius*

herrliche Tat, aber, wie gesagt, nicht die meine, sondern eure.'[219] 41 Diese gedrängtere Form der Wiederholung heißt πλοκή (Verflechtung). Sie kommt, wie ich schon oben gesagt habe, durch die Vermischung von Figuren zustande. So findet sie sich auch in einem Brief an Brutus[220]: 'Als ich mich also mit Appius Claudius ausgesöhnt hatte, und zwar ausgesöhnt durch Cn. Pompeius, als ich mich also ausgesöhnt hatte.' 42 Ferner, wenn im gleichen Satz die Wiederholung von Wörtern durch öftere Veränderung der Formen eine Abwandlung erfährt, so etwa bei Persius[221]: 'Soweit nur also ist dein Wissen,nichts', als daß jemand weiß, daß du dies weißt?' und bei Cicero[222]: 'denn er mußte ja verurteilt werden durch Gerichtsurteil und nachdem diejenigen verurteilt worden waren, die angezeigt wurden.' 43 Aber auch ganze Sinnabschnitte schließen so, wie sie angefangen haben: 'Aus Asien ist er gekommen. Was ist denn das so Besonderes: der Volkstribun, aus Asien ist er gekommen.'[223] In der gleichen Periode wird indessen auch das Anfangswort am Schluß wiederholt, das nun schon zum dritten Mal vorkommt; er schließt nämlich mit dem Zusatz: 'immerhin ist er gekommen'. Manchmal wird der Satz wiederholt, aber nicht in derselben Reihenfolge der Wörter[224]: 'Was konnte Kleomenes machen? Ich will nämlich niemanden fälschlich beschuldigen. Was, sage ich, hat Kleomenes machen können?' 44 Auch das letzte Wort des vorhergehenden und das erste Wort des folgenden Satzes ist häufig gleich, eine Figur allerdings, der sich die Dichter besonders oft bedienen: 'Ihr werdet meinen Gesang, Pieriden, adeln für Gallus, / Gallus, dem meine Liebe von Stunde zu Stunde noch mehr gilt.'[225] Aber auch die Redner nicht selten: 'Und doch dieser Mann lebt. Er lebt? Nein, er kommt sogar in den Senat!'[226] 45 Manchmal stimmen, wie wir es bei der Wortverdoppelung gesagt haben,[227] auch Satzanfänge oder -schlüsse durch zwar verschiedene, aber zum gleichen Bereich gehörende Wörter überein. Anfänge in folgender Weise: 'Übergeben haben sollte ich allen Gefahren, ausgeliefert haben den Anschlägen,

[219] frg. orat. XII 5 Sch. (cont. Metelli).
[220] ep. frg. 8, 11 Mü.
[221] Pers. 1, 26.
[222] frg. orat. B 4 Sch. 'iudicabantur' hieße: 'die vor Gericht standen'.
[223] frg. orat. XII 6 Sch.
[224] Verr. 5, 41, 107.
[225] Verg. ecl. 10, 10, 72.
[226] Cat. 1, 2, 1.
[227] s. o. 8, 5, 18.

clausulae ibidem statim: 'vos enim statuistis, vos sententiam dixistis, vos iudicastis.' hoc alii συνωνυμίαν, alii disiunctionem vocant, utrumque, etiam si est diversum, recte: nam est nominum idem significantium separatio, congregantur quoque verba idem significantia. 'quae cum ita sint, Catilina, perge quo coepisti, egredere aliquando ex urbe: patent portae, proficiscere.' 46 et in eundem alio libro: 'abiit, excessit, erupit, evasit.' hoc Caecilio πλεονασμός videtur, id est abundans super necessitatem oratio, sicut illa:

vidi oculos ante ipse meos:

in illo enim 'vidi' inest 'ipse'. verum id, ut alio quoque loco dixi, cum supervacua oneratur[o] adiectione, vitium est, cum auget aut manifestat sententiam, sicut hic, virtus: 47 videt, ipse, ante oculos: totidem sunt adfectus. cur tamen haec proprie nomine tali notarit, non video: nam et geminatio et repetitio et qualiscumque adiectio πλεονασμός videri potest. nec verba modo, sed sensus quoque idem facientes acervantur: 'perturbatio istum mentis et quaedam scelerum offusa caligo et ardentes furiarum faces excitaverunt.'

48 Congeruntur et diversa: 'mulier, tyranni saeva crudelitas, patris amor, ira praeceps, temeritatis dementia.' et apud Ovidium:

sed grave Nereidum numen, sed corniger Ammon,
et[p] quae visceribus veniebat belua ponti
exsaturanda meis.

o) onerat *Schütz*
p) sed **P** *(Ovid.)*

ausgesetzt haben der Mißgunst....'[228] Satzschlüsse umgekehrt gleich an derselben Stelle: 'Denn ihr habt es festgestellt, ihr habt das Urteil gesprochen, ihr habt gerichtet.' Die einen nennen das Synonymie, andere Aufspaltung, beides zu Recht, obwohl das Gegensätzliches ist; denn unter dem Gesichtspunkt der gleichbedeutenden Benennungen ist es eine Aufspaltung. Es werden aber auch gleichbedeutende Verben zusammengestellt: 'Da es so steht, Catilina, so setze fort, was du begonnen, geh endlich heraus aus der Stadt: offen stehen die Tore, mach dich auf!'[229] 46 Und in einem anderen Buch der ›Reden gegen Catilina‹: 'Er ging weg, zog weg, brach aus, entschwand.'[230] Caecilius[231] hält das für Pleonasmus, d. h. über das Nötige hinaus überfließende Redeweise, wie in folgendem Fall: 'Sah's doch selbst vor den eigenen Augen'[232], denn in dem 'ich sah' ist das 'selbst' schon enthalten. Jedoch ist dies, wie ich auch an anderer Stelle gesagt habe,[233] ein Fehler, wenn der Ausdruck durch überflüssige Zufügung überlastet wird, wenn es aber den Gedanken hebt und verdeutlicht, wie an unserer Stelle, ein Stil-Vorzug: er hat es gesehen, er selbst, leibhaftig vor Augen: das sind ebenso viele Affektstufen (wie Worte). 47 Warum Caecilius indessen eigens diese Erscheinung mit einem solchen Namen bezeichnet hat, sehe ich nicht ein; denn auch die Verdopplung, Wiederholung und jede Art von Zufügung kann doch als Pleonasmus betrachtet werden. Und nicht nur Wörter, sondern auch gleichbedeutende Sinnabschnitte werden gehäuft[234]: 'Diesen Menschen haben seine Geistesverwirrung, das Dunkel seiner Verbrechen, das ihn umhüllte, und die lodernden Fackeln der Furien gehetzt.'

48 Angehäuft werden auch Ausdrücke aus verschiedenen Bereichen: 'Das Weib, des Tyrannen wilde Grausamkeit, die Liebe zum Vater, der Jähzorn, der Unverstand seiner Unbesonnenheit.'[235] Ferner bei Ovid[236]: 'sondern der Meerfrauen göttliche Last, der Hornträger Ammon und das Scheusal der See, das kam, sich zu mästen an meinen Eingeweiden'. 49 Einen Gelehrten habe ich

[228] frg. orat. XII 7 Sch.

[229] Cat. 1, 5, 10.

[230] Cat. 2, 1, 1.

[231] frg. 64 Of.

[232] Aen. 12, 638.

[233] s. o. 8, 3, 53.

[234] Cic. Pis. frg. p. 444 Sch.

[235] Woher die Stelle kommt, ist nicht bekannt.

[236] Ov. Metam. 5, 17–19.

49 inveni qui et hoc πλοκήν vocaret: cui non adsentior, cum sit unius figurae. mixta quoque et idem et diversum significantia, quod et ipsum διαλλαγήν vocant: 'quaero ab inimicis, sintne haec investigata comperta [id est patefacta][q], sublata [delata][q] extincta per me?' 'investigata comperta [patefacta]'[q] aliud ostendunt, 'sublata [delata][q] extincta' sunt inter se similia, sed non etiam prioribus. 50 et hoc autem exemplum et superius aliam quoque efficiunt figuram, quae, quia coniunctionibus caret, dissolutio vocatur, apta, cum quid instantius dicimus: nam et singula inculcantur et quasi plura fiunt. ideoque utimur hac figura non ⟨in⟩[r] singulis modo verbis, sed sententiis etiam, ut Cicero dicit contra contionem Metelli: 'qui indicabantur, eos vocari, custodiri, ad senatum adduci iussi: senatum [si][s] interposui', et totus hic locus talis est. hoc genus et βραχυλογίαν vocant, quae potest esse copulata dissoluto. contrarium est id[t] schema, quod coniunctionibus abundat: illud ἀσύνδετον, hoc πολυσύνδετον dicitur. 51 sed hoc est vel isdem saepius repetitis, ut

tectumque laremque
armaque Amyclaeumque canem Cressamque pharetram:

52 vel diversis: 'arma virumque – multum ille et terris – multa quoque.' 53 adverbia quoque et pronomina variantur: 'hic illum vidi iuvenem – bis senos cui nostra dies – hic mihi responsum primus dedit ille petenti.' sed utrumque horum acervatio est aut[u] iuncta aut dissoluta. 54 omnibus scriptores sua nomina dederunt, sed varia et ut cuique fingenti placuit. fons quidem unus, quia acriora facit et instantiora

q) *del. Halm*
r) *add. Ald.*
s) *del. Becher*
t) **P** ut est **AGM** *del. Wint.*
u) *Halm:* et tantum

gefunden, der auch dies πλοκή nannte; dem kann ich nicht zustimmen, da es sich ja um eine einheitliche Figur handelt. Es findet sich auch die Vermischung von Gleichbedeutendem und Verschiedenem (in solcher Anhäufung), was man auch wieder διαλλαγή nennt: 'Ich frage meine Gegner, ist dies nicht erforscht, festgestellt, aus der Welt geschafft und ausgelöscht durch mich?'[237] 'Erforscht' und 'festgestellt' bezeichnen etwas Verschiedenes, 'aus der Welt geschafft' und 'ausgelöscht' sind untereinander ähnlich, nicht aber auch dem Vorausgehenden. 50 Sowohl dieses wie auch das vorige Beispiel[238] bilden noch eine andere Figur, die, weil sie keine Bindewörter hat, 'das Unverbundene' heißt, passend, wenn wir etwas Eindringlicheres sagen. Denn die Wörter werden so einzeln eingehämmert und wirken dadurch so, als wären es noch mehr. Deshalb verwenden wir diese Figur nicht nur bei einzelnen Wörtern, sondern auch bei Sätzen, wie etwa Cicero es macht in seiner ›Rede gegen die Volksrede des Metellus‹[239]: 'Diejenigen, die angezeigt wurden, habe ich rufen, bewachen, vor den Senat führen lassen. Den Senat habe ich eingeschaltet', und die ganze Stelle ist von dieser Art. Man nennt diese Figurenart auch *Brachylogie* (Kürze), die mit dem 'Unverbundenen' gekoppelt sein kann. Das Gegenteil hiervon ist die Figur, die einen Überfluß an Bindewörtern hat. Die eine Art heißt Asyndeton, die andere Polysyndeton. 51 Doch die letztere findet sich teils so, daß gleichbedeutende Wörter mehrfach wiederholt werden, so etwa: 'Haus und die Laren, Speer und Dolch und den Wächterhund und den Kretischen Bogen'[240]; 52 teils aus solchen von verschiedener Bedeutung[241]: 'Waffen und Helden', 'viel ward er zu Lande – viel auch'. 53 Auch Adverbien und Pronomina erscheinen im Wechsel: 'Hier sah ich jenen Jüngling ... dem zweimal sechs Tage von unserem ... Hier gab jener mir Antwort zuerst, als ich ihn gebeten.'[242] Jedoch gehören beide Formen zur Figur der Anhäufung, einmal in verbundener, einmal in unverbundener Form. 54 Allen diesen Erscheinungen haben die Lehrbuch-Verfasser eigene Namen gegeben, jedoch verschiedenartige, und so, wie es jedem in der Erfinderlaune behagte. Ihre Quelle aber ist ganz einheitlich; denn sie macht alles, was wir sagen, energischer und ein-

237 frg. orat. XII 8 Sch.
238 o. § 48.
239 frg. orat. XII 9 Sch.
240 Verg. georg. 3, 344–5 (übers. v. R. A. Schröder).
241 Aen. 1, 1f.
242 ecl. 1, 43ff.

quae dicimus, et vim quandam prae se ferentia velut saepius erumpentis[v] adfectus.

Gradatio, quae dicitur κλῖμαξ, apertiorem habet artem et magis adfectatam, ideoque esse rarior debet. 55 est autem ipsa quoque adiectionis: repetit enim quae dicta sunt, et priusquam ad aliud escendat, in prioribus resistit. eius exemplum ex Graeco notissimo transferatur: 'non enim dixi quidem ⟨haec⟩,[w] sed non ⟨scripsi, nec scripsi quidem, sed non⟩[x] obii legationem, ⟨nec obii quidem legationem,⟩[x] sed non persuasi Thebanis.' 56 sunt tamen tradita et Latina: 'Africano virtutem industria, virtus gloriam, gloria aemulos comparavit.' et Calvi: 'non ergo magis pecuniarum repetundarum quam maiestatis, neque maiestatis magis quam Plautiae legis, neque Plautiae legis magis quam ambitus, neque ambitus magis quam omnium legum iudicia perierunt.[y]' 57 invenitur apud poetas quoque, ut apud Homerum de sceptro, quod a Iove ad Agamemnonem usque deducit, et apud nostrum etiam tragicum:

Iove propagatus est, ut perhibent, Tantalus,
ex Tantalo ortus Pelops, ex Pelope autem satus
Atreus, qui nostrum porro propagat genus.

58 At quae per detractionem fiunt figurae, brevitatis novitatisque maxime gratiam petunt: quarum una est ea, quam libro proximo in figuras ex συνεκδοχῇ distuli, cum subtractum verbum aliquod satis ex ceteris intellegitur, ut Caelius in Antonium: 'stupere gaudio Graecus': simul enim auditur 'coepit'. Cicero ad Brutum: 'sermo nullus scilicet,

v) *erumpens Spalding*
w) *add. Rad.*
x) *suppl. Keil Diomed p. 448*
y) iudicia perierunt **P**[1] *(ex Aquila Rom.* § *40)* est **AGMP** et cetera *Spalding*

dringlicher und läßt es eine Kraft zur Schau tragen, als käme immer wieder die Leidenschaft zum Durchbruch.

Die *Aufstufung,* die sogenannte κλῖμαξ (Leiter), zeigt ihre Kunst unverhüllter und in gesuchter Weise, und deshalb muß sie seltener erscheinen. 55 Sie gehört ebenfalls zum Bereich der Hinzufügungen; sie wiederholt nämlich, was gesagt ist, und bevor sie zum Nächsten aufsteigt, verweilt sie beim Vorausgehenden. Hierfür sei ein Beispiel aus dem bekanntesten Griechen[243] übertragen: 'Denn nicht habe ich dies zwar gesagt, ohne aber den schriftlichen Antrag zu stellen, noch habe ich es zwar beantragt, ohne aber die Gesandtschaft zu übernehmen, noch habe ich zwar die Gesandtschaft übernommen, ohne aber die Thebaner zu überreden.' 56 Es sind jedoch auch Beispiele in Latein überliefert: 'Sein Unternehmungsgeist brachte dem Africanus Tüchtigkeit, seine Tüchtigkeit Ruhm, sein Ruhm Rivalen.'[244] Ferner von Calvus[245]: 'nicht stärker also sind die Untersuchungsgerichte für Erpressung als die für Majestätsverletzung, noch die für Majestätsverletzung stärker als die nach dem plautinischen Gesetz, noch die nach dem plautinischen Gesetz stärker als die wegen Amtserschleichung, noch die wegen Amtserschleichung stärker als die Untersuchungsgerichte für alle anderen Gesetze ruiniert worden.' 57 Sie findet sich auch bei den Dichtern, so bei Homer[246], wenn er von dem Szepter spricht, das er von Juppiter bis zum Agamemnon gelangen läßt, und auch in unserer Tragödie[247]: 'Von Zeus gezeugt ist, geht die Sage, Tantalus, von Tantalus stammt Pelops, Pelops' Sohn jedoch war Atreus, der dann weiter unsere Sippe führt.' 58 Die *Figuren* dagegen, die *durch Weglassen* gebildet werden, gewinnen ihren Reiz vor allem durch ihre Kürze und Neuheit. Eine von ihnen ist diejenige, die ich im vorigen Buch[248] für die Figuren mit Synecdoche zurückgestellt habe, wenn nämlich ein unterdrücktes Wort hinreichend durch die übrigen Worte verständlich wird, wie es Caelius[249] in seiner ›Rede gegen Antonius‹ macht: 'Sprachlos vor Freude zu stehen der Grieche' –, wo man nämlich zugleich ergänzt 'begann'. Ferner Cicero an Bru-

[243] Demosth. de corona 18, 179.
[244] ad Her. 4, 25, 34.
[245] ORF p. 497 M.
[246] Ilias 2, 101f.
[247] trag. inc. frg. 54 Rib.
[248] s. o. 8, 6, 21.
[249] ORF p. 483 M.

nisi ⟨de⟩[z] te: quid enim potius? tum Flavius, cras, inquit, tabellarii,[a] et ego ibidem has[b] inter cenam exaravi.' 59 cui similia sunt illa meo quidem iudicio, in quibus verba decenter pudoris gratia subtrahuntur:

novimus et qui te, transversa tuentibus hircis,
et quo, sed faciles Nymphae risere, sacello.

60 hanc quidam aposiopesin putant, frustra. nam illa quid taceat, incertum est aut certe longiore sermone explicandum, hic unum verbum et manifestum quidem desideratum: quod si aposiopesis est, nihil non, in quo deest aliquid, idem appellabitur. 61 nec vero illud quidem aposiopesin semper voco, in quo res quaecumque relinquitur intellegenda, ut ea, quae in epistulis Cicero: 'data Lupercalibus, quo die Antonius Caesari.' non enim opticuit: lusit, quia nihil aliud intellegi poterat quam hoc: 'diadema inposuit.' 62 altera est per detractionem figura, de qua modo dictum est, cui coniunctiones eximuntur. tertia, quae dicitur ἐπεζευγμένον, in qua unum ad verbum plures sententiae referuntur, quarum unaquaeque desideraret illud, si sola poneretur. id accidit aut praeposito verbo, ad quod reliqua respiciant: 'vicit pudorem ⟨libido, timorem⟩[c] audacia, rationem amentia', aut inlato, quo plura cluduntur: 'neque enim is es, Catilina, ut te aut pudor umquam[d] a turpitudine aut metus a periculo aut ratio a furore revocaverit.' 63 medium quoque potest esse, quod et prioribus et sequentibus sufficiat: iungit autem et diversos sexus, ut cum marem feminamque 'filios' dicimus, et singularia pluralibus miscet. 64 sed haec adeo sunt vulgaria, ut sibi artem figurarum

z) *add. Ald.*
a) *Spalding:* tabellariae
b) has *Burm.* ibidem cras **AG** ibidem orans *recc. sanavit Wint.*
c) **P** *(Cic.) om. recc.*
d) *om. Cic.*

tus[250]: 'Selbstverständlich kein Wort sonst, nur über dich!, was denn auch eher? Da sagt Flavius: ‚Morgen die Briefboten!' – so bleibe ich denn gleich dabei und schreibe während der Tafel'. 59 Ähnlich wie dies sind wenigstens meines Erachtens die Fälle, in denen man schicklicherweise Worte aus Scham unterdrückt: 'Denn wir wissen es, wer – wollüstig schielten die Böcke – und in welchem Tempel er dich zum Gelächter der Nymphen....'[251] 60 Manche sehen hierin eine Aposiopese – irrigerweise; denn was diese verschweigt, ist ungewiß oder doch gewiß nur in längerer Rede zu erklären, hier aber wird nur ein Wort, und zwar ein ganz deutlich greifbares vermißt. Wenn das aber eine Aposiopese ist, so wird man alles so nennen können, wobei nur irgend etwas fehlt. 61 Ich spreche ja nicht einmal dann immer von Aposiopese, wenn irgend etwas für das Verständnis zu ergänzen bleibt, wie z. B. das Folgende, was Cicero in seinen Briefen[252] schreibt: 'Gegeben an den Luperkalien, an dem Tag, an dem Antonius dem Caesar...' Denn der Schreiber hat hier nicht etwas verschwiegen; einen Scherz hat er gemacht, weil man ja nichts anderes verstehen konnte als das: 'das Diadem aufsetzte'. 62 Die zweite durch Weglassen gebildete Figur ist die gerade besprochene, der die Bindewörter genommen werden.[253] Die dritte ist das sogenannte ἐπεξευγμένον (Jochbildung), bei der sich auf ein Verb mehrere Gedankenabschnitte beziehen, deren jeder das Verb brauchte, wenn er allein stünde. Dies geschieht entweder durch die Voranstellung des Verbs, nach dem sich alles Übrige richtet: 'Besiegt hat die Gier die Scham, die Dreistigkeit die Angst, der Unverstand die Vernunft'[254], oder durch die Nachstellung, wodurch dann mehrere Sinnabschnitte geschlossen werden: 'Denn es ist nicht deine Art, Catilina, daß dich je Scham vor Schande oder Furcht vor Gefahr oder Vernunft vor Raserei zurückhalten könnte.'[255] 63 Auch in der Mitte kann das Verb stehen, so daß es dann sowohl das Vorausgehende als auch das Folgende ergänzt. Diese Figur verbindet aber auch die verschiedenen Geschlechter, wenn wir etwa einen Mann und eine Frau als 'filii' (Söhne) bezeichnen, und sie vermengt Singular- und Pluralbildungen. 64 Doch

[250] frg. ep. VII 12 = p. 17 Weyssenhoff. Der Sinn der ersten Worte: 'Wir haben nur von Dir gesprochen, Brutus!'

[251] Verg. ecl. 3, 8f. (übers. v. R. A. Schröder).

[252] frg. ep. XVII 1 = p. 17 Weyssenhoff.

[253] § 50, das Asyndeton.

[254] p. Cluent. 6, 15.

[255] Cat. 1, 9, 22.

adserere non possint. illud plane figura est, quod[e] diversa sermonis forma coniungitur:

sociis tunc arma capessant
edico, et dira bellum cum gente gerendum.

quamvis enim pars [bello][f] posterior participio insistat, utrique convenit illud edico. non utique detractionis gratia factam coniunctionem[g] συνοικείωσιν vocant, quae duas res diversas colligat:

tam deest avaro quod habet, quam quod non habet.

65 huic diversam volunt esse distinctionem, cui dant nomen παραδιαστολήν, qua simila disceruntur:[h] 'cum te pro astuto sapientem appelles, pro confidente fortem, pro inliberali diligentem.' quod totum pendet ex finitione ideoque an figura sit dubito. cui contraria est ea, qua fit ex vicino transitus ad diversa ut similia: 'brevis esse laboro, obscurus fio' et quae sequuntur.

66 Tertium est genus figurarum, quod aut similitudine aliqua vocum aut paribus aut contrariis convertit in se aures et animos excitat. hinc est παρονομασία, quae dicitur adnominatio. ea non uno modo fieri solet: ex vicinia quaedam praedicti nominis ducta casibus declinatis, ut Domitius Afer pro Cloatilla: 'mulier omnium rerum inperita, in omnibus [rerum][i] infelix.' 67 cum verbo idem verbum plus significans subiungitur: 'quando homo hostis, homo.' quibus exemplis sum in aliud usus, sed in uno ἔμφασις est ⟨et⟩[j] geminatio.

e) quo *Halm*
f) *del. Burm.*
g) *Spalding:* facta coniunctio
h) *Regius:* discernunt **A**
i) *del. Becher*
j) ἔμφασις est et *Woelfflin*: fassis est

das sind so geläufige Dinge, daß sie auf den Namen der Figurenkunst keinen Anspruch erheben können. Um eine vollgültige Figur aber handelt es sich in folgendem Fall, wo verschieden gestaltete Ausdrucksformen verbunden werden: 'den Freunden, sie sollten die Waffen ergreifen,/sag' ich, und Krieg sei nun zu führ'n mit der scheußlichen Sippe.'[256] Denn obwohl der zweite Teil auf die Partizipialkonstruktion[257] gegründet ist, paßt das 'sag' ich' doch zu beiden Teilen. Eine andere Form der Verbindung, die nicht durchaus um des Weglassens willen gebildet wird, heißt συνοικείωσις (Einverleibung), eine Figur, die zwei verschiedene Dinge zusammenknüpft: 'Dem Geizhals fehlt genauso sein Besitz wie Nicht-Besitz.'[258] 65 Der Gegensatz hierzu soll die Form der Unterscheidung sein, die man παραδιαστολή (Gegeneinander-Absetzen) nennt, die Figur, in der Ähnliches deutlich voneinander abgesetzt wird: 'Da du dich statt schlau weise nennst, statt dreist tapfer, statt kleinlich gewissenhaft.'[259] Das hängt aber ganz vom Definieren ab, und deshalb zweifle ich, ob es eine Figur ist. Dieser wieder entgegengesetzt ist die Figur, in der von Benachbartem der Übergang erfolgt zu etwas Verschiedenem, als erfolge er von Ähnlichem zu Ähnlichem: 'Um Kürze müh' ich mich und werde dunkel'[260] und das Folgende.

66 Die *dritte Gruppe von Figuren* ist diejenige, die entweder durch eine Ähnlichkeit im Klangbild oder durch gleiche oder entgegengesetzte Wörter die Ohren anzieht und das Gemüt erregt. Aus ihr stammt die *Paronomasie,* die mit 'Wortanklang' (Wortspiel) wiedergegeben wird. Man verwendet sie gewöhnlich nicht nur in einer Weise. Sie kann aus der Nachbarschaft eines vorher gewonnenen Wortes gewonnen werden durch Abwandlung der Kasus, wie es etwa Domitius Afer in seiner ›Rede für Cloatilla‹[261] tat: 'Die Frau, aller Dinge unkundig, in allen unglücklich.' 67 Ferner wenn einem Wort das gleiche Wort in gesteigerter Bedeutung angefügt wird: 'Mag ein Mensch ein Feind sein, er bleibt ein Mensch!'[262] Diese Beispiele sollten etwas anderes zeigen, jedoch ist in dem einen

[256] Aen. 3, 234.

[257] d. h., hier die 'Gerundiv-Konstruktion'. Sie wird wie der Begehrsatz des ersten Teiles als Objekt zu 'edico' empfunden.

[258] Syri sent. 628 Meyer.

[259] Rutil. Lup. p. 4, 7 Halm.

[260] Hor. a. p. 25.

[261] ORF p. 567 M.

[262] Wohl nach einem Menanderwort. Das 'homo' enthält zugleich die Verdoppelung und die Emphase 'menschliches Wesen'.

παρονομασίᾳ contrarium est, quod eodem verbo quasi falsum arguitur: 'quae lex privatis hominibus esse lex non videbatur.' 68 cui confinis est quae ἀνάκλασις dicitur, eiusdem verbi contraria significatio. cum Proculeius quereretur de filio, quod is mortem suam 'expectaret', et ille dixisset, 'se vero non expectare', 'immo', inquit, 'rogo expectes'. non ex eodem, sed ex vicino diversum[k] accipitur, cum supplicio adficiendum dicas, quem supplicatione dignum iudicaris. 69 aliter quoque voces aut eaedem diversa in significatione ponuntur aut productione tantum vel correptione mutatae: quod etiam in iocis frigidum equidem tradi inter praecepta miror, eorumque exempla vitandi potius quam imitandi gratia pono: 70 'amari iocundum est, si curetur ne quid insit amari.' 'avium dulcedo ad avium ducit', et apud Ovidium ludentem:

cur ego non dicam, Furia, te furiam?

71 Cornificius hanc traductionem vocat, videlicet alterius intellectus ad alterum. sed elegantius, quod est positum in distinguenda rei proprietate: 'hanc rei publicae pestem paulisper reprimi, non in perpetuum comprimi posse.' et quae praepositionibus[l] in contrarium mutantur: 'non emissus ex urbe, sed immissus in urbem esse videatur.' melius atque acrius, quod cum figura iocundum est, tum etiam sensu

k) *Schütz:* diverso vicinum
l) *ed. Jens.:* propositionibus

Emphase und Verdoppelung zugleich enthalten. Der Paronomasie entgegengesetzt ist es, wenn etwas mit demselben Wort als falsch erwiesen wird: 'Dieses Gesetz schien in den Augen der Privatleute kein Gesetz zu sein.'[263] 68 Hieran schließt sich an die sogenannte ἀνάκλασις (Umschlag), wenn nämlich das gleiche Wort Entgegengesetztes bezeichnet. Als Proculeius sich über seinen Sohn beklagte, weil dieser auf seinen Tod warte, und der Sohn sagte: er warte wahrhaftig nicht darauf, sagte der Vater: nein, bitte, warte nur darauf.[264] Nicht aus dem gleichen, wohl aber aus einem benachbarten Wort wird Entgegengesetztes entnommen, wenn man von jemanden sagt, er verdiene ein 'supplicium', den man eines Dankfestes für würdig erachtet.[265] 69 Auch noch auf andere Weise setzt man entweder die gleichen Wörter in verschiedener Bedeutung oder solche, die nur durch die Länge oder Kürze einer Silbe verändert sind. Daß allerdings so etwas, was selbst als Scherz frostig wirkt, unter den Vorschriften erscheint, verwundert mich, und ich setze Beispiele hierfür eher zur Warnung als zur Nachahmung hierher: 70 'Amari iucundum est, si curetur, ne quid sit amari.'[266] 'Der Wohllaut der Vögel (avium) führt ins Unwegsame (avium)[267], und bei Ovid das Wortspiel[268]: 'Warum Furie nicht nenne ich Furia dich?' 71 Cornificius[269] nennt das 'traductio' (Überführung) – nämlich der einen Verständnismöglichkeit in eine zweite. Von gewählterem Geschmack aber zeugt die Figur, die darauf beruht, die Eigentümlichkeit eines Dinges zu unterscheiden: 'Diese Pest des Gemeinwesens könne für ein Weilchen gedämpft (reprimi), doch nicht für die Dauer bekämpft (comprimi) werden;'[270] sowie Wörter, die durch Präpositionen ins Gegenteil verwandelt werden: 'Nicht *heraus*gelassen aus der Stadt, sondern *hinein*gelassen in die Stadt scheint er zu sein.'[271] Besser und kräftiger ist, was zwar auch als Figur ansprechend ist, vor allem aber auch durch den Sinn wirkt: 'Er hat mit seinem Ster-

[263] Cic. Pis. 13, 30.

[264] d. h., 'warte es ab' vgl. Rutil. Lup. 5, 19 H.

[265] für supplicatio ('Bittfeier', 'Dankfest') wird in der älteren Sprache auch 'supplicium' gebraucht, das später nur 'Todesstrafe' bedeutet.

[266] 'Geliebt zu werden (amari) ist schön, wenn dafür gesorgt ist, daß es nichts Bitteres (amari) enthält': ad Her. 4, 14, 21.

[267] ad Her. 4, 14, 29.

[268] Ov. frg. 4 p. 113 Morel.

[269] ad Her. 4, 14, 20.

[270] Cat. 1, 12, 30.

[271] Cat. 1, 11, 27.

valet: 'emit morte inmortalitatem.' 72 illa leviora: 'non Pisonum, sed pistorum' et 'ex oratore arator.' pessimum vero: 'ne patres conscripti videantur circumscripti. raro evenit, sed vehementer venit.' sic contigit, ut aliqui sensus vehemens et acer venustatem aliquam † non eadem ex verbo non dissona accipit[m]. 73 et cur me prohibeat pudor uti domestico exemplo? pater meus contra eum, qui se legationi inmoriturum dixerat, deinde vix paucis diebus insumptis re infecta redierat: 'non exigo uti immoriaris legationi: immorare.' nam et valet sensus ipse et in verbis tantum distantibus iocunde consonat vox, praesertim non captata, sed velut oblata, cum altero suo sit usus, alterum ab adversario acceperit. 74 magnae veteribus curae fuit gratiam dicendi ex paribus et contrariis adquirere. Gorgias in hoc inmodicus: copiosus, aetate utique prima, Isocrates fuit. delectatus est his etiam M. Tullius, verum et modum adhibuit non ingratae, nisi copia redundet, voluptati et rem alioqui levem sententiarum pondere

m) venustatem aliquam ⟨adquireret, quam⟩ non eandem ex verbo non dissono accipit *Rad.*
valet si contingit *(Gertz)*, ut aliqui sensus vehemens et acer venustatem aliquam eadem ex voce non dissona accipiat. *Wint.*

ben die Unsterblichkeit erkauft.'[272] 72 Leichtfertiger wirken die folgenden: 'non Pisonum, sed pistorum'[273] und: 'aus dem orator (Staatsmann) wirst du ein Arator (Saatmann)[274]. Ganz schlecht aber ist: 'daß nicht die Senatoren erscheinen als 'hinter Toren'[275]. Selten kommt es dazu, doch gewaltig ist die Wirkung, wenn es gelungen ist, daß ein schwungvoller und energischer Gedanke einen Reiz gewinnt, den er nur von einem gleichen Wort mit einer lautlichen Abweichung erhalten kann.[276] 73 Und warum sollte mich die Scheu hindern, ein Beispiel aus meiner eigenen Familie zu verwenden? Mein Vater nämlich richtete gegen einen Mann, der gesagt hatte, er wolle bis zum Tode bei seiner Gesandtschaft ausharren, aber schon, nachdem er kaum einige Tage darauf verwendet hatte, unverrichteterdinge zurückgekommen war, die Worte: 'Ich verlange ja gar nicht, daß du bei der Gesandtschaft bis zum Tode ausharrest (immoriare): sei nur überhaupt bei ihr (immorare)'; denn erstens ist der Gedanke selbst kraftvoll, und zweitens klingt bei einer so geringen Verschiedenheit der Wörter der Wortlaut gut zusammen, zumal er nicht gesucht ist, sondern sich gleichsam aufdrängt: hat der Redner ja nur das eine Wort unabhängig selbst gewählt, während er das andere vom Gegner aufgriff. 74 Große Sorgfalt verwandten die Alten darauf, ihren Ausdruck durch Gleichklänge und Gegenüberstellungen reizvoll zu machen. Hierin war Gorgias unmäßig. Reich hieran war, jedenfalls in seiner Anfangszeit ⟨auch⟩ Isokrates. Auch Cicero hat seine Freude daran, jedoch hat er für den, falls er keine Überflutung darstellt, nicht unwillkommenen Reiz das rechte Maß gefunden und das sonst so oberflächliche Ausdrucksmittel mit dem Gewicht seiner Gedanken erfüllt. Denn wenn das an

[272] 'morte-immortalitatem'; vgl. z. B. Cic. p. Planc. 90.

[273] nicht von (einer Familie) von Pisonen sondern von Bäckern.

[274] Phil. 3, 9, 22.

[275] 'conscripti – circumscripti' (eingesperrt): ad. Her. 4, 22, 30.

[276] Rad. hat vor 'raro' eine Lücke angenommen, in der der Anfang eines weiteren Wortspiels ('evenit – venit') ausgefallen sei. Das ist zweifellos einfallsreicher und mutiger als der matte Übergang in dem obigen Übersetzungsversuch, der jedoch (mit der Konjektur von Regius und Gertz) dem Überlieferten am nächsten bleibt. Winterbottom hat mit seinem Vorschlag 'ex voce dissona accipiat' mit Christ zu lesen und 'non eadem' zu tilgen, gewiß den Sinn am besten getroffen. Doch auch er kapituliert im Text vor der Korruptel. Zum Gedanken der Übergangswendung vgl. auch den Schlußsatz von § 74, wo leider das dem 'venustatem' entsprechende 'gratiam' von Halm ergänzt werden mußte.

implevit. nam per se frigida et inanis adfectatio, cum in acris incidit sensus, innatam videtur habere, non arcessitam ⟨gratiam.⟩[n]

75 Similium[o] fere quadruplex ratio est. nam est primum, quotiens verbum verbo aut non dissimile valde quaeritur, ut

puppesque tuae pubesque tuorum,

et: 'sic in hac calamitosa fama quasi in aliqua perniciosissima flamma', et: 'non enim tam spes laudanda quam res est', aut certe par et[p] extremis syllabis consonans: 'non verbis, sed armis.' 76 et hoc quoque, quotiens in sententias acris incidit, pulchrum est: 'quantum possis, in eo semper experire,[q] ut prosis.' hoc est πάρισον, ut plerisque placuit. 77 Theo Stoicus[r] πάρισον existimat, quod sit e membris non dissimilibus, secundum, ut clausula similiter cadat, syllabis[s] isdem ⟨in⟩[t] ultimam partem conlatis, ὁμοιοτέλευτον ⟨sive⟩[u] similem duarum sententiarum vel plurium finem: 'non modo ad salutem eius extinguendam, sed etiam gloriam per tales viros infringendam.' ex quibus fere fiunt, non tamen ut semper utique ultimis consonent, quae τρίκωλα dicunt: 'vicit pudorem libido, timorem audacia, rationem amentia.' sed in quaternas quoque ac plures haec ratio ire sententias potest. fit etiam singulis verbis:

Hecuba hoc dolet, pudet, piget,

78 et 'abiit, excessit, erupit, evasit'. tertium est, quod in eosdem casus cadit: ὁμοιόπτωτον dicitur. sed neque quod finem habet similem, utique

n) *add. Meister*
o) (ergänzend frei)
p) *Buttmann:* patet **AG** par est **P**
q) experire *Regius:* experiri
r) *Halm:* Cheostolcus
s) *Spalding:* vel in his
t) *ed. Camp. add.*
u) *add. Rad.*

sich frostige und hohle Haschen (nach Symmetrien und Antithesen) auf schlagkräftige Gedanken trifft, dann ist der Ausdruck so reizvoll, daß die Verbindung natürlich gewachsen, nicht künstlich gesucht erscheint.

75 Die *Verwendung des Ähnlichen* läßt sich gewöhnlich in vierfacher Form fassen. Die erste liegt nämlich dann vor, wenn entweder für ein Wort ein anderes einigermaßen ähnliches gesucht wird – z. B.[277]: 'puppesque tuae pubisque tuorum' und: 'so bei diesem heillosen Gerede (fama) wie bei einem alles verzehrenden Brande (flamma)'[278] und auch: 'denn nicht so großes Lob verdient die Hoffnung (spes) als die Sache (res)'[279] – oder doch jedenfalls ein gleich langes und in den Schlußsilben gleich klingendes Wort, z. B.: 'non verbis, sed armis'[280]. 76 Auch die folgende Form wirkt schön, wenn sie sich mit schlagkräftigen Gedanken verbindet: 'quantum possis, in eo semper experire, ut prosis.'[281] Dies ist ein πάρισον – wenigstens wie es die meisten auffassen. Der Stoiker Theon allerdings versteht unter πάρισον nur den Fall, daß es sich um ganz gleiche Satzglieder handelt. 77 Die zweite Form, die darin besteht, daß der Schluß dadurch einen ähnlichen Ausgang erhält, daß ihn gleiche Silben bilden, heißt *homoiotéleuton* bzw. Endungsgleichheit zweier oder mehrerer Sätze, z. B.: 'nicht nur um seine Existenz zu vernichten (extinguendam), sondern auch um durch solche Gesellen seinen Ruhm zu zerbrechen (infringendam)'[282]. Hieraus entstehen, ohne daß jedoch immer unbedingt die Endsilben gleichklingen, die sogenannten τρίκωλα, z. B.: 'Gesiegt hat über die Scham die Gier, über die Angst die Dreistigkeit, über die Vernunft der Unverstand'[283]. Doch auch auf vier und mehr Sinnesabschnitte kann sich dieses Verfahren ausdehnen. Es findet sich auch bei einzelnen Verben, z. B.: 'Hierüber fühlt Hecuba Schmerz, Scham, Ärger'[284] und: 'Er ging weg, zog fort, brach aus, entschwand'[285]. 78 Die dritte Form besteht darin, daß gleiche Casus die Endung bilden, und heißt deshalb ὁμοιόπτωτον. Doch kommt das ὁμοιόπτωτον deshalb,

277 Aen. 1, 399: 'deine Geschwader und rüstige Mannschaft'.
278 p. Cluent. 1, 4.
279 Cic. rep. frg. 5 Ziegler.
280 vgl. Rutil. Lup. 2, 12 H.: 'nicht mit Worten sondern mit Waffen'.
281 'Nach Kräften erprobe dich immer zum Besten'.
282 p. Mil. 2, 5.
283 p. Cluent. 6, 15 vgl. § 62.
284 trag. inc. frg. 9 Klotz (= Rib.).
285 Cat. 2, 1, 1; vgl. § 46.

in eundem venit finem ὁμοιόπτωτον, quia ὁμοιόπτωτον est tantum casu simile, etiam si dissimilia sint quae declinentur, nec tantum in fine deprehenditur, sed respondentibus vel primis inter se vel mediis vel extremis vel etiam permutatis his, ut media primis et summa mediis adcommodentur, et quocumque modo adcommodari potest. 79 nec enim semper paribus syllabis constant, ut est apud Afrum: 'amisso nuper infelicis † auleis[v] non praesidio inter pericula tamen solacio inter adversa.' eius fere videntur optima, in quibus initia sententiarum et fines consentiunt, ut [hic 'praesidio, solacio' paene idem][w] et similia sint verbis et paribus cadant et eodem modo desinant: 80 etiam ut sint, quod est quartum, membris aequalibus, quod ἰσόκωλον dicitur. 'si, quantum in agro locisque desertis audacia potest, tantum in foro atque iudiciis inpudentia valeret' ἰσόκωλον est et ὁμοιόπτωτον habet. 'non minus nunc in causa cederet Aulus Caecina Sexti Aebuti inpudentiae quam tum in vi facienda cessit audaciae' ἰσόκωλον, ὁμοιόπτωτον, ὁμοιοτέλευτον. accedit[x] et ex illa figura gratia, qua nomina dixi mutatis casibus repeti: 'non minus cederet quam cessit.' at hoc[y] ὁμοιοτέλευτον et παρονομασία est: 'neminem alteri posse dare in matrimonium, nisi penes quem sit patrimonium.'

81 Contrapositum autem vel, ut quidam vocant, contentio (ἀντίθετον dicitur) non uno fit modo. nam et fit, si singula singulis opponuntur, ut in eo, quod modo dixi: 'vicit pudorem libido, timorem audacia',

v) Auli si *ci. Norden*

w) *Rad., qui 'hic – idem' delevit, paene idem:* pedem (predio **P** s.l.)

x) *Regius:* accidit

y) *Halm:* ad huc

weil es ähnliche Endungen hat, nicht immer zu gleichen Endungen, da ja ein ὁμοιόπτωτον nur im Casus ähnlich ist, auch wenn die Wörter verschieden dekliniert werden, und es findet sich auch nicht nur am Ende, sondern so, daß teils die Anfänge untereinander, teils der Mitte, teils dem Schluß entsprechen, teils auch so vertauscht werden, daß die Mitte dem Anfang und der Schluß der Mitte angepaßt ist, und es läßt sich auf jede beliebige Weise anpassen. 79 Denn es besteht ja auch nicht immer aus gleich viel Silben, wie es bei Afer ist: 'Amisso nuper infelicis † auleis non praesidio inter pericula, tamen solacio inter adversa.'[286] Die beste Ausführung ist wohl offenbar die, wobei Satzanfänge und -schlüsse übereinstimmen, so daß sie sowohl ähnliche Wörter als auch Schlüsse von gleicher Silbenzahl und gleichem Klang – 80 ja, daß sie sogar ganz gleichgestaltete Satzbilder bilden und so das sogenannte ἰσόκωλον bilden, die vierte Form (unserer Einteilung). Zum Beispiel: 'Wenn das, was auf dem Felde und in verlassenen Gegenden die Dreistigkeit vermag, auf dem Forum und vor Gericht auch die Unverschämtheit zustande brächte'[287], ist ein ἰσόκωλον und besitzt ὁμοιόπτωτον. 'Dann stünde jetzt nicht weniger im Prozeß Aulus Caecina der Unverschämtheit des Sextus Aebutius nach, wie er damals, als es zur Gewalttätigkeit kam, dessen Dreistigkeit nachstand'[288]: ἰσόκωλον, ὁμοιόπτωτον und ὁμοιοτέλευτον. Hinzu kommt hier noch der Reiz, den die Stelle durch die Figur erhält, in der, wie ich gesagt habe,[289] Wörter in veränderter Flexion wiederholt werden: 'dann stünde nicht weniger nach, wie er nachstand'. Dagegen handelt es sich im folgenden Beispiel um ὁμοιοτέλευτον und παρονομασία: 'Niemand könne einem anderen die Mitgift zur Ehe geben (in matrimonium), wenn er nicht das väterliche Vermögen (patrimonium) besitze.'[290] 81 Die Entgegenstellung aber oder, wie manche sagen, die Gegeneinanderstellung, die sogenannte *Antithese*, findet (ebenfalls) nicht nur in einer Form statt; denn sie findet sowohl statt, wenn man einzelne Worte einzelnen entgegenstellt, so in dem gerade angeführten Beispiel[291]: 'Gesiegt hat über die Scham die Gier, über die Angst die Dreistig-

[286] ORF p. 569 M.: 'Da neulich verlorengegangen war zwar nicht der Schutz des unglücklichen ... in den Gefahren, so doch der Trost im Unglück.' Da wohl der Eigenname verderbt ist, bleibt der Sinn unklar.

[287] p. Caec. 1, 1.

[288] p. Caec. 1, 1.

[289] o. § 36.66.

[290] matrimonium – patrimonium!

[291] s. o. § 62.77.

et bina binis: 'non nostri ingenii, vestri auxilii est', et sententiae sententiis: 82 'dominetur in contionibus, iaceat in iudiciis.' cui commodissime subiungitur et ea species, quam distinctionem diximus: 'odit populus Romanus privatam luxuriam, publicam magnificentiam diligit', et quae sunt simili casu dissimili sententia in ultimo locata: 'ut quod in tempore mali fuit, nihil obsit, quod in causa boni fuit, prosit.' 83 nec semper contrapositum subiungitur, ut in hoc: 'est igitur haec, iudices, non scripta, sed nata lex', verum, sicut Cicero dicit, de singulis rebus propositis refertur ad singula, ut in eo, quod sequitur: 'quam non didicimus, accepimus, legimus, verum ex natura ipsa arripuimus, hausimus, expressimus.' 84 nec semper, quod adversum est, contra ponitur, quale est apud Rutilium: 'nobis primis di immortales fruges dederunt, nos, quod soli accepimus, in omnes terras distribuimus.' 85 fit etiam adsumpta illa figura, qua verba declinata repetuntur, quod ἀντιμεταβολή dicitur: 'non, ut edam, vivo, sed, ut vivam, edo.' et quod apud Ciceronem conversum ita est, ut, cum mutationem casus habeat, etiam similiter desinat: 'ut et sine invidia culpa plectatur et sine culpa invidia ponatur.' 86 et eodem luditur[z] verbo, ut quod dicit de Sexto Roscio: 'etenim cum artifex eius modi est, ut solus videatur dignus esse qui scaenam introeat,

z) *ci. Wint.*: eluditur **A** cluditur **P**

keit', als auch, wenn man ein Wortpaar einem anderen Wortpaar gegenüberstellt[292]: 'Es liegt nicht an unserem Talent, es liegt an eurer Hilfe' und Sätzen: 'Mag sie in den öffentlichen Reden den Tyrannen spielen, ruhen soll sie vor Gericht.'[293] 82 Hier läßt sich am passendsten auch die Form anschließen, die wir Unterscheidung genannt haben: 'Nicht leiden kann das römische Volk privaten Luxus, öffentliche Großzügigkeit aber hat es gern'[294], sowie Gegenüberstellungen, die in ähnlicher Flexion aber verschiedenem Sinn am Schluß stehen: 'so daß das, was die Zeit an Schlechtem bot, kein Hindernis, das aber, was der Fall an Gutem bot, von Vorteil sei'[295]. 83 Auch schließt sich die Antithese nicht immer gleich an, wie in dem Beispiel: 'So ist dies also, ihr Richter, kein geschriebenes, sondern ein angeborenes Gesetz'[296], sondern, wie Cicero sagt,[297] wird von den einzelnen angeführten Dingen die Beziehung zu einzelnen hergestellt, wie an der Stelle, die auf das eben zitierte folgt: '(ein Gesetz), das wir nicht gelernt, übernommen, gelesen, sondern vielmehr aus der Natur selbst an uns gerissen, in uns aufgenommen, ausgebildet haben'[298]. 84 Auch wird nicht immer das, was den Gegensatz bildet, auch wirklich entgegengesetzt, so etwa bei Rutilius[299]: 'Uns haben die unsterblichen Götter zuerst die Früchte gespendet, wir das, was wir allein empfangen haben, in alle Länder verteilt.' 85 Auch kommt mit Hinzunahme der Figur, die in der Wiederholung der flektierten Wörter besteht, die sogenannte ἀντιμεταβολή zustande: 'Nicht um zu essen, lebe ich, sondern um zu leben, esse ich.'[300] Ferner die Form, die bei Cicero so abgewandelt ist, daß, während die Flexion die Vertauschung erfährt, zugleich noch der ähnliche Satzschluß erscheint: 'daß sowohl ohne Mißgunst die Schuld bestraft, als auch ohne Schuld die Mißgunst beiseite gelassen werde'[301]. 86 Ferner findet sich ein Spiel mit dem gleichem Wort, so etwa in den Worten über Sextus Roscius: 'Denn zwar ist er ein Künstler von solcher Art, daß er allein es verdient,

[292] p. Caec. 1, 4.
[293] p. Caec. 2, 5.
[294] vgl. § 65: p. Mur. 36, 76.
[295] p. Cluent. 29, 80.
[296] p. Mil. 4, 10.
[297] de orat. 3, 54, 207.
[298] p. Mil. 4, 10.
[299] 2, 16 p. 20, 6 H.
[300] vgl. ad Her. 4, 28, 39.
[301] p. Cluent. 2, 5.

⟨tum vir eius modi est, ut dignus esse solus⟩[a] videatur qui non accedat.' est et in nominibus ex diverso conlocatis sua gratia: 'si consul Antonius, Brutus hostis, si conservator rei publicae Brutus, hostis Antonius.'[b]

87 Olim plura de figuris quam necesse erat, et adhuc erunt qui putant esse figuram: 'incredibile est quod dico, sed verum': ἀνθυποφοράν vocant, et 'aliquis hoc semel tulit, nemo[c] bis, ego ter', διέξοδον, et[d] 'longius evectus sum, sed redeo ad propositum', ἄφοδον. 88 quaedam verborum figurae paulum figuris sententiarum declinantur, ut dubitatio. nam cum est in re, priori parti adsignanda est, cum in verbo, sequenti: 'sive [me][e] malitiam sive stultitiam dicere oportet.' 89 item correctionis eadem ratio est: nam quod illic dubitat, hic emendat. etiam in personae fictione accidere quidam idem putaverunt, ut in verbis esset haec figura: 'crudelitatis mater est avaritia', et apud Sallustium in Ciceronem 'o Romule Arpinas': quale est apud Menandrum 'Oedipus Thriasius'. haec omnia copiosius sunt exsecuti, qui non ut partem operis transcurrerunt, sed proprie libros huic operi dedicaverunt, sicut Caecilius, Dionysius, Rutilius, Cornificius, Visellius aliique non pauci, sed non minor erit eorum, qui vivunt, gloria. 90 ut fateor autem verborum quoque figuras posse pluris reperiri a quibusdam, ita iis, quae ab auctoribus claris traduntur, meliores non adsentior. nam in primis M. Tullius multas in tertio de Oratore libro posuit, quas in Oratore postea scripto transeundo videtur ipse damnasse: quarum pars est, quae sententiarum potius quam

a) **P** *om. rell.*
b) **P** *an. Eckst.: om. rell.*
c) *Badius:* nego
d) *Spalding:* eo
e) *del. Rad.:* **V** *om. rell.*

die Bühne zu betreten, doch ist er auch ein Mann von solcher Art, daß er allein es verdienen könnte, sie nicht zu betreten.'[302] Einen eigenen Reiz haben auch entgegengesetzte Eigennamen, so: 'Wenn Antonius Consul, so ist Brutus ein Staatsfeind, wenn aber Brutus Erhalter des Gemeinwesens, so ist Staatsfeind Antonius.'[303]

87 Früher sagte man über die Figuren mehr, als nötig war, und noch immer wird es Leute geben, die es für eine Figur halten, wenn man sagt: 'Es ist unglaublich, was ich sage, aber wahr.' Das nennen sie eine ἀνθυποφορά (Gegeneinwand) oder: 'Es hat dies schon einmal jemand durchgemacht, niemand zweimal, ich aber dreimal', die sogenannte διέξοδος (Durchmusterung), ferner: 'ich bin weiter abgeschweift, doch kehre ich nun zum Thema zurück', die ἄφοδος (Abbiegen vom Weg). 88 Manche Wortfiguren weichen nur wenig von Gedankenfiguren ab, so etwa die des Zweifelns. Denn wenn sie der Sache gilt, ist sie der zuerst behandelten Gruppe zuzuweisen, wenn dem Worte, der zweiten. Zum Beispiel: 'Ob ich es Bosheit oder Torheit nennen soll.'[304] 89 Ebenso verhält es sich mit der Figur der Selbstberichtigung; denn was sie dort in Zweifel zieht, verbessert sie hier. Auch bei der Personifikation trifft, wie manche gemeint haben, das gleiche zu, so daß also die folgende Figur auf den Worten beruht: 'Die Mutter der Grausamkeit ist die Habgier'[305] und bei Sallust in der ‹Invektive gegen Cicero›[306]: 'du Romulus aus Arpinum'; so wie es ja auch bei Menander[307] heißt: 'Ödipus aus Thria'. All das haben die Schriftsteller viel stoffreicher erörtert, die es nicht als eine Teilaufgabe im Vorbeigehen behandelt, sondern ihr ganze Spezialwerke gewidmet haben, so Dionysius, Rutilius, Cornificius, Visellius und nicht wenige andere, jedoch werden auch noch lebende Schriftsteller auf diesem Gebiet nicht geringeren Ruhm ernten. 90 Wie ich aber gern zugebe, daß manche auch noch mehr Wortfiguren ausfindig machen können, so kann ich doch nicht anerkennen, daß diese besser seien als die, die bereits von anerkannten Gewährsmännern überliefert werden. Denn vor allem hat Cicero im dritten Buch seiner Schrift ‹Über den Redner› viele aufgestellt, die er in dem später verfaßten ‹Orator› dadurch, daß er sie übergeht, offenbar selbst verworfen hat. Bei einem Teil von diesen handelt es

[302] p. Quinct. 25, 78: weil der Schauspielerberuf verachtet wurde.
[303] Phil. 4, 3, 8.
[304] ad Her. 4, 29, 40.
[305] Rutil. 2, 6 p. 15, 8 H.
[306] inv. in Cic. 4, 7: Quintilian hält also die Invektive für echt.
[307] frg. 888 Körte.

verborum sit, ut inminutio, inprovisum[f], imago, sibi ipsi responsio, digressio, permissio, contrarium (hoc enim puto, quod dicitur ἐναντιότης), sumpta ex adverso probatio: 91 quaedam omnino non sunt figurae, sicut ordo, dinumeratio, circumscriptio, sive hoc nomine significatur comprensa breviter sententia sive finitio: nam et hoc Cornificius atque Rutilius schema λέξεως putant. verborum autem concinna transgressio ὑπέρβατον est, quod Caecilius quoque putat schema, a nobis est inter ⟨tropos⟩[g] posita. 92 sed[h] mutatio, [et][i] si ea est, quam Rutilius ἀλλοίωσιν vocat, dissimilitudinem ostendit hominum, rerum, factorum: quae si latius, figura non est, si angustius, in ἀντίθετον cadet, si vero haec appellatio significat ὑπαλλαγήν, satis de ea dictum est. 93 quod vero schema est ad propositum subiecta ratio, quod Rutilius αἰτιολογίαν vocat? [utrum][j] nam de illo dubitari possit, an schema sit in distributis subiecta ratio, quod apud eundem primo loco positum est: 94 προσαπόδοσιν dicit, quae, ut maxime, servetur sane in pluribus propositis, quia[k] aut singulis statim ratio subiciatur, ut est apud Gaium Antonium: 'sed neque accusatorem eum metuo, quod sum innocens, neque competitorem vereor, quod sum Antonius, neque consulem spero, quod est Cicero': 95 aut positis duobus vel tribus eodem ordine singulis continua reddatur, quale apud Brutum de dictatura Cn. Pompei: 'praestat enim nemini

f) *Cic.:* improvisa *ll.*
g) *add. Burm.*
h) *Spalding:* est
i) *del. Halm*
j) *del. Spalding. lac. post utrum indic. Rad.*
k) quibus *Rad.* cum *Wint.*

sich offenbar eher um Gedanken- als um Wortfiguren, so bei der Verkleinerung, der Überraschung, dem Bild, der Antwort an sich selbst, der Abschweifung, Anheimstellung, dem Gegensatz – denn das soll, glaube ich, die ἐναντιότης sein – und der Beweisführung aus dem Gegenteil. 91 Manche sind überhaupt keine Figuren, so die Anordnung, Aufzählung und Umschreibung, ob damit nun ein kurz zusammengefaßter Gedanke bezeichnet wird oder eine Definition; denn Cornificius und Rutilius[308] halten auch diese für eine Wortfigur. Das abgezirkelte Überspringen von Worten aber ist das Hyperbaton, das auch Caecilius[309] für eine Figur hält, wir aber zu den Tropen gestellt haben.[310] 92 Die Vertauschung aber, falls sie das ist, was Rutilius[311] ἀλλοίωσις (Verwandlung) nennt, stellt die Unähnlichkeit von Menschen, Dingen und Handlungen dar. Falls dies in breiterer Form geschieht, handelt es sich nicht um eine Figur, falls in engerer Form, wird sie zur Antithese gehören; wenn diese Bezeichnung aber die ὑπαλλαγή (Ersatz) meint, so ist darüber schon hier hinreichend gehandelt.[312] 93 Um welche Figur aber handelt es sich bei der 'Behauptung mit beigegebener Begründung', die Rutilius[313] αἰτιολογία (Angabe des Grundes) nennt? Denn hierbei könnte man zweifeln, ob es die Figur ist, die bei Einzelaufzählung jeweils den Grund hinzufügt und die er an den Anfang gestellt hat.[314] 94 Er nennt sie προσαπόδοσις (zugefügte Begründung), die freilich bestenfalls in mehreren Behauptungen beachtet werden könnte, da ja entweder jeder einzelnen gleich die Begründung beigegeben würde, wie es bei C. Antonius geschieht: 'Aber ich fürchte ihn weder als Ankläger, weil ich unschuldig bin, noch scheue ich ihn als Mitbewerber, weil ich Antonius bin, noch erhoffe ich mir ihn als Consul, weil es Cicero ist'[315]; 95 oder, wenn zwei oder drei Behauptungen aufgestellt sind, die Begründung für jede einzelne in der gleichen Reihenfolge hintereinander geboten wird, wie es etwa in der ‹Rede des Brutus›[316] über die Diktatur des Cn. Pompeius geschieht: 'Besser ist es nämlich, niemandes Herr als jemandes Knecht zu sein;

[308] ad Her. 4, 17, 35; Rutil. 2, 5 p. 14, 30 H.
[309] frg. 67 Of.
[310] s. o. 8, 6, 62; 9, 1, 3.
[311] 2, 2 p. 13, 11 H.
[312] 8, 6, 23.
[313] Rutil. 2, 19 p. 21, 8 H.
[314] Rutil. 1, 1 p. 3, 1.
[315] ORF p. 395 M.
[316] ORF p. 446 M.

imperare quam alicui servire: sine illo enim vivere honeste licet, cum hoc vivendi nulla condicio est.' 96 sed et uni rei multiplex ratio subiúngitur, ut apud Vergilium:

sive inde occultas vires et pabula terrae
pinguia concipiunt, sive illis omne per ignem
excoquitur vitium – – et totus locus:
'seu pluris calor ille vias' – 'seu durat magis.'

97 relationem quid accipi velit, non liquet mihi: nam si ἀνάκλασιν aut ἐπάνοδον aut ἀντιμεταβολήν dicit, de omnibus his locuti sumus. sed quidquid est, nec hoc nec superiora in Oratore repetit. sola est in eo libro posita inter figuras verborum exclamatio, quam sententiae potius puto (adfectus enim est), de ceteris omnibus consentio. 98 adicit his Caecilius περίφρασιν, de[m] qua dixi, Cornificius interrogationem, ratiocinationem, subiectionem, transitionem. occulationem, praeterea sententiam, membrum, articulos, interpretationem, conclusionem. quorum priora alterius generis sunt schemata, sequentia schemata omnino non sunt. 99 item Rutilius praeter ea, quae apud alios quoque sunt, παρομολογίαν, ἀναγκαῖον, ἠθοποιίαν, δικαιολογογίαν, πρόλημψιν, χαρακτηρισμόν, βραχυλογίαν, παρασιώπησιν, παρρησίαν, de quibus idem dico, nam eos quidem auctores, qui nullum prope-

l) *Spalding* ἀντανάκλασιν *Wint. collat. § 68 ubi videas ed. Rad. ad loc.*
m) *Halm:* et *del. Wint.*

ohne das erstere nämlich läßt sich in Ehren leben, mit dem letzteren aber unter keiner Bedingung.' 96 Jedoch läßt sich auch einem einzigen Sachverhalt eine vielfache Begründung beigeben, wie etwa bei Vergil[317]: 'Ob der Boden dadurch an heimlichen Kräften und fetter/Nahrung gewinnt und schwitzt die überschüssige Feuchte/völlig heraus' und die ganze Stelle 'oder ihm öffnet der Brand ... oder er härtet den Grund'. 97 Was er (Cicero) unter 'Beziehung'[318] verstanden wissen will, ist mir nicht klar; denn wenn er die ἀνάκλασις[319] oder ἐπάνοδος[320] oder ἀντιμεταβολή[321] meint, so haben wir von diesen Figuren allen schon gesprochen. Aber sei es, was es wolle, weder diese noch die vorher genannten Figuren wiederholt er im ‹Orator›. In diesem Werk ist es allein die Ausrufung[322] unter den Wortfiguren, die ich eher für eine Gedankenfigur halte – sie ist nämlich ein Gefühlsausdruck –, bei allen übrigen stimme ich mit ihm überein. 98 Caecilius[323] fügt noch die Periphrase hinzu, über die ich schon gesprochen habe,[324] Cornificius[325] noch die Frage, die Schlußfolgerung, den Einwurf, den Übergang, das Verbergen, außerdem Satz, Glied und Abschnitt, Erklärung und Schluß. Von diesen sind die ersteren Figuren der zweiten Gruppe,[326] die folgenden sind überhaupt keine Figuren. 99 Ebenso hat Rutilius[327] außer denen, die sich auch bei anderen finden, noch die παρομολογία (das Zugeständnis), das ἀναγκαῖον (Zwangsläufige), ἠθοποιία (Charakterschilderung), δικαιολογία (Rechtfertigung), πρόληψις (Vorwegnahme eines Arguments), χαρακτηρισμός (Merkmal), βραχυλογία (Kürze), παρασιώπησις (Verschweigen), παρρησία (Freimut), über die ich gleicher Meinung bin. Denn diejenigen Gewährsmänner, die im Aufspüren der Bezeichnungen fast kein Ende gefunden haben, will ich

[317] georg. 1, 86f.

[318] s. o. 9, 1, 35 (am Ende der Aufzählung aus ›De oratore‹).

[319] s. o. § 68 vgl. 8, 6, 23.

[320] s. o. § 36.

[321] s. o. § 85.

[322] s. o. 9, 1, 39 und 34.

[323] frg. 66 Of.

[324] s. o. 8, 6, 59 (und 61); 9, 1, 3 (und 6).

[325] vgl. im 4. Buch des ›auct. ad Her.‹ die Paragraphen 22; 23; 33; 35; 37; 24; 26; 38; 41.

[326] d. h. Gedankenfiguren.

[327] vgl. aus Buch 1 (bei Halm S. 11f.) die Paragraphen: 19; 20 und 21, aus Buch 2 (S. 12ff.) die Paragraphen 3; 4; 7; 8; 11; 18.

finem fecerunt exquirendis nominibus, praeteribo, qui etiam, quae sunt argumentorum, figuris adscripserunt.

100 Ego illud de his etiam, quae verae[n] sunt, adiciam breviter, sicut ornent orationem opportune positae, ita ineptissimas esse, cum inmodice petantur. sunt qui neglecto rerum pondere et viribus sententiarum, si vel inania verba in hos modos depravarunt, summos se iudicent artifices ideoque non desinant eas nectere, quas sine substantia sectari tam est ridiculum quam quaerere habitum gestumque sine corpore. 101 sed ne eae quidem, quae recte fiunt, densandae sunt nimis: nam et vultus mutatio oculorumque coniectus multum in actu valet, sed si quis ducere os exquisitis modis et frontis ac luminum inconstantia trepidare non desinat, rideatur. et oratio habet rectam quandam velut faciem, quae ut stupere inmobili rigore non debebit, ita saepius in ea, quam natura dedit, specie continenda est. 102 sciendum vero in primis, quid quisque in orando postulet locus, quid persona, quid tempus: maior enim pars harum figurarum posita est in delectatione. ubi vero atrocitate, invidia, miseratione pugnandum est, quis ferat contrapositis et pariter cadentibus et consimilibus irascentem, flentem, rogantem? cum nimia[o] in his rebus cura verborum deroget adfectibus fidem, et ubicumque ars ostentatur, veritas abesse videatur.

IV.

1 De compositione non equidem post M. Tullium scribere auderem, cui nescio an ulla pars operis huius sit magis elaborata, nisi et eiusdem aetatis homines scriptis ad ipsum etiam litteris reprehendere id collo-

n) *Ald.:* vere o) *Halm:* iam

übergehen; haben sie doch sogar Dinge, die ins Gebiet der Beweismittel gehören, den Figuren zugerechnet.

100 Ich will auch über die Fälle, wo es sich wirklich um Figuren handelt, noch kurz die Feststellung hinzufügen, daß sie, so wie sie, passend angebracht, die Rede schmücken, ebenso äußerst unpassend wirken, wenn ohne Maß nach ihnen gejagt wird. Es gibt Redner, die ohne Rücksicht auf das Gewicht der Dinge und die Kraft der Gedanken sich für die größten Künstler halten, falls sie selbst ganz leere Worte zu solchen Formen verhunzt haben, und die deshalb unaufhörlich Figuren knüpfen, denen ohne einen wirklichen Gehalt nachzujagen ebenso lächerlich ist, wie eine Haltung und Gebärde zu suchen ohne den dazugehörigen Körper. 101 Doch selbst in den Fällen, wo die Figuren richtig stehen, dürfen sie nicht zu dicht werden; denn auch das Verziehen der Miene und das Spiel der Augen haben große Wichtigkeit für den Vortrag; wenn aber jemand nicht müde würde, in gesuchter Weise das Gesicht zu verziehen und mit der Stirn und den Augen unstet hin und her zu irren, so würde er ausgelacht. So hat auch die Rede gleichsam einen bestimmten richtigen Gesichtsausdruck, der zwar nicht in regungsloser Grimasse erstarren darf, sich aber doch immer wieder in der Form zeigen soll, die ihm die Natur verliehen hat. 102 Vor allem aber muß man wissen, was beim Reden jede Stelle verlangt, was die Person und Situation; denn der größte Teil dieser Figuren beruht auf dem Genuß, den sie bereiten. Wo es aber im Kampf um Entsetzen, um Abscheu, um Erbarmen geht, wer könnte es da aushalten, jemanden in Antithesen, gleich langen und gleich klingenden Sätzen zürnen, weinen, bitten zu sehen? Nimmt doch die allzu große Sorge um die Worte den Leidenschaften die Glaubwürdigkeit; und überall da, wo sich die Kunst zur Schau stellt, scheint die Wahrheit zu fehlen.

VIERTES KAPITEL

Die Wortfügung

1 Über die Wortfügung zu schreiben würde ich meinesteils nach M. Tullius (Cicero) nicht wagen, aus dessen Werk ich keinen Teil zu nennen wüßte, den er mit größerer Kunst ausgearbeitet hat als diesen, hätten es nicht schon Menschen seiner eigenen Zeit gewagt, eigens in Schriften an ihn seine Art der Wortfügung zu

candi genus ausi fuissent, et post eum plures multa ad eandem rem pertinentia memoriae tradidissent. 2 itaque accedam in plerisque Ciceroni atque in his ero, quae indubitata sunt, brevior, in quibusdam paulum fortasse dissentiam. nam etiam cum iudicium meum ostendero, suum tamen legentibus relinquam.

3 Neque ignoro quosdam esse, qui curam omnem compositionis excludant, atque illum horridum sermonem, ut forte fluxerit, modo magis naturalem, modo etiam magis virilem esse contendant. qui si id demum naturale esse dicunt, quod natura primum ortum est et quale ante cultum fuit, tota his ars orandi subvertitur. 4 neque enim locuti sunt ad hanc regulam et diligentiam primi homines, nec prooemiis praeparare, docere expositione, argumentis probare, adfectibus commovere scierunt. ergo his omnibus, non sola compositione caruerunt: quorum si fieri nihil melius licebat, ne domibus[p] quidem casas aut vestibus[q] pellium tegmina aut urbibus montes ac silvas mutari oportuit. quae porro ars statim fuit? 5 quid non cultu mitescit? cur vites coercemus manu? cur eas fodimus? rubos arvis excidimus: terra et hoc[r] generat. mansuefacimus animalia: indomita nascuntur. verum id est maxime naturale, quod fieri natura optime patitur. 6 fortius vero qui incompositum potest esse quam vinctum et bene conlocatum? neque, si pravi[s] pedes vim detrahunt rebus, ut Sotadeorum et Galliamborum[t] et quorundam in oratione simili paene licentia lascivientium,

p) *ed. Jens.:* omnibus (hominibus)
q) *Regius:* vestes
r) hos *Obrecht*
s) *Madvig:* parvi
t) *Halm:* Callimachorum

tadeln,[328] und hätten dann weiter nicht nach ihm noch zahlreichere Kritiker vieles überliefert, was ebenfalls hierhin gehört. 2 Deshalb werde ich in den meisten Punkten mich Cicero anschließen und mich da kürzer fassen, wo es keinen Zweifel geben kann, werde aber in manchen Punkten wohl auch etwas anderer Meinung sein. Doch werde ich, auch wenn ich meine eigene Auffassung dargelegt habe, dennoch den Lesern die ihre unbenommen lassen.

3 Auch weiß ich wohl, daß es Vertreter der Auffassung gibt, die alle Sorge um die Wortfügung ausschließt und behauptet, der ungepflegte Redestrom, wie ihn das Geratewohl mit sich bringt, entspreche mehr der Natur oder wohl gar eher echter Mannesart. Wenn man damit behauptet, nur das sei naturgemäß, was aus der Natur zuerst entstanden sei und so sei, wie es vor der Kultivierung gewesen sei, so wird dadurch die Redekunst im ganzen entthront. 4 Denn weder redeten die ersten Menschen nach unserer Regelmäßigkeit und Sorgfalt noch verstanden sie durch Prooemien vorzubereiten, zu unterrichten durch die Darlegung des Falles, durch Argumente zu beweisen, durch Gefühlswirkungen zu rühren. Also fehlte ihnen all dies, nicht nur die Wortfügungskunst. Dürfte es für sie keine Entwicklung zum Besseren geben, so hätten sie nicht einmal ihre Hütten mit Häusern, ihre Felldecken mit Kleidern oder ihre Berge und Wälder mit Städten vertauschen dürfen. 5 Welche Kunstfertigkeit hat es denn überhaupt gleich gegeben? Was wird nicht erst durch Kultivierung milde? Warum halten wir die Reben mit unserer Hand in Zucht? Warum graben wir sie in die Erde? Wir roden das Gestrüpp aus den Feldern: auch dieses bringt ja die Erde hervor. Wir zähmen die Tiere; geboren werden sie ja doch ungezähmt. In Wahrheit ist aber doch das am meisten naturgemäß, was die Natur sich am besten entfalten läßt. 6 Wie aber kann Ungeordnetes eine stärkere Wirkung haben, als was fest gebunden und richtig an seinen Platz gestellt ist? Auch wenn verdorbene Versmaße dem Gedanken ihre Kraft nehmen, wie bei den Sotadeen[329], Galliamben und manchen Rhythmen, die sich in der Prosa mit fast der gleichen Zügellosigkeit gehen lassen, so ist dafür nicht die Wort-

[328] die sogenannten römischen Attizisten, gegen die sich Cicero zumal in seinem ›Orator‹ zur Wehr setzt; s. o. 12, 10, 12ff.

[329] einem ionischen Versmaß, das durch die lockeren Verse des Sotades aus Maroneia im 3. Jahrhundert v. Chr. beliebt und berüchtigt wurde. Die Galljamben wurden von den entmannten Priestern (den galli) im ekstatischen Kult der 'syrischen Göttin' gesungen.

⟨in vitium⟩[u] compositionis est iudicandum. 7 ceterum quanto vehementior fluminum cursus est prono alveo ac nullas moras obiciente quam inter obstantia saxa fractis aquis ac reluctantibus, tanto, quae conexa est et totis viribus fluit, fragosa atque interrupta melior oratio. cur ergo vires ipsa specie solvi putent, quando res nec ulla[v] sine arte satis valeat et comitetur semper artem decor? 8 an non eam, quae missa optime est, hastam speciosissime contortam ferri videmus, et arcu derigentium[w] tela quo certior manus, hoc est habitus ipse formosior? iam in certamine armorum atque in omni palaestra quid satis recte cavetur ac petitur, cui non artifex motus et certi quidam pedes adsint? 9 quare mihi compositione velut ammentis quibusdam nervisve intendi et concitari sententiae videntur. ideoque eruditissimo cuique persuasum est, valere eam plurimum non ad delectationem modo, sed ad motum quoque animorum. 10 primum quia nihil intrare potest in adfectus, quod in aure velut quodam vestibulo statim offendit, deinde quod natura ducimur ad modos. neque enim aliter eveniret ut illi quoque organorum soni, quamquam verba non exprimunt, in alios tamen atque alios motus ducerent auditorem. 11 in certaminibus sacris non eadem ratione concitant animos ac remittunt, non eosdem modos adhibent, cum bellicum est canendum et cum posito genu supplicandum est, nec idem signorum concentus est procedente ad proelium exercitu, idem receptui carmen. 12 Pythagoreis certe moris fuit, et cum evigilassent, animos ad lyram excitare, quo essent ad agendum erectiores, et cum somnum peterent, ad eandem

u) *add. Wint.*
v) res nulla *ci. Wint.*
w) *Halm:* dirigentium

fügungskunst verantwortlich zu machen. 7 Um wieviel mitreißender ja der Lauf der Flüsse strömt, wenn sich das Flußbett geräumig neigt und keine Hindernisse bietet, als wenn sich die Wasser zwischen im Wege stehenden Felsen brechen und mit ihnen ringen, um so viel besser strömt die Rede, die in einem Strom zusammenhängt und mit ihrer ganzen Kraft fließt, als die gebrochene und abgehackte. Warum also könnte man meinen, das schöne Aussehen selbst schwäche die Kraft, da doch nichts ohne Kunst hinreichend zur Geltung kommt und immer das Schöne im Gefolge der Kunst erscheint? 8 Sehen wir denn nicht, daß der Speer, der am besten geschleudert ist, auch am schönsten durch die Luft wirbelt, und ebenso beim Bogenschießen je sicherer die Hand, um so schöner auch die Haltung des Schützen selbst ist? Weiter beim Waffenzweikampf und aller Ringkunst, was kann da ein Kämpfer im richtigen Verteidigen und Angreifen zuwege bringen, dem nicht die kunstgerechten Bewegungen und bestimmte feste Fußstellungen die nötigen Hilfen liefern? 9 Daher scheinen mir die Gedanken durch die Wortfügung wie durch bestimmte Riemen[330] und Sehnen ihre Spannung und ihren Schwung zu erhalten. Und deshalb sind gerade die am besten Unterrichteten davon überzeugt, daß die Wortfügungskunst die höchste Wichtigkeit hat nicht nur zur Unterhaltung, sondern auch zur Erregung der Gefühle. 10 Erstens, weil nichts den Zugang zu den Gefühlen zu finden vermag, das im Ohr schon wie in einem Vorzimmer sich unliebsam bemerkbar macht; sodann, weil uns die Maße der Musik von Natur an sich ziehen. Denn sonst könnte es nicht geschehen, daß auch schon der Klang der Instrumente, obwohl er keine Worte ausdrückt, dennoch den Hörer bald in diese, bald in jene Stimmungen versetzt. 11 Bei den den Göttern geweihten (musischen) Wettkämpfen versetzen sie nicht auf dieselbe Weise die Gemüter in Erregung, in der sie wieder besänftigen, verwenden sie nicht dieselben Weisen, wenn es gilt, das Schlachtlied anzustimmen, wie wenn es gilt, mit gesenktem Knie zu beten, noch ist es derselbe Hörnerschall, wenn das Heer zur Schlacht vorrückt, wie wenn das Signal zum Sammeln ertönt. 12 Die Pythagoreer hatten bekanntlich die Gewohnheit, sowohl nach dem Erwachen ihre Herzen beim Klang der Lyra zu ermuntern, um zu ihrem Tun unternehmender zu werden, als auch vor dem Schlafengehen zum Klang desselben

[330] Durch um den Schaft gewickelte Riemen, die beim Werfen abgezogen wurden, erhielten die 'Riemenspeere' einen besonderen Drall – den Windungen des gezogenen Laufes bei Feuerwaffen vergleichbar.

prius lenire mentes, ut, si quid fuisset turbidiorum cogitationum, componerent. 13 quod si numeris ac modis inest quaedam tacita vis, in oratione ea[x] vehementissima, quantumque interest, sensus idem quibus verbis efferatur, tantum, verba eadem qua compositione vel in textu iungantur vel fine claudantur: nam quaedam et sententiis parva et elocutione modica virtus haec sola commendat. 14 denique quod cuique visum erit vehementer, dulciter, speciose dictum, solvat et turbet: abierit omnis vis, iocunditas, decor. solvit quaedam sua in Oratore Cicero: 'neque me divitiae movent, quibus omnis Africanos, Laelios multi venalicii mercatoresque superarunt. ⟨immuta paululum, ut sit 'multi superarunt mercatores⟩[y] venaliciique' et insequentis deinceps periodos: quas si ad illum modum turbes, velut fracta aut transversa tela proieceris. 15 idem corrigit, quae a Graccho composita durius putat. illum decet: nos hac sumus probatione contenti, quod in scribendo quae se nobis solutiora obtulerunt componimus. quid enim attinet eorum exempla quaerere, quae sibi quisque experiri potest? illud notasse satis habeo, quo pulchriora et sensu et elocutione dissolveris, hoc orationem magis deformem fore, quia neglegentia conlocationis ipsa verborum luce deprehenditur. 16 itaque ut confiteor paene ultimam oratoribus artem compositionis, quae quidem[z] perfecta sit, contigisse, ita illis quoque priscis habitam inter curas, in quantum adhuc profecerant, puto. neque enim mihi quamlibet magnus auctor

x) *Badius:* eo
y) *add. ex Cic. edd.*
z) *Spalding:* qua de

Instruments ihren Geist zu besänftigen, um ihre Gedanken zu beruhigen, falls sie noch mit größeren Aufregungen beschäftigt waren. 13 Wenn aber Rhythmen und Weisen gleichsam ohne Worte solche Macht besitzen, so ist diese in der Rede am allerstärksten, und ebenso, wie es einen großen Unterschied macht, mit welchen Worten der gleiche Gedanke ausgedrückt wird, so auch, in welcher Fügung die gleichen Worte sei es im fortlaufenden Text verbunden, sei es am Ende zur Schlußbildung verwendet werden; denn manche Partie, die ihrem Gedanken nach unbedeutend und ihrem Ausdruck nach durchschnittlich ist, hat nur diesen einen Vorzug, der sie empfiehlt. 14 Es mag schließlich jedermann nur einmal an einer Stelle, die ihm packend, lieblich oder schön vorkommt, die Wortfügung auflösen und durcheinanderbringen: hinweg sind dann alle Kraft, Lieblichkeit und Schönheit. Im ›Orator‹ [331] hat Cicero einige eigene Stellen so aufgelöst: 'Weder macht der Reichtum Eindruck auf mich, worin allen Scipionen und Laeliern viele Sklavenhändler und Kaufleute überlegen sind. Stelle die Worte nur ganz wenig um, so daß es heißt: ‚multi supererunt mercatores venaliciique' und die darauf folgenden Sätze: bringst du die Ordnung in dieser Weise durcheinander, so ist es, als ob die Geschosse, die du geschleudert hast, zerbrochen oder Irrläufer seien.' 15 Cicero verbessert auch [332] Stellen, deren Wortfügung er bei Gracchus für zu hart hält. Das schickt sich für einen Cicero. Wir wollen uns mit dem Versuch zufriedengeben, bei der schriftlichen Ausarbeitung aus den Worten, die sich uns in loser Ordnung anbieten, ein Gefüge zu machen. Denn was lohnt es, Beispiele für das zu suchen, was jeder bei sich selbst erproben kann? Nur auf das eine begnüge ich mich hinzuweisen: je schöner im Sinn und Ausdruck das ist, dessen Gefüge man auflöst, desto mehr wird es dadurch entstellt, da sich ja die Schattenseite, die Nachlässigkeit in der Wortstellung, gerade durch die volle Leuchtkraft der Worte fassen läßt. 16 So gern ich deshalb zugeben will, daß den Rednern die Kunst der Wortfügung, wenigstens in vollkommener Weise, wohl fast erst als letztes geglückt ist, so meine ich doch, daß sie auch schon bei den Rednern der alten Zeit eine ihrer Sorgen gebildet hat, soweit sie schon in ihrer Kunst genügend vorangekommen waren. Denn eine auch noch so gewich-

[331] orat. 70, 232. Cicero entnimmt das von Quintilian zitierte Beispiel einer Verteidigungsrede für Cornelius (frg. orat. VIII 9), die verloren ist.

[332] in der Fortsetzung der aus dem ›Orator‹ zitierten Stelle.

Cicero persuaserit, Lysian, Herodotum, Thucydidem parum studiosos eius fuisse. 17 genus fortasse sint secuti non idem, quod Demosthenes aut Plato, quamquam et hi ipsi inter se dissimiles fuerunt. nam neque illud in Lysia dicendi textum tenue atque rasum laetioribus numeris corrumpendum erat: perdidisset enim gratiam, quae in eo maxima est, simplicis atque inadfectati coloris, perdidisset fidem quoque. nam scribebat aliis, non ipse dicebat, ut oportuerit esse illa rudibus et incompositis similia: quod ipsum compositio est. 18 et historiae, quae currere debet ac ferri, minus convenissent insistentes clausulae et debita actionibus respiratio et cludendi inchoandique sententias ratio. in contionibus quidem etiam similiter cadentia quaedam et contraposita deprehendas. in Herodoto vero cum omnia, ut ego quidem sentio, leniter fluunt, tum ipsa dialectos habet eam[a] iocunditatem, ut latentes in ⟨se⟩[b] numeros complexa videatur. 19 sed de propositorum diversitate post paulum: nunc, quae prius his, qui recte componere volent, discenda sunt.

Est igitur ante omnia oratio alia vincta atque contexta, soluta alia, qualis in sermone et epistulis, nisi cum aliquid supra naturam suam tractant, ut de philosophia, de re publica similibusque. 20 quod non eo dico, quia non illud quoque solutum habeat suos quosdam et forsitan difficiliores etiam pedes: neque enim aut hiare semper vocalibus aut destitui temporibus volunt sermo atque epistula, sed non fluunt nec cohaerent nec verba verbis trahunt, ut potius laxiora in his vincla quam nulla sint. 21 nonnumquam in causis quoque minoribus decet eadem simplicitas, quae non nullis, sed aliis utitur numeris, dissimulatque eos et tantum communit occultius.

a) *Regius:* etiam
b) *add. Obrecht*

tige Autorität wie Cicero[333] könnte mir nicht einreden, Lysias, Herodot und Thukydides seien weniger eifrig darum bemüht gewesen. 17 Sie mögen es vielleicht in einer anderen Art getan haben als Demosthenes oder Plato, wenngleich auch diese selbst hierin wieder verschieden waren. Denn einerseits hätte bei Lysias das dünne und geglättete Gewebe seiner Sprache nicht durch zu üppige Rhythmen verdorben werden dürfen; es hätte dann nämlich das eingebüßt, was seinen Hauptreiz ausmacht, den Reiz der einfachen, ungekünstelten Färbung, und hätte auch seine Glaubwürdigkeit eingebüßt. Denn er schrieb ja Reden für andere und sprach nicht in eigener Person, so daß, was er schrieb, so sein mußte, als wäre es urwüchsig und ungefüge. Gerade darin liegt ja seine Kunst der Wortfügung. 18 Andererseits hätten zur *Geschichtserzählung*, die fließen und weitereilen muß, dem Lauf hemmende stockende Schlußbildungen so wenig gepaßt, wie das beim Redevortrag nötige Atemschöpfen und die Technik bestimmter Satzschlüsse- und -anfänge. Bei den in ihr vorkommenden Versammiungsreden kann man allerdings auch bestimmte Parallelismen und Antithesen finden. Bei Herodot nun fließt zwar, wenigstens nach meinem Gefühl, alles in einem gemächlichen Strome, vor allem aber enthält schon sein Dialekt etwas so Liebliches, daß er einen verborgenen Rhythmus in sich zu enthalten scheint. 19 Doch über die verschiedenen Ziele bei der Wortfügung gleich nachher; jetzt müssen wir lernen, was diejenigen zuvor können müssen, die die Wortfügung beherrschen wollen.

Es ist also vor allem die Rede in einer Form gebunden und verwoben, in einer anderen ungebunden, wie dies im Gespräch und in Briefen der Fall ist, wenn diese nicht etwas behandeln, was über ihr eigentliches Wesen hinausführt, so etwa Fragen der Philosophie, der Staatsgemeinschaft und Ähnliches. 20 Dies sage ich nicht deshalb, weil nicht auch die ungebundene Form bestimmte ihr eigene und vielleicht gar noch schwierigere Rhythmen besäße; denn keineswegs wollen Gespräch und Brief immer die Risse durch den Vokalzusammenstoß oder den Verzicht auf feste Zeitmaße, aber sie besitzen nicht den Strom und Zusammenhalt und den Zug, der die Worte zueinanderzieht, so daß die Bindung, die sie besitzen, eher lockerer als gar nicht vorhanden ist. 21 Zuweilen schickt sich auch in kleinern Prozeßfällen die gleiche Einfachheit, die sich nicht im völligen Verzicht, sondern in der Verwendung anderer Rhythmen äußert, sie verbirgt und nur in versteckterer Form einsetzt.

[333] vgl. orat. 44, 151; 52, 174ff.; 65, 219.

22 At illa conexa series tris habet formas: incisa, quae κόμματα dicuntur, membra, quae κῶλα, περίοδον quae est vel ambitus vel circumductum vel continuatio vel conclusio. in omni porro compositione tria sunt genera necessaria: ordo, iunctura, numerus.

23 Primum igitur de ordine. eius observatio in verbis est singulis et contextis. singula sunt, quae ἀσύνδετα diximus. in his cavendum ne decrescat oratio et fortiori subiungatur aliquid infirmius, ut sacrilego fur aut latroni petulans: augeri enim debent sententiae et insurgere, et optime Cicero 'tu', inquit, 'istis faucibus, istis lateribus, ista gladiatoria totius corporis firmitate': aliud enim maius alii[c] supervenit. at si coepisset a toto corpore, non bene ad latera faucesque descenderet. est et alius naturalis ordo, ut 'viros ac feminas, diem ac noctem, ortum et occasum' dicas potius, quamquam[d] et retrorsum. 24 quaedam ordine permutato fiunt supervacua, ut 'fratres gemini': nam si 'gemini' praecesserint, 'fratres' addere non est necesse. illa nimia quorundam fuit observatio, ut vocabula verbis, verba rursus adverbiis, nomina adpositis et pronominibus essent priora: nam fit contra quoque frequenter non indecore. 25 nec non et illud nimiae superstitionis, uti quaeque sint tempore, ea facere etiam ordine priora, non quin frequenter sit hoc melius, sed quia interim plus valent ante gesta ideoque levioribus superponenda sunt. 26 verbo sensum cludere multo, si compositio patiatur, optimum est: in verbis enim sermonis vis est. si id asperum erit, cedet haec ratio numeris, ut fit apud summos Graecos

c) *Christ:* alio
d) quam *Regius*

22 Dagegen besitzt die verknüpfte, verflochtene Redeweise drei Bauformen: die Einschnitte, die sogenannten κόμματα (Abschnitte), die Glieder, κῶλα genannt, und die Periode, was man mit 'ambitus' (Umgang), 'circumductum' (Rundführung), 'continuatio' (Durchführung) oder 'conclusio' (Abschluß) wiedergibt. Ferner sind für jede Wortfügung drei allgemeine Gesichtspunkte unentbehrlich: Anordnung, Verbindung und Zähl-Rhythmus.

23 Zunächst also *die Anordnung*. Was bei ihr zu beachten ist, betrifft sowohl die einzelnen Wörter wie auch die Worte im Zusammenhang. Einzelwörter sind die, die wir als ἀσύνδετα bezeichnet haben[334]. Hierbei muß man auf der Hut sein, daß die Rede nicht an Kraft abnimmt und an etwas Stärkeres etwas Schwächeres angeschlossen wird, z. B. an 'Tempelschänder' - 'Dieb' oder an 'Räuber' - 'zudringlicher Kerl', sich steigern müssen nämlich die Gedanken und sich immer höher recken, und sehr gut ist es, wenn Cicero[335] sagt: 'Du mit einer solchen Kehle, solchen Brust, solcher Gladiatorenkraft im ganzen Leib.' Denn immer überbietet das eine das Folgende an Größe. Hätte er dagegen mit dem ganzen Körper begonnen, wäre der Abstieg zu Brust und Kehle nicht gut. Es gibt auch noch eine andere natürliche Reihenfolge, wenn man etwa lieber 'Männer und Frauen', 'Tag und Nacht', 'Aufgang und Untergang' sagt, obwohl es auch umgekehrt geschieht. 24 Manches wird, vertauscht man die Reihenfolge, überflüssig, z. B. 'fratres gemini'; denn wenn 'gemini' (männliche Zwillinge) vorausginge, wäre es nicht nötig, 'Brüder' hinzuzufügen. Zu weit ging die Feststellung bestimmter Grammatiker[336], Substantiva hätten ihren Platz vor den Verben, Verben wieder vor Adverbien, Nomina vor Adjektiven und Pronomina; denn es geschieht häufig auch umgekehrt mit sehr schöner Wirkung. 25 Nicht minder zeugt es von übertriebener Ängstlichkeit, die einzelnen Ereignisse, wie sie in der Zeitfolge stehen, so auch in der Reihenfolge abfolgen zu lassen, unbeschadet der Tatsache, daß es häufig so besser ist, vielmehr deshalb, weil das Frühere das Wichtigere ist und deshalb auf das weniger Wichtige zur Steigerung folgen muß. 26 Mit dem Verbum den Sinnabschnitt zu schließen, ist, wenn die Wortfügung es erlaubt, bei weitem das Beste. In den Verben nämlich liegt die Kraft der Sprache. Wenn die Endstellung rauh ist, tritt sie vor der Rücksicht auf den Rhythmus

[334] s. o. 9, 3, 50.
[335] Phil. 2, 25, 63.
[336] vgl. Dionys v. Halikarnass, de comp. verb. p. 23, 13ff. Us.-Rad.

Latinosque oratores frequentissime. sine dubio erit omne, quod non cludet, hyperbaton, sed[e] ipsum hoc inter tropos vel figuras, quae sunt virtutes, receptum est. 27 non enim ad pedes verba dimensa sunt, ideoque ex loco transferuntur in locum, ut iungantur, quo congruunt maxime, sicut in structura saxorum rudium etiam ipsa enormitas invenit, cui adplicari et in quo possit insistere. felicissimus tamen sermo est, cui et rectus ordo et apta iunctura et cum his numerus opportune cadens contigit. 28 quaedam vero transgressiones et longae sunt nimis, ut superioribus diximus libris, et interim etiam compositione vitiosae, quae in hoc ipsum petuntur, ut exultent atque lasciviant, quales illae Maecenatis: 'sole et aurora rubent plurima: inter ⟨se⟩[f] sacra movit aqua fraxinos: ne exequias quidem unus inter miserrimos viderem meas.' quod inter haec pessimum est, quia in re tristi ludit compositio. 29 saepe tamen est vehemens aliquis sensus in verbo, quod si in media parte sententiae latet, transire intentionem et obscurari circumiacentibus solet, in clausula positum adsignatur auditori et infigitur, quale illud est Ciceronis: 'ut tibi necesse esset in conspectu populi Romani vomere ⟨postridie⟩.'[g] 30 transfer hoc ultimum: minus valebit. nam totius ductus hic est quasi mucro, ut per se foeda vomendi necessitas iam nihil ultra expectantibus hanc

e) *Spalding:* et
f) *add. Halm*
g) *ex Cic. add. Regius*

zurück, wie es sich bei den bedeutendsten griechischen und römischen Rednern in Hülle und Fülle findet: Zweifellos bildet dann jedes Verbum, das nicht am Ende steht, ein Hyperbaton[337], aber ebendies hat ja seinen Platz unter den Tropen oder Figuren, die besondere Stilleistungen sind. 27 Denn die Verben sind ja zum metrischen Gebrauch nicht schon maßgerecht, und sie müssen deshalb von Platz zu Platz versetzt werden, damit sie sich da einfügen, wohin sie am besten passen, wie beim Aufschichten unbehauener Steine gerade die unregelmäßige Form es ist, die den Platz ermittelt, dem der Stein eingefügt werden, und wo er Halt finden kann. Am glücklichsten indessen ist der Ausdruck dann, wenn ihm die richtige natürliche Anordnung, passende Verbindung und mit diesen beiden ein sich günstig verbindender Rhythmus gelungen ist. 28 Manche Sperrungen jedoch sind teils zu weit, wie wir in früheren Büchern gesagt haben,[338] teils zuweilen auch in ihrer Wortverbindung fehlerhaft, wenn sie nur zu dem Zweck gesucht werden, aus der Reihe zu tanzen und sich zu ergehen, wie die folgenden bei Maecenas[339]: ‘sole et aurora rubent plurima’; ‘inter sacra movit aqua fraxinos’; ‘ne exequias quidem unus inter miserrimos viderem meas’. Dies letztere ist unter diesen Beispielen das schlechteste, da ja hier die Wortfügung bei einem traurigen Gegenstand ihre Späße treibt. 29 Oft indessen steckt ein packender Gedanke im Verb, das, wenn es in der Mitte des Satzes verborgen ist, der Aufmerksamkeit entgehen und von dem Umgebenden überdeckt zu werden pflegt, dadurch aber, daß es ans Ende gestellt ist, dem Hörer besonders angezeigt und eingeprägt wird, wie es an folgender Cicero-Stelle[340] ist: ‘so daß du dich vor den Augen des römischen Volkes am nächsten Tage erbrechen mußtest!’ 30 Stelle dies letzte Wort anderswohin: gleich ist seine Kraft geringer. Denn hier liegt gleichsam die Spitze des ganzen Gedankengangs, daß nämlich der an sich schon häßliche Zwang, sich übergeben zu müssen, ohne daß jemand noch auf etwas Darüber-

[337] vgl. o. 8, 6, 62; 9, 3, 24.

[338] s. o. 8, 2, 14; 8, 6, 67.

[339] Auf die Übersetzung dieser Proben des extravaganten Gönners der augusteischen Dichter habe ich verzichten müssen. Ein Sinn ist am ehesten dem letzten Stückchen abzugewinnen: ‘nicht einmal mein eigenes Leichenbegängnis würde ich erleben (sehen) allein unter den Allerelendsten’ – da können wir mit Horaz (c. 2, 17, 1ff.) Maecenas allerdings fragen: cur me querellis exanimas tuis? – warum mit Klagen quälst du uns zu Tod? Zur Deutung Kappelmacher RE XIV 1 (1928) 223/24.

[340] Phil. 2, 25, 63.

quoque adiceret deformitatem, ut cibus teneri non posset postridie. 31 solebat Afer Domitius traicere in clausulas verba tantum asperandae compositionis gratia et maxime in prooemiis, ut pro Cloatilla: 'gratias agam continuo', et pro Laelia: 'eis utrisque apud te iudicem periclitatur Laelia.' adeo refugit teneram delicatamque modulandi voluptatem, ut currentibus per se numeris quod eos inhiberet obiceret. 32 amphiboliam quoque fieri vitiosa locatione verborum nemo est qui nesciat. haec arbitror, ut in brevi, de ordine fuisse dicenda: qui si vitiosus est, licet et vincta[h] ac sit apte cadens oratio, tamen merito incomposita dicatur.

Iunctura sequitur. est in verbis, incisis, membris, perihodis: omnia namque ista et virtutes et vitia in complexu habent. 33 atque ut ordinem sequar, primum sunt quae[i] imperitis quoque ad reprehensionem notabilia videntur, id est, quae commissis inter se verbis duobus ex ultima [fine][j] prioris ac prima sequentis syllaba deforme aliquod nomen efficiunt. tum vocalium concursus: quod cum accidit, hiat et intersistit et quasi laborat oratio. pessime longae, quae easdem inter se litteras committunt, sonabunt: praecipuus tamen erit hiatus earum, quae cavo aut patulo maxime ore efferuntur. 34 e planior littera est, i angustior, ideoque obscurius in his vitium. minus peccabit qui longis breves subiciet, et adhuc qui praeponet longae brevem. minima est in duabus brevibus offensio. atque cum aliae[k] subiunguntur aliis, proinde asperiores ⟨aut leviores⟩[l] erunt, prout oris habitu simili aut diverso pronuntiabuntur. 35 non tamen id ut crimen ingens expavescendum est, ac nescio neglegentia in hoc an sollicitudo sit peior. inhi-

h) *Obrecht:* vincat
i) *Capperonnier:* quae sunt
j) *del. corr. P*
k) *Regius:* alia
l) *add. Ammon*

hinausgehendes gefaßt ist, auch noch die Scheußlichkeit hinzufügte, die Speise werde er (Antonius) noch am folgenden Tage nicht bei sich behalten können. 31 Domitius Afer[341] pflegte Verben in Klauseln umzustellen, nur um der spröderen Wortverbindung willen, und zumal in seinen Prooemien, so in der ‹Rede für Cloatilla›: 'gratias agam continuo' und in der ‹Rede für Laelia›: 'eis utrisque apud te iudicem periclitatur Laelia'. So sehr scheut er den zarten, gewählten Genuß am Wohlklang, daß er dem sich selbst anbietenden Rhythmus absichtlich Hindernisse in den Weg stellte. 32 Daß auch Zweideutigkeiten aus falscher Stellung der Worte entstehen können, das weiß jedermann. Dies, glaube ich, war in Kürze über die Anordnung zu sagen. Wenn sie fehlerhaft ist, muß die Rede, mag sie auch gebunden und passend rhythmisch ausgestaltet sein, dennoch zu Recht ungefüge genannt werden.

Es folgt nun *die Wortverbindung*. Sie betrifft Einzelwörter, Einschnitte, Glieder und Perioden; denn alle diese haben sowohl ihre Vorzüge wie auch ihre Fehler bei ihrer Verknüpfung. 33 Um nun der Reihe nach zu gehen, so gibt es da an erster Stelle das, was schon denen, die gar keinen Unterricht genossen haben, zur Kritik beachtenswert erscheint, die Erscheinung nämlich, daß an der Verbindungsstelle zweier Wörter die Schlußsilbe des ersten mit der Anfangssilbe des folgenden ein unanständiges Wort bildet. Sodann das Zusammenstoßen der Vokale; wenn dies geschieht, klafft die Rede auseinander, stockt und quält sich gleichsam ab. Am schlechtesten klingen dann lange Vokale, die die gleichen Buchstaben in Berührung bringen. Eine besondere Kluft jedoch bildet sich bei den Vokalen, die mit am stärksten gerundetem oder geöffnetem Munde gesprochen werden. 34 Beim *e* ist die Mundöffnung flacher, beim *i* enger, und deshalb fällt hier der Fehler nicht so stark auf. Einen geringeren Verstoß begeht man, wenn man langen Vokalen kurze anfügt, einen noch geringeren, wenn man dem langen den kurzen vorausgehen läßt. Am geringsten ist der Anstoß bei zwei kurzen Vokalen. Und wenn man sie bald so, bald so zusammenfügt, wird die Verbindung rauher oder glatter klingen, je nachdem man die Mundstellung beim Aussprechen beibehält oder verändert. 35 Jedoch darf man sich hierbei nicht bange machen lassen wie vor einem entsetzlichen Verbrechen, und ich weiß nicht, ob hierbei Nachlässigkeit oder Ängstlichkeit das größere Übel ist. Denn zwangsläufig

[341] ORF p. 567 M.: 'Immer dankbar werde ich sein' und 'Um beide Dinge kämpft vor dir als Richter Laelia'.

beat enim necesse est hic metus impetum dicendi et a potioribus avertat. quare ut neglegentiae est pars hoc pati, ita humilitatis ubique perhorrescere, nimiosque non inmerito in hac cura putant omnis Isocraten secutos praecipueque Theopompum. at Demosthenes et Cicero modice respexerunt ad hanc partem. 36 nam et coeuntes litterae, quae συναλοιφαί dicuntur, etiam leviorem faciunt orationem, quam si omnia verba suo fine cludantur, et nonnumquam hiulca etiam decent faciuntque ampliora quaedam, ut 'pulchra oratione † acta oratio iacta te',[m] cum longae per se et velut opimae[n] syllabae aliquid etiam medii temporis[o] inter vocales, quasi intersistatur, adsumunt. 37 qua de re utar Ciceronis potissimum verbis. 'habet', inquit, ille tamquam hiatus et concursus vocalium molle quiddam, et quod indicet non ingratam neglegentiam de re hominis magis quam de verbis laborantis.'

Ceterum consonantes quoque, earumque praecipue, quae sunt asperiores, in commissura verborum rixantur, ut[p] ultima cum x proxima, quarum tristior etiam, si binae collidantur, stridor est, ut 'ars studiorum'. 38 quae fuit causa et Servio Sulpicio[q] subtrahendae s litterae, quotiens ultima esset aliaque consonante susciperetur, quod reprehendit Luranius, Messala defendit. nam neque Lucilium putat[r] uti eadem ultima, cum dicit 'Aeserninus[s] fuit' et 'dignus locoque', et Cicero

m) pulchra oratione iacta, orator, iacta te *ci. Rad.*: acta oratio iactatae **A**
n) *Victorius:* optimae
o) *Regius:* mediis temporibus
p) *Rollin:* et
q) *Leo:* ut dixi
r) *Spalding:* putant
s) *F. L. Schmidt:* serinus

muß ja diese Angst den Schwung der Rede lähmen und von Wichtigerem ablenken. Wie es deshalb ein Gutteil Nachlässigkeit beweist, den Hiat zuzulassen, so auch ein Gutteil Kleinlichkeit, ihn überall zu scheuen, und man glaubt nicht zu Unrecht, daß in dieser Sorge alle Nachfolger des Isokrates zu weit gegangen sind, und vor allem Theopomp. Demosthenes dagegen und Cicero haben auf diesen Punkt nur einigermaßen Rücksicht genommen. 36 Denn die Buchstabenverschmelzungen, die sogenannten Synalöphen, machen die Rede sogar noch glatter, als wenn alle Wörter ihre volle Endung behielten, und ferner passen Vokalklüfte manchmal sehr gut und geben manchen Stellen zur Wirkung größeren Spielraum, z. B. 'pulchra oratione acta, orator, iacta te'[342], wenn die an sich langen und gleichsam schön vollen Silben auch noch etwas von dem Zeitintervall, wo man zwischen den Vokalen gleichsam innehält, hinzunehmen. 37 Hierüber möchte ich mir am liebsten Ciceros Worte[343] zu eigen machen. 'Es enthält', sagt er, 'das gleichsam Auseinanderklaffen und Zusammenstoßen der Vokale etwas Schmiegsames und verrät die nicht unsympathische Nachlässigkeit eines Mannes, dem es mehr um die Sache als um die Worte zu tun ist.'

Übrigens vertragen sich auch Konsonanten, und unter ihnen besonders die rauheren, an Wortfugen nicht miteinander, so etwa ein Schluß-*s* mit folgendem *x*, was ein noch unerfreulicheres Zischen zur Folge hat, wenn gleiche Paare zusammenstoßen wie bei 'ars studiorum'[344]. 38 Dies war auch der Grund für Servius Sulpicius[345], das *s* wegzulassen, wenn es am Schluß stand und das folgende Wort mit einem Konsonanten begann, was Luranius tadelt, Messala dagegen in Schutz nimmt. Er glaubt nämlich, daß es auch Lucilius[346] nicht am Wortschluß verwendet habe, wenn er sagt: 'Aeserinu(s) fuit' und 'dignu(s) locoque'; ferner überliefert auch

342 'Wenn eine schöne Rede vorgetragen ist, Redner, so sei stolz darauf' oder 'kam dir die Rede aus voller Brust, Redner, so brüste dich' hieße nach Radermachers Konjektur der leider im Text verderbte Beispielsatz für die Häufung von Vokalzusammenstoß. Er wäre mit Mustersätzen vergleichbar, die uns aus der Sprechtechnik vertraut sind. Das Verpönteste (pulchrā acta) ist vermieden.

343 orat. 23, 77.

344 'Studienlehre'.

345 der Name von Leo für das 'ut dixi' (wie ich gesagt habe), das ohne Beziehung ist, eingesetzt. Zu Messala s. o. 1, 7, 23.

346 149–50 Marx: 'Es war Aeserinus' und 'würdig des Platzes'.

in Oratore plures antiquorum tradit sic locutos. 39 inde 'belligerare, pomeridiem'[t] et illa Censori Catonis 'dicae faciaeque[u] m littera in e mollita. quae in veteribus libris reperta mutare inperiti solent, et dum librariorum insectari volunt inscientiam, suam confitentur. 40 atqui eadem illa littera, quotiens ultima est et vocalem verbi sequentis ita contingit, ut in eam transire possit, etiam si scribitur, tamen parum exprimitur, ut 'multum ille' et 'quantum erat', adeo ut paene cuiusdam novae litterae sonum reddat. neque enim eximitur, sed obscuratur et tantum in hoc aliqua inter duas vocales velut nota est, ne ipsae coeant. 41 videndum etiam, ne syllaba verbi prioris ultima et prima sequentis consonet[v]: quod ne quis praecipi miretur, Ciceroni in epistulis excidit: 'res mihi ⟨invisae⟩[w] visae sunt, Brute', et in carmine:

o fortunatam natam me consule Romam.

42 etiam monosyllaba, si plura sunt, male continuabuntur, quia necesse est compositio multis clausulis concisa subsultet. ideoque etiam brevium verborum ac nominum vitanda continuatio et ex diverso quoque longorum: adfert enim quandam dicendi tarditatem. illa quoque vitia sunt eiusdem loci, si cadentia similiter et desinentia et eodem modo declinata multa iunguntur. 43 ne verba quidem verbis aut nomina nominibus similiaque his continuari decet, cum virtutes etiam ipsae taedium pariant[x] nisi gratia varietatis adiutae.

44 Membrorum incisorumque iunctura non ea modo est observanda quae verborum, quamquam et in his extrema ac prima coeunt, sed

t) *Regius* pos meridiem *Ritschl:* promeridiem **AG**
u) *Gertz:* dieae haceque **AG** *cf. 1, 7, 23*
v) *Rad.* eadem sit *Meister* idem sonet *Watt:* idē nec **A**
w) *add. corr.* **P**
x) *corr.* **P**: patiantur

Cicero[347] im ‹Orator›, zahlreiche Redner der alten Zeit hätten so gesprochen. 39 Daher auch 'belligerare', 'pomeridiem'[348] und die Formen bei dem Censorier Cato 'dicae faciaeque'[349], wobei das *m* zu *e* erweicht ist. Wenn sie das in alten Texten finden, pflegen es Laien zu ändern, und indem sie die Unwissenheit der Schreiber anprangern wollen, bekennen sie ihre eigene. 40 Doch wird ebendieser Buchstabe *m*, wenn er am Wortende steht und so auf den Anfangsvokal des folgenden Wortes trifft, daß er sich mit ihm verbinden könnte, auch wenn er geschrieben wird, doch nur wenig ausgesprochen, z. B. bei 'multum ille'[350] und 'quantum erat'[351], so wenig, daß er fast den Laut eines neuen Buchstabens wiedergibt. Denn er wird auch nicht ganz unterdrückt, sondern verwischt und ist dabei gleichsam nur eine Art Lesezeichen zwischen den zwei Vokalen, damit diese sich nicht verbinden. 41 Man muß auch darauf sehen, daß die letzte Silbe des vorausgehenden Wortes mit der Anfangssilbe des folgenden nicht gleichlautet. Daß sich niemand wundere über diese Regel: – Cicero ist in seinen Briefen der Satz entschlüpft: 'res mihi ⟨invisae⟩ visae sunt, Brute', und in einem Gedicht: 'o fortunatam natam me consule Romam'.[352] 42 Auch einsilbige Wörter lassen sich, wenn sie zahlreicher sind, nur schlecht hintereinander bringen, weil zwangsläufig die Wortfügung, durch die vielen Wortschlüsse zerhackt, ins Hüpfen kommt. Deshalb ist auch das Aneinanderreihen kurzer Verben und Nomina zu meiden, wie auch umgekehrt das der langen; dies bringt nämlich etwas Schleppendes in die Rede. In das gleiche Gebiet gehören auch die Fehler, wenn viele Wörter mit gleichem Rhythmus, gleicher Endung und gleicher Deklinationsform verbunden werden. 43 Ja, selbst Verben an Verben oder Nomina an Nomina und dergleichen fortgesetzt aneinanderzureihen macht sich nicht gut, da selbst das, was im Ausdruck vorzüglich ist, Überdruß erzeugt, wenn der Reiz der Abwechslung nicht hinzukommt. 44 Bei der Verbindung von Gliedern und Einschnitten ist nicht nur zu beachten, was für die Wörter

[347] orat. 48, 161.

[348] statt 'belligerares' (du würdest Krieg führen) und 'post meridiem' (nachmittags).

[349] statt 'dicam, faciam' (ich werde sagen, tun) s. o. 1, 7, 23.

[350] 'viel jener': gesprochen also etwa 'mult'm ille; quant'm erat'.

[351] 'wie viel es war'.

[352] frg. ep. VII 13 = p. 17 Weyssenhoff ('Die Dinge schienen mir verhaßt, Brutus'). Der vielverspottete Vers aus Ciceros Epos über sein Konsulat (frg. 17 Morel): 'o Geburtstag tagt' dir, Rom, dank mir, deinem Konsul'.

plurimum refert compositionis, quae quibus anteponas. nam et 'vomens frustis esculentis gremium suum et totum tribunal implevit'**[y] et contra (nam frequentius utar isdem diversarum quoque rerum exemplis, quo sint magis familiaria) 'saxa atque solitudines voci respondent, bestiae saepe inmanes cantu flectuntur atque consistunt' magis insurgebat, si verteretur: nam plus est saxa quam bestias commoveri; vicit tamen compositionis decor. sed transeamus ad numeros.

45 Omnis structura ac dimensio et copulatio vocum constat aut numeris (numeros ῥυθμούς accipi volo) aut μέτροις id est dimensione quadam. quod, etiam si[z] constat utrumque pedibus, habet tamen non simplicem differentiam. 46 nam primum[a] numeri spatio temporum constant, metra etiam ordine, ideoque alterum esse quantitatis videtur, alterum qualitatis. ῥυθμός est aut par, ut dactylicus, una enim syllaba ⟨longa duabus⟩[b] par est brevibus (est quidem vis eadem et aliis pedibus, 47 sed nomen illud tenet: longam esse duorum temporum, brevem unius etiam pueri sciunt) aut sescuplex, ut paeonicus: is est[c] ex longa et tribus brevibus quique ei contrarius ex tribus brevibus et longa (vel alio quoque modo, ut tempora tria ad duo relata sescuplum faciunt) aut duplex, ut iambos (nam est ex brevi et longa) quique est ei contrarius. 48 sunt hi et metrici pedes, sed hoc interest, quod rhythmo indifferens, dactylicusne ille priores habeat[d] breves an sequentes: tempus enim solum metitur, ut a sublatione ad positionem idem spatii sit. proinde alia ad dimensionem versuum ⟨ratio⟩[e]: pro dactylico

y) *lac. statuit Halm:* ⟨recte se habet, cum maius sit, quod tribunal implevit⟩
z) *add.* **P** *(corr.)*
a) *Ald.:* plurimum
b) *suppl. Rad. (Rollin)*
c) *Halm:* paeanicusis ē **G**
d) *Regius:* habet
e) *add. Rad.:* ad dimensionem **A** dimensio est *Spalding*

gilt, obwohl auch bei ihnen Schlüsse und Anfänge sich berühren, sondern am allermeisten macht es für ihre Fügung aus, was man vor was stellt. Denn einerseits das 'Speiend erfüllte er mit gekauten Brocken sowohl seinen eigenen Schoß wie auch das ganze Tribunal'[353] ⟨zeigt richtige Wortfügung, weil es das Größere ist, daß er das Tribunal anfüllte⟩; andererseits umgekehrt – ich will nämlich öfters auch für verschiedene Dinge die gleichen Beispiele verwenden, damit sie um so vertrauter werden – wäre die Steigerung bei dem 'Felsen und Einöden antworten der Stimme, oft lassen sich wilde Tiere durch Gesang rühren und bleiben stehen'[354] größer, wenn die Reihenfolge umgekehrt würde; denn es ist mehr, Felsen als Tiere zu rühren. Dennoch aber hat die Schönheit der Wortfügung den Sieg davongetragen. Doch wenden wir uns nun dem Rhythmus zu.

45 Alles, was das Ordnen, Messen und Vereinigen von Wörtern betrifft, beruht entweder auf Zähltakten – darunter will ich die Rhythmen verstanden wissen – oder auf Metren, d. h. einer bestimmten Meßweise. Hierbei besteht, obwohl beides 'Füße' zugrunde legt, ein Unterschied nicht nur in einer Hinsicht. 46 Denn zunächst beruhen die Rhythmen auf Zeitabständen, die Metren zudem auf der Anordnung, und deshalb scheint das eine die Frage nach der Quantität, das andere die nach der Qualität zu betreffen. Der Rhythmus ist *entweder* gerade (gleich) wie der daktylische; eine lange Silbe ist nämlich zwei kurzen gleich – dasselbe Verhältnis gilt auch bei anderen Fußarten, aber diese Benennung (daktylisch) sitzt fest: 47 daß eine lange Silbe zwei Zeiteinheiten hat, eine kurze eine, wissen schon die Knaben –, *oder* er ist anderthalbfach wie der päonische: dieser besteht aus einer Länge und drei Kürzen und der entgegengesetzten aus drei Kürzen und einer Länge – oder jedem anderen Maß, sofern drei Zeiteinheiten im Verhältnis zu zweien ein Anderthalbes bilden –; *oder* er ist *doppelt* wie der Jambus – der ja aus einer Kürze und einer Länge besteht – oder der ihm entgegengesetzte (choreische). 48 Dies sind zugleich auch metrische Füße, jedoch liegt der Unterschied darin, daß es für den Rhythmus gleichgültig ist, ob der erwähnte daktylische die Kürzen am Anfang oder am Ende hat; denn er mißt nur die Zeit, daß von der Hebung zur Senkung der Abstand gleich lang ist. Ganz anders ist die Meßweise bei den Versen. Da kann statt des Daktylus kein Anapäst oder

[353] Phil. 2, 25, 63.
[354] p. Arch. 8, 19.

poni non poterit anapaestus aut spondeus, nec paeon eadem[f] ratione brevibus incipiet ac desinet. 49 neque solum alium pro alio pedem metrorum ratio non recipit, sed ne dactylum quidem aut forte spondeum alterum pro altero. itaque si quinque continuos dactylos, ut sunt in illo

panditur interea domus omnipotentis Olympi

confundas, solveris versum. 50 sunt et illa discrimina, quod rhythmis libera spatia, metris finita sunt, et his certae clausulae, illi, quo modo coeperant, currunt usque ad μεταβολήν id est transitum ad aliud rhythmi genus, et quod metrum in verbis modo, ῥυθμός etiam in corporis motu est. 51 inania quoque tempora rhythmi facilius accipient, quamquam haec et in metris accidunt. maior tamen illic licentia est, ubi tempora etiam animo[g] metiuntur et pedum et digitorum ictu, ⟨et⟩[h] intervalla signant quibusdam notis atque aestimant, quot breves illud spatium habeat: inde τετράσημον et πεντάσημον et deinceps longiores sunt percussiones, nam σημεῖον tempus est unum.

52 In compositione orationis certior et magis omnibus aperta servari debet dimensio. est igitur in pedibus et metricis quidem pedibus, ⟨qui⟩[i] adeo reperiuntur in oratione, ut in ea frequenter non sentientibus nobis omnium generum excidant versus, et contra nihil quod est prorsa scriptum, non redigi possit in quaedam versiculorum genera vel in membra: 53 sicut[j] in molestos incidimus grammaticos, quorum[k] fuerunt, qui lyricorum quorundam carmina in varias mensuras coegerunt. at Cicero frequentissime dicit, totum hoc constare numeris, ideoque reprehenditur a quibusdam, tamquam orationem ad rhythmos adliget. 54 nam sunt numeri ῥυθμοί, ut et ipse constituit, et secuti

f) *Badius:* paene eandem **AG**
g) *suspectum Rad.; del. ci. Wint.*
h) *add. Spalding*
i) *add. Halm*
j) *Spalding:* sint at (ad) **AG** sed adeo **PV** *locus vix sanus*
k) *ed. Jens.:* quam

Spondeus gesetzt werden, auch fängt da der Paeon nicht im gleichen System mit Kürzen an oder hört mit ihnen auf. 49 Und nicht nur läßt das System der Metrik keinen Fuß statt eines anderen zu, sondern nicht einmal einen Daktylus oder Spondeus nach dem Zufall für einen anderen. Wenn man deshalb die fünf fortlaufenden Daktylen zum Beispiel in dem Vers 'weit aufgetan wird indessen das Haus des allmächt'gen Olympos'[355] durcheinanderbringt, löst man den Vers auf. 50 Unterschiede liegen auch darin, daß die Rhythmen freie Zeiträume, die Metren begrenzte darstellen und daß die Metren feste Schlußformen besitzen, die Rhythmen so lange weiterlaufen, wie sie begonnen haben, bis zur μεταβολή, d. h. bis zum Übergang zu einem anderen Rhythmengeschlecht, und daß das Metrum nur in Wörtern, der Rhythmus auch in der Körperbewegung liegt. 51 Auch leere Zeiten[356] lassen die Rhythmen leichter zu, obwohl diese auch bei Metren vorkommen. Jedoch ist dort die Freiheit größer, wo man die Zeiteinheiten sowohl im Geist mißt wie auch mit dem Schlag der Füße und Finger und die Abstände mit bestimmten Zeichen abbildet und schätzt, wieviel Kürzen ein bestimmter Zeitraum enthält; daher denn das τετράσημον (Verereinheit) und πεντάσημον (Fünfereinheit) und weiter die noch längeren Gruppen von Taktschlägen; denn σημεῖον (Zeichen) ist eine Zeiteinheit.

52 Bei der Wortfügung in der Rede muß eine deutlichere und allen leichter zugängliche Meßweise befolgt werden. So besteht sie aus Füßen, und zwar metrischen Füßen, die in der Rede einen solchen Raum einnehmen, daß in ihr häufig, ohne daß wir es merken, Verse aller Art unterlaufen, und umgekehrt gibt es nichts in Prosa Geschriebenes, das sich nicht in bestimmte kleinere Verseinheiten oder auch Glieder bringen ließe;[357] 53 wie uns ja auch schon Grammatiklehrer damit lästig fielen, unter denen manche den Gedichten bestimmter Lyriker verschiedene Versmessungen aufzwangen. Dagegen sagt Cicero[358] oft genug, das Ganze der Wortfügung beruhe auf 'numeri' (Zähleinheiten), und deshalb wird er von manchen getadelt, als binde er die Rede an Rhythmen. 54 Denn die 'numeri'

[355] Aen. 10, 1 (übers. v. Scheffer).

[356] d. h., durchgezählte Pausen.

[357] Der Satz verläuft glatter, wenn wir statt mit Spaldings 'sicut' neu einzusetzen, mit Gertz schwach interpungieren und fortfahren: 'si in tam'. 'Wenn wir an so lästige Grammatiklehrer geraten, wie es die gewesen sind, die die Lieder bestimmter Lyriker in verschiedenartige Maße zwangen.' Vgl. die Ausgabe von Winterbottom.

[358] vgl. die folgende Auseinandersetzung mit dem ›Orator‹.

eum Vergilius, cum dicit

numeros memini, si verba tenerem,

et Horatius

numerisque fertur lege solutis.

55 invadunt ergo hanc inter ceteras vocem: 'neque enim Demosthenis fulmina tantopere vibratura' dicit, 'nisi numeris contorta ferrentur': in quo si hoc sentit 'rhythmis contorta', dissentio. nam rhythmi, ut dixi, neque finem habent certum nec ullam in contextu varietatem, sed, qua coeperunt sublatione ac positione, [ad finem][l] usque decurrunt: oratio non descendet ad crepitum digitorum. 56 atqui[m] Cicero optime vidit[n] ac testatur frequenter, se quod numerosum sit quaerere, ut magis non ἄρρυθμον, quod esset inscitum atque agreste, quam ἔνρυθμον, quod poeticum est, esse compositionem velit: sicut etiam quos palaestritas esse nolumus,[o] tamen esse nolumus[o] eos, qui dicuntur ἀπάλαιστροι. 57 verum ea quae efficitur e pedibus aequa[p] conclusio nomen aliquod desiderat. quid sit igitur potius quam 'numerus', sed[q] oratorius numerus, ut enthymema rhetoricus syllogismus? ego certe, ne in calumniam cadam, qua ne Marcus quidem Tullius caruit, posco hoc mihi, ut, cum pro composito dixero numerum et ubicumque iam dixi, oratorium dicere intellegar.

58 Conlocatio autem verba iam probata et electa et velut adsignata sibi debet conectere: nam vel dure inter se commissa potiora sunt inutilibus. tamen et eligere quaedam, dum ex his, quae idem significent atque idem valeant, permiserim, et adicere dum non otiosa, et detrahere

l) *om.* **P** *del. Rad.*
m) *Kroll* idque *Spalding:* et quae
n) *Gallaeus:* videt
o) *edd. vet.:* volumus
p) aequa *corr.* **P** apta *Spalding:* aqua
q) *Christ:* et

sind Rhythmen, wie er es selbst bestimmt hat,[359] und im Anschluß an ihn Vergil[360]: 'den Rhythmus hab' ich im Kopf, wüßt' ich nur die Worte'; und Horaz[361]: 'stürmt in Rhythmen frei von der Fessel'. 55 Sie wenden sich also unter anderem gegen folgenden Satz[362]: 'Es würden ja auch die Blitze des Demosthenes nicht so mächtig aufzucken, wäre nicht der Schwung ihrer ‚numeri', der sie trüge.' Wenn er hier meint 'der Schwung ihrer Rhythmen', kann ich nicht zustimmen. Denn Rhythmen, wie gesagt,[363] haben keine feste Grenze und keine Abwechslung im Ablauf, sondern sie laufen immer weiter in der Hebung und Senkung, wie sie begonnen haben. Die Rede aber läßt sich nie auf das Taktklopfen[364] der Finger ein. 56 Und doch hat Cicero es aufs beste gesehen und bezeugt es häufig, daß es ihm bei dem Streben nach rhythmischer Wortfügung darum geht, daß er wünscht, sie solle eher nicht ohne Rhythmus sein, was ungebildet und bäuerisch wirke, als vollrhythmisch, was die Form der Poesie ist;[365] so wollen wir ja auch bei Personen, von denen wir nicht wünschen, daß sie Berufssportler ('Ringer') werden, gleichwohl nicht, daß sie sogenannte ἀπάλαιστροι (unsportliche Erscheinungen) sind. 57 Nun verlangt aber die gleichmäßige Schlußform, die aus Versfüßen zustande kommt, einen Namen. Und welcher Name liegt da näher als 'Rhythmus', jedoch rhetorischer Rhythmus, wie ein Enthymem ein rhetorischer Syllogismus ist? Um nicht in falschen Verdacht zu geraten, von dem nicht einmal M. Tullius verschont geblieben ist, bitte ich mir jedenfalls aus, man möge, wenn ich statt von Wortgefügen von Rhythmus sprechen werde, und überall, wo ich es schon getan habe, darunter den rhetorischen Rhythmus verstehen.

58 Die 'Wort-Zusammenstellung' aber hat die Aufgabe, schon geprüfte, ausgewählte und gleichsam ihr zugewiesene Wörter zu verbinden; denn selbst Wörter, deren Verbindung hart ist, sind besser als unnütze. Indessen kann ich es gestatten, eine Auswahl vorzunehmen, wenn es sich um bedeutungsgleiche und gleich gewichtige Wörter handelt, ferner Wörter hinzuzusetzen, wenn sie nicht müßig, solche wegzulassen, wenn sie nicht unentbehrlich sind,

[359] orat. 20, 67.

[360] ecl. 9, 45. Gemeint ist also der Takt der Melodie.

[361] c. 4, 2, 11 (übers. nach R. Helm).

[362] orat. 70, 234.

[363] s. o. § 50.

[364] 'Taktgeräusch'; vgl. W. Kroll im Kommentar zu der Stelle.

[365] orat. 220 – ganz wie Aristoteles.

dum non necessaria, et[r] figuris mutare casus atque numeros, quorum varietas frequenter gratia compositionis adscita etiam suo nomine solet esse iucunda. 59 etiam ubi aliud ratio, aliud consuetudo poscet, utrum volet sumat compositio, vitavisse vel vitasse, deprehendere vel deprendere. coitus etiam syllabarum non negabo et quidquid sententiis aut elocutioni non nocebit. 60 praecipuum tamen in hoc opus est, scire quod quoque loco verborum maxime quadret. atque is optime componet, qui hoc ⟨non⟩[s] solum componendi gratia facit.

Ratio vero pedum in oratione est multo quam in versu difficilior: primum quod versus paucis continetur, oratio longiores habet saepe circuitus, deinde quod versus semper similis sibi est et una ratione decurrit, orationis compositio, nisi varia est, et offendit similitudine et in affectatione deprehenditur. 61 et in omni quidem corpore totoque, ut ita dixerim, tractu numerus insertus est: neque enim loqui possum nisi e syllabis brevibus ac longis, ex quibus pedes fiunt. magis tamen et desideratur in clausulis et apparet, primum quia sensus omnis habet suum finem poscitque naturale intervallum, quo a sequentis initio dividatur, deinde quod aures continuam vocem secutae ductaeque velut prono decurrentis orationis flumine tum magis iudicant, cum ille impetus stetit et intuendi[t] tempus dedit. 62 non igitur durum sit[u] neque abruptum, quo animi velut respirant ac reficiuntur. haec est sedes orationis, hoc auditor expectat, hic laus omnis declamat. proximam clausulis diligentiam postulant initia: nam et in haec intentus auditor est. 63 sed eorum facilior ratio est, non enim cohaerent aliis nec[v] praecedentibus serviunt: exordium sumunt, cum † ea***[w] quamlibet sit enim composita ipsa, gratiam perdet, si ad eam rupta via veneri-

r) *Regius:* et
s) *add. Rollin*
t) **P**: intuendi sui *Halm:* intuendis
u) **P**: est *Kroll:* sed
v) *Regius:* sed
w) *lac. statuit Halm:* cum ⟨clausula cum praecedentibus cohaereat⟩ cum ea **A** clausula *Spalding*

sowie durch Figuren Kasus und Numerus zu ändern, wobei Abwechslung, häufig um der Wortfügung willen angebracht, auch davon abgesehen angenehm zu sein pflegt. 59 Auch wo die Analogie-Regeln etwas anderes verlangen als der Sprachgebrauch, mag die Wortfügung zwischen beiden nach Belieben wählen: 'vitasse' oder 'vitavisse' (vermieden haben), 'deprehendere' oder 'deprendere' (ergreifen). Auch die Verschmelzung von Silben will ich nicht verwehren mit allem, was dem Sinn und Ausdruck nicht schaden kann. 60 Die Hauptaufgabe ist es hierbei indessen zu wissen, welches Wort an jeder Stelle am besten paßt. Und derjenige wird gewiß die Wortfügung am besten beherrschen, der sie nicht nur um der Wortfügung willen beherrscht.

Die Behandlung der Versfüße ist in der Rede viel schwieriger als im Vers: Erstens deshalb, weil ein Vers nur wenige Worte umfaßt, die Rede aber oft längere Perioden enthält; zweitens weil der Vers sich immer gleich ist und nach *einem* Prinzip abläuft, die Wortfügung in einer Rede aber, wenn sie nicht abwechslungsreich ist, einerseits durch das Einerlei abstößt, andererseits sich durch zu gesuchte Künste verrät. 61 Nun ist der Rhythmus ja in dem ganzen Körper der Rede und, ich möchte sagen, in dem ganzen Zug, der die Rede durchdringt, enthalten; denn ich kann ja nicht sprechen außer mit kurzen und langen Silben, aus denen die Füße gebildet werden. Stärker jedoch wird er bei den Klauseln[366] verlangt und geboten: erstens weil jeder Gedanke sein Ende hat und eine natürliche Pause verlangt, damit er sich vom Anfang des Folgenden abhebt; sodann, weil die Ohren, die der fortlaufenden Rede folgen und sich gleichsam von dem Stromgefälle des Redeablaufs führen lassen, dann aufmerksamer urteilen, wenn das Ungestüm zum Halten kommt und Zeit zum Betrachten gibt. 62 Weder hart also noch abgerissen soll diese Stelle klingen, wo der Geist gleichsam verschnauft und sich erfrischt. An dieser Stelle ist die Rede wirklich zu Hause, auf sie wartet der Zuhörer, hier entlädt sich der Beifallssturm. Die nächstgrößte Sorgfalt nach der Schlußbildung verlangt der Anfang; denn auch bei ihm ist der Hörer voll Spannung. 63 Jedoch ist seine Behandlung leichter; denn er hängt nicht mit anderem zusammen und ist nicht sklavisch dem Vorausgehenden untertan. Er nimmt nur einen Ansatz, während der Schluß mit dem Vorangehenden zusammenhängt; denn mag der Schluß auch noch so schön gefügt sein, so wird er seinen Reiz verlieren, wenn der Weg,

[366] Schlußbildungen.

mus. namque cur fit ut[x] Demosthenis severa[y] videatur compositio 'τοῖς θεοῖς εὔχομαι πᾶσι καὶ πάσαις', et illa, quae ab uno, quod sciam, Bruto minus probatur, ceteris placet 'κἂν μήπω βάλλῃ μηδὲ τοξεύῃ', 64 ⟨cum⟩[z] Ciceronem carpant in his 'familiaris coeperat esse balneatori' et non minus dura 'archipiratae'? nam 'balneatori' et 'archipiratae' idem finis est qui πᾶσι καὶ πάσαις et qui μηδὲ τοξεύῃ, sed priora sunt severiora. 65 est in eo quoque nonnihil, quod hic singulis verbis bini pedes continentur, quod etiam in carminibus est praemolle, nec solum ubi quinae, ut in his, syllabae nectuntur, 'fortissima Tyndaridarum', sed etiam quaternae, cum versus cluditur 'Apennino' et 'armamentis' et 'Oreione'. 66 quare hoc quoque vitandum est, ne plurium syllabarum [his][a] verbis utamur in fine.

Mediis quoque non ea modo cura sit, ut inter se cohaereant, sed ne pigra, ne longa sint, ne, quod nunc maxime vitium est, brevium contextu resultent ac sonum reddant paene puerilium crepitaculorum. 67 nam ut initia clausulaeque plurimum momenti habent, quotiens incipit sensus aut desinit, sic in mediis quoque sunt quidam conatus iique leviter insistunt. currentium pes, etiam si non moratur, tamen vestigium facit. itaque non modo membra atque incisa bene incipere atque cludi decet, sed etiam in his, quae non dubie contexta

x) **P**: eo fit *Halm:* nam quo cum fit ut
y) *Rufinus:* vera *(fort. recte)*
z) *add. Rad.*
a) *del. Regius*

auf dem wir zu ihm kommen, eine Bruchstelle aufweist. Denn wie kommt es, daß die Wortfügung bei Demosthenes 'τοῖς θεοῖς εὔχομαι πᾶσι καὶ πάσαις'[367] feierlich wirkt und auch die Stelle, die, soviel ich weiß, nur bei Brutus weniger Beifall findet, allen anderen aber gefällt 'κἂν μήπω βάλλῃ μηδὲ τοξεύῃ'[368], 64 während sie Cicero bekritteln mit seinem Schluß 'familiaris coeperat esse balneatori'[369] und dem nicht weniger harten 'archipiratae'[370]? Denn 'balneatori' (Bademeister) und 'archipiratae' (Erzpirat) haben doch die gleiche Endungsform wie πᾶσι καὶ πάσαις und wie μηδὲ τοξεύῃ[371], und doch klingen die früheren (demosthenischen) Beispiele feierlicher. 65 Hierbei spielt es auch eine Rolle, daß hier bei Cicero jedes Einzelwort zwei Versfüße umfaßt, was auch in Gedichten etwas weichlich wirkt nicht nur, wo, wie im folgenden Fall, fünf Silben verknüpft sind: 'fortissima Tyndaridarum'[372], sondern auch bei vier, wenn ein Vers schließt wie 'Apennino'[373], 'armamentis'[374] und 'Oreione'[375]. 66 Deshalb müssen wir es auch vermeiden, am Ende mehrsilbige Wörter zu verwenden.

Auch bei den mittleren Stücken soll unsere Sorge nicht nur darauf sich richten, daß sie Zusammenhalt haben, sondern auch daß sie nicht träge, nicht langatmig klingen und nicht, was heutzutage ein Lieblingsfehler ist, durch eine Kette von Kürzen ins Hüpfen kommen und ein Geräusch machen wie Kinderklappern. 67 Denn wie Anfang und Schluß die größte Bedeutung haben, wenn ein Sinnabschnitt einsetzt oder aufhört, so ergibt es auch in der Mitte gewisse Ansätze, und diese führen leichter zur Verstärkung des Nachdrucks. Der Fuß des Läufers hinterläßt eine Spur, auch wenn er nicht auf der Stelle bleibt. Deshalb schickt es sich, nicht nur den Gliedern und Einschnitten (der Periode) einen guten Anfang und Abschluß zu geben, sondern auch bei Stellen, die zweifellos fest verwoben sind und keine Atempause erfordern, soll es solche

[367] Der Anfang der demosthenischen Kranzrede: 'Zu euch, allen Göttern und allen Göttinnen, bete ich'.

[368] § 17 der dritten demosthenischen Rede gegen Philipp: 'auch wenn er noch nicht mit Speer und Bogen kämpft'.

[369] p. Cael. 26, 62: 'begann mit dem Bademeister vertraut zu werden'.

[370] archipiratae: Verr. 5, 27, 70.

[371] nämlich –́ ∪ – –́ x.

[372] Hor. sat. 1, 1, 100: 'tapferste der Tyndareostöchter'.

[373] Ov. Metam. 2, 226 (Pers. 1, 95).

[374] Ov. Metam. 11, 456.

[375] Aen. 3, 517.

sunt nec respiratione utuntur, illi ⟨sint⟩[b] vel occulti gradus. 68 quis enim dubitet, unum sensum in hoc et unum spiritum esse? 'Animadverti, iudices, omnem accusatoris orationem in duas divisam esse partis': tamen et duo prima verba et tria proxima et deinceps duo rursus ac tria suos quasi numeros habent: spiritum sustinemus: sic apud rhythmicos[c] aestimantur. 69 hae particulae prout sunt graves, acres; lentae, celeres, remissae, exultantes, proinde id, quod ex illis conficitur, aut severum aut luxuriosum aut quadratum aut solutum erit. 70 quaedam etiam clausulae sunt claudae atque pendentes, si relinquantur, sed sequentibus suscipi ac sustineri solent, eoque facto vitium, quod erat in fine, continuatione emendatur.[d] 'non vult populus Romanus obsoletis criminibus accusari Verrem' durum, si desinas: sed cum est continuatum his quae sequuntur, quamquam natura ipsa divisa sunt 'nova postulat, inaudita desiderat', salvus est cursus. 71 'ut adeas, tantum dabis' male cluderet, nam et trimetri versus pars ultima est: excipit 'ut tibi cibum vestitumque intro ferre liceat, tantum': praeceps adhuc firmatur ac sustinetur ultimo 'nemo recusabat'.[e]

72 Versum[f] in oratione fieri multo foedissimum[g] est totum, sed etiam in parte deforme, utique si pars posterior in clausula deprehendatur aut rursus[h] prior in ingressu. nam quod est contra saepe etiam decet, quia et claudit interim optime prima pars versus, dum intra

b) *add. Rad. (Halm)*
c) *edd. vet.:* rithmis **G** rimas **A** si capita ῥυθμικῶς aestimantur *Halm*
d) *Meister:* continuatio **emendat **A**
e) *Spalding:* ultima * recus. **A**
f) *Regius:* verrem
g) *Regius:* fidissimum
h) *Regius:* visus

gleichsam versteckte Stufen geben. 68 Wer könnte nämlich zweifeln, daß *ein* Gedanke und *ein* Atem in folgendem Satz vorliegt?: 'Ich habe bemerkt, ihr Richter, daß die ganze Rede des Klägers in zwei Teile zerfällt.'[376] Dennoch besitzen die zwei ersten Wörter[377], dann die drei folgenden und dann wieder die zwei und die drei gleichsam ihren eigenen Rhythmus: und wir setzen Atempausen, wenn die Abschnitte rhythmisch aufgefaßt werden.[378] 69 Je nachdem diese Teilstücke feierlich, energisch, langsam, schnell, zurückhaltend oder hüpfend im Rhythmus sind, wirkt dann auch das, was in ihnen ausgedrückt wird, ernst, überweich, gedrungen oder ungebunden. 70 Auch manche Schlußformen wären lahm und schwebend, wenn sie für sich blieben, jedoch pflegen sie durch das Folgende aufgefangen und gestützt zu werden, und hierdurch wird der Fehler, der in der Endstellung entstanden wäre, durch die Weiterführung behoben. Das 'non vult populus Romanus obsoletis criminibus accusari Verrem'[379] klänge hart, wenn man damit schlösse; da es aber weitergeführt ist durch die darauffolgenden Worte, obwohl diese ihrer Konstruktion nach einen Einschnitt bedeuten, 'nova postulat, inaudita desiderat'[380], ist der rhythmische Ablauf in Ordnung. 71 'Ut adeas, tantum dabis'[381] wäre ein schlechter Schluß; denn es ist auch der Schlußteil eines jambischen Trimeters; es geht aber weiter: 'ut tibi cibum vestitumque intro ferre liceat, tantum'[382]: und was noch immer in der Schwebe ist, erhält Halt und Stütze durch den Schluß: 'nemo recusabat'[383].

72 Daß in der Rede ein ganzer Vers gebildet wird, ist das allerhäßlichste, aber auch schon ein Versteil ist eine Verunstaltung, jedenfalls wenn sich der Versschluß im Satzschluß findet oder umgekehrt der Versanfang im Satzbeginn. Denn daß es umgekehrt geschieht, macht sich oft sogar sehr schön, da ja ein Versanfang zuweilen einen vorzüglichen Satzschluß ergibt, wenigstens wenn es sich nur um wenige Silben handelt, besonders des Senars und (tro-

[376] p. Cluent. 1, 1.

[377] 'Ich habe bemerkt, ihr Richter'.

[378] Text unsicher. Die Übersetzung folgt Halms Vorschlag: si capita ῥυθμικῶς aestimantur.

[379] Verr. 5, 44, 117: 'Nicht wünscht das römische Volk, daß mit überholten Beschuldigungen Klage geführt werde gegen Verres.'

[380] 'neue fordert es, nie gehörte verlangt es'.

[381] Verr. 5, 45, 118: 'Um Zugang zu finden, wirst du so viel aufwenden.'

[382] 'dafür, daß du Speise und Kleidung hineinbringen darfst, so viel'.

[383] 'Dagegen hatte niemand etwas.'

paucas syllabas, praecipue senari atque octonari. 73 'in Africa fuisse' initium senari est, primum pro Q. Ligario caput claudit. 'esse videatur', iam[i] nimis frequens, octonarium inchoat. talia sunt Demosthenis: πᾶσι καὶ πάσαις, πᾶσιν ὑμῖν et totum paene principium. 74 et ultima versuum initio conveniunt orationis: 'etsi vereor, iudices', et 'animadverti, iudices'. sed initia initiis non convenient, ut[j] Livius hexametri exordio coepit: 75 'Facturusne operae pretium sim' (nam ita edidit, estque id[k] melius, quam quo modo emendatur), nec clausulae clausulis, ut Cicero: 'quo me vertam nescio', qui trimetri finis est. trimetrum et ⟨senarium⟩[l] promiscuo dicere licet: sex enim pedes, tres percussiones habet. peius cludit finis hexametri, ut Brutus in epistulis: 'neque illi malunt habere tutores aut defensores, quamquam sciunt placuisse Catoni.' 76 illi[m] minus sunt notabiles, quia hoc genus sermoni proximum est. itaque et versus hic fere excidunt, quos Brutus ipso conponendi durius studio saepissime facit, non raro Asinius, sed etiam Cicero nonnumquam, ut in principio statim orationis in L. Pisonem: 'Pro di inmortales, qui hic inluxit dies?' 77 non minore autem cura vitandum est quidquid est ἔνρυθμον[n] quale apud Sallustium: 'Falso queritur de natura sua.' quamvis enim vincta sit, tamen soluta videri debet

i) *Burm.:* nam

j) *add. Weidner*

k) *Halm:* est quod (qui) **A²G** editum (**A²**) est [quod] melius *scr. Wint.*

l) *add. Christ*

m) iambi *Halm*

n) *ed. Ven. 1493 (ut docuit Wint.) Capperonnier:* enpiomon (emp.) **AG** ἀναπαιόμενον *ci. Rad.*

chäischen) Oktonars. 73 'In Africa fuisse'[384] ist der Anfang eines Senars und bildet in der ‹Rede für Ligarius› den ersten Schlußabsatz. 'esse videatur'[385], ein schon nur zu häufiger Satzschluß, ist der Anfang eines Oktonars. Derart ist auch bei Demosthenes das 'πᾶσι καὶ πάσαις, das πᾶσιν ὑμῖν[386] und fast der ganze Anfang (der Kranzrede). 74 Auch Versschlüsse passen für den Anfang der Rede, so: 'etsi vereor, iudices'[387] und 'animadverti, iudices'[388]. Aber Versanfänge passen nicht für Redeanfänge, wie Livius[389] mit einem Hexameteranfang begonnen hat: 'facturusne operae pretium sim' – denn so hat er geschrieben, und das ist besser als das, womit man ihn verbessert –, 75 und auch nicht Versschlüsse für Satzschlüsse, wie bei Cicero[390]: 'quo me vertam, nescio', was ein Trimeterschluß ist. [Trimeter und Senar kann man beliebig füreinander gebrauchen; der Vers hat nämlich sechs Füße, aber drei Taktschläge.][391] Noch schlechter ist der Hexameterschluß, wie bei Brutus[392] in seinen Briefen: 'neque illi malunt habere tutores aut defensores, quamquam sciunt placuisse Catoni.' 76 Die ersteren Versschlüsse sind weniger auffällig, weil die (jambische) Versart der Umgangssprache am nächsten kommt. Deshalb unterlaufen hierbei gewöhnlich auch Verse, wie sie Brutus gerade in seinem Eifer um eine härtere Wortfügung so oft bildet, nicht selten auch Asinius, jedoch auch Cicero bisweilen, so gleich am Anfang seiner «Rede gegen Piso»[393]: 'Pro di immortales, qui hic illuxit dies?' 77 Mit nicht geringerer Sorgfalt ist alles zu vermeiden, was vollrhythmisch klingt, wie bei Sallust[394]: 'falso queritur de natura sua'. Denn wie sehr auch die Rede gebunden

[384] p. Lig. 1, 1: 'in Afrika gewesen zu sein'.

[385] 'Scheine es zu sein'.

[386] 'allen (Göttern) und allen (Göttinnen)'; 'euch allen'.

[387] p. Mil. 1, 1: 'Wenn ich auch fürchte, ihr Richter'.

[388] p. Cluent.: 'Ich habe bemerkt, ihr Richter'.

[389] praefatio 1: 'Ob ich etwas tun werde, was der Mühe lohnt'. Die Verbesserung bestand in der Umstellung des 'sim' (vor operae), um den Hexameter zu vermeiden.

[390] p. Lig. 1, 1: 'Wohin ich mich wenden soll, weiß ich nicht'.

[391] Von Gesner und Radermacher als schulmeisterliche Randbemerkung erkannt.

[392] frg. 1 Nisbet (fr. 2 H. = p. 18 Weyss.): 'Denn weder wollen jene Beschützer noch Verteidiger haben, obwohl sie wissen, daß es den Beifall des Cato gefunden hat.'

[393] in Pis. 1, 1: 'Ihr Götter droben, welch ein Tag hat heute begonnen?'

[394] Jug. 1, 1: 'Fälschlich beschwert es sich über seine Natur'. Statt 'vollrhythmisch' schreibt Radermacher: 'anapästisch'.

oratio. atqui[o] Plato, diligentissimus compositionis, in Timaeo prima statim parte vitare ista non potuit. 78 nam et initium hexametri statim invenias, et Anacreontion protinus colon efficies, et si velis trimetron, et quod duobus pedibus et parte πενθημιμερές a Graecis dicitur, et haec omnia in tribus versibus[p]: et Thucydidi ὑπὲρ ἥμισυ Κᾶρες ἐφάνησαν ex mollissimo rhythmorum genere excidit.

79 Sed quia omnem oratoriam ⟨compositionem pedibus⟩[q] constare dixi, aliqua de his quoque: quorum nomina quia varia[r] traduntur, constituendum est, quo quemque appellemus. equidem[s] Ciceronem sequar (nam is eminentissimos Graecorum est secutus), excepto quod pes mihi tris syllabas non videtur excedere, quamquam ille paeane dochmioque, quorum prior in quattuor, secundus in quinque excurrit, utatur. 80 nec tamen ipse dissimulat, quibusdam numeros videri, non pedes, neque inmerito: quidquid est enim supra tris syllabas, id est ex pluribus pedibus. ergo cum constent quattuor pedes binis, octo ternis, spondion longis duabus, pyrrichium, quem alii pariambum vocant, brevibus[t], iambum brevi longaque, hic contrarium e longa et brevi choreum, 81 non ut alii, trochaeum nominemus, ex his vero, qui ternas syllabas habent, dactylum longa duabusque brevibus, huic

o) **P³V**: atque
p) *Daniel:* verbis
q) *add. Rad.*
r) varie **A²** (**A¹**?)
s) *Zumpt:* et quidem
t) duabus *add. Halm*

sei, so muß sie dennoch ungebunden scheinen. Und doch hat dies Plato, trotz seiner so großen Sorgfalt in der Wortfügung im ›Timaios‹[395] gleich zu Beginn zu vermeiden nicht vermocht. 78 Denn hier kann man gleich einen Hexameteranfang finden und weiter ein anakreontisches Versglied bilden, ferner, wenn man will, einen Trimeter sowie ein Versstück aus zwei und einem halben Versfuß, das man griechisch πενθημιμερές nennt – und das alles in 3 Zeilen; und dem Thukydides ist mit seinem 'ὑπὲρ ἥμισυ Κᾶρες ἐφάνησαν'[396] ein Vers von der weichlichsten Rhythmenart unterlaufen.

79 Doch da ja, wie ich gesagt habe, die ganze rhetorische Wortfügung auf Versfüßen beruht, auch über diese einige Worte. Da ja die Namen hierfür verschieden überliefert wurden, müssen wir festlegen, wie wir die einzelnen Versfüße nennen wollen. Dabei werde ich meinesteils Cicero folgen – denn er ist den bedeutendsten griechischen Sachkennern gefolgt,[397] ausgenommen den Umstand, daß ich nicht glaube, daß ein Versfuß mehr als drei Silben hat, obwohl Cicero auch den Paeon und den Dochmius[398] verwendet, von denen der erstere über vier, der letztere über fünf Silben sich erstreckt. 80 Doch macht er auch selbst kein Hehl daraus, daß manche diese beiden für Rhythmen halten, nicht für Versfüße, und das nicht zu Unrecht; denn alles, was über drei Silben hinausgeht, besteht aus mehreren Versfüßen. So gibt es also vier zweisilbige und acht dreisilbige Versfüße, und zwar wollen wir den Fuß aus zwei Längen *Spondeus* nennen, den Fuß aus zwei Kürzen, den andere *Parjambus* nennen, *Pyrrhichius,* den Fuß aus einer Kürze und einer Länge *Jambus,* sein Gegenstück aus einer Länge und Kürze *Choreus,* nicht, wie andere, Trochäus;[399] 81 von den dreisilbigen aber (wollen wir) den aus einer Länge und zwei Kürzen *Dactylus* (nennen),

[395] Die Anfangsrhythmen des platonischen ›Timaios‹:
–́∪ ∪–́ Hexameteranfang: εἷς δύο τρεῖς
∪∪–́∪–́∪–́x anakreonteisch: ὁ δὲ δή τέταρτος ἡμῖν
∪∪–́∪∪–́/∪–́∪–́/∪–∪–́ iamb. Trimeter: δύο τρεῖς ὁ δὲ δὴ τέταρτος ἡμῖν ὦ φίλε
–́∪∪–́∪∪–́ Penthemimeres: εἷς δύο τρεῖς ὁ δὲ δή

[396] Thukydides 1, 1: 'über die Hälfte schienen Karer'.

[397] im ›Orator‹ 64, 215 ff.

[398] Der Päon hat gewöhnlich eine Länge und drei Kürzen, die der Länge folgen, vorausgehen oder sie umgeben. Der vielgestaltige Dochmius hat die Normalform: ∪–́–́∪–́; s. u. § 96–97.

[399] Wenn man auf diese Besonderheit achtet, wird im übrigen die Verslehre des Quintilian sich selbst kommentieren.

temporibus parem, sed retro actum appellari constat anapaeston. media inter longas brevis faciet amphimacron, sed frequentius eius nomen est creticus, longa inter brevis amphibrachyn[u]. 82 duabus longis brevem sequentibus bacchius, eisdem longis brevem[v] praecedentibus palimbacchius erit. tres breves trochaeum, quem tribrachyn dici volunt qui choreo trochaei nomen inponunt, totidem longae molosson efficient. 83 horum pedum nullus non in orationem venit, sed quo quique sunt temporibus pleniores longisque syllabis magis stabiles, his graviorem faciunt orationem, breves celerem ac mobilem. utrumque locis utile: nam et illud, ubi opus est velocitate, tardum et segne, et hoc, ubi pondus exigitur, praeceps ac resultans merito demnetur. 84 sit in hoc quoque aliquid fortasse momenti, quod et longis longiores et brevibus sunt breviores syllabae: ut, quamvis neque plus duobus temporibus neque uno minus habere videantur[w] ideoque in metris omnes breves omnesque longae inter se ipsae[x] sint pares, lateat tamen nescio quid, quod[y] supersit aut desit. nam versuum propria condicio est, ideoque in his quaedam etiam communes: 85 veritas vero quia[z] patitur aeque brevem esse vel longam vocalem, cum est sola, quam cum eam consonantes una pluresve praecedunt,[a] certe in dimensione pedum syllaba, quae est brevis, insequente alia vel brevi, quae tamen duas primas consonantes habeat, fit longa, ut 'agrestem tenui musam': 86 nam 'a' brevis, 'gres' brevis faciet tamen longam priorem: dat igitur illi aliquid ex suo tempore. quo modo, nisi habet plus quam quae brevissima, qualis ipsa esset detractis consonantibus? nunc unum tempus accommodat priori et unum accipit a sequente: ita duae natura breves positione sunt temporum quattuor.

87 Miror autem in hac opinione doctissimos homines fuisse, ut alios pedes ita eligerent aliosque damnarent, quasi ullus esset, quem

u) *Spalding:* amphibrachios **A** amphibrachys **P**

v) duabus longis-brevem *Rad. secutus:* (amphi)brachios huic ausis longis brevem **AG** *lac. ante huic statuit Gertz*

w) *ed. Camp.:* videatur

x) *Spalding:* obsessae

y) *Spalding:* quidquid

z) *del. Rad.:* quia **A²MPV** qui **AG**

a) praecludunt *Rad.*

während bekanntlich der im Zeitwert gleiche, aber im Silbenwert umgekehrt ablaufende *Anapäst* heißt. Eine Kürze zwischen zwei Längen bildet den Amphimakros, doch heißt er häufiger '*creticus*', eine Länge zwischen Kürzen den *Amphibrachys*. 82 Folgen zwei Längen einer Kürze, so ist es ein *bacchius*, gehen die Längen der Kürze voraus, ein *Palimbacchius*. Drei Kürzen bilden einen Trochäus, den diejenigen *Tribrachys* nennen, die dem Choreus den Namen Trochäus geben; drei Längen bilden einen *Molosser*. 83 Unter allen diesen Füßen gibt es keinen, der nicht für die Rede in Frage kommt, je voller sie jedoch jeweils in den Zeitwerten sind und je dauerhafter durch lange Silben, um so gewichtiger machen sie dadurch die Rede, Kürzen aber machen sie schnell und beweglich. Beides ist am rechten Ort nützlich; denn wo Schnelligkeit am Platze ist, verwirft man ja zu Recht die erstere Form als schleppend und träge, und da, wo Gewichtigkeit gefordert wird, die zweite als jäh und unstet. 84 Hierbei mag es vielleicht auch etwas ausmachen, daß es sowohl lange Silben gibt, die länger sind als andere, wie auch kurze, die kürzer als andere sind, so daß, obwohl es so ist, als ob keine Silbe mehr als zwei und keine weniger als eine Zeiteinheit hätte und deshalb in der Metrik alle Kürzen und alle Längen jeweils untereinander gleich sind, dennoch ein gewisses Etwas verborgen ist, das noch ein Mehr oder Weniger ausmacht. Denn bei den Versen liegen besondere Verhältnisse vor, und deshalb gibt es bei diesen auch noch bestimmte zeitneutrale Silben: 85 während ja doch in der Wirklichkeit der Sprachgebrauch einen Vokal genausogut kurz oder lang sein läßt, wenn er allein steht, wie wenn ihm ein Konsonant oder auch mehrere vorausgehen, so wird jedenfalls bei der poetischen Messung der Versfüße eine Silbe, die an sich kurz ist, lang, wenn ihr eine Silbe folgt, die zwar auch kurz sein kann, jedoch zwei Anfangskonsonanten hat – so etwa bei 'agrestem tenui Musam'[400]: 86 denn *a* und *gres* sind kurz, und doch macht *gres* die vorangehende Silbe lang: es gibt ihr also etwas von seinem Zeitwert ab. Wie das aber, wenn sie nicht einen größeren Zeitwert hat als den kürzesten, den sie doch hätte, nähme man ihr ihre Konsonanten? Nun aber liefert sie der vorangehenden Silbe eine Zeiteinheit und erhält selbst eine von der folgenden: so haben zwei von Natur kurze Silben durch Position (Stellungswertung) vier Zeiteinheiten.

87 Ich kann mich aber nur wundern, daß die gelehrtesten Männer der Auffassung gewesen sind, bestimmte Versfüße so ausschließlich

[400] Verg. ecl. 1, 2 u. 6, 8: 'Die ländliche Muse im schlichten Ton'.

non sit necesse in oratione deprendi, licet igitur paeana sequatur Ephorus, inventum a Tharsimacho, probatum ab Aristotele, dactylumque ut temperatos brevibus ac longis, fugiat ⟨spondeum et⟩[b] trochaeum, alterius tarditate nimia,[c] alterius celeritate damnata, herous, 88 qui est idem dactylus, Aristoteli amplior, iambus humilior[d] videatur, trochaeum ut nimis currentem damnet eique cordacis nomen inponat, eademque dicant Theodectes ac Theophrastus, similia post eos Halicarnaseus Dionysius: 89 inrumpent etiam ad invitos,[e] nec semper illis heroo aut paeane suo, quem, quia versum raro facit, maxime laudant, uti licebit. ut sint tamen aliis alii crebriores, non verba facient, quae neque augeri nec minui nec sicuti modulatione produci aut corripi possunt, sed transmutatio et conlocatio; 90 plerique enim ex commissuris eorum vel divisione fiunt pedes. quo fit ut isdem verbis alii atque alii versus fiant, ut memini quendam non ignobilem poetam talem exarasse[f]:

astra tenet caelum, mare classes, area messem.

hic retrorsum fit sotadeus. itemque ⟨e⟩[g] sotadeo evadit[h] retro trimetros:

caput exseruit mobile pinus repetita.

miscendi ergo sunt curandumque ut sint plures, 91 qui placent, et

b) *add. ed. Camp.*
c) *Halm:* etenim
d) *Victor:* humanior
e) *Ald.* ad vetitos *Kroll* iustos *Rad.:* adintos (adiunctos **a**) **AGP** adiutos **V**
f) *Halm:* tal elarasse **G** taliter lusisse **A**
g) *add. Halm*
h) *Kiderlin:* adiii **A** adiu **GMPV**

[401] frg. 3 in Radermachers ›Artium Scriptores‹ (1951).
[402] frg. 13 ebendort.

anzuerkennen und andere zu verwerfen, als gäbe es irgendeinen, der nicht zwangsläufig in der Rede festzuhalten wäre. Mag also Ephorus[401] den Päan bevorzugen, wie es Thrasymachus[402] erfunden, Aristoteles[403] gebilligt hat, sowie den Dactylus als gelungene Mischung aus Kürzen und Längen, mag er den Spondeus und Trochäus meiden, wobei er den ersteren wegen seiner großen Langsamkeit, den anderen wegen seiner Schnelligkeit verwirft, 88 mag dem Aristoteles[404] das heroische Maß, das ja eben der Dactylus ist, zu erhaben, das jambische zu niedrig erscheinen, mag er das trochäische als zu galoppierend verwerfen und ihm den Namen 'cordax'[405] geben und mögen es genauso Theodektes und Theophrast[406], ähnlich nach ihnen Dionys von Halikarnass[407] sagen: 89 sie werden doch auch auf Widerstrebendes[408] treffen, und nicht immer werden sie das heroische Maß oder ihren Päan verwenden können, den sie vor allem preisen, weil er nur selten einen Vers bildet. Daß dennoch bestimmte Versfüße häufiger erscheinen als andere, das bringen nicht die Wörter zustande, die sich ja weder vergrößern noch verkleinern noch wie die Töne beim Singen dehnen oder kürzen lassen, sondern ihre Umstellung und richtige Anordnung; 90 denn die meisten Versfüße kommen durch die Zusammenfügung oder Trennung von Wörtern zustande. So kommt es, daß aus den gleichen Wörtern bald diese, bald andere Verse entstehen; hat doch, wie ich mich erinnere, ein nicht unbekannter Dichter einen derartigen Vers gebaut: 'astra tenet caelum, mare classes, area messem.' Liest man (diesen Hexameter) rückwärts, wird ein Sotadeus daraus. Und ebenso wird aus einem Sotadeus, rückwärts gelesen, ein jambischer Trimeter: 'caput exseruit mobile pinus repetita.'[409] 91 Mischen muß man also die Versfüße und

[403] Aristoteles Rhet. 1409 a2.

[404] 1408 b32–33.

[405] eines wilden Tanzes.

[407] de elocutione frg. 19 Schmidt.

[407] de comp. verb. 17.

[408] Text unsicher. Gesner schlug 'Benachbartes' vor, Kroll 'Verbotenes'.

[409] 'Stern' trägt der Himmel, Flotten das Meer, der Boden die Ernte.' Da bei diesen Formspielen, die in Griechenland seit hellenistischer Zeit sehr beliebt waren, der Inhalt sich fügen muß (wie bei unseren musikalischen Spielen etwa mit 'Krebs-Formen'), können wir mit dem ersten Doppel-Metrum des unbekannten Vers-Künstlers noch ganz zufrieden sein. Der Inhalt des zweiten macht dem Übersetzer mehr zu schaffen: 'Es hob ihr bewegliches Haupt die Fichte, die (wiedererlangte?) rückwärtsgebog'ne'.

circumfusi bonis deteriores lateant. nec vero in litteris syllabisque natura mutatur, sed refert, quae cum quaque optime coeat. plurimum igitur auctoritatis, ut dixi, et ponderis habent longae, celeritatis breves: quae si miscentur quibusdam longis, currunt, si continuantur, exultant. 92 acres quae ex brevibus ad longas insurgunt, leviores[i] quae a longis in breves descendunt. optime incipitur a longis, recte aliquando a brevibus, ut 'novum crimen': levius[j] a duabus brevibus, ut 'animadverti iudices', sed hoc pro Cluentio recte, quia initium eius partitionis simile est, quae celeritate gaudet. 93 clausula quoque e longis firmissima est, sed venit et in breves, quamvis habeatur indifferens ultima. neque enim ego ignoro, in fine pro longa accipi brevem, quia videtur aliquid vacantis[k] temporis ex eo, quod insequitur, accedere: aures tamen consulens meas intellego multum referre, verene longa sit quae cludit, an pro longa. neque enim tam plenum est 'dicere incipientem timere'. quam illud 'ausus est confiteri'. 94 atqui si nihil refert, brevis an longa sit ultima, idem pes erit, verum nescio quo modo sedebit hoc, illud subsistet. quo moti quidam longae ultimae tria tempora dederunt, ut illud tempus, quod brevis ex loco accipit, huic quoque accederet. nec solum refert, quis clauda⟨t pes, sed et claude⟩[l]ntem quis antecedat. 95 retrorsum autem neque[m] plus tribus, iique si non ternas syllabas habebunt, repetendi erunt (absit tamen[n] poetica obser-

i) leniores *Regius*
j) *Regius:* levibus **A** (levibus a duabus *Diomed.*)
k) **P** *(Diomed.):* vocantis (vacanti **A**²**M**)
l) *add. Spalding-Meister*
m) *Badius:* quae
n) **A**²: sit tamen **A** sit tam **G** absit tam *scr. Wint.*

dafür sorgen, daß die, die Beifall finden, in der Mehrzahl sind, und die schlechteren, von den guten umgeben, verborgen bleiben. Nun läßt sich ja bei Buchstaben und Silben ihre natürliche Eigenart nicht ändern, es kommt aber darauf an, wie sie sich jeweils am besten miteinander verbinden. Am meisten Geltung und Gewicht haben, wie gesagt, die Längen, am meisten Geschwindigkeit die Kürzen: Mischen sich die Kürzen mit bestimmten Längen, läuft der Rhythmus, folgen sie sich ununterbrochen, so hüpft er. 92 Straff ist der Rhythmus, der von Kürzen zu Längen sich hebt, gelockerter der, der von Längen zu Kürzen sich senkt. Am besten fängt man mit Längen an, richtig aber zuweilen auch mit Kürzen wie bei 'novum crimen'[410]: Zu gelockert ist der Anfang mit zwei Kürzen wie bei 'animadverti iudices'[411], doch in der Rede für Cluentius ist das richtig, weil ihr Anfang einer Gliederungsankündigung ähnelt, die gern in schneller Folge gebracht wird. 93 Auch das Satzende wirkt mit Längen am gediegensten, doch kommt es auch zu Kürzen, wenn man auch in der letzten Silbe keinen Zeitunterschied gelten läßt. Denn ich weiß sehr wohl, daß am Ende eine Kürze als Länge genommen wird, weil von dem darauf Nachfolgenden etwas von dem ihr fehlenden Zeitwert hinzukommt. Befrage ich jedoch meine Ohren, so merke ich, daß es viel ausmacht, ob die Schlußsilbe wirklich lang ist oder nur als lang gilt. Denn das 'dicere incipientem timere'[412] klingt nicht so voll wie das 'ausus est confiteri'[413] 94 Wenn es aber nun nichts ausmacht, ob die letzte Silbe kurz oder lang ist, so muß es ja der gleiche Versfuß sein, und doch bildet das letztere Beispiel – ich weiß nicht, wie – einen richtigen Ruhepunkt, das erstere nur ein Anhalten. Diesem Eindruck folgend, haben manche der Schlußlänge drei Zeiteinheiten zuerkannt, so daß die Zeiteinheit, die die kurze Silbe aus ihrer Schlußstellung erhält, auch zu der Schlußlänge noch hinzu käme. Es kommt aber nicht nur darauf an, welcher Versfuß den Schluß bildet, sondern auch, welcher dem schlußabschließenden Versfuß vorausgeht. 95 Weiter aber als zu drei Versfüßen, und auch das nur, wenn sie nicht dreisilbig sind, soll man im Satzrhythmus nicht zurückgehen – wobei freilich

[410] p. Lig. 1, 1: 'eine neuartige Anschuldigung'.

[411] p. Cluent.: 'Bemerkt habe ich, ihr Richter'.

[412] p. Mil. 1, 1: 'Beim Anfang der Rede in Furcht sein'.

[413] p. Lig. 1, 1: 'hat es gewagt zu bekennen'. – Es bedarf kaum der Erwähnung, wie wichtig solche persönliche Mitteilungen eines Mannes der Praxis für unser Verständnis der ästhetischen Praxis in Rom sind.

vatio), neque minus duobus: alioqui pes erit, non numerus. potest tamen vel unus esse, dichoreus si unus est, qui constat e duobus choreis. 96 itemque paean, qui est ex choreo et pyrrichio, quem aptum initiis putant, vel contra, qui est e tribus brevibus et longa, cui clausulam adsignant: de quibus fere duobus scriptores huius artis loquuntur, alii omnes, ut quoque sint loco longae,[o] temporum quod ad rationem pertineat, paeanas appellant. 97 est et dochmius, qui fit ex bacchio et iambo vel iambo et cretico, stabilis in clausulis et severus. spondius quoque, quo plurimum est Demosthenes usus, non eodem ⟨modo⟩[p] semper se habet: optime praecedet eum creticus, ut in hoc: 'de qua ego nihil dicam nisi depellendi criminis causa.' non[q] nihil est, quod supra dixi multum referre, unone verbo sint duo pedes conprehensi an uterque liber. sic enim fit forte 'criminis causa', molle 'archipeiratae', mollius, si tribrachys praecedat, 'facilitates, temeritates'. 98 est enim quoddam ipsa divisione verborum latens tempus, ut in pentametri medio spondio, qui nisi alterius verbi fine, alterius initio constat, versum non efficit. potest, etiam si minus bene, praeponi anapaestus: 'muliere non solum nobili, verum etiam nota.' 99 cum anapaestus et creticus, iambus quoque, qui est utroque syllaba minor: praecedet enim tres longas brevis. sed ⟨et⟩[r] spondeus iambo recte praeponitur: [in][s] 'armis fui'. cum spondeus, et bacchius: sic enim fiet ultimus dochmius: 'in armis fui.' 100 ex his, quae supra

o) *Rad.* in quocumque sit loco longa *Halm:* ut quocumque (quotcumque **a**) sint quoque **AG**
p) *Halm:* neodem
q) *Halm:* causam (causa)
r) *add. Regius*
s) *del. Regius:* isdem in armis **AG**

die Sorgfalt poetischer Versgestaltung fern bleibe! –, aber auch wenigstens zu zwei Versfüßen zurück: sonst haben wir nur einen Versfuß, keinen Rhythmus. Es kann indessen sogar auch nur ein Versfuß sein, wenn der Dichoreus, der aus zwei Choreen besteht, als ein Versfuß gilt. 96 Und ebenso der Päan aus Choreus und Pyrrhichius, den man für Anfänge passend findet, oder sein Gegenstück aus drei Kürzen und einer Länge, den man als Schluß empfiehlt; von diesen beiden Formen des Päans sprechen gewöhnlich die rhetorischen Lehrbücher, die anderen[414] nennen alle, wie auch jeweils die Längen gelagert sind,[415] weil es dabei (nur) auf das Verhältnis der Zeiteinheiten (2:3) ankomme, Päane. 97 Auch der Dochmius, der aus einem Baccheus und Jambus oder einem Jambus und Creticus gebildet wird, ist im Schlußrhythmus ruhig und ernst. Auch der Spondeus, den Demosthenes am meisten verwendet hat, findet sich nicht immer in der gleichen Form: Am besten geht ihm ein Creticus voraus, z. B. in folgendem Fall[416]: 'de qua ego nihil dicam nisi depellendi crīmĭnīs cāūsā.' Sehr wichtig ist, wie schon oben gesagt, daß es viel ausmacht, ob die zwei Versfüße von einem Wort zusammengefaßt sind oder jeder von ihnen frei für sich steht. So wirkt nämlich das 'criminis causa' kräftig, weichlich das 'Ārchĭpīrātāē', und noch weichlicher wenn ein Tribrachys vorausgeht: 'făcĭlĭtātēs, tĕmĕrĭtātēs' (Gefälligkeiten, Leichtfertigkeiten). 98 Es liegt nämlich in der Wortabteilung selbst eine Art verborgener Zeitwert, wie ja im Pentameter der Spondeus in der Mitte keinen richtigen Vers bildet, es sei denn, er bestehe aus dem Ende des einen und dem Anfang des nächsten Wortes. Dem Spondeus kann auch, wenn auch weniger gut, ein Anapäst vorangestellt werden: 'muliere non solum mobile, verum etiam nota.'[417] 99 Wie Anapäst und Creticus, so kann auch ein Jambus vorangehen, der eine Silbe weniger hat als die beiden anderen; denn dann geht eine Kürze drei Längen voraus. Jedoch ist es auch richtig, den Spondeus dem Jambus voranzustellen, z. B. 'armis fui'. Und wie einen Spondeus, so auch einen Baccheus; denn dann bildet den Schluß ein Dochmius: 'ĭn ārmīs fŭī'[418]. 100 Aus

[414] die Musik-Lehrbücher.

[415] Text unsicher. Vielleicht – mit Halm –: 'an welcher Stelle auch die Länge steht'.

[416] p. Cael. 13, 31: 'über die ich nur sagen will, was die Abweisung der Anschuldigung verlangt'.

[417] p. Cael. 13, 31: 'einer nicht nur bekannten sondern auch stadtbekannten Frau'.

[418] p. Lig. 3, 9: 'unter Waffen stand' (– – / – . –).

probavi, apparet molosson quoque clausulae convenire, dum habeat ex quocumque pede ante se brevem: 'illud scimus, ubicumque sunt, esse pro nobis.' 101 minus gravis erit spondeus, praecedentibus ⟨choreo⟩[t] et pyrrichio, ut 'iudicii Iuniani', et adhuc peius priore paeane, ut 'Brute dubitavi', nisi potius hos esse volumus dactylum et bacchium. duo spondei non fere se[u] iungi patiuntur, quae in versu quoque notabilis clausula est, ni cum id fieri potest ex tribus quasi membris: 'cur de perfugis nostris copias comparant[v] contra nos?' una syllaba, duabus, una. 102 ne dactylus quidem spondeo bene praeponitur, quia finem versus damnamus in fine orationis. bacchius et claudit et sibi iungitur: 'venenum timeres', vel choreum et spondeum ante ⟨se⟩[w] amat: 'ut venenum timeres'. contrarius quoque qui est, cludet, nisi si ultimam syllabam longam esse volumus, optimeque habebit ante se molosson: 'civis Romanus sum', aut bacchium: 'quod hic potest, nos possemus.' 103 sed verius erit claudere choreum praecedente spondeo, nam hic potius est numerus: 'nos possemus' et 'Romanus sum'. claudet et dichoreus, id est idem pes sibi ipse iungetur, quo Asiani sunt usi plurimum, cuius exemplum Cicero ponit: 'patris

t) *add. Kroll* et pyrrhichio, ut **, ⟨et choreo, ut⟩ *ci. Wint.* ⟨palimbacchio⟩ *Butler*

u) *Enderlein:* ferest **G** (fere * **A**)

v) **P** *(Cic.):* comparat is

w) *add. Regius*

dem oben Gezeigten geht hervor, daß auch ein Molosser zu einem rhythmischen Schluß paßt, wenn er nur aus irgendeinem Versfuß vor sich eine Kürze erhält, so [419]: 'illud scimus, ubicumque sunt, esse pro nobis'. 101 Weniger gewichtig ist der Spondeus, wenn ihm ein Choreus und Pyrrhichius vorausgehen wie bei 'iudicii Jūnĭānī' [420], und noch schlechter, wenn ein Päan (mit Anfangslänge) wie in 'Brūtě dŭbĭtāvī' [421], wenn wir in diesem Beispiel nicht eher einen Dactylus und Baccheus sehen wollen. Zwei Spondeen lassen sich gewöhnlich nicht verbinden, was ja auch als Versschluß auffällig ist, es sei denn, die zwei Spondeen würden gleichsam aus drei Gliedern gebildet: 'cur de perfugis nostris copias comparānt cōntrā nōs' [422] – (also mit einer, dann mit zwei und wieder mit einer Silbe.) 102 Nicht einmal der Dactylus läßt sich gut vor einen Spondeus stellen, weil wir einen Hexameterschluß als Satzschluß in Prosa verurteilen. Der Baccheus kann sowohl den Schluß bilden wie auch mit sich selbst eine Verbindung eingehen, z. B. 'věnēnūm tĭmērēs' [423], oder er hat gern einen Choreus und Spondeus vor sich, z. B. 'ūt věnēnūm timeres'. Auch sein Gegenstück (der Palimbacheus) [424] kann den Schluß bilden, außer wenn wir als Schlußsilbe eine Länge haben wollen, und erhält am besten vor sich einen Molosser: 'cīvīs Rōmānūs sŭm' [425] oder einen Baccheus: 'quod hic pŏtēst, nōs pŏssēmūs' [426]. 103 Aber richtiger wird es sein, daß hier ein Choreus den Schluß bildet, dem ein Spondeus vorausgeht; denn so ist ja eher der Rhythmus: 'nōs pŏssēmŭs' und 'Rōmānūs sŭm'. Einen rhythmischen Schluß bildet auch der Dichoreus, d. h., derselbe choreische Versfuß tritt mit sich selbst in Verbindung, eine Schlußform, von der die 'asiatischen Redner' am meisten Gebrauch gemacht haben, wofür Cicero das Beispiel anführt: 'patris dictum

[419] 'Das wissen wir, daß es, wo sie auch sind, für uns (gut) ist.'

[420] p. Cluent. 1, 1: 'Des Urteils des Jūnius' – Wenn der Text richtig ist, paßt das Beispiel nicht hierher. Deshalb liegt ein Eingriff nahe. Kroll: 'Wenn ein Choreus und ein Pyrrhichius vorausgehn (?)'.

[421] orat. 1, 1: 'Brutus, ich habe gezweifelt'.

[422] orat. 66, 223: 'Warum stellen sie aus unseren Überläufern Truppen auf gegen uns?'

[423] p. Cael. 14, 33: 'Gift würdest du fürchten'.

[424] s. o. § 82.

[425] Verr. 5, 62, 162: 'ich bin römischer Bürger'.

[426] p. Lig. 4, 10: 'Was dieser kann, müßten wir auch können'.

dictum sapiens temeritas fili comprobavit.' 104 accipiet ante se choreus et pyrrichium: 'omnis prope cives virtute, gloria, dignitate superabat.' cludet et dactylus, nisi eum observatio ultimae creticum facit: 'muliercula nixus in litore.' habebit ante se bene creticum et iambum, spondeum male, peius choreum. cludit amphibrachys: 105 'Q. Ligarium in Africa fuisse', si non eum malumus esse bacchium. non optimus est trochaeus, si ulla est ultima brevis, quod certe sit necesse est: alioqui quo modo claudet, qui placet plerisque, dichoreus? illa observatione ex trochaeo fit anapaestus. 106 idem trochaeus praecedente longa fit paean, quale est 'si potero' et 'dixit hoc Cicero', 'obstat invidia'. sed hunc initiis dederunt. cludet et pyrrichius choreo praecedente, nam sic[x] paean est. sed omnes hi, qui in breves excidunt, minus erunt stabiles nec alibi fere satis apti, quam ubi cursus orationis exigitur et clausulis non intersistitur. 107 creticus et initiis optimus: 'quod precatus a diis inmortalibus sum', et clausulis: 'in conspectu populi Romani vomere postridie.' apparet vero, quam bene eum praecedant vel ἀνάπαιστος vel ille, qui videtur fini[y] aptior, paean. sed et se ipse

x) *Regius:* si
y) *Regius:* fine

sapiens temeritas fili cōmprŏbāvĭt.'[427] 104 Der Choreus nimmt auch vor sich einen Choreus und Pyrrhichius an: 'omnis prope cives virtute, gloria, dignitātĕ sŭpĕrābăt.'[428] Am Schluß stehen kann auch der Dactylus, wenn aus ihm nicht die Rücksicht auf die Geltung der Endsilbe einen Creticus macht: 'muliercula nixus in lītŏrē'[429]. Er hat gern vor sich einen Creticus und Jambus, ungern einen Spondeus, noch schlechter einen Choreus. 105 Als Schlußrhythmus findet sich der Amphibrachys: 'Q. Ligarium in Africa fŭīssĕ'[430], falls wir ihn nicht lieber als Baccheus auffassen wollen. Nicht besonders gut ist der Trochaeus[431], falls irgendeine Schlußsilbe kurz ist, was ja doch jedenfalls sein muß: wie kann denn sonst der Dichoreus, der doch bei den meisten Beifall findet, den Schluß bilden? Bei der besagten Berücksichtigung der Geltung der Endsilbe aber wird aus dem Trochaeus ein Anapäst. 106 Der gleiche Trochaeus wird, wenn ihm eine Länge vorangeht, zum Päan; so ist es bei 'sī pŏtĕrŏ'[432], 'dixit hōc Cĭcĕrŏ'[433] und 'obstat īnvĭdĭă'[434]. Doch hat man diesen Versfuß den Satzanfängen zugewiesen. Am Schluß kann auch der Pyrrhichius stehen, wenn ihm ein Choreus vorausgeht; denn so ist er ein Päan. Aber alle diese Versfüße, die mit Kürzen schließen, bieten doch weniger festen Halt und sind gewöhnlich sonst nirgends recht passend, als wo man die Rede laufen lassen und nicht mit Schlußrhythmen absetzen will. 107 Der *Creticus* ist sowohl für den Satzanfang am besten: 'quod precatus a diis immortalibus sum'[435], als auch für Schlußrhythmen: 'in conspectu populi Romani vomere postridie'[436]. Es ist ja nun deutlich, wie gut ihm entweder ein Anapäst oder die Form des Päans vorausgeht, die am Satzende besser paßt. Aber er schließt sich auch selbst an sich an: 'servare

[427] orat. 63, 214: 'Wie weise der Vater gesprochen, erwies die Unbesonnenheit des Sohnes'.

[428] p. Cael. 14, 34: 'Alle Mitbürger fast übertraf er an Tüchtigkeit, Ruhm und Rang'.

[429] Verr. 5, 33, 86: 'auf ein Dämchen gestützt am Strande'.

[430] p. Lig. 1, 1: 'Quintus Ligarius sei in Afrika gewesen'.

[431] d. h., Tribrachys; s. o. § 82.

[432] 'wenn ich es können werde'.

[433] 'gesagt hat dies Cicero'.

[434] 'entgegen steht der Neid'.

[435] p. Mur. 1, 1: 'Worum ich zu den unsterblichen Göttern gebetet habe'.

[436] Phil. 2, 25, 63: 'Vor den Augen des römischen Volkes (noch) am folgenden Tage sich erbrechen'.

sequitur: 'servare quam plurimos.' sic[z] melius quam choreo praecedente 'quis non turpe duceret?', si ultima brevis pro longa sit: sed fingamus sic:[a] 'non turpe duceres.' 108 sed hic est illud inane, quod dixi: paulum enim morae damus inter ultimum atque proximum verbum, et 'turpe' illud intervallo quodam producimus: alioqui sit exultantissimum et trimetri finis: 'quis non turpe duceret' sicut illud 'ore excipere liceret' si iungas, lascivi carminis est, sed interpunctis quibusdam et tribus quasi initiis fit plenum auctoritatis. 109 nec ego, cum praecedentis pedes posui, legem dedi, ne alii essent, sed quid fere accideret ⟨et⟩[b] quid in praesentia videretur optimum, ostendi. qui non[c] optime est sibi iunctus ἀνάπαιστος, ut qui sit pentametri finis, vel ῥυθμός, qui nomen ab eo traxit: 'nam ubi libido dominatur, innocentiae leve praesidium est' (nam synaliphe facit ut duae ultimae syllabae pro una sonent), 110 melior fiet praecedente spondeo vel bacchio, ut si idem mutes 'leve innocentiae praesidium est'. non me capit, ut a magnis viris dissentiam, paean, qui est ex tribus brevibus et longa: nam est et ipse[d] una plus brevi ἀνάπαιστος 'facilitas' et 'agilitas'. qui quid[e] ita placuerit his, non video, nisi quod illum fere probaverunt, quibus loquendi magis quam orandi studium fuit. 111 nam et ante se brevibus gaudet pyrrichio vel choreo 'mea facilitas, nostra facilitas', ac praecedente spondeo tamen plane finis est trimetri, cum

z) *Regius:* sit
a) *Badius:* si
b) *add. Spalding*
c) *Kroll:* (et) quidem
d) *Regius:* ipsa
e) *Halm:* quicquid

quam plurimos'[437]. So ist es besser, als wenn ein Choreus vorausgeht: 'quis non turpe duceret?'[438], falls die letzte Kürze für eine Länge gilt. Aber nehmen wir an, es hieße: 'non turpe duceres'[439] – 108 Doch da haben wir den leeren Zeitraum, von dem ich gesprochen habe;[440] denn zwischen dem letzten und vorletzten Wort machen wir eine kleine Verzögerung und dehnen das 'turpe' durch eine Art zeitlichen Zwischenraum; sonst käme es ganz ins Hüpfen und zu dem Trimeterschluß: 'quis non turpe duceret?' – wie ja auch das 'ore excipere liceret'[441], wenn man die Worte verbindet, wie ein frivoles Liedchen klingt, macht man aber bestimmte Einschnitte und gleichsam drei Neueinsätze, so erhält die Stelle ihre volle Würde. 109 Ich habe auch, als ich die (den Schlußsilben) vorausgehenden Versfüße bestimmte, nicht ein Gesetz aufgestellt, andere dürften nicht vorkommen, sondern habe dargelegt, was in der Regel sich findet und was in der Gegenwart als das Beste gilt. Der Anapäst (etwa), der nicht besonders gut klingt, wenn er sich zu sich selbst gesellt – würde er doch dann ein Pentameterschluß oder der Rhythmus, der nach ihm anapästisch heißt, etwa in dem Beispiel: 'nam ubi libido dominatur, innocentiāe lĕvĕ prāesĭdĭum est'[442]: die Synalöphe läßt nämlich die beiden Schlußsilben wie eine klingen –, 110 wird dadurch ein besserer Schlußrhythmus, daß ihm ein Spondeus oder Baccheus vorausgeht, wenn man also das gleiche Beispiel so ändert: 'leve innocentiae praesidium est'. Nicht begeistern kann ich mich, und hierin bin ich anderer Meinung als hohe Autoritäten, für *den* Päan, der aus drei Kürzen und einer Länge besteht; denn er ist ja auch selbst nur ein Anapäst, der eine Kürze mehr hat: 'făcĭlĭtās' und 'ăgĭlĭtās'[443]. Warum dieser ihnen so gefallen hat, kann ich nicht einsehen, es sei denn, daß ihn gewöhnlich solche Kenner empfohlen haben, denen es mehr um das Sprechen als um die öffentliche Rede ging. 111 Denn dieser Päan hat gern vor sich noch Kürzen, den Pyrrhichius oder Choreus, also: 'mĕă facilitas, nōstră facilitas', und auch wenn ein Spondeus vorausgeht,

[437] p. Lig. 12, 28: 'möglichst viele zu retten'.
[438] Phil. 2, 25, 63: 'Wer hielte es nicht für schimpflich?'
[439] 'Hieltest du es nicht ...?'
[440] s. o. § 51.
[441] Verr. 5, 45, 118: 'mit dem Munde aufzunehmen vergönnt wäre'.
[442] Crassus bei Cicero orat. 65, 219: 'Denn wo die Lust Herrin ist, wiegt der Schutz der Unschuld leicht'.
[443] 'Leichtigkeit' und 'Beweglichkeit'.

sit per se quoque. ei contrarius principiis merito laudatur: nam et primam stabilem et tres celeres habet. tamen hoc quoque meliores alios puto.

112 Totus vero hic locus non ideo tractatur a nobis, ut oratio, quae ferre[f] debet ac fluere, dimetiendis pedibus ac perpendendis syllabis consenescat: nam id cum miseri, tum in minimis occupati est: 113 neque enim qui se totum in hac cura consumpserit, potioribus vacabit, si quidem relicto rerum pondere ac nitore contempto 'tesserulas', ut ait Lucilius, 'struet et vermiculate inter[g] se lexis conmittet'. nonne ergo refrigeretur sic calor et impetus pereat, ut equorum cursum delicati minutis passibus frangunt? 114 quasi vero fecerint ⟨sibi numeros, non hi⟩[h] sint in compositione deprensi, sicut poema nemo dubitaverit spiritu[i] quodam initio fusum et aurium mensura et similiter decurrentium spatiorum observatione esse generatum, mox in eo repertos pedes. satis igitur in hoc nos componet multa scribendi exercitatio, ut ex tempore etiam similia fundamus. 115 neque vero tam sunt intuendi pedes quam universa conprensio, ut versum facientes totum illum decursum, non sex vel quinque partes, ex quibus constat versus, adspiciunt: ante enim carmen ortum est quam observatio carminis, ideoque illud 'Fauni vatesque canebant'. 116 ergo quem in poemate locum habet versificatio, eum in oratione compositio.

Optime autem de illa iudicant aures, quae plena sentiunt et parum expleta desiderant et fragosis offenduntur, levibus mulcentur et[j] con-

f) ferri **P**
g) *Regius:* in
h) *add. Rad. (Zumpt)*
i) *Kroll:* peritu **AG**
j) *del. Wint.*

ist er dennoch völlig ein Trimeterschluß, da er das auch schon an und für sich ist. Sein Gegenstück[444] lobt man zu Recht für die Satzanfänge; denn er besitzt in der ersten Silbe einen festen Stand und in den drei anderen schnelle Bewegung. Trotzdem halte ich andere Versfüße für besser auch als ihn.

112 Dies ganze Gebiet aber nun wird von uns nicht deswegen behandelt, damit unsere Rede, die ja weiterführen muß und fließen, beim Abmessen von Versfüßen und Abwägen von Silben alt und grau werde. Denn das wäre ein armseliges Geschäft und zudem Kleinigkeitskrämerei; 113 Denn wer sich ganz in der Sorge hierum verzehrt, wird für Wichtigeres keine Zeit haben, wenn er ja das Gewicht der Gegenstände nicht berücksichtigt, ihren Glanz verschmäht und statt dessen, wie Lucilius[445] sagt, 'Steinchen anordnet und mosaikartig Phrasen untereinander verbindet'. Müßte denn so nicht das Feuer erkalten und der Schwung sich verlieren, wie verzärtelte Reiter dem natürlichen Lauf ihrer Pferde durch Tänzelschritt den Schwung brechen? – 114 als könnten sie die Rhythmen sich selbst schaffen[446] und als seien diese nicht erst beim Zusammenfügen der Worte entnommen worden, so wie doch niemand bezweifeln dürfte, daß ein Gedicht anfänglich in einer Art Begeisterung hervorgeströmt und durch das Maß, das das Ohr besitzt, und die Beobachtung ähnlich ablaufender Zeiträume geschaffen sei, und dann erst in ihm die Versfüße entdeckt worden seien. Hinreichend wird also auch uns hierbei viel schriftliches Üben in den Stand setzen, auch aus dem Stegreif Ähnliches hervorzubringen. 115 Und in der Tat soll der Blick nicht so sehr auf die Versfüße gerichtet sein wie auf das Gesamtgebilde, wie ja auch diejenigen, die einen Vers machen, seinen ganzen Ablauf im Blick haben und nicht nur die 6 oder 5 Teile, aus denen der Vers besteht; früher nämlich ist die Dichtung entstanden als das Studium der Dichtung, und deshalb heißt es (bei Ennius)[447]: 'Faune und Seher, sie sangen.' 116 Den Platz also, den beim Dichtwerk der Versbau einnimmt, den nimmt bei der Prosarede die Wortfügung ein.

Das beste Urteil über die Rede aber besitzen die Ohren, die spüren, wenn es voll klingt, reklamieren, wo noch etwas fehlt, verletzt werden durch Brüchiges, geschmeichelt durch Glattes, aufge-

[444] also: – . . .
[445] 84f. Marx.
[446] Text unsicher.
[447] Ann. 222 V.

tortis excitantur et stabilia probant, clauda[k] deprendunt, redundantia ac nimia fastidiunt. ideoque docti rationem componendi intellegunt, etiam indocti voluptatem. quaedam vero tradi arte non possunt. 117 mutandus est casus, si durius is, quo coeperamus, feratur. num, in quem transeamus ex quo, praecipi potest? figura[l] laboranti compositioni variata saepe succurrit. quae? cum orationis, tum etiam sententiae. num praescriptum eius rei ullum est? occasionibus utendum et cum re praesenti deliberandum est. 118 iam[m] vero spatia ipsa, quae in hac quidem parte plurimum valent, quod possunt nisi aurium habere iudicium? cur alia paucioribus verbis satis plena vel nimium, alia pluribus brevia et abscisa sint? cur in circumductionibus, etiam cum sensus finitus est, aliquid tamen loci vacare videatur? 119 'neminem vestrum ignorare arbitror, iudices, hunc per hosce dies sermonem vulgi atque hanc opinionem populi Romani fuisse.' cur 'hosce' potius quam 'hos'? neque enim erat asperum. rationem fortasse non reddam, sentiam esse melius. cur non satis sit 'sermonem vulgi fuisse'? compositio enim patiebatur: ignorabo, sed ita ut audio hoc, animus accipit plenum sine hac geminatione non esse: ad sensum[n] igitur referenda sunt. 120 † necquis[o] satis forte, quid severum, quid iocundum sit, intellegent, facient quidem natura duce melius quam arte, sed naturae ipsi ars inerit.

k) *Rad.:* laudant
l) *ed. Ven. 1493:* figurae (-ant)
m) *Halm:* etiam
n) ad sensus *Wint.:* ad sensur **A¹G**
o) et si qui non *Halm* sunt haec. ac si quis *Castiglioni* namque hi *ci. Wint.*

regt durch den Schwung des Treffenden, und die billigen, was auf festen Beinen steht, aufgreifen, was lahm wirkt, und verschmähen, was überflüssig und überhäuft ist. Und deshalb erkennen die in der Rhetorik Ausgebildeten das System der Wortfügung, aber auch nicht Ausgebildete ihren Reiz. 117 Manche Dinge lassen sich ja durch die Regeln der Kunst gar nicht vermitteln. Der Kasus soll gewechselt werden, wenn der Kasus, mit dem wir begonnen hatten, beim Weiterführen zu hart klingt. Kann man aber eine Regel dafür lehren, aus welchem Kasus wir in welchen übergehen sollen? Die Abwechslung mit einer Figur kann oft helfen, wenn die Wortfügung Mühe macht. Ja, mit welcher? Bald mit einer Wortfigur, bald mit einer Sinnfigur. Gibt es denn hierfür keine Richtlinie? Was die Gelegenheit bietet, muß man nützen und mit dem gegebenen Sachverhalt zu Rate gehen. 118 Weiter nun aber die zeitlichen Ausmaße selbst, die doch wenigstens für das Gebiet, das uns hier beschäftigt, äußerst wichtig sind, welchen Maßstab können sie finden als den der Ohren? Warum klingt manches mit nur wenigen Worten schon hinreichend voll oder gar überladen, anderes aber mit viel mehr Worten kurz und abgehackt? Warum kann es einem so vorkommen, als ob bei Satzperioden, auch wenn der Gedanke schon abgeschlossen ist, noch eine Stelle leer sei? 119 'Es gibt, glaube ich, niemanden unter euch, meine Herren Richter, der nicht weiß, daß dies die letzten Tage hindurch der Gesprächsstoff der Menge und dies die Meinung des römischen Volkes gewesen ist'[448]: Warum hier lieber das 'hosce' statt 'hos'?[449] Denn auch das klänge doch nicht rauh? Einen Grund hierfür werde ich vielleicht nicht angeben können, doch sagt mir mein Gefühl, daß es besser ist. Warum sollte das 'der Gesprächsstoff der Menge gewesen ist' nicht genug sein? Die Wortfügung erlaubte ja doch auch das. Wissen werde ich es nicht. Doch, wie ich das letztere höre, erfaßt es mein Inneres, daß es so ohne Verdoppelung nicht vollständig klingt: 120 An das Gefühl also muß man dies verweisen. Und wenn jemand vielleicht hinreichend versteht,[450] was in der Wortfügung streng, was lieblich klingt, so wird er es zwar unter der Anleitung der Natur besser zustande bringen als nach den Regeln der Kunst, aber in der Natur selbst wird die Kunst enthalten sein.

[448] Verr. 1, 1, 1.

[449] 'diese hier' statt 'diese'.

[450] Text unsicher. Die Übersetzung folgt Castiglioni. Nach Halm hieße es: und wenn es solche gibt, die vielleicht *nicht* hinreichend verstehn.

121 Illud prorsus oratoris, scire ubi quoque genere compositionis sit utendum. ea duplex observatio est: altera, quae ad pedes refertur, altera, quae ad conprensiones, quae efficiuntur ex pedibus. 122 ac de his prius. dicimus[p] igitur esse incisa, membra, circumitus. incisum, quantum mea fert opinio, erit sensus non expleto numero conclusus, plerisque pars membri, tale est enim, quo Cicero utitur: 'domus tibi deerat? at habebas: pecunia superabat? at egebas.' fiunt autem etiam singulis verbis incisa: 'diximus, testes dare volumus': incisum est 'diximus'. 123 membrum autem est sensus numeris conclusus, sed a toto corpore abruptus et per se nihil efficiens. 'o[q] callidos homines' perfectum est, sed remotum a ceteris vim non habet, ut per se manus et pes et caput: 'o rem excogitatam.' quando ergo incipit corpus esse? cum venit extrema conclusio: 'quem quasi nostrum fefellit, id vos ita esse facturos?' quam Cicero brevissimam putat. itaque fere incisa et membra mutila[r] sunt et conclusionem utique desiderant. 124 perihodo plurima nomina dat Cicero: ambitum, circumitum, comprensionem, continuationem, circumscriptionem. genera eius duo sunt: alterum simplex, cum sensus unus longiore ambitu circumducitur, alterum, quod constat membris et incisis, quae plures sensus habent: 'aderat ianitor carceris, carnifex praetoris', reliqua. 125 habet perihodos membra minimum[s] duo. medius numerus videtur quattuor, sed recipit frequenter et plura. modus eius a Cicerone aut quattuor

p) *Spalding:* diximus
q) oi **AG**
r) *Christ:* mixta **A** multa *Diomed.*
s) *Regius:* minime

121 Das ist jedenfalls Aufgabe des Redners zu wissen, wo er jede der Wortfügungsarten anzuwenden hat. Diese Frage führt zu zwei Aufgabenbereichen: erstens zu den Beobachtungen, die sich auf die Versfüße beziehen, und zweitens zu denen, die es mit den Satzgebilden zu tun haben, die aus den Versfüßen gestaltet werden. 122 Von letzteren zuerst. Wir sagen also, es gäbe Satzabschnitte, Glieder und Perioden. Bei einem Abschnitt handelt es sich, soweit meine eigene Auffassung gelten kann, um einen Gedanken, der nicht durch einen vollständigen Rhythmus abgeschlossen ist, nach der Auffassung der meisten um den Teil eines Satzgliedes. So ist es nämlich in dem Beispiel, das Cicero[451] verwendet: 'Ein Haus fehlte dir? Du hattest aber doch eins. Geld hattest du reichlich? Du brauchtest aber doch welches!' Es entstehen aber auch durch einzelne Wörter Abschnitte: 'wir haben es gesagt, Zeugen wollen wir stellen'[452]. Der Abschnitt ist hier 'diximus'[453]. 123 Ein Satzglied aber ist ein Gedanke, der im Rhythmus abgeschlossen, jedoch vom ganzen Satzkörper abgerissen ist und für sich allein nichts leistet. 'O ihr schlauen Menschen!' ist ein vollständiges Glied, aber, gelöst vom Übrigen, hat es so wenig Leistungsfähigkeit wie für sich allein eine Hand, ein Fuß und ein Kopf: 'o ausgeklügelter Streich!' Wann also beginnt das Glied, ein Körper zu werden? Erst wenn am Ende der Abschluß kommt: 'Wem von uns wohl ist es entgangen, daß ihr das so machen würdet?'[454] – was Cicero für die kürzeste (Perioden-)Form hält. So sind gewöhnlich Abschnitte und Glieder verstümmelt und verlangen unbedingt einen Abschluß. 124 Für die Periode hat Cicero[455] die meisten Namen: Umweg, Rundweg, Umfassung, Zusammenhalt, Umgrenzung. Sie zerfällt in zwei Arten: die einfache, wenn ein einziger Gedanke auf einem längeren Weg gerundet wird, und die zweite Art, die aus Gliedern und Abschnitten besteht, die mehrere Gedanken enthalten, z. B.[456]: 'Da nahte er, der Pförtner des Kerkers, der Henkersknecht des Praetors' usw. 125 Die Periode hat mindestens zwei Glieder. Ihre mittlere Zahl scheint vier, doch nimmt sie häufig auch mehr Glieder auf. Ihr Ausmaß begrenzt Cicero entweder mit

451 orat. 67, 223.

452 orat. 225 (frg. orat. VIII 2).

453 'wir haben es gesagt'.

454 orat. 67, 225 (aus der verlorenen Corneliana): quaeso (ich bitte) nach den Cicero-Handschriften.

455 orat. 61, 204.

456 Verr. 5, 45, 118.

senariis versibus aut ipsius spiritus modo terminatur. praestare debet, ut sensum concludat: sit aperta, ut intellegi possit, non immodica, ut memoria contineri. 126 membrum longius iusto tardum, brevius instabile[t] est. ubicumque acriter erit et instanter ⟨et⟩[u] pugnaciter dicendum, membratim caesimque dicemus, nam hoc in oratione plurium valet adeoque rebus accommodanda[v] compositio, ut asperis asperos etiam numeros adhiberi oporteat et cum dicente aeque audientem inhorrescere. 127 membratim plerumque narrabimus aut ipsas perihodos maioribus intervallis et velut laxioribus nodis resolvemus, exceptis quae non docendi gratia, sed ornandi narrantur, ut in Verrem Proserpinae raptus: hic enim lenis et fluens contextus decet. 128 perihodos apta prooemiis maiorum causarum, ubi sollicitudine, commendatione, miseratione res eget, item communibus locis et in omni amplificatione, sed poscitur[w] tum austera, si accuses, tum fusa, si laudes. multum et in epilogis pollet. 129 totum autem hoc adhibendum est, quod sit amplius compositionis genus, cum iudex non solum rem tenet, sed etiam captus est oratione et se credit actori et voluptate iam ducitur. historia non tam finitos numeros quam orbem quendam contextumque desiderat. namque omnia eius membra conexa sunt, et quoniam lubrica est, hac atque illac[x] fluit, ut homines, qui manibus invicem adprehensis gradum firmant, continent et continentur. 130 demonstrativum genus omne fusiores habet liberioresque numeros, iudiciale et contionale ut materia varium est, sic etiam ipsa conlocatione verborum.

t) *Badius:* brevium stabile
u) *add. Halm*
v) *Regius:* accommodata
w) *Regius:* poscit (possit)
x) *Spalding:* est ac **A** et hac **G**

der Dauer von vier Senaren oder geradezu mit der Sprechdauer, die ein Atemzug umfaßt.[457] Ihre Leistung muß es sein, einen Gedanken zum Abschluß zu bringen. Übersichtlich soll sie sein, daß man sie verstehen, nicht unmäßig, daß man sie im Gedächtnis behalten kann. 126 Ein überlanges Glied wirkt schleppend, ein zu kurzes haltlos. Überall, wo es gilt, energisch, nachdrücklich und streitbar zu reden, werden wir uns der Rede nach Gliedern und Abschnitten bedienen. Denn dies wirkt in der Rede am stärksten, und so sehr gilt es den Gegenständen die Wortfügung anzupassen, daß man für Rauhes auch rauhe Rhythmen verwenden und mit dem Redenden in gleicher Weise auch der Zuhörer erschaudern muß. 127 Nach Gliedern werden wir meistens die Erzählung gestalten oder die Perioden selbst durch weiträumigere Anlage und gleichsam lockere Knoten weniger straff bauen, ausgenommen die Stellen, in denen wir nicht zur Unterrichtung, sondern zum Ausschmücken erzählen, wie Cicero in seinen ›Reden gegen Verres‹ vom Raub der Proserpina;[458] denn hier ist ein gelinder, flüssiger Textablauf am Platze. 128 Angebracht ist die Periode im Prooemium größerer Prozeßreden, wo der Gegenstand Besorgnis, Fürsprache und Mitgefühl erfordert, ebenso in Gemeinplätzen und Steigerungen jeder Art, jedoch verlangt man sie bald in strenger Wortfügung, wenn sie in der Anklage, bald in breit sich ergießender, wenn sie in lobenden Partien steht. 129 Stark entfaltet sie auch im Schlußepilog ihre Kraft. In ganzem Umfang aber gilt es das einzusetzen, was als gesteigerte Art der Wortfügung wirken soll, wenn der Richter nicht nur die Sache, um die es geht, völlig beherrscht, sondern auch von der Rede mitgerissen ist, dem Sprecher in der Verhandlung sich anvertraut und sich nun dem Genuß der Worte hingibt. Die Geschichtserzählung verlangt nicht so sehr festgelegte Rhythmen wie eine Art von Rundung und Dichte in der Wortfügung. Denn alle ihre Glieder sind verknüpft, und da sie sich auf unsicherem Boden bewegt, schwankt ihr Erzählfluß hin und her, wie Menschen, die dadurch, daß sie sich gegenseitig an der Hand halten, sicherer gehen, einander halten und gehalten werden. 130 Die Gattung der Festrede hat im ganzen weiträumigeren und freieren Rhythmus, die der Gerichts- und Versammlungsrede ist mannigfaltig – wie in ihren Themen, so auch gerade auf dem Gebiet der Anordnung ihrer Worte.

[457] orat. 66, 222. Cicero nennt vier *Hexa*meter.
[458] Verr. 4, 48, 106f.

Ubi iam nobis pars ex duabus, quas modo fecimus, secunda tractanda est. nam quis dubitat alia lenius, alia concitatius, alia sublimius, alia pugnacius, alia ornatius, alia gracilius esse dicenda: 131 gravibus, sublimibus, ornatis longas magis syllabas convenire, ita ut lenia spatium, sublimia et ornata claritatem quoque vocalium poscant? his contraria magis gaudere[y] brevibus, argumenta, partitionem, iocos[z] et quidquid est sermoni magis simile? 132 itaque componemus prooemium varie atque ut sensus eius postulabit. neque enim accesserim Celso, qui unam quandam huic parti formam dedit et optimam compositionem esse prooemii, ut est apud Asinium, dixit: 'si, Caesar, ex omnibus mortalibus, qui sunt ac fuerunt, posset huic causae disceptator legi, non quisquam te potius optandus nobis fuit': 133 non quia negem hoc † aut[a] bene esse compositum, sed quia legem hanc esse componendi in omnibus principiis recusem. nam iudicis animus varie praeparatur: tum miserabiles esse volumus, tum modesti, tum acres, tum graves, tum blandi , tum flectere, tum ad diligentiam hortari. haec ut sunt diversa natura, ita dissimilem componendi quoque rationem desiderant. an similibus Cicero usus est numeris in exordio pro Milone, pro Cluentio, pro Ligario? 134 narratio fere tardiores atque, ut sic dixerim, modestiores desiderat pedes ex[b] omnibus maxime mixtos. nam et verbis, ut saepius pressa est, ita interim insurgit, sed docere et infigere animis res semper cupit, quod minime festinantium opus

y) *Spalding:* laudere **AG**
z) *ed. Jens.:* locos
a) *del. Regius* auribus bene *Castiglioni:* aut bene *ll.* (aut *ras.* **P**)
b) *Spalding:* et

Hier nun haben wir den zweiten Teil der Einteilung, die wir kurz vorher vorgenommen haben,[459] zu behandeln. Denn wer zweifelt daran, daß man je nach dem Gegenstand bald sanfter, bald erregter, bald erhabener, bald streitbarer, bald schmuckvoller, bald anmutiger reden muß? 131 Und daß zu gewichtigeren, erhabeneren, schmuckvolleren Stellen lange Silben eher passen? – und zwar so, daß sanfte Stellen die Zeitdauer langer Silben, erhabene und schmuckvolle auch noch den vollen Klang von Vokalen verlangen –, daß aber Stellen der entgegengesetzten Art lieber kurze Silben haben: also die Beweise, die Angabe der Gliederung, Witze und alles was mehr dem Gesprächston ähnlich ist? 132 Deshalb werden wir im Prooemium mit der Wortfügung auf mannigfache Weise verfahren und so, wie es gerade sein Gedanke erfordert. Denn ich möchte Celsus[460] nicht beipflichten, der diesem Teil der Rede nur eine Art Einheitsform gegeben und erklärt hat, die beste Wortfügung in einem Prooemium sei die, wie sie sich in dem folgenden Beispiel bei Asinius[461] findet: 'Wenn, Caesar, aus allen Sterblichen, die leben und gelebt haben, für unseren Fall ein Schiedsrichter ausgewählt werden könnte, so wäre uns keiner erwünschter als du.'; 133 nicht weil ich leugnete, es handele sich hier um eine gute Wortfügung, sondern weil ich es ablehnen möchte, hierin eine feste Regel für die Wortfügung bei allen Redeeinleitungen zu sehen. Denn die Stimmung des Richters wird in mannigfacher Art auf unseren Fall vorbereitet: einmal wollen wir bemitleidenswert erscheinen, dann wieder bescheiden, dann wieder schneidig, dann wieder gemessen, dann wieder schmeichelnd, dann wieder wollen wir ihn für uns umstimmen und dann wieder zur Pflicht mahnen. Wie diese Absichten ihrem Wesen nach verschieden sind, so erfordern sie auch eine unterschiedliche Behandlung ihrer Wortfügung. Oder hat etwa Cicero ähnliche Rhythmen verwendet in dem Prooemium seiner Reden für Milo, für Cluentius und für Ligarius? 134 Der Erzählteil verlangt gewöhnlich langsamere und sozusagen bescheidener auftretende Versfüße, die aus allen Arten gründlich gemischt sind. Denn die Erzählung ist auch in ihren Worten zwar öfters knapp und gedämpft, erhebt sich aber dann zuweilen, jedoch trachtet sie immer, den Sachverhalt darzulegen und dem Gemüt einzuprägen, eine Aufgabe, die zu Eile recht wenig paßt. Und ich möchte aus meiner

[459] s. o. § 121.
[460] frg. rhet. 19 Marx.
[461] ORF p. 526 M.

est. ac mihi videatur[c] tota narratio constare longioribus membris, brevioribus perihodis. 135 argumenta acria et citata pedibus quoque ad hanc naturam commodatis utentur, non dumtaxat[d] trochaeis (quae celeria quidem, sed sine viribus sunt), verum iis, qui sunt brevibus longisque mixti, non tamen plures longas quam brevis habent. 136 iam[e] illa sublimia spatiosas clarasque voces habent, amant amplitudinem dactyli quoque ac paeanis, etiam si maiori ex parte syllabis brevibus, temporibus tamen satis pleni. aspera contra iambis maxime concitantur,[f] non solum quod sunt e duabus modo syllabis eoque frequentiorem quasi pulsum habent, quae res lenitati contraria est, sed etiam quod omnibus pedibus insurgunt et a brevibus in longas nituntur et crescunt, ideoque meliores choreis, qui ab longis in breves cadunt. 137 summissa, qualia in epilogis sunt, lentas et ipsa, sed minus[g] exclamantis exigunt.

Vult esse Celsus aliquam et † superiorem[h] compositionem, quam equidem si scirem, non[i] docerem: sed sit necesse est tarda et supina, verum nisi ex verbis atque sententiis perversis[j] id quaeritur, satis odiosa esse non poterit.

138 Denique, ut semel finiam, sic fere componendum, quo modo pronuntiandum erit. age non[k] in prooemiis plerumque summissi, nisi cum in accusatione concitandus est iudex aut aliqua indignatione complendus, in narratione pleni atque expressi, in argumentis citati atque ipso etiam motu celeres sumus? [ut][l] in locis ac descriptionibus fusi ac fluentes, in epilogis plerumque deiecti et infracti? 139 atqui corporis quoque motus sua quaedam ⟨amat⟩[m] tempora, et ad signandos[n] pedes non minus saltationi quam modulationibus adhibetur musica

c) videtur *recc.*
d) *Rad.:* dum ita ut **G**
e) *Rad.:* habentia **G**
f) *Regius:* concitatus
g) *Regius:* ipsas et
h) superbiorem *Spalding* supiniorem *Gesner* securiorem *ci. Wint.*
i) *Spalding:* scire no **G**
j) *Kroll:* per se si **G** per sese *Regius* perverse *ci. Wint.*
k) *Rad.:* ate non **GH** an non **P** *(corr.) edd.*
l) *del. Spalding*
m) *add. Rad.* habet *add. Wint. (Gabler)*
n) *Halm:* signos **G**

Sicht, daß die Erzählung ganz aus längeren Gliedern, aber kürzeren Perioden bestehe. 135 Die Beweise, die ja energisch und geschwind sind, werden auch Versfüße verwenden, die ihrem Wesen angemessen sind, doch nur keine Trochaeen[462] – was zwar schnell aber ohne Kraft klingt –, sondern solche, die aus Kürzen und Längen gemischt sind, jedoch nicht mehr Längen als Kürzen haben. 136 Doch nun die erhabenen Stellen, die zeitfüllende und tönende Wörter besitzen: sie lieben auch noch die Fülle des Dactylus und Päans, der zwar zum größeren Teil aus kurzen Silben besteht, durch seine Zeitwerte jedoch voll genug klingt. Rauhe Stellen dagegen erhalten vor allem durch Jamben ihre Erregung, nicht nur weil diese nur aus zwei Silben bestehen und deshalb gleichsam beschleunigten Pulsschlag haben, womit sie ganz das Gegenteil von Gemächlichkeit bilden, sondern auch weil sie Fuß für Fuß vorankommen, von den Kürzen auf die Längen hinstreben, im Anwachsen sind und deshalb besser sind als Choreen, die von Längen zu Kürzen sinken. 137 Zurückhaltende Stellen, wie sie sich in Redeschlüssen finden, verlangen ihrerseits auch schleppende Versfüße, die aber weniger ins Ohr fallen.

Nach Celsus[463] soll es auch noch eine Art lässigerer Wortfügung geben, die ich freilich, wenn ich sie kennte, nicht lehren würde. Jedoch muß sie ja zwangsläufig träge und nachlässig sein, jedoch wenn dieser Eindruck nicht aus den Worten und Gedanken um ihrer selbst willen gesucht wird, wird sie so abscheulich nicht sein können.

138 Kurz – um einmal zum Ende zu kommen –, die Wortfügung muß gewöhnlich so vorgenommen werden, wie man auch den Vortrag wird anlegen müssen. Ja, sind wir denn nicht meist im Prooemium zurückhaltend, außer wenn in einer Anklage der Richter zu erregen oder irgendwie mit Empörung zu erfüllen ist, in der Erzählung voll und nachdrücklich, im Beweisteil geschwind und schon durch die eigene Erregung schnell? In Gemeinplätzen und ausgeführten Beschreibungen breit und fließend, im Schlußteil meist ergeben und geknickt? 139 Liebt doch auch die Körperbewegung ihre bestimmten Taktrhythmen, und wird doch die musikalische rhythmische Theorie zur Kenntlichmachung der Versfüße nicht weniger für den Tanz als für die Gesangspartien verwendet. Weiter!

[462] s. o. § 82.

[463] frg. rhet. 20 Marx. – Text unsicher. Die Übersetzung folgt Gesner: mit noch nachlässigerer Wortfügung.

ratio numerorum. quid? non vox et gestus[o] accommodatur naturae ipsarum, de quibus dicimus, rerum? quo minus id mirere[p] in pedibus orationis, cum debeant sublimia ingredi, lenia duci, acria currere, delicata fluere. 140 itaque tragoediae, ubi necessest,[q] adfectatus etiam tumor rerum et ⟨verborum⟩[r] spondeis atque iambis maxime continetur:

en impero Argis, sceptra mihi liquit Pelops

at ille comicus aeque senarius, quem trochaicum vocant, pluribus choreis, qui trochaei[s] ab aliis dicuntur, pyrrichiisque decurrit, sed quantum accipit celeritatis, tantum gravitatis amittit:

141 quid igitur faciam? non eam ne nunc quidem?

aspera vero et maledica, ut[t] dixi, etiam in carmine iambis grassantur:

quis hoc proteśt videre, quis potest pati,
nisi inpudicus et vorax et aleo?

142 in universum autem, si sit necesse, duram potius atque asperam compositionem malim esse quam effeminatam et enervem, qualis apud multos, et cotidie magis lascivissimis syntonorum modis saltat. ac ne tam bona quidem ulla erit, ut debeat esse continua et in eosdem semper pedes ire. 143 nam et versificandi genus est unam legem omnibus sermonibus dare, et id cum manifestae adfectationis[u] est, cuius rei maxime cavenda suspicio est, tum etiam taedium ex similitudine ac satietatem creat, quoque est dulcius, magis perdit**[v] atque et fidem et adfectus motusque omnis, qui est in hac cura deprensus, nec potest ei credere aut propter eum dolere et irasci iudex, cui putat hoc vacare. 144 ideoque interim quaedam quasi solvenda de industria sunt, et quidem illa maximi laboris, ne laborata videantur. sed neque longioribus quam oportet, hyperbatis compositioni serviamus,

o) *Burm.:* textus (testus)

p) *Spalding:* inire

q) *Rad.* recesset **GH** decet vel *ci. Wint.*

r) *add. Kroll ('locus desperatus' Wint.)*

s) pluribus trochaeis qui tribrachi *Spalding*

t) *Spalding:* maledicunt

u) *Spalding:* adfectatione **G**

v) amittitque *Regius:* perdit atque *ll.* ⟨hoc gratiam⟩ magis perdit. ⟨perdit⟩ aeque et *ci. Wint. (aeque Obrecht)*

Paßt sich nicht Stimme und Gebärde dem Wesen der Gegenstände selbst an, von denen wir sprechen? Um so weniger braucht man sich doch darüber zu wundern bei den Füßen, die die Rede verwendet, wenn da das Erhabene einherschreiten, das Ruhige einherziehen, das Heftige laufen und das Gewählte fließen muß. 140 Deshalb ist auch, wo es nötig ist, der gesuchte Schwulst in Worten und Dingen der Tragödie vor allem in Spondeen und Jamben enthalten: 'Seht Argos Herrn, ja Pelops ließ das Szepter mir.'[464] Dagegen läuft der Komödienvers, ebenfalls ein Senar, den man trochäisch nennt, in mehreren Choreen, die ja bei anderen Trocheen heißen, und Pyrrhichien ab, jedoch verliert er dabei das an Würde und Gewicht, was er an Schnelligkeit gewinnt: 141 'Was soll ich denn also tun? werd' ich denn selbst jetzt nicht gehen?'[465] Rauhes und Schmähendes aber, wie gesagt, zieht auch im Gedicht in Jamben los: 'Wer kann dies anseh'n, wer kann dulden, was geschieht, als nur ein Schwein, ein Fresser und ein Würfelstrolch?'[466] 142 Im allgemeinen aber möchte ich, wenn es sein muß, eher, daß die Wortfügung hart und rauh sei als so weibisch und kraftlos, wie sie bei vielen und täglich mehr in den frivolsten Schlagzeugweisen dahertänzelt. Und gewiß wird auch keine je so gut sein, daß sie beständig weitergehen und immer zu den gleichen Versfüßen führen dürfte; 143 denn zum ersten ist es kennzeichnend für das Versemachen, wenn man alles Gesprochene einer einzigen Regel unterwirft, und ferner ist dies einerseits ein Zeichen handgreiflicher Künstelei, deren verdächtigt zu werden man sich vor allem in acht nehmen muß, und es erzeugt zudem andererseits auch noch Abscheu vor dem Gleichmaß und Übersättigung, und je lieblicher es wirkt, um so mehr verliert und zerstört seine Glaubwürdigkeit und alle gewonnenen Gefühle und Regungen, wer bei solcher gekünstelten Sorgfalt ertappt ist; der Richter kann ja einem Menschen nicht vertrauen oder zusammen mit ihm Schmerz und Zorn fühlen, dem er zutraut, so seine Zeit zu vertun. 144 Und deshalb sind zuweilen bestimmte Stellen absichtlich gleichsam in der Wortfügung zu lockern, und zwar solche, die größte Mühe gemacht haben, damit man ihnen die Mühe nicht ansieht. Jedoch wollen wir uns einerseits nicht mit Wortsperrungen, die das

[464] aus einer unbekannten Tragödie (fr. trag. inc. 55 Kl./Rib.).

[465] Terenz, Eunuch. 46 – Bei den Bemerkungen über die dreifachen Kürzen (Trochaeus = Tribrachys!) scheint nur eine gewisse Flüchtigkeit des Verfassers vorzuliegen, keine Korruptel.

[466] Catull 29, 1–2.

ne quae eius rei gratia fecerimus propter eam fecisse videamur, et certe nullum aptum atque idoneum verbum permutemus gratia levitatis. 145 neque enim ullum erit tam difficile, quod non commode inseri possit, nisi quod in evitandis eius modi verbis non decorem compositionis quaerimus, sed facilitatem. non tamen mirabor, Latinos magis indulsisse compositioni quam Atticos, quo minus in verbis habeant venustatis[w] et gratiae. 146 ʼnec vitium duxerim, si Ciero a Demosthene paulum in hac parte descivit. sed quae sit differentia nostri Graecique sermonis explicabit summus liber.

Compositio (nam finem inponere egresso destinatum modum volumini festino) debet esse honesta, iocunda, varia. 147 eius tres partes: ordo, coniunctio, numerus. ratio in adiectione, detractione, mutatione: usus pro natura rerum, quas dicimus: cura ita magna,[x] ut sentiendi atque eloquendi[y] prior sit: dissimulatio curae praecipua, ut numeri[z] sponte fluxisse, non arcessiti et coacti esse videantur.

w) venustatis *Ammon:* veritatis
x) *Christ:* cura idamagna *corr.* **G** cura magna **H**
y) *Spalding:* loquendi
z) *Regius:* numerum

Zusammengehörige weiter als nötig auseinanderreißen, zum Sklaven der Wortfügung machen, damit es nicht aussieht, als hätten wir das, was wir mit Rücksicht auf sie getan haben, nur um ihretwillen getan, und wollen jedenfalls nie ein passendes und geeignetes Wort nur mit Rücksicht auf die Glätte der Wortfügung auswechseln. 145 Denn kein Wort wird so schwierig sein, daß es sich nicht passend einordnen ließe, es sei denn, daß wir, wenn wir solche Wörter meiden, nicht Schönheit der Wortstellung suchen, sondern Gefälligkeit. Indessen kann es mich nicht wundern, daß die lateinischen Schriftsteller sich mehr der Wortfügungskunst hingegeben haben als die attischen, je weniger Anmut und Liebreiz sie ja in ihren Wörtern besitzen. 146 Und ich kann es nicht für einen Fehler halten, wenn Cicero von Demosthenes sich auf diesem Gebiet etwas entfernt hat. Jedoch wird den Unterschied, der zwischen unserer Sprache und der griechischen besteht, das letzte Buch darlegen.[467]

Die Wortfügung muß – denn ich eile, mit diesem Buch, das sein vorgesehenes Maß schon überschritten hat, zu Ende zu kommen – ehrbar, angenehm und abwechslungsreich sein. Sie zerfällt in 3 Teile: Anordnung der Wörter, Verbindung und Rhythmus. 147 Das Prinzip, auf dem sie beruht, liegt im Hinzufügen, Weglassen und Vertauschen von Wörtern. Die Anwendung dieses Prinzips richtet sich nach dem Wesen der Gegenstände, über die wir reden. Der Aufwand an Sorgfalt sei so, daß die Sorgfalt, die den Gedanken und ihrem Ausdruck gilt, Vorrang hat. Das Verbergen der Sorgfalt ist besonders wichtig, damit es so aussieht, als habe sich der Rhythmus von selbst eingestellt und sei nicht herbeigeholt und erzwungen worden.

[467] s. u. 12, 10, 27 ff.

LIBER DECIMUS

I.

1 Sed haec eloquendi praecepta, sicut cogitationi sunt necessaria, ita non satis ad vim dicendi valent, nisi illis firma quaedam[a] facilitas, quae apud Graecos ἕξις nominatur, accesserit: ad quam scribendo plus an legendo an dicendo conferatur,[b] solere quaeri scio. quod esset diligentius nobis examinandum, [citra][c] si qualibet earum rerum possemus una esse contenti. 2 verum ita sunt inter se conexa et indiscreta omnia, ut, si quid ex his defuerit, frustra sit in ceteris laboratum. nam neque solida atque robusta fuerit umquam eloquentia, nisi multo stilo vires acceperit, et citra lectionis exemplum labor ille carens rectore fluitabit, et qui sciet, quae quoque sint modo dicenda, nisi tamen in procinctu paratamque ad omnis casus habuerit eloquentiam, velut clausis thesauris incubabit. 3 non autem ut quidquid praecipue necessarium est, sic ad efficiendum oratorem maximi protinus erit momenti. nam certe, cum sit in eloquendo positum oratoris officium, dicere ante omnia est, atque hinc initium eius artis fuisse manifestum est, proximam deinde imitationem, novissimam scribendi quoque diligentiam. 4 sed ut perveniri ad summa nisi ex principiis non potest, ita procedente iam opere minima incipiunt esse quae prima sunt. verum

a) *Regius:* forma quadam **GH**
b) *ed. Colon.:* conferuntur
c) *del. ed. Colon.*

ZEHNTES BUCH

ERSTES KAPITEL

Die Wortfülle

1 Doch so nötig für das Verständnis diese Ausdrucksregeln sind, sie stärken noch nicht genügend die Durchschlagskraft des Redners, wenn zu ihnen nicht noch die Art sicherer Geläufigkeit hinzukommt, die bei den Griechen ἕξις heißt.[1] Ob hierzu das Schreiben, Lesen oder Reden mehr beiträgt, das ist eine Frage, die hier, wie ich weiß, regelmäßig auftaucht. Auch wir hätten sie sorgfältiger zu prüfen, wenn wir uns mit nur einer dieser Tätigkeiten zufriedengeben könnten. 2 Tatsächlich sind sie aber so miteinander verknüpft und alle so unzertrennbar, daß, wenn es auch nur an einer von ihnen fehlen sollte, auf die übrigen vergebens alle Mühe aufgewendet wäre. Denn gediegen und bei immer frischer Kraft kann die Redekunst nur sein, wenn sie aus gründlicher schriftlicher Übung ihre Kräfte gewonnen hat; ohne das Vorbild, das die Lektüre liefert, wird aber das Ziel dieser schriftlichen Arbeit, da der Wegweiser fehlt, unstet und verschwommen bleiben, und wer auch weiß, was und wie er reden muß, wird doch, wenn ihn die Redekunst nicht schlagfertig gemacht und für alle Fälle gerüstet hat, gleichsam nur über verschlossenen Schatzkammern wachen. 3 Nun ist aber nicht alles, was zwar besonders notwendig ist, auch gleich von entscheidender Wichtigkeit dafür, einen Menschen zum Redner zu machen. Denn da ja in der Fähigkeit, sich in freier Rede auszudrücken, die Aufgabe des Redners liegt, kommt jedenfalls das Reden vor allem, und es ist klar, daß hier seine Kunst ihren Ansatz genommen hat, als nächstes dann die Nachahmung von Vorbildern und erst zuletzt auch die Sorgfalt schriftlicher Ausarbeitung aufgekommen ist. 4 Aber wie man zur Vollendung nur über die Anfänge gelangen kann, so ist es jetzt im Fortgang unseres Werkes schon so weit, daß das, was als erstes kommt, schon das mindeste ist. Tatsächlich geht es bei dem, was wir an dieser Stelle bringen, nicht

[1] s. o. § 59.

nos non, quomodo sit instituendus orator, hoc loco dicimus (nam id quidem aut satis aut certe uti potuimus dictum est), sed athleta, qui omnis iam perdidicerit a praeceptore numeros, quo[d] genere exercitationis ad certamina praeparandus sit. igitur eum, qui res invenire et disponere sciet, verba quoque et eligendi et conlocandi rationem perceperit, instruamus, qua in ratione[e] quod didicerit[f] facere quam optime, quam facillime possit.

5 Num ergo dubium est, quin ei velut opes sint quaedam parandae, quibus uti, ubique cumque[g] desideratum erit, possit? hae constant ex copia[h] rerum ac verborum. 6 sed res propriae sunt cuiusque causae aut paucis communes, verba in universas paranda: quae si [in][i] rebus singulis essent singula, minorem curam postularent: nam cuncta sese cum ipsis protinus rebus offerrent. sed cum sint aliis alia aut magis propria aut magis ornata aut plus efficientia aut melius sonantia, debent esse non solum nota omnia, sed in promptu atque, ut ita dicam, in conspectu, ut cum se iudicio dicentis ostenderint, facilis ex his optimorum sit electio. 7 et quae idem significarent video solitos ediscere, quo facilius et occurreret unum ex pluribus, et, cum essent usi[j] aliquo, si breve intra spatium rursus desideraretur, effugiendae repetitionis gratia sumerent aliud, quod idem intellegi posset. quod cum est puerile et cuiusdam infelicis operae, tum etiam utile

d) *ed. Colon.:* numuro quae **GH**

e) qua in oratione *ll.* qua in praeparatione *ci. Wint. (Kiderlin)*

f) *Zumpt:* dicere

g) ubicumque *recc.*

h) *ed. Colon.:* constantia copia

i) *del. Regius*

j) *ed. Colon.:* esset usui

darum, was einer wissen muß, um ein Redner zu werden – denn darüber habe ich hinreichend oder doch jedenfalls, so gut ich konnte, gesprochen –, sondern darum, mit welcher Art von Training der junge Ringkämpfer, der schon alle Griffe bei seinem Lehrmeister gehabt hat, auf die Wettkämpfe vorbereitet werden soll. Wir wollen also nun den jungen Redner, der schon seinen Redestoff aufzufinden und anzuordnen weiß, auch schon die Lehre von der Wortwahl und Wortstellung erfaßt hat,[2] unterrichten, nach welchem Verfahren er das, was er gelernt hat, so gut und leicht wie möglich ausführen kann.

5 Kann es da nun einen Zweifel darüber geben, daß er sich gleichsam feste Rücklagen als Stützen beschaffen muß, derer er sich bedienen kann, wo immer und wann immer Bedarf besteht? Diese bestehen in der Fülle von Sachkenntnissen und Worten. 6 Aber die sachlichen Gegebenheiten sind eigentümlich für jeden Einzelfall oder nur wenigen gemeinsam, Worte aber gilt es für alle insgesamt zu beschaffen. Gäbe es für die einzelnen sachlichen Gegebenheiten jeweils nur einzelne Wörter, so erforderten die Worte geringe Sorgfalt; denn alle böten sie sich gleich mit den Sachen selbst dar. Da nun aber die einen eigentümlicher, schmuckvoller, wirkungsvoller oder wohlklingender sind als andere, müssen sie nicht nur alle bekannt sein, sondern zur Hand und, sozusagen, im Blickfeld, damit, wenn sie sich dem Urteil des Redenden zur Schau stellen, die Auswahl der Besten unter ihnen leicht vonstatten geht. 7 Ich sehe auch, daß es Leute gab, die Wörter, die das gleiche bezeichneten, auswendig zu lernen pflegten, damit ihnen erstens eins von mehreren leichter einfiele, und sodann, damit sie, wenn sie ein Wort gebraucht hatten, um die Wiederholung zu vermeiden, falls es nach kurzer Zeit wieder erforderlich wäre, ein anderes nehmen könnten, das im gleichen Sinn verstanden werden könnte. Das ist einmal Kinderei und ein recht unfruchtbares Bemühen und liefert zudem kaum wirk-

[2] Die *Auffindung* war in den Büchern III–VI, die *Anordnung* im VII., die *Wortwahl und Wortfügung* im VIII. und IX. Buch behandelt worden. Die zwei im traditionellen Ausbildungsplan noch übrigen 'Aufgaben des Redners', das *Einstudieren* und *Vortragen* der Rede, behandelt Quintilian erst im zweiten und dritten Kapitel des XI. Buches in systematischer Übersicht, nachdem der Schüler das Behandelte sich gründlich mit eigenen Übungen angeeignet hat. Hierzu gibt Buch X und das erste Kapitel von Buch XI die Anleitung. In dieser pädagogischen Ökonomie kommt der Unterschied zwischen der quintilianischen Anleitung (institutio) und dem systematischen Lehrbuch (ars) am deutlichsten zum Ausdruck.

parum: turbam enim[k] tantum modo congregat, ex qua sine discrimine occupet proximum quodque.

8 Nobis autem copia cum iudicio paranda est, vim orandi, non circulatoriam volubilitatem spectantibus. id autem consequimur[l] optima legendo atque audiendo: non enim solum nomina ipsa rerum cognoscemus hac cura, sed quod quoque loci sit[m] aptissimum. 9 omnibus enim fere verbis praeter pauca, quae sunt parum verecunda, in oratione locus est. nam scriptores quidem iamborum veterisque comoediae etiam in illis saepe laudantur, sed nobis nostrum opus intueri[n] sat est. omnia verba, exceptis de quibus dixi, sunt alicubi optima: nam et humilibus interim et vulgaribus est opus, et quae nitidiore[o] in parte videntur sordida, ubi res poscit, proprie dicuntur. 10 haec ut sciamus atque eorum non significationem modo, sed formas etiam mensurasque norimus, ut, ubicumque erunt posita, conveniant, nisi multa lectione atque auditione adsequi nullo modo possumus, cum omnem sermonem auribus primum accipiamus. propter quod infantes a mutis nutricibus iussu regum in solitudine educati, etiam si verba quaedam emisisse traduntur, tamen loquendi facultate caruerunt. 11 sunt autem alia huius naturae, ut idem pluribus vocibus declarent, ita ut nihil significationis, quo potius utaris, intersit, ut 'ensis' et 'gladius', alia quae, etiam si propria rerum aliquarum sint nomina, τροπικῶς a sua re[p] tamen ad eundem intellectum feruntur, ut 'ferrum' et 'mucro'. 12 nam per abusionem sicarios etiam omnis vocamus, qui caedem telo quocumque commiserunt. alia[q] circuitu

k) *edd. vet.:* turbamtum **GH**
l) consequemur *Regius*
m) *Rad.* loco sit aptissimum **P** locis ita petissimum **GH**
n) *ed. Colon.:* itinueteri **G**
o) *ed. Colon.:* quaetidiorem **GH**
p) *Roehl:* qua re **GH** *del. Maehly*
q) *Halm:* commiserit italia **G**

lichen Nutzen; denn so bringt man nur eine ganze Menge kunterbunt zusammen, woraus man dann wahllos das nächste Beste herausgreift.

8 Uns aber kommt es darauf an, Fülle zugleich mit Urteilskraft zu erwerben, da unser Augenmerk der Durchschlagskraft der Rede gilt, nicht akrobatischer Gewandtheit. Das erreichen wir aber dadurch, daß wir das Beste lesen und anhören; denn nicht allein die Sachbezeichnungen selbst werden wir durch diese Bemühung kennenlernen, sondern auch, was die passendste Stelle für sie ist. 9 Denn fast für alle Wörter außer wenigen, die zu unanständig sind, gibt es einen Platz in der Rede. Ja, die Verfasser von Jamben[3] zwar und die Dichter der alten Komödie finden sogar auch mit solchen Wörtern oft noch Beifall, doch uns genügt es, unsere eigene Aufgabe im Auge zu haben. Alle Wörter (also) mit Ausnahme der besagten sind an irgendeiner Stelle die besten; denn auch niedrige und sogar gemeine Wörter sind zuweilen angebracht, und was an einer glänzenderen Stelle sich häßlich ausnimmt, ist da, wo es die Sache erfordert, der eigentliche Ausdruck. 10 Daß wir diese kennen und nicht nur ihre Bedeutung, sondern auch ihre Formen und Silbenmaße zu verwenden wissen, damit sie überall, wo sie gesetzt werden, auch passen, das ist ein Ziel, das wir auf keine andere Weise erreichen als durch vieles Lesen und Zuhören, da wir ja alle Sprache zuerst mit den Ohren aufnehmen. Aus diesem Grunde haben ja die Kinder, die auf Geheiß der Könige von stummen Ammen in der Einöde aufgezogen wurden, auch wenn sie, wie man berichtet,[4] bestimmte Wörter ausgestoßen haben, dennoch die eigentliche Fähigkeit zu sprechen nicht gewonnen. 11 Es gibt nun aber auch Wörter, deren Wesen es ist, das Gleiche so mit mehrfachen Ausdrücken zu bestimmen, daß in ihrer Bedeutung kein Unterschied ist, weshalb man sie eher gebrauchen sollte, z. B. 'ensis' und 'gladius' (Schwert), es gibt aber auch andere, die, auch wenn sie für irgendwelche Dinge die eigentlichen Benennungen sind, durch tropische[5] Verwendung dennoch von ihrer eigentlichen Sachbezeichnung weg zu einem Gleiches bedeutenden Sinn ('Schwert') gebracht werden, z. B. 'ferrum' (Eisen) und 'mucro' (Spitze). 12 Ja, in mißbräuchlicher Verwendung ('katachrestisch') nennen wir 'Dolchmörder' auch alle, die einen Mord mit jeder beliebigen Waffe begangen haben. Andere Wörter

[3] Spott- und Hohngedichte, deren Klassiker Archilochos war; s. u. § 59.
[4] Vgl. Herodot 2, 2.
[5] übertragene; s. o. 8, 6.

verborum plurium ostendimus, quale est 'et pressi copia lactis'. plurima vero mutatione figurarum: scio 'non ignoro' et 'non me fugit' et 'non me praeterit' et 'quis nescit?' et 'nemini dubium est'. 13 sed etiam ex proximo mutuari libet.[r] nam et 'intellego' et 'sentio' et 'video' saepe idem valent quod 'scio'. quorum nobis ubertatem ac divitias dabit lectio, ut non solum quo modo occurrent, sed etiam quo modo oportet utamur. 14 non semper enim haec inter se idem faciunt, nec sicut de intellectu animi recte dixerim 'video', ita de visu oculorum 'intellego', nec ut 'mucro' gladium, sic mucronem 'gladius' ostendit. 15 sed ut copia verborum sic paratur,[s] ita non verborum tantum gratia legendum vel audiendum est. nam omnium, quaecumque docemus, hoc sunt exempla potentiora etiam ipsis quae traduntur artibus (cum eo qui discit perductus est, ut intellegere ea sine demonstrante et sequi iam suis viribus possit), quia, quae doctor praecepit, orator ostendit.

16 Alia vero audientis, alia legentis magis adiuvant. excitat qui dicit spiritu ipso, nec imagine ambigua[t] rerum, sed rebus incendit. vivunt omnia enim et moventur, excipimusque nova illa velut nascentia cum favore ac sollicitudine. nec fortuna modo iudicii, sed etiam ipsorum qui orant periculo adficimur. 17 praeter haec vox, actio decora, commodata, ut[u] quisque locus postulabit, pronuntiandi vel potentissima in dicendo ratio et, ut semel dicam, pariter omnia docent. in lectione

r) licet **P**
s) *ed. Colon.:* -tus
t) *Ammon:* ambitu
u) *Bursian:* commodat aut **GH**

wieder führen wir durch einen Umweg mit mehreren Worten vor Augen, wie etwa das 'auch die Fülle geronnener Milch'[6]. Sehr vieles aber gewinnen wir, indem wir Redefiguren vertauschen[7]: so für 'ich weiß': 'ich bin nicht in Unkenntnis', 'es entgeht mir nicht', 'es entfällt mir nicht' und 'wer weiß nicht?' 13 Aber auch aus der Nachbarschaft kann man borgen. Denn 'ich verstehe', 'ich fühle' und 'ich sehe' haben oft die gleiche Bedeutung wie 'ich weiß'. Hiervon wird uns die Lektüre Überfluß und Reichtum schenken, so daß wir sie nicht nur, wie sie uns einfallen, gebrauchen, sondern auch, wie es sein muß. 14 Nicht immer nämlich verhalten sich diese Wörter untereinander gleich, und wie ich richtig von der Geistestätigkeit gesagt habe 'video' (ich sehe), so keineswegs vom Sehen mit den Augen 'intellego' (ich verstehe), und wie 'mucro' ein Schwert, so bezeichnet 'gladius' keineswegs 'eine Spitze' (mucro). 15 Indessen soll man, wieviel an Fülle so auch der Wortschatz gewinnt, das Lesen oder Zuhören durchaus nicht nur um des Wortschatzes willen betreiben. Denn von allen Erscheinungen auf allen Gebieten, die wir lehren, finden sich hier Beispiele, die größeren Eindruck machen als die Dinge selbst, die in den Lehrbüchern geboten werden, sobald der Lernende so weit gebracht ist, daß er diese Dinge ohne den Wink des Lehrers bemerken und schon mit eigener Kraft folgen kann; denn was der Lehrer als Regel gegeben hat, führt der Redner unmittelbar vor.

16 Anders aber ist die Hilfe, die das Zuhören bietet, als die der eigenen Lektüre. Erregend wirkt beim Redner schon der lebendige Hauch seines Vortrags; nicht durch ein Abbild der Dinge und auf einem Umweg[8], sondern unmittelbar durch die Dinge (von denen er spricht) wirkt er zündend. Alles ist nämlich lebendig und bewegt sich, und wir nehmen das Neue, was er bringt, mit Freude und Bangen gleichsam so auf, als käme es eben zur Welt. Und nicht nur das Spiel des Zufalls im Prozeßgeschehen, sondern auch die Gefahr, die die Reden für die Person selbst bedeuten, findet unsere Anteilnahme. 17 Außerdem ist die Stimme, die schöne Haltung, die sich im Ausdruck dem anpaßt, was die Stelle gerade verlangt, die Art des Vortrags, die wohl das Allerwirkungsvollste bei der Rede in der Öffentlichkeit ist, und, mit einem Wort, alles dies gleichermaßen lehrreich. Bei der Lektüre ist das eigene Urteil sicherer, das dem

[6] d. h. Käse: Verg., ecl. 1, 81.
[7] s. o. 1, 8, 16; 9, 1, 11.
[8] d. h., durch das Schriftbild.

certius iudicium, quod audienti frequenter aut suus cuique favor aut ille laudantium clamor extorquet. 18 pudet enim dissentire, et velut[v] tacita quadam verecundia inhibemur plus nobis credere, cum interim et vitiosa pluribus placent, et a conrogatis laudantur etiam quae non placent. 19 sed e contrario quoque accidit, ut optime dictis gratiam prava iudicia non referant. lectio libera est nec actionis impetu[w] transcurrit, sed repetere saepius licet, sive dubites sive memoriae penitus adfigere velis. repetamus autem et tractemus et, ut cibos mansos ac prope liquefactos demittimus,[x] quo facilius digerantur, ita lectio non cruda, sed multa iteratione mollita et velut confecta memoriae imitationique tradatur.

20 Ac diu non nisi optimus quisque et qui credentem sibi minime fallat legendus est, sed diligenter ac paene ad scribendi sollicitudinem nec per partes modo scrutanda[y] omnia, sed perlectus liber utique ex integro resumendus, praecipueque oratio, cuius virtutes frequenter ex industria quoque occultantur. 21 saepe enim praeparat, dissimulat, insidiatur orator, eaque[z] in prima parte actionis dicit, quae sunt in summa profutura. itaque suo loco minus placent, adhuc nobis quare dicta sint ignorantibus, ideoque erunt cognitis omnibus repetenda. 22 illud vero utilissimum, nosse eas causas, quarum orationes in manus sumpserimus, et quotiens continget, utrimque habitas legere actiones: ut Demosthenis et Aeschinis inter se contrarias, et Servi Sulpici atque Messalae, quorum alter pro Aufidia, contra dixit alter, et Pollionis et Cassi reo Asprenate[a] aliasque plurimas. 23 quin etiam

v) *ed. Colon.:* illud
w) impetu *scripsi:* impetus *ll.* ⟨ut⟩ actionis impetus *Halm*
x) *Badius:* dimittimus
y) serutandi **G**
z) *ed. Colon.:* dissimulatim insidiatus oratore atque **G**
a) *Obrecht:* aspernatae **G**

Zuhörer häufig entweder eine eigene Vorliebe, wie sie jeder besitzt, oder das übliche Beifallsbrausen entwindet. 18 Man schämt sich dann nämlich, anderer Meinung zu sein, und eine gewisse unbewußte Schüchternheit hemmt uns, unserem eigenen Urteil mehr zu vertrauen, sooft auch Fehlerhaftes den Beifall der Mehrheit findet und von hierzu eigens Bestellten auch Leistungen beklatscht werden, die gar nicht gefallen. 19 Doch geschieht es auch umgekehrt, daß verdorbener Geschmack vortrefflichen Worten die Anerkennung nicht spendet. Die Lektüre ist unabhängig und läuft nicht mit dem Ungestüm der vorgetragenen Rede ab, sondern sie kann immer wieder zurückgreifen, falls man Zweifel hat oder man es dem Gedächtnis fest einprägen will. Zurückgreifen aber wollen wir und grundsätzlich es immer wieder neu vornehmen, und wie wir die Speisen zerkaut und fast flüssig hinunterschlucken, damit sie leichter verdaut werden, so soll unsere Lektüre nicht roh, sondern durch vieles Wiederholen mürbe und gleichsam zerkleinert unserem Gedächtnis und Vorrat an Mustern (zur Nachahmung) einverleibt werden.

20 Und lange Zeit soll die Lektüre nur den allerbesten Werken und solchen gelten, die den, der sich ihnen anvertraut, am wenigsten hintergehen, aber mit aller Sorgfalt und fast der Ängstlichkeit wie bei schriftlichen Arbeiten, und alles ist nicht nur Teil für Teil zu durchforschen, sondern, ist das Buch durchgelesen, so ist es unbedingt von neuem vorzunehmen, und das besonders, wenn es sich um eine Rede handelt, wo das Vorzüglichste häufig gerade absichtlich versteckt wird. 21 Denn oft bereitet der Redner nur vor, verheimlicht, stellt eine Falle und sagt das im ersten Teil der Rede, was seinen ganzen Nutzen erst am Ende zeigen wird. Deshalb gefällt es nicht recht, da wir bis dahin noch nicht wissen, warum es gesagt ist, und darum wird man es, wenn erst alles bekannt ist, noch einmal betrachten müssen. 22 Das Allernützlichste ist es aber, die Prozeßfälle zu kennen, deren Reden wir zur Hand genommen haben, und sooft es glückt, die Reden zu lesen, die auf beiden Seiten gehalten sind, z. B. die Reden und Gegenreden des Demosthenes und Aischines[9] und des Servius Sulpicius und Messala, von denen der eine für, der andere gegen Aufidia gesprochen hat, ferner die des Pollio und Cassius bei der Anklage gegen Asprenas und zahlreiche andere Beispiele. 23 Ja, sogar wenn einige nicht gleichwertig

[9] im Prozeß um den Ehrenkranz für Demosthenes, das einzig noch erhaltene der hier genannten Redepaare.

si minus pares videbuntur aliquae, tamen ad cognoscendam litium quaestionem recte requirentur, ut contra Ciceronis orationes Tuberonis in Ligarium et Hortensi pro Verre. quid?[b] etiam easdem causas ut quisque egerit utile[c] erit scire. nam de domo Ciceronis dixit Calidius et pro Milone orationem Brutus exercitationis gratia scripsit, etiam si egisse eum Cornelius Celsus falso existimat. 24 et Pollio et Messala defenderunt eosdem, et nobis pueris insignes pro Voluseno Catulo Domiti Afri, Crispi Passieni, Decimi Laeli orationes ferebantur. neque id statim legenti persuasum sit, omnia, quae auctores[d] dixerint, utique esse perfecta. nam et labuntur aliquando et oneri cedunt et indulgent ingeniorum suorum voluptati, nec semper intendunt animum, nonnumquam fatigantur, cum Ciceroni dormitare interim Demosthenes, Horatio vero etiam Homerus ipse videatur. 25 summi enim sunt, homines tamen, acciditque his, qui, quidquid apud illos reppererunt, dicendi legem putant, ut deteriora imitentur (id enim est facilius) ac se abunde similes putent, si vitia magnorum consequantur. 26 modesto tamen et circumspecto iudicio de tantis viris pronuntiandum est, ne, quod plerisque accidit, damnent quae non intellegunt. ac si necesse est in alteram errare partem, omnia eorum legentibus placere quam multa displicere maluerim.

27 Plurimum dicit oratori conferre Theophrastus lectionem poetarum multique eius iudicium sequuntur, neque inmerito. namque ab his in rebus spiritus et in verbis sublimitas et in adfectibus motus omnis et in personis decor petitur, praecipueque velut attrita cotidiano actu forensi ingenia optime rerum talium blanditia[e] reparantur, ideo-

b) *Rad.:* quin *corr.* **P** quis **G**

c) *ed. Colon.:* utrisque **GH** utile **P** (*om.* **G**)

d) auctores *Becher* optimi auctores *Sarpe:* omi auctores **G** omnes *recc.*

e) *recc.:* libertate **G** ubertate *Kroll* voluptate *ci. Wint.*

scheinen werden, wird man sie dennoch mit Recht heranziehen, um die Streitfrage kennenzulernen, z. B. neben Ciceros Reden die des Tubero gegen Ligarius und des Hortensius für Verres. Weiter! Auch, wie jeder einzelne Redner die gleichen Prozeßaufgaben angepackt hat zu wissen, ist nützlich. Denn über Ciceros Haus hat auch Calidius gesprochen, und für Milo hat auch Brutus zur Übung eine Rede geschrieben, auch wenn Celsus[10] glaubt, er habe sie auch gehalten. 24 Auch Pollio und Messala haben die gleichen Personen verteidigt, und in meiner Knabenzeit galten als ausgezeichnet die Reden des Domitius Afer, Crispus Passienus und Decimus Laelius für Catulus Volusenus. Aber der Leser darf nicht gleich überzeugt sein, alles, was die Verfasser gesprochen haben, sei unbedingt vollkommen. Denn manchmal gleiten sie aus, sind der Last nicht gewachsen und geben dem Genuß ihres eigenen Talentes nach, auch sind sie nicht immer ganz bei der Sache, manchmal werden sie müde: scheint doch dem Cicero zuweilen Demosthenes, ja dem Horaz gar selbst Homer zuweilen im Schlaf zu liegen.[11] 25 Die Besten sind sie nämlich, aber dennoch Menschen, und es passiert denen, die alles, was sie bei den berühmten Autoren gefunden haben, für festes Gesetz halten, daß sie nur das Schlechtere nachahmen – das ist nämlich leichter – und sich für überaus ähnlich halten, wenn sie es zu den Fehlern der Großen bringen. 26 Dennoch muß man bescheiden und vorsichtig über so bedeutende Männer sein Urteil fällen, damit man nicht, was sehr vielen widerfährt, verurteilt, was man nicht versteht. Und wenn man nach einer Seite hin irren müßte, so wollte ich lieber, daß den Lesern alles im Werke der Großen gefiele als daß ihnen vieles mißfiele.

27 Das Meiste, sagt Theophrast[12], bringe dem Redner die *Lektüre der Dichter* ein, und viele folgen seinem Urteil – nicht mit Unrecht; denn bei diesen sucht man für die Gedanken den Geistesfluß, für die Worte die Erhabenheit, für die Leidenschaften jede Art seelischer Bewegung und für die Personen Anmut und Würde, und vor allem werden seine durch das tägliche Auftreten vor Gericht abgespannten Geisteskräfte durch den Liebreiz solcher Werke wieder aufgefrischt; und deshalb meint Cicero[13], bei solcher Lektüre müsse

[10] frg. rhet. 21 Marx.

[11] frg. ep. IX A 4 = p. 37 Weyssenh. (vgl. orat. 29, 104); Hor. a. p. 359 vgl. Plutarch, Cicero 24.

[12] frg. 20 Schmidt.

[13] p. Arch. 6, 12.

que in hac lectione Cicero requiescendum putat. 28 meminerimus tamen, non per omnia poetas esse oratori sequendos nec libertate verborum nec licentia figurarum: genus ostentationi comparatum et praeter id, quod solam petit voluptatem eamque fingendo non falsa modo, sed etiam quaedam incredibilia sectatur, patrocinio quoque aliquo iuvari: 29 quod alligata ad certam pedum necessitatem non semper uti propriis possit, sed depulsa recta via necessario ad eloquendi quaedam deverticula confugiat, nec mutare quaedam[f] modo verba, sed extendere, corripere, convertere, dividere cogatur: nos vero armatos stare in acie et summis de rebus decernere et ad victoriam niti. 30 neque ego arma squalere situ ac rubigine velim, sed fulgorem in iis esse qui[g] terreat, qualis est ferri, quo mens simul visusque praestringitur, non qualis auri argentique, inbellis et potius habenti periculosus.

31 Historia quoque alere oratorem quodam uberi[h] iocundoque suco potest. verum et ipsa sic est legenda, ut sciamus, plerasque eius virtutes oratori esse vitandas. est enim proxima poetis et quodam modo carmen solutum est et scribitur ad narrandum, non ad probandum, totumque opus non ad actum rei pugnamque praesentem, sed ad memoriam posteritatis et ingenii famam componitur: ideoque et verbis remotioribus et liberioribus figuris narrandi taedium evitat. 32 itaque, ut dixi, neque illa Sallustiana brevitas, qua nihil apud aures vacuas atque eruditas potest esse perfectius, apud occupatum variis cogitationibus iudicem et saepius ineruditum captanda nobis est, neque illa Livi lactea ubertas satis docebit eum, qui non speciem expositionis, sed fidem

f) *del. Wint.:* mutare que **G** mutare quaedam *corr.* **T**
g) *Herzog:* fulgore nimis sequi **GH**
h) *Spalding:* moveri **GH**

man Ruhe finden. 28 Indessen sollten wir daran denken, daß der Redner den Dichtern nicht in allem folgen darf: weder in der Freiheit des Wortgebrauches noch in der Kühnheit der Redefiguren; (ferner) daß die ganze Dichtung zur Unterhaltung geschaffen ist und sie, abgesehen davon, daß ihr Ziel nur der Genuß ist und sie dies verfolgt, indem sie nicht nur Unwahres, sondern sogar allerhand Unglaubliches erfindet, auch noch von einem besonderen Fürsprecher unterstützt wird: 29 daß sie nämlich, gebunden an den festen Gang ihrer Versfüße, nicht immer die eigentlichen Ausdrücke verwenden könne, sondern, vom geraden Weg vertrieben, notgedrungen ihre Zuflucht nehmen müsse zu bestimmten Seitenpfaden des Ausdrucks und gezwungen werde, nicht nur manche Wörter zu ändern, sondern sie auch zu dehnen, zu kürzen, umzustellen und zu zerlegen, während wir gewappnet an der Front stehen, um die wichtigsten Entscheidungen kämpfen und um den Sieg ringen. 30 Doch möchte ich nicht, daß unsere Waffen vor Schmutz und Rost starren, sondern daß sie einen Glanz zeigen, der die Feinde schreckt wie der Glanz des Eisens, wodurch Geist und Auge zugleich geblendet wird, nicht wie der von Gold und Silber, der im Kampf ohnmächtig und eher eine Gefahr für seinen Besitzer ist.

31 Auch die *Geschichtsschreibung* kann die Kraft des Redners mit einer Art bekömmlicher angenehmer Kraftkost nähren. Indessen müssen wir auch bei ihr die Lektüre so betreiben, daß wir uns bewußt sind, daß der Redner die meisten ihrer Vorzüge meiden muß. Denn sie steht der Dichtung am nächsten, ist gewissermaßen ein Gedicht ohne die Bindung an Verse; sie wird zum Erzählen verfaßt, nicht zum Beweisen, und alles, was in ihr dargestellt wird, gilt nicht der Rüstung zur Tat und einem gegenwärtigen Kampfgeschehen, sondern der Erinnerung der Nachwelt und dem Ruhm des begabten Erzählers; und deshalb geht es durch fernerliegende Wörter und auch durch freiere Redefiguren dem Überdruß an der Erzählung aus dem Weg. 32 Daher dürfen wir, wie schon gesagt,[14] bei einem Richter, der mit allen möglichen Gedanken beschäftigt und oft auch ein ungebildeter Mann ist, weder auf die Kürze eines Sallust aus sein, die für müßige und gebildete Ohren von unübertrefflicher Vollkommenheit ist, noch wird der mit nahrhafter Milch überquellende Erzählstrom eines Livius einen Mann hinreichend unterrichten, der nicht ein glänzendes Bild der Darstellungsgabe sucht, sondern

[14] s. o. 4, 2, 45.

quaerit. 33 adde quod[i] M. Tullius ne Thucydiden quidem aut Xenophontem utiles oratori putat, quamquam illum 'bellicum canere', huius ore 'Musas esse locutas' existimet. licet tamen nobis in digressionibus uti vel historico nonnumquam nitore, dum in his, de quibus erit quaestio, meminerimus, non athletarum toris, sed militum lacertis ⟨opus⟩[j] esse, nec versicolorem illam, qua Demetrius Phalereus dicebatur uti, vestem bene ad forensem pulverem facere. 34 est et alius ex historiis usus et is quidem maximus, sed non ad praesentem pertinens locum, ex cognitione rerum exemplorumque, quibus in primis instructus esse debet orator, nec omnia testimonia expectet a litigatore, sed pleraque ex vetustate diligenter sibi cognita sumat, hoc potentiora, quod ea sola criminibus odii et gratia[k] vacant.

35 A philosophorum vero lectione ut essent multa nobis petenda, vitio factum est oratorum, qui quidem illis optima sui operis parte cessere[l].nam et de iustis, honestis, utilibus iisque quae sint istis contraria, et de rebus divinis maxime dicunt et argumentantur acriter, et altercationibus atque interrogationibus oratorem futurum optime Socratici[m] praeparant. 36 sed his quoque adhibendum est simile iudicium, ut etiam cum in rebus versemur isdem, non tamen eandem esse condicionem sciamus litium ac disputationum, fori et auditori, praeceptorum et periculorum.

37 Credo exacturos plerosque, cum tantum esse utilitatis in legendo iudicemus, ut id quoque adiungamus operi, qui sint ⟨legendi⟩,[n] quae in auctore quoque praecipua virtus. sed persequi singulos infiniti fuerit

i) *Regius:* audeo quia **G** ideoque *Geel*
j) *add. ed. Colon.*
k) gratiae *Regius*
l) *Rad.* cesserunt *Regius:* censenter **G**
m) *del. Peterson*
n) *add. ed. Colon.*

Glaubwürdigkeit. 33 Man nehme hinzu, daß M. Tullius[15] nicht einmal Thukydides oder Xenophon als nützlich auch für den Redner ansieht, obwohl er von dem ersteren meint, 'er schmettere die Kriegsfanfare', von dem anderen, durch seinen Mund 'hätten die Musen gesprochen'. Dennoch ist es uns gestattet, in Exkursen zuweilen auch von der Pracht des Geschichtsschreibers Gebrauch zu machen, wenn wir nur an den Stellen, um die es in der Untersuchung geht, daran denken, daß nicht die Muskelwülste von Athleten, sondern die kräftigen Arme von Soldaten am Platze sind, und daß die farbenprächtige Tracht, deren sich Demetrius von Phaleron bedient haben soll, im Staub auf dem Forum sich nicht gut macht (nicht viel ausrichten kann). 34 Es gibt noch einen anderen Nutzen aus den Geschichtswerken, und zwar ist dieser der größte, gehört jedoch nicht an den gegenwärtigen Ort: den Nutzen aus der Kenntnis der Ereignisse und historischen Beispiele, mit denen der Redner vor allem ausgerüstet sein muß; soll er doch nicht alle Zeugnisse abwarten, die ihm der Prozeßführende liefert, sondern sie großenteils aus seiner genauen Kenntnis der Vergangenheit nehmen, da diese desto wirkungsvoller sind, weil sie allein der Vorwurf der Gehässigkeit und Begünstigung nicht treffen kann.

35 Daß wir aber vieles aus der Lektüre der *Philosophen* entnehmen müssen, ist durch einen Fehler der Redner gekommen, die ja jenen auf dem edelsten Gebiet, das zum Wirken der Redner gehört, den Platz geräumt haben;[16] denn sowohl über das Gerechte, Ehrenhafte, Nützliche und das dem Entgegengesetzte als auch über das Göttliche reden vor allem die Philosophen und führen scharfsinnige Beweise, und durch ihre Wechselreden und Fragen bereiten die Schriften der Jünger des Sokrates den künftigen Redner aufs beste vor. 36 Aber auch bei diesem gilt es, entsprechend kritisch vorzugehen, so daß wir uns, auch wenn wir uns auf dem gleichen Gebiet befinden, bewußt sind, daß doch die Lage nicht die gleiche ist bei Prozessen und philosophischen Erörterungen, Forum und Hörsaal, Lebensregeln und Lebensgefahren.

37 Ich glaube, da wir der Lektüre eine so große Nützlichkeit zuerkennen, werden sehr viele Leser den dringenden Wunsch haben, ich möchte meinem Werk auch noch die Angabe beigeben, welche Schriftsteller gelesen werden sollen, was (also) bei jedem Autor seine besondere Leistung sei. Jedoch sie alle einzeln durchzugehen, wäre

[15] orat. 12, 39; 19, 62.
[16] vgl. o. 1 praef. 11 ff.

operis. 38 quippe cum in Bruto M. Tullius tot milibus versuum de Romanis tantum oratoribus loquatur et tamen de omnibus aetatis suae, qui quidem tum vivebant,[o] exceptis Caesare atque Marcello, silentium egerit: quis erit modus, si et illos et qui postea fuerunt et Graecos omnis et philosophos? 39 fuit igitur brevitas illa tutissima, quae est[p] apud Livium in epistula ad filium scripta, 'legendos Demosthenen atque Ciceronem, tum ita, ut quisque esset Demostheni et Ciceroni simillimus'. 40 non est dissimulanda nostri quoque iudicii summa. paucos enim vel potius vix ullum ex his, qui vetustatem pertulerunt, existimo posse reperiri, quin iudicium adhibentibus adlaturus sit ulilitatis aliquid, cum se Cicero ab illis quoque vetustissimis auctoribus, ingeniosis quidem, sed arte carentibus, plurimum fateatur adiutum. 41 nec multo aliud de novis[q] sentio: quotus[r] enim quisque inveniri tam demens potest, qui[s] ne minima quidem alicuius certe[t] fiducia partis memoriam posteritatis speraverit? qui si quis est, intra primos statim versus deprehendetur et citius nos dimittet, quam ut eius nobis magno temporis detrimento constet experimentum. 42 sed non quidquid ad aliquam partem scientiae pertinet, protinus ad faciendam etiam phrasin, de qua loquimur, accommodatum.

Verum antequam de singulis loquar, pauca in universum de varietate opinionum dicenda sunt. 43 nam quidam solos veteres legendos putant neque in ullis aliis esse naturalem eloquentiam et robur viris dignum arbitrantur, alios recens haec lascivia deliciaeque et omnia ad voluptatem multitudinis imperitae composita delectant. 44 ipsorum[u] etiam, qui rectum dicendi genus sequi volunt, alii pressa demum

o) *Toernebladh:* quidqui convivebit **GH**
p) *om.* **GH**
q) *Obrecht:* nobis
r) *ed. Colon.:* quot **GH**
s) *ed. Colon.:* inveritande mens potens qui **G(H)**
t) *ed. Camp.:* caeteri **G(H)**
u) *Spalding:* ipso **GH**

eine endlose Aufgabe. 38 Spricht ja doch im ›Brutus‹ M. Tullius in soviel tausend Zeilen nur über die römischen Redner und hat dabei doch alle Redner seiner Zeit, soweit sie noch am Leben waren, mit Ausnahme des Caesar und Marcellus mit Schweigen übergangen; welches Maß wird man noch finden, wenn man auch noch diese und alle, die damals gelebt haben, und noch alle Griechen [auch die Philosophen] einbezieht? 39 So wäre also die kurze Regel am sichersten, wie sie Livius in einem Brief an seinen Sohn[17] gibt: 'Gelesen zu werden verdienen Demosthenes und Cicero, danach dann jeder um so eher, je ähnlicher er Demosthenes und Cicero ist.' 40 Dennoch darf ich nicht verheimlichen, was für mein eigenes Urteil hier entscheidend ist. Wenige nämlich oder besser kaum einer von denen, die die alte Zeit überdauert haben, läßt sich, meine ich, ausfindig machen, der nicht bei kritischer Lektüre etwas Nützliches bieten kann, da ja Cicero[18] bekennt, selbst von den ältesten unserer Schriftsteller, die zwar Talent besaßen, aber noch kunstlos schrieben, viel gelernt zu haben. 41 Doch von den Modernen denke ich nicht viel anders: denn wie selten läßt sich ein solcher Schwachkopf finden, der nicht einmal mit der geringsten Zuversicht doch jedenfalls für irgend etwas in seiner Leistung auf ein Andenken bei der Nachwelt hoffen könnte?[19] Findet sich aber doch so jemand, so wird man es gleich bei den ersten Zeilen entdecken, und er wird uns schneller loskommen lassen, als daß uns diese Kostprobe großen Zeitverlust kostete. 42 Doch nicht alles, was zu irgendeinem Wissensgebiet gehört, ist auch gleich schon zur Förderung des Ausdrucksvermögens, von der wir hier sprechen, das passende Mittel.

Bevor ich aber nun von einzelnen Schriftstellern spreche, sind ein paar Worte im allgemeinen über die verschiedenen Ansichten zu sagen, die hier bestehen. 43 Denn manche Lehrer meinen, nur die Alten verdienten gelesen zu werden, und glauben, bei anderen finde sich nirgends die natürliche Redegabe und urwüchsige Kraft, die sich für Männer schickt; andere aber schwelgen in der Haltlosigkeit und Geziertheit, wie sie neuerdings Mode ist, und allem, was zum Vergnügen der ungebildeten Menge hergestellt wird. 44 Doch auch unter denen, die der richtigen Art zu reden (Stilart) folgen

[17] der uns leider wie auch dessen philosophisch-ästhetische Schriften nicht erhalten ist.

[18] im gerade genannten ›Brutus‹.

[19] In dieser Einsicht liegt nicht zuletzt die frohe Botschaft des Pädagogen Quintilian, die sich ja auch der Philologe gern zu eigen macht.

et tenuia et quae minimum ab usu cotidiano recedant, sana et vere Attica putant, quosdam elatior ingenii vis et magis concitata et plena spiritus capit, sunt etiam levis[v] et nitidi et compositi generis non pauci amatores. de qua differentia disseram diligentius, cum de genere dicendi quaerendum erit: interim summatim, quid et a qua lectione petere possint, qui confirmare facultatem dicendi volent, attingam: 45 paucos (sunt enim eminentissimi) excerpere in animo est. facile est autem studiosis, qui sint[w] his simillimi, iudicare, ne quisquam queratur, omissos forte aliquos, ⟨quos⟩[x] ipse valde probet: fateor enim pluris legendos esse quam qui a me nominabuntur. sed nunc genera ipsa lectionum, quae praecipue convenire intendentibus, ut oratores fiant, existimem, persequor.

46 Igitur, ut Aratus ab Iove incipiendum putat, ita nos rite coepturi ab Homero videmur. hic enim, quem ad modum ex Oceano dicit ipse amnium fontiumque cursus initium capere, omnibus eloquentiae partibus exemplum et ortum dedit. hunc nemo in magnis rebus sublimitate, in parvis proprietate superaverit. idem laetus ac pressus, iucundus et gravis, tum copia tum brevitate mirabilis, nec poetica modo, sed oratoria virtute eminentissimus. 47 nam ut de laudibus, exhortationibus, consolationibus taceam, nonne vel nonus liber, quo missa ad Achillem legatio continetur, vel in primo inter duces illa contentio vel dictae in secundo sententiae omnis litium ac consiliorum explicant

v) *W. Meyer:* lenis
w) *Regius:* sunt **GH**
x) *add. edd. vet.*

wollen, halten die einen nur das Knappe, Schlichte und möglichst wenig vom Alltagsgebrauch Abweichende für gesund und echt attisch, während manche die erhabenere, erregtere und mit Begeisterung erfüllte geniale Sprachgewalt begeistert; doch gibt es auch nicht wenige Liebhaber der glatten, glänzenden und ausgewogenen Art. Über diese Unterscheidung werde ich genauer handeln, sobald wir zur Frage der Stilarten kommen;[20] einstweilen will ich nur im Umriß andeuten, was diejenigen gewinnen können, und aus welcher Lektüre, die ihre Ausdrucksfähigkeit festigen wollen; 45 nur wenige, und zwar die hervorragendsten, gedenke ich herauszugreifen; leicht können aber diejenigen, denen es darum zu tun ist, danach beurteilen, welche Schriftsteller diesen am nächsten kommen, damit sich keiner beschwere, es seien gerade solche ausgelassen, die er selbst sehr gut findet; ich gebe nämlich zu, daß es mehr gibt, die gelesen zu werden verdienen, als die, die ich nennen werde. Doch nun will ich die Lektüre-Gruppen selbst durchgehen, die nach meiner Meinung für Leser, die Redner werden wollen, besonders passend sind.

46 Da nun scheint es uns recht und fromm, so wie Arat[21] glaubt, mit Juppiter habe sein Lied zu beginnen, wenn wir mit *Homer* den Anfang machen. Hat er doch so, wie nach seinen eigenen Worten[22] im Ozean Ströme und Quellen immer wieder ihren Lauf beginnen, allen Bereichen der Beredsamkeit Vorbild und Ursprung geliefert. Niemand könnte ihn bei großen Geschehnissen an Erhabenheit, bei kleinen an treffender Genauigkeit überbieten. Üppig zugleich und schlicht, lieblich und ernst, bald in seiner Fülle, dann wieder in seiner Kürze staunenswert ist er nicht nur an dichterischer, sondern auch an rednerischer Meisterschaft der hervorragendste. 47 Denn, um von seinen Lob-, Mahn- und Trostreden zu schweigen, zeigen nicht schon das neunte Buch, das die Gesandtschaft an Achill enthält,[23] oder im ersten die Streitszene der Anführer oder die Sentenzen, die im zweiten Buch fallen, alle rhetorischen Kunst-

[20] s. u. 12, 10, 63ff. Quintilian beschränkt sich hier auf diese Andeutungen, die seine Vermittlerrolle zwischen den dogmatischen Verehrern und Verächtern der Stil- und Lebensform der 'Alten' erkennen lassen, soweit sie zum Verständnis der Auswahl der Stilmuster nötig ist, die er im Folgenden getroffen hat. Zu Quintilians eigenem rhetorischem Moralismus und seinem Verhältnis zur römischen Stil- und Bildungstradition vgl. das Nachwort.

[21] am Anfang seines Gedichtes von den Himmelserscheinungen.

[22] Il. 21, 196f.

[23] Die Zeugnisse zur 'homerischen Rhetorik' finden sich bei Radermacher, Artium Scriptores, Abh. Ak. Wien 1951.

artes? 48 adfectus quidem vel illos mites vel hos concitatos nemo erit tam indoctus, qui non in sua potestate hunc auctorem habuisse fateatur. age vero, non utriusque operis sui ingressu[y] in paucissimis versibus legem prooemiorum non dico servavit, sed constituit? nam et benevolum auditorem invocatione dearum, quas praesidere vatibus creditum est, et intentum proposita rerum magnitudine et docilem summa celeriter comprensa facit. 49 narrare vero quis brevius quam qui mortem nuntiat Patrocli, quis significantius potest quam qui Curetum Aetolorumque proelium exponit? iam similitudines, amplificationes, exempla, digressus, signa rerum et argumenta cetera quaeque probandi ac refutandi sunt ita multa, ut etiam qui de artibus scripserunt plurima earum rerum testimonia ab hoc poeta petant. 50 nam epilogus quidem quis umquam poterit illis rogantis Achillen Priami precibus aequari? quid? in verbis, sententiis, figuris, dispositione totius operis nonne humani ingenii modum excedit? ut magni sit virtutes eius non aemulatione, quod fieri non potest, sed intellectu sequi. 51 verum hic omnis sine dubio et in omni genere eloquentiae procul a se reliquit, epicos tamen praecipue, videlicet quia durissima in materia simili[z] comparatio est. 52 raro assurgit Hesiodus magnaque pars eius in nominibus est occupata, tamen utiles circa praecepta sententiae levitasque verborum et compositionis probabilis, daturque ei palma in illo mediocri[a] genere dicendi. 53 contra in Antimacho vis et gravitas et minime volgare eloquendi genus habet laudem. sed quamvis ei secundas fere grammaticorum consensus deferat, et adfectibus et iocunditate et dispositione et omnino arte deficitur, ut plane manifesto appa-

y) *Badius:* ingressus
z) *ed. Gryph.:* similis
a) *recc.:* medio **GH**

mittel im Streit vor Gericht und im Rat? 48 Bei seinen Gefühlswirkungen ja nun, seien es im einen Fall die ruhigeren, im anderen die erregten, wird keiner so ungebildet sein, daß er nicht zugäbe, dieser Meister habe sie in seiner Gewalt. Hat er aber denn nicht gar am Eingang seiner beiden Werke in einer Handvoll Versen die Grundregel für alle Prooemien, ich will nicht sagen, beachtet, sondern festgelegt? Denn sowohl wohlwollend macht er den Zuhörer durch die Anrufung der Göttinnen, in deren Obhut man sich die Sänger gedacht hat, als auch gespannt durch die Größe der Ereignisse, die er ankündigt, und auch aufnahmebereit dadurch, daß er das Ganze schnell umreißt. 49 Zu erzählen aber – wer vermöchte es kürzer als der, der den Tod des Patroklos meldet,[24] wer anschaulicher als der, der den Kampf der Kureten und Ätoler[25] darstellt? Ferner die Gleichnisse, Steigerungen, Beispiele, Exkurse, Sachindizien und die anderen Mittel jeweils zum Beweisen und Widerlegen sind so zahlreich, daß sogar die Verfasser von rhetorischen Lehrbüchern die meisten Zeugnisse hierfür bei unserem Dichter suchen. 50 Welcher Redeschluß könnte denn gar an die Bitten herankommen, mit denen Priamus Achill angeht?[26] Weiter! In seinem Wortschatz, seinen Sentenzen, Redefiguren und der Anlage des ganzen Werkes, übersteigt er da nicht die Grenzen, die dem menschlichen Geist gesetzt sind? – weshalb es schon viel ist, seinen Vorzügen nicht im Wetteifer, was ja unmöglich ist, wohl aber mit Verständnis beizukommen! 51 Tatsächlich hat dieser Dichter ohne Zweifel alle anderen in jeder Art der Beredsamkeit weit hinter sich gelassen, besonders indessen die Epiker; denn bei dem ähnlichen Stoff ist natürlich das Vergleichen am härtesten (für die Betroffenen). 52 Selten nimmt *Hesiod* einen Aufschwung, und ein großer Teil seines Werkes beschäftigt sich mit Namen; jedoch sind seine Sentenzen wegen ihrer Lebensregeln nützlich, die Glätte der Wörter, die er verwendet hat, und ihre Fügung ist zu loben, und er verdient den Siegesplatz in der sogenannten mittleren Stilart. 53 Dagegen findet bei *Antimachus* Kraft, Ernst und die allem Gewöhnlichen abgewandte Art seines Ausdrucks Lob. Jedoch obwohl ihm gewöhnlich das übereinstimmende Urteil der Literaturlehrer den zweiten Platz zuerkennt, fehlt es ihm an Gefühlswirkungen, Liebreiz, planvoller Anlage und überhaupt an Kunst, so daß es ganz handgreiflich

[24] Il. 18, 20ff. (Antilochos).
[25] Il. 9, 529ff. (Nestor).
[26] Il. 24, 486ff.

reat, quanto sit aliud proximum esse, aliud secundum. 54 Panyasin, ex utroque mixtum, putant in eloquendo neutrius aequare virtutes, alterum tamen ab eo materia, alterum disponendi ratione superari. Apollonius in ordinem a grammaticis datum non venit, quia Aristarchus atque Aristophanes poetarum iudices[b] neminem sui temporis in numerum redegerunt, non tamen contemnendum reddidit[c] opus aequali quadam mediocritate. 55 Arati materia motu caret, ut in qua nulla varietas, nullus adfectus, nulla persona, nulla cuiusquam sit oratio, sufficit tamen operi, cui se aequalem credidit. admirabilis in suo genere Theocritus, sed[d] musa illa rustica et pastoralis non forum modo, verum ipsam etiam urbem reformidat. 56 audire videor undique congerentis nomina plurimorum poetarum. quid? Herculis acta non bene Pisandros? quid? Nicandrum frustra secuti Macer atque Vergilius? quid? Euphorionem transibimus? quem nisi probasset Vergilius idem, numquam certe 'conditorum Chalcidico versu carminum' fecisset in Bucolicis mentionem. quid? Horatius frustra Tyrtaeum Homero subiungit? 57 nec sane quisquam est tam procul a cognitione eorum remotus, ut non indicem certe ex bibliotheca sumptum transferre in libros suos possit. nec ignoro igitur quos transeo nec utique damno, ut qui dixerim esse in omnibus utilitatis aliquid. 58 sed ad illos iam perfectis constitutisque viribus revertemur, quod in cenis grandibus saepe facimus, ut, cum optimis satiati sumus, varietas tamen nobis ex vilioribus grata sit. tunc et elegiam vacabit in manus sumere, cuius

b) **EPVW**: poetarum iudicium **GH** *del. Osann*
c) *Halm:* reddit **GH** edidit E X (Parisin. 7696) Y Par. 7231 *Wint.*
d) et **GH**

zum Vorschein kommt, wie sehr es etwas anderes heißen will, der Nächste zu sein, als der Zweite. 54 *Panyasis*, eine Mischung aus Hesiod und Antimachus, hat, wie man glaubt, im Ausdruck die Vorzüge keines der beiden erreicht, übertrifft jedoch den einen durch das Thema[27], das er sich gewählt hat, den anderen durch seine überlegte Anordnung. *Apollonius* ist in die von den Literaturlehrern aufgestellte Rangordnung nicht aufgenommen, weil Aristarch und Aristophanes[28], die das Urteil über die Dichter (in Alexandria) fällten, keinen Dichter ihrer eigenen Zeit in die Liste aufnahmen, hat jedoch eine gar nicht verächtliche Leistung geschaffen in einer Art gleichmäßiger Mittellage. 55 Der Stoff des *Arat* ist ganz ohne Leben, gibt es doch in ihm keine Abwechslung, keine Gefühlswirkungen, keine Person und niemanden, der je ein Wort spricht, jedoch hat er der Aufgabe Genüge getan, der er sich gewachsen gefühlt hat. Bewundernswert in seiner Dichtart ist *Theokrit*, aber seine ländliche Hirtenmuse scheut nicht nur vor dem Forum, sondern gar vor der Großstadt überhaupt zurück. 56 Ich glaube zu hören, wie man mich nun von allen Seiten mit einer Unzahl von Dichternamen überhäuft: Wie? Die Taten des Herakles von *Pisandros* seien nicht gut? Wie? Dem *Nikandros* hätten vergebens Macer und Vergil sich angeschlossen? Wie, *Euphorion* sollen wir übergehen? Hätte ihn nicht ebenfalls Vergil anerkannt, hätte er gewiß niemals in den ›Bucolica‹[29] 'der Lieder, in Versen aus Chalkis gebaut' Erwähnung getan. Wie? Stellt Horaz[30] vergebens *Tyrtaios* gleich hinter Homer? 57 Aber freilich ist ja kein Mensch so weit weg von allem, was die Kenntnis dieser Dichter betrifft, daß er nicht jedenfalls einen Katalog aus einer Bibliothek in seine eigenen Bücher übertragen könnte. Ich kenne sie also auch durchaus, die ich übergehe, und verwerfe sie keineswegs, habe ich doch erklärt, in allen fände sich irgend etwas Nützliches.[31] 58 Aber wir werden dann zu ihnen zurückkehren, wenn wir schon über ausgereifte, zuverlässige Kräfte verfügen, wie es ja auch oft bei opulenten Mahlzeiten geschieht, daß uns, wenn wir uns am Besten sattgegessen haben, zur Abwechslung doch auch vom Einfacheren etwas willkommen ist. Dann werden wir Zeit

[27] die Taten des Herakles.

[28] aus Byzanz. Er und sein Schüler Aristarch von Samothrake sind die berühmtesten Philologen der Antike am Ptolemäerhof in Alexandria. 'poetarum iudices' mag in diesem Sinne als alte Erläuterung in den Text gedrungen sein.

[29] ecl. 10, 50.

[30] Hor. a. p. 402.

[31] s. o. § 45.

princeps habetur Callimachus, secundas confessione plurimorum Philetas occupavit. 59 sed dum adsequimur illam firmam, ut dixi, facilitatem, optimis adsuescendum est et multa magis quam multorum lectione formanda mens et ducendus color. itaque ex tribus receptis Aristarchi iudicio scriptoribus iamborum ad ἕξιν[e] maxime pertinebit unus Archilochus. 60 summa in hoc vis elocutionis, cum validae tum breves vibrantesque sententiae, plurimum sanguinis atque nervorum, adeo ut videatur quibusdam, quod quoquam minor est, materiae esse, non ingenii vitium. 61 novem vero lyricorum longe Pindarus princeps spiritus magnificentia, sententiis, figuris, beatissima rerum verborumque copia et velut quodam eloquentiae flumine: propter quae Horatius eum merito credidit nemini imitabilem. 62 Stesichorum,[f] quam sit ingenio validus, materiae quoque ostendunt, maxima bella et clarissimos canentem duces et epici carminis onera lyra sustinentem. reddit enim personis in agendo simul loquendoque debitam dignitatem, ac si tenuisset modum, videtur aemulari proximus Homerum potuisse, sed redundat atque effunditur, quod ut est reprehendendum, ita copiae vitium est. 63 Alcaeus in parte operis 'aureo plectro' merito donatur, qua tyrannos insectatus multum etiam moribus confert, in eloquendo quoque brevis et magnificus et diligens et plerumque oratori[g] similis, sed et lusit et in amores descendit, maioribus tamen aptior. 64 Simonides, tenuis alioqui, sermone proprio et iocunditate quadam commen-

e) *Philander:* haec **G** exitum **VW**
f) *Badius:* iste sichorus **GH**
g) *ed. Colon.:* orationis **GH**

haben, auch die elegische Dichtung zur Hand zu nehmen, als deren Meister *Kallimachos* gilt, während den zweiten Platz nach der Überzeugung der meisten *Philetas* eingenommen hat. 59 Aber bis wir, wie gesagt, jene sichere Geläufigkeit erreichen, heißt es sich mit dem Besten vertraut machen, den Geist mehr durch vielfache als durch vielfältige Lektüre zur Reife bilden und eigene Farbe gewinnen. Deshalb wird von den drei Jambendichtern, die man nach dem Urteil des Aristarch in die Rangordnung aufgenommen hat, allein *Archilochus* am meisten zu jener ἕξις[32] beitragen. 60 Äußerst stark ist bei diesem die Kraft seines Ausdrucks, kräftige, aber auch kurze und sicher treffende Sentenzen, ein Übermaß an Blut und Muskelkraft, so außerordentlich, daß es manchen scheint, die Tatsache, daß er überhaupt hinter irgend jemand zurückstehe, sei durch seinen Stoff[33] verschuldet, nicht durch sein Talent. 61 Unter den neun Lyrikern aber steht mit Abstand an erster Stelle *Pindar* durch die Großartigkeit seiner Begeisterung, die Sentenzen, Redefiguren, die überreiche Fülle seiner Gedanken und Worte und gleichsam durch einen Strom mitreißender Beredsamkeit; aus diesem Grunde hat ihn ja Horaz[34] zu Recht für ganz unnachahmlich gehalten. 62 Den *Stesichoros* in der ganzen Stärke seines Talentes zeigen auch die Stoffe, die er sich wählt, wenn er die größten Kriege und berühmtesten Feldherrn besingt und mit seiner Lyra die schwere Bürde des epischen Gedichtes auf sich nimmt. Denn er verleiht seinen Personen in ihren Taten zugleich und ihren Worten die gebührende Würde, und, hätte er nur Maß gehalten, so hätte er, scheint es, im Wettbewerb mit Homer der Nächste sein können, aber er geht ins Uferlose und vergeudet seine Kraft, was ja gewiß zu tadeln ist, aber immerhin als ein Mangel seines Reichtums. 63 *Alkaios* verdient gewiß die Auszeichnung 'mit dem goldenen Plektron'[35] da in seinem Werk, wo er bei der Geißelung der Tyrannei auch in seinen sittlichen Grundsätzen viel zu bieten hat, ist auch im Ausdruck knapp, bedeutend, sauber und oft genug wie ein Redner, aber er hat auch gescherzt und sich zu Liebesabenteuern herabgelassen – zu Höherem doch eher geschaffen.[36] 64 *Simonides*, eigentlich recht schlicht im Ausdruck, kann in der Natürlichkeit, mit der er spricht, und einer gewissen

[32] wie man im Sport von 'Kondition' spricht.

[33] vgl. o. Anm. 3.

[34] c. 4, 2.

[35] Hor. c. 2, 13, 26f.

[36] Beachte den horazisch-lyrischen Anklang in dieser Würdigung.

dari potest, praecipua tamen eius in commovenda miseratione virtus, ut quidam in hac eum parte omnibus eiusdem operis auctoribus praeferant.

65 Antiqua comoedia cum sinceram illam sermonis Attici gratiam prope sola retinet, tum facundissimae libertatis, et si est in sectandis[h] vitiis praecipua, plurimum tamen virium etiam in ceteris partibus habet. nam et grandis et elegans et venusta, et nescio an ulla, post Homerum tamen, quem ut Achillem semper excipi par est, aut similior sit oratoribus aut ad oratores faciendos aptior. 66 plures eius auctores. Aristophanes tamen et Eupolis Cratinusque praecipui. tragoedias primus in lucem Aeschylus protulit, sublimis et gravis et grandiloquus saepe usque ad vitium, sed rudis in plerisque et incompositus: propter quod correctas eius fabulas in certamen deferre posterioribus poetis Athenienses permisere. suntque eo modo multi coronati. 67 sed longe clarius inlustraverunt hoc opus Sophocles atque Euripides, quorum in dispari dicendi via uter sit poeta melior, inter plurimos quaeritur. idque ego sane, quoniam ad praesentem materiam nihil pertinet, iniudicatum relinquo. illud quidem nemo non fateatur necesse est, his, qui se ad agendum comparant, utiliorem longe fore Euripiden. 68 namque is et sermone (quod ipsum reprehendunt quibus gravitas et cothurnus et sonus Sophocli videtur esse sublimior) magis accedit oratorio generi et sententiis densus et illis, quae a sapientibus tradita sunt, paene ipsis par, et dicendo ac respondendo cuilibet eorum, qui fuerunt in foro diserti, comparandus, in adfectibus vero cum omnibus mirus, tum in his, qui in miseratione constant, facile praecipuus. 69 hunc et admiratus maxime est, ut saepe testatur, et secutus, quamquam in opere diverso, Menander, qui vel unus meo quidem

h) *ci. Rad.*: insectandis **GH**

Lieblichkeit eine Empfehlung finden, jedoch ist seine besondere Stärke die Weckung des Mitleides, worin ihn manche allen anderen Künstlern dieser Gattung vorziehen.

65 Die alte Komödie bewahrt fast allein den unverfälschten Zauber der attischen Sprache und besitzt zumal die Freiheit, in der sich hier die größte Redefertigkeit ergeht, und, besonders hervorragend bei der Geißelung der Laster, besitzt sie doch auch in ihren übrigen Teilen[37] das Höchste an Kraft; denn sie ist sowohl erhaben wie auch erlesen und lieblich, und ich weiß nicht, ob irgendeine Dichtung – nach Homer indessen, der, versteht sich, wie Achill immer gesondert zählt – der Kunst der Rede näherkommt oder auch besser geeignet ist, jemanden zum Redner zu machen. 66 Komödiendichter gibt es in größerer Zahl, jedoch *Aristophanes* sowie *Eupolis* und *Kratinos* sind die hervorragendsten. Die Tragödien hat als erster *Aischylos* zu Ansehen gebracht, erhaben, ernst und groß in seinen Worten oft bis zum Fehlerhaften, jedoch an sehr vielen Stellen noch ungeglättet und ungeordnet – weswegen die Athener es späteren Dichtern gestatteten, seine Stücke in verbesserter Form zum Wettbewerb zu stellen. Und auf diese Art haben viele den Siegerkranz errungen. 67 Doch weit glänzender haben die Tragödiendichtung *Sophokles* und *Euripides* zum Ruhm gebracht, wobei die Frage, da sie in ihrer Sprache so ganz verschiedene Wege gehen, unter den Kritikern immer wieder gestellt wird, wer von ihnen der bessere Dichter sei. Doch das kann ich ja nun hier, da es für unsere augenblickliche Betrachtung keine Bedeutung hat, unentschieden lassen. Die Tatsache freilich nur muß gewiß jeder anerkennen, daß für Redner, die vor Gericht aufzutreten sich rüsten, Euripides weit nützlicher sein wird. 68 Denn dieser kommt schon in seiner Sprache dem Stil des Redners näher – was gerade diejenigen tadeln, denen der feierliche Ernst, das Hochtrabende und der volle Ton des Sophokles erhabener zu sein scheint –, ferner ist er in seinen Sentenzen gehaltvoll und selbst dem, was von den Philosophen gelehrt wird, fast ebenbürtig, und auch in seinen Reden und Antworten hält er mit jedwedem, der sich je auf dem Forum einen Namen gemacht hat, den Vergleich aus; bei den Gefühlswirkungen gar ist er zwar in allen bewunderswert, zumal aber in denen, die dem Mitleid dienen, wohl der Hervorragendste. 69 Bewundert hat ihn vor allem und auch, wie oft bezeugt wird, – wenn auch für eine andere dichterische Aufgabe – zum Vorbild genommen *Menander,* der

[37] nämlich neben der Parabase, die unmittelbar zum Zuhörer spricht.

iudicio diligenter lectus ad cuncta, quae praecipimus, effingenda sufficiat: ita omnem vitae imaginem expressit, tanta in eo inveniendi copia et[i] eloquendi facultas, ita est omnibus rebus, personis, adfectibus accommodatus. 70 nec nihil profecto viderunt, qui orationes, quae Charisi nomine eduntur, a Menandro scriptas putant. sed mihi longe magis orator probari in opere suo videtur, nisi forte aut illa [mala][j] iudicia, quae Epitrepontes, Epicleros, Locroe habent, aut meditationes in Psophodee, Nomothete, Hypobolimaeo non omnibus oratoriis numeris sunt absolutae. 71 ego tamen plus adhuc quiddam conlaturum eum declamatoribus puto, quoniam his necesse est secundum condicionem controversiarum plures subire personas, patrum filiorum, ⟨caelibum⟩[k] maritorum, militum rusticorum, divitum pauperum, irascentium deprecantium, mitium asperorum. in quibus omnibus mire custoditur ab hoc poeta decor. 72 atque ille quidem omnibus eiusdem operis auctoribus abstulit nomen et fulgore quodam suae claritatis tenebras obduxit. habent tamen alii quoque comici, si cum venia legantur, quaedam quae possis decerpere, et praecipue Philemon, qui ut prave sui temporis iudiciis Menandro saepe praelatus est, ita consensu tamen omnium meruit credi secundus.

73 Historiam multi scripsere praeclare, sed nemo dubitat longe duos ceteris praeferendos, quorum diversa virtus laudem paene est parem

i) *ed. Jens.*: copiae **GH**
j) *del. ap. Rad.*: *om.* **E**
k) *add. Spalding*

schon allein, wenn man ihn nur gründlich liest, wenigstens nach meinem Dafürhalten genügt, alles, was zu unserer Lehre gehört, zutage zu fördern: so vollkommen hat er ein vollständiges Bild des menschlichen Lebens und Treibens ausgeführt, so groß ist bei ihm die Fülle der Erfindung und die Fähigkeit des Ausdrucks, so vollkommen geht er auf in allen Lagen, Personen und Gefühlsstimmungen. 70 Und gewiß haben die etwas Richtiges gesehen, die die Reden, die man unter dem Namen des Charisius[38] veröffentlicht, für von Menander verfaßt halten. Doch weit mehr scheint er mir sich in seinem eigentlichen Werk als Redner zu erweisen,[39] es zeige denn jemand, daß die Gerichtsszenen, die die ›Epitrépontes‹ (das Schiedsgericht), die ›Epíkleros‹ (Die Erbtochter) und die ›Lócroe‹ (die Lokrer) enthalten, oder auch daß die Betrachtungen, die im ›Psophódes‹ (Angsthasen), im ›Nomothétes‹ (Gesetzgeber) und im ›Hypobolimaîos‹ (dem untergeschobenen Sohn) vorgetragen werden, nicht vollkommen nach allen Regeln der Redekunst gearbeitet sind. 71 Ich glaube indessen, daß er zudem für die Deklamationsvorträge besonders viel bieten kann, weil ja die Deklamierenden entsprechend der jeweiligen Aufgabe in der Kontroversie[40] mehrere Rollen übernehmen müssen, die von Vätern und Söhnen, von Junggesellen und Ehemännern, von Soldaten und Landwirten, von Reichen und Armen, von Zürnenden und um Verzeihung Bittenden, von Sanften und Rauhen. In allen diesen Typen wahrt unser Dichter aufs erstaunlichste alles, was zu ihnen paßt. 72 Und er hat zwar alle Dichter auf dem gleichen Gebiet um ihre Namen gebracht und sie durch den Glanz seiner eigenen Berühmtheit in Finsternis gehüllt. Dennoch besitzen auch andere Komödiendichter, wenn man sie mit Nachsicht liest, manches, das herauszupflücken lohnt, und zwar besonders *Philemon*, der zwar verkehrterweise in der zeitgenössischen Kritik oft über Menander gestellt worden ist, es jedoch nach übereinstimmender Ansicht aller verdient, als der Zweite zu gelten.

73 *Geschichte* haben viele geschrieben, die sich damit einen Namen gemacht haben, aber niemand ist im Zweifel, daß zwei weit

[38] einem Redner am Ende der attischen Blütezeit um 300 v. Chr.

[39] Die ausführliche Würdigung dieses Klassikers der 'neuen attischen Komödie' entspricht der überragenden Rolle, die Menander im Literaturunterricht eingenommen hat, einer Rolle, die dann im lateinischen Schulunterricht Terenz gerade auch mit seinen Komödien nach Stücken des Menander übernehmen konnte.

[40] den Übungsreden im Streit vor Gericht.

consecuta. densus et brevis et semper instans sibi Thucydides, dulcis et candidus et fusus Herodotus: ille concitatis, hic remissis adfectibus melior, ille contionibus, hic sermonibus, ille vi, hic voluptate. 74 Theopompus his proximus ut in historia praedictis minor, ita oratori magis similis, ut qui, antequam est ad hoc opus sollicitatus, diu fuerit orator. Philistus quoque meretur qui turbae quamvis bonorum post eos auctorum eximatur, imitator Thucydidi et ut multo infirmior, ita aliquatenus lucidior. Ephorus, ut Isocrati visum, calcaribus eget. Clitarchi probatur ingenium, fides infamatur. 75 longo post intervallo temporis natus Timagenes vel hoc est ipso probabilis, quod intermissam historias scribendi industriam nova laude reparavit. Xenophon non excidit mihi, sed inter philosophos reddendus est.

76 Sequitur oratorum ingens manus, ut cum decem simul Athenis aetas una tulerit. quorum longe princeps Demosthenes ac paene lex orandi fuit: tanta vis in eo, tam densa omnia, ita quibusdam nervis intenta sunt, tam nihil otiosum, is dicendi modus, ut nec quod desit in eo nec quod redundet invenias. 77 plenior Aeschines et magis fusus et grandiori similis, quo minus strictus est, carnis tamen plus habet, minus lacertorum. dulcis in primis et acutus Hyperides, sed minoribus causis, ut non dixerim vilioribus,[1] magis par. 78 his aetate Lysias maior, subtilis atque elegans et quo nihil, si oratori satis sit docere, quaeras perfectius: nihil enim est inane, nihil arcessitum, puro tamen fonti quam magno flumini propior. 79 Isocrates in diverso genere

1) *Kroll:* utilior

über alle anderen zu stellen sind, deren so verschiedene Art der Meisterschaft fast gleiche Anerkennung gefunden hat: Dicht gedrängt und knapp und immer im Ringen mit sich selbst *Thukydides;* lieblich, lauter und gelöst *Herodot;* der erstere besser in den erregten, der andere in den ruhigeren Gefühlswirkungen, der eine in Volksreden, der andere im Gespräch, der eine, wo die Gewalt, der andere, wo der Liebreiz des Ausdrucks entscheidet. 74 *Theopomp*, im Rang diesen der Nächste, steht zwar in seiner Geschichtsschreibung den Genannten nach, ist aber einem Redner ähnlicher, wie er denn ja, bevor er sich zu seinem Werk hat anregen lassen, lange Zeit Redner war. Auch *Philistos* verdient es, aus der Schar der auch noch guten Schriftsteller, die auf die beiden folgen, herausgehoben zu werden, ein Nachahmer des Thukydides, einerseits zwar viel schwächer, dafür andererseits ein Gutteil klarer. *Ephoros* braucht, wie es Isokrates schien,[41] die Anspornung. An *Kleitarchos* wird das Talent gelobt, die Zuverlässigkeit geschmäht. 75 Der lange Zeit später geborene *Timagenes*[42] verdient schon eben dafür Anerkennung, daß er die abgerissene Tradition, sich der Geschichtsschreibung zu widmen, erfolgreich wieder aufnahm. *Xenophon* ist mir nicht entfallen, er wird jedoch unter die Philosophen gestellt werden müssen.

76 Es folgt die gewaltige Schar der *Redner*, von denen ja schon *ein* Zeitalter in Athen zehn hervorgebracht hat. Unter diesen war *Demosthenes* bei weitem der bedeutendste und fast die Gesetzesnorm aller Redekunst: so groß ist seine Sprachgewalt, so dicht gedrängt alles, was er sagt, so wie mit Muskeln gestrafft, so wenig gibt es je Müßiges bei ihm, derart maßvoll ist seine Rede, daß man bei ihm weder ein Wort entdecken kann, das fehlt, noch eines, das überflüssig ist. 77 Voller ist *Aischines,* breiter und dadurch dem Erhabeneren ähnlich, daß er weniger straff ist; jedoch hat er nur mehr Fleisch, weniger Muskelkraft; lieblich vor allem und scharfsinnig ist *Hypereides*, doch nur kleineren Fällen, um nicht zu sagen von Nutzen, so doch eher gewachsen. 78 Älter als diese ist *Lysias*, feiner und gewählt, und das mit solcher Meisterschaft, daß man, wenn es für einen Redner genügte, die Zuhörer zu unterrichten, etwas Vollkommeneres nicht suchen müßte; denn da gibt es nichts Leeres, nichts Hergeholtes, jedoch steht er einer reinen Quelle näher als einem großen Strom. 79 *Isokrates* hat in einer anderen Stilart,

[41] vgl. de orat. 3, 10, 36.

[42] unter Augustus schreibende.

dicendi nitidus et comptus et palaestrae quam pugnae magis accommodatus omnis dicendi veneres sectatus est, nec immerito: auditoriis enim se, non iudiciis compararat: in inventione facilis, honesti studiosus, in compositione adeo diligens, ut cura eius reprehendatur. 80 neque ego in his, de quibus sum locutus, has solas virtutes, sed has praecipuas puto, nec ceteros parum fuisse magnos. quin etiam Phalerea illum Demetrium, quamquam is primus inclinasse eloquentiam dicitur, multum ingenii habuisse et facundiae fateor, vel ob hoc memoria dignum, quod ultimus est fere ex Atticis, qui dici possit orator, quem tamen in illo mediocri genere dicendi praefert omnibus Cicero.

81 Philosophorum, ex quibus plurimum se traxisse eloquentiae M. Tullius confitetur, quis dubitet Platonem esse praecipuum sive acumine disserendi sive eloquendi facultate divina quadam et Homerica? multum enim supra prorsam orationem et quam pedestrem Graeci vocant surgit, ut mihi non hominis ingenio, sed quodam Delphico videatur oraculo dei instinctus. 82 quid ego commemorem Xenophontis illam iocunditatem inadfectatam, sed quam nulla consequi adfectatio possit? ut ipsae sermonem finxisse Gratiae videantur et, quod de Pericle veteris comoediae testimonium est, in hunc transferri iustissime possit, in labris eius sedisse quandam persuadendi deam. 83 quid reliquorum Socraticorum elegantiam? Quid Aristotelen? quem dubito scientia

glänzend[43] und gepflegt und mehr auf die Ringschule als den Kampf eingestellt, alle Reize der Redeaufgeboten, und das mit gutem Recht; denn er hatte sich für den Vortragssaal gerüstet, nicht für den Gerichtshof. In der Erfindung ist er gewandt, auf Moral und Anstand sehr bedacht, in der Wortfügung so gewissenhaft, daß man die Sorgfalt, die er aufwendet, tadeln könnte. 80 Ich halte nun weder diese Vorzüge bei den Rednern, von denen ich gesprochen habe, für die einzigen, vielmehr für ihre vorzüglichsten, noch glaube ich, daß die übrigen[44] Redner nicht auch recht bedeutend gewesen seien; ja sogar daß der *Demetrios* von Phaleron viel Talent besessen habe, will ich gern zugeben, obwohl man von ihm sagt, er habe zuerst die Beredsamkeit zum Sinken gebracht;[45] er ist ja schon deshalb der Erwähnung würdig, weil er wohl der letzte Attiker ist, den man einen Redner nennen kann, und immerhin einen Redner, den in der mittleren Stilgattung Cicero allen vorzieht[46].

81 Unter den *Philosophen* nun, von denen für seine Beredsamkeit den größten Nutzen gezogen zu haben Cicero bekennt,[47] wer könnte da bezweifeln, daß es *Plato* ist, dem die Führung gebührt ebensosehr wegen des scharfen Verstandes in seinen Erörterungen wie auch wegen seiner geradezu göttlichen und homerischen Ausdrucksgabe? Denn so weit erhebt er sich über den Ton der Prosarede und das, was die Griechen den 'Fußweg der Rede' nennen, daß er nicht von menschlichem Geist, sondern wie durch das Delphische Orakel des Gottes (Apollo) erleuchtet zu sein scheint. 82 Was brauche ich die Lieblichkeit des *Xenophon* zu erwähnen, die so ungesucht wirkt und die doch niemand mit aller Anstrengung des Suchens erreichen könnte? Scheinen doch die Grazien selbst seine Sprache geformt zu haben und es sich mit bestem Recht auf ihn übertragen lassen, was die Alte Komödie für Perikles bezeugt[48]: auf seine Lippen habe geradezu die Göttin der Überredung selbst ihre Wohnstätte. 83 Wozu viele Worte über den erlesenen Ausdruck der anderen *Schüler des Sokrates?*[49] Oder über *Aristoteles*, von dem ich nicht weiß. ob ich in seinem

[43] von dem Salböl der Palästra.

[44] der zehn als musterhaft anerkannten.

[45] vgl. Cicero im ›Brutus‹ 38.

[46] Cic. orat. 27, 92.

[47] vgl. z. B. orat. 3, 11.

[48] vgl. Eupolis frg. 94 Kock.

[49] unter denen außer den Genannten vor allem Aischines v. Spettos und Antisthenes, von denen wir nur noch kümmerliche Fragmente besitzen, gern gelesen wurden.

rerum an scriptorum copia an eloquendi [usu][m] suavitate an inventionum acumine an varietate operum clariorem putem. 84 nam in Theophrasto tam est loquendi nitor ille divinus, ut ex eo nomen quoque traxisse dicatur. minus indulsere eloquentiae Stoici veteres, sed cum honesta suaserunt, tum in conligendo probandoque quae instituerant plurimum valuerunt, rebus tamen acuti magis quam, id quod sane non adfectaverunt, oratione magnifici.

85 Idem nobis per Romanos quoque auctores ordo ducendus est. itaque ut apud illos Homerus, sic apud nos Vergilius auspicatissimum dederit exordium, omnium eius generis poetarum Graecorum nostrorumque haut dubie ⟨ei⟩[n] proximus. 86 utar enim verbis isdem, quae ex Afro Domitio iuvenis excepi, qui mihi interroganti, quem Homero crederet maxime accedere: secundus, inquit, est Vergilius, propior tamen primo quam tertio. et hercule ut illi naturae caelesti atque inmortali cesserimus, ita curae et diligentiae vel ideo in hoc plus est, quod ei fuit magis laborandum, et quantum eminentibus vincimur, fortasse aequalitate pensamus. ceteri omnes longe sequentur. 87 nam Macer et Lucretius legendi quidem, sed non ut phrasin, id est corpus eloquentiae faciant, elegantes in sua quisque materia, sed alter humilis, alter difficilis. Atacinus Varro in his, per quae nomen est adsecutus, interpres operis alieni, non spernendus quidem, verum ad augendam facultatem

m) *del. Wint. (Regius)*: usus **G** usu **E** *om.* Oxon. 13. vi ac *ci. Geel*
n) *add. Halm*

Sachwissen, ob in dem Reichtum, den seine Schriften bergen, ob in der Kraft und Süße seines Ausdrucks, ob in dem Scharfsinn seiner Einfälle oder in der bunten Vielfalt seiner Werke eher die Quelle seines Ruhmes sehen soll? 84 *Theophrast* zeigt ja auch im Ausdruck den göttlichen Glanz, durch den er ja sogar seinen jetzigen Namen gewonnen haben soll.[50] Weniger Mühe auf die Kunst ihrer Beredsamkeit verwendet haben die *Stoiker* der alten Zeit, aber sie haben heilsame Morallehren gegeben und haben zumal in der Schluß- und Beweisform, in der sie ihre Lehre dargeboten hatten, ihre besondere Stärke, wobei indessen mehr der Scharfsinn ihrer Gedanken wirkt als – was sie ja freilich auch nicht gesucht haben – die Pracht ihrer Rede.[51]

85 Die gleiche Reihenfolge soll uns nun auch durch *die römischen Schriftsteller* geleiten. Deshalb kann wie bei den griechischen Schriftstellern Homer, so bei uns *Vergil* am besten den glückverheißenden Anfang bilden, hat er doch unter allen Dichtern der Griechen und unserer Heimat in dieser Gattung zweifellos Anspruch auf den nächsten Platz. 86 Ich will mich nämlich der gleichen Worte bedienen, die ich als junger Mann von Domitius Afer als Antwort erhalten habe, der zu mir auf meine Frage, wer nach seiner Meinung Homer am nächsten käme, sagte: ‘Der Zweite ist Vergil, jedoch dabei dem Ersten näher als dem Dritten.’ Und ja, beim Herkules, mögen wir auch hinter der himmlischen und unsterblichen Naturkraft ihres Dichters zurückstehen, so zeigt der unsere doch mehr Liebe und Sorgfalt – schon deshalb, weil er sich mehr hat mühen müssen, und das, was wir an hervorragenden Stellen an Abstand verlieren, gleichen wir vielleicht durch die Gleichmäßigkeit des Ganzen wieder aus. 87 Alle anderen folgen dann erst in weitem Abstand; denn *Macer* und *Lukrez* muß man zwar lesen, doch nicht so, als ob sie für das Ausdrucksvermögen, d. h. die körperliche Substanz der Beredsamkeit etwas einbrächten; so erlesen sie jeweils in ihren Themen sind, der eine (Macer) ist im Ausdruck niedrig, der andere schwierig. Varro aus Atax[52], in dem, wodurch er sich einen Namen gemacht hat, Übersetzer eines fremden Werkes[53], ist gewiß

[50] Der Nachfolger des Aristoteles in der Leitung der peripatetischen Schule soll Tyrtamos geheißen haben und dann seinen Namen ‘a divinitate loquendi’ (von der Göttlichkeit seiner Rede), wie Cic. (orat. 19, 62) sagt, erhalten haben.

[51] vgl. z. B. Cic. Brut. 31, 119.

[52] in Gallien.

[53] der Argonautenfahrt des Apollonios von Rhodos.

dicendi parum locuples. 88 Ennium sicut sacros vetustate lucos adoremus, in quibus grandia et antiqua robora iam non tantam habent speciem quantam religionem. propiores alii atque ad hanc, de qua[o] loquimur, magis utiles. lascivos quidem in herois quoque Ovidius et nimium amator ingenii sui, laudandus tamen partibus. 89 Cornelius autem Severus, etiam ⟨si⟩ sit[p] versificator quam poeta melior, si tamen ut est dictum ad exemplar primi libri bellum Siculum perscripsisset, vindicaret sibi iure secundum locum. Serranum[q] consummari mors immatura non passa est, puerilia tamen eius opera et maximam indolem ostendunt et admirabilem praecipue in aetate illa recti generis voluntatem. 90 multum in Valerio Flacco nuper amisimus. vehemens et poeticum ingenium Salei[r] Bassi fuit, nec ipsum senectute maturuit. Rabirius ac Pedo non indigni cognitione, si vacet. Lucanus ardens et concitatus et sententiis clarissimus et, ut dicam quod sentio, magis oratoribus quam poetis imitandus. 91 hos nominamus, quia Germanicum Augustum ab institutis studiis deflexit cura terrarum, parumque dis visum est esse eum maximum poetarum. quid tamen his ipsis eius operibus, in quae donato imperio iuvenis secesserat,[s] sublimius, doctius, omnibus denique numeris praestantius? quis enim

o) **MPV**: hoc de qua **GH** hoc de quo *Wint.*

p) *Spalding:* si **MP** sit **GH** sic **E** si est XY *(ap. Wint.)*

q) *Sarpe:* ferrenum **GH** Pharrenum **E**

r) *ed. Camp:* Sali (Sale)

s) *Lipsius:* successerat

nicht zu unterschätzen, jedoch zur Steigerung der Ausdrucksfähigkeit nicht ergiebig genug. 88 *Ennius* wollen wir verehren wie die Haine, die ihr Alter heiligt, in denen die mächtigen alten Bäume nicht so sehr dem Auge etwas bedeuten wie dem frommen Sinn. Näherstehen uns andere und sind für die Ausdrucksbildung, von der wir sprechen, eher von Nutzen. Lose zwar, selbst auch da, wo er heroisch[54] dichtet, ist *Ovid* und gar zu sehr verliebt in das eigene Talent, indessen verdient er bei der Ausführung einzelner Teile Anerkennung. 89 *Cornelius Severus*[55] aber könnte, auch wenn er im Versbau besser ist als in seiner Dichtung, wenn er nur, wie man gesagt hat, nach dem Muster des ersten Buches den ganzen Sizilischen Krieg zu Ende gedichtet hätte, für sich mit Recht den zweiten Platz in Anspruch nehmen. Den *Serranus*[56] hat sein vorzeitiger Tod nicht zur Vollendung gelangen lassen; dennoch zeigen seine noch knabenhaften Werke sowohl die höchste Begabung als auch, zumal in einem solchen Alter, ein erstaunliches Streben nach dem, was der Stil in dieser Gattung verlangt. 90 Viel haben wir unlängst[57] in *Valerius Flaccus* verloren. Schwungvoll und echt dichterisch war das Talent des *Saleius Bassus*, doch blieb auch ihm die Reife des Alters versagt. Von *Rabirius* und *Pedo*[58] sollte man durchaus Kenntnis nehmen, wenn man Zeit dafür hat. *Lukan* ist voll Glut und Erregung, am glänzendsten in seinen moralischen Betrachtungen und, um es zu sagen, wie ich es empfinde, mehr für Redner als für Dichter ein Muster. 91 Nur diese Namen nennen wir, weil den *Germanicus Augustus*[59] von den poetischen Studien, mit denen er begonnen hatte, die Sorge um die Länder der Erde abgebracht hat, und es den Göttern zu wenig schien, daß er der Größte aller Dichter wäre. Und doch was gibt es Erhabeneres, Gebildeteres, kurz in jeder Hinsicht Vortrefflicheres als selbst diese seine Werke, zu denen er sich als Jüngling dadurch frei gemacht hatte, daß er seinen Herrschaftsanspruch verschenkte?[60] Wer nämlich könnte Kriege besser

[54] d. h. im Hexameter (in den ›Metamorphosen‹).

[55] des Zeitgenossen des Ovid, von dessen epischer Behandlung römischer Geschichte nur Fragmente erhalten sind.

[56] leider ganz verloren.

[57] gestorben etwa 90 n. Chr.

[58] Zeitgenossen des Ovid; vgl. dessen epist. ex Pont. 4, 10; 16, 5.

[59] den Kaiser Domitian (regiert 81–96).

[60] an seinen Bruder Titus. In anderer Beleuchtung erscheint die musische Jugendperiode des Domitian bei Sueton (Domit. 2): simulavit et ipse mire modestiam in primisque poeticae studium...!

caneret bella melius quam qui sic gerit? quem praesidentes studiis deae propius audirent? cui magis suas artes aperiret familiare numen Minerva? 92 dicent haec plenius futura saecula, nunc enim ceterarum fulgore virtutum laus ista praestringitur. nos tamen sacra litterarum colentis feres, Caesar, si non tacitum hoc praeterimus et Vergiliano certe versu testamur:

inter victrices hederam tibi serpere laurus.

93 Elegia quoque Graecos provocamus, cuius mihi tersus atque elegans maxime videtur auctor Tibullus. sunt qui Propertium malint. Ovidius utroque lascivior, sicut durior Gallus. satura quidem tota nostra est, in qua primus insignem laudem adeptus Lucilius quosdam ita deditos sibi adhuc habet amatores, ut eum non eiusdem modo operis auctoribus, sed omnibus poetis praeferre non dubitent. 94 ego quantum ab illis, tantum ab Horatio dissentio, qui Lucilium 'fluere lutulentum' et 'esse aliquid, quod tollere possis', putat. nam eruditio in eo mira et libertas atque inde acerbitas et abunde salis. multum [et][t] est tersior ac purus magis Horatius et, nisi[u] labor eius amore, praecipuus. multum et verae gloriae quamvis uno libro Persius meruit. sunt clari hodieque et qui olim nominabuntur. 95 alterum illud etiam prius saturae genus, sed non sola carminum varietate mixtum condidit Terentius Varro, vir Romanorum eruditissimus. plurimos hic libros

t) *del. ap. Rad.: om.* **E**

u) **PV XY** *(ap. Wint.)* mihi **E** non **GH**

besingen, als wer sie so führt? Wen könnten die Göttinnen, in deren Obhut die Künste stehen, aus größerer Nähe erhören? Wem könnte lieber aus der vertraulichen Nähe ihrer Göttlichkeit Minerva ihre Künste offenbaren? 92 Voller wird es klingen, wenn künftige Jahrhunderte darüber sprechen, heute nämlich wird dein Ruhm hierin durch den Glanz deiner übrigen Leistungen noch überstrahlt. Dennoch wirst du es hinnehmen, Caesar, wenn wir, die wir die heiligen Schätze der Literatur betreuen, dies nicht mit Stillschweigen übergehen und es jedenfalls mit dem Vers des Vergil[61] bezeugen: 'daß zwischen Lorbeer des Siegs sich dir winde von Efeu die Ranke'.

93 Auch mit der *Elegie* fordern wir die Griechen (zum Wettkampf) heraus, einer Dichtart, für deren am meisten geglätteten und erlesenen Vertreter ich *Tibull* halte. Andere ziehen *Properz* vor. Beide überbietet *Ovid* an Lockerheit wie *Gallus* an Härte des Ausdrucks. In der *Satire* ist die Meisterschaft ganz auf unserer Seite, wobei als erster *Lucilius* besondere Anerkennung fand, der noch heute so ergebene Liebhaber besitzt, daß sie ihn unbedenklich nicht nur allen Bewerbern in dieser Gattung, sondern überhaupt allen Dichtern vorziehen. 94 Ich weiche hierin mit meiner Meinung ebenso von ihnen ab wie von Horaz[62], der meint, Lucilius 'ströme mit Schlamm', und 'es fände sich immer etwas bei ihm, was besser wegbliebe'. Denn er besitzt erstaunliche Bildung und Unabhängigkeit, und daher seine Bissigkeit und das Übermaß an Witz. Viel geglätteter und reiner ist Horaz und, irre ich mich nicht aus meiner Liebe zu ihm, der Hervorragendste. Großen, und zwar echten Ruhm hat *Persius* verdient, obwohl es nur das eine Buch von ihm gibt. Auch heutzutage leben noch bedeutende Satirendichter, deren Namen man später noch nennen wird. 95 Für die zweite, ja schon ältere Art der Satire, wobei jedoch die Mischung nicht nur durch den bunten Wechsel von Gedichten erzielt ist,[63] hat *Terentius Varro*, den Grund gelegt, der Mann, der in Rom die höchste Bildung besaß. Zahlreiche, und zwar hochgelehrte Bücher hat er verfaßt, der beste

[61] ecl. 8, 13. – Von der Dichtung Domitians ist *nichts* erhalten.

[62] Sat. 1, 4, 11 und 10, 50.

[63] Es ist offenbar der Nationalstolz, der Quintilian zu dieser gewundenen Formulierung drängt: sie läßt den Anteil des Griechen Menippos an der Mischung von Poesie und Prosa der nach diesem benannten Form der Satire unausgesprochen, ohne ihn durch die Feststellung zu leugnen, *in Rom* habe sie Varro eingeführt.

et doctissimos conposuit, peritissimus linguae Latinae et omnis antiquitatis et rerum Graecarum nostrarumque, plus tamen scientiae collaturus quam eloquentiae. 96 iambus non sane a Romanis celebratus est ut proprium opus, ⟨sed⟩ aliis[v] quibusdam interpositus: cuius acerbitas in Catullo, Bibaculo, Horatio, quamquam illi epodos intervenit, reperiatur. at lyricorum idem Horatius fere solus legi dignus: nam et insurgit aliquando et plenus est iucunditatis et gratiae et varius[w] figuris et verbis felicissime audax. si quem adicere velis, is erit Caesius Bassus, quem nuper vidimus, sed eum longe praecedunt ingenia viventium.

97 Tragoediae scriptores veterum Accius atque Pacuvius clarissimi gravitate sententiarum, verborum pondere, auctoritate personarum. ceterum nitor et summa in excolendis operibus manus magis videri potest temporibus quam ipsis defuisse: virium tamen Accio plus tribuitur, Pacuvium videri doctiorem, qui esse docti adfectant, volunt. 98 iam Vari Thyestes cuilibet Graecarum comparari potest. Ovidi Medea videtur mihi ostendere, quantum ille vir praestare potuerit, si ingenio suo imperare quam indulgere maluisset. eorum, quos viderim, longe princeps Pomponius Secundus, quem senes [quem][x] parum tragicum putabant, eruditione ac nitore praestare confitebantur. 99 in comoedia maxime claudicamus. licet Varro 'Musas', Aeli Stilonis sententia, 'Plautino' dicat 'sermone locuturas fuisse, si Latine loqui vellent', licet Caecilium veteres laudibus ferant, licet Terenti

v) *Christ:* quibusdam interpositus **GH** (interpositis **Y** *ap. Wint.)* a quibusdam int. **MPV**
w) *Spalding:* variis
x) *del. ap. Rad.: om.* **EMPV** non parum **E** quem qui parum *Castiglioni*

Kenner der lateinischen Sprache sowie der gesamten Vergangenheit mit allem, was es bei den Griechen und in unserer Heimat gegeben hat, indessen ergiebiger für gelehrtes Wissen als für praktische Beredsamkeit. 96 Der *Jambus*[64] ist ja freilich von Römern nicht als eigenes Dichtwerk gepflegt worden, sondern nur eingeschoben zwischen anderen Gedichten; seine beißende Schärfe mag man bei *Catull, Bibaculus* und *Horaz* – obwohl er hier mit Epoden[65] durchsetzt auftritt – aufsuchen. Dagegen ist von den *Lyrikern* ebenfalls *Horaz* es wohl als einziger wert, gelesen zu werden;[66] denn zuweilen erhebt er sich im Ton, ist auch voll von Munterkeit und Anmut, ferner abwechslungsreich in seinen Redefiguren und äußerst glücklich in der Kühnheit seines Wortgebrauches. Will man noch einen hinzunehmen, so wird es *Caesius Bassus* sein, der unlängst[67] von uns gegangen ist, doch übertreffen ihn Dichter, die noch unter uns weilen, weit an Talent.

97 Als Verfasser von *Tragödien* sind aus der älteren Zeit *Accius* und *Pacuvius* die berühmtesten durch die Erhabenheit ihrer Gedanken, das Gewicht ihrer Worte und die Würde ihrer Personen. Daß es aber ihren Stücken an der geglätteten Form und der letzten Hand bei der Ausarbeitung gefehlt zu haben scheint, mag mehr an der damaligen Zeit liegen als an ihnen selbst. Dem Accius spricht man indessen die größere Ausdruckskraft zu; in Pacuvius wollen Kenner, die sich gern etwas auf ihre literarische Bildung zugute tun, den Gebildeteren der beiden sehen. 98 Doch schon der ›Thyestes‹ des *Varius* hält den Vergleich mit jeder griechischen Tragödie aus. Die ›Medea‹ des *Ovid* scheint mir ein Bild davon zu geben, was dieser Mann zu leisten vermocht hat, hätte er nur lieber seinem Talent gebieten statt nachgeben wollen. Unter den Tragödiendichtern, die ich selbst erlebt habe, war *Pomponius Secundus* bei weitem der bedeutendste, den zwar die ältere Generation für zu wenig tragisch im Ton hielt, aber wegen seiner überlegenen Bildung und Glätte anerkannte. 99 In der *Komödie* hinken wir am stärksten den Griechen nach. Mag Varro nach einem Wort des Aelius Stilo[68] sagen: ‘die Musen würden die Sprache des *Plautus* gesprochen haben, wenn sie lateinisch sprechen wollten’, mögen die Alten den *Caecilius*

[64] ‘Schelt-Poesie’.

[65] ‘Zusatz-Jamben’.

[66] im Anklang an Hor. sat. 1, 10, 72 dem Dichter huldigend.

[67] Jugendfreund des Persius. Er soll beim Vesuv-Ausbruch 79 n. Chr. umgekommen sein.

[68] seines sowie Ciceros Lehrers in Grammatik und Altertumskunde.

scripta ad Scipionem Africanum referantur (quae tamen sunt in hoc genere elegantissima et plus adhuc habitura gratiae, si intra versus trimetros stetissent): 100 vix levem consequimur umbram, adeo ut mihi sermo ipse Romanus non recipere videatur illam solis concessam Atticis venerem, quom eam ne Graeci quidem in alio genere linguae suae[y] obtinuerint. togatis excellit Afranius: utinam non inquinasset argumenta puerorum foedis amoribus mores suos fassus.

101 At non historia cesserit Graecis. nec opponere Thucydidi Sallustium verear, nec indignetur sibi Herodotus aequari Titum Livium, cum in narrando mirae iocunditatis clarissimique candoris, tum in contionibus supra quam enarrari potest eloquentem: ita quae dicuntur omnia cum rebus, tum personis accommodata sunt: adfectus quidem praecipueque eos, qui sunt dulciores, ut parcissime dicam, nemo historicorum commodavit[z] magis. 102 ideoque illam inmortalem Sallusti velocitatem diversis virtutibus consecutus est. nam mihi egregie dixisse videtur Servilius Nonianus, pares eos magis quam similes: qui et ipse a nobis auditus est, clari vir ingenii et sententiis creber, sed minus pressus quam historiae auctoritas postulat. 103 quam paulum aetate praecedens eum Bassus Aufidius egregie, utique in libris belli Germanici, praestitit genere ipso, probabilis in omnibus, sed in quibusdam

y) *Koehler:* quae **G** *om.* **EP** *ut dittogr. removit Wint. (fort. recte)*
z) *Halm:* commendavit

mit Lobsprüchen in den Himmel erheben, mag man mit den Werken des *Terenz* den Scipio Africanus in Verbindung bringen – die indessen in dieser Gattung auch das Geschmackvollste sind und noch mehr Reiz besäßen, wenn sie sich auf die Trimeter[69] beschränkt hätten –: 100 Kaum einen flüchtigen Schatten erreichen wir, so wenig, daß es mir so scheint, als nehme die Sprache Roms den Liebreiz nicht in sich auf, der nur Attica verliehen ist, da ja nicht einmal die Griechen ihn in einem anderen Dialekt ihrer eigenen Sprache gewonnen haben. Im Lustspiel in römischer Tracht[70] zeichnet sich *Afranius* aus; hätte er nur ihre Handlung nicht durch häßliche Liebesgeschichten mit Knaben besudelt, womit er seine eigene sittliche Einstellung verraten hat.

101 Dagegen dürfte wohl unsere *Geschichtsschreibung* der griechischen nicht nachstehen. Weder würde ich mich scheuen, dem *Thukydides* den *Sallust* entgegenzustellen, noch könnte es *Herodot* übelnehmen, daß *Titus Livius* ihm gleichgestellt wird, der in seiner Erzählkunst wunderbare Lieblichkeit und die klarste Lauterkeit, zumal aber in seinen Volksreden eine schier unbeschreibliche Beredsamkeit zeigt: so meisterhaft ist alles, was gesprochen wird, den Verhältnissen, zumal aber den Personen angemessen. Die Gefühlsregungen nun, und besonders die zarteren, hat, um es ganz vorsichtig auszudrücken, keiner der Geschichtsschreiber passender getroffen. 102 Und deshalb hat er den Vorzug der Schnelligkeit[71], der im Sallust seine Unsterblichkeit gefunden hat, durch anderweitige Vorzüge eingeholt. Denn es scheint mir, Servilius Nonianus[72] hat mit den Worten das Verhältnis vortrefflich bezeichnet: die beiden seien eher ebenbürtig als ähnlich. Den *Servilius* habe ich noch selbst gehört, einen Mann von hellem Geist und sprühend von Sentenzen, jedoch nicht so knapp und gedrängt, wie es die Würde der Geschichtsschreibung erfordert. 103 Diese Würde hat *Aufidius Bassus,* der ihm im Alter nur wenig vorausging, hervorragend im Stil der Geschichtsschreibung getroffen, durchaus jedenfalls in den Büchern seines Germanenkrieges, anerkennenswert in allem, in manchem allerdings unter dem, was seinen eigenen Kräften ent-

[69] die Sprechverse ohne Musikbegleitung.

[70] der togata, bei der die Schauspieler nicht in der griechischen, sondern in der einheimischen Kleidung Stücke aufführten, die in Italien spielten.

[71] im Ablauf der Erzählung.

[72] der Geschichtsschreiber und Weltmann, gestorben 60 n. Chr.: Tac. Ann. 14, 19.

suis ipse viribus minor. 104 superest adhuc et exornat aetatis nostrae gloriam vir saeculorum memoria dignus, qui olim nominabitur, nunc intellegitur. habet amatores nec inmerito Cremuti[a] libertas, quamquam circumcisis quae dixisse ei nocuerat: sed elatum abunde spiritum et audaces sententias deprehendas etiam in his, quae manent. sunt et alii scriptores boni, sed nos genera degustamus, non bibliothecas excutimus.

105 Oratores vero vel praecipue Latinam eloquentiam parem facere Graecae possunt: nam Ciceronem cuicumque eorum fortiter opposuerim. nec ignoro, quantam mihi concitem pugnam, cum praesertim non id sit propositi, ut eum Demostheni comparem hoc tempore: neque enim attinet, cum Demosthenen in primis legendum vel ediscendum potius putem. 106 quorum ego virtutes plerasque arbitror similes, consilium, ordinem, dividendi,[b] praeparandi, probandi rationem, omnia denique quae sunt inventionis. in eloquendo est aliqua diversitas: densior ille, hic copiosior, ille concludit adstrictius, hic latius, pugnat ille acumine semper, hic frequenter et pondere, illic nihil detrahi potest, hic nihil adici, curae plus in illo, in hoc naturae. 107 salibus certe et commiseratione, quae duo plurimum in adfectibus valent, vincimus. et fortasse epilogos illi mos civitatis abstulerit, sed et nobis illa, quae Attici mirantur, diversa Latini sermonis ratio minus permiserit. in epistulis quidem, quamquam sunt utriusque, dialogisve, quibus

a) *Nipperdey:* remuti
b) *Ald.:* videndi

sprach. 104 Ein Mann noch, würdig der Erinnerung der Jahrhunderte, ist uns erhalten und bildet eine Zierde im Ruhmesglanz unseres Zeitalters, dessen Namen man dereinst nennen wird; die Gegenwart kennt ihn.[73] Nicht zu Unrecht hat die Freimütigkeit des *Cremutius*[74] noch ihre Liebhaber, wenngleich nach Entfernung dessen, was ihm geschadet hatte. Doch seinen reichen Geistesflug und kühne Gedanken kann man auch in dem antreffen, was noch vorhanden ist. Es gibt auch noch andere gute Geschichtsschreiber, aber es geht uns hier um Kostproben der einzelnen Gattungen, nicht um die Durchforschung ganzer Bibliotheksbestände.

105 Die *Redner* nun aber vermögen es ganz besonders, die lateinische Beredsamkeit der griechischen ebenbürtig zu machen; denn *Cicero* möchte ich getrost einem jeden der ihren entgegenstellen. Ich weiß sehr wohl, welch einen Streit ich mir hiermit heraufbeschwöre, zumal es nicht in meiner Absicht liegt, ihn an dieser Stelle mit Demosthenes zu vergleichen; denn darauf kommt es jetzt nicht an, da ich ja dafür bin, daß man Demosthenes vor allem liest oder lieber noch auswendig lernt. 106 Die meisten ihrer Vorzüge halte ich ja für ähnlich, den Plan, die Anordnung, ihre Methode zu gliedern, vorzubereiten und zu beweisen, kurz alles, was zur Auffindung der Gedanken gehört. Im Ausdruck besteht eine gewisse Verschiedenheit: Demosthenes ist gedrängter, Cicero fülliger, der eine straffer in seinen Satzperioden, der andere breiter, der eine kämpft immer mit dem Florett, der andere häufig auch mit dem schweren Säbel, dem einen läßt sich nichts wegnehmen, dem anderen nichts hinzufügen, mehr Sorgfalt zeigt der eine, der andere mehr natürlichen Schwung. 107 Im Witz jedenfalls und im Erregen des Mitleides, beides ja entscheidend wichtig bei den Gefühlswirkungen, ist der Sieg auf unserer (römischer) Seite. Und vielleicht ist es der Brauch seiner Vaterstadt, der Demosthenes um die wirkungsvollen Schlüsse gebracht hat, aber dafür gibt es andere Dinge, die man in Attica bewundert, uns aber der verschiedene Bau der lateinischen Sprache weniger gestattet. In der Briefkunst zwar, wenn es auch von beiden Briefe gibt, oder in den Dialogen, worin sich Demosthenes nicht versucht hat, kommt es gar nicht zum Wett-

[73] Wir nicht. Im Prophezeien hat Quintilians Rhetorik ihre Stärke nicht; s. o. Anm. 61. Man rät auf Fabius Rusticus, den von Tacitus geschätzten Geschichtsschreiber der claudischen Zeit.

[74] Cremutius Cordus, der Märtyrer der republikanischen Freiheit, dessen Ende (25 n. Chr.) Tacitus (Ann. 4, 35) erzählt.

nihil ille,[c] nulla contentio est. 108 cedendum vero in hoc, quod et prior fuit et ex magna parte Ciceronem, quantus est, fecit. nam mihi videtur M. Tullius, cum se totum ad imitationem Graecorum contulisset, effinxisse vim Demosthenis, copiam Platonis, iucunditatem Isocratis. 109 nec vero quod in quoque optimum fuit, studio consecutus est tantum, sed plurimas vel potius omnis ex se ipsa[d] virtutes extulit immortalis ingenii beatissima ubertas. non enim 'pluvias', ut ait Pindarus, 'aquas colligit, sed vivo gurgite exundat', dono quodam providentiae genitus, in quo totas vires suas eloquentia experiretur. 110 nam quis docere diligentius, movere vehementius potest? cui tanta umquam iucunditas adfuit? ut ipsa illa, quae extorquet, impetrare eum credas, et cum transversum vi sua iudicem ferat, tamen ille non rapi videatur, sed sequi. 111 iam in omnibus, quae dicit, tanta auctoritas inest, ut dissentire pudeat, nec advocati studium, sed testis aut iudicis adferat fidem, cum interim haec omnia, quae vix singula quisquam intentissima cura consequi posset, fluunt inlaborata et illa, qua nihil pulchrius auditum est, oratio prae se fert tamen felicissimam facilitatem. 112 quare non inmerito ab hominibus aetatis suae regnare in iudiciis dictus est, apud posteros vero id consecutus, ut Cicero iam non hominis nomen, sed eloquentiae habeatur. hunc igitur spectemus, hoc propositum nobis sit exemplum, ille se profecisse sciat, cui Cicero valde placebit. 113 multa in Asinio Pollione inventio, summa diligentia, adeo ut quibusdam etiam nimia videatur, et consilii et animi satis: a nitore et iucunditate Ciceronis ita longe abest, ut

c) *Spalding:* illi
d) *Rad.:* ipso

bewerb. 108 In dem einen Punkt müssen wir zurückstehen, daß er nämlich der Frühere der beiden ist und so zum großen Teil Cicero zu dem gemacht hat, was er ist. Denn M. Tullius scheint mir, nachdem er sich einmal mit Leib und Seele an die Nachbildung der Griechen gemacht hatte, die Sprachgewalt des Demosthenes, die Sprachfülle des Plato, der Liebreiz des Isokrates geglückt zu sein. 109 Doch ist er keineswegs nur durch fleißiges Studium an die Hauptvorzüge eines jeden dieser drei herangekommen, sondern die meisten, oder vielmehr alle seine Vorzüge hat die reichgesegnete Fülle seines Talents aus Eigenem hervorgebracht. Denn 'nicht Regenwasser sammelt er', um mit Pindar zu reden,[75] sondern aus strudelndem Born strömt er über, ein Geschenk, das wir der Vorsehung verdanken, damit die Beredsamkeit es erfahre, welche Kräfte sie in sich birgt. 110 Denn wer mag uns mit größerer Genauigkeit zu unterrichten, uns mit leidenschaftlicherem Schwung zu pakken? Wer hat je soviel Charme besessen, so daß man meint, er bitte um das, was er entringt, und der Richter, wenn er ihn mit der unwiderstehlichen Gewalt, die er besitzt, schon querüber zu sich hinüberzieht, dennoch nicht glaubt, mitgerissen zu werden, sondern freiwillig zu folgen? 111 Weiter hat alles, was er sagt, ein solches persönliches Gewicht, daß man sich schämt, anderer Meinung zu sein, und es nicht wie die Bemühung eines Rechtsbeistandes wirkt, sondern vertrauenerweckend wie das Wort eines Zeugen oder Richters – und dabei strömt die Fülle alles dessen, wovon jemand kaum einen Teil mit angespanntester Mühe zuwege bringen könnte, ohne jede Spur von Anstrengung, und die Kunst einer solchen Rede, dergleichen man in solcher Schönheit nie gehört, enthüllt sich bei alledem wie leicht hingeworfen in einem glücklichen Augenblick. 112 Deshalb hieß es schon bei seinen Zeitgenossen nicht zu Unrecht, Cicero herrsche vor Gericht wie ein König,[76] bei den Nachgeborenen jedoch hat er es erreicht, daß Cicero schon nicht als ein menschlicher Eigenname gilt, sondern als Name der Beredsamkeit selbst. Auf ihn also laßt uns blicken, er stehe uns als Muster vor Augen, und jeder soll wissen, daß er weitergekommen ist, sooft er künftig an Cicero besonderen Gefallen findet. 113 Stark ist bei *Asinius Polio* die Erfindungsgabe, außerordentlich seine Sorgfalt, so groß, daß sie manchen sogar zu groß erscheint, auch Überlegung und Gefühl besitzt er hinreichend: vom Glanz und Charme Ciceros

[75] frg. 287 Bow. = fr. 274 Snell.
[76] vgl. z. B. ep. fam. 7, 24; 9, 18.

videri possit saeculo prior. at Messala nitidus et candidus et quodam modo praeferens in dicendo nobilitatem suam, viribus minor. 114 C. vero Caesar si foro tantum vacasset, non alius ex nostris contra Ciceronem nominaretur. tanta in eo vis est, id acumen, ea concitatio, ut illum eodem animo dixisse, quo bellavit, appareat: exornat tamen haec omnia mira sermonis, cuius proprie studiosus fuit, elegantia. 115 multum ingenii in Caelio et praecipue in accusando multa urbanitas, dignusque vir, cui et mens melior et vita longior contigisset. inveni qui Calvum praeferrent omnibus, inveni qui [Ciceronem][e] crederent, eum nimia contra se calumnia verum sanguinem perdidisse, sed est et sancta et gravis oratio et castigata et frequenter vehemens quoque. imitator autem est Atticorum, fecitque illi properata mors iniuriam, si quid adiecturus sibi, non si quid detracturus fuit. 116 et Servius Sulpicius insignem non inmerito famam tribus orationibus meruit. multa, si cum iudicio legatur, dabit imitatione digna Cassius Severus, qui si ceteris virtutibus colorem et gravitatem orationis adiecisset, ponendus inter praecipuos foret. 117 nam et ingenii plurimum est in eo et acerbitas mira et urbanitas et sermo,[f] sed plus stomacho quam consilio dedit. praeterea ut amari sales, ita frequenter amaritudo ipsa ridicula est. 118 sunt alii multi diserti, quos persequi longum est. eorum quos viderim Domitius Afer et Iulius Africanus longe

e) *del. Bonnet:* Ciceronem **BHP** Ciceroni *corr.* **P** *(fort. recte)*
f) et sermo **B** summo **bH**: et vis summa *Valla*

aber ist er so weit entfernt, als wäre er ein Jahrhundert älter. Dagegen ist Messala gepflegt und lauter und zeigt gewissermaßen in der Rede den Adel der Familie, aus der er stammt, an Kraft fehlt es ihm etwas. 114 Hätte sich jedoch *C. Caesar* nur für die Tätigkeit auf dem Forum freigehalten, so wäre aus den Reihen der Unseren kein anderer Name gegen Cicero zu stellen. So groß ist die Kraft, die er besitzt, solchen Scharfblick, solche Leidenschaftlichkeit beweist er, daß es klar ist, daß er in dem gleichen Geist seine Reden gehalten, in dem er seine Kriege geführt hat. Doch all dies ziert eine erstaunlich gewählte Art des Ausdrucks, um die er sich eigens bemüht hat. 115 Viel Geist findet sich bei *Caelius* und besonders, wenn er der Ankläger ist, viel vom Witz im Gesellschaftston der Hauptstadt; der Mann hätte es verdient, daß ihm eine bessere Gesinnung[77] und ein längeres Leben vergönnt gewesen wäre. Ich habe Kenner gefunden, die *Calvus* allen anderen vorzogen, habe aber auch solche gefunden, die Cicero glaubten,[78] Calvus habe durch allzu strenge Selbstkritik sich selbst sein (eigentliches) frisches Blut verdorben, jedoch ist der Ton seiner Rede feierlich, würdevoll, gefeilt und häufig auch sogar heftig. Nachahmer aber ist er der attischen Redner, und sein frühzeitiger Tod hat ihm Unrecht getan, falls er dem Seinen noch etwas hinzufügen, nicht aber, falls er noch etwas davon hätte wegnehmen wollen. 116 Auch *Servus Sulpicius*[79] hat nicht zu Unrecht für drei Reden ausgezeichnetes Lob geerntet. Viel der Nachahmung Wertes wird auch, falls man ihn mit kritischem Blick liest, *Cassius Severus*[80] bieten, der sogar einen Platz unter den Ersten haben könnte, falls er seinen übrigen Vorzügen auch noch die richtige Färbung und Würde des Ausdrucks hinzugefügt hätte. 117 Denn er besitzt sehr viel Geist, ferner erstaunlich beißende Schärfe, den Witz der Weltstadt und Glut, jedoch hat er mehr seiner Stimmung und Laune nachgegeben als der Besinnung. Außerdem, so bitter die Witze auch bei ihm sind, so ist es häufig gerade das Bittere in ihnen, das zum Lachen reizt. 118 Es gibt noch viele andere gute Redner, die alle durchzugehen lange dauern würde. Von denen, die ich selbst erlebt habe, waren *Domitius Afer*[81] und *Julius Africanus* bei weitem die

[77] Der junge Freund und Schüler Ciceros endete 48 v. Chr. bei einem Putschversuch in Turii in Unteritalien.

[78] Brut. 82, 283.

[79] der berühmteste Jurist aus der Zeit Ciceros.

[80] der in der Verbannung auf der Felseninsel Seriphos im Jahr 34 n. Chr. verstorbene 'letzte Redner' der klassischen römischen Beredsamkeit.

[81] Lehrer Quintilians.

praestantissimi. verborum arte ille et toto genere dicendi praeferendus et quem in numero veterum habere non timeas: hic concitatior, sed in cura verborum nimius et compositione nonnumquam longior et translationibus parum modicus. erant clara et nuper ingenia. 119 nam et Trachalus plerumque sublimis et satis apertus fuit et quem velle optima crederes, auditus tamen maior: nam et vocis, quantam in nullo cognovi, felicitas et pronuntiatio vel scaenis suffectura et decor, omnia denique ei, quae sunt extra, superfuerunt: et Vibius Crispus compositus et iocundus et delectationi natus, privatis tamen causis quam publicis melior. 120 Iulio Secundo si longior contigisset aetas, clarissimum profecto nomen oratoris apud posteros foret: adiecisset enim atque adiciebat ceteris virtutibus suis quod desiderari potest, id est autem, ut esset multo magis pugnax et saepius ad curam rerum ab elocutione respiceret. 121 ceterum interceptus quoque magnum sibi vindicat locum: ea est facundia, tanta in explicando quod velit gratia, tam candidum et leve et speciosum dicendi genus, tanta verborum etiam quae adsumpta sunt proprietas, tanta in quibusdam ex periculo petitis significantia. 122 habebunt qui post nos de oratoribus scribent, magnam eos, qui nunc vigent, materiam vere laudandi: sunt enim summa hodie, quibus inlustratur forum, ingenia. namque et consummati iam patroni veteribus aemulantur et eos iuvenum ad optima tendentium imitatur ac sequitur industria.

123 Supersunt qui de philosophia scripserunt,[g] quo in genere paucissimos adhuc eloquentes litterae Romanae tulerunt. idem igitur M.

g) **E**: scripserint **BHP**

bedeutendsten. Afer verdient wegen seiner Kunst im Wortgebrauch und seines ganzen Redestiles den Vorzug, ein Meister, den man ohne Scheu zu den Meistern alter Zeit zählen könnte. Africanus ist leidenschaftlicher, aber bei seiner Sorgfalt im Wortgebrauch übertrieben, ferner in der Wortfügung zuweilen zu langatmig und in seinen Metaphern nicht maßvoll genug. 119 Auch in der neuesten Zeit gab es glänzende Talente. Denn da war *Trachalus*[82], meist erhaben und doch hinreichend klar, ein Mann, dem man zutraute, das Höchste zu wollen, und doch noch stärker, wenn man ihn hörte; denn er hatte eine Stimme, wie ich sie nie sonst gefunden habe, einen Vortrag, der für die Bühne genügt hätte, und ein ansprechendes Wesen, kurz, an allem, was die äußere Wirkung ausmacht, hatte er Überfluß; und dann war da *Vibius Crispus*[83], gesetzt, freundlich und wie zur Unterhaltung geboren, jedoch besser in Privatprozessen als in öffentlichen. 120 Wäre dem *Julius Secundus*[84] ein längeres Leben beschieden gewesen, so hätte ganz gewiß sein Name bei der Nachwelt den rühmlichsten Klang erhalten; denn er hätte das, was man bei seinen Vorzügen vermissen konnte, noch weiter ergänzt, wie er es ja schon immer tat, ich meine den viel stärkeren Kampfgeist und die Bereitschaft, öfter statt auf den Ausdruck Rücksicht auf das zu nehmen, was die Sache an Sorgfalt verlangte. 121 Aber, auch so früh hinweggerafft, kann er einen bedeutenden Platz für sich beanspruchen: so groß ist seine Redegewandtheit, so gewinnend seine Grazie, wenn er darlegt, worum es ihm geht, so rein, glatt und auf Schönheit bedacht seine Stilform, so treffend das Eigentliche in seiner Wortwahl, auch wo er zu Bildern greift, so groß auch seine Sicherheit, mit der er das Bezeichnende auch in gewagten Wendungen findet. 122 Auch die, die nach uns über die Meister der Redekunst schreiben werden, werden bei den Rednern, die jetzt in ihrer Vollkraft stehen, reichen Stoff zu aufrichtigem Lob finden; es gibt nämlich heute hervorragende Talente, die das Forum zieren; denn da eifern die schon ausgereiften Sachwalter mit denen der alten Zeit um die Wette, und so findet in ihnen der rege Eifer, mit dem die Jüngeren ihnen auf dem Weg zum Höchsten folgen, sein Vorbild.

123 Übrig sind nun noch die Autoren, die über *Philosophie* geschrieben haben, eine Literaturgattung, in der das römische Schrift-

[82] P. Galerius Trachalus Cos. 68 n. Chr.

[83] Daß er ein gefährlicher Denunziant war (Tac. Hist. 2, 10) unter Nero, würde man nach dieser Beschreibung nicht vermuten.

[84] der Lehrer des Tacitus und Freund Quintilians; s. u. Kap. 3, 12–13.

Tullius, qui ubique, etiam in hoc opere Platonis aemulus extitit. egregius vero multoque quam in orationibus praestantior Brutus suffecit ponderi rerum: scias eum sentire quae dicit. 124 scripsit non parum multa Cornelius Celsus, Sextios secutus, non sine cultu ac nitore. Plautus in Stoicis rerum cognitioni utilis: in Epicureis levis quidem, sed non iniocundus tamen auctor est Catius. 125 ex industria Senecam in omni genere eloquentiae distuli propter vulgatam falso de me opinionem, qua damnare eum et invisum quoque habere sum creditus. quod accidit mihi, dum corruptum et omnibus vitiis fractum dicendi genus revocare ad severiora iudicia contendo: tum autem solus hic fere in manibus adulescentium fuit. 126 quem non equidem omnino conabar excutere, sed potioribus praeferri non sinebam, quos ille non destiterat incessere, cum diversi sibi conscius generis placere se in dicendo posse, in quibus illi placerent, diffideret. amabant autem eum magis quam imitabantur tantumque ab illo defluebant, quantum ille ab antiquis descenderat. 127 foret enim optandum, pares ac saltem proximos illi viro fieri. sed placebat propter sola vitia et ad ea se quisque

tum bisher nur ganz wenige begabte Schriftsteller hervorgebracht hat. Wieder ist es also M. *Tullius*, der wie überall so auch bei dieser schriftstellerischen Aufgabe sich im Wetteifer mit Plato gezeigt hat. Hervorragend indessen und viel besser als in seinen Reden hat sich *Brutus*[85] dem Gewicht gewachsen gezeigt, das dieser Stoff bedeutet: man weiß gleich, daß er das auch wirklich denkt, was er sagt. 124 Nicht gerade wenig hat *Cornelius Celsus*[86] geschrieben, in der Nachfolge der Sextier, nicht ohne Geschmack und Glätte. *Plautus*[87] ist unter den Stoikern für die Stoffkenntnis nützlich; unter den Epikureern ist *Catius*[88] ein zwar leichtfertiger, aber dennoch ganz unterhaltsamer Gewährsmann. 125 Mit Absicht habe ich die Frage, was *Seneca*[89] für jede Art von Beredsamkeit bedeutet, zurückgestellt, weil fälschlich die Auffassung über mich verbreitet ist, als verwerfe, ja hasse ich ihn sogar. In diesen Ruf bin ich gekommen während der Zeit, als ich dafür kämpfte, die verdorbene und durch Laster zersetzte Art zu reden wieder strengeren Maßstäben zu unterwerfen; damals aber befand er fast ganz allein sich in den Händen der Jugend. 126 Ich versuchte nun aber ganz gewiß nicht, ihn völlig zu verdrängen, aber ich konnte es nicht zulassen, daß er den Wichtigeren vorgezogen wurde, gegen die er unaufhörlich seine Ausfälle gemacht hatte, da er in dem Bewußtsein, wie so anders sein Stil war, nicht hoffen konnte, er könnte im Reden mit *den* Dingen Beifall finden, mit denen jene ihn fanden. Seine Anhänger liebten ihn aber mehr, als sie ihn nachahmten, und sie sanken so weit unter ihn hinab, wie er den Abstieg von den Alten vollzogen hatte. 127 Denn es wäre zu wünschen gewesen, daß sie jenem Mann gewachsen ge-

[85] der Caesar-Mörder, Anhänger der Akademie.

[86] der gelehrte Verfasser einer Enzyklopädie (zur Zeit des Tiberius), mit deren rhetorischem Teil sich Quintilian oft kritisch auseinandersetzt. Offenbar bemühte er sich in seinen philosophischen Schriften um die Verbreitung einer praktischen philosophischen Lebenskunst, die den römischen Bedürfnissen mehr entsprechen sollte als die zeitgenössischen griechischen Philosophen, und wie sie von den 'römischen Philosophen', Quintus Sextius und seinem Sohn, am Anfang des Principats verbreitet worden war; s. u. Anm. zu 12, 11, 24.

[87] Papirius Fabianus, von der Rhetorik zur stoischen Philosophie übergegangener Vertreter des literarischen Lebens in der ersten Hälfte des ersten Jahrhunderts der Kaiserzeit, von dessen gewaltiger literarischen Produktion wir nur schwache Spuren haben; vgl. Seneca, ad Lucil. 100, 1ff.; zu Plautus s. o. 2. 14, 2.

[88] Das klingt etwas freundlicher als das Urteil Ciceros (ad fam. 15, 16).

[89] Zur Auseinandersetzung mit Seneca vgl. das Nachwort.

dirigebat effingenda, quae poterat: deinde cum se iactaret eodem modo dicere, Senecam infamabat. 128 cuius et multae alioqui et magnae virtutes fuerunt, ingenium facile et copiosum, plurimum studii, multa rerum cognitio, in qua tamen aliquando ab his, quibus inquirenda quaedam mandabat, deceptus est. tractavit etiam omnem fere studiorum materiam: 129 nam et orationes eius et poemata et epistulae et dialogi feruntur. in philosophia parum diligens, egregius tamen vitiorum insectator fuit. multae in eo claraeque sententiae, multa etiam morum gratia legenda, sed in eloquendo corrupta pleraque atque eo perniciosissima, quod abundant dulcibus vitiis. 130 velles eum cum suo ingenio dixisse, alieno iudicio: nam si aliqua contempsisset, si parum[h] non concupisset, si non omnia sua amasset, si rerum pondera minutissimis sententiis non fregisset, consensu potius eruditorum quam puerorum amore comprobaretur. 131 verum sic quoque iam robustis et severiore genere satis firmatis legendus vel ideo, quod exercere potest utcumque[i] iudicium. multa enim, ut dixi, probanda in eo, multa etiam admiranda sunt, eligere modo curae sit, quod utinam ipse fecisset: digna enim fuit illa natura, quae meliora vellet: quod voluit effecit.

II.

1 Ex his ceterisque lectione dignis auctoribus et verborum sumenda copia est et varietas figurarum et componendi ratio, tum ad exemplum

h) parum non *ll. (fort. recte)* parum ⟨recta⟩ *Woelfflin* prava *Sarpe*
i) *Halm:* utrumque **BHP** utrinque *ed. Colon. (Wint.)*

wesen, oder wenigstens ihm nahegekommen wären. Aber er fand Beifall allein wegen seiner Fehler, und darauf, dieses Fehlerhafte nach den eigenen Kräften nachzubilden, stellte sich jedermann ein. Wenn man sich dann brüstete, man spräche ganz so wie Seneca, machte man diesem damit nur Schande. 128 Ansonsten besaß ja Seneca viele bedeutende Vorzüge: die leichte Hand einer reichen Naturbegabung, größten Eifer, gründliche Sachkenntnis, wobei er jedoch zuweilen von seinen Helfern, denen er Fragen zur Klärung übertragen hatte, hintergangen wurde. 129 Er behandelte ja auch fast alle Studiengebiete; denn es sind von ihm Reden, weiter auch Dichtungen, Briefe und Dialoge im Umlauf. In der Philosophie wenig gründlich, war er jedoch ein hervorragender Streiter gegen das Laster. Viele herrliche Gedanken stehen bei ihm, vieles verdient auch wegen der moralischen Grundsätze die Lektüre, aber im Ausdruck ist das Meiste verderbt und deshalb so äußerst gefährlich, weil es an verführerischen Fehlern überreich ist. 130 Man wünschte, er hätte mit dem ihm eigenen Talent, aber mit dem Urteilsvermögen eines anderen gesprochen; denn wenn er manches verworfen hätte, wenn er auf vieles nicht so versessen gewesen,[90] nicht so verliebt in alles Eigene gewesen wäre, wenn er das Gewicht der Dinge, von denen er spricht, nicht durch seine winzigen Satzglieder zerstückelt hätte, fände er eher im einhelligen Urteil der Gebildeten als in der Liebe von Knaben Anerkennung. 131 In der Tat aber sollte man auch so ihn lesen, wenn man schon eigene Kraft besitzt und durch die strengere Stilschule genügend gefestigt ist – schon deswegen, weil er in jedem Fall das Urteilsvermögen schulen kann. Denn vieles, wie gesagt, verdient bei ihm Anerkennung, vieles gar Bewunderung, nur tut das Auswählen not, das er eben selbst hätte vornehmen sollen; denn wert war es eine solche Natur, Höheres zu wollen. Was sie gewollt hat, hat sie erreicht.

ZWEITES KAPITEL

Die Nachahmung

1 Aus diesen Autoren und den anderen, die der Lektüre würdig sind, gilt es, die Fülle unseres Wortschatzes sowie den bunten Wech-

[90] Text unsicher.

virtutum omnium mens derigenda. neque enim dubitari potest, quin artis pars magna contineatur imitatione. nam ut invenire primum fuit estque praecipuum, sic ea, quae bene inventa sunt, utile sequi. 2 atque omnis vitae ratio sic constat, ut quae probamus in aliis, facere ipsi velimus. sic litterarum ductus, ut scribendi fiat usus, pueri sequuntur, sic musici vocem docentium, pictores opera priorum, rustici probatam experimento culturam in exemplum intuentur, omnis denique disciplinae initia ad propositum sibi praescriptum formari videmus. 3 et hercule necesse est aut similes aut dissimiles bonis simus. similem raro natura praestat, frequenter imitatio. sed hoc ipsum, quod tanto faciliorem nobis rationem rerum omnium facit quam fuit iis, qui nihil quod sequerentur habuerunt, nisi caute et cum iudicio adprehenditur, nocet.

4 Ante omnia igitur imitatio per se ipsa non sufficit, vel quia pigri est ingenii contentum esse iis, quae sint ab aliis inventa. quid enim futurum erat temporibus illis, quae sine exemplo fuerunt, si homines nihil, nisi quod iam cognovissent, faciendum sibi aut cogitandum putassent? 5 nempe nihil fuisset inventum. cur igitur nefas est reperiri aliquid a nobis, quod ante non fuerit? an illi rudes sola mentis natura ducti sunt in hoc, ut tam multa generarent, nos ad quaerendum non eo ipso concitemur, quod certe scimus invenisse eos, qui quaesierunt? 6 et cum illi, qui nullum cuiusquam rei habuerunt magistrum, plurima in posteros tradiderint, nobis usus aliarum rerum ad eruendas alias non proderit, sed nihil habebimus nisi beneficii alieni? quem

sel der Redefiguren und die Kunst der Wortfügung zu entnehmen, dann aber hat sich unsere Überlegung damit zu beschäftigen, was die Vorzüge alle als Vorbild bedeuten. Denn es kann ja keinen Zweifel darüber geben, daß ein großer Teil der Kunst auf Nachahmung beruht. Das Erfinden war nämlich zwar das Erste und ist auch das Wichtigste, ebenso nützlich aber ist es, nach dem, was als Erfindung sich bewährt hat, sich zu richten. 2 Unser Leben zeigt ja überall den Grundatz, daß wir das, was wir bei anderen gut finden, auch selbst tun wollen. So richten sich die Knaben nach den Führungslinien der Buchstaben,[91] um Schreiberfahrung zu gewinnen, so richten die Musiker auf die Stimme der Lehrer, die Maler auf die Werke ihrer Vorgänger, die Landwirte auf den Anbau, der durch Erfahrung erprobt ist, als Vorbild ihr Augenmerk; kurz wir sehen, daß die Anfangsgründe in jedem Lehrfach ihre feste Form in einer Vorschrift finden, die ihnen schon vorliegt. 3 Und, beim Hercules, ganz zwangsläufig sind wir den Guten entweder ähnlich oder unähnlich. Ähnlichkeit liefert aber selten die Natur, häufig jedoch die Nachahmung. Aber gerade die Tatsache, daß die Nachahmung die Ausführung aller Aufgaben so viel leichter macht, als sie für die war, die nichts hatten, wonach sie sich richten konnten, kann Schaden stiften, wenn man hierbei nicht behutsam und mit eigenem Urteil vorgeht.

4 Vor allem also: die Nachahmung als solche genügt nicht – schon weil es einen trägen Geist verrät, sich mit dem zufriedenzugeben, was andere gefunden haben. Denn was hätte denn in jenen Zeiten geschehen sollen, die noch kein Vorbild hatten, wenn die Menschen gemeint hätten, nur was ihnen schon bekannt sei, dürften sie tun oder denken? 5 Doch wohl auf gar nichts wäre man dann je gekommen! Warum soll es also eine Sünde sein, daß wir uns die Mühe machen, etwas zu erfinden, was es vorher nicht gegeben hat? Oder führte nur jene rohen Naturmenschen ihr natürlicher Verstand dazu, so vieles zu schaffen, sollten wir uns vielmehr nicht gerade dadurch ansporn en lassen, auf die Suche zu gehen, weil wir mit Sicherheit wissen, daß die, die gesucht haben, auch gefunden haben? 6 Wird uns denn, während jene, die noch für nichts einen Lehrer besaßen, so vieles der Nachwelt übermittelten, unsere Erfahrung mit den Dingen, die wir schon besitzen, nicht dazu nützlich sein, andere Dinge aufzuspüren, werden wir vielmehr alles immer nur als Wohltat aus fremder Hand besitzen? – so, wie manche Maler keinen weiteren

[91] s. o. 1, 1, 26.

ad modum quidam pictores in id solum student, ut describere tabulas mensuris ac lineis sciant. 7 turpe etiam illud est, contentum esse id consequi, quod imiteris. nam rursus quid erat futurum, si nemo plus effecisset eo, quem sequebatur? nihil in poetis supra Livium Andronicum, nihil in historiis supra pontificum annales haberemus, ratibus adhuc navigaremus: non esset pictura, nisi quae lineas modo extremas umbrae, quam corpora in sole fecissent, circumscriberet. 8 ac si omnia percenseas, nulla mansit[j] ars, qualis inventa est, nec intra initium stetit: nisi forte nostra potissimum tempora damnamus huius infelicitatis, ut nunc demum nihil crescat: nihil autem crescit sola imitatione. 9 quod si prioribus adicere fas non est, quo modo sperare possumus illum oratorem perfectum? quom in his, quos maximos adhuc novimus, nemo sit inventus, in quo nihil aut desideretur aut reprehendatur. sed etiam qui summa non adpetent, contendere potius quam sequi debent. 10 nam qui hoc agit, ut prior sit, forsitan, etiam si non transierit, aequabit. eum vero nemo potest aequare, cuius vestigiis sibi utique insistendum putat: necesse est enim semper sit posterior qui sequitur. adde quod plerumque facilius est plus facere quam idem: tantam enim difficultatem habet similitudo, ut ne ipsa quidem natura in hoc ita evaluerit, ut non res, quae simillimae quaeque pares maxime videantur, utique discrimine aliquo discernantur. 11 adde quod, quidquid alteri simile est, necesse est minus sit eo, quod imitatur, ut umbra corpore et imago facie et actus histrionum veris adfectibus. quod in orationibus quoque evenit. namque iis, quae in exemplum adsumimus, subest natura et vera vis, contra omnis imitatio facta est et ad alienum propositum commodatur. 12 quo fit ut minus sanguinis ac virium declamationes habeant quam orationes, quod in illis

j) *Meister:* sit

Ehrgeiz haben, als Bilder mit Maßstab und Linierung genau nachzeichnen zu können? 7 Schimpflich ist es geradezu, sich damit zu begnügen, nur das zu erreichen, was man nachmacht. Denn noch einmal: was wäre geschehen, wenn niemand mehr zustande gebracht hätte als sein Vorgänger? Nichts hätten wir in der Dichtung über Livius Andronicus hinaus, nichts in der Geschichtsschreibung über die Priesterjahrbücher[92] hinaus, auf Flößen ginge noch die Schiffahrt vonstatten. Es gäbe keine Malerei außer der, die nur die Schattenumrisse nachzeichnete, die die Körper in der Sonne warfen. 8 Und so kann man durchgehen, was man will: Keine Kunst ist in dem Zustand geblieben, wie sie bei ihrer Erfindung war, keine gleich am Anfang stehen geblieben – es sei denn, wir verdammen nur gerade unsere eigenen Zeiten dazu, so unfruchtbar zu sein, daß gerade heutzutage nichts mehr wächst: nichts aber wächst, wo man nur nachahmt. 9 Wenn es aber verwehrt sein soll, dem Früheren noch etwas hinzuzufügen, wo bleibt da unsere Hoffnung auf den vollkommenen Redner? Denn unter denen, die wir bis jetzt als die Größten kennen, hat sich ja noch keiner gefunden, an dem nichts zu vermissen oder auszusetzen wäre. Jedoch auch die, die sich nicht das höchste Ziel setzen, müssen sich eher im Wettkampf messen anstatt nur hinterherzulaufen. 10 Denn wer darauf aus ist, in Führung zu kommen, der wird vielleicht den anderen, auch wenn er ihn nicht überholen kann, doch einholen. Einholen aber kann man niemand, wenn man meint, sich unbedingt in dessen Spur halten zu müssen; denn wer hinterherläuft, ist zwangsläufig immer der Hintermann. Hinzu kommt, daß es meistens leichter ist, mehr zu leisten, als das Gleiche; denn Ähnlichkeit ist so schwer zu erreichen, daß dieser Schwierigkeit nicht einmal die Natur selbst so völlig gewachsen ist, daß sich nicht Dinge, die am ähnlichsten und gleichwertigsten aussehen, doch immer an einer Abweichung unterscheiden ließen. 11 Hinzu kommt, daß alles, was einem anderen ähnlich ist, zwangsläufig geringer ist als das Nachgeahmte: so etwa der Schatten geringer gegenüber dem Körper, das Abbild gegenüber dem Gesicht und das Spiel der Schauspieler gegenüber dem echten Gefühlsausdruck. Dies gilt auch von den Reden; denn in denen, die wir zum Vorbild nehmen, steckt Natur und echte Kraft, dagegen ist alle Nachahmung etwas Gemachtes und paßt sich einem fremden Plan an. 12 Dadurch kommt es, daß Deklamationsvorträge weniger Blut und Kraft besitzen als Reden, weil in den Reden der Stoff

[92] vgl. Cic. de orat. 2, 12, 52.

vera, in his adsimilata materia est. adde quod ea, quae in oratore maxima sunt, imitabilia non sunt, ingenium, inventio, vis, facilitas et quidquid arte non traditur. 13 ideoque plerique, cum verba quaedam ex orationibus excerpserunt aut aliquos compositionis certos pedes, mire a se quae legerunt effingi arbitrantur, cum et verba intercidant invalescantque temporibus, ut quorum certissima sit regula in consuetudine, eaque non sua natura sint bona aut mala (nam per se soni tantum sunt), sed prout opportune proprieque aut secus conlocata sunt, et compositio cum rebus accommodata sit, tum ipsa varietate gratissima.

14 Quapropter exactissimo iudicio circa hanc partem studiorum examinanda sunt omnia. primum, quos imitemur: nam sunt plurimi, qui similitudinem pessimi cuiusque et corruptissimi concupierint: tum in ipsis, quos elegerimus, quid sit, ⟨ad⟩[k] quod nos efficiendum comparemus. 15 nam in magnis quoque auctoribus incidunt aliqua vitiosa et a doctis inter ipsos etiam mutuo reprehensa: atque utinam tam bona imitantes dicerent melius quam mala peius dicunt.[l] nec vero saltem his, quibus ad evitanda vitia iudicii satis fuit, sufficiat imaginem virtutis effingere et solam, ut ⟨ita⟩[m] dixerim, cutem vel potius illas Epicuri figuras, quas e summis corporibus dicit effluere. 16 hoc autem his accidit, qui non introspectis penitus virtutibus ad primum se velut aspectum orationis aptarunt; et cum iis felicissime cessit imitatio, verbis atque numeris sunt non multum differentes, vim dicendi atque inventionis non adsequuntur, sed plerumque declinant in peius et proxima virtutibus vitia comprehendunt fiuntque pro grandibus tumidi, pressis exiles, fortibus temerarii, laetis corrupti, compositis

k) *add. Regius*
l) *corr.* **P**: dicant
m) *add. Halm*

echt ist, in jenen aber nur der Wirklichkeit angeglichen. Hinzu kommt, daß das, was beim Redner das Wichtigste ist, nicht nachahmbar ist: Talent, Erfindungsgabe, Kraft des Ausdrucks, Gewandtheit und alles, was sich nicht im Lehrbuch lernen läßt. 13 Deshalb meinen so viele, wenn sie bestimmte Wörter aus Reden herausgepflückt haben oder auch gewisse Versfüße für die Wortfügung, sie hätten das, was sie gelesen haben, ganz erstaunlich nachgebildet, während doch Wörter mit der Zeit aussterben oder zur Geltung kommen – hierfür ist ja die sicherste Richtschnur der lebendige Sprachgebrauch: solche Wörter sind ja nicht nach ihrem eigenen Wesen gut oder schlecht – denn an sich sind sie nur Klänge –, sondern sind so gut, wie sie passend und treffend oder unpassend gesetzt werden – und wie die Wortfügung sich nach den Gegenständen richtet zumal aber gerade durch die Abwechslung am angenehmsten wirkt.

14 Deshalb heißt es auf diesem Gebiet unserer Studien alles mit der gründlichsten Urteilskraft zu prüfen: erstens, welche Vorbilder wir nachahmen sollen, denn es gibt sehr viele, die gerade auf die Ähnlichkeit mit den Schlechtesten und Verderbtesten versessen sind; zweitens dann bei den Vorbildern selbst, die wir ausgewählt haben, was es sein soll, das nachzubilden wir sie in Anspruch nehmen 15 Denn auch bei bedeutenden Schriftstellern kommen manche Fehler vor und Dinge, die sich die Kenner gegenseitig vorwerfen. Ja, wenn sie doch dadurch, daß sie Gutes nachahmen, so viel besser sprächen, als sie nach schlechtem Vorbild schlechter sprechen! Aber selbst für die, die genügend Urteilskraft bewiesen haben, den Fehlern aus dem Wege zu gehen, dürfte es kaum genügen, ein Abbild des Vorzüglichen herzustellen und lediglich, sozusagen dessen Oberhaut oder besser gesagt die Bilder des Epikur, von denen er sagt, sie strömten von der Oberfläche aus.[93] 16 So ist es aber bei denen geschehen, die, ohne das tiefer und gründlich betrachtet zu haben, was so vorzüglich aussieht, sich gleichsam auf den ersten Blick der Rede hingaben. Und wenn dann die Nachahmung aufs glücklichste ausgefallen ist, sind zwar in ihr die Worte und Rhythmen nicht sehr verschieden, die Ausdrucks- und Erfindungskraft aber erreichen sie nicht, weichen vielmehr meistens zum Schlechteren ab, bekommen die Fehler zu fassen, die den Vorzügen nächstbenachbart sind, und werden so statt erhaben schwülstig, statt knapp dürr, statt kühn leichtsinnig, statt üppig haltlos, statt füllig mutwillig, statt einfach

[93] Lucretius 4, 48ff.

exultantes, simplicibus neglegentes. 17 ideoque qui horride atque incomposite quidlibet illud frigidum et inane extulerunt, antiquis se pares credunt, qui carent cultu atque sententiis, Atticis [scilicet],[n] qui praecisis conclusionibus obscuri Sallustium atque Thucydidem superant, tristes ac ieiuni Pollionem aemulantur, otiosi et supini, si quid modo longius circumduxerunt, iurant ita Ciceronem locuturum fuisse. 18 noveram quosdam, qui se pulchre expressisse genus illud caelestis huius in dicendo viri sibi viderentur, si in clausula posuissent 'esse videatur'. ergo primum est, ut quod imitaturus est quisque intellegat et, quare bonum sit, sciat.

19 Tum in suscipiendo onere consulat suas vires. nam quaedam sunt imitabilia, quibus aut infirmitas naturae non sufficiat aut diversitas repugnet. ne, cui tenue ingenium erit, sola velit fortia et abrupta, cui forte quidem, sed indomitum, amore subtilitatis et vim suam perdat et elegantiam quam cupit non persequatur: nihil est enim tam indecens, quam cum mollia dure fiunt. 20 atque ego illi praeceptori, quem instituerum in libro secundo, credidi non ea sola docenda esse, ad quae quemque discipulorum natura compositum videret: nam is et adiuvare debet quae in quoque eorum invenit bona, et, quantum fieri potest, adicere quae desunt et emendare quaedam et mutare: rector enim est alienorum ingeniorum atque formator. 21 difficilius est naturam suam fingere. sed ne ille quidem doctor, quamquam omnia quae recta sunt velit esse in suis auditoribus quam plenissima, in eo tamen, cui naturam obstare viderit, laborabit.

Id quoque vitandum, in quo magna pars errat, ne in oratione poetas

n) *del. Rad.; melius [qui] Wint.:* scilicet *om.* **EP**

nachlässig. 17 Da liegt auch der Grund, weshalb Stilisten, die roh und unordentlich ein frostiges, hohles Etwas zu Tage gefördert haben, sich den Alten gleich wähnen, solche, denen gepflegter Geschmack und geistreicher Ausdruck fehlt, sich für echt attisch halten, solche mit zerhackten Perioden in ihrer Dunkelheit Sallust und Thukydides überbieten, düstere und trockene mit Pollio wetteifern, und müßige, ganz nachlässige Stilisten, wenn sie nur etwas in längeren Perioden zustande gebracht haben, schwören, so würde Cicero gesprochen haben. 18 Ich kannte Redner, die sich einbildeten, sie hätten aufs schönste den Stil dieses göttlichen Mannes getroffen, wenn sie nur in ihren Satzschlüssen das 'esse videatur'[94] setzten. Das erste also ist es, daß jeder eine klare Vorstellung von dem habe, was er nachahmen will, und wisse, warum es gut ist.

19 Zweitens möge er dann bei der Last, die er sich aufladen will, zusehen, was seine eigenen Kräfte leisten können. Denn manche Dinge sind unnachahmbar, weil bei ihnen die Naturanlage zu schwach ist, so daß sie nicht ausreicht, oder zu verschieden, so daß sie sich sträubt. Jemand, dessen Natur das Schlichte liegt, muß ja nicht durchaus nur Starkes, Schroffes nachahmen wollen, jemand mit einer starken aber ungezügelten Naturanlage nicht aus Vorliebe für das Feinsinnige seine eigene Stärke opfern, ohne doch die ersehnte gewählte Ausdrucksweise zu erreichen; denn nichts ist so peinlich, wie wenn, was weich klingen soll, hart angepackt wird. 20 Nun habe ich selbst die Auffassung vertreten, der Lehrer, dem ich im 2. Buch meine Anleitung gegeben habe,[95] dürfte nicht das allein lehren, wofür er jeden seiner Schüler von Natur angelegt sehe. Denn der Lehrer muß ja die guten Anlagen, die er in jedem von ihnen findet, fördern, aber auch, soweit es geschehen kann, Fehlendes hinzufügen, manches auch verbessern und ändern; denn er ist ja der Lenker fremder Begabungen und ihr Bildner. 21 Schwieriger ist es nun, selbst seine eigene Naturanlage umzuformen. Jedoch wird selbst der Lehrer, von dem ich gerade gesprochen habe, so sehr er es wünscht, daß seine Hörer alles, was zur richtigen Kunst gehört, so vollständig wie möglich beherrschen, dennoch nicht da sich abmühen, wo er sieht, daß er die Natur gegen sich hat.

Auch folgender Irrtum ist zu vermeiden, der sehr verbreitet

[94] den Satzschluß (–́ . . . –́ x), den Cicero so gern verwendet, weil er an den Hexameterschluß (–́. . –́x: esse videtur) anklingt und ihm zugleich im Sinn der freieren Ordnung des Prosarhythmus' aus dem Wege geht.

[95] s. o. 2, 8, 13.

nobis et historicos, in illis operibus oratores aut declamatores imitandos putemus. 22 sua cuique proposito lex, suus decor est: nec comoedia in cothurnos adsurgit, nec contra tragoedia socco ingreditur. habet tamen omnis eloquentia aliquid commune: id imitemur quod commune est.

23 Etiam hoc solet incommodi accidere iis, qui se uni alicui generi dediderunt, ut, si asperitas iis placuit alicuius, hanc etiam in leni ac remisso causarum genere non exuant: si tenuitas aut iucunditas, in asperis gravibusque causis ponderi rerum parum respondeant: cum sit diversa non causarum modo inter ipsas condicio, sed in singulis etiam causis partium, sintque alia leniter alia aspere, alia concitate alia remisse, alia docendi alia movendi gratia dicenda, quorum omnium dissimilis atque diversa inter se ratio est. 24 itaque ne hoc quidem suaserim, uni se alicui proprie, quem per omnia sequatur, addicere. longe perfectissimus Graecorum Demosthenes, aliquid tamen aliquo in loco melius alii (plurima ille). sed non qui maxime imitandus, et solus imitandus est. 25 quid ergo? non est satis omnia sic dicere, quo modo M. Tullius dixit? mihi quidem satis esset, si omnia consequi possem. quid tamen noceret vim Caesaris, asperitatem Caelii, diligentiam Pollionis, iudicium Calvi quibusdam in locis adsumere? 26 nam praeter id quod prudentis est, quod in quoque optimum est, si possit, suum facere, tum in tanta rei difficultate unum intuentes vix aliqua pars sequitur ideoque cum totum exprimere quem elegeris paene sit

ist, die Meinung nämlich, wir dürften in der Rede Dichter und Geschichtsschreiber, in diesen Gattungen aber Redner oder Deklamatoren nachahmen. 22 Jedes Vorhaben hat seine eigene Gesetzmäßigkeit, seine eigene Schicklichkeit: weder erhebt sich die Komödie zur Höhe des Kothurn noch schreitet andererseits die Tragödie im flachen Schuhwerk[96] einher. Dennoch hat alle Kunst des sprachlichen Ausdrucks etwas Gemeinsames: das wollen wir nachahmen, was gemeinsam ist. 23 Auch folgendes kann sich nachteilig auswirken bei solchen, die sich nur einer bestimmten Redeweise verschrieben haben, daß sie nämlich, wenn ihnen die Rauhheit des einen gefallen hat, sie diese auch nicht ablegen, wenn sie mit einer ruhigen, harmlosen Prozeßaufgabe zu tun haben, wenn aber der schlichte oder liebliche Stil ihnen gefallen hat, diese Stilarten bei rauhen, schweren Prozeßaufgaben dem Gewicht der Gegenstände nicht genügend entsprechen; denn die Verhältnisse sind nicht nur in den einzelnen Reden vor Gericht verschieden, sondern auch in den einzelnen Teilen der Rede, dies muß ruhig, anderes rauh, anderes erregt, anderes gelassen, dies zur Unterrichtung, anderes zur Erregung der Stimmung gesagt werden, wobei jeweils ein anderes, sich vom Umgebenden deutlich unterscheidendes Verfahren am Platz ist. 24 Deshalb könnte ich nicht einmal dazu raten, sich einem bestimmten Vorbild so eigentlich zu verschreiben, daß man ihm in allem folgt. Bei weitem der vollkommenste Redner bei den Griechen ist Demosthenes, dennoch haben an einer Stelle andere einmal etwas Besseres als er, er dafür meistens Besseres als sie. Aber wer am meisten Nachahmung findet, soll sie nicht ausschließlich finden. 25 'Wie denn? Ist es also nicht genug, alles so zu sagen, wie es Cicero gesagt hat?' Nun, mir wäre es genug, falls ich es alles erreichen könnte. Doch was könnte es schaden, die Wucht Caesars, das Geharnischte des Caelius, die Sorgfalt des Pollio, die Urteilskraft des Calvus an manchen Stellen dazuzunehmen? 26 Denn abgesehen davon, daß es ein Gebot der Klugheit ist, wenn man es vermag, sich anzueignen, was bei jedem das Beste ist, so kommt es bei der großen Schwierigkeit der Aufgabe, wenn wir nur einen ins Auge fassen, nur zu einem Bruchteil an Ertrag. Da es einem Menschen wohl nicht vergönnt ist, ein Vorbild, das er sich erwählt hat, ganz wiederzugeben, wollen wir uns deshalb das vor Augen

[96] im 'soccus', während der Kothurn der Tragödienschauspieler wesentlich höhere Sohlen hatte, damit sie auch äußerlich über Menschenmaß hinausgehoben wurden.

homini inconcessum, plúrium bona ponamus ante oculos, ut aliud ex alio haereat, et quo quidque loco conveniat aptemus.

27 Imitatio autem (nam saepius idem dicam) non sit tantum in verbis. illuc intendenda mens, quantum fuerit illis viris decoris in rebus atque personis, quod consilium, quae dispositio, quam omnia, etiam quae delectationi videantur data, ad victoriam spectent: quid agatur prooemio, quae ratio et quam varia narrandi, quae vis probandi ac refellendi, quanta in adfectibus omnis generis movendis scientia, quamque laus ipsa popularis utilitatis gratia adsumpta, quae tum est pulcherrima, cum sequitur, non cum arcessitur. 28 haec si perviderimus, tum vere imitabimur. qui vero etiam propria his bona adiecerit, ut suppleat quae derant, circumcidat si quid redundabit, is erit, quem quaerimus, perfectus orator: quem nunc consummari potissimum oporteat, cum tanto plura exempla bene dicendi supersunt, quam illis, qui adhuc summi sunt, contigerunt. nam erit haec quoque laus eorum, ut priores superasse, posteros docuisse dicantur.

III.

1 Et haec quidem auxilia extrinsecus adhibentur: in iis autem, quae nobis ipsis paranda sunt, ut laboris, sic utilitatis etiam longe plurimum

stellen, was mehrere an Gutem haben, damit das eine von dem, das andere von jenem haften bleibt, und wir es da anbringen, wo es gut paßt.

27 Die Nachahmung darf aber – um dies nachdrücklich zu wiederholen – nicht nur in den Worten bestehen. Darauf heißt es unsere Überlegung zu richten, wie schön und passend unsere Vorbilder die Sachen und Personen behandelt haben, wie planvoll, wie geschickt in der Anlage; wie alles, auch was nur zur Unterhaltung gebracht zu sein scheint, auf den Sieg zielt, was das Prooemium bezweckt, wie überlegt und abwechslungsreich erzählt wird, welche Kraft die Beweisführung und Widerlegung besitzt, welch überlegenes Wissen die Erregung der Gefühle aller Art verrät, und wie selbst zum Nutzen der Sache der Beifall der Menge berücksichtigt ist, der dann am schönsten ist, wenn er sich einstellt, nicht, wenn er gesucht wird. 28 Erst wenn wir das überschaut haben, ist unsere Nachahmung vollkommen. Wer aber zu diesen Beobachtungen noch sein eigenes Gut hinzufügt, Fehlendes ergänzt, da beschneidet, wo etwas überschießt, der wird der vollkommene Redner sein, den wir suchen; dieses Ziel müßte sich gerade heute am ehesten erreichen lassen, da die Zahl der Muster guter Rede so viel größer ist, als sie den Meistern beschieden war, die bis heute noch die größten sind.[97] Denn auch dies wird noch ein Ruhm für sie sein, wenn es heißt, sie hätten die früheren Generationen an Meisterschaft übertroffen, die späteren Meisterschaft gelehrt.

DRITTES KAPITEL

Stilübung

1 Und das nun sind Hilfen, die man von auswärts anfordert; unter denen aber, die wir uns selbst verschaffen müssen, bringt zwar Mühe aber auch bei weitem den größten Nutzen der Schreibstift.

[97] Entscheidend ist also für den gebildeten Stilisten die Entfaltung der eigenen Geschmacksbildung und Urteilskraft durch den kritischen Umgang, den Wetteifer, mit den Vorbildern. Sie zügelt und entbindet zugleich das 'Kreative', wie man heute gern sagt, die Fähigkeit, sich im eigenen Ausdruck darzustellen, indem man sein Redeziel zu erreichen sucht, so gut man nur kann. Mit diesem 'Kreativen' rechnet Quintilian, wie unsere Stelle zeigt, mit so selbstverständlicher Zuversicht, daß er seine sprachliche Bildung völlig darauf gründet.

adfert stilus. nec inmerito M. Tullius hunc 'optimum effectorem ac magistrum dicendi' vocat, cui sententiae personam L. Crassi in disputationibus quae sunt de oratore adsignando iudicium suum cum illius auctoritate coniunxit. 2 scribendum ergo quam diligentissime et quam plurimum. nam ut terra alte refossa generandis alendisque seminibus fecundior, sic profectus non a summo petitus studiorum fructus et fundit uberius et fidelius continet. nam sine hac quidem constantia[o] ipsa illa ex tempore dicendi facultas inanem modo loquacitatem dabit et verba in labris nascentia. 3 illic radices, illic fundamenta sunt, illic opes velut sanctiore quodam aerario conditae, unde ad subitos quoque casus cum res exiget, proferantur. vires faciamus ante omnia, quae sufficiant labori certaminum et usu non exhauriantur. 4 nihil enim rerum ipsa natura voluit magnum effici cito praeposuitque pulcherrimo cuique operi difficultatem, quae nascendi quoque hanc fecerit legem, ut maiora animalia diutius visceribus parentis continerentur.

Sed cum sit duplex quaestio, quo modo et quae maxime scribi oporteat, iam hinc[p] ordinem sequar. 5 sit primo vel tardus dum diligens stilus, quaeramus optima nec protinus offerentibus se gaudeamus, adhibeatur iudicium inventis, dispositio probatis: dilectus enim rerum verborumque agendus est et pondera singulorum examinanda. post subeat ratio conlocandi versenturque omni modo numeri, non ut quodque se proferet verbum occupet locum. 6 quae quidem ut diligentius exsequamur, repetenda saepius erunt scriptorum proxima. nam praeter id, quod sic melius iunguntur prioribus sequentia, calor quoque ille cogitationis, qui scribendi mora refrixit, recipit ex integro vires et

o) *Gesner:* conscientia
p) hunc *Obrecht*

Und nicht zu Unrecht nennt M. Tullius diesen 'den besten Erzeuger und Lehrer der Rede', ein Gedanke, bei dem Cicero dadurch, daß er ihn in den ‹Gesprächen über den Redner› dem L. Crassus in den Mund legt,[98] sein eigenes Urteil mit der Autorität jenes Mannes verbunden hat. 2 Schreiben muß man also möglichst sorgfältig und möglichst viel. Denn wie der Boden, wenn man ihn tief umgräbt, die Saat besser keimen und wachsen läßt, so bringt ein Studienfortschritt, der nicht nur vom Oberflächlichen zehrt, reichlichere Früchte und bewahrt sie getreulicher. Denn ohne den beständigen Gedanken an die schriftliche Selbstzucht wird auch die geschätzte Gabe der improvisierten freien Rede nur leere Geschwätzigkeit erbringen und Worte, die nur der Lippenarbeit ihr Leben verdanken. 3 Nur in ihm liegen die Wurzeln, liegen die Grundlagen, liegen wie im Tempelschatz für Notfälle geborgen die Schätze, von wo sie, wenn es die Lage erfordert, auch bei überraschenden Fällen hervorgeholt werden können. Kraft müssen wir vor allem entwickeln, die für die Anstrengung der Wettkämpfe ausreicht und beim Gebrauch sich nicht erschöpft. 4 Denn die Natur selbst hat es so gewollt, daß nichts Großes schnell zustande gebracht werde, und hat gerade vor die schönsten Leistungen die Schwierigkeit gesetzt,[99] was ja auch bei den Geburten zu dem Gesetz geführt hat, daß die größeren Lebewesen auch länger im Leibe der Gebärenden festgehalten werden.

Doch da die Frage zwei Teile enthält, wie und was man vor allem schreiben soll, will ich ihr nun in dieser Reihenfolge nachgehen. 5 Anfangs soll der Schreibstift lieber noch langsam, wenn nur sorgfältig, an der Arbeit sein, wir wollen das Beste suchen und uns nicht über alles freuen, was uns gleich einfällt, Geschmack soll bei dem Auffinden, die rechte Ordnung über dem walten, was der Geschmack gebilligt hat; denn eine Musterung ist abzuhalten über Gegenstände und Worte, und alles einzeln nach seinem Gewicht zu prüfen. Dann schließe sich gleich die Erwägung der passenden Stellung im Satz an, und man schiebe die Wortrhythmen auf jede Weise hin und her, kein Wort soll ja den Platz so festhalten, wie es sich gerade darbietet. 6 Damit wir dies sorgfältiger durchführen, wird das dem Geschriebenen Benachbarte mehrfach zu wiederholen sein. Denn abgesehen davon, daß sich so die vorhergehenden Worte besser an die folgenden anschließen, gewinnt auch die Wärme beim Ausdenken, die durch die Verzögerung, die das Schreiben bringt, abgekühlt ist, von

[98] 1, 33, 150.
[99] vgl. Hesiod, Erga 289.

velut repetito spatio sumit impetum: quod in certamine saliendi fieri videmus, ut conatum longius petant et ad illud, quo contenditur, spatium cursu ferantur, utque in iaculando brachia reducimus et expulsuri tela nervos retro tendimus. 7 interim tamen, si feret flatus, danda sunt vela, dum nos indulgentia illa non fallat: omnia enim nostra, dum nascuntur, placent: alioqui nec scriberentur. sed redeamus ad iudicium et retractemus suspectam facilitatem. 8 sic scripsisse Sallustium accepimus, et sane manifestus est etiam ex opere ipso labor. Vergilium quoque paucissimos die composuisse versus auctor est Varius.[q] 9 oratoris quidem alia condicio est: itaque hanc moram et sollicitudinem initiis impero. nam primum hoc constituendum, hoc optinendum est, ut quam optime scribamus: celeritatem dabit consuetudo. paulatim res facilius se ostendent, verba respondebunt, compositio sequetur, cuncta denique ut in familia bene instituta in officio erunt. 10 summa haec est rei: cito scribendo non fit ut bene scribatur, bene scribendo fit ut cito. sed tum maxime, cum facultas illa contigerit, resistamus, ut provideamus et ferentes[r] equos frenis quibusdam coerceamus, quod non tam moram faciet quam novos impetus dabit. neque enim rursus eos, qui robur aliquod in stilo fecerint, ad infelicem calumniandi se poenam alligandos puto. 11 nam quo modo sufficere officiis civilibus possit qui singulis actionum partibus insenescat? sunt autem quibus nihil sit satis: omnia mutare, omnia aliter dicere quam occurrit velint, increduli quidam et de ingenio suo pessime meriti, qui diligentiam putant, facere sibi scribendi difficultatem. 12 nec promptum est dicere, utros peccare validius putem, quibus omnia sua placent

q) *Spalding:* varus
r) *Ald.:* efferentes (-tis)

neuem ihre Kraft und nimmt gleichsam, indem sie ein Stück zurückgeht, einen Anlauf. Wir sehen es so ja auch beim Wettspringen, daß man zum Versuch weiter zurückgeht und im Lauf zu der Sprungstelle eilt, daß wir beim Speerwerfen die Arme zurücknehmen und, um Geschosse zu schleudern, die Sehne nach hinten ziehend spannen. 7 Zuweilen jedoch, wenn guter Fahrwind weht, dürfen wir Segel setzen, wenn nur solche Nachgiebigkeit uns nicht irreführt. Denn alles Eigene gefällt uns, während es entsteht; sonst würde es ja gar nichts erst niedergeschrieben. Wir wollen aber (deshalb) zur Beurteilung darauf zurückkommen und wieder vornehmen, was so verdächtig leicht fiel. 8 So hat, wie man uns erzählt hat, Sallust geschrieben, und freilich ist in seinem Werk selbst noch die anstrengende Arbeit deutlich zu spüren. Auch von Vergil versichert es Varius[100], er habe am Tag nur ganz wenige Verse gedichtet. 9 Bei dem Redner ist allerdings die Lage anders; deshalb verordne ich dieses Säumen und ängstliche Bemühen nur für die Anfangszeit. Denn zuerst ist darin Grund zu legen, darin Sicherheit zu gewinnen, daß unsere schriftliche Ausarbeitung so gut wie möglich gedeihe. Schnelligkeit bringt dann die Gewöhnung. Allmählich treten dann die Dinge leichter vor die Augen, die Worte finden ihre Entsprechungen, die Wortfügung stellt sich ein, kurz, alles ist dann wie bei gut geschultem Personal auf dem Posten. 10 Als Grundsatz gilt: Schnell-Schreiben führt nicht zum Gut-Schreiben, Gut-Schreiben aber zum Schnell-Schreiben. Aber dann vor allem, wenn die Gewandtheit erreicht ist, wollen wir ihr widerstehen, um uns vorzusehen und die eilenden Pferde noch mit behutsamer Zäumung zu zügeln, eine Maßnahme, die nicht so viel Verzögerung wie neuen Schwung mit sich bringen wird. Umgekehrt nun freilich möchte ich diejenigen, die es mit dem Schreibstift schon zu einiger eigenen Fertigkeit gebracht haben, auch nicht an die unergiebige Marter der Selbstkasteiung gefesselt wissen. 11 Denn wie könnte ein Redner seinen Verpflichtungen gegenüber den Mitbürgern nachkommen, wenn er über die Einzelteile seiner Verhandlungsreden alt und grau wird? Es gibt aber auch diese Art Menschen, der nichts gut genug ist: alles wollen sie ändern, alles anders ausdrücken, als es sich darbietet, Menschen ohne Selbstvertrauen und ihrem eigenen Talent gegenüber höchst undankbar, die es für Sorgfalt halten, sich selbst das Schreiben recht schwer zu machen. 12 Es ist wirklich nicht leicht zu sagen, ob die, denen alles, was sie schreiben, oder die, denen nichts

[100] der den Nachlaß des Dichters betreut hat; s. o. 10, 1, 98.

an quibus nihil. accidit enim etiam ingeniosis adulescentibus frequenter, ut labore consumantur et in silentium usque descendant nimia bene dicendi cupiditate. qua de re memini narrasse mihi Iulium Secundum illum, aequalem meum atque a me, ut notum est, familiariter amatum, mirae facundiae virum, infinitae tamen curae, quid esset sibi a patruo suo dictum. 13 is fuit Iulius Florus, in eloquentia Galliarum, quoniam ibi demum exercuit eam, princeps alioqui inter paucos disertus et dignus illa propinquitate. is cum Secundum, scholae adhuc operatum, tristem forte vidisset, interrogavit, quae causa frontis tam adductae? 14 nec dissimulavit adulescens, tertium iam diem esse, quod[s] omni labore materiae ad scribendum destinatae non inveniret exordium: quo sibi non praesens tantum dolor, sed etiam desperatio in posterum fieret. tum Florus adridens, ‘numquid tu’, inquit, ‘melius dicere vis quam potes?’ 15 ita se res habet: curandum est, ut quam optime dicamus, dicendum tamen pro facultate: ad profectum enim opus est studio, non indignatione. ut possimus autem scribere etiam plura et celerius, non exercitatio modo praestabit, in qua sine dubio multum est, sed etiam ratio: si non resupini spectantesque tectum et cogitationem murmure agitantes expectaverimus, quid obveniat, ⟨sed⟩[t] quid res poscat, quid personam deceat, quod sit tempus, qui iudicis animus, intuiti humano quodam modo ad scribendum accesserimus. sic nobis et initia et quae sequuntur natura ipsa praescribit. 16 certa sunt enim pleraque et, nisi coniveamus, in oculos incurrunt: ideoque nec indocti nec rustici diu quaerunt, unde incipiant: quo pudendum est magis, si difficultatem facit doctrina. non ergo semper putemus optimum esse quod latet: inmutescamus alioqui, si nihil dicendum videatur, nisi quod non invenimus. 17 diversum est huic eorum vitium, qui primo decurrere per materiam stilo quam velocissimo volunt et sequen-

s) ex quo *corr.* **P**
t) *add. edd. vet.*

gefällt, den schwereren Fehler machen. Denn es findet sich selbst bei sehr talentierten jungen Leuten häufig, sich an der Mühe der Ausarbeitung zu verzehren und durch das übertriebene Verlangen, gut zu reden, bis zur Schweigsamkeit herabzusinken. Ich erinnere mich, daß mir der berühmte Julius Secundus, mein Altersgenosse, den ich, wie man weiß, in herzlicher Freundschaft geliebt habe, ein Mann von erstaunlicher Redegabe, jedoch auch von grenzenloser Sorgfalt, erzählt hat, was ihm hierüber sein Onkel gesagt habe. 13 Dieser war Julius Florus, in der Redekunst der gallischen Provinzen, wo er sie erst in Schwung brachte, führend, aber auch sonst beredt wie wenige und seiner Verwandtschaft (mit Secundus) würdig. Als dieser den Secundus, der noch mit Schulübungen beschäftigt war, einmal bedrückt sah, fragte er ihn nach dem Grund für sein Stirnrunzeln. 14 Da vertraute ihm der Jüngling an, er sei jetzt schon den dritten Tag dabei, sich an einem Thema, das er schriftlich auszuarbeiten habe, abzumühen, ohne einen Anfang zu finden; das quäle ihn nicht nur im Augenblick, sondern mache ihn auch ganz mutlos für die Zukunft. Das sagte Florus lächelnd: 'Willst du denn etwa besser reden, als du es kannst?' 15 So ist es tatsächlich damit; wir müssen uns Mühe geben, möglichst gut zu reden, jedoch müssen wir eben nach unserer Fähigkeit reden; denn zum Vorwärtskommen braucht man Lust an der Arbeit, nicht Verdrossenheit. Daß wir aber auch mehr und schneller schreiben können, wird nicht nur die Übung zustande bringen, sondern die Art, wie wir es anpacken: wenn wir nämlich nicht ausgestreckt, zur Decke starrend und unsere Überlegungen vor uns hinmurmelnd abwarten, was dabei herauskommt, sondern ins Auge fassen, was die Sache erfordert, was für die Person paßt, wie es mit der Zeit steht, wie mit der Einstellung des Richters, und so uns ans Schreiben machen, wie es sich für einen vernünftigen Menschen gehört. So folgen wir der Natur, die uns selbst vorschreibt, was am Anfang kommt und was darauf folgt. 16 Denn die meisten Dinge stehen ja fest und fallen, wenn wir nicht die Augen verschließen, uns in den Blick; deshalb suchen ja auch die Ungebildeten und die einfachen Bauern nicht lange, womit sie anfangen sollen. Um so beschämender ist es daher, wenn die Schulbildung es schwerer macht. Wir wollen also nicht meinen, immer sei das Beste das, was sich versteckt: wir müßten ja sonst ganz die Sprache verlieren, wenn wir uns einbildeten, nur das sagen zu dürfen, was sich nicht finden läßt. 17 Entgegengesetzt ist der Fehler, den diejenigen machen, die zunächst alles, was das Thema enthält, mit dem Schreibstift so schnell wie möglich durcheilen

tes calorem atque impetum ex tempore scribunt: hanc silvam vocant. repetunt deinde et componunt quae effuderant: sed verba emendantur et numeri, manet in rebus temere congestis quae fuit levitas. 18 protinus ergo adhibere curam rectius erit atque ab initio sic opus ducere, ut caelandum, non ex integro fabricandum sit. aliquando tamen adfectus sequemur, in quibus fere plus calor quam diligentia valet.

Satis apparet ex eo, quod hanc scribentium neglegentiam damno, quid de illis dictandi deliciis sentiam. 19 nam in stilo quidem quamlibet properato dat aliquam cogitationi moram non consequens celeritatem eius manus: ille, cui dictamus, urget, atque interim pudet etiam dubitare aut resistere aut mutare quasi conscium infirmitatis nostrae timentis. 20 quo fit ut non rudia tantum et fortuita, sed inpropria interim, dum sola est conectendi sermonis cupiditas, effluant, quae nec scribentium curam nec dicentium impetum consequantur. at idem ille, qui excipit, si tardior in scribendo aut inertior[u] intellegendo[v] velut offensator fuit, inhibetur cursus, atque omnis, quae erat, concepta[w] mentis intentio mora et interdum iracundia excutitur. 21 tum illa, quae apertiorem[x] animi motum sequuntur quaeque ipsa animum quodam modo concitant, quorum est iactare manum, torquere vultum, sinum et latus[y] interim obiurgare, quaeque Persius notat, cum leviter dicendi genus significat, 'nec pluteum', inquit, 'caedit nec demorsos sapit unguis', etiam ridicula sunt, nisi cum soli sumus. 22 denique ut semel quod est potentissimum dicam, secretum, quod dictando perit, atque liberum arbitris locum et quam altissimum silentium scribentibus maxime convenire nemo dubitaverit. non tamen protinus

u) **EP**: incertior
v) *Rad.:* in legendo **BP** et diligendo **bH** in intellegendo *H. J. Müller*
w) *Regius:* conceptae
x) **EP**: aptiorem *rell.* altiorem *ed. Colon.*
y) *Rad.:* sinti elatus **bH** simul et **BP** femur et latus Bursian

wollen und der Wärme und dem Schwung des Augenblicks folgend schreiben. Das so Gewonnene nennen sie ihren Rohstoff. Sie nehmen dies dann wieder vor und bringen ihren Erguß in Ordnung. Aber nur Worte und Rhythmen werden so verbessert, die Leichtfertigkeit, mit der die Gegenstände, von denen wir reden, oberflächlich zusammengehäuft worden sind, bleibt bestehen. 18 Gleich mit Sorgfalt an die Arbeit zu gehen wird also richtiger sein, und das Werk von Anfang an so anzulegen, daß nur noch gemeißelt, nicht mehr neu gebaut werden muß.

Daraus, daß ich diese nachlässige Form der schriftlichen Ausarbeitung verwerfe, ist schon deutlich genug, was ich von der feinen Art, seine Gedanken zu diktieren, halte. 19 Denn mag der Stift, wenn man schreibt, auch noch so fliegen, so bietet doch zum Nachdenken die Hand, die der Schnelligkeit des Gedankens nicht folgen kann, eine gewisse Ruhepause. Der Stenograph aber, dem wir diktieren, drängt weiter, manchmal schämen wir uns, auch nur uns zu bedenken, innezuhalten oder zu ändern, als scheuten wir einen Mitwisser unserer Unsicherheit. 20 So kommt es, daß uns, während wir nur darauf aus sind, den Redestrom nicht abreißen zu lassen, nicht nur Ungeglättetes und vom Zufall Bestimmtes, sondern zuweilen gar nicht treffend Ausgedrücktes von den Lippen fließt, was weder an die Sorgfalt, mit der man schreibt, noch an den Schwung, mit dem man redet, herankommt. Ist dagegen der Mensch, der das Diktat aufnimmt, dadurch, daß er zu langsam schreibt oder zu schwer versteht, gleichsam ein Stein des Anstoßes gewesen, so kommt unser Lauf ins Stocken, und die ganze ursprüngliche Richtung und Spannung unseres Einfalls wird durch die Verzögerung und manchmal durch unseren Zorn verdorben. 21 Sodann auch all das, was sich einstellt, wenn wir uns freieren Lauf lassen, und was uns doch auch in gewisser Weise anregt, so das Emporheben der Hand, das Verziehen des Gesichtes, manchmal auch das Schlagen auf Brust oder Hüfte und alles, was Persius andeutet,[101] wenn er, um die Art oberflächlicher Rede kenntlich zu machen, sagt: 'Und hat nie auf das Pult getrommelt noch Nägel zerbissen' – all das wirkt geradezu lächerlich, wenn wir nicht für uns allein sind. 22 Doch kurz, um mit einem Wort das Wichtigste zu nennen: daß die Abgeschiedenheit, die beim Diktieren verlorengeht, und ein Ort, wo es keine Kritiker gibt, und die tiefste Stille und Ruhe beim Schreiben am besten tut, das wird niemand bezweifeln. Dennoch aber sollte man

[101] 1, 106.

audiendi qui credunt aptissima in hoc nemora silvasque, quod illa caeli libertas locorumque amoenitas sublimem animum et beatiorem spiritum parent. 23 mihi certe iucundus[z] hic magis quam studiorum hortator videtur esse secessus. namque illa, quae ipsa delectant, necesse est avocent ab intentione operis destinati. neque enim se bona fide in multa simul intendere animus totum potest, et quocumque respexit, desinit intueri quod propositum erat. 24 quare silvarum amoenitas et praeterlabentia flumina et inspirantes ramis arborum aurae volucrumque cantus et ipsa late circumspiciendi libertas ad se trahunt, ut mihi remittere potius voluptas ista videatur cogitationem quam intendere. 25 Demosthenes melius, qui se in locum, ex quo nulla exaudiri vox et ex quo nihil prospici posset, recondebat, ne aliud agere mentem cogerent oculi. ideoque lucubrantes silentium noctis et clausum cubiculum et lumen unum velut tectos[a] maxime teneat. 26 sed cum in omni studiorum genere, tum in hoc praecipue bona valetudo, quaeque eam maxime praestat, frugalitas necessaria est, cum tempora ab ipsa rerum natura ad quietem refectionemque nobis data in acerrimum laborem convertimus. cui tamen non plus inrogandum est quam quod somno supererit aut ⟨non⟩[b] deerit. 27 obstat enim diligentiae scribendi etiam fatigatio et abunde, si vacet, lucis spatia sufficiunt: occupatos in noctem necessitas agit. est tamen lucubratio, quotiens ad eam integri ac refecti venimus, optimum secreti genus.

28 Sed silentium et secessus et undique liber animus ut sunt maxime optanda, ita non semper possunt contingere, ideoque non statim, si quid obstrepet, abiciendi codices erunt et deplorandus dies, verum

z) **BP**: videmoni iucundus **H** eudemon ducundus *ci. Rad.*
a) *ed. Leid.:* rectos *ll.* erectos *Herzog*
b) add. *Kiderlin*

deshalb nicht gleich auf solche hören, die Haine und Wälder hierfür am passendsten finden, weil der herrliche freie Himmel und die schöne Landschaft das Gemüt erhebt und den Flug des Geistes aufs glücklichste bereichert. 23 Mir jedenfalls scheint ein solcher Schlupfwinkel eher eine Erholung als ein Ansporn zur geistigen Arbeit. Denn gerade das, was solchen Genuß bereitet, muß ja von der Beschäftigung mit der geplanten Arbeit ablenken. Denn der Geist kann sich ja nicht guten Gewissens zugleich vollständig auf vieles richten, und mit jedem Blick, der in die Runde geht, hört er auf, sein eigentliches Vorhaben im Auge zu haben. 24 Deshalb ziehen die Lieblichkeit der Wälder, die vorbeigleitenden Flüsse, die Lüfte, die in den Zweigen der Bäume säuseln, wie auch der Gesang der Vögel und schon der freie Blick rings in die Weite mich so an, daß mir dieser Genuß eher eine Entspannung als eine Anspannung meines Denkens zu bringen scheint.[102] 25 Demosthenes wußte es besser, der sich an einem Ort verbarg, von wo kein Laut zu hören und nichts zu sehen war, damit seine Augen den Geist nicht zwangen, etwas anderes zu betreiben. Und deshalb mag uns beim Arbeiten mit der Studierlampe in der Nacht die nächtliche Stille, das geschlossene Schlafgemach und die einzige Lichtquelle gleichsam am besten geborgen halten. 26 Aber wie bei jeder Art geistiger Arbeit so ist hierbei vor allem gute Gesundheit und ein schlicht gedeckter Tisch, der hierfür die beste Voraussetzung bietet, notwendig, da wir die Zeiten des Tages, die die Natur selbst uns zur Ruhe und Erholung geschenkt hat, in Zeiten härtester Arbeit verwandeln. Hierfür indessen darf nicht mehr Zeit beansprucht werden als die, die der Schlaf übrigläßt oder ihm nicht abgeht. 27 Denn auch die Ermüdung bildet ein Hindernis für die Sorgfalt bei der schriftlichen Arbeit, und, wenn wir frei sind von Verpflichtungen, sind die Stunden, in denen es hell ist, reichlich genug. Haben wir aber zu tun, so ist die Nachtarbeit unvermeidlich. Dennoch ist das Arbeiten bei der Studierlampe, wenn wir frisch und ausgeruht dazu kommen, die beste Form der Abgeschiedenheit.

28 Jedoch Stille, Abgeschiedenheit und ein von allem befreiter Geist sind zwar äußerst erwünscht, aber nicht immer erreichbar, und deshalb wird man nicht gleich, wenn irgendein Geräusch ertönt, sein Schreibzeug hinwerfen und den verlorenen Tag beklagen dür-

[102] Wir befinden uns, wie man sieht, in der Zeit eines ganz romantisch anmutenden Naturgenusses.

incommodis repugnandum et hic faciendus usus, ut omnia, quae impedient, vincat intentio: quam si tota mente in opus ipsum derexeris, nihil eorum, quae oculis vel auribus incursant, ad animum perveniet. 29 an vero frequenter etiam fortuita hoc cogitatio praestat, ut obvios non videamus et itinere deerremus: non consequemur idem, si et voluerimus? non est indulgendum causis desidiae. nam si non nisi refecti, non nisi hilares, non nisi omnibus aliis curis vacantes studendum existimarimus, semper erit propter quod nobis ignoscamus. 30 quare in turba, itinere, conviviis etiam faciat sibi cogitatio ipsa secretum. quid alioqui fiet, cum in medio foro, tot circumstantibus iudiciis, iurgiis, fortuitis etiam clamoribus, erit subito continua oratione dicendum, si particulas, quas ceris mandamus, nisi in solitudine reperire non possumus? propter quae idem ille tantus amator secreti Demosthenes in litore, in quo se maximo cum sono fluctus inlideret, meditans consuescebat contionum fremitus non expavescere.

31 Illa quoque minora (sed nihil in studiis parvum est) non sunt transeunda: scribi optime ceris, in quibus facillima est ratio delendi, nisi forte visus infirmior membranarum potius usum exiget, quae ut iuvant aciem, ita crebra relatione,[c] quoad intinguntur calami, morantur manum et cogitationis impetum frangunt. 32 relinquendae autem in utrolibet genere contra erunt vacuae tabellae, in quibus libera adiciendi sit excursio. nam interim pigritiam emendandi angustiae faciunt

c) *corr.* **P²**: crebro relationi

fen,[103] sondern es gilt, gegen die Störungen anzukämpfen und es sich zur Gewohnheit zu machen, daß der angespannte Wille alle Hindernisse besiegt; wenn man sich mit voller geistiger Kraft nur auf die Aufgabe konzentriert, wird nichts von dem, was uns vor die Augen oder Ohren kommt, in unser Inneres gelangen. 29 Bringt es denn nicht häufig auch ein zufälliger Gedanke, der uns beschäftigt, dahin, daß wir Leute, die uns auf der Straße begegnen, nicht sehen oder uns verlaufen? Werden wir nicht das Gleiche erreichen, wenn wir es mit Absicht tun? Gründen, die man für sein Nichtstun hat, darf man nicht nachgeben. Denn wenn wir nur ausgeruht, nur bei guter Laune, nur von allen anderen Sorgen frei, meinen geistig arbeiten zu können, so wird sich immer ein Grund finden, weshalb wir uns unser Nichtstun verzeihen. 30 Deshalb soll sich mitten im Gedränge, auf der Straße, sogar beim Gastmahl unser Nachdenken seine Abgeschiedenheit schaffen. Was wird denn sonst geschehen, wenn man mitten auf dem Forum, während ringsum soviele Gerichtssitzungen stattfinden, im dröhnenden Gezänk und unvermittelt tosendem Beifall plötzlich in fließender Rede wird sprechen müssen, wenn wir die Stückchen, die wir der Wachstafel anvertrauen, nur in der Einsamkeit herzustellen imstande sind? Deshalb hat ja derselbe Demosthenes, der ein solcher Liebhaber der Abgeschiedenheit war, sich daran gewöhnt, am Strande, wo sich mit stärkstem Brausen die Wellen brachen, Reden zu überdenken, um so unerschrocken das Dröhnen der Volksversammlung zu ertragen.

31 Auch folgendes weniger Wichtige – aber beim Studium gibt es nichts Unwichtiges – verdient nicht übergangen zu werden: man schreibe am besten auf Wachstafeln, auf denen das Geschriebene am leichtesten zu tilgen ist, es sei denn, daß schwächere Augen eher die Verwendung von Pergament erforderlich machen, das zwar den Augen guttut, aber durch das häufige Anhalten, sooft das Schreibrohr eingetaucht wird, die Hand verzögert und den Schwung der Gedanken hemmt. 32 Bei beiden Schreibarten sollen aber gegenüber leere Seiten bleiben, damit man auf ihnen freie Bahn für Zusätze hat. Denn bisweilen führt der zu enge Raum zur Lässigkeit beim Verbessern oder bringt jedenfalls beim Einschieben von

[103] Auch diese Künstler-Sensibilität, gegen die der Lehrer hier ankämpfen muß, ist kennzeichnend für die Verwandlung in eine 'literarische Gesellschafts-Elite', die Rom durch die Aneignung der griechischen Bildung erfahren hat. Quintilian überträgt die römischen Forderungen der Disziplinierung auf das geistige Schaffen und gibt ihm in dieser 'Askese' ein moralisches Fundament.

aut certe novorum interpositione priora confundant. ne latas quidem ultra modum esse ceras velim, expertus iuvenem studiosum alioqui praelongos habuisse sermones, quia illos numero versuum metiebatur, idque vitium, quod frequenti admonitione corrigi non potuerat, mutatis codicibus esse sublatum. 33 debet vacare etiam locus, in quo notentur quae scribentibus solent extra ordinem, id est ex aliis, quam qui sunt in manibus loci, occurrere. inrumpunt enim optimi nonnumquam sensus, quos neque inserere oportet neque differre tutum est, quia interim elabuntur, interim memoriae sui intentos ab alia inventione declinant ideoque optime sunt in deposito.

IV.

1 Sequitur emendatio, pars studiorum longe utilissima: neque enim sine causa creditum est stilum non minus agere, cum delet. huius autem operis est adicere, detrahere, mutare. sed facilius in iis simpliciusque iudicium, quae replenda vel deicienda sunt: premere vero tumentia, humilia extollere, luxuriantia adstringere, inordinata digerere, soluta componere, exultantia coercere duplicis operae: nam et damnanda sunt quae placuerant et invenienda quae fugerant. 2 nec dubium

Neuem das Frühere durcheinander. Ich möchte auch nicht, daß die Wachstafeln zu breit sind, seitdem ich einen sonst sehr tüchtigen Studenten kennengelernt habe, dessen Ausführungen immer zu lang waren, weil er sie nach der Zeilenzahl bemaß, und dieser Fehler, der sich durch wiederholte Ermahnung nicht hatte verbessern lassen, dadurch beseitigt wurde, daß er andere Tafeln nahm.[104] 33 Es muß auch Platz freibleiben, auf dem festgehalten werden kann, was dem Schreibenden gern außer der Reihe, d. h. zu anderen Teilen der Ausarbeitung, als er sie gerade unter der Hand hat, einfällt. Denn es kommen manchmal plötzlich zwischendurch die besten Gedanken, die man nicht hier anschließen darf, aber auch vorsichtshalber nicht zurückstellt, weil sie manchmal wieder entfallen, manchmal aber, weil man sie im Gedächtnis behalten will, einen vom übrigen Gang der Stoffauffindung ablenken und deshalb am besten in Verwahrung gegeben werden.

VIERTES KAPITEL

Das Verbessern

1 Es folgt das Verbessern, der bei weitem nützlichste Teil im Redestudium; denn nicht ohne Grund hat man sich zu der Meinung bekannt, der Schreibstift leiste nicht weniger, wenn er mit Tilgen[105] beschäftigt sei. Die Aufgabe des Verbesserns aber liegt im Zusetzen, Streichen und Ändern. Aber es ist leichter und einfacher, zu beurteilen, was ergänzt oder gestrichen werden soll; dagegen Schwülstiges zu dämpfen, Niedriges zu heben, Üppiges zu straffen, Ungeordnetes richtig zu verteilen, Ungebundenes richtig zusammenzufügen und Überschwengliches zu zügeln macht doppelte Mühe: erst muß man nämlich verwerfen, was man vorher gut gefunden hatte, und dann muß man das ausfindig machen, was man nicht getroffen hatte. 2 Zweifellos ist es die beste Art zu verbessern, wenn man das Ge-

[104] Solche Kleinigkeiten aus dem römischen Alltag machen nicht zuletzt den einzigartigen kulturgeschichtlichen Quellenwert des quintilianischen Werkes aus.

[105] Am oberen Ende des Schreibgriffels ('stilus'), mit dem man die Schrift in das Wachs der Schreibtafel einritzte, befand sich bekanntlich eine kleine Spachtel, mit der man das Wachs wieder glätten konnte ('stilum vertere'), was unserem Radieren entsprach.

est optimum esse emendandi genus, si scripta in aliquod tempus reponantur, ut ad ea post intervallum velut nova atque aliena redeamus, ne nobis scripta nostra tamquam recentes fetus blandiantur. 3 sed neque hoc contingere semper potest praesertim oratori, cui saepius scribere ad praesentis usus necesse est, et ipsa emendatio finem habet. sunt enim qui ad omnia scripta tamquam vitiosa redeant et, quasi nihil fas sit rectum esse quod primum est, melius existiment, quidquid est aliud, idque faciant, quotiens librum in manus resumpserunt, similes medicis etiam integra secantibus. accidit itaque ut cicatricosa sint et exsanguia et cura peiora. 4 sit ergo aliquando quod placeat aut certe quod sufficiat, ut opus poliat lima, non exterat. temporis quoque esse debet modus. nam quod Cinnae Smyrnam novem annis accepimus scriptam et panegyricum Isocratis, qui parcissime, decem annis dicunt elaboratum, ad oratorem nihil pertinet, cuius nullum erit, si tam tardum fuerit, auxilium.

V.

1 Proximum est, ut dicamus, quae praecipue scribenda sint[d] ἕξιν parantibus. ⟨non est huius⟩[e] quidem operis, ut explicemus, quae sint materiae, quae prima aut secunda aut deinceps tractanda sint (nam id factum est iam[f] primo libro, quo puerorum, et secundo, quo iam

d) *Badius:* sunt
e) *add. Bursian*
f) *Halm:* etiam **B**

schriebene eine Zeitlang beiseite legt, um nach diesem Zeitabstand es wieder wie ein neues, fremdes Werk vorzunehmen, damit das, was wir gerade geschrieben haben, nicht wie die Neugeborenen uns in unserem Vaterstolz schmeichele. 3 Aber einerseits kann das zumal bei einem Redner nicht immer gelingen, der ja immer wieder für die Bedürfnisse des Tages schreiben muß, und andererseits hat auch das Verbessern selbst seine Grenze. Denn es gibt Stilisten, die alles, was sie geschrieben haben, wieder vornehmen, als stecke es voller Fehler, und meinen, besser sei immer, was anders sei, als dürfe gar nichts beim ersten Mal schon richtig sein, wobei sie es, sooft sie ein Buch wieder zur Hand nehmen, wie Ärzte machen, die auch gesunde Glieder operieren. So kommt es, daß alles voller Narben ist, blutleer und nur schlechter durch die Behandlung. 4 Einmal muß also endlich auch gefallen, was wir geschrieben haben, oder doch wenigstens unseren Bedürfnissen genügen, so daß die Feile das Werk glättet, nicht es zerfeilt. Auch die aufgewendete Zeit muß ihr Maß haben. Denn daß, wie man erzählt, Cinna[106] an seiner ›Smyrna‹ neun Jahre geschrieben hat, und Isokrates an seinem ›Panegyricus‹ nach denen, die noch am sparsamsten die Zeit angeben, zehn Jahre gearbeitet habe, das kommt für einen Redner nicht in Betracht, dessen Hilfe, wenn sie so spät käme, zu nichts mehr nütze wäre.

FÜNFTES KAPITEL

Die wichtigsten Formen schriftlicher Übung

1 Als Nächstes nun haben wir anzugeben, was man hauptsächlich schreiben soll, um 'Kondition'[107] zu erzielen. Es kann allerdings hier nicht unsere Aufgabe sein darzulegen, welche Stoffe wir zuerst oder an zweiter Stelle oder später behandeln sollen – denn das haben wir schon im 1. Buch[108] getan, wo wir die Reihenfolge der Studien

[106] Einer der Kunstgenossen des Catull aus dem Kreise der 'Modernen' (vgl. Catull. 95), die mit ihrem an der verfeinerten griechischen Poesie geschulten Kunstgeschmack und ihrer künstlerischen Lebensauffassung die Anhänger altrömischer Staatsgesinnung provozierten.

[107] eine Geläufigkeit, Sicherheit, die zur zweiten Natur wird. Das in der Übersetzung gewählte Fremdwort ist für das griechische des Textes eingesetzt, das freilich nicht auf die Sphäre des Sportes beschränkt ist.

[108] s. o. 1, 9.

robustorum studiis ordinem dedimus), sed, de quo nunc agitur, unde copia ac facilitas maxime veniat.

2 Vertere Graeca in Latinum veteres nostri oratores optimum iudicabant. id se L. Crassus in illis Ciceronis de Oratore libris dicit factitasse: id Cicero sua ipse persona frequentissime praecipit, quin etiam libros Platonis atque Xenophontis edidit hoc genere tralatos: id Messalae placuit, multaeque sunt ab eo scriptae ad hunc modum orationes, adeo ut etiam cum illa Hyperidis pro Phryne difficillima Romanis subtilitate contenderet. 3 et manifesta est exercitationis huiusce ratio. nam et rerum copia Graeci auctores abundant et plurimum artis in eloquentiam intulerunt et hos transferentibus verbis uti optimis licet: omnibus enim utimur nostris. figuras vero, quibus maxime ornatur oratio, multas ac varias excogitandi etiam necessitas quaedam est, quia plerumque a Graecis Romana dissentiunt.

4 Sed et illa ex Latinis conversio multum et ipsa contulerit. ac de carminibus quidem neminem credo dubitare, quo solo genere exercitationis dicitur usus esse Sulpicius. nam et sublimis spiritus adtollere orationem potest, et verba poetica libertate audaciora non praesumunt eadem proprie dicendi facultatem. sed et ipsis sententiis adicere licet

für die Knaben, und im zweiten,[109] wo wir sie für die schon Älteren angegeben haben –, sondern worum es sich jetzt handelt, ist die Frage, woher hauptsächlich Fülle und Geläufigkeit kommt.

2 Die Übung, Griechisches in Latein zu verwandeln, haben unsere alten Redner für das beste hierbei erachtet. Dies behauptet L. Crassus in Ciceros Büchern ›Vom Redner‹ [110] regelmäßig getan zu haben. Diesen Rat gibt auch Cicero selbst immer wieder in eigener Person, hat er ja auch in dieser Art übersetzte Bücher des Plato und Xenophon veröffentlicht. So hat es auch Messala gehalten, und es gibt von ihm zahlreiche Reden dieser Art, und er ging darin soweit, sich in der berühmten Rede für Phryne mit der feinen Kunst des Hypereides[111] zu messen, die für Römer so äußerst schwer zu treffen ist. 3 Auch liegt ja der Sinn dieser Übung auf der Hand; denn schon in der Fülle der Gegenstände, von denen sie reden, sind die griechischen Autoren überreich und haben auch auf ihren Ausdruck die höchste Kunst aufgewendet; und sodann kann man, wenn man diese Muster ins Lateinische überträgt, die besten Worte verwenden; denn wir verwenden ja in allem die unserer eigenen Sprache. Bei den Redefiguren, in denen hauptsächlich der Schmuck der Rede liegt, besteht zudem geradezu die Notwendigkeit, für sie und ihren bunten Wechsel immer wieder neue Möglichkeiten auszudenken, weil hier das Römische meist vom Griechischen abweicht.

4 Aber die Übung, lateinische Texte umzuwandeln, dürfte auch schon viel nützen. Bei Gedichten wird das ja wohl, glaube ich, niemand bezweifeln; soll sich doch Sulpicius überhaupt nur dieser einzigen Übungsart bedient haben. Denn der erhabene Geist der Dichtung vermag der Rede höheren Schwung zu geben, und auch die mit poetischer Freiheit kühner verwendeten Wörter schließen die Fähigkeit ja nicht aus, das Gleiche im eigentlichen Ausdruck zu sagen. Aber auch den Gedanken selbst läßt sich etwas von der kräftigen Gestaltungskraft des Redners hinzufügen, Ausgelassenes

[109] s. o. 2, 4.

[110] de orat. 1, 34, 155.

[111] des jüngeren Kampfgenossen und Rivalen des Demosthenes, der ebenfalls zu den zehn attischen Musterrednern gehörte. Die Prozeßrede für die Hetäre Phryne, seine wegen Gottlosigkeit angeklagte Freundin, in der er den attischen Gerichtshof dadurch für die Angeklagte gewonnen haben soll, daß er die Richter ihre entblößte Brust bewundern ließ, mag allerdings für den augusteischen Aristokraten Messala eine heikle Übersetzungsaufgabe gewesen sein.

oratorium robur et omissa supplere, effusa substringere. 5 neque ego paraphrasin esse interpretationem tantum volo, sed circa eosdem sensus certamen atque aemulationem. ideoque ab illis dissentio, qui vertere orationes Latinas vetant, quia optimis occupatis, quidquid aliter dixerimus, necesse sit esse deterius. nam neque semper est desperandum aliquid illis, quae dicta sunt, melius posse reperiri, neque adeo ieiunam ac pauperem natura eloquentiam fecit, ut una de re bene dici nisi semel non possit. 6 nisi forte histrionum multa circa voces easdem variare gestus potest, orandi minor vis, ut dicatur aliquid, post quod in eadem materia nihil dicendum sit. sed esto neque melius quod invenimus esse neque par, est certe proximis locus. 7 an vero ipsi non bis[g] ac saepius de eadem re dicimus et quidem continuas nonnumquam sententias? nisi forte contendere nobiscum possumus, cum aliis non possumus. nam si uno genere bene diceretur, fas erat existimari praeclusam nobis a prioribus viam: nunc vero innumerabiles sunt modi plurimaeque eodem viae ducunt. 8 sua brevitati gratia, sua copiae, alia translatis virtus, alia propriis, hoc oratio recta, illud figura declinata commendat. ipsa denique utilissima est exercitationi difficultas. quid quod auctores maximi sic diligentius cognoscuntur? non enim scripta lectione secura transcurrimus, sed tractamus singula et necessario introspicimus et, quantum virtutis habeant, vel hoc ipso cognoscimus, quod imitari non possumus.

9 Nec aliena tantum transferre, sed etiam nostra pluribus modis tractare proderit, ut ex industria sumamus sententias quasdam easque versemus quam numerosissime, velut eadem cera aliae aliaeque formae

g) *ed. Colon.*: nobis

ergänzen, zu Breites straffen. 5 Auch möchte ich nicht, daß die Paraphrase (der Dichtung) nur eine Übersetzung liefert, sondern es soll um die gleichen Gedanken ein Wettkampf und Wetteifern stattfinden. Deshalb weiche ich auch von der Auffassung ab, die verbietet, lateinische Reden in solchen Übungen umzuwandeln,[112] weil ja, da das Beste schon vergeben sei, alles, was wir anders ausdrückten, zwangsläufig schlechter würde. Denn nicht immer braucht man zu verzweifeln, es könne sich nicht etwas finden, das besser sei als das schon Gesagte; denn so trocken und arm hat die Natur die Beredsamkeit nicht gemacht, daß sich nur einmal über den gleichen Gedanken gut reden ließe. 6 Es sei denn, das Gebärdenspiel der Schauspieler zwar vermag so viel Abwechslung bei den gleichen Worten zu bringen, die Kraft der Rede aber sei geringer, so daß nur einmal etwas gesagt würde, wonach bei dem gleichen Thema nichts (mehr) zu sagen sei. Doch soll es immerhin weder besser sein, was wir gefunden haben, noch gleich gut, so gibt es ja doch immerhin noch einen Platz für das Nächstbeste. 7 Oder reden wir denn nicht zweimal und öfter über das Gleiche und zwar manchmal in einer ganzen Reihe von Sätzen? 'So sollen wir also zwar mit uns selbst wetteifern, mit anderen können wir es nicht?' Denn wenn auf eine Art nur eine gute Rede gehalten würde, so müßte man ja glauben, daß uns damit von den Vorgängern der Weg verschlossen sei: Nun gibt es aber unzählige Arten, und sehr viele Wege führen zum gleichen Ziel. 8 Die Kürze hat ihren eigenen Reiz, den ihren auch die Fülle, ein Vorzug liegt im Metaphern, ein anderer im eigentlichen Ausdruck, diesen Umstand empfiehlt die unmittelbare, jenen die durch eine Figur vermittelte Rede. Bedeutet es denn nichts, daß so die bedeutendsten Autoren sorgfältiger kennengelernt werden? Denn wir durcheilen ja nicht in sorgloser Ruhe ihre Schriften, sondern wir behandeln die einzelnen Stellen und schauen zwangsläufig in ihr Inneres; und wie groß ihr Vorzug ist, das erkennen wir gar gerade daran, daß wir es nicht nachzuahmen vermögen.

9 Und es wird nicht nur nützlich sein, Fremdes so zu übertragen, sondern auch, unsere eigenen Versuche auf mehrere Arten zu behandeln, so daß wir absichtlich bestimmte Gedanken nehmen und sie, so vielfach wir nur können, abwandeln, wie aus dem gleichen Wachs gern immer wieder andere Gestalten modelliert werden.

[112] Damit wendet sich Quintilian, ohne den Namen zu nennen, gegen die bei Cicero (de orat. 1, 34, 154) vorgebrachten Bedenken des Crassus gegen die Paraphrase lateinischer Reden.

duci solent. 10 plurimum autem parari facultatis existimo ex simplicissima quaque materia. nam illa multiplici personarum, causarum, temporum, locorum, dictorum, factorum diversitate facile delitescet infirmitas, tot se undique rebus, ex quibus aliquam adprehendas, offerentibus. 11 illud virtut⟨is iustum⟩[h] indicium est, fundere quae natura contracta sunt, augere parva, varietatem similibus, voluptatem expositis dare et bene dicere multa de paucis.

In hoc optime facient infinitae quaestiones, quas vocari thesis diximus, quibus Cicero iam princeps in re publica exerceri solebat. 12 his confinis est destructio et confirmatio sententiarum. nam cum sit sententia decretum quoddam atque praeceptum, quod de re, idem de iudicio rei quaeri potest. tum loci communes, quos etiam scriptos ab oratoribus scimus. nam qui haec recta tantum et in nullos flexus recedentia copiose tractaverit, utique in illis plures excursus recipientibus magis abundabit eritque in omnis causas gratus[i]: 13 omnes enim generalibus quaestionibus constant. nam quid interest 'Cornelius tribunus plebis, quod codicem legerit, reus sit', an quaeramus: 'violeturne maiestas, si magistratus rogationem suam populo ipse recitarit?' 'Milo Clodium rectene occiderit' veniat in iudicium, an 'oporteatne insidiatorem interfici vel perniciosum rei publicae civem, etiam si non insidietur': 'Cato Mar-

h) *Rad.:* virtutum (-tis *corr.* **P**)
i) paratus *Gebhard*

10 Die größte Gewandtheit aber läßt sich, glaube ich, gerade an den einfachsten Stoffen gewinnen. Denn wenn es sich um eine reichliche Vielfalt von Personen, Fällen, Zeitumständen, Örtlichkeiten, Worten und Geschehnissen handelt, kann sich die Unsicherheit leicht verbergen, da sich ja von überall so viele Gegenstände darbieten, aus denen man zum Reden einen herausgreifen kann. 11 Der gültige Beweis von Meisterschaft aber ist es, auszubreiten, was von Natur zusammengedrängt ist, Kleines zu steigern, Abwechslung dem Ähnlichen, Reiz dem schon Ausgeführten zu geben und über nur wenige Dinge vieles gut vorzutragen.[113]

Hierbei bewähren sich aufs beste die Fragen ohne bestimmte Fälle, die, wie wir gesagt haben,[114] θέσεις (Themen) heißen und von Cicero noch gern zur Übung verwendet wurden, als er schon an führender Stelle im Staate stand[115]. 12 Ihnen verwandt ist das Widerlegen oder Verteidigen von allgemeinen Wahrheiten; denn da eine solche Wahrheit eine Art Beschluß und Vorschrift darstellt, läßt sich so gut wie der Sachverhalt selbst so auch das Urteil über den Sachverhalt in Frage stellen. Sodann (sind hierfür passend) die Gemeinplätze[116], von denen wir wissen, daß auch Redner sie schriftlich ausgearbeitet haben. Denn wer solche Themen, die geradlinig durchgeführt werden und nirgends ein Abbiegen gestatten, in angemessener Wortfülle abhandeln kann, wird jedenfalls bei den Gerichtsreden, die öfteres weiteres Ausholen in Exkursen erlauben, noch mehr aus dem vollen schöpfen und wird bei allen Fällen angenehm[117] wirken; alle nämlich beruhen ja auf allgemeinen Fragen. 13 Denn wo liegt der Unterschied, ob wir die Frage behandeln[118]: 'Der Volkstribun Cornelius soll angeklagt werden, weil er das Schriftstück verlesen hat' oder: 'bedeutet es eine Majestätsverletzung, wenn ein Magistrat selbst seinen eigenen Antrag dem Volk vorliest?' Ob die Frage vor den Richter kommt 'ob Milo den Clodius zu Recht getötet hat?' oder 'ob man einen Attentäter töten darf, oder einen gemeingefährlichen Mitbürger, auch wenn er kein Attentat begeht?'

[113] So hatten schon Gorgias und Isokrates die eigentliche Leistung der Rhetorik bestimmt. Quintilian steht damit auf dem gleichen Boden wie die griechischen Vertreter der sogenannten zweiten Sophistik in Rom; vgl. jetzt auch G. Kennedy, Quintilian, New York 1969.

[114] s. o. 3, 5, 5.

[115] vgl. z. B. ad Att. 9, 4.

[116] s. o. 2, 1, 9ff. 4, 22.

[117] Text unsicher.

[118] s. o. 4, 3, 13; Cic. orat. frg. VII 29.

ciam honestene tradiderit Hortensio' an 'conveniatne res talis bono viro.' de personis iudicatur, sed de rebus contenditur. 14 declamationes vero, quales in scholis rhetorum dicuntur, si modo sunt ad veritatem accommodatae et orationibus similes, non tantum dum adulescit profectus, sunt utilissimae, quae[j] inventionem dispositionem pariter exercent, sed etiam cum est consummatus ac iam in foro clarus: alitur enim atque enitescit velut pabulo laetiore facundia et adsidua contentionum asperitate fatigata renovatur. 15 quapropter historiae nonnumquam ubertas in aliqua exercendi stili parte ponenda et dialogorum libertate gestiendum. ne carmine quidem ludere contrarium fuerit, sicut athletae, remissa quibusdam temporibus ciborum atque exercitationum certa necessitate, otio et iucundioribus epulis reficiuntur. 16 ideoque mihi videtur M. Tullius tantum intulisse eloquentiae lumen, quod in hos quoque studiorum secessus excurrit. nam si nobis sola materia fuerit ex litibus, necesse est deteratur fulgor et durescat articulus et ipse ille mucro ingenii cotidiana pugna retundatur.

17 Sed quem ad modum forensibus certaminibus exercitatos et quasi militantis reficit ac reparat haec velut sagina dicendi, sic adulescentes non debent nimium in falsa rerum imagine detineri et inanibus simulacris usque adeo, ut difficilis ab his digressus sit, adsuefacere,[k] ne ab illa, in qua prope consenuerunt,[l] umbra vera discrimina velut quendam solem reformident. 18 quod accidisse etiam M.[m] Porcio Latroni, qui primus clari nominis professor fuit, traditur, ut, cum ei summam in

j) quia *Halm* qua *ci. Rad.*
k) assuescere *Zumpt*
l) *Halm (Regius):* consuerunt (-rint)
m) *Spalding:* in **b** *om* **B**

sowie: 'ob Cato anständig gehandelt hat, als er Marcia dem Hortensius abtrat' oder: 'ob sich so etwas für einen Mann von Anstand schickt?' Den Personen gilt ja das Urteil, dem Sachverhalt aber der Rechtsstreit. 14 Die Deklamationen aber, wie sie zum Unterrichtsplan der Rhetoriklehrer gehören, sind, falls sie nur der Wirklichkeit angepaßt und richtigen Reden ähnlich sind, nicht nur, während die Fortschritte bei den Schülern heranreifen, äußerst nützlich, da sie die Erfindung (der Gedanken) wie ihre Anordnung in gleicher Weise üben, sondern auch dann noch, wenn der Redner ausgereift ist und schon auf dem Forum einen Namen hat; so gedeiht nämlich und erglänzt die Redegabe wie durch ein leckereres Kraftfutter und gewinnt nach der Erschöpfung durch die ständigen harten Kämpfe vor Gericht neue Frische. 15 Aus diesem Grunde soll auch zuweilen die ganze Wortfülle der Geschichtserzählung als Aufgabe für die Übung des Schreibstiftes eingesetzt werden, und auch in der Freiheit, die der Dialog enthält, soll man sich ergehen. Nicht einmal sich spielend an Dichtung zu versuchen, könnte der Übung im Wege stehen, wie ja auch die Athleten zu bestimmten Zeiten die Beschränkungen, die ihnen die vorgeschriebene Ernährung und Übungsfolge auferlegt, lockern und sich in Muße und bei behaglicherem Essen erholen. 16 Gerade deshalb hat, scheint mir, M. Tullius der Beredsamkeit solch strahlenden Glanz gebracht, weil er auch zu diesen abgelegenen Studiengebieten den Weg genommen hat. Denn wenn wir nur den Stoff hätten, den uns die Prozesse bieten, dann müßte ja im täglichen Kampf unser Geist seinen Glanz einbüßen, der Arm würde steif und selbst die Schärfe des Geistes würde abgestumpft.

17 Aber so sehr gleichsam diese Kraftnahrung der Rede diejenigen entspannt und auffrischt, die sich in den Kämpfen auf dem Forum geübt haben und gewissermaßen im Felde stehen, so wenig dürfen die jungen Leute zu lange bei dem falschen Bild der Wirklichkeit festgehalten werden und sich nicht an die leeren Scheinbilder so sehr gewöhnen, daß sie schwer wieder davon loskommen, damit sie nicht von jenem Schatten aus, in dem sie fast ihr ganzes Leben verbracht haben, vor den wirklichen Ernstfällen wie vor einer Sonnenglut zurückscheuen. 18 Dies ist, wie es heißt, sogar dem M. Procius Latro[119], der sich als Lehrer der Rhetorik zuerst einen berühmten Namen gemacht hat, widerfahren: als er nämlich, während er in

[119] dem hochberühmten Deklamationsmeister und Freund des Vaters Seneca.

scholis opinionem optinenti causa in foro esset oranda, inpense petierit, uti subsellia in basilicam transferrentur. ita illi caelum novum fuit, ut omnis eius eloquentia contineri tecto ac parietibus videretur. 19 quare iuvenis, qui rationem inveniendi eloquendique a praeceptoribus diligenter acceperit (quod non est infiniti operis, si docere sciant et velint), exercitationem quoque modicam fuerit consecutus, oratorem sibi aliquem, quod apud maiores fieri solebat, deligat, quem sequatur, quem imitetur: iudiciis intersit quam plurimis et sit certaminis, cui destinatur, frequens spectator. 20 tum causas vel easdem, quas agi audierit, stilo et ipse componat, vel etiam alias, veras modo, et utrimque[n] tractet et, quod in gladiatoribus fieri videmus, decretoriis[o] exerceatur, ut fecisse Brutum diximus pro Milone. melius hoc quam rescribere veteribus orationibus, ut fecit Cestius contra Ciceronis actionem habitam pro eodem, cum alteram partem satis nosse non posset ex sola defensione.

21 Citius autem idoneus erit iuvenis, quem praeceptor coegerit in declamando quam simillimum esse veritati et per totas ire materias, quarum nunc facillima et maxime favorabilia decerpunt. obstant huic, quod secundo loco posui, fere turba discipulorum et consuetudo classium certis diebus audiendarum, nonnihil etiam persuasio patrum numerantium potius declamationes quam aestimantium. 22 sed, quod dixi primo, ut arbitror, libro, nec ille se bonus praeceptor maiore

n) *ed. Gryph.*: utrumque
o) *corr.* **P**: derectoriis **B**

der Rhetorenschule schon höchstes Ansehen genoß, auf dem Forum einen Fall vertreten mußte, habe er angelegentlich gebeten, die Sitzung (Gerichtsbänke) in die Halle zu verlegen. Etwas so Neues war ihm der freie Himmel, daß es so schien, als sei seine ganze Beredsamkeit auf (den Raum zwischen) Dach und Wänden beschränkt. 19 Deshalb soll sich ein junger Mann, der die Lehre von der Auffindung und Darstellung des Redestoffes von seinen Lehrern sorgfältig empfangen hat – eine keineswegs grenzenlose Aufgabe, wenn diese zu lehren verstehen und gewillt sind – und auch ein gewisses Maß an Übung besitzt, so wie es bei unseren Vorfahren zu geschehen pflegte, einen Redner aussuchen, um sich ihm anzuschließen und ihn nachzuahmen;[120] Gerichtsverhandlungen wohne er so häufig wie möglich bei und sei bei dem Wettkampf, für den er bestimmt ist, ein regelmäßiger Zuschauer. 20 Dann arbeite er die Prozeßreden schriftlich aus – entweder dieselben, die er in der Verhandlung angehört hat, oder auch andere, nur aber wirklich gehaltene –, und behandele sie von beiden Seiten aus und übe sich, was wir ja auch bei den Gladiatoren beobachten, in Kämpfen, die um die Entscheidung gehen, wie es, wie wir gesagt haben,[121] Brutus mit der Rede für Milo getan hat. Dies ist besser, als wenn man gegen Reden aus früherer Zeit Gegenreden ausarbeitet, wie es Cestius[122] gegen Ciceros Verteidigungsrede für den besagten Milo getan hat, da Cestius ja aus der Verteidigung allein die Gegenseite nicht genügend kennen konnte.

21 Schneller aber wird hierzu ein junger Mann geeignet sein, den sein Lehrer gezwungen hat, bei den Deklamationsreden der Wirklichkeit möglichst nahe zu sein und die Aufgaben ganz durchzuführen, aus denen sie heutzutage nur die leichtesten und dankbarsten Stellen herauspflücken. Der Forderung, die ich an zweiter Stelle aufgestellt habe, steht gewöhnlich die große Zahl der Schüler im Wege, ferner die Gewohnheit, daß die Klassen an bestimmten Tagen alle mit ihren Vorträgen zu Gehör kommen sollen, nicht unbeträchtlich auch die Einbildung der Väter, die mehr auf die Anzahl als auf den Wert der Deklamationen achten. 22 Jedoch wird, wie ich im ersten Buch[123], glaube ich, schon gesagt habe, einerseits der gute Lehrer sich keine größere Schülerzahl aufladen, als er bewälti-

[120] wie es Cicero selbst gehalten und in ›De oratore‹ vorgeführt hat.
[121] s. o. 3, 6, 93; 10, 1, 23.
[122] in augusteischer Zeit.
[123] s. o. 1, 2, 15.

numero quam sustinere possit onerabit et nimiam loquacitatem recidet,[p] ut omnia, quae sunt in controversia, non, ut quidam volunt, quae in rerum natura, dicantur, et vel longiore potius dierum spatio laxabit dicendi necessitatem vel materias dividere permittet. 23 diligenter[q] effecta plus proderit quam plures inchoatae et quasi degustatae. propter quod accidit ut nec suo loco quidque ponatur, nec illa, quae prima sunt, servent suam legem, iuvenibus flosculos omnium partium in ea, quae sunt dicturi, congerentibus: quo fit ut timentes, ne sequentia perdant, priora confundant.

VI

1 Proxima stilo cogitatio est, quae et ipsa vires ab hoc accipit et est inter scribendi laborem extemporalemque fortunam media quaedam et nescio an usus frequentissimi. nam scribere non ubique nec semper possumus, cogitationi temporis ac loci plurimum est. haec paucis admodum horis magnas etiam causas complectitur: haec, quotiens intermissus est somnus, ipsis noctis tenebris adiuvatur: haec inter medios rerum actus aliquid invenit vacui nec otium patitur. 2 neque vero rerum ordinem modo, quod ipsum satis erat, intra se ipsa disponit, sed verba etiam copulat totamque ita contexit orationem, ut ei nihil praeter manum desit: nam memoriae quoque plerumque inhaerent fidelius quae nulla scribendi securitate laxantur.[r]

Sed ne ad hanc quidem vim cogitandi perveniri potest aut subito aut cito. 3 nam primum facienda multo stilo forma est, quae nos

p) *corr.* **P**: recidere
q) ⟨una enim⟩ *add.* **P**
r) *ed. Camp.:* inhaeret – laxatur

gen kann, und andererseits wird er die Redseligkeit so beschneiden, daß zwar alles gesagt wird, was zu dem Streitfall des Themas, nicht aber, wie es manche wollen, alles, was überhaupt zum Wesen der behandelten Gegenstände gehört; ferner wird der Lehrer entweder lieber den Zeitdruck für die Vorträge dadurch mildern, daß er den Zeitraum der Deklamationstage verlängert, oder er wird es gestatten, die Übungsthemen zu teilen. 23 Eine sorgfältig durchgeführte Aufgabe wird mehr nützen als mehrere, von denen man nur Ansätze und gleichsam Kostproben geboten hat. Daher kommt es dann nämlich, daß weder jeder Gedanke an seiner passenden Stelle gebracht wird, noch das, was zuerst gesagt wird, den hierfür gegebenen Richtlinien folgt, da die jungen Leute nur eine Blütenlese aus allen Teilen der Rede zu dem, worüber sie sprechen wollen, zusammenhäufen: so kommt es, daß sie aus Furcht, das Weitere nicht anbringen zu können, das, was die Voraussetzung bildet, durcheinanderbringen.

SECHSTES KAPITEL

Das Überdenken

1 Der Übung mit dem Schreibstift zunächst kommt das Überdenken, das ja seinerseits aus ihr erst seine volle Kraft gewinnt, eine Art Mittelstellung einnimmt zwischen der Mühe schriftlicher Ausarbeitung und dem Glücksspiel der Stegreifrede und ja wohl am allerhäufigsten anzuwenden ist. Denn zum Schreiben kommen wir nicht überall und immer, für das Überdenken aber gibt es am allermeisten Zeit und Gelegenheit. In ein paar Stunden wird es selbst mit großen Prozeßreden fertig. Wenn wir nicht schlafen können, kommt ihm selbst das Dunkel der Nacht zustatten, und auch mitten in den Geschäften des Tages findet es einen freien Augenblick und duldet keine Muße. 2 Ja, nicht nur die Reihenfolge der Dinge, von denen wir reden wollen, was doch auch schon genügen könnte, legt es in seinem Inneren fest, sondern es stellt auch schon Wortverbindungen her und knüpft das Gewebe der Rede schon so dicht, daß ihr nur noch die Hand zur Niederschrift fehlt; haftet ja doch meistens sogar getreuer im Gedächtnis, was nicht im Vertrauen auf die Niederschrift weniger straff festgehalten wird.

Aber freilich auch zu einer solchen Fähigkeit im Überdenken kann man weder gleich noch schnell gelangen. 3 Denn erst heißt es, unserer Sprache durch gründliche schriftliche Übungen eine feste

etiam cogitantis sequatur: tum adsumendus usus paulatim, ut pauca primum complectamur animo, quae reddi fideliter possint, mox per incrementa tam modica, ut onerari se labor ille non sentiat, augenda vis et exercitatione multa continenda est, quae quidem maxima ex parte memoria constat: 4 ideoque aliqua mihi in illum locum differenda sunt. eo tamen[s] pervenit, ut is, cui non refragetur ingenium, acri studio adiutus tantum consequatur, ut ei tam[t] quae cogitarit quam quae scripserit atque edidicerit in dicendo fidem servent. Cicero certe Graecorum Metrodorum Scepsium et Empylum Rhodium nostrorumque Hortensium tradidit quae cogitaverant ad verbum in agendo rettulisse.

5 Sed si forte aliqui inter dicendum offulserit extemporalis color, non superstitiose cogitatis demum est inhaerendum. neque enim tantum habent curae, ut non sit dandus et fortunae locus, cum saepe etiam scriptis ea, quae subito nata sunt, inserantur. ideoque totum hoc exercitationis genus ita instituendum, ut et digredi ex eo et redire in id facile possimus. 6 nam ut primum est domo adferre paratam dicendi copiam et certam, ita refutare temporis munera longe stultissimum est. quare cogitatio in hoc praeparetur, ut nos fortuna decipere non possit, adiuvare possit. id autem fiet memoriae viribus, ut illa, quae complexi animo sumus, fluant secura, non sollicitos et respicientes et una spe suspensos recordationis non sinant providere: alioquin vel extemporalem temeritatem malo quam male cohaerentem cogitationem. 7 peius enim quaeritur retrorsus, quia, dum illa desideramus,

s) tandem *Madvig*
t) *Spalding:* etiam

Form zu geben, die uns auch beim Überdenken zu Gebote steht. Dann hat allmählich die Übung so zu beginnen, daß wir zunächst nur weniges in Gedanken umfassen, was sich getreulich wiedergeben läßt, sodann gilt es, indem man den Gedankenstoff so langsam anwachsen läßt, daß diese Bemühung sich nicht als Belastung empfindet, diese Fähigkeit zu steigern und sie durch gründliche Übung festzuhalten, was freilich größtenteils auf dem Gedächtnis beruht; deshalb muß einiges hierüber bis dahin zurückgestellt werden.[124] 4 Endlich kommt es dann dahin, daß derjenige, dem seine Begabung es nicht verwehrt, mit Hilfe von Fleiß und Energie es soweit bringt, daß ihm beim Reden das, was er nur überdacht hat, ebenso wie das, was er schriftlich gemacht und auswendig gelernt hat, getreulich zu Gebote steht. Jedenfalls hat Cicero[125] berichtet, daß unter den Griechen Metrodor von Skepsis und Empylos von Rhodos, unter unseren Landsleuten Hortensius alles, was sie überdacht hatten, wortwörtlich in ihrem Vortrag wiedergegeben hätten.

5 Sollte aber jemandem während seiner Rede aus dem Augenblick blitzartig eine bestimmte Färbung seiner Worte einfallen, so darf er nicht ängstlich nur an dem sich festklammern, was er vorher überdacht hat. Denn in dem Überdachten steckt ja nicht soviel Sorgfalt, daß man nicht auch noch dem Glück einen Platz freilassen sollte, zumal man ja oft sogar in sein Manuskript noch Einfälle einflicht, die einem plötzlich gekommen sind. Und deshalb ist diese ganze Art der Übung so einzurichten, daß wir leicht vom vorher Überdachten abgehen und zu ihm zurückfinden können. 6 Denn wenn es auch das Allererste ist, sich von zu Hause einen vorbereiteten, sicheren Vorrat von dem, was man zu sagen hat, mitzubringen, so wäre es doch das Allertörichtste, die Gaben des Augenblicks zu verschmähen. Deshalb soll das Überdenken darauf eingestellt sein, daß das Glück uns zwar nicht im Stiche zu lassen, wohl aber uns beizustehen vermag. Das aber kann nur durch die Kraft des Gedächtnisses geschehen, so daß das, was wir im Geiste vor uns haben, mühelos dahinströmt, nicht aber, daß es uns, wenn wir aufgeregt auf das Überdachte zurückblicken und nur an der einen Hoffnung auf unser Erinnerungsvermögen hängen, den freien Ausblick verwehre – sonst wäre mir eine leichtsinnige Rede aus dem Stegreif lieber als eine schlecht zusammenhängende vorher überdachte. 7 Denn nach

[124] s. u. 11, 2, 1ff.

[125] vgl. de orat. 2, 88, 360; Tusc. 1, 25, 59; Brut. 88, 301.

ab aliis avertimur et ex memoria potius res petimus quam ex materia. plura sunt autem, si utrimque[u] quaerendum est, quae inveniri possunt quam quae inventa sunt.

VII

1 Maximus vero studiorum fructus est et velut † primus quidam † plius[v] longi laboris ex tempore dicendi facultas, quam qui non erit consecutus, mea quidem sententia civilibus officiis renuntiabit et solam scribendi facultatem potius ad alia opera convertet. vix enim bonae fidei viro convenit auxilium in publicum polliceri, quod praesentissimis quibusque periculis desit, intrare portum, ad quem[w] navis accedere nisi lenibus ventis vecta non possit: 2 siquidem innumerabiles accidunt subitae necessitates vel apud magistratus vel repraesentatis iudiciis continuo agendi. quarum si qua, non dico cuicumque innocentium civium, sed amicorum ac propinquorum alicui evenerit, stabitne mutus et salutarem petentibus vocem statimque, si non succurratur, perituris moras et secessum et silentium quaeret, dum illa verba fabricentur et memoriae insidant et vox ac latus praeparetur? 3 quae vero patitur hoc ratio,[x] ut quisquam possit[y] orator aliquando omittere[z] casus? quid, cum adversario respondendum erit, fiet? nam saepe ea, quae opinati sumus et contra quae scripsimus, fallunt, ac tota subito causa

u) **P**: si utrumque **B** strictius utrumque **bH**

v) **BH**: praemium quoddam *ras.* plius **P** proventus quidam plenus *Walter*

w) *Rad.*: portum at (*mg.* **b**: at intra possum) **bH** ad *om.* **b** ad quem *om.* **H** *lac. post* desit *indicavit Wint. qui e.g. suppl.* ⟨ut si quis iubeat⟩ monstrare portum (*ci. Regius*)

x) *corr.* **p***: oratio **BHP¹**

y) *Frotscher:* sit *ll.*

z) *Bonnell:* mittere **BHP²** (mitteretur **P¹**)

rückwärts gewandt sucht es sich schlechter, weil wir, während wir das Frühere finden wollen, anderes liegen lassen und die Dinge, von denen wir reden wollen, lieber in unserem Gedächtnis suchen als im Stoff der Rede. Wenn man aber in beidem suchen muß, so gibt es mehr, was sich noch finden läßt, als was man schon gefunden hat.[126]

SIEBTES KAPITEL

Die Rede aus dem Stegreif

1 Der größte Gewinn aus den Studienbemühungen und gleichsam erst der volle Ertrag[127] der langen Anstrengung ist die Fähigkeit, aus dem Stegreif zu reden; wer diese nicht erreicht, wird wenigstens meiner Meinung nach besser auf das Wirken für seine Mitbürger in der Öffentlichkeit verzichten und sich mit seiner Gewandtheit, die sich auf das geschriebene Wort beschränkt, besser anderen Aufgaben zuwenden. Denn kaum schickt es sich für einen Mann, dessen Wort etwas gilt, in aller Öffentlichkeit eine Hilfe zu versprechen, die dann gerade, wenn die Gefahren am allernächsten sind, ausbleibt, den rettenden Hafen anzusteuern, den das Schiff nur erreichen kann, wenn es in gelindem Wind segelt – 2 wenn doch unzählige plötzliche Zwangslagen auftreten, ob man nun vor Behörden oder vor einem unmittelbar einberufenen Gerichtshof sofort mit seiner Rede beginnen muß. Wenn nun in eine solche Zwangslage – ich will gar nicht sagen irgendein unschuldiger Mitbürger, sondern einer seiner Freunde und Verwandten gerät, wird der Redner dann stumm dastehen und die Menschen, die um sein Wort bitten, das ihnen Rettung bringen soll, und vor dem Untergang stehen, wenn man ihnen nicht zu Hilfe eilt, um Aufschub ersuchen, um Abgeschiedenheit und Stille, bis die Worte bestens gearbeitet sind, fest im Gedächtnis sitzen sowie Stimme und Brust wohlgerüstet ist? 3 Welcher vernünftige Grund aber könnte es erlauben, daß irgendein Redner je die Zufälle aus dem Spiel lassen kann? Was wird denn werden, wenn es gilt, dem Gegner eine Antwort zu erteilen? Denn oft führt ja das, was wir vermutet und wogegen wir im Manuskript uns gewandt haben, irre, der Fall hat sich plötzlich ganz gewandelt, und wie

[126] d. h., sich etwas Neues ausdenken geht schneller als das Kramen im Gedächtnis.

[127] nach der Konjektur von Walter.

mutatur, atque ut gubernatori ad incursus tempestatium, sic agenti ad varietatem causarum ratio mutanda est. 4 quid porro multus stilus et adsidua lectio et longa studiorum aetas facit, si manet eadem quae fuit incipientibus difficultas? perisse profecto confitendum est praeteritum laborem, cui semper idem laborandum est. neque ego hoc ago, ut ex tempore dicere malit, sed ut possit. id autem maxime hoc modo consequemur.

5 Nota sit primum dicendi via: neque enim prius contingere cursus potest quam scierimus, quo sit et qua perveniendum. nec satis est non ignorare quae sint[a] causarum iudicialium partes, aut quaestionum ordinem recte disponere, quamquam ista sunt praecipua, sed quid quoque loco primum sit ac secundum et deinceps: quae ita sunt natura copulata, ut mutari aut intervelli sine confusione non possint. 6 quisquis autem via dicet, utetur[b] ante omnia rerum ipsa serie velut duce, propter quod homines etiam modice exercitati facillime tenorem in narrationibus servant. deinde, quid quoque loco quaerant, scient, nec circumspectabunt nec offerentibus se aliunde sensibus turbabuntur nec confundent ex diversis orationem velut salientes huc illuc nec usquam insistentes. postremo habebunt modum et finem, qui esse citra divisionem nullus potest, 7 ⟨et⟩[c] expletis pro facultate omnibus, quae proposuerint, pervenisse se ad ultimum sentient.

Et haec quidem ex arte, illa vero ex studio: ut copiam sermonis optimi, quem ad modum praeceptum est, comparemus, multo ac fideli stilo sic formetur oratio, ut scriptorum colorem, etiam quae subito effusa sint, reddant, ut, cum multa scripserimus, etiam multa dica-

a) *Badius:* sunt
b) *Bonnet:* ducetur
c) *add. Halm*

der Steuermann seine Maßnahmen je nach dem Einfall der Sturmwinde ändern muß, so der Prozeßredner nach der Mannigfaltigkeit der Fälle. 4 Was bringt denn weiter das viele schriftliche Üben, die beständige Lektüre und die lange Studienzeit zuwege, wenn die gleiche Schwierigkeit bestehen bleibt, vor der der Anfänger stand? Man wird doch wirklich zugeben müssen, daß die frühere Mühe umsonst war, wenn jemand sich immer wieder gleich viel zu mühen hat. Und es kommt mir ja nicht darauf an, daß jemand das Reden aus dem Stegreif lieber hat, sondern daß er es kann. Dies werden wir aber am ehesten auf folgende Weise erreichen.

5 Bekannt sein muß zunächst der Weg, den die Rede nehmen soll; denn die Fahrt kann nicht glücken, ehe wir nicht wissen, wohin sie gehen und wie sie vor sich gehen soll. Es genügt aber noch nicht, gut damit Bescheid zu wissen, in welche Teile die Rede vor Gericht zerfällt, oder wie man die Reihenfolge der Untersuchungen richtig festlegt, obwohl diese Dinge das Wichtigste sind, sondern man muß auch genau wissen, was in jedem Abschnitt zuerst, was an zweiter Stelle und was danach kommen soll; diese Dinge sind ja ihrer Natur gemäß so verbunden, daß sie sich ohne Verwirrung nicht vertauschen oder auseinanderreißen lassen. 6 Jeder, der aber in seiner Rede einem festen Weg folgen[128] will, wird vor allem den sachlichen Zusammenhang selbst gleichsam als Führer verwenden, weshalb ja auch nur mäßig geübte Menschen bei ihren Erzählungen aufs leichteste den Faden festhalten. Sodann wird man wissen, was man an jeder Stelle fragen soll, wird nicht Umschau halten und sich nicht durcheinanderbringen lassen durch Gedanken, die sich von einer anderen Stelle her aufdrängen, und in seiner Rede nicht, gleichsam von einer Stelle zur anderen hüpfend und nirgends festen Fuß fassend, das Verschiedenste durcheinanderbringen. 7 Schließlich wird man Maß und Ziel im Auge behalten, was ohne eine Gliederung nicht geschehen kann, und wird, wenn man nach Möglichkeit alles erfüllt hat, was man angekündigt hat, das Gefühl haben, man sei nun am Ende angelangt.

Diese Hilfen nun gewinnen wir aus dem Lehrbuch, die folgenden aber aus unserem Studium: Uns so, wie wir es gezeigt haben, mit einem reichen Vorrat gepflegtester Sprache auszustatten; unsere Rede durch viele und getreuliche Arbeit mit dem Schreibstift so durchzuformen, daß auch das, was wir spontan hingeworfen haben, eine Färbung der schriftlichen Arbeit verrät; wenn wir vieles schrift-

[128] also 'methodisch' vorgehen will.

mus. 8 nam consuetudo et exercitatio facilitates maxime parit: quae si paulum intermissa fuerit, non velocitas illa modo tardatur, sed ipsum ⟨os⟩[c] coit atque concurrit. quamquam enim opus est naturali quadam mobilitate animi, ut, dum proxima dicimus, struere ulteriora possimus semperque nostram vocem provisa et formata cogitatio excipiat: 9 vix tamen aut natura aut ratio in tam multiplex officium diducere animum queat, ut inventioni, dispositioni, elocutioni, ordini rerum verborumque, tum iis, quae dicit, quae subiuncturus est, quae ultra spectanda sunt, adhibita vocis, pronuntiationis, gestus observatione una sufficiat. 10 longe enim praecedat oportet intentio ac prae se res agat, quantumque dicendo consumitur, tantum ex ultimo prorogetur, ut, donec perveniamus ad finem, non minus prospectu procedamus quam gradu, si non intersistentes offensantesque brevia illa atque concisa singultantium modo eiecturi sumus.

11 Est igitur usus quidam inrationalis,[d] quam Graeci ἄλογον τριβήν vocant, qua manus in scribendo decurrit, qua oculi totos simul in lectione versus flexusque eorum et transitus intuentur et ante sequentia vident quam priora dixerunt. quo constant miracula illa in scaenis pilariorum ac ventilatorum, ut ea, quae emiserint, ultro venire in manus credas et qua iubentur decurrere. 12 sed hic usus ita proderit, si ea, de qua locuti sumus, ars antecesserit, ut ipsum illud, quod in se rationem non habet, in ratione versetur. nam mihi ne dicere quidem videtur nisi qui disposite, ornate, copiose dicit, sed

d) *Stoer:* inrationabilis

lich ausgearbeitet haben, auch vieles mündlich vorzutragen. 8 Denn Gewöhnung und Übung bringt vor allem die Leichtigkeit und Geläufigkeit hervor; ist die Übung nur ein wenig unterbrochen, so verlangsamt sich nicht nur die gewonnene Behendigkeit, sondern der Mund selbst verstopft und verschließt sich. Denn gewiß gehört zwar schon von Natur eine gewisse geistige Beweglichkeit dazu, daß wir imstande sind, während wir die letzten Worte vortragen, schon Späteres zu rüsten, und daß immer schon ein vorausgesehenes und fest ausgeformtes Überdenken unser gesprochenes Wort in sich aufnimmt; 9 schwerlich aber vermöchte dennoch Naturbegabung oder vernünftige Überlegung unseren Geist zu einer solchen Vielfalt von Aufgaben aufzuspalten, daß er dem Auffinden der Gedanken, ihrer Anordnung, ihrem Ausdruck, der richtigen Folge der Gegenstände und Worte, sodann dem, was er gerade spricht, was er gleich anschließen will und was er weiter im Auge behalten muß, und dabei immer dem Achten auf Stimme, Vortrag und Gebärdenspiel gleichzeitig gewachsen wäre. 10 Denn unsere geistige Anspannung muß ja weit vorauseilen und das, worüber wir reden wollen, so vor sich her treiben und genau so viel, wie während des Sprechens verbraucht wird, muß schon wieder vom Folgenden her bereitstehen, damit wir, bis wir zum Ziel gelangen, nicht weniger mit den Augen vorwärts schreiten als mit unseren Schritten, falls wir nicht, stockend und hängenbleibend, nur kurze, abgehackte Stücke wie einzelne Schluchzer ausstoßen wollen.

11 Es gibt also eine Art Fertigkeit, ohne zu überlegen, die die Griechen ἄλογος τριβή (Routine) nennen, mit der beim Schreiben die Hand dahineilt und mit der beim Lesen die Augen ganze Zeilen mit ihren Betonungen und Übergängen[129] erfassen und schon das Folgende sehen, ehe sie das Vorhergehende ausgesprochen haben. Hierauf beruhen die Kunststücke, die Jongleure und Taschenspieler auf der Bühne zeigen, bei denen man glauben könnte, die Dinge, die sie aus der Hand lassen, kämen von selbst in die betreffende Hand und eilten auf Kommando zu ihrem Platz. 12 Doch diese Routine wird, falls ihr die Kunstübung, von der wir gesprochen haben, vorausgegangen ist, in der Form ihren Nutzen erweisen, als gerade das, was ohne Überlegung vor sich geht, doch auf Überlegung beruht. Denn es handelt sich, scheint mir, gar nicht um Reden, falls jemand nicht in überlegter Anordnung mit bewußtem Redeschmuck und Wortschatz spricht, sondern um ein Wortgetümmel.

[129] nämlich zum Folgenden.

tumultuari. 13 nec fortuiti sermonis contextum mirabor umquam, quem iurgantibus etiam mulierculis videamus[e] superfluere, cum eo quod, si calor ac spiritus tulit, frequenter accidit ut successum extemporalem consequi cura non possit. 14 deum tunc adfuisse, cum id evenisset, veteres oratores, ut Cicero dicit, aiebant,[f] sed ratio manifesta est. nam bene concepti adfectus et recentes rerum imagines continuo impetu feruntur, quae nonnumquam mora stili refrigescunt et dilatae non revertuntur. utique vero, cum infelix illa verborum cavillatio accessit et cursus ad singula vestigia restitit, non potest ferri contorta vis, sed, ut optime vocum singularum cedat electio, non continua, sed composita est. 15 Quare capiendae sunt illae, de quibus dixi, rerum imagines, quas vocari φαντασίας indicavimus, omniaque, de quibus dicturi erimus, personae, quaestiones, spes, metus, habenda in oculis, in adfectus recipienda: pectus est enim, quod disertos facit, et vis mentis. ideoque imperitis quoque, si modo sunt aliquo adfectu concitati, verba non desunt. 16 tum intendendus animus, non in aliquam rem unam, sed in plures simul continuas, ut, si per aliquam rectam viam mittamus oculos, simul omnia, quae sunt in ea circaque, intuemur, non ultimum tantum videmus, sed usque ad ultimum. addit ad dicendum etiam pudor stimulos, mirumque videri potest, quod, cum stilus secreto gaudeat atque omnis arbitros reformidet, extemporalis actio

e) *Kroll:* videantur

f) *edd. vet.:* dicit agebant **bH** aiebant *ras.* **P**² dictitabant **B**

13 Und ich werde auch niemals den Ablauf eines zufälligen Redeergusses bewundern, den wir ja auch, wenn Weiber sich zanken, im Überfluß erleben können, so wenig wie die Tatsache, daß, wenn Wärme und Begeisterung am Werk war, es häufig geschieht, das den Erfolg einer solchen Rede aus dem Stegreif sorgfältige Vorbereitung nicht erreichen kann. 14 Ein Gott habe dann beigestanden, pflegten, wenn so etwas vorkam, wie Cicero sagt,[130] die alten Redner zu behaupten, jedoch liegt der Grund hierfür auf der Hand. Denn die gut erfaßten Gefühlswirkungen und die ganz frischen Vorstellungen von den Gegenständen, über die wir reden, reißen hier in einem einheitlichen Schwung mit, während sie zuweilen durch die Verzögerung bei der Niederschrift sich abkühlen und, wenn sie hinausgeschoben werden, nicht wiederkehren. Unbedingt aber vermag, wenn noch unergiebige Wortklauberei hinzutritt und der Lauf Schritt für Schritt Widerstände zu überwinden hat, nicht in einem gezielten Schwung die Gewalt der Rede mitzureißen, sondern, so vortrefflich auch die Auswahl der einzelnen Worte ausfällt, ist es doch kein geschlossenes Ganzes, das wirkt, sondern ein Stückwerk.

15 Deshalb gilt es, diese anschaulichen Vorstellungen von den Gegenständen, die ich gerade genannt habe, und die, wie wir gezeigt haben,[131] φαντασίαι (Vorstellungen) heißen, zu erfassen und alles, worüber wir gerade reden wollen, die Personen, die Fragen, um die es geht, die Hoffnungen und Befürchtungen, leibhaftig vor den Augen zu haben und ins Gefühl aufzunehmen. Unser Inneres ist es nämlich, was beredt macht, und die geistige Kraft in uns. Und deshalb fehlen auch denen, die gar keine Ausbildung genossen haben, die Worte nicht, wenn sie nur von einer Leidenschaft ergriffen sind. 16 Dann gilt es, die ganze Spannkraft unseres Geistes einzusetzen, nicht um einen einzelnen, sondern um mehrere Gegenstände zugleich in ihrem Zusammenhang zu erfassen, wie wir, wenn wir unsere Augen eine gerade Straße entlang gleiten lassen, zugleich alles im Blick haben, was auf ihr und um sie her ist, und nicht nur das Letzte sehen, sondern bis zum Letzten. Einen Ansporn zum Reden liefert zudem auch die Scheu, sich vor den anderen zu blamieren, und es kann verwunderlich erscheinen, daß, während doch die Arbeit mit dem Schreibstift die Abgeschiedenheit liebt und alle kritische Beobachtung scheut, der Vortrag aus dem Steg-

[130] die Stelle ist nicht erhalten.
[131] s. o. 8, 3, 88.

auditorum frequentia, ut miles congestu signorum, excitatur. 17 namque et difficiliorem cogitationem exprimit et expellit dicendi necessitas, et secundos impetus auget placendi cupido. adeo pretium omnia spectant, ut eloquentia quoque, quamquam plurimum habeat in se voluptatis, maxime tamen praesenti fructu laudis opinionisque ducatur. 18 nec quisquam tantum fidat ingenio, ut id sibi speret incipienti statim posse contingere, sed, sicut in cogitatione praecipimus,[g] ita facilitatem quoque extemporalem a parvis initiis paulatim perducemus ad summam, quae neque perfici neque contineri nisi usu potest. 19 ceterum pervenire eo debet, ut cogitatio non utique melior sit ea, sed tutior, cum hanc felicitatem[h] non in prosa modo multi sint consecuti, sed etiam in carmine, ut Antipater Sidonius et Licinius Archias: credendum enim Ciceroni est, non quia nostris quoque temporibus non et fecerint quidam hoc et faciant. quod tamen non ipsum tam probabile puto (neque enim habet aut usum res aut necessitatem) quam exhortandis in hanc spem, qui foro praeparantur, utile exemplum. 20 neque vero tanta sit[i] umquam fiducia facilitatis, ut non breve saltem tempus, quod nusquam fere deerit, ad ea, quae dicturi sumus, dispicienda sumamus, quod quidem in iudiciis ac foro datur semper: neque enim quisquam est, qui causam, quam non didicerit, agat. 21 declamatores quosdam perversa ducit ambitio, ut exposita controversia protinus dicere velint, quin etiam, quod est in primis frivolum ac scaenicum, verbum petant, quo incipiant. sed tam contumeliosos in se ridet invicem eloquentia, et qui stultis videri eruditi

g) praecepimus *corr.* **P**
h) facilitatem **bHP¹**
i) *Halm:* tanta esse **B** tantas eum **bH**

reif durch das Gedränge der Zuhörer wie der Soldat durch die Menge der Fahnen angefeuert wird. 17 Denn auch Gedanken, die beim Überdenken schwerfallen, holt der Druck, unter dem wir in einer solchen Redesituation stehen, aus uns heraus, und den Schwung, der uns beflügelt, steigert noch unser Verlangen, Beifall zu finden. So sehr ist alles auf Belohnung aus, daß auch die Beredsamkeit, die doch in sich den reichlichsten Genuß birgt, sich dennoch vor allem durch den Lohn leiten läßt, den ihr der Beifall und die Anerkennung des Augenblickes bietet. 18 Doch vertraue keiner so sehr seiner Begabung, daß er hoffe, soweit könne er es gleich beim ersten Versuch bringen, sondern genau so, wie wir es beim Überdenken vorschreiben, werden wir auch die Gewandtheit in der Stegreifrede von kleinen Ansätzen allmählich zur Vollendung führen, die nur durch Übung erreicht und bewahrt werden kann. 19 Im übrigen aber muß es dahin kommen, daß eine vorher überdachte Rede nicht durchaus besser ist als eine Rede aus dem Stegreif, sondern nur sicherer, da es ja zu so glücklicher Vollendung nicht nur in Prosa viele gebracht haben, sondern sogar in der Dichtung wie etwa Antipater von Sidon und Licinius Archias; man muß sich nämlich hierbei auf das Zeugnis Ciceros verlassen[132] – nicht, als ob nicht auch in unserer Zeit manche so etwas gekonnt hätten und noch könnten; jedoch finde ich es an sich gar nicht so anerkennenswert – denn für solche Stegreif-Dichtung besteht weder Bedarf noch Veranlassung –, als ich vielmehr nur darin ein nützliches Beispiel sehe,[133] das jungen Leuten, die sich für das Forum vorbereiten, ein Ansporn dafür sein soll, daß so etwas möglich ist. 20 Indessen sollte niemals das Vertrauen in die eigene Gewandtheit so weit gehen, daß wir nicht wenigstens kurze Zeit, woran es ja gewöhnlich nirgends fehlt, dazu verwenden, das, worüber wir gleich reden werden, durchzumustern, wofür wenigstens vor Gericht und auf dem Forum immer Gelegenheit ist; denn es gibt ja niemanden, der einen Fall vertritt, den er gar nicht studiert hat. 21 Bestimmte Deklamationskünstler reizt nun ein verkehrter Ehrgeiz, sobald der Streitfall, dem die Aufgabe gilt, angegeben ist, sofort mit ihrer Rede anzufangen, ja sogar – was besonders albern ist, um sich in Szene zu setzen – sich das Wort angeben zu lassen, mit dem ihre Rede anfangen soll. Doch wer so schmählich der Beredsamkeit spottet, des spottet auch sie ihrerseits, und sie, die vor Toren als gebildet

[132] de orat. 3, 50, 194; p. Arch. 8, 18.

[133] wie es Cicero tut.

volunt, stulti eruditis videntur. 22 si qua tamen fortuna tam subitam fecerit agendi necessitatem, mobiliore quodam opus erit ingenio, et vis omnis intendenda rebus et in praesentia remittendum aliquid ex cura verborum, si consequi[j] utrumque non dabitur. tum et tardior pronuntiatio moras habet et suspensa ac velut dubitans oratio, ut tamen deliberare, non haesitare videamur. 23 hoc, dum egredimur e portu, si nos nondum aptatis satis armamentis aget ventus, deinde paulatim simul euntes aptabimus vela et disponemus rudentes et impleri sinus optabimus. id potius, quam se inani verborum torrenti dare quasi tempestatibus quo[k] volent auferendum.

24 Sed non minore studio continetur haec facultas quam paratur: ars enim semel percepta non carpitur[l], stilus quoque intermissione paulum admodum de celeritate deperdit: promptum hoc et in expedito positum exercitatione sola continetur. hac uti sic optimum est, ut cotidie dicamus audientibus pluribus, maxime de quorum simus iudicio atque opinione solliciti: rarum est enim, ut satis se quisque vereatur. vel soli tamen dicamus potius quam non omnino dicamus. 25 est alia[m] exercitatio cogitandi totasque materias vel silentio (dum tamen quasi dicat intra ipsum) persequendi, quae nullo non et tempore et loco, quom modo[n] non aliud agimus, explicari potest, et est in parte ⟨maioris⟩[o] utilitatis quam haec proxima: 26 diligentius enim componitur quam ⟨in⟩[p] illa, in qua contextum dicendi intermittere veremur. rursus in alia plus prior confert, vocis firmitatem, oris facilitatem,

j) *Spalding:* non sequi **bH** *om.* **B**
k) *Badius:* qui
l) *Jeep:* capitur
m) **P**: est illa **BH** est et illa *Halm*
n) *Rad.:* quomodo **BHP**[1] (quando *corr.* **P**)
o) add. *Kiderlin*
p) *add. Gertz*

erscheinen wollen, erscheinen vor Gebildeten als Toren. 22 Wenn indessen irgendein ernster Fall dazu zwingen sollte, so plötzlich mit der Rede aufzutreten, dann wird eine beweglichere Art, unsere Begabung zu bewähren, am Platze sein, alle Kraft hat dann den Gegenständen zu gelten und demgegenüber hat für den Augenblick die Sorgfalt im Wortgebrauch zurückzutreten, wenn es uns nicht gegeben ist, beides zu erreichen. Dann bietet der langsamere Vortrag Ruhepausen sowie die verhaltene und gleichsam zweifelnd abwägende Redeweise, doch so, daß es wirkt, als überlegten wir, nicht, als blieben wir stecken. 23 So geht es, während wir aus dem Hafen ausfahren, falls uns ein Wind erfaßt, ehe das Takelwerk schon genügend dafür hergerichtet ist; dann allmählich während der Fahrt werden wir schon die Segel richten, das Tauwerk an die richtige Stelle bringen und wünschen, daß sich die Segel voll blähen. So ist es besser, als sich einem nichtssagenden Wortergu߸ zu überlassen, als sollten einen die Stürme tragen, wohin sie wollen.

24 Jedoch gehört keine geringere Hingabe dazu, diese Fähigkeit zu erhalten, als sie zu erwerben; ist nämlich das Regelwerk der Lehre einmal erfaßt, schrumpft es nicht mehr,[134] auch der Schreibstift verliert bei einer Unterbrechung nur wenig von seiner Schnelligkeit; doch die ständige Bereitschaft und ungehemmte Redegabe, die wir brauchen, erhält sich lediglich durch Übung. Diese läßt sich am besten dadurch gewinnen, daß wir täglich vor mehreren Hörern sprechen, vor allem vor solchen, deren Urteil und Meinung von uns wir recht ernst nehmen. Denn selten ist es ja so, daß jedermann vor sich selbst den nötigen Respekt hat. 25 Indessen auch allein sollten wir immer noch eher reden, als überhaupt nicht zu reden. Eine andere Übung besteht im Überdenken, und zwar darin, den ganzen Stoff einer Rede, auch ohne zu reden – während man ja doch gleichsam in seinem Inneren redet – durchzugehen, eine Übung, die sich wirklich jederzeit und überall, wenn wir nur nicht mit etwas anderem beschäftigt sind, durchführen läßt, und die in einer Hinsicht noch größeren Nutzen hat als die vorhergehende; 26 denn die Geschlossenheit des Aufbaus wird sorgfältiger beachtet als beim Vortrag, bei dem wir fürchteten, den Zusammenhang der Rede zu unterbrechen. Andererseits wieder bringt die erstere Übung für anderes mehr ein, für die Festigkeit der Stimme, die Leichtigkeit der Aussprache und die körperliche

[134] Die Übersetzung folgt Jeeps Vermutung. Mit der Ausgabe des Ascensius hieße es: 'sitzt es fest'.

motum corporis, qui et ipse, ut dixi, excitat oratorem et iactatione manus, pedis supplosione, sicut cauda leones facere dicuntur, hortatur. 27 studendum vero semper et ubique. neque enim fere tam est ullus dies occupatus, ut nihil lucrativae, ut Cicero Brutum facere tradit, operae ad scribendum aut legendum aut dicendum rapi aliquo momento temporis possit: siquidem C. Carbo etiam in tabernaculo solebat hac uti exercitatione dicendi. 28 ne id quidem tacendum est, quod eidem Ciceroni placet, nullum nostrum usquam neglegentem esse sermonem: quidquid loquemur ubicumque, sit pro sua scilicet portione perfectum. scribendum certe numquam est magis, quam cum multa dicemus ex tempore. ita enim servabitur pondus et innatans[q] illa verborum facilitas in altum reducetur, sicut rustici proximas vitis radices amputant, quae illam in summum solum ducunt, ut inferiores penitus descendendo firmentur. 29 ac nescio an si[r] utrumque cum cura et studio fecerimus, invicem prosit, ut scribendo dicamus diligentius, dicendo scribamus facilius. scribendum ergo, quotiens licebit, si id non dabitur, cogitandum: ab utroque exclusi debent tamen† inicere[s] ut neque deprensus orator neque litigator destitutus esse videatur.

30 Plerumque autem multa agentibus accidit ut maxime necessaria et utique initia scribant, cetera, quae domo adferunt, cogitatione complectantur, subitis ex tempore occurrant: quod fecisse M. Tullium commentariis ipsius apparet. sed feruntur aliorum quoque et inventi

q) *Stoer:* unatrans **B** inatrans **bH**
r) *ed. Camp.:* an **BP** ac si **bH**
s) **BHP**^{1}: id agere *Badius* sic dicere *Peterson* ita dicere *Frotscher*

Bewegung, die ja ihrerseits, wie gesagt,[135] den Redner anfeuert und durch das Hochwerfen der Hand und das Aufstampfen mit dem Fuß, wie es die Löwen mit ihrem Schwanz machen sollen, antreibt. 27 Zu studieren aber gilt es immer und überall. Denn gewöhnlich ist kein Tag so völlig ausgefüllt, daß sich ihm nicht etwas gewinnbringende Arbeit, wie sie nach Ciceros Wort[136] Brutus verrichtete, zum Schreiben, Lesen oder Reden zu irgendeinem Zeitpunkt entreißen ließe; pflegte doch C. Carbo[137] sogar im Zelt sich mit solcher Redeübung zu beschäftigen. 28 Es darf nicht einmal der Hinweis fehlen, der ebenfalls Ciceros Beifall gefunden hat,[138] daß es nachlässiges Sprechen bei uns überhaupt nirgends geben darf: alles, was wir, es sei, wo es wolle, sagen, sei, natürlich nach dem, was wir leisten können, vollkommen. Schreiben jedenfalls sollten wir zu keiner Zeit mehr, als wenn wir viel aus dem Stegreif reden. So nämlich kann das, was wir sagen, sein Gewicht bewahren und was mit Leichtigkeit oben schwimmt, seinen Tiefgang wiederfinden, wie die Landwirte der Rebe die obersten Wurzeln wegschneiden, die den Stock zur Oberfläche führen, damit die tieferen Wurzeln dadurch, daß sie sich tiefer hinabsenken, festeren Halt haben. 29 Und es müßte sich ja beides, wenn wir es mit gleicher Sorgfalt und Hingabe betrieben, gegenseitig fördern, so daß wir dadurch, daß wir schreiben, sorgfältiger reden, dadurch, daß wir reden, leichter schreiben. Schriftlich ausarbeiten also sollte man seine Rede, sooft es nur geht, ergibt sich dafür aber keine Gelegenheit, dann sie überdenken; wem beide Möglichkeiten verschlossen sind, der muß dennoch soweit vorsorgen, daß es weder scheint, als sei der Redner in die Enge getrieben, noch, als sei der Prozeßführende von ihm im Stich gelassen.

30 Zumeist aber geschieht es bei denen, die viel vor Gericht reden, so, daß sie sich das Allernotwendigste und unbedingt die Anfangssätze schriftlich ausarbeiten, das Übrige, was sie von zu Hause mitbringen, sich durch Überdenken aneignen, Unvorhergesehenem aber aus dem Stegreif begegnen. Daß es Cicero so gehalten hat, geht noch aus seinen eigenen Notizen hervor. Doch sind solche auch noch von anderen im Umlauf, teils solche, die man gerade so gefunden hat, wie sie sich der Betreffende unmittelbar

[135] s. o. 10, 3, 21.

[136] orat. 10, 34.

[137] Brut. 27, 103; de orat. 1, 34, 154.

[138] wo, wissen wir nicht. Orat. frg. p. 484 Sch.

forte, ut eos dicturus quisque composuerat, et in libros digesti, ut causarum, quae sunt actae a Servio Sulpicio, cuius tres orationes extant: sed hi, de quibus loquor, commentarii ita sunt exacti, ut ab ipso mihi in memoriam posteritatis videantur esse compositi. 31 nam Ciceronis ad praesens modo tempus aptatos libertus Tiro contraxit: quos non ideo excuso, quia non probem, sed ut sint magis admirabiles. in hoc genere prorsus recipio hanc brevem adnotationem libellosque, qui vel manu teneantur et ad quos interim respicere fas sit. 32 illud, quod Laenas praecipit, displicet mihi, vel[t] in his, quae scripserimus, summas[u] in[v] commentarium et capita conferre. facit enim ediscendi neglegentiam haec ipsa fiducia et lacerat ac deformat orationem. ego autem ne scribendum quidem puto, quod non[w] simus memoria persecuturi: nam hic quoque accidit, ut revocet nos cogitatio ad illa elaborata nec sinat praesentem fortunam experiri. 33 sic anceps inter utrumque animus aestuat, cum et scripta perdidit et non quaerit nova. sed de memoria destinatus est libro proximo locus nec huic parti subiungendus, quia sunt alia prius nobis dicenda.

t) *Jeep:* ne **BH** hoc ne **NP**
u) *Jeep:* vel in summas **BHP**
v) et in **N** sine **bH**
w) *Regius:* quod **BP** non **bH**

vor der Rede angefertigt hatte, teils solche, die man zu Büchern geordnet hat, so z. B. die der Fälle, die Servius Sulpicius vertreten hat, von dem nur noch drei Reden erhalten sind, doch die Notizen, von denen ich spreche, sind so genau ausgeführt, daß es mir scheint, als habe der Verfasser selbst sie zur Überlieferung an die Nachwelt zusammengestellt. 31 Denn Ciceros Notizen, die dieser nur für die Bedürfnisse des Augenblickes eingerichtet hatte, hat sein Freigelassener Tiro zusammengefaßt; dies sage ich zu ihrer Entschuldigung nicht etwa deshalb, weil ich sie nicht gut fände, sondern damit sie dadurch noch mehr Staunen erregen. Bei dieser Art von Reden lasse ich diese knappe Form der Aufzeichnung durchaus gelten und auch Notizbüchlein, die man selbst in der Hand halten kann und auf die man zuweilen einen Blick werfen darf. 32 Die Vorschrift aber, die Laenas[139] gibt, findet nicht meinen Beifall, nämlich auch bei dem, was wir schriftlich ausgearbeitet haben, die Zusammenfassungen und Hauptpunkte in einem Notizblatt zusammenzustellen. Gerade das Vertrauen hierauf nämlich verursacht größere Nachlässigkeit beim Auswendiglernen und verstümmelt und entstellt dadurch die Rede. Ich vielmehr meine, wir sollten gar nicht schriftlich ausarbeiten, was wir nicht im Gedächtnis festhalten wollen. Denn auch hier geschieht es, daß uns das Überdenken an das verweist, was wir schon ausgearbeitet haben, anstatt uns jetzt aufs neue im Augenblick unser Glück versuchen zu lassen. 33 So schwankt unser Geist unentschieden zwischen beiden Möglichkeiten, wenn ihm das schriftlich Ausgearbeitete verlorengegangen ist, er aber auch nicht nach Neuem sucht. Doch über das Gedächtnis ist im folgenden Buch eine Stelle vorgesehen,[140] die sich aber hier nicht gleich anschließen läßt, weil wir vorher noch anderes besprechen müssen.

[139] wohl der Freigelassene des Pompeius.

[140] s. u. Buch XI, Kap. 2.

LIBER UNDECIMUS

I.

1 Parata, sicut superiore libro continetur, facultate scribendi cogitandique et ex tempore etiam, cum res poscet, orandi, proxima est cura, ut dicamus apte, quam virtutem quartam elocutionis Cicero demonstrat, quaeque est meo quidem iudicio maxime necessaria. 2 nam cum sit ornatus orationis varius et multiplex conveniatque alius alii, nisi fuerit accommodatus rebus atque personis, non modo non inlustrabit eam, sed etiam destruet et vim rerum in contrarium vertet. quid enim prodest esse verba et Latina et significantia et nitida, figuris etiam numerisque elaborata, nisi cum his, in quae iudicem duci formarique volumus, consentiant: 3 si genus sublime dicendi parvis in[a] causis, parvum[b] limatumque grandibus, laetum tristibus, lene asperis, minax supplicibus, summissum concitatis, trux atque violentum iucundis adhibeamus? ut monilibus et margaritis ac veste longa, quae sunt ornamenta feminarum, deformentur viri, nec habitus triumphalis, quo

a) *del. Spalding*
b) pressum *J. Müller* parcum *Madvig*

ELFTES BUCH

ERSTES KAPITEL

Die passende Form der Rede

1 Ist nun so, wie es sich das vorhergehende Buch angelegen sein läßt, die Gewandtheit im schriftlichen Ausarbeiten und im Überdenken sowie auch, wenn es die Lage erfordert, im Reden aus dem Stegreif gewonnen, so ist es unsere nächste Sorge, *passend* zu reden; dies bildet, wie Cicero zeigt,[1] den Vierten der Vorzüge des Ausdruckes, und er ist wenigstens meiner Meinung nach der allernotwendigste. 2 Denn da ja der Redeschmuck vielgestaltig und vielfältig ist und sich zu jeder Rede in anderer Form schickt, wird er, falls er den Gegenständen und Personen der Rede nicht angemessen ist, die Rede nicht nur nicht besser zur Geltung bringen, sondern sie sogar entwerten und die Kraft der Gedanken, die sie enthält, gegen sie selbst richten. Denn was nützt es, daß ihre Worte gut lateinisch klingen, treffend gewählt und schön sind, ja auch mit Redefiguren und Rhythmen vollkommen ausgestattet sind, wenn sie nicht zu dem stimmen, was wir bei dem Richter erreichen und in ihm erzeugen wollen: 3 Wenn wir die hohe Form der Rede in kleinen Fällen, die kleine, gefeilte in feierlichen, die strahlende in gedrückten, die glatte in rauhen, die drohende in bittenden, die gedämpfte in erregten, die trotzige und heftige in heiteren Situationen vor Gericht anwenden? Wie ja mit Halsketten, Edelsteinen und langen Kleidern, wie es zum Schmuck der Frauen gehört, Männer verunstaltet würden, und die Tracht des triumphierenden Feldherrn[2], die doch an Herrlichkeit alles Erdenkliche übertrifft,

[1] de orat. 3, 10, 37.

[2] die vestis triumphalis, das Kleid des Juppiter selbst, in dessen Purpur- und Goldglanz der triumphierende Feldherr auf seinem von vier Schimmeln gezogenen Wagen aus seiner Begleitung, die ihn in weißer Toga umgab, hervorstrahlte. Das hier ausgesprochene 'offizielle' Zeitempfinden wird schön ergänzt durch das Bild der Satire von der triumphalen pompa circensis vor dem Beginn der Zirkusspiele bei Juvenal (10, 36 ff.).

nihil excogitari potest augustius, feminas deceat. 4 hunc locum Cicero breviter in tertio de Oratore libro praestringit, neque tamen videri potest quidquam omisisse dicendo, ‘non omni causae neque auditori neque personae neque tempori congruere orationis unum genus’. nec fere pluribus in Oratore eadem. sed illic L. Crassus, cum apud summos oratores hominesque eruditissimos dicat, satis habet partem hanc velut notare inter agnoscentis, 5 et hic Cicero adloquens Brutum testatur esse haec ei nota ideoque brevius a se dici, quamquam sit fusus locus tracteturque a philosophis latius. nos institutionem professi non solum scientibus ista sed etiam discentibus tradimus, ideoque paulo pluribus verbis debet haberi venia.

6 Quare notum sit nobis ante omnia, quid conciliando, docendo, movendo iudici conveniat, quid quaque parte orationis petamus. ita nec vetera aut tralata aut ficta verba in incipiendo, narrando, argumentando tractabimus neque decurrentis contexto nitore circuitus, ubi dividenda erit causa et in partes suas digerenda, neque humile atque cotidianum sermonis genus et compositione ipsa dissolutum epilogis dabimus, nec iocis lacrimas, ubi opus erit miseratione, siccabimus. 7 nam ornatus omnis non tam sua quam rei, cui adhibetur, condicione constat, nec plus refert, quid dicas, quam quo loco. sed totum hoc apte dicere non elocutionis tantum genere constat, sed est cum inventione commune. nam si tantum habent etiam verba mo-

für Frauen nicht paßte. 4 Cicero streift diesen Punkt nur kurz im dritten Buch seiner Schrift ›Über den Redner‹[3], und doch läßt sich nicht behaupten, er hätte etwas übergangen, wenn er sagt: 'Nicht zu jedem Fall vor Gericht, noch zu jedem Zuhörer, jeder Person und jeder Zeitlage paßt ein und derselbe Stil der Rede.' Und kaum mehr sagt er hierüber in seinem ›Redner‹[4]. Doch kann sich an der ersten Stelle L. Crassus, da er vor den bedeutendsten Rednern und gebildetsten Menschen spricht, damit begnügen, auf diesen Punkt unter Kennern gleichsam nur hinzuweisen, 5 und an der zweiten Stelle bezeugt Cicero in seinen Worten an Brutus, daß diese Dinge jenem bekannt seien und deshalb von ihm kürzer besprochen werden könnten, obwohl es eine weitläufige Sache sei und von den Philosophen breiter behandelt werde. Wir, die wir eine Anleitung zur Unterweisung angekündigt haben, vermitteln diese Dinge nicht nur solchen, die es schon kennen, sondern auch Lernenden, und deshalb dürften unsere etwas wortreicheren Darlegungen mit Nachsicht rechnen.[5]

6 Dabei muß uns vor allem bekannt sein, was sich zur Gewinnung, zur Unterrichtung und zur Erregung der Gefühle des Richters schickt, und was wir in jedem einzelnen Teil der Rede anstreben. So werden wir also einerseits keine veralteten, übertragenen oder neugebildeten Wörter beim Anfang, in der Erzählung des Sachverhalts und in der Beweisführung verwenden, noch andererseits da in schöner Dichte ablaufende Perioden, wo wir die Gliederung der Prozeßrede geben und sie in ihre Teile zerlegen, noch wiederum einen niedrigen, alltagssprachlichen und sogar in der Wortfügung gelockerten Stil dem Epilog zuweisen, noch endlich mit Späßen die Tränen trocknen, wo Mitleiderregung am Platze ist. 7 Denn aller Schmuck ist nicht so sehr durch seine eigene Schönheit bedingt wie vielmehr durch den Gegenstand, für den er in Anspruch genommen wird, und es kommt nicht *mehr* darauf an, was man sagt, als an welcher Stelle. Aber die ganze Kunst, passend zu reden, beruht nicht nur auf der Art des Ausdruckes, sondern geschieht mit der Auffindung der Gedanken gemeinsam. Denn wenn auch schon

[3] 3, 55, 210.

[4] orat. 21, 71.

[5] Hier wie bei der Behandlung der Tropen und Figuren im 8. Buch ist im Ton der Bewunderung für Cicero doch zugleich das Selbstgefühl nicht zu überhören, womit der erfahrene berufsmäßige Jugenderzieher die Grenzen dessen bestimmt, was bei dem Amateur-Lehrer Cicero zu lernen ist, und damit wird die Unentbehrlichkeit der eigenen Ergänzungen zu Cicero betont.

mentum, quanto res ipsae magis? quarum quae esset observatio, suis locis subinde subiecimus.

8 Illud est subdiligentius[c] docendum, eum demum dicere apte, qui non solum quid expediat, sed etiam quid deceat inspexerit. nec me fugit plerumque haec esse coniuncta: nam quod decet fere prodest, neque alio magis animi iudicum conciliari aut, si res in contrarium tulit, alienari solent. 9 aliquando tamen et haec dissentiunt: quotiens autem pugnabunt, ipsam utilitatem vincet quod decet. nam quis nescit nihil magis profuturum ad absolutionem Socrati fuisse, quam si esset usus illo iudiciali genere defensionis et oratione summissa conciliasset iudicum animos sibi crimenque ipsum sollicite redarguisset? 10 verum id eum minime decebat, ideoque sic egit, ut qui poenam suam honoribus summis esset aestimaturus. maluit enim vir sapientissimus quod superesset ex vita sibi perire quam quod praeterisset. et quando ab hominibus sui temporis parum intellegebatur, posterorum se iudiciis reservavit, brevi detrimento iam ultimae senectutis aevum saeculorum omnium consecutus. 11 itaque quamvis Lysias, qui tum in dicendo praestantissimus habebatur, defensionem illi scriptam obtulisset, uti ea noluit, cum bonam quidem, sed parum sibi convenientem iudicavisset. quo vel solo patet non persuadendi, sed bene dicendi finem in oratore servandum, cum interim persuadere deforme sit. non fuit hoc utile absolutioni, sed, quod est maius, homini fuit. 12 et nos secundum communem potius loquendi consuetudinem quam ipsam veritatis

c) *Rad.:* subdiligentis **bH** diligentius **BP**

die Worte solche Wichtigkeit haben, wieviel mehr dann erst die Gegenstände selbst? Was bei diesen zu beachten ist, haben wir schon an den passenden Stellen[6] gleich angemerkt.

8 Etwas genauer aber sollte man dem Satz nachgehen, daß erst derjenige passend redet, der nicht nur im Auge behält, was nützlicher sei, sondern auch, was sich gezieme. Dabei entgeht mir nicht, daß diese Fragen meistens verbunden sind; denn was sich ziemt, nützt gewöhnlich, und durch nichts anderes läßt sich gewöhnlich das Herz der Richter eher gewinnen oder, wenn es zu einem Gegensatz zwischen beidem gekommen ist, eher entfremden. 9 Manchmal indessen kommt es auch hierbei zu Widersprüchen, doch sooft beides gegeneinander steht, wird über die reine Nützlichkeit das siegen, was sich ziemt. Denn wer wüßte nicht, daß zur Freisprechung dem Sokrates nichts dienlicher gewesen wäre, als wenn er sich der üblichen Form der Verteidigungsrede vor Gericht bedient hätte, durch eine unterwürfige Redeweise sich die Herzen der Richter gewonnen und die Anschuldigungen selbst mit ängstlicher Sorgfalt widerlegt hätte? 10 Tatsächlich aber ziemte sich das für ihn am allerwenigsten, und deshalb führte er seine Sache so, als habe er den Wunsch, seine Straftat der höchsten Anerkennung und Ehrung für wert zu befinden. Lieber nämlich wollte der große Weise auf den Teil seines Lebens verzichten, der ihm verblieb, als auf den, der hinter ihm lag. Und da er sich von seinen Zeitgenossen nun einmal nicht genügend verstanden fühlte, bewahrte er sich für das Urteil der Nachwelt und gewann so für die kleine Einbuße an Jahren seines schon hohen Alters ein Leben durch alle Jahrhunderte. 11 Obwohl ihm Lysias, der damals als der vortrefflichste Redner galt, eine schriftlich ausgearbeitete Verteidigungsrede brachte, wollte er sie deshalb nicht verwenden, da er sie zwar für gut hielt, aber durchaus nicht schicklich für seine Person. Schon dieses eine Beispiel zeigt deutlich, daß nicht das Überreden, sondern das Gut-Reden als Ziel beim Redner festgehalten werden muß, da ja zuweilen das Überreden das Bild des Redners entstellt.[7] Nicht für die Freisprechung erwies es sich so als nützlich, wohl aber, was mehr ist, für den Menschen. 12 So folgen auch wir eher der allgemein üblichen Redeweise als der eigentlichen Norm der Wahrheit, wenn wir uns der

[6] in den Büchern III–VII.

[7] Vgl. hierzu Cicero, de orat. 1, 54, 231–34 und die moralistische Schwerpunktverlagerung, die Quintilian vornimmt, um den Philosophielehrern den Wind aus den Segeln zu nehmen.

regulam divisione hac utimur, ut ab eo, quod deceat, utilitatem separemus: nisi forte prior ille Africanus, qui patria cedere quam cum tribuno plebis humillimo contendere de innocentia sua maluit, inutiliter sibi videtur consuluisse, 13 aut P. Rutilius, vel cum illo paene Socratico genere defensionis est usus, vel cum revocante eum P. Sulla manere in exilio maluit, quod[d] sibi maxime conduceret nesciebat. hi vero parva illa, quae abiectissimus quisque animus utilia credit, si cum virtute conferantur, despicienda iudicaverunt, ideoque perpetua saeculorum admiratione celebrantur. neque nos simus tam humiles, ut quae laudamus inutilia credamus. 14 sed hoc qualecumque discrimen raro admodum eveniet. ceterum idem fere, ut dixi, in omni genere causarum et proderit et decebit: est autem quod omnis et semper et ubique deceat, facere ac dicere honeste, contraque neminem umquam ullo in loco turpiter. minora vero quaeque sunt ex mediis, plurima[e] sunt talia, ut aliis sint concedenda, aliis non sint, aut pro persona, tempore, loco, causa magis ac minus vel excusata debeant videri vel reprehendenda. 15 cum dicamus autem de rebus aut alienis aut nostris, dividenda ratio est eorum, dum sciamus pleraque neutro loco convenire.

In primis igitur omnis sui vitiosa iactatio est, eloquentiae tamen in oratore praecipue, adfertque audientibus non fastidium modo, sed

d) **BH**: quid **b** *corr.* **P**
e) *Halm:* plura **BP** plerumque **bH**

Einteilung bedienen, das, was sich schickt, von seiner Nützlichkeit zu trennen; es müßte denn der ältere Africanus, der lieber seine Heimat verlassen als sich mit einem gemeinen Volkstribun auf einen Prozeß um seine makellose Lebensführung einlassen wollte, offenbar höchst unnütz mit sich zu Rate gegangen sein, 13 oder P. Rutilius hätte entweder schon damals[8], als er sich seiner fast eines Sokrates würdigen Form der Verteidigung bediente, oder dann, als er, obwohl ihn P. Sulla zurückberief, lieber in der Verbannung bleiben wollte, nicht gewußt, was ihm am meisten zuträglich sein würde. Diese Männer indessen haben die kleinen Vorteile, in denen gerade die niedrigsten Kreaturen den Nutzen sehen, wenn sie sie mit der Mannestugend vergleichen, als verachtenswert erkannt und finden deshalb ewig in der Bewunderung der Jahrhunderte ihren Preis. So wollen auch wir nicht so niedrig denken, das, was wir doch loben, für unnütz zu halten. 14 Jedoch wird sich ein solcher Zwiespalt irgendwelcher Art nur recht selten ergeben. Im übrigen aber wird gewöhnlich das Gleiche, wie schon gesagt, in jeder Art von Fällen ebensowohl nützen wie auch geziemen; es besteht aber das, was sich für alle immer und überall ziemt, darin, zu tun und zu reden, was uns Ehre macht, und umgekehrt für keinen je irgendwo etwas, was ihm Schande macht. Die geringeren Dinge aber und solche, die eine Mittelstellung (zwischen Ehre und Schande) einnehmen, sind größtenteils der Art, daß man sie den einen zubilligen kann, anderen aber nicht, oder daß sie je nach Person, Zeit, Ort und Anlaß als mehr oder minder entschuldbar oder tadelnswert gelten müssen.[9] 15 Da wir aber beim Reden Dinge behandeln, die entweder andere betreffen oder uns selbst, soll ihre Betrachtung dieser Einteilung folgen, wenn wir uns nur bewußt sind, daß das meiste sich für keine der beiden Gruppen schickt.

Vor allem also ist alles *Großtun mit der eigenen Person* ein Fehler, zumal jedoch beim Redner das Prahlen mit seiner Beredsamkeit, und es bereitet den Zuhörern nicht nur Widerwillen, sondern

[8] als er (92 v. Chr.), im Bewußtsein seiner stoisch-rechtschaffenen Amtsführung in der Provinz Asia, vor dem Untersuchungsausschuß seine Entlastung so unrhetorisch betrieb, daß er trotz seiner Unschuld auf Betreiben der von ihm bedrohten Finanzkreise verurteilt wurde; vgl. de orat. 1, 53, 227. 229f.

[9] Auch wenn wir ein philosophisches System bei Quintilian nicht erwarten dürfen, erweist es sich hier wie oft bei ihm, wie stark seit Panaitios und Ciceros Schrift ›Über das richtige Handeln‹ (de officiis) stoische Gedanken allgemeinrömisches Bildungsgut geworden sind.

plerumque etiam odium. 16 habet enim mens nostra natura sublime quiddam et erectum et inpatiens superioris: ideoque abiectos aut summittentes se libenter allevamus, quia hoc facere tamquam maiores videmur, et quotiens discessit aemulatio, succedit humanitas. at qui se supra modum extollit, premere ac despicere creditur nec tam se maiorem quam minores ceteros facere. 17 inde invident humiliores (hoc vitium est eorum, qui nec cedere volunt nec possunt contendere), rident superiores, improbant boni. plerumque vero deprendas adrogantium falsam de se opinionem, sed in veris quoque sufficit conscientia.

Reprehensus est in hac parte non mediocriter Cicero, quamquam is quidem rerum a se gestarum maior quam eloquentiae fuit in orationibus utique iactator. 18 et plerumque illud quoque non sine aliqua ratione facit. aut enim tuebatur eos, quibus erat adiutoribus usus in obprimenda coniuratione, aut respondebat invidiae: cui tamen non fuit par, servatae patriae poenam passus exilium, ut illorum, quae egerat in consulatu, frequens commemoratio possit videri non gloriae magis quam defensioni data. 19 eloquentiam quidem, cum plenissimam diversae partis advocatis concederet, sibi numquam in agendo inmodice adrogavit. illius sunt enim: 'si, iudices, ingeni mei quod sentio quam sit exiguum', et: 'quod ingenio minus possum, subsidium mihi diligentia comparavi.' 20 quin etiam contra Q. Caecilium de accusatore in Verrem constituendo, quamvis multum esset in hoc quoque momenti, uter ad agendum magis idoneus veniret, dicendi tamen facultatem magis illi detraxit quam adrogavit sibi, seque non

meistens sogar ein Gefühl des Hasses. 16 Es besitzt nämlich unser Geist von Natur ein Gefühl für Hohes, Aufrechtes und etwas, das sich gegen den Überlegenen sträubt; und deshalb erheben wir die Niedrigen und sich Unterwerfenden gern, weil wir uns, wenn wir dies tun, gleichsam größer vorkommen, und sobald der Wettbewerb wegfällt, tritt die Menschlichkeit an seine Stelle. Wer sich dagegen über das Maß erhebt, von dem glaubt man, er sei ein Unterdrücker und Verächter und mache nicht so sehr sich größer wie die anderen kleiner. 17 Daher beneiden die Niedrigeren solche Leute – das ist der Charakterfehler derer, die weder zurückstehen noch um die Wette streiten wollen –, die Überlegenen verspotten sie, die Guten mißbilligen ihre Art. Meistens indessen wird man das Großtun da antreffen, wo man sich eine falsche Geltung anmaßt, jedoch auch bei echten Verdiensten genügt das (eigene) Bewußtsein[10].

In dieser Beziehung hat man an Cicero außerordentlich Anstoß genommen, obwohl dieser jedenfalls in seinen Reden ja mehr mit seinen Taten als mit seiner Beredsamkeit großtat. 18 Und zumeist tut er auch das nicht ohne einen Grund. Entweder nämlich verteidigte er andere, die ihm bei der Unterdrückung der Verschwörung als Helfer gedient hatten, oder er antwortete der Mißgunst; dieser war er freilich nicht gewachsen, nachdem er dafür, daß er das Vaterland gerettet hatte, als Strafe die Verbannung hatte durchmachen müssen, so daß es scheinen kann, daß die häufige Erwähnung dessen, was er in seinem Konsulat geleistet hatte, nicht in stärkerem Maße seinem Ruhm als vielmehr seiner Verteidigung gegolten hat. 19 Beredsamkeit wenigstens hat er, während er sie den Anwälten der Gegenseite in vollstem Maße zugestand, sich selbst, wenn er einen Fall vertrat, niemals in übertriebener Weise angemaßt. Er gebraucht nämlich etwa die Worte[11]: 'Wenn von meiner Begabung, ihr Richter, von der ich empfinde, wie klein sie ist ...' und[12]: 'so wenig es ist, was meine Begabung vermag, so habe ich dafür in meiner Gewissenhaftigkeit eine Stütze geschaffen'. 20 Ja, sogar als es gegen Q. Caecilius darum ging, den Ankläger gegen Verres zu bestimmen, hat er doch, obwohl es dabei auch sehr darauf ankam, wer von den beiden als der geeignetere Redner die Anklage vertrete, eher dem anderen die Fähigkeit dazu abgesprochen, als sie sich

[10] ohne daß man sie hervorheben müßte.
[11] p. Arch. 1, 1.
[12] p. Quinct. 1, 4.

consecutum, sed 'omnia fecisse ut posset eam[f] consequi' dixit. 21 in epistulis aliquando familiariter apud amicos, nonnumquam in dialogis, aliena tamen persona verum de eloquentia sua dicit. et aperte tamen gloriari nescio an sit magis tolerabile vel ipsa vitii huius simplicitate, quam illa in[g] iactatione perversa, si abundans opibus pauperem se et[h] nobilis obscurum et potens infirmum et disertus imperitum plane et infantem vocet. 22 ambitiosissimum gloriandi genus est etiam deridere. ab aliis ergo laudemur: nam ipsos, ut Demosthenes ait, erubescere, etiam cum ab aliis laudabimur, decet. neque hoc dico, non aliquando de rebus a se gestis oratori esse dicendum, sicut eidem Demostheni pro Ctesiphonte: quod tamen ita emendavit, ut necessitatem id faciendi ostenderet invidiamque omnem in eum regereret, qui hoc se coegisset. 23 et M. Tullius saepe dicit de oppressa coniuratione Catilinae, sed modo id virtuti senatus, modo providentiae deorum inmortalium adsignat. plerumque contra inimicos atque obtrectatores plus vindicat sibi: 24 erant enim illa tuenda,[i] cum obicerentur. in carminibus utinam pepercisset, quae non desierunt carpere maligni:

cedant arma togae, concedat laurea linguae

et

o fortunatam natam me consule Romam!

et 'Iovem illum, a quo in concilium deorum advocatur', et 'Minervam, quae artes eum edocuit': quae sibi ille secutus quaedam Graecorum exempla permiserat. 25 Verum eloquentiae ut indecora iactatio, ita nonnumquam concedenda fiducia est. nam quis reprendat haec: 'quid putem? contemptumne me? non video nec in vita nec in gratia nec

f) **P**: ea **bH** etiam **B**
g) **bH**: iactatione **BP** iactatio *Rollin*
h) *Meister:* sed **bH** se neget **BP**
i) *Halm:* intuenda **B** tuenda **bHP**

angemaßt, und nicht gesagt, er habe sie gewonnen, sondern 'er habe alles getan, sie zu gewinnen'[13]. 21 In seinen Briefen spricht er manchmal in vertraulicher Form zu Freunden, gelegentlich auch in den Dialogen, jedoch dann unter der Maske eines anderen, der Wahrheit gemäß von der eigenen Beredsamkeit. Und vielleicht ist es ja doch noch eher erträglich, sich ganz offen selbst in der ganzen Einfalt, die dieser Fehler verrät, zu rühmen, als es die verstellte Form des Großtuns ist, wenn einer, der im Überfluß lebt, sich arm, ein Mann aus einer bekannten Familie sich unbekannt, ein Mächtiger sich schwach und ein geschickter Redner sich ganz unerfahren und einen Mann ohne jedes Sprachvermögen nennt. 22 Am allerehrgeizigsten wirkt die Art, sich zu rühmen, wenn sie sich sogar der Verspottung bedient. Von anderen also sollen wir uns loben lassen! Doch will ich damit nicht sagen, daß ein Redner nicht zuweilen von seinen Taten sprechen dürfe, wie es z. B. ebenfalls Demosthenes in der Rede für Ktesiphon[14] gemacht hat; jedoch hat er es dadurch gutgemacht, daß er die Zwangslage, die ihn dazu nötige, darlegte, und so alle Abneigung auf den ablenkte, der ihn dazu gezwungen habe. 23 Auch M. Tullius spricht oft von seiner Unterdrückung der catilinarischen Verschwörung, doch bald schreibt er diese Tat der Tüchtigkeit des Senates zu, bald der Vorsehung der unsterblichen Götter. Meistens nimmt er nur gegen seine Gegner und Verleumder für sich selbst mehr in Anspruch; denn er mußte seine Taten dann verteidigen, wenn sie ihm zum Vorwurf gemacht wurden. 24 Wäre er doch nur in seinen Gedichten sparsamer damit gewesen, wo gehässige Zungen nicht müde wurden, ihn aufzuziehen mit seinem 'Weiche der Toga die Waffe, des Krieges Lorbeer der Zunge' sowie dem 'o Geburtstag tagt' dir Rom dank mir, deinem Consul!' und dem 'Juppiter, der ihn selbst in den Rat der Götter berufen' und dem 'Minerva, die ihn ihre Künste gründlich gelehrt'[15] – Verse, die er sich im Anschluß an bestimmte griechische Muster gestattet hatte.

25 So unpassend nun in der Tat das Großtun mit der Beredsamkeit ist, so sehr ist es zuweilen statthaft, seine feste Zuversicht zu ihr zu bekunden. Denn wer wollte folgendes tadeln: 'Was soll ich glauben? daß man mich verachtet? Weder in meinem Leben noch

[13] div. in Caecil. 12, 40.

[14] in der Kranzrede: 18, 128.

[15] vgl. o. 9, 4, 41; FPR frg. 16. 17. 21 (aus den Gedichten über sein Konsulat und über seine großen Zeiten S. 72 u. 73 Morel).

in rebus gestis nec in hac mea mediocritate ingenii, quid despicere possit Antonius': 26 et paulo post apertius: 'an decertare mecum voluit contentione dicendi? hoc quidem est beneficium. quid enim plenius, quid uberius quam mihi et pro me et contra Antonium dicere?'

27 Adrogantes et illi, qui se iudicasse de causa nec aliter adfuturos fuisse proponunt. nam et inviti iudices audiunt praesumentem partes suas, nec hoc oratori contingere inter adversarios, quod Pythagorae inter discipulos contigit, potest: 'ipse dixit.' sed istud magis minusve vitiosum est pro personis dicentium: 28 defenditur enim aliquatenus aetate, dignitate, auctoritate: quae tamen vix in ullo tanta fuerint, ut non hoc adfirmationis genus temperandum sit aliqua moderatione sicut omnia, in quibus patronus argumentum ex se ipso petet. quod fuisset tumidius, si accipiendum criminis loco negasset Cicero equitis Romani esse filium se defendente, at ille fecit hoc etiam favorabile coniungendo cum iudicibus dignitatem suam: 'equitis Romani autem esse filium criminis loco poni ab accusatoribus, neque his iudicantibus oportuit nec defendentibus nobis.'

29 Impudens, tumultuosa, iracunda actio omnibus indecora, sed ut quisque aetate, dignitate, usu praecedit, magis in ea reprendendus. videas autem rixatores quosdam neque iudicum reverentia neque agendi more ac modo contineri, quo ipso mentis habitu manifestum

in meinem Einfluß, weder in meinen Taten noch in meinem Talent, so mäßig es auch ist, sehe ich etwas, worauf Antonius herabblicken könnte'[16]; 26 und kurz darauf noch offener: 'Oder hat er sich etwa mir stellen wollen zum Redewettkampf? Das wäre freilich eine Wohltat für mich. Denn wann hätte ich mehr in Hülle und Fülle zu sagen, als wenn ich für mich spräche und gegen einen Antonius?'[17]

27 Anmaßend sind auch Redner, die mit der Erklärung beginnen, ihr Urteil über den Fall stände schon fest, und anderenfalls hätten sie ihn gar nicht übernommen. Denn die Richter hören es höchst ungern, daß man ihnen ihre Rolle vorwegnimmt, und durchaus nicht hat unter seinen Gegnern der Redner das Glück, das Pythagoras unter seinen Schülern hatte mit dem: 'der Meister selbst hat es gesagt!' Doch ist dieser Fehler mehr oder weniger schlimm je nach den Personen, die so sprechen; er wird nämlich einigermaßen durch ihr Alter, ihren Rang und ihr Ansehen entschuldigt; 28 jedoch dürfte dies alles schwerlich bei jemandem so ins Gewicht fallen, daß diese Art, mit einer festen Behauptung aufzutreten, nicht durch eine bescheidene Wendung gedämpft werden müßte, so wie alles, wenn dabei der Anwalt einen Beweis aus seiner eigenen Person entnehmen will. Hat Cicero doch einer Versicherung, die etwas aufgeblasen geklungen hätte, wenn er (nämlich) gesagt hätte, wo er die Verteidigung führe, könne es ja nicht als Vorwurf gewertet werden, Sohn eines Ritters zu sein, sogar noch etwas Gewinnendes gegeben, indem er seinen eigenen Rang mit den Richtern in Verbindung brachte: 'Wenn aber die Anklage aus dem Umstand, der Sohn eines römischen Ritters zu sein, einen Vorwurf macht, so hätte das, wenn solche Männer zu Gericht sitzen und ich die Verteidigung führe, nicht geschehen dürfen.'[18]

29 Respektloses, haltloses und jähzorniges Auftreten vor Gericht ist unschön bei jedem Redner, aber je höher jemand im Alter, in der Würde und der Erfahrung steht, um so mehr ist er hierbei zu tadeln. Man kann aber eine Art von Kampfhähnen erleben, die sich weder aus Achtung vor den Richtern zusammennehmen noch in ihrem Auftreten Anstand und Maß kennen, so daß schon aus ihrer geistigen Verfassung mit Händen zu greifen ist, daß sie sich ebenso

[16] Phil. 2, 1, 2.
[17] ebendort 2, 2.
[18] p. Cael. 2, 4.

sit, tam in suscipiendis quam in agendis causis nihil pensi habere. 30 profert enim mores plerumque oratio et animi secreta detegit: nec sine causa Graeci prodiderunt, 'ut vivat, quemque etiam dicere'. humiliora illa vitia: summissa adulatio, adfectata scurrilitas, in rebus ac verbis parum modestis ac pudicis vilis pudor, in omni negotio neglecta auctoritas. quae fere accidunt iis, qui nimium aut blandi esse aut ridiculi volunt.

31 Ipsum etiam eloquentiae genus alios aliud decet: nam neque tam plenum et erectum et audax et praecultum senibus convenerit quam pressum et mite et limatum et quale intellegi vult Cicero, cum dicit, orationem suam coepisse 'canescere', sicut vestibus quoque non purpura coccoque fulgentibus illa aetas satis apta sit. 32 in iuvenibus etiam uberiora paulo et paene periclitantia feruntur. at in isdem siccum et sollicitum et contractum dicendi propositum plerumque adfectatione ipsa severitatis invisum est, quando etiam morum senilis auctoritas inmatura in adulescentibus creditur. 33 simpliciora militaris decent. philosophiam ex professo, ut quidam faciunt, ostentantibus parum decori sunt plerique orationis ornatus maximeque ex adfectibus, quos illi vitia dicunt. verba quoque exquisitiora et compositio numerosa tali proposito diversa. 34 non enim solum illa laetiora, qualia a Cicerone dicuntur 'saxa atque solitudines voci respondent', sed etiam illa, quamquam plena sanguinis 'vos enim iam, Albani tumuli atque luci, vos, inquam, imploro atque testor, vosque Albanorum obrutae arae, sacrorum populi Romani sociae et aequales' non conveniant barbae illi atque tristitiae. 35 at vir civilis vereque sapiens, qui se non otiosis

wenig Gewissen daraus machen, ihre Fälle zu übernehmen wie sie zu vertreten. 30 Die Rede bringt nämlich meistens die (Art der) Gesittung zum Vorschein und enthüllt das verborgene Innere; und nicht ohne Grund haben die Griechen den Satz: wie jedermann lebe, so rede er auch. Von gemeinerer Art sind folgende Fehler: untertänige Schmeichelei, gesuchte Possenhaftigkeit, geringes Schamgefühl bei unschicklichen und schamlosen Dingen und Worten sowie bei jeder Betätigung der Mangel an Achtung. Diese Fehler unterlaufen gewöhnlich Rednern, die zu sehr einschmeichelnd oder witzig sein wollen.

31 Auch der Ton der Beredsamkeit selbst geziemt sich je nach der Person in verschiedener Art: denn für die Alten dürfte ein voller, gehobener, kühner und reich geschmückter Stil nicht so schicklich sein wie ein knapper, milder, gefeilter und *dem* entsprechender Stil, was Cicero meint, wenn er sagt[19], seine Rede habe begonnen ‘zu ergrauen’, wie ja auch einer Kleidung, die nicht von Purpur und Scharlach glänzt, dieses Lebensalter besser entspricht. 32 Bei jüngeren Leuten nimmt man auch etwas zu Wortreiches und schon fast Gewagtes hin. Dagegen macht sich bei eben diesen der Vorsatz, dürr, ängstlich und gerafft zu reden, meistens gerade durch die gesuchte strenge Würde abstoßend, da ja auch der dem Alter eigene Geltungsanspruch der Lebensgrundsätze bei jungen Leuten als unzeitig gilt. 33 Schlichtere Einfalt ist bei Soldaten geziemend. Solchen, die, wie bestimmte Leute es machen, ihr Bekenntnis zur Philosophie betont zur Schau stellen, stehen die meisten Schmuckmittel der Rede übel zu Gesicht, und zwar vor allem solche, die aus den Gefühlswirkungen stammen, die sie ja zu sittlichen Fehlern erklären. Auch gewähltere Wörter und rhythmische Wortfügung stehen zu einem solchen Vorhaben im Widerspruch. 34 Denn nicht nur die Wortpracht Ciceros, wenn er sagt[20], ‘Felsen und Einöden antworten seiner Stimme’, sondern auch die Stelle, so blutvoll sie auch ist: ‘euch ja nämlich, ihr albanischen Hügel und Haine, euch, sage ich, bitte und beschwöre ich, und euch, verschüttete Altäre der Albaner, der Opfer des römischen Volkes Gefährten und Altersgenossen’[21] dürften sich nicht schicken für des Philosophen Bart und Griesgram. 35 Ein Mann dagegen, der sich seiner Stellung als Bürger bewußt und wahrhaft weise ist und sich nicht

[19] Brut. 2, 8.
[20] p. Arch. 8, 19.
[21] p. Mil. 31, 85.

disputationibus, sed administrationi rei publicae dederit, a qua longissime isti, qui philosophi vocantur, recesserunt, omnia, quae ad efficiendum oratione quod proposuerit valent, libenter adhibebit, cum prius, quid honestum sit efficere, in animo suo constituerit. 36 est quod principes deceat, aliis non concesseris. imperatorum ac triumphalium separata est aliqua ex parte ratio eloquentiae, sicut Pompeius abunde disertus rerum suarum narrator, et hic, qui bello civili se interfecit, Cato eloquens senator fuit. 37 idem dictum saepe in alio liberum, in alio furiosum, in alio superbum est. verba adversus Agamemnonem a Thersite habita ridentur: da illa Diomedi aliive cui pari, magnum animum ferre prae se videbuntur. 'ego te' inquit 'consulem putem', L. Crassus Philippo, 'cum tu me non putes senatorem?' vox honestissimae libertatis, non tamen ferres quemcumque dicentem. 38 negat se magni facere aliquis poetarum, 'utrum Caesar ater an albus homo sit', insania: verte, ut idem Caesar de illo dixerit, adrogantia est. maior in personis observatio est apud tragicos comicosque: multis enim utuntur et variis. eadem et eorum, qui orationes aliis scribebant, fuit ratio et declamantium est: non enim semper ut advocati, sed plerumque ut litigatores dicimus.

39 Verum etiam in iis causis, quibus advocamur, eadem differentia diligenter est custodienda. utimur enim fictione personarum et velut ore alieno loquimur, dandique sunt iis, quibus vocem accommodamus, sui mores. aliter enim P. Clodius, aliter Appius Caecus, aliter Caecilia-

müßigen Diskussionen, sondern der Lenkung des Gemeinwesens gewidmet hat, wovon sich ja diese sogenannten Philosophen so ganz zurückgezogen haben, wird alles gern einsetzen, was die Kraft hat, das Ziel seiner Rede durchzusetzen, wenn er sich nur zuvor über die Frage klar bewußt gewesen ist, was durchzusetzen ihm Ehre mache. 36 Es gibt Dinge, die Fürsten ziemen, die man aber anderen Menschen nicht gestatten kann. Bei Feldherrn und Siegern im Triumphzug gilt in gewisser Hinsicht ein ganz gesonderter Maßstab von Beredsamkeit, wie etwa Pompeius als Berichterstatter über seine eigenen Taten äußerst beredt war, und der Cato, der sich im Bürgerkrieg das Leben nahm, ein sehr redegewandter Senator war. 37 Derselbe Ausspruch wirkt oft bei dem einen freimütig, bei einem anderen tobsüchtig, bei einem Dritten überheblich. Die Worte gegen Agamemnon[22] wirken im Munde des Thersites lächerlich; gib sie dem Diomedes oder sonst einem ebenbürtigen Helden, so wird es scheinen, als spräche aus ihnen dessen hoher Mut. ‘Ich sollte dich für einen Konsul halten’, sagte L. Crassus zu Philippus,[23] ‘wenn du mich nicht für einen Senator hältst?’. Und doch nähme man die Worte schwerlich hin, spräche sie irgendein anderer. 38 Ein Dichter sagt,[24] es liege ihm nichts daran, ob Caesar ein schwarzer oder weißer Mensch sei: reiner Wahnsinn. Nimm umgekehrt an, Caesar hätte es von dem Dichter gesagt, so wäre es Anmaßung. Größer noch ist die Aufmerksamkeit, die die Tragödien- und Komödiendichter den Personendarstellungen widmen; denn sie stellen ja viele und zwar ganz unterschiedliche dar. Ebenso war auch das Verfahren der Redner, die für andere Reden verfaßten,[25] und ist es noch beim Vortrag von Deklamationen; denn da sprechen wir ja nicht immer als Anwälte, sondern sehr oft als streitende Parteien.

39 Tatsächlich gilt es nun auch in den Fällen, wo man uns als Anwalt hinzuzieht, den gleichen Unterschied sorgfältig zu beachten. Wir verwenden nämlich angenommene Rollen, sprechen gleichsam mit der Sprache eines anderen, und dabei müssen wir den Personen, denen wir unsere Sprache leihen, die ihnen eigene Wesensart geben. Anders ist nämlich ein P. Clodius, anders ein Appius Caecus, wieder anders ein Vater bei Caecilius und anders ein Vater bei Terenz zu

[22] Ilias 2, 225f.

[23] ORF p. 252 M.; vgl. de orat. 3, 1, 2f.

[24] Catull 93.

[25] die Logographen in Athen.

nus ille, aliter Terentianus pater fingitur. 40 quid asperius lictore Verris 'ut adeas, tantum dabis', quid fortius illo, cuius inter ipsa verberum supplicia una vox audiebatur 'civis Romanus sum'? quam dignae Milonis in peroratione ipsa voces eo viro, qui pro re publica seditiosum civem totiens conpescuisset quique insidias virtute şuperasset! 41 denique non modo quot in causa totidem in prosopopoeia sunt varietates, sed hoc etiam plures, quod in his puerorum, feminarum, populorum, mutarum[j] etiam rerum adsimulamus adfectus, quibus omnibus debetur suus decor. 42 eadem in iis, pro quibus agemus, observanda sunt: aliter enim pro alio saepe dicendum est, ut quisque honestus, humilis, invidiosus, favorabilis erit, adiecta propositorum quoque et ante actae vitae differentia. iucundissima vero in oratore humanitas, facilitas, moderatio, benevolentia. sed illa quoque diversa bonum virum decent: malos odisse, publica vice commoveri, ultum ire scelera et iniurias, et omnia, ut initio dixi, honesta.

43 Nec tantum quis et pro quo, sed etiam apud quem dicas interest: facit enim et fortuna discrimen et potestas, nec eadem apud principem, magistratum, senatorem, privatum, tantum liberum ratio est, nec eodem sono publica iudicia et arbitrorum disceptationes aguntur. 44 nam ut orantem pro capite sollicitudo deceat et cura et omnes ad amplificandam orationem quasi machinae, ita in parvis rebus iudiciisque[k] vana sint eadem, rideaturque merito, qui apud disceptatorem

j) **p***: multarum **BHP**
k) *ras.* **P²**: iudicibusque **B** iudicibus **bH**

gestalten. 40 Was klingt rauher als der Liktor des Verres mit seinem 'um Zugang zu finden, wirst du so viel zahlen!'[26], was tapferer als die Stimme des Mannes, der, während er schon zur Strafe geprügelt wurde, nur den einen Laut hören ließ: 'Ich bin ein römischer Mitbürger!'?[27] Wie würdig eines solchen Mannes sind gerade in den Schlußworten der Rede[28] die Worte des Milo, eines Mannes, der ja so oft für unseren Staat den umstürzlerischen Mitbürger niedergehalten, und der dessen Anschläge durch seine Mannhaftigkeit vereitelt hatte! 41 Kurz, es gibt nicht nur alle die Spielarten bei der kunstvollen Personendarstellung wie im Prozeßfall, sondern insofern noch mehr, weil wir in solchen Rollen die Gefühle von Knaben, Frauen, Völkern, ja auch von stummen Dingen nachbilden, denen allen die jeweils angemessene Ausgestaltung gebührt. 42 Das Gleiche ist auch bei den Personen, für die wir in der Rede auftreten, zu beachten; denn für den einen muß man gewöhnlich so, für andere anders reden, je nachdem, wie vornehm, niedrig, unbeliebt oder beliebt jemand ist, wo hinzu noch die Verschiedenheit der Ziele und des Vorlebens kommt. Am angenehmsten wirkt ja beim Redner Menschlichkeit, Gefälligkeit, Mäßigung und Wohlwollen. Jedoch auch die entgegengesetzte Haltung ziemt einem guten Menschen: die Schlechten zu hassen, im Namen der Öffentlichkeit sich zu erregen, für Verbrechen und Unrecht Rache zu nehmen und alles, was, wie eingangs gesagt,[29] jemandem Ehre macht.

43 Aber nicht nur wer spricht und für wen, sondern auch vor wem man spricht, ist wichtig; einen Unterschied macht nämlich der Segen des Glückes und auch die Amtsgewalt, und es empfiehlt sich nicht das gleiche Verfahren vor dem Fürsten, einem Magistrat, einem Senator, einem Privatmann oder einem der nichts ist als frei, und es werden nicht im gleichen Ton die Verhandlungen vor öffentlichen Gerichtshöfen geführt wie die im Schlichtungsverfahren vor Schiedsmännern. 44 Denn wie dem, dessen Rede um Kopf und Kragen geht, unruhige Erregung ziemt sowie Sorgfalt und gewissermaßen alles schwere Geschütz, um die Rede zu steigern, so wäre das Gleiche bei kleineren Gegenständen und Gerichtssitzungen leerer Aufwand, und zu Recht würde jemand ausgelacht, wollte er in der Sitzung vor einem Schiedsmann in seiner Rede über eine

[26] Verr. 5, 45, 118; s. o. 9, 4, 71.
[27] Verr. 5, 62, 162; s. o. 9, 4, 102.
[28] p. Mil. 34, 94; s. o. 6, 1, 25.
[29] s. o. § 14.

de re levissima sedens dicturus utatur illa Ciceronis confessione, 'non modo se animo commoveri, sed etiam corpore ipso perhorrescere'. 45 quis vero nesciat, quanto aliud dicendi genus poscat gravitas senatoria, aliud aura popularis? cum etiam singulis iudicantibus non idem apud gravis viros quod levioris, non idem apud eruditum quod militarem ac rusticum deceat, sitque nonnumquam summittenda et contrahenda oratio, ne iudex eam vel intellegere vel capere non possit.

46 Tempus quoque ac locus egent observatione propria: nam et tempus tum triste tum laetum, tum liberum tum angustum est, atque ad haec omnia componendus orator: 47 et loco publico privatone, celebri an secreto, aliena civitate an tua, in castris denique an foro dicas, interest plurimum, ac suam quidque formam et proprium quendam modum eloquentiae poscit: cum etiam in ceteris actibus vitae non idem in foro, curia, campo theatro, domi facere conveniat, et pleraque, quae natura non sunt reprendenda atque adeo[1] interim sunt necessaria, alibi quam mos permiserit, turpia habeantur. 48 illud iam diximus, quanto plus nitoris et cultus demonstrativae materiae, ut ad delectationem audientium compositae, quam, quae sunt in actu et contentione, suasoriae iudicialesque permittant.

Hoc adhuc adiciendum aliquas etiam, quae sunt egregiae dicendi virtutes, quo minus deceant, effici condicione causarum. 49 an quisquam tulerit reum in discrimine capitis, praecipueque si quis apud victorem et principem pro se ipse dicat, frequenti tralatione, fictis aut repetitis ex vetustate verbis, compositione quae sit maxime a vulgari usu remota, decurrentibus perihodis, quam laetissimis locis sententiisque dicentem? non perdant haec omnia necessarium periclitanti sollici-

1) *Gesner:* ideo

ganz harmlose Sache das Geständnis Ciceros[30] verwenden: 'nicht nur innerlich sei er erschüttert, sondern er bebe am ganzen Leibe'. 45 Wer aber wüßte nicht, wie verschieden der Redestil ist, den die feierliche Würde des Senators, und der, den der Wind der Volksgunst verlangt? Zumal ja schon vor einzelnen Richtern nicht das Gleiche bei gewichtigen wie bei minder gewichtigen Persönlichkeiten, und nicht das Gleiche bei einem Gebildeten wie bei einem Soldaten und bei einem Bauern sich ziemt, und man bisweilen seine Rede schlicht und knapp halten muß, damit es nicht geschehen kann, daß der Richter sie nicht versteht oder sie nicht ganz erfaßt.

46 Auch Zeit und Ort bedürfen einer eigenen Beachtung, denn die Zeit ist bald trübe, dann wieder heiter, bald unbeschränkt, dann wieder einmal knapp, und auf all dies muß sich der Redner einrichten; 47 und auch ob man in der Öffentlichkeit oder privat, in einem großen oder beschränkten Kreise, in einer fremden oder der eigenen Gemeinde, im Lager schließlich oder auf dem Forum spricht, macht einen großen Unterschied, und jeder Rahmen verlangt seine eigene Gestaltung und eine Art eigenes Ausmaß der Beredsamkeit – zumal ja auch bei den übrigen Betätigungen im Leben nicht das gleiche Benehmen für Forum, Kurie, Sportfeld, Theater und häusliches Leben schicklich ist, und sehr vieles, was von Natur nicht tadelnswert, ja zuweilen unvermeidlich ist, an einer Stelle, wo es der Brauch nicht gestattet, als unanständig gilt. 48 Darauf haben wir schon hingewiesen,[31] in welch größerem Maße die Themen aus dem Bereich der festlichen Unterhaltung, da sie ja zum Genuß der Zuhörer verfaßt sind, Glanz und Schmuck gestatten als die Beratungs- und Gerichtsthemen, bei denen es um Einsatz und Wettkampfspannung geht.

Hier ist noch hinzuzufügen, daß die Verhältnisse in besonderen Fällen dazu führen können, daß bestimmte, besonders lobenswerte Wirkungsmittel der Rede gar nicht ziemlich sind. 49 Oder würde es jemand bei einem Angeklagten, dessen Leben auf dem Spiele steht, und zumal dann, wenn dieser vor seinem Überwinder und einem Herrscher selbst für sich spricht, erträglich finden, wenn er dauernd in Metaphern, neu gebildeten oder aus alten Zeiten hervorgesuchten Wörtern, einer Wortfügung, die vom üblichen Gebrauch möglichst weit abweicht, in abrollenden Perioden und reichster Fülle von Gemeinplätzen und pointierten Gedanken spräche? Würde all

[30] div. in Caecil. 13, 41.
[31] s. o. 8, 3, 11.

tudinis colorem petendumque etiam innocentibus misericordiae auxilium? 50 moveaturne quisquam eius fortuna, quem tumidum ac sui iactantem et ambitiosum[m] institorem eloquentiae in ancipiti sorte videat? non immo oderit reum verba aucupantem et anxium de fama ingenii et cui esse diserto vacet? 51 quod mire M. Caelius in defensione causae, qua reus de vi fuit, comprendisse videtur mihi: 'ne cui vestrum atque etiam omnium, qui ad rem agendam adsunt, meus aut vultus molestior aut vox immoderatior aliqua aut denique, quod minimum est, iactantior gestus fuisse videatur'. 52 atqui sunt quaedam actiones in satisfactione, deprecatione, confessione positae: sententiolisne flendum erit? epiphonemata aut enthymemata exorabunt? non, quidquid meris adicietur adfectibus, omnis eorum dilluet vires et miserationem securitate laxabit? 53 age, si de morte filii sui vel iniuria, quae morte sit gravior, dicendum patri fuerit, aut in narrando gratiam illam expositionis, quae continget ex sermone puro atque dilucido, quaeret, breviter ac significanter ordinem rei pertulisse[n] contentus, aut argumenta diducet in digitos et propositionum ac partitionum captabit leporem et, ut plerumque in hoc genere moris est, intentione omni remissa loquetur? 54 quò fugerit interim dolor ille? ubi lacrimae substiterint? unde se in medium tam secura observatio artium miserit? non ab exordio usque ad ultimam vocem continuus quidam gemitus et idem tristitiae vultus servabitur, si quidem volet dolorem

m) **B**: etiam vitiosum **b**
n) **BHP** protulisse **T** *ed. Jens.*

dies nicht die Färbung der bangen Sorge zerstören, die für den, der in Gefahr schwebt, erforderlich ist, und das Werben um die Hilfe des Mitleides, die auch Unschuldige brauchen? 50 Ließe sich jemand rühren durch das Schicksal eines Angeklagten, den er als aufgeblasenen und selbstüberzeugten Großtuer in seiner ungewissen Lage nur darauf bedacht sieht, seine Beredsamkeit an den Mann zu bringen? Wird er nicht vielmehr einen Angeklagten verabscheuen, der Worten nachjagt, um den Ruhm seines Talentes besorgt ist und noch Zeit dafür hat, beredt zu erscheinen? 51 Dies hat, scheint mir, M. Caelius in seiner Verteidigungsrede, als er wegen Gewalttätigkeit angeklagt war, erstaunlich gut berücksichtigt, wenn er sagt[32]: 'Möge nur niemand von euch und von allen, die hier an der Verhandlung teilnehmen, den Eindruck gewinnen, meine Miene sei zu dreist, eines meiner Worte zu unbeherrscht oder schließlich, so wenig auch darauf ankommt, meine Gebärde zu selbstbewußt gewesen'. 52 Nun gibt es ja doch Gerichtsreden, die in der Bereitschaft zur Genugtuung, zur Abbitte, zum Geständnis der Schuld[33] bestehen: soll man dann in geistreichen Sätzchen die Tränen fließen lassen? Werden Epiphoneme oder Enthymeme[34] die Herzen erweichen? Wird nicht alles, was man den unmittelbaren Wirkungen aufs Gefühl hinzufügt, deren ganze Kraft brechen und das Mitgefühl durch die eigene Selbstsicherheit dämpfen? 53 Weiter, wenn ein Vater über den Tod seines eigenen Sohnes oder über ein Unrecht, das schlimmer ist als der Tod, sprechen muß, wird er dann bei der Erzählung den gewinnenden Eindruck der Darlegung zu erzielen suchen, der durch eine reine klare Erzählform gewonnen wird, indem er sich damit begnügt, die Abfolge des Vorgangs kurz und treffend wiedergegeben zu haben, oder wird er seine Beweise an den Fingern abzählen, auf den Reiz aus sein, den Beweis – Ankündigungen und saubere Gliederungen haben, und dabei, wie es meist bei diesem Teil der Rede üblich ist, ohne allen Nachdruck sprechen? 54 Wohin ist aber wohl währenddessen das Schmerzliche des Falles entwichen? Wo haben wohl die Tränen noch einen Ansatz? Woher nimmt wohl eine so selbstsichere Beachtung der Kunstregeln das Unmittelbare (der Wirkung aufs Gefühl)? Wird nicht vom Anfang bis zum letzten Wort eine Art einheitlicher Ton der Klage und der gleiche Ausdruck der Trauer durchzuhalten

[32] ORF p. 485 M.
[33] s. o. 3, 6, 13.
[34] s. o. 8, 5, 9 und 11 vgl. 5, 14, 1.

suum etiam in audientes transfundere? quem si usquam remiserit, in animum iudicantium non reducet. 55 quod praecipue declamantibus (neque enim me paenitet ad hoc quoque opus meum et curam susceptorum semel adulescentium respicere) custodiendum est, quo plures in schola finguntur adfectus, quos non ut advocati, sed ut passi subimus: 56 cum etiam hoc genus simulari litium soleat, cum ius mortis a senatu quidam vel ob aliquam magnam infelicitatem vel etiam paenitentiam petunt: in quibus non solum cantare, quod vitium pervasit, aut lascivire, sed ne argumentari quidem nisi mixtis et quidem ita, ut in ipsa[o] probatione magis emineant, adfectibus decet. nam qui intermittere in agendo dolorem potest, videtur posse etiam deponere.

57 Nescio tamen an huius, de quo loquimur, decoris custodia maxime circa eos, contra quos dicimus, examinanda sit. nam sine dubio in omnibus statim accusationibus hoc agendum est, ne ad eas libenter descendisse videamur. ideoque mihi illud Cassi Severi non mediocriter displicet: 'di boni, vivo, et, quo me vivere iuvet, Asprenatem[p] reum video'. non enim iusta ex causa vel necessaria videri potest postulasse eum, sed quadam accusandi voluptate. 58 praeter hoc tamen, quod est commune, propriam moderationem quaedam causae desiderant. quapropter et qui curationem bonorum patris postulabit, doleat eius valetudine,[q] et quamlibet gravia filio pater obiecturus miserrimam sibi ostendat esse hanc ipsam necessitatem, nec hoc paucis modo verbis,

o) in ipsa **B** ipsa **bHP**
p) *ed. Ven. (1493) ut Wint. docuit:* Aspernatem
q) valetudinem **bH**

sein, wenn der Redner wirklich seinen eigenen Schmerz auch zu seinen Zuhörern hinüberströmen lassen will? Wenn er diesen Strom nur irgendwo unterbricht, wird er ihn nicht mehr ins Innere der Richter lenken können. 55 Hierbei gilt es besonders in den Deklamationsvorträgen auf der Hut zu sein — ich habe nämlich keine Bedenken, auch diesen Teil meiner Aufgabe und der Betreuung der Jugend, wenn man sie einmal übernommen hat, zu berücksichtigen —; werden doch hier in größerer Zahl in den Schulübungen Gefühle dargestellt, die auszudrücken wir nicht als Anwälte, sondern als unmittelbar Betroffene übernehmen: 56 Es werden hier ja gern sogar Streitfälle von der Art angenommen, wo etwa bestimmte Personen den Senat sei es wegen eines schlimmen Unglücks, das sie betroffen hat, oder auch aus Reue um das Recht bitten, sterben zu dürfen; in solchen Deklamationen ist nicht nur das singende Lamentieren unstatthaft, ein Fehler, der sich überall verbreitet hat, oder das wilde Sich-Gehenlassen, sondern selbst jede Art der Beweisführung, die nicht von den Gefühlen des Sprechenden durchdrungen, und zwar so durchdrungen ist, daß diese geradezu bei der Anführung der Gründe noch stärker hervortreten. Denn wer einmal während seiner Rede seinen Schmerz zu unterdrücken vermag, der vermag offenbar auch ganz von ihm zu lassen.

57 Vielleicht indessen ist die Wahrung der Schicklichkeit, von der wir sprechen, am gründlichsten gegenüber den Personen in Rechnung zu stellen, gegen die wir reden. Denn zweifellos gilt es bei allen Anklagen, die wir vertreten, sogleich darauf hinzuarbeiten, daß der Anschein vermieden wird, wir hätten uns gern auf die Anklage eingelassen. Und deshalb kann ich den Satz des Cassius Severus[35] ganz und gar nicht gut finden: 'Ihr guten Götter, ich lebe, und damit das Leben mir Freude macht: ich sehe Asprenas auf der Anklagebank!' Denn es kann so scheinen, als habe er ihn nicht aus gerechtem oder notwendigem Anlaß vor Gericht gefordert, sondern aus einer Art Lust am Anklagen. 58 Indessen erfordern außer dieser allgemein gültigen Regel bestimmte Fälle noch eine besondere Mäßigung. So sollte nämlich ein Sohn, der die Entmündigung seines Vaters in der Vermögensverwaltung fordern will, doch seinen Schmerz über dessen Gesundheitszustand zu erkennen geben, und auch ein Vater sollte, so schwer auch die Vorwürfe sind, die er gegen seinen Sohn vorbringen will, deutlich machen, daß ihm gerade diese Zwangslage, in der er sich befindet, besonders schmerzlich ist, und dies nicht nur in ein paar Worten,

[35] ORF p. 549 M. vgl. 10, 1, 22.

sed toto colore actionis, ut id eum non dicere modo, sed etiam vere dicere appareat. 59 nec causanti pupillo sic tutor irascatur umquam, ut non remaneant amoris vestigia et sacra quaedam patris eius memoria. iam quo modo contra abdicantem patrem, querentem uxorem agi causam oporteret, in libro, ut arbitror, septimo dixi. quando etiam ipsos loqui, quando etiam advocati voce uti deceat, quartus liber, in quo prooemi praecepta sunt, continet.

60 Esse et in verbis quod deceat aut turpe sit, nemini dubium est. unum iam igitur huic loco, quod est sane summae difficultatis, adiciendum videtur, quibus modis ea, quae sunt natura parum speciosa quaeque non dicere, si utrumlibet esset liberum, maluissemus, non tamen sint indecora dicentibus. 61 quid asperiorem habere frontem potest aut quid aures hominum magis respuunt, quam cum est filio filiive advocatis in matrem perorandum? aliquando tamen necesse est, ut in causa Cluenti Habiti, sed non semper illa via, qua contra Sasiam[r] Cicero usus est, non quia non ille optime, sed quia plurimum refert, qua in re et quo modo laedat. 62 itaque illa, cum fili caput palam inpugnaret, fortiter fuit repellenda. duo tamen, quae sola supererant, divine Cicero servavit, primum, ne oblivisceretur reverentiae, quae parentibus debetur, deinde ut repetitis altius causis diligentissime ostenderet, quam id, quod erat in matrem dicturus, non oporteret modo fieri, sed etiam necesse esset. 63 primaque haec expositio fuit, quamquam ad praesentem quaestionem nihil pertinebat: adeo in causa

r) Sassiam *Cic.*

sondern in der ganzen Färbung, die er seiner Rede gibt, so daß es deutlich zu erkennen ist, daß er dies nicht nur sagt, sondern so sagt, wie es wirklich ist. 59 Auch sollte ein Vormund niemals gegen sein Mündel, das gerichtlich gegen ihn vorgeht, seinen Zorn so zeigen, daß nicht die Spuren seiner Liebe zu ihm spürbar bleiben und der Eindruck der heiligen Verpflichtung, die ihm die Erinnerung an dessen Vater bedeutet. Wie die Verteidigung gegen einen Vater, der seinen Sohn verstoßen, gegen eine Gattin, die gegen ihren Mann Beschwerde führt, zu führen sei, habe ich schon, wohl im siebenten Buch[36], gesagt. Die Frage, wann es passend sei, in eigener Person zu reden, wann sich der Stimme des Anwaltes zu bedienen, behandelt das 4. Buch[37], in dem die Regeln für das Prooemium enthalten sind.

60 Daß auch in den Worten, die wir wählen, das, was sich ziemt oder schimpflich ist, liegen kann, ist niemandem zweifelhaft. Nur die eine Frage, die freilich von höchster Schwierigkeit ist, ist also noch, scheint mir, zu diesem Punkt ergänzend hinzuzunehmen, auf welche Weise nämlich solche Dinge, die ihrem Wesen nach in keinem guten Ansehen stehen, und die wir, wenn wir die freie Wahl zwischen beiden Möglichkeiten hätten, lieber nicht sagen würden, dennoch, wenn wir sie sagen, nicht unpassend erscheinen. 61 Was kann von außen unangenehmer wirken, oder was ist für menschliche Ohren abstoßender, als wenn ein Sohn oder die Anwälte eines Sohnes in ihrer Rede sich gegen dessen Mutter wenden müssen? Zuweilen muß es dennoch geschehen wie etwa im Falle des Cluentius Habitus[38], jedoch nicht immer auf dem Weg, den Cicero gegen Sasia gewählt hat, nicht etwa, weil dessen Weg nicht vortrefflich sei, sondern weil es sehr darauf ankommt, in welcher Angelegenheit und auf welche Weise die Kränkung erfolgt. 62 Deshalb mußte der Angriff der Sasia, weil er sich ganz offen gegen das Leben ihres Sohnes richtete, mit voller Kraft zurückgewiesen werden. Dennoch hat Cicero in seiner begnadeten Kunst die beiden Rücksichten, die als einzige blieben, beachtet: erstens die, die Achtung, die man den Eltern schuldet, nicht zu vergessen; zweitens die, dadurch, daß er in der Vorgeschichte des Falles weit zurückgriff, deutlich vor Augen zu stellen, daß das, was er gegen die Mutter sagen wollte, zu sagen nicht nur nötig, sondern sogar unvermeidlich sei. 63 Und diesem Zweck diente seine erste Darlegung, obwohl sie zur gegenwärtigen Frage nichts zu bieten hatte:

[36] s. o. 7, 4, 24.
[37] s. o. 4, 1, 45 ff.
[38] p. Cluent. c. 12 f.

difficili atque perplexa nihil prius intuendum credidit, quam quid deceret. fecit itaque nomen parentis non filio invidiosum, sed ipsi, in quam dicebatur. 64 potest tamen aliquando mater et in re leviore aut minus infeste contra filium stare: tum lenior atque summissior decebit oratio. nam et satisfaciendo aut nostram minuemus invidiam aut etiam in diversum eam transferemus, et si graviter dolere filium palam fuerit, credetur abesse ab eo culpam, fietque ultro miserabilis. 65 avertere quoque in alios crimen decet, ut fraude aliquorum concita credatur, et omnia nos passuros, nihil aspere dicturos, testandum, ut etiam, si non possumus conviciari, nolle videamur. etiam, si quid obiciendum erit, officium est patroni, ut id filio invito, sed fide cogente facere credatur: ita poterit uterque laudari. 66 quod de matre dixi, de utroque parente accipiendum est: nam inter patres etiam filiosque, cum intervenisset emancipatio, litigatum scio. in aliis quoque propinquitatibus custodiendum est, ut inviti et necessario et parce iudicemur dixisse, magis autem aut minus, ut cuique personae debetur reverentia. eadem pro libertis adversus patronos observantia. et ut semel plura conplectar, numquam decebit sic adversus tales agere personas, quo modo contra nos agi ab hominibus condicionis eiusdem iniquo animo tulissemus. 67 praestatur hoc aliquando etiam dignationibus,[s] ut libertatis nostrae ratio reddatur, ne quis nos aut petulantes in laedendis eis aut etiam ambitiosos putet. itaque Cicero, quamquam erat in Cottam gravissime dicturus neque aliter agi P. Oppii causa poterat, longa

s) dignitatibus **bH** *corr.* **P**

so sehr glaubte er, auf nichts eher in dem schwierigen und verwickelten Fall sein Augenmerk richten zu müssen als auf das, was sich ziemte. Deshalb brachte er es dahin, daß der Name der Mutter die Erbitterung nicht gegen den Sohn richtete, sondern gegen sie selbst, gegen die die Rede gerichtet war. 64 Dennoch kann zuweilen eine Mutter auch in einer harmloseren Sache oder auch weniger feindselig ihrem Sohn gegenüberstehen; dann geziemt sich ein sanfterer und ergebenerer Ton der Rede; denn einerseits werden wir dadurch, daß wir zur Genugtuung bereit sind, entweder die Erbitterung gegen uns vermindern oder sie sogar auf die Gegenseite ablenken, andererseits wird man, wenn es so offen zu Tage tritt, welchen schweren Schmerz der Sohn empfindet, glauben, die Schuld liege nicht bei ihm, und man wird sogar noch Mitleid mit ihm haben. 65 Auch die Schuld auf andere abzuwälzen geziemt sich, so daß man annimmt, die Mutter sei von irgendwelchen Betrügern angestiftet, und wir müssen bezeugen, daß wir alles hinnehmen, kein hartes Wort gebrauchen wollen, so daß es, wenn wir keine Vorwürfe erheben können, so scheine, als wollten wir es nicht. Auch wenn ein Vorwurf erfolgen muß, ist es die Pflicht des Anwaltes, den Eindruck zu erwecken, als rede er gegen den Willen des Sohnes, jedoch unter dem Zwang der Treueverpflichtung: so wird man beide Parteien loben können. 66 Was ich von der Mutter gesagt habe, soll für beide Eltern gelten; denn daß es auch schon zwischen Vätern und Söhnen, wenn die Entlassung aus der väterlichen Vormundschaft erfolgt war, zum Prozeß gekommen ist, weiß ich wohl. Auch bei anderen Verwandtschaftsgraden gilt es auf der Hut zu sein, daß man zu dem Urteil gelangt, wir hätten widerstrebend, notgedrungen und schonend gesprochen — mehr oder weniger, je nach dem Grade der Achtung, die der betreffenden Person gebührt. Dasselbe ist bei den Freigelassenen gegen ihre Herrn zu beachten. Und um die vielen Möglichkeiten in eins zusammenzufassen: niemals wird es sich ziemen, gegen solche Personen so aufzutreten, daß wir es übelgenommen hätten, wenn Menschen in der gleichen Lage gegen uns vorgingen. 67 Es erweist sich auch manchmal gegenüber Personen höheren Ranges als besser, den Grund für unser freimütiges Vorgehen anzugeben, damit niemand uns für dreist oder auch für geltungssüchtig halte, wenn wir etwas Kränkendes sagen müssen. Deshalb hat Cicero[39], obwohl er daran ging, gegen Cotta äußerst hart vorzugehen und die Sache des P. Oppius anders nicht zu vertreten war, dennoch in einer langen Einleitung die Zwangslage entschuldigt, in die ihn seine Vertei-

[39] frg. orat. III 9; vgl. o. 5. 13, 20.

tamen praefatione excusavit officii sui necessitatem. 68 aliquando etiam inferioribus praecipueque adulescentulis parcere aut videri decet. utitur hac moderatione Cicero pro Caelio contra Atratinum, ut eum non inimice corripere, sed paene patrie monere videatur: nam et nobilis et iuvenis et non iniusto dolore venerat ad accusandum.

Sed in his quidem, in quibus vel iudici vel etiam adsistentibus ratio nostrae moderationis probari debet, minor est labor: illic plus difficultatis, ubi ipsos, contra quos dicimus, veremur offendere. 69 duae simul huius modi personae Ciceroni pro Murena dicenti obstiterunt, M. Catonis Servique Sulpici: quam decenter tamen Sulpicio, cum omnes concessisset virtutes, scientiam petendi consulatus ademit! quid enim aliud esset, quo se victum homo nobilis et iuris antistes magis ferret? ut vero rationem defensionis suae reddidit, cum se studuisse petitioni Sulpici contra honorem Murenae, non idem debere accusationi contra caput diceret! quam molli autem articulo tractavit Catonem! 70 cuius naturam summe admiratus non ipsius vitio, sed Stoicae sectae quibusdam in rebus factam duriorem videri volebat, ut inter eos non forensem contentionem, sed studiosam disputationem crederes incidisse. 71 haec est perfecta[t] ratio, et certissimum praeceptorum genus illius viri observatio, ut, cum aliquid detrahere salva gratia velis, concedas alia omnia: in hoc solo vel minus peritum quam in ceteris (adiecta, si potuerit fieri, etiam causa cur id ita sit), vel paulo pertinaciorem vel credulum vel iratum vel inpulsum ab ali-

t) *Becher:* profecto

digerpflicht versetze. 68 Zuweilen ziemt sich auch gegen niedriger Stehende und besonders gegen junge Leute schonendes Vorgehen oder doch ein solcher Anschein. Solche Mäßigung zeigt Cicero in seiner ›Rede für Caelius‹[40] gegenüber dem Atratinus, so daß es ist, als spräche aus seinem Tadel nicht die Feindschaft eines Gegners sondern die mahnende Stimme eines Vaters; denn es handelt sich ja um einen vornehmen, noch jungen Mann, und sein Schmerz, der ihn zur Anklage getrieben hatte, war nicht ungerechtfertigt.

Jedoch bei solchen Reden zwar, in denen man dem Richter oder auch anderen Anwesenden die Begründung für unser maßvolles Vorgehen genehm machen muß, ist die Mühe geringer; größer aber ist die Schwierigkeit da, wo wir uns scheuen, den Personen selbst, gegen die wir sprechen, Anstoß zu geben. 69 Als Cicero für Murena sprach, standen ihm gleich zwei Personen dieser Art gegenüber, M. Cato und Servius Sulpicius; und doch, wie taktvoll hat er dem Sulpicius[41] zwar alle anderen Vorzüge zuerkannt und ihm nur das Wissen, das zur Bewerbung um das Konsulat befähigt, abgesprochen! Wie sonst hätte es der vornehme Mann und Hort der Rechtswissenschaft eher hinnehmen können, unterlegen zu sein? Wie aber hat er die Begründung für seine Verteidigerrolle geliefert, wenn er versicherte, die Bewerbung des Sulpicius zwar habe er unterstützt, die sich gegen eine Ehrung des Murena gerichtet habe, verwehrt aber sei ihm die gleiche Haltung bei einer Anklage, die dessen Existenz gefährdet! Mit wie zarter Hand aber hat er den Cato[42] behandelt! 70 Dessen Wesensart bewunderte er aufs höchste und wollte darauf hinaus, daß sie nicht durch einen Fehler seiner Person sondern seiner stoischen Philosophie in manchen Dingen zu hart erschien, so daß man glauben konnte, es sei bei ihnen nicht zu einem Wettstreit vor Gericht gekommen, sondern zu einer wissenschaftlichen Erörterung. 71 Dies Vorgehen ist vollkommen richtig, und aus der Beobachtung, wie Cicero es macht, läßt sich die zuverlässigste Art von Anleitung hierfür gewinnen: will man jemandem, ohne daß die guten Beziehungen leiden, etwas absprechen, so muß man ihm alle anderen Vorzüge zuerkennen: lediglich in dem einen Punkt sei er wohl etwas weniger erfahren als in allem anderen, wobei man, wenn es sich einrichten läßt, auch noch den Grund angibt, warum es sich so verhalte, oder er sei darin ein wenig zu hartnäckig, oder leichtgläubig oder von seinem Zorn oder von

[40] p. Cael. 1, 2f.
[41] p. Mur. 21, 43f.
[42] p. Mur. 29, 60f.

is. 72 hoc enim commune remedium est, si in[u] tota actione aequaliter appareat non honor modo eius, sed etiam caritas, praeterea causa si nobis iusta sit[v] dicendi, neque id moderate tantum faciamus, sed etiam necessario. 73 diversum ab hoc, sed facilius, cum hominum aut alioqui turpium aut nobis invisorum quaedam facta laudanda sunt: decet enim rem ipsam probare in qualicumque persona. dixit Cicero pro Gabinio et P. Vatinio, inimicissimis antea sibi hominibus et in quos orationes etiam scripserat, verum ut[w] iusta sic faciendi ⟨esset ratio⟩[x] non se de ingenii fama, sed de fide esse sollicitum. 74 difficilior ei ratio in iudicio Cluentiano fuit, cum Scamandrum necesse haberet dicere nocentem, cuius egerat causam. verum id elegantissime[y] cum eorum, a quibus ad se[z] perductus esset, precibus, tum etiam adolescentia sua excusat, detracturus alioqui plurimum auctoritatis sibi[a] in causa praesertim suspecta, si eum se esse, qui temere nocentis reos susciperet, fateretur.

75 Apud iudicem vero, qui aut erit inimicus alioqui aut propter aliquod commodum a causa,[b] quam nos susceperimus, aversus, ut persuadendi ardua est ratio, ita dicendi expeditissima: fiducia enim iustitiae eius et nostrae causae nihil nos timere simulabimus ipse erit gloria inflandus, ut tanto clarior eius futura sit fides ac religio in pronuntiando, quanto minus vel offensae vel utilitati suae indulserit. 76 hoc et apud eos, ⟨a⟩[c] quibus appellatum erit, si forte ad eosdem remittemur: adicienda ratio vel necessitatis alicuius, si id causa concedit, vel erroris vel suspicionis. tutissimum ergo paenitentiae confessio et

u) *Badius:* nisi
v) *del. Rad.*
w) *C. Schenkl:* et
x) *suppl. Rad.:* sit faciendi **G** sic (sit **H**) faciendo **HMPV**
y) *ed. Camp.:* vide (iud. **MV**) legantissime **GHMV**
z) *Spalding:* a se **GH**
a) *Halm:* sicut
b) *Spalding:* ac vasa **G**
c) *add. corr.* p

anderen dazu getrieben. 72 Allgemein empfiehlt es sich hier nämlich als Abhilfe, wenn in der ganzen Rede gleichmäßig nicht nur die Rücksicht auf die Ehre des anderen, sondern sogar ein Gefühl liebender Fürsorge zum Vorschein kommt, wenn außerdem der Anlaß zu der Rede gerecht ist und wir dabei nicht nur maßvoll vorgehen, sondern sogar nur notgedrungen. 73 Hiervon verschieden, aber leichter ist es, wenn man von im übrigen in schlechtem Ansehen stehenden oder uns verhaßten Menschen bestimmte Taten loben muß; denn es ziemt sich, die Sache selbst anzuerkennen, bei welcher Person sie auch erscheine. Cicero hat für Gabinius[43] und P. Vatinius[44] gesprochen, Menschen, mit denen er vorher schwer verfeindet war und gegen die er sogar Reden veröffentlicht hatte; jedoch sagt er, um es als begründet zu rechtfertigen, daß er so verfahre: nicht dem Ruhm seines Talentes, sondern dem Vertrauen zu seiner Sachlichkeit gelte all seine Sorge. 74 Schwieriger war für ihn die Begründung seines Vorgehens im Prozeß des Cluentius[45], da er den Skamandros für schuldig erklären mußte, dessen Sache er vertreten hatte. Jedoch entschuldigt er dies aufs passendste einmal mit den Bitten derer, die ihm den Angeklagten anvertraut hätten, und weiter mit dem Hinweis auf seine eigene damalige Jugend, da er sonst sein Ansehen zumal in einem so bedenklichen Fall sehr geschmälert hätte, wenn er zugegeben hätte, er sei ein Mann, der leichtfertig die Verteidigung von Schuldigen übernähme.

75 Bei einem Richter jedoch, der entweder uns auch sonst feindlich gesonnen, oder um irgend eines Vorteiles willen der Sache, die wir übernommen haben, abgeneigt ist, ist zwar das Verfahren, ihn zu überreden, mühsam, das Verfahren in der Rede aber ganz leicht; wir werden nämlich so tun, als hätten wir im Vertrauen auf seine Gerechtigkeit und auf unsere Sache gar keine Furcht. Ihn selbst gilt es durch die rühmliche Aussicht anzureizen, seine Glaubwürdigkeit und seine Gewissenhaftigkeit beim Rechtsprechen werde um so heller erstrahlen, je weniger er von einer erlittenen Kränkung oder dem eigenen Nutzen sich habe beeinflussen lassen. 76 So verfahren wir auch bei den Richtern, falls wir gerade an sie zurückverwiesen werden, nachdem wir gegen ihr Urteil in die Appellationsinstanz gegangen sind: Wir müssen als Begründung irgend eine Zwangslage geltend machen, wenn der Fall es erlaubt, oder einen Irrtum oder Argwohn, der uns beherrscht habe. Am sichersten ist dann also das Geständnis der Reue und die

[43] frg. orat. p. 465 Sch.
[44] frg. orat. p. 486 Sch.
[45] vgl. p. Cluent. 17, 48f.

satisfactio culpae, perducendusque omni modo iudex ad irae[d] pudorem. 77 accidit etiam nonnumquam ⟨ut⟩[e] ea de[f] causa, de qua pronuntiavit, cognoscat[g] iterum. tum illud quidem commune: apud alium nos iudicem disputaturos de illius sententia non fuisse, neque enim emendari ab alio quam ipso fas esse: ceterum ex causa, ut[h] quaeque permittet, aut ignorata quaedam aut defuisse testes aut, quod timidissime[i] et, si nihil aliud plane fuerit, dicendum est, patronos non suffecisse succurret. 78 etiam, si apud alios iudices agetur ut in secunda adsertione aut in centumviralibus iudiciis duplicibus, parte victa decentius erit, quotiens contigerit, servare iudicum pudorem: de qua re latius probationum loco dictum est.

Potest evenire, ut in aliis reprehendenda sint quae ipsi fecerimus, ut obicit Tubero Ligario, quod in Africa fuerit, 79 et ambitus quidam damnati recuperandae dignitatis gratia reos eiusdem criminis detulerunt, et[j] in scholis luxuriantem patrem luxuriosus ipse iuvenis accusat. id quo modo decenter[k] fieri possit, equidem non invenio, nisi aliquid reperitur, quod intersit, persona, aetas, tempus causa, locus, animus. 80 Tubero iuvenem se patri haesisse, illum a senatu missum non ad bellum, sed ad frumentum coemendum ait, ut primum licuerit, a partibus recessisse: Ligarium et perseverasse et non pro Cn. Pompeio, inter quem et Caesarem dignitatis fuerit contentio, cum salvam uterque rem publicam vellet, sed pro Iuba atque Afris inimicissimis populo

d) *Regius:* adire **G**
e) *add. Regius*
f) *Meister:* eadem
g) *Badius:* cognat
h) **P**: aut **G**
i) **p***: tumidissime
j) *Gertz:* ut
k) *Obrecht:* qm̃odocenter **G**

Bereitschaft, die Schuld gutzumachen, und es kommt darauf an, den Richter auf jede Weise dahinzubringen, daß er sich scheut, Zorn zu zeigen. 77 Es kommt auch manchmal vor, daß ein Richter erneut über den Fall, den er schon einmal entschieden hat, zu befinden hat. Dann gilt zwar gemeinsam mit dem Vorhergehenden: bei einem anderen Richter würden wir über seinen Urteilsspruch nicht in erneute Erörterung eingetreten sein; denn ein anderer könne das ja nicht besser machen, was er selbst als Recht erkannt habe. Im übrigen aber wird dann weiter, soweit es der jeweilige Fall zuläßt, entweder allerhand, was damals noch nicht bekannt war, oder das Fehlen von Zeugen oder das Geständnis zur Unterstützung hinzukommen, was man freilich nur mit äußerster Vorsicht, und wenn sich sonst gar nichts sagen läßt, machen darf, die Anwälte hätten nicht genügend getan. 78 Auch wenn der Prozeß vor anderen Richtern stattfindet, so etwa, wenn zum zweitenmal jemand als freigeboren reklamiert wird, oder vor dem Zentumviralgericht in doppelter Besetzung, nachdem wir vor dem Teil-Gerichtshof unterlegen sind, wird es sich besser schicken, so oft es nur glückt, das Schamgefühl der Richter und die Selbstachtung zu schonen; hierüber ist ausführlicher im Zusammenhang mit dem Beweisverfahren gesprochen worden.[46]

Es kann vorkommen, daß wir bei anderen tadeln müssen, was wir selbst getan haben, wie etwa Tubero[47] an Ligarius, daß er in Afrika gewesen sei; 79 auch wegen Amtserschleichung verurteilte Bewerber haben andere, um ihre Stellung wiederzuerhalten, wegen des gleichen Vergehens angezeigt,[48] und zu den Schulübungen gehört der Fall, wo ein selbst verschwenderischer Jüngling seinen Vater als Verschwender anklagt. Hierbei sehe ich keine Möglichkeit, Schicklichkeit und Anstand zu wahren, falls sich nicht ein Unterschied ausfindig machen läßt, der in der Person, dem Alter, der Zeit, dem Anlaß, der Örtlichkeit oder Gesinnung liegt. 80 Tubero behauptet, er habe als junger Mann sich seinem Vater angeschloßen, und dieser sei vom Senat nicht ins Feld geschickt worden, sondern um Getreide aufzukaufen, und habe sich bei erster Gelegenheit aus dem Zwist der Parteien entfernt; Ligarius dagegen habe sich dort immer weiter aufgehalten und sei nicht für Pompeius eingetreten, zwischen dem und Caesar der Rangstreit bestanden habe, wobei beide das Wohl des Staates zum Ziel hatten, sondern für Juba und die Afrikaner, die schlimmsten

[46] s. o. 5, 2, 1.
[47] ORF p. 528 M. (Tubero).
[48] s. o. 5, 10, 108 und p. Cluent. 36, 98.

Romano stetisse. 81 ceterum vel facillimum est ibi alienam culpam incusare, ubi fateris tuam: verum id iam indicis est, non actoris. quod si nulla contingit excusatio, sola colorem habet paenitentia. potest enim videri satis emendatus, qui in odium eorum, in quibus erraverat, ipse conversus est. 82 sunt enim casus quidam, qui hoc natura ipsa rei non indecens faciant, ut cum pater ex ⟨meretrice natum, quod duxerit⟩[l] meretricem in matrimonium, abdicat: scholastica materia, sed non ⟨quae in foro non⟩[m] possit accidere. hic igitur multa non deformiter dicet: vel quod omnium sit votum parentum, ut honestiores quam sint ipsi liberos habeant (nam et si filia nata, meretrix eam mater pudicam esse voluisset), vel quod humilior ipse fuerit (licuit[n] enim huic[n] ducere), vel quod non habuerit patrem qui moneret: 83 quin eo minus id faciendum filio fuisse, ne renovaret domus puderem et exprobraret patri nuptias, matri prioris vitae necessitatem, ne denique legem quandam suis quoque rursum[o] liberis daret. credibilis erit etiam propria quaedam in illa meretrice turpitudo, quam nunc hic pater ferre non possit. alia praetereo[p]: neque enim nunc declamamus, sed ostendimus, nonnumquam posse dicentem ipsis incommodis bene uti.

84 Illic maior aestus, ubi quis pudenda queritur, ut stuprum, praecipue in maribus, aut os profanatum. non dico, si loquatur ipse: nam quid aliud ei quam gemitus aut fletus ⟨et⟩[q] exsecratio vitae conveniat, ut iudex intellegat potius dolorem illum quam audiat? sed patrono quoque per similes affectus eundum erit, quia hoc iniuriae genus verecundius est ⟨fateri⟩[r] passis quam ausis. 85 mollienda est in plerisque [alia][s] colore asperitas orationis, ut Cicero de proscriptorum liberis

l) *add. ed. Camp.*
m) *add. Spalding*
n) *Spalding:* licet – hoc
o) *Halm:* sum *ll. del. Gertz*
p) *ed. Gryph.:* praeterea
q) *add. ed. Camp.*
r) *add. Halm*
s) *del. Rad.*

Feinde des römischen Volkes. 81 Ansonsten ist es ja am allereinfachsten, da die Schuld eines anderen anzuprangern, wo man seine eigene einfach zugibt, in der Tat aber ist das die Rolle eines Denunzianten, nicht die eines Redners. Läßt sich aber keine Entschuldigung finden, so kommt nur das Gefühl der Reue zur Färbung der Rede in Frage. Denn als hinreichend gebessert kann ein solcher Sünder erscheinen, der selbst zum Abscheu vor dem, was er begangen hatte, bekehrt ist. 82 Es gibt nämlich gewisse Fälle, die so etwas nach ihrer eigenen Natur nicht unschicklich erscheinen lassen, wie etwa wenn ein Vater seinen Sohn von einer Dirne verstößt, weil dieser eine Dirne geheiratet hat; ein Schulübungsthema, das aber auch auf dem Forum durchaus vorkommen kann. Hier nun wird der Vater vieles vortragen können, ohne einen schlechten Eindruck zu machen: etwa den Gedanken, es sei der Wunsch aller Eltern, Kinder zu haben, die zu höheren Ehren gelangten als die Eltern selbst – denn auch wenn das Kind eine Tochter gewesen sei, hätte seine Mutter, die Dirne, doch auch gewünscht, daß es ein ehrbares Leben führe –, oder auch, er sei selbst von niederem Herkommen gewesen – deshalb habe er eine solche Ehe schließen dürfen – oder, er habe keinen Vater gehabt, der ihn gewarnt habe; 83 ja, erst recht hätte der Sohn es nicht tun dürfen, um nicht neue Schande über das Haus zu bringen, seinem Vater aus seiner Ehe einen Vorwurf zu machen und seiner Mutter aus ihrer notgedrungenen Lebensführung, schließlich dürfe er nicht wiederum den eigenen Kindern dies Verhalten zu einer Art Regel machen. Überzeugend wird auch etwas besonders Anstößiges wirken, das sich gerade bei dieser Dirne findet und dem Vater jetzt die Verbindung unerträglich macht. Was noch zu sagen wäre, laße ich bei Seite; denn wir wollen ja hier keine Deklamationsübung halten, sondern nur deutlich machen, daß man in seiner Rede zuweilen selbst unvorteilhafte Dinge zum Vorteil verwenden kann.

84 Höher brandet die Woge der peinlichen Erregung, wo jemand über unsittliche Handlungen Beschwerde führt, etwa über Unzucht, zumal unter Männern, oder über Mißbrauch des Mundes. Ich meine nicht den Fall, daß der Betroffene selbst spricht; denn was schickt sich für diesen weiter als zu schluchzen und unter Tränen sein Leben zu verwünschen, so daß der Richter mehr daraus als aus seinen Worten entnehmen kann, welches Leid ihm widerfahren ist? Sondern auch der Anwalt wird sich ganz in ähnliche Gemütsbewegungen versetzen müssen, weil Vergehen dieser Art peinlicher sind für die, die sie erdulden, als für die, die sich ihrer erdreistet haben. 85 In vielen Fällen muß man durch die Färbung die Härte, die die Rede enthält, mildern,

fecit. quid enim crudelius quam homines honestis parentibus ac maioribus natos a re publica summoveri? itaque durum id esse summus ille tractandorum animorum artifex confitetur, sed ita legibus Syllae cohaerere statum civitatis affirmat, ut his solutis stare ipsa non possit. consecutus[t] itaque est, ut aliquid eorum quoque causa videretur facere, contra quos diceret. 86 illud etiam in iocis[u] monui, quam turpis esset fortunae insectatio, et ne in totos ordines aut gentes aut populos petulantia incurreret. sed interim fides patrocinii cogit quaedam de universo genere aliquorum hominum dicere, libertinorum vel militum vel publicanorum vel similiter aliorum. 87 in quibus omnibus commune remedium est, ut ea, quae laedunt, non libenter tractare videaris, nec in omnia impetum facias, 88 sed in id, quod expugnandum est, et reprendens[v] alia laude conpenses: si cupidos ⟨milites⟩[w] dicas, set[x] non mirum, quod periculorum ac sanguinis maiora sibi deberi praemia putent: eosdem petulantes: set hoc fieri, quod bellis magis quam paci consuerint. libertinis detrahenda est auctoritas: licet his testimonium reddere industriae, per quam exierint de servitute. 89 quod ad nationes exteras pertinet, Cicero varie: detracturus Graecis testibus fidem doctrinam his concedit ac litteras, seque eius gentis amatorem esse profitetur, Sardos contemnit, Allobrogas ut hostis insectatur: quorum nihil tunc, cum diceretur, parum aptum aut remotum cura decoris

t) *Spalding:* secutus
u) *Regius:* locis
v) **MPV**: prendens **GH** reprehensa *Ehwald* (alia del. *Wint.*)
w) *Badius:* cupidum dedicasset non **GH**
x) *Halm:* et

wie es Cicero in seinen Ausführungen über die Kinder der (unter Sulla) Proskribierten[49] gemacht hat. Denn was ist grausamer, als Menschen, die die Kinder angesehener Eltern und Ahnen sind, aus der staatlichen Gemeinschaft auszuschließen? Deshalb gesteht dieser wahre Meister in der Behandlung der Herzensregungen es zu, wie hart das sei, führt aber den Beweis, der Bestand der bürgerlichen Ordnung sei so völlig mit den sullanischen Gesetzen verknüpft, daß diese, ohne die Bindung durch diese Gesetze nicht bestehen können. Dadurch erreichte er es, daß er offensichtlich auch die Lage derer mitberücksichtigte, gegen die er doch sprechen mußte. 86 Daran habe ich schon in dem Abschnitt über die Rolle des Scherzes erinnert,[50] wie häßlich Angriffe wirken, die die Wechselfälle im Menschenleben treffen, und daß man nicht gegen ganze Stände, Sippen oder Völker ausfällig werden dürfe. Aber zuweilen zwingt die Pflicht und Verantwortlichkeit der Anwaltsrolle dazu, etwas allgemein über eine bestimmte Gruppe von Menschen zu sagen, von den Freigelassenen oder von den Soldaten oder den Steuerpächtern oder anderen Gruppen solcher Art. 87 Bei allen diesen gilt allgemein das Mittel, den Anschein zu erwecken, als behandele man das Verletzende höchst ungern, und den Angriff nie gegen alles zu richten, sondern nur gegen das, dem unser Sieg gilt, und wenn wir etwas tadeln, dafür zum Ausgleich anderes zu loben: 88 Falls man von der Habgier der Soldaten spricht: nun, das sei kein Wunder, weil sie glaubten, für die Gefahren und Blutopfer ständen ihnen größere Belohnungen zu; falls von ihrer Dreistigkeit: nun, das komme davon, daß sie mehr an Kriege gewöhnt seien, als an das Leben in Frieden. Dem Wort der Freigelassenen muß man die Verbindlichkeit absprechen; doch kann man ihnen ihre Regsamkeit bezeugen, wodurch sie aus dem Sklavenstand emporgestiegen sind. 89 Handelt es sich um fremde Völker, so verfährt Cicero unterschiedlich: während er bereit ist, griechischen Zeugen die Glaubwürdigkeit abzusprechen,[51] erkennt er ihre Bildung und Wissenschaft an und gesteht offen, ein leidenschaftlicher Freund dieses Volkes zu sein, die Sarden behandelt er geringschätzig,[52] gegen die Allobroger ist er scharf wie gegen Feinde[53]; hierbei war alles an der Stelle wo er es sprach, keineswegs unpassend oder ohne Rücksicht auf die ange-

[49] frg. orat. XI Sch.
[50] s. o. 6, 3, 28.
[51] p. Flacc. 62f.
[52] p. Scaur. 39f.
[53] p. Font. 21f.

fuit. 90 verborum etiam moderatione detrahi solet, si qua est rei invidia: si asperum dicas nimium severum, iniustum persuasione labi, pertinacem ultra modum tenacem esse propositi: plerumque velut ipsos coneris ratione vincere, quod est mollissimum.

91 Indecorum est super haec omne nimium, ideoque etiam quod natura rei satis aptum est, nisi modo quoque temperatur,[y] gratiam perdit. cuius rei observatio iudicio magis quodam sentiri,[z] quam praeceptis tradi potest, quantum satis sit et quantum recipiant aures: non habet haec res mensuram[a] et quasi pondus, quia ⟨ut⟩ in cibis[b] [his] alia aliis magis complent.

92 Adiciendum etiam breviter videtur, qui[c] fiat ⟨ut⟩[d] dicendi virtutes diversissimae non solum suos amatores habeant, sed ab eisdem saepe laudentur. nam Cicero quodam loco scribit, id esse optimum, quod cum te[e] facile credideris consequi imitatione, non possis. alio vero, 'non id egisse, ut ita diceret, quo modo se quilibet posse confideret, sed quo modo nemo'. 93 quod potest[f] pugnare inter se videri, verum utrumque, ac merito, laudatur: causarum enim[g] modo distat, quia simplicitas illa et velut securitas inadfectatae orationis mire tenuis causas decet, maioribus illud admirabile dicendi genus magis convenit. in utroque eminet Cicero: ex quibus alterum imperiti se posse consequi credent, neutrum qui intellegunt.

y) *Spalding:* temperatus (temperetur **P**)

z) *ed. Jens.:* serviri sentiri **G**

a) **P** *(Rad.):* non haberet remansuram **GHM** (mensuram **V**) habet certam mensuram *Wint.*

b) ut in cibis *Regius:* in cybus his **G** his *del. Rad.*

c) *Meister:* quod *ll.* quo *Gertz*

d) *add. Halm*

e) cum te *Regius:* non **GHV** te *ras.* **P** *om.* M

f) quod potem **G** quae possunt *ci. Wint.*

g) *Spalding:* causa enim **GH**

messene Wirkung. 90 Auch durch die Wahl maßvoller Worte pflegt man zu mildern, was etwa an einer Sache Anstoß bietet: wenn man etwa von einem rauhen Menschen sagt, er sei gar streng, von einem ungerechten, er sei der Überredung erlegen, von einem Halsstarrigen, er sei über die Maßen beharrlich in seinem Vorsatz. Meistens soll man über die Betreffenden durch vernünftige Einsicht zu siegen versuchen, was die friedlichste Form der Auseinandersetzung ist.

91 Unziemlich ist überdies alles, was übertrieben ist, und deshalb verliert auch etwas, was an sich der Sache hinreichend angemessen ist, seinen Reiz, wenn es nicht auch im rechten Maß gehalten wird. Die Beachtung dieser Regel läßt sich eher gleichsam gefühlsmäßig mit dem Geschmack erfassen, als daß sich in Regeln fassen ließe, was hinreichend viel ist und wieviel die Ohren zu fassen vermögen; hier gibt es nicht ein festes Maß und gleichsam eine Gewichtsmenge, weil wie bei den Speisen den einen diese, den anderen jene eher sättigt.

92 Kurz sei noch eine Bemerkung dazu angeschloßen, wie es komme, daß die verschiedensten Vorzüge der Rede nicht allein ihre Liebhaber besitzen, sondern oft von den gleichen Liebhabern anerkannt werden. Denn Cicero schreibt an einer Stelle[54], 'das sei das Beste, was man nicht zu erreichen vermöchte, auch wenn man geglaubt habe, es leicht durch Nachahmung erreichen zu können'. An einer anderen Stelle aber: 'ihm sei es nicht darauf angekommen, so zu reden, wie es jedermann sich zutraue, sondern so, wie es niemand' (sich zutraue).[55] 93 In beiden Stellen kann man einen Widerspruch sehen, aber beide finden, und zwar zu Recht, Beifall; denn den Unterschied bildet die Art der Fälle, weil die besagte Einfachheit und gleichsam Unbekümmertheit der ungekünstelten Rede erstaunlich gut bei den einfachen Fällen sich ziemt, für die größeren Fälle aber der auf Staunen berechnete Redestil eher sich schickt. In beiden Stilarten ist Cicero hervorragend; die eine von ihnen werden noch Unerfahrene sich einbilden auch erreichen zu können, keine der beiden aber diejenigen, die Bescheid wissen.

[54] orat. 23, 76.

[55] in einer uns verlorenen Schrift (frg. 8 H.).

II.

1 Memoriam quidam naturae modo esse munus existimaverunt, estque in ea non dubie plurimum, sed ipsa excolendo sicut alia omnia augetur: et totus, de quo diximus adhuc, inanis est labor, nisi ceterae partes hoc velut spiritu continentur. nam et omnis disciplina memoria constat frustraque docemur, si quidquid audimus praeterfluat, et exemplorum, legum, responsorum, dictorum denique[h] factorumque velut quasdam copias, quibus abundare quasque in promptu semper habere debet orator, eadem illa vis praesentat[i] neque inmerito thesaurus hic eloquentiae dicitur. 2 sed non firme tantum continere, verum etiam cito percipere multa acturos oportet, nec quae scripseris modo iterata lectione complecti, sed in cogitatis quoque rerum ac verborum contextum sequi, et quae sint ab adversa parte dicta meminisse, nec utique eo[j] quo dicta sunt ordine, refutare, sed opportunis locis ponere. 3 quid extemporalis oratio? non alio[k] mihi videtur mentis vigore constare. nam dum alia dicimus, quae dicturi sumus intuenda sunt: ita cum semper cogitatio ultra eat[l], id quod est longius quaerit, quidquid autem repperit quodam modo apud memoriam deponit, quod illa quasi media quaedam manus acceptum ab inventione tradit elocutioni. 4 non arbitror autem mihi in hoc inmorandum, quid sit quod memoriam faciat, quamquam plerique inprimi quaedam vestigia animo velut in ceris[m] anulorum signa, ⟨quae⟩[n] serventur, existimant. neque ero tam credulus, ut, quom[o] habitu tardiorem firmioremque memoriam

h) *Spalding:* dineque **G**
i) repraesentat *Badius* praestat *Becher*
j) *Regius:* ea
k) *non alia* **GH**
l) *Halm:* netre ad **GH**
m) *Regius:* in *guris* **GH**
n) *add. Rad.*
o) *Rad.:* quam (quasi **P**)

ZWEITES KAPITEL

Das Gedächtnis

1 Das Gedächtnis haben manche nur für ein Geschenk der Natur gehalten, und zweifellos hat diese daran auch den größten Anteil, jedoch läßt sich seine Kraft wie alles andere durch Ausbildung steigern; und die ganze Mühe, von der wir bis jetzt gesprochen haben, ist umsonst, wenn nicht die anderen Gebiete des Lehrkurses gewissermaßen in diesem Lebenshauch ihren Zusammenhalt haben. Denn jedes Lehrfach beruht auf dem Gedächtnis, und alles Lehren ist vergeblich, wenn alles, was wir hören, an uns vorbeifließt, und ferner ist es ebendiese Kraft des Gedächtnisses, die uns von Beispielen, Gesetzen, Rechtsgutachten und schließlich von allen Worten und Taten gleichsam eine Fülle an Vorräten bereitstellt, woran der Redner immer einen Überfluß haben muß, auf den er jederzeit zurückgreifen kann, und nicht zu Unrecht heißt das Gedächtnis die Schatzkammer der Beredsamkeit. 2 Aber nicht nur fest bewahren, sondern auch schnell behalten muß das Gedächtnis, wenn man viele Fälle zu vertreten hat, und nicht allein das Geschriebene muß man bei erneutem Durchlesen im Kopf haben, sondern auch, was man an Gedanken und Formulierungen nur überdacht hat, in der richtigen Reihenfolge wiedergeben, und alles, was von der Gegenseite gesagt wurde, im Gedächtnis behalten, bei seiner Überlegung aber nicht unbedingt der Anordnung folgen, die der Gegner gewählt hat, sondern es an passender Stelle anbringen. 3 Und nun erst die Rede aus dem Stehgreif! Nur auf dem Gedächtnis beruht ja, scheint mir, alles, was da unser Geist leistet. Denn während wir das eine sagen, müssen wir schon im Blick haben, was wir sagen wollen; während so die Gedankenarbeit immer schon weiterläuft, gilt ihr Suchen dem, was erst später kommt, alles aber, was sie gefunden hat, gibt sie gleichsam dem Gedächtnis zu Verwahrung, weil dieses wie die Hand eines Mittelsmannes das, was es von der Auffindung der Gedanken anvertraut bekommt, an die Gestaltung des Ausdrucks weitergibt. 4 Ich glaube aber nun nicht lange bei der Frage verweilen zu dürfen, was eigentlich die Leistung des Gedächtnisses zuwege bringt, obwohl man es größtenteils sich so vorstellt, daß sich in dem Geist eine Art Spuren einprägen so, wie sich im Wachs die Abdrücke der Siegelringe erhalten.[56] Auch möchte ich nicht so leichtgläubig sein, schon deshalb, weil ich weiß, daß je nach

[56] vgl. schon Platon im ›Theätet‹, 135 C.

⟨sciam⟩[p] fieri, ei artem quoque audeam impertire.[q] 5 magis admirari naturam subit, tot res[r] vetustas tanto ex intervallo repetitas reddere se et offerre, nec tantum requirentibus, sed sponte[s] interim, nec vigilantibus, sed etiam quiete[t] compositis: 6 eo magis, quod illa quoque animalia, quae carere intellectu videntur, meminerunt et agnoscunt et quamlibet longo itinere deducta ad adsuetas sibi sedes revertuntur. quid? non haec varietas mira est, excidere proxima, vetera inhaerere? hesternorum inmemores acta pueritiae recordari? 7 quid quod quaedam requisita se occultant et eadem forte succurrunt? nec manet semper memoria, sed aliquando etiam redit? nesciretur tamen, quanta vis esset eius, quanta divinitas illa, nisi in hoc lumen orandi ⟨vim⟩[u] extulisset. 8 non enim rerum modo, sed etiam verborum ordinem praestat, nec ea pauca contexit, sed durat prope in infinitum, et in longissimis actionibus prius audiendi patientia quam memoriae fides defecit. 9 quod et ipsum argumentum est subesse artem aliquam iuvarique ratione naturam, cum idem docti[v] facere illud, indocti inexercitati non possumus. quamquam invenio apud Platonem, obstare memoriae usum litterarum, videlicet quoniam illa, quae scriptis reposuimus, velut custodire desinimus et ipsa securitate dimittimus. 10 nec dubium est, quin plurimum in hac parte valeat mentis intentio et velut acies luminum a prospectu rerum, quas intuetur, non aversa, unde accidit

p) *add. Meister*

q) ei – impertire *Spalding:* et (ea **V**) actem (autem **HMV**) quoque ad animum pertire (pertinere **V**) **GH** *locus non sanatus*

r) *Obrecht:* subito tres

s) *Becher:* in (et **PV**) sponte

t) **P**: quiete compositi **G**

u) *add. Regius*

v) indocti **GH** *fort. cum Wint. delend.*

dem Zustand, in dem es sich befindet, das Gedächtnis schwächer und stärker wird, es zu wagen, ihm das Wesen einer lehrbaren Kunst[57] zuzusprechen. 5 Stärker drängt sich hier das Gefühl auf, die Kraft der Natur darin zu bewundern, daß sich Dinge der Vergangenheit, die nach langer Zeit wieder hervorgeholt werden, einstellen und darbieten, und das nicht nur, wenn man sie sucht, sondern zuweilen auch ganz von selbst, und nicht nur, wenn man wach ist, sondern sogar auch dann, wenn man sich in Ruhe befindet; 6 umso mehr noch deshalb, weil auch die Lebewesen, denen das vernünftige Denken zu fehlen scheint, Gedächtnis haben, wiederzuerkennen vermögen und nach einer noch so langen Reise zu ihrer (vertrauten) Heimatsstätte zurückkehren. Ferner, ist nicht die Art des Wechsels erstaunlich, daß die jüngsten Ereignisse dem Gedächtnis entfallen, ganz alte dagegen festhaften? Daß wir, ohne uns der Geschehnisse von gestern noch zu erinnern, die unserer Kindheit wieder im Gedächtnis haben? 7 Ferner, daß manche Dinge, worauf wir kommen wollen, sich verbergen, und daß diese dann irgendwann zufällig sich einfinden? Und daß die Erinnerung zwar nicht immer andauert, wohl aber manchmal auch wiederkehrt? Und dennoch hätte man keine Vorstellung davon, welche Kraft ihr eigen ist, welch göttliche Macht, wenn sie sie nicht bis zu dem Glanz in der Redekunst entfaltet hätte. 8 Denn nicht nur die Abfolge der Dinge, von denen wir sprechen, sondern auch ihren Wortlaut bietet sie dar und verknüpft nicht nur diese wenigen Dinge, sondern hält durch für fast unbegrenzte Zeit, und bei den längsten Gerichtsverhandlungen ist eher dem Zuhörer die Geduld, als dem Redner die zuverlässigste Hilfe des Gedächtnisses ausgegangen. 9 Gerade dies ist ja ein Grund zu der Annahme, es liege ihm eine lehrbare Kunst zugrunde, und die Natur werde hier durch die Lehre gefördert, wenn wir ebendies nach dem Studium leisten können, ohne Studium und Übung aber nicht. Gleichwohl finde ich bei Plato[58], hinderlich sei vielmehr dem Gedächtnis der Gebrauch der Schrift, da wir ja freilich das, was wir in der Schrift geborgen haben, gleichsam zu behüten aufhören und es im Gefühl der Sicherheit fahren lassen. 10 Und es ist unzweifelhaft, daß hierbei die geistige Anspannung am allermeisten ausmacht und die Schärfe, mit der wir gleichsam die Augen von dem Blick auf die Dinge, worauf er sich richtet, nicht abwenden, woher es denn kommt, daß das, woran wir mehrere Tage

[57] Text unsicher.

[58] im ›Phaidros‹, 275 A.

ut, quae per plures dies scribimus, ediscendo sine cogitatione[w] se ipsa contineat.

11 Artem autem memoriae primus ostendisse dicitur Simonides, cuius vulgata fabula est. cum pugili coronato carmen, quale componi victoribus solet, mercede pacta scripsisset, abnegatam ei pecuniae partem, quod more poetis frequentissimo degressus in laudes Castoris ac Pollucis exierat. quapropter partem ab his petere, quorum facta celebrasset, iubebatur. et persolverunt, ut traditum est. 12 nam cum esset grande convivium in honorem eiusdem victoriae atque adhibitus ei cenae Simonides, nuntio est excitus, quod eum duo iuvenes equis advecti desiderare maiorem in modum dicebantur. et illos quidem non invenit, fuisse tamen gratos erga se deos exitu comperit. 13 nam vix eo ultra limen egresso triclinium illud supra convivas corruit atque ita confudit, ut non ora modo oppressorum, sed membra etiam omnia requirentes ad sepulturam propinqui nulla nota possent discernere. tum Simonides dicitur memor ordine[x] quo quisque discubuerat corpora suis reddidisse. 14 est autem magna inter auctores dissensio, Glaucone Carystio an Leocrati an Agatharcho an Scopae scriptum sit id carmen, et Pharsali fuerit haec domus, ut ipse quodam loco significare Simonides videtur utque Apollodorus et Eratosthenes et Euphorion et Larissaeus Eurypylus tradiderunt, an Cranone, ut Apol-

w) *Rad.:* ediscendi (-nda *ed. Camp. Wint.*) sint cogitationes (-ne **P**) se ipsa contineat **GH** cogitatio se *Wint. (fort. recte)*

x) ordinis *Regius*

[59] vgl. Cic. de orat. 2, 86, 351 ff. Auch die ganze Darlegung über die Beherrschung des Gedächtnisses will als kompetente Ergänzung des Fachmannes zu den Ausführungen verstanden sein, die bei Cicero der geniale Lehr-Dilettant Antonius über diesen Abschnitt des Redekurses macht.

schreiben, sich, wenn wir es auswendig lernen, ohne Überdenken selbst einprägt.

11 Der erste aber, der die Erinnerungskunst als solche vor Augen geführt hat, soll Simonides gewesen sein,[59] wie eine bekannte Erzählung berichtet. Als er für einen Faustkämpfer, wie es beim Sieg üblich war, ein bestelltes Lied gedichtet hatte, sei ihm ein Teil des vereinbarten Honorars verweigert worden, weil er in der bei den Dichtern ganz üblichen Weise in einem Exkurs zum Lobe des Kastor und Pollux sich ergangen hatte. Hierfür, wurde ihm bedeutet, solle er sich den Teil des Honorars von denen geben lassen, deren Taten er gepriesen hätte. Und wie man erzählt, erstatteten sie ihn ihm auch. 12 Denn als zu Ehren ebendieses Sieges ein großes Festmahl stattfand und auch zur Festtafel Simonides geladen war, wurde er durch einen Boten herausgerufen, weil ihn, wie man sagte, zwei Jünglinge, die zu Roß angekommen waren,[60] dringend zu sprechen wünschten. Diese fand er zwar nicht vor; daß es jedoch die Götter waren, die ihm ihren Dank abstatteten, erfuhr er aus dem Ende, das die Geschichte nahm. 13 Denn kaum war er über die Schwelle ins Freie getreten, da stürzte der Festsaal über den Gästen zusammen und richtete diese so zu, daß die Angehörigen, als sie die Ihren zur Bestattung bergen wollten, nicht nur außerstande waren, die Gesichter der Erschlagenen, sondern auch alle ihre Gliedmaßen zu unterscheiden. Da habe, heißt es, Simonides, weil er die Reihenfolge im Gedächtnis hatte, in der jeder seinen Platz an der Tafel gehabt hatte, den Angehörigen zu den Ihren verholfen. 14 Unter den Gewährsmännern dieser Erzählung aber gehen die Meinungen weit auseinander, ob das Lied für Glaukon aus Karystos gedichtet worden sei oder für Leokrates, für Agatharchos oder Skopas, und ob das Haus in Pharsalos gestanden habe, wie Simonides selbst an einer Stelle anzudeuten scheint, und wie es Apollodor[61], Eratosthenes[62], Euphorion und Eurypylos[63] aus Larissa überliefert haben, oder in Kranon, wie der Kallimacheer[64]

[60] die Form, in der die Tyndariden (die Dioskuren Kastor und Pollux) gewöhnlich erscheinen.

[61] 244 bei Jacoby FHG 67.

[62] ebendort 241, 34.

[63] ebendort 266, 6.

[64] ob Kallimachos selbst oder Apollas Pontikos als Kallimacheer (mit Schneider), macht für die Quellen-Tradition keinen Unterschied. Doch wenn der Meister genannt war, war der Anhänger als Gewährsmann entbehrlich. Deshalb scheint mir Schneiders Vorschlag den Vorzug zu verdienen.

las Callimachius,[y] quem secutus Cicero hanc famam latius fudit. 15 Scopam nobilem Thessalum perisse in eo convivio constat, adicitur sororis eius filius, putant et ortos plerosque ab alio Scopa, qui maior aetate fuerit. 16 quamquam mihi totum de Tyndaridis fabulosum videtur, neque omnino huius rei meminit usquam poeta ipse profecto non taciturus de tanta sua gloria.

17 Ex hoc Simonidis[z] facto notatum videtur, iuvari memoriam signatis animo sedibus, idque credet[a] suo quisque experimento. nam cum in loca aliqua post tempus reversi sumus, non ipsa agnoscimus tantum, sed etiam quae in his fecerimus reminiscimur personaeque subeunt, nonnumquam tacitae quoque cogitationes in mentem revertuntur. nata est igitur, ut in plerisque, ars ab experimento. 18 loca deligunt[b] quam maxime spatiosa, multa varietate signata, domum forte magnam et in multos diductam recessus. in ea quidquid notabile[c] est animo diligenter adfigunt, ut sine cunctatione ac mora partis eius omnis cogitatio possit percurrere. et primus hic labor est, non haerere in occursu: plus enim quam firma debet esse memoria, quae aliam memoriam adiuvet. 19 tum quae scripserunt vel cogitant, ratione conplectuntur[d] et aliquo signo, quo moneantur, notant, quod esse vel ex re tota potest, ut de navigatione, militia, vel ex verbo aliquo: nam etiam excidentes[e] unius admonitione verbi in memoriam reponun-

y) *Schneider:* Calimachus **GH** callimachusque **P** *Schneidewin* ⟨et⟩ Callimachus *Bentley*

z) Simonis **GH**

a) *Regius:* credere

b) *Spalding:* discunt **GHV** discuntur **MP**

c) *Regius:* nobile

d) cogitant, ratione complectuntur *Rad.:* cogitatione complectitur **G** (complectentur **P**)

e) excidentes ⟨res⟩ *Obrecht*

Apollas sagt, im Anschluß an den Cicero[65] dieser Erzählung weitere Verbreitung gesichert hat. 15 Daß Skopas, ein vornehmer Thessaler, bei diesem Festmahl umgekommen ist, steht fest, ferner nennt man einen Sohn von dessen Schwester und glaubt, daß noch sehr viele andere Skopaden von einem anderen Skopas stammen, der noch älter gewesen sei. 16 Gleichwohl scheint mir diese ganze Geschichte von dem Paar der Tyndariden erfunden; auch gedenkt nirgends der Dichter je dieses Vorganges, der doch gewiß selbst über eine solche Ruhmestat sich nicht in Schweigen gehüllt hätte.[66]

17 Aus dieser Tat des Simonides scheint man die Beobachtung gewonnen zu haben, daß das Gedächtnis dadurch gestützt wird, daß man feste Plätze bezeichnet, an denen die Vorstellungen haften, und das wird jeder nach seiner eigenen Erfahrung glauben. Denn wenn wir nach einer gewissen Zeit an irgendwelche Örtlichkeiten zurückkehren, erkennen wir nicht nur diese selbst wieder, sondern erinnern uns auch daran, was wir dort getan haben, auch fallen uns Personen wieder ein, ja zuweilen kehren gar die Gedanken in unseren Geist zurück, die wir uns dort gemacht haben. Die Kunstlehre stammt also auch hier wie in den meisten Fällen aus der Erfahrung. 18 So wählen sie denn Örtlichkeiten aus, die möglichst geräumig und recht abwechslungsreich und einprägsam ausgestattet sind, etwa ein großes Haus, das in viele Räume zerfällt. Alles, was hierin bemerkenswert ist, nehmen sie sorgfältig und fest in ihr Bewußtsein auf, so daß das Überdenken ohne Zaudern und Stocken alle seine Teile durchlaufen kann. Und das ist die erste Anstrengung, bei diesem Durchlaufen nicht hängen zu bleiben; denn mehr als fest muß das Gedächtnis das bewahren, was wieder für anderes Gedächtnisstütze sein soll. 19 Dann fassen sie das, was sie geschrieben haben oder in Gedanken ausarbeiten, in einen Begriff zusammen und kennzeichnen diesen mit einem Merkmal, das zur Anregung des Gedächtnisses dienen soll, sei es ein Bild aus dem ganzen Begriffsbereich z. B. der Seefahrt oder dem Kriegswesen oder sei es irgend ein Stichwort des Textes; denn entfällt uns ein Gedanke, so läßt er sich schon durch den Anstoß, den ein einziges

[65] de orat. 2, 8, 352.

[66] Mit der Probe historischer Kritik, mit der Quintilian (§ 16) die Erzählung als Legende erweist, gibt er uns Einblick in die Tradition alexandrinischer Philologie. Entscheidend ist ihm das argumentum ex silentio, das den philologisch-kompetenten Überblick über das Gesamtwerk des Dichters voraussetzt: Hat Simonides das ihm widerfahrene Wunder erwähnt? Vgl. auch R. Pfeiffer zu dem Kallimachosgedicht auf das Grab des Simonides frg. 64.

tur. sit autem signum navigationis ut ancora, militiae ut aliquid ex armis. 20 haec ita digerunt: primum sensum [vel locum][f] vestibulo quasi adsignant, secundum, puta, atrio, tum inpluvia circumeunt, nec cubiculis modo aut exedris, sed statuis etiam similibusque per ordinem committunt. hoc facto, cum est repetenda memoria, incipiunt ab initio loca haec recensere, et quod cuique crediderunt reposcunt, ut eorum imagine admonentur. ita, quamlibet multa sint, quorum meminisse oporteat, fiunt singula conexa quodam corio, nec errant[g] coniungentes prioribus consequentia solo ediscendi labore. 21 quod de domo dixi, et in operibus publicis et in itinere longo et urbium ambitu et picturis fieri potest. etiam fingere sibi has imagines licet. opus est ergo locis, quae vel finguntur vel sumuntur, ⟨et⟩[h] imaginibus vel simulacris, quae utique fingenda sunt. imagines voco, quibus ea, quae ediscenda sunt, notamus, ut, quo modo Cicero dicit, locis pro cera, simulacris pro litteris utamur. 22 illud quoque ad verbum ponere optimum fuerit: 'locis est utendum multis, inlustribus, explicatis, modicis intervallis, imaginibus autem agentibus, acribus, insignitis, quae occurrere celeriterque percutere animum possint.' quo magis miror, quo modo Metrodorus in XII signis, per quae sol meat, trecenos et sexagenos invenerit locos. vanitas nimirum fuit atque iactatio circa memoriam suam potius arte quam natura gloriantis.

f) **P** *(Regius)*: bello cum *ll. om. ed. Asc. 1516 (Wint.)*
g) *Bonnell:* ne errent **P** onerant **G** ⟨nec⟩ onerant *Wint.*
h) *add. Gesner*

Wort bietet, wieder ins Gedächtnis bringen. Ein Merkmal für die Seefahrt mag etwa der Anker sein, eins für das Kriegswesen ein Stück der Bewaffnung. 20 Diese Merkmale verteilen sie folgendermaßen: den ersten Gedanken weisen sie etwa dem Vorraum zu, den zweiten, nun nehmen wir an, dem Atrium[67], dann geht die Runde um die Innenhöfe, und man schließt bei der Verteilung nicht nur die Schlafkammern und Sitzecken ein sondern auch Statuen und Ähnliches ganz der Reihe nach. Ist das geschehen, so beginnen sie, wenn man sich wieder erinnern soll, von Anfang an diese Örtlichkeiten wieder zu durchmustern und sammeln wieder auf, was sie jeder Stelle anvertraut haben, wie jeweils das Bild die Erinnerung an das Betreffende weckt. So werden die einzelnen Gegenstände, mag es noch so viel sein, woran man sich erinnern muß, durch eine Art Riemen verbunden, und es gibt keinen Irrtum bei der Verbindung des Folgenden mit dem Vorhergehenden, wenn man sich nur die Mühe gemacht hat, seinen Text auswendig zu lernen. 21 Was ich von dem Haus gesagt habe, läßt sich auch mit öffentlichen Bauten, einem langen Weg, dem Lageplan von ganzen Städten und mit Bildern machen. Auch künstlich kann man sich solche Bilder herrichten. Erforderlich sind also Örtlichkeiten, die man entweder selbst erfinden oder aus dem Leben nehmen kann, sowie Bilder oder Abbildungen, die man jedenfalls selbst erfinden muß. Bilder nenne ich hier das, womit wir kennzeichnen, was auswendig zu lernen ist, um, wie es Cicero ausdrückt,[68] Örtlichkeiten als Wachstafeln, Abbildungen als Buchstaben zu verwenden. 22 Auch die folgende Stelle[69] wörtlich hierher zu setzen, wird das Beste sein: 'Die Stellen, an denen wir die Bilder anbringen, sollen zahlreich, hervorstechend und deutlich ausgeprägt sein und in mäßigem Abstand einander folgen, die Bilder aber lebhaft, einprägsam und auffallend, so daß sie uns entgegenkommen und schnell in uns eindringen können'. Umso mehr wundert es mich, wie Metrodoros in den 12 Zeichen, durch die die Sonne wandert, 360 Stellen gefunden haben will. Gewiß war das nur leere Großtuerei mit seinem Gedächtnis, wobei er sich mehr der Kunst als der Naturanlage rühmte.[70]

[67] der Halle.

[68] de orat. 2. 86, 354.

[69] de orat. 2, 87, 358.

[70] Metrodoros aus Skepsis in Kleinasien; vgl. 10, 6, 4. Er wird von Crassus (bei Cic. de orat. 2, 88, 360 und 65) wegen seiner außerordentlichen Gedächtnisleistungen gerühmt, die Crassus selbst habe bewundern können. Quintilian ist nur skeptisch gegen den Anteil, den dabei die technischen Hilfsmittel gehabt haben (vgl. § 26).

23 Equidem haec ad quaedam prodesse non negaverim, ut[i] si rerum nomina multa per ordinem audita reddenda sint. namque in iis, quae didicerunt, locis ponunt res illas: mensam, ut hoc utar, in vestibulo et pulpitum[j] in atrio et sic cetera, deinde relegentes inveniunt, ubi posuerunt. 24 et forsitan hoc sunt adiuti, qui auctione dimissa quid cuique vendidissent testibus argentariorum tabulis reddiderunt, quod praestitisse Q. Hortensium dicunt. minus idem proderit in ediscendis, quae orationis perpetuae erunt: nam et sensus non eandem imaginem quam res habent, cum alterum fingendum sit, et horum tamen utcumque commonet locus, sicut sermonis alicuius habiti: verborum contextus eadem arte quo modo conprehendetur? 25 mitto, quod quaedam nullis simulacris significari possunt, ut certe coniunctiones. habeamus enim sane, ut qui notis scribunt, certas imagines omnium et loca scilicet infinita, per quae verba, quot sunt in quinque contra Verrem secundae actionis libris, explicentur, [ne][k] meminerimus etiam omnium quasi depositorum: nonne impediri quoque dicendi cursum[l] necesse est duplici memoriae cura? 26 nam quo modo poterunt copulata fluere, si propter singula verba ad singulas formas respiciendum erit? qua re et Charmadas et Scepsius, de quo modo dixi, Metrodorus, quos Cicero dicit usos hac exercitatione, sibi habeant sua: nos simpliciora tradamus.

27 Si longior conplectenda memoria fuerit oratio, proderit per partes ediscere (laborat enim maxime onere), sed[m] hae partes non sint perexiguae, alioqui rursus multae erunt et eam distringent[n] atque con-

i) *corr.* **P**: aut
j) *Bonnell:* populum
k) *del. Halm*
l) *Spalding:* quodque dicit dicursum **GH**
m) *Spalding:* et
n) *Ammon:* distinguent

23 Nun möchte ich zwar nicht leugnen, daß dieses Verfahren nützlich ist, wenn man etwa viele Namen von Dingen, die man der Reihe nach gehört hat, wiedergeben will; denn sie setzen die Dinge, die sie auswendig gelernt haben, an diese Stellen: einen Tisch etwa, um dieses Beispiel zu gebrauchen, setzen sie in die Vorhalle, ein Pult in die Halle und so weiter, und wenn sie sie dann wieder durchmustern, finden sie sie da, wo sie sie hingestellt haben. 24 Und vielleicht haben diejenigen darin eine Hilfe gefunden, die nach Beendigung einer Versteigerung anzugeben wußten, was sie jedem Kunden verkauft hatten, entsprechend dem, was auch die Listen der Geldwechsler bezeugten, eine Gedächtnisleistung, die, wie man sagt, auch Q. Hortensius[71] zuwege gebracht hat. Weniger wird das Verfahren dann nützen, wenn man auswendig lernen muß, was in zusammenhängender Rede verfaßt ist. Denn schon die Gedanken liefern nicht die gleichen Bildvorstellungen wie Gegenstände, da solche für sie künstlich gebildet werden müssen; und mag dennoch auch für sie eine Örtlichkeit irgendwie eine Erinnerung bieten – etwa an eine Rede, die da stattgefunden hat: wie soll mit der gleichen Technik auch der zusammenhängende Wortlaut erfaßt werden? 25 Ich sehe davon ab, daß manche Wörter gar nicht mit Abbildern bezeichnet werden können wie doch jedenfalls die Bindewörter; denn immerhin könnten wir ja wie die Stenographen feste Bilder für alle Wörter haben und eine freilich schier endlose Zahl von Örtlichkeiten, wodurch alle Worte, die sich in den fünf Büchern der zweiten Verhandlung gegen Verres finden, deutlich kenntlich gemacht würden, ja wir könnten uns auch an alle erinnern, die wir gleichsam so in Verwahrung gegeben haben: aber muß denn nicht so bei der doppelten Belastung des Gedächtnisses der Ablauf der Rede behindert werden? 26 Denn wie soll dann die Rede in Zusammenhang dahinfließen, wenn man wegen jedes einzelnen Wortes auf die einzelnen Sinnbilder blicken muß? Deshalb sollen Charmadas und der gerade erwähnte Metrodoros aus Skepsis, von denen Cicero sagt,[72] sie hätten diese Übung angewandt, ihre Kunst für sich behalten: unser Unterricht soll schlichtere Wege gehen.

27 Falls man eine längere Rede im Gedächtnis behalten muß, wird es nützlich sein, sie in Abschnitten auswendig zu lernen – die Mühe liegt nämlich hauptsächlich in der Last, die man ihm auflädt –, jedoch sollen diese Abschnitte nicht zu kurz sein, sonst werden sie wieder zu viele und zerreißen und zerhacken die Rede. Doch möchte ich

[71] vgl. Brut. 88, 301.

[72] de orat. 2, 88, 360.

cident. nec utique certum imperaverim modum[o], sed maxime ut quisque finietur locus, ni forte tam numerosus, ut ipse quoque dividi debeat. 28 dandi sunt certi quidam termini, ut contextum verborum, qui est difficillimus, continua et[p] crebra meditatio, partis deinceps ipsas[q] repetitus[r] ordo coniungat. non est inutile his, quae difficilius haereant, aliquas adponere notas, quarum recordatio commoneat et quasi excitet memoriam: 29 nemo enim fere tam infelix, ut, quod cuique loco signum destinaverit, nesciat. at[s] si erit tardus[t] ad hoc, eo quoque adhuc remedio utatur,[u] ut ipsae notae (hoc enim est ex illa arte non inutile) aptentur[v] ad eos, qui excidunt, sensus, ancora,[w] ut supra proposui, si de nave dicendum est, et[x] spiculum, si de proelio. 30 multum enim signa faciunt, et ex alia memoria venit alia, ut cum translatus anulus vel alligatus commoneat nos, cur id[y] fecerimus. haec magis adhuc adstringunt qui memoriam ab aliquo simili transferunt ad id, quod continendum est: ut in nominibus, si Fabius forte sit tenendus, referamus ad illum Cunctatorem, qui excidere non potest, aut ad aliquem amicum, qui idem vocetur. 31 quod est facilius in Apris et in Ursis et Nasone aut Crispo, ut id memoriae adfigatur, unde sunt nomina. origo quoque aliquando declinatorum tenendi magis causa est, ut in Cicerone, Verrio, Aurelio. sed hoc miseri.

32 Illud neminem non iuvabit, isdem quibus scripserit, ceris ediscere. sequitur enim vestigiis quibusdam memoriam et velut oculis intuetur non paginas modo, sed versus prope ipsos, estque[z] cum dicit similis legenti. iam vero si litura aut adiectio aliqua atque mutatio interveniat, signa sunt quaedam, quae intuentes deerrare non possumus. 33 ista[a] ratio, ut est illi, de qua primum locutus sum, arti

o) *Regius:* modo
p) *Halm (Fort.):* continuet
q) ipsa **G**
r) e re petitus *Rad.*
s) *Halm:* ut (et)
t) *Badius:* trandus **G**
u) *Ald.:* utitur
v) *Hiecke:* adtentus
w) *Hiecke:* ancoram
x) *Kiderlin:* esset
y) *Regius:* cum his
z) *Meister:* que (quem)
a) *Gertz:* est

durchaus kein bestimmtes Ausmaß festlegen, sondern am besten da absetzen, wo jeweils ein Gedankengang zu Ende ist, es sei denn, dieser enthält so viele Punkte, daß auch er wieder gegliedert werden muß. 28 Doch bestimmte Grenzpunkte muß man ansetzen, damit den Zusammenhang der Worte, der das Schwierigste ist, hintereinander immer wieder unser Denken herstellt, die Abschnitte dann aber die sich aus dem Gegenstand selbst ergebende Abfolge zusammenfügt. Nicht unnütz ist es, an den Stellen, die schwerer haften, irgendwelche Merkzeichen einzutragen, durch die, wenn sie uns wieder in Erinnerung kommen, unser Gedächtnis gemahnt und gleichsam angefeuert wird. 29 Denn so kümmerlich ist wohl kaum ein Kopf, daß er nicht wüßte, welches Merkzeichen er für jede betreffende Stelle vorgesehen hat. Doch falls ein Kopf hierbei versagt, so bleibt ihm auch jetzt noch das Mittel zur Verfügung, die Merkzeichen selbst zu den Gedanken in Beziehung zu setzen, die uns entfallen, – das ist nämlichh etwas ganz Nützliches bei der vorher geschilderten Technik –, also etwa einen Anker, wie ich oben vorgeschlagen habe, einzutragen, wenn von einem Schiff, einen Speer, wenn von einem Gefecht die Rede sein soll. 30 Denn die Wirkung von Kennzeichen macht viel aus, und aus der Erinnerung an das Eine stellt sich die an das andere ein, wenn uns etwa ein Ring, den wir an einen anderen Finger gesteckt oder angebunden haben, an den Grund erinnert, warum wir das getan haben. Noch stärker wirkt sich das bei denen aus, die die Erinnerung von etwas Ähnlichem auf das übertragen, was behalten werden soll; wenn wir etwa bei Namen, falls gerade ein Fabius behalten werden soll, ihn auf den bekannten Cunctator beziehen, der uns nicht entfallen kann, oder auf einen Freund, der genau so heißt. 31 Noch leichter ist das bei Namen wie Aper (Eber), Ursus (Bär), Naso (Nasemann) und Crispus (Kraußkopf), dem Gedächtnis die Grundbedeutung dieser Eigennamen beizugeben. Manchmal gibt auch das Ursprungswort bei Ableitungen einen Grund, es besser zu behalten, etwa bei Cicero, Verrius, Aurelius. Doch ist das armselig genug.

32 Niemand wird es gewiß zu bedauern haben, wenn er beim Auswendiglernen die gleichen Wachstafeln verwendet, auf denen er seinen Text aufgeschrieben hat; denn hier findet er gleichsam die Spuren noch vor, denen die Erinnerung folgen kann, und er sieht dann nicht nur die Seiten gleichsam vor Augen, sondern fast Zeile für Zeile, und während er spricht, ist es, als läse er. Ja sogar, wenn sich im Manuskript eine Tilgung oder irgendeine Hinzufügung und Änderung findet, so sind das gewissermaßen Merkzeichen, die wir im Auge behalten können, um nicht irre zu werden. 33 Dieses Verfahren ist

non dissimilis, ita, si quid me experimenta docuerunt, et expeditior et potentior. ediscere tacite (nam id quoque est quaesitum) erat optimum, si[b] non subirent velut otiosum animum plerumque aliae cogitationes, propter quas excitandus est voce, ut duplici motu iuvetur memoria dicendi et audiendi. sed haec vox sit modica et magis murmur. 34 qui autem legente alio ediscit, in parte tardatur, quod acrior est oculorum quam aurium sensus, in parte iuvari potest, quod, cum semel aut bis audierit, continuo illi memoriam suam experiri licet et cum legente contendere. nam et alioqui id maxime faciendum est, ut nos subinde temptemus, quia continua lectio et quae magis et quae minus haerent aequaliter transit. 35 in experiendo teneasne et maior intentio est et nihil supervacui temporis perit, quo etiam quae tenemus repeti solent: ita sola, quae exciderunt, retractantur, ut crebra iteratione firmentur, quamquam solent hoc ipso maxime haerere, quod exciderunt. illud ediscendo scribendoque commune est, utrique plurimum conferre bonam valetudinem, digestum cibum, animum cogitationibus aliis liberum. 36 verum et in iis, quae scripsimus, complectendis multum valent et in iis, quae cogitamus, continendis prope solae,[c] excepta quae potentissima est exercitatione, divisio et compositio: nam qui recte diviserit, numquam poterit in rerum ordine errare. 37 certa sunt enim non solum in digerendis quaestionibus, sed etiam in exsequendis, si modo recte dicimus, prima ac secunda et deinceps, cohaeretque omnis rerum copulatio, ut ei nihil neque subtrahi sine manifesto intellectu neque inseri possit. 38 an vero Scaevola in lusu duodecim scriptorum, cum prior calculum promovisset esset-

b) *add. corr.* **P**
c) *corr.* **P**: sola **BH**

[73] einem Brettspiel mit je 15 schwarzen und weißen Steinen, bei dem die Züge teils durch Würfeln, teils durch Rücken nach eigener Entscheidung der Gewinnchancen geregelt waren, so daß es einem guten Spieler immer möglich war, 'corriger la fortune'; vgl. Terenz, Adelphen 739f.

zwar der Technik, von der ich zuerst gesprochen habe, gar nicht unähnlich, jedoch, wenn die Erfahrungen, die ich damit gemacht habe, einigen Wert haben, leichter durchzuführen und wirksamer. Stumm auswendigzulernen – denn auch diese Frage ist aufgetaucht – wäre gewiß sehr gut, wenn nicht so oft dabei, als wären wir unbeschäftigt, andere Gedanken über uns kämen; solcher Gedanken wegen brauchen wir unsere Stimme, um uns wach zu halten, so daß unser Gedächtnis aus unserer doppelten Betätigung beim Reden und Hören seinen Gewinn zieht. Jedoch soll die Stimme dabei gedämpft und mehr ein Murmeln sein. 34 Wer aber auswendig lernt, während ein anderer vorliest, kommt dadurch einesteils langsamer voran, weil der Sinneseindruck der Augen stärker haftet als der der Ohren, anderenteils kann er aber auch einen Gewinn daraus ziehen, weil er, wenn er den Text ein- oder zweimal gehört hat, gleich sein Gedächtnis auf die Probe stellen und mit dem Vorlesenden den Text um die Wette hersagen kann. Denn auch sonst müssen wir es vor allem so machen, daß wir uns immer einmal zwischendurch abhören, weil das Lesen hintereinander über die Stellen, die besser und weniger gut haften, in gleicher Weise hinweggeht. 35 Beim Erproben, ob der Text schon fest sitzt, ist die Anspannung stärker, und es geht auch nichts von der Zeit unausgenützt verloren, die wir gewöhnlich zur Wiederholung dessen verwenden, was schon fest sitzt; so wird nur das wieder vorgenommen, was uns entfallen ist, damit es durch häufiges Wiederholen fester sitzt, obwohl solche Stellen gerade deshalb am besten zu haften pflegen, weil sie uns einmal entfallen sind. Für Auswendiglernen und schriftlich Ausarbeiten gemeinsam ist die Forderung, daß für beides guter Gesundheitszustand, geregelte Verdauung und ein von anderen Gedanken freier Kopf äußerst wichtig sind. 36 Tatsächlich kommt es nun beim Beherrschen dessen, was wir schriftlich ausgearbeitet haben, sehr stark und bei dem Behalten dessen, was wir nur im Kopf überdenken, fast ausschließlich, wenn man von der Übung absieht, die am allerwichtigsten ist, auf Gliederung und Wortfügung an; denn wer richtig gegliedert hat, wird in der Reihenfolge, in der er den Stoff behandelt, nie irre werden können. 37 Denn nicht nur bei der Aufstellung, sondern auch bei ihrer Durchführung steht ja, wenn das, was wir sagen, überhaupt richtig ist, in der Abfolge der Untersuchungen ganz fest, was erstens, zweitens usw. behandelt wird, und die ganze Verknüpfung des Stoffes ist so dicht, daß dabei weder etwas weggelassen noch hinzugesetzt werden kann, ohne daß man es gleich merkt. 38 Scaevola hat ja einmal, als er beim Zwölf-Linien-Spiel[73] den ersten Zug hatte und die Partie verlor, während er aufs Land

que victus, dum rus tendit, repetito totius certaminis ordine, quo dato errasset recordatus, rediit ad eum, quocum luserat, isque ita factum esse confessus est: minus idem ordo valebit in oratione, praesertim totus nostro arbitrio constitutus, cum tantum ille valeat alternus? 39 etiam quae bene composita erunt, memoriam serie sua ducent: nam sicut facilius versus ediscimus quam prosam orationem, ita prosae iuncta[d] quam dissoluta. sic contigit, ut etiam quae ex tempore videbantur effusa ad verbum repetita reddantur. quod meae quoque memoriae mediocritatem sequebatur, si quando interventus aliquorum, qui hunc honorem mererentur, iterare declamationis partem coegisset. nec est mendacio locus, salvis, qui interfuerunt.

40 Si quis tamen unam maximamque a me artem memoriae quaerat, exercitatio est et labor: multa ediscere, multa cogitare, et si fieri potest cotidie, potentissimum est: nihil aeque vel augetur cura vel neglegentia intercidit. 41 quare et pueri statim, ut praecepi, quam plurima ediscant, et, quaecumque aetas operam iuvandae studio memoriae dabit, devoret initio taedium illud et scripta et lecta saepius revolvendi et quasi eundem cibum remandendi. quod ipsum hoc fieri potest levius, si pauca primum et quae odium non adferant coeperimus ediscere, tum cotidie adicere singulos versus, quorum accessio labori sensum incrementi non adferat, in summam ad infinitum usque perveniat, et poetica prius, tum oratorum, novissime etiam solutiora numeris et magis ab usu dicendi remota, qualia sunt iuris consultorum. 42 difficiliora enim debent esse quae exercent, quo sit levius ipsum illud, in quod exercent, ut athletae ponderibus plumbeis adsuefaciunt manus, quibus vacuis et nudis in certamine utendum est. non omittam etiam,

d) **B**: vinctam **P** evincta **N** vincta *ed. Vasc. 1542 (Wint.)*

fuhr, die ganze Partie in Gedanken noch einmal nachgespielt, kehrte, als er sich erinnerte, wo er den Fehler gemacht hatte, zu seinem Spielpartner zurück, und dieser gab ihm zu, so sei es wirklich gewesen: soll da die Abfolge, die man im Kopf hat, bei der Rede weniger einprägsam sein, zumal sie ja doch ganz nach unserem Ermessen festgelegt ist, wenn eine Abfolge, die von zwei Köpfen bestimmt wird, sich so einprägt? 39 Auch ein Text, der eine gute Wortfügung besitzt, wird durch seine eigene Dichte dem Gedächtnis Anhalt bieten; denn wie wir leichter Verse auswendig lernen als Prosa, so in der Prosa leichter die mit, als die ohne rhythmische Bindung. So konnte es gelingen, auch Partien, die aus dem Stegreif gesprochen schienen, bei der Wiederholung wörtlich wiederzugeben. So weit hat es auch mein mittelmäßiges Gedächtnis gebracht, wenn einmal die Dazwischenkunft von Gästen, die dieser Ehre wert waren, dazu nötigte, einen Teil der Deklamation zu wiederholen. Das kann ich ohne den Verdacht der Schwindelei behaupten, da noch Teilnehmer am Leben sind, die es miterlebt haben.

40 Wenn mich indessen jemand nach der einen unfehlbaren Kunst fragt, sein Gedächtnis auszubilden, so lautet die Antwort: Übung und Fleiß. Viel auswendig zu lernen, viel zu überdenken, und zwar, wenn möglich, Tag für Tag, das ist das Wirkungsvollste. Nichts gewinnt mehr durch Sorgfalt und verliert mehr durch Vernachläßigung. 41 Deshalb sollen die Knaben, wie ich vorgeschrieben habe,[74] möglichst viel auswendig lernen, und jede Altersstufe, bei der es darauf ankommt, das Gedächtnis durch Fleiß zu fördern, muß von Anfang an den Widerwillen austilgen, das, was man geschrieben und gelesen hat, immer wieder aufzuschlagen und gleichsam die gleiche Speise wiederzukäuen. Gerade das aber kann umso leichter fallen, wenn wir damit beginnen, zuerst nur wenig und nur solches, wogegen wir keine Abneigung haben, auswendig zu lernen, dann täglich ein paar Zeilen hinzuzunehmen, so daß der Zuwachs gar nicht merklich macht, daß die Mühe gewachsen sei, insgesamt aber bis zu unbegrenztem Umfang des Gedächtnisses führt, und zwar zuerst Dichtungen vorzunehmen, dann Reden, zuletzt auch solches, was weniger rhythmisch gebunden und dem Gebrauch des Alltags fernerliegend ist, wie etwa die Sprache der Jurisprudenz. 42 Denn das, was zur Übung dient, muß schwieriger sein, damit, wozu es übt, selbst leichter fällt, wie die Athleten mit Bleigewichten ihre Hände trainieren, die sie im Wettkampf frei und unbeschwert gebrauchen müssen. Auch darf ich nicht übergehen,

[74] s. o. 1, 1, 35f.

quod cotidianis experimentis deprenditur, minime fidelem esse paulo tardioribus ingeniis recentem memoriam. 43 mirum dictu est nec in promptu ratio, quantum nox interposita adferat firmitatis, sive requiescit labor ille, cuius sibi ipsa fatigatio obstabat, sive maturatur atque concoquitur, quae[e] firmissima eius pars est, recordatio: quae statim referri non poterant, contexuntur postera die, confirmatque memoriam idem illud tempus, quod esse in causa solet oblivionis. 44 etiam illa praevelox fere cito effluit, et, velut praesenti officio functa nihil in posterum debeat, tamquam dimissa discedit. nec est mirum magis haerere animo quae diutius adfixa sint.

Ex hac ingeniorum diversitate nata dubitatio est, ad verbum sit ediscendum dicturis, an vim modo rerum atque ordinem complecti satis sit: de quo sine dubio non potest in universum pronuntiari. 45 nam si memoria suffragatur, tempus non defuit, nulla me velim syllaba effugiat: alioqui etiam scribere sit supervacuum. idque praecipue a pueris optinendum atque in hanc consuetudinem memoria exercitatione redigenda, ne nobis discamus ignoscere. ideoque et admoneri et ad libellum respicere vitiosum, quod libertatem neglegentiae facit, nec quisquam se parum tenere iudicat, quod ne sibi excidat non timet. 46 inde interruptus actionis impetus et resistens ac salebrosa oratio: et qui dicit ediscenti similis, etiam omnem bene scriptorum gratiam perdit vel hoc ipso, quod scripsisse se confitetur. memoria autem facit etiam prompti ingeni famam, ut illa, quae dicimus, non domo attulisse, sed ibi protinus sumpsisse videamur, quod et oratori et ipsi causae plurimum confert. 47 nam et magis miratur et minus timet iudex, quae non putat adversus se praeparata. idque in actionibus

e) *Spalding:* seu **BP**

was sich aus der Erfahrung des Alltags immer bestätigt, daß bei etwas langsameren Köpfen das, was frisch im Gedächtnis sitzt, am allerwenigsten getreulich behalten wird. 43 Seltsam und nicht leicht zu erklären ist die Tatsache, wieviel der Zwischenraum einer Nacht zur Befestigung des Gedächtnisses ausmacht, sei es deshalb, weil die Anstrengung, bei der die Erschöpfung ihr selbst entgegenwirkte, nun ruht, sei es auch, weil nun gereift und gar wird, was der wichtigste Teil des Gedächtnisses ist, nämlich die Wiedererinnerung — jedenfalls: was auf der Stelle sich nicht einstellen wollte, läuft am folgenden Tag wie am Schnürchen, und seine Befestigung verdankt das Gedächtnis gerade der Zeit, die doch das Vergessen zu verursachen pflegt. 44 Auch ein allzu schnelles Gedächtnis läßt gewöhnlich schnell wieder nach, und als hätte es, wenn es für den Augenblick seinen Dienst getan hat, keine Verpflichtung für später, verschwindet es, als wäre es aus dem Dienst entlassen. Und es ist ja auch nicht verwunderlich, daß das im Geist fester haftet, was länger mit ihm in Verbindung war.

Aufgrund der so verschiedenen natürlichen Anlagen hat man bei der Frage zweifeln können, ob man vor einer Rede den Text wörtlich auswendig lernen soll, oder ob es ausreiche, nur die wichtigen Tatsachen und ihre Reihenfolge zu beherrschen. 45 Hierzu läßt sich zweifellos ein Gesamturteil nicht abgeben; denn wenn das Gedächtnis voll mitmacht und es an der Zeit nicht gefehlt hat, so sollte keine Silbe wegfallen – sonst wäre es ja auch überflüßig, sie aufzuschreiben. Und so ist es zumal von den Knaben zu verlangen, und das Gedächtnis durch Übung zu solcher Gewöhnung zu bringen, daß wir uns gar nicht angewöhnen, hier mit uns nachsichtig zu sein. Deshalb ist es auch ein Fehler, sich vorsagen zu lassen und auch auf das Buch zu schauen, weil es der Nachlässigkeit Vorschub leistet, und niemand bei sich feststellt, er sei noch nicht sicher genug, weil er keine Bange hat, es könne ihm etwas entfallen. 46 Daher dann die Unterbrechungen, die den Schwung des Vortrags hemmen, und die stockende und stammelnde Rede; und wer spricht, als wäre er noch beim Auswendiglernen, der verscherzt sich alle Gunst, die ein gutes Manuskript verdient, eben schon deshalb, weil er so eingesteht, daß er ein Manuskript besitzt. Das Gedächtnis aber verschafft auch den Ruf eines schlagfertigen Geistes, so daß es so scheint, als hätten wir das, was wir sagen, nicht vom Schreibtisch mitgebracht, sondern an Ort und Stelle gleich geliefert, was für den Redner und seine Sache äußerst günstig ist. 47 Denn der Richter bestaunt mehr und fürchtet weniger, was er nicht schon für vorher gegen ihn hergestellt hält; und deshalb

inter praecipua servandum est, ut quaedam etiam, quae optime vinximus, velut soluta enuntiemus et cogitantibus nonnumquam et dubitantibus similes quaerere videamur quae attulimus. ergo quid sit optimum, neminem fugit. 48 si vero aut memoria natura durior erit aut non suffragabitur tempus, etiam inutile erit ad omnia se verba alligare, cum oblivio unius eorum cuiuslibet aut deformem haesitationem aut etiam silentium inducat,[f] tutiusque multo comprehensis animo rebus ipsis libertatem sibi eloquendi relinquere. 49 nam et invitus perdit quisque id quod elegerat verbum, nec facile reponit aliud, dum id, quod scripserat, quaerit. sed ne hoc quidem infirmae memoriae remedium est nisi in his, qui sibi facultatem aliquam dicendi ex tempore paraverunt. quod si cui utrumque defuerit, huic omittere omnino totum actionum laborem, ac, si quid in litteris valet, ad scribendum potius suadebo convertere: sed haec rara infelicitas erit.

50 Ceterum quantum natura studioque valeat memoria, vel Themistocles testis, quem unum intra annum optime locutum esse Persice constat, vel Mithridates, cui duas et viginti linguas, quot nationibus imperabat, traditur notas fuisse, vel Crassus ille dives, qui cum Asiae praeesset, quinque Graeci sermonis differentias sic tenuit, ut, qua quisque apud eum lingua postulasset, eadem ius sibi redditum ferret, vel Cyrus, quem omnium militum tenuisse creditum est nomina: 51 quin semel auditos quamlibet multos versus protenus dicitur reddidisse

f) **P**: indicat **BH**

ist es bei Gerichtsreden als eine Grundregel zu beachten, bestimmte Stellen gerade, die wir aufs beste rhythmisch gebunden haben, so vorzutragen, als wären sie ganz frei, und so auszusehen, als überlegten wir manchmal und wären im Zweifel, während wir das suchen, was wir schon ausgearbeitet mitgebracht haben. 48 Was also das Beste ist, kann jedermann sehen. Wenn jedoch entweder das Gedächtnis von Natur zu spröde ist oder die Zeit nicht zur Verfügung steht, dann wird es sogar unnütz sein, sich an alle Worte zu binden, da es, wenn wir auch nur irgendeins von ihnen vergessen, entweder zu häßlichem Stocken oder gar zum Verstummen führt, und es wird viel sicherer sein, den Stoff selbst im Kopf zu beherrschen, für die Darstellung aber sich die Freiheit vorzubehalten. 49 Denn zwar nur ungern verzichtet jedermann auf ein Wort, das er sich ausgesucht hatte, setzt aber nicht leicht ein anderes an dessen Stelle, während er nach dem Wort sucht, das er sich aufgeschrieben hatte. Jedoch liegt hier auch noch kein Mittel gegen ein schwaches Gedächtnis, wenn man sich nicht schon eine gewisse Fähigkeit erworben hat, aus dem Stegreif zu sprechen. Fehlt aber jemandem beides, so muß ich den Rat geben, ganz die Mühe um Reden vor Gericht aufzugeben und sich, wenn er eine Stärke in der schriftlichen Ausarbeitung besitzt, sich besser ganz dem Schreiben zuzuwenden. Doch finden sich so unglückliche Naturen selten.

50 Welche Leistungen übrigens das Gedächtnis durch Naturbegabung und Fleiß erzielen kann, dafür kann Themistokles Zeugnis ablegen, der bekanntlich[75] innerhalb eines Jahres fließend Persisch gesprochen hat, oder Mithridates, von dem man berichtet, er habe die 22 Sprachen aller der Völker gekonnt, über die er geboten, oder auch Crassus 'der Reiche', der, als er Prokonsul von Kleinasien war, fünf verschiedene griechische Dialekte so beherrschte, daß er jedem in der Sprache, in der er sein Urteil erbat, Recht gesprochen haben soll, oder auch Kyros[76], von dem es heißt, er hätte die Namen aller seiner Soldaten gekannt; 51 ja, Theodektes[77] soll beliebig viele Verse nach einmaligem Anhören auf der Stelle wiedergegeben haben. Man hat mir gesagt, es gäbe auch heute noch Gedächtniskünstler, die das ver-

[75] vgl. Thukydides 1, 138.

[76] vgl. die Beispiele bei Plinius in seiner ›Naturgeschichte‹, 7, 24 und bei Valerius Maximus 8, 7, 16.

[77] v. Phaselis, der isokrateische Redelehrer und Tragödiendichter, mit dessen rhetorischem Lehrbuch Aristoteles eng vertraut ist; s. o. 1, 4, 18.

Theodectes. dicebantur etiam nunc esse qui facerent, sed mihi numquam, ut ipse interessem, contigit: habenda tamen fides est vel in hoc, ut, qui crediderit, et speret.

III.

1 Pronuntiatio a plerisque 'actio' dicitur, sed prius nomen a voce, sequens a gestu videtur accipere. namque actionem Cicero alias 'quasi sermonem', alias 'eloquentiam quandam corporis' dicit. idem tamen duas eius partis facit, quae sunt eaedem pronuntiationis, vocem atque motum: quapropter utraque appellatione indifferenter uti licet. 2 habet autem res ipsa miram quandam in orationibus vim ac potestatem: neque enim tam refert, qualia sint quae intra nosmet ipsos composuimus, quam quo modo efferantur: nam ita quisque, ut audit, movetur. quare neque probatio ulla, quae modo venit ab oratore, tam firma est, ut non perdat vires suas, nisi adiuvatur adseveratione dicentis. adfectus omnes languescant necesse est, nisi voce, vultu, totius prope habitu corporis inardescunt. 3 nam cum haec omnia fecerimus, felices tamen, si nostrum illum ignem iudex conceperit, nedum eum supini securique moveamus ac non et ipse nostra oscitatione solvatur. 4 documento sunt vel scaenici actores, qui et optimis poetarum tantum adiciunt gratiae, ut nos infinite[g] magis eadem illa audita quam lecta delectent, et vilissimis etiam quibusdam impetrant aures, ut, quibus nullus est in bybliothecis locus, sit etiam frequens in theatris. 5 quod si in rebus, quas fictas esse scimus et inanes, tantum pronuntiatio potest, ut iram, lacrimas, sollicitudinem adferat, quanto plus valeat

g) infinito **P**

möchten, doch hatte ich nie Gelegenheit, so etwas zu erleben. Dennoch soll es Glauben verdienen schon zu dem Zweck, daß daraus Zuversicht schöpfe, wer den Glauben daran hat.

DRITTES KAPITEL

Der Vortrag

1 Der Vortrag heißt bei den meisten 'actio' (Auftreten), jedoch scheint er den ersteren Namen von der Verwendung der Stimme, den letzteren von der des Gebärdenspieles zu haben. Denn Cicero[78] nennt 'actio' einmal 'gleichsam die Sprache', ein andermal 'eine Art von körperlicher Beredsamkeit'. Zugleich indessen zerlegt er sie in zwei Teile, die zugleich die Teile der 'pronuntiatio' sind, Stimme und Bewegung; deshalb darf man beide Bezeichnungen ohne Unterschied gebrauchen. 2 Das Gemeinte selbst aber bedeutet in den Reden etwas ganz Erstaunliches an Kraft und Macht; denn es kommt ja nicht so sehr darauf an, wie gut das ist, was wir selbst in unserem Inneren verfaßt haben, als darauf, wie es vorgetragen wird: denn es wird ein jeder so, wie er sie hört, von der Rede gepackt. Deshalb ist keine Beweisführung, die nur ein Redner zu bieten hat, so stark, daß sie nicht die ihr eigene Kraft einbüßte, wenn sie nicht durch den vollen Einsatz des Redenden gestützt wird. Alle Gefühlswirkungen müssen matt werden, wenn sie nicht ihr Feuer erhalten durch die Stimme, das Mienenspiel und nahezu alles in der Haltung des Körpers. 3 Denn auch wenn wir dies alles aufbieten, ist es doch noch ein Glück, falls auch den Richter dies unser Feuer erfaßt – geschweige denn, daß wir ihn mit unserer Nachläßigkeit und Unbekümmertheit packten, anstatt ihn vielmehr ebenfalls mit der Langeweile anzustecken. 4 Den Beweis liefern auch schon die Schauspieler auf der Bühne, die sowohl den vortrefflichsten Dichtern noch soviel mehr Reiz abgewinnen, daß der Genuß, den sie uns bereiten, noch unvergleichlich viel größer ist, wenn wir die Szene hören, als sie nur lesen, aber auch selbst für manche ganz gewöhnliche Stücke unser Ohr gewinnen, so daß sie, für die in unseren Bibliotheken kein Raum ist, ihn sogar immer wieder im Theater finden. 5 Wenn aber schon bei Ereignissen, von denen wir wissen, daß sie erdichtet sind und leerer Schein, der Vortrag so viel vermag, wieviel mehr muß er da bedeuten,

[78] de orat. 3, 59, 222 vgl. orat. 17, 55.

necesse est, ubi et credimus? equidem vel mediocrem orationem commendatam viribus actionis adfirmarim plus habituram esse momenti quam optimam eadem illa destitutam. 6 si quidem et Demosthenes, quid esset in toto dicendi opere primum interrogatus, pronuntiationi palmam dedit eidemque secundum ac tertium locum, donec ab eo quaeri desineret, ut eam videri posset non praecipuam, sed solam iudicasse: 7 ideoque ipse tam diligenter apud Andronicum hypocriten studuit, ut admirantibus eius orationem Rhodiis non inmerito Aeschines dixisse videatur: quid si ipsum audissetis? et M. Cicero 'unam in dicendo actionem dominari' putat. 8 hac Cn. Lentulum plus opinionis consecutum quam eloquentia tradit, eadem C. Gracchum in deflenda fratris nece totius populi Romani lacrimas concitasse, Antonium et Crassum multum valuisse, plurimum vero Q. Hortensium. cuius rei fides est, quod eius scripta tantum intra[h] famam sunt, qua diu princeps orator,[i] aliquando aemulus Ciceronis existimatus est, novissime, quoad vixit, secundus, ut appareat placuisse aliquid eo dicente, quod legentes non invenimus. 9 et hercule cum valeant multum verba per se et vox propriam vim adiciat rebus et gestus motusque significet aliquid, profecto perfectum quiddam fieri, cum omnia coierunt, necesse est.

10 Sunt tamen qui rudem illam et qualem impetus cuiusque animi tulit actionem iudicent fortiorem et solam viris dignam, sed non alii fere, quam qui etiam in dicendo curam et artem et nitorem et quidquid studio paratur ut adfectata et parum naturalia solent inprobare, vel

h) infra *Gallaeus*
i) oratorum *corr.* **P** *ed. Camp.*

wo wir das Geschehene auch glauben? Ja, ich möchte behaupten, daß selbst eine mittelmäßige Rede, die sich durch die mitreißende Kraft des Vortrags empfiehlt, mehr Eindruck hinterlassen wird als die beste, der diese Empfehlung fehlt. 6 Hat ja doch auch Demosthenes auf die Frage, was bei der ganzen Aufgabe, die der Redner zu leisten hat, an die erste Stelle zu setzen sei, den Siegesplatz dem Vortrag verliehen und ihm auch weiter den zweiten und dritten Platz (zuerkannt), bis man aufhörte, weiterzufragen, so daß es offensichtlich war, daß er ihn nicht nur für die Hauptsache, sondern für das Einzige (was zählt) erkannt hatte; 7 und deshalb hat er selbst so sorgfältig bei dem Schauspieler Andronicus studiert, daß Aischines offenbar ganz recht hatte, als er zu den Rhodiern, die dessen Rede bestaunten, sagte: was erst, wenn ihr ihn selbst gehört hättet? Auch M. Cicero[79] ist der Ansicht: 'daß es einzig der Vortrag sei, der beim Reden den Ausschlag gebe'. 8 Der Vortrag sei es gewesen, berichtet er[80], wodurch Cn. Lentulus mehr Ansehen gewonnen habe als durch seine Beredsamkeit, wodurch auch C. Gracchus in seiner Klage über die Ermordung seines Bruders das ganze römische Volk zu Tränen gerührt habe, worin auch Antonius und Crassus ihre Stärke gehabt hätten, vor allem aber Hortensius. Die Gewähr hierfür liegt in der Tatsache, daß dessen geschriebene Reden so wenig der Größe des Ruhmes entsprechen, wonach man ihm als Redner lange Zeit die führende Rolle, dann eine Zeit lang die eines ebenbürtigen Gegners Ciceros und zuletzt den zweiten Platz in Rom zuerkannte, so daß es ganz klar ist, daß, wenn er so sprach, etwas zum Beifall hingerissen hat, was wir bei der Lektüre nicht empfinden. 9 Und, beim Herkules, da ja die Worte an sich schon viel ausmachen, die Stimme dem, was wir sagen, noch eine eigene Ausdruckskraft gibt und Gebärde und Bewegung auch noch etwas zu bedeuten hat, so muß ja gewiß etwas Vollkommenes zustande kommen, wenn das alles zusammenwirkt.

10 Dennoch gibt es Kritiker, die den ungeschulten und vom Schwung der Stimmung des Augenblickes getragenen Vortrag für stärker und einzig für wahrer Männer würdig halten, jedoch sind das gewöhnlich die gleichen Leute, die auch bei der Rede gern die Sorgfalt, Kunst, den Glanz der Form und alles, was nur durch fleißige Studien erzielt werden kann, als gesucht und nicht natürlich genug mißbilligen, oder die gar schon durch das Bäuerische ihrer Worte

[79] de orat. 3, 56, 213.

[80] im ›Brutus‹: 66. 89. 38. 43. 88.

qui verborum atque ipsius etiam soni rusticitate, ut L. Cottam dicit Cicero fecisse, imitationem antiquitatis adfectant. 11 verum illi persuasione sua fruantur, qui hominibus, ut sint oratores, satis putant nasci: nostro labori dent veniam, qui nihil credimus esse perfectum, nisi ubi natura cura iuvetur. in hoc igitur non contumaciter consentio, primas partis esse naturae. 12 nam certe bene pronuntiare non poterit, cui aut in scriptis memoria aut in his, quae subito dicenda erunt, facilitas prompta defuerint, nec si inemendabilia oris incommoda obstabunt. corporis etiam potest esse aliqua tanta deformitas, ut nulla arte vincatur. 13 sed ne vox quidem nisi libera ⟨macu⟩lis[j] actionem habere optimam potest. bona enim firmaque, ut volumus, uti licet: mala vel inbecilla et inhibet multa, ut insurgere et exclamare,[k] et aliqua cogit, ut intermittere[l] et deflectere et rasas fauces ac latus fatigatum deformi cantico reficere. sed nos de eo nunc loquamur, cui non frustra praecipitur.

14 Cum sit autem omnis actio, ut dixi, in duas divisa partis, vocem gestumque, quorum alter oculos, altera aures movet, per quos duos sensus omnis ad animum penetrat adfectus, prius est de 'voce' dicere, cui etiam gestus accommodatur.

In ea prima observatio est, qualem habeas, secunda, quo modo utaris. natura vocis spectatur quantitate et qualitate. 15 quantitas simplicior: in summam enim grandis aut exigua est, sed inter has extremitates mediae sunt species et ab ima ad summam ac retro sunt multi gradus. qualitas magis varia. nam est et candida et fusca, et plena et exilis, et levis et aspera, et contracta et fusa, et dura et flexibilis, et clara et obtusa. 16 spiritus etiam longior breviorque. nec causas, cur quidque eorum accidat, persequi proposito operi necessarium est:

j) *Rad.:* liberalis **B** exilis **b**

k) et exclamare *ed. Basil.:* exclam. **BP** et clam. **bH**

l) summittere **B**

und des Tones selbst, wie es nach Cicero[81] L. Cotta gemacht haben soll, die Art der Alten zu treffen suchen. 11 Jedoch mögen diese Leute sich in ihrer Überzeugung gefallen, es genüge für die Menschen, um Redner zu sein, auf die Welt zu kommen; doch mögen sie mit Nachsicht die Mühe betrachten, die wir uns machen, die wir glauben, nichts sei vollkommen, wo nicht die Natur durch unsere Sorge und Mühe gefördert werde. Daß hierbei der Natur die Hauptrolle zufällt, will ich also unumwunden zugeben. 12 Denn jedenfalls wird jemand nicht imstande sein, gut vorzutragen, dem bei dem schriftlich Ausgearbeiteten das Gedächtnis, oder bei dem, was ohne Vorbereitung gesprochen werden muß, die Gewandtheit und Leichtigkeit fehlt, oder auch, falls unheilbare Sprachfehler im Wege stehen. Auch der Körper kann eine so häßliche Entstellung aufweisen, daß keine Kunst mit ihr fertigzuwerden vermag. 13 Doch auch schon, wenn die Stimme nicht ganz frei von Mängeln ist, kann der Vortrag das Höchste nicht erreichen; denn eine gute, feste Stimme kann man verwenden, wie man will, eine schlechte oder schwache verbietet einesteils vieles, wie etwa das Anschwellen und Ausrufen, nötigt aber andererseits zu manchem Behelf, etwa abzusetzen und den Ton zu ändern und die rauhe Kehle und die erschöpfte Lunge durch unschöne Singtöne aufzufrischen. Doch wir wollen jetzt nur von dem Fall sprechen, wo der Unterricht nicht aussichtslos ist.

14 Da aber, wie gesagt, der ganze Vortrag in zwei Gebiete zerfällt, Stimme und Gebärdenspiel, wobei das Letztere auf die Augen, das Erstere auf die Ohren wirkt, auf die beiden Sinne, durch die jede Gefühlsregung in das Innere dringt, ist es das Erste, *über die Stimme* zu sprechen, der sich ja auch das Gebärdenspiel anpaßt.

Bei ihr ist die erste Frage, wie es mit ihr steht, die zweite die, wie man sie einsetzen soll. Die natürliche Leistungsfähigkeit der Stimme wird nach ihrem Umfang und ihrer Klangform bestimmt. 15 Einfach ist dabei die Bestimmung des Umfangs: im Ganzen ist sie nämlich groß oder klein, jedoch gibt es zwischen diesen Grenzpunkten Mittellagen, und in die Höhe wie auch umgekehrt in die Tiefe gibt es viele Abstufungen. Mannigfaltiger ist die Bestimmung der Klangform; denn bald ist sie hell, bald dunkel, bald voll, bald dünn, bald glatt, bald rauh, bald straff, bald breit, bald starr, bald schmiegsam, bald strahlend, bald stumpf. 16 Auch der Atem ist bald länger, bald kürzer. Dabei erfordert es der Plan unseres Werkes nicht, den Gründen nachzugehen, warum es zu jeder dieser Erscheinungen

[81] de orat. 3, 11, 42; Brut. 34, 259.

eorumne sit differentia, in quibus aura illa concipitur, an eorum, per quae velut organa meat[m]: ipsi propria natura, an prout movetur: lateris pectorisve firmitas an capitis etiam plus adiuvet. nam opus est omnibus, sicut non oris modo suavitate, sed narium quoque, per quas quod superest vocis egeritur. dulcis esse[n] tamen debet,[o] non exprobrans sonus.

17 Utendi voce multiplex ratio. nam praeter illam differentiam, quae est tripertita, acutae, gravis, flexae, tum intentis tum remissis, tum elatis tum inferioribus modis opus est, spatiis quoque lentioribus aut citatioribus. 18 sed his ipsis media interiacent multa, et ut facies, quamquam ex paucissimis constat, infinitam habet differentiam, ita vox, etsi paucas, quae nominari possint, continet species, propria cuique est, et non haec minus auribus quam oculis illa dinoscitur.

19 Augentur autem sicut omnium, ita vocis quoque bona cura, [et][p] neglegentia vel inscitia[q] minuuntur. sed cura non eadem oratoribus quae phonascis convenit, tamen multa sunt utriusque communia, firmitas corporis, ne ad spadonum et mulierum et aegrorum exilitatem vox nostra tenuetur, quod ambulatio, unctio,[r] veneris abstinentia, facilis ciborum digestio, id est frugalitas praestat. 20 praeterea ut sint fauces integrae, id est molles ac leves, quarum vitio et frangitur et obscuratur et exasperatur et scinditur vox. nam ut tibiae eodem spiritu accepto alium clusis, alium apertis foraminibus, alium non satis purgatae, alium quassae sonum reddunt, item fauces tumentes strangulant vocem, obtusae obscurant, rasae exasperant, convulsae fractis sunt organis similes. 21 finditur etiam spiritus obiectu aliquo, sicut lapillo tenues aquae, quarum rictus[s] etiam si ultra paulum coit, aliquid tamen cavi

m) *Spalding:* meat an **BHP**
n) sit *Halm*
o) **P**: *om.* **BH**
p) *del. Spalding:* et **B** in **bH**
q) *Kroll:* vel scitia **B** *om.* **G**
r) vinctio **B**
s) *Rad.* cursus *Spalding* impetus *Wint.:* spiritus

kommt: Ob der Unterschied durch die Stellen bestimmt wird, wo der Luftstrom geschöpft wird, oder durch die, die er wie Werkzeuge durchdringt; ob der Unterschied von ihrer natürlichen Eigenart abhängt oder davon, wie sie bewegt wird; ob die Stärke der Lunge oder der Brust oder auch des Kopfes ihr eine größere Hilfe bietet. Denn erforderlich ist ja all das, wie auch nicht nur der Wohllaut des Mundes erforderlich ist sondern auch der der Nase, durch die der überschüssige Teil des Klanges entweicht. Angenehm muß jedenfalls der Ton klingen, nicht anstößig.

17 Die Verwendung der Stimme erfolgt nach vielerlei Gesichtspunkten. Denn außer der Grundunterscheidung, die in der Dreiteilung der hoch, tief und schwebend betonten Silbe besteht, sind bald nachdrückliche, bald gelöste, bald erhabene, bald niedrigere Formen der Tongebung am Platze, auch gedehntere oder beschleunigte Zeitmaße. 18 Doch gerade hierbei gibt es viele Mittellagen, und wie das Antlitz, obwohl es nur aus ganz wenigen Teilen besteht, doch eine grenzenlose Vielfalt von Unterschieden besitzt, so besitzt auch jeder seine eigentümliche Stimme, auch wenn sie nur wenige Besonderheiten in ihrer Erscheinung hat, die man in einer Benennung fassen kann, und mit dem Ohr läßt sie sich nicht weniger deutlich unterscheiden wie das Antlitz mit dem Auge.

19 Steigern aber lassen sich wie bei allen Dingen so auch bei der Stimme die guten Ansätze durch sorgfältige Behandlung, wie sie durch Nachlässigkeit oder Unkenntnis gemindert werden. Jedoch schickt sich nicht die gleiche Stimmpflege bei den Rednern wie bei den Gesangslehrern, wenn auch beide vieles gemeinsam haben, so die feste körperliche Konstitution, damit unsere Stimme nicht zur Dürftigkeit der Stimme von Eunuchen, Frauen und Kranken verkümmere, wogegen Spaziergänge, Salben, Enthaltung vom Geschlechtsverkehr und der Genuß leicht verdaulicher Speisen, also eine einfache Lebensführung, gut sind. 20 Außerdem soll unsere Kehle rein d.h. geschmeidig und glatt sein; fehlt es ihr nämlich hieran, so klingt die Stimme gebrochen, dunkel, rauh und rissig. Denn wie die Flöten, mit dem gleichen Atem angeblasen, einen anderen Ton von sich geben, wenn die Grifflöcher gedeckt als wenn sie geöffnet, und wieder einen anderen, wenn die Instrumente nicht richtig gereinigt oder gesprungen sind, ebenso schnürt eine zu volle Kehle die Stimme ein, eine stumpfe verdunkelt sie, eine entzündete macht sie rauh, eine verkrampfte wirkt wie ein gesprungenes Instrument. 21 Bei einem Widerstand spaltet sich auch die Atemsäule, wie ein Rinnsal an einem Steinchen, dessen Auseinanderklaffen, auch wenn der Strom sich kurz dahinter wieder zusam-

relinquit post id ipsum, quod offenderat. umor quoque vocem ut nimius impedit, ita consumptus destituit. nam fatigatio, ut corpora, non ad praesens modo tempus, sed etiam in futurum adficit. 22 sed ut communiter et phonascis et oratoribus necessaria est exercitatio, qua omnia convalescunt, ita curae non idem genus est. nam neque certa tempora ad spatiandum dari possunt tot civilibus officiis occupato, nec praeparare ab imis sonis vocem ad summos, nec semper a contentione condere licet, cum pluribus iudiciis saepe dicendum sit. 23 ne ciborum quidem est eadem observatio: non enim tam molli teneraque voce quam forti ac durabili opus est, cum illi omnes etiam altissimos sonos leniant cantu oris, nobis pleraque aspere sint concitateque dicenda et vigilandae noctes et fuligo lucubrationum bibenda et in sudata veste durandum. 24 quare vocem deliciis non molliamus nec inbuatur ea consuetudine, quam desideratura sit, sed exercitatio eius talis sit qualis usus, ne silentio subsidat, sed firmetur consuetudine, qua difficultas omnis levatur. 25 ediscere autem, quo exercearis, erit optimum (nam ex tempore dicentis avocat a cura vocis ille, qui ex rebus ipsis concipitur, adfectus), et ediscere quam maxime varia, quae et clamorem et disputationem et sermonem et flexus habeant, ut simul in omnia paremur. 26 hoc satis est. alioqui nitida illa et curata vox insolitum laborem recusabit, ut adsueta gymnasiis et oleo corpora, quamlibet sint in suis certaminibus speciosa atque robusta, si militare iter fascemque et vigilias imperes, deficiant et quaerant unctores suos nudumque sudorem. 27 illa quidem in hoc opere praecipi quis ferat, vitandos soles atque ventos et nubila etiam ac

menschließt, doch gerade da, wo es angestoßen war, eine freie Stelle hinterläßt. Auch die Mundfeuchtigkeit ist für die Stimme so hinderlich, wenn sie zu reichlich fließt, wie sie ihr abträglich ist, wenn sie verbraucht ist. Denn Erschöpfung beeinträchtigt wie den Körper so auch die Stimme nicht nur für den gegenwärtigen Zeitpunkt sondern auch für die Zukunft. 22 Jedoch so sehr auch die Stimmbildung für Gesangslehrer und Redner gemeinsam eine notwendige Übung bildet, so wenig ist doch die Form der Stimmpflege gleichartig. Denn ein Mann, der mit so vielen Verpflichtungen im bürgerlichen Leben beladen ist, kann weder feste Zeiten erübrigen, um spazieren zu gehen, noch ist es ihm gestattet, die Stimme vorher von der tiefsten bis zu höchsten Stimmlage durchzuprobieren oder sie immer nach einer Anstrengung zu schonen, da er oftmals in mehreren Prozessen sprechen muß. 23 Nicht einmal die gleiche Diät kann er einhalten; denn nicht so sehr eine weiche und zarte wie vielmehr eine starke und widerstandsfähige Stimme hat er nötig, da die Sänger alle, auch die höchsten Töne im Gesangsvortrag gelinde erklingen lassen, wir aber so vieles rauh und erregt vortragen, die Nächte durchwachen, den Qualm der Studierlampen in uns aufnehmen und im verschwitzten Gewand ausharren müssen. 24 Deshalb wollen wir die Stimme nicht mit Feinheiten verweichlichen und sie nicht eine Gewöhnung annehmen lassen, die sie dann vermissen wird, sondern die Übung soll so sein, wie die Praxis es verlangt, daß sie nicht durch Schweigen nachläßt, sondern durch ständige Gewöhnung gefestigt wird, wodurch ihr jede Schwierigkeit leicht fällt. 25 Auswendiglernen zu Übungszwecken aber wird das beste Mittel sein (sie zu üben) – denn beim Reden aus dem Stegreif lenkt (den Redner) von der sorgfältigen Behandlung der Stimme die Leidenschaft ab, die aus den Gegenständen, die wir behandeln, selbst gewonnen wird –, und zwar das Auswendiglernen möglichst abwechslungsreicher Stellen, die sowohl Gelegenheit zum beifallheischenden wie auch zum erörternden, plaudernden und ausdrucksvoll modulierenden Ton bieten, damit wir zugleich für alle Fälle gerüstet werden. 26 Damit ist es genug. Sonst wird eine so glatte und gepflegte Stimme sich der ungewohnten Anstrengung verweigern, wie die Körper, die an das Gymnasium und das Salböl gewöhnt sind, so stattlich und kräftig sie auch bei solchen Wettkämpfen erscheinen, versagen, wenn man von ihnen den Gepäckmarsch im Felde und die Nachtwachen verlangt, und sich nach dem Salböl ihrer Betreuer und dem Schweiß auf der nackten Haut sehnen. 27 Wer würde es hinnehmen, fände er hier in meinem Werk die Vorschrift, sonnenheißes, stürmisches, ja auch wolkiges und ausdörrendes Wetter

siccitates? ita, si dicendum in sole aut ventoso, umido, calido die fuerit, reos deseremus? nam quidem crudum[t] aut saturum aut ebrium aut eiecto modo vomitu, quae cavenda quidam monent, declamare neminem, qui sit mentis compos, puto. 28 illud non sine causa est ab omnibus praeceptum, ut parcatur maxime voci in illo a pueritia in adulescentiam transitu, quia[u] naturaliter inpeditur, non, ut arbitror, propter calorem, quod quidam putaverunt (nam est maior alias[v]), sed propter umorem potius: nam hoc aetas illa turgescit. 29 itaque nares etiam ac pectus eo tempore tument, atque omnia velut germinant eoque[w] sunt tenera et iniuriae obnoxia. sed, ut ad propositum redeam, iam confirmatae constitutaeque voci genus exercitationis optimum duco, quod est operi simillimum, dicere cotidie, sicut agimus. namque hoc modo non vox tantum confirmatur et latus, sed etiam corporis decens et accommodatus orationi motus componitur.

30 Non alia est autem ratio pronuntiationis quam ipsius orationis. nam ut illa emendata, dilucida, ornata, apta esse debet, ita haec quoque emendata erit, id est, vitio carebit, si fuerit os facile, explanatum, iucundum, urbanum, id est, in quo nulla neque rusticitas neque peregrinitas resonet. 31 non enim sine causa dicitur 'barbarum Graecumve': nam sonis homines ut aera tinnitu dinoscimus. ita fiet illud, quod Ennius probat, cum dicit 'suaviloquenti ore Cethegum' fuisse, non quod Cicero in his reprehendit, quos ait 'latrare, non agere'. sunt enim multa vitia, de quibus dixi, cum in quadam primi libri parte

t) crudum quidem *Regius*
u) **P** *(Regius) (Vt.)*: qui **BH**
v) *Spalding (Vt.)*: alis **B** alas **H**
w) **bH**: ideoque *Vt. om.* **BP**

zu meiden? Sollen wir dann, wenn wir in der Sonne oder an einem stürmischen, feuchten oder heißen Tage reden müssen, unsere Schutzbefohlenen auf der Anklagebank im Stiche lassen? Denn freilich nicht mit verdorbenem oder überfülltem Magen, betrunken, oder, wenn man sich gerade erbrochen hat, zu deklamieren, Warnungen, die sich bei manchen Lehrern finden, wird wohl niemand, der seiner Sinne mächtig ist, für nötig halten. 28 Nicht ohne Grund aber findet sich bei allen die Vorschrift, die Stimme vor allem in der Übergangszeit zwischen Kindheit und Jünglingsalter zu schonen, weil sich hier naturgemäß Behinderungen finden, nicht, möchte ich glauben, infolge der Körperhitze, was manche angenommen haben – denn diese ist zu anderer Zeit größer – sondern eher infolge der Feuchtigkeitsbildung; denn sie erfolgt in diesem Alter in der Fülle. 29 So quillt denn in dieser Zeit die Nase und auch die Brust über, und alles sprießt gleichsam und deshalb ist es zart und der Schädigung ausgesetzt. Hat aber, um wieder darauf zurückzukommen, die Stimme schon ihre Kraft und ihren festen Sitz, so halte ich die Art der Übung für die beste, die der eigentlichen Aufgabe am ähnlichsten ist, nämlich täglich zu reden, wie wir es ja auch bei den Verhandlungen tun. Denn auf diese Weise wird nicht nur die Stimme und die Lunge gekräftigt, sondern wir erzielen auch eine passende und der Rede angemessene Körperbewegung.

30 Beim Vortrag aber gelten keine anderen Gesichtspunkte als bei der Rede selbst. Denn wie diese fehlerfrei, deutlich, schmuckvoll und passend sein muß, so wird auch der Vortrag fehlerfrei sein, d.h. keinen Fehler enthalten, wenn die Aussprache leicht, klar, angenehm und in der Art unsere Hauptstadt klingt d.h. so, daß in ihr kein Anklang an die Sprache auf dem Land oder in der Fremde mitklingt. 31 Nicht ohne Grund nämlich sprechen wir von barbarischem oder griechischem Klang; denn am Ton unterscheiden wir die Menschen so deutlich wie das Metall am Klirren. So kommt es denn zu der Form, die Ennius rühmt, wenn er sagt,[82] 'süßtönende Rede' habe Cethegus besessen, nicht aber zu der, die Cicero[83] an den Rednern tadelt, von denen er sagt 'Gekläff böten sie, nicht einen Vortrag in der Gerichtsverhandlung'. Es gibt nämlich viele Fehler, von denen ich schon gesprochen habe, als ich in einem Abschnitt des 1. Buches[84] die Bildung der Aussprache der Knaben behandelt habe, da ich es für besser

[82] Ann. 304f. V.

[83] Brut. 15, 58.

[84] s. o. im 1. Buch: 1, 37; 5, 32; 8, 1; 11, 1.

puerorum ora formarem, oportunius ratus in ea aetate facere illorum mentionem, in qua emendari possunt. 32 itemque si ipsa vox primum fuerit, ut sic dicam, sana, id est, nullum eorum, de quibus modo retuli, patietur incommodum, deinde non subsurda, rudis, inmanis, dura, rigida, rava,[x] praepinguis, aut tenuis, inanis, acerba, pusilla, mollis, effeminata, spiritus nec brevis nec parum durabilis nec in receptu difficilis.

33 Dilucida vero erit pronuntiatio primum, si verba tota exierint, quorum pars devorari, pars destitui solet, plerisque extremas syllabas non perferentibus, dum priorum sono indulgent. ut est autem necessaria verborum explanatio, ita omnis inputare et velut adnumerare litteras molestum et odiosum: 34 nam et vocales frequentissime coeunt et consonantium quaedam insequente vocali dissimulantur. utriusque exemplum posuimus: 'Multum ille et terris'. 35 vitatur etiam duriorum inter se congressus, unde 'pellexit' et 'collegit', et quae alio loco dicta sunt. Ideoque laudatur in Catulo 'suavis appellatio litterarum'. secundum est, ut sit oratio distincta, id est: qui[y] dicit, et incipiat ubi oportet et desinat. observandum etiam, quo loco sustinendus et quasi suspendendus sermo sit, quod Graeci ὑποδιαστολήν vel ὑποστιγμήν vocant, quo deponendus. 36 suspenditur 'arma virumque cano', quia illud 'virum' ad sequentia pertinet, ut sit 'virum Troiae qui primus ab oris', et hic iterum. nam etiam si aliud est, unde venit quam quo venit, non distinguendum tamen,

x) *Burm.* rauca *Wilson:* vana
y) ⟨ut⟩ qui *Regius*

angebracht hielt, diese Dinge bei einer Altersstufe in Erinnerung zu bringen, in der sie noch zu verbessern sind. 32 Und ebenso kommt es zum fehlerfreien Vortrag, wenn zunächst die Stimme selbst sozusagen gesund ist d.h. wenn sie keine der Beeinträchtigungen erfährt, von denen ich gerade berichtet habe, und sie ferner nicht genuschelt, roh, grob, hart, starr, heiser, schmalzig oder dünn, hohl, abstoßend, kümmerlich, weichlich und weibisch klingt und das Atmen weder kurzatmig noch zu unregelmäßig noch beim Atemholen mühsam wirkt.

33 Deutlich nun ist der Vortrag *erstens* dann, wenn die Wörter ihre vollen Ausgänge erhalten, die ja gewöhnlich teils verschluckt, teils entstellt werden, da die meisten die Schlußsilben nicht voll bringen, während sie im Ton der vorangehenden Silben schwelgen. So notwendig aber die volle Entfaltung der Wörter ist, so lästig und abstoßend ist es, alle Buchstaben in Rechnung zu stellen und gleichsam einzeln zu verrechnen; 34 denn sowohl die Vokale verschmelzen oft genug, und auch bestimmte Konsonanten schwinden, wenn ein Vokal folgt. Für beides haben wir das Beispiel gegeben[85]: 'multum ille et terris'. 35 Vermieden wird auch das Zusammentreffen härterer Konsonantenverbindungen, weshalb es zu 'pellexit' (er hat verlockt) und 'collegit' (er hat gesammelt) und zu dem kommt, was an anderer Stelle[86] genannt ist. Und deshalb wird bei Catulus seine 'liebreiche Aussprache der Buchstaben'[87] gerühmt. Die *zweite* Voraussetzung der Deutlichkeit besteht darin, daß die Rede deutlich gegliedert ist, d.h. daß der Redende an der gehörigen Stelle anfängt und aufhört. Es gilt auch zu betrachten, an welcher Stelle die Rede innezuhalten hat und gleichsam in der Schwebe zu halten ist, was die Griechen mit ὑποδιαστολή oder ὑποστιγμή [88] bezeichnen, und an welcher Stelle der Ton sich senken muß. 36 In der Schwebe gehalten wird 'arma virumque cano'[89], weil das 'Mann' zu folgendem gehört, so daß es lautet 'virum Troiae qui primus ab oris'[90], und hier ist wieder innezuhalten; denn auch wenn es etwas anderes ist, woher er gekommen ist als das 'wohin er geht', so darf man doch nicht trennen, weil beides mit dem gleichen Wort 'er ist gekommen' zusammengefaßt

[85] s. o. 9, 4, 40: Aen. 1, 3.

[86] 9, 4, 37.

[87] Brut. 74, 259.

[88] absetzen oder schwach interpungieren.

[89] Aen. 1, 1.

[90] 'den Mann, der als erster von Troias Gestaden'.

quia utrumque eodem verbo continetur 'venit'. 37 tertio 'Italiam', quia interiectio est 'fato profugus' et continuum sermonem, qui faciebat 'Italiam Lavinaque', dividit. ob eandemque causam quarto 'profugus', deinde 'Lavinaque venit litora', ubi iam erit distinctio, quia inde alius incipit sensus. sed in ipsis etiam distinctionibus tempus alias brevius, alias longius dabimus: interest enim sermonem finiant an sensum. 38 itaque illam distinctionem 'litora' protenus altero spiritus initio insequar: cum illuc venero 'atque altae moenia Romae', deponam et morabor et novum rursus exordium faciam. 39 sunt aliquando et sine respiratione quaedam morae etiam in perihodis. ut enim[z] illa 'in coetu vero populi Romani negotium publicum gerens magister equitum' et cetera multa membra habent (sensus enim sunt alii atque alii), sed unam circumductionem: ita paulum morandum in his intervallis, non interrumpendus est contextus. et e contrario spiritum interim recipere sine intellectu morae necesse est, quo loco quasi surripiendus est: alioqui si inscite recipiatur, non minus adferat obscuritatis quam vitiosa distinctio. virtus autem distinguendi fortasse sit parva, sine qua tamen esse nulla alia in agendo potest.

40 Ornata est pronuntiatio, cui suffragatur vox facilis, magna, beata, flexibilis, firma, dulcis, durabilis, clara, pura, secans aëra et auribus sedens (est enim quaedam ad auditum accommodata non magnitudine, sed proprietate), ad hoc velut tractabilis, utique habens omnes in se qui desiderantur sinus intentionesque et toto, ut aiunt, organo instructa, cui aderit lateris firmitas, spiritus cum spatio pertinax, tum labori non facile cessurus. 41 neque gravissimus autem in musica sonus nec acutissimus orationibus convenit: nam et hic parum clarus nimiumque plenus nullum adferre animis motum potest, et ille praete-

z) *Obrecht:* in

wird. 37 Ein drittes Innehalten ist bei 'Italiam', weil 'fato profugus' als Einschub steht und den zusammengehörigen Ausdruck 'Italiam Lavinaque' trennt. Aus dem gleichen Grund ist ein viertes Innehalten bei 'profugus', und dann das 'Lavinaque venit litora'[91], wo dann der Einschnitt erfolgt, weil hier ein anderer Gedanke beginnt. Aber auch bei den Einschnitten selbst ist die Pause, die wir machen, bald kürzer, bald länger; denn es macht einen Unterschied, ob sie einen Redeabschnitt beenden oder einen Gedanken. 38 Deshalb werde ich den Einschnitt ‚litora' gleich mit einem neuen Atemansatz aufnehmen; wenn ich dann aber zu dem 'atque altae moenia Romae'[92] gekommen bin, werde ich die Stimme senken, etwas warten und wieder einen neuen Anfang bilden. 39 Zuweilen finden sich gewiße Pausen auch ohne Atemholen sogar in Perioden. Denn wie die Stelle[93] 'in coetu vero populi Romani negotium publicum gerens magister equitum' usw. viele Glieder hat – denn es folgen immer wieder andere Gedanken –, aber nur einen einzigen Satz-Ablauf bildet, so muß man an diesen Zwischenräumen etwas warten, ohne den Zusammenhang zu unterbrechen. Und umgekehrt muß man zuweilen Atem holen ohne einen Gedankeneinschnitt, so daß man ihn an solcher Stelle gleichsam sich stehlen muß; denn sonst, wenn er ohne Verständnis geschöpft würde, könnte es zu nicht geringerer Unklarheit führen als ein fehlerhaftes Absetzen. Mag aber auch vielleicht die Leistung, deutlich zu gliedern, bescheiden sein, so bildet sie doch die Voraussetzung, ohne die es in der Prozeßrede zu keiner anderen Leistung kommen kann.

40 Schmuckvoll ist ein Vortrag, den eine leicht ansprechende, große, reiche, schmiegsame, feste, ausdauernde, helle und reine Stimme empfiehlt, die weit trägt und im Ohr haftet – es gibt nämlich eine Tönung, die nicht durch ihre Lautstärke sich dem Gehör einprägt, sondern durch ihre eigentümliche Ausdruckskraft –, die zudem gleichsam handlich ist, jedenfalls alle Schleifen und Steigerungen, die man verlangt, in sich birgt und, wie man sagt, mit dem ganzen Rüstzeug ausgestattet ist, wozu als Hilfe eine kräftige Lunge kommen wird, ein Atem, der lange Zeit durchhält und bei aller Anstrengung kaum Ermüdung kennt. 41 Weder aber die beim Musizieren tiefste noch die höchste Tonlage paßt für die Reden; denn die erstere, nicht hell genug und zu voll im Klang, vermag unser Gefühl nicht zu erregen,

[91] 'und kam zum Gestade von Lavinium'.

[92] 'und zu den Mauern des hohen Rom'.

[93] Phil. 2, 25, 63: 'in der Versammlung aber des römischen Volkes mit einer amtlichen Aufgabe beschäftigt als Gehilfe des Prätors'.

nuis et inmodicae claritatis cum est ultra verum, tum neque pronuntiatione flecti neque diutius ferre intentionem potest. 42 nam vox ut nervi, quo remissior, hoc gravior et plenior, quo tensior,[a] hoc tenuis et acuta magis est. sic ima vim non habet, summa rumpi periclitatur. mediis ergo utendum sonis, hique tum augenda intentione excitandi, tum summittenda sunt temperandi.

43 Nam prima est observatio recte pronuntiandi aequalitas, ne sermo subsultet inparibus spatiis ac sonis, miscens longa brevibus, gravia acutis, elata summissis, et inaequalitate horum omnium sicut pedum claudicet: secunda varietas. 44 quod solum est pronuntiatio, ac ne quis pugnare inter se putet aequalitatem et varietatem, cum illi virtuti contrarium vitium sit inaequalitas, huic, quae dicitur μονοειδία, [b] quasi quidam unus aspectus. ars porro variandi cum gratiam praebet ac renovat aures, tum dicentem ipsa laboris mutatione reficit, ut standi, ambulandi, sedendi, iacendi vices sunt nihilque eorum pati unum diu possumus. 45 illud vero maximum (sed id paulo post tractabimus), quod secundum rationem rerum, de quibus dicimus, animorumque habitus conformanda[c] vox est, ne ab oratione discordet. vitemus igitur illam, quae Graece μονοτονία vocatur, una quaedam spiritus ac soni intentio, non solum ne dicamus omnia clamose, quod insanum est, aut intra loquendi modum, quod motu caret, aut summisso murmure, quo etiam debilitatur omnis intentio, 46 sed ut in eisdem partibus isdemque adfectibus sint tamen quaedam non ita magnae vocis declinationes, prout aut verborum dignitas aut sententiarum natura aut depositio aut inceptio aut transitus postulabit: ut, qui singulis pinxerunt coloribus, alia tamen eminentiora, alia reductiora fecerunt,

a) quo intentior *Vt.*
b) *Obrecht* μονοείδεια *Halm:* μονοιδια **BH**
c) *corr.* **P**: confirmanda **B**

die letztere, zu dünn und in ihrer Helle zu stark, klingt erstens unnatürlich und läßt sich vor allem weder beim Vortrag heben und senken noch in ihrer Anspannung längere Zeit durchhalten. 42 Denn die Stimme ist, wie die Saiten, um so tiefer und voller, je lockerer die Spannung ist, und um so dünner und höher, je stärker sie gespannt ist. So hat sie keine Kraft in der Tiefe, in der Höhe droht sie zu springen. Deshalb verwende man die mittleren Tonlagen und bald steigere man die Erregung dadurch, daß man die Spannung vermehrt, bald dämpfe man sie durch ihre Verminderung.

43 Denn unsere Aufmerksamkeit gilt erstens beim richtigen Vortrag der Gleichförmigkeit, daß nicht durch ungleiche Zeitmaße und Tönung die Sprache sprunghaft wirkt, wenn sie Langes und Kurzes, Tiefes und Hohes, Erhabenes und Gedämpftes durcheinander bringt und so mit all diesem, da es ungleichförmig ist, hinkt wie mit ungleichförmigen Füßen; sodann gilt die Aufmerksamkeit der Abwechslung. 44 Dies allein macht den Vortrag; und niemand glaube, es bestünde ein Widerspruch zwischen Gleichförmigkeit und Abwechslung, da ja der dem erstern Vorzug entgegengesetzte Fehler die Ungleichförmigkeit ist, dem letzteren aber die sogenannte μονοειδία (Einförmigkeit) also gleichsam ein nur einseitiger Anblick. Die Kunst der Abwechslung erst macht den Vortrag reizvoll und bietet dem Ohr immer neue Spannung, sodann aber entspannt sie auch durch das Wechseln bei der Anstrengung den Redenden selbst, wie wir mit Stehen, Gehen, Sitzen und Liegen abwechseln und keinen dieser Zustände für sich allein lang aushalten können. 45 Am wichtigsten indessen ist es – doch damit werden wir uns gleich nachher ausführlich beschäftigen –, daß entsprechend der Rücksicht auf die Dinge, die unsere Rede behandelt und ihren Gefühlslagen die Stimme anzupassen ist, damit sie nicht mit der Rede im Mißklang steht. Wir wollen also das meiden, was griechisch μονοτονία (Eintönigkeit) heißt, nämlich eine einförmige Anspannung der Atem- und Tongebung, also nicht nur nicht alles in schreiendem Ton sprechen, was verrückt wirkt, oder im gemessenen Ton, wobei die Bewegung fehlt, oder in einem gedämpften Gemurmel, wodurch alle Spannung vernichtet wird, 46 sondern so, daß auch bei den gleichen Abschnitten und Stimmungen doch bestimmte nicht sehr starke Stimmbewegungen eintreten, wie es gerade die Würde der Worte oder das Wesen der Gedanken oder das Absetzen, Einsetzen oder Überleiten erfordert – wie ja auch Maler, wenn sie etwas einfarbig gemalt haben, doch manches haben mehr hervortreten, anderes zurücktreten lassen; hätten sie doch ohne dies nicht einmal den Gliedmaßen ihre deutlichen Um-

sine quo ne membris quidem suas lineas dedissent. 47 proponamus enim nobis illud Ciceronis in oratione nobilissima pro Milone principium, nonne ad singulas paene distinctiones quamvis in eadem facie tamen quasi vultus mutandus est? 'etsi vereor, iudices, ne turpe sit pro fortissimo viro dicere incipientem timere.' 48 etiam si est toto proposito contractum atque summissum, qua et exordium est et solliciti exordium, tamen fuerit necesse est aliquid plenius et erectius, dum dicit 'pro fortissimo viro', quam cum 'etsi vereor' et 'turpe sit' et 'timere'. 49 iam secunda respiratio increscat oportet et naturali quodam conatu, quo minus pavide dicimus quae sequuntur, et quod magnitudo animi Milonis ostenditur: 'minimeque deceat, cum Titus Annius ipse magis de rei publicae salute quam de sua perturbetur.' deinde quasi obiurgatio sui est: 'me ad eius causam parem animi magnitudinem adferre non posse.' 50 tum invidiosiora: 'tamen haec novi iudicii nova forma terret oculos.' illa vero iam paene apertis, ut aiunt, tibiis: 'qui, quocumque inciderunt, consuetudinem fori et pristinum morem iudiciorum requirunt.' nam sequens latum etiam atque fusum est: 'non enim corona consessus vester cinctus est, ut solebat.' 51 quod notavi, ut appareret, non solum in membris causae, sed etiam in articulis esse aliquam pronuntiandi varietatem, sine qua nihil neque maius neque minus est.

Vox autem ultra vires urgenda non est: nam et suffocata saepe et maiore[d] nisu minus clara est et interim elisa in illum sonum erumpit, cui Graeci nomen a gallorum inmaturo cantu dederunt. 52 nec volubilitate nimia confundenda quae dicimus, qua et distinctio perit et ad-

d) saepe maiore *Bonnet*

risse gegeben 47 Nehmen wir uns denn den Anfang der so berühmten Rede Ciceros für Milo vor, gilt es da nicht, fast bei jedem einzelnen Satz-Einschnitt gleichsam den Gesichtsausdruck zu verändern, wiewohl das Antlitz gleich bleibt? 'Wenn ich auch fürchte, ihr Richter, es sei schmählich, wenn man sich anschickt, für einen so tapferen Mann zu sprechen, Furcht zu zeigen.'[94] 48 Wenn dies auch seinem Gesamtplan nach knapp und unterwürfig klingt, insofern es die Anfangsworte sind und zudem die Anfangsworte eines ängstlich Erregten, so muß es doch wohl etwas voller und aufrechter klingen, während er die Worte 'für einen so tapferen Mann' spricht, als die Worte 'wenn ich auch fürchte', 'es sei schmählich' und 'Furcht zu zeigen'. 49 Schon der zweite Atemzug muß ein Anwachsen bringen schon aus dem natürlichen Streben heraus, das Folgende weniger verzagt zu sprechen, aber auch, weil darin die edle Gesinnung des Milo in Erscheinung tritt: 'am wenigsten aber dürfte es sich schicken, da Titus Annius selbst mehr um das Wohl unserer Gemeinschaft sich von Sorgen bedrängt fühlt als um sein eigenes'. Es folgt dann gleichsam ein Selbstvorwurf: 'ich könnte bei seinem Prozeß nicht gleich edle Gesinnung aufbringen'. 50 Dann mit steigender Erbitterung: 'Dennoch erfüllt diese neue Art, Gericht zu halten, meine Augen mit Schrecken'. Die folgenden Worte aber klingen schon fast, wie man sagt, ganz ohne Dämpfer[95]: 'die, wohin auch ihr Blick fällt, das gewohnte Bild der Gerichtsstätte und die altbewährte Art der Rechtsprechung vermissen'. Denn das Folgende ist dann auch breit und voll sich ergießend: 'Nicht nämlich mit einem Zuhörerkranz ist eure Sitzung umringt, wie es sonst der Fall ist ...' 51 Ich habe diese Hinweise gegeben, damit deutlich wird, daß nicht nur in den großen Gliedern der Gerichtsrede sondern auch im Gefüge ihrer kleinsten Abschnitte eine Abwechslung im Vortrag besteht, ohne die nichts eine Steigerung oder Minderung findet.

Die Stimme aber darf man nicht überfordern; denn oft klingt sie dann erstickt und bei zu großer Anstrengung ist sie weniger klar und zuweilen schlägt sie über und bricht dann in den Klang aus, dem die Griechen seinen Namen von den ersten Kräh-Versuchen der Hähne gegeben haben.[96] 52 Auch darf nicht, was wir sagen, durch zu große Geschwindigkeit verwischt werden, wobei das klare Absetzen verloren geht, wie auch der Gefühlausdruck und sogar bisweilen

[94] p. Mil. 1, 1 ff.

[95] 'mit ungedeckten Grifflöchern' (der Tibien).

[96] man hat (mit Gesners Gothanus?) an κλωσμός gedacht.

fectus et nonnumquam etiam verba aliqua sui parte fraudantur. cui contrarium est vitium nimiae tarditatis: nam et difficultatem inveniendi fatetur et segnitia solvit animos et, in quo est aliquid, temporibus praefinitis aquam perdit. promptum sit os, non praeceps, moderatum, non lentum. 53 spiritus quoque nec crebro receptus concidat sententiam, nec eo usque trahatur, donec deficiat. nam et deformis est consumpti illius sonus et respiratio sub aqua diu pressi similis et receptus longior et non oportunus, ut qui fiat, non ubi volumus, sed ubi necesse est. quare longiorem dicturis perihodon colligendus est spiritus, ita tamen, ut id neque diu neque cum sono faciamus, neque omnino ut manifestum sit: reliquis partibus optime inter iuncturas sermonis revocabitur. 54 exercendus autem est, ut sit quam longissimus: quod Demosthenes ut efficeret, scandens in adversum continuabat quam posset plurimos versus. idem quo facilius verba ore libero exprimeret, calculos lingua volvens dicere domi solebat. 55 est interim et longus et plenus et clarus satis spiritus, non tamen firmae intentionis ideoque tremulus, ut corpora, quae aspectu integra nervis parum sustinentur. id βράγχον[e] Graeci vocant. sunt qui spiritum cum stridore per raritatem dentium non recipiunt, sed resorbent. sunt qui crebro anhelitu et introrsum etiam clare sonante imitentur iumenta onere et iugo laborantia. 56 quod adfectant quoque, tamquam inventionis copia urgeantur

e) **P** βρασμόν *Butler*: βραμον

die Wörter um einen Teil ihrer Ansprüche geprellt werden. Der umgekehrte Fehler liegt in der übertriebenen Langsamkeit; denn dadurch verrät man die Schwierigkeit, mit der man bei dem Auffinden der Gedanken kämpft, macht auch durch seine langweilige Redeweise die Spannung zunichte und verschwendet, was schon etwas zu bedeuten hat, wenn die Redezeit vorher festgesetzt ist, das Wasser (der Wasseruhr).[97] Energisch sei die Redeweise, nicht überstürzt, maßvoll, nicht schleppend. 53 Auch soll beim Atmen weder das häufige Atemholen den Satz zerhacken, noch soll man den Atem so lange anhalten, bis er einem ausgeht. Denn einmal klingt der Ton häßlich, wenn der Atem verbraucht ist, und das Einatmen ist dann so, wie wenn man lange unter Wasser war, und dann geschieht das Atemholen zu lang und nicht an der passenden Stelle, weil es ja erfolgt, nicht wo wir es wollen, sondern wo wir es müssen. Deshalb müssen wir, wenn wir eine längere Periode vorzutragen haben, Atem sammeln, doch so, daß wir es weder lange noch geräuschvoll tun, noch daß es überhaupt auffällt; bei anderen Stellen wird man ihn am besten während der Redepausen ergänzen. 54 Sache der Übung aber ist es, daß der Atem möglichst lang ausreicht. Um dies zu erreichen, sagte sich Demosthenes, während er bergauf ging, hintereinander so viele Verse, wie er nur konnte, auf. Dieser pflegte ja auch, um die Worte leichter mit freier Verfügung über seine Aussprache zu formen, zu Hause zu reden, indem er Steinchen mit der Zunge im Mund umdrehte. 55 Bisweilen findet sich ein Atem, der zwar ausreichend lang, voll und klar genug ist, jedoch keine feste Anspannung besitzt und deshalb zittert, wie Körper, die zwar gesund wirken, aber zu wenig starke Sehnen haben. Dies nennen die Griechen βράγχον[98]. Es gibt auch Redner, die den Atem mit Zischen durch ihre spärlichen Zähne[99] nicht schöpfen, sondern schlürfen. Es gibt auch solche, die mit einem ständigen und auch noch deutlich im Innern tönenden Schnaufen dem Vorbild der Zugtiere nacheifern, die sich mit ihrer Last und dem Joch abmühen. 56 So machen sie es sogar auch ab-

[97] der Klepsydra.

[98] (mit **P**) bezeichnet eigentlich die Heiserkeit. Das von Butler aus dem sonst überlieferten βραμον* gewonnene βρασμόν bezeichnet das Geräusch des kochenden Wassers, gewiß eine Metapher, die das im Text beschriebene besondere Tremolo schön träfe. Aber auch 'Heiserkeit' hat ja hier einen witzigen metaphorischen Effekt.

[99] 'Zahnlücken' sind natürlich gemeint, dies gibt aber die im Text gezeichnete Karikatur nicht so deutlich zu erkennen.

maiorque vis eloquentiae ingruat, quam quae emitti faucibus possit. est aliis concursus oris et cum verbis suis conluctatio. iam tussire et exspuere crebro et ab imo pulmone pituitam trochleis adducere et oris umore proximos spargere et maiorem partem spiritus in loquendo per nares effundere, etiam si non utique vocis sunt vitia, quia tamen propter vocem accidunt, potissimum huic loco subiciantur. 57 sed quodcumque ex his vitium magis tulerim quam, quo nunc maxime laboratur in causis omnibus scholisque, cantandi, quod inutilius sit an foedius nescio. quid enim minus oratori convenit quam modulatio scaenica et nonnumquam ebriorum aut comisantium licentiae similis? 58 quid vero movendis adfectibus contrarium magis quam, cum dolendum,[f] irascendum, indignandum, commiserandum sit, non solum ab his adfectibus, in quos inducendus est iudex, recedere, sed ipsam fori sanctitatem ludorum talarium[g] licentia solvere? nam Cicero 'illos ex Lycia[h] et Caria rhetoras paene cantare in epilogis' dixit. nos etiam cantandi severiorem paulo modum excessimus. 59 quisquamne, non dico de homicidio, sacrilegio, parricidio, sed de calculis certe atque rationibus, quisquam denique, ut semel finiam, in lite cantat? quod si omnino recipiendum est, nihil causae est, cur non illam vocis modulationem fidibus ac tibiis, immo mehercule, quod est huic deformitati propius, cymbalis adiuvemus. 60 facimus tamen hoc libenter: nam nec cuiquam sunt iniucunda quae cantant ipsi, et laboris in hoc quam in agendo minus est. et sunt quidam, qui secundum alia vitae vitia etiam hac ubique audiendi, quod aures mulceat, voluptate ducantur. quid ergo? non et Cicero dicit esse ali-

f) *P (Regius):* docendum **BH** *Vt.*
g) talariorum *(prob. Wint).* saltatoriorum *ci. Rad.* Lyciorum et carum *Daniel*
h) Phrygia *Vt. (Cic.)*

[100] orat. 18, 57.
[101] des orgiastischen Kultes. Damit zeichnet Quintilian in karikierender Prophetie das Bild einer Kunstform der 'Oper' des verismo: das Opernhafte liegt eben in der künstlich-künstlerischen Selbstdarstellung rhetorischer Affektwirkung in Rom als eine Konsequenz der handfesten Aneignung der Formen griechischer Kunst. Quintilian kämpft mit seiner realistischeren, moralistischen Beschränkung des Ästhetisch-Künstlerischen innerhalb der Deklamationsleidenschaft. Auch er steht im griechischen kulturgeschichtlichen Wirkungsfeld, das Rom in eine Welt literarischer Bildung verwandelt. Aber er setzt gegen die eigene Welt deklamatorischer Fiktion seine Fiktion der gesunden, schönen, praktischen Nützlichkeit; vgl. hierzu o. Anm. 114 zum 2. Kapitel von Buch IX.

sichtlich, als ob sie von der Fülle des Redestoffes erdrückt würden und die Gewalt der Beredsamkeit, die über sie komme, zu groß sei, als daß sie ihren Weg durch die Kehle finden könne. Bei anderen wieder findet sich das Zusammenpressen des Mundes und das Ringen mit den eigenen Worten. Dann weiter: zu husten und immer wieder auszuspucken, den Schleim tief aus der Lunge emporzuziehen, die Mundfeuchtigkeit auf die Nächststehenden zu sprühen und beim Reden den größten Teil der Luft durch die Nase ausströmen zu lassen — das sind Fehler, die, auch wenn es nicht unbedingt solche der Stimme sind, doch weil sie mit der Stimme auftreten, am besten hier anzuführen sind. 57 Aber auch den schlimmsten dieser Fehler möchte ich noch eher hinnehmen als den folgenden, der heutzutage am stärksten in allen Gerichtsreden und Schulübungen zu schaffen macht: das Gesinge, wobei ich nicht zu sagen wüßte, ob es unnützer sei oder scheußlicher. Denn was schickt sich weniger für einen Redner als das Modulieren der Stimme, das auf die Bühne gehört und manchmal so klingt wie das Gröhlen von Betrunkenen und Zechbrüdern? 58 Was steht ja doch mehr im Gegensatz zu dem Ziel, die Gefühle zu erregen, als wenn man, während man Schmerz, Zorn, Entrüstung, Mitgefühl zeigen soll, nicht nur von diesen Gefühlen, zu denen es den Richter zu bringen gilt, sich entfernt, sondern die Weihe des Forums selbst durch die Ausgelassenheit der Spiele beim Würfelbecher zunichte macht? Denn bei Cicero heißt es 'die Redelehrer aus Lykien und Karien sängen beinahe in ihren Schlußworten'[100]. Wir aber haben sogar noch das einigermaßen geregelte Singen hinter uns gelassen. 59 Gibt es denn jemanden, um von Tötung, Tempelschändung und Verwandtenmord nicht zu reden, aber doch gewiß, wenn es um Rechnen und Rechnungen geht, ja schließlich, kurz gesagt, gibt es denn überhaupt jemanden, der in einem Rechtsstreit singt? Wenn das aber allgemein eingeführt werden soll, so gibt es keinen Grund, warum wir nicht dieses modulierende Singen auch noch mit Saitenspiel und Bläsern, nein, beim Herkules, besser noch, wie es dieser Geschmacklosigkeit noch näher kommt, mit dem Zymbelspiel begleiten sollen?[101] 60 Und doch machen wir's gern so, denn niemand findet häßlich, was er selbst singt; und zudem gehört weniger Mühe dazu, als zum Gerichtsvortrag. Und es gibt ja auch Hörer, die entsprechend den Lastern, mit denen sie sonst ihr Leben verbringen, auch durchaus sich von diesem Ohrenschmaus, der ihr Gehör bei jeder Gelegenheit kitzelt, leiten lassen. Wie denn nun? Sagt nicht auch Cicero[102], es

[102] orat. 18, 57.

quem in oratione 'cantum obscuriorem'? et hoc quodam naturali initio venit? ostendam non multo post, ubi et quatenus recipiendus sit hic flexus et cantus quidem, sed, quod plerique intellegere nolunt, obscurior.

61 Iam enim tempus est dicendi, quae sit apta pronuntiatio: quae certe ea est, quae his, de quibus dicimus, adcommodatur. quod quidem maxima ex parte praestant ipsi motus animorum, sonatque vox, ut feritur: sed cum sint alii veri adfectus, alii ficti et imitati, veri naturaliter erumpunt, ut dolentium, irascentium, indignantium, sed carent arte ideoque sunt disciplina et ratione formandi. 62 contra qui effinguntur imitatione, artem habent, sed hi carent natura, ideoque in iis primum est bene adfici et concipere imagines rerum et tamquam veris moveri. sic velut media vox, quem habitum a nostris acceperit, hunc iudicum animis dabit: est enim mentis index ac totidem quo illa mutationes habet. 63 itaque laetis in rebus plena et[i] simplex et ipsa quodam modo hilaris fluit, at in certamine erecta totis viribus et velut omnibus nervis intenditur. atrox in ira et aspera ac densa et respiratione crebra: neque enim potest esse longus spiritus, cum inmoderate effunditur. paulum ⟨in⟩[j] invidia facienda lentior, quia non fere ad hanc nisi inferiores confugiunt, at in blandiendo, fatendo, satisfaciendo, rogando lenis et submissa. 64 suadentium et monentium et pollicentium et consolantium gravis: in metu et verecundia contracta, adhortationibus fortis, disputationibus teres, miseratione flexa et flebilis[k] et consulto quasi obscurior, at in egressionibus fusa et securae claritatis, in expositione ac sermonibus recta et inter acutum sonum et gravem media. 65 attollitur autem concitatis adfectibus, compositis descendit pro utriusque rei modo altius vel inferius.

Quid autem quisque in dicendo postulet locus, paulum differam,

i) *Rad.* plana et *Spalding:* plenae **b** plena **B** plena et *iam Laurent. 46, 9 Wint.*
j) *add. ed. Jens.*
k) **P**: flexibilis

liege in der Rede 'ein verborgener Gesang'? Und liegt hier nicht ein ganz natürlicher Ursprung? Ich werde bald genug dartun, wo und wieweit diese schmiegsame Tonführung Aufnahme verdient, die allerdings Gesang ist, aber, was die meisten nicht begreifen wollen, ein verborgener.

61 Denn nun ist es an der Zeit zu sagen, was der passende Vortrag ist; es ist gewiß der, der sich dem, wovon wir sprechen, anpaßt. Das leistet zwar größtenteils die innere Erregung selbst, und es klingt die Stimme, wie man sie zum Klingen bringt. Da aber die Gefühle teils echt, teils verstellt und nachgeahmt sind, brechen die echten in natürlicher Weise hervor, etwa wenn man Schmerz, Zorn, Entrüstung empfindet, es fehlt ihnen aber die kunstvolle Gestaltung und deshalb müssen sie durch Schulung und Überlegung ihre Form gewinnen. 62 Umgekehrt besitzen diejenigen, die nur durch Nachahmung dargestellt werden, zwar die kunstgemäße Gestaltung, aber es fehlt ihnen die natürliche Grundlage, und deshalb ist es bei solchen Darstellungen das Erste, sich richtig ergreifen zu lassen, die Bilder der Geschehnisse in sich aufzunehmen und sich rühren zu lassen, als wären sie wirklich. So wird die Stimme wie eine Vermittlerin die Stimmung, die sie aus unserem Gemütszustand empfangen hat, an den Gemütszustand der Richter weitergeben: sie ist nämlich der Anzeiger unseres denkenden Geistes und besitzt ebenso viele Verwandlungsmöglichkeiten wie dieser. 63 Deshalb fließt sie bei erfreulichen Dingen voll, einfach und selbst gewissermaßen heiter, dagegen setzt sie beim Wettkampf hochaufgerichtet alle Kraft und gleichsam alle Muskeln ein. Grimmig ist sie im Zorn, rauh und drängend und häufiger Atem holend; denn der Atem kann ja nicht lange ausreichen, wenn er ohne Maßhalten ausströmt. Ein wenig getragener ist sie beim Erzeugen von Abneigung, weil hierzu gewöhnlich nur die Schwächeren ihre Zuflucht nehmen, dagegen beim Schmeicheln, Gestehen, Genugtun und Bitten sanft und untertänig. 64 Wenn man Rat gibt, mahnt, verspricht und tröstet, ist die Stimme gewichtig; bei Furcht und Scheu knapp, bei Anfeuerungen mutig, bei Erörterungen rund und glatt, beim Beklagen schmiegsam, weinerlich und gleichsam verschwommener, dagegen bei Exkursstellen vollströmend und von zuversichtlicher Helle, bei darstellenden und plaudernden Stellen gleichmäßig und in einer Mittellage zwischen Hoch und Tief. 65 Die Stimme hebt sich aber mit der gesteigerten Erregung, sie senkt sich mit der Besänftigung höher oder tiefer je nach dem Ausmaß der beiden Stimmungen.

Die Frage aber, was jede einzelne Stelle im Ton der Rede verlangt,

ut de gestu prius dicam, qui et ipse voci consentit et animo cum ea simul paret. is quantum habeat in oratore momenti, satis vel ex eo patet, quod pleraque etiam citra verba significat. 66 quippe non manus solum, sed nutus etiam declarant nostram voluntatem et in mutis pro sermone sunt, et saltatio frequenter sine voce intellegitur atque adficit, et ex vultu ingressuque perspicitur habitus animorum, et animalium quoque sermone carentium ira, laetitia, adulatio et oculis et quibusdam aliis corporis signis deprenditur. 67 nec mirum, si ista, quae tamen in aliquo posita sunt motu, tantum in animis valent, cum pictura, tacens opus et habitus semper eiusdem, sic in intimos penetret adfectus, ut ipsam vim dicendi nonnumquam superare videatur. contra si gestus ac vultus ab oratione dissentiat, tristia dicamus hilares, adfirmemus aliqua renuentes, non auctoritas modo verbis, sed etiam fides desit. decor quoque a gestu atque motu venit. 68 ideoque Demosthenes grande quoddam intuens speculum componere actionem solebat: adeo, quamvis fulgor ille sinistras imagines reddat, suis demum oculis credidit, quod efficeret.

Praecipuum vero in actione sicut in corpore ipso caput est cum ad illum, de quo dixi, decorem, tum etiam ad significationem. 69 decoris illa sunt, ut sit primo rectum et secundum naturam: nam et deiecto humilitas et supino adrogantia et in latus inclinato languor et praeduro ac rigente barbaria quaedam mentis ostenditur. tum accipiat aptos ex ipsa actione motus, ut cum gestu concordet et manibus ac lateribus obsequatur: 70 aspectus enim semper eodem vertitur quo gestus, exceptis quae aut damnare aut concedere[l] aut a nobis removere oportebit, ut idem illud vultu videamur aversari, manu repellere:

di talem[m] avertite pestem –
haud equidem tali me dignor honore.

l) aut concedere *del. Spalding*
m) talem terris *Verg. et ita codici Parisino 7720 (Petrarcae) additum.*

[103] s. u. § 150 ff.
[104] Aen. 3, 620.

will ich noch etwas zurückstellen,[103] um vorher über das *Gebärdenspiel* zu sprechen, das ja auch seinerseits im Einklang mit der Stimme, und mit ihr zugleich im Dienste unseres Geistes steht. Welche ausschlaggebende Rolle es beim Redner spielt, geht schon hinreichend aus der Tatsache hervor, daß es so vieles, auch ohne Worte kennzeichnet. 66 Denn es machen nicht nur die Hände sondern auch schon Winke unseren Willen klar und dienen bei Summen als Sprache; auch das Tanzen versteht man häufig ohne Worte und läßt sich davon beeindrucken; ferner läßt sich aus Miene und Gang die Geistesverfassung entnehmen, und auch bei Lebewesen, die keine Sprache besitzen, läßt sich Zorn, Freude, Schmeichelei sowohl an den Augen wie auch an körperlichen Merkmalen ablesen. 67 Kein Wunder, daß diese Gebärden, die ja doch auf einer Art von Bewegung beruhen, so stark auf den Geist wirken, da ja ein Gemälde, ein Werk, das schweigt und immer die gleiche Haltung zeigt, so tief in unsere innersten Gefühle eindringen kann, daß es ist, als überträfe es selbst die Macht des gesprochenen Wortes. Wenn umgekehrt Gebärde und Miene mit der Rede in Widerspruch steht, wir also Trauriges mit heiterer Miene sagen oder etwas mit Kopfschütteln bekräftigen, so dürfte gewiß den Worten nicht nur aller Nachdruck, sondern sogar die (schlichte) Glaubwürdigkeit fehlen. Auch die Schönheit (unseres Auftretens) kommt von Gebärdenspiel und Bewegung. 68 Und deshalb pflegte Demosthenes sich seinen Vortrag zurechtzulegen, indem er dabei in einen großen Spiegel schaute. So sehr schenkte er, obwohl der Schimmer ihm die Bilder seitenverkehrt zeigte, nur erst den eigenen Augen Vertrauen darüber, wie das Gebärdenspiel wirkte.

Das Hauptsächlichste ist ja nun beim Vortrag wie beim Körper selbst *der Kopf* sowohl für die gerade erwähnte schöne Wirkung als auch zumal für die Ausdruckskraft. 69 Zur schönen Wirkung gehört, daß er zunächst aufrecht und natürlich gehalten wird; denn in einem gesenkten Kopf zeigt sich niedrige, in einem hoch gereckten anmaßende, im zur Seite geneigten energielose und im zu starren und steifen eine barbarisch-harte Gesinnung. Sodann soll er aus dem Vortrag selbst seine passenden Bewegungen erhalten, so daß er in Einklang steht mit dem Gebärdenspiel und den Händen und Seitenwendungen sich anbequemt; 70 die Blickrichtung wendet sich nämlich immer dahin, wohin auch die Gebärde weist – ausgenommen da, wo man etwas verurteilen, zugestehen oder zurückweisen muß, sodaß es so ist, als wendeten wir unser Antlitz davon ab und wiesen es gleichzeitig mit der Hand von uns z.B. 'Ihr Götter, wendet ein solches Unheil ab!'[104] oder 'Nicht freilich würdig fühlt' ich mich

71 significat vero plurimis modis. nam praeter adnuendi, renuendi confirmandique motus sunt et verecundiae et dubitationis et admirationis et indignationis noti et communes omnibus. solo tamen eo facere gestum scaenici quoque doctores vitiosum putaverunt. etiam frequens eius nutus non caret vitio: adeo iactare id et comas excutientem rotare fanaticum est.

72 Dominatur[n] autem maxime vultus. hoc supplices, hoc minaces, hoc blandi,[o] hoc tristes, hoc hilares, hoc erecti, hoc summissi sumus: hoc pendent homines, hunc intuentur, hic spectatur, etiam antequam dicimus: hoc quosdam amamus, hoc odimus, hoc plurima intellegimus, hic est saepe pro omnibus verbis. 73 itaque in iis, quae ad scaenam componuntur, fabulis artifices pronuntiandi a personis quoque adfectus mutuantur, ut sit Aërope[p] in tragoedia tristis, atrox Medea, attonitus Aiax, truculentus Hercules. 74 in comoediis vero praeter aliam observationem, qua servi, lenones, parasiti, rustici, milites, meretriculae, ancillae, senes austeri ac mites, iuvenes severi ac luxuriosi, matronae, puellae inter se discernuntur, pater ille, cuius praecipuae partes sunt, quia interim concitatus, interim lenis est, altero erecto, altero composito est supercilio, atque id ostendere maxime latus actoribus moris est, quod cum iis, quas agunt, partibus congruat. 75 sed in ipso vultu plurimum valent oculi, per quos maxime animus emanat[q], ut citra motum quoque et hilaritate enitescant et tristitiae quoddam nubilum ducant. quin etiam lacrimas iis natura mentis indices dedit, quae aut erumpunt dolore aut laetitia manant. motu vero intenti, remissi, superbi, torvi, mites, asperi fiunt: quae, ut actus poposcerit, fingentur. 76 rigidi vero et extenti aut languidi et torpentes aut stupentes aut lascivi et mobiles et natantes et quadam voluptate suffusi aut limi et, ut sic dicam, venerii, aut poscentes aliquid pollicentesve numquam

n) **BP**: dominatorum **bH** dominator *Turicensis (a Rad. receptum)*
o) ⟨hoc graves⟩ hoc blandi *ci. Wint.*
p) Merope *Lange* Niobe *corr.* **p** *et Parisin. 7720*
q) animus eminet *Spalding*

solcher Ehre'[105]. 71 Die Ausdruckskraft des Kopfes aber zeigt sich in sehr vielen Formen. Denn außer den Kopfbewegungen für Zustimmung, Ablehnung und Bekräftigung sind auch noch die für Scham, Zweifel, Staunen und Unwillen allen bekannt und vertraut. Indessen mit dem Kopf allein eine Gebärde auszuführen haben auch die Schauspiel-Lehrer für fehlerhaft erachtet. Auch das mehrfache Nicken ist nicht richtig. Gar ihn zu schütteln und zu wirbeln, daß die Haare flattern, ist, als wäre man von einer Ekstase besessen.

72 Beherrschend aber ist vor allem der Gesichtsausdruck. Hierdurch erscheinen wir flehend, hierdurch auch bald drohend, bald schmeichelnd, bald heiter, bald stolz erhoben, bald unterwürfig; an ihm hängen die Menschen, hängen ihre gespannten Blicke, er wird beobachtet, schon ehe wir die Rede beginnen; er bekundet, daß wir manchen lieben oder hassen, er macht uns das meiste verständlich und ersetzt oft alle Worte. 73 Deshalb entlehnen die Vortragskünstler bei den Stücken, die für die Bühne gedichtet werden, auch von den Gesichtsmasken der einzelnen Rollen den Gefühlsausdruck, so daß in der Tragödie eine Aerope düster, grimmig Medea, erschüttert Aias, polternd Herakles erscheinen. 74 In den Komödien aber findet sich neben den anderen Anhaltspunkten, wonach sich Sklaven, Kuppler, Parasiten, Leute vom Land, Soldaten, Dirnen, Mägde, strenge und milde Greise, gediegene und verschwenderische Jünglinge, Matronen und Mädchen deutlich voneinander unterscheiden, auch die Maske des Vaters, der eine besondere Rolle zu spielen hat, weil er bald gereizt, bald sanftmütig ist, mit einer hochgezogenen und einer entspannten Augenbraue ausgestattet; und die Schauspieler pflegen vor allem diejenige Seite hervorzukehren, die mit der Rolle, die sie gerade spielen, zusammenpaßt. 75 Im Gesichtsausdruck selbst aber haben die Augen die größte Ausdruckskraft, durch die am stärksten das Innere nach außen dringt, so daß sie, auch ohne sich zu bewegen, sowohl in Heiterkeit erstrahlen wie auch einen Schleier von Trauer annehmen können. Ja auch die Tränen hat ihnen die Natur als Anzeiger der Denkbewegung verliehen, die entweder im Schmerz hervorstürzen oder vor Freude hervorquellen. Regen sich aber die Augen, so blicken sie gespannt, gelassen, stolz, wild sanft oder hart; wie es der Vorgang verlangt, gibt man dem Blick einen solchen Ausdruck. 76 Starr aber und aufgerissen oder matt und glasig (oder) glotzend, ungezügelt, beweglich, schwimmend und gleichsam wollüstig oder schielend und sozusagen in Liebesglut oder etwas fordernd oder verheißend dürfen

[105] Aen. 1, 335.

esse debebunt. nam opertos compressosve eos in dicendo quis nisi plane rudis aut stultus habeat? 77 et ad haec omnia exprimenda in palpebris etiam et in genis est quoddam deserviens iis ministerium. 78 multum et superciliis agitur: nam et oculos formant aliquatenus et fronti imperant. his contrahitur, attollitur, remittitur,[r] ut una res in ea plus valeat, sanguis ille, qui mentis habitu movetur et, cum infirmam verecundia cutem accipit, effunditur in ruborem, cum metu refugit, abit omnis et pallore frigescit: temperatus medium quoddam serenum efficit. 79 vitium in superciliis, si aut inmota sunt omnino aut nimium mobilia aut inaequalitate, ut modo de persona comica dixeram, dissident aut contra id quod dicimus finguntur: ira enim contractis, tristitia deductis, hilaritas remissis ostenditur. adnuendi quoque et renuendi[s] ratione demittuntur aut allevantur. 80 naribus labrisque non fere quicquam decenter ostendimus, tametsi derisus iis,[t] contemptus, fastidium significari solet. nam et 'corrugare nares', ut Horatius ait, et inflare et movere et digito inquietare et inpulso subito spiritu excutere et diducere saepius et plana manu resupinare indecorum est, cum emunctio etiam frequentior non sine causa reprendatur. 81 labra et porriguntur male et scinduntur et adstringuntur et diducuntur[u] et dentes nudant et in latus ac paene ad aurem trahuntur et velut quodam fastidio replicantur et pendent et vocem tantum altera parte dimittunt. lambere quoque ea et mordere deforme est, cum etiam in efficiendis verbis modicus eorum esse debeat motus: ore enim magis quam labris loquendum est.

82 Cervicem rectam oportet esse, non rigidam aut supinam. collum diversa quidem, sed pari deformitate et contrahitur et tenditur, sed

r) *Gernhard (Fort.)*: emittitur
s) renuendive *corr.* **p**
t) *Obrecht*: derisui **B** derisus **P**
u) *ed. Asc.*: deducuntur **B** ducuntur **b**

sie niemals ein. Denn sie gar während der Rede zugedeckt oder zugepreßt zu halten, dazu müßte man schon ein völliger Neuling oder Dummkopf sein! 77 Auch muß, um all dies zum Ausdruck zu bringen, in den Augenlidern sowie in den Wangen eine Unterstützung liegen, die sich den Augen ganz unterordnet. 78 Vieles wird auch mit Hilfe der Augenbrauen erreicht; denn sie geben im gewissen Grade den Augen ihre Form und beherrschen die Stirn. Mit ihrer Hilfe wird die Stirn gerunzelt, gehoben und entspannt, so daß es nur eines gibt, was hierbei noch mehr bedeutet, nämlich das Blut, das in seiner Bewegung von der geistigen Verfassung abhängt und wenn es eine aus Schamgefühl empfindliche Haut erfaßt, diese mit Röte überzieht, wenn es aber aus Angst stockt, ganz schwindet und in blaßer Furcht gefriert, bei mittlerer Mischung jedoch einen Ausdruck der Heiterkeit erzielt. 79 Ein Fehler ist es bei den Augenbrauen, wenn sie entweder völlig unbewegt sind oder allzu beweglich oder von ungleicher Gestalt, so daß sie, wie ich es gerade vorher schon von der tragischen Maske gesagt hatte[106], nicht zusammenpassen oder entgegen dem, was wir sagen, gebildet werden: Zorn kommt nämlich durch gerunzelte, Trauer durch gesenkte, Heiterkeit durch entspannte Augenbrauen zum Ausdruck. Auch im Zusammenhang mit dem Zustimmen oder Ablehnen werden sie gesenkt oder gehoben. 80 Mit der Nase und den Lippen drücken wir schicklicherweise kaum etwas aus, obwohl sie gern benützt werden, Hohn, Verachtung und Abscheu zu kennzeichnen. Denn sowohl die Nase krauszuziehen, wie Horaz[107] sagt, sowie sie zu blähen und zu bewegen, den Finger heftig an sie zu legen, mit einem jähen Atemstoß zu schnauben, die Nasenlöcher immer wieder zu spreizen und auch sie mit der flachen Hand zurückzubiegen ist unfein, wie ja auch schon zu häufiges Schneuzen nicht ohne Grund getadelt wird. 81 Schlecht macht es sich auch, die Lippen vorzustülpen, sie zu spalten, hochzuziehen, zu kläffen und die Zähne zu entblößen, sie zur Seite und fast bis zum Ohr zu ziehen, sie gleichsam im Abscheu aufzuwerfen, sie hängen zu lassen und die Stimme nur aus einer Mundecke von sich zu geben. Auch sie zu lecken oder zu beißen ist unschön, wie ja schon beim Bilden der Wörter ihre Bewegung nur zurückhaltend sein darf; denn man soll mehr mit dem Mund als mit den Lippen sprechen.

82 Der *Nacken* soll gerade stehen, (aber) nicht starr und hochgezogen. Zwar verschieden, aber gleich häßlich ist es, den Hals einzuziehen

[106] s. o. § 73.
[107] epist. 1, 5, 23.

tenso subest et labor tenuaturque vox ac fatigatur, adfixum pectori mentum minus claram et quasi latiorem presso gutture facit. 83 umerorum raro decens adlevatio atque contractio est: breviatur enim cervix et gestum quendam humilem atque servilem et quasi fraudulentum facit, cum se in habitum adulationis, admirationis, metus fingunt. 84 brachii moderata proiectio, remissis umeris atque explicantibus se in proferenda manu digitis, continuos et decurrentis locos maxime decet. at cum speciosius quid uberiusque dicendum est, ut illud 'saxa atque solitudines voci respondent', expatiatur in latus et ipsa quodam modo se cum gestu fundit oratio. 85 manus vero, sine quibus trunca esset actio ac debilis, vix dici potest quot motus habeant, cum paene ipsam[v] verborum copiam persequantur. nam ceterae partes loquentem adiuvant, hae, prope est ut dicam, ipsae loquuntur. 86 an non[w] his poscimus, pollicemur, vocamus, dimittimus, minamur, supplicamus, abominamur, timemus, interrogamus, negamus, gaudium, tristitiam, dubitationem, confessionem, paenitentiam, modum, copiam, numerum, tempus ostendimus. 87 non eaedem concitant, inhibent, [supplicant,][x] probant, admirantur, verecundantur? non in demonstrandis locis atque personis adverbiorum atque pronominum optinent vicem? ut in tanta per omnes gentes nationesque linguae diversitate hic mihi omnium hominum communis sermo videatur.

88 Et hi quidem, de quibus sum locutus, cum ipsis vocibus naturaliter exeunt gestus: alii sunt, qui res imitatione significant, ut si aegrum temptantis venas medici similitudine aut citharoedum formatis ad modum percutientis nervos manibus ostendas. quod est genus quam longissime in actione fugiendum. 89 abesse enim plurimum a saltatore debet orator, ut sit gestus ad sensus magis quam ad verba accommodatus, quod etiam histrionibus paulo gravioribus facere moris fuit. ergo ut ad se manum referre, cum de se ipso loquatur, et in eum, quem

v) ipsorum ... consequantur *Vt.*
w) **BP**: om. **bH** *Vt. del. Rad.*
x) *om. Vt. del. Slothouwer* probant ⟨improbant⟩ *Wint.*

oder zu recken, jedoch strengt das Recken auch noch mehr an, schwächt und ermüdet die Stimme, während das auf die Brust gepreßte Kinn die Stimme undeutlicher und dadurch, daß die Kehle gedrückt wird, gleichsam breiter klingen läßt. 83 Selten ist das Heben und Einziehen der Schultern schicklich; denn so wirkt der Nacken kürzer und führt zu einer niedrigen, sklavenhaften und geradezu betrügerhaften Gebärde, wenn die Schultern sich die Haltung der Schmeichelei, Bewunderung oder Angst geben. 84 Den Arm ruhig vorzustrecken, während die Schultern entspannt sind und die Finger sich beim Heben der Hand entfalten, schickt sich am besten an längere Zeit gleichmäßig ablaufenden Stellen. Wenn dann aber etwas mehr ins Auge Fallendes und voller Klingendes gebracht werden soll, wie das 'Felsen und Einöden antworten dem Klang der Stimme'[108] breitet er sich zur Seite aus, und der Strom der Rede selbst ergießt sich so gewissermaßen mit der Gebärde. 85 *Bei den Händen* nun gar, ohne die der Vortrag verstümmelt wirkte und schwächlich, läßt es sich kaum sagen, über welchen Reichtum an Bewegungen sie verfügen, da sie fast die ganze Fülle, die den Worten selbst eigen ist, erreichen. 86 Mit ihnen fordern, versprechen, rufen, entlassen, drohen, flehen, verwünschen, fürchten, fragen und verneinen wir, geben wir der Freude, der Trauer, dem Zweifel, dem Eingeständnis, der Reue, dem Ausmaß, der Fülle, der Anzahl und Zeit Ausdruck. 87 Sind sie es nicht ebenfalls, die anspornen und verwehren, loben, bestaunen und die Achtung bekunden? Übernehmen sie zur Bezeichnung des Ortes und der Person nicht die Rolle der Adverbien und Pronomina? So möchte ich, so verschieden die Sprachen bei allen Völkern und Stämmen sind, hierin die gemeinsame Sprache der Menschheit erblicken.

88 Und diese Gebärden nun, die ich besprochen habe, sind es, die in natürlicher Weise mit dem sprachlichen Ausdruck einhergehen; es gibt aber auch noch andere, die die Gegenstände durch Nachahmung kennzeichnen, wenn man etwa einen Kranken durch die Ähnlichkeit mit der Gebärde, wie ein Arzt den Puls fühlt, darstellt oder einen Kitharaspieler dadurch, daß man den Händen eine Haltung gibt, als schlüge man die Saiten. Diese Art von Gebärden ist beim Vortrag aufs äußerste zu meiden. 89 Denn aufs stärkste muß sich der Redner vom Ausdruckstänzer (Pantomimen) abheben, so daß das Gebärdenspiel mehr dem Sinn als den Worten dient, wie es ja auch bei den etwas anspruchsvolleren Schauspielern gebräuchlich war. Wenn ich es also auch gestatten möchte, die Hand auf sich zu richten, wenn

[108] p. Arch. 8, 19.

demonstret, intendere et aliqua his similia permiserim, ita non effingere status quosdam et quidquid dicet ostendere. 90 neque id in manibus solum, sed in omni gestu ac voce servandum est. non enim aut in illa perihodo 'stetit soleatus praetor populi Romani' inclinatio incumbentis in mulierculam Verris effingenda est, aut in illa 'caedebatur in medio foro Messanae' motus laterum, qualis esse ad verbera solet, 91 torquendus aut vox, qualis dolori[y] exprimitur, eruenda, cum mihi comoedi quoque pessime facere videantur, quod, etiam si iuvenem agant, cum tamen in expositione aut senis sermo, ut in Hydriae prologo, aut mulieris, ut in Georgo, incidit, tremula vel effeminata voce pronuntiant. adeo in illis quoque est aliqua vitiosa imitatio, quorum ars omnis constat imitatione.

92 Est autem gestus ille maxime communis, quo medius digitus in pollicem contrahitur explicitis tribus, et principiis utilis cum leni in utramque partem motu modice prolatus, simul capite atque umeris sensim ad id, quo manus feratur, obsecundantibus, et in narrando certus, sed tum paulo productior, et in exprobrando et coarguendo acer atque instans: longius enim partibus his et liberius exseritur. 93 vitiose vero idem sinistrum quasi umerum petens in latus agi solet, quamquam adhuc peius aliqui transversum brachium proferunt et cubito pronuntiant. duo quoque medii sub pollicem veniunt, et est hic adhuc priore gestus instantior, principio et narrationi non commodatus. 94 at cum tres contracti pollice premuntur, tum digitus ille, quo usum optime Crassum Cicero dicit, explicari solet. is

y) dolore **P**

man von sich selbst spricht, ferner auch sie auf den zu richten, den sie meint, und andere Gebärden dieser Art, so wenig doch, bestimmte Stellungen und alles, was man sagen will, darzustellen. 90 Und das gilt es nicht allein bei den Händen, sondern im ganzen Gebärdenspiel und stimmlichen Ausdruck zu beachten. Keineswegs darf man etwa in der Periode 'so stand (er) mit griechischen Sandalen an den Füßen, der Praetor des römischen Volkes'[109] nachbilden, wie Verres sich auf sein Dämchen stützt, oder in der anderen 'geschlagen wurde er mitten auf dem Forum von Messina'[110] sich seitlich drehen und winden, wie es bei Schlägen geschieht, oder die Stimme so herausstoßen, wie sie der Schmerz herauspreßt, 91 wie mir ja auch Komödienschauspieler darin ganz schlecht zu verfahren scheinen, daß sie, auch wenn sie einen Jüngling spielen, in dessen Erzählung jedoch die Worte eines Greises vorkommen, wie im Prolog der ›Hydria‹, oder die einer Frau, wie im ›Georgos‹,[111] diese mit zittriger oder weibischer Stimme vortragen. So kommt es selbst bei Leuten zu fehlerhafter Nachahmung, deren ganze Kunst im Nachahmen besteht.

92 Die allgemeinste Gebärde aber, den Mittelfinger mit dem Daumen zusammenzuschließen, während die 3 anderen Finger entfaltet bleiben, erweist sich sowohl für den Redeanfang als brauchbar und erfolgt dann durch gemächliches Vorstrecken mit einer leichten Bewegung nach beiden Seiten, wobei zugleich Kopf und Schultern sachte in die Richtung der Handbewegung nachfolgen; sodann auch für den Erzählteil zum Ausdruck der Bestimmtheit, jedoch dann weiter nach vorn ausholend; und schließlich auch beim Beschuldigen und Überführen zum Ausdruck der Schärfe des Angriffs; denn hier läßt man sie dann weiter und freier ausholen. 93 Verkehrterweise aber führt man diese Gebärde gern nach der Seite aus, als suchte sie die linke Schulter, wiewohl es noch schlimmer ist, wenn manche den Arm quer vorstrekken und dann mit dem Ellenbogen ihren Vortrag halten. Auch zwei Mittelfinger kann man unter den Daumen schieben, und dann wirkt die Gebärde noch eindringlicher als die erstere, weshalb sie für den Anfangs- und Erzählteil nicht paßt. 94 Wenn dagegen drei gekrümmte Finger vom Daumen festgeklammert werden, dann pflegt man den Finger, von dem, wie Cicero sagt,[112] Crassus so vortrefflich Gebrauch zu machen verstand, auszustrecken. Dieser kommt beim

[109] Cic. Verr. 5, 33, 86.
[110] Verr. 5, 62, 162.
[111] Stücken des Menander.
[112] de orat. 2, 45, 188.

in exprobrando et indicando (unde ei nomen est) valet, [et][z] adlevata ac spectante umerum manu paulum inclinatus adfirmat, versus in terram et quasi pronus urguet: et aliquando pro numero est. 95 idem summo articulo utrimque leviter adprenso, duobus modice curvatis, minus tamen minimo, aptus ad disputandum est. acrius tamen argumentari videntur, qui medium articulum potius tenent, tanto contractioribus ultimis digitis, quanto priores descenderunt. 96 est et ille verecundae orationi aptissimus, quo, quattuor primis leviter in summum coeuntibus digitis, non procul ab ore aut pectore fertur ad nos manus et deinde prona ac paulum prolata laxatur. 97 hoc modo coepisse Demosthenen credo in illo pro Ctesiphonte timido summissoque principio, sic formatam Ciceronis manum, cum diceret: 'si ⟨quid est⟩,[a] iudices, ingeni mei, quod sentio quam sit exiguum.' eadem aliquatenus liberius deorsum spectantibus digitis colligitur in nos et fusius paulo in diversum resolvitur, ut quodam modo sermonem ipsum proferre videatur. 98 binos interim digitos distinguimus, sed non inserto pollice, paulum tamen inferioribus intra spectantibus, 99 sed ne illis quidem tensis, qui supra sunt. interim extremi palmam circa ima pollicis premunt, ipse prioribus ad medios articulos iungitur, interim quartus oblique reponitur, interim quattuor remissis magis quam tensis, pollice intus inclinato, habilem demonstrando in latus aut distinguendis, quae dicimus, manum facimus, cum supina in sinistrum latus, prona in alterum fertur. 100 sunt et illi breves gestus, cum manus leviter pandata, qualis voventium[b] est, parvis intervallis et subadsen-

z) *del. Becher*
a) *add.* **P** *ex Cic.*
b) *ed. Camp.:* foventium **B**

Anschuldigen und beim Anzeigen – woher er ja seine Namen hat – zur Geltung; wird die Hand gehoben und zur Schulter gewandt, so dient er, leicht gebogen, zur Bekräftigung; erdwärts gewandt und gleichsam steil nach unten dient er zum Nachdruck; manchmal dient er auch zum Zählen. 95 Wird der Zeigefinger von beiden Seiten an der Spitze leicht (von Daumen und Mittelfinger) erfaßt, während die zwei restlichen Finger mäßig gebogen werden, weniger jedoch der kleine Finger (als der Ringfinger), so ist die Gebärde zum erörternden Vortrag passend. Energischer erscheint jedoch die Beweisführung, wenn man mehr das Mittelglied (des Zeigefingers) festhält und die beiden letzten Finger um so mehr zusammenzieht, je stärker sich die beiden ersten gesenkt haben. 96 Sehr passend für eine bescheidene Redeweise ist auch die Gebärde, die ersten vier Finger[113] leicht nach oben gerichtet zusammenzuschließen, die Hand nicht weit vom Mund oder der Brust an uns zu ziehen und dann sie nach unten und ein wenig vorgestreckt zu lockern. 97 So mag, glaube ich, Demosthenes in dem ängstlichen und unterwürfigen Anfang seiner Rede für Ktesiphon begonnen haben, so Ciceros Handhaltung ausgesehen haben, als er sagte: 'Wenn ich denn überhaupt Talent besitze, so gering es auch, wie ich wohl weiß, ist.'[114] Ebenso wird die Hand mit nach unten gerichteten Fingern in etwas freierer Bewegung gegen uns gekehrt geschlossen und dann in etwas größerm Schwung in der umgekehrten Richtung wieder geöffnet, so daß es ist, als biete sie die Rede selbst dar. 98 Manchmal teilen wir die Finger in Zweiergruppen, ohne aber den Daumen dazwischenzuschieben, wobei jedoch die beiden unteren etwas nach innen geneigt sind, aber auch die beiden oberen nicht ganz gespannt sind. 99 Dann wieder drücken die beiden äußersten Finger die Handfläche an der Daumenwurzel, während der Daumen selbst sich an den Mittelgliedern mit den beiden inneren Fingern zusammenfügt; dann wieder wird der vierte (kleine) Finger schräg zurückgelegt; dann wieder bilden wir aus den vier mehr gelockerten als gespannten Fingern und dem nach innen gebogenen Daumen eine Hand, die gut zur Seite deuten oder das, was wir sagen, gliedern kann, indem sie mit dem Handrücken nach unten nach links, mit der nach unten gekehrten Handfläche aber nach rechts geführt wird. 100 Es gibt auch die kurzen Gebärden, wenn etwa – wie es beim Gelübde geschieht – die leicht aufwärts gekrümmte Hand in kurzen Abständen unter dem gleichmäßigen Mitschwingen der Schul-

[113] also außer dem kleinen Finger.

[114] p. Arch. 1, 1.

tientibus umeris movetur, maxime apta parce et quasi timide loquentibus. est admirationi conveniens ille gestus, quo manus modice supinata ac per singulos a minimo collecta digitos, redeunte flexu simul explicatur atque convertitur. 101 nec uno modo interrogantes gestum componimus, plerumque tamen vertentes manum, utcumque composita est. pollici proximus digitus medium,[c] qua dexter est, unguem pollicis summo suo iungens remissis ceteris est et adprobantibus et narrantibus et distinguentibus decorus. 102 cui non dissimilis, sed complicitis[d] tribus digitis, quo nunc Graeci plurimum utuntur, etiam utraque manu, quotiens enthymemata sua gestu corrutundant velut caesim. manus lentior[e] promittit et adsentatur, citatior hortatur, interim laudat. est et ille urgentis orationem gestus vulgaris magis quam ex arte, qui contrahit alterno celerique motu et explicat manum. 103 est et illa cava et rara et supra umeri altitudinem elata cum quodam motu velut hortatrix manus; a peregrinis scholis tamen prope recepta tremula scaenica est. digitos, cum summi coierunt, ad os referre cur quibusdam displicuerit nescio: nam id et leniter[f] admirantes et interim subita indignatione velut pavescentes et deprecantes facimus. 104 quin compressam etiam manum in paenitentia vel ira pectori admovemus, ubi vox vel inter dentes expressa non dedecet: 'quid nunc agam? quid facias?' averso pollice demonstrare aliquid receptum magis puto quam oratori decorum. 105 sed cum omnis motus sex partes habet, septimus sit ille, qui in se redit, orbis: vitiosa est una circumversio. reliqui ante nos et dextra laevaque et sursum et deorsum aliquid ostendunt, in posteriora gestus non derigitur: interim tamen velut reici

c) mediumque **B**
d) *Zumpt:* -pletis **B** -plitis **b**
e) *Kiderlin:* lenior
f) **B**: leviter **P**

tern bewegt wird, eine Haltung, die vor allem zu spärlichen und gleichsam ängstlichen Worten passen. Es gibt auch die Gebärde, die zur Verwunderung sich schickt, wenn die mit dem Rücken leicht nach unten gehaltene, und die einzelnen Finger, mit dem Kleinsten beginnend, anspannende Hand, die Anspannung wieder umgekehrt löst, sich wieder entfaltet und dabei umkehrt. 101 Auch bei der Frage verwenden wir nicht nur *eine* Gebärde, jedoch geschieht es meistens so, daß wir dabei die Hand, gleichgültig in welcher Haltung, umdrehen. Die Gebärde, wenn der dem Daumen nächste Finger mit seiner Spitze sich mit der Mitte des rechten Daumennagels zusammenfügt, während die anderen Finger gelockert bleiben, macht sich bei der Zustimmung wie auch beim Erzählen und beim klärenden Unterscheiden gut. 102 Ähnlich, nur mit den drei geknickten Fingern, ist die Haltung, die heutzutage die Griechen, auch mit beiden Händen, meist verwenden, sobald sie ihre Enthymeme[115] gleichsam Stück für Stück abrunden. Die langsamere Handbewegung dient zum Versprechen und Zustimmen, die schnellere zum Ermahnen, manchmal auch zum Loben. Es gibt aber auch zur Beschleunigung die gewöhnlichere und weniger kunstgerechte Gebärde, die Hand abwechselnd und schnell zu schließen und zu öffnen. 103 Es gibt auch die wie eine Mahnerin wirkende Hand, die hohl, spärlich geöffnet, mit einem gewissen Schwung über Schulterhöhe erhoben wird. Sie beben zu lassen, wie es sich durch die ausländischen Schulübungen allerdings schon fast eingebürgert hat, gehört auf die Bühne. Warum es manche Lehrer mißbilligen, die Finger, an den Spitzen zusammengebogen, zum Munde zu führen, verstehe ich nicht; denn so machen wir es doch in sachter Bewegung bei der Bewunderung und zuweilen auch in plötzlichem Unwillen, wie wenn wir Furcht fühlten oder abbitten wollten. 104 Ja sogar die geballte Faust führen wir bei Reue oder Zorn zur Brust, wo es auch nicht unpassend ist, die Stimme zwischen den Zähnen hervorzupressen: 'Was soll ich jetzt tun? Was willst du denn?' Mit zurückgebogenem Daumen auf etwas hinzuweisen, ist, glaube ich, heute eher üblich als dem Redner wohl anstehend. 105 Doch wenn es für die Bewegung im ganzen sechs Richtungen gibt – es mag die Kreisbewegung, die in sich zurückläuft, als siebente gelten –, so ist fehlerhaft lediglich die volle Umkehrung. Die übrigen Bewegungen nach vorn, nach rechts und nach links, nach oben und nach unten haben ihre Bedeutung, nach hinten aber führt man keine Gebärde; jedoch pflegt man sie bisweilen gleichsam

[115] bei der Beweisführung mit verkürzten Syllogismen.

solet. 106 optime autem manus a sinistra parte incipit, in dextra deponitur, sed ut ponere,[g] non ut ferire videatur: quamquam et in fine[h] interim cadit, ut cito tamen redeat, et nonnumquam resilit vel negantibus nobis vel admirantibus.

Huc[i] veteres artifices illud recte adiecerunt, ut manus cum sensu et inciperet et deponeretur: alioquin enim aut ante vocem erit gestus aut post vocem, quod est utrumque deforme. 107 in illo lapsi nimia subtilitate sunt, quod intervallum motus tria verba esse voluerunt, quod neque observatur neque fieri potest: sed illi quasi mensuram tarditatis celeritatisque aliquam esse voluerunt, neque inmerito, ne aut diu otiosa esset manus aut, quod multi faciunt, actionem continuo motu concideret[j]. 108 aliud est, quod et fit frequentius et magis fallit. sunt quaedam latentes sermonis percussiones et quasi aliqui pedes, ad quos plurimorum gestus cadit, ut sit unus motus 'novum crimen', alter 'C. Caesar', tertius 'et ante hanc diem', quartus 'non auditum', deinde 'propinquus meus', et 'ad te', et 'Q. Tubero', et 'detulit'. 109 unde id quoque fluit vitium, ut iuvenes, cum scribunt, gestum praemodulati cogitatione sic componant, quo modo casura manus est. inde et illud vitium, ut gestus, qui in fine dexter esse debet, in sinistrum frequenter desinat. 110 melius illud, cum sint in sermone omni brevia quaedam membra, ad quae, si necesse sit, recipere spiritum liceat, ad haec gestum disponere: ut puta 'novum crimen C. Caesar' habet per se finem quendam suum, quia sequitur coniunctio: deinde 'et ante hanc diem non auditum' satis circumscriptum est. ad haec commodanda manus est, idque dum erit prima et composita actio. 111 at ubi eam calor concitaverit, etiam gestus cum ipsa orationis celeritate crebrescet. aliis locis citata, aliis pressa conve-

g) ponere ⟨se⟩ *Halm* poni *Spalding*
h) in fine *del. Wint.:* interim **bHP** et interim **B**
i) *Brakman:* hic
j) **P** *(Regius):* -nt **B**

zurückzunehmen. 106 Am besten aber beginnt die Handbewegung links und senkt sich nach rechts nieder, jedoch so, daß man ein Senken, nicht ein Stoßen sieht; freilich entsteht am Ende zuweilen ein Abfallen, doch so, daß die Bewegung schnell zurückläuft, und manchmal springt sie auch zurück, wenn wir Ablehnung ausdrücken oder auch Bewunderung.

Hier haben die alten Meister der Vortragskunst zu Recht die Regel angeschlossen, die Hand müsse ihre Bewegung zusammen mit dem Sinn der Worte beginnen und beenden; sonst erfolgt nämlich die Gebärde entweder vor dem, was gesprochen wird, oder danach, was beides unschön ist. 107 Darin aber sind sie aus übertriebener Genauigkeit fehlgegangen, daß nach ihrem Willen ein Bewegungsablauf drei Worte umfassen soll, was weder befolgt wird noch sich befolgen läßt. Jedoch wollten sie damit gleichsam eine Maßeinheit für die Verschleppung und Beschleunigung gewinnen, und das ganz zu Recht, um zu verhindern, daß die Hand entweder lange unbeschäftigt bleibt oder, wie es viele machen, den Vortrag durch dauernde Bewegung zerhackt. 108 Eine andere Gewohnheit findet sich häufiger und führt zu größerem Irrtum. Es gibt in der Rede eine Art von unmerklichen Absätzen und gleichsam Versfüßen, wonach das Gebärdenspiel sich bei sehr vielen einrichtet, so daß eine geschlossene Bewegung bei dem 'ein neues Verbrechen'[116], erfolgt, die zweite bei 'C. Caesar', die dritte bei 'und vor diesem Tag', die vierte bei 'unerhört', dann weiter bei 'hat mein Verwandter', bei 'vor dir', bei 'nämlich Q. Tubero' und 'hinterbracht'. 109 Daraus entspringt dann auch der Fehler, daß die jungen Leute, während sie ihre schriftliche Fassung ausarbeiten, da sie in Gedanken das Gebärdespiel vorauseinteilen, die Wortfügung so anlegen, wie dann die Hand den Takt schlagen wird. Daher denn auch der Fehler kommt, daß häufig eine Gebärde, die am Ende rechts sein muß, links endet. 110 Besser ist es, da sich in jeder Rede bestimmte kurze Glieder finden, bei denen man, wenn nötig, Atem schöpfen kann, darauf die Gebärde einzurichten: z. B. hat doch 'ein neues Verbrechen, C. Caesar' für sich eine Art eigenen Abschluß, weil das Bindewort folgt; dann ist das 'und vor diesem Tag unerhört' hinreichend geschlossen. Hierauf soll sich die Hand einrichten, und zwar solange der Vortrag noch am Anfang und ruhig abläuft. 111 Sobald ihn aber die Hitze in Schwung setzt, wird auch das Gebärdenspiel sich zusammen mit dem Tempo der Rede selbst beschleunigen. An manchen Stellen wird ein rascher, an anderen ein

[116] am Anfang der ›Rede für Ligarius‹.

niet pronuntiatio: illa transcurrimus, congerimus [abundamus],[k] festinamus, hac instamus, inculcamus, infigimus. plus autem adfectus habent lentiora, ideoque Roscius citatior, Aesopus gravior fuit, quod ille comoedias, hic tragoedias egit. 112 eadem motus quoque observatio est. itaque in fabulis iuvenum, senum, militum, matronarum gravior ingressus[l] est, servi, ancillulae, parasiti, piscatores citatius moventur. tolli autem manum artifices supra oculos, demitti infra[m] pectus vetant: adeo a capite eam petere aut ad imum ventrem deducere vitiosum habetur. 113 in sinistrum intra umerum promovetur, ultra non decet, sed cum aversantes in laevam partem velut propellemus manum, sinister umerus proferendus, ut cum capite ad dextram ferente consentiat. 114 manus sinistra numquam sola gestum recte facit: dextrae se frequenter accommodat, sive in digitos argumenta digerimus sive aversis in sinistrum palmis abominamur sive obicimus adversas sive in latus utramque distendimus, 115 sive satisfacientes aut supplicantes (diversi autem sunt hi gestus) summittimus sive adorantes attollimus sive aliqua demonstratione aut invocatione[n] protendimus: 'vos Albani tumuli atque luci', aut Gracchanum illud: 'quo me miser conferam? in Capitolium? ad fratris sanguinem?[o] an domum?' 116 plus enim adfectus in his iunctae exhibent manus, in rebus parvis, mitibus, tristibus breves, magnis, laetis, atrocibus exertiores. [sunt][p]

117 Vitia quoque earum subicienda sunt, quae quidem accidere etiam exercitatis actoribus solent. nam gestum poculum poscentis aut verbera minantis aut numerum quingentorum flexo pollice efficientis, quae sunt a quibusdam scriptoribus notata, ne in rusticis quidem vidi. 118 at ut[q] brachio exerto introspiciatur latus, ut manum alius

k) *om.* **P** *(ed. Asc.)*
l) incessus *ci. Wint.*
m) **P²**: intra **BH**
n) demonstratione aut invocatione *Spalding (Vt.)*: -ni aut -ni **B**
o) at fratris sanguine madet *Cic.*
p) *Spalding:* exteriores sunt **B** exercitiores **b**
q) at ut **P** aut ut **B** aut vi **bH**

nachdrücklicher Vortrag angemessen sein; im einen Fall eilen wir vorwärts, häufen und hasten wir, im anderen sprechen wir eindringlich, einhämmernd und einprägsam. Stärker aber ist die Gefühlswirkung an den getrageneren Stellen, und deshalb war Roscius rascher, Aesopus gewichtiger, weil der eine Komödien, der andere Tragödien spielte. 112 Das Gleiche ist auch bei der Bewegung zu beobachten. Deshalb ist in den Bühnenstücken der Gang der jungen Herren, der Greise, Soldaten und Matronen gewichtiger, während Sklaven, Mägde, Parasiten und Fischer sich rascher bewegen. Die Hand über Augenhöhe zu erheben und sie unter die Brust sinken zu lassen, verbieten die Meister der Vortragskunst; sie gar vom Kopf wegzunehmen oder bis zum Unterleib herabzuführen gilt als fehlerhaft. 113 Nach links bewegt man sie innerhalb der Schulterhöhe, weiter schickt es sich nicht, jedoch müssen wir, wenn wir die Hand abwehrend nach links gleichsam vorschnellen, die linke Schulter vorstrecken, damit sie mit dem Kopf, der nach rechts gerichtet ist, in Einklang steht. 114 Die linke Hand führt nie für sich allein eine Gebärde richtig aus, häufig aber schließt sie sich der rechten an, ob wir nun die Beweispunkte an den Fingern abzählen oder mit nach links gekehrten flachen Händen Unheil abwehren oder sie beide vor uns strecken oder sie getrennt nach der Seite richten 115 oder sie zur Genugtuung oder Fürbitte – wobei aber wieder die Gebärden verschieden sind – gesenkt ausbreiten oder zur Anbetung emporheben oder sie mit einer hinweisenden oder anrufenden Gebärde vorstrecken: wie ‘Ihr albanischen Hügel und Haine’[117] oder bei dem Ausruf des Gracchus[118]: ‘Wohin soll ich Armer mich wenden? Etwa zum Kapitol? Dann also zu dem Blut meines Bruders? oder nach Hause?’ 116 Denn hierbei ist die Gefühlswirkung stärker, die von der Verbindung der Hände ausgeht, wobei die Gebärden beim Ausdruck kleiner, lieblicher oder düsterer Gefühle knapp, bei großen, freudigen oder schrecklichen aber weit ausholend ausgeführt werden.

117 Auch die Fehler in der Handhaltung sind hier anzufügen, wenigstens soweit sie auch geübten Gerichtsrednern zu unterlaufen pflegen. Denn die Gebärde, einen Becher zu verlangen, mit Prügeln zu drohen oder mit gebogenem Daumen die Zahl fünfhundert zu bilden, Fehler die gewiße Fachschriftsteller gerügt haben, habe ich nicht einmal bei Leuten vom Lande erlebt. 118 Jedoch daß man bei weit ausholendem Arm die Seite sehen läßt, daß der eine die Hand nicht

[117] p. Mil. 31, 85.
[118] vgl. de orat. 3, 56, 214. ORF p. 196 M.

ultra sinum proferre non audeat, alius in quantum patet longitudo protendat, aut ad tectum erigat aut repetito ultra laevum umerum gestu ita in tergum flagellet, ut consistere post eum parum tutum sit, aut sinistrum ducat orbem aut temere sparsa manu in proximos offendat aut cubitum utrumque in diversum latus ventilet, saepe scio evenire. 119 solet esse et pigra et trepida et secanti similis: interim etiam uncis digitis aut a[r] capite deiciatur aut eadem manus[s] supinata in superiora iactetur. fit et ille ⟨gestus,⟩[t] qui, inclinato in umerum dextrum capite, brachio ab aure protenso, manum infesto pollice extendit: qui quidem maxime placet his, qui se dicere sublata manu iactant. 120 adicias[u] licet eos, qui sententias vibrantis digitis iaculantur aut manu sublata denuntiant aut, quod per se interim recipiendum est, quotiens aliquid ipsis placuit, in unguis eriguntur, sed vitiosum id faciunt aut digito, quantum plurimum possunt, erecto aut etiam duobus, aut utraque manu ad modum aliquid portantium composita. 121 his accedunt vitia non naturae, sed trepidationis, cum ore concurrente rixari: si memoria fefellerit aut cogitatio non suffragetur, quasi faucibus aliquid obstiterit, insonare: in adversum tergere nares, obambulare sermone inperfecto, resistere subito et laudem silentio poscere. quae omnia persequi prope infinitum est: sua enim cuique sunt vitia. 122 pectus ac venter ne proiciantur, observandum: pandant enim posteriora et est odiosa omnis supinitas. latera cum gestu consentiant: facit enim aliquid et totius corporis motus, adeo ut Cicero plus illo agi quam manibus ipsis putet. ita enim dicit in Oratore: 'nullae argutiae digitorum, non ad numerum articulus cadens, trunco magis toto se ipse moderans et virili laterum flexione.'

r) ⟨ut⟩ aut a *Halm*
s) *ed. Jens.:* manu
t) *add. Halm:* ille **B** ille habitus qui esse in status pacificatorum solet *add.* **b**
u) *corr.* **P**: adiciat

über den Bausch der Toga vorzustrecken wagt, ein anderer sie vorschiebt, soweit der Arm nur reicht, oder daß einer sie bis zum Dach hochreckt oder, indem er die Gebärde bis über die linke Schulter zurückführt, so auf den Rücken peitscht, daß es schon ganz gefährlich ist, hinter ihm zu stehen, oder daß einer einen ganzen Kreis nach links beschreibt oder mit unüberlegtem Handspreizen die Nächststehenden anstößt oder mit den beiden Ellenbogen nach beiden Seiten rudert, das kommt, wie ich weiß, oft vor. 119 Es findet sich auch gern eine träge, fahrige und auch eine Art Säge-Bewegung der Hand. Zuweilen findet es sich, daß die Hand mit gekrümmtem Fingern entweder vom Kopf abwärts gerissen oder ebenso mit dem Handrücken nach oben geschleudert wird. Es kommt auch die Gebärde vor, die Hand mit auf die rechte Schulter geneigtem Kopf und vom Ohr aus vorgerecktem Arm und drohend aufgerichtetem Daumen auszustrekken. Diese Gebärde gefällt freilich zumal den Rednern, die damit großtun, sie sprächen ‚mit erhobener Hand'. 120 Man nehme zu diesen nur gleich diejenigen hinzu, die ihre schwirrenden Pointen mit den Fingern ins Ziel schleudern oder sie mit erhobener Hand verkünden oder die, was an sich zuweilen annehmbar ist, sich auf die Zehenspitzen aufrichten, sooft etwas ihren eigenen Beifall gefunden hat, aber fehlerhaft wird dies, wenn sie dabei einen Finger, so hoch sie nur können, aufrichten, oder auch zwei, oder beide Hände dabei so halten, als hätten sie eine Last zu tragen. 121 Hierzu kommen Fehler, die nicht der Natur der Sache entstammen, sondern der Aufregung z. B. sich abzumühen, als bekäme man den Mund nicht auf, sich zu räuspern, als wäre etwas in der Kehle stecken geblieben, wenn das Gedächtnis einen im Stich gelassen hat oder sich kein Gedanke einstellt; sich auf der Nase zu reiben; hin- und herzugehen, ohne die Rede zu vollenden, plötzlich stehen zu bleiben und schweigend nach Beifall zu haschen. – Dies alles durchzugehen, wäre ein schier endloses Bemühen; denn jeder hat seine eigenen Fehler. 122 Es ist darauf zu achten, daß Brust und Bauch nicht vorgebogen werden, dann krümmt sich nämlich die Rückseite, und jede Rückbiegung ist anstößig. Die Seiten müssen in der Bewegung mit der Gebärde in Einklang stehen; denn auch die Bewegung des ganzen Körpers macht etwas aus, sogar so viel, daß Cicero meint,[119] sie spiele eine größere Rolle als selbst die Hände. Er sagt nämlich im Orator: ‘Kein Geplapper der Finger, keine Fingerspitzen, die den Rhythmus schlagen, eher soll der Redner mit dem ganzen Rumpf sich seinen Rhythmus geben und mit der

[119] orat. 18, 59.

123 femur ferire, quod Athenis primus fecisse creditur Cleon, et usitatum est et indignantes decet et excitat auditorem. idque in Calidio Cicero desiderat: 'non frons', inquit, 'percussa, non femur.' quamquam, si licet, de fronte dissentio. nam etiam complodere manus scaenicum est ⟨et⟩[v] pectus caedere. 124 illud quoque raro decebit, cava manu summis digitis pectus adpetere, si quando nosmet ipsos adloquemur cohortantes, obiurgantes, miserantes: quod si quando fiet, togam quoque inde removeri non dedecebit.

In pedibus observantur status et incessus. prolato dextro stare et eandem manum ac pedem proferre deforme est. 125 in dextrum incumbere interim datur, sed aequo pectore, qui tamen comicus magis quam oratorius gestus est. male etiam in sinistrum pedem insistentium dexter aut tollitur aut summis digitis suspenditur. varicare supra modum et in stando deforme est et accedente motu prope obscenum. 126 procursio oportuna brevis, moderata, rara. conveniet iam[w] et ambulatio quaedam propter inmodicas laudationum moras, quamquam Cicero rarum incessum neque ita longum probat. discursare vero et, quod Domitius Afer de Sura Manlio dixit, 'satagere' ineptissimum: urbaneque Flavus Verginius interrogavit de quodam suo antisophiste, 'quot milia passum declamasset?' 127 praecipi et illud scio, ne ambulantes avertamur a iudicibus, sed sint obliqui pedes ad consilium nobis respicientibus. id fieri iudiciis privatis non potest, verum et breviora sunt spatia nec aversi diu sumus. interim tamen recedere sensim datur. quidam et resiliunt, quod est plane ridiculum. 128 pe-

v) *add.* **P²**
w) rara conveniet: iam *distinx. Gertz*

männlichen Neigung der Seiten'. 123 Auf die Hüften zu schlagen, wie es in Athen zuerst Kleon gemacht haben soll, ist üblich, paßt zum Ausdruck des Unwillens und feuert den Hörer an. Deshalb vermißt es Cicero bei Calidius[120]: 'Kein Schlag auf die Stirn', sagt er, 'keiner auf die Hüfte'. Freilich betreffs der Stirn erlaube ich mir, anderer Meinung zu sein; denn auch in die Hände zu klatschen und sich auf die Brust zu schlagen, gehört auf die Bühne. 124 Es wird sich auch nur selten schicken, mit hohler Hand und spitzen Fingern die Brust zu berühren, sofern wir einmal zu uns selbst reden, indem wir uns ermahnen, Vorwürfe machen oder bedauern; wenn es aber einmal geschieht, dann ist es auch nicht unschicklich, dabei die Toga zurückzuschlagen.

Bei den Füßen achtet man auf Stand und Gang. Mit vorgesetztem rechten Fuß zu stehen sowie die gleiche Hand und den gleichen Fuß vorzusetzen ist unschön. 125 Sich auf das rechte Bein zu stützen ist zuweilen gestattet, jedoch nur mit gerader Brusthaltung, eine Gebärde, die indessen besser in die Komödie paßt als in die öffentliche Rede. Schlecht wirkt es auch, wenn man bei der Belastung des linken Fußes den rechten hochhebt oder auf die Zehenspitzen stellt. Übermäßig die Beine zu spreizen ist schon im Stehen unschön und, wenn noch Bewegung hinzukommt, fast unanständig. Vorwärtsschreiten ist angebracht, wenn es kurz, maßvoll und selten geschieht. 126 Auch das Hin- und Hergehen ist einmal bei der Unterbrechung durch unaufhörlichen Beifall schicklich, obwohl Cicero[121] das Gehen nur selten und dann nur ein kurzes Stück gutheißt. Das Herumrennen und, wie es Domitius Afer bei Manlius Sura genannt hat, 'Sich-Abrakkern'[122] ist äußerst albern, und Verginius Flavus[123] hat mit feinem Witz bei einem seiner sophistischen Rivalen die Frage gestellt: 'wieviel Meilen er denn schon herunterdeklamiert hätte'. 127 Ich weiß auch, daß man die Vorschrift gibt, wir sollten uns beim Hin- und Hergehen nicht von den Richtern abwenden, sondern sollten die Füße seitwärts setzen und dabei zu dem Gerichtshof hinblicken. Das kann bei Privatprozessen nicht geschehen, aber in der Tat sind ja auch die Abstände recht kurz, und wir bleiben nicht lange vom Richter abgewandt. Zuweilen indessen ist es auch gestattet, sachte zurückzugehen. Manche springen ja sogar zurück, was ganz lächerlich aussieht. 128 So gut

[120] Brut. 60, 278.
[121] de orat. 18, 59.
[122] ORF p. 569 M.; s. o. 6, 3, 54.
[123] s. o. 3, 1, 21.

dis supplosio ut loco est oportuna, ut ait Cicero, in contentionibus aut incipiendis aut finiendis, ita crebra et inepti est hominis et desinit iudicem in se convertere. est et illa indecora in dextrum ac laevum latus vacillatio alternis pedibus insistentium. longissime fugienda mollis actio, qualem in Titio Cicero dicit fuisse, unde etiam saltationis quoddam genus Titius sit appellatum. 129 reprehendenda et illa frequens et concitata in utramque partem nutatio, quam in Curione patre inrisit et Iulius, quaerens, 'quis in luntre loqueretur', et Sicinius: nam cum adsidente collega, qui erat propter valetudinem et deligatus et plurimis medicamentis delibutus, multum se Curio ex more iactasset, 'numquam', inquit, 'Octavi, collegae tuo gratiam referes, qui nisi fuisset, hodie te istic muscae comedissent'. 130 iactantur et umeri, quod vitium Demosthenes ita dicitur emendasse, ut, cum in angusto quodam pulpito stans diceret, hasta umero dependens inmineret, ut, si calore dicendi vitare id excidisset, offensatione illa commoneretur. ambulantem loqui ita demum oportet, si in causis publicis, in quibus multi sunt iudices, quod dicimus quasi singulis inculcare peculiariter velimus. 131 illud non ferendum, quod quidam reiecta in umerum toga, cum dextra sinum usque lumbos reduxerunt, sinistra gestum facientes spatiantur et fabulantur, cum etiam laevam restringere prolata longius dextra sit odiosum. unde moneor, ut ne id quidem transeam, ineptissime fieri, cum inter moras laudationum aut in aurem alicuius loquuntur aut cum sodalibus iocantur aut nonnumquam ad librarios suos ita respiciunt, ut sportulam dictare videantur. 132 inclinari ad iudicem, cum doceas, utique si id, de quo loquaris, sit obscurius,

es an seinem Ort angebracht ist, mit dem Fuß aufzustampfen, wie Cicero sagt[124], nämlich am Anfang oder Schluß lebhafter Auseinandersetzungen, so albern läßt es den erscheinen, der es häufig so macht, und verliert dann auch seine Wirkung, die Aufmerksamkeit des Richters zu wecken. Unschön ist es auch, wenn man von einem Fuß auf den andern wechselt und so nach rechts und links schwankt. Aufs äußerste zu meiden gilt es die weichliche Vortragsweise, wie sie nach Cicero[125] Titius besessen hat, weshalb ja auch eine Tanzart den Namen des Titius erhalten hat. 129 Tadelnswert ist es auch, immer wieder und rasch von einer Seite zur anderen zu schaukeln, wie es bei dem Vater Curio sowohl Julius[126] verspottet hat, indem er fragte: 'wer denn da im Nachen redete' wie auch Sicinius; denn als sich wieder einmal Curio, während sein Amtsgenosse dabeisaß, der wegen einer Krankheit verbunden und mit allen möglichen Arzneien eingerieben war, nach seiner Art gründlich hin- und hergeworfen hatte, sagte Sicinius: 'dafür wirst du, Octavius, deinem Amtsgenossen niemals genügend danken können; denn wäre er nicht gewesen, so hätten dich heute auf der Stelle die Mücken verspeist'. 130 Auch die Schultern werden herauf- und heruntergezogen, ein Fehler, den Demosthenes so behoben haben soll, daß ihm, wenn er auf einem schmalen Podium stehend redete, eine Lanze über seiner Schulter von der Decke herabhing, so daß er, wenn es ihm in der Hitze der Rede entfiel, das Zucken zu vermeiden, durch das Anstossen an die Lanze daran erinnert wurde. Im Hin- und Hergehen zu sprechen ist nur da geboten, wo wir bei öffentlichen Prozessen, wo es viele Richter gibt, das, was wir sagen, gleichsam jedem einzelnen besonders einhämmern wollen. 131 Unerträglich ist es, daß manche mit der über die Schulter zurückgeschlagenen Toga, deren Bausch sie mit der Rechten bis zu der Lende heruntergezogen halten, mit der Linken gestikulierend umhergehen und reden, während es schon anstößig ist, die Linke zurückzuziehen, wenn die Rechte weiter vorgestreckt ist. Hierbei werde ich daran erinnert, den Hinweis doch nicht zu übergehen, wie äußerst unpassend es ist, wenn man während der Unterbrechungen durch Beifall jemandem etwas ins Ohr sagt oder mit den Gefährten scherzt oder manchmal so zu seinen Schreibkräften hinschaut, daß es ist, als diktiere man ihnen (schon) eine Spende (für treue Klienten). 132 Sich zu dem Richter hinzuneigen, während man den Fall darstellt, ist jeden-

[124] de orat. 3, 59, 220.
[125] Brut. 62, 225f.
[126] ORF p. 274 M. vgl. Brut. 60, 216 und o. 6, 3, 76.

decet. incumbere advocato adversis subselliis sedenti iam contumeliosum. reclinari etiam ad suos et manibus sustineri, nisi plane iusta fatigatione delicatum, sicut palam moneri excidentis aut legere: 133 namque in his omnibus et vis illa dicendi solvitur et frigescit adfectus et iudex parum sibi praestari reverentiae[x] credit. transire in diversa subsellia parum verecundum est: nam et Cassius Severus urbane adversus hoc facientem lineas poposcit. et si aliquando concitate itur, numquam non frigide reditur. 134 multum ex iis, quae praecepimus, mutari necesse est ab iis, qui dicunt apud tribunalia: nam et vultus erectior, ut eum, apud quem dicitur, spectet, et gestus ut ad eundem tendens elatior sit necesse est, et alia, quae occurrere etiam me tacente omnibus possunt. itemque ab his, qui sedentes agent: nam et fere fit hoc in rebus minoribus, et idem impetus actionis esse non possunt, et quaedam vitia fiunt necessaria. 135 nam et dexter pes a laeva iudicis sedenti proferendus est, et ex altera parte multi gestus necesse est in sinistrum eant, ut ad iudicem spectent. equidem plerosque et ad singulas clausulas sententiarum video adsurgentis et[y] nonnullos subinde aliquid etiam spatiantis, quod an deceat ipsi viderint: cum id faciunt, non sedentes agunt. 136 bibere aut etiam esse inter agendum, quod multis moris fuit et est quibusdam, ab oratore meo procul absit. nam si quis aliter dicendi onera perferre non possit, non ita miserum est non agere potiusque multo quam et operis et hominum contemptum fateri.

137 Cultus non est proprius oratoris aliquis, sed magis in oratore conspicitur. quare sit, ut in omnibus honestis debet esse, splendidus et virilis: nam et toga et calceus et capillus tam nimia cura quam neglegentia sunt reprendenda. est aliquid in amictu, quod ipsum aliqua-

x) Laurentian. 46.9: reverentia **B**

y) *Spalding:* adsurgentiš et **bH** adsurgentis sibi et **BP** subito et *ci. Rad.*

falls dann, wenn das, wovon man spricht etwas dunkel ist, angemessen. Zu dem Anwalt, der auf der Bank der Gegenpartei sitzt, sich hinzulehnen, ist schon fast peinlich. Auch sich zu dem eigenen Anhang zurückzubeugen und sich mit den Händen auf sie zu stützen, ist, wenn es nicht aus wirklicher Erschöpfung geschieht, Ziererei, wie auch sich offen vorsagen zu lassen, was einem entfallen ist, oder es nachzulesen. 133 Denn durch all das wird die Kraft der Rede zerstört, die Teilnahme erkaltet, und der Richter glaubt, es werde ihm nicht genügend Achtung gezollt. Zu der Gegenseite hinüberzugehen ist nicht respektvoll genug; denn auch Cassius Severus hat mit feinem Witz gegen jemanden, der es so machte, Demarkationslinien gefordert. Und wenn man einmal in der Hitze rasch hingeht, so ist jedenfalls der Rückweg frostig genug. 134 Viel von dem, was wir vorgeschrieben haben, muß man ändern, wenn man vor einem Tribunal spricht; denn der Blick muß höher gerichtet sein, um den Mann, vor dem die Rede gehalten wird, zu erreichen, auch das Gebärdenspiel muß, da es ebenfalls diesen Mann sucht, stärker ausholen, und noch anderes, was auch, ohne daß ich davon spreche, jedermann einfallen kann. Das gilt auch bei denen, die die Verhandlung im Sitzen führen; denn so geschieht es ja gewöhnlich in kleineren Fällen, und da kann der Vortrag nicht ebenso schwungvoll sein, und bestimmte Fehler sind da unvermeidlich. 135 Denn sitzt man links vom Richter, so muß man den rechten Fuß vorsetzen, sitzt man auf der anderen Seite, so sind viele Gebärden unvermeidlich nach links zu richten, damit sie sich an den Richter wenden. Ich erlebe es ja auch recht oft, daß man bei den einzelnen Gedankeneinschnitten aufsteht und manchmal dann gar ein paar Schritte tut, wobei die Betreffenden selbst zusehen müssen, wieweit das sich schickt; jedenfalls sprechen sie, wenn sie es tun, nicht im Sitzen. 136 Während der Prozeßrede zu trinken oder gar zu essen, wie es bei vielen Brauch war und es bei manchen noch gebräuchlich ist, das soll meinem Redner fernliegen. Denn wenn jemand sonst die Belastung beim Reden nicht aushalten kann, dann ist es nicht so kläglich, gar nicht im Prozeß zu reden und jedenfalls viel besser, als so offen seine Geringschätzung der Aufgabe und Personen zu zeigen.

137 Der gepflegte Anzug hat beim Redner keine Besonderheiten, aber er fällt beim Redner mehr ins Auge. Deshalb sei er, wie es bei allen ehrbaren Männern sein muß, gediegen und männlich. Denn sowohl die Toga wie das Schuhwerk und Haar bietet gleichen Anstoß durch zu große Sorgfalt wie Vernachlässigung. Beim Überkleid findet sich etwas, worin doch ein gewisser Wandel der Zeitverhältnisse zum

tenus temporum condicione mutatum est: nam veteribus nulli sinus, perquam breves post illos fuerunt. 138 itaque etiam gestu necesse est usos esse in principiis eos alio, quorum brachium, sicut Graecorum, veste continebatur: sed nos de praesentibus loquimur. cui lati clavi ius non erit, ita cingatur, ut tunicae prioribus oris infra genua paulum, posterioribus ad medios poplites usque perveniant: nam infra mulierum est, supra centurionum. 139 ut purpurae recte descendant, levis cura est, notatur interim neglegentia. latum habentium clavum modus est, ut sit paulum cinctis summissior. ipsam togam rutundam esse et apte caesam velim, aliter enim multis modis fiet enormis. pars eius prior mediis cruribus optime terminatur, posterior eadem portione altius qua cinctura. 140 sinus decentissimus, si aliquo supra imam tunicam[z] fuerit, numquam certe sit inferior. ille, qui sub umero dextro ad sinistrum oblique ducitur velut balteus, nec strangulet nec fluat. pars togae, quae postea inponitur, sit inferior: nam ita et sedet melius et continetur. subducenda etiam pars aliqua tunicae, ne ad lacertum in actu redeat: tum sinus iniciendus umero, cuius extremam oram reiecisse non dedecet. 141 operiri autem umerum cum toto iugulo non oportet, alioqui amictus fiet angustus et dignitatem, quae est in latitudine pectoris, perdit.[a] sinistrum brachium eo usque adlevandum est, ut quasi normalem illum angulum faciat, super quod ora ex toga duplex aequaliter sedeat. 142 manus non impleatur anulis, praecipue medios articulos non transeuntibus: cuius erit habitus optimus adlevato pollice et digitis leviter inflexis, nisi si libellum tenebit. quod non utique captandum est: videtur enim fateri memoriae diffidentiam et ad multos gestus est inpedimento. 143 togam veteres ad calceos usque demittebant, ut Graeci pallium: idque ut fiat, qui de

z) *Spalding:* togam
a) perdet **P** labitur *Halm (Fort.)*

Ausdruck kommt: denn die Alten hatten gar keinen Bausch der Toga, ihre Nachfahren nur einen ziemlich knappen. 138 Deshalb mußten sich die Redner, deren Arm, wie bei den Griechen im Gewandt steckte, in den Anfängen der Redekunst eines anderen Gebärdenspieles bedienen. Doch wir sprechen von der Gegenwart. Wer nicht das Recht auf den breiten Purpurstreifen hat, soll sich so gürten, daß die Tunika mit dem vorderen Rand etwas unter das Knie, mit dem hinteren bis zur Mitte der Kniekehle reicht; denn unterhalb dieser Grenze ist es Frauentracht, oberhalb die der Zenturionen. 139 Die Purpurstreifen gerade fallen zu lassen macht nicht viel Mühe, zuweilen verrät sich aber hier die Nachlässigkeit. Für die, die den breiten Purpurstreifen besitzen, gilt die Regel, das Maß etwas kürzer zu nehmen als bei den Gegürteten. Die Toga sollte möglichst rund sein und in passendem Zuschnitt, sonst kommt es zu allen möglichen Unebenheiten. Ihr Vorderteil endet am besten in der Mitte des Unterschenkels, ihr Hinterteil im gleichen Verhältnis höher wie bei der gegürteten Tunika. 140 Der Bausch sitzt am schönsten, wenn er ein Stück über dem unteren Rand der Tunika ist, jedenfalls soll er niemals darunter sein. Der Bausch, der schräg unter der rechten Schulter zur linken Schulter verläuft, wie ein Schwertgurt, soll weder spannen noch zu lose sitzen. Das Stück der Toga, das später umgeschlagen wird,[127] soll tiefer hängen; denn so sitzt es besser und hat Halt. Umgelegt werden soll auch ein Stück der Tunika, damit es beim Vortrag nicht zum Arm zurückrutscht; dann soll der Bausch über die Schulter gelegt werden, dessen äußersten Rand umzuschlagen durchaus nicht unpassend ist. 141 Die Schulter aber darf nicht samt der ganzen Kehle bedeckt werden, sonst wird der Überwurf eng und verliert sein würdevolles Aussehen, das auf der breiten Brust beruht. Der linke Arm soll soweit erhoben werden, daß er gleichsam einen rechten Winkel bildet, worüber dann der doppelte Rand, den die Toga liefert, gleichmäßig nach beiden Seiten aufsitzen soll. 142 Die Hand soll nicht mit Ringen überladen sein, zumal nicht mit solchen, die höher sitzen als auf dem mittleren Fingerglied. Ihre Haltung ist am besten, wenn der Daumen gehoben und die Finger leicht gebogen sind, falls sie nicht ein Manuskript festhält. Darauf soll man nicht unbedingt aus sein, denn das sieht aus, als mißtraue man seinem Gedächtnis, und es ist auch bei vielen Gebärden im Wege. 143 Die Alten ließen die Toga bis zu den Schuhen reichen, wie die Griechen das Pallium;

[127] über die linke Schulter.

gestu scripserunt circa tempora illa, Plotius Nigidiusque, praecipiunt. quo magis miror Plini Secundi docti hominis et in hoc utique libro paene etiam nimium curiosi persuasionem, qui solitum id facere Ciceronem velandorum varicum gratia tradit, cum hoc amictus genus in statuis eorum quoque, qui post Ciceronem fuerunt, appareat. 144 palliolum sicut fascias, quibus crura vestiuntur, et focalia et aurium ligamenta sola excusare potest valetudo.

Sed haec amictus observatio, dum incipimus: procedente vero actu, iam paene ab initio narrationis, sinus ab umero recte velut sponte delabitur,[b] et, cum ad argumenta ac locos ventum est, reicere a sinistro togam, deicere etiam, si haereat, sinum conveniet. 145 laeva a faucibus ac summo pectore abducere licet: ardent enim iam omnia. et ut vox vehementior ac magis varia est, sic amictus quoque habet actum quendam velut proeliantem. 146 itaque ut laevam involvere toga et incingi paene furiosum est, sinum vero in dextrum umerum ab imo reicere solutum ac delicatum (fiuntque adhuc peius aliqua), ita cur laxiorem sinum sinistro brachio non subiciamus? habet enim acre quiddam atque expeditum et calori concitationique non inha-

b) **B**: dilabitur **bH**

und daß man es so mache, findet sich als Vorschrift bei den Schriftstellern jener Zeiten über das Gebärdenspiel, Plotius und Nigidius[128]. Um so mehr wundere ich mich über die Auffassung, die Plinius Secundus[129], ein gebildeter und in dem betreffenden Buch jedenfalls fast allzu wissbegieriger Mann, vertritt, wonach Cicero es nur deshalb so zu machen gewohnt gewesen sei, um seine Krampfadern zu verhüllen, während doch diese Art von Überwurf auch bei Standbildern von Leuten, die nach Cicero gelebt haben, erscheint. 144 Kapuzen wie auch Wickel, um die Beine zu bekleiden, sowie Halsbinden und Ohrenschützer lassen sich nur durch Krankheit entschuldigen.

Doch ist dies die Behandlung des Überwurfes nur, während wir mit der Rede beginnen. Geht aber der Vortrag weiter, ja schon fast vom Anfang des Erzählteiles an, wird der Bausch von der Schulter ganz zu recht wie von selbst herabgleiten, und wenn man bis zur Beweisführung und den Glanzstellen gekommen ist, ist es durchaus in Ordnung, die Toga von der linken Schulter zurückzustoßen, auch den Bausch, wenn er noch festsitzt, herabzuschieben. 145 Mit der linken Hand darf man ihn von der Kehle und dem Brustansatz wegnehmen; denn schon hat die Glut alles erfaßt. Und wie die Stimme heftiger wird und abwechslungsreicher im Ton, so hat auch der Überwurf seine Vortragsart wie im Handgemenge des Kampfes. 146 Ist es deshalb schon fast so, als rasten wir von Sinnen, wenn wir die Linke in die Toga wickeln und diese um uns schlingen, den Bausch von unten auf die rechte Schulter zu schleudern aber haltlos und geziert, – und es findet sich doch noch Schlimmeres als dies, – warum sollten wir dann nicht den zu lose gewordenen Bausch unter den linken Arm rücken?[130] Denn das macht doch einen energischen und ungehemmten Eindruck und steht mit der Hitze und Erregung im besten

[128] dem Vorkämpfer für eine vom Griechischen unabhängige 'römische Rhetorik' in Ciceros Jugend, Plotius Gallus, in seiner Schrift ›De gestu‹, und Nigidius Figulus, dem gelehrten Freund Ciceros – wohl im Rahmen seiner antiquarisch-grammatischen Studien.

[129] des Verfassers der Naturgeschichte. Die Stichelei im Text geht wohl auf Plinius' 'studiosi', worin er in drei Büchern die Ausbildung des Redners behandelte (vgl. Plin. epist. 3, 3, 5); s. o. 3, 1, 21.

[130] Offenbar soll die Anweisung, den Bausch, der seinen Halt verloren hat, unter den linken Arm zu schieben, als die natürlichere der Möglichkeit vorgezogen werden, den Bausch über die rechte Schulter zu werfen, wobei die verhüllende Toga viel stärker gehoben werden muß (solutum ac delicatum). Da wir nicht wissen, was Plinius gefordert hat, der offenbar auch hier kritisiert wird, bleibt mir der Sinn unbefriedigend.

bile. 147 cum vero magna pars est exhausta orationis, utique adflante fortuna, paene omnia decent, sudor ipse et fatigatio et neglegentior amictus et soluta ac velut labens undique toga. 148 quo magis miror hanc quoque succurrisse Plinio curam, ut ita sudario frontem siccari iuberet, ne comae turbarentur, quas componi post paulum, sicuti dignum erat, graviter et severe vetuit. mihi vero illae quoque turbatae prae se ferre aliquid adfectus et ipsa oblivione curae huius commendari videntur. 149 at si incipientibus aut paulum progressis decidat toga, non reponere eam prorsus neglegentis aut pigri aut quo modo debeat amiciri nescientis est.

Haec sunt vel inlustramenta pronuntiationis vel vitia, quibus propositis multa cogitare debet orator. 150 primum quis, apud quos, quibus praesentibus sit acturus: nam ut dicere alia aliis et apud alios magis concessum est, sic etiam facere. neque eadem in voce, gestu, incessu apud principem, senatum, populum, magistratus, privato publico iudicio, postulatione actione similiter decent. 151 quam differentiam subicere sibi quisque, qui animum intenderit, potest, tunc qua de re dicat et efficere quid velit. rei quadruplex observatio est: una in tota causa. sunt enim tristes hilares, sollicitae securae, grandes pusillae, ut vix umquam ita sollicitari partibus earum debeamus, ut non summae meminerimus: 152 altera, quae est in differentia partium, ut in prooemio, narratione, argumentatione, epilogo: tertia in sententiis ipsis, in quibus secundum res et adfectus variantur omnia: quarta in verbis, quorum ut est vitiosa, si efficere[c] omnia velimus,

c) effingere *Spalding*

Einklang. 147 Wenn aber schon ein großer Teil der Rede den Einsatz aller Kräfte geboten hat, dann ist, zumal wenn der Erfolg unsere Segel glücklich schwellen läßt, fast alles am rechten Platz, auch der perlende Schweiß, die Erschöpfung, die Unordnung im Überwurf und das Flattern der Toga, als wenn sie überall ihren Halt verlöre. 148 Um so mehr wundere ich mich darüber, daß auch hier den Plinius seine Besorgnis zu dem Gebot gedrängt hat, das Taschentuch beim Abtrocknen der Schweißperlen so zu verwenden, daß die Haare nicht verwirrt würden, die zu ordnen er doch kurz darauf mit Ernst und Nachdruck, wie es der Sache würdig war, verboten hat. Mir scheint es vielmehr, daß sogar auch deren Verwirrung etwas von der leidenschaftlichen Stimmung des Augenblicks ausdrückt und sich gerade deshalb empfiehlt, weil der Gedanke an solche Besorgnis fehlt. 149 Wenn dagegen die Toga rutscht, während man die Rede beginnt oder erst kurze Zeit vorangekommen ist, so verrrät die Tatsache, daß man sie nicht wieder in Ordnung bringt, gleich den Mangel an Sorgfalt, Trägheit oder völlige Unkenntnis der Sitte, wie der Überwurf getragen werden muß.

Dies also sind teils die Mittel, den Vortrag zu verschönern, teils die Fehler, die dabei vorkommen, ein Lehrstoff, nach dessen Darlegung der Redner noch vielerlei zu überdenken hat. 150 Zunächst die Frage, wer den Vortrag zu halten hat, und vor wem und in wessen Gegenwart es geschieht; denn wie bald dies, bald jenes zu sagen je nach dem Sprechenden, dem Angesprochenen und dem Hörerkreis eher gestattet ist, so steht es auch mit der Ausführung. Und es ist nicht einheitlich, was gleichermaßen sich in Stimme, Gebärdenspiel und Gang vor dem Herrscher, dem Senat, dem Volk und den Behörden, in einem privaten und einem öffentlichen Prozeß und bei der Beantragung und Vertretung der Klage schickt. 151 Diese Verschiedenheit kann sich jeder, der darauf aufmerksam geworden ist, vor Augen stellen und dann die Frage stellen, worüber er spricht und was er erreichen will. Hierbei sind vier Gesichtspunkte zu beachten. Der erste gilt dem Fall im ganzen. Denn die Fälle sind bald traurig, bald heiter, bald beunruhigend, bald ohne Risiko, bald bedeutend, bald ganz unwichtig, so daß wir uns kaum je so sehr in ihre Einzelteile vertiefen dürfen, daß wir nicht das Ganze, dem die Rede gilt, im Gedächtnis behielten. 152 Der zweite Gesichtspunkt gilt der Verschiedenheit der Teile der Rede also des Einleitungsteils, des Erzählteils, der Beweisführung und des Schlußwortes; der dritte den Gedanken selbst, in denen je nach Gegenstand und Gefühlslage alles im Wechsel ist; der vierte der Fassung in Worte, wobei zwar die Nachbil-

imitatio, ita quibusdam nisi sua natura redditur, vis omnis aufertur. 153 igitur in laudationibus, nisi si funebres erunt, gratiarum actione, exhortatione, similibus laeta et magnifica et sublimis est actio. funebres contiones, consolationes, plerumque causae reorum tristes atque summissae. in senatu conservanda auctoritas, apud populum dignitas, in privatis modus. de partibus causae et sententiis verbisque, quae sunt multiplicia, pluribus dicendum.

154 Tria autem praestare debet pronuntiatio: conciliet,[d] persuadeat, moveat, quibus natura cohaeret, ut etiam delectet. conciliatio fere aut commendatione morum, qui nescio quomodo ex voce etiam atque actione perlucent, aut orationis suavitate constat, persuadendi vis adfirmatione, quae interim plus ipsis probationibus valet. 155 'an ista', inquit Calidio Cicero, 'si vera essent, sic a te dicerentur?' et: 'tantum abest ut inflammares nostros animos: somnum isto loco vix tenebamus.' fiducia igitur appareat et constantia, utique si auctoritas subest. 156 movendi autem ratio aut in repraesentandis est aut imitandis adfectibus. ergo cum iudex in privatis aut praeco in publicis dicere de causa iusserit, leniter est consurgendum: tum in componenda toga vel, si necesse erit, etiam ex integro inicienda, dumtaxat in iudiciis (apud principem enim et magistratus et tribunalia non licebit) paulum est commorandum, ut et amictus sit decentior et protenus aliquid spatii ad cogitandum. 157 etiam cum ad iudicem nos converterimus et consultus praetor permiserit dicere, non protinus est erumpendum, sed danda brevis cogitationi mora: mire enim auditurum dicturi cura delectat et iudex se ipse componit. 158 hoc praecipit Homerus Ulixis

d) ⟨ut⟩ conciliet *Meister*

dung fehlerhaft ist, falls wir mit ihr alles zu erreichen wünschten, jedoch manchen Gedanken auch alle Kraft genommen wird, wenn sie nicht in ihrem eigentlichen Wesen getroffen werden. 153 So ist denn bei Lobreden, wenn es keine Leichenreden sind, bei Dankreden, Mahnreden und ähnlichem die Stimmung des Vortrags strahlend, prächtig und erhaben. Leichenreden, Trostreden und die meisten Verteidigungsreden haben düsteren und gedrückten Ausdruck. Im Senat gilt es, sein persönliches Ansehen zu wahren, vor dem Volk seinen Rang, im Privatleben das rechte Maß. Über die Teile der Rede sowie über die Gedanken und ihre Fassung in Worte mit ihren vielfältigen Problemen ist ausführlicher zu sprechen.

154 Dreierlei aber muß der Vortrag leisten: er soll gewinnend, überzeugend und erregend sein, womit es natürlicherweise zusammenhängt, daß er auch unterhaltend sei. Das Gewinnende beruht gewöhnlich auf der Kraft der Empfehlung, die eine gesittete Lebensführung bedeutet, die irgendwie auch aus der Stimme und dem Vortrag hervorschimmert, oder auf dem Liebreiz, der die Rede beherrscht, das Überzeugende auf der bekräftigenden Haltung, die zuweilen mehr bedeutet als die Beweisführung selbst. 155 'Würdest du denn', sagte Cicero zu Calidius,[131] 'so über diese Dinge sprechen, wenn sie wahr wären?' und weiter: 'kein Gedanke, daß du uns damit in Glut brächtest: zum Einschlafen war es, was du da gebracht hast!' Selbstvertrauen muß also zum Vorschein kommen und Festigkeit, jedenfalls wenn persönliches Ansehen dahintersteht. 156 Das Erregende aber liegt darin, die Gefühle entweder selbst unmittelbar ausdrücken oder nachbilden zu können. Wenn nun also der Richter in einem Privatprozeß oder der Gerichtsdiener im öffentlichen Prozeß das Wort erteilt hat, so soll man sich ruhig erheben. Dann soll man sich damit, die Toga zurechtzurücken oder, wenn nötig, sie ganz neu umzuschlagen – freilich dies nur vor einem Schöffengericht, denn vor einem Herrscher, einer Behörde und einem Tribunal ist es nicht gestattet – eine Weile aufhalten, damit der Überwurf schöner sitzt und man gleich noch etwas Zeit zum Überlegen gewinnt. 157 Auch wenn wir uns einem Einzelrichter zuwenden und wenn der Prätor unserer Bitte, reden zu dürfen, stattgegeben hat, darf man nicht gleich herausplatzen sondern dem Überlegen noch etwas Zeit lassen; denn erstaunlich gut wirkt auf den gespannten Hörer die sorgsame Konzentration vor den ersten Worten, und auch der Richter sammelt sich seinerseits. 158 So

[131] frg. orat. VI 4 Sch. (aus der Rede für Q. Gallius) vgl. Brut. 80, 277f.

exemplo, quem stetisse oculis in terram defixis immotoque sceptro, priusquam illam eloquentiae procellam effunderet, dicit. in hac cunctatione sunt quaedam non indecentes, ut appellant scaenici, morae: caput mulcere, manum intueri, infringere articulos, simulare conatum, suspiratione sollicitudinem fateri, aut quod quemque magis decet, ⟨et⟩[e] ea diutius, si iudex nondum intendet animum. 159 status sit rectus, aequi et diducti paulum pedes, vel procedens minimo momento sinister: genua recta, sic tamen, ut non extendantur: umeri remissi, vultus severus, non maestus nec stupens nec languidus: brachia a latere modice remota, manus sinistra, qualem supra demonstravi, dextra, cum iam incipiendum erit, paulum prolata ultra sinum gestu quam modestissimo, velut spectans, quando incipiendum sit. 160 vitiosa enim sunt illa, intueri lacunaria, perfricare faciem et quasi improbam facere, tendere confidentia voltum aut, quo sit magis torvos, superciliis adstringere, capillos a fronte contra naturam retro agere, ut sit horror ille terribilis: tum, id quod Graeci frequentissime faciunt, crebro digitorum labrorumque motu commentari, clare excreare, pedem alterum longe proferre, partem togae sinistra tenere, stare diductum vel rigidum vel supinum vel incurvum vel umeris, ut luctaturi solent, ad occipitium ductis.

161 Prooemio frequentissime lenis convenit pronuntiatio: nihil enim est ad conciliandum gratius verecundia, non tamen semper: neque enim uno modo dicuntur exordia, ut docui. plerumque tamen et vox temperata et gestus modestus et sedens umero toga et laterum lenis in utramque partem motus, eodem spectantibus oculis, decebit. 162 narratio magis prolatam manum, amictum recidentem, ge-

e) *add. Halm*

lehrt es auch Homer[132] am Beispiel des Odysseus, von dem er erzählt, daß er mit auf den Boden gehefteten Augen und regungslosem Szepter dagestanden habe, ehe er den Wirbelsturm seiner Beredsamkeit habe losbrechen lassen. Bei diesem Verzögern gibt es eine Reihe von durchaus schicklichen Spannungspausen, wie die Bühnenleute es nennen: sich über den Kopf zu streichen, auf seine Hand zu schauen, mit den Fingerknöcheln zu knacken, scheinbar einen Anfang zu machen, durch einen Seufzer seine Erregung erkennen zu lassen oder was jeweils besser paßt, und das um so länger, wenn der Richter noch nicht bei der Sache ist. 159 Die Haltung sei aufrecht, die Füße in gleicher Linie und etwas voneinander getrennt oder der linke nur ganz wenig vorgesetzt, die Knie gerade, jedoch ohne durchgedrückt zu sein; die Schultern entspannt, die Miene ernst, nicht düster, auch nicht starr oder schlaff; die Arme leicht von der Seite abgestreckt, die linke Hand so, wie oben angegeben,[133] die rechte, wenn man gerade anfangen will, etwas über den Bausch vorgestreckt in der allerbescheidensten Gebärde, als hielte sie Ausschau, wann es anfangen soll. 160 Falsch aber sind die Gebärden, zur Decke hinaufzublicken, das Gesicht zu reiben und gleichsam ein böses Gesicht zu machen, das Gesicht selbstbewußt zu verziehen, oder, um grimmiger auszusehen, die Augenbrauen hochzuziehen, die Haare aus der Stirn gegen den Strich zurückzukämmen, um mit der schrecklichen Miene zu drohen; ferner, was die Griechen am häufigsten tun, nachzudenken und dabei immer wieder die Finger und Lippen zu bewegen, sich laut zu räuspern, den einen Fuß weit vorzusetzen, ein Stück der Toga mit der Linken festzuhalten, breitbeinig, steif oder zurückgebeugt oder gekrümmt dazustehen oder mit zum Hinterkopf eingezogenen Schultern, wie es gern die Ringer vor dem Angriff machen.

161 Für die *Einleitung* der Rede schickt sich am allerhäufigsten ein ruhiger Vortrag; denn nichts ist beliebter, um die Herzen zu gewinnen, als Schüchternheit, jedoch nicht immer; denn, wie ich gezeigt habe,[134] gibt es nicht nur *eine* Art, den Anfang zu gestalten. Meist indessen wird sich eine maßvolle Stimme, ein bescheidenes Gebärdenspiel, die Toga, die ruhig auf der Schulter sitzt und eine ruhige Seitenwendung bald nach der einen, bald nach der anderen Richtung schicken, wobei die Augen der Bewegung folgen. 162 Der *Erzählteil* erfordert dann in den meisten Fällen schon weiteres Vorstrecken der Hand, das Zu-

[132] Il. 3, 217 ff.
[133] s. o. § 141.
[134] s. o. 4, 1, 42 ff.

stum distinctum, vocem sermoni proximam et tantum acriorem, sonum simplicem frequentissime postulabit in his dumtaxat: 'Q. enim Ligarius, cum esset in Africa nulla belli suspicio', et 'A. Cluentius Habitus pater huiusce.' aliud in eadem poscent adfectus, vel concitati 'nubit genero socrus', vel flebiles 'constituitur in foro Laodiceae spectaculum acerbum et miserum toti Asiae provinciae'. 163 maxime varia et multiplex actio est probationum: nam et proponere, partiri, interrogare sermoni sunt proxima, et contradictionem sumere: nam ea quoque diversa propositio est. sed haec[f] tamen aliquando inridentes, aliquando imitantes pronuntiamus. 164 argumentatio plerumque agilior et acrior et instantior consentientem orationi postulat etiam gestum, id est fortem celeritatem. instandum quibusdam in partibus et densanda oratio. egressiones fere lenes et dulces et remissae, raptus Proserpinae, Siciliae descriptio, Cn. Pompei laus: neque enim mirum[g] minus habere contentionis ea, quae sunt extra quaestionem. 165 mollior nonnumquam cum reprensione diversae partis imitatio: 'videbar videre alios intrantis, alios autem exeuntis, quosdam ex vino vacillantis.' ubi non dissidens a voce permittitur gestus quoque, in utramque partem tenera quaedam, sed intra manus tamen et sine motu laterum translatio. 166 accendendi iudicis plures sunt gradus. summus ille et quo nullus est in oratore acutior: 'suscepto bello, Caesar, gesto iam etiam[h]

f) hanc **bH**
g) **P**: est mirum **bH** est numerum **B**
h) etiam iam **P** iam *om. Cic.*

rückgleiten des Überwurfes, ausgeprägte Gebärden, eine dem Gesprächston ganz ähnliche, nur hellere Stimme und einfache Klangfarben, wenigstens in Stellen wie diesen: 'Quintus Ligarius nämlich weilte, als in Afrika noch niemand an Krieg dachte...' und 'Aulus Cluentius Habitus, der Vater dieses Mannes hier'.[135] Einen anderen Gefühlsausdruck erfordern in dem gleichen Teil der Rede teils erregte Stellen wie: 'Es vermählt sich mit dem Schwiegersohn die Schwiegermutter...'[136], teils rührende wie: 'Es kommt auf dem Markt von Laodikeia zu einem Schauspiel, bitter und jammervoll für die ganze Provinz Asien.'[137] 163 Am abwechslungsreichsten und vielfältigsten ist der Vortrag bei der Beweisführung; denn sowohl die Aufstellung des Beweiszieles, die Gliederung und die Zeugenbefragung ist dem Gesprächston ganz ähnlich, wie auch die Vorwegnahme von Einwänden; denn auch sie ist ja von der Gegenseite aus die Aufstellung des Beweiszieles. Jedoch tragen wir diese bald spöttisch, bald den Ton des anderen nachäffend vor. 164 Die *Beweisführung* selbst, meist lebhafter, energischer und drängender, verlangt auch ein mit der Rede zusammengehendes Gebärdenspiel, also kühne schnelle Bewegungen. An manchen Stellen muß man eindringlich werden und breiter sprechen. Die *Exkurse* sind gewöhnlich ruhig, lieblich und gelöst, so der Raub der Proserpina[138], Die Beschreibung Siziliens[139], das Lob des Cn. Pompeius[140]; denn es ist ja kein Wunder, daß Stellen, die außerhalb der Streitfrage liegen, weniger Kampfesspannung zeigen. 165 Weichlicher klingt es zuweilen, wenn wir unsere Kritik an der Gegenseite durch die Nachahmung ausdrücken: 'Ich glaubte es zu sehen, wie die einen eintraten, andere aber den Raum verließen, mancher vom Wein taumelnd.'[141] Hier ist auch eine mit der Stimme zusammengehende Gebärde gestattet, ein freilich nur zart angedeutetes Hin- und Herbewegen, das sich jedoch innerhalb der Hände und ohne Bewegung der Seiten hält. 166 Den Richter in Glut zu bringen gibt es mehrere Stärkegrade. Der höchste und an Schärfe bei einem Redner unüberbietbare ist folgender[142]: 'Als der Krieg begonnen, Caesar,

[135] p. Lig. 1, 2 und p. Cluent. 5, 11.
[136] p. Cluent. 5, 14.
[137] Verr. 1, 30, 76.
[138] Verr. 4, 48, 106f.; s. o. 4, 3, 13.
[139] Verr. 2, 1, 2; s. o. 4, 3, 13.
[140] frg. orat. VII 47; s. o. 4, 3, 13.
[141] frg. orat. VI 1.
[142] p. Lig. 3, 7.

ex parte magna.' praedixit enim: 'quantum potero voce contendam, ut populus hoc Romanus exaudiat.' paulum inferior et habens aliquid iam iucunditatis: 'quid enim tuus ille, Tubero, in acie Pharsalica gladius agebat?' 167 plenius adhuc et lentius ideoque dulcius: 'in coetu vero populi Romani negotium publicum gerens': producenda omnia trahendaeque tum vocales aperiendaeque sunt fauces. pleniore tamen haec canali fluunt: 'vos, Albani tumuli atque luci.' iam cantici quiddam habent sensimque resupina sunt: 'saxa atque solitudines voci respondent.' 168 tales sunt illae inclinationes vocis, quas invicem Demosthenes atque Aeschines exprobrant, non ideo improbandae: cum enim uterque alteri obiciat, palam est utrumque fecisse. nam neque ille per Marathonis et Plataearum et Salaminis propugnatores recto sono iuravit, nec ille Thebas sermone deflevit. 169 est his diversa vox et paene extra organum, cui Graeci nomen amaritudinis dederunt, super modum ac paene naturam vocis humanae acerba: 'quin conpescitis vocem istam, indicem stultitiae, testem paucitatis?' sed id, quod excedere modum dixi, in illa parte prima est: 'quin conpescitis.' 170 epilogus, si enumerationem rerum habet, desiderat quandam concisorum continuationem: si ad concitandos iudices est accommodatus, aliquid ex his,[i] quae supra dixi: si placandos, inclinatam quandam lenitatem: si misericordia commovendos, flexum vocis et flebilem suavitatem,

i) *Rad.:* ex is **BH** ex iis **R**

ja schon zum großen Teil ausgefochten war...'; denn der Redner hat vorher erklärt[143]: 'Ich will meine Stimme, so sehr ich nur kann, erheben, damit es das römische Volk vernehme...', Etwas niedriger und schon mit ein wenig Heiterkeit: 'Denn was leistete es denn, Tubero, dies dein Schwert an der Front in Pharsalus?'[144]. 167 Noch voller, ruhiger und deshalb lieblicher: 'Und das in einer Versammlung des römischen Volkes, während er im öffentlichen Auftrag tätig war...'[145]. Hier heißt es, alles zu dehnen und dann die Vokale zu ziehen und die Kehle weit zu öffnen. Doch noch in vollerem Strom klingt das 'Ihr albanischen Hügel und Haine...'[146]. Schon etwas Gesangsartiges und unmerklich dem Schmelzenden sich Näherndes hat das 'Felsen und Einöden antworten dem Klang der Stimme'[147]. 168 Von solcher Art sind die Kantilenen der Stimme, die sich Demosthenes und Aischines gegenseitig[148] vorwerfen, ohne daß diese schon deshalb verwerflich wären; denn da es jeder dem anderen vorhält, ist es klar, daß beide es so gemacht haben. Denn weder hat der eine den Eid bei den Vorkämpfern von Marathon und Salamis[149] in gewöhnlichem Ton geleistet, noch hat der andere sein Klagelied auf Theben[150] im Gesprächston angestimmt. 169 Hiervon verschieden und fast kaum noch ein Sprechwerkzeug ist die Stimme, die die Griechen 'Bitterkeit' genannt haben, über die Massen und fast wider die Natur der menschlichen Stimme herb klingend: 'Warum erstickt ihr sie denn nicht, diese eure Stimme, den Verräter eurer Torheit, den Zeugen eurer Minderzahl?'[151] Doch liegt das, was, wie ich gesagt habe, jedes Maß übersteigt, in dem ersten Teil des Satzes: 'Warum erstickt ihr denn nicht'. 170 Der *Epilog* verlangt, wenn er eine Aufzählung der Ergebnisse enthält, einen gleichmäßigen Ablauf der Glieder der Aufzählung; ist er zur Erregung der Richter bestimmt, so braucht er etwas von dem gerade oben Dargestellten[152]; dient er zur Besänftigung, eine gewisse Hingabe und Ruhe; soll er Mitgefühl erregen, einen schmiegsamen Ton und eine rührende Süße, die vor allem herzzerbrechend

[143] p. Lig. 3, 6.
[144] p. Lig. 3, 9.
[145] Phil. 2, 25, 63.
[146] p. Mil. 31, 85.
[147] p. Arch. 8, 19.
[148] Demosth. 18, 291; Aischines 3, 210.
[149] Demosth. 18, 208.
[150] Aischines 3, 133.
[151] p. Rab. perd. 6, 18.
[152] s. o. § 162. 166. 169.

qua praecipue franguntur animi quaeque est maxime naturalis: nam etiam orbos viduasque videas in ipsis funeribus canoro quodam modo proclamantis. 171 hic etiam fusca illa vox, qualem Cicero fuisse in Antonio dicit, mire faciet: habet enim in se quod imitamur.[j] duplex est tamen miseratio, altera cum invidia, qualis modo dicta de damnatione Philodami, altera cum deprecatione demissior. 172 quare, etiam si est in illis quoque cantus obscurior 'in coetu vero populi Romani', non enim haec rixantis modo dixit, et 'vos Albani tumuli', neque enim, quasi inclamaret aut testaretur, locutus est, tamen infinito magis illa flexa et circumducta sunt: 'me miserum, me infelicem', et 'quid respondebo liberis meis?' et 'revocare tu me in patriam potuisti, Milo, per hos: ego te in eadem patria per eosdem retinere non potero?' et cum bona C. Rabiri nummo[k] sestertio addicit: 'o meum miserum acerbumque praeconium.' 173 illa quoque mire facit in peroratione velut deficientis dolore et fatigatione confessio, ut pro eodem Milone: 'sed finis sit, neque enim prae lacrimis iam loqui possum': quae similem verbis habere debent etiam pronuntiationem. 174 possunt videri alia quoque huius partis atque officii, reos excitare, pueros attollere, propinquos producere, vestes laniare: sed suo loco dicta sunt.

j) imitemur *ed. Ven. 1493* intimamus *ci. Rad.*
k) *Bentley:* uno

wirkt und der Natur am meisten gemäß ist; denn auch bei den Waisen und Witwen kann man es bei den Trauerfeiern erleben, wie sie in einem Gesangston die Klagerufe ausstoßen. 171 Hier kommt dann auch die dunkle, rauhe Stimme, wie sie Cicero dem Antonius zuschreibt,[153] wundervoll zur Geltung; denn sie enthält gerade das, was wir hier darstellen. Indessen erscheint die Erregung des Mitleids in zwei Formen, einmal in Verbindung mit Abscheu, wie es in der gerade erwähnten Verurteilung des Philodamus[154] der Fall ist, sodann auch in Verbindung mit einer Abbitte und dann demütiger. 172 Wenngleich denn daher auch in Stellen wie 'in der Versammlung des römischen Volkes jedoch'[155] eine verborgene Art von Gesang steckt – denn Cicero hat es ja nicht in streitendem Ton gesprochen – oder 'ihr albanischen Hügel'[156] – denn auch das hat er nicht so gesagt, als riefe er sie an oder fordere wirklich ihr Zeugnis –, so sind doch Stellen wie die folgenden unendlich viel schmiegsamer und melodischer: 'ich Armer, ich Unglücklicher'[157] sowie 'Was werde ich meinen Kindern antworten?'[158] und 'Du hast mich in die Heimat zurückholen können, Milo, durch diese Männer hier; ich aber werde es nicht vermögen, in der gleichen Heimat dich festzuhalten durch ebendiese Männer hier?'[159], und bei dem Ausruf, als er die Habe des C. Rabirius für einen Sesterz unter den Hammer kommen läßt: 'o welche jämmerliche, bittere Rolle, (hier) den Ausrufer zu machen!'[160]. 173 Wunderbar macht sich auch bei den Schlußworten das Geständnis, als versagten vor Schmerz und Erschöpfung die Kräfte, wie ebenfalls in der Rede für Milo: 'Doch ich will schließen; denn vor Tränen kann ich nicht mehr sprechen!'[161], wobei der Vortrag dem gleich sein muß, was die Worte sagen. 174 Noch andere Dinge kann man zu diesem Teil der Rede und der Aufgabe, die er dem Redner stellt, rechnen: die Angeklagten heraufzurufen, die Kinder herbeizubringen, ihre Verwandten vorzuführen, seine Kleider zu zerreißen. Doch darüber ist schon an passender Stelle gesprochen worden.[162]

[153] Brut. 38, 141.
[154] s. o. § 162.
[155] Phil. 2, 25, 63.
[156] p. Mil. 31, 85.
[157] p. Mil. 37, 102.
[158] ebendort.
[159] p. Mil. 37, 102.
[160] p. Rab. Post. 17, 46.
[161] p. Mil. 38, 105.
[162] s. o. 6, 1, 30.

Et quia in partibus causae talis est varietas, satis apparet accommodandam sententiis ipsis pronuntiationem, sicut ostendimus, sed verbis quoque, quod novissime dixeram, non semper, sed aliquando. 175 an non haec[1] misellus' et 'pauperculus' summissa atque contracta, 'fortis et vehemens et latro' erecta et concitata voce dicendum est? accedit enim vis et proprietas rebus tali adstipulatione, quae nisi adsit, aliud vox, aliud animus ostendat. 176 quid, quod eadem verba mutata pronuntiatione indicant, adfirmant, exprobrant, negant, mirantur, indignantur, interrogant, inrident, elevant? aliter enim dicitur:

tu mihi quodcumque hoc regni
et cantando tu illum?
et tune ille Aeneas?
et meque timoris argue tu, Drance,

et ne morer, intra se quisque vel hoc vel aliud quod volet per omnis adfectus verset: verum esse quod dicimus sciet.

177 Unum iam his adiciendum est, cum praecipue in actione spectetur decorum, saepe aliud alios decere. est enim latens quaedam in hoc ratio et inenarrabilis, et ut vere hoc dictum est, 'caput esse artis decere quod facias', ita id neque sine arte esse neque totum arte tradi potest. 178 in quibusdam virtutes non habent gratiam, in quibusdam vitia ipsa delectant. maximos actores comoediarum, Demetrium et Stratoclea, placere diversis virtutibus vidimus. sed illud minus mirum, quod alter deos et iuvenes et bonos patres servosque et matronas et graves anus optime, alter acres senes, callidos servos, parasitos,

1) hoc *Spalding* et *Rad. delend. ci. Wint.*

Und weil nun in den einzelnen Teilen der Rede eine solche Mannigfaltigkeit herrscht, ist es hinreichend deutlich, daß der Vortrag jeweils jedenfalls den Gedanken angepaßt werden muß, wie wir es gezeigt haben, sodann auch den Worten, wie ich es zuletzt[163] besprochen hatte, dies jedoch nicht immer, sondern nur manchmal. 175 Oder soll man nicht die Worte 'misellus' (armer Kerl) und 'pauperculus' (armseliger Mensch) mit gesenkter und verhaltener, 'ein tapferer, ungestümer Mensch und echter Räuber' mit erhobener und erregter Stimme sprechen? Es gewinnen nämlich durch solche Übereinkunft die Erscheinungen an Ausdruckskraft und Eigentümlichkeit, während, wenn solche Übereinkunft fehlt, die Stimme etwas anderes ausdrückt als der Sinn. 176 Wie könnten sonst die gleichen Wörter bei verändertem Vortrag Feststellung, Bekräftigung, Vorwurf, Verneinung, Verwunderung, Unwillen, Frage, Spott oder Herabsetzung ausdrükken? Anders spricht man nämlich das 'du' in 'du ja hast mir alles, was ich beherrsche...'[164], in 'im Singen willst du ihn...?'[165], in 'du bis also Aeneas?'[166] und in 'So zeihe du, Drances, mich der Furcht...'[167], und, kurz gesagt, jedermann mag bei sich dies oder, was er will, so in alle Gefühlslagen verwandeln, dann wird er wissen, daß wahr ist, was ich sage.

177 Ein Hinweis ist hier noch anzufügen, zumal ja gerade beim Vortrag das Schickliche besonders ins Auge fällt, daß nämlich das, was sich schickt, oft für jeden etwas anderes ist. Es gibt nämlich hierbei eine Art verborgener und unerklärlicher Gesetzmäßigkeit, und so wahr der Satz ist, 'die Hauptsache bei der Kunstlehre sei, daß sich schicke, was man mache'[168], so doch auch der andere, dieses Schickliche lasse sich weder ohne Kunstlehre noch ganz durch Kunstlehre vermitteln. 178 Bei manchen Menschen wirken die nach den Regeln vorzüglichen Leistungen nicht angenehm, bei manchen gefallen sogar die Fehler. Daß die bedeutendsten Schauspieler in der Komödie, Demetrius und Stratokles durch ganz verschiedene Vorzüge Beifall fanden, haben wir selbst erlebt. Aber das war auch weniger erstaunlich, weil der eine Götter, junge Herrn, gute Väter und Sklaven, Matronen und würdige alte Frauen aufs vortrefflichste, der andere

[163] s. o. § 173.
[164] Aen. 1, 78.
[165] ecl. 3, 25.
[166] Aen. 1, 617.
[167] Aen. 11, 383.
[168] Cic. de orat. 1, 29, 132.

lenones et omnia agitatiora melius. fuit[m] enim natura diversa: nam vox quoque Demetri iucundior, illius acrior erat. 179 adnotandae magis proprietates, quae transferri non poterant, manus iactare et dulces exclamationes theatri causa producere et ingrediendo ventum concipere veste et nonnumquam dextro latere facere gestus, quod neminem alium: Demetrium decuit (namque in haec omnia quasi[n] statura et mira specie adiuvabatur): 180 illum cursus et agilitas et vel parum conveniens personae risus. quem non ignarus rationis populo dabat, et contracta etiam cervicula. quidquid horum alter fecisset, foedissimum videretur. quare norit se quisque, nec tantum ex communibus praeceptis, sed etiam ex natura sua capiat consilium formandae actionis. 181 neque illud tamen est nefas, ut aliquem vel omnia vel plura deceant. huius quoque loci clausula sit eadem necesse est, quae ceterorum est, regnare maxime modum: non enim comoedum esse, sed oratorem volo. quare neque in gestu persequemur omnis argutias nec in loquendo distinctionibus, temporibus, adfectionibus moleste utemur. 182 ut si sit in scaena dicendum:

Quid igitur faciam? non eam ne nunc quidem,
cum arcessor ultro? an potius ita me comparem,
non perpeti meretricum contumelias?

hic enim dubitationis moras, vocis flexus, varias manus, diversos nutus actor adhibebit. aliud oratio sapit nec vult nimium esse condita: actione enim constat, non imitatione. 183 quare non inmerito reprenditur pronuntiatio vultuosa et gesticulationibus molesta et vocis mutationi-

m) **P²** sic *Stroux:* sit **B**
n) *om.* **BP**

hitzige Greise, schlaue Sklaven, Kuppler und alles Lebhaftere besser spielte. So verschieden war nämlich ihre Wesensart; denn auch die Stimme des Demetrius war freundlicher, die des anderen hitziger. 179 Bemerkenswerter waren bei ihnen die Eigenarten, die sich nicht übertragen ließen: die Art, die Hände zu bewegen, lieblich klingende Ausrufe um der Zuschauer willen zu dehnen, beim Gehen das Gewand im Wind flattern zu lassen[169] und zuweilen mit der rechten Seite Gebärden zu machen, was sich für sonst keinen schickte, für Demetrius schickte es sich; denn bei all dem kam ihm seine Gestalt und erstaunliche Schönheit wie ein Helfer zustatten. 180 Für den anderen schickte sich sein Laufen, seine Beweglichkeit und sein Lachen, das er, selbst wenn es nicht ganz zu seiner Rolle paßte, wohlüberlegt dem Volk zum besten gab, und sogar seine Art, ein kurzes Hälschen zu machen.[170] Hätte von alledem der andere der beiden etwas gemacht, so hätte es ganz häßlich ausgesehen: Deshalb möge jeder sich kennen lernen und nicht nur aus den allgemeinen Regeln, sondern auch aus seiner natürlichen Eigenart die Überlegung gewinnen, wie er seinen Vortrag zu gestalten hat. 181 Aber es ist indessen auch nicht verwehrt, daß sich für jemanden alles oder mehreres schickt. Der Schluß dieses Kapitels muß wieder das Gleiche besagen wie bei den anderen Kapiteln, daß nämlich das rechte Maß über alles geht; denn nicht einen Komödianten wünsche ich mir ja, sondern einen Redner. Deshalb werden wir weder im Gebärdenspiel allen Feinheiten nachjagen noch beim Sprechen mit der Anwendung der Vortragszeichen, Zeitmaße und Gefühlstöne unsere Last haben: 182 Wenn etwa auf der Bühne zu sprechen ist: 'Was also soll ich tun? selbst jetzt auch dann nicht gehen, wenn man mich holen läßt? Nicht lieber so mich fassen, daß ich nicht zu leiden habe unter Dirnenschmach?'[171]. Denn der Schauspieler wird hier Pausen anbringen, die das Zweifeln zeigen, Tonwechsel, wechselnde Handbewegung und verschiedene Kopfbewegungen. Einen anderen Geschmack verlangt die Rede; sie wünscht keine so starke Würze. Im Vortrag in der Verhandlung liegt ja ihr Wesen, nicht im Nachbilden. 183 Deshalb tadelt man ganz zu Recht einen Vortrag, der grimassenreich, mit Gebärdenspiel überla-

[169] nach Ovid, ars am. 3, 301.

[170] Diese vergleichende Charakteristik (σύγκρισις) der beiden Komödien-Schauspieler, die Quintilian aus eigener Anschauung gibt, ist ein besonders schönes Beispiel für seinen kulturgeschichtlichen Quellenwert. Wo finden wir je so etwas in den rhetorischen Fachschriften?

[171] Terenz, Eunuch. 46.

bus resultans. nec inutiliter ex Graecis veteres transtulerunt, quod ab his sumptum Laenas Popilius posuit, esse † hanc mocosam[o] actionem. 184 optime igitur idem, qui omnia, Cicero praeceperat, quae supra ex Oratore posui, quibus similia in Bruto de M. Antonio dicit. sed iam recepta est actio paulo agitatior et exigitur et quibusdam partibus convenit, ita tamen temperanda, ne, dum actoris captamus elegantiam, perdamus viri boni et gravis auctoritatem.

o) hanc mocosam **B** inociosam **P** negotiosam *Halm* μωκῶσαν *Becher*

den ist und vom Umschlagen der Tonfärbung widerhallt. Und sehr treffend ist die Übersetzung, mit der die Alten den griechischen Ausdruck wiedergegeben haben, den aus ihnen Popilius Laenas[172] angeführt hat, 'geschäftig' sei ein solcher Vortrag. 184 Aufs beste hatte also auch hier Cicero, wie immer, schon die Regeln gegeben, die ich oben aus seinem ›Orator‹ angeführt habe,[173] wie er es ähnlich auch im ›Brutus‹ über Antonius sagt[174]. Doch hat sich schon eine etwas lebhaftere Vortragsweise eingebürgert, sie wird verlangt und paßt auch an bestimmten Stellen, ist jedoch immer so zu mäßigen, daß wir nicht, während wir nach der erlesenen Kunst des Schauspielers haschen, die Geltung und das Gewicht unseres guten Namens einbüßen.

[172] offenbar der auch 3, 1, 21 und 10, 7, 32 erwähnte Zeitgenosse des Cornelius Celsus. Die durch ihn überlieferte Übersetzung ist leider im Text unsicher.

[173] s. o. § 122 (orat. 18, 59).

[174] 38, 141.

LIBER DUODECIMUS

Prooemium

1 Ventum est ad partem operis destinati longe gravissimam. cuius equidem onus si[a] tantum opinione prima concipere potuissem, quanto me premi ferens sentio, maturius consuluissem vires meas. sed initio pudor omittendi quae promiseram tenuit, mox, quamquam per singulas prope partis labor cresceret, ne perderem quae iam effecta erant, per omnis difficultates animo me sustentavi. 2 quare nunc quoque, licet maior quam umquam moles premat, tamen prospicienti finem mihi constitutum est vel deficere potius quam desperare. fefellit autem, quod initium a parvis ceperamus: mox velut aura sollicitante provecti longius, dum tamen nota illa et plerisque artium scriptoribus tractata praecipimus, nec adhuc a litore procul videbamur et multos circa velut isdem se ventis credere ausos habebamus. 3 iam cum eloquendi rationem novissime repertam paucissimisque temptatam ingressi sumus, rarus, qui tam[b] procul a portu recessisset, reperiebatur. postquam vero nobis ille, quem instituebamus, orator a dicendi magistris dimissus aut suo iam impetu fertur aut maiora sibi auxilia ex ipsis sapientiae penetralibus petit, quam in altum simus ablati, sentire coepimus. 4 nunc 'caelum undique et undique pontus'. unum modo in illa inmensa vastitate cernere videmur M. Tullium, qui tamen ipse, quamvis tanta atque ita instructa nave hoc mare ingressus, contrahet vela inhibetque remos et de ipso demum genere dicendi, quo sit usurus perfectus orator, satis habet dicere. at nostra temeritas etiam mores

a) si **P** : sit si **BH**
b) *Gesner:* iam

ZWÖLFTES BUCH

Vorrede

1 Erreicht ist nun der Teil unseres Unternehmens, der bei weitem der schwerste ist. Hätte ich sein Gewicht gleich mit meiner Ahnung in dem Maße erfassen können, wie ich seinen Druck nun, da ich es trage, empfinde, so wäre ich gewiß zeitiger mit meinen Kräften zu Rate gegangen. Jedoch anfangs hielt mich die Scheu fest aufzugeben, was ich versprochen hatte, dann hielt mich, obwohl fast von Teil zu Teil die Mühe wuchs, der Gedanke aufrecht, nicht preiszugeben, was schon erreicht war. 2 So steht mir denn auch jetzt, mag auch die Last der Aufgabe drückender sein denn je, da ich das Ziel vor Augen habe, der Entschluß fest, lieber ihr zu erliegen als zu verzweifeln. Trügerisch war es, daß wir mit Kleinem begonnen hatten. Dann, als wir, gleichsam von günstigem Wind getrieben weiter hinausfuhren, schien es doch, während wir ja immerhin die Dinge lehrten, die bekannt und von so vielen Verfassern rhetorischer Lehrbücher behandelt waren, als seien wir noch immer der Küste nicht fern, und hatten rings noch viele, die sich gleichsam den gleichen Winden anzuvertrauen gewagt hatten. 3 Als wir nun in die Behandlung der Lehre vom Ausdruck, die erst zuletzt entdeckt und nur von ganz wenigen angefaßt worden war, eintraten, fand sich nur selten noch jemand, der sich so weit vom Hafen entfernt hatte. Dann jedoch, da nun der Redner, den zu unterweisen wir uns vorgenommen, von den Lehrmeistern der Redekunst entlassen, entweder mit eigenem Schwung dahineilt oder sich stärkere Hilfe in den Tempeln der Weisheit selbst sucht, begann ich es erst zu spüren, wie weit wir schon in die hohe See getragen worden sind. 4 Jetzt ist 'Himmel nur rings und rings die See'[1]. Als einzigen nur glauben wir in der unermeßlichen Weite den M. Tullius zu erspähen, der jedoch auch seinerseits, so groß und so gut gerüstet auch sein Schiff ist, mit dem er in dies Meer eingedrungen ist, die Segel reffen wird und den Rudern Einhalt gebietet und sich damit begnügt, nur noch über die besondere Stilart zu sprechen, deren sich der vollkommene Redner bedienen wird.[2] Unsere Verwegenheit dagegen wird

[1] Aen. 3, 193. [2] in seinem ›Orator‹.

ei conabitur dare et adsignabit officia. ita nec antecedentem consequi possumus et longius eundum est, ut res feret. 5 probabilis tamen cupiditas honestorum et velut tutioris[c] audentiae est temptare, quibus paratior venia est.

I.

1 Sit ergo nobis orator, quem constituimus et qui a M. Catone finitur, 'vir bonus dicendi peritus', verum, id quod et ille posuit prius et ipsa natura potius ac maius est, utique vir bonus: id non eo tantum, quod, si vis illa dicendi malitiam instruxerit, nihil sit publicis privatisque rebus perniciosius eloquentia, nosque ipsi, qui pro virili parte conferre aliquid ad facultatem dicendi conati sumus, pessime mereamur de rebus humanis, si latroni comparamus haec arma, non militi. 2 quid de nobis loquor? rerum ipsa natura in eo, quod praecipue indulsisse homini videtur quoque nos a ceteris animalibus separasse, non parens, sed noverca fuerit, si facultatem dicendi sociam scelerum, adversam innocentiae, hostem veritatis invenit. mutos enim nasci et egere omni ratione satius fuisset, quam providentiae munera in mutuam

c) *Obrecht:* tutioris **p** velutioris **B**

den Versuch wagen, dem Redner auch noch den Halt sittlicher Lebensführung zu verleihen und wird ihm seine festen Pflichten zuweisen.[3] 5 So haben wir keinen Vorgänger mehr, den wir erreichen können, und müssen unseren Weg weiter ausdehnen, wie es die Aufgabe mit sich bringen wird. Löblich ist jedoch das Streben nach dem Edelen, und es ist eine doch wohl unbedenklichere Art von Wagemut, sich da zu versuchen, wo Nachsicht eher winkt.

ERSTES KAPITEL

Die sittliche Grundlage der echten Redekunst

1 Für uns soll also der Redner, den wir heranbilden wollen, von der Art sein, wie ihn Marcus Cato definiert: 'ein Ehrenmann, der reden kann'[4] – unbedingt jedoch das, was in Catos Definition am Anfang steht und auch seinem Wesen nach das Wichtigere und Größere ist: ein Ehrenmann. Und dies nicht nur deshalb, weil es, wenn die Redegewalt unseren Redner zum Schlechten ausrüstete, nichts Verderblicheres für die Interessen der Gemeinschaft und des einzelnen gäbe als die Beredsamkeit, und wir selbst, die wir, was Menschenkraft vermag, für die Redegabe zu leisten versucht haben, den Interessen der menschlichen Gesellschaft die schlechtesten Dienste erwiesen, wenn wir unsere Waffen[5] für einen Räuber schmiedeten und nicht für einen Soldaten. 2 Doch warum von uns reden? Würde ja die Natur selbst mit der Gabe, die sie doch offenbar vor allem dem Menschen verliehen und womit sie uns von den anderen Lebewesen geschieden hat, nicht als Mutter, sondern als Stiefmutter gehandelt haben, wenn sie wirklich die Redegabe als Helfershelferin bei Verbrechen, als Gegnerin der Unschuld und Feindin der Wahrheit erfunden hat. Denn stumm geboren zu werden und alle Vernunft zu entbehren wäre besser gewesen, als die Gaben der Vorsehung zum Verderben

[3] In aller Bescheidenheit ist damit die selbstbewußte Hoffnung ausgesprochen, über Cicero hinaus der rhetorischen Bildung ein autarkes moralisches Fundament zu geben, das die philosophischen Studien in den Dienst des rhetorischen Bildungszieles stellt und dadurch das philosophische Bildungsziel, das die zeitgenössischen philosophischen Lehrer bieten, als untauglich für die Bedürfnisse Roms ausschaltet; s. hierzu das Nachwort.

[4] Vgl. in der Vorrede zum ersten Buch § 9ff.

[5] Vgl. Cic. de orat. 3, 14, 55.

perniciem convertere. 3 longius tendit hoc iudicium meum. neque enim tantum id dico, eum, qui sit orator, virum bonum esse oportere, sed ne futurum quidem oratorem nisi virum bonum. nam certe neque intellegentiam concesseris eis, qui proposita honestorum ac turpium via peiorem sequi malent, neque prudentiam, cum in gravissimas frequenter legum, semper vero malae conscientiae poenas a semet ipsis inproviso rerum exitu induantur. 4 quod si neminem malum esse nisi stultum eundem non modo a sapientibus dicitur, sed vulgo quoque semper est creditum, certe non fiet umquam stultus orator. adde quod ne studio quidem operis pulcherrimi vacare mens nisi omnibus vitiis libera potest: primum quod, si in eodem pectore nullum est honestorum turpiumque consortium, et cogitare optima simul ac deterrima non magis est unius animi quam eiusdem hominis bonum esse ac malum: 5 tum illa quoque ex causa, quod mentem tantae rei intentam vacare omnibus aliis, etiam culpa carentibus curis oportet. ita demum enim libera ac tota, nulla distringente atque alio ducente causa, spectabit id solum, ad quod accingitur. 6 quod si agrorum nimia cura et sollicitior rei familiaris diligentia et venandi voluptas et dati spectaculis dies multum studiis auferunt (huic enim rei perit tempus, quodcumque alteri datur), quid putamus facturas cupiditatem, avaritiam, invidiam, quarum inpotentissimae cogitationes somnos etiam ipsos et illa per quietem visa perturbent? 7 nihil est enim tam occupatum, tam multiforme, tot ac tam variis adfectibus concisum atque laceratum quam mala mens. nam et cum insidiatur, spe, curis, labore distringitur, et etiam cum sceleris compos fuit, sollicitudine, paenitentia, poenarum omnium expectatione torquetur. quis inter haec litteris aut ulli bonae arti locus? non hercule magis quam frugibus in terra sentibus ac rubis occupata. 8 age, non ad perferendos studiorum labores necessaria

gegeneinander zu kehren. 3 Weiter noch geht, was ich mit dieser Feststellung meine: ich sage nämlich nicht nur, daß, wer ein Redner ist, ein Ehrenmann sein muß, sondern daß auch nur ein Ehrenmann überhaupt ein Redner werden kann. Denn gewiß würde man doch Menschen, die, wenn ihnen der Weg zur Ehre und zur Schande freistünde, den schlechteren Weg einschlagen wollten, weder Verstand zuerkennen noch Klugheit, wenn sie so oft gegen die schwersten Strafen der Gesetze, in jedem Fall jedoch gegen die Folter des schlechten Gewissens sich einem unabsehbaren Geschick aussetzten. 4 Wenn aber niemand schlecht sein kann, ohne zugleich töricht zu sein, wie es nicht nur die Philosophen lehren, sondern auch immer die Überzeugung des Volkes war, so wird gewiß niemals ein Tor ein Redner werden. Hinzu kommt, daß selbst die Hingabe an die herrlichste aller Studienaufgaben nur ein von allen Lastern freier Geist aufzubringen vermag; zunächst schon deshalb, weil es in derselben Brust das Zusammenwirken von Gutem und Schändlichem nicht gibt und derselbe Geist so wenig gleichzeitig das Beste und Schlechteste zu ersinnen vermag, wie derselbe Mensch zugleich gut und schlecht sein kann; 5 sodann auch aus dem Grunde, weil das Denken, das auf eine so große Aufgabe gerichtet ist, von allen, selbst den nicht mit einer Schuldfrage verbundenen Sorgen frei sein muß. Denn so nur wird es frei und ausschließlich, ohne durch irgendeinen Anlaß zerstreut und auf anderes abgelenkt zu werden, nur das Ziel im Auge behalten, dem es zustrebt. 6 Wenn aber schon zu starke Beschäftigung mit der Gutswirtschaft, nervenaufreibende Sorge um den Familienbesitz, Jagdleidenschaft und die Hingabe an die Festspielveranstaltungen den Studien viel Zeit rauben – denn dem Studium geht die Zeit verloren, die man einer andern Beschäftigung widmet –, was, glauben wir, werden hierin erst Begehrlichkeit, Habgier und Neid verursachen, die unsere Gedanken so maßlos beschäftigen, daß sie selbst unsere Schlummerstunden und was uns beim Ruhen im Traum erscheint, beunruhigen? 7 Denn es gibt nichts, das so zu schaffen macht, in so vielfältiger Form, so vielen und verschiedenen Gefühlsregungen unser Gemüt zerspaltet und zerreißt wie schlechte Gedanken. Denn wenn sie auf die Untat lauern, quälen sie sich mit Hoffnung, Mühe und Sorgen; und auch wenn die Tat vollbracht ist, peinigt sie die Unruhe, Reue und die Aussicht auf alle möglichen Strafen. Wo bleibt hierbei eine Stätte für wissenschaftliche Muse oder irgendwelche edle Geistesarbeit? Doch wahrhaftig nicht mehr als eine Stätte für Fruchtertrag in einem Boden, der vor Disteln und Dornen starrt. 8 Doch weiter: bedarf es nicht, um den Anstrengungen der

frugalitas? quid ergo ex libidine ac luxuria spei? non praecipue acuit ad cupiditatem litterarum amor laudis? num igitur malis esse laudem curae putamus? iam hoc quis non videt, maximam partem orationis in tractatu aequi bonique consistere? dicetne de his secundum debitam rerum dignitatem malus atque iniquus? 9 denique, ut maximam partem quaestionis eximam, demus, id quod nullo modo fieri potest, idem ingenii, studii, doctrinae pessimo atque optimo viro: uter melior dicetur orator? nimirum qui homo quoque melior. non igitur umquam malus idem homo et perfectus orator. 10 non enim perfectum est quicquam, quo melius est aliud. sed, ne more Socraticorum nobismet ipsi responsum finxisse videamur, sit aliquis adeo contra veritatem opstinatus, ut audeat dicere, eodem ingenio, studio, doctrina praeditum nihilo deteriorem futurum oratorem malum virum quam bonum: convincamus huius quoque amentiam. 11 nam hoc certe nemo dubitabit, omnem orationem id agere, ut iudici quae proposita fuerint vera et honesta videantur. utrum igitur hoc facilius bonus vir persuadebit an malus? bonus quidem et dicet saepius vera atque honesta. 12 sed etiam si quando aliquo ductus officio (quod accidere, ut mox docebimus, potest) falso haec adfirmare conabitur, maiore cum fide necesse est audiatur. at malis hominibus ex contemptu opinionis et ignorantia recti nonnumquam excidit ipsa simulatio: inde inmodeste proponunt, sine pudore adfirmant. 13 sequitur in iis, quae certum est effici non posse, deformis pertinacia et inritus labor: nam sicut in vita, ita in causis quoque spes improbas habent, frequenter autem accidit, ut iis

Studien gewachsen zu sein, einer schlichten Lebensführung? Was ist also zu erhoffen bei der Gier nach Wollust und Lebensgenuß? Ist nicht die Ruhmesliebe ein vorzüglicher Anreiz zur Lust an literarischer Betätigung? Können wir denn also glauben, daß schlechten Menschen etwas am Ruhme liegt? Sieht denn weiter nicht auch ein jeder, daß die Rede zum größten Teil in der Behandlung des Billigen und Guten besteht? Wird aber hierüber der schlecht und unbillig Denkende so reden, wie er es der Würde dieser Gegenstände schuldig ist? 9 Schließlich wollen wir – um einmal den wichtigsten Teil der Frage beiseite zu lassen – ein Zugeständnis machen, das unter keinen Umständen möglich ist, und annehmen, der schlechteste und der beste Mensch besäßen gleichviel Begabung, Lerneifer und Bildung: wer von ihnen wird dann als der bessere Redner bezeichnet werden? Natürlich doch der, der auch als Mensch der bessere ist. So wird also niemals ein schlechter Mensch zugleich ein vollkommener Redner sein. 10 Denn es kann nichts vollkommen sein, das durch etwas Besseres übertroffen wird. Jedoch, damit es nicht so aussieht, als hätten wir, wie die Sokratiker, uns die Antwort selbst zurechtgemacht, möge jemand so gegen die Wahrheit verstockt sein, daß er sich zu behaupten erkühnt, ausgestattet mit der gleichen Begabung, dem gleichen Lerneifer und der gleichen Bildung werde ein schlechter Mensch kein geringerer Redner sein als ein guter, so wollen wir auch einen solchen Menschen seines Unverstandes überführen. 11 Denn das wird ja wohl gewiß niemand bezweifeln, daß jede Rede das Ziel hat, daß dem Richter ihre Ausführungen wahr und anständig erscheinen. Wird nun davon leichter ein guter Mensch überzeugen oder ein schlechter? Der gute wird doch öfter Wahres und Anständiges sprechen. 12 Jedoch, auch wenn er einmal, durch eine Verpflichtung veranlaßt – was, wie wir bald zeigen werden,[6] geschehen kann – fälschlich diesen Eindruck zu erwecken sucht, so muß seine Ausführung zwangsläufig mit größerer Glaubwürdigkeit Gehör finden. Schlechten Menschen dagegen mißglückt bei ihrer Geringschätzung der geltenden Ansichten und ihrer Unkenntnis des Rechtes zuweilen sogar die Verstellung. Dann gehen sie in ihrem Beweisziel maßlos, in ihrer Beweisführung ganz ohne Takt und Anstand vor. 13 So ergibt sich bei dem, was sie gewiß ja doch nicht erreichen können, nur häßliche Rechthaberei und vergebliche Mühe. Denn wie im Leben, so haben sie auch bei Prozessen unbillige Erwartungen. Häufig aber kommt es vor, daß ihnen, selbst wenn sie die Wahrheit sprechen, die Glaubwürdigkeit

[6] s. u. § 34ff.

etiam vera dicentibus fides desit videaturque talis advocatus malae causae argumentum.

14 Nunc de iis dicendum est, quae mihi quasi conspiratione quadam vulgi reclamari videntur: 'orator ergo Demosthenes non fuit? atqui malum virum accepimus. non Cicero? atqui huius quoque mores multi reprenderunt.' quid agam? magna responsi invidia subeunda est, mitigandae sunt prius aures. 15 mihi enim nec Demosthenes tam gravi morum dignus videtur invidia, ut omnia, quae in eum ab inimicis congesta sunt, credam, cum et pulcherrima eius in re publica consilia et finem vitae clarum legam, 16 nec M. Tullio defuisse video in ulla parte civis optimi voluntatem. testimonio est actus nobilissime consulatus, integerrime provincia administrata et repudiatus vigintiviratus, et civilibus bellis, quae in aetatem eius gravissima inciderunt, neque spe neque metu declinatus animus, quo minus optimis se partibus, id est rei publicae iungeret. 17 parum fortis videtur quibusdam, quibus optime respondit ipse, 'non se timidum in suscipiendis, sed in providendis periculis': quod probavit morte quoque ipsa, quam praestantissimo suscepit animo. 18 quod si defuit his viris summa virtus, sic quaerentibus, an oratores fuerint, respondebo, quo modo Stoici, si interrogentur, an sapiens Zeno, an Cleanthes, an Chrysippus ipse, respondeant, magnos quidem illos ac venerabiles, non tamen id, quod natura hominis summum habet, consecutos. 19 nam et Pythagoras non sapientem se, ut qui ante eum fuerunt, sed studiosum sapientiae vocari voluit. ego tamen secundum communem loquendi

fehlt und ein solcher Rechtsbeistand als Beweis erscheint für eine schlechte Sache.

14 Jetzt ist auf das einzugehen, was mir wie von einem Chor des Aufruhrs aus der Menge entgegenzuschallen scheint: ‚So war also Demosthenes kein Redner? Heißt es doch, er sei ein schlechter Mensch gewesen. Auch Cicero nicht? Haben doch auch seine Sitten viele anstößig gefunden?' Ja, was nun? Groß ist die Gehässigkeit, der ich mit meiner Antwort entgegnen muß; so gilt es, zunächst die Ohren milder zu stimmen. 15 Mir scheint nämlich weder Demosthenes eine so harte Ablehnung seiner Sitten zu verdienen, daß ich alles, was seine Gegner gegen ihn zusammengetragen haben, glaubte, wenn ich von seinen so edlen politischen Ansichten und seinem rühmlichen Lebensende lese, 16 noch kann ich sehen, daß M. Tullius in irgendeiner Hinsicht der edelste Bürgersinn gefehlt habe. Zum Zeugnis hierfür dient sein Konsulat, das er aufs rühmlichste geführt hat, seine Provinz, die er aufs lauterste verwaltet hat und die Ablehnung, in das Kollegium der Zwanzigmänner einzutreten,[7] sowie in den Bürgerkriegen, die mit äußerster Schwere in seine Lebenszeit fielen, sein weder durch eigene Hoffnung noch Furcht gebeugter Sinn, den Verfechtern der edelsten Parteiinteressen d. h. denen der Staats-Gemeinschaft verbunden zu bleiben. 17 Zu wenig tapfer erscheint er manchen, denen er doch selbst die beste Antwort gegeben hat: 'nicht ängstlich sei er, gelte es, Gefahren zu bestehen, sondern gelte es, sie vorauszusehen'[8]: was er ja auch gerade durch seinen Tod bewiesen hat, den er mit höchstem Mut auf sich genommen hat. 18 Wenn aber diesen Männern die höchste Tugend gefehlt hat, so werde ich denen, die deswegen die Frage stellen, ob dies wirklich Redner gewesen seien, die Antwort erteilen wie die Stoiker[9], wenn man sie fragte, ob Zenon, ob Kleanthes, ob selbst Chrysipp Weise seien: groß zwar seien jene und verehrungswürdige Männer, und doch hätten sie das, was die Natur des Menschen als Höchstes in sich berge, nicht erreicht. 19 Denn selbst Pythagoras habe nicht 'weise' genannt werden wollen wie seine Vorgänger in der Philosophie, sondern 'nach Weisheit strebend'. Indessen im Sinne der allgemeinen Sprachgewohnheit habe

[7] Der Kommission, die die Agrargesetze des Jahres 59 durchführte, hätte Cicero beitreten und sich dadurch Caesar und Pompeius gefällig zeigen können. Cicero begründet seine Ablehnung seinem Freunde Atticus gegenüber (bes. ad Att. 2, 19, 4); vgl. M. Gelzer, Cicero, Wiesbaden 1969, 128.

[8] Die Stelle ist nicht weiter bekannt. Vgl. Epist. fr. p. 97 Weyssenhoff.

[9] vgl. St. Vet. Fr. 1, 44 Arn.

consuetudinem saepe dixi dicamque, perfectum oratorem esse Ciceronem, ut amicos et bonos viros et prudentissimos[d] dicimus vulgo, quorum nihil nisi perfecte sapienti datur. sed cum proprie et ad legem ipsam veritatis loquendum erit, eum quaeram oratorem, quem et ille quaerebat. 20 quamquam enim stetisse ipsum in fastigio eloquentiae fateor, ac vix, quid adici potuerit, invenio, fortasse inventurus, quid adhuc abscisurum putem fuisse (nam fere sic docti iudicaverunt, plurimum in eo virtutum, nonnihil fuisse vitiorum, et se ipse multa ex illa iuvenili abundantia coercuisse testatur): tamen, quando nec sapientis sibi nomen minime sui contemptor adseruit et melius dicere, certe data longiore vita et tempore[e] ad componendum securiore, potuisset, non maligne crediderim defuisse ei summam illam, ad quam nemo propius accessit. 21 et licebat, si aliter sentirem, fortius id liberiusque defendere. an vero M. Antonius neminem a se visum eloquentem, quod tanto minus erat, professus est, ipse etiam M. Tullius quaerit adhuc eum et tantum imaginatur ac fingit: ego non audeam dicere, aliquid in hac, quae superest, aeternitate inveniri posse eo, quod fuerit, perfectius[f]? 22 transeo illos, qui Ciceroni ac Demostheni ne in eloquentia quidem satis tribuunt: quamquam neque ipsi Ciceroni Demosthenes videatur satis esse perfectus, quem dormitare interim dicit, nec Cicero Bruto Calvoque, qui certe compositionem illius etiam apud ipsum reprendunt, nec Asinio utrique, qui vitia orationis eius etiam inimice pluribus locis insequuntur.

d) prudentis *Gallaeus, Gertz*
e) *Burmann:* tempora **b** te **B**
f) *corr.* Paris. 7720: perfectus **B** (-tos **b**)

ich es oft gesagt und werde es weiterhin sagen, Cicero sei ein vollkommener Redner, so wie wir Freunde gemeinhin gute Menschen und auch die allerklügsten nennen, was beides doch nur dem vollkommenen Weisen zukommt. Doch wenn man im eigentlichen Sinn und streng der Wahrheit gemäß sprechen muß, so werde ich den Redner suchen, den auch Cicero suchte[10]. 20 Denn zwar bekenne ich, Cicero selbst habe auf dem Gipfel der Beredsamkeit gestanden, und finde kaum etwas, was man noch hierbei ergänzen könnte, könnte aber doch etwas entdecken, was er vielleicht noch beseitigt haben würde; denn so haben ja die Kenner durchweg geurteilt, er habe an Vorzügen das Meiste, an Fehlern nur ganz wenig besessen, und er bezeugt es selbst,[11] daß er von seinem jugendlichen Überschwang vieles unterdrückt habe –; dennoch aber hielte ich, da er, der ja doch keineswegs an Minderwertigkeitsgefühl gelitten hat, für sich weder den Namen eines Weisen zu verdienen, vielmehr auch versichert hat, er würde gewiß, wäre ihm nur ein längeres Leben und eine ruhigere Schaffenszeit beschieden, mehr als Redner geleistet haben, die Auffassung nicht für mißgünstig, es habe ihm die höchste Vollendung gefehlt, der doch niemand nähergekommen sei (als er). 21 Hätte ich hierüber eine andere Ansicht, so stände es mir ja frei, sie entschiedener und freimütiger zu rechtfertigen; hat denn nicht M. Antonius offen bekannt,[12] er habe, was doch viel weniger bedeutete, noch nie einen beredten Mann gesehen; ist denn nicht auch Cicero selbst noch auf der Suche nach einem solchen und stellt ihn sich nur vor und malt ihn sich aus?[13] – und da sollte ich nicht die Behauptung wagen, in aller noch künftigen Dauer der Zeit könne sich nichts finden, was noch vollkommener sein werde als das Vergangene? 22 Dabei übergehe ich diejenigen, die Cicero und Demosthenes nicht einmal in ihrer Beredsamkeit den gebührenden Rang zuerkennen; jedoch scheint weder Cicero selbst den Demonsthenes für hinreichend vollkommen zu halten, wenn er sagt, dieser schlafe zuweilen[14], noch Brutus und Calvus den Cicero[15], dessen Wortfügungskunst sie jedenfalls ihm selbst gegenüber tadeln, wie es auch die beiden Asinier[16] tun, die gegen die Fehler des ciceronischen Stils an mehreren Stellen feindselige Angriffe richten.

[10] orat. 2, 7. [11] orat. 30, 108; Brut. 91, 316. [12] in: de orat. 1, 21, 94.

[13] in seinen Schriften, in denen er den vollkommenen Redner sucht.

[14] s. o. 10, 1, 24.

[15] frg. epist. IX a 4. Vgl. Tacitus, Dialogus de orat. 18, 6.

[16] Asinius Pollio und sein Sohn Asinius Gallus, der seinen Vater über Cicero stellte (Plinius, Ep. 7, 4).

23 Concedamus sane, quod minime natura patitur, repertum esse aliquem malum virum summe disertum, nihilo tamen minus oratorem eum negabo. nam nec omnibus, qui fuerint manu prompti, viri fortis nomen concesserim, quia sine virtute intellegi non potest fortitudo. 24 an ei, qui ad defendendas causas advocatur, non est opus fide, quam neque cupiditas corrumpat nec gratia avertat nec metus frangat: sed proditorem, transfugam, praevaricatorem donabimus oratoris illo sacro nomine? quod si mediocribus etiam patronis convenit haec quae vulgo dicitur bonitas, cur non orator ille, qui nondum fuit, sed potest esse, tam sit moribus quam dicendi virtute perfectus? 25 non enim forensem quandam instituimus operam nec mercennariam vocem neque, ut asperioribus verbis parcamus, non inutilem sane litium advocatum, quem denique causidicum vulgo vocant, sed virum cum ingenii natura praestantem, tum vero tot pulcherrimas artis penitus mente complexum, datum tandem rebus humanis, qualem nulla antea vetustas cognoverit, singularem perfectumque undique, optima sentientem optimeque dicentem. 26 in hoc quota pars erit, quod aut innocentis tuebitur aut inproborum scelera compescet aut in pecuniariis quaestionibus veritati contra calumniam aderit? summus ille quidem in his quoque operibus fuerit, sed maioribus clarius elucebit, cum regenda senatus consilia et popularis error ad meliora ducendus. 27 an non talem quendam videtur finxisse Vergilius, quem in seditione vulgi iam faces et saxa iaculantis moderatorem dedit:

tum pietate gravem ac meritis si forte virum quem
conspexere, silent arrectisque auribus astant.

habemus igitur ante omnia virum bonum: post hoc adiciet dicendi peritum: ille regit dictis animos et pectora mulcet.

23 Machen wir auch immerhin das Zugeständnis, das die Natur am allerwenigsten gelten läßt, es habe sich irgendein schlechter Mensch gefunden, der im höchsten Masse beredt gewesen sei, so werde ich dennoch nichtsdestoweniger leugnen, daß dieser Mann ein Redner sei. Denn ich möchte ja auch nicht allen, die schnell zum Zuschlagen bereit sind, den Namen eines tapferen Mannes zuerkennen, weil man unter Tapferkeit nur eine Tugend verstehen kann. 24 Braucht denn nicht schon ein Mann, den man als Beistand in Prozessen anruft, ein Vertrauen, das weder Begehrlichkeit erschüttern noch Beziehungen beeinflussen noch Furcht wankend machen kann: und da sollten wir einem Verräter, einem Deserteur, einem unredlichen Doppelspieler den hehren Namen eines Redners verleihen? Wenn aber schon durchschnittlichen Rechtsbeiständen das angemessen ist, was man gemeinhin einen guten Namen nennt, warum sollte dann nicht der eigentliche Redner, den es noch nie gegeben hat, wohl aber geben kann, ebenso vollkommen sein in sittlicher Hinsicht wie in seiner Redeleistung? 25 Denn nicht einer Art von Redehandwerk gilt unsere Unterweisung, auch nicht käuflicher Zungenfertigkeit[17] oder – um es noch gelinder auszudrücken – dem für seine Streitfälle immerhin ganz nützlichen Rechtsbeistand, den man gemeinhin Rechtsanwalt nennt, sondern einem Manne, der, schon durch seine natürliche Begabung hervorragend, noch die ganze Fülle herrlichster Kunstlehren tief in seinen Geist aufgenommen hat, einem lang ersehnten Geschenk für die Menschheit, dergleichen das Altertum vordem nie gesehen, einzigartig und allseitig vollendet, Meister vollkommener Gedanken und vollkommener Worte. 26 Wie wenig wird es bei einem solchen Manne bedeuten, daß er die Unschuld beschützt, der Bösen Missetat in Schranken hält oder in Vermögensstreitigkeiten der Wahrheit gegen die Lüge beisteht? Überragend wird er zwar wohl auch bei solchen Aufgaben sein, doch heller noch erstrahlen wird sein Glanz im größeren Wirkungskreis, wenn es gilt, die Senatsberatungen zu lenken und das Volk vom Irrweg zum Guten zu führen 27 Ist es nicht, als hätte Vergil[18] einen Mann von solcher Art gestaltet, den er bei einem Aufstand der Menge, die schon Brandfackeln und Steine schleuderte, zum Schlichter gegeben hat: 'Tritt ein Held vor das Volk im Gewicht seiner Ehrfurcht und Leistung, / Schweigt es und steht gespannt, das Haupt zum Lauschen erhoben'. Da haben wir an erster Stelle 'den Ehrenmann'; an zweiter Stelle wird der Dichter dann auch den

[17] vgl. de orat. 1, 18, 83.
[18] Aen. 1, 151–3.

28 quid? non in bellis quoque idem ille vir, quem instituimus, si sit ad proelium miles cohortandus, ex mediis sapientiae praeceptis orationem trahet? nam quo modo pugnam ineuntibus tot simul metus laboris, dolorum, postremo mortis ipsius exciderint, nisi in eorum locum pietas et fortitudo et honesti praesens imago successerit? 29 quae certe melius persuadebit aliis qui prius persuaserit sibi. prodit enim se, quamlibet custodiatur, simulatio, nec umquam tanta fuerit loquendi facultas, ut non[g] titubet † ad haereat,[h] quotiens ab animo verba dissentiunt. 30 vir autem malus aliud dicat necesse est quam sentit: bonos numquam honestus sermo deficiet, numquam rerum optimarum (nam idem etiam prudentes erunt) inventio: quae etiam si lenociniis destituta sit, satis tamen natura sua ornatur nec quicquam non diserte, quod honeste, dicitur. 31 quare, iuventus, immo omnis aetas (neque enim rectae voluntati serum est tempus ullum) totis mentibus huc tendamus, in hoc[i] elaboremus: forsan et consummare contingat. nam si natura non prohibet et esse virum bonum et esse dicendi peritum, cur non aliquis etiam unus utrumque consequi possit? cur autem non se quisque speret fore illum aliquem? 32 ad quod si vires ingeni non suffecerint, tamen ad quem usque modum processerimus, meliores erimus ex utroque. hoc certe procul eximatur animo, rem[j] pulcherrimam eloquentiam cum vitiis mentis posse misceri. facultas dicendi, si in malos incidit, et ipsa iudicanda est malum: peiores enim illos facit, quibus contingit.

g) ut non **P** non **BH**

h) adhaereat **BH** ac haereat *corr.* **p**: atque haereat *Buttmann* ad ⟨dubitet⟩ *Rad.* aut *Wint.*

i) hoc *corr.* **P**: haec **BH**

j) rerum **p** *(Regius)*

'Mann, der reden kann' hinzufügen: 'Sein Wort lenkt ihren Willen, ihr Herz vermag es zu rühren'. 28 Wird nicht auch in Kriegszeiten eben dieser Mann, dem unsere Unterweisung gilt, wenn es darauf ankommt, die Mannschaft zum Kampf zu begeistern, seine Rede unmittelbar aus dem Schatz der philosophischen Mahnungen gewinnen? Denn wie könnten die Männer, wenn sie in die Schlacht ziehen, zugleich alle Furcht vor der Mühsal, vor den Schmerzen und am Ende vor dem Tod selbst verlieren, träte nicht an ihre Stelle die fromme Scheu, die Tapferkeit und das leibhaftige Bild des Guten? 29 Deshalb wird gewiß besser andere überzeugen, wer zuvor sich selbst überzeugt hat. Denn mag man auch noch so sehr auf der Hut sein, die Verstellung verrät sich doch, und nie ist wohl die Geschicklichkeit beim Reden so groß, daß jemand nicht strauchelt und stockt, wenn seine Worte seiner Herzensneigung zuwiderlaufen. Ein schlechter Mensch aber spricht zwangsläufig anders als er empfindet. 30 Gute Menschen werden nie verlegen sein um schöne, ehrliche Worte, nie auch – da sie ja zugleich auch klug sind – um das Auffinden des besten, edelsten Inhaltes. Mag es hierbei auch an verführerischen Reizen fehlen, so bietet das eigene Wesen natürlichen Schmuck genug, und Ehrlichkeit ist immer beredt. 31 Deshalb, liebe Jugend, oder vielmehr jung und alt – denn zum ehrlichen Wollen ist keine Zeit zu spät –: laßt uns mit ganzen Herzen danach streben, auf dieses Ziel hinarbeiten! Vielleicht könnte es doch glücken, zur Höhe zu gelangen; denn wenn es die Natur nicht verwehrt, daß es wirklich Ehrenmänner gibt wie auch solche, die gut reden können, warum sollte dann nicht auch jemand in einer Person beides erreichen können? Warum aber sollte nicht jeder die Hoffnung hegen, selbst dieser 'jemand' zu sein? 32 Wenn aber hierzu die Kraft der Begabung nicht ausreichen sollte, so werden wir doch entsprechend unseren Fortschritten in beider Beziehung besser werden.[19] Die Vorstellung jedenfalls sollte dem Geiste ganz benommen werden, die Beredsamkeit, die herrlichste aller Wirkungsmöglichkeiten, könne sich mit lasterhaftem Geiste verbinden. Sollte die Fähigkeit zu reden Schlechten zufallen, so ist auch sie selbst für etwas Schlechtes zu erachten; denn schlechter macht sie dann die, denen sie zuteil geworden.

[19] Dem Bild des auf dem Wege zur Vollkommenheit Fortschreitenden und 'strebend sich Bemühenden' liegt in Quintilians moralistischer Rhetorik die stoische Lehre von den auf dem Wege zur Vollkommenheit des Weisen Fortschreitenden zugrunde, die zum Allgemeingut philosophischer Bildung seiner Zeit gehört.

33 Videor mihi audire quosdam (neque enim deerunt umquam, qui diserti esse quam boni malint) illa dicentis: 'quid ergo tantum est artis in eloquentia? cur tu de coloribus et difficilium causarum defensione, nonnihil etiam de confessione[k] locutus es, nisi aliquando vis ac facultas dicendi expugnat ipsam veritatem? bonus enim vir non agit nisi bonas causas, eas porro etiam sine doctrina satis per se tuetur veritas ipsa.' 34 quibus ego, cum de meo primum opere respondero, etiam pro boni viri officio, si quando eum ad defensionem nocentium ratio duxerit, satisfaciam. pertractare enim, quo modo aut pro falsis aut etiam pro iniustis aliquando dicatur, non est inutile, vel propter hoc solum, ut ea facilius et deprendamus et refellamus, quem ad modum remedia melius adhibebit, cui nota quae nocent fuerint. 35 neque enim Academici, cum in utramque disserunt partem, non secundum alteram vivent,[l] nec Carneades ille, qui Romae audiente censorio Catone non minoribus viribus contra iustitiam dicitur disseruisse quam pridie pro iustitia dixerat, iniustus ipse vir fuit. verum et virtus quid sit adversa ei malitia detegit, et aequitas fit ex iniqui contemplatione manifestior, et plurima contrariis probantur: debent ergo oratori sic esse adversariorum nota consilia ut hostium imperatori. 36 verum et illud, quod prima propositione durum videtur, potest adferre ratio, ut vir bonus in defensione causae velit auferre aliquando iudici veritatem. quod si quis a me proponi mirabitur (quam-

k) *Spalding:* de confesso **BP**
l) vivunt **BP**

33 Mir ist, als höre ich es, wie manche – denn es wird nie an Leuten fehlen, die lieber redegewandte als gute Menschen sein wollen – hier den Einwand machen: 'Was soll denn also die ganze Kunst in der Beredsamkeit? Warum hast du selbst denn über die Schönfärbungen und die Verteidigung in schwierigen Fällen, etliches auch über das Schuldbekenntnis[20] gesprochen, wenn nicht manchmal die Kraft und Gewandtheit der Rede die Wahrheit selbst zu Fall bringt? Denn ein Ehrenmann vertritt ja nun ehrbare Fälle, und solche nimmt ja doch auch ohne rednerische Schulung die Wahrheit selbst von sich aus hinreichend in Schutz?' 34 Diesen Einwänden will ich, sobald ich beantwortet habe, was hierbei mein Unterrichtsverfahren betrifft, dann auch im Sinne der Aufgabe eines ehrbaren Mannes gerecht werden, sollte diesen einmal seine Überlegung dazu führen, die Verteidigung von Menschen zu übernehmen, die eine Schuld begangen haben. Denn im Unterricht gründlich das Verfahren zu behandeln, wie man für Unwahres oder manchmal sogar für Ungerechtes in der Rede eintritt, ist nicht unnütz – schon aus dem einen Grund, es so leichter fassen und widerlegen zu können, wie man ja auch die Heilmittel besser anwenden kann, wenn man kennt, was schädlich ist. 35 Denn sowohl die Akademiker haben, auch wenn sie die beiden Seiten einer These erörtern, gleichwohl eine Seite, nach der sie dann ihr Leben einrichten, und auch Karneades[21], der ja in Rom unter den Augen des Zensors Cato mit nicht geringerer Durchschlagkraft die Gegenseite der Gerechtigkeit vertreten haben soll, als er am Tage zuvor für die Gerechtigkeit gesprochen hatte, war selbst kein ungerechter Mensch. Tatsächlich enthüllt ja die Gegenüberstellung des Bösen erst, was eigentlich den Vorzug des Guten ausmacht, wie auch das Billige aus der Betrachtung des Unbilligen klarer sichtbar wird und die meisten Dinge durch den Beweis aus dem Gegenteil einleuchtend werden. Es müssen also dem Redner die Absichten der Gegenseite genau so bekannt sein wie dem Feldherrn die des Feindes. 36 Es kann aber in der Tat die Überlegung sogar zu dem Entschluß führen, der zunächst, wenn man diese Behauptung aufstellt, hart klingt, daß nämlich ein ehrenhafter Mann bei der Verteidigung eines Falles den Wunsch hat, dem Richter einmal den wahren Sachverhalt zu entziehen. Sollte sich aber jemand darüber wundern, daß ich so etwas behaupte – obwohl

[20] s. o. 4, 2, 94 ff.

[21] in der berühmten Philosophengesandtschaft des Jahres 155 v. Chr., von der in Ciceros ›Staat‹ im dritten Buch (S. 85 ff. Ziegler) ausführlich die Rede ist.

quam non est haec mea proprie sententia, sed eorum, quos gravissimos sapientiae magistros aetas vetus credidit), sic iudicet,[m] pleraque esse, quae non tam factis quam causis eorum vel honesta fiant vel turpia. 37 nam si hominem occidere saepe virtus, liberos necare nonnumquam pulcherrimum est, asperiora quaedam adhuc dictu, si communis utilitas exegerit, facere conceditur: ne hoc quidem nudum est intuendum, qualem causam vir bonus, sed etiam quare et qua mente defendat. 38 ac primum concedant mihi omnes oportet, quod Stoicorum quoque asperrimi confitentur, facturum aliquando bonum virum ut mendacium dicat, et quidem nonnumquam levioribus causis, ut in[n] pueris aegrotantibus utilitatis eorum gratia multa fingimus, multa non facturi promittimus: 39 nedum si ab homine occidendo grassator avertendus sit aut hostis pro salute patriae fallendus, ut hoc, quod alias in servis quoque reprendendum est, sit alias in ipso sapiente laudandum, id si constiterit, multa iam video posse evenire, propter quae orator bene suscipiat tale causae genus, quale remota ratione honesta non recepisset. 40 sed nec[o] hoc dico, quia severiores sequi placet leges, pro patre, fratre, amico periclitantibus, tametsi non mediocris haesitatio est hinc iustitiae proposita imagine, inde pietatis. nihil dubii relinquamus. sit aliquis insidiatus tyranno atque ob id reus: utrumne salvum eum nolet is, qui a nobis finitur, orator? an,[p] si tuendum susceperit, non tam falsis defendet, quam qui apud iudices malam causam tuetur? 41 quid si quaedam bene facta damnaturus

m) *corr.* Paris. 7720: iudicent
n) uti *Obrecht*
o) *Rad.*: sed ne **bH** nec **B**
p) ac *Güngerich*

dies eigentlich nicht meine eigene Meinung ist, sondern die Meinung der Männer, die man in alten Zeiten für die bedeutendsten Weisheitslehrer gehalten hat – so möge er bei seinem Urteil bedenken, daß es sehr viele Fälle gibt, die nicht so sehr durch die Taten wie durch die Gründe, die sie veranlassen, ehrenhaft oder auch unanständig werden. 37 Denn wenn es oft eine Heldentat ist, einen Mann zu töten, die Kinder zu töten zuweilen die größte Ruhmestat, und, falls es der gemeinsame Nutzen erfordert, gestattet ist, Dinge zu tun, die sich noch schlimmer anhören, so darf eben nicht nur der nackte Tatbestand ins Auge gefaßt werden, für welchen Fall sich ein ehrenhafter Mann einsetzt, sondern auch warum und aus welcher Gesinnung er es tut. 38 Zunächst nun müssen wir alle doch zugeben, was selbst die strengsten Stoiker[22] gelten lassen, daß ein ehrenhafter Mann einmal in die Lage kommen wird, eine Lüge auszusprechen, und zwar manchmal schon in harmloseren Fällen, wenn wir etwa bei Kindern, die erkrankt sind, weil es ihnen gut tun soll, vielerlei erfinden und vielerlei versprechen, ohne es halten zu wollen; 39 erst recht aber, wenn es gilt, einen Strolch davon abzubringen, einen Menschen zu erschlagen, oder einen Feind zum Heile des Vaterlandes zu betrügen, daß dann, was sonst sogar bei Sklaven Tadel, nun selbst bei einem Weisen Lob verdient. Wenn das so ist, sehe ich schon viele Gelegenheiten, um derentwillen ein Redner mit Anstand einen Fall der Art übernehmen könnte, wie er ihn, fiele der ehrenhafte Grund weg, nicht übernommen hätte. 40 Doch kann ich dies, da strenge Regeln gelten sollen, nicht für jeden Fall gelten lassen, wo dem eigenen Vater, Bruder oder Freund ein Prozeß droht, obwohl da die Entscheidung am schwersten fällt, wo sich auf der einen Seite das Bild der Gerechtigkeit, auf der anderen das der frommen Verpflichtung erhebt. Wir wollen hier gar keinen Zweifel lassen: Angenommen, es hat jemand einen Anschlag auf einen Tyrannen gemacht und ist deshalb angeklagt: wird dann etwa nicht der Redner, so wie wir ihn fordern, es wünschen, daß ein solcher Mann heil davonkommt? Oder[23] wird er dann, wenn er seine Verteidigung übernommen hat, nicht ebenso auch mit Unwahrem die Verteidigung stützen, wie es ein Anwalt vor den Richtern in einer schlechten Sache tut? 41 Wie, wenn ein Richter bestimmte löbliche Taten verurteilen will, wenn wir ihn nicht

[22] vgl. StV FR 3, 555 Arn.

[23] 'Und wird er dann...' vermutet Güngerich (Gnom. 22 [1950]) sehr verlockend.

est iudex, nisi ea non esse facta convicerimus, non vel hoc modo servabit orator non innocentem modo, sed etiam laudabilem civem? quid si quaedam iusta natura, sed condicione temporum inutilia civitati sciemus, nonne utemur arte dicendi bona quidem, sed malis artibus simillima? 42 ad hoc nemo dubitabit, quin, si nocentes mutari in bonam mentem aliquo modo possint, sicut posse[q] conceditur, salvos esse eos magis e re publica sit quam puniri, si liqueat igitur oratori futurum bonum virum, ⟨cui⟩[r] nunc vera obicientur, non id aget, ut salvus sit? 43 da nunc, ut crimine manifesto prematur dux bonus, et sine quo vincere hostem civitas non possit, nonne ei communis utilitas oratorem advocabit? certe Fabricius Cornelium Rufinum, et alioqui malum civem et sibi inimicum, tamen, quia utilem sciebat ducem, imminente bello palam consulem suffragio suo fecit atque id mirantibus quibusdam respondit, a cive se spoliari malle quam ab hoste venire. ita hic si fuisset orator, non defendisset eundem Rufinum vel manifesti peculatus reum? 44 multa dici possunt similia, sed vel unum ex iis quodlibet sufficit. non enim hoc agimus, ut istud illi, quem formamus, viro saepe sit faciendum, sed ut, si talis coegerit ratio, sit tamen vera finitio oratorem esse virum bonum dicendi peritum. 45 praecipere vero ac discere, quo modo etiam probatione difficilia tractentur, necessarium est. nam frequenter etiam optimae causae similes sunt malis et innocens reus multis veri similibus premitur, quo fit, ut eadem actionis ratione defendendus sit, qua si nocens esset. iam innumerabilia sunt bonis causis malisque communia, testes, litterae, suspiciones, opiniones. non aliter autem veri similia quam vera et confirmantur et refelluntur. quapropter, ut res feret, flectetur oratio manente honesta voluntate.

q) possint sicut posse conceditur **b** inter (**H**) ‹omnes› conceditur *Rad.*
r) *add. Kiderlin* tunc **B** nunc *Regius*

[24] vgl. de orat. 2, 66, 268.

überzeugen, die Taten seien gar nicht geschehen, wird dann nicht auch auf diesem Wege der Redner einen nicht nur unschuldigen sondern sogar lobenswerten Mitbürger retten? Wie, wenn wir von bestimmten Handlungen wissen, daß sie ihrem Wesen nach gerecht, jedoch nach den Zeitumständen ungünstig für den Staat sind, werden wir uns dann nicht einer zwar guten Redekunst bedienen, die aber doch übelen Künsten zum Verwechseln ähnlich ist. 42 Ferner wird niemand bezweifeln, daß es dann, wenn Schuldige, wie man allgemein zugibt, auf irgendeine Weise ihre Gesinnung zum Besseren ändern können, eher im Staatsinteresse liegt, sie zu erhalten als sie zu bestrafen. Sollte es also dem Redner ganz klar sein, daß künftig ein Mann, dem man jetzt zu Recht eine Schuld gibt, ein guter Mensch sein wird, wird er dann nicht alles daransetzen, ihn freizubekommen? 43 Angenommen nun, ein guter Feldherr, ein Mann, ohne den der Staat den Feind nicht besiegen könne, stehe wegen ganz klarer Schuld vor Gericht, wird ihm dann nicht das Gemeinwohl den Redner zum Anwalt bestellen? Jedenfalls hat Fabricius dem Cornelius Rufinus, einem auch sonst schlechten und zudem mit ihm verfeindeten Bürger, dennoch, weil er ihn als guten Feldherrn kannte, als ein Krieg drohte, ganz offen mit seiner Stimme zum Konsulat verholfen und, als er deswegen verwundert angesprochen wurde, geantwortet, immer noch lieber wolle er von einem Mitbürger ausgeplündert als vom Feinde als Sklave verkauft werden.[24] Hätte er also, wenn er Redner gewesen wäre, nicht auch den Rufinus verteidigt, auch wenn dieser wegen erwiesener Unterschlagung vor Gericht gestanden hätte? 44 Noch vieles dieser Art läßt sich nennen, doch genügt ja schon ein beliebiger einzelner Fall. Denn es kommt uns ja nicht darauf an, daß ein Mann, den wir zum Redner bilden, so etwas häufig tun soll, sondern daß, falls ihn eine derartige Überlegung dazu zwingt, dennoch die Definition richtig ist, Redner sei ein Ehrenmann, der reden kann. 45 Es aber zu lehren und zu lernen, wie man auch Dinge, die heikel zu beweisen sind, anpacken soll, ist dringend nötig. Denn häufig sehen auch die besten Fälle schlechten zum Verwechseln ähnlich, und ein unschuldig Angeklagter sieht sich durch viel Wahrscheinliches belastet. So kommt es, daß die Verteidigung in der gleichen Art zu führen ist, als wäre er schuldig. Unzählig vieles gibt es ja auch, was guten und schlechten Fällen gemeinsam ist: Zeugen, Schriftstücke, Verdächtigungen und Vermutungen. Das Verfahren aber, Wahrscheinliches oder Wahres zu erweisen und zu widerlegen, ist nicht verschieden. Deshalb wird sich die Rede einrichten, wie es die Sache mit sich bringt, während doch die ehrenhafte Absicht bestehen bleibt.

II.

1 Quando igitur orator est vir bonus, is autem citra virtutem intellegi non potest, virtus, etiam si quosdam impetus ex natura sumit, tamen perficienda doctrina est: mores ante omnia oratori studiis erunt excolendi atque omnis honesti iustique disciplina pertractanda, sine quo nemo nec vir bonus esse nec dicendi peritus potest. 2 nisi forte accedemus his, qui natura constare mores et nihil adiuvari disciplina putant, scilicet ut ea quidem, quae manu fiunt, atque eorum etiam contemptissima confiteantur egere doctoribus, virtutem vero, qua nihil homini, quo[s] ad deos inmortalis propius accederet, datum est, obviam inlaboratam, tantum quia nati simus, habeamus. abstinens erit, qui id ipsum, quid sit abstinentia, ignoret? 3 et fortis, qui metus doloris, mortis, superstitionis nulla ratione purgaverit? et iustus, qui aequi bonique tractatum, qui leges, quae natura sunt omnibus datae quaeque propriae populis et gentibus constitutae, numquam eruditiore aliquo sermone tractarit? o quam istud parum reputant,[t] quibus tam facile videtur! 4 sed hoc transeo, de quo neminem, qui litteras vel primis, ut aiunt, labris degustarit, dubitaturum puto. ad illud sequens praevertar, ne dicendi quidem satis peritum fore, qui non et naturae vim omnem penitus perspexerit et mores praeceptis ac ratione formarit. 5 neque enim frustra in tertio de Oratore libro L. Crassus cuncta, quae de aequo, iusto, vero, bono deque iis, quae sunt contra posita, dicantur, propria esse oratoris adfirmat, ac philosophos, cum ea dicendi viribus tuentur, uti rhetorum armis, non suis. idem tamen confitetur,

s) quo **P**: quod **BH**

t) *Rad.:* pavorē (-rem **G**) putant **bH** parum putant **BP** parvum putant *Spalding*

[25] s. 27, 107; 31, 123. Quintilian bedient sich hier und im folgenden der Gedanken, mit denen der ciceronische ›Crassus‹ die Beschäftigung mit philosophischen Studien rechtfertigt, kämpft aber tatsächlich nicht wie Cicero für die Anerkennung, sondern gegen die Ansprüche der philosophischen Jugendbildung; vgl. das Nachwort.

ZWEITES KAPITEL

Die sittliche Ausbildung

1 Da also der Redner ein Ehrenmann ist, ein solcher aber ohne Verbindung mit der Mannestugend nicht vorstellbar ist, so gilt es, diese Tugend, auch wenn sie bestimmte Antriebe aus der natürlichen Wesenart entnimmt, doch noch durch Schulung (Bildung) zu vervollkommnen; vor allem wird der Redner seine Sitten durch Studien veredeln und das ganze Gebiet des Gerechten und Guten, ohne das er weder ein Ehrenmann sein, noch sich in der Rede recht auskennen kann, gründlich durcharbeiten müssen. 2 Es sei denn, wir halten es mit denen, die der Ansicht sind, unsere Sittlichkeit beruhe auf unserer Naturanlage und könne nicht durch Schulung gefördert werden, so daß sie denn freilich zwar zugeben, daß das, was durch der Hände Arbeit entsteht, und seien es auch die allergewöhnlichsten Dinge, Lehrmeister erfordert, wir die Tugend aber, die dem Menschen als das Höchste verliehen ist, wodurch er den unsterblichen Göttern am nächsten kommen kann, schon gleich und ohne an ihr zu arbeiten, nur deshalb besässen, weil wir auf die Welt gekommen sind. Wird denn schon enthaltsam sein, wer das, was Enthaltsamkeit eigentlich ist, gar nicht kennt? 3 Und tapfer, wer nicht die Gefühle der Furcht, die Schmerz, Tod und abergläubische Scheu in uns auslösen, durch vernünftige Einsicht gereinigt hat? Und gerecht, wer niemals die Behandlung des Billigen und Guten, nie die Gesetze, die von Natur für alle Menschen bestimmt, und die besonderen, die für Völker und Stämme festgelegt sind, in einer auf höhere Bildung gegründeten Erörterung angepackt hat? Wie sehr unterschätzen das doch diejenigen, denen das so leicht scheint! 4 Doch das will ich übergehen, worüber ja niemand, denke ich, der, wie man sagt, auch nur mit den Lippen am Kelch der literarischen Bildung genippt hat, im Zweifel sein wird. Lieber will ich mich zu der folgenden Feststellung wenden, es könne nicht einmal im Reden hinreichend erfahren sein, wer nicht sowohl die ganze Bedeutung der Kräfte der Natur von Grund aus erkannt, als auch seine sittliche Haltung durch Lehre und vernünftige eigene Überlegung gebildet hat: 5 Denn nicht grundlos versichert im 3. Buch der Schrift ›Über den Redner‹ L. Crassus[25], daß alles, was man über das Billige, das Gerechte, Gute und alles, was ihr Gegenteil bildet, sagt, eigentlich Sache des Redners sei, und die Philosophen, wenn sie sich dessen mit der Kraft der Rede annähmen, sich der Waffe der Rhetorik bedienten, nicht ihrer eigenen. Er bekennt jedoch

ea iam esse a philosophia petenda, videlicet quia magis haec illi videtur in possessione earum rerum fuisse. 6 hinc etiam illud est, quod Cicero pluribus et libris et epistulis testatur, dicendi facultatem ex intimis sapientiae fontibus fluere, ideoque aliquamdiu praeceptores eosdem fuisse morum atque dicendi. quapropter haec exhortatio mea non eo pertinet, ut esse oratorem philosophum velim, quando non alia vitae secta longius a civilibus officiis atque ab omni munere oratoris recessit. 7 nam quis philosophorum aut in iudiciis frequens aut clarus in contionibus fuit? quis denique in ipsa, quam maxime plerique praecipiunt, rei publicae administratione versatus est? atqui[u] ego illum, quem instituo, Romanum quendam velim esse sapientem, qui non secretis disputationibus, sed rerum experimentis atque operibus vere civilem virum exhibeat. 8 sed quia deserta ab his, qui se ad eloquentiam contulerunt, studia sapientiae non iam in actu suo atque in hac fori luce versantur, sed in porticus et in gymnasia primum, mox in conventus scholarum recesserunt, id, quod est oratori necessarium nec a dicendi praeceptoribus traditur, ab iis petere nimirum necesse est, apud quos remansit: evolvendi penitus auctores, qui de virtute praecipiunt, ut oratoris vita cum scientia divinarum rerum sit humanarumque coniuncta. 9 quae ipsae quanto maiores ac pulchriores viderentur, si illas hi[v] docerent, qui etiam eloqui praestantissime possent? utinamque sit tempus umquam, quo perfectus aliquis, qualem optamus, orator hanc artem superbo nomine et vitiis quorundam bona eius corrumpentium invisam vindicet sibi ac velut rebus repetitis in corpus eloquentiae adducat. 10 quae quidem cum sit in tris divisa partis,

u) Oxon. B *(Wint.)*: atque **BHP**
v) *Rad.*: illas hii *Cant. Joann. 91* illas . l . **B** illa si **bH** illas ii **P**

ebenfalls, man müsse das nunmehr bei der Philosophie suchen, offenbar doch, weil er den Eindruck hat, diese habe sich eher in den Besitz dieser Gegenstände gesetzt. 6 Hierhin gehört auch die Einsicht, die Cicero in mehreren Schriften und Briefen bezeugt, die Redegabe ströme tief aus den Quellen der Lebensweisheit, und deshalb seien eine Zeitlang die Sittenlehrer zugleich auch die Redelehrer gewesen. Deswegen geht diese meine Ermahnung nicht dahin zu wünschen, der Redner solle Philosoph sein, zumal ja doch keine andere Lebensform sich weiter von den Aufgaben des bürgerlichen Lebens und dem ganzen Bereich des Redners entfernt hat. 7 Denn wer unter den Philosophen ist häufig vor Gericht aufgetreten oder in Volksversammlungen berühmt geworden? Wer schließlich hat sich in der Verwaltung des Staates, wofür doch die meisten vor allem Lehren erteilen, selbst betätigt? Vielmehr soll der Mann, den ich unterweise, ein römischer Weiser sein, der nicht in abgeschiedenen Erörterungen, sondern in praktischen Versuchen und Leistungen sich als ein Mann von echter Bürgerart erweist. 8 Weil aber das Streben nach Lebensweisheit, im Stich gelassen von denen, die sich ganz der Beredsamkeit zugewandt haben, nicht mehr in seinem eigenen Wirkungskreis und im hellen Licht des Forums erfolgt, sondern sich erst in die Säulenhallen und Sportanlagen der Gymnasien, dann in die geschlossenen Kreise der Schulen zurückgezogen hat, muß man ja nun das, was der Redner braucht, von den Redelehrern aber nicht vermittelt bekommt, bei den Lehrern suchen, wo es noch verblieben ist: so heißt es die Bücher der Meister[26] durchzuarbeiten, die Anweisungen zum tugendhaften Leben geben, damit die Lebensführung des Redners in Verbindung steht mit dem Wissen von allem Göttlichen und Menschlichen. 9 Wieviel größer und schöner würden doch gerade alle diese Dinge erscheinen, wenn diejenigen die Kunde von ihnen vermittelten, die sie auch am vortrefflichsten in Worte zu fassen vermöchten? Käme doch einmal die Zeit, daß ein so vollkommener Redner, wie wir ihn wünschen, diese Betätigung, die durch ihren hochfahrenden Namen und die Laster einzelner Philosophen, die das Gute, das sie besitzt, verderben, für sich wieder in Anspruch nähme und sie, als hätte er sein Eigentum zurückerhalten, dem Ganzen der Beredsamkeit einverleibe![27] 10 Gibt es denn unter den drei Teilen, in die ja die Philosophie zerfällt, Naturphilosophie,

[26] Die Bücher der Philosophen der Vergangenheit genügen, betont Quintilian; deshalb sind die Philosophielehrer der Gegenwart zumindest entbehrlich.
[27] Vgl. in der Vorrede zum 1. Buch § 10ff.

naturalem, moralem, rationalem, qua tandem non est cum oratoris opere coniuncta?

Nam ut ordinem retro agamus, de ultima illa, quae tota versatur in verbis, nemo dubitaverit, si et proprietates vocis cuiusque nosse et ambigua aperire et perplexa discernere et de falsis iudicare et colligere ac resolvere, quae velis, oratorum est. 11 quamquam ea non tam est minute atque concise in actionibus utendum quam in disputationibus, quia non docere modo, sed movere etiam ac delectare audientis debet orator, ad quod impetu quoque ac viribus et decore est opus, ut vis amnium maior est altis ripis multoque gurgitis tractu fluentium quam tenuis aquae et obiectu lapillorum resultantis. 12 et ut palaestrici doctores illos, quos numeros vocant, non idcirco discentibus tradunt, ut iis omnibus ii, qui didicerint, in ipso luctandi certamine utantur (plus enim pondere et firmitate et spiritu agitur), sed ut subsit copia illa, ex qua unum aut alterum, cuius se occasio dederit, efficiant: 13 ita haec pars dialectica, sive illam dicere malumus disputatricem, ut est utilis saepe et finitionibus et comprehensionibus et separandis, quae sunt differentia, et resolvenda ambiguitate, distinguendo, dividendo, inliciendo, inplicando, ita, si totum sibi vindicaverit in foro certamen, obstabit melioribus et sectas ad tenuitatem suam vires ipsa suptilitate consumet. 14 itaque reperias quosdam in disputando mire callidos, cum ab illa cavillatione discesserint, non magis sufficere in aliquo graviore actu quam parva quaedam animalia, quae in angustis mobilia campo deprehenduntur.

15 Iam quidem pars illa moralis, quae dicitur ethice, certe tota oratori est accommodata. nam in tanta causarum, sicut superioribus libris

Moralphilosophie und Logik, auch nur einen, der nicht mit der Aufgabe des Redners in Verbindung steht?

Denn – um in umgekehrter Reihenfolge zu beginnen – niemand dürfte ja bei dem letzten Teil, der es ganz mit Worten zu tun hat, daran zweifeln – wenn es doch Sache der Redner ist, die eigentümlichen Bedeutungen eines jeden Wortes zu kennen, Zweideutiges zu klären, Verwickeltes zu entwirren, über Unwahres ein Urteil zu haben und alles, was man will, durch Schlüsse zu erweisen oder zu widerlegen. 11 Allerdings darf man hiervon in den Gerichtsreden nicht so kleinlich und stückweise Gebrauch machen wie bei philosophischen Erörterungen, weil ja der Redner nicht nur unterrichten, sondern auch die Zuhörer ergreifen und unterhalten muß, wozu auch Schwung, Kraft und Schönheit nötig ist, wie auch die Kraft der Flüsse größer ist, wenn sie zwischen hohen Ufern und in einer brausenden Strömung dahinfließen, als wenn das Wasser flach ist und sich am Widerstand der Steinchen bricht. 12 Wie die Lehrer in den Ringschulen ihren Schülern die sogenannten Griffe nicht deshalb beibringen, damit sie die, die sie gelernt haben, nun alle im eigentlichen Ringkampf anwenden – denn da haben Gewicht, Standfestigkeit und Kampfgeist mehr zu bedeuten – sondern damit sie einen Vorrat zur Verfügung haben, woraus sie den einen oder anderen Griff zustande bringen, für den sich gerade eine Gelegenheit ergibt: 13 so ist auch dies Gebiet der Dialektik oder, wenn wir es lieber so nennen, der Disputierkunst zwar oft nützlich bei Definitionen, Begriffsbildung, Abhebung von Unterschieden, Behebung von Doppeldeutigkeit, beim Unterscheiden, Gliedern, in die Falle locken und Verstricken, wird aber, wenn sie auf dem Forum den Kampf ganz für sich in Anspruch nimmt, besseren Möglichkeiten im Wege stehen und die nach der eigenen Schmächtigkeit zurechtgeschnittenen Kräfte eben durch ihre Verfeinerung aufzehren. 14 Deshalb kann man es bei erstaunlich klugen Dialektikern finden, daß sie, wenn sie sich von diesem Geplänkel entfernen, bei einem härteren Treffen nicht mehr zu bieten haben als bestimmte Tierlein, die, im engen Raum noch so wendig, im freien Felde sich fangen lassen.[28]

15 Nun das Gebiet der *Moralphilosophie,* die sogenannte Ethik, ist ja gewiß in seinem ganzen Umfang passend für den Redner. Denn

[28] Die Fremdheit gegenüber aller theoretischen Erkenntnisbemühung um der Erkenntnis willen, die das römische Verhältnis zur griechischen Bildung so zwiespältig macht, wird in einem solchen Bild schlaglichtartig deutlich; vgl. unten § 17.

diximus, varietate, cum alia coiectura quaerantur, alia finitionibus concludantur, alia iure summoveantur vel transferantur, alia colligantur vel ipsa inter se concurrant vel in diversum ambiguitate ducantur, nulla fere dici potest, cuius non parte in aliqua tractatus aequi ac boni reperiatur, plerasque vero esse quis nescit, quae totae in sola qualitate consistant? 16 in consiliis vero quae ratio suadendi est ab honesti quaestione seposita? quin illa etiam pars tertia, quae laudandi ac vituperandi officiis continetur, nempe in tractatu recti pravique versatur. 17 an de iustitia, fortitudine, abstinentia, temperantia, pietate non plurima dicet orator, – sed ille vir bonus, qui haec non vocibus tantum sibi nota atque nominibus aurium tenus in usum lingua[w] perceperit, sed qui virtutes ipsas mente complexus ita sentiet, nec in cogitando [ita][x] laborabit, sed, quod sciet vere dicet? 18 cum sit autem omnis generalis quaestio speciali potentior, quia universo pars [utique][y] continetur, non utique accedit parti, quod universum est, profecto nemo dubitabit, generales quaestiones in illo maxime studiorum more versatas. 19 iam vero cum sint multa propriis brevibusque comprensionibus finienda, unde etiam status causarum dicitur finitivus, nonne ad id quoque instrui ab his, qui plus in hoc studii dederunt, oportet? quid? non quaestio iuris omnis aut verborum proprietate aut aequi disputatione aut voluntatis coniectura continetur? quorum pars ad rationalem, pars ad moralem tractatum redundat. 20 ergo natura permixta est omnibus istis oratio, quae quidem

w) lingua **B** linguae *corr.* Paris. 7720
x) *del. b*
y) *om.* **B**

bei der großen Mannigfaltigkeit der Fälle, von der wir in den früheren Büchern gesprochen haben,[29] wenn eine Anzahl von ihnen mit der Vermutungsfrage, andere mit der Frage der Wesensbestimmung behandelt, andere wieder durch die Rechtsfrage gelöst oder einem anderen Gerichtshof zugeschoben, andere mit dem Vernunftsschluß behandelt werden, ob nun widerstreitende Rechtsbestimmungen vorliegen oder eine Doppeldeutigkeit zum Widerspruch führt, läßt sich doch wohl kaum einer nennen, bei dem nicht in einem Abschnitt sich die Behandlung des Billigen und Guten findet, finden sich aber sehr viele, wie jedermann weiß, die völlig allein auf der Frage nach der moralischen Wertung beruhen. 16 In den Beratungsreden aber – welche Begründung des Rates ist da von der Frage nach dem Guten und Anständigen gesondert? Ja auch die dritte Gattung, die die Aufgaben beim Loben und Tadeln enthält, hat es doch wirklich ganz mit der Behandlung des Richtigen und Verkehrten zu tun. 17 Wird denn nicht immer wieder der Redner von Gerechtigkeit, Tapferkeit, Enthaltsamkeit, Maßhalten und Frömmigkeit sprechen – jedoch unser Ehrenmann, der dies nicht nur als Worte kennt und sich diese Benennungen nicht nur als Ohrenschmaus zum Gebrauch mit seiner Zunge zu eigen gemacht hat, sondern der die Tugenden selbst in seinen Geist aufgenommen hat und wirklich so fühlt, wird schon beim Überdenken keine Mühe haben, sondern was er wirklich kennt, auch der Wahrheit gemäß sagen. 18 Da aber jede allgemeine Frage mehr Gewicht hat als eine spezielle – weil ja der Teil im Ganzen enthalten ist, jedoch nicht unbedingt auch in einem Teil sich findet, was das Allgemeine ausmacht – wird gewiß niemand zweifeln, daß die allgemeinen Fragen[30] vor allem bei dieser Art der Studien ihre Bedeutung haben. 19 Da ja nun ferner viele Dinge in treffende, knappe Begriffsbestimmungen gefaßt werden müssen, woher ja sogar eine ganze Gattung der Streitfeststellung den Namen Definitionsstatus hat, soll man nicht auch hierfür die Anleitung suchen bei denen, die hierfür größere Studien betrieben haben? Weiter! Beruht nicht jede Rechtsfrage entweder auf dem eigentlichen Wortsinn oder der Erörterung der Billigkeit oder der Deutung der Absicht? Hierbei geht ein Teil ins Gebiet dialektischer, ein Teil in das moralphilosophischer Behandlung über. 20 Also ist die Rede ihrem Wesen nach mit allen diesen Wissensgebieten durchdrungen, sofern sie Rede im wirklichen Sinne ist. Denn

[29] s. Buch III und V.

[30] Radermacher und Austin (z. St.) setzen hier eine Lücke im Text an. Jedoch scheint es sich nur um eine geraffte Gedankenführung zu handeln.

oratio est vere. nam ignara quidem huiusce doctrinae loquacitas erret necesse est, ut quae vel nullos vel falsos duces habeat.

Pars vero naturalis, cum est ad exercitationem dicendi tanto ceteris uberior, quanto maiore spiritu de divinis rebus quam humanis eloquendum est, tum illam etiam moralem, sine qua nulla esse, ut docuimus, oratio potest, totam complecitur. 21 nam si regitur providentia mundus, administranda certe bonis viris erit res publica: si divina nostris animis origo, tendendum ad virtutem nec voluptatibus terreni corporis serviendum. an haec non frequenter tractabit orator? iam de auguriis, responsis, religione denique omni, de quibus maxima saepe in senatu consilia versata sunt, non erit ei disserendum, si quidem, ut nobis placet, futurus est vir civilis idem? quae denique intellegi saltem potest eloquentia hominis optima nescientis? 22 haec si rationi[z] manifesta non essent, exemplis tamen crederemus. si quidem et Periclem, cuius eloquentiae, etiam si nulla ad nos monumenta venerunt, vim tamen quandam incredibilem cum historici tum etiam liberrimum hominum genus, comici veteres tradunt, Anaxagorae physici constat auditorem fuisse, et Demosthenen, principem omnium Graeciae oratorum, dedisse operam Platoni. 23 nam M. Tullius non tantum se debere scholis rhetorum quantum Academiae spatiis frequenter ipse testatus est: neque se tanta umquam in eo fudisset[a] ubertas, si ingenium suum consaepto fori, non ipsius rerum naturae finibus terminasset.

Verum ex hoc alia mihi quaestio exoritur, quae secta conferre plurimum eloquentiae possit, quamquam ea non inter multas potest esse

z) ratione *ed. Jens.*
a) **P**: fuisset **BH**

eine Geschwätzigkeit freilich, die von diesem Wissen nichts kennt, muß ja in die Irre gehen, da sie ja entweder gar keine Führer auf ihrem Weg hat oder irreführende.

Das Gebiet der *Naturphilosophie* nun ist schon deshalb in dem Maße ergiebiger für die Übung im Reden als die anderen Gebiete, wie der Schwung erhabener ist, in dem man vom Göttlichen sprechen muß als vom Menschlichen, sodann aber umfaßt es auch die Moralphilosophie, ohne die, wie wir gezeigt haben,[31] eine Rede gar nicht möglich ist, noch ganz mit. 21 Denn wenn durch die Vorsehung die ganze Welt gelenkt wird, dann müssen es doch gewiß gute Männer sei, die unser Staatswesen leiten; wenn göttlichen Ursprungs unser Geist ist, so gilt es, zur Tugend zu streben, nicht aber den Lüsten des irdischen Leibes zu frönen. Sind das nicht Dinge, die der Redner häufig behandeln wird? Ferner wenn es um Vorzeichen, Orakeldeutung, kurz um das ganze Gebiet der Kultreligion geht, womit sich oft im Senat die wichtigsten Beratungen befaßt haben: wird der Redner dann nicht hierüber seine Erörterungen beisteuern müssen, wenn er denn wirklich, wie wir es wünschen, zugleich auch ein Staatsmann sein wird? Was kann denn schließlich bei einem Menschen überhaupt als Beredsamkeit verstanden werden, der die höchsten Güter nicht kennt? 22 Wären dies nicht Tatsachen, die schon der vernünftigen Überlegung einleuchten, so würden wir sie doch im Vertrauen auf die Beispiele glauben, falls es wirklich feststeht, daß sowohl Perikles, von dessen Beredsamkeit zwar keine Denkmäler auf uns gekommen sind, deren Macht aber, wie sowohl die Geschichtsschreiber als auch zumal die Art von Menschen, die am freimütigsten ihre Meinung sagt, nämlich die Dichter der alten Komödie, überliefern, geradezu unglaublich war, ein Hörer des Naturphilosophen Anaxagoras gewesen sei, als auch daß Demosthenes, der Höchste aller Redner Griechenlands, Platon studiert habe.[32] 23 Denn was M. Tullius[33] betrifft, so hat er selbst oft bezeugt, daß er den Schullehrgängen der Rhetoren nicht so viel verdanke wie den Wandelhallen der Akademie, und niemals hätte sich in ihm die Fülle seiner Beredsamkeit in solchem Strom ergossen, hätte er seinem Talent nur in den Schranken des Forums, nicht vielmehr im Bereich der ganzen Natur selbst ihre Grenze gesetzt.

Doch hieraus ergibt sich für mich die weitere Frage, welche Philosophenschule der Beredsamkeit das Meiste bieten kann, wenngleich für

[31] s. o. § 15.
[32] vgl. de orat. 1, 4, 14.
[33] orat. 3, 12.

contentio. 24 nam in primis nos Epicurus a se ipse dimittit, qui fugere omnem disciplinam navigatione quam velocissime[b] iubet. neque vero Aristippus, summum in voluptate corporis bonum ponens, ad hunc nos laborem adhortetur. Pyrrhon quidem quas in hoc opere habere partis potest? cui iudices esse, apud quos verba faciat, et reum, pro quo loquatur, et senatum, in quo sit dicenda sententia, non liquebit. 25 Academiam quidam utilissimam credunt, quod mos in utramque partem disserendi ad exercitationem forensium causarum proxime accedat. adiciunt loco probationis, quod ea praestantissimos in eloquentia viros ediderit. Peripatetici studio quoque se quodam oratorio iactant: nam thesis dicere exercitationis gratia fere est ab illis institutum. Stoici, sicut copiam nitoremque eloquentiae fere praeceptoribus suis defuisse concedant necesse est, ita nullos aut probare acrius aut concludere subtilius contendunt. 26 sed haec inter ipsos, qui velut sacramento rogati vel etiam superstitione constricti nefas ducunt a suscepta semel persuasione discedere: 27 oratori vero nihil est necesse in cuiusquam iurare leges. maius enim est opus atque praestantius, ad

b) velocissima *Badius*

[34] s. frg. 163 Us. (Diog. Laert. 10, 6; 33 Bailey): 'Die Klippen der Schulzucht schleunigst zu umsegeln!'

diesen Wettbewerb nicht viele in Frage kommen; 24 denn vor allem Epikur weist uns gleich selbst von sich mit seinem Gebot, vor aller Schulzucht schleunigst davonzusegeln.[34] Aber auch Aristipp[35], der das höchste Gut in der körperlichen Lust ansetzt, würde uns wohl nicht zu dieser Anstrengung raten. Und welche Rolle kann denn Pyrrhon[36] bei unserer Aufgabe einnehmen, für den es keine Gewißheit gibt, daß die Richter, vor denen er seine Rede hält, der Angeklagte, für den er redet, und der Senat, in dem er seine Meinung vortragen muß, wirklich existieren? 25 Die *Akademie* halten manche für am nützlichsten, weil ihre Gewohnheit, beide Seiten einer Frage zu erörtern, an die Übung in Gerichtsfällen am nächsten herankomme. Als Beweis fügen sie den Umstand hinzu, daß diese Schule die in der Beredsamkeit hervorragendsten Männer hervorgebracht habe. Auch die *Peripatetiker* brüsten sich mit einer Art rednerischer Betätigung; denn die Einrichtung, zur Übung allgemeine Themen vorzutragen, ist wohl von ihnen begründet worden. Die *Stoiker* müssen zwar zugeben, daß ihren Lehrern Fülle und Glanz der Beredsamkeit fast ganz gefehlt habe, behaupten aber dafür, daß niemand sonst scharfsinniger sei im Beweisen und genauer im logischen Schließen.[37] 26 Doch das betrifft die Philosophenschulen untereinander, die es, als wären sie durch Fahneneid verpflichtet oder durch Glaubenswahn gebunden, für eine Sünde halten, von einer einmal gefaßten Überzeugung wieder abzugehen; der Redner aber hat es nicht nötig, auf die Satzung irgendeiner dieser Schulen zu schwören.[38] 27 Denn größer ist die Aufgabe

[35] der Lebenskünstler aus Kyrene; Schüler des Sokrates.

[36] der Vertreter der radikalsten Skepsis zur Zeit des Aristoteles.

[37] ST V FR II 25 Arn. (Chrysipp, der 'Chef-Ideologe' der Stoa). In der kritischen Musterung des Wertes der einzelnen Philosophenschulen für die Bildung des Redners folgt Quintilian der Rede des Crassus bei Cicero (de orat. 3, 17, 63–68). In ihr steht aber – in Übereinstimmung mit der Überzeugung des Akademikers Cicero – die an die Schule des Aristoteles nahe herangerückte Akademie als Schwerpunkt am Ende der Durchmusterung.

[38] Man vergleiche mit dieser Form der polemischen Distanzierung die Worte des ciceronischen ›Crassus‹ (a. a. O. § 64): „Doch ich frage *jetzt* nicht, welche Philosophie den größten Wahrheitsgehalt hat, sondern nur, welche mit dem Redner in der engsten Verbindung steht..." und die urbane Überlegenheit in den folgenden Sätzen, die von Sympathie zeugt. Wie anders ist das bei Quintilian, obwohl er sich aufs engste dem ciceronischen Standpunkt anzuschließen scheint. Die satirische Verspottung der philosophischen Dogmatiker läßt in den letzten Worten Quintilians den Liebhaber des Horaz (s. o. 10, 1, 94) erkennen: nullius addictus iurare in verba magistri (epist. 1, 1, 14).

quod ipse tendit et cuius est velut candidatus, si quidem est futurus cum vitae tum etiam eloquentiae laude perfectus. quare in exemplum bene[c] dicendi facundissimum quemque proponet sibi ad imitandum, moribus vero formandis quam honestissima praecepta rectissimamque ad virtutem viam deliget. exercitatione quidem utetur omni, sed tamen erit plurimus in maximis quibusque ac natura pulcherrimis. 28 nam quae potest materia reperiri ad graviter copioseque dicendum magis abundans quam de virtute, de re publica, de providentia, de origine animorum, de amicitia? haec sunt, quibus mens pariter atque oratio insurgant: quae vere bona, quid mitiget metus, coerceat cupiditates, eximat nos opinionibus vulgi animumque caelestem ⟨cognatis sideribus admoveat⟩[d].

29 Neque ea solum, quae talibus disciplinis continentur, sed magis etiam, quae sunt tradita antiquitus dicta ac facta praeclare, et nosse et animo semper agitare conveniet. quae profecto nusquam plura maioraque quam in nostrae civitatis monumentis reperientur. 30 an fortitudinem, iustitiam, fidem, continentiam, frugalitatem, contemptum doloris ac mortis melius alii docebunt quam Fabricii, Curii, Reguli, Decii, Mucii aliique innumerabiles? quantum enim Graeci praeceptis valent, tantum Romani, quod est maius, exemplis. 31 [tantum quod non cognatis side rebus admoveri**] qui[e] non modo proximum tempus lucemque praesentem intueri satis credat, sed omnem posteritatis me-

c) *om.* **bH**

d) *suppl. Wint. post Stroux et Rad. ex iis, quae in § 31 aberraverant,* sed pro 'admovere queat' admoveat.

e) *Wint. recte monet deesse aliqua deletis delendis addiditque e.g.:* igitur qui non hoc proximum...

und bedeutender, zu der er selbst strebt und für die er gleichsam die Anwartschaft besitzt, falls er wirklich durch die Anerkennung, die seine Lebensführung und dann auch seine Beredsamkeit findet, wirklich vollkommen sein wird;[39] daher wird er sich zur Nachahmung als Redemuster jeden vornehmen, der besonders gewandt im Reden ist, zur Bildung seiner sittlichen Grundsätze aber wird er die bestmöglichen Anleitungen zum ehrbaren Leben und den geradesten Weg zur Tugend auswählen. Von jeder Übung zwar wird er Gebrauch machen, aber dennoch im höchsten Maße gerade von den bedeutendsten und von Natur edelsten. 28 Denn welches Thema läßt sich finden, das reicheren Stoff bietet, mit Würde und Fülle zu reden, als die Gedanken über die Tugend, über die Staatsgemeinschaft, über die Vorsehung, über die Abkunft des menschlichen Geistes und über die Freundschaft? Das sind Gegenstände, bei denen sich Geist und Rede gleichermassen erheben: was in Wahrheit gut ist, was die Ängste lindert, die Begierden zügelt, uns von den Meinungen der Menge löst und unseren himmlischen Geist den ihm verwandten Gestirnen näherzubringen vermag.

29 Aber nicht nur das, was in solchen Schullehren enthalten ist, sondern mehr noch das, was an rühmlichen Worten und Taten seit alters überliefert ist, zu kennen und immer im Geist lebendig zu halten, wird sich passend erweisen. Diese Dinge werden sich gewiß nirgends in größerer Zahl und Bedeutung finden als in den Überlieferungen unseres eigenen Staates. 30 Oder werden etwa die Tapferkeit, Gerechtigkeit, Treue, Beherrschung, Anspruchslosigkeit, Schmerz- und Todesverachtung andere besser lehren als Männer wie Fabricius, Curius, Regulus, Decius, Mucius[40] und unzählige andere? Denn so wie die Griechen ihre Stärke in den Lehren haben, so die Römer, was schwerer wiegt, im vorbildlichen Leben. 31 Wer es nicht für ausreichend hält, nur auf die jüngste Zeit und das Licht des heutigen Tages zu blicken, sondern das ganze Gedenken der Nachwelt für die Zeit-

[39] Hier ist im Hintergrund die kulturpolitische Situation der flavischen Zeit deutlich zu erkennen: der Redelehrer als Erzieher zur staatsbürgerlichen Leistung und Gesinnung übernimmt die Nachfolge der in die Verbannung geschickten 'lästigen Zeitgenossen', der Lehrer der Philosophie in Rom.

[40] Standardbeispiele altrömischer Opferbereitschaft, Tapferkeit und Treue in den römischen Schul-Deklamationen. Daß Quintilian mit der Kritik der Lebenspraxis einen wunden Punkt auch der Vertreter griechischen Geisteslebens in Rom trifft, wird seine Richtigkeit haben. Nur zeigt seine eigene moralistische Zeitkritik, daß das römische Gegenbild nicht römische Wirklichkeit darstellt, sondern ein paränetisches Wunschbild.

moriam spatium vitae honestae et curriculum laudis existimet: hinc mihi ille iustitiae haustus bibat, hinc sumptam libertatem in causis atque consiliis praestet. neque erit perfectus orator, nisi qui honeste dicere et sciet et audebit.

III.

1 Iuris quoque civilis necessaria huic viro scientia est et morum ac religionum eius rei publicae, quam capesset. nam qualis esse suasor in consiliis publicis privatisve poterit tot rerum, quibus praecipue civitas continetur, ignarus? quo autem modo patronum se causarum non falso dixerit, qui, quod est in causis potentissimum, sit ab altero petiturus, paene non dissimilis iis, qui poetarum scripta pronuntiant? 2 nam quodam modo mandata perferet, et ea, quae sibi a iudice credi postulaturus est, aliena fide dicet et ipse litigantium auxiliator egebit auxilio. quod ut fieri nonnumquam minore incommodo possit, cum domi praecepta et composita et sicut cetera, quae in causa sunt, in discendo cognita ad iudicem perfert[f]: quid fiet in iis quaestionibus, quae subito inter ipsas actiones nasci solent? non deformiter respectet et inter subsellia minores advocatos interroget? 3 potest autem satis diligenter accipere, quae tum audiet, cum iam dicenda[g] sunt, aut fortiter adfirmare aut ingenue pro suis dicere? possit in actio-

f) *corr.* **P**: praefert **B**

g) *Halm:* adicienda **BH** dicenda **P**[1] ei dicenda **P**[2]

dauer eines ehrenvollen Lebens und für die Bahn seines Ruhmes erachtet, der möge nur aus dieser Quelle in vollen Zügen die Gerechtigkeit in sich aufnehmen, möge die hieraus gewonnene Freiheit in Prozessen und Beratungen bewähren. Denn vollkommen wird nur der Redner sein, der versteht, im Dienste der Sittlichkeit zu reden, und den Mut dazu aufbringt.

DRITTES KAPITEL

Die notwendige Rechtskenntnis

1 Für diesen Mann ist auch die Kenntnis des bürgerlichen Rechtes wie auch der Sitten und Kultbräuche desjenigen Staatswesens notwendig, an dessen öffentlichem Leben er mitwirken will. Denn was für ein Ratgeber in öffentlichen oder privaten Beratungen wird jemand sein können, der so viele Dinge, auf denen die bürgerliche Gemeinschaft vor allem beruht, nicht kennt? Wie aber müßte jemand sich nicht fälschlich als Schutzherr in Rechtsfällen bezeichnen, der das, was in Gerichtsfällen das Wichtigste ist, sich von einem anderen holen muß – kaum anders als die Vortragskünstler, die das vortragen, was die Dichter geschrieben haben?[41] 2 Denn er wird gewissermaßen nur Aufträge überbringen, dasjenige, wofür er vom Richter eigene Glaubwürdigkeit fordern will, wird er auf fremde Gewähr hin vortragen, und er, der Hilfespender im Parteienstreit, wird selbst der Hilfe bedürfen. Mag dies auch manchmal ohne größeren Schaden vonstatten gehen, wenn der Redner das, was er zu Hause schon vorbereitet und ausgearbeitet und wie alles, was zu dem Fall gehört, beim Einstudieren kennengelernt hat, dem Richter in seinem Vortrag weitergibt; was aber geschieht dann bei denjenigen Fragen, die gewöhnlich plötzlich mitten in den Verhandlungen aufkommen? Muß er da nicht kläglich hinter sich schauen und zwischen den Bänken die Rechtsgehilfen befragen? 3 Vermag er aber auch das, was er dann hört, mit der nötigen Sorgfalt aufzunehmen, wenn es gleich vorgetragen werden muß, es energisch zu vertreten oder so freimütig vorzubringen, als stamme es von ihm selbst? Und vermöchte er es auch beim Parteienvortrag:

[41] Bei dieser allgemeinen Bezeichnung ist nicht nur an die Schauspiele und an die Rhapsoden zu denken, die epische Gedichte vortrugen, sondern auch an die Rezitationsveranstaltungen, über deren Bedeutung im gesellschaftlichen Leben der Zeit die begeisterte Zustimmung des Quintilian-Schülers Plinius ebenso aufschlußreich ist wie das Stöhnen des Iuvenal.

nibus: quid fiet in altercatione, ubi occurrendum continuo nec libera ad discendum mora est? quid si forte peritus iuris ille non aderit? quid si quis non satis in ea re doctus falsum aliquid subiecerit? hoc enim est maximum ignorantiae malum, quod credit eum scire, qui moneat. 4 neque ego sum nostri moris ignarus oblitusve eorum, qui velut ad arculas sedent et tela agentibus subministrant, neque idem Graecos quoque nescio factitasse, unde nomen his pragmaticorum datum est. sed loquor de oratore, qui non clamorem modo suum causis, sed omnia, quae profutura sunt, debet. 5 itaque eum nec inutilem, si ad horam forte constiterit, neque in testationibus faciendis esse imperitum velim. quis enim potius praeparabit ea, quae, cum aget, esse in causa velit? nisi forte imperatorem quis idoneum credit in proeliis quidem strenuum et fortem et omnium, quae pugna poscit, artificem, sed neque dilectus agere nec copias contrahere atque instruere nec prospicere commeatus nec locum capere castris scientem: prius est enim certe parare bella quam gerere. 6 atqui simillimus huic sit advocatus, si plura, quae ad vincendum valent, aliis reliquerit, cum praesertim hoc, quod est maxime necessarium, nec tam sit arduum, quam procul intuentibus fortasse videatur. namque omne ius, quod est certum, aut scripto aut moribus constat, dubium aequitatis regula examinandum est. 7 quae scripta sunt aut posita in more civitatis, nullam habent difficultatem, cognitionis sunt enim, non inventionis: at quae consultorum responsis explicantur, aut in verborum interpreta-

was wird aber im Wortwechsel[42], wo man gleich entgegnen muß, und es keine Ruhepause gibt, sich zu informieren? Was auch, wenn zufällig sein Rechtskenner nicht anwesend ist? Was, wenn jemand, der sich in der Sache nicht genügend auskennt, ihm etwas Falsches an die Hand gibt? Denn das ist ja das Schlimmste bei solcher Unwissenheit, daß man glaubt, derjenige wisse es, der es vorsagt. 4 Dabei weiß ich gut genug, wie es bei uns Brauch ist, und habe keineswegs die Männer vergessen, die gleichsam am Arsenal sitzen und denen, die den Streit führen, die Waffen nachreichen, und ich weiß es auch sehr wohl, daß die Griechen es auch immer so gemacht haben, weshalb man diesen Gehilfen den Namen 'pragmatici' (Sach-Helfer)[43] gegeben hat. Aber ich spreche vom Redner, der den Prozessen nicht nur seinen eigenen Stimmaufwand schuldig ist sondern alles, was ihnen zugute kommen kann. 5 Deshalb möchte ich, daß er sich weder unnütz erweise, wenn er sich etwa zum Termin[44] einfindet, noch unerfahren bei der Bestellung des Zeugenaufgebotes. Denn wer wird die Vorbereitungen für das besser treffen, was, wenn er seinen Vortrag hält, in dem Fall zur Verhandlung kommen soll? Es hielte denn jemand einen Feldherrn für geeignet, der zwar in der Schlacht tüchtig und tapfer und in allem, was der Kampf verlangt, ein Meister ist, sich aber nicht darin auskennt, wie man Truppen aushebt, die Streitkräfte sammelt und aufstellt, den Nachschub regelt und für das Lager den passenden Platz auswählt; eher gilt es ja doch gewiß, Kriege vorzubereiten als sie zu führen. 6 Ganz so wäre aber doch auch ein Rechtsbeistand, wenn er die Mehrzahl der Dinge, die für den Sieg wichtig sind, anderen überließe, zumal aber das, was am allernotwendigsten und dabei gar nicht so schwierig ist, wie es vielleicht aus der Ferne betrachtet erscheinen mag. Denn alles Recht, das feststeht, beruht entweder auf schriftlicher Festlegung oder auf Brauchtümern, zweifelhaftes Recht aber ist nach dem Maßstab der Billigkeit zu prüfen. 7 Rechtssätze, die schriftlich festgelegt oder auf Brauch der Gemeinde gegründet sind, bieten keine Schwierigkeit; denn sie erfordern nur Erkenntnis, nicht Erfindung; Rechtssätze dagegen, die aus Rechtsgutachten gewonnen werden, beruhen entweder auf der Deutung des Wortlautes

[42] vgl. o. das 4. Kapitel von Buch VI.

[43] s. o. 3, 6, 58.

[44] zur Rechtsverhandlung beim Prätor ('in iure') mit den Parteien, damit dieser den Rechtsstreit in der Frage formuliert ('formulam dat'), die der Richter in der Gerichtsverhandlung ('in iudicio') entscheiden soll. Vgl. Anm. 28 im 2. Kapitel von Buch VII (zu dem vereinfachten Verfahren).

tione sunt posita aut in recti pravique discrimine. vim cuiusque vocis intellegere aut commune prudentium est aut proprium oratoris, aequitas optimo cuique notissima. 8 nos porro et bonum virum et prudentem in primis oratorem putamus, qui cum se ad id, quod est optimum natura, derexerit, non magno opere commovebitur, si quis ab eo consultus dissentiet, cum ipsis illis diversas inter se opiniones tueri concessum sit. sed etiam si nosse, quid quisque senserit, volet, lectionis opus est, qua nihil est in studiis minus laboriosum. 9 quod si plerique desperata facultate agendi ad discendum ius declinaverunt, quam id scire facile est oratori, quod discunt qui sua quoque confessione oratores esse non possunt! verum et M. Cato cum in dicendo praestantissimus, tum iuris idem fuit peritissimus, et Scaevolae Servioque Sulpicio concessa est etiam facundiae virtus. 10 et M. Tullius non modo inter agendum numquam est destitutus scientia iuris, sed etiam componere aliqua de eo coeperat, ut appareat posse oratorem non discendo tantum iuri vacare, sed etiam docendo.

11 Verum ea, quae de moribus excolendis studioque iuris praecipimus, ne[h] quis eo credat reprendenda, quod multos cognovimus, qui taedio laboris, quem ferre tendentibus ad eloquentiam necesse est, confugerint ad haec deverticula desidiae? quorum alii se ad album ac rubricas transtulerunt et formularii vel, ut Cicero ait, legulei quidam esse maluerunt, tamquam utiliora elegentes ea, quorum solam facilita-

h) ne quis **bH** non quis **B** nonne quis **P**

oder auf der Unterscheidung zwischen richtig und falsch. Die Bedeutung (nun) eines jeden Wortes zu verstehen ist entweder Gemeinbesitz der Verständigen[45] oder eine besondere Gabe des Redners; die Billigkeit ist denen am besten bekannt, die selbst die Besten sind. 8 Wir halten ja nun den Redner sowohl für einen guten als auch für einen besonders verständigen Mann, der sich, da er sich das, was von Natur das beste ist, zur Richtschnur gewählt hat, nicht sehr erschüttern lassen wird, wenn ein Rechtskenner eine von ihm abweichende Meinung vertritt, da es ja diesen Rechtsgelehrten selbst gestattet ist, voneinander abweichende Auffassungen zu vertreten. Wenn er aber auch kennenzulernen wünscht, welche Meinung ein jeder von diesen vertreten hat, so ist nur nötig nachzulesen, was ja bei den Studien die allergeringste Mühe macht. 9 Wenn aber die meisten zum Rechtsstudium erst abgeschwenkt sind, nachdem sie an ihrer Tauglichkeit als Gerichtsredner verzweifelt waren, wie leicht fällt es da dem Redner, das zu wissen, was Leute lernen, die nach ihrem eigenen Eingeständnis Redner nicht sein können! Tatsächlich war ja auch M. Cato[46] sowohl als Redner ganz hervorragend, zugleich aber auch der beste Rechtskenner, und Scaevola sowie Servius Sulpicius hat man auch Tüchtigkeit in gewandter Rede zugestanden. 10 Auch M. Tullius fühlte sich nicht nur nie, während er vor Gericht sprach, von seiner Rechtskenntnis im Stiche gelassen, sondern er hatte auch begonnen, hierüber ein Werk zu verfassen,[47], so daß es klar ist, ein Redner könne nicht nur die Zeit haben, das Recht zu studieren, sondern sogar, es zu lehren.

11 Jedoch möge niemand das, was wir an Vorschriften über die Pflege der Sitten und die Beschäftigung mit dem Recht geben, deshalb glauben tadeln zu dürfen, weil wir viele kennen, die aus Scheu vor der Mühe, die für diejenigen, die zur Beredsamkeit streben, zu ertragen unvermeidlich ist, sich in diese Schlupfwinkel der Untätigkeit geflüchtet haben. Von diesen gingen die einen über zum Formularbuch des Prätors und den Gesetzesparagraphen und wollten lieber eine Art 'Formelbewahrer' oder, wie Cicero sagt 'legulei'[48] ('Gesetzes-Paragraphenreiter') sein, als hätten sie das als nützlichere Tätigkeit erwählt, um dessen größere Leichtigkeit es ihnen doch nur zu tun war;

[45] der Rechtskenner.

[46] der 'alte' Cato Censorius.

[47] 'ein Lehrbuch des bürgerlichen Rechtes' (de iure civili in artem redigendo: Gell. 1, 22, 7), worauf auch de oratore 1, 42, 190f. vorausweist; vgl. M. Gelzer, Cicero (1969) 343, Anm. 190.

[48] de orat. 1, 55, 236.

tem sequebantur, 12 alii[i] pigritiae adrogantioris, qui subito fronte conficta inmissaque barba, veluti despexissent oratoria praecepta, paulum aliquid sederunt in scholis philosophorum, ut deinde in publico tristes, domi dissoluti captarent auctoritatem contemptu ceterorum: philosophia enim simulari potest, eloquentia non potest.

IV.

1 In primis vero abundare debet orator exemplorum copia cum veterum tum etiam novorum, adeo ut non ea modo, quae conscripta sunt historiis aut sermonibus velut per manus tradita quaeque cotidie aguntur, debeat nosse, verum ne ea quidem, quae sunt a clarioribus poetis ficta, neglegere. 2 nam illa quidem priora aut testimoniorum aut etiam iudicatorum optinent locum, sed haec quoque aut vetustatis fide tuta sunt aut ab hominibus magnis praeceptorum loco ficta creduntur. sciat ergo quam plurima, unde etiam senibus auctoritas maior est, quod plura nosse et vidisse creduntur, quod Homerus frequentissime testatur. sed non est expectanda ultima aetas, cum studia praestent, ut, quantum ad cognitionem[j] pertinet rerum, etiam praeteritis saeculis vixisse videamur.

i) **b**: alique **B**
j) **P**: cogitationem **B** conitionem **bH**

[49] Auch in dieser Zurücksetzung der Geltung des Rechts-Spezialisten gegenüber dem ‘staatsmännischen Redner’ fühlt sich Quintilian durch Cicero gedeckt und in der Nachfolge der Haltung, in der dieser als Konsul in seiner ›Rede für Murena‹ dem berühmten Juristen Servius Sulpicius und dem Stoiker Cato in einem Rangstreit (contentio dignitatis) ihren Rang in der Gemeinschaft klarmacht. Doch auch hier macht der Vergleich (z. B. 7, 15ff. und 28, 58ff.) den gesellschaftlichen Wandel deutlich, der den griechisch gebildeten republikanischen Geistesaristokraten Cicero von seinem Anbeter, dem ‘humani-

12 die anderen waren in ihrer Faulheit anmaßender, indem sie plötzlich die Stirn in ernste Falten legten und den Bart wachsen ließen, als hätten sie die Lehren der Redekunst verachten gelernt, und dann eine kurze Weile in den Philosophenschulen saßen, um von nun an, in der Öffentlichkeit griesgrämig, zu Hause ausgelassen, durch die Verachtung aller anderen Menschen um Ansehen zu buhlen; Philosophie kann man nämlich heucheln, Beredsamkeit nicht.[49]

VIERTES KAPITEL

Die notwendige Geschichtskenntnis

1 Vor allem aber müssen dem Redner Beispiele in Hülle und Fülle zur Verfügung stehen, Beispiele aus alter wie auch zumal aus neuer Zeit in solcher Menge, daß er nicht nur all das kennen muß, was in Geschichtsaufzeichnungen erzählt oder in mündlicher Unterhaltung gleichsam von Hand zu Hand weitergegeben ist, und alles, was täglich geschieht, sondern nicht einmal die Beispiele unbeachtet lassen darf, die von allen berühmteren Dichtern erdichtet worden sind. 2 Denn die zuerst genannte Tradition nimmt den Rang von Zeugnissen oder gar von gerichtlichen Vorentscheidungen ein, aber auch das zuletzt Genannte ist entweder durch das Vertrauen, das sein Alter einflößt, gesichert oder findet Glaubwürdigkeit, weil es von bedeutenden Menschen als Lebensweisheit erdichtet ist. So soll man denn so viel Beispiele wie möglich kennen, weshalb ja auch alte Männer größere Achtung genießen, weil man glaubt, daß sie mehr kennengelernt und erlebt haben, wie es Homer immer wieder bezeugt. Doch braucht man nicht erst bis zum hohen Alter zu warten, da es ja das Geschichtsstudium zuwege bringt, daß es scheint, man habe, was die Kenntnis der Ereignisse betrifft, auch die früheren Jahrhunderte selbst miterlebt.[50]

stischen Berufserzieher', trennt: die Rivalen erscheinen als Karikaturen, zumal die Philosophielehrer als Urbild des Tartuffe.

[50] Diese erlebnishafte Vergegenwärtigung des Vergangenen erwartet man von der Kunst des Geschichtsschreibers. Das Menschliche im Bild der Vergangenheit muß eindrucksvoll und überzeugend sein. Deshalb tritt die Geschichtsschreibung neben die Dichtung, während die Kenntnis des Vergangenen um des Vergangenen willen im Sinn wissenschaftlicher Geschichtsforschung gar nicht in den Blick tritt.

V.

1 Haec sunt, quae me redditurum promiseram, instrumenta non artis, ut quidam putaverunt, sed ipsius[k], haec arma habere ad manum, horum scientia debet esse succinctus, accedente verborum figurarumque facili copia et inventionis ratione et disponendi usu et memoriae firmitate et actionis gratia. sed plurimum ex his valet animi praestantia, quam nec metus frangat nec adclamatio terreat nec audientium auctoritas ultra debitam reverentiam tardet. 2 nam ut abominanda sunt contraria his vitia confidentiae, temeritatis, improbitatis, adrogantiae, ita citra constantiam, fiduciam, fortitudinem nihil artes, nihil studium, nihil profectus ipse profuerit, ut si des arma timidis et inbellibus. invitus mehercules dico, quoniam et aliter accipi potest, ipsam verecundiam, vitium quidem sed amabile et quae virtutes facillime generet, esse interim adversam[l] multisque in causa fuisse, ut bona ingeni studiique in lucem non prolata situ quodam secreti consumerentur. 3 sciat autem, si quis haec forte minus adhuc peritus distinguendi vim cuiusque verbi leget, non probitatem a me reprendi, sed verecundiam, qua[m] est timor quidam reducens animum ab iis, quae facienda sunt: inde confusio et coepti paenitentia et subitum silentium. quis porro dubitet vitiis adscribere adfectum, propter quem facere honeste pudet? 4 neque ego rursus nolo eum, qui sit dicturus, et sollicitum surgere et colore mutari et periculum intellegere: quae si non acciderent,[n] etiam simulanda erant.[o] sed intellectus hic sit operis, non metus, moveamurque, non concidamus. optima est autem emendatio vere-

k) **B**: ipsius oratoris **bHP**
l) *Vt:* inter adversa
m) **B**: quae est **P** *om.* quae **bH**
n) **BH** *Vt.:* accident **P**
o) **bH** *Vt.:* erunt **BP**

FÜNFTES KAPITEL

Das Rüstzeug des Redners

1 Dieses Rüstzeug, das zu liefern ich versprochen hatte, ist nicht Rüstzeug der Kunstlehre, wie manche gemeint haben, sondern Ausrüstung des Redners selbst; diese muß er als Waffen zur Hand haben, mit ihrer Kenntnis gegürtet sein, wozu dann die geläufige Fülle in Worten und Figuren, die Auffindungslehre, die Übung in der Gliederung, die Kraft des Gedächtnisses und der Reiz des Vortrages hinzukommt. Jedoch am meisten bedeutet bei dieser Ausrüstung die Überlegenheit des Geistes, die keine Furcht brechen, kein Zuruf schrecken, noch das Ansehen der Zuhörer über die schuldige Ehrerbietung hinaus hemmen soll. 2 Denn wie die diesen Tugenden entgegengesetzten Fehler der Selbstgefälligkeit, Dreistigkeit, Ungezogenheit und Anmaßung zu verabscheuen sind, so könnten ohne Standhaftigkeit, Selbstvertrauen, Tapferkeit keine Mittel der Kunst, kein Eifer, selbst kein Fortschritt einen Nutzen bieten, wie wenn man ängstlichen und unkämpferischen Naturen Waffen in die Hand gäbe. Mit Widerstreben, beim Herkules, sage ich es, weil es auch falsch verstanden werden kann, daß selbst die Schüchternheit, ein Fehler, aber ein liebenswerter und etwas, das am leichtesten zum Erzeuger von Tugenden werden kann, zuweilen im Wege ist und für viele der Grund gewesen ist, die Gaben des Talentes und Studieneifers, anstatt sie an das Licht der Öffentlichkeit zu bringen, gleichsam im Moder der Verborgenheit verkommen zu lassen. 3 Falls aber jemand dies liest, der vielleicht noch zu wenig versteht, die Bedeutung jedes Wortes zu unterscheiden, so möge er wissen, daß meine Worte nicht die brave Wesensart tadeln, sondern die Schüchternheit, insofern sie ein Gefühl der Furcht ist, das den Sinn von dem weglenkt, was man tun muß; daher dann die Verwirrung, die Reue, überhaupt begonnen zu haben, und das plötzliche Verstummen. Wer könnte da wirklich Bedenken haben, einen Gemütszustand den Fehlern zuzurechnen, dessentwegen man sich schämt, ehrenhaft zu handeln? 4 Aber andererseits wünsche ich es durchaus, daß jemand, der sich zu reden anschickt, sich unruhig erhebt, sich verfärbt und die Gefahr erkennt, in die es sich begibt. Stellte sich das nicht selbst ein, so wäre es sogar vorzutäuschen. Aber dies komme vom Bewußtsein der Aufgabe, vor der man steht, nicht aus Angst, und in Erregung sollen wir kommen, nicht zusammenbrechen. Das beste Mittel aber, die Schüchternheit zu beheben, ist Selbstver-

cundiae fiducia et quamlibet inbecilla frons magna conscientia sustinetur.

5 Sunt et naturalia, ut supra dixi, quae tamen et cura iuvantur, instrumenta, vox, latus, decor: quae quidem tantum valent, ut frequenter famam ingeni faciant. habuit oratores aetas nostra copiosiores, sed, cum diceret, eminere inter aequalis Trachalus videbatur. ea corporis sublimitas erat, is ardor oculorum, frontis auctoritas, gestus praestantia, vox quidem non, ut Cicero desiderat, paene tragoedorum, sed super omnis, quos ego quidem audierim, tragoedos. 6 certe cum in basilica Iulia diceret primo tribunali, quattuor autem iudicia, ut moris est, cogerentur atque omnia clamoribus fremerent, et auditum eum et intellectum et, quod agentibus ceteris contumeliosissimum fuit, laudatum quoque ex quattuor tribunalibus memini. sed hoc votum est et rara felicitas: quae si non adsit, sane sufficiat ab his, quibus quis dicit, audiri. talis esse debet orator, haec scire.

VI.

1 Agendi autem initium sine dubio secundum vires cuiusque sumendum est. neque ego annos definiam, cum Demosthenen puerum admodum actiones pupillares habuisse manifestum sit, Calvus, Caesar, Pollio multum ante quaestoriam omnes aetatem gravissima iudicia susceperint, praetextatos egisse quosdam sit traditum, Caesar Augustus duode-

[51] s. o. Buch 1 praef. 27.

[52] s. o. 10, 1, 119.

[53] de orat. 1, 28, 128.

[54] ein bezeichnendes Bild aus der Gerichtspraxis mit ihrem uns so befremdlichen 'Rede-Theater'! In der Basilica Julia tagten die 4 Abteilungen des Zentumviral-Gerichtes für Zivilsachen.

trauen, und ein noch so zaghaftes Auftreten findet eine Stütze in dem Bewußtsein hoher Verantwortung.

5 Es gibt auch, wie oben gesagt,[51] natürliches Rüstzeug, das indessen auch durch sorgfältige Pflege unterstützt wird, nämlich Stimme, Brust und gutes Aussehen. Diese Dinge machen ja soviel aus, daß sie häufig den Ruhm eines Talentes begründen. Unsere Zeit hat Redner von größerer Wortfülle besessen, aber, sooft er sprach, schien es, als überragte Trachalus[52] alle Zeitgenossen. Eine solche hochragende Gestalt besaß er, ein solches Feuer seiner Augen, eine so gebieterische Stirn, solch hervorragendes Gebärdenspiel und eine Stimme, die zwar nicht, wie es Cicero verlangt,[53] fast den Ton der Tragödien besaß, aber über alle Tragöden hinausging, die ich wenigstens erlebt habe. 6 Mit Sicherheit war er jedenfalls, wie ich mich erinnere, wenn er in der Basilica Julia vor dem ersten Tribunal sprach, auch wenn, wie es Brauch ist, die vier Gerichtshöfe tagten und alle vor Lärmen dröhnten, zu hören und auch zu verstehen, und er erhielt, was für die übrigen Vortragenden höchst schimpflich war, auch von allen vier Tribunalen Beifall.[54] Aber das ist ein frommer Wunsch und ein seltener Glücksfall. Wem solches Glück nicht zur Seite steht, dem mag es schon genügen, von denen gehört zu werden, für die man spricht. Ein solcher Mann muß also der Redner sein, und so das, was er wissen muß.

SECHSTES KAPITEL

Beginn der Tätigkeit vor Gericht

1 Für das Auftreten vor Gericht aber muß man zweifellos den Beginn entsprechend den Kräften jedes einzelnen wählen. Auf Lebensjahre möchte ich mich nicht festlegen, da es ja feststeht, daß Demosthenes schon fast als Knabe seine Prozeßreden gegen seine Vormünder gehalten, Calvus, Caesar und Pollio, alle weit vor dem Jahr der Quaestur, die schwersten Prozeße übernommen haben, und da es überliefert ist, daß manche noch in der Toga praetexta[55] aufgetreten sind, und Caesar Augustus mit zwölf Jahren seiner Großmutter[56] vor den Ro-

[55] der Knabenkleidung, die sie mit 15 Jahren ablegten, wenn mit dem tirocinium fori die Teilnahme am öffentlichen Leben begann. Um mit der Quaestur die Ämterlaufbahn zu beginnen, mußte man 25 Jahre alt sein.

[56] Iulia, vgl. Suet. Aug. c. 8 – Die Rostren sind der Teil des Forum Romanum, der mit den Schnäbeln (rostra) erbeuteter Kriegsschiffe geschmückt war.

cim natus annos aviam pro rostris laudaverit. 2 modus mihi videtur quidam tenendus, ut neque praepropere destringatur inmatura frons et quidquid est illud adhuc acerbum proferatur (nam inde et contemptus operis innascitur et fundamenta iaciuntur impudentiae et, quod est ubique perniciosissimum, praevenit vires fiducia): 3 nec rursus differendum est tirocinium in senectutem: nam cotidie metus crescit maiusque fit semper quod ausuri sumus, et, dum deliberamus, quando incipiendum sit, incipere iam serum est. quare fructum studiorum viridem et adhuc dulcem promi decet, dum et venia et spes est et paratus favor et audere non dedecet, et si quid desit operi, supplet aetas, et, si qua sunt dicta iuveniliter, pro indole accipiuntur, 4 ut totus ille [Ciceronis][p] pro Sexto Roscio locus: 'quid enim tam commune quam spiritus vivis, terra mortuis, mare fluctuantibus, litus eiectis?' quae cum sex et viginti natus annos summis audientium clamoribus dixerit, defervisse tempore et annis liquata iam senior idem fatetur. et hercule quantumlibet secreta studia contulerint, est tamen proprius quidam fori profectus, alia lux, alia veri discriminis facies, plusque, si separes, usus sine doctrina quam citra usum doctrina valeat. 5 ideoque nonnulli senes in schola facti stupent novitate, cum in iudicia venerunt, et omnia suis exercitationibus similia desiderant. at illic et iudex tacet et adversarius obstrepit et nihil temere dictum perit, et, si quid tibi ipse sumas, probandum est, et laboratam congestamque dierum ac noctium studio actionem aqua deficit, et omisso magna

p) *om.* **P** *del. Rad.*

stren die Rede zum Nachruf gehalten hat. 2 Eine Art Richtmaß läßt sich, scheint mir, einhalten: einerseits nicht voreilig das noch unreife Laub abzustreifen und alles, so sauer es auch noch schmeckt, vorzusetzen – denn hier liegt der Keim für die Geringschätzung der Aufgabe, man legt so die Grundlage für unverschämtes Auftreten, und es kommt, was immer höchst verderblich ist, das Selbstvertrauen eher als die erforderlichen Kräfte –; 3 andererseits darf man auch wieder nicht die Anfängerzeit zum Greisenalter hinausschieben; denn die Angst wächst von Tag zu Tag, immer größer wird die Aufgabe, die wir wagen wollen, und, während wir noch überlegen, wann der Anfang gemacht werden soll, ist es zum Anfangen schon zu spät. Deshalb gehört es sich, die Frucht seiner Studien frisch und noch süß darzubieten, solange noch Nachsicht gilt und Erwartung fürs Künftige, Wohlwollen gern bereit ist und es nicht ungehörig ist, etwas zu wagen, und solange, wenn das Werk etwas vermissen läßt, das Alter dem Redner zugute gehalten, und, wenn in den Worten jugendlicher Überschwang erscheint, es als Zeichen von Genialität genommen wird, 4 wie es die ganze Stelle aus Ciceros ›Rede für Sextus Roscius‹[57] zeigt: ‘Denn was ist allen so gemeinsam wie die Luft den Lebenden, die Erde den Toten, das Meer den Treibenden, das Gestade den Gestrandeten?’ Was so der 26jährige unter dem stärksten Beifall der Zuhörer gesprochen hat, ist, wie Cicero selbst als schon älterer Mann gesteht,[58] mit der Zeit ausgegoren und durch die Jahre geklärt worden. Und, beim Herkules, so viel auch die Studien in der Einsamkeit bieten können, so ist es doch eine ganz eigene Art des Fortschrittes, die das Forum bietet, anders das Licht, anders das Bild eines wirklichen Prozeßwagnisses, und mehr müßte, wenn man beides trennen könnte, die Gerichtserfahrung ohne gelehrtes Studium bieten als ohne diese Erfahrung das Studium. 5 Und deshalb sind manche, die in der Schule alt geworden sind, ganz benommen und starr vor dem Neuen, wenn sie in Gerichtsverhandlungen stehen, und vermissen alles, was ihren Übungen ähnlich sieht. Da schweigt ja der Richter, der Gegner tobt gegen ihn los, kein Wort, das unbedacht gesprochen wurde, geht verloren, stellt man für sich eine Behauptung auf, so muß man sie beweisen, die in tage- und nächtelangem Fleiß erarbeitete und vollgestopfte Verhandlungsrede scheitert am Wasser[59] (der Wasseruhr), und in manchen Fällen muß man in seiner Rede auf den Schwulst,

[57] p. Rosc. Am. 26, 72.
[58] orat. 30, 107.
[59] der Wasseruhr, die die Redezeit zumißt.

semper flandi tumore in quibusdam causis loquendum est, quod illi diserti minime sciunt. 6 itaque nonnullos reperias, qui sibi eloquentiores videantur, quam ut causas agant. ceterum illum, quem iuvenem tenerisque adhuc viribus nitentem in forum deduximus, et incipere quam maxime facili ac favorabili causa velim, ferarum ut catuli molliore praeda saginantur, et non utique ab hoc initio continuare operam et ingenio adhuc alendo callum inducere, sed iam scientem, quid sit pugna et in quam rem studendum sit, refici atque renovari. 7 sic et tirocinii metum, dum facilius est audere, transierit, nec audendi facilitatem usque ad contemptum operis adduxerit. usus est hac ratione M. Tullius, et cum iam clarum meruisset inter patronos, qui tum erant, nomen, in Asiam navigavit seque et aliis sine dubio eloquentiae ac sapientiae magistris, sed praecipue tamen Apollonio Moloni, quem Romae quoque audierat, Rhodi rursus formandum ac velut recoquendum dedit. tum dignum operae pretium venit, cum inter se congruunt praecepta et experimenta.

VII.

1 Cum satis in omne certamen virium fecerit, prima ei cura in suscipiendis causis erit: in quibus defendere quidem reos profecto quam facere vir bonus malet, non tamen ita nomen ipsum accusatoris horrebit, ut nullo neque publico neque privato duci possit officio, ut aliquem ad reddendam rationem vitae vocet. nam et leges ipsae nihil valeant

immer große Worte ertönen zu lassen, ganz verzichten, was diese so beredten Männer[60] am wenigsten wissen. 6 Deshalb kann man manche finden, die sich zu beredt dünken, um in Prozeßreden aufzutreten. Jener Redner jedenfalls, den wir als Jüngling und im Glanz seiner zarten, unerprobten Kräfte zum Forum geleitet haben, soll allerdings mit einem möglichst leichten und günstigen Fall beginnen, wie man die jungen Raubtiere mit leichterer Beute auffüttert, soll (aber) nicht unbedingt nach diesem Anfang gleich weiterarbeiten und so seinem Talent, das noch der Pflege bedarf, eine Schwiele zuziehen, sondern soll nun, da er jetzt weiß, was Kämpfen heißt, und worauf er seine Studien zu richten hat, sich erholen und erfrischen. 7 So kann er die Angst vor der Anfängerzeit überwinden, solange es noch leichter ist, etwas zu wagen, ohne daß er aus dem Gefühl, wie leicht das Wagnis war, zur Geringschätzung seiner Aufgabe kommt. Dieses Verfahren hat M. Tullius angewendet,[61] hat, als er sich schon unter den damaligen Anwälten einen berühmten Namen gemacht hatte, eine Reise nach Kleinasien unternommen und sich gewiß auch anderen Rednern der Beredsamkeit und Lebensweisheit, ganz besonders jedoch dem Apollonios Molon, den er auch in Rom gehört hatte, in Rhodos wieder zur Ausgestaltung und gleichsam zur Auffrischung übergeben. Dann kommt es zu einem der Mühe würdigen Lohn, wenn sich die Lehren der Kunst und die eigenen Erfahrungen in voller Harmonie verbinden.

SIEBTES KAPITEL

Das Übernehmen von Gerichtsfällen

1 Sobald der Redner für jeden Wettkampf genügend Kräfte gewonnen hat, wird seine erste Sorge den Fällen vor Gericht gelten, die er zu übernehmen hat. Hierbei wird zwar ein Ehrenmann gewiß lieber Angeklagte verteidigen als sie unter Anklage bringen, indessen wird er doch nicht so sehr schon den Namen des Anklägers scheuen, daß er sich durch gar keine Verpflichtung, weder der Öffentlichkeit noch einem Privatmann gegenüber, dazu bringen ließe, jemanden zur Rechenschaft über seine Lebensführung zu ziehen. Denn die Gesetze selbst könnten ja keine Kraft haben, wenn die Stimme des Vertreters der Anklage nicht angemessen für sie einträte, und wenn es nicht

[60] in den Deklamationskursen.

[61] vgl. Ciceros Schilderung im ›Brutus‹, 90, 312ff.

nisi actoris idonea voce munitae, et si poenas scelerum expetere fas non est, prope est ut scelera ipsa permissa sint, et licentiam malis dari certe contra bonos est. 2 quare neque sociorum querelas nec amici vel propinqui necem nec erupturas in rem publicam conspirationes inultas patietur orator, non poenae nocentium cupidus, sed emendandi vitia corrigendique mores. nam qui ratione traduci ad meliora non possunt, solo metu continentur. 3 itaque ut accusatoriam vitam vivere et ad deferendos reos praemio duci proximum latrocinio est, ita pestem intestinam propulsare cum propugnatoribus patriae comparandum. ideoque principes in re publica viri non detractaverunt hanc officii[q] partem, creditique sunt etiam clari iuvenes opsidem rei publicae dare malorum civium accusationem, quia nec odisse improbos nec simultates provocare nisi ex fiducia bonae mentis videbantur. 4 idque cum ab Hortensio, Lucullis, Sulpicio, Cicerone, Caesare, plurimis aliis, tum ab utroque Catone factum est: quorum alter appellatus est sapiens, alter nisi creditur fuisse, vix scio cui reliquerit huius nominis locum. neque[r] defendet omnis orator idem, portumque illum eloquentiae suae salutarem non etiam piratis patefaciet duceturque in advocationem maxime causa. 5 quoniam tamen omnis, qui non improbe litigabunt, quorum certe pars est, sustinere non potest unus, aliquid et commendantium personis dabit et ipsorum, qui iudicio decernent, ut optimi cuiusque voluntate moveatur: namque hos et amicissimos

q) *Bonnet:* officio **B** officii **bHP**
r) neque *Regius:* namque **B** ⟨non⟩ omnis *Becher*

auch recht und fromm ist, Strafe für Verbrechen zu fordern, so ist es schon fast so weit, daß die Verbrechen selbst erlaubt sind, und daß man den Schlechten freie Hand läßt, richtet sich ja gewiß gegen die Guten. 2 Deshalb wird es der Redner weder dulden, daß die Beschwerden von Bundesgenossen, noch daß die Ermordung eines Freundes oder Verwandten, noch der Ausbruch von Verschwörungen gegen die Staatsgemeinschaft ungesühnt bleiben, nicht weil er nach der Bestrafung der Schuldigen begierig wäre, sondern weil er die Laster auszumerzen und die Sitten zu verbessern begehrt. Denn wer durch Vernunft nicht zum Besseren zu bringen ist, wird nur durch Furcht in Schranken gehalten. 3 Wie deshalb das Leben eines Anklägers zu führen und sich durch Belohnung dahinbringen zu lassen, Angeklagte zu denunzieren, einem Räuberleben am nächsten kommt, so läßt sich (andererseits), wer die Verderbnis im Inneren abwehrt, mit den Streitern fürs Vaterland vergleichen. Und deshalb haben die führenden Männer im Staatswesen ihrer Verpflichtung diesen Bereich nicht versagt, und man sah sogar in der Anklage schlechter Mitbürger durch edle junge Männer eine Bürgschaft für den Staat, weil sie ja offenbar außer der Gewißheit ihrer guten Gesinnung keinen Grund hatten, die Bösen zu hassen und Zwistigkeiten hervorzurufen. 4 Ebenso hielten es Hortensius[62], die Luculler, Sulpicius, Cicero, Caesar und viele andere, vor allem aber die beiden Cato, von denen der eine den Namen des Weisen trug, während ich bei dem anderen, wenn man nicht glaubt, er sei weise gewesen, kaum wüßte, wem er den Platz für diesen Namen überlassen haben sollte. Auch verteidigen wird ja der gleiche Redner nicht jedermann, wird den rettenden Hafen seiner Beredsamkeit nicht auch für Seeräuber öffnen und sich zum Beistand vor allem durch den Fall bestimmen lassen. 5 Da indessen ein einzelner nicht allen, die keinen unredlichen Rechtsstreit führen, wie es bei einem Teil doch gewiß der Fall ist, Hilfe leisten kann, wird er auch die Persönlichkeit der Empfehlenden mit berücksichtigen und derer, die den Prozeß führen, so daß er sich durch den Wunsch gerade der Allerbesten bewegen läßt; denn unter diesen wird der Ehrenmann ja auch seine nächsten Freunde ha-

[62] Hortensius Hortalus, der ältere Rivale Ciceros. M. und L. Lucullus forderten als ganz junge Männer den Augur Servilius vor Gericht; vgl. zu unserer Stelle Cic. Off. 2, 14, 49–50, wo auch die übrigen hier genannten Beispiele zur Sprache kommen. – Die Aktualität des Denunziantenproblems in Quintilians Gegenwart hat schön gezeigt M. Winterbottom, Vir bonus, in: JRST 54 (1964) 90–97.

habebit vir bonus. 6 submovendum vero est utrumque ambitus genus vel potentibus contra humiles venditandi operam suam vel illud etiam iactantius minores utique contra dignitatem attollendi: non enim fortuna causas vel iustas vel improbas facit. neque vero pudor opstet, quo minus susceptam, cum melior videretur, litem, cognita inter discendum iniquitate, dimittat, cum prius litigatori dixerit verum. 7 nam et in hoc maximum, si aequi iudices sumus, beneficium est, ut non fallamus vana spe litigantem. neque est dignus opera patroni qui non utitur consilio. et certe non convenit ei, quem oratorem esse volumus, iniusta tueri scientem. nam si ex illis, quas supra diximus, causis falsum tuebitur, erit tamen honestum, quod ipse faciet.

8 Gratisne ei semper agendum sit, tractari potest. quod ex prima statim fronte diiudicare inprudentium est. nam quis ignorat, quin id longe sit honestissimum ac liberalibus disciplinis et illo, quem exigimus, animo dignissimum, non vendere operam nec elevare tanti benefici auctoritatem, cum pleraque hoc ipso possint videri vilia, quod pretium habent? 9 caecis hoc, ut aiunt, satis clarum est, nec quisquam, qui sufficientia sibi (modica autem haec sunt) possidebit, hunc quaestum sine crimine sordium fecerit. at si res familiaris amplius aliquid ad usus necessarios exiget, secundum omnium sapientium leges patietur sibi gratiam referri, cum et Socrati collatum sit ad victum, et Zenon, Cleanthes, Chrysippus mercedes a discipulis acceptaverint. 10 neque enim video, quae iustior adquirendi ratio quam ex

[63] s. o. 12, 1, 36.

[64] Offensichtlich erhalten wir auch hier wieder Einblick in den Rangstreit zwischen rhetorischer und philosophischer Jugendbildung: der Hinweis, selbst Sokrates und die ersten Oberhäupter der stoischen Lebensgemeinschaft hätten Geld angenommen, zeigt, daß der Vorwurf unwürdigen Erwerbsstrebens von den Philosophen ausging. Quintilian als Anwalt wußte natürlich ganz genau,

ben. 6 Fernzubleiben aber haben die beiden Formen des Ehrgeizes: entweder den Mächtigen seine Dienste zu verkaufen gegen die Schwächeren oder das noch eitlere Gebahren, die Niederen auf jeden Fall gegen Höherstehende herauszustreichen; denn nicht das Vermögen macht Rechtsfälle gerecht oder unredlich. Indessen soll auch die Scheu nicht im Wege stehen, einen Streitfall, den man übernommen hatte, als er besser erschien, abzugeben, sobald man sich beim Einarbeiten von seiner Unbilligkeit überzeugt hat, nachdem man zuvor dem Streitführenden reinen Wein darüber eingeschenkt hat. 7 Denn auch für den Prozeßführenden liegt ja darin, falls wir billig urteilende Richter sind, die größte Gefälligkeit, ihn nicht durch eitele Hoffnung zu täuschen. Und der ist der Mühe des Anwaltes nicht wert, der sich dessen Rat nicht zunutze macht. Jedenfalls nun schickt es sich für einen Mann, wie wir ihn uns als Redner wünschen, nicht, wissentlich Ungerechtes zu verteidigen. Denn wenn er auch aus den oben genannten Gründen[63] einmal Unwahres verteidigt, so bleibt doch das ehrenhaft, was er selbst dabei tut.

8 Darüber, ob der Redner stets aus bloßer Gefälligkeit auftreten soll, läßt sich allerhand sagen. Es gleich nach dem ersten Eindruck zu unterscheiden, wäre unklug. Denn wer wüßte nicht, daß dies bei weitem das Ehrenhafteste und freier Bildung sowie des Geistes, den wir verlangen, Würdigste ist, seine Leistung nicht zu verkaufen und nicht das Gewicht einer so großen Wohltat dadurch zu entwerten, da ja die meisten Dinge gerade dadurch wohlfeil erscheinen können, daß sie einen Preis haben? 9 Den Blinden ist das, wie man sagt, hell genug, und niemand, der genügend Mittel besitzt – das heißt aber immerhin bescheidenes Vermögen –, wird diesen Erwerb ohne den Vorwurf schmutziger Habgier betreiben. Wenn aber der Familienbesitz für dringende Zwecke eine größere Aufwendung erfordert, dann wird der Redner nach den Geboten aller weisen Männer es hinnehmen, daß man ihm den Dank abstattet, da ja auch Sokrates Beisteuer zum Lebensunterhalt empfangen, und Zenon, Kleanthes und Chrysipp Entlohnung von ihren Schülern erhalten haben.[64] 10 Denn ich sehe nicht

daß, selbst wenn die von ihm genannten Philosophen von Schülern Lebensunterhalt angenommen hätten, das mit der Frage des Entgelts für Prozeßhilfe, über die er sich so vernünftig ausspricht, gar nichts zu tun hat. So ist denn schon die Tatsache, daß er bei dieser Frage die Philosophen im Blick hat, ein Beweis mehr für die große bewußtseinsändernde Bedeutung, die die griechische Philosophie in Rom im ersten Jahrhundert in der römischen Bildung gewonnen hat.

honestissimo labore et ab iis, de quibus optime meruerint,[s] quique, si nihil invicem praestent, indigni fuerint defensione. quod quidem non iustum modo, sed necessarium etiam est, cum haec ipsa opera tempusque omne alienis negotiis datum facultatem aliter adquirendi recidant. 11 sed tum quoque tenendus est modus, ac plurimum refert, et a quo accipiat et quantum et quo usque. paciscendi quidem ille piraticus mos et inponentium periculis pretia procul abominanda negotiatio etiam a mediocriter improbis aberit, cum praesertim bonos homines bonasque causas tuenti non sit metuendus ingratus. quid si futurus? malo tamen ille peccet. 12 nihil ergo adquirere volet orator ultra quam satis erit, ac ne pauper quidem tamquam mercedem accipiet, sed mutua benivolentia utetur, cum sciet se tanto plus praestitisse. non enim, quia venire hoc beneficium non oportet, ⟨oportet⟩[t] perire. denique ut gratus sit, ad eum magis pertinet, qui debet.

VIII.

1 Proxima discendae causae ratio, quod est orationis fundamentum. neque enim quisquam tam ingenio tenui reperietur, qui, cum omnia, quae sunt in causa, diligenter cognoverit, ad docendum certe iudicem non sufficiat. 2 sed eius rei paucissimis cura est. nam ut taceam de neglegentibus, quorum nihil refert, ubi litium cardo vertatur, dum sint quae vel extra causam ex personis aut communi tractatu locorum

s) **B**: meruerit *Bonnet*
t) *add. Buttmann*

ein, wie man mit größerem Recht etwas erwerben könnte, als aus der ehrenhaftesten Anstrengung und von Menschen, um die man sich aufs höchste verdient gemacht hat, und die, wenn sie ihrerseits nichts böten, der Verteidigung gar nicht würdig wären. Doch nicht nur gerecht ist das, sondern auch notwendig, da gerade diese Bemühungen und die ganze fremden Angelegenheiten gewidmete Zeit die Möglichkeit anderen Erwerbes beschränken. 11 Doch auch dann gilt es Maß zu halten, und es kommt sehr darauf an, von wem man etwas annimmt, wieviel und wie lange. Die Freibeuterart einer Gewinnvereinbarung und das verabscheuenswürdige Geschäftsgebahren, wenn man für das jeweilige Prozeßrisiko Preise bestimmt, allerdings wird selbst Menschen von schon halbwegs unanständiger Gesinnung ganz fernliegen, zumal ja ein Mann, der anständige Menschen und anständige Fälle vertritt, Undank nicht zu fürchten hat. Findet sich aber doch so ein Mensch, so möchte ich doch immer noch lieber, daß die Schuld bei dem anderen liegt! 12 Nichts zu erwerben wird also der Redner wünschen über seine gesicherte Existenz hinaus, und nicht einmal in beschränkten Verhältnissen wird er gleichsam Entlöhnung annehmen, sondern von dem gegenseitigen Wohlwollen Gebrauch machen, wobei er das Bewußtsein hat, selbst bei weitem mehr geboten zu haben. Denn weil solche Wohltat nicht zu Markte kommen soll, soll sie doch auch nicht umkommen.[65] Schließlich betrifft die Pflicht, sich dankbar zu zeigen, mehr den, der den Dank schuldet.

ACHTES KAPITEL

Die Einarbeitung

1 Das Nächste ist die Methode, sich in den Fall einzuarbeiten, eine Arbeit, die die Grundlage der ganzen Rede bildet. Denn es wird sich niemand von so dürftiger Begabung finden, der, auch wenn er alles sorgfältig kennengelernt hat, was zu dem Fall gehört, nicht soviel Begabung hätte, dem Richter doch wenigstens den Fall vorzutragen. Doch die wenigsten lassen sich das angelegen sein. 2 Denn um von den Nachlässigen zu schweigen, denen nichts daran liegt, worum sich der Streit eigentlich dreht, wenn sich nur etwas finden läßt, was ihnen, auch ohne zur Sache zu gehören, in der Behandlung der Personen

[65] Text unsicher. Die Übersetzung sucht dem Wortspiel (vēnire, verkauft werden, und perire, umkommen) gerecht zu werden.

occasionem clamandi largiantur: aliquos et ambitio pervertit, qui partim tamquam occupati semperque aliud habentes, quod ante agendum sit, pridie ad se venire litigatorem aut eodem matutino iubent, nonnumquam etiam inter ipsa subsellia didicisse se gloriantur, 3 partim iactantia ingenii, ut res cito accepisse videantur, tenere se et intellegere prius paene quam audiant mentiti, cum multa et diserte summisque clamoribus, quae neque ad iudicem neque ad litigatorem pertineant, decantaverunt, bene sudantes beneque comitati per forum reducuntur. 4 ne illas quidem tulerim delicias eorum, qui doceri amicos suos iubent, quamquam minus mali est, si illi saltem recte discant recteque doceant. sed quis discet tam bene quam patronus? quo modo autem sequester ille et media litium manus et quidam interpres inpendet aequo animo laborem in alienas actiones, cum dicturis tanti suae non sint[u]? 5 pessimae vero consuetudinis, libellis esse contentum, quos componit aut litigator, qui confugit ad patronum, quia liti ipse nun sufficit, aut aliquis ex eo genere advocatorum, qui se non posse agere confitentur, deinde faciunt id, quod est in agendo difficillimum. nam qui iudicare, quid dicendum, quid dissimulandum, quid declinandum, mutandum, fingendum etiam sit, potest, cur non sit orator, quando quod difficilius est oratorem facit? 6 hi porro non tantum nocerent, si omnia scriberent, uti gesta sunt. nunc consilium et colores adiciunt et aliqua peiora veris, quae plerique cum acceperunt, inmutare nefas habent et velut themata in scholis posita custodiunt. deinde deprenduntur et causam, quam discere ex suis litigatoribus noluerunt, ex adversariis discunt. 7 liberum igitur demus ante omnia iis, quorum negotium erit, tempus ac locum, exhortemurque ultro, ut omnia quamlibet

u) *Spalding:* sit

oder Gemeinplätze Gelegenheit bietet, ihre Stimme ertönen zu lassen, so führt manche auch ihr reger Ehrgeiz auf den falschen Weg: teils lassen diese, als wären sie beschäftigt und hätten immer noch etwas, was vorher erledigt werden müßte, erst am Vortag die streitende Partei zu sich kommen oder gar in der Frühe des Verhandlungstages, ja manchmal rühmen sie sich sogar, erst auf der Gerichtsbank den Fall studiert zu haben; 3 teils lügen sie, um mit ihrem Talent zu prahlen, damit es so aussieht, als hätten sie den Sachverhalt schnell erfaßt, sie hätten schon alles im Kopfe und wüßten Bescheid, fast schon, bevor sie überhaupt hören, worum es geht; haben sie dann mit beredter Zunge und unter dröhnendem Beifall vielerlei, was weder den Richter noch den Prozeßführenden betrifft, zu Ende geschmettert, lassen sie sich, tüchtig in Schweiß gebadet und tüchtig umjubelt, über das Forum zurückgeleiten. 4 Selbst das feine Gehabe bei denen finde ich unerträglich, die sagen, man solle den Fall ihren Freunden darlegen, obwohl das kein so großes Unglück ist, wenn diese wenigstens den Fall richtig studieren und richtig darlegen. Aber wer wird den Fall so gut studieren wie der, der ihn als Anwalt vertritt? Wie aber wird ein solcher Mittelsmann, Handlanger im Rechtsstreit und gleichsam Vermittler, geduldig seine Mühe auf fremde Verhandlungsreden verwenden, wenn denen, die sie halten sollen, die eigenen Reden solcher Mühe nicht wert sind? 5 Die schlechteste Angewohnheit aber ist es, sich mit Schriftsätzen zu begnügen, die entweder der Streitführende verfaßt, der ja deshalb zu dem Anwalt flüchtet, weil er sich seinem Streit nicht gewachsen fühlt, oder einer von der Sorte von Rechtsberatern, die selbst zugeben, keinen Fall vertreten zu können, dann aber das tun, was bei der Vertretung das Schwierigste ist. Denn wer beurteilen kann, was man sagen, was verheimlichen, was zurechtbiegen, ändern oder gar erfinden soll, warum sollte der nicht (der) Redner (vor Gericht) sein, wenn er das Schwerste leistet, nämlich zum Redner zu machen? 6 Diese Leute könnten ja tatsächlich keinen so großen Schaden anrichten, wenn sie alles so aufschrieben, wie es geschehen ist. Nun fügen sie aber eigene Auffassungen und Färbungen hinzu und allerhand, was schlimmer ist als das wirklich Geschehene, woran dann die meisten Anwälte, wenn sie es in Händen haben, etwas zu ändern für Frevel halten und es so sorgsam festhalten, als sei es in den Schulübungen als Thema gestellt. Dann aber kommen sie in Verlegenheit und lernen nun den Fall, den sie bei ihren eigenen Klienten nicht kennenlernen wollten, bei der Gegenseite kennen. 7 Geben wir also vor allem denen, um deren Angelegenheit es geht, reichlich Zeit und Gelegenheit und ermahnen wir sie noch unsererseits, alles

verbose et unde volent repetita[v] tempore exponant: non enim tam obest audire supervacua quam ignorare necessaria. 8 frequenter autem et vulnus et remedium in iis orator inveniet, quae litigatori in neutram partem habere momentum videbantur. nec tanta sit acturo memoriae fiducia, ut subscribere audita pigeat.

Nec semel audisse sit satis: cogendus eadem iterum ac saepius dicere litigator, non solum quia effugere aliqua prima expositione potuerunt, praesertim hominem, prosequens quod[w] saepe evenit, imperitum, sed etiam ut sciamus, an eadem dicat. 9 plurimi enim mentiuntur et, tamquam non doceant causam, sed agant, non ut cum patrono, sed ut cum iudice loquuntur. quapropter numquam satis credendum est, sed agitandus omnibus modis et turbandus et evocandus. 10 nam ut medicis non apparentia modo vitia curanda sunt, sed etiam invenienda quae latent, saepe ipsis ea, qui sanandi sunt, occulentibus, ita advocatus plura quam ostenduntur aspiciat. nam cum satis in audiendo patientiae inpenderit, in aliam rursus ei personam transeundum est agendusque adversarius, proponendum quidquid omnino excogitari contra potest, quidquid recipit in eius modi disceptatione natura. 11 interrogandus quam infestissime ac premendus: nam dum omnia quaerimus, aliquando ad verum, ubi minime expectavimus, pervenimus.

In summa optimus est in discendo patronus incredulus: promittit enim litigator omnia, testem populum, paratissimas consignationes, ipsum denique adversarium quaedam non negaturum. 12 ideoque opus est intueri omne litis instrumentum: quod videre non est satis, perlegendum erit. nam frequentissime aut non sunt omnino quae promittebantur, aut minus continent aut cum alio aliquo nocituro permixta sunt aut nimia sunt et fidem hoc ipso detractura, quod non habent modum. 13 denique linum ruptum aut turbatam ceram[x] aut sine agnitore signa frequenter invenies: quae nisi domi excusseris, in foro

v) repetita *corr.* **P**: repetito **BHP**[1] ex tempore **bH** dato tempore *ci. Rad.* repetito ordine *Wint.*

w) prosequens quod **bH** quod **BP** *om. Austin Wint.*

x) *Salmasius:* turbata cetera **B** (cere **b**)

so wortreich und ruhig so weit ausholend, wie sie nur wollen, dazulegen; denn es ist nicht so hinderlich, Überflüssiges zu hören als Notwendiges nicht zu wissen. 8 Häufig aber wird der Redner eine wunde Stelle und ein Heilmittel in dem finden, was dem Klienten für keine der beiden Parteien Wichtigkeit zu haben schien. Und das Vertrauen auf sein Gedächtnis sollte bei dem, der den Fall vertreten muß, nicht so groß sein, daß es ihn verdrieße, das Gehörte in Notizen festzuhalten.

Auch genügt es nicht, die Sache nur einmal gehört zu haben. Man muß den Klienten dazu bringen, das gleiche noch einmal und mehrmals darzustellen, nicht nur, weil bei der ersten Darlegung etwas hat entgehen können – zumal, wie es oft sich findet, einem Menschen, der in zusammenhängender Erzählung unerfahren ist –, sondern auch damit wir wissen, ob er das gleiche sagt. 9 Denn sehr viele lügen und sprechen, als ob sie den Fall nicht darstellten, sondern vor Gericht verträten, nicht wie mit ihrem Anwalt, sondern wie mit dem Richter. Deshalb darf man niemals völlig Glauben schenken, sondern muß den Klienten auf jede Weise bedrängen, verwirren und herausfordern. 10 Denn wie die Ärzte nicht nur die Mängel heilen müssen, die offen zutage treten, sondern auch die ausfindig machen müssen, die verborgen sind, wobei die Patienten oft gerade das geheim halten, was es zu heilen gilt, so muß auch der Anwalt mehr sehen, als man ihm zeigt. Denn wenn er genügend Geduld aufs Zuhören aufgewendet hat, muß er wieder eine andere Rolle einnehmen, den Gegenanwalt spielen und alles vorhalten, was man sich überhaupt dagegen ausdenken kann, alles, was die Natur der Sache in einer derartigen Untersuchung zuläßt. 11 Er muß ihn so eindringlich wie möglich befragen und unter Druck setzen; denn während wir nach allem möglichen fragen, gelangen wir schließlich da, wo wir es am wenigsten erwartet haben, zur Wahrheit.

Im ganzen ist beim Kennenlernen des Falles der mißtrauische der beste Anwalt; denn der Klient verspricht alles, das Volk als Zeugen, die handgreiflichsten schriftlichen Belege, den Gegner schließlich selbst, der ja gewiße Dinge nicht abstreiten werde. 12 Deshalb muß man das ganze Rüstzeug für den Rechtsstreit mustern; was man mit einem Blick nicht genügend überschauen kann, muß man ganz durchlesen; denn sehr oft ist es das gerade nicht, was versprochen wurde, oder es enthält weniger oder ist mit etwas anderem vermischt, das schaden kann, oder es ist zuviel und kann eben dadurch die Glaubwürdigkeit mindern, weil es das rechte Maß nicht hat. 13 Schließlich wird man oft einen zerrissenen Siegelfaden, Unregelmäßigkeiten am Wachs (des Siegels) oder das Fehlen der Bezeugung beim Siegel ent-

inopinata decipient, plusque nocebunt destituta quam non promissa nocuissent. multa etiam, quae litigator nihil ad causam pertinere crediderit, patronus eruet, modo per omnis, quos tradimus, argumentorum locos eat. 14 quos ut circumspectare in agendo et adtemptare singulos minime convenit propter quas diximus causas, ita in discendo rimari necessarium est, quae personae, quae tempora et[y] loca, instituta, instrumenta, cetera, ex quibus non tantum illud, quod est artificale probationis genus, colligi possit, sed qui metuendi testes, quo modo sint refellendi. nam plurimum refert, invidia reus an odio an contemptu laboret, quorum fere pars prima superiores, proxima pares, tertia humiliores premit. 15 sic causam perscrutatus propositis ante oculos omnibus, quae prosint noceantve, tertiam deinceps personam induat iudicis fingatque apud se agi causam et, quod ipsum movisset de eadem re pronuntiaturum, id potentissimum apud quemcumque agetur existimet. sic eum raro fallet eventus, aut culpa iudicis erit.

IX.

1 Quae sint in agendo servanda, toto fere opere exsecuti sumus, pauca tamen propria huius loci, quae non tam dicendi arte quam officiis agentis[z] continentur, attingam. ante omnia ne, quod plerisque

y) *corr.* **P**: est **B** *om.* **b**
z) *corr.* Paris. 7720 *Obrecht:* agendis

decken; wenn man dies nicht zu Hause untersucht hat, wird es auf dem Forum eine unerwartete Enttäuschung bringen und wird mehr schaden, wenn man es zurückzieht, als es geschadet hätte, hätte man es gar nicht in Aussicht gestellt. Auch vieles, was der Klient als unergiebig für den Fall betrachtet hat, wird der Anwalt zutage fördern, sofern er nur alle Fundstätten für Beweise, wie wir sie lehren,[66] durchgeht. 14 Sowenig es aus den Gründen, die wir genannt haben,[67] angeht, diese bei der Verhandlung alle zu berücksichtigen und einzeln auszuprobieren, so notwendig ist es, beim Studium des Falles durchzumustern, welches die Personen, welches die Zeitumstände und Örtlichkeiten, die Gewohnheiten, Werkzeuge usw. sind, woraus nicht nur Beweise zu gewinnen sind, die zur Gruppe der künstlichen Beweismittel[68] gehören, sondern auch zu schließen ist, welche Zeugen zu fürchten sind, und wie man sie widerlegen muß. Denn es macht sehr viel aus, ob ein Angeklagter unter Neid, Haß oder Verachtung zu leiden hat, wovon gewöhnlich der erste Teil (dieser vorgefaßten Gefühle) Höherstehenden, der zweite Gleichstehenden, der dritte Niedrigerstehenden zu schaffen macht. 15 Nachdem der Redner so den Fall durchforscht und alles vor Augen gestellt hat, was nützlich oder schädlich sein kann, soll er nun noch als dritte die Rolle des Richters übernehmen, soll annehmen, vor ihm werde der Fall verhandelt, und in dem Punkt, der ihm selbst, wenn er über die gleiche Sache ein Urteil sprechen sollte, den größten Eindruck gemacht hätte, das Schlagkräftigste erblicken, gleichgültig, vor welchem Richter auch die Sache verhandelt werden wird. So wird ihn selten der Ausgang des Prozesses enttäuschen, oder es wird nur den Richter die Schuld treffen.

NEUNTES KAPITEL

Das Auftreten vor Gericht

1 Was beim Auftreten vor Gericht beachtet werden muß, haben wir fast in unserem ganzen Werk ausgeführt, ein paar Dinge indessen, die eigentlich hierhin gehören, weil sie nicht so sehr die Kunst der Rede wie die Aufgaben dessen betreffen, der vor Gericht auftritt,

[66] s. o. 5, 10, 20ff.

[67] s. o. 5, 10, 22.

[68] d. h., aus inneren Gründen durch die Beweiskunst gewonnenen; vgl. o. 5, 1, 1.

accidit, ab utilitate eum causae praesentis cupido laudis abducat. 2 nam ut gerentibus bella non semper exercitus per plana et amoena ducendus est, sed adeundi plerumque asperi colles, expugnandae civitates quamlibet praecisis inpositae rupibus aut operum mole difficiles, ita oratio gaudebit quidem occasione laetius decurrendi et aequo congressa campo totas vires populariter explicabit: 3 at si iuris anfractus aut eruendae veritatis latebras adire cogetur, non obequitabit nec illis vibrantibus concitatisque senteniis velut missilibus utetur, sed operibus et cuniculis et insidiis et occultis artibus rem geret. 4 quae omnia non dum fiunt laudantur, sed cum facta sunt, unde etiam cupidissimis opinionis plus fructus venit. nam cum illa dicendi vitiosa iactatio inter plosores suos detonuit, resurgit verae virtutis fortior fama, nec iudices, a quo sint moti, dissimulant, et doctis creditur, nec est orationis vera laus, nisi cum finita est. 5 veteribus quidem etiam dissimulare eloquentiam fuit moris, idque M. Antonius praecipit, quo plus dicentibus fidei minusque suspectae advocatorum insidiae forent. sed illa dissimulari, quae tum erat, potuit: nondum enim tantum dicendi lumen accesserat,[a] ut etiam per obstantia erumperet. quare artes quidem et consilia lateant et quidquid, si deprenditur, perit. hactenus eloquentia secretum habet. 6 verborum quidem dilectus, gravitas sententiarum, figurarum elegantia aut non sunt aut apparent. sed vel propter hoc ipsum ostentanda non sunt, quod apparent, ac si unum sit ex duobus eligendum, causa potius laudetur quam

a) accensum erat *Buttmann*

will ich an dieser Stelle berühren. Vor allem soll den Redner nicht, wie es sich bei so vielen findet, von dem, was für den Gerichtsfall von Nutzen ist, die Begierde nach persönlichem Beifall abbringen. 2 Denn wie, wenn man Krieg führt, das Heer nicht immer durch ebene, liebliche Gegenden geführt werden kann, sondern so oft rauhe Höhen zu ersteigen, wichtige Städte zu erobern sind, mögen sie auch auf abschüssigen Felsen liegen oder durch die Wucht ihrer Befestigungswerke Schwierigkeiten machen, so wird zwar auch die Rede sich der Gelegenheit freuen, in froherem Glanz dahinzueilen und, wenn sie auf ebenem Schlachtfeld ins Treffen eintritt, alle ihre Kräfte zum Beifall des Volkes entfalten; 3 doch wenn sie gezwungen sein wird, die verschlungenen Wege des Rechtes oder die Schlupfwinkel, aus denen die Wahrheit ans Licht zu bringen ist, aufzusuchen, wird sie sich dazu nicht hoch zu Roß aufmachen und wird nicht die beliebtesten schwirrenden und treffsicher geschleuderten Sentenzen wie Speere einsetzen, sondern wird mit Belagerungsgerät, Unterminiergängen, Anschlägen und versteckten Kunstgriffen die Aufgabe durchführen. 4 All das findet den Beifall nicht, während es geschieht, sondern wenn es geschehen ist, woher denn auch für die, die auf Geltung am allerbegierigsten sind, noch mehr Gewinn kommt. Denn wenn die falsche Schaustellung der Redekunst unter dem Beifall ihrer Bewunderer dahingerauscht ist, erhebt sich erst stärker der Ruhm wahrer Tüchtigkeit, und einerseits machen die Richter kein Hehl daraus, von wem sie gepackt sind, andererseits finden die Kenner Glauben, und echt ist der Beifall für eine Rede nur, wenn sie beendet ist. 5 Bei den Alten gehörte es sogar zur guten Sitte, die Beredsamkeit zu verstecken, und so schreibt es M. Antonius[69] vor, damit die Redner mehr Vertrauen finden und weniger Argwohn entsteht gegen die Anschläge der Anwälte. Doch die Beredsamkeit, die es damals gab, ließ sich noch verstecken; denn noch hatte die Redekunst keinen solchen Glanz gewonnen, daß er selbst durch das, was ihm im Wege stand, hindurchbrach. Deshalb sollen zwar Kunstgriffe und Hinterabsichten verborgen bleiben, und alles, was verloren ist, wenn es entdeckt wird. Soweit hat die Redekunst noch ihr Geheimnis. 6 Die Auswahl der Worte zwar, die Würde der Gedanken, das Gewählte der Redefiguren, das sind Kunstmittel, die entweder gar nicht vorhanden sind oder in Erscheinung treten. Aber gerade deswegen dürfen sie nicht zur Schau gestellt werden, weil sie in Erscheinung treten, und wenn zwischen beiden eins zur Wahl stünde, sollte eher der Fall Lob ernten

[69] wohl in seiner Schrift, auf die Cic. orat. 5, 18 hinweist; vgl. de orat. 2, 1, 4.

patronus. finem tamen hunc praestabit orator, ut videatur optimam causam optime egisse: illud certum erit, neminem peius agere quam qui displicente causa placet: necesse est enim extra causam sit quod placet. 7 nec illo fastidio laborabit orator non agendi causas minores, tamquam infra eum sint aut detractura sit opinioni minus liberalis materia. nam et suscipiendi ratio iustissima est officium et optandum etiam, ut amici quam minimas lites habeant, et abunde dixit bene, quisquis rei satisfecit.

8 At quidam, etiam si forte susceperunt negotia paulo ad dicendum tenuiora, extrinsecus adductis ea rebus circumliniunt[b] ac, si defecerunt alia, conviciis inplent vacua causarum, si contingit, veris, si minus, fictis, modo sit materia ingenii mereaturque clamorem dum dicitur. quod ego adeo longe puto[c] ab oratore perfecto, ut eum ne vera quidem obiecturum, nisi id causa exigit,[d] credam. 9 ea est enim prorsus ‘canina’, ut ait Appius, ‘eloquentia’, cognituram male dicendi subire: quod facientibus etiam male audiendi praesumenda patientia est. nam et in ipsos fit impetus frequenter, qui egerunt, et certe petulantiam patroni litigator luit. sed haec minora sunt ipso illo vitio animi, quo[e] maledicus a malefico non distat nisi occasione. 10 turpis voluptas et inhumana et nulli audientium bono[f] grata[g] a litigatoribus quidem frequenter exigitur, qui ultionem malunt quam defensionem, sed neque alia multa ad arbitrium eorum facienda sunt: hoc quidem quis hominum liberi modo sanguinis sustineat, petulans esse ad alterius arbitrium? 11 atqui etiam in advocatos partis adversae libenter nonnulli

b) **b**: circumlinunt **B**
c) puto ⟨abhorrere⟩ *ci. Rad.*
d) **B**: exiget **b**
e) **B**: quod **bH**
f) bono **P**: bona
g) grata corr. **B**: gratia

als ihr Anwalt. *Das* Ziel indessen wird sich der Redner stecken, daß es ersichtlich ist, daß er einen vorzüglichen Fall am vorzüglichsten vertreten habe. Das wird jedenfalls gewiß sein, daß niemand einen Fall schlechter vertritt, als wer gefällt, während der Fall mißfällt; denn zwangsläufig muß dann das, was gefällt, nicht zum Fall gehören. 7 Auch wird unser Redner nicht an dem Hochmut leiden, keine kleineren Fälle zu vertreten, als seien sie unter seiner Würde oder als könne ein weniger edeler Gegenstand seinem Ruf abträglich sein. Denn einmal ist eine Verpflichtung der gerechteste Grund, einen Fall zu übernehmen, und sodann muß man geradezu wünschen, daß unsere Freunde möglichst unbedeutende Rechtsstreitigkeiten haben, und reichlich gut hat jeder gesprochen, der der Sache Genüge getan hat.

8 Doch überziehen manche, auch wenn sie Angelegenheiten übernommen haben, die für den Vortrag etwas dürftig sind, den Kern der Sache mit Dingen, die sie von außen herbeiholen, und wenn es an weiterem fehlt, füllen sie die Hohlräume ihrer Prozeßreden mit Schmähungen, wenn es glückt, mit wahrheitsgemäßen, wenn nicht, mit erfundenen, wenn es nur Stoff für ihr Talent bietet und Beifallsrufe einbringt, während es vorgetragen wird. Dies Verfahren liegt, meine ich, dem vollkommenen Redner so völlig fern, daß ich vielmehr glaube, er werde nicht einmal zutreffende Schmähungen vorbringen, wenn der Fall dies nicht erfordert. 9 Das ist nämlich ganz das, was Appius[70] 'Beredsamkeit nach Hundeart' nennt, nämlich Schnüffelei[71] im Schlechtmachen zu übernehmen. Wer das tut, muß von vornherein auch bereit sein, sich schlecht machen zu lassen; denn auch gegen die, die den Fall vertreten haben, richtet sich der Angriff häufig, und jedenfalls hat der Klient die Unverschämtheit seines Anwaltes zu büßen. Aber diese Folgen sind noch geringer als der Fehler der Gesinnung selbst, wodurch sich, wer übel redet, von einem, der übel handelt, nur durch die Gelegenheit zur Tat unterscheidet. 10 Das häßliche, menschenunwürdige und keinem guten Menschen unter den Zuhörern angenehme Vergnügen wird zwar von Klienten oft gefordert, die lieber ihre Rache als ihre Verteidigung wollen, jedoch darf man ja auch vieles andere nicht nach deren Gutdünken tun. Und wer in der Welt, der nur das Blut eines freien Menschen in sich hat, möchte denn so etwas auf sich nehmen, unverschämt zu sein nach fremdem Gutdünken? 11 Doch auch gegen die Anwälte der Gegenpartei wer-

[70] Appius Caecus, der berühmte Zensor. Zu dem Ausdruck vgl. Sall. Hist. frg. 54 Maur.: hier bezieht es sich auf das Anbellen nach Hundeart.

[71] Dieser Ausdruck wird vom Ermittlungsverfahren gebraucht.

invehuntur: quod, nisi si forte meruerunt, et inhumanum est respectu communium officiorum, et cum ipsi qui dicit inutile (nam idem iuris responsuris datur), tum causae contrarium, quia plane adversarii fiunt et inimici, et quantulumcumque eis virium est, contumelia augetur. 12 super omnia perit illa, quae plurimum oratori et auctoritatis et fidei adfert, modestia, si a viro bono in rabulam latratoremque convertitur, conpositus non ad animum iudicis, sed ad stomachum litigatoris. 13 frequenter etiam species libertatis deducere ad temeritatem solet, non causis modo, sed ipsis quoque, qui dixerunt, periculosam, nec inmerito Pericles solebat optare, ne quod sibi verbum in mentem veniret, quo populus offenderetur. sed quod ille de populo, id ego de omnibus sentio, qui tantundem possunt nocere. nam quae fortia, dum dicuntur, videbantur, stulta, cum laeserunt, vocantur.

14 Nunc, quia varium fere propositum agentium fuit et quorundam cura tarditatis, quorundam facilitas temeritatis crimine laboravit, quem credam fore in hoc oratoris modum, tradere non alienum videtur. 15 adferet ad dicendum curae semper quantum plurimum poterit: neque enim hoc solum neglegentis, sed mali et in suscepta causa perfidi ac proditoris est, peius agere quam possit. ideoque ne suscipiendae quidem sunt causae plures, quam quibus suffecturum se sciat. 16 dicet scripta quam res patietur plurima et, ut Demosthenes ait, si continget, et sculpta. sed hoc aut prima actionis[h] aut quae in publicis iudiciis post interiectos dies dantur permiserint: at[i] cum protinus respondendum est, omnia parari non possunt, adeo ut paulo minus promptis etiam noceat scripsisse, si alia ex diverso quam opinati

h) prima actionis (actionis **b**) **H** primae actiones **BP**
i) at **P** ad **bH** aut **B**

den ja manche gern ausfällig. Das ist, wenn sie es nicht gerade verdient haben, sowohl gegen die menschliche Gesittung mit Rücksicht auf die gemeinsamen Verpflichtungen als auch für den Redner selbst unnütz – denn damit wird gleiches Recht auch denen eingeräumt, die zu antworten haben –, zumal aber gegen das Interesse des Falles, weil sie so völlig Gegner und miteinander verfeindet werden, und den Gegnern ihre Kraft, so gering sie auch sein mag, durch die angetane Schmach gesteigert wird. 12 Über all dieses hinaus geht das Bild der Bescheidenheit, das dem Redner das meiste Ansehen und Vertrauen gibt, verloren, wenn er sich aus einem guten Menschen in einen Zänker und Kläffer verwandelt, der sich nicht nach der Gesinnung des Richters, sondern nach dem Ärger seines Klienten richtet. 13 Häufig pflegt auch der scheinbare Freimut zur Unbedachtheit zu verführen, die nicht nur den Fall, sondern auch denen selbst, die ihn vertreten haben, gefährlich ist, und nicht ohne Grund pflegte Perikles zu beten, es möge ihm nur kein Wort in den Sinn kommen, womit er das Volk verletzen könnte.[72] Aber wie jener vom Volk, so denke ich von allen, die ebenso viel schaden können. Denn was, während es gesprochen wurde, kühn schien, heißt töricht, wenn es verletzt hat.

14 Hier scheint es mir nun nicht fehl am Platze, da gewöhnlich die Redner, die vor Gericht auftraten, es verschieden damit hielten und den einen die Sorgfalt, mit der sie auftraten, den Vorwurf der Schwerfälligkeit, anderen ihre Beweglichkeit den der Leichtfertigkeit zuzog, darzutun, welches nach meiner Meinung hierin das rechte Maß für den Redner sei. 15 An Sorgfalt wird unser Redner bei seiner Rede immer aufwenden, so viel er nur vermag; denn es zeugt nicht nur von Nachlässigkeit, sondern von schlechtem Charakter und von Treulosigkeit und Verrat gegenüber dem übernommenen Fall, ihn schlechter zu vertreten, als man kann. Deshalb soll er ja auch nicht mehr Fälle übernehmen, als er nach bestem Wissen bewältigen kann. 16 Sein Vortrag wird so viel, wie es nur die Umstände erlauben, schriftlich Ausgearbeitetes und, wie es Demosthenes ausgedrückt hat, sogar Ausgemeißeltes enthalten. Doch gestatten dies wohl nur entweder Reden in der ersten Verhandlung oder solche, die in öffentlichen Prozessen nach einer Vertagung angesetzt werden. Wenn man dagegen gleich antworten muß, läßt sich nicht alles vorbereiten, so daß es sogar etwas weniger Schlagfertigen hinderlich sein kann, es schon ausgearbeitet zu haben, wenn nämlich von der Gegenseite etwas

[72] so auch Plutarch im Leben des Perikles.

fuerint occurrerint. 17 inviti enim recedunt a praeparatis et tota actione respiciunt requiruntque, num aliquid ex illis intervelli[j] atque ex tempore dicendis inseri possit: quod si fiat, non cohaeret nec commissuris modo, ut in opere male iuncto, hiantibus, sed ipsa coloris inaequalitate detegitur. 18 ita nec liber est inpetus nec cura contexta, et utrumque alteri opstat: illa enim, quae scripta sunt, retinent animum, non sequuntur. itaque in iis actionibus omni, ut agricolae dicunt, pede standum est. 19 nam cum in propositione ac refutatione causa consistat, quae nostrae partis sunt, scripta esse possunt: quae etiam responsurum adversarium certum est (est enim aliquando certum), pari cura refelluntur. ad alia unum paratum adferre possumus, ut causam bene noverimus, alterum ibi sumere, ut dicentem adversarium diligenter audiamus. 20 licet tamen praecogitare plura et animum ad omnis casus componere, idque est tutius stilo, quo facilius et omittitur cogitatio et transfertur. sed sive in respondendo fuerit subito dicendum, sive quae alia ita exegerit ratio, non oppressum se ac deprensum[k] credet orator, cui disciplina et studium et exercitatio dederit vires etiam facilitatis: 21 quem armatum semper ac velut in procinctu stantem non magis umquam in causis oratio quam in rebus cotidianis ac domesticis sermo deficiet, nec se umquam propter hoc oneri subtrahet, modo sit causae discendae tempus: nam cetera semper sciet.

j) *corr.* **P**: intervelli **bH** intervalli **B**
k) *ed. Jens.*: depressum **B**

anderes angeführt wird, als sie vermuten konnten. 17 Nur widerstrebend nämlich entfernen sie sich vom vorbereiteten Text und blicken während der ganzen Rede immer wieder auf ihn und suchen, ob sich davon etwas herauspicken und in das, was sie aus dem Stegreif sprechen müssen, einschieben läßt. Wenn dies geschieht, bildet es keinen Zusammenhang und verrät sich nicht nur durch die klaffenden Lücken der Verbindungsstücke wie bei einem Werk mit schlechter Wortfügung,[73] sondern schon durch die Uneinheitlichkeit der Färbung. 18 So kommt es weder zu freiem Schwung noch zu Sorgfalt im Gewebe des Textes, und eins ist dem anderen im Wege; denn das, was schriftlich ausgearbeitet ist, hemmt den Geist, statt seiner Bahn zu folgen. 19 Deshalb muß man, wie man auf dem Lande sagt, bei diesen Reden vor Gericht auf jedem Fuß feststehen.[74] Denn da die Prozeßrede aus der Durchführung des eigenen Beweiszieles und der Widerlegung (der Gegenseite) besteht, kann schriftlich ausgearbeitet sein, was unsere eigene Partei betrifft; auch was mit Sicherheit der Gegner antworten wird – denn das ist manchmal sicher – wird mit gleicher Sorgfalt widerlegt. Für alles andere können wir nur dadurch eine Vorkehrung treffen, daß wir den Fall gut kennengelernt haben, eine zweite an Ort und Stelle dadurch gewinnen, daß wir dem Gegner bei seinem Vortrag genau zuhören. 20 Indessen kann man vorher schon mehrere Möglichkeiten überdenken und sich auf alle Zufälle einstellen, und das ist sicherer als das Schriftlichmachen, insofern beim Überdenken das Auslassen und Umstellen leichter ist. Aber ob man nun beim Entgegnen plötzlich etwas sagen muß, oder ob irgendein anderer Grund es so verlangt, nie wird sich dadurch ein Redner unter Druck und in Verlegenheit fühlen, dem seine Schulung, Fleiß und Übung auch die Kräfte der Leichtbeweglichkeit verliehen hat.[75] 21 Ihm, der immer gerüstet und gleichsam zum Kampf gegürtet steht, wird genauso wenig je in Prozeßreden seine Redegabe fehlen, so wenig ihm im alltäglichen und häuslichen Bereich die Sprache versagt, und nie wird er sich um dessentwillen der Bürde entziehen, findet er nur Zeit genug, den Fall zu studieren; denn in allem anderen wird er sich immer auskennen.

[73] vgl. o. 7, 10, 16; 9, 4, 37.

[74] d. h., gleich sicher auf jedem seiner Beine stehn.

[75] s. o. Kap. 7 im 10. Buch die Anleitung zur Stegreifrede.

X.

1 Superest ut dicam de genere orationis. hic erat propositus a nobis in divisione prima locus tertius: nam ita promiseram, me de arte, de artifice, de opere dicturum. cum sit autem rhetorices atque oratoris opus oratio pluresque eius formae, sicut ostendam, in omnibus iis et ars est et artifex, plurimum tamen invicem differunt: nec solum specie, ut signum signo et tabula tabulae et actio actioni, sed genere ipso, ut Graecis Tuscanicae statuae, ut Asianus eloquens Attico. 2 suos autem haec operum genera, quae dico, ut auctores sic etiam amatores habent, atque ideo nondum est perfectus orator ac nescio an ars ulla, non solum quia aliud in alio magis eminet, sed quod non una omnibus forma placuit, partim condicione vel temporum vel locorum, partim iudicio cuiusque atque proposito.

3 Primi, quorum quidem opera non vetustatis modo gratia visenda sint, clari pictores fuisse dicuntur Polygnotus atque Aglaophon, quorum simplex color tam sui studiosos adhuc habet, ut illa prope rudia ac velut futurae mox artis primordia maximis, qui post eos extiterunt, auctoribus praeferant, proprio quodam intellegendi, ut mea opinio est, ambitu. 4 post Zeuxis atque Parrhasius non multum aetate distantes circa Peloponnesia ambo tempora (nam cum Parrhasio sermo Socratis apud Xenophontem invenitur) plurimum arti addiderunt.

ZEHNTES KAPITEL

Die Stilgattungen

1 Es bleibt mir noch über die Stilgattung der Rede zu sprechen. Dies hatten wir ja in unserer ersten Einteilung (des Werkes) als dritten Punkt angekündigt.[76] denn so lautete ja mein Versprechen, ich wollte über die Kunst, über den Künstler und über seine Leistung sprechen. Da aber die Leistung der Rhetorik und des Redners die Rede ist und es von ihr mehrere Formen gibt, wie ich zeigen werde, so gibt es in diesen allen eine Kunst und einen Künstler, jedoch unterscheiden sie sich untereinander aufs stärkste – und zwar nicht nur nach ihrer Erscheinung wie eine Statue von einer Statue und ein Bild von einem Bild und eine Rede vor Gericht von einer anderen, sondern ihrer ganzen Gattung nach wie griechische von etruskischen Statuen, wie ein asiatischer Redemeister von einem attischen. 2 Nun haben aber diese Gattungen von Werken, die ich meine, wie ihre besonderen Meister so auch ihre besonderen Liebhaber, und deshalb gibt es noch keinen vollkommenen Redner und wohl auch noch keine vollkommene Kunst, nicht nur weil bei dem einen dies, bei dem anderen etwas anderes hervorragender ist, sondern weil nicht allen nur eine Form gefallen hat – teils nach den Verhältnissen sei's der Zeiten sei's der Gegenden, teils nach dem Urteil jedes einzelnen und seinem Anspruch.

3 Die ersten Künstler, deren Werke nicht nur um ihres Alters willen die Besichtigung lohnen, sollen die berühmten Maler Polygnotos und Aglaophon gewesen sein, deren einfache Farbgebung auch heute noch so begeisterte Liebhaber hat, daß sie jene noch fast rohen Gebilde und gleichsam Keimzellen der noch im Werden begriffenen Kunst den größten Meistern, die nach ihnen gekommen sind, vorziehen, und zwar – so kommt es mir wenigstens vor – aus einem etwas eigenartigen Kennerehrgeiz.[77] 4 Dann brachten Zeuxis und Parrhasios[78], im Alter nicht weit voneinander entfernt, beide etwa zur Zeit des Peloponnesischen Krieges – denn ein Gespräch des Sokrates mit Parrhasios findet sich bei Xenophon[79] – der Kunst die größte Steigerung.

[76] s. o. 2, 14, 5.

[77] So bezeichnet Quintilian etwas spöttisch diese ersten Verehrer des 'Archaischen'.

[78] Zu den Darlegungen über die bildende Kunst sei besonders auf den Kommentar von Austin (Oxford 1948) hingewiesen.

[79] Mem. 3, 10, 1.

Quorum prior luminum umbrarumque invenisse rationem, secundus examinasse suptilius lineas traditur. 5 nam Zeuxis plus membris corporis dedit, id amplius aut augustius ratus atque, ut existimant, Homerum secutus, cui validissima quaeque forma etiam in feminis placet. ille vero ita circumscripsit omnia, ut eum legum latorem vocent, quia deorum atque heroum effigies, quales ab eo sunt traditae, ceteri, tamquam ita necesse sit, sequuntur. 6 floruit autem circa Philippum et usque ad successores Alexandri pictura praecipue, sed diversis virtutibus. nam cura Protogenes, ratione Pamphilus ac Melanthius, facilitate Antiphilus, concipiendis visionibus, quas φαντασίας vocant, Theon Samius, ingenio et gratia, quam in se ipse maxime iactat, Apelles est praestantissimus. Euphranorem admirandum facit, quod et ceteris optimis studiis inter praecipuos et pingendi fingendique idem mirus artifex fuit.

7 Similis in statuis differentia. nam duriora et Tuscanicis proxima Callon atque Hegesias, iam minus rigida Calamis, molliora adhuc supra dictis Myron fecit. diligentia ac decor in Polyclito supra ceteros, cui quamquam a plerisque tribuitur palma, tamen, ne nihil detrahatur, deesse pondus putant. 8 nam ut humanae formae decorem addiderit supra verum, ita non explevisse deorum auctoritatem videtur. quin aetatem quoque graviorem dicitur refugisse nihil ausus ultra levis genas. at quae Polyclito defuerunt, Phidiae atque Alcameni dantur. 9 Phidias tamen dis quam hominibus efficiendis melior artifex creditur, in ebore vero longe citra aemulum, vel si nihil nisi Minervam Athenis aut Olympium in Elide Iovem fecisset, cuius pulchritudo adiecisse aliquid etiam receptae religioni videtur: adeo maiestas operis deum aequavit. ad veritatem Lysippum ac Praxitelen accessisse optime adfirmant: nam Demetrius tamquam nimius in ea reprenditur et fuit similitudinis quam pulchritudinis amantior.

[80] Am eindringlichsten hat diesem ästhetisch-religiösen neuen Zeitgefühl Dion von Prusa, der griechische Zeitgenosse des Quintilian, in seinem ›Olympikos‹ (or. 12) Ausdruck gegeben.

Der erstere soll die Technik von Licht- und Schattengebung erfunden, der zweite die Linienführung verfeinert haben. 5 Denn Zeuxis gab den Gliedern des Körpers größere Fülle, da er das für würdiger und erhabener hielt, und wobei er, wie man glaubt, dem Homer gefolgt ist, dem ja die kräftigsten Körperformen sogar bei Frauen gefallen. Parrhasios aber bestimmte alle Formen so genau, daß man ihn den Gesetzgeber nennt, weil der Darstellung von Göttern und Heroen so, wie er sie überliefert hat, alle übrigen, als müßte es so sein, sich anschließen. 6 Es blühte aber zumal die Malerei etwa zur Zeit Philipps und bis zu den Nachfolgern Alexanders jedoch in Meisterleistungen verschiedener Art. Denn an Sorgfalt ist Protogenes, an Überlegung Pamphilos wie auch Melanthios, an Leichtigkeit Antiphilos, in der Erfassung lebhafter Vorstellungsbilder, die man φαντασίαι nennt, Theon aus Samos, an Genialität und Liebreiz, auf den er sich selbst am meisten zugute tut, Apelles der vorzüglichste. Euphranor hat es Bewunderung eingebracht, daß er zwar auch in allen anderen edlen Betätigungen des Geistes zu den Vorzüglichsten gehörte, gleichzeitig aber auch als Maler und Bildhauer ein erstaunlicher Künstler war.

7 Ähnlich ist der Unterschied bei den Statuen. Denn noch ziemlich steif und den etruskischen am nächsten sind die, die Kallon und Hegesias, schon weniger starr die, die Kalamis, noch geschmeidiger als die oben genannten die, die Myron geschaffen hat. Die Sorgfalt und Anmut ist bei Polyklet größer als bei allen anderen, dem zwar von den meisten der Siegespreis zuerkannt wird, jedoch glaubt man, um auch etwas aussetzen zu können, es fehle ihm an Gewicht. 8 Denn wie er der menschlichen Gestalt eine mehr als natürliche Anmut verliehen habe, so scheint er das Achtung gebietende Wesen der Götter nicht voll wiedergegeben zu haben. Ja auch vor dem würdigen Alter soll er zurückgescheut sein und sich an nichts weiter als an glatte Wangen gewagt zu haben. Was dem Polyklet gefehlt hat, gibt man dagegen dem Phidias und Alkamenes. 9 Phidias gilt indessen eher für die Abbildung von Göttern als von Menschen als der bessere Künstler, in Elfenbeinarbeiten jedoch als weithin ohne Rivalen, selbst wenn er nichts außer der Athene in Athen oder dem olympischen Zeus in Elis geschaffen hätte, dessen Schönheit sogar dem längst eingewurzelten Bild frommer Verehrung noch neue Eindringlichkeit verliehen zu haben scheint. So sehr ist die Majestät des Werkes der des Gottes gleichgekommen.[80] Der Naturwahrheit sind, wie sie versichern, Lysipp und Praxiteles am besten nahegekommen. Denn Demetrius wird hierin als übertrieben getadelt; seine Liebe galt mehr der Ähnlichkeit als der Schönheit.

10 In oratione vero si species intueri velis, totidem paene reperias ingeniorum quot corporum formas. sed fuere quaedam genera dicendi condicione temporum horridiora, alioquin magnam iam ingenii vim prae se ferentia. hinc sint Laelii, Africani, Catones etiam Gracchique, quos tu licet Polygnotos vel Callonas appelles. 11 mediam illam formam teneant L. Crassus, Q. Hortensius. tum deinde efflorescat non multum inter se distantium tempore oratorum ingens proventus. hic vim Caesaris, indolem Caeli, suptilitatem Calidi, diligentiam Pollionis, dignitatem Messalae, sanctitatem Calvi, graviatem Bruti, acumen Sulpici, acerbitatem Cassi reperiemus: in his etiam, quos ipsi vidimus, copiam Senecae, vires Africani, maturitatem Afri, iucunditatem Crispi, sonum Trachali, elegantiam Secundi. 12 at M. Tullium non illum habemus Euphranorem circa pluris artium species praestantem, sed in omnibus, quae in quoque laudantur, eminentissimum. quem tamen et suorum homines temporum incessere audebant ut tumidiorem et Asianum et redundantem et in repetitionibus nimium et in salibus aliquando frigidum et in compositione fractum, exultantem ac paene, quod procul absit, viro molliorem: 13 postea vero quam triumvirali proscriptione consumptus est, passim, qui oderant, qui invidebant, qui aemulabantur, adulatores etiam praesentis potentiae non responsurum invaserunt. ille tamen, qui ieiunus a quibusdam et aridus habetur, non aliter ab ipsis inimicis male audire quam nimiis floribus et ingenii affluentia potuit. falsum utrumque: sit tamen illa mentiendi propior occasio. 14 praecipue vero presserunt eum qui videri Atticorum imitatores concupiebant. haec manus quasi quibusdam sacris initiata ut

10 Auf dem Gebiet der Rede nun kann man, wenn man ihre Erscheinungsformen mustern wollte, die Formen der Begabung fast ebenso zahlreich finden wie die der Körper. Doch gab es auch hier bestimmte Stilgattungen, die infolge der damaligen Zeitverhältnisse noch ziemlich ungepflegt waren, sonst aber schon eine große Kraft der Begabung erkennen ließen[81]. Hierzu mag man Männer wie Laelius, die Scipionen, Cato und auch noch die Gracchen rechnen, die man immerhin als die Polygnote oder Kallone ihrer Kunst bezeichnen mag. 11 Die entsprechende Mittelgruppe sollen L. Crassus und Qu. Hortensius bilden. Im folgenden dann soll mit dem überwältigenden Aufkommen von Rednern, die in nur kleinem Zeitabstand lebten, die Blüte einsetzen. Hier wird man die Kraft Caesars, die Naturbegabung des Caelius, den Feinsinn des Calidius, die Genauigkeit des Pollio, die Lauterkeit des Calvus, die Würde des Brutus, den Scharfsinn des Sulpicius und die Bitterkeit des Cassius finden; auch bei den Rednern, die wir noch selbst erlebt haben,[82] die Fülle Senecas, die Kraft des Africanus, die Reife des Afer, den Liebreiz des Crispus, den vollen Ton des Trachalus und die gewählte Art des Secundus. 12 Doch in M. Tullius besitzen wir nicht einen Künstler wie Euphranor, der sich in mehreren Kunstarten hervortat, sondern den Hervorragendsten in allem, was bei jedem einzelnen Redner Lob findet. Und doch haben ihn auch schon Männer seiner eigenen Zeit anzugreifen gewagt als zu schwülstig, als einen asiatischen Griechen, als voll von Überflüssigem und übertrieben in seinen Wiederholungen, als manchmal frostig in seinen Witzen, als kraftlos in seinen Wortverbindungen, haltlos und fast, was man kaum aussprechen mag, zu weibisch für einen Mann; 13 später dann aber, als er durch die Proskription der Triumvirn dahingerafft wurde, fielen alle seine Feinde, seine Neider und Rivalen, ja auch die Liebediener derer, die nun an der Macht waren, allenthalben über ihn her. Und doch konnte er, der heute bei manchen als nüchtern und trocken gilt, selbst von seinen Feinden mit keinem anderen Vorwurf geschmäht werden als mit dem Übermaß des Blütenschmuckes seiner Rede und dem Überströmenden seines Talents. Beide Vorwürfe sind falsch – mag immerhin im zweiten Fall der Anlaß zu solcher Lüge näherliegen. 14 Vor allem aber setzten ihn diejenigen herunter, die als Nachahmer der attischen Redner zu gelten begehrten. Diese Gruppe, wie eine in einem Kult eingeweihte Gemeinde, verfolgte

[81] Den Hintergrund für die folgenden Ausführungen bildet Ciceros Behandlung der griechischen und römischen Redekünstler in seinem ›Brutus‹.

[82] s. o. 10, 1, 118ff.

alienigenam et parum[1] superstitiosum devinctumque illis legibus insequebatur, unde nunc quoque aridi et exsuci et exsangues. 15 hi sunt enim, qui suae inbecillitati sanitatis appellationem, quae est maxime contraria, optendant: qui quia clariorem vim eloquentiae velut solem ferre non possunt, umbra magni nominis delitescunt. quibus quia multa et pluribus locis Cicero ipse respondit, tutior mihi de hoc disserendi brevitas erit.

16 Et antiqua quidem illa divisio inter Atticos atque Asianos fuit, cum hi pressi et integri, contra inflati illi et inanes haberentur, in his nihil superflueret, illis iudicium maxime ac modus deesset. quod quidam, quorum et Santra est, hoc putant accidisse, quod paulatim sermone Graeco in proximas Asiae civitates influente nondum satis periti loquendi facundiam concupierint, ideoque ea, quae proprie signari poterant, circumitu coeperint enuntiare ac deinde in eo perseverarint. 17 mihi autem orationis differentiam fecisse et dicentium et audientium naturae videntur, quod Attici limati quidam et emuncti nihil inane aut redundans ferebant, Asiana gens tumidior alioqui atque iactantior vaniore etiam dicendi gloria inflata est. 18 tertium mox, qui haec dividebant, adiecerunt genus Rhodium, quod velut medium esse atque ex utroque mixtum volunt: neque enim Attice pressi neque Asiane sunt abundantes, ut aliquid habere videantur gentis, aliquid auctoris. 19 Aeschines enim, qui hunc exilio delegerat locum, intulit

1) *Spalding:* etrum **B** parum **bH** et vivum **P**

ihn, als gehöre er nicht zu ihr, sei nicht gläubig genug und nicht richtig an ihre Satzungen gebunden, wie auch heute noch die Trockenen, Saft- und Blutlosen.[83] 15 Sie sind es nämlich, die ihre eigene Schwächlichkeit mit dem Wort 'Gesundheit' verhüllen, die doch der stärkste Gegensatz dazu ist. Weil sie die strahlendere Kraft der Beredsamkeit wie die Kraft der Sonne nicht ertragen können, verbergen sie sich im Schatten eines großen Namens. Weil Cicero selbst ihnen gründlich und an mehreren Stellen entgegnet hat,[84] kann ich mich unbesorgter in meiner Erörterung hierüber der Kürze befleißigen.

16 Nun gab es ja schon seit alters die Unterscheidung zwischen attischen und asiatischen Rednern, wobei die einen als knapp und gesund, die anderen dagegen als schwülstig und hohl galten, bei den einen kein überflüssiges Wort sich fand, den anderen aber vor allem Urteil und Maß fehlten. Dieser Unterschied ist, wie manche, darunter auch Santra[85], meinen, dadurch entstanden, daß, als allmählich die griechische Sprache in die nächsten Städte Kleinasiens einströmte, solche Einwohner, die das Griechische noch nicht genügend konnten, Redner zu werden begehrten und deshalb begannen, das, was eine eigentliche Bezeichnung hätte finden können, mit Umschreibung auszudrücken, und dann bei dieser Ausdrucksweise geblieben seien. 17 Mir aber scheint es so, daß den Unterschied in der Rede die verschiedene Wesensart der Redenden und ihrer Zuhörer bewirkt hatte, weil die Bewohner Attikas mit ihrer feinen Bildungsart und ihrem empfindlichen Sinn nichts Hohles oder Überflüssiges ertrugen, die Leute aus Asien aber, auch sonst aufgeblasener und prahlerischer, sich auch in eitlerem Ruhm beim Reden aufblähten. 18 Als dritte Gruppe fügten dann diejenigen, die diese Einteilung vornahmen, eine rhodische Stilart hinzu, in der sie gleichsam ein Mittleres und eine Mischung aus beiden Arten sehen; denn weder sind sie knapp nach attischer, noch überquellend nach asiatischer Art, so daß sie etwas von der Volksart zu besitzen scheinen, etwas aber auch von ihrem Gründer. 19 Aischines[86] nämlich, der sich diesen Ort zum Exil

[83] Solche rigorose Anhänger der attischen Schlichtheit, gegen die ja Cicero im ›Brutus‹, 82, 284ff. und im ›Orator‹ durchgehend seine rednerische Leistung ganz so wie hier Quintilian mit dem Vorwurf der effektlosen Blutleere verteidigt, muß es also weiterhin gegeben haben.

[84] s. o. Anm. 83.

[85] der uns wenig greifbare Literatur- und Altertumsforscher aus der Zeit und nach der Art des Cornelius Nepos und Varro.

[86] s. o. 10, 1, 77.

eo studia Athenarum, quae, velut sata quaedam caelo terraque degenerant, saporem illum Atticum peregrino miscuerunt. lenti ergo quidam ac remissi, non sine pondere tamen, neque fontibus puris neque torrentibus turbidis, sed lenibus stagnis similes habentur.

20 Nemo igitur dubitaverit, longe esse optimum genus Atticorum. in quo ut est aliquid inter ipsos commune, id est iudicium acre tersumque, ita ingeniorum plurimae formae. 21 quapropter mihi falli multum videntur qui solos esse Atticos credunt tenuis et lucidos et significantis, sed[m] quadam eloquentiae frugalitate contentos ac semper manum intra pallium continentis. nam quis erit hic Atticus? sit Lysias: hunc enim amplectuntur amatores istius nominis modum. non igitur iam usque ad Coccum et Andocidem remittemur. 22 interrogare tamen velim, an Isocrates Attice dixerit: nihil enim tam est Lysiae diversum. negabunt: at eius schola principes oratorum dedit. quaeratur similius aliquid: Hyperides Atticus? 'certe' at plus indulsit voluptati. transeo plurimos, Lycurgum, Aristogitona et his priores Isaeum, Antiphonta, quos ut homines[n] inter se genere similes, differentis dixeris specie. 23 quid ille, cuius modo fecimus mentionem, Aeschines? nonne his latior[o] et audentior et excelsior? quid denique Demosthenes? non cunctos illos tenues et circumspectos vi, sublimitate, impetu, cultu,

m) sed **B** et **P**
n) omnes *Halm* sermonis *Rad.*
o) laetior *Spalding*

ausgesucht hatte, brachte die Künste Athens dorthin, die ihren attischen Geschmack, wie bestimmte Pflanzen durch das Klima und Erdreich (in das sie verpflanzt werden) entarten, mit fremdem vermischt haben. Als etwas träge und schlaff, jedoch nicht ohne eigenes Gewicht gelten sie deshalb, zu vergleichen weder mit reinströmenden Quellen, noch mit trüb wirbelnden Gießbächen, sondern mit ruhigen Teichen.

20 Niemand kann also darüber im Zweifel sein, daß bei weitem die beste die Stilart der Attiker ist. Wie sich nun in dieser etwas Gemeinsames findet, nämlich scharfe und feine Urteilsgabe, so sind doch die Formen, in denen ihre Begabung zum Ausdruck kommt, sehr zahlreich. 21 Deshalb scheinen mir diejenigen sehr in die Irre zu gehen, die meinen, attisch seien allein die schlichten, durchsichtigen und um den bezeichnenden Ausdruck bemühten, jedoch immer mit einer gewissen Sparsamkeit bei ihrer Beredsamkeit zufriedenen und immer ihre Hand im Mantel bergenden Redner.[87] Denn wer soll dann dieser Attiker sein? Sei es Lysias! In ihm nämlich verehrten die Liebhaber des Namens 'attisch' ihr Muster. So wird man uns also noch wenigstens nicht bis auf Kokkos und Andokides zurückverweisen. 22 Dennoch möchte ich dann fragen, ob Isokrates attisch gesprochen hat; denn nichts ist so verschieden von Lysias. Sie werden es verneinen. Und doch hat seine Schule die führenden Redner hervorgebracht! So mag nach etwas Ähnlicherem gefragt werden: Ist Hypereides ein Attiker? Gewiß! Und doch hat er dem Genuß in seinen Reden mehr nachgegeben. Ich übergehe eine ganze Anzahl, Lykurg, Aristogeiton und die noch Älteren als diese, Isaios, Antiphon, von denen allen man sagen kann, so ähnlich sie auch ihrem ganzen Typus nach als Menschen seien, so verschieden doch wieder in ihrer stilistischen Eigenart.[88] 23 Wie steht es mit dem, den wir gerade erwähnt haben,[89] mit Aischines? Ist er nicht breiter, kühner und hochstrebender als diese? Wie schließlich mit Demosthenes? Hat er nicht alle jene schlichten und umsichtigen Redner an Gewalt, Erhabenheit, Schwung, gepflegtem Ausdruck und Kunst der Wortfügung übertroffen? Stei-

[87] die also von den Vortragsgebärden, die wir o. 11, 3, 68ff. kennengelernt haben, keinen Gebrauch machen.

[88] Die Übersetzung sucht mit dem Überlieferten zurechtzukommen: die genannten Redner repräsentieren eine verhältnismäßig besonders einheitliche Art von Menschen. Der 'sermo Atticus', den Rad. statt 'homines' vermutet und Austin (169) billigt, ist doch nicht nur der übergangenen Gruppe gemeinsam!

[89] s. o. § 19.

compositione superavit? non insurgit locis? non figuris gaudet? non tralationibus nitet? 24 non oratione ficta dat tacentibus vocem? non illud ius iurandum per caesos in Marathone ac Salamine propugnatores rei publicae satis manifesto docet praeceptorem eius Platonem fuisse? quem ipsum num Asianum appellabimus plerumque instinctis divino spiritu vatibus comparandum? quid Periclea? similemne credimus Lysiacae gracilitati, quem fulminibus et caelesti fragori comparant comici, dum illi conviciantur? 25 quid est igitur, cur in iis demum, qui tenui venula per calculos fluunt, Atticum saporem putent, ibi demum thymum redolere dicant? quos ego existimo, si quod in iis finibus uberius invenerint solum fertilioremve segetem, negaturos Atticam esse, quod plus quam acceperit seminis reddat, quia hanc eius terrae fidem Menander eludit. 26 ita nunc si quis ad eas Demosthenis virtutes, quas ille summus orator habuit, tamen quae defuisse ei sive ipsius natura seu lege civitatis videntur, adiecerit, ut adfectus concitatius móveat, audiam dicentem 'non fecit hoc Demosthenes'? et si quid numeris exierit aptius (fortasse non possit, sed tamen si quid exierit), non erit Atticum? melius de hoc nomine sentiant credantque, Attice dicere esse optime dicere.

27 Atque in hac tamen opinione perseverantis Graecos magis tulerim. Latina mihi facundia, ut inventione, dispositione, consilio, ceteris

gert er sich nicht an den Glanzstellen? Hat er nicht an Redefiguren seine Freude? Glänzt er nicht mit seinen Metaphern? 24 Verleiht er nicht in Erdichtungen dem Schweigenden Stimme?[90] Lehrt nicht schon der berühmte Schwur[91] bei den Vaterlandsverteidigern, die bei Marathon und Salamis gefallen sind, hinreichend deutlich, daß Platon seine Lehrer gewesen? Werden wir gerade ihn einen Asiaten nennen, der so oft mit den Sehern zu vergleichen ist, die von göttlicher Begeisterung erleuchtet sind? Wie den Perikles? Halten wir einen Mann für ähnlich lysianischer Zierlichkeit, den mit Blitzen und himmlischem Donner die Dichter der Komödie[92] vergleichen, während sie doch dabei auf ihn schelten? 25 Was ist denn also der Grund, weshalb sie nur bei denen, die in dünnem Rinnsal über Steinchen plätschern, den attischen Geschmack zu finden glauben, dort nur sagen, es dufte nach Thymian? Sie würden, glaube ich, wenn sie in diesem Land einen ergiebigeren Boden oder ertragreichere Saatfelder fänden, auch bestreiten, es sei Attica, weil es mehr einbringe als es an Aussaat empfangen, da ja Menander[93] mit dieser Art von Zuverlässigkeit des attischen Landes seinen Spott treibt. 26 Soll ich es denn so auch heutzutage anhören, falls jemand zu den Vorzügen des Demosthenes, die dieser größte Redner besessen hat, doch noch solche hinzufügte, die ihm sei es durch seine eigene Natur, sei es durch ein Gesetz seines Staates verwehrt zu sein scheinen, so daß er die Gefühle noch heftiger in Wallung bringen könnte, wenn jemand sagt: 'Demosthenes aber hat es nicht so gemacht'? Und wenn im Rhythmus eine glücklichere Fügung gelänge – vielleicht kann das nicht möglich sein, aber dennoch, gesetzt den Fall, es gelänge so etwas – wird das nicht attisch sein? Möchten sie doch höher denken über das, was dieser Name besagt, und glauben, daß attisch reden heißt: aufs beste reden.[94]

27 Bei den Griechen könnte ich es ja indessen noch eher hinnehmen, wenn sie an dieser (engeren) Auffassung festhalten. In lateinischer Sprache scheint mir die Redegabe zwar in der Erfindung, Anordnung der Gedanken, dem Urteilsvermögen und den übrigen Kunstmitteln

[90] durch Personifikationen.

[91] Demosth. 18, 208.

[92] Aristophanes, Ach. 530–1.

[93] in seinem ›Landmann‹ 35ff.: das attische Land ist so 'zuverlässig', weil es getreulich genausoviel ('kein Körnchen mehr') zurückgibt, wie man ihm bei der Aussaat anvertraut.

[94] wie es Cic. in entsprechender Argumentation auch in seiner Einleitung zur Übersetzung der beiden Reden im Kranzprozeß formuliert hat: de opt. gen. orat. 4, 13; vgl. Brut. 291.

huius generis artibus similis Graecae ac prorsus discipula eius videtur, ita circa rationem eloquendi vix habere imitationis locum. namque est ipsis statim sonis durior, quando et iucundissimas ex Graecis litteras non habemus, vocalem alteram, alteram consonantem, quibus nullae apud eos dulcius spirant, quas mutuari solemus, quotiens illorum nominibus utimur. 28 quod cum contingit, nescio quo modo velut hilarior protinus renidet oratio, ut in 'zephyris' et 'zopyris': quae si nostris litteris scribantur, surdum quiddam et barbarum efficient, et[p] velut in locum earum succedunt tristes et horridae, quibus Graecia caret. 29 nam et illa, quae est sexta nostrarum, paene non humana voce vel omnino non voce potius inter discrimina dentium efflanda est: quae, etiam cum vocalem proxima accipit, quassa quodam modo, utique quotiens aliquam consonantium frangit, ut in hoc ipso 'frangit', multo fit horridior. Aeolicae quoque litterae, qua 'servum cervumque' dicimus, etiam si forma a nobis repudiata est, vis tamen nos ipsa persequitur. 30 duras et illa syllabas facit, quae ad coniungendas demum subiectas sibi vocalis est utilis,[q] alias supervacua: 'equos' hac et 'aequum' scribimus, cum etiam ipsae hae vocales duae efficiant sonum, qualis apud Graecos nullus est ideoque scribi illorum litteris non potest. 31 quid quod pleraque nos illa quasi mugiente littera cludimus in quam[r] nullum Graece verbum cadit? at illi ny iucundam

p) et **b** sed **B**
q) *corr.* **P**: utilitas **BH**
r) *Halm:* in qua

dieser Art der griechischen ähnlich und geradezu ihre Schülerin zu sein, in der Lehre vom Ausdruck aber kaum Platz für Nachahmung zu bieten. Denn schon gleich in seinen Lauten ist das Lateinische härter dadurch, daß wir einmal die im griechischen Alphabet lieblichsten Buchstaben nicht haben – der eine ist ein Vokal, der andere ein Konsonant, die bei ihnen schöner lauten als alle anderen, die wir zu entlehnen pflegen, sooft wir ihre Benennungen verwenden; 28 tritt dies ein, so erhält gleich die Rede einen irgendwie gleichsam heitereren Glanz, z.B. in 'zephyri' und 'zopyri', die, wenn sie mit unseren eigenen Buchstaben geschrieben werden,[95] etwas Dumpfes und Barbarisches bekommen – sodann treten gleichsam an ihre Stelle düstere und grobe Laute, die Griechenland nicht kennt: 29 denn schon den Buchstaben, der in unserem Alphabet an sechster Stelle kommt,[96] muß man mit einem fast nicht mehr menschlichen Stimmlaut oder vielmehr überhaupt keinem Stimmlaut zwischen den Zahnreihen herausblasen. Auch wenn er einen Vokal zu sich nimmt, klingt er gewissermaßen zerbröckelt, jedenfalls aber wird er, wenn er einen der Konsonanten (in seinem reinen Klang) zerbricht, wie gerade in dem 'frangit' (zerbricht), noch viel grober. Auch der äolische Buchstabe, mit dem wir 'servus' und 'cervus' (Sklave und Hirsch) aussprechen, hat, auch wenn wir ihn als Lautzeichen verschmäht haben, als Klang doch noch für uns Bedeutung. 30 Auch macht der Konsonant die Silben hartklingend, der nur zur Verbindung der hinzugefügten Vokale nützlich, sonst überflüssig ist.[97] Mit ihm schreiben wir 'equos' und 'aequum'[98], wobei auch diese beiden Vokale für sich einen Klang bilden, wie er sich im Griechischen nicht findet, weshalb er mit griechischen Buchstaben nicht geschrieben werden kann. 31 Schließen wir nicht ferner so oft unsere Wörter mit dem wie eine Kuh 'Muh-machenden' Buchstaben[99], worauf im Griechischen kein Wort endet? Dagegen setzen

[95] Daß es sich um das *y* und das *z* handelt, die ja dem latein. Alphabet als griechische Lautzeichen später hinzugefügt worden sind, ist unzweifelhaft. In ihrer lateinischen Schreibform spiegeln sie aber die Veränderung der Aussprache dieser 'Lehnwörter', etwa Zephȳrus statt Ζέφυρος. Zōpȳrus (im Text nicht ganz sicher) mag ein Eigenname (s. 3. 6. 3) oder Pflanzenname sein. Jedenfalls ist das, was Quintilian mit der Vergröberung meint, bei der gedehnten drittletzten Silbe gut nachzuempfinden, wenn durch die lateinische Betonung der Akzent auf die vorletzte Silbe verlagert werden muß.

[96] also das *f*.

[97] das *q*.

[98] 'Pferd' und 'billig'.

[99] dem *m*.

et in fine praecipue quasi tinnientem illius loco ponunt, quae est apud nos rarissima in clausulis. 32 quid quod syllabae nostrae in b litteram et d innituntur adeo aspere, ut plerique non antiquissimorum quidem, sed tamen veterum mollire temptaverint non solum 'aversa' pro 'abversis' dicendo. sed et in praepositione b litterae absonam et ipsam s subiciendo? 33 sed accentus quoque cum rigore quodam, tum similitudine ipsa minus suaves habemus, quia ultima syllaba nec acuta umquam excitatur nec flexa circumducitur, sed in gravem vel duas gravis cadit semper. itaque tanto est sermo Graecus Latino iocundior, ut nostri poetae, quotiens dulce carmen esse voluerunt, illorum id nominibus exornent. 34 his illa potentiora, quod res[s] plurimae carent appellationibus, ut eas necesse sit transferre aut circumire: etiam in iis, quae denominata sunt, summa paupertas in eadem nos frequentissime revolvit: at illis non verborum modo, sed linguarum etiam inter se differentium copia est.

35 Quare qui a Latinis exiget illam gratiam sermonis Attici, det mihi in loquendo eandem iucunditatem et parem copiam. quod si negatum est, sententias aptabimus iis vocibus, quas habemus, nec rerum nimiam tenuitatem, ut non dicam pinguioribus, fortioribus certe verbis miscebimus, ne virtus utraque pereat ipsa confusione: 36 nam quo minus adiuvat sermo, rerum inventione pugnandum est. sensus sublimes variique eruantur: permovendi omnes adfectus erunt, oratio tralationum nitore inluminanda. non possumus esse tam graciles, simus fortiores: subtilitate vincimur, valeamus pondere: proprietas penes illos est certior, copia vincamus. 37 ingenia Graecorum etiam minora suos portus habent, nos plerumque maioribus velis movemur: validior

s) quod res **P**: quos res **B** quod non res b quod ū rēs **H** quod urbis res *Buttmann*

jene an seine Stelle das liebliche und zumal am Wortende gleichsam klingelnde *ny*[100], das bei uns in Endungen so selten ist. 32 Enden ferner nicht unsere Silben so rauh auf den Buchstaben *b* oder *d*, daß ja so viele zwar nicht der ältesten, wohl aber der alten Schriftsteller es zu mildern versucht haben nicht nur dadurch, daß sie 'aversa' statt 'abversa' (abgewandt) sagten, sondern auch bei der Präposition dem Buchstaben *b* das für sich mißtönende *s* anfügten?[101] 33 Aber auch die Akzente, die wir haben, sind schon durch eine gewiße Starrheit, besonders aber durch die Ähnlichkeit selbst, die sie besitzen, weniger lieblich, weil die Schlußsilbe weder je durch einen Akut gehoben, noch durch einen Zirkumflex in die Schwebe gebracht wird, sondern stets ein Gravis oder deren zwei[102] die Endung bilden. Deshalb ist die griechische Sprache soviel lieblicher als die lateinische, daß unsere Dichter, sooft sie wünschen, daß ihr Gedicht süß klinge, es mit griechischen Namen schmücken. 34 Noch stärker als dies fällt ins Gewicht, daß sehr viele Dinge keine eigentliche Bezeichnung haben, so daß man Metaphern oder Umschreibungen verwenden muß. Auch bei den Ableitungen von Nomina treibt uns unsere äußerste Armut immer wieder zu den gleichen Wörtern; jene dagegen haben nicht nur an Wörtern, sondern auch an unter sich verschiedenen Mundarten die Fülle.

35 Deshalb gebe mir, wer von dem Lateinischen die Anmut der attischen Sprache verlangt, im Ausdruck den gleichen Liebreiz und eine eben solche Fülle. Wenn das aber versagt ist, werden wir die Gedanken den Worten, die wir besitzen, anpassen, und einen allzu schlichten Sachverhalt – ich will nicht sagen, mit zu derben, doch jedenfalls nicht mit zu starken Worten durchsetzen, damit nicht gerade durch die Vermischung beide Vorzüge verloren gehen; 36 denn je weniger Hilfe der Sprachschatz bietet, desto mehr ist man im Kampf auf die inhaltliche Erfindungskunst angewiesen. Erhabene und mannigfaltige Gedanken soll man zu Tage fördern; alle Gefühlswirkungen wird man einsetzen müssen, die Rede gilt es durch den Glanz der Metaphern zum Leuchten zu bringen. Können wir nicht so zierlich sein, so seien wir kühner; fehlt es uns an Feinheit, so suchen wir unsere Stärke im Nachdruck, liegt es bei ihnen, den Ausdruck sicherer zu treffen, so wollen wir durch Fülle des Ausdrucks siegen. 37 Die Talente der Griechen haben, auch wenn sie weniger stark sind, ihre

[100] das *n*.
[101] also *abs* statt *ab* ('von').
[102] also eine oder zwei 'unbetonte' Silben.

spiritus nostros sinus tendat, non tamen alto semper feremur: nam et litora interim sequenda sunt. illis[t] facilis per quaelibet vada accessus, ego aliquid, non multo tamen, altius, in quo mea cumba non sidat, inveniam. 38 neque enim, si tenuiora haec ac pressiora Graeci melius in eoque vincimur solo et ideo in comoediis non contendimus, prosus tamen omittenda pars haec orationis, sed exigenda ut optime possumus: possumus autem rerum et modo et iudicio esse similes, verborum gratia, quam in ipsis non habemus, extrinsecus condienda est. 39 an non in privatis et acutus et indistinctus[u] et non super modum elatus M. Tullius? non in M. Calidio insignis haec virtus? non Scipio, Laelius, Cato in loquendo[v] velut Attici Romanorum fuerunt? cui porro non satis est, quo nihil esse melius potest?

40 Adhuc quidam nullam esse naturalem putant eloquentiam, nisi quae sit cotidiano sermoni simillima, quo cum amicis, coniugibus, liberis, servis loquamur, contento promere animi voluntatem nihilque arcessiti et elaborati requirente: quidquid huc sit adiectum, id esse adfectationis et ambitiosae in loquendo iactantiae, remotum a veritate fictumque ipsorum gratia verborum, quibus solum natura sit officium attributum, servire sensibus: 41 sicut athletarum corpora, etiam si validiora fiant exercitatione et lege quadam ciborum, non tamen esse naturalia atque ab illa specie, quae sit concessa hominibus, abhorrere. quid enim, inquiunt, attinet circumitu res ostendere et tralationibus, id est aut pluribus aut alienis verbis, cum sua cuique sint adsignata nomina? 42 denique antiquissimum quemque maxime secundum na-

t) **P**: illi **B**
u) **B**: et non indistinctus **P** *om.* **bH** et distinctus *Becher* (⟨dicendo⟩ *Rad.*)
v) *ll.* eloquendi *Ald.*

sicheren Häfen; unsere Fahrt geht meist mit größerem Einsatz von Segeln vonstatten; ein kräftigerer Wind muß unsere Leinwand spannen, jedoch werden auch wir nicht immer auf hoher See fahren; denn zuweilen heißt es auch der Küste zu folgen. Jene finden leicht über jede seichte Stelle ihren Zugang, doch auch ich will eine, jedoch nicht viel tiefere Durchfahrt finden, wo mein Kahn nicht strandet. 38 Denn wenn auch die Griechen diese schlichtere und knappere Stilart besser beherrschen, und wir in ihr allein unterliegen und uns deshalb auch in der Komödie nicht zum Kampf stellen, so darf doch auch dieser Bereich der Rede nicht völlig aufgegeben werden, sondern ist, so gut wir können, zustande zu bringen. Wir können es aber erreichen, ihnen ähnlich zu werden, durch das nötige Maß und Urteil, das wir auf den Inhalt verwenden; die Anmut der Worte aber, die wir dabei nicht besitzen, müssen wir durch anderweitige Würzmittel ersetzen. 39 Ist denn etwa nicht in seinen Privatprozeßreden M. Tullius scharfsinnig, klar[103] und im Ton nicht über das rechte Maß erhaben? Ist nicht bei M. Calidius[104] dieser Vorzug bezeichnend? Waren nicht Scipio, Caelius, Cato[105] in ihrer Beredsamkeit gleichsam die Attiker Roms? Wer wird sich denn nicht mit dem begnügen, das das Best-Mögliche ist?

40 Weiter meinen manche, es gäbe keine natürliche Beredsamkeit außer der Sprache, die der des Alltags am ähnlichsten sei, in der wir mit unseren Freunden, Gatten, Kindern und Sklaven sprechen, die sich begnügt, unsere Willensmeinung auszudrücken, und nichts Gesuchtes und mühsam Ausgearbeitetes verlangt; alles, was hierzu noch hinzugefügt worden sei, sei der Ausdruck von Künstelei und ehrgeizigem Prahlen mit der Sprache, fern der Wahrheit und erfunden nur um der Worte willen, denen von Natur lediglich die Aufgabe zugewiesen sei, den Gedanken zu dienen. 41 Wie ja auch die Körper der Athleten, auch wenn sie kräftiger würden durch Übung und eine bestimmte Regelung ihrer Ernährung, dennoch nicht naturgemäß seien und von der Erscheinungsform, die den Menschen beschieden sei, abwichen. 'Was nämlich', sagen sie, 'hat es einen Sinn, mit Umschreibung die Dinge zu bezeichnen und Metaphern d.h. entweder mit mehreren oder mit fremden Worten, wenn doch jedem Dinge seine eigenen Benennungen zugeteilt seien?' 42 Schließlich behaupten sie, gerade die Menschen der ältesten Zeit hätten am meisten

[103] Text unsicher.

[104] vgl. o. 10, 1, 23 u. Cic. Brut. 79, 274.

[105] vgl. Brut. 16, 63, aber auch, was Cicero 85, 293 dazu Atticus sagen läßt.

turam dixisse contendunt: mox poetis similiores extitisse, etiam si parcius, simili tamen ratione falsa et inpropria ⟨pro⟩[w] virtute ducentis. qua in disputatione nonnihil veri est, ideoque non tam procul, quam fit a quibusdam, recedendum a propriis atque communibus. 43 si quis tamen, ut in loco dixi compositionis, ad necessaria, quibus nihil minus est, aliquid melius adiecerit, non erit hac calumnia reprendendus. nam mihi aliam quandam videtur habere naturam sermo vulgaris, aliam viri eloquentis oratio: cui si res modo indicare satis esset, nihil ultra verborum proprietatem elaboraret: sed cum debeat delectare, movere, in plurimas animum audientis species inpellere, utetur his quoque adiutoriis, quae sunt ab eadem nobis concessa natura: 44 nam et lacertos exercitatione constringere et augere vires et colorem trahere naturale est. ideoque in omnibus gentibus alius alio facundior habetur et eloquendo[x] dulcis magis (quod si non eveniret, omnes pares essent), et idem homines aliter[y] de re alia loquuntur[z] et servant[a] personarum discrimina. ita, quo quisque plus efficit dicendo, hoc magis secundum naturam eloquentiae dicit. 45 quapropter ne illis quidem nimium repugno, qui dandum putant nonnihil esse temporibus atque auribus, nitidius aliquid atque affectius[b] postulantibus. itaque non solum ad priores Catone[c] Gracchisque, sed ne ad hos quidem ipsos oratorem alligandum puto. atque id fecisse M. Tullium video, ut cum summum[d] utilitati, tum partem quandam delectationi daret, cum et suam se rem agere diceret, ageret autem maxime litigatoris: nam hoc ipso proderat, quod placebat. 46 ad cuius voluptates nihil equidem, quod addi possit, invenio, nisi ut sensus nos quidem dicamus pluris: nempe enim fieri potest salva tractatione causae et dicendi auctoritate, si non crebra haec lumina et continua fuerint

w) pro virtute *Stroux* virtute **B** virtutes *Ald.*
x) Marc. 4111 *(Wint.):* loquendo
y) *Obrecht:* alter **G**
z) alia loquuntur *Halm:* allocuntur
a) servant *ed. Asc.:* salvant
b) affectius **P**[1]: affectibus **G**
c) *Obrecht:* catime **G**
d) summum *Rad.:* omnium **G** omnia *Ald.*

gemäß der Natur gesprochen; dann seien Menschen gekommen,, die Dichtern ähnlicher seien und in ähnlicher Weise, wenn auch sparsam, Unwahres und Uneigentliches als Vorzug betrachteten. In dieser Betrachtung ist etwas Wahres, und deshalb darf man nicht so weit, wie es bei manchen geschieht, vom Eigentlichen und Allgemeingebräuchlichen abweichen. 43 Wenn indessen jemand, wie ich an der Stelle über die Wortfügung gesagt habe,[106] zu dem Allernötigsten, das nicht mehr vermindert werden kann, etwas Besseres hinzufügt, so wird er einen so harten Vorwurf nicht verdienen dürfen; denn es scheint mir, daß es eine natürliche Form des Ausdrucks ist, die die Umgangssprache, aber ebenfalls eine natürliche, die die Rede eines redebegabten Mannes besitzt. Wenn es für diese schon hinreichend wäre, Dinge zu benennen, so hätte sie keine weitere Mühe, als die treffenden Wortbezeichnungen herauszuarbeiten. Da sie aber unterhalten will, erregen, die Zuhörer in so viele Vorstellungen versetzen, wird sie auch diejenigen Hilfsmittel in Anspruch nehmen, die uns von der gleichen Natur beschieden sind. 44 Denn auch die Muskeln durch Übung zu stählen, die Kräfte zu steigern und Farbe zu gewinnen ist natürlich. Und deshalb gilt bei allen Völkern der eine als redegewandter als der andere und als lieblicher in seiner Beredsamkeit – wenn es aber nicht so wäre, wären ja alle gleich –, und die gleichen Menschen sprechen über verschiedene Dinge in verschiedener Weise und beachten die Unterschiede der redenden Personen. So spricht jeder, je mehr er aus seiner Rede zu machen weiß, um so mehr der Natur der Beredsamkeit gemäß. 45 Deshalb habe ich gegen diejenigen gar nicht so viel, die meinen, man müsse auch den Zeitumständen und der Hörlust etwas bieten, die etwas Schöneres und Packenderes fordern. Daher sollte man, meine ich, den Redner nicht lediglich an die Redner vor Cato und die Gracchen, sondern nicht einmal an diese selbst binden. Und Cicero hat es, wie ich sehe, so gemacht, daß er zwar die Hauptrolle der Nützlichkeit, dann aber auch eine gewiße Rolle der Unterhaltung zuwies, wobei er sagte, er vertrete auch seine eigene Sache, vertrete aber hauptsächlich die seines Klienten; denn eben dadurch nützte er ihm, daß er Beifall fand. 46 Zu den Genüssen, die er beschert, wüßte ich persönlich nichts hinzuzufügen, als daß wir heute die pointierten Gedanken in größerer Zahl bringen. Und immerhin kann das geschehen, ohne daß die Behandlung des Falles und das Gewicht des Vortrages darunter leidet, wenn nur diese Schmucklichter nicht zu häufig und hintereinander kommen und sich gegenseitig die Wir-

[106] s. o. 9, 4, 3ff.

et invicem offecerint. 47 sed me hactenus cedentem nemo insequatur ultra: do tempori, ne hirta[e] toga sit, non ut serica, ne intonsum caput, non ⟨ut⟩[f] in gradus atque anulos comptum, cum eo quod, si non ad luxuriam ac libidinem referas, eadem speciosiora quoque sint quae honestiora. 48 ceterum hoc, quod volgo sententias vocamus, quod veteribus praecipueque Graecis in usu non fuit (apud Ciceronem enim invenio), dum rem contineant et copia non redundent et ad victoriam spectent, quis utile neget? feriunt animum et uno ictu frequenter inpellunt et ipsa brevitate magis haerent et delectatione[g] persuadent.

49 At[h] sunt qui haec excitatiora lumina, etiam si dicere permittant, a componendis tamen orationibus excludenda arbitrentur. quocirca mihi ne hic quidem locus intactus est omittendus: nam plurimi[i] eruditorum aliam esse dicendi rationem, aliam scribendi putaverunt, ideoque in agendo clarissimos quosdam nihil posteritati mansurisque mox litteris reliquisse, ut Periclem, ut Demaden: rursus alios ad componendum optimos actionibus idoneos non fuisse, ut Isocraten: 50 praeterea in agendo plus impetum ⟨valere⟩,[j] plerumque et petitas vel paulo licentius voluptates, commovendos enim esse ducendosque[k] animos imperitorum: at quod libris dedicatum[l] in exemplum edatur,[m] et tersum ac limatum et ad legem ac regulam compositum esse oportere, quia veniat in manus doctorum et iudices artis habeat artifices. 51 quin illi subtiles, ut sibimet ac multis persuaserunt, magi-

e) *Burm.:* hira **GH**
f) *add. Halm*
g) *Pottier:* deiectione
h) *ed. Camp.:* ac
i) *Halm:* a plurimis **G**
j) *add. Halm*
k) *Burm.:* docendosque
l) *Halm:* dedicatorum
m) *Halm:* edantur

kung stören. 47 Aber wenn ich soweit nachgebe, dränge man nicht weiter: ich will es unserer Zeit zugeben, daß die Toga nicht struppig sei, nicht aber, daß aus Seide, daß das Haupt nicht ungeschoren, nicht aber, daß es in Stufen und Ringeln gekämmt sei, wobei noch hinzukommt, daß so, wenn man es nicht am Kitzel von Wohlleben und Lüsten mißt, gleichzeitig das Ehrbarere auch das Schönere ist. 48 Was übrigens das betrifft, was wir gemeinhin 'sententiae'[107] nennen, etwas, das bei den Alten und zumal bei den Griechen nicht gebräuchlich war, während es sich bei Cicero allerdings findet – wenn diese Pointen nur Gehalt haben, nicht im Überfluß kommen und nach dem Sieg trachten, wer wollte da ihre Nützlichkeit leugnen? Sie schlagen bei uns ein und geben häufig mit einem Schlag den gewünschten Antrieb, haften gerade durch ihre Kürze besser und überreden durch den Genuß, den sie bereiten.

49 Doch gibt es Sachkenner, die diese erregteren Schmucklichter, auch wenn sie sie im Vortrag zulassen, dennoch glauben von der schriftlichen Ausarbeitung der Rede ausschließen zu müssen. Deshalb glaube ich, auch diesen Punkt nicht unberührt lassen zu dürfen. Denn sehr viele Gelehrte haben gemeint, für den Vortrag von Reden gelte ein anderes Verfahren als für ihre schriftliche Veröffentlichung, und deshalb hätten manche durch ihr Auftreten als Redner hochberühmte Männer für die Nachwelt und die zur Dauer bestimmten Schriftwerke nichts hinterlassen, so z.B. Perikles, so auch Demades[108]. Andere wiederum, die zur schriftlichen Ausarbeitung ganz vorzüglich waren, seien zum Vortragen von Reden nicht geeignet gewesen, so etwa Isokrates[109]. 50 Außerdem hätte beim Vortrag der Schwung mehr zu bedeuten, meist auch die etwas hemmungsloser dargebotenen Genüsse fürs Ohr, sollten doch die Gemüter der ungebildeten Zuhörer erregt und gelenkt werden. Was dagegen, den Büchern anvertraut, als Muster veröffentlicht werde, müsse elegant und gefeilt und nach Gesetz und Regel ausgearbeitet sein, weil es ja in die Hand der Gebildeten komme und als Kunstrichter die Meister der Kunst habe. 51 Ja, diese Lehrmeister in ihrer Gründlichkeit – zu ihr hatten sie sich selbst

[107] pointierte Sentenzen.

[108] der wegen seines Witzes und Improvisationstalentes berühmte attische Politiker zur Zeit des Demosthenes.

[109] An diesem einflußreichen Redelehrer, der eine so große Zahl von Schülern herangebildet hatte, hat der Streit, von dem Quintilian berichtet, angesetzt. Quintilian zeigt sich auch hier wie sein Vorbild Cicero aller theoretisierenden Pedanterie abhold.

stri παράδειγμα dicendo ἐνθύμημα scribendo esse aptius[n] tradiderunt. mihi unum atque idem videtur bene dicere ac bene scribere, neque aliud esse oratio scripta quam monumentum actionis habitae. itaque non illas modo, ut opinor, debet habere virtutes,***[o] dico, non vitia. nam inperitis placere aliquando quae vitiosa sint scio: quo different igitur? 52 quod si mihi des consilium iudicum sapientium, perquam multa recidam ex orationibus non Ciceronis modo, sed etiam eius, qui est strictior multo, Demosthenis. neque enim adfectus omnino movendi erunt nec aures delectatione mulcendae, cum etiam prooemia supervacua esse apud talis Aristoteles existimet, non enim trahentur his illi sapientes: proprie et significanter rem indicare, probationes colligere satis est. 53 cum vero iudex detur aut populus aut ex populo laturique sententiam indocti saepius atque interim rustici, omnia, quae ad optinendum quod intendimus prodesse credemus, adhibenda sunt, eaque etiam, cum dicimus, promenda et, cum scribimus, ostendenda sunt, si modo ideo scribimus, ut doceamus, quo modo dici oporteat. 54 an Demosthenes male sic egisset, ut scripsit, aut Cicero? aut eos praestantissimos oratores alia re quam scriptis cognoscimus? melius egerunt igitur an peius? nam si peius, sic potius oportuit dici, ut scripserunt, si melius, sic potius oportuit scribi, ut dixerunt. 55 quid ergo? semper sic aget orator, ut scribet? si licebit,

n) *Daniel:* altius
o) *lac. indicavit Rad.*

und viele andere überredet – gaben sogar den Lehrsatz, das παράδειγμα (Beispiel) sei für vorgetragene, das ἐνθύμημα (der verkürzte Syllogismus) sei für die schriftlich ausgearbeitete Rede passender. Mir nun scheint es ein und dasselbe zu sein, eine Rede gut vorzutragen und sie gut schriftlich zu machen, und eine geschriebene Rede scheint mir nichts weiter als eine Aufzeichnung, die die Erinnerung an den gehaltenen Vortrag festhält. ⟨Deshalb muß sie meiner Ansicht nach alle genannten Vorzüge haben, auch einige, die als Fehler erscheinen.⟩[110] Denn daß den Ungeschulten auch manchmal gefällt, was fehlerhaft ist, weiß ich wohl. 52 Worin liegt dann also der Unterschied? Wenn man mir einen Rat von Weisen als Richter gäbe, würde ich eine ganze Menge nicht nur aus den Reden Ciceros, sondern sogar aus denen des Demosthenes, der viel gedrängter spricht, streichen. Denn dann dürfen ja die Leidenschaften gar nicht erregt, und auch den Ohren darf nicht durch genußreiche Unterhaltung geschmeichelt werden, wie ja Aristoteles[111] selbst die Prooemien vor solchen Richtern für überflüssig hält; denn diese Weisen werden sich ja doch hierdurch nicht auf unsere Seite ziehen lassen. Genau und deutlich den Sachverhalt anzugeben, streng logisch die Beweise vorzulegen wäre hinreichend. 53 Wenn uns aber als Richter das Volk oder Männer aus dem Volk gegeben werden, und ihre Stimme oft genug Ungebildete und manchmal Leute vom Land abgeben sollen, dann gilt es, alles einzusetzen, wovon wir glauben einen Gewinn erzielen zu können für das, was wir erreichen wollen, und diese Mittel sowohl, wenn wir die Rede halten, anzubringen, sie aber auch, wenn wir die Rede schriftlich ausarbeiten, deutlich vor Augen zu führen, wenn wir denn die Ausarbeitung zu dem Zweck schriftlich vornehmen, um zu lehren, wie man eine Rede halten soll. 54 Oder hätte etwa Demosthenes seine Reden so, wie er sie schriftlich veröffentlicht hat, schlecht gehalten, oder etwa Cicero? Oder lernen wir sie als die vorzüglichsten Redner auf anderem Wege kennen als aus ihren veröffentlichten Reden? Haben sie sie also besser gehalten oder schlechter? Denn wenn schlechter, so hätten sie sie eher so halten sollen, wie sie sie veröffentlicht haben, wenn besser, so hätten sie sie eher so veröffentlichen sollen, wie sie sie vorgetragen haben. 55 Was also nun? Wird der Redner immer die Rede so halten, wie er sie schriftlich ausarbeitet?

[110] so nach dem Textvorschlag von Austin (S. 194). Radermacher schreibt: 'Deshalb darf die geschriebene Rede m. E. nicht nur jene Vorzüge besitzen, ... Vorzüge meine ich, nicht Fehler.'

[111] rhet. 3, 13 (1415 b7).

semper. set erunt, quae[p] impediant brevitate, tempora a iudice data: multum ex eo, quod potuit dici, recidetur: editio habebit omnia. quaedam secundum naturam iudicantium dicta sunt: non ita posteris tradentur, ne videantur propositi fuisse, non temporis. 56 nam id quoque plurimum refert, quo modo audire iudex velit, atque 'eius vultus saepe ipse rector[q] est dicentis', ut Cicero praecipit. ideoque instandum his, quae placere intellexeris, resiliendum ab his, quae non recipientur. sermo ipse, qui facillime iudicem doceat, aptandus. nec id mirum sit, cum etiam testium personis aliqua mutentur. 57 prudenter enim, qui,[r] cum interrogasset rusticum testem, an Amphionem ⟨nosset⟩[s], negante eo detraxit aspirationem breviavitque secundam eius nominis syllabam, et ille eum sic optime norat. huius modi casus efficient, ut aliquando dicatur aliter quam scribitur, cum dicere, quo modo scribendum est, non licet.

58 Altera est divisio, quae in tris partis et ipsa discedit, qua discerni posse etiam recte dicendi genera inter se videntur. namque unum subtile, quod ἰσχνόν vocant, alterum grande atque robustum, quod ἁδρόν dicunt, constituunt, tertium alii medium ex duobus, alii floridum (namque id ἀνθηρόν appellant) addiderunt. 59 quorum tamen ea fere ratio est; ut primum docendi, secundum movendi, tertium illud, utrocumque est nomine, delectandi sive, ut alii dicunt, conciliandi praestare videatur officium, in docendo autem acumen, in conciliando

p) sed erunt quae *Kiderlin:* steterunt quae
q) rector *Obrecht:* rectos **GH**
r) quidam *Halm*
s) *add.* **P**

Wenn statthaft, immer! Jedoch wird unter dem, was dem im Weg stehen kann, die Redezeit, die der Richter gewährt, sich durch ihre Kürze auswirken. So wird man vieles von dem, was man noch hätte vortragen können, streichen; die Ausgabe der Rede aber wird alles enthalten. Manches auch ist im Sinne der Wesensart derer gesprochen, die das Urteil zu fällen haben. Das wird man so nicht der Nachwelt überliefern, damit es nicht scheine, als entspreche es eigener Überzeugung, nicht der besonderen Zeitlage. 56 Denn auch das ist von größter Wichtigkeit, wie es der Richter zu hören wünscht, was wir zu sagen haben, und 'oft ist es schon sein Mienenspiel, das den Redner bei seinem Vortrag lenkt', wie es Cicero[112] vorschreibt. Und deshalb muß man bei dem nachstoßen, wobei man bemerkt hat, daß es seinen Beifall findet, von dem aber schleunigst abgehen, was keine Billigung findet. Die Sprechweise selbst muß so angepaßt werden, daß sie den Richter aufs leichteste unterrichtet. Und das braucht nicht zu verwundern, da ja sogar manches mit Rücksicht auf die persönliche Eigenart der Zeugen (beim Vortrag) geändert werden muß. 57 Sehr klug machte es nämlich ein Redner, der, als er einen Mann vom Lande als Zeugen befragte, ob er den Amphion kenne, auf dessen verneinende Antwort hin die Aspiration wegließ und die zweite Silbe des Namens kurz aussprach;[113] denn so kannte er ihn gleich aufs beste. Umstände dieser Art führen also dazu, daß manchmal die Rede anders vorgetragen wird, als sie schriftlich ausgearbeitet wird, wenn es nicht statthaft ist, etwas so vorzutragen, wie es schriftlich zu veröffentlichen ist.

58 Es gibt noch eine zweite Einteilung, ebenfalls eine Gliederung in drei Gruppen, wodurch, wie es scheint, auch die richtigen Stilgattungen der Rede sich voneinander sondern lassen. Man bildet nämlich eine Gruppe, die feingearbeitete Stilart, die sie ἰσχνόν (mager, schlicht) nennen und eine zweite, die vollgewichtige und kräftige, die sie als ἁδρόν (gedrungen) bezeichnen; eine dritte haben die einen als die mittlere zwischen den beiden, andere als die blühende – denn sie geben ihr den Namen ἀνθηρόν (blühend) – hinzugefügt. 59 Indessen liegt diesen Stilarten doch wohl der Gedanke zugrunde, daß die erste die Aufgabe des Redners zu erfüllen scheint, den Sachverhalt darzulegen, die zweite, die Gefühle zu erregen, die dritte, je nachdem, welchen der beiden Namen man für diese Aufgabe (des Redners) hat, zu unterhalten oder, wie andere sagen, zu gewinnen, beim Darlegen des Sachverhaltes aber Scharfsinn, beim Gewinnen Sanftmut und beim Erregen

112 an einer uns unbekannten Stelle.

113 also statt mit griechischer Aussprache und Betonung: Ámpion.

lenitas, in movendo vis exigi videatur. itaque illo subtili praecipue ratio narrandi probandique consistet, estque[t] id etiam detractis ceteris virtutibus suo genere plenum. 60 medius hic modus et translationibus crebrior et figuris erit iocundior, egressionibus amoenus, compositione aptus, sententiis dulcis, lenior tamen ut[u] amnis et lucidus quidem sed virentibus utrimque silvis inumbratus[v]. 61 at ille, qui saxa devolvat et 'pontem indignetur' et ripas sibi faciat, multus et torrens iudicem vel nitentem contra feret cogetque ire, qua rapiet. hic orator et defunctos excitabit ut Appium Caecum, apud hunc et patria ipsa exclamabit, aliquandoque **[w] Ciceronem [in oratione contra Catilinam][x] in senatu alloquetur. 62 hic et amplificationibus extollet orationem et in superlationem[y] quoque erigetur: 'quae Charybdis tam vorax?' et 'Oceanus medius fidius ipse': nota sunt enim etiam studiosis haec lumina. hic deos ipsos in congressum prope suum sermonemque deducet: 'vos enim Albani tumuli atque luci, vos, inquam, Albanorum obrutae arae, sacrorum populi Romani sociae et aequales.' hic iram, hic misericordiam inspirabit: hoc dicente iudex[z] pallebit[a] et flebit et per omnis affectus tractus[b] huc[c] atque illuc sequetur nec doceri desiderabit. 63 quare si ex tribus his generibus necessario sit eligendum unum, quis dubitet hoc praeferre omnibus, et validissimum alioqui et magnis quibusque causis accommodatissimum? 64 nam et Homerus brevem quidem cum iocunditate et propriam (id enim est 'non deerrare verbis') et carentem supervacuis eloquentiam Menelao dedit, quae sunt virtutes generis illius primi, et ex ore Nestoris dixit 'dulcio-

t) estque *Meister:* sedque
u) *Wint.:* tamen namnis et **G** tamen ut amnis **P**
v) **P**: sipisim umbratus **G** ripis inumbratus *W. Meyer*
w) *lac. suppl. Rad.* ⟨dicentem ipsum ut⟩
x) *deleverunt* [in senatu] *Austin* [in oratione contra Catilianam] *Spalding* [Ciceronem ... alloquetur] *dubitanter Wint.*
y) **G**: supralationem *Wint.*
z) *Buttmann:* iudet **G**
a) *Stroux:* appellavit **G**
b) *Madvig:* tractatus **G**
c) huc *Obrecht:* hic **G**

der Leidenschaften Wortgewalt erforderlich scheint. Deshalb wird auf der feingearbeiteten Stilart besonders das Verfahren beim Erzählen und Beweisen beruhen, und sie ist in dem, was ihre Art ausmacht, vollgültig, auch wenn die übrigen Stilvorzüge beiseite bleiben. 60 Das, was wir als Mittelmaß bezeichnet haben, wird reicher an Metaphern und reizvoller durch seinen Figurenschmuck sein, anmutig durch Exkurse, von passender Wortfügung, angenehm durch seine Sentenzen, jedoch wie ein Strom, der ruhiger und zwar in klarem Licht, aber an seinen Ufern von grünenden Wäldern beschattet dahinströmt. 61 Dagegen wird der Strom, der Felsen mitreißt, 'keine Brücke duldet'[114] und sich seine Ufer selbst schafft, voll und brausend den Richter, mag er sich auch dagegenstemmen, mit sich forttragen und ihn zwingen zu gehen, wohin er ihn fortreißt. Dieser Redner wird Verstorbene zum Leben rufen wie Appius Claudius[115], bei ihm wird sogar das Vaterland selbst seine Stimme erheben und manchmal zu ihm wie zu Cicero in der Rede gegen Catilina[116] im Senat sprechen. 62 Er wird sowohl durch Steigerungen die Rede erheben und sich zur Übertreibung aufbäumen: 'welche Charybdis so gefräßig?'[117] und 'der Ozean selbst, so wahr mir Gott helfe!'[118]; bekannt sind ja diese Schmucklichter auch Liebhabern. Er wird fast die Götter selbst zum Umgang und Gespräch mit sich herabziehen: 'Ihr nämlich, Hügel und Haine von Alba, ihr, sage ich, Albas verfallene Altäre, den Opfern des Römischen Volkes verbündet und im Alter gleich.'[119] Er wird Zorn, er wird Mitleid einhauchen. Spricht er, so wird der Richter erblassen, wird weinen, ihm durch alle Gemütsbewegungen hin bald hierhin, bald dorthin folgen, ohne den Wunsch nach sachlicher Unterrichtung auch nur zu verspüren. 63 Wenn deshalb unter diesen drei Gattungen nur eine ausgewählt werden könnte, wer hätte Bedenken, diese allen vorzuziehen, die ja auch sonst die stärkste, und gerade für die großen Fälle die allerpassendste ist? 64 Denn auch Homer hat zwar die Beredsamkeit, wie sie zur ersten Stilart gehört, die in ihrer Kürze angenehm und im Ausdruck treffend – das nämlich bedeutet das 'nicht in den Worten abirrend' – nichts Überflüssiges kennt, dem Menelaos zuerkannt;[120] auch hat er gesagt, daß aus Nestors Munde

[114] Aen. 8, 728.
[115] p. Cael. 14, 33.
[116] Cat. 1, 11, 27. Der Text der Stelle ist nicht sicher.
[117] Phil. 2, 27, 67.
[118] ebendort.
[119] p. Mil. 31, 85.
[120] Il. 3, 213–15.

rem melle profluere sermonem', qua certe delectatione nihil fingi maius potest: sed summam expressurus[d] [est] in Ulixe facundiam et magnitudinem illi vocis et vim orationis[e] nivibus[f] [et] copia verborum atque impetu parem tribuit. 65 'cum hoc' igitur 'nemo mortalium contendet, hunc ut deum homines intuebuntur.' hanc vim et celeritatem in Pericle miratur Eupolis, hanc fulminibus Aristophanes conparat, haec est vere dicendi facultas.

66 Sed neque his tribus quasi formis inclusa eloquentia est. nam ut inter gracile validumque tertium aliquid constitutum est, ita horum inter se valla[g] sunt 67 atque inter haec ipsa mixtum quiddam ex duobus medium est, quoniam[h] et subtili plenius aliquid atque subtilius et vehementi remissius atque vehementius invenitur, ut illud lene aut ascendet ad fortiora aut ad tenuiora summittitur. ac sic prope innumerabiles species reperiuntur, quae utique aliquo momento inter se differant: sicut quattuor ventos generaliter ⟨a⟩[i] totidem mundi cardinibus accepimus flare, cum interim plurimi medii et eorum varia nomina et quidam etiam regionum ac fluminum proprii deprehenduntur. 68 eademque musicis ratio est, qui cum in cithara quinque constituerunt sonos, plurima deinde varietate complent spatia illa nervorum, atque his[j], quos interposuerunt, inserunt alios, ut pauci illi transitus multos gradus habeant.

69 Plures igitur etiam eloquentiae facies, sed stultissimum quaerere, ad quam se recturus sit orator, cum omnis species, quae modo recta est, habeat usum, atque id ipsum non sit oratoris, quod vulgo genus

d) *Seyffert:* regressurus (est *om.* **p**)

e) vocis et vim orationis *Seyffert:* vicisset cum orationi (iunxisset c. orationem **P**[4])

f) *Rad.:* simlibus (similibus) et **GH** nivibus hibernis *corr.* **P** et *om. ed. Vasc. 1542 (Wint.)*

g) **G**: intervalla **P** inter se intervalla *Burm.*

h) *Kiderlin:* quorum nam

i) add. *Badius*

j) *recc.:* his atque huc **GH**

'die Rede ströme süßer als Honig'[121], ein Ausdruck des Redegenusses, wie man ihn gewiß nicht stärker sich ausdenken kann; doch um die höchste Redegewandtheit in Odysseus auszudrücken, gibt er ihm sowohl eine Stärke der Stimme wie auch eine Gewalt der Rede, die in der Fülle und dem Ungestüm der Worte dem winterlichen Schneegestöber gleich sei. 65 Mit diesem also 'wird keiner der Sterblichen im Wettkampf sich messen, wie einen Gott werden die Menschen auf ihn schauen'[122]. Diese Gewalt und Schwierigkeit bewundert bei Perikles Eupolis[123], sie vergleicht Aristophanes mit dem zündenden Blitz[124], sie ist in Wahrheit die Gewandtheit im Reden.

66 Aber auch in diesen sozusagen Modellformen ist die Beredsamkeit nicht ganz enthalten. Denn wie zwischen der zierlichen und der kräftigen Stilart noch ein Drittes angesetzt ist, so gibt es von diesen untereinander Abstufungen, und unter diesen wieder bildet sich aus der Mischung aus zweien eine Art Mittleres 67, da sich ja etwas finden läßt, das voller, und auch etwas feiner gearbeitet als das Feingearbeitete, sowie etwas, das weniger heftig und etwas, das heftiger als das Heftige ist, wie jene ruhige Art entweder sich zum Kühneren erheben wird oder sich zum Schlichteren herabsenkt. Und so lassen sich fast unzählige Spielarten auffinden, die sich jedenfalls in einem Punkt unterscheiden; wie wir ja in der allgemeinen Einteilung gelernt haben, daß vier Winde aus ebenso viel Achsenpunkten des Himmels wehen, während dabei doch so viele in der Mitte zwischen ihnen mit wieder verschiedenen Namen und manche auch sich fassen lassen, die für Gegenden oder Flüsse charakteristisch sind. 68 Die gleichen Verhältnisse liegen bei den Musikern vor, die, während sie auf der Kithara fünf Töne festgelegt haben, in der größten Mannigfaltigkeit dann die Abstände der Saiten ausfüllen und zwischen den Tönen, die sie eingeschaltet haben, wieder andere (chromatisch) dazwischenschieben, so daß jene wenigen Übergänge (von Saite zu Saite) viele Abstufungen haben.

69 Mehrere Gesichter zeigt also die Beredsamkeit, jedoch wäre es ganz töricht zu fragen, nach welchem von diesen sich der Redner richten soll, da jede Art, sofern sie nur an der rechten Stelle erscheint, ihren Nutzen hat, und gerade das gar nicht vom Redner abhängt, was man gemeinhin seine Stilart nennt. Denn er wird sich ja, wie

[121] Il. 1, 249.
[122] Il. 3, 321ff.; Od. 8, 173.
[123] Com. Attic. frg. 94 Kock.
[124] Aristophanes, Ach. 531.

dicendi vocant. utetur enim, ut res exiget, omnibus, nec pro causa modo, sed pro partibus causae. 70 nam ut non[k] eodem modo pro reo capitis et in certamine hereditatis et de interdictis ac sponsionibus et de certa credita dicet, sententiarum quoque in senatu et contionum et privatorum consiliorum servabit discrimina, multa ex differentia personarum, locorum temporumque mutabit: ita in eadem oratione ⟨aliter concitabit,⟩[l] aliter conciliabit, non ex isdem haustibus iram et misericordiam petet, alias ad docendum, alias ad movendum adhibebit artis. 71 non unus color prooemii, narrationis, argumentorum, egressionis, perorationis servabitur. dicet idem graviter, severe, acriter vehementer, concitate, copiose, amare, idem comiter, remisse, subtiliter, blande, leniter, dulciter, breviter, urbane, non ubique similis, sed ubique par sibi. 72 sic fiet cum id, propter quod maxime repertus est usus orationis, ut dicat utiliter et ad efficiendum quod intendit potenter, tum laudem quoque, nec doctorum modo, sed etiam vulgi consequatur.

73 Falluntur enim plurimum, qui vitiosum et corruptum dicendi genus, quod aut verborum licentia exultat aut puerilibus sententiolis lascivit aut inmodico tumore turgescit aut inanibus locis bacchatur aut casuris, si leviter excutiantur, flosculis nitet aut praecipitia pro sublimibus habet aut specie libertatis insanit, magis existimant[m] populare atque plausibile. 74 quod quidem placere multis nec infitior nec miror: est enim iocundi † oris[n] ac favorabilis qualiscumque eloquentia et ducit animos naturali voluptate vox omnis, neque aliunde illi per

k) **P**: non ut
l) *add. Halm (Rollin)*
m) *ed. Colon.:* existimat (-met)
n) **(H)P**: iocundiores **G** iocunda res *Wint.* iucunda auri(bus) *Halm (Gesner)*

es die Sachlage erfordert, ihrer aller bedienen, und das nicht nur je nach dem Fall, den er zu behandeln hat, sondern je nach den einzelnen Teilen. 70 Denn wie er nicht in der gleichen Weise in einer Rede für einen auf Leben und Tod Angeklagten sprechen wird, wie in einem Erbschaftsstreit, bei einer einstweiligen Verfügung und Prozeßwette[125] oder einem Darlehnsstreit, auch die Unterschiede zwischen einer Stellungnahme im Senat, einer Volksrede und einem persönlichen Gutachten wohl beachten wird, so wird er in derselben Rede anders sprechen, wenn er die Leidenschaften entfacht, anders, wenn er um Wohlwollen wirbt, nicht aus denselben Quellen wird er Zorn und Mitleid schöpfen, andere Mittel wird er beim sachlichen Vortrag, andere bei der Gefühlserregung anwenden. 71 Nicht nur *eine* Färbung wird beim Prooemium, der Erzählung des Falles, der Beweisführung, dem Exkurs und der Steigerung am Redeschluß gewahrt werden. Der gleiche Redner wird bald gewichtig, streng, energisch, heftig, erregt, aus der Fülle oder bitter sprechen, bald freundlich, gelassen, genau, schmeichelnd, sanft, lieblich, knapp oder witzig, nicht überall der Gleiche, aber überall sich selbst gleichwertig. 72 So kommt denn das Ergebnis zustande, weshalb vor allem der Gebrauch der Rede erfunden ist, daß nämlich der Redner nützlich rede und mit vollem Einsatz für das Ziel, das er vor Augen hat, sodann aber auch, daß er die Anerkennung findet, und zwar nicht nur die der Kenner, sondern auch die der Menge.

73 Darin täuschen sich nämlich alle die am stärksten, die glauben, die fehlerhafte und verderbte Art zu reden, die entweder sich ergeht in ungeregeltem Wortschwall oder ihr ausgelassenes Spiel mit kindischen Gedankensplittern treibt, in maßlosem Schwulst sich aufbläht oder in hohlen Gemeinplätzen schwelgt, mit Blümchen glänzt, die gleich abfallen, wenn man nur leicht daran rührt, Überstürzung für Erhabenheit hält oder unter dem Anschein des Freimutes sich in ihrem Wahnsinn austobt, sei dem Volk mehr genehm und ernte mehr Beifall. 74 Daß sie zwar vielen gefällt, das leugne ich nicht und wundere mich auch nicht darüber; denn die Beredsamkeit, sie mag sein, wie sie will, ist für die Ohren eine Freude und beliebte Unterhaltung, und alles Reden wirkt durch den ihm von Natur eigenen Reiz anziehend auf Menschen, und aus keinem anderen Grund kommt es zu den Gruppen, die sich auf den Märkten und am Stadtwall[126] bilden.

[125] der üblichen Form des Zivilprozesses, in der die Streitenden eine Summe zur Wette einsetzen, die dann die unterliegende Partei einbüßt. S. o. 2, 10, 5; 4, 11, 61.

[126] dem beliebten Treffpunkt in Rom.

fora atque aggerem circuli. quo minus mirum est, quod nulli non agentium parata vulgi corona est. 75 ubi vero quid exquisitius dictum accidit auribus imperitorum, qualecumque id est, quod modo se ipsi posse desperent, habet admirationem, neque immerito: nam ne illud quidem facile est. sed evanescunt haec atque emoriuntur comparatione meliorum, ut lana tincta fuco citra purpuras placet: 'at si contuleris eam[o] lacaenae,[p] conspectu melioris obruatur', ut Ovidius ait. 76 si vero iudicium his corruptis acrius adhibeas ut fucinis sulphura, iam illum, quo fefellerant, exuant[q] mentitum colorem et quadam vix enarrabili foeditate pallescant. lucent igitur haec citra solem et ut quaedam exigua animalia igniculi videntur in tenebris. denique mala multi probant, nemo improbat bona.

77 Neque vero omnia ista, de quibus locuti sumus, orator optime tantum, sed etiam facillime faciet. neque enim vim summam dicendi et os[r] admiratione dignum infelix usque ad ultimum sollicitudo persequitur nec oratorem macerat et coquit aegre verba vertentem et perpendendis coagmentandisque eis intabescentem. 78 nitidus ille et sublimis et locuples circumfluentibus undique eloquentiae copiis imperat: desinit enim in[s] adversa niti qui pervenit in summum. scandenti[t] circa ima labor est, ceterum quantum processeris, mollior clivos ac laetius solum. 79 et si haec quoque iam lenius supina perseverantibus studiis evaseris, inde fructus inlaborati offerunt sese et omnia sponte proveniunt, quae tamen cotidie nisi decerpantur, arescunt. sed et copia habeat[u] modum, sine quo nihil nec laudabile nec salutare est, et nitor

o) *Heinsius:* etiam
p) *Gallaeus:* lacernae **G**
q) *Buttmann:* fucinus (bucinum **P**) ... illud, quo fefellerat, exuat
r) *Halm:* eos
s) *om.* **G**
t) **P**: evadenti (suadenti)
u) *Heindorf:* habet

Um so weniger verwunderlich ist es, daß für jeden, der eine Rede hält, ein Kranz von Zuhörern aus der Menge bereit ist. 75 Sobald aber nun etwas Gesuchteres in der Rede sich findet, das auf das Ohr der ungebildeten Menge Eindruck macht, es sei, was es wolle, wenn die Zuhörer nur meinen, so etwas könnten sie selbst nicht, so findet es ihre Bewunderung – und gar nicht zu Unrecht; denn auch so etwas ist ja nicht leicht. Aber solche Leistungen verblassen und schwinden dahin durch den Vergleich mit Besserem wie 'Wolle mit roter Farbe getränkt' ohne den Vergleich mit echtem Purpur gefällt; 'doch wenn du sie vergleichst mit der Lacaena, wird sie durch den Glanz des Besseren gleich zunichte'[127], wie Ovid sagt. 76 Wenn man jedoch mit noch schärferem Urteilsvermögen dieser verderbten Kunst zu Leibe geht wie den rotgefärbten Stoffen mit Schwefel[128], dann müssen sie gleich ihre erlogene unechte Farbe, mit der sie uns vorher hatten täuschen können, verlieren und in fast unbeschreiblicher Häßlichkeit verbleichen. Solche Künste entfalten ihre Leuchtkraft also nur, wo das Licht der Sonne fehlt, so wie manche Tierchen als Fünkchen im Dunklen erscheinen. Schließlich billigen das Schlechte viele, niemand aber mißbilligt das Gute.

77 Nun wird aber all das, wovon wir gesprochen haben, der Redner nicht nur aufs beste, sondern auch aufs leichteste zustande bringen. Denn zur höchsten Macht seiner Rede und zu einer Sprache, die Bewunderung verdient, gelangt die unselige Ängstlichkeit nicht, die sich bis zum letzten müht, sie martert und quält den Redner nicht, seine Worte mühsam umzudrehen und sich mit ihrer Abwägung und Zusammmenfügung zu verzehren. 78 Strahlend, aufrecht und mächtig gebietet er über die ganze Truppenfülle der Beredsamkeit, die rings zu ihm strömt. Denn es hört auf, mit Widerständen zu ringen, wer zum Gipfel gelangt ist. Beim Aufstieg liegt die Mühe bei den tiefsten Strecken des Weges, je weiter du dann vorankommst, wird das Gelände bequemer und der Boden freundlicher. 79 Und wenn du auch aus dem nun schon gelinder aufwärts Führenden durch beständige Studien herausgekommen bist, bieten sich von da an die Früchte ohne Mühe dar, alles kommt von selbst hervor, was freilich verdorrt, wenn es nicht täglich gepflückt wird. Aber auch die Fülle, (die wir jetzt besitzen), will ihr Maß haben, ohne das es nichts Löbliches und nichts

[127] aus einem unbekannten Gedicht: frg. 5 Morel. Wie der Zusammenhang zeigt, ist die Lacaena aus echt gefärbtem spartanischem Tuch; vgl. Austin z. St.

[128] Vgl. Plinius in seiner ›Naturgeschichte‹, 35, 198.

ille cultum virilem et inventio iudicium. 80 sic erunt magna, non nimia, sublimia, non abrupta, fortia, non temeraria, severa, non tristia, gravia, non tarda, laeta, non luxuriosa, iocunda, non dissoluta, grandia,[v] non tumida. similis in ceteris ratio est ac tutissima fere per medium via, quia utriusque ultimum vitium est.

XI.

1 His dicendi virtutibus usus orator in iudiciis, consiliis, contionibus, senatu, in omni denique officio boni civis finem quoque dignum et optimo viro et opere sanctissimo faciet, non quia prodesse umquam satis sit et illa mente atque illa facultate praedito non optandum operis pulcherrimi quam longissimum tempus, sed quia decet hoc quoque prospicere, ne quid peius, quam fecerit, faciat. 2 neque enim scientia modo constat orator, quae augetur annis, sed voce, latere, firmitate: quibus fractis aut inminutis aetate seu valetudine cavendum est, ne quid in oratore summo desideretur, ne intersistat fatigatus, ne quae dicet parum audiri sentiat, ne se quaerat priorem. 3 vidi ego longe omnium, quos mihi cognoscere contigit, summum oratorem Domitium Afrum valde senem cotidie aliquid ex ea, quam meruerat auctoritate perdentem, cum agente illo, quem principem fuisse quondam fori non erat dubium, alii, quod indignum videatur, riderent, alii erubescerent: quae occasio [illo][w] fuit dicendi, malle eum deficere quam

v) Gothanus *(Gesner)*: fortia
w) *del. Obrecht*: Iulio ⟨Africano⟩ *Stroux*

Heilsames gibt, der Glanz (unserer Worte) männliche Pflege und unsere Erfindungsgabe Urteilskraft. 80 So wird Großes zustande kommen, nicht *zu* Großes, Erhabenes, nicht Abschüssiges, Kühnes, nicht Verwegenes, Ernstes, nicht Düsteres, Gewichtiges, nicht Schleppendes, Gedeihendes, nicht Wucherndes, Fröhliches, nicht Ausgelassenes, Großartiges, nicht Schwülstiges. Ähnlich ist das Verhältnis bei den anderen Vorzügen, und am sichersten ist gewöhnlich der Mittelweg, weil das Äußerste nach beiden Seiten ein Fehler ist.

ELFTES KAPITEL

Die Zeit nach Beendigung der Tätigkeit in der Öffentlichkeit – Schluß

1 Wenn nun der Redner von diesen seinen Stilvorzügen vor Gericht, im Rate, in Volksversammlungen und im Senat, kurz, bei jeder Verpflichtung eines guten Bürgers Gebrauch gemacht hat, wird er auch einen Abschluß für sein Wirken zu wählen wissen, wie er eines so trefflichen Mannes und einer so hohen Aufgabe würdig ist, nicht etwa, weil es je genug sein könnte, sich nützlich zu machen, und etwa nicht für einen Mann mit solcher Gesinnung und Fähigkeit eine möglichst lange Zeitdauer für sein so herrliches Wirken zu wünschen wäre, sondern weil es sich ziemt, auch dafür Vorsorge zu treffen, daß er nicht Schlechteres leistet, als er geleistet hat. 2 Denn nicht nur auf Wissen beruht die Leistung des Redners, das mit den Jahren wächst, sondern auf seiner Stimme, seiner Lunge, seiner kräftigen Verfassung. Sind diese durch Alter oder Krankheit verbraucht oder geschwächt, heißt es auf der Hut zu sein, daß man nicht etwas in der Höchstleistung des Redners vermißt, daß er nicht erschöpft im Satz stockt, daß er nicht merken muß, daß das, was er sagt, nicht deutlich genug zu hören sei, daß er in sich nicht den Mann sucht, der er einmal war. 3 Ich habe es selbst mitangesehen, wie der unter allen Rednern, die mir kennenzulernen vergönnt war, weitaus bedeutendste Redner, Domitius After[129] in hohen Jahren täglich etwas von dem Ansehen, das er sich erworben hatte, verlor, da, wenn der Mann auftrat, der doch zweifellos einst der Beherrscher des Forums gewesen war, die einen, so unwürdig das auch wirkt, zu lachen begannen, andere vor Scham rot wurden. Bei dieser Gelegenheit fiel der Aus-

[129] s. o. 10, 1, 118.

desinere. 4 neque erant illa qualiacumque mala, sed minora. quare antequam in has aetatis veniat insidias, receptui canet et in portum integra nave perveniet. neque enim minores eum, cum id fecerit, studiorum fructus prosequentur. aut ille monumenta rerum posteris aut, ut L. Crassus [aut][x] in libris[y] Ciceronis destinat, iura quaerentibus[z] reddet aut eloquentiae componet artem aut pulcherrimis vitae praeceptis dignum os dabit. 5 frequentabunt vero eius domum optimi iuvenes more veterum et vere dicendi viam velut ex oraculo petent. hos ille formabit quasi eloquentiae parens, et ut vetus gubernator litora et portus et quae tempestatium signa, quid secundis flatibus, quid adversis ratio poscat, docebit, non humanitatis solum communi ductus officio, sed amore quodam operis: nemo enim minui velit id, in quo maximus fuit. 6 quid porro est honestius quam docere quod optime scias? sic ad se Caelium deductum a patre Cicero profitetur, sic Pansam, Hirtium, Dolabellam in[a] morem praeceptoris exercuit cotidie dicens audiensque. 7 ac nescio an eum tunc beatissimum[b] credi oporteat fore, cum iam secretus et consecratus, liber invidia, procul contentionibus famam in tuto conlocarit et sentiet[c] vivus eam, quae post fata praestari magis solet, venerationem et, quid apud posteros futurus sit, videbit.

x) *om.* **P** (ait in **V**)
y) *corr.* **G**: librosis(?) **G** libras **H** libro *ci. Rad.*
z) *Obrecht:* destinatur aquerentibus
a) in morem **P**: morem **G** ⟨ad⟩ morem *Wint.*
b) **P** tum beatissimum *Halm:* turbatissimum
c) *Obrecht (Jenson.):* sententia et **GH** sentiat **P**

spruch,[130] der Mann wolle lieber ver- als entsagen. 4 Und dabei waren seine Leistungen noch keineswegs in irgendeiner Hinsicht schlecht, sondern nur schlechter. Deshalb wird der Redner, bevor es zu diesen Tücken des Alters kommt, das Zeichen zum Rückzug geben und mit unbeschädigtem Schiff zum Hafen kommen. Denn sobald er dies getan hat, wird seinen weiteren Weg nicht geringerer Gewinn aus seinen rednerischen Studien begleiten. Entweder wird er für die Nachwelt seine Erinnerungen verfassen oder wird, wie es L. Crassus in Ciceros Werk[131] vorsieht, denen, die Rechtsauskünfte suchen, Rat erteilen, wird ein Lehrbuch der Kunst der Beredsamkeit verfassen oder den edelsten Lebensregeln den würdigen Ausdruck verleihen. 5 Es werden aber nach Altvätersitte die edelsten jungen Männer sein Haus besuchen und den Weg wahrer Redekunst von ihm wie vom Orakel erfragen. Diesen wird er die rechte Form geben wie ein Vater ihrer Redekunst, und wie ein alter Steuermann wird er ihnen die Häfen, die Sturmzeichen, was bei günstigen, was bei widrigen Winden nach den Regeln der Kunst angebracht ist, erklären – nicht nur geleitet vom allgemeinen Gefühl der Verpflichtung, die zur menschlichen Gesittung gehört,[132] sondern aus der Liebe zu seinem Werk: denn niemand möchte das Gebiet gemindert wissen, auf dem einmal er der Größte war. 6 Was ist denn in der Tat für einen ehrenhaften Menschen schöner, als das zu lehren, was man am besten versteht? So, bekennt Cicero selbst, sei Caelius[133] von seinem Vater ihm zugeführt worden, so hat er Pansa, Hirtius, Dolabella wie ein Lehrmeister mit Vortragen und Abhören täglich geübt[134]. 7 Und vielleicht sollte man glauben, daß für den Redner erst dann seine glücklichste Zeit gekommen sei, wenn er nunmehr, der Menge entzogen und dem Kult (der Verehrung) geweiht, frei von Neid, fern allem Wettstreit, seinen Ruhm gesichert weiß, zu Lebzeiten schon die Verehrung kennenlernt, die man gewöhnlich erst nach dem Hinscheiden empfängt, und es selbst erlebt, was er dereinst der Nachwelt bedeuten wird.

[130] Nicht unmöglich, daß der Ausspruch nach der Ergänzung des beziehungslos überlieferten 'illo' durch Stroux zu Iulio ⟨Africano⟩ von diesem angesehenen Redner stammt (Afer und er erscheinen 10, 1, 118 nebeneinander); jedoch genügt Halms ⟨de⟩ illo, um den Text in Ordnung zu bringen.

[131] de orat. 1, 42, 190.

[132] vgl. o. 12, 9, 11.

[133] p. Cael. 4, 10.

[134] vgl. fam. 9, 16 und o. 8, 3, 54.

8 Conscius sum mihi, quantum mediocritate valui, quaeque antea scierim quaeque operis huiusce gratia potuerim inquirere, candide me atque simpliciter in notitiam eorum, si qui forte cognoscere voluissent, protulisse. atque id viro bono satis est, docuisse quod scierit. 9 vereor tamen, ne aut magna nimium videar exigere, qui eundem virum bonum esse et dicendi peritum velim, aut multa, qui tot artibus in pueritia discendis morum quoque praecepta et scientiam iuris civilis praeter ea, quae de eloquentia tradebantur, adiecerim, quique haec operi nostro necessaria esse crediderint, velut moram[d] rei perhorrescant et desperent ante experimentum. 10 qui[e] primum renuntient sibi, quanta sit humani ingeni vis, quam potens efficiendi quae velit, cum maria transire, siderum cursus numerosque cognoscere, mundum ipsum paene dimetiri minores sed difficiliores artes potuerint. tum cogitent, quantam rem petant quamque nullus sit hoc proposito praemio labor recusandus. 11 quod si mente conceperint, huic quoque parti[f] facilius accedent, ut ipsum iter neque inpervium neque saltem durum putent. nam id, quod prius quodque maius est, ut boni viri simus, voluntate[g] maxime constat: quam qui vera fide induerit, facile easdem,[h] quae virtutem docent, artis accipiet. 12 neque enim aut tam perplexa aut tam numerosa sunt, quae praemuniuntur,[i] ut non paucorum admodum annorum intentione discantur. longam eam[j] facit operam, quod repugnamus: brevis est institutio vitae honestae beataeque, si credas[k]; natura enim nos ad mentem optimam genuit,

d) *Buttmann:* morum **GH** pondus *recc.*
e) tu qui **GH** *(dittogr.)*
f) persuasioni *Stroux* arti *Austin* opinioni *Halm*
g) **P**: simul voluntatem m. constant (constat **P**)
h) easdem **G**: eas idem *Buttmann* eas *Halm*
i) *Rad.* praecipiuntur *Buttmann:* praemuntur **GH**
j) eam *Rad.:* in eam (meam) **HG** enim **P** id eam *ci. Wint.*
k) cedas ⟨naturae⟩ *Christ*

8 Mit gutem Gewissen kann ich behaupten, hiermit, soweit es meine schwachen Kräfte erlaubten, das worin ich mich schon auskannte, sowie auch all das, was ich um dieses meines Werkes willen durchforschen konnte, redlich und schlicht denen, die vielleicht den Wunsch hätten, es kennen zu lernen, zur Kenntnis gebracht zu haben. 9 Und doch fürchte ich, es könnte entweder zu hoch erscheinen, was ich fordere, wenn ich möchte, daß, wer die Redekunst beherrscht, zugleich auch ein guter Mensch sei, oder zu viel, wenn ich zu den vielen Fächern, die man in der Kindheit lernen muß, außerdem, was an Lehren für die Beredsamkeit überliefert ist, auch noch Kenntnis der Sittenlehren und die Beherrschung des Bürgerlichen Rechtes[135] hinzugefügt habe, und es könnten doch diejenigen, die all das zwar als notwendig erachten für unsere Aufgabe, doch den Zeitaufwand scheuen und die Hoffnung aufgeben, ehe sie es erprobt haben. 10 Diese Zweifler mögen es sich zunächst vergegenwärtigen, welche Kraft der menschliche Geist besitzt, welche Macht, zu verwirklichen, was er will, wenn es schon weniger wichtige, und doch noch schwierigere Künste ermöglicht haben, Meere zu überqueren, die Bahnen und Berechnungen der Gestirne zu erforschen, das All selbst fast zu vermessen. Sodann mögen sie bedenken, wieviel der Gegenstand bedeutet, nach dem sie streben, und wie wenig man jede Mühe für diesen verheißenen Lohn scheuen darf. 11 Wenn sie dies bei sich durchdacht haben, dann werden sie auch dem von mir vertretenen Standpunkt leichter sich anschließen, so daß sie den Weg selbst weder für ungangbar noch auch nur für rauh halten. Denn das Ziel, daß das erste und wichtigere ist, daß wir nämlich gute Menschen sind, hängt vor allem vom Wollen ab. Wer dieses aus ehrlicher Überzeugung in sich aufnimmt, wird leicht (schon von sich aus) auch die Regeln der Ethik, welche die Tugend lehren, in sich aufnehmen. 12 Denn das, was da an Vorkehrungen geboten wird, ist weder so verwickelt, noch auch so zahlreich, daß es nicht in der gründlichen Beschäftigung nur weniger Jahre gelernt werden könnte. Lang macht es diese Arbeit nur, daß wir uns ihr widersetzen. Kurz ist nämlich die Anleitung zum guten und glücklichen Leben, wenn man der Natur folgt, denn die Natur hat uns zur besten Gesinnung geschaffen,[136] und für den,

[135] beides im Einklang mit dem ciceronischen Crassus in ›De oratore‹.

[136] Mit diesem Bekenntnis seiner pädagogischen Zuversicht, die er der undogmatischen Aufnahme stoischer Weltanschauung in das römische Bildungsbewußtsein verdankt, kehrt Quintilian am Ende seines Werkes wieder zu dem zurück, womit er (am Anfang des 1. Buches) begonnen hatte.

adeoque discere meliora volentibus promptum est, ut vere intuenti mirum sit illud magis, malos esse tam multos. 13 nam ut aqua piscibus, ut sicca terrenis, circumfusus nobis spiritus volucribus convenit, ita certe facilius esse oportebat secundum naturam quam contra eam vivere. cetera vero, etiam si aetatem nostram non spatio senectutis, sed tempore adulescentiae metiamur, abunde multos ad discendum annos habent: omnia enim breviora reddet ordo et ratio et modus. 14 sed culpa est in praeceptoribus prima, qui libenter detinent quos[l] occupaverunt, partim cupiditate diutius exigendi mercedulas, partim ambitione, quo difficilius ⟨videatur esse⟩[m] quod pollicentur, partim etiam inscientia tradendi vel neglegentia. proxima in nobis, qui morari in eo, quod novimus, quam discere quae nondum scimus melius putamus. 15 nam ut de nostris potissimum studiis dicam, quid attinet tam multis annis, quam in more est plurimorum, ut de his, a quibus magna in hoc pars aetatis absumitur, taceam, declamitare in schola et tantum laboris in rebus falsis consumere, cum satis sit modico tempore imaginem veri discriminis et dicendi leges comperisse? 16 quod non eo dico, quia sit umquam omittenda dicendi[n] exercitatio, sed quia non in una sit eius specie consenescendum. ***[o] cognoscere et praecepta vivendi perdiscere et in foro nos experiri potuimus, dum scholastici sumus. discendi ratio talis, ut non multos ⟨poscat⟩[p] annos. quaelibet enim ex his artibus, quarum habui mentionem, in paucos libros contrahi solet, adeo non est infinito spatio ad traditionem opus. reliqua est ⟨exercitatio⟩,[q] quae vires cito facit, cum fecit,[r] tuetur. 17 rerum cognitio cotidie crescit, et tamen quam multorum ad eam librorum necessaria lectio est, quibus aut rerum exempla ab historicis aut dicendi ab oratoribus petuntur, philosophorum quoque consul-

l) *ed. Bas.:* quod **G** *(ras.)*
m) *add. Halm* (**G** *in ras.*)
n) **P**: discendi **G** discenti *ci. Rad.*
o) *litura in* **G** ⟨res varias⟩ *suppl. Halm; plura deesse putat Rad.*
p) *add. Halm*
q) *add. Halm* ‹consuetudo› *Rad.: litura in* **G**
r) fecit *Bonnell:* feci

der will, geht es so schnell, das Bessere zu lernen, daß es für den, der die Dinge richtig betrachtet, viel verwunderlicher ist, daß so viele Menschen schlecht sind. 13 Denn wie das Wasser den Fischen, das Trockene den Landtieren und die Luft, die uns umgibt, den Vögeln gemäß ist, so müßte es doch gewiß leichter sein, der Natur folgend als ihr entgegen zu leben. Für all das jedoch (was außerdem noch zu unserem Lehrplan gehört) bleiben, auch wenn wir unser Leben nicht bis zum Alter sondern nur nach den Jugendjahren messen, noch reichlich viele Jahre zum Lernen; denn die rechte Abfolge, die Einsicht in die Regeln und der Sinn für das rechte Maß machen ja alles kürzer. 14 Aber die Schuld liegt in erster Linie bei den Lehrern, die die Schüler, die sie mit Beschlag belegt haben, gern lange festhalten teils aus Habgier, ihre paar Pfennige länger einstreichen zu können, teils aus Ehrgeiz, damit das, was sie zu lehren anbieten, schwieriger zu sein scheine,[137] teils aber auch aus Unwissenheit oder Nachlässigkeit. Sodann liegt sie aber auch bei uns, weil wir es für besser halten, bei dem zu verweilen, was wir können, als das zu lernen, was wir noch nicht beherrschen. 15 Denn um am besten von unseren eigenen Studien zu sprechen, wie geht es an, so viele Jahre lang, wie es bei den meisten üblich ist – um von solchen zu schweigen, die einen großen Teil ihres Lebens damit verschwenden! – in der Schule immer wieder zu deklamieren und so viel Mühe auf erfundene Dinge zu verwenden, wenn es hinreichend ist, in mäßiger Zeit ein Bild von einem echten Prozeß und den Regeln, nach denen man dort spricht, zu gewinnen? 16 Das sage ich nicht deshalb, weil etwa die Übung im Reden überhaupt je aussetzen dürfe, sondern weil man bei dieser einen Übungsart nicht alt und grau werden darf. ›Das bürgerliche Recht‹ kennen lernen, die Lehre der Moral gründlich lernen und auf dem Forum uns versuchen konnten wir schon, während wir noch die Rhetorenschule besuchen. Was dabei nach Regeln zu lernen ist, ist so, daß es nicht viele Jahre erfordert. Denn jeder dieser Lehrgänge, die ich erwähnt habe, pflegt in wenige Bände zusammengefaßt zu werden, so wenig ist also unbegrenzte Zeit zu ihrer Vermittlung erforderlich. Der ganze Rest ist Übung, die unsere Kräfte beschleunigt, und sie, wenn sie das erreicht hat, erhält. 17 Täglich wächst nun unsere Sachkenntnis (in der Praxis), und doch wie viele Werke muß man hierzu lesen, in denen wir entweder im Sachlichen Beispiele bei Geschichtsschreibern oder für unseren Stil bei Rednern suchen sowie

[137] Diesen Vorwurf richtet schon der Verfasser des Lehrbuches für Herennius in seinem Vorwort gegen die griechischen Lehrer der Rede-Theorie.

torumque opiniones, si utilia[s] velimus legere, non quod ⟨ne fieri⟩[t] quidem potest, omnia. 18 sed breve nobis tempus nos fecimus: quantulum enim studiis partimur? alias horas vanus salutandi labor, alias datum fabulis otium, alias spectacula, alias convivia trahunt. adice tot genera ludendi et insanam corporis curam, peregrinationes, rura, calculorum anxiam sollicitudinem, invitamenta[u] libidinum et vinum et flagrantibus[v] omni genere voluptatum animis ne ea quidem tempora idonea, quae supersunt. 19 quae si omnia studiis inpenderentur, iam nobis longa aetas et abunde satis ad discendum spatii videretur vel[w] diurna tantum computantibus tempora, ut nihil noctes, quarum bona pars omni somno longior est, adiuvarent. nunc computamus annos, non quibus studuimus, sed quibus viximus. 20 nec vero si geometrae ⟨et musici⟩[x] et grammatici ceterarumque artium professores omnem suam vitam, quamlibet longa fuerit, in singulis artibus consumpserunt, sequitur ut pluris quasdam vitas ad plura discenda desideremus. neque enim illi didicerunt haec usque in senectutem, sed ea sola didicisse contenti fuerunt ac tot annos non in percipiendo exhauserunt, ⟨sed in praecipiendo.⟩[y]

21 Ceterum, ut de Homero taceam, in quo nullius non artis aut opera perfecta aut certe non dubia vestigia reperiuntur, ut Eleum Hippiam transeam, ⟨qui non⟩[z] liberalium modo disciplinarum prae se scientiam tulit, sed vestem et anulum crepidasque, quae omnia manu sua fecerat, in usu habuit, atque ita se praeparavit, ne cuius alterius ope egeret: inlusisse[a] tot ⟨malis⟩[b], quot[c] summa senectus habet, universae Graeciae credimus Gorgiam, qui quaerere auditores, de quo

s) *Christ:* sic uti alia
t) *add. Halm*
u) *Halm:* ansia (anxiae) sollicitudine(s) multae eam
v) *Halm* fractis *Wint.:* flagitiis
w) *Buttmann:* ut
x) *add. Halm (lit.)*
y) *add. Halm (lit.)*
z) *add.* **P**
a) *Bonnell:* inlusire
b) *add. Bonnell*
c) *Bonnell:* quod (que *recc.*)

auch die Auffassungen von Philosophen und Rechtskennern, falls wir nur Nützliches lesen wollen, nicht, was ja gar nicht möglich ist, falls alles. 18 Aber wir sind es ja selbst, die sich die Zeit so verkürzen; denn wie klein ist der Teil, den wir den Studien widmen? Manche Stunden vergeudet die nichtige Mühe der Aufwartungen[138], andere die Zeit, die man dem Theater widmet, andere die Schauspiele[139], wieder andere die Gastmähler. Nimm die vielen Arten des Spieles hinzu und die unvernünftige Beschäftigung mit der Körperpflege, Reisen nach auswärts, aufs Land, die zermürbende Sorge um die Rechnungsbücher, die Verführungen zur Liebeslust, der Wein und die Zeit, die, wenn der Geist von jeder Art von Genüssen erschlafft ist, auch dann nicht zum Studium geeignet ist, wenn sie zur Verfügung steht. 19 Würde diese Zeit ganz auf die Studien verwendet, schon schiene uns das Leben lang und die Zeit zum Lernen reichlich genug, selbst wenn wir nur die Zeit des Tages in Rechnung zögen, als ob die Nächte, von denen doch ein guter Teil länger als der längste Schlaf ist, nichts beisteuern könnten. So aber rechnen wir von den Jahren nicht die, in denen wir studiert, sondern die, in denen wir das Leben ausgekostet haben. 20 Aber auch daraus, daß die Lehrer der Geometrie, Musik, der Grammatik und die aller anderen Künste ihr ganzes Leben, so lange es auch währen mag, nur auf ihre jeweilige Kunst verwenden, folgt nicht, daß wir gleichsam mehrere Leben brauchten, um mehrere Künste zu lernen. Denn auch jene haben ja ihre Künste nicht bis ins Alter gelernt, sondern haben sich damit begnügt, sie gelernt zu haben, und haben all die Jahre nicht damit verbracht, sie aufzunehmen, sondern sie weiterzugeben.

21 Um übrigens von Homer zu schweigen, bei dem sich von jeder Art von Kunst wenn nicht vollkommene Werke, so doch gewiß unzweifelhafte Spuren finden, um auch Hippias von Elis[140] nicht zu erwähnen, der nicht nur die Kenntnis aller Fächer der edlen Studien zur Schau stellte, sondern auch die Kleidung, den Ring und die Schuhe, alles mit eigener Hand angefertigt, zu verwenden pflegte und sich darauf einrichtete, gar nicht der Hilfe eines anderen zu bedürfen – so glauben wir es doch dem einhelligen Zeugnis Griechenlands, daß Gorgias, der seine Zuhörer ihn nach allem zu fragen hieß, was jeder

[138] Die regelmäßigen morgendlichen Höflichkeitsbesuche im Hause vornehmer Gönner gehören zu den Verpflichtungen des gesellschaftlichen Lebens in Rom.

[139] im Amphitheater und im Zirkus.

[140] wie Gorgias einer der tonangebenden Sophisten in der Zeit des Sokrates.

quisque vellet, iubebat. 22 quae tandem ars digna litteris Platoni defuit? quot saeculis Aristoteles didicit, ut non solum, quae ad philosophos atque oratores pertinent, scientia complecteretur, sed animalium satorumque naturas omnis perquireret! illis haec invenienda fuerunt, nobis cognoscenda sunt. tot nos praeceptoribus, tot exemplis instruxit antiquitas, ut possit videri nulla sorte[d] nascendi aetas felicior quam nostra, cui docendae priores elaborarunt. 23 Marcus igitur Cato, idem summus imperator, idem sapiens, idem orator, idem historiae conditor, idem iuris, idem rerum rusticarum peritissimus [fuit][e] inter tot operas militiae, tantas domi contentiones rudi saeculo litteras Graecas aetate iam declinata didicit, ut esset hominibus documento, ea quoque percipi posse, quae senes concupissent. 24 quam multa, paene omnia tradidit Varro! quod instrumentum dicendi M. Tullio defuit? quid plura? cum etiam Cornelius Celsus, mediocri vir ingenio, non solum de his omnibus conscripserit artibus, sed amplius rei militaris et rusticae et medicinae praecepta reliquerit, dignus vel ipso proposito, ut eum scisse omnia illa credamus.

25 At perficere tantum opus arduum, et nemo perfecit. ante omnia sufficit ad exhortationem studiorum capere id rerum naturam, alioqui,[f] quicquid non est factum, ne fieri quidem posset,[g] cum omnia, quae magna sunt atque admirabilia, tempus aliquod, quo primum efficerentur, habuissent: 26 nam et poesis ab Homero et Vergilio tantum fastigium accepit et eloquentia a Demosthene atque Cicerone, denique, quicquid est optimum, ante non fuerat. verum etiam si quis summa

d) *Badius:* forte

e) *del. Stoer*

f) *Kiderlin:* eo **G** et **A** nec *Zumpt*

g) posse **A**²

nur fragen wollte, all der vielen Übel, die das höchste Alter mit sich bringt, gespottet hat.

22 Welche Kunst, die wissenschaftlichen Ernstes würdig ist, hat denn Platon gefehlt? Wieviel Jahrhunderte lang hat Aristoteles gelernt, um nicht nur mit seiner Wissenschaft alles zu umfassen, was zur Philosophie und Redekunst gehört, sondern auch alle Arten von Tieren und Pflanzen naturwissenschaftlich zu durchforschen! Und jene mußten das alles erst auffinden, wir brauchen es nur kennenzulernen. Mit einer solchen Zahl von Lehrmeistern, einer solchen Zahl von Beispielen hat uns die frühere Zeit ausgestattet, daß kein Zeitalter über die Geburtsstunde, die es erlost hat, glücklicher scheinen kann als das unsere, zu dessen Belehrung die früheren alle so große Mühe aufgewandt haben! 23 So hat M. Cato, gleichzeitig als Feldherr, als Weiser, als Redner, als Begründer römischer Geschichtsschreibung der größte, gleichzeitig der größte Kenner des Rechtes und der Landwirtschaft während so vieler Taten zu Felde, so großer Kämpfe in der Politik in seiner noch ungebildeten Zeit in schon weit vorgerücktem Alter die griechische Wissenschaft studiert, um den Menschen ein Beispiel zu geben, daß man auch im Alter zu erfassen vermag, was man recht zu lernen begehrt. 24 Hat nicht so viel, ja fast alles Varro an Kenntnissen überliefert! Was fehlte Cicero aus der vollen Rüstkammer des Redners? Doch wozu viele Worte? da ja sogar Cornelius Celsus, ein Mann von mittlerem Talent[141], nicht nur über alle diese Künste geschrieben, sondern weiterhin Anweisungen zur Kriegskunst, Landwirtschaft und Medizin hinterlassen hat – wert schon durch sein Vorhaben, daß wir glauben, er habe sich in all dem ausgekannt.

25 Aber die große Leistung vollkommen zu erfüllen ist schwierig, und niemand hat sie je so erfüllt. Vor allem genügt es als Ermahnung zum Studium, daß die Natur dies zuläßt, sonst könnte ja alles, was geworden ist, gar nicht erst werden, da alles, was groß und bewundernswert ist, eine Zeit besessen habe, in der es zum ersten Mal zustande kam. 26 Denn sowohl die Poesie hat erst mit Homer und Vergil eine solche Höhe erreicht, wie auch die Beredsamkeit mit Demosthenes und Cicero, und es hatte, kurz gesagt, alles, was jetzt das Beste ist, vorher noch nicht gegeben. Aber auch falls jemand die

[141] 10, 1, 124 erhält er als philosophischer Schriftsteller Anerkennung. Bei der Art, in der Quint. an mehr als 20 Stellen an Einzelheiten der rhetorischen Schrift dieses Gelehrten Kritik übt, kann man sich des Eindrucks nicht erwehren, daß Celsus für den Lehrstoff, den Q. weitergibt, eine nicht unwichtige Quelle war.

desperet (quod cur faciat, cui ingenium, valetudo, facultas, praeceptores non deerunt?), tamen est, ut Cicero ait, pulchrum 'in secundis tertiisque consistere'. 27 neque enim, si quis Achillis gloriam in rebus bellicis consequi non potest, Aiacis aut Diomedis laudem aspernabitur nec, qui Homeri non fuerunt, ⟨non fuerunt⟩[h] Tyrtaei. quin immo si hanc cogitationem homines habuissent, ut nemo se meliorem fore eo, qui optimus fuisset, arbitraretur, hi ipsi, qui sunt optimi, non fuissent, neque post Lucretium ac Macrum Vergilius nec post Crassum et Hortensium Cicero, sed nec illi, qui post eos fuerunt. 28 verum ut transeundi spes non sit, magna tamen est dignitas subsequendi. an Pollio et Messala, qui iam Cicerone arcem tenente eloquentiae agere coeperunt, parum in vita dignitatis habuerunt, parum ad posteros gloriae tradiderunt? alioquin pessime de rebus humanis perductae in summum artes mererentur, si quod optimum, ⟨idem ultimum⟩[i] fuisset. 29 adde quod magnos modica quoque eloquentia parit fructus, ac si quis haec studia utilitate sola metiatur, paene illi perfectae par est. neque erat difficile vel veteribus vel novis exemplis palam facere, non aliunde maiores opes, honores, amicitias, laudem praesentem, futuram[j] hominibus contigisse: nisi indignum litteris esset ab opere pulcherrimo, cuius tractatus atque ipsa possessio plenissimam studiis gratiam refert, hanc minorem exigere mercedem, more eorum, qui a se non virtutes, sed voluptatem, quae fit ex virtutibus, peti dicunt. 30 ipsam igitur orandi maiestatem, qua nihil di immortales melius homini dederunt et qua remota muta sunt omnia et luce praesenti ac memoria posteritatis carent, toto animo petamus nitamurque

h) *Rad.*: tyrthei *ras.* **A**^{2} tyrtaei *ras.* **P**
i) *add. Buttmann*
j) futuram ⟨gloriam⟩ *ci. Rad. (Meister)*

Hoffnung auf das höchste Ziel aufgeben sollte – warum aber sollte das jemand tun, dem es an Talent, Gesundheit, Gelegenheit und Lehrern nicht fehlt? –, so ist es doch, wie Cicero sagt,[142]. schön ,unter den Zweiten oder Dritten einen Platz zu finden'. 27 Denn auch wenn jemand den Ruhm des Achill in kriegerischen Leistungen nicht erreichen kann, so wird er doch die Anerkennung, die ein Aias oder Diomedes findet, nicht verschmähen, und wer als Dichter kein Homer gewesen ist, war doch sehr wohl ein Tyrtaios. Ja, wenn die Menschen immer so gedacht hätten, daß keiner meinte, er könne einmal besser werden als der, der damals der Beste war, so hätte es diese selbst, die die Besten waren, nie gegeben, weder wäre nach Lukrez und Macer Vergil, noch nach Crassus und Hortensius Cicero gekommen, aber es hätte auch die anderen nicht gegeben, die nach ihnen gekommen sind. 28 Tatsächlich aber ist es doch, auch wenn keine Hoffnung, sie zu überholen besteht, eine große Ehre, gleich nach ihnen zu kommen. Oder haben etwa Pollio und Messala, die aufzutreten begannen, als Cicero schon fest in der Burg der Beredsamkeit saß, während ihres Lebens nicht Ehre genug empfangen, nicht genug Ruhm der Nachwelt hinterlassen? Sonst würden ja auch die Künste, die zur höchsten Reife gelangt sind, den menschlichen Bedürfnissen einen recht schlechten Dienst erweisen, wenn das Beste zugleich das Letzte gewesen wäre. 29 Hinzu kommt, daß auch eine bescheidenere Gabe der Beredsamkeit reichen Gewinn bringt, und sie, wenn man diese Betätigung nur nach der Nützlichkeit mäße, der vollkommenen fast gleichwertig wäre. Auch wäre es nicht schwer, sei es durch alte, sei es durch neue Beispiele kund zu tun, daß es keine andere Quelle gibt, aus der den Menschen größere Macht, Ehre, Freundschaft, Anerkennung in der Gegenwart, Ruhm für die Zukunft zuteil geworden sei, wenn es nicht der Wissenschaft unwürdig wäre, von der edelsten Aufgabe, deren Erfüllung und (bloßer) Besitz schon für den aufgewandten Fleiß den reichlichsten Dank liefert, diese geringere Belohnung zu erwarten nach Art der Menschen, die sagen, sie strebten nicht nach den Tugenden, sondern nach der Lust, die man aus den Tugenden gewinnt. 30 Nach der Hohheit der Rede selbst also, die das Edelste ist, was die Unsterblichen den Menschen geschenkt haben, und durch deren Verschwinden alles verstummt und den Glanz seines Lichtes in der Gegenwart verliert wie auch sein Andenken bei der Nachwelt, wollen wir mit ganzem Herzen streben und immer um

[142] orat. 1, 4.

semper ad optima, quod facientes aut evademus in summum aut certe multos infra nos videbimus.

31 Haec erant, Marcelle Vitori, quibus praecepta dicendi pro virili parte adiuvari posse per nos videbantur, quorum cognitio studiosis iuvenibus si non magnam utilitatem adferet, at certe, quod magis petimus, bonam voluntatem.[k]

k) FINIT AMEN *subscr.* **A**

das Beste uns bemühen, ein Bemühen, wodurch wir entweder zum Gipfel gelangen oder doch gewiß viele unter uns sehen werden.

31 Dies war es, Marcellus Vitorius, was, wie ich glaubte, imstande sein könnte, die Lehren der Redekunst, so weit es ein Mann vermag, als mein Beitrag zu fördern; seine Kenntnis wird der Jugend bei ihrem Studium, sollte auch der praktische Nutzen (im übrigen) gering sein, so doch jedenfalls das eine geben, worum es mir mehr geht: den Willen zum Guten.

NACHWORT

I. Quintilians Stellung in der römischen Bildungstradition[1]

Als Quintilian am Ende der Regierungszeit des Domitian daranging, in den zwölf Büchern seiner ›Ausbildung zum wahren Redner‹ die Erfahrungen seiner zwanzigjährigen Lehrtätigkeit in Rom für die Mit- und Nachwelt zusammenzufassen, war er sich bewußt,[2] eine besonders verantwortungsvolle, schwierige, aber auch nötige und dankbare Aufgabe zu erfüllen. Galt es doch, die Summe zu ziehen eines halben Jahrtausends auf dem Gebiet antiker Menschenbildung, das sich in Griechenland und Rom als die wichtigste Voraussetzung zur Bewährung des einzelnen in der Gemeinschaft erwiesen hatte: auf dem Gebiet der Sprachschulung durch die Rhetorik.

Es entsprach der geschichtlichen Rolle und Entwicklung dieser Bildungsmacht, daß es ein Römer aus dem romanisierten Spanien war, der in lateinischer Sprache auf dem Höhepunkt der Verschmelzung griechischer und römischer Bildung und Zivilisation ein solches monumentales Werk plante und vollendete, dem in griechischer Sprache nichts Vergleichbares an die Seite zu stellen ist. Quintilians Werk hat sich durch seine immanente Wirkung auf das abendländische humanistische Bildungsleben bis in unsere Zeit als eine der grundlegenden Urkunden der Menschheitskultur erwiesen.

Zugleich sind diese zwölf Bücher, wie nach Entstehungszeit, Umfang und Zielsetzung nicht anders zu erwarten ist, eine Geschichtsquelle, in der sich in einzigartiger Weise spiegelt, was zum Aufstieg, aber auch, was zum Niedergang der römischen Welt geführt hat.

Freilich bedurfte es, um des Gesamtbildes dieser Spiegelung gewahr zu werden, erst des Abstandes zur humanistischen Bildungstradition,

[1] Dieser erste, interpretierende Teil ist für mehr philologisch interessierte Leser gedacht, während der zweite Teil, der die zusammenfassende Würdigung enthält, keine Lateinkenntnisse voraussetzt. Damit möchte der Verfasser den Lesern beider Seiten der zweisprachigen Ausgabe gerecht werden. Ein Vorabdruck des zweiten Teils liegt vor in: Die Großen der Weltgeschichte, Zürich 1972. Die vorliegende Fassung ist überarbeitet und spiegelt den neusten Stand der Forschung.

[2] Vgl. bes. die Vorrede zum 1. Buch sowie Vorrede und Epilog von B. XII.

der unserer Gegenwart das Gepräge gibt. Solange es den philologischen Erklärern und Beurteilern bis in die erste Hälfte des zwanzigsten Jahrhunderts hinein noch unter dem Eindruck ihrer eigenen humanistischen Jugendbildung fast selbstverständlich war, die literarische Welt der Klassiker mit den Augen Quintilians zu sehen, konnte es nur zu einzelnen Seh-Differenzen und -Korrekturen kommen. Die Betrachtungsweise stand fest, und der Rückgriff auf den großen römischen Erzieher zum bildenden Umgang mit klassischer Sprachkunst bewährte sich immer wieder als ein *Jungbrunnen des Klassizismus*[3]; denn was im Staub und in der Verknöcherung der Schulstube die Klassiker verdeckt hatte, gewann hier unter der Hand und der handgreiflichen Zielsetzung des sach- und menschenkundigen Praktikers rhetorischer Bildung wieder seinen Glanz und seine neue Unmittelbarkeit.

Heute besteht wohl für einen solchen Jungbrunnen kaum noch Bedarf. So ist denn auch der Name des Quintilian nicht nur der breiten Öffentlichkeit so unbekannt wie der Glaube an klassische Sprachkunst und die Klassiker selbst. Aber gerade diese bildungsmäßige Distanz und Unbefangenheit jenseits des Abgrundes, der unsere Gegenwart von der Tradition klassischer Wortkunst trennt, enthält eine Chance, Licht und Schatten in dem Gesamtbild Quintilians deutlicher zu sehen, so daß es als repräsentativ für die römische Bildungstradition erscheinen kann im Rahmen des großen bildungsgeschichtlichen Abschnitts unserer Menschheitsgeschichte, den wir meinen, wenn wir von 'der Antike' reden, und dessen Einheit und kulturgeschichtliches Merkmal eben darin besteht, daß er in besonderer Weise 'rhetorische Kultur'[4] ist.

Hierzu kommt eine zweite Chance, eine Tatsache nämlich, die unmittelbar mit dem weltweiten gesellschaftlichen Wandlungsprozeß zusammenhängt, der zu dem Bruch mit der klassischen Bildungstradition geführt hat: die durch den Primat der Naturwissenschaft technisierte

[3] Eine Rettung Quintilians für die Gegenwart in dieser Richtung versucht neuerdings J.F. Leddy, Tradition and Change in Quintilian. Phoenix 7 (1953) 47–56. Vgl. hierzu die Bemerkung von J. Cousin, Lustrum 7 (1963) 295.

[4] Mit dieser Kennzeichnung, die ich in meiner Skizze ›Die rhetorische Kultur der Antike‹ (in: Der altsprachl. Unterricht 10 [1967] 23–49), eingeführt und zu begründen versucht habe, soll gegenüber der traditionellen Verdammung oder Verherrlichung der Rhetorik die Ambivalenz einer in spezifischer Weise auf die Wortkunst gegründeten Kulturepoche zum Ausdruck kommen, Segen und Unsegen des wirkungsvollen Wortes, eine Ambivalenz, deren Verkennung, wie mir scheint, an der Krise im Verhältnis der Gegenwart zur Antike maßgebend beteiligt ist.

und industrialisierte Gesellschaft der Gegenwart zeigt in ihren gewaltigen demokratisierten Organisationsformen, zuerst unter angelsächsischem Einfluß und am eindrucksvollsten in der Neuen Welt, in steigendem Maße ihr Interesse an der Theorie und Praxis der wirkungsvollen Rede, an der Rhetorik.[5]

Dieses unmittelbar aus den Bedürfnissen des menschlichen Zusammenlebens in der Gesellschaft der Gegenwart entstandene neue Interesse an einer alten Erfindung der griechischen Sophistik hat nichts gemein mit dem Bedürfnis nach einem 'Jungbrunnen des Klassizismus', entspricht vielmehr der Affinität zwischen Pragmatismus und Sophistik. Gerade deshalb aber bietet es eine wertvolle Bereicherung der Anschauung und Erweiterung der Perspektive, wenn wir ein umfassenderes Bild gewinnen wollen von der Stellung Quintilians in der Bildungstradition desjenigen Volkes, das durch seine politische Macht den Gedanken der Weltherrschaft im Altertum am weitesten verwirklicht hat.

Diese beiden Erkenntnischancen lassen es geraten erscheinen, bei dem würdigenden Rückblick auf Quintilians Werk mit der Frage zu beginnen, wie wir heute seine *Stellung und Leistung im Rahmen der römischen Bildungstradition* sehen.

Den Wandel der Beleuchtung, den das Quintilianbild in der Forschung des letzten halben Jahrhunderts erfahren hat, erkennen wir am deutlichsten, wenn wir von dem Ergebnis ausgehen, zu dem 1914

[5] Es ist nicht zufällig ein amerikanischer Gelehrter, George Kennedy, Verfasser der ›Art of Persuasion in Greece‹ (Princeton 1963), in der er mit erfrischendem Elan die sophistische Erfindung der Rhetorik gegen ihre Verächter verteidigt, dem auch die kritische Beschäftigung mit Quintilian die wertvollsten Impulse verdankt: nach seinem Aufsatz im AJP 83 (1962) ›An Estimate of Quintilian‹ und der wichtigen Rezension im AJP 86 (1966) 53–56 (J. Adamietz) nun die Monographie ›Quintilian‹, NYork 1969, das beste Gesamtbild dessen, was wir von Quintilians Leben und Werk wissen. Kennedys chronologische Kombination der wenigen überlieferten Lebensdaten scheint mir überzeugend (vgl. S. 143 A. 26): Geburt um 40. Studium in Rom etwa 57. Rückkehr nach Spanien 59. Rückkehr mit Galba nach Rom 68. Beginn der besoldeten Lehrtätigkeit unter Vespasian 71. Heirat des etwa Vierzigjährigen etwa 82. Geburt der Söhne 83 und 84; danach Tod der Gattin im 19. Lebensjahr; Tod des jüngeren Sohnes 89, des älteren 93. Die Schrift ›De causis corruptae eloquentiae‹ 89. Ende der Lehrtätigkeit etwa 90. Beginn der Arbeit an der ›Inst. oratoria‹ 92. Erzieher der Großneffen Domitians 94. Veröffentlichung der ›Inst. orat.‹ Anfang 95 Verleihung der *consularia ornamenta* unter dem Konsulat des Vaters seiner Zöglinge, Flavius Clemens, 95. Todesjahr ungewiß (96?).

die bis dahin verdienstlichste Untersuchung des quintilianischen Bildungs- und Erziehungsideals[6] gelangt ist: "So ist Quintilians ‚institutio oratoria' eine Reformschrift großen Stils: unzufrieden mit der ganzen pädagogischen Praxis seiner Zeit, mit dem Betrieb der Rhetorenschulen und der Verflachung des Unterrichts erstrebt er auf Grund einer ausgedehnten allseitigen Bildung und durch Philosophie gefestigten Sittlichkeit die Hebung des rhetorischen Ideals. Es sind nicht durchweg neue Gedanken, die er bringt; er ist zwar ein Reformer, aber nicht einer, der weit in die Zukunft vorausschaut, sondern einer, der das schon einmal verwirklichte Ideal Ciceros in seine Zeit – wenn auch mit einigen Modifikationen – übertragen will. Zugleich schöpft er aus dem reichen Schatze der rhetorischen und philosophischen Schriftstellerei der verflossenen Jahrhunderte, kennt und beherrscht die griechische und lateinische Fachliteratur, ist mit den Systemen der Philosophie und ihrer Stellung zur Rhetorik wohl vertraut und nimmt aus der pädagogischen Tradition und Praxis, was ihm als das Beste erscheint. Dabei ist er ein eifriger Wächter der Sitte und vertritt als Rhetor das stoische Tugendideal, das er mit seinem rhetorischen Ideal zu verschmelzen sucht. Auf dem Boden der römischen Literatur und Pädagogik ist uns kein anderes Werk gegeben, das sich so eingehend und tiefgründend mit den Unterrichts- und Erziehungsfragen beschäftigt hätte; daß dabei die Pädagogik mit der Rhetorik verwachsen ist, ist kein Schaden, sondern vielmehr ein Vorzug des quintilianischen Werkes; denn dadurch gibt es ein ganz getreues Spiegelbild des damaligen Unterrichts- und Erziehungsbetriebes."

War Quintilian wirklich ein Reformer, ein Reformer römischer Bildung? Es genügt, heute diese Frage erneut zu stellen,[7] um aus dem zitierten Wortlaut zu erkennen, wie farblos und verharmlosend, wie stark zeitbedingt durch die Reformpädagogik des achtzehnten und neunzehnten Jahrhunderts vom Schreibtisch her und wie wenig adäquat der geschichtlichen Wirklichkeit der römischen Bildungstradition es ist, wenn mit 'Reform' das Besondere der Stellung Quintilians innerhalb der römischen Bildung gekennzeichnet werden soll. Denn wenn damit 'moralistische Zeitkritik der herrschenden Lebens- und Erziehungspraxis' gemeint ist, so ist damit gewiß zu Recht der beherrschende Grundzug der römischen Bildungstradition getroffen, soweit

[6] Benedikt Appel, Das Bildungs- und Erziehungsideal Quintilians nach der institutio oratoria, Münchener Diss. 1914, 93f.

[7] Auf dem Hintergrund von Aubrey Gwynn, Roman Education from Cicero to Quintilian Oxford 1926 (NYork 1964).

wir sie vom Cato Censorius an fassen können, eine Tradition, in die sich Quintilian selbst bewußt einordnet, wenn er sein Bildungsziel als den 'vir bonus dicendi peritus'[8] bezeichnet. Im römischen Sinne konservativ, d. h. auf die Erhaltung eines einmal erreichten geistigen und materiellen Besitzstandes bedacht, immer auf der Hut vor den Verzehrneigungen der Jüngeren, die den Bestand gefährden könnten, unterscheidet sich Quintilian von keinem rechten *pater familias* der Tradition[9].

'Reformstreben' ist also in diesem Sinne das konservative Prinzip in der römischen Tradition selbst. Aber mit diesem Reformerischen ist nur eine Seite, ein gemeinsamer Grundzug im römischen Verhältnis zur Tradition[10] bei Quintilian getroffen. Zu dieser Seite gehört auch ein Teil seines 'Klassizismus', der Bemühung, das bewährte Alte 'der Alten' zu bewahren, damit kein Substanzverlust eintritt – und insofern macht es keinen Unterschied, ob es sich um Ennius oder Vergil, Cato oder Cicero handelt.

Wichtiger aber nun ist die andere Seite in Quintilians Verhältnis zur Tradition; denn wenn wir sie ins Auge fassen, werden wir erst gewahr, daß es sich bei unserer Frage um ein Problem handelt, um etwas Komplizierteres, Widerspruchsvolleres, das durch den Begriff des Bildungsreformers leicht schlagwortartig verdeckt werden kann. Denn derselbe konservative römische Bildungsreformer Quintilian, der die Alten preist und am Alten hängt, ist mit einer erstaunlichen Selbstsicherheit und Selbstverständlichkeit von den Chancen und Er-

[8] Quint. 1 prooem. 9; 12, 1, 1ff.; 12, 1, 2f. Hierzu Michael Winterbottom, Quintilian and the vir bonus JRST 54 (1964) 90.

[9] Vgl. E. Burck, Die altrömische Familie, in: Das neue Bild der Antike II, Leipzig 1942, 6ff.

[10] Gegenüber der durch die Konjunktur der deutschen politischen Gegenwartserfahrungen stimulierten Neigung mancher Latinisten, das götzenhafte Bild des 'Römertums' zu zertrümmern, ist zu betonen, daß 'das Römische' als Wesenszug einer durch geschichtliche Lebensgemeinschaft bestimmten besonderen Form menschlicher Lebensmöglichkeiten, unbeschadet aller Vergötzung oder Verteuflung, wirklich existiert und nach wie vor von entscheidender Bedeutung für das Verständnis des Menschlichen mit seinen Konflikten von Geist und Macht, intellektueller Einsicht und überlieferter Sitte ist. Gerade die Stellung Quintilians im hellenisierten Rom kann den 'Januskopf' als Symbol dieses geistigen Römertums und der römischen 'humanitas' deutlicher in seiner Größe und seiner Beschränktheit kennzeichnen; vgl. oben Anm. 4.

rungenschaften der Gegenwart überzeugt[11]: *tot nos praeceptoribus, tot exemplis instruxit antiquitas, ut possit videri nulla sorte nascendi aetas felicior quam nostra, cui docendae priores elaboraverunt* (12, 11, 22). Hierbei verdient gerade die quantitativ-materielle Denkweise Beachtung: Keine Zeit hatte je so viele Lehrmeister und so viele Muster zur Verfügung wie unsere Gegenwart; man muß sich nur durch fleißiges Studieren des Glückes würdig erweisen, in einer solchen Zeit geboren zu sein. Daß solcher Bildungseifer sich lohnt, beweisen die römischen *exempla*: Cato, gleichzeitig der bedeutendste Feldherr, Weltweise, Redner, Verfasser eines Geschichtswerkes, Rechts- und Landwirtschaftskenner, lernte in schon vorgerücktem Alter in einem noch ungebildeten Jahrhundert mitten zwischen seinen Kriegsaufgaben und politischen Kämpfen das Griechische. Was gibt es, worüber Varro nicht geschrieben hat? Welches Rüstzeug, das Cicero für die Redekunst ungenutzt gelassen hat? Beweist nicht Cornelius Celsus, daß selbst ein mittelmäßiger Kopf außer den üblichen Lehrfächern auch noch die Kriegskunst, Landwirtschaft und Medizin in Lehrbüchern behandeln kann?

Gewiß, das steht in der paränetischen Schlußpartie, in der der Lehrer dem Schüler Mut macht und ihm zeigen will, daß das Studium sich lohnt. Aber hier wie an anderen Stellen ist das Hochgefühl des Römers unüberhörbar, dem die geistigen und materiellen Errungenschaften des *imperium* in ihrer ganzen Fülle zu Gebote stehen wie nie zuvor: Was in dem noch *rude saeculum* des Cato begonnen, ist jetzt zur Reife gediehen: griechische und römische Bildung haben sich quantitativ und qualitativ vereinigt, und so sind denn auch die Voraussetzungen gleichsam durch Addition zu errechnen, daß aus der Summierung des Guten die Verwirklichung des Besten, des *perfectus orator* näher gedrückt ist. Dieser Verwirklichung dient die Summierung der besten (kritisch ausgewählten) *praecepta* der früheren Jahrhunderte, wie sie die ›Institutio oratoria‹ bietet, die sich damit des Glückes würdig erweist, in der Zeit des bisher größten Reichtums der römischen Bildungstradition entstanden zu sein. Werden die Nachkommen in dieser Weise fortfahren, das Beste zu summieren, so wird dieses Anwachsen des Reichtums an *praecepta* den Fortschritt zur Verwirklichung des *perfectus orator* immer noch weiterführen ...

Wie verträgt sich dieser selbstsichere Glaube, mit zuversichtlichem Blick in die Zukunft auf dem bisherigen Gipfel der römischen Bil-

[11] Wie es ja bekanntlich auch schon beim Cato Censorius der Fall ist, der sich in seiner Schrift über die Landwirtschaft als fortschrittlicher Ökonom zeigt: D. Kienast, Cato der Zensor, Heidelberg 1954, 89–90.

dungstradition zu stehen, mit der konservativen Verehrung des Alten und der Alten? Gewiß nicht im Sinne einer systematischen Einheitlichkeit, wohl aber so, wie sich Einrichtungsstücke verschiedener Herkunft in einer Wohnzimmereinrichtung vertragen: als Tradition; denn diese widersprüchliche Haltung ist für Quintilian schon ein Stück Tradition, Erbe des *augusteischen Bildungsbewußtseins*.

Auch in der augusteischen 'Reform' der *res publica* steht die konservative Verehrung des Alten und der Alten neben dem selbstbewußten kritischen Urteil über das verbesserungsbedürftige Ältere der Väter und Großväter, vermischt sich das Bewußtsein, Exemplarisches zu bewahren, mit dem Bewußtsein, Exemplarisches zu schaffen. In der Literatur kommt diese Zwiespältigkeit etwa in Vergils Verhältnis zu Ennius zum Ausdruck, stärker noch in dem Verhältnis des Horaz zur römischen Dichtertradition: vor seinem kritischen Kunstverstand erweist sie sich bei aller Achtung vor Persönlichkeiten wie Lucilius und anderen 'Alten' als noch ungestalter, roher Anfang, und der Gegenwart erst und den Jungen, denen er in seiner ›ars poetica‹[12] rät, ist es vorbehalten, dadurch wirkliche Kunstwerke zustande zu bringen, daß sie bei Tag und Nacht an den *exemplaria Graeca* studieren, was künstlerische Vollkommenheit ist. Dabei haben es die Jüngeren leichter; denn in seinen Oden etwa hat er selbst schon ein *exemplum* solcher Vollkommenheit im Wetteifer mit den Griechen gegeben, das *aere perennius* als *monumentum* den Weg Roms in die Zukunft begleiten wird.[13] Es erübrigt sich, weitere Beispiele anzuführen für das künstlerische Selbstgefühl und das augusteische Kunstbewußtsein, einen Höhepunkt der Leistung darzustellen, in dem die Gegenwart durch kritischen Kunstverstand 'die Alten' der Griechen und Römer so zu nützen und zu überbieten gelernt hat wie Vergil den Ennius und Homer.[14]

Aber schon bei dem 'Vorbereiter der augusteischen Klassik'[15], bei Cicero, findet sich im Verhältnis zur römischen Bildungstradition die gleiche Frontenstellung wie bei Horaz: der verehrungsvolle, noch stärker als bei Horaz von eifersüchtigem Nationalstolz gegenüber den Graeculi erfüllte Blick auf die Redner und Künstler des alten Rom und zugleich das selbstbewußte Gegenwartsgefühl, durch die Beherrschung des Besten der griechischen Bildungstradition eine Vollkom-

[12] v. 268.

[13] c. 3, 30.

[14] Vgl. Prop. 2, 34, 66.

[15] Vgl. Ulrich Knoche, Die geistige Vorbereitung der augusteischen Epoche durch Cicero, in: Das neue Bild der Antike II (1942) 200–218.

menheit erreicht zu haben, die nicht nur alle Leistungen der früheren Redekünstler als etwas Vorläufiges auf dem Weg zum nunmehr erreichten Gipfel erscheinen läßt, sondern auch den mit kritischem Urteil im Vollbesitz des Besten der Tradition befindlichen Meister zum besten Lehrmeister qualifiziert, das Erreichte zu erhalten oder gar – dank der Leistung eines solchen Lehrmeisters! – zu überbieten. Das Erreichte unter allen Umständen erhalten, 'den Besitzstand wahren' und ihn, wenn möglich, vermehren: es ist im Grunde die gleiche einfache ökonomisch-politische Maxime des römischen *parcus pater familias,* ob wir sie nun aus dem Munde Ciceros hören, wenn er im ›Orator‹ für Brutus als Lehrmeister die Summe seiner künstlerischen Lebensleistung zieht, oder ob wir sie in der Praxis des augusteischen Prinzipats[16] aus den außen- und innenpolitischen Maßnahmen zur Wahrung des Imperium ablesen.

Es ist nur die Folge des Selbstgefühls über die Größe des Erreichten, daß mit Cicero wie mit dem Bildungsbewußtsein des augusteischen Prinzipates die Zäsur so groß wird, daß sie sich als Hiat des Vorciceronischen und des Voraugusteischen in der römischen Bildungstradition auswirkt.

Was Cicero angeht, so braucht man nur die *praefationes* zu lesen, in denen der Vater SENECA seinen Söhnen die Errungenschaften der Deklamationskunst in den ersten nachciceronischen Jahrzehnten kritisch erläutert, um zu erkennen, daß die Herausforderung des Redelehrers Cicero, als Maßstab des Erreichten zu gelten, sich bereits voll auswirkt: *quidquid Romana facundia habet, quod insolenti Graeciae aut opponat aut praeferat, circa Ciceronem effloruit. Omnia ingenia, quae lucem nostris studiis attulerunt, tunc nata sunt. In deterius deinde cotidie data res est ...* (praef. 1 § 6).

Cicero – *illud ingenium, quod solum populus Romanus par imperio suo habuit* (§ 11) – ist für diesen alten Ritter aus Cordoba, der Cicero in seiner Jugend noch selbst hätte deklamieren hören können, hätten die Bürgerkriegswirren ihn nicht in seiner Heimat festgehalten, der selbstverständliche Maßstab, aber ein Maßstab, der nicht nur das Vorciceronische, sondern auch alles nach Cicero so sehr überragt, daß er ihm als Gipfel erscheint, an dem sich die bittere Lebenswahrheit ablesen läßt, *ut ad summum perducta rursus ad infimum velocius quidem quam ascenderant, relabantur* (§ 7). 'Die heutige Jugend ...!' – so klagt und mahnt der besorgte *pater familias;* und es ist, als hörten wir fünfzig

[16] Vgl. Mon. Anc. 26ff.

Jahre später die Klage seines spanischen Landsmannes Quintilian –[17]: *torpent ecce ingenia desidiosae iuventutis, nec in ullius honestae rei labore vigilatur. Somnus languorque ac somno et languore turpior malarum rerum industria invasit annimos. Cantandi saltandique nunc obscaena studia effeminatos tenent: et capillum frangere et ad muliebres blanditias vocem extenuare, mollitie corporis certare cum feminis et immundissimis se excolere munditiis nostrorum adulescentium specimen est. Quis aequalium vestrorum quid dicam satis ingeniosus, satis studiosus, immo quis satis vir est? Emolliti enervesque quod nati sunt inviti manent: expugnatores alienae pudicititae, neglegentes suae. in hos nec Dii tantum mali, ut cadat eloquentia: quam non mirarer, nisi animos, in quos se conferret, eligeret. Erratis, optimi iuvenes, nisi illam vocem non M. Catonis sed oraculi creditis. Quid enim est oraculum? nempe voluntas divina hominis ore enuntiata. Et quem tandem antistitem sanctiorem invenire sibi divinitas potuit quam Catonem, per quem humano generi non praeciperet sed convicium faceret? Ille ergo vir quid ait? Orator est, Marce Fili, vir bonus dicendi peritus. Ite nunc et in istis vulsis atque expolitis et nusquam nisi in libidine viris quaerite oratorem! Merito talia habent exempla qualia ingenia. Quis est, qui nunc memoriae studeat? quis, qui, non dico magnis viribus, sed suis placeat? Sententias a dissertissimis viris factas facile in tanta hominum desidia pro suis dicunt: et sacerrimam eloquentiam quia praestare non possunt violare non desinunt* ... (§ 8–10). ‚So steht es mit der heutigen Jugend. Deshalb nehmt euch an den Früheren ein Beispiel. Denn da gab es immerhin noch so geniale Naturen wie meinen Freund und Studienkameraden Porcius Latro[18], dessen Virtuosität und zwar maßlose aber imponierende Kraftnatur euch aus meinem Gedächtnis lebendig zu machen mir eine besondere Freude ist.‘

Die Stelle ist für die Frage nach der Rolle Quintilians in der römischen Bildungstradition besonders wichtig. Sie illustriert uns zunächst, wie im Zeitalter literarischer Bildung der römische Vater sich gleichsam mit einem gewissen schelmisch-grimmigen Rollenbewußtsein in merklicher Freude an den sprachlichen Pointierungen seiner traditionellen Pflicht unterzieht, die ihm das Exempel des Cato Censorius auferlegt, den Jungen die zeitkritische Sittenpredigt, das *convicium saeculi*[19] zu halten, um ihnen wie der terenzische Demea[20] den Spiegel vorzuhalten; sie so vor dem Schlechten zu warnen und zum Guten

[17] z.B. 1, 2, 6ff.; 5, 12, 17ff. u.ö.

[18] Vgl. Siegfried F. Bonner, Roman Declamation, Liverpool 1949, 31f.

[19] Vgl. Controv. praef. 2, 2. Zu den Kontroversien jetzt L.A. Süssmann AJP 92 (1971), 285–91.

[20] Adelph. 413ff.

zu mahnen. Dabei will die bei aller Betonung des unciceronischen Unmaßes bewundernde und begeisterte Schilderung des im *labor* wie im *iocus* gleich römisch-männlichen berühmten Jugendfreundes, auf dessen Freundschaft der Alte sichtlich stolz ist, nicht so recht passen zu der Sorge um den galoppierenden Verfall der Redekunst. Offenbar ist auch bei der nächsten Generation, den Söhnen und ihren Altersgenossen, noch nicht alle Hoffnung verloren, wenn sie sich nur die rechten *exempla* zu Herzen nehmen. Hierzu muß der krasse Zerrspiegel der Gegenwart in der Sittenpredigt die Voraussetzungen schaffen. Bei der Sorge des *pater familias,* daß das Verzehren schneller geht als das Herbeischaffen, wirkt hier zur Bewahrung des Erreichten die Erfahrung der traditionellen Erziehungspraxis mit, daß man gar keinen Eindruck macht, wenn man nicht dick aufträgt, und daß man durch überspannte Forderungen noch immer das Bestmögliche herausgeholt hat.

Wichtiger aber noch ist die Selbstverständlichkeit, mit der an unserer Stelle der Redner vom catonischen *vir bonus dicendi peritus* erhoben wird zum priesterlichen Bewahrer der *sacerrima eloquentia*. Damit ist die Vorrangstellung der richtig verstandenen Beredsamkeit unter den geistigen Betätigungen vorausgesetzt: Sie ist die höchste sittliche Verpflichtung gegenüber der Menschheit und kann deshalb von einem sittlich verkommenen Menschen gar nicht erreicht werden. Demgemäß bedingt der Sittenverfall zugleich den Verfall der Redekunst (vgl. § 7ff.). Jedoch wird die bei dieser Gegenwartsdiagnose naheliegende Folgerung nicht gezogen, der Moralphilosophie als der Kampfgefährtin gegen den Sittenverfall in der Erziehung den Vorrang einzuräumen und auf das Studium einer unerreichbaren *sacerrima eloquentia* zu verzichten. Nein. Das Studium der *eloquentia* gilt dem Vater Seneca als die wichtigste Voraussetzung und das höchste Ziel römischer Bildung. Das zeigt die zweite Vorrede[21], in der er seinem Sohn Mela das Redestudium anempfiehlt, obwohl dieser keine Neigung zur Betätigung in der Öffentlichkeit zeigt.

Bei der nahen Berührung, die sich zwischen den *patres familias* Seneca und Quintilian in ihrer Haltung zur römischen Bildungstradition erkennen läßt und sie wie Träger fester Rollen dieser Tradition erscheinen läßt, liegt gleichsam eine besondere Pointe darin, daß sich die Mahnworte der ersten Vorrede auch an den berühmtesten Sohn Senecas richten, gegen dessen verderbliche Stileinflüsse auf die Jugend dann Quintilian unter den Flaviern zum Kampf antritt.

[21] Controv. praef. 2,3.

Jedoch der berühmte Sohn, der Philosoph Seneca, zeigt sich da, wo er seinerseits als väterlicher Ratgeber einem jüngeren Freund sein Urteil über die Frage der Stilverderbnis mitteilt (ep. Lucil. 114, 2), so sehr im Einklang mit der väterlichen Tradition, daß von hier her die harte Kritik kaum begreiflich erscheint, die Quintilian dem verkehrten Urteilsvermögen Senecas angedeihen läßt (10, 1, 130: *velles eum suo ingenio dixisse, alieno iudicio*) – wenn wir einmal die lockere Stilpraxis beiseite lassen, der Quintilians Zorn gilt: *Quemadmodum autem uniuscuiusque actio dicenti similis est, sic genus dicendi aliquando imitatur publicos mores, si disciplina civitatis laboravit et se in delicias dedit. argumentum est luxuriae publicae orationis lascivia, si modo non in uno aut altero fuit, sed approbata est et recepta. Non potest alius esse ingenio, alius animo color: si ille sanus est, si compositus, gravis, temperans, ingenium quoque siccum ac sobrium est: illo vitiato hoc quoque adflatur. Non vides, si animus elanguit, trahi membra et pigre moveri pedes? si ille effeminatus est, in ipso incessu apparere mollitiam? ... quanto hoc magis accidere putas, quod totum animo permixtum est, ab illo fingitur, illi paret, inde legem petit.* Das wird an der Form- und Haltlosigkeit des Mäcenas exemplifiziert (§ 7ff.): *haec verba tam improbe structa, tam neglegenter abiecta, tam contra consuetudinem omnium posita ostendunt mores quoque non minus novos et pravos et singulares fuisse.* Man lobe seine Abneigung gegen Grausamkeit: *hanc ipsam laudem suam corrupit istis orationis portentosissimae deliciis. apparet enim mollem fuisse, non mitem.* Sein Glück sei ihm zu Kopfe gestiegen, *quod vitium interdum hominis esse, interdum temporis solet. Ubi luxuriam late felicitas fudit, cultus primum corporum esse diligentior incipit ... cum assuevit animus fastidire, quae ex more sunt, et illi pro sordidis solita sunt, etiam in oratione, quod novum est, quaerit et modo antiqua verba atque exoleta revocat ac profert, modo fingit et ignota ac deflectit, modo, id quod nuper increbruit, pro cultu habetur audax translatio ac frequens. Sunt qui sensus praecidant et hoc gratiam sperent, si sententia pependerit et audienti suspicionem sui fecerit. Sunt qui illos detineant et porrigant. Sunt qui non usque ad vitium accedant (necesse est enim hoc facere aliquid grande temptanti), sed qui ipsum vitium ament. Itaque ubicumque videris orationem corruptam placere, ibi mores quoque a recto descivisse non erit dubium. Quomodo conviviorum luxuria, quomodo vestium aegrae civitatis indicia sunt, sic orationis licentia, si modo frequens est, ostendit animos quoque, a quibus verba exeunt, procidisse ...*

Mit alledem steht der Philosoph völlig in der Bildungstradition des Vaters. Nur zieht er als Philosoph die Konsequenz, die der Vater nicht gezogen hat (§ 22): *hoc a magno animi malo oritur: quomodo in vino non antea lingua titubat quam mens cessit oneri et inclinata vel perdita est: ita ista oratio, quid aliud quam ebrietas? nulli molesta est, nisi animus*

labat: ideo ille curetur: ab illo sensus, ab illo verba exeunt, ab illo nobis est habitus, vultus, incessus. Illo sano ac valente oratio quoque robusta, fortis, virilis est ... Erst muß der Geist gesund und kräftig werden, dann wird auch die Rede wieder im Sinne der catonischen Tradition kräftig, mutig und mannhaft. Die Rede ist nur eine Erscheinungsform des Geistes. Deshalb hat die Reform, die Heilung des Geistes den unzweifelhaften Vorrang. Sie ist aber nur durch radikale Umkehr, durch die Kur der Moralphilosophie möglich. Eine kranke Zeit, deren Krankheit sich wie beim einzelnen in der Krankhaftigkeit ihrer Sprache erkennen läßt, braucht wie der einzelne Erkrankte den Philosophen als Arzt und Helfer zur Selbstbesinnung und Geisteswandlung.

Wenn überhaupt, so können wir hier von der Forderung einer Reform, einer Bildungsreform großen Stiles sprechen: Sie betrifft und fordert den einzelnen, ganzen Menschen, den sie am Maßstab der natürlichen Gesundheit des Menschen mißt, dessen philosophischer Geist als Ausdruck seiner Gesundheit in seiner Sprache sich kundtut, da in ihm die Übereinstimmung zwischen Lebensführung und Rede sich ausdrückt, nach der auch Seneca selbst in seiner Sprache strebt (ep. 75, 4: *haec sit propositi nostri summa: quod sentimus, loquamur, quod loquimur, sentiamus: concordet sermo cum vita*).

Die schlichte Künstlichkeit der eben zitierten Formulierung Senecas bestätigt ihre Richtigkeit. Aber mit dieser Forderung der radikalen Umkehr und Erneuerung des menschlichen Geistes und seines sprachlichen Ausdruckes im Sinne unmittelbar menschlicher, nicht aus der väterlichen Überlieferung historisch legitimierter Natürlichkeit stellt sich Seneca außerhalb der römischen Bildungstradition: der folgerichtige Denker in ihm transzendiert sie. Er tut es nicht, indem er sie in ihren sprachlichen Disziplinierungsforderungen und Mustern verleugnet oder geringschätzt, *sondern indem er sie relativiert:* Auch ihm sind Cicero und Sallust anerkannte Meister der sprachlichen Bildung (vgl. ep. 100, 9; 114, 7f). Aber die stilistische *imitatio* ist ihm eine Verkleidung und Verhüllung des natürlichen Abbildwertes des sprachlichen Ausdrucks (vgl. 114, 20; 115, 1f): *oratio cultus animi est: si circumtonsa est et fucata et manu facta, ostendit illum quoque non esse sincerum et habere aliquid fracti. non est ornamentum virile concinnitas.* So kann er Lucilius den stilistischen Rat geben, der dem Geist des Cato Censorius *(rem tene, verba sequentur)* gewiß sich näher fühlt als dem Redelehrer und Redemuster Cicero, der aber einem professionellen Redelehrer wie Quintilian äußerst bedenklich erscheinen muß (ep. 115, 1): *nimis anxium esse te circa verba et compositionem, mi Lucili, nolo: habeo maiora, quae cures. quaere, quid scribas, non quemadmodum. et hoc ipsum non ut scribas,*

sed ut sentias, ut illa, quae senseris, magis applices tibi et velut signes. Cuiuscumque orationem videris sollicitam et politam, scito animum quoque non minus esse pusillis occupatum: magnus ille remissius loquitur et securius, quaecumque dicit, plus habent fiduciae quam curae.

Aus einer so großzügig-überlegenen Einstellung des genialen Sprachmeisters, der sich so einfach über die in der römischen Bildungstradition geforderten Tugenden des *labor* und der *cura* in der Sprache hinwegsetzte, konnten freilich minder geniale Faulpelze unter den Jüngeren leicht einen Freibrief ableiten, ihre Persönlichkeit, unbekümmert um die schulmäßige Mühe mit den Regeln und Mustern der rhetorischen Disziplin, in wildem Dilettantismus genialisch zu entfalten. Ernstere Naturen konnten hierin den Primat der philosophischen Lebensführung und die Absage an die *sacerrima eloquentia* legitimiert sehen. Eine Krise des traditionellen römischen Schulwesens konnte die Folge sein.

Und so etwas scheint tatsächlich eingetreten zu sein, als QUINTILIAN, mit Galba aus Spanien nach Rom gekommen, daran ging, das *corruptum et omnibus vitiis fractum dicendi genus revocare ad severiora studia* (10, 1, 125); denn Quintilian verteidigt sich nachdrücklich gegen die allgemein verbreitete Meinung, er habe das Andenken an Seneca aus persönlichem Haß herabgesetzt.[22] Das war keine unbedenkliche Sache; denn Seneca war zwar repräsentativ für die neronische Zeit, aber als spektakulärstes Opfer des neronischen Regiments[23] der leidenschaftlichen Begeisterung der römischen Jugend sicher. So versteht sich das: *tum autem solus hic fere in manibus adulescentium fuit* und die anschließende Versicherung: *quem non equidem omnio conabar excutere, sed potioribus praeferri non sinebam, quos ille non destiterat incessere* (Quintilian versteht also die Relativierung der traditionellen römischen Sprachmuster als Angriff auf die Bildungstradition), *cum diversi sibi conscius generis placere se in dicendo posse, in quibus illi placerent, diffideret* (Quintilian unterstellt also Seneca gegenüber den traditionellen Mustern die Haltung des Fuchses gegenüber den unerreichbaren Trauben: eine Einschätzung der Sprachkunst Senecas, die es verständlich macht, wie die Meinung

[22] Die letzte mir bekannte Behandlung bei W. Trillitzsch, Seneca im literarischen Urteil der Antike, Amsterdam 1971, 61–69, sieht von der Interpretation der kulturpolitischen Bedeutung und der Rivalität mit der philosophischen Jugendbildung ab.

[23] J.M.C. Toynbee, Dictators and Philosophers in the first Century AD, Greece & Rome 13 (1944) 45–58.

von seiner Gehässigkeit Seneca gegenüber aufkommen konnte); *amabant autem eum magis quam imitabantur* (die Begeisterung der Jugend war also nur ein Alibi für ihren Unverstand und ihre Faulheit!), *tantumque ab illo defluebant, quantum ille ab antiquis descenderat* (der eine Schritt des Seneca weg von den traditionellen Mustern hatte gleich einen weiteren Niveau-Verfall zur Folge: So kommt es, wenn man im Hauswesen erst einmal anfängt, den Bestand anzugreifen!). Hätten sie wenigstens Senecas Niveau gehalten: *sed placebat propter sola vitia* (das ist bitter: man vergleiche Seneca selbst in seiner Erklärung der *corrupta eloquentia* [ep. 114, 11] *sunt qui non usque ad vitium accedant ..., sed qui ipsum vitium ament.* Quintilian wendet also die Charakterisierung der *corrupta eloquentia* einer ganzen Epoche auf Seneca selbst an!) *et ad ea se quisque dirigebat effingenda, quae poterat: deinde cum se iactaret eodem modo dicere, Senecam infamabat:* die Revolution verschlingt ihre Anstifter! Gegen diese Seneca-Begeisterten unter der Jugend ist die ganze kritische Würdigung Senecas in ihrer etwas krampfhaften Bemühung um ein sachliches Gesamturteil gerichtet: Denkt immerhin daran, ihr jungen Verehrer dieses Mannes, er war ein großes Talent mit reichem Wissen; aber auch er hat sich anstrengen müssen, und wo er andere für sich arbeiten ließ, ist er manchem Irrtum zum Opfer gefallen. Er war sehr vielseitig. In seiner Philosophie ist er zwar nicht sehr zuverlässig, aber als Streiter gegen die Laster vortrefflich (nehmt ihn also nur nicht zu ernst als philosophischen Lehrer!). Es finden sich viele vortreffliche Gedanken bei ihm, aber die Art, wie er sie vorträgt, ist meist schlecht und verderblich und deshalb am verhängnisvollsten, weil die Fehler, an denen er so überreich ist, wie liebliche Sirenentöne wirken. Er hatte Talent, aber kein Urteilsvermögen (daß Talent ohne geschulten Geschmack gefährlich ist, könnt ihr an ihm lernen!). Wäre er wählerischer gewesen, nicht so in alle eigenen Einfälle verliebt, nicht in kleinen Sätzchen über die wichtigsten Dinge hinwegtänzelnd, so fände er eher in der Übereinstimmung der Urteilfähigen als in der Schwärmerei von Knaben allgemeine Anerkennung. So aber sollten ihn nur die schon gefestigten Stilisten lesen – schon weil sie dabei ihr kritisches Urteilsvermögen üben können; denn – um es zu wiederholen – er enthält viel Anerkennenswertes, ja viel Bewundernswertes, nur die sorgfältige Auswahl, die ihn sein eigener Geschmack hätte treffen lassen sollen, ist dabei nachzuholen; denn eine solche Natur hätte es verdient, sich ein höheres Kunstziel zu setzen. Das Ziel, das er sich gesteckt hat, hat er erreicht (nehmt ihn als abschreckendes Beispiel, wenn ihr glaubt, ein großes Talent brauche keine Schulzucht!).

Das *puerorum amore comprobaretur* deutet darauf hin, daß noch immer für die traditionelle Jugendbildung von dem Verführer Seneca eine gewisse Gefahr droht. Und zwar droht sie, wenn wir das rhetorisch wohlberechnete Urteil Quintilians richtig interpretiert haben, durch die gewinnende Sprachkunst der großen Persönlichkeit, mit der Seneca sein radikales Reformziel der philosophischen Menschenbildung vorträgt, in dem er der seit Cicero als *sacerrima eloquentia* traditionellen Redekunst als Bildungsziel ihren Vorrang aberkennt. Dem tritt der 'Reformer' Quintilian im Sinne der römischen Bildungstradition entgegen, um den durch den philosophisch-radikalen Reformer der menschlichen Lebensform bedrohten Bestand der römischen Tradition zu wahren. Dabei stellt er sich zeitgemäß auf den Boden der politischen Bemühungen des Vespasian[24], das durch die Wirren unter und nach Nero zerrüttete Imperium neu zu ordnen und zu festigen. Die Grundrichtung dieser Bemühungen war durch das ennianische[25] *moribus antiquis res stat Romana virisque* im Sinne der römischen Bildungstradition gegeben. Es bildete auch die Grundlage des *revocare ad severiora studia* im rhetorischen Unterricht.

Ein solches *revocare ad severiora studia* war freilich auch der Sinn der Worte Senecas (ep. 115, 1): *nimis anxium esse te circa verba et compositionem nolo: habeo maiora, quae cures.* Galt aber bei Seneca die *maior cura* dieser *severiora studia* der Disziplinierung des menschlichen Innern, als deren Folge sich ihr sprachlicher Ausdruck als wesensgemäßer *cultus animi* ergab, also gleichsam einer grundsätzlichen Besinnung und neuen Einstellung zu einer geistigen Kleiderordnung im menschlichen Dasein, die eine spezielle Kleiderordnung überflüssig und unwichtig erscheinen ließ, so gilt sie bei Quintilian der Disziplinierung des sprachlichen Auftretens, der Tracht des *vir vere civilis et publicarum privatarumque rerum administrationi accommodatus, qui regere consiliis urbes, fundare legibus, emendare iudiciis possit* (praef. 1, 10; vgl. 12, 1, 26), des *vir bonus dicendi peritus* im Sinne der catonischen Tradition.

Dieser echte Staatsmann muß zu seiner Redegabe bei umfassendem Wissen alle geistigen Vorzüge besitzen, die eine sittlich vorbildliche Lebensführung gewährleisten. Daß zur Ausbildung eines solchen vollkommenen Staatsmannes philosophische Kenntnisse gehören, wie sie in den Werken der Philosophen zugänglich sind, leugnet Quintilian keineswegs (praef. 1, 11), spricht aber den Philosophen grundsätzlich

[24] Vgl. M. St. A. Wordside, Vespasian's Patronage of Education and the Arts TAPA 73 (1942) 123–29.

[25] v. 500 V.^{3} = Augustin, De civ. d. 2, 21.

(12, 2, 7) und insbesondere den Philosophen seiner Zeit jede Qualifikation ab, einen solchen *Romanum quendam sapientem, qui non secretis disputationibus, sed rerum experimentis atque operibus vere civilem virum exhibeat* zustande zu bringen.

Das Leitbild für dieses Ziel römischer Bildung zum *Romanus sapiens* sieht Quintilian in Cicero dem Redemeister und in dessen Bildungsziel des allseitig und insbesondere philosophisch gebildeten *perfectus orator*[26]: Dessen bildungsgeschichtliche Konzeption, die durch den Abfall von der philosophischen Lebensform zerrissene ursprüngliche Einheit des Weisen und des Staatsmannes im römischen philosophisch gebildeten Staatsmann wiederherzustellen, macht er sich völlig zu eigen (praef. 1, 13ff; 12, 2, 5). Es soll und kann, wenn zu ungewöhnlicher Naturbegabung die quintilianische rhetorische Schulung und die lebenslange unermüdliche Übung im virtuosen Gebrauch des Erlernten kommt, zu einer Verwirklichung des *opus sanctissimum* der *sacerrima eloquentia* (12, 1, 24; 11, 1) bei geradezu priesterlicher Hingabe an dieses Ziel (12, 11, 17f.) führen, die alle bisherigen Leistungen – auch die eines Demosthenes und Cicero, der ja selbst als Lehrmeister über sich hinausführen wollte: 12, 1, 19ff.) – noch übertrifft. Aber in jedem Fall wird es dem *imperium Romanum* wieder zu einer Elite verhelfen *in iudiciis consiliis, contionibus, senatu, in omni denique officio boni civis* (12, 11, 1).

Zu dieser Elite kann jeder gesunde junge Mitbürger auch in der Gegenwart durch das Studium der Rhetorik gelangen; denn die Mutter Natur hat den Menschen die Begabung zur Beredsamkeit reichlich verliehen (12, 11, 12; 1, 1, 1). Nur darf er die große Mühe, den *labor studiorum* nicht scheuen. Aber auch abgesehen davon, daß ein solches Leben im Dienste der *eloquentia* das erhabenste und edelste Lebensziel für jeden Menschen ist oder sein sollte, so lohnt sich diese Mühe auch – wie der Menschenkenner am Ende seiner *exhortatio studiorum* in der Form einer *praeteritio* zu verstehen gibt –, nach der *maiestas orandi* zu streben, *quod magnos modica quoque eloquentia parit fructus, ac si quis haec studia utilitate sola metiatur, paene illi perfectae par est. neque erat difficile vel veteribus vel novis exemplis palam facere, non aliunde maiores opes, honores, amicitias, laudem praesentem, futuram hominibus contigisse, nisi indignum litteris esset ab opere pulcherrimo, cuius tractatus atque ipsa possessio plenissimam studiis gratiam refert, hanc minorem exigere mercedem, more*

[26] Vgl. Karl Barwick, Das rednerische Bildungsideal Ciceros, in: Abh. Sächs. Ak. Berlin 1963. Über den Einfluß des Philon auf Ciceros Konzeption jetzt überzeugend M. Gelzer, Cicero, Wiesbaden 1969, 7–9.

eorum, qui a se non virtutes, sed voluptatem, quae fit ex virtutibus, peti dicunt (12, 11, 29).

Nicht weniger verlockend und geschickt erscheint diese *possessio* als dankbarer Selbstzweck in dem Bilde ausgemalt, das als Verheißung die entsagungsvolle Bemühung um attisches Maß bei der jeweils passenden Stilart krönt (12, 10. 77f.): *neque vero omnia ista, de quibus locuti sumus, orator optime tantum, sed etiam facillime faciet. neque enim vim summam dicendi et os admiratione dignum infelix usque ad ultimum sollicitudo persequitur nec oratorem macerat et coquit aegre verba vertentem et perpendendis coagmentandisque eis intabescentem. nitidus ille et sublimis et locuples circumfluentibus undique eloquentiae copiis imperat: desinit enim in adversa niti qui pervenit ad summum. scandenti circum ima labor est, ceterum quantum processeris, mollior clivus ac laetius solum. et si haec quoque iam lenius supina perseverantibus studiis evaseris, inde fructus inlaborati offerunt sese et omnia sponte proveniunt, quae tamen cotidie nisi decerpantur, arescunt.*

Welcher ehrgeizige junge Römer könnte einer solchen Verlockung zum edlen Ziel widerstehen? Wir begegnen hier dem Zauber, mit dem der römische Lehrer Quintilian die sophistische Verheißung der griechischen Rhetorik vorträgt[27]: Ruhmesglanz und Wohlstand als Lohn für edle Mühen. Wenn dann ein solcher Elitebürger von seinem Wirken als Redner sich aus der Öffentlichkeit zurückzieht (so ergänzt Quintilian das idyllische Bild dieser Verheißung 12, 11, 4f.), *neque minores eum ... studiorum fructus prosequentur*. Er wird der Nachwelt Geschichtsaufzeichnungen schenken, Rechtsrat erteilen, oder er wird – wie Cicero und Quintilian selbst – rhetorische Lehrschriften verfassen *aut pulcherrimis vitae praeceptis dignum os dabit* (nur er hat ja die Sprachkunst, seine philosophischen Lebenseinsichten in würdiger Form weiterzugeben!). *frequentabunt vero eius domum optimi iuvenes more veterum* (vgl. Cic. de orat. 3, 133ff.) *et vere dicendi viam velut ex oraculo petent. hos ille formabit quasi eloquentiae parens* ... Wie ein erfahrener Steuermann wird er ihnen aus seinen Erfahrungen Ratschläge und Warnungen zuteil werden lassen, *non humanitatis solum communi ductus officio, sed amore quodam operis: nemo enim minui velit id, in quo maximus fuit ... ac nescio an eum tunc beatissimum credi oporteat fore, cum iam secretus et consecratus, liber invidia, procul contentionibus famam in tuto locarit et sentiet vivus eam, quae post fata praestari magis solet, venerationem et, quid apud posteros futurus sit, videbit.* So erfüllt sich im *otium cum dignitate* ein tätiges Römerdasein *more veterum,* das am ehesten dem *paucis philosophari; nam omnino haud placet* des Antonius bei Cicero (de orat. 2, 156) entspricht.

[27] Zur römischen 'zweiten Sophistik' Kennedy, Quintilian, 133ff.

Von der stoischen Lebensreform-Forderung Senecas und ihrer Konsequenz für die sprachliche Selbstdarstellung ist dieses Idealbild quintilianischer Erziehung durch eine weite Kluft getrennt. Aber auch zu dem hohen Ziel des Crassus bei Cicero, auf das sich Quintilian so nachdrücklich beruft, die Redekunst mit der Philosophie zu verschmelzen, ist der Abstand beträchtlich: kämpft der ciceronische Bildungsreformer gegenüber dem rein empirischen rhetorischen Praktiker für die Erweiterung der Bildung und für ihre Durchdringung mit 'Philosophie', so wiederholt zwar Quintilian die Forderung nach Erweiterung des Allgemeinwissens, kämpft aber mehr gegen als für eine eigentliche Durchdringung der rhetorischen Praxis mit Philosophie.

Cicero kämpft noch dafür, der Philosophie in Rom die volle bürgerliche Anerkennung auch für die Jugendbildung zu erringen, und, sowenig er auch als akademischer Skeptiker bereit ist, einer der Philosophenschulen oder einer philosophischen Einsicht oder Ansicht den Wert absoluter Wahrheitserkenntnis zuzugestehen, so ist er sich doch der Überlegenheit seiner akademischen Betrachtungsweise, seiner Richterverpflichtung über das jeweils Einleuchtendste, als eines Gewinnes und einer persönlichen geistigen Bereicherung gewiß, die er seinen Mitbürgern zugänglich zu machen und der Größe Roms hinzuzugewinnen als eine seiner größten Ruhmestaten betrachtet hat.[28] Er läßt auch seinen Crassus (3, 142f.) das Plädoyer für die Vereinigung von Philosophie und Rhetorik in der Person des *doctus orator* so führen, daß er es als gleichgültig bezeichnet, ob man darunter einen rhetorisch gebildeten Philosophen oder einen philosophisch gebildeten Redner verstehen wolle: die Anerkennung philosophischer Bildung ist ihm entscheidend (143: *quem si patiuntur eundem esse philosophum sublata controversia est*). Dadurch sucht er zu *vermitteln* zwischen den Verächtern der Philosophie unter den Rednern (vgl. 147 Sulpicius: *vel id, quod facio, contemnere*) und den Verächtern der Redekunst unter den Philosophen (*quae quamvis contemnatur ab eis, necesse est tamen aliquem cumulum illorum artibus adferre videatur*).

Für Quintilian (12, 2) ist das von Cicero Erkämpfte längst ein fester Bestandteil römischer Bildung: ein Lernstoff wie Geschichte und Rechtskunde, gegliedert nach den drei Hauptabschnitten Dialektik, Physik, Ethik und den Meinungen der seit Cicero für den jungen Römer akzeptabelen drei 'Sekten', der Akademiker, Peripatetiker und Stoiker, hierüber. Ist ihm aber schon dieser philosophische Wissensstoff ein Pflichtpensum, das seinen festen Platz in der Jugendbildung

[28] Vgl. J. Graff, Ciceros Selbstauffassung, Heidelberg 1967, 58f.

hat und haben muß, weil es die Regeln der sittlichen Lebensführung vermittelt, die *virtus* des *vir bonus* sichert, *qua nihil homini, quo ad deos immortales propius accederet, datum est* (12, 2, 2), so ist er den philosophischen Lehrern solcher *virtus* gegenüber bis zur kollektiven Diffamierung ablehnend, wie er ja auch nachdrücklich die philosophische Lebensform für seinen Redner ablehnt (12, 2, 6: *haec exhortatio mea non eo pertinet, ut esse oratorem philosophum velim, quando non alia vitae secta longius a civilibus officiis atque ab omni munere oratoris recessit*). *Ac veterum quidem sapientiae professorum multos et honesta praecepisse et, ut praeceperint, etiam vixisse facile concesserim: nostris vero temporibus sub hoc nomine maxima in plerisque vitia latuerunt. Non enim virtute ac studiis ut haberentur philosophi laborabant, sed vultum et tristitiam et dissentientem a ceteris habitum pessimis moribus praetendebant* (praef. 1, 15). Von solchen philosophischen Heuchlern und Gefährdern der Sittlichkeit ist für die Heranbildung des *vir bonus dicendi peritus* nur das Schlimmste zu befürchten[29]: *utinamque sit tempus umquam, quo perfectus aliquis, qualem optamus, orator hanc artem superbo nomine et vitiis quorundam bona eius corrumpentium invisam vindicet sibi ac velut rebus repetitis in corpus eloquentiae adducat!*

So sehr also haben die philosophischen Jugendlehrer in Rom die Philosophie kompromittiert, daß es zwar bedauerlich ist, wenn ein junger Römer, der das Zeug zum Redner hat, statt seine Rechtskenntnis als *orator* anzuwenden, sich 'aus Trägheit' auf die Rechtsberatung beschränkt und spezialisiert, daß es aber eine gescheiterte Existenz bedeutet, wenn *alii pigritiae arrogantioris* sich ganz zur Philosophie wenden, *qui subito fronte conficta immissaque barba, velut despexissent oratoria praecepta, paulum aliquid sederunt in scholis philosophorum, ut deinde in publico tristes, domi dissoluti captarent auctoritatem contemptu ceterorum: philosophia enim simulari potest, eloquentia non potest* (12, 3, 12).

Aufgrund seiner Zeiterfahrungen kann sich offenbar der Römer Quintilian eine echte Bekehrung zur philosophischen Lebensform[30] nicht vorstellen; der Verdacht der Heuchelei und der Diskrepanz zwischen Leben und Lehre scheint ihm so erdrückend, daß er zur summarischen Diffamierung dieser ganzen Lebensform genügt und damit zum Gegenteil dessen führt, worum sich der Bildungslehrer Cicero

[29] Die Konkurrenzsituation zu den Lehrern der Philosophie scheint als Grund für die betont moralistische Rhetorik Quintilians nicht genügend in Rechnung gestellt von M. Winterbottom JRST 54 (1964) 90f. und, ihm folgend, von Kennedy, Quintilian 123.

[30] Vgl. A. d. Nock, Conversion Oxford 1952.

durch die Einbürgerung der Philosophie in Rom[31] bemüht hatte: zur Ausbürgerung der philosophischen Lehrer aus der römischen Jugendbildung, die in den Ausweisungen der Philosophen[32] aus Rom unter Vespasian und Domitian ihre offizielle Bestätigung hat.

Rom war offensichtlich in den Generationen nach Cicero der Philosophen müde geworden und suchte nun im Geist des alten Cato wieder einmal sich dieser griechischen geistigen Infektion zu entledigen.

Die Art, wie dies nun bei Quintilian geschieht, spricht zwar nicht für den 'Bildungsreformer' im modernen Sinn, ist aber für Quintilians Stellung in der römischen Bildungstradition äußerst bezeichnend: Sein Ziel ist es auch hier vor allem, das in der Tradition durch Cicero Erreichte als römischen Besitzstand zu wahren. So spaltet er 'die Philosophie' rein quantitativ in einen Vorrat von '*praecepta* der Alten' *(veterum sapientiae professorum)*, der sich für den *vir bonus* als Helfer zur *virtus* bewahrt hat und nun als *ancilla eloquentiae* zur Verfügung steht, und stellt diesem Alten und Altbewährten das Neue der heutigen Philosophielehrer gegenüber, für dessen Verdammung er sich der Übereinstimmung mit dem *mos maiorum* (und dem Spott der Majorität seiner Mitbürger) sicher weiß. Dabei zeigt er sich für das Qualitative, das Geistige der philosophischen Bemühung um Erkenntnis des Kosmos und des Menschen in ihm völlig unempfänglich und unzugänglich (12, 2, 26ff.): *sed haec inter ipsos, qui velut sacramento rogati vel etiam superstitione constricti nefas ducunt a suscepta semel persuasione discedere: oratori vero nihil est necesse in cuiusquam iurare leges.*[33] *maius enim est opus et praestantius, ad quod ipse tendit et cuius est velut candidatus, si quidem est futurus cum vitae tum etiam eloquentiae laude perfectus. quare in exemplum dicendi facundissimum quemque proponet sibi ad imitandum, moribus vero formandis quam honestissima praecepta rectissimamque ad virtutem viam deliget. exercitatione quidem utetur omni, sed tamen erit plurimus in maximis quibusque ac natura pulcherrimis. nam quae potest materia reperiri ad graviter copioseque dicendum magis abundans quam de virtute, de re publica, de providentia, de origine animorum, de amicitia? haec sunt, quibus mens pariter atque oratio insurgant: quae vera bona, quid mitiget metus, coerceat cupiditates, eximat nos opinionibus vulgi animumque caelestem cognatis sideribus admoveat.*

[31] R. Harder, Die Einbürgerung der Philosophie in Rom, Kl. Schr. 330–53.
[32] Vgl. Cassius Dio 66, 13; Gellius 15, 11.
[33] In Anlehnung an seinen Liebling Horaz (epist. 1, 1, 14), wobei Quintilian sich gewiß in Einklang fühlt mit der philosophischen Schriftstellerei seines Leitbildes Cicero.

Quintilian kennt keine philosophischen Erkenntnisprobleme, sondern nur 'große Themen und Gegenstände' für die erhebende philosophische Predigt. Und als wäre er besorgt, man könnte ihn in solchen großen Gegenständen dem Geist der griechischen Philosophen noch zu nah wähnen, fährt er fort: *neque ea solum, quae talibus disciplinis continentur, sed magis etiam, quae sunt tradita antiquitus dicta ac facta praeclare, et nosse et animo semper agitare conveniet. quae profecto nusquam plura maioraque quam in nostrae civitatis monumentis reperientur. an fortitudinem, iustitiam, fidem, continentiam, frugalitatem, contemptum doloris ac mortis melius alii docebunt quam Fabricii, Curii, Reguli, Decii, Mucii aliique innumerabiles? quantum enim Graeci praeceptis valent, tantum Romani, quod est maius, exemplis.*[34]

Die letzten Worte weisen wieder auf den Ausgangspunkt der Ablehnung der Philosophielehrer für die Jugendbildung zurück: ihre *praecepta* standen zu den *exempla* ihrer Lebensführung in zu krassem Widerspruch. Den Vorrang aber hat in der römischen Bildungstradition stets das Sinnlich-Greifbare des persönlichen Vorbildes vor dem Theoretisch-Allgemeinen der gedanklichen Regel.

Im Sinne dieser Tradition nun verfährt Quintilian auch in seinem eigentlichen Lehrfach mit den griechischen Theorien der Rhetorik.[35] Sie beschäftigen seinen Geist nie als Theorien um der Probleme willen, sondern nur als *Fülle* der Tradition, die ihn in den Stand setzt, aus einem möglichst großen Vorrat die Auswahl dessen zu treffen, was sich in der Praxis am besten bewährt hat oder bewähren kann.

In dieser Unempfänglichkeit für alles Nur-Theoretische liegt – im griechischen und im modernen Sinn – Quintilians Beschränktheit wie auch – im Sinn der römischen Bildungstradition – seine Größe: In dem monumentalen Plan, alles praktisch Verwertbare aus der Überlieferung rhetorischer Bildung zu einem organisch der Entwicklung des Zöglings folgenden Ratgeber für den geistigen Werdegang des künftigen Mitverwalters des *imperium Romanum* zusammenzutragen, ist er nicht in erster Linie ein Reformer, sondern *der Vollender der römischen Bildungstradition.* Aus ihr stammt auch das, was sein Werk inspiriert und zur Vollendung geführt hat: der Vorrang des römischen sinnlichgreifbaren *exemplum* Cicero vor den *praecepta* der griechischen rhetorischen Theorien, denen er doch bis in die geringsten Einzelheiten seiner technischen Unterweisung völlig verpflichtet bleibt – mit dem

[34] Zur Antithese Rom-Griechenland R. Harder, Das Prooemium von Cic. s. Tusculanan, Kl. Schr. München 1960, 413–30.

[35] Hierzu vortrefflich Kennedy, Quintilian, 54ff.

einzigen, für ihn freilich entscheidenden Vorbehalt: dem *iudicium* aus der Sicht der römischen Praxis und der eigenen praktischen Erfahrung.

So ist Quintilians ›Institutio oratoria‹ als Vollendung der römischen Bildungstradition zugleich ein eindrucksvolles Zeugnis dessen, was die Größe und den Erfolg der römischen Zivilisation ausmacht: die Bewahrung griechischer Kultur in den dauerhaften, im Gebrauch bewährten, freilich aus dem freien Spielraum geistiger Qualitäten in die disziplinierten Quantitäten des ökonomisch-politisch Verwertbaren übertragenen Monumentalformen.

II. Die bildungsgeschichtliche Leistung Quintilians

1.

Nach diesem Versuch, im Rahmen der neueren Quintilian-Forschung kritisch zusammenzufassen, was der Römer Quintilian für die Römer und ihre Bildung geleistet hat, bleibt nun noch abschließend zu umreißen, was sein Name und seine Leistung im größeren Rahmen unserer abendländischen Bildung[36] bedeutet.

Wenn es zu den Bedingungen historischer Größe gehört, daß ein Mensch etwas Spektakuläres darstellt und leistet, wodurch er als einmalige Persönlichkeit seine Zeit überragt, so müßte der Mensch Quintilian, der als Prinzenerzieher unter dem Kaiser Domitian zu ephemerer Berühmtheit gelangte, die in der Verleihung des konsularischen Ranges für löbliche Betätigung in der römischen Gesellschaft ihren Kulminationspunkt fand, hinter vielen zurückstehen, denen eine solche Bescheinigung ihrer zeitgemäßen Nützlichkeit erspart blieb. Und doch repräsentiert der Name des Quintilian etwas Besonderes, das ganz zu Recht in dem einhelligen Urteil der Jahrhunderte zum Ausdruck kommt, die diesen Namen bis in unsere Zeit lebendig erhalten haben: Er repräsentiert eine der einprägsamsten und wirkungsvollsten *Lehrergestalten* des Abendlandes. Mehr noch – um seine Bedeutung für unser Geistesleben auf eine vorläufige Formel zu bringen: er repräsentiert den klassischen Modellfall des uns allen noch aus unserer Schulerfahrung vertrauten persönlichen Lehrer-Erlebnisses, des Lehrers, der begeistert, weil er begeisterter Lehrer ist.

[36] Vgl. bes. Kennedy AJP 83 (1962) 130ff. Zur Pseudomorphose in Quintilians Verhältnis zur Schuldeklamation vgl. H. Rahn, Morphologie der antiken Literatur, Darmstadt 1969, 90–99.

Wenn Quintilian in den verschiedenen Formen und Stadien seiner Rezeption vom ersten bis zum zwanzigsten Jahrhundert so gewirkt hat, verdankt er das nicht seiner anerkannten und nützlichen zwanzigjährigen Tätigkeit als Anwalt und Lehrer, nicht seiner Stellung als erster aus der kaiserlichen Kasse besoldeter Professor der Rhetorik in Rom, nicht seinen Reden, Musterdeklamationen und seiner Abhandlung über die Ursachen des Verfalls der Redekunst[37], die in dieser Zeit veröffentlicht, von seinen Bewunderern verschlungen und von der Nachwelt vergessen wurden, sondern lediglich dem einen großen Wurf, in dem das Persönliche seiner Lehrergestalt Leben und Sprache gefunden hat: seiner ›Institutio oratoria‹, seiner Anleitung zur Ausbildung zum Redner. Von der Leistung Quintilians reden heißt also sich darüber Rechenschaft geben, was das Besondere und Eindrucksvolle dieses Lehrbuches der römischen Rhetorik ausmacht, dessen immanente Wirkung bis in unserer Gegenwart lebendig ist.

Bedingt ist die historische Rolle dieses Lehrbuches durch die grundlegende Bedeutung der römischen Kaiserzeit für das Abendland: denn wie die Zivilisation der Kaiserzeit einerseits den reifen und überreifen Ertrag der mehr als ein halbes Jahrtausend umfassenden griechischen und römischen Kulturleistungen in sich birgt, ist sie andererseits der unmittelbare Mutterboden, in dem alle Errungenschaften unserer Zivilisation wurzeln. Dem entspricht die historische Bedeutung des quintilianischen Werkes: es ist ein reifer Ertrag und zugleich Nährboden der Zivilisation, die ihre Erfüllung in der Sprachkultur gefunden hat – in dem Bild des Menschen, der durch die vollkommene Meisterung des wirkungsvollen Wortes vollkommen erscheint. Quintilians Werk ist der Ertrag griechischer Erzieherleidenschaft zur Beherrschung der Rede im monumentalen römischen Gewand – erwachsen nicht aus ursprünglicher Entdeckerfreude, sondern aus der Freude am eroberten Besitz, am Sichten, Ordnen, Erproben und Bewahren dessen, was Bewährung für die Dauer verspricht.

2.

Um die historische Stellung und Leistung Quintilians näher zu bestimmen, müssen wir sie im Rahmen dessen sehen, was man seit der griechischen sophistischen Aufklärung im fünften Jahrhundert v. Chr. als höchste Kulturleistung und Ausdruck höchster menschlicher Gesit-

[37] Zu *de causis corruptae eloquentiae* vgl. Quint. 6 pr. 3; 8, 6, 76.

tung betrachtet: im Rahmen der Verherrlichung der unwiderstehlichen Wirkung des Wortes in allen Formen kunstvoller Sprachbeherrschung, die die antike Kultur geradezu als *die* rhetorische Kultur schlechthin erscheinen läßt.[38]

In diesem Rahmen spielt sich die technische Unterweisung in der Redekunst auf zwei Ebenen verschiedenen Ranges ab. Die erste, die untere Ebene, der Redekursus, die als 'Schule beim Rhetor' den Abschluß der jugendlichen Schulstudien[39] zur Vorbereitung auf das Wirken in der Öffentlichkeit bildet, kann nach seinem Ursprung als *sophistische Rhetorik*[40] bezeichnet werden. Sein Ziel, die systematische (durch ein lehrbares System technischer Regeln erfolgende) Steigerung der natürlichen Überredungsgabe durch einen Übungslehrgang, verheißt dem Schüler Überlegenheit im Lebenskampf gegenüber dem ungeschulten Mitmenschen.

In seiner rigorosen Konsequenz müßte es die Tyrannei derer zur Folge haben, die am rücksichtslosesten diese Kunst beherrschen. Deshalb bildet sich schon seit dem Kampf des Sokrates gegen die Sophisten eine Art Einheitsfront, in der die Vertreter ethisch-philosophischer Jugendbildung diese rein technische Routine bis zur Diffamierung kritisieren. Auch diese Kritik erwächst aus dem Geist sophistischer Aufklärung. Und sie wird von der weiten Öffentlichkeit aller Gutgesinnten getragen. Sie folgt dem Gebot der Stunde und erweist sich damit als zeitgemäß, ersetzt sie doch die in ihrer rigorosen Form egoistische, gemeinschaftsfeindliche Zielsetzung der Redelehrer durch eine höhere, gemeinschaftsstiftende: Rhetorik als Selbstzucht im Gebrauch der Überredungskunst aus sittlichem Verantwortungsgefühl gegenüber der Gemeinschaft.

Der siegreiche Vorkämpfer dieser höheren, *moralistischen Rhetorik* in Griechenland ist der Athener Isokrates[41]. Seine Schule konnte sich gerade deshalb mit solcher Durchschlagskraft des Zeitgemäßen allenthalben in der rhetorischen Jugenderziehung durchsetzen, weil Isokrates, aller theoretischen Erkenntnisbemühung abhold, der wirren Griechenwelt generationenlang – er starb achtundneunzigjährig im Jahre 338 v. Chr. – für sein Ziel praktischer, rhetorischer Lebensmeisterung seine Kompromißformel des gesunden Menschenverstandes

[38] s. o. Anm. 4.

[39] Vgl. H.I. Marrou, Geschichte der Erziehung im klassischen Altertum. Hgg. v. R. Harder, Freiburg 1957, 413ff.

[40] Vgl. H. Gomperz, Sophistik und Rhetorik, Lpzg.-Berlin 1912, 35ff.

[41] Vgl. E. Mikkola, Isokrates, Helsinki 1954.

einhämmerte, die zwischen dem rhetorischen (amoralisch-sophistischen) und dem philosophischen (platonischen) Rigorismus vermittelte: Im wahrhaft rhetorisch gebildeten Griechen müssen sich gutes Denken, gutes Reden und gutes Handeln untrennbar verkörpern. Dabei legt er die traditionellen griechischen Vorstellungen von der Rangordnung der sittlichen Werte zugrunde und verzichtete auf jede vertiefende dialektische Erörterung. Statt dessen verkörperte er in der Glätte, Würde und Klarheit seiner Kunstprosa eine erreichbare Norm attischer Schönheit und Harmonie in der Sprachdisziplin.

Was Isokrates so für die griechische Kunstprosa im Athen des vierten Jahrhunderts geleistet hatte, fand im Rom des ersten vorchristlichen Jahrhunderts seine Entsprechung für die lateinische Kunstprosa. Auch hier war es ein Mann mit hohen Vorstellungen von Sprachkultur und mit gesundem Verständnis für die Priorität des Praktischen, der den treffenden Ausdruck des Zeitgemäßen fand: Cicero. Durch seine griechischen Studien in isokratischer Rhetorik und griechischer Philosophie geschult, führte er in einer Zeit politischer Entfesselung und Verrohung die moralistische Rhetorik zum Sieg über die niedere rhetorische Schulroutine, die durch geschäftstüchtige 'Lehrer römischer Erfolgsrhetorik' *(oratores Latini)* zum amoralischen Werkzeug im politischen Machtkampf zu werden drohte.[42]

Durch die Verbreitung seiner Reden, die seine Leistung als Anwalt und Staatsmann auch in ihrer bewußten Sprachkultur spiegelten, sowie durch das 'isokrateische' Latein seiner rhetorischen und philosophischen Beiträge zur Verbreitung griechischer Bildung in römischem Geist verkörperte Cicero schon für seine Zeitgenossen eine Norm lateinischer 'klassischer' Prosa, die seine Forderung der Verschmelzung philosophischer und rhetorischer Bildung im vollkommenen Redner *(perfectus orator)*[43] als etwas Erreichbares erwies. Die Römer hatten schon lange aus der Tatsache ihrer geistigen Abhängigkeit von den Griechen eine Römertugend gemacht, indem sie – einer Erklärungsweise chauvinistischen Bildungsdünkels übernehmend, mit der die Griechen kulturelle Entlehnungen von Barbaren rechtfertigten – feststellten, sie übernähmen nur, um zu verbessern. So befriedigte Ciceros Leistung den nationalen Ehrgeiz der Römer, die Griechen gerade auf dem Gebiet worin diese ihre stärkste Überlegenheit erblickten, nämlich der Meisterung der Sprache und Rede, mit ihren eigenen Mitteln überwunden zu haben.

[42] Vgl. M.L. Clarke, Rhetoric at Rome, London 1966.
[43] s.o. Anm. 26.

Das war freilich auch in den folgenden Generationen noch keineswegs auf allen Gebieten des geistigen Lebens der Fall. Das gebildete Rom blieb zweisprachig: zumal in der Philosophie, der Mathematik und in anderen Spezialwissenschaften blieb die Abhängigkeit vom Griechischen weithin bestehen. Um so mehr wurde Cicero und seine sprachliche Leistung zum Leitstern, zum Leitbild nationalrömischer Bildung. Daß Cicero ein solches Leitbild in der Kaiserzeit bleiben konnte, ja daß seine 'klassische Rolle' in der Sprachkultur der ersten nachchristlichen Jahrhunderte noch an Bedeutung zunehmen konnte, obwohl seine Gestalt gerade auch durch seinen Tod als Opfer jener Proskriptionen, die der spätere Augustus als Triumvir mitzuverantworten hatte, so untrennbar mit dem Idealbild einer republikanischen freien Bürgergemeinde verbunden war, ist nur aus der besonderen geistigen Zwiespältigkeit der römischen Prinzipatsideologie verständlich. Gerade hierfür nun ist Quintilian der entscheidende Zeuge; denn sowenig das Ziel seiner ›Institutio oratoria‹, durch die rhetorische Erziehung in einem systematischen Lehrgang von den ersten Kinderjahren bis zur Wirksamkeit im öffentlichen Leben und bis zum *otium cum dignitate* des Ruhestandes dem Römer ein vollkommenes Bild seiner vollkommenen Bildung zu liefern, ohne das Leitbild Ciceros denkbar ist, sosehr ist dieses ganze Unternehmen zugleich Ausdruck einer neuen und ganz und gar zeitbedingten und zeitgemäßen Aneignung der bildenden Wirkung Ciceros, der entscheidende Markstein des ‚Ciceronianismus'[44].

Auch diese dritte Etappe des Zeitgemäßen in dem höheren Bildungsanspruch der antiken moralistischen Rhetorik, wie sie Quintilian repräsentiert, erscheint als Reaktion des attischen Sinnes für Maß und Zucht im Umgang mit dem Wort gegenüber dem Unmaß asiatischer Zügellosigkeit, als Reaktion des gesunden Menschenverstandes in der Meisterung der rhetorischen Praxis gegenüber unfruchtbarer lebensferner Theorie.

Aber diese Reaktion ist von den beiden vorhergehenden, wie oben dargelegt, schon im Ansatz verschieden durch ihr besonderes Gepräge des Reformatorischen, das durch die politischen Verhältnisse des vespasianisch-flavischen Prinzipates bedingt ist: man wollte aus den Trümmern der ökonomischen und moralischen Monstrositäten des neronischen Künstlerregiments und des 'einen, langen Bürgerkriegs-

[44] Vgl. Th. Zielinski, Cicero im Wandel der Jahrhunderte, Berlin-Lpzg. 1912.

jahres'[45] nach Neros Tod zu einer neuen bürgerlichen Ordnung kommen. Hatte die moralistische Zeitkritik in Rom schon seit dem Zensor Cato der gesellschaftlichen Rolle der Literatur ein typisch römisches Gepräge gegeben, so fand sie nun, in der moralistischen Rhetorik Quintilians, ihre Vollendung im Dienst der flavischen Kulturpolitik.[46] Dieser Nutzen der Leistung Quintilians für die 'geistige Reform des Römertums' kam schon darin handfest zum Ausdruck, daß der sonst so sparsame Vespasian ihn aus seinem Fiskus honorierte; es wurde bestätigt und bekräftigt durch Domitian, der das Zensoramt so ostentativ im Dienst der moralischen und musischen Reform übte und dabei seine eigenen Großneffen Quintilians Rhetorik anvertraute; und es fand seinen Niederschlag in einem Reichtum, der für einen Lehrer in Rom so ungewöhnlich war, daß die Satire des Juvenal[47] effektsicher darauf anspielen konnte.

Aber fraglos hätte die moralistische Rhetorik Quintilians das Schicksal ihres Gönners Domitian geteilt, durch das gebildete Rom aus der Geschichtserinnerung ausgetilgt zu werden,[48] wenn sie weiter nichts zu bieten gehabt hätte als diese kulturpolitische Aktualität. In der Tat nimmt das, was in diesem Sinne zeitbedingt ist, in seinem Werk nur einen verhältnismäßig kleinen Raum ein. Am wenigsten Anstoß können die bei seiner gesellschaftlichen Stellung unvermeidlichen Huldigungen für Domitian bieten, die manchen auf Mannesmut vor Fürstenthronen bedachten Verehrer und Erklärer des Rhetors in Verlegenheit gebracht haben.[49] Sie sind schon dadurch in ihrer Harmlosigkeit entschuldigt, daß es offenbar weder der Verfasser selbst noch ein Späterer für opportun oder der Mühe wert gehalten hat, sie zu tilgen oder zu überarbeiten. Mehr schon kann man ihm zur Last legen, daß seine pauschale Einschätzung der zeitgenössischen Philosophen[50] und ihrer Bedeutung für die Jugendbildung aus ererbter Schulrivalität[51] in ge-

[45] Tac. Dial. 17.
[46] s.o. Anm. 24.
[47] Iuvenal. 7, 188f.
[48] Sueton. Domitian 23.
[49] s. Quintilian 4 pr. 4–5; 10, 1, 91. Vgl. dazu etwa B. Schwabe RE s. v. Fabius, Bd. 6, 2 Sp. 1859: 'In dem Bild des durchaus ehrenwerten Mannes von edler Gesinnung, das wir aus der Institutio oratoria von ihrem Verfasser gewinnen, stört nur der Zug würdeloser Schmeichelei gegenüber dem Kaiser Domitian, die mehr als aufdringlich angebracht wird.'
[50] Quint. 1 pr. 15.
[51] Vgl. H. v. Arnim, Dio von Prusa, Berlin 1898, 10ff.

hässigen Seitenhieben von der offiziellen Tageskonjunktur profitiert, die dieser latenten Quelle monarchiefeindlicher Opposition[52] abgeneigt ist.

Am stärksten zeitbedingt ist zweifellos, wie wir schon gesehen haben, die Haltung gegenüber dem glänzendsten Geist und Sprachkünstler der Zeit, Seneca, dem stoischen Philosophen, dem Erzieher, Ratgeber und Opfer Neros.[53] Jedoch hat seine kritische Auseinandersetzung mit dieser ihm trotz des gemeinsamen Moralismus inkommensurabelen Erscheinung, die er auf die Frage der stilistischen Vorbildlichkeit beschränkt, wie die Erhaltung der Werke Senecas beweist, deren Wirkung keinen Abbruch getan.

Das eigentliche Zeitgemäße vielmehr, das der quintilianischen Bildungskonzeption ihre Wirkung über das Zeitbedingte hinaus gesichert hat, ist das ebensosehr ästhetische wie moralische Fundament, das er ihr durch seine Cicero-Interpretation gegeben hat, durch die enthusiastische Hingabe an die Künstlerpersönlichkeit Ciceros, die er dem Leser so zu vergegenwärtigen vermag, weil sie ihm so völlig gegenwärtig ist, daß man die Rückwendung, die moralistisch-reformatorische Tendenz vergißt. Hiervon wird sich jeder Leser überzeugen, der das Gutachten, mit dem Quintilian Ciceros Vorrangstellung im zehnten Buch (10, 1, 108–112) begründet, auf sich wirken läßt.

Die ganz persönliche Bindung, die der Lehrer Quintilian hier und an jeder passenden Stelle zwischen seinen Schülern und dem Künstler Cicero als der Verkörperung und vollkommensten Verwirklichung seines oratorischen Bildungsideals anbahnt, ist es, was seine 'Ausbildung zum Redner' über alle griechischen und römischen Lehrbücher der Rhetorik erhebt. Hier liegt der geniale Griff des Praktikers, der im wahrsten Sinn des Wortes im ganzen Abendland Schule gemacht hat: nämlich der Schul-Rivalität darum, welches Ziel wichtiger sei – die moralische Lebensmeisterung, wie sie die philosophische Jugendbildung fordert, oder die technische Meisterschaft und Überlegenheit in allen Fragen des Gemeinschaftslebens, wie sie die sophistische Rhetorik als Forderung der Praxis beansprucht –, dadurch die Spitze abzubrechen, daß die scheinbar nur als theoretisches Idealbild denkbare Vereinigung beider Forderungen nun als untrennbare Leistung *eines* exemplarischen Menschenlebens anschaulich vor die Augen trat: In Cicero war das römische Bildungsideal des *vir bonus dicendi peritus* ver-

[52] s.o. Anm. 23.
[53] Quint. 10, 1, 125ff.

körpert;[54] die Autorität dieses *exemplum* wog im Unterricht mehr als alle auf ein Wunschbild zielenden *praecepta*.

Es liegt auf der Hand, daß nicht historisch-biographische Forschung Quintilian zu dieser Cicero-Interpretation geführt hat, sondern die Interpretation der künstlerisch wirksamen Selbstdarstellung, die Cicero selbst in seinen Werken und durch sie von sich geliefert hat[55]: Wirkung im Bereich des Literarischen.

Aber um Größe und Meisterschaft interpretierend zu erkennen, muß man einen inneren Sinn und Maßstab für Größe und Meisterschaft besitzen. Und dieser Sinn befähigt Quintilian zu seiner Cicero-Interpretation, die eben nur deshalb dem Bildungsideal des Ciceronianismus ein die Jahrhunderte überdauerndes Fundament liefern konnte, weil sich die sprachliche Leistung Ciceros tatsächlich als dem Anspruch der klassischen Norm gewachsen erwies.

Dem Lehrer Quintilian aber bot sein interpretatorischer Spürsinn gegenüber der Erzieherrolle, die Cicero in seiner Selbstdarstellung gestaltete, den Vorteil, aus der Distanz das Gewicht und die objektive Gültigkeit dessen zu steigern, was die Selbstdarstellung bezweckte. So wurde die Mittlerrolle Quintilians zwischen Ciceros Kunst und seinen Schülern römischer rhetorischer Bildung für die folgenden Jahrhunderte zum Musterfall der anspruchsvollsten Form des Umgangs mit klassischem Latein. Quintilians Werk wurde nicht nur zur unentbehrlichen Ergänzung des moralischen Bildungsanspruchs der Rhetorik, sondern auch jeweils zum Gradmesser dafür, wieweit es gelungen war, aus der unmittelbaren Begegnung mit dem Erzieher Cicero sich das zur Entfaltung der eigenen Sprachkräfte neu zu erwerben, was man in der Cicero-Lektüre besaß.

In diesem Sinn erwies sich Quintilian als der klassische Lehrer im Umgang mit dem Phänomen des Klassischen, d.h. mit dem Erlebnis des Vollkommenen in Literatur und Kunst. Er konnte dies aber nur deshalb, weil in ihm aus der stoisch-platonisch-peripatetischen Allgemeinbildung der Zeit – ebenfalls einer Frucht der ciceronischen Bildungsschriften – der vorwiegend stoisch geprägte, aber undogmatische Glaube lebendig war, daß dem Menschen die göttliche Gabe einer natürlichen Vollkommenheit eigen sei,[56] einer natürlichen Ge-

[54] s.o. Anm. 8.

[55] s.o. Anm. 28.

[56] s. z.B. Quint. 12, 1, 2ff. Zur zentralen Rolle und zur Vielfalt der Natur-Aspekte in der *institutio* vgl. Freyr R. Varwig. Der rhetorische Naturbegriff bei Quintilian. Studien zu einem Argumentationstopos in der rhetorischen Bildung der Antike Diss. Frankfurt 1974.

sundheit des Leibes und des Geistes, die wiederzugewinnen sei, wenn dem Menschen nur die Augen aufgingen für die Fehler und Entartungen, die als Zivilisationskrankheiten der Gegenwart seine Natur entstellen. Aus dieser Grundhaltung moralistischer Aufklärungstherapie schöpfte er die Zuversicht, ohne die ein erfolgreicher Bildungslehrer schwerlich denkbar ist.

3.

Quintilian will also sein Werk als Neubegründung und Ergänzung des cieronischen Bildungsideals verstanden wissen. Mit sicherem Griff und taktischem Geschick hat er es darauf angelegt, durch den Glanz der cieronischen Leistung die Leuchtkraft seiner eigenen rhetorischen Erziehungsbemühungen zu steigern und ins rechte Licht zu setzen. Er wäre aber nicht der sachkundige Interpret der ciceronischen Selbstdarstellungskunst und der Meister rhetorischer Praxis, der er ist, hätte er es nicht verstanden, auch seine eigene Leistung durch die Form gebührend kenntlich zu machen, in der er seine Lehre darbietet. Tatsächlich läßt er denn auch bei aller Ehrfurcht und Bescheidenheit gegenüber dem großen Bildungslehrer Cicero keinen Zweifel darüber, für wie unentbehrlich er die Ergebnisse seiner eigenen, langjährigen Lehrerfahrung hält, die er als notwendige Ergänzung zu Cicero liefert.[57] Der Stolz, über Cicero und die auf die Verfeinerung der römischen Sprachkultur so eifrig bedachten Jahrzehnte der ersten Caesaren hinaus die gesamte griechisch-römische Lehrtradition zu beherrschen, ist allenthalben spürbar. Wie Cicero in seinem ›Brutus‹ in einem historisch-kritischen Gesamtbild zusammenfaßt, was auf dem Gebiet der Redekunst von seinen Vorgängern geleistet worden ist, so tut es Quintilian zu Beginn seines dritten Buches mit den Leistungen der Redelehrer.[58] Dabei verraten gerade die Einzelheiten, in denen er sich in pädagogischen und ästhetischen Fragen mit seinen römischen Vorgängern auf dem Gebiet der systematischen Lehrenzyklopädie kritisch auseinandersetzt, wie stark er im ganzen stofflich einer schon scholastisch festen Schultradition verpflichtet ist.

In dem Bestreben, mit äußerster Gewissenhaftigkeit und Anstrengung (*cura* und *labor*) alles zu bewahren und praktisch verfügbar zu machen, was sich an geistigen Errungenschaften irgend nürzlich erwie-

[57] s. Quint. 12 pr. 3f. Vgl. J. Adamietz, M.F. Quintiliani liber III, München 1966, 11f.

[58] dazu Adamietz a.a.O. in der Einleitung.

sen hat, weiß sich Quintilian in Einklang mit der römischen aristokratischen Bildungselite, die – als politisch führende Schicht – ihre Hingabe an die Muße geistiger Tätigkeit *(otium)* dadurch rechtfertigt, daß sie sie als nützliche Anstrengung legitimiert.[59] Gerade das diszipliniert Asketische, das 'Arbeitsethos', das der in den zwölf Büchern systematisch dargebotene gewaltige Lehrstoff dem künftigen Redner als Preis für die verheißene Vollkommenheit abfordert, hat auch im christlich gewordenen Abendland die überragende Geltung des quintilianischen Lehrbuches entscheidend gefördert. Hier fand man die traditionellen fünf 'Aufgaben, die der Redner beherrschen muß', die *officia oratoris*[60]: die Lehre von der Entwicklung der Gedanken *(inventio)* in Buch III–VI; ihre Anordnung in der Rede *(dispositio)* in Buch VII; ihre kunstvolle Darstellung *(elocutio)* in Buch VIII–XI, 1; die Regeln für die Gedächtnisschulung *(memoria)* in Buch XI, 2; und die für den freien Vortrag mit genau geregelten Ausdrucksgebärden *(actio)* in Buch XI, 3. In angemessener Ausführlichkeit sind sie so klar und anschaulich abgehandelt, als wäre man persönlich bei den Vorträgen des Schulkurses zugegen. Diesen Eindruck erzielt der Verfasser des Lehrbuches nicht zuletzt durch ein rhetorisches Kunstmittel, das er als Ausdruck gesellschaftlicher gebildeter Umgangsform ebenfalls bei Cicero vorgebildet finden konnte: durch die Figur der *communicatio* (κοινωνία).[61] Er bezieht bei der Entwicklung, Begründung und Beurteilung der Schulvorschriften immer wieder den Zuhörer mit ein, zieht ihn ins Vertrauen, indem er durch anschauliche Bilder und Vergleiche[62] einen gemeinsamen Bereich der Erfahrung, des Naturgemäßen und des gesunden Menschenverstandes herstellt, aus dem heraus er in kritischer praktischer Lerngemeinschaft Sinn und Nutzen der einzelnen Lehrsätze der überlieferten Schultheorie bespricht und prüft. Der Hörer spürt stets, wie grau auch dem Lehrer selbst alle Theorie um der Theorie willen, alle griechische Schultiftelei[63] erscheint, und er fühlt sich in der Obhut des erfahrenen Praktikers stets auf dem sichersten Weg zum erreichbaren Ziel, bewahrt vor allem Unnützen. So entsteht ein unreflektiertes und deshalb unwiderstehliches Gefühl der Geborgenheit, eine Bundesgenossenschaft mit dem Lehrer, in der

[59] s. z.B. Plin. ep. 3, 5.

[60] Zur wiss. Orientierung knapp und zuverlässig W. Kroll, RE Suppl. 7 (1940) Sp. 1039ff.

[61] Vgl. Quint. 9, 1, 30. Auch E.S. Ramage, Urbanitas: Cicero and Quintilian, AJP 84 (1963) 391ff.

[62] Vgl. G. Assfahl, Vergleiche und Gleichnisse bei Quintilian, Tüb. 1932.

[63] z.B. Quint. 3, 11, 21.

auch die schwierigste Aufgabe ihre Schrecken verliert. Trotz des durch den systematischen Schulkursus und die schulmeisterliche Gründlichkeit beschränkteren Blickfeldes fühlen wir uns wie bei Cicero stets in der Gesellschaft eines freien, zielbewußten Geistes, der unser Bestes will.

Die Verwandlung des traditionellen systematischen Lehrbuches ins Persönlich-Erlebnishafte unter dem Einfluß der ciceronischen Kunst der Selbstdarstellung geht aber, wie jeder Leser der ›Institutio‹ weiß, noch viel weiter. Zwar hatte Sueton[64] in seiner Reihe berühmter Lehrer Roms auch das Leben Quintilians beschrieben, woraus uns noch durch die Chronik des Hieronymus seine Geburt in dem spanischen Calagurris und die Rückkehr aus Spanien im Gefolge des Galba (im Jahr 68) als kümmerliche Reste des äußeren Lebenslaufes bekannt sind. Alles aber, was wir von seiner inneren Biographie wissen sollen, sagt uns Quintilians Selbstdarstellung in den Rahmenteilen der ›Institutio‹.

Durch sie hat er sich die Herzen aller erobert, die menschliches Mitgefühl mit den Schicksalsschlägen haben, denen der erfolgreiche Lehrer die Beendigung seines Werkes abgerungen hat.[65] Was er nach guter alter Sitte römischer Jugenderziehung für den Sohn seines Freundes begonnen und als Vermächtnis für seine eigenen Söhne, vor allem für den hochbegabten ältesten, gedacht hatte, hinterläßt er nun, nachdem ihm der Tod seine junge Gattin (im Alter von noch nicht neunzehn Jahren) und beide Kinder im hoffnungsvollsten Knabenalter (den jüngeren mit fünf, den älteren mit neun Jahren) entrissen hat, in stoischer Pflichterfüllung und schwer errungener Apathie gegenüber den Schlägen Fortunas der römischen Jugend. So stellt er sich auf dem Familiendenkmal, das er im Proömium zum sechsten Buch dem Andenken an seine Lieben errichtet, für die Nachwelt dar, ehe er daran geht zu lehren, wie man als Redner die ganze Skala der Affekte beherrschen, wie man die Zuhörer zum Weinen und Lachen bringen müsse. Das Biographische ist weder hier noch in den anderen Proömien historisch-chronistischer Selbstzweck. Es erscheint, literarisch kunstvoll gestaltet, als Ausdruck der exemplarischen Verschmelzung von Leben und Lehre in der Lehrerpersönlichkeit. Es dient – was dem Redelehrer selbstverständliche Kunstregel ist – dem eigenen moralischen Gewicht, es dient der 'Autorität des Redenden'[66].

[64] Suetonius, De grammaticis et rhetoribus p. 129 (Reiff.).

[65] Besonders pr. 4 (Erhebung zum Prinzenerzieher) und pr. 6 (Sturz durch Fortuna).

[66] der δόξα τοῦ λέγοντος: vgl. Anaximenes, Rhet. 14.

Diese Kunst der natürlichen Unmittelbarkeit des Persönlichen ist es denn auch, was – wie bei Cicero – den literarischen Vorrang gegenüber den unpersönlichen Lehrschriften ausmacht. Der Lehrkursus Quintilians, der, ohne Scheuklappen und Dünkel und doch stets mit Würde, Geist und Eleganz, wie ein richtiger Vater die geistige Entfaltung des Kindes von den schlichtesten grammatischen Anfängen (im deshalb so unschätzbaren ersten Buch) bis zur Reife des Redners und bis zum Ende der Karriere des Anwalts (im zwölften Buch) betreut, kann jederzeit als vertrauter Ratgeber gegenwärtig werden, solange es Väter und Erzieher gibt, denen die sprachliche Mündigkeit der Heranwachsenden noch etwas bedeutet.

4.

Daß das so ist, bestätigt der Blick auf die Jahrhunderte der Nachwirkung[67], von der schon im Vorwort die Rede war. Wir können uns deshalb auf eine kurze Rekapitulation beschränken.

Wie nicht anders zu erwarten, entsprechen die Formen und Epochen, in denen Quintilians Einfluß an dem bildenden Umgang mit der Sprache und Literatur entscheidend mitwirkt, im ganzen dem Einfluß der ciceronischen Bildungsschriften. In knapp zwei Jahren hatte Quintilian mit dem Schwung einer überlegenen Improvisation, in der die verheißene Sprachmeisterschaft beispielhaft zum Ausdruck kam, den gewaltigen Lehrstoff zur Veröffentlichung ausgearbeitet.[68] Er entsprach damit, wie er in dem Geleitwort an den Buchhändler Tryphon[69] versichert, dem Drängen der gebildeten Öffentlichkeit Roms. Er wandte sich an eine Bildungselite.

Für den normalen rhetorischen Unterrichtsbetrieb der folgenden Jahrhunderte erwies sich Quintilians Werk – wie auch die rhetorischen Schriften Ciceros – als zu reichhaltig und zu anspruchsvoll in der Zielsetzung.[70] Es bildete zwar weiterhin die ideale Norm. Seine Rolle

[67] Immer noch unentbehrlich der ›Essai historique sur Quintilien‹ in der Einleitung von Ch. Fierville, Quintiliani De inst. or. liber I Paris 1890, I–L. Vgl. auch M. Wychgram, Studien zur Geltung Quintilians in der deutschen und französischen Literatur des Barocks und der Aufklärung, Diss. Göttingen 1919.

[68] Vgl. Quint. 1 pr. 1ff.

[69] Quint. epist. ad Tryphonem 3.

[70] Vgl. Rhetores Latini minores ed. C. Halm p. 508, 9ff.

in der Praxis aber wird aus den Exzerpten sichtbar, die wir in den Unterrichts-Leitfäden des vierten Jahrhunderts finden. Der Reichtum umfassender persönlicher Bildungsinformation, der das große Werk bei seinem Erscheinen so begehrenswert gemacht hatte, erwies sich auf dem Weg ins Mittelalter als hinderlich. Als in der karolingischen und ottonischen Bildungsreform die klassische Rhetorik wieder begehrenswert wurde,[71] konnte man des Quintiliantextes nur noch in verstümmelter Überlieferung habhaft werden. Jedoch blieb er auch in dieser Form und in umfangreichen Exzerptensammlungen[72] ein kostbarer Bestandteil der mittelalterlichen Bildung.

Mit Petrarca beginnt wie für Cicero so auch für dessen klassischen Interpreten die eigentliche Renaissance seiner persönlichen und persönlichkeitsbildenden Wirkung. Für die Sprachkultur der italienischen Humanisten wird dann – zumal nachdem der von Poggio während des Konzils von Konstanz in St. Gallen entdeckte vollständige Text seinen Siegeszug durch Italien angetreten hatte – die quintilianische Form des Ciceronianismus mit ihrer Freude am grammatisch-gelehrten Sprachgenuß, ihrer befreienden didaktischen Leidenschaft[73] und ihren strengen Anforderungen an die Bildung des literarischen Geschmacks[74] zum eigentlichen, weil eher erreichbaren humanistischen Leitbild. Das beweist am besten die Flut der Quintilianausgaben, die nun einsetzt.

Seitdem hat Quintilian seinen festen Platz in der europäischen Bildung als praktischer Pädagoge und zuverlässiger Führer zur klassischen Latinität. Gewiß: diese Übereinstimmung der öffentlichen Meinung besagt, wie man neuerdings zu Recht bemerkt hat,[75] noch

[71] P. Lehmann, Die institutio oratoria des Quintilian im Mittelalter, in: Philologus 89 (1934) 349–83; R. Sabbadini, Storia e Critica di Testi Latini, Catania 1914, 379–409.

[72] Vgl. die Appendix bei Fierville (s.o. Anm. 67): Abrégé de l'institutio oratoria par Étienne de Rouen; sententiae illustriores excerptae par Jean Racine; ferner die Auswahl von Ch. Rollin und zu ihrer Wirkung in Deutschland, Wychgram a.a.O.

[73] Hierzu A. Messer, Quintilian als Didaktiker und sein Einfluß auf die didaktisch-pädagogische Theorie des Humanismus, in: Jb. f. Phil. u. Pädagogik 43 (1897) 161ff. Eine ähnlich anregende Wirkung in der Bildungsdiskussion der Gegenwart ist der jetzt erschienenen vortrefflichen Auswahl zu wünschen: Quintilian über Pädagogik und Rhetorik; übertragen, eingeleitet und erläutert von Marion Giebel. München 1974.

[74] Zumal in dem literarischen Ratgeber im 1. Kap. von B. X.

[75] Kennedy, AJP 83 (1962) 130ff.

nicht viel über die Größe der Leistung und des Menschen Quintilian; denn das übereinstimmende Lob stammt durchweg von pädagogischen, humanistischen, klassizistischen und philologischen Geistern quintilianischer Prägung[76]: da sei es nicht schwer, eine gute Presse zu haben. Daran ist gewiß richtig, daß die *laudatores Quintiliani* in allen Erdteilen häufig in ihrer durch die Luft der Schulstube inspirierten Begeisterung ihren Lobeserhebungen einen Maßstab der Originalität[77] zugrunde gelegt haben, der der Absicht und Leistung Quintilians unangemessen ist.

Es mag deshalb genügen, die bildungsgeschichtliche Bedeutung und Leistung des quintilianischen Werkes darin zu sehen, daß es ihm gelungen ist, durch die Größe seiner persönlichen Überredungsgabe bis zur Gegenwart einer solchen Fülle von Geistern unterschiedlichsten Ranges in der Wertung der menschlichen Sprachgabe quintilianisches Gepräge zu geben.

[76] Darunter immerhin ein Petrarca, Luther, Erasmus, Melanchthon und Friedrich d. Gr. («Pour la Rhétorique, qu'on s'en tienne à Quintilien. Quiconque, en l'étudiant, ne parvient pas à l'éloquence, n'y parviendra jamais...» De la littérature Allemande, hgg. v. Gutknecht-Kerner, Hamburg 1969, 58).

[77] Zu den Quellen s. J. Cousin, Études sur Quintilien, Paris 1935 (Amsterdam 1967) 1, 11ff.

EIGENNAMEN- UND STELLENREGISTER*

* Es hat sich als zweckmäßig erwiesen, das ausführlichere, erklärende Namen- und Sachregister als ›Clavis Quintilianea‹ gesondert erscheinen zu lassen.